Manual de Direito PENAL

Parte Geral

NIDAL AHMAD

Manual de Direito PENAL

Parte Geral

2ª edição | revista ampliada atualizada

Cruz Missioneira

2023

EDITORA *Jus*PODIVM

www.editorajuspodivm.com.br

Para acessar os vídeos:

Para quem usa **Android**, importante instalar um aplicativo com leitor de QRCodes, que pode ser o "QR Code Reader". Você encontrará no seguinte link:

- http://editoraj.us/baixar-qr-android

Para quem usa **IOS** (iPhone, iPad), basta instalar um aplicativo com leitor de QRCodes, que pode ser o "QR Code Reader and Scanner". Você o encontrará no seguinte link:

- http://editoraj.us/baixar-qr-ios

Os vídeos estão indicados no sumário pelo símbolo: ▶

EDITORA *Jus*PODIVM
www.editorajuspodivm.com.br

Rua Canuto Saraiva, 131 – Mooca – CEP: 03113-010 – São Paulo – São Paulo
Tel: (11) 3582.5757
• Contato: https://www.editorajuspodivm.com.br/central-de-relacionamento

Diagramação: Equipe *Jus*PODIVM

Capa: Ana Caquetti

A286m Ahmad, Nidal.
Manual de Direito Penal – Parte Geral/ Nidal Ahmad – 2. ed., rev., ampl. e atual. – São Paulo: Juspodivm, 2023.
832 p.

Inclui Bibliografia
ISBN: 978-85-442-4349-7

1. Direito Penal. 2. Parte Geral. I. Ahmad, Nidal. II. Título.

CDD 341.5

BIBLIOTECÁRIA RESPONSÁVEL

Ana Carolina Ribeiro Mois – CRB7 – RJ 007348/0

SOBRE O AUTOR

NIDAL AHMAD

Mestre e Especialista em Direito. Professor de Direito Penal e Processo Penal da Graduação e Pós-Graduação na Universidade de Santa Cruz do Sul (UNISC) e do Curso Preparatório CEISC, de Santa Cruz do Sul/RS. Ex-Assessor Jurídico do Ministério Público do Estado do Rio Grande do Sul, escritor e palestrante.

Quando você está certo daquilo que
pretende alcançar...
Quando o mundo todo lhe diz que não
conseguirá, e ainda assim você acredita ser possível....
Quando você mantém o foco firme no
objetivo....
Quando você crê que DEUS estará
presente a cada segundo da tua jornada...
Quando você compreende que desafios e
obstáculos existem tão somente para serem superados...
Com persistência e coragem você
consegue....
E quando finalmente conseguir, desfrute a vitória...
saboreie o sucesso... é indescritível a emoção de uma grande
conquista...

À minha esposa, Nathalie Cervo Ahmad, companheira de toda uma vida, que soube suportar minhas ausências para produção desta obra, mulher guerreira, decidida, profissional competentíssima, supermãe de duas meninas lindas... faltariam linhas para eu descrever todas as tuas qualidades, teria de escrever um livro específico para isso... faltaria espaço para eu exteriorizar a dimensão do meu amor por você... faltam-me palavras para expressar todo meu agradecimento a Deus por tê-la colocado na minha vida... você não é somente coautora deste livro (como pediu, brincando, para ser considerada), mas a principal protagonista da minha vida... te amo... te amo... te amo.

Às minhas filhas Nick e Belle. Nem nos meus melhores sonhos poderia supor que um dia seria pai de duas meninas tão especiais e iluminadas... vocês tornam minha vida mais leve... cada sorriso, cada olhar, cada expressão das duas servem de inspiração e motivação para continuar vivendo intensamente... Deus não poderia ter sido mais generoso, quando as colocou na minha vida... prometo amar e cuidar das duas até o meu último suspiro... amo vocês, minhas filhas... À minha mãe, Inam Ahmad, que saudades da senhora... quanto cuidado, quanta preocupação com os filhos... quanta força, quanta garra para viver... sua passagem nesta vida foi uma lição de generosidade, entrega e amor... que a senhora esteja bem, e continue nos cuidando, agora ao lado de Deus... amarei a senhora eternamente.

AGRADECIMENTOS

Ao longo das nossas vidas, várias pessoas passam a ter especial importância, seja pelo vínculo de parentesco ou por afinidade. Compartilhei a primeira quadra da vida com meus irmãos e irmãs, crescemos e vivemos sempre buscando uma vida melhor, e, creio que, cada qual a seu modo, conseguimos conquistar. Muito obrigado pelo carinho e apoio que sempre deram.

Feliz daquele que pode celebrar uma amizade de aproximadamente 40 anos. Toda forma de amizade é nobre e sublime, mas aquela que nasce na infância, passa a adolescência e perdura pelo resto da vida, torna-se irmandade de coração. Quando ainda era adolescente, conheci uma gurizada que passou a integrar minha vida com tamanha intensidade, que não seria exagero dizer que mudaram completamente minha trajetória. Esses caras do bem, missioneiros raízes da velha São Luiz Gonzaga, passaram a ser meus irmãos de coração e alma, que me ensinaram muito, principalmente o verdadeiro sentido e a importância de uma boa amizade. Sabe aquela amizade que você não vê a pessoa há anos, mas a cada mensagem, brincadeira ou zoação publicada no grupo de WhatsApp, ao qual, naturalmente, foi dado o nome "boas lembranças", faz parecer que o último abraço foi no dia anterior, pois é... É essa amizade que celebro e agradeço há aproximadamente quarenta anos... Aos meus amigos e irmãos do Bloco Energia, permitam-me homenageá-los na pessoa do amigo Adriano Peixoto, nosso "Gago", que nos deixou precocemente. Permitam-me, na pessoa do nosso Gaguinho, agradecer por todos esses anos de amizade, parceria e irmandade. Que o nosso grupo "boas lembranças" perdure até os nossos últimos dias, e que nossos filhos e netos possam ter o privilégio e a sorte de compartilhar suas histórias com os amigos, assim como nós temos a sorte de compartilhar as nossas. Muito, mas muito, obrigado por fazerem parte da minha vida.

Muito obrigado aos colaboradores e professores do CEISC por compartilharem comigo um sonho maluco, que se tornou uma linda realidade. Muito mais do que colegas, nos tornamos um grupo de amigos que se respeita e admira.

Ao meu querido amigo Jefferson Dall'Agnol, pessoa iluminada e Promotor de Justiça na acepção do termo, sempre preocupado com a busca da Justiça, respeitando, de forma incondicional, os direitos e garantias fundamentais do ser humano, que generosamente aceitou escrever o prefácio, na pessoa de quem estendo meus agradecimentos a todos os ex-colegas servidores e membros do Ministério Público do Estado do Rio Grande do Sul.

Muito obrigado à querida Janaína Batista, pelo impecável trabalho de revisão, que conferiu ainda mais qualidade a esta obra.

E, claro, agradecimento especial aos meus alunos e alunas, a quem dedico este livro. Espero, sinceramente, contribuir de algum modo para que tenham um futuro bom e feliz.

APRESENTAÇÃO

Ao longo dos cinco anos da Faculdade de Direito, estudei muito, dediquei-me intensamente e investi tudo que podia naquele momento para ter a possibilidade de uma vida melhor. Não foi nada fácil, trabalhar durante o dia e estudar à noite, mas quanto mais difícil a situação se apresentava, mais dedicação e garra eu empregava. Era tudo ou nada. Já era casado com a Nathi na época, e somente pensava em estudar para proporcionar uma vida boa para ela e futuros filhos(as).

A dedicação rendeu aprovação em concurso público para servidor do Poder Judiciário ainda durante a graduação. Logo após a formatura, veio a aprovação para o concurso para Assessor Jurídico do Ministério Público, e depois pós-graduação, mestrado, até a realização do sonho de ser professor. Jamais imaginei, no entanto, que um dia publicaria um *Manual de Direito Penal*.

Hoje, realizando uma nostálgica retrospectiva, posso dizer com toda a convicção que valeu a pena cada segundo de estudo, cada noite mal dormida, cada lágrima derramada. Se soubesse que seria tão bom sentir o que estou experimentando agora redigindo essas linhas, teria me esforçado em dobro e estudado com muito mais intensidade, apenas para desfrutar dessa sensação indescritível e reconfortante de ter acertado mais do que errado.

Permitam-me, agora, compartilhar com vocês que estão me dando a honra de ler esta obra algumas breves reflexões, que talvez contribuam para que tenham uma vida boa e feliz.

Fala-se muito em Justiça, mas, às vezes, não nos damos conta de que a busca pela Justiça vai muito além da mera valoração da concepção do justo ou injusto, do mero compromisso em fazer o certo, da indignação contra as atrocidades que ainda permeiam o mundo, do conhecimento do universo das leis e das normas.

Ser justo é ter a capacidade de pautar sua conduta além da ambição do ser humano. É ter a capacidade de ser solidário e de fazer o bem. Ter a capacidade de lutar por um mundo liberto da miséria e da violência. É a capacidade de tratar as pessoas com igualdade, de respeitar e valorizar suas liberdades, escolhas e ações. Priorizar, enfim, a dignidade da pessoa humana.

Ser justo é se manter firme no propósito de promover o bem comum. Buscar sempre transformar a realidade que nos cerca em algo melhor e mais digno. Não há dinheiro, não há sucesso no mundo capaz de apagar a pecha de ser considerado indigno. As coisas na vida não se medem pelos resultados, mas sim pelos caminhos, princípios e valores que se elegem para alcançá-los.

A busca pelo sucesso demanda grande trabalho, estudo contínuo, muita disciplina e boa dose de paciência. Se tivesse de eleger um único conselho para lhes dar agora, diria: jamais deixem de estudar. O estudo constitui a base para a inspiração, a fonte da motivação e o caminho mais certo para alcançar o sucesso.

Esta obra, muito além de referência bibliográfica para alunos da graduação, serve de base para aqueles que estudam em busca da aprovação no exame da Ordem dos Advogados do Brasil e concursos públicos, bem como fonte de pesquisa para aqueles que atuam na advocacia criminal. Sim, concebemos esta obra não apenas como um Manual de estudos para o Exame da OAB e concursos públicos, mas também como fonte de pesquisa para todos os operadores do Direito.

Buscamos abordar os aspectos teóricos do Direito Penal, sem descurar da sua utilidade prática, aliando sempre a teoria à prática, razão pela qual procuramos sempre vincular o tema com as posições adotadas pelos Tribunais Superiores.

A disposição dos capítulos segue forma clara, com o desiderato de proporcionar uma leitura articulada e estudo organizado. Buscamos empregar linguagem objetiva, simples, mas com abordagem profunda, a fim de tratar temas complexos de forma compreensível, tratando os conteúdos mais densos de forma sistematizada e didática, fazendo uso, quando necessário, de quadros esquemáticos para facilitar a compreensão.

Sem nos omitir de apresentar nossa posição pessoal, buscamos destacar as divergências doutrinárias, valendo-nos dos ensinamentos dos mais renomados doutrinadores, acrescentando, ainda, em relação a temas divergentes a forma como as mais diversas bancas têm cobrado o assunto em provas de concursos públicos.

Trata-se de um livro fruto de muitos anos de estudo, dedicação e experiência na docência e na atividade diária no Ministério Público do Estado do Rio Grande do Sul.

Esta obra é a forma que encontramos de retribuir o carinho, a generosidade e a parceria dos milhares de alunos e alunas de quem tive a honra de ser professor, e contribuir de algum modo para a realização de sonhos.

Espero, sinceramente, que esta obra tenha correspondido às expectativas, sem ter atrapalhado a vida de ninguém. Por característica própria, não sei se constitui defeito ou qualidade, nunca fico plenamente satisfeito com qualquer trabalho realizado, pois sempre considero que poderia ter ficado melhor. Por isso, sintam-se muito à vontade para tecerem críticas e apontarem sugestões, para, e aqui vai uma promessa, que as futuras edições fiquem ainda melhores.

Que Deus ilumine sempre o caminho de todos(as).

PREFÁCIO

O líder religioso japonês Masaharu Taniguchi, criador da coletânea *A Verdade da Vida*, afirmava que "Não há satisfação maior do que aquela que sentimos quando proporcionamos alegria aos outros". Pois bem, o querido Nidal Ahmad, autor da presente obra, certamente já alcançou o alto nível de satisfação pessoal, nos exatos termos do sábio ensinamento oriental, tamanha a alegria gerada ao me convidar para escrever o prefácio de seu novo trabalho, intitulado *Manual de Direito Penal*. Alegria que veio mesclada com doses gigantescas de honra, orgulho e responsabilidade, não apenas em razão da qualidade do exemplar produzido, mas, e principalmente, pela clara manifestação de amor do Mestre Nidal ao Direito, registrada após uma longa jornada de estudos e dedicação.

Quando falo do amigo/irmão/compadre Nidal, recordo de sua assunção na Promotoria de Justiça de Santa Cruz do Sul, no ano de 2006, quando começamos a trabalhar, lado a lado, nos processos de Execução Criminal. Com um nome pra lá de extravagante, ao menos para os padrões locais, Nidal Khalil Ahmad Mohamad Mahmud, também conhecido por "Velitio", passou a mostrar o quanto era diferenciado, e isso não se restringia aos apelidos de família, que escancaravam a sua procedência.

Naquela época, o Nidal já trazia consigo uma qualidade maravilhosa, combustível essencial àqueles que laboram nas lides jurídicas e se aventuram na docência: a humildade. Com o tempo, foi franqueando outras virtudes e encantando a todos com quem convivia, e o domínio do vasto conhecimento jurídico tornou-se visível, ao natural, manifestando-se, em seguida, em extraordinária categoria na arte de ensinar.

Mantendo-se original ao seu estilo e ligado a fortes raízes "missioneiras" (quem não ouviu essa expressão antes, caricaturada na boca sorridente do autor?), o Professor Nidal foi construindo espaço nas salas de aula, conquistando os alunos com seu jeito cativante, sincero e divertido, sempre com um apelo motivacional e toques preciosos de sabedoria, que vieram a culminar, mais tarde, na aprovação de centenas de alunos e admiradores, Brasil afora, em provas da OAB e concursos das mais diversas áreas jurídicas.

Tomás de Aquino já afirmava que "Se a meta principal de um capitão fosse preservar seu barco, ele o conservaria no porto para sempre". O monge dominicano estava certo! E o Professor Nidal, negando-se a manter seu "barco aportado", desbravou fronteiras e pavimentou um lindo caminho de vida, destacando-se nas searas acadêmica, empresarial e jurídica.

Recentemente, compreendendo a necessidade de proporcionar, aos amantes do Direito, material didático de primeira linha, "recarregou suas baterias", deixou de lado os já raros e brancos fios de cabelo, e elaborou o presente trabalho, absolutamente contagiante, desafiador, diferenciado.

A obra *Manual de Direito Penal* agracia o leitor com ensinamentos importantes, bem estruturados, e traz explicações detalhadas sobre cada assunto catalogado, com argumentos calcados em estudos aprofundados, além de empolgantes destaques em temas de discussão contemporânea, imprescindíveis aos operadores do Direito.

Sem exageros, trata-se de material que possibilita ao leitor uma ótima compreensão de conteúdo do Direito Penal, com a expansão do discernimento sobre a temática proposta, e um inquietante questionamento sobre a realidade legal brasileira, tudo sob a batuta e com a etiqueta de qualidade, já registrada, do Professor Nidal.

A essa altura dos acontecimentos, fico torcendo para ser presenteado, pelo nosso dileto Professor, com um novíssimo e autografado exemplar da obra, com longa e minuciosa dedicatória, logo no seu lançamento. Assim espero!

Brincadeiras à parte, ao tempo em que escrevo as linhas finais do presente prefácio, reflito sobre a amizade que nutri com o valioso autor, a forma como nossos *caminhos* se cruzaram e os fascinantes *destinos* que nos aguardam. Curiosamente, por breves instantes de devaneio, recordo de viagens que realizei no decorrer da minha vida, de lugares mágicos por onde andei e dos povos com quem convivi, captando a beleza nas diferentes formas de pensar e agir.

Em solo espanhol, percorrendo de bicicleta o Caminho de Santiago de Compostela, ao lado de minha esposa, fui "apresentado" às expressões *ultreya* e *suseya*, que significam, respectivamente, "SIGA EM FRENTE, COM FÉ E PERSEVERANÇA, NÃO DESISTA", e "PARA CIMA, NA BUSCA DE UMA EVOLUÇÃO ESPIRITURAL". Na ocasião, compreendi, numa singela interpretação pessoal, a importância do traçado da rota escolhida, da intensidade vivenciada no trajeto, do valor de cada passo.

Dessa forma, trazendo à baila um pouco dessa experiência vivida, finalizo meu texto na expectativa de que você, leitor, compreenda a *oportunidade* ofertada na presente obra, instrumento de qualidade ímpar, fruto de produção intelectual "raiz", de forma a engrandecer e fortalecer *seu caminho*. E que tenha, *acima de tudo*, ideais de *compaixão* e *justiça* em sua jornada de estudos e trabalho, com ações construtivas em prol de uma sociedade mais *tolerante* e *pacífica*.

Tenha uma ótima e surpreendente leitura!

Ultreya

Suseya

Jefferson Dall'Agnol

Promotor de Justiça de Santa Cruz do Sul/RS.

LISTA DE ABREVIATURAS

AC – Ação Cautelar
ADC – Ação Declaratória de Constitucionalidade
ADI(N) – Ação Direta de Inconstitucionalidade
ADPF – Arguição de Descumprimento de Preceito Fundamental
Ag – Agravo
AgInt – Agravo Interno
AgREsp – Agravo em Recurso Especial
AgRg – Agravo Regimental
APn – Ação Penal
art. – artigo
CC – Código Civil
CC – Conflito de Competência
CESPE/CEBRASPE – Centro Brasileiro de Pesquisa em Avaliação e Seleção e de Promoção de Eventos
CF – Constituição Federal
CP – Código Penal
CPC – Código de Processo Civil
CPI – Comissão Parlamentar de Inquérito
CPM – Código Penal Militar
CPP – Código de Processo Penal
CTB – Código de Trânsito Brasileiro
Dec. – Decreto
DJe – *Diário da Justiça eletrônico*
DPE – Defensoria Pública do Estado
ECA – Estatuto da Criança e do Adolescente
EDcl – Embargos Declaratórios
EDiv – Embargos Divergentes
EP – Execução Penal
Ext – Extensão na Extradição
FUNPEN – Fundo Penitenciário Nacional
HC – *Habeas Corpus*
HDE – Homologação de Decisão Estrangeira
Inc. – inciso
Inq. – Inquérito

j. – julgado
LC – Lei Complementar
LCP – Lei das Contravenções Penais
LEP – Lei de Execução Penal
LINDB – Lei de Introdução às Normas do Direito Brasileiro
Min. – Ministro
MP – Ministério Público
MPE – Ministério Público do Estado
OAB – Ordem dos Advogados do Brasil
ONU – Organização das Nações Unidas
PC – Polícia Civil
Pet. – Petição
PExt – Pedido de Extensão
Port. – Portaria
ProgReg – Progressão de Regime
RE – Recurso Extraordinário
rel. – relator
REsp – Recurso Especial
RevCr – Revisão Criminal
RHC – Recurso em *Habeas Corpus*
RISTJ – Regimento Interno do Superior Tribunal de Justiça
SL – Suspensão da Liminar
STF – Supremo Tribunal Federal
STJ – Superior Tribunal de Justiça
t. – tomo
T. – Turma
TCE – Tribunal de Contas do Estado
TJ – Tribunal de Justiça
TRF – Tribunal Regional Federal
UESPI – Universidade Estadual do Piauí
v. – volume

JusClass

O presente livro possui Material de Apoio para acesso gratuito na plataforma JusClass.

Para acessar o material, siga as instruções a seguir:

1. Entre no site da Editora Juspodivm https://www.editorajuspodivm.com.br/, com seu login e senha;
2. Dentro de "Minha Conta", selecione a opção "Materiais Exclusivos" e clique no ícone de identificação do JusClass;
3. Em caso de dúvidas, esclarecimentos ou sugestões, acesse nossa Central de Atendimento https://www.editorajuspodivm.com.br/central-de-relacionamento.

SUMÁRIO

PARTE I • TEORIA GERAL DO DIREITO PENAL

PARTE II • TEORIA GERAL DO CRIME

PARTE III • TEORIA GERAL DA PENA

PARTE I

TEORIA GERAL DO DIREITO PENAL

1

NOÇÕES GERAIS DO DIREITO PENAL

1.1 CONCEITO DE DIREITO PENAL

Por mais indesejado que seja, não há como ignorar que a criminalidade é um fenômeno social natural. Evidentemente que não se trata de manifestação social positiva, razão pela qual cumpre ao Estado editar normas voltadas a definir as condutas lesivas a bens jurídicos alheios e estabelecer sanções.

É no Direito Penal que o Estado busca harmonizar e disciplinar o convívio social, quando os demais ramos de controle se revelarem insuficientes e ineficazes.

Diante disso, o Direito Penal constitui-se como um conjunto de normas jurídicas que descrevem o modelo legal de conduta proibida e cominam as respectivas sanções penais. Esse conjunto de normas define os fatos sociais que merecem sanções mais severas. Em síntese, por meio do Direito Penal o Estado define os tipos penais e comina as respectivas sanções.

1.2 CARACTERÍSTICAS DO DIREITO PENAL

O Direito Penal regula as regras de convívio do indivíduo com a sociedade. A disciplina dessa relação entre indivíduo e sociedade e a proteção dos bens jurídicos interessam a toda a coletividade, e não somente ao titular do bem jurídico.

Por isso, o ramo que envolve o Direito Penal não pertence ao Direito Privado, mas sim ao Direito Público, com características próprias, notadamente por se tratar de ciência normativa, valorativa, finalista e sancionadora.

É *ciência normativa* porque tem a finalidade de estudar o conjunto de normas penais. Trata-se, pois, do estudo do Direito Penal positivo.

É também *ciência valorativa*, uma vez que define a escala de valores dos bens jurídicos tutelados, incidindo suas normas para tutelar aqueles mais importantes ou fundamentais para a sociedade.

Tem, ainda, *característica finalista*, porque atua em defesa da sociedade na proteção de bens jurídicos fundamentais, não se restringindo apenas a aspectos teóricos ou acadêmicos, mas também a aspectos práticos na tutela desses bens jurídicos.

O Direito Penal é, ainda, *sancionador*. Embora não crie bens jurídicos, o Direito Penal tutela bens jurídicos também protegidos por outros ramos do direito, com a imposição de sanções mais severas, que repercutem na esfera da liberdade do agente. Assim, por exemplo, na medida em que o Direito Civil regula o direito à propriedade, o Direito Penal prevê normas que definem os crimes contra o patrimônio, cominando sanções contra agentes que atentarem contra a propriedade alheia.

1.3 DIREITO PENAL E OUTROS RAMOS DO DIREITO

Embora interdependentes, os vários ramos do direito se relacionam entre si. Não é diferente em relação ao Direito Penal, uma vez que suas normas estão interligadas com os demais ramos jurídicos, especialmente com o Direito Processual Penal, Direito Constitucional, Direito Administrativo, Direito Civil e Direito Internacional.

1.3.1 Relação com o Direito Constitucional

As normas de Direito Penal, à evidência, devem estar em plena consonância com as normas constitucionais. Com efeito, as normas de Direito Penal devem estar em harmonia com os direitos e garantias fundamentais previstos na Constituição Federal, a fim de se revestirem de legitimidade e validade.

O Direito Penal tutela os direitos e garantias previstos na Constituição Federal, tais como a vida, a honra, o patrimônio, dentre outros, exercendo, assim, uma função complementar.

1.3.2 Relação com o Direito Processual Penal

O Direito Penal descreve a infração penal e comina a pena. Todavia, para a concretização das normas de Direito Penal, afigura-se necessária a instauração de uma ação penal para aplicação da norma penal ao caso concreto.

É, pois, por meio das normas de Direito Processual Penal que se revela possível aplicar o Direito Penal objetivo ao caso concreto.

Com a prática da infração penal, surge para o Estado o poder/dever de punir, impondo, se for o caso, sanção ao agente que transgrediu uma norma penal. No entanto, devem ser observadas as regras que integram o Direito Processual Penal, tais como as regras de competência do juízo, do procedimento a ser adotado, do rito a ser seguido até final sentença.

A relação entre Direito Penal e Direito Processual Penal é tão estreita que muitos institutos são disciplinados pelos dois ramos, como, por exemplo, a ação penal, a decadência, a reabilitação.

1.3.3 Relação com o Direito Administrativo

Enquanto o Direito Administrativo se reveste de normas e princípios voltados a disciplinar e organizar o funcionamento da Administração Pública e suas relações com os particulares, o Direito Penal prevê normas que definem os crimes praticados contra a Administração Pública (CP, arts. 312 a 359), estabelecendo, ainda, o conceito de funcionário público para fins penais (CP, art. 327).

Além disso, prevê normas penais na Lei de Licitações (Lei nº 14.133/2021) e na Lei que define os Crimes contra a Ordem Tributária (Lei nº 8.137/1990).

1.3.4 Relação com o Direito Civil

O Direito Penal e o Direito Civil se relacionam em diversas matérias, em que um ramo complementa o outro. O Direito Civil define o conceito de posse, propriedade e detenção, ao passo que o Direito Penal descreve os crimes contra o patrimônio e comina as respectivas penas.

Da mesma forma, os crimes contra a família estão diretamente interligados com as normas dispostas no Direito Civil.

De outro lado, a violação de um determinado bem jurídico, além de constituir ilícito penal, pode, ainda, gerar responsabilização na esfera cível, com a obrigação de reparação do dano. Assim, se o agente pratica o delito de dano contra o patrimônio de outrem (CP, art. 163), pode ser acionado na esfera cível pela vítima, buscando a reparação indenizatória pelo dano sofrido.

1.3.5 Relação com o Direito Internacional

O Brasil é signatário de vários tratados e convenções internacionais para reprimir e combater crimes transnacionais, tais como tráfico internacional de drogas, tráfico internacional de pessoas, tráfico internacional de armas.

Em tempos de globalização e desenvolvimento tecnológico, além da incidência cada vez maior de crimes digitais, a relação do Direito Penal com normas de Direito Internacional fica ainda mais estreita.

2

EVOLUÇÃO DO DIREITO PENAL

2.1 DIREITO PENAL E VINGANÇA

2.1.1 Noções introdutórias

A história do Direito Penal se confunde com a própria história da humanidade. Desde a sua existência, o homem sempre esteve sujeito a suportar uma sanção pela prática de algum fato atentatório a esfera de poder ou vontade de alguém.

Não havia, à evidência, a sistematização de normas definidoras de fatos delituosos e as respectivas sanções. No contexto histórico das sociedades primitivas, a sanção penal era tratada como espécie de castigo ou vingança pela prática de um determinado fato. Prevalecia, pois, a vingança penal, dividida em três fases: a) vingança divina; b) vingança privada; c) vingança pública.

2.1.2 Vingança divina

Nas sociedades primitivas, prevalecia o culto a divindades, o misticismo e crenças em seres sobrenaturais. Os fenômenos da natureza, como chuvas, ventos e trovões eram considerados manifestações das divindades como reação às condutas dos membros da sociedade.

Essas divindades eram representadas por totens, que assumiam a forma de animais, vegetais ou qualquer outra forma que simbolizava proteção dos membros de uma coletividade.

Por essa razão, ao violar regras de convívio, o membro da sociedade estaria afrontando a própria divindade, já que a lei tinha origem divina. Como consequência, o infrator era submetido a castigo como forma de desagravar a divindade.

Esses castigos consistiam em infligir penas cruéis ao infrator, tais como expulsão do grupo (desterro), chegando ao extremo do sacrifício da própria vida do criminoso, como forma de recuperar a proteção e benevolência da divindade ofendida pela conduta do agente.

2.1.3 Vingança privada

O castigo ao infrator já não mais servia para amenizar a ira dos Deuses. A infração já não era encarada com ofensa a uma divindade, mas à vítima e ao grupo a que pertencia.

O castigo passa a ser imposto pela própria vítima ou por pessoas vinculadas ao seu grupo social, aplicando-se a lei do mais forte, fazendo justiça pelas próprias mãos.

Todavia, essa reação da vítima ou do seu grupo social muitas das vezes era desproporcional, e atingia não só o agressor, mas também todo o seu grupo social, gerando conflitos e guerras.

Em razão dessa desproporção entre o fato delituoso e o castigo infligido, surgiu a Lei do Talião, buscando estabelecer proporcionalidade entre a ofensa e o castigo. Segundo a Lei do Talião, "Pagará a vida com vida; mão com mão, pé por pé, olho por olho, queimadura por queimadura" (Êxodo, XXI, versículos 23 a 25).

Embora permitisse aplicação de penas atualmente consideradas cruéis e desumanas, a regra do Talião se apresenta como uma das primeiras referências ao princípio da proporcionalidade, já que confere reação proporcional à agressão sofrida.

A Lei do Talião foi acolhida pelo Código de Hamurabi, na Babilônia, pelo Êxodo, do povo Hebreu, bem como pela Lei das XII Tábuas, dos Romanos.

2.1.4 Vingança pública

Ao longo do tempo, a composição social revelou maior organização, passando o Estado a figurar como protagonista na intervenção de conflitos sociais. O Estado assumiu o poder-dever de manter a ordem e a segurança social, afastando, assim, a necessidade de o próprio ofendido ou integrantes do seu grupo fazer justiça por iniciativa própria.

A principal finalidade consistia em assegurar a proteção do Estado e do próprio soberano, avocando para o ente público o poder-dever de apreciar o fato praticado e impor a respectiva sanção penal.

Apesar da evolução social, as penas impostas pelo Estado continuavam cruéis e violentas, consistentes em decapitação, esquartejamento, fogueira, dentre outras com as mesmas características.

2.2 DIREITO PENAL E IDADE ANTIGA

2.2.1 Direito Penal e a Grécia antiga

A civilização grega contribuiu sobremaneira em vários aspectos para a evolução da sociedade, notadamente no campo político, social, cultural e no Direito.

Grandes filósofos e historiadores passaram a estabelecer discussões sobre a finalidade da pena e a concepção de justiça.

Apesar do avanço no pensamento democrático e filosófico, a concepção de penas não priorizava assegurar os direitos fundamentais. Isso porque a democracia grega era voltada à coletividade, dedicando-se aos interesses da *polis*, deixando em plano secundário os direitos individuais do homem.

Nesse sentido, Dracon, legislador de Atenas, considerou a aplicação da pena de morte para qualquer delito praticado, surgindo daí a expressão "pena draconiana".

Após a justiça de Atenas evoluiu para conferir humanidade nas penas, viabilizando a absolvição do culpado, se verificado que sua morte poderia atingir inocentes que dele dependiam.

2.2.2 Direito Penal em Roma

O Direito Romano atravessou diversas fases.

Num primeiro momento, prevalecia em Roma o Direito Privado, em que o *pater famílias* tinha plenos poderes sobre os demais membros da família e escravos. Os Magistrados exerciam o poder de julgar de forma discricionária, por meio da *coercitio*.

O Direito Romano promoveu a distinção entre *crimes públicos*, que atingem interesses da coletividade, e *crimes privados*, que violam interesses particulares.

O julgamento dos crimes públicos era da competência do Estado, perante tribunais especiais. O julgamento dos crimes privados era realizado pelo ofendido, sendo a intervenção do estado limitada a disciplinar o seu exercício.

A Lei das XII Tábuas limitou a aplicação da vingança privada, passando aos poucos a administração da justiça se concentrar no poder estatal.

A partir da *Lex Valeria* a pena de morte passou a ser decidida por julgamento popular em praça pública (*iudicium populli*).

As *leges corneliae e juliae* foram publicadas no final da república, apresentando como principal característica a previsão de comportamentos delituosos, constituindo-se na primeira expressão do princípio da reserva legal.

Embora não se revista numa teoria geral do delito, o Direito Romano idealizou os institutos do nexo causal, dolo e culpa, inimputabilidade, caso fortuito, menoridade, legítima defesa, concurso de pessoas, dosimetria da pena, dentre outros.

2.3 DIREITO PENAL E IDADE MÉDIA

2.3.1 Direito Penal Germânico

O Direito Germânico introduziu uma forma peculiar para aplicação da sanção penal, conforme o crime se revista de caráter público ou privado.

Se crime de caráter público, o agente passa a não mais deter a proteção estatal, perdendo o próprio direito à vida, podendo ser executado por qualquer pessoa. No caso de crime privado, o agente era entregue ao ofendido ou seus familiares, como reflexo da vingança privada, podendo ser submetido à pena capital ou penas cruéis, como mutilação, por exemplo.

A partir do reflexo da natureza pública da sanção penal, instaurou-se a possibilidade de composição em que a pena de morte poderia ser substituída por preço pago pelo agente em troca da sua liberdade.

2.3.2 Direito Penal Canônico

O Direito Canônico surgiu a partir do predomínio dos dogmas da Igreja Católica, com importantes reflexos no processo de julgamento do indivíduo infrator e nas penas aplicadas.

Prevalecia, na época, o caráter inquisitivo do julgamento do infrator, em que os procedimentos eram instaurados de ofício, com rigorosa perseguição aos hereges e contrários aos dogmas da igreja.

As penas, além do caráter retributivo, tinham ainda finalidade curativa, no sentido de curar o infrator e buscar o seu arrependimento por ter afrontado a divindade. Trata-se de penitência imposta pela Igreja, surgindo daí a expressão "penitenciária".

A Idade Média, junto com o Direito Canônico, caracterizou-se pela perseguição deflagrada aos considerados hereges, com a instauração de inquéritos conduzidos pelos bispos, e formação de tribunais eclesiásticos, que impunham, ao final, penas extremas, como morte pela forca, fogueira, esquartejamento, mutilações, dentre outras penas cruéis.

2.4 DIREITO PENAL E IDADE MODERNA

A Idade Moderna sofre intensa influência do pensamento iluminista, concebido como forma de contrapor o estado absolutista, caracterizado pela atuação arbitrária e imposição de penas cruéis.

O agente delinquente não mais era tratado como violador dos desígnios de Deus, mas infrator do pacto social que regia as relações de convívio em sociedade. A pena deixa de ter caráter religioso, com finalidade unicamente retributiva, passando a incidir o caráter de proporcionalidade.

Os pensadores Thomas Hobbes e John Locke defendiam que a pena se revestia de caráter intimidatório, para que os demais membros da sociedade não reproduzissem a conduta do condenado, bem como para que o próprio delinquente se convencesse das consequências dos seus atos, e não reiterasse na prática delituosa.

Montesquieu, na sua obra *Espírito das Leis*, criticava a ordem vigente no Direito Penal, defendendo a separação dos poderes, com um Poder Judiciário independente. Pregava a finalidade preventiva da pena em detrimento da mera retribuição, devendo prevalecer o princípio da proporcionalidade e o da reserva legal.

Mas o principal influenciador do pensamento iluminista e humanista do Direito Penal foi Cesare Bonesana, conhecido como Marquês de Beccaria. Na sua obra *Dei delitti e delle pene*, Beccaria, influenciado pelo pensamento de Rousseau, defende a proporcionalidade entre as penas e o delito praticado. A pena tinha a finalidade de fazer com que o agente não voltasse a reincidir na prática delituosa, bem como prevenir a prática de crimes pelos demais membros da sociedade. A prática de tortura não poderia consistir em meio de prova. Os julgamentos deveriam ser públicos. A pena de morte violava o contrato social.

Beccaria defendia a aplicação do princípio da legalidade, sendo possível aplicar somente penas expressamente previstas em lei, cuja redação deveria ser clara, objetiva e taxativa.

3

TENDÊNCIAS DOUTRINÁRIAS DO DIREITO PENAL

3.1 ESCOLA CLÁSSICA

Com inspiração no ideário demarcado por Cesare Beccaria, surgiu na Europa, nos últimos anos do século XVIII e até metade do século XIX, um movimento ocupado de aprofundar estudos teóricos sobre a justiça penal, chamado de Escola Clássica.

A Escola Clássica adotava como marco teórico o contratualismo, característico do Estado Liberal, fundamentado em valores burgueses de liberdade que buscavam a limitação do poder político do Estado. A grande preocupação era a defesa dos direitos fundamentais, de tal modo que o bem jurídico penal era delimitado por noções de liberdade negativa, ou seja, defesa do indivíduo contra as arbitrariedades do Estado.

Na concepção da Escola Clássica, todos os homens são iguais perante a lei, revestindo-se de livre-arbítrio para atuar conforme o contrato social implicitamente celebrado com o Estado. Nessa linha, criminoso seria quem, consciente e voluntariamente, viola a norma penal, centralizando a análise do crime sobre o fato praticado e não sobre as características do autor.

Discorrendo sobre as características da Escola Liberal Clássica, Alessandro Baratta assevera que:

> De fato, a escola liberal clássica não considerava o delinquente como um ser diferente dos outros, não partia da hipótese de um rígido determinismo, sobre a base do qual a ciência tivesse por tarefa uma pesquisa etiológica sobre a criminalidade, e se detinha principalmente sobre o delito, entendido como conceito jurídico, isto, como violação do direito e, também, daquele pacto social que estava, segundo a filosofia política do liberalismo clássico, na base do Estado e do direito.[1]

Como comportamento, o delito surgia da livre vontade do indivíduo, não de causas patológicas, e por isso, do ponto de vista da liberdade e da responsabilidade moral pelas próprias ações, o delinquente não era diferente, segundo a Escola Clássica, do indivíduo

1. BARATTA, Alessandro. *Criminologia crítica e crítica do direito penal.* 3. ed. Rio de Janeiro: Revan/ICC, 2002. p. 31.

normal. Em consequência, o direito penal e a pena eram considerados pela Escola clássica não tanto como meio para intervir sobre o sujeito delinquente, modificando-o, mas sobretudo como instrumento legal para defender a sociedade do crime, criando, quando necessário, um dissuasivo, ou seja, uma contramotivação em face do crime.[2]

Sintetizando o pensamento da Escola Liberal Clássica, Vera Regina Pereira de Andrade leciona que:

> Do programa clássico emerge, portanto, a delimitação de um "Direito Penal do fato", baseado na noção (liberal) de livre-arbítrio e responsabilidade moral, no qual a imputabilidade e a gravidade objetiva do crime constituem a medida para uma penalidade dosimétrica, vista, então, como retribuição proporcionada ao crime como uma rígida vigência da legalidade dos delitos e das penas.[3]

A Escola Clássica contribuiu sobremaneira no estudo do conceito de crime, da teoria da pena, bem como da criminologia.

A partir do estudo desenvolvido por Francesco Carrara, os princípios fundamentais dessa escola eram os seguintes:

a) crime como sendo um ente meramente jurídico, assim entendido como violação de um direito decorrente de Deus, o que legitima a imposição de um castigo e restabelecimento da justiça;

b) concepção do livre-arbítrio como fundamento da punibilidade, isto é, todo homem tem a liberdade de escolha entre delinquir ou não, sendo responsável por sua decisão e seus atos;

c) a pena como finalidade retributiva, ou seja, agindo com vontade e consequência no sentido de praticar um crime, o agente terá como retribuição à sua conduta a imposição de uma pena.

Kant e Hegel desenvolveram a concepção retributiva da pena no sentido de que a finalidade da pena era exclusivamente retribuir ao agente o mal que causou ao delinquir, restabelecendo, assim, o Direito e a Justiça.

Divergiam os autores alemães em relação à natureza dessa finalidade retributiva. Kant defendia que a pena nada mais era do que uma retribuição ética em relação ao delito praticado pelo agente; já Hegel defendia que a retribuição era jurídica, esclarecendo que o crime seria a negação do direito, sendo a pena a negação do crime, constituindo, assim, a reafirmação do direito.

3.2 ESCOLA POSITIVA

A Escola Clássica teve o grande mérito de atribuir a finalidade retributiva à pena, humanizando-a, confrontando os abusos do absolutismo. Todavia, seus preceitos não foram suficientes para amenizar os problemas sociais existentes na época e, por conseguinte, estancar o crescimento da criminalidade.

As mudanças nos contextos social, econômico e político ocorridas no século XIX influenciaram as teorias desenvolvidas pela Escola Positiva. Tendo Cesare Lombroso como

2. BARATTA, Alessandro. Op. cit., p. 37.
3. ANDRADE, Vera Regina Pereira de. *A ilusão da segurança jurídica:* do controle da violência à violência do controle penal. Porto Alegre: Livraria do Advogado, 1997. p. 59.

seu principal teórico, em vez de justificar a liberdade do indivíduo a partir de uma ordem natural universal, amparada pelo contrato social, baseada, precipuamente, na limitação do poder de punir do Estado, a Escola Positiva desloca o foco de atenção para o homem criminoso, buscando nele as causas do crime.

De fato, a reação ao conceito abstrato de indivíduo leva a Escola positiva a afirmar a exigência de uma compreensão do delito que não se prenda à tese indemonstrável de uma causação espontânea mediante um ato de livre vontade, mas procure encontrar todo o complexo das causas na totalidade biológica e psicológica do indivíduo, e na totalidade social que determina a vida do indivíduo.[4]

Vera Regina Pereira de Andrade, tecendo considerações acerca da Escola Positiva, afirma que Lombroso, valendo-se do método de investigação e análise próprio das Ciências naturais, procurou individualizar nos criminosos e doentes apenados anomalias sobretudo anatômicas e fisiológicas (como pouca capacidade craniana, frente fugidia, grande desenvolvimento dos arcos zigomático e maxilar, cabelo crespo e espesso, orelhas grandes e agudeza visual) vistas como constantes naturalísticas que denunciavam, a seu ver, o tipo antropológico delinquente, uma espécie à parte do gênero humano, predestinada, por seu tipo, a cometer crimes.[5]

O delito e o delinquente passaram a ser tratados como patologias sociais, conferindo posição secundária à finalidade retributiva da pena. A personalidade e a periculosidade do réu, bem como sua capacidade de adaptação ao meio social ganharam extrema relevância.

O racionalismo e naturalismo da Escola Clássica não explicavam adequadamente a incursão do agente na prática delituosa, surgindo a necessidade de buscar explicação científica sobre o agente criminoso, bem como acerca do contexto social ao qual estaria inserido, ganhando importância os estudos biológicos e sociológicos a partir das doutrinas evolucionistas, cujos expoentes eram Darwin e Lamarck, e sociológicas de Comte e Spencer.

A Escola Positiva pode ser dividida em três fases: a) fase antropológica; b) fase sociológica; c) fase jurídica.

A *fase antropológica*, cujo principal representante foi o médico Cesare Lombroso, destacou-se por introduzir o conceito de criminoso atávico, assim compreendido como sendo antropologicamente o criminoso predeterminado, ou seja, o criminoso nato.

O criminoso nato de Lombroso se caracterizava pela assimetria do rosto, dentição anormal, orelhas grandes, olhos defeituosos, disfunções sexuais, tatuagens, inaugurando a antropologia criminal, visando, por meio do estudo antropológico, encontrar a explicação da causa do seu comportamento antissocial.

Lombroso, no decorrer dos seus estudos, acrescentou ao atavismo, a loucura moral e a epilepsia, reconhecendo, ao final, influenciado por Enrico Ferri, que o crime poderia ser decorrência de várias causas convergentes ou independentes entre si.

A *fase sociológica*, cujo expoente maior foi Enrico Ferri, caracteriza-se por se afastar da concepção do determinismo biológico-social, passando a fundamentar a responsabilidade penal na responsabilidade social.

---

4. BARATTA, Alessandro. Op. cit., p. 38.
5. ANDRADE, Vera Regina Pereira de. Op. cit., p. 65.

A *fase jurídica*, cujo representante maior foi Rafael Garofalo, negando o livre-arbítrio, pregava que o criminoso que não se adaptava às regras de convívio deveria ser deportado ou, até mesmo, levado à morte.

3.3 POSITIVISMO JURÍDICO

No positivismo jurídico não há espaço para juízos de valor, concentrando seu objeto no direito positivo.

O positivismo conferiu visão extremamente formal ao comportamento humano, considerando conduta delituosa mera movimentação corpórea que produz resultado naturalístico, causando modificação no mundo exterior. O positivismo, por isso, influenciou sobremaneira a formulação do conceito clássico de delito. Há, portanto, relação direta entre a conduta e o resultado, estabelecendo-se, de forma objetiva, a relação de causalidade entre conduta e resultado.

O positivismo buscava fundamentar e legitimar o sistema penal a partir do método indutivo, aplicando ao direito métodos de investigação e observação semelhantes aos das disciplinas experimentais. Essa metodologia se mostrou inaplicável em relação ao direito, já que não se afigura possível se afastar do juízo valorativo e social da norma jurídica.

3.4 NEOKANTISMO PENAL

O neokantismo, assim denominado porque preconizava o retorno das ideias desenvolvidas por Immanuel Kant, foi desenvolvido a partir do século XIX, tendo como principais colaboradores Rudolf Stammler e Gustav Radbruch.

Enquanto os positivistas priorizavam o "ser" do direito, os adeptos ao neokantismo defendiam a valorização do "dever ser", passando a se orientar por critérios axiológicos, inclusive no que se refere à omissão penalmente relevante.

A coerência formal do pensamento jurídico voltado em si mesmo foi substituída por um conceito de delito voltado para os fins pretendidos pelo Direito Penal e pelas perspectivas valorativas que o embasam.

Os elementos do crime, tipicidade, antijuridicidade e a culpabilidade são valorados axiologicamente, sendo que a culpabilidade se torna psicológico-normativa.

No neokantismo, a conduta relevante para o Direito Penal é o "comportamento humano voluntário causador de um resultado".

O neokantismo permitiu, ainda, a verificação dos elementos normativos e subjetivos nos tipos penais. Esses elementos normativos do tipo, que reclamam juízo de valor, são fundamentais para a verificação da repercussão social nociva ou não da conduta. Conceitos como "mulher honesta", "ato obsceno" ou "sem justa causa", conhecidos e já utilizados no ordenamento jurídico-penal brasileiro, são exemplos de elementos normativos do tipo.

Conforme Cezar Roberto Bitencourt:

> Apesar das críticas, o neokantismo teve o mérito de indicar o rumo a seguir no processo de elaboração da dogmática jurídico-penal, por isso, concordamos com Silva Sánches, quando sustenta que esse mérito consiste em "mostrar as ineludíveis referências valorativas da construção conceitual no Direito Penal, e que a caracterização desses

valores não é devida a fatores inerentes ao objeto em termos absolutos, universais, ou imutáveis, mas, sim, a fatores condicionados subjetiva e culturalmente.[6]

3.5 GARANTISMO PENAL

O garantismo penal foi estruturado e concebido por Luigi Ferrajoli, a partir da clássica obra *Direito e razão.*

Em apertada síntese, o garantismo penal é uma doutrina que engloba um conjunto de teorias penais e processuais penais, cujo pilar, muito além da lei positivada, está fundado nas bases do Estado Democrático de Direito.

Os princípios que servem de base ao garantismo penal são os seguintes: 1. princípio da retributividade ou da sucessividade da pena em relação ao delito cometido; 2. princípio da legalidade ou da reserva legal, assim compreendido como a absoluta impossibilidade imputar a alguém delito e aplicar pena sem expressa previsão legal; 3. princípio da necessidade ou da economia do Direito Penal; 4. princípio da lesividade ou da ofensividade do ato; 5. princípio da materialidade; 6. princípio da culpabilidade; 7. princípio da jurisdicionalidade; 8. princípio acusatório ou da separação entre juiz e acusação; 9. princípio do encargo da prova: ao réu não se deve impor o ônus de provar que é inocente, pois é a acusação quem tem a obrigação de provar a responsabilidade criminal do imputado; 10. princípio do contraditório.

O garantismo penal está presente desde a criação da lei penal e processual penal, orientando a escolha dos princípios a serem adotados e dos bens jurídicos a serem protegidos, até o início da persecução penal, seja na fase investigativa ou na jurisdicional.

3.6 FUNCIONALISMO PENAL

O funcionalismo penal iniciou na Alemanha, em 1970, tendo como um dos principais expoente Claus Roxin.

O funcionalismo se insurge contra a concepção de conduta preconizada pelos sistemas clássico e finalista, defendendo a teoria da imputação objetiva como forma de valorar a ideia de conduta e sua relação com o tipo penal.

Afinal, não se pode caracterizar o ilícito penal por meio de categorias como a causalidade ou a finalidade. O ilícito nem sempre é realizado final ou causalmente, como o provam os crimes omissivos. E ainda quando tais estruturas se apresentam, falta-lhes a referência ao Direito Penal, de modo que eles não bastam para caracterizar aquilo que há de jurídico-penalmente relevante em uma ação típica.[7]

A concepção funcionalista de Roxin considera que a tipicidade, antijuridicidade e culpabilidade devem ser desenvolvidas levando em conta suas funções político-criminais. O injusto penal deve derivar das funções do Direito Penal, ao passo que a culpabilidade deve ser derivada da função da pena.

O funcionalismo de Roxin é orientado por valores e finalidades fornecidos pela política criminal do Estado Social e Democrático de Direito, afastando-se da política criminal fundada na lei e ordem ou abolicionista, adotando, assim, a concepção de um funcionalismo moderado.

---

6. BITENCOURT, Cezar Roberto. *Tratado de direito penal:* parte geral. 22. ed. São Paulo: Saraiva, 2016. p. 118.
7. ROXIN, Claus. *Estudos de direito penal.* 2. ed. Rio de Janeiro: Renovar, 2012. p. 80.

Para Roxin, a função do Direito Penal reside na proteção dos bens jurídicos de forma subsidiária, devendo incidir as sanções mais severas, voltadas a restrições da liberdade, quando as demais formas de proteção, com medidas menos severas, se revelarem insuficientes. A finalidade da pena seria a prevenção tanto geral quanto especial, sendo rechaçada a finalidade retributiva.

O funcionalismo sistêmico ou radical de Günter Jakobs, por sua vez, apregoa que a finalidade do Direito Penal não está na proteção do bem jurídico, mas na estabilização do conteúdo da norma, ou seja, na manutenção e confirmação da vigência da norma. A proteção ao bem jurídico constitui em um resultado mediato da função da pena de asseguramento da vigência da norma.

Para Jakobs, a legitimação do Direito Penal decorre da necessidade de sua atuação garantir as expectativas normativas essenciais à convivência em sociedade. Por isso, a violação dessa expectativa, autoriza a aplicação de uma sanção como forma de reafirmar a expectativa frustrada. A função da pena, portanto, seria a da prevenção geral por meio do exercício do reconhecimento da norma.

3.7 DIREITO PENAL DO INIMIGO

A teoria do Direito Penal do Inimigo tem como principal idealizador Günther Jakobs, professor da Universidade de Bonn, Alemanha.

Jakobs, muito além de contrapor duas esferas isoladas do Direito Penal, busca descrever duas tendências opostas inseridas no mesmo contexto jurídico-penal, consistentes no Direito Penal do cidadão e o Direito Penal do inimigo.

Para Jakobs, denomina-se "Direito" o vínculo entre pessoas que são titulares de direitos e deveres, ao passo que a relação com um inimigo não se determina pelo Direito, mas pela coação. Jakobs afirma que os autores contratualistas, notadamente Rosseau e Fichte, entendem o delito no sentido de que o delinquente infringe o contrato, de maneira que já não participa dos benefícios deste: a partir desse momento, já não vive com os demais dentro de uma relação jurídica.[8]

Afastando-se da concepção de Rosseau e de Fichte, consistente na separação radical entre o cidadão e seu Direito, por um lado, e o injusto do inimigo, por outro, por considerar demasiadamente abstrata, Jakobs assevera que:

> Em princípio, um ordenamento jurídico deve manter dentro do Direito também o criminoso, e isso por uma dupla razão: por um lado, o delinquente tem direito a voltar a ajustar-se com a sociedade, e para isso deve manter seu status de pessoa, de cidadão, em todo caso: sua situação dentro do Direito. Por outro, o delinquente tem o dever de proceder à reparação e também os deveres têm como pressuposto a existência de personalidade, dito de outro modo, o delinquente não pode despedir-se arbitrariamente da sociedade através de seu ato.[9]

---

8. JAKOBS, Günter; MELIÁ, Manuel Cancio. *Direito Penal do Inimigo: noções e críticas. Organização e tradução: André Luis Callegari e Nereu José Giacomolli. Porto Alegre: Livraria do Advogado, 2020,* p. 24.
9. JAKOBS, Günter; MELIÁ, Manuel Cancio. Op. cit., p. 25.

Portanto, o Estado pode proceder de dois modos com os delinquentes: pode vê-los como pessoas que delinquem, pessoas que tenham cometido um erro, ou indivíduos que devem ser impedidos de destruir o ordenamento jurídico, mediante coação.[10]

Jakobs considera completamente errôneo demonizar aquilo que se tem denominado Direito Penal do Inimigo, porquanto quem não presta uma segurança cognitiva suficiente de um comportamento pessoal não só não pode esperar ser tratado ainda como pessoa, mas o Estado não deve tratá-lo, como pessoa, já que do contrário vulneraria o direito à segurança das demais pessoas.[11]

Em resumo: Quem por princípio se conduz de modo desviado não oferece garantia de um comportamento pessoal. Por isso, não pode ser tratado como cidadão, mas deve ser combatido como inimigo. Esta guerra tem lugar com um legítimo direito dos cidadãos, em seu direito à segurança; mas diferentemente da pena, não é Direito também a respeito daquele que é apenado; ao contrário, o inimigo é excluído.[12]

---

10. JAKOBS, Günter; MELIÁ, Manuel Cancio. Op. cit., p. 40.
11. JAKOBS, Günter; MELIÁ, Manuel Cancio. Op. cit., p. 40.
12. JAKOBS, Günter; MELIÁ, Manuel Cancio. Op. cit., p. 47.

4

PRINCÍPIOS DO DIREITO PENAL

4.1 NOÇÕES INTRODUTÓRIAS

Princípios são valores fundamentais que direcionam a criação do sistema normativo, indicando os critérios para a compreensão da norma, bem como servindo de base para limitar a atuação do legislador ordinário e, até mesmo, do órgão julgador, preservando, assim, os direitos e garantias fundamentais do cidadão.

Os princípios podem ser explícitos, ou seja, expressamente previstos no ordenamento jurídico, como, por exemplo, o da ampla defesa e do contraditório, disposto no art. 5º, LV, da CF; podem ser, ainda, implícitos, que derivam daqueles expressamente positivados, como, por exemplo, o da proporcionalidade entre a gravidade da infração e da pena cominada pelo legislador ou aplicada pelo julgador.

4.2 PRINCÍPIOS DO DIREITO PENAL

A doutrina cita uma série de princípios relacionados ao Direito Penal, seja em relação à sua missão, ao agente ou ao fato por ele praticado.

Passaremos a destacar os princípios com maior incidência no contexto prático e nas provas de concursos.

4.2.1 Princípio da reserva legal ou da estrita legalidade

Parte da doutrina denomina esse princípio como sendo o da legalidade, insculpido no art. 5º, II, da CF, segundo o qual "ninguém será obrigado a fazer ou deixar de fazer alguma coisa senão em virtude de lei".

O princípio da legalidade abrange todas as espécies normativas previstas no art. 59 da CF, desde emendas à Constituição a meras resoluções, irradiando, portanto, em todas as esferas do ordenamento jurídico.

Especificamente na seara penal, consideramos mais correto tratar como princípio da reserva legal ou da estrita legalidade, nos termos do art. 5º, XXXIX, da CF, e art. 1º do CP.

Com efeito, pelo princípio da reserva legal, somente a lei poderá criar crimes e cominar penas. Em outras palavras, as normas penais incriminadoras somente podem ser criadas por meio de lei, emanada do Poder Legislativo, respeitando o processo legislativo. Trata-se de princípio absoluto, e não meramente relativo, já que não se pode admitir a possibilidade de normas penais restringindo a liberdade e outros direitos individuais emanadas por ato unilateral, por exemplo, do Poder Executivo.

O princípio da reserva legal possui basicamente dois fundamentos: a) fundamento político; b) fundamento jurídico.

O *fundamento político* guarda relação com as garantias e direitos fundamentais do cidadão. Trata-se de garantia à liberdade, evitando abusos e arbítrios por parte do Estado no exercício do poder punitivo. Assim, ao estabelecer que não haverá crime sem lei que o defina, nem pena sem cominação legal, assegura-se ao cidadão a garantia de que o Estado somente poderá exercer o poder punitivo em relação à prática de conduta previamente definida em lei como crime ou contravenção.

O *fundamento jurídico* confere grau de taxatividade e certeza às normas penais incriminadoras. Cumpre ao legislador definir de forma clara a conduta proibida e a sanção penal a ela correspondente. Nesse contexto, somente haverá crime quando existir perfeita correspondência entre a conduta praticada e a previsão legal.

A taxatividade significa que a lei não pode conter expressões vagas e imprecisas, delimitando a conduta lesiva ao bem jurídico.

Em consequência, por corolário lógico do princípio da reserva legal, veda-se a analogia *in malam partem*, que, por semelhança, amplia o rol das infrações penais e das penas. Sendo permitida, no entanto, a analogia *in bonam partem*, já que favorece o direito de liberdade, seja com a exclusão da criminalidade, seja pelo tratamento mais favorável ao réu.

A Constituição da República atribui privativamente à União competência para legislar sobre Direito Penal (CF, art. 22, I), atribuição que será exercida pelo Congresso Nacional (CF, art. 48), observados os procedimentos constitucionais do processo legislativo.

A *medida provisória*, embora tenha força de lei, não se caracteriza como lei, já que não emana do Poder Legislativo, mas do Presidente da República (CF, art. 62), sendo, por isso, vedada sua edição sobre matéria relativa a direito penal (CF, art. 62, § 1.º, I, *b*).

Questão polêmica versa sobre a possibilidade de medida provisória sobre matéria penal em benefício do réu. Nesse aspecto, embora se trate de matéria penal, não constitui violação ao princípio da reserva legal, uma vez que, nesse caso específico, não há definição de novos crimes ou cominação de penas, inexistindo, pois, restrição a direitos individuais ou prejuízo, de qualquer modo, a situação do réu. Esse é o entendimento adotado pelo STF: "A inadmissibilidade da medida provisória em matéria penal não compreende a de normas penais benéficas, assim, as que abolem crimes ou lhes restringem o alcance, extingam ou abrandem penas ou ampliam os casos de isenção de pena ou de extinção da punibilidade".[1-2]

O STJ, por seu turno, já decidiu que

> O princípio da reserva legal, informador do direito penal, obsta que a medida provisória crie ou exclua tipo penal. Configura-se, pois, inadmissível a extinção da

1. STF, Tribunal Pleno, RE nº 254818/PR, rel. Min. Sepúlveda Pertence, j. 8-11-2000.
2. STF, RHC nº 117.566/SP, rel. Min. Luiz Fux, 1ª T., j. 24-9-2013.

punibilidade, com base em medida provisória, do denunciado pela falta de recolhimento aos cofres públicos das contribuições previdenciárias descontadas dos empregados.[3-4]

4.2.2 Princípio da anterioridade

O princípio da anterioridade constitui corolário lógico do princípio da reserva legal. Também está previsto nos arts. 5º, XXXIX, da CF e 1º do CP, especificamente no que diz respeito à exigência de *lei prévia* definindo crimes e cominando penas.

A lei que descreve um crime deve ser anterior ao fato incriminado, devendo, pois, estar em vigor na data em que o fato é praticado. Trata-se da regra do *tempus regit actum*.

Nesse contexto, a irretroatividade da lei é uma consequência lógica da anterioridade. De forma que, em regra, a norma penal não retroage, salvo se trouxer ao réu situação mais favorável (CF, art. 5º, XL).

A proibição da retroatividade da lei mais severa não se restringe às penas, mas a qualquer norma de natureza penal.

4.2.3 Princípio da personalidade, responsabilidade pessoal ou da intranscendência

Conforme o disposto no art. 5º, XLV, da CF, nenhuma pena passará da pessoa do condenado, podendo a obrigação de reparar o dano e a decretação do perdimento de bens ser, nos termos da lei, estendidas aos sucessores e contra eles executadas, até o limite do valor do patrimônio transferido.

A responsabilização penal somente poderá recair contra quem efetivamente praticou o fato delituoso, não podendo alcançar terceira pessoa alheia a esse fato.

Em razão disso, a peça acusatória deve individualizar o acusado e descrever de forma específica o fato a ele imputado, sob pena de não recebimento pela inépcia (CPP, art. 395, I).

A reparação do dano na esfera cível, em face da prática de um delito, pode ser direcionada aos sucessores do acusado. Todavia, o *quantum* indenizatório encontra limite no valor do patrimônio deixado pelo acusado falecido.

4.2.4 Princípio da responsabilidade penal subjetiva

Não basta individualizar o acusado, deve-se, ainda, demonstrar que agiu ao menos culposamente. É o que se extrai do art. 19 do CP.

Não há, pois, espaço no ordenamento jurídico penal para a responsabilidade objetiva, em que o agente pode ser responsabilizado mesmo sem ter agido com dolo ou culpa.

---

3. STJ, REsp nº 421119/RS, rel. Min. Paulo Medina, 6ª T., j. 19-8-2003.
4. No concurso para Delegado de Polícia da PC/CE, realizado em 2015, a banca VUNESP, ao questionar se, de acordo com o artigo 62 da Constituição Federal, é permitida a edição de Medida Provisória em matéria penal, considerou errada a alternativa que permitia aplicação de Medida Provisória em matéria penal, ainda que tenha caráter despenalizador. No concurso para Delegado de Polícia Civil do PC/PA, realizado em 2021, o Instituto AOCP considerou como correta a seguinte afirmativa: "É vedada a edição de medidas provisórias sobre matéria relativa a Direito Penal (art. 62, §1º, I, alínea b, CF). Nada obstante, o STF firmou jurisprudência no sentido de que as medidas provisórias podem ser utilizadas na esfera penal, desde que benéficas ao agente."

Logo, além da necessidade de demonstrar que a conduta foi praticada pelo agente, em consonância com o princípio da responsabilidade pessoal, deve-se ainda comprovar ter ele agido com dolo ou culpa, conforme o princípio da responsabilidade penal subjetiva.

Não obstante isso, identificam-se resquícios da responsabilidade objetiva no contexto da rixa qualificada (CP, art. 137, parágrafo único) e embriaguez voluntária ou culposa decorrente da *actio libera in causa* (CP, art. 28, II).

4.2.5 Princípio da ofensividade ou da lesividade

O Direito Penal incide somente quando a conduta representar ao menos perigo de lesão ao bem jurídico. Se não oferecer qualquer perigo de lesão ao bem jurídico, a conduta não constituirá infração penal.

Tal princípio deve ser observado tanto pelo legislador como pelo julgador, delimitando no âmbito legislativo e judicial a atuação do Direito Penal.

Em decorrência desse princípio, discute-se a constitucionalidade dos delitos de perigo abstrato (ou presumido), compreendidos como sendo de presunção absoluta o perigo ao bem jurídico tutelado. Nesse aspecto, os Tribunais Superiores adotam o entendimento no sentido de que não há inconstitucionalidade em relação aos crimes de perigo abstrato, como, por exemplo, porte ilegal de arma (Lei nº 10.826/2003, art. 14), ainda que desmuniciada.[5]

4.2.6 Princípio da intervenção mínima

O Direito Penal, por constituir o ramo do direito que pode ensejar consequências mais severas na esfera de liberdade do cidadão, deve incidir somente quando estritamente necessário, quando os demais ramos não se mostraram suficientes para assegurar a paz social e dirimir conflitos de interesses.

Em outras palavras, a intervenção do Direito Penal deve ser mínima e subsidiária, figurando como verdadeira *ultima ratio* na atuação estatal.

Cabe precipuamente ao legislador e ao operador do direito realizar a análise da necessidade da intervenção do Direito Penal. Ao legislador cumpre reservar ao Direito Penal a tutela de bens jurídicos relevantes, que os demais ramos não se mostraram capazes de resguardar. E ao operador verificar, diante do caso concreto, a necessidade da aplicação do Direito Penal, ainda que o legislador tenha, num primeiro plano, considerado abstratamente necessário. É a aplicação do Direito Penal mínimo.

O princípio da intervenção mínima se desdobra em outros dois: fragmentariedade e subsidiariedade.

a) Fragmentariedade ou caráter fragmentário do Direito Penal

Determinada conduta humana pode ser contrária ao direito, caracterizando um fato ilícito. Todavia, tal conduta não constituirá, obrigatoriamente, um ilícito penal. Em outras palavras, uma conduta ilícita não configurará necessariamente um ilícito penal. Nem toda conduta ilícita será, portanto, infração penal.

Todavia, toda infração penal será ilícita também em relação aos demais ramos do direito, diante do caráter fragmentário do Direito Penal.

---

5. STJ, AgRg no HC 658107/SC, rel. Min. Ribeiro Dantas, 5ª T., j. 3-8-2021.

O Direito Penal não incide sobre qualquer comportamento, mas somente em relação aos bens jurídicos mais relevantes à manutenção da ordem no convívio social e da coletividade. Eis o seu caráter fragmentário: *a incidência do Direito Penal se restringe a algumas condutas ou fragmentos do comportamento humano, e não em relação a todos.*

Assim, no plano abstrato, o legislador deverá criar tipos penais para tutelar determinado bem jurídico que os demais ramos do Direito não lograram proteger integralmente.

Tomemos como exemplo o fato de alguém que contraiu empréstimo não ter honrado com o pagamento por falta de condições econômicas. Tal conduta não constitui infração penal, dada a ausência do dolo de fraude. Todavia, se o agente emitir cheque sem a provisão de fundos, com o intuito de obter vantagem em prejuízo alheio, o Direito Penal incidirá para tutelar o patrimônio alheio (CP, art. 171, § 2º, VI), já que a esfera cível não se mostrou suficiente para coibir tal conduta.

Nesse caso, o Direito Penal não atua em relação a qualquer inadimplemento no pagamento de uma dívida, que gera prejuízo ao credor, mas somente em relação à conduta que ataca o patrimônio de alguém mediante o emprego de fraude. Eis o caráter fragmentário do Direito Penal.

b) Princípio da subsidiariedade

O princípio da subsidiariedade constitui uma variação do princípio da intervenção mínima.

Pelo princípio da subsidiariedade, o Direito Penal deverá incidir somente em último caso, quando os demais ramos do direito falharem na tutela do bem jurídico. Busca-se, primeiro, adotar medidas mais brandas, menos invasivas à liberdade do agente que praticou um ilícito. Se necessário, o Direito Penal é chamado a atuar como último recurso para a proteção do bem jurídico violado.

Num primeiro momento, pode parecer que o princípio da subsidiariedade se assemelha ao da fragmentariedade. A diferença, no entanto, reside no plano de atuação. *O princípio da fragmentariedade se projeta no plano abstrato, ao passo que o princípio da subsidiariedade se verifica no plano concreto*, quando os demais ramos não se mostrarem eficazes para tutelar o bem jurídico.

Vê-se, pois, que em relação ao princípio da subsidiariedade, a infração penal já foi praticada, devendo, no plano concreto, o Direito Penal ser aplicado se outro ramo do direito for ineficaz. Assim, se a aplicação de outro ramo do direito se mostrar suficiente, não haverá legitimidade para a aplicação da lei penal.

Como já julgou o STJ:

> A desobediência à ordem de parada emitida pela autoridade de trânsito ou por seus agentes, ou mesmo por policiais ou outros agentes públicos no exercício de atividades relacionadas ao trânsito, não constitui crime de desobediência, pois prevista sanção administrativa específica no art. 195 do CTB, o qual não estabelece a possibilidade de cumulação de sanção penal. Assim, em razão dos princípios da subsidiariedade do Direito Penal e da intervenção mínima, inviável a responsabilização da conduta na esfera criminal.[6]

6. STJ, AgRg no REsp nº 1803414/MS, rel. Min. Felix Fischer, 5ª T., j. 7-5-2019.

4.2.7 Princípio da insignificância ou crime de bagatela

4.2.7.1 Noções introdutórias

O princípio da insignificância, também denominado crime de bagatela, guarda relação com o princípio da intervenção mínima e da fragmentariedade, no sentido de que ao Direito Penal cumpre a proteção de bens jurídicos que, por sua relevância, efetivamente necessitam de tutela penal.

O Direito Penal não deve incidir quando a conduta do agente não for suficientemente capaz de causar lesão ou ao menos perigo de lesão a um determinado bem jurídico. Em síntese, o Direito Penal não se presta para atuar diante de condutas que atingem bens jurídicos irrelevantes e de natureza ínfima.

A natureza jurídica do princípio da insignificância é de *causa de exclusão da tipicidade material*. Embora a conduta seja formalmente típica, será materialmente atípica, diante da ausência de lesão ou perigo de lesão ao bem jurídico. Explica-se.

A tipicidade penal é formada pela junção da tipicidade formal com a tipicidade material.

A tipicidade formal nada mais é do que a adequação do fato praticado ao modelo legal de conduta proibida descrito na norma penal. É o enquadramento do fato praticado à conduta descrita no dispositivo penal. Assim, o fato de o agente subtrair determinado objeto se enquadra na norma penal que prevê como crime de furto a conduta de subtrair, para si ou para outrem, coisa alheia móvel. Ou seja, o fato praticado pelo agente se amolda à conduta proibida descrita no art. 155 do CP. Eis a tipicidade formal.

Todavia, a subsunção do fato à norma penal não é suficiente. É necessário, ainda, que o fato praticado atinja bem jurídico suficientemente relevante para ensejar a atuação do Direito Penal. A conduta do agente, pois, deve ser minimamente suficiente para causar lesão ou perigo de lesão a um bem juridicamente relevante. Eis a tipicidade material.

Se, conquanto prevista na norma penal como proibida (tipicidade formal), a conduta desenvolvida pelo agente atingir bem jurídico irrelevante, o fato será materialmente atípico, incidindo, assim, o princípio da insignificância.

Tomemos como exemplo a subtração de uma barra de chocolate no valor de R$ 5,00 (cinco reais) em uma grande rede de supermercados. Tal fato é formalmente típico, já que insculpido como proibido no art. 155 do CP, mas será materialmente atípico, uma vez que o bem jurídico atingido, por seu ínfimo valor, é irrelevante para o Direito Penal.

4.2.7.2 Requisitos

A incidência do princípio da insignificância não se dá de forma indiscriminada e sem critérios.

Para o reconhecimento da atipicidade material do fato em decorrência do princípio da insignificância, devem estar presentes requisitos de ordem objetiva, relacionados ao fato, bem como de caráter subjetivo, relacionados ao agente, considerando sempre o caso concreto.

4.2.7.2.1 Requisitos objetivos

O STF[7] e o STJ[8] apontam quatro requisitos objetivos para a incidência do princípio da insignificância: a) mínima ofensividade da conduta; b) ausência de periculosidade social

7. STF, RHC nº 163009 AgRg/SC, rel. Luiz Fux, 1ª T., j. 7-12-2018.
8. STJ, HC nº 502912/SP, rel. Ribeiro Dantas, 5ª T., j. 4-6-2019.

da ação; c) reduzido grau de reprovabilidade do comportamento; d) inexpressividade da lesão jurídica.

Os Tribunais Superiores elencam tais requisitos, sem, no entanto, estabelecer a diferença entre eles e especificar o alcance de cada um. Há, ainda, quem entenda que tais requisitos são tautológicos, que, em síntese, dizem a mesma coisa.

E, na verdade, parece-nos que não seria realmente adequado estabelecer critérios rígidos e absolutos para cada requisito, já que os parâmetros estabelecidos para aferição da incidência do princípio da insignificância podem variar a depender das circunstâncias do caso concreto, como, por exemplo, o valor do bem atingido, a situação econômica da vítima, as condições pessoais do autor do fato, bem como as peculiaridades da prática delituosa.

Em outras palavras, a valoração conjunta desses requisitos pode variar de caso a caso, o que pode parecer insignificante num caso, pode não ser em outro semelhante, ou seja, furtar um objeto no valor de R$ 100,00 (cem reais) pertencente a uma pessoa com situação financeira confortável pode ensejar a incidência do princípio da insignificância, ao passo que subtrair uma velha bicicleta, avaliada em R$ 100,00 (cem reais), pertencente a um modesto trabalhador que a utiliza como meio de transporte para se deslocar até o local de trabalho, pode não incidir tal princípio.

4.2.7.2.2 Requisitos subjetivos

Além dos requisitos objetivos, relacionados aos fatos, deve-se, ainda, verificar a presença dos requisitos subjetivos, relacionados ao autor da infração penal e à vítima do delito.

a) Em relação ao autor da infração penal

A possibilidade de aplicação do princípio da insignificância em relação ao autor do fato passa pela análise no sentido de verificar se é reincidente ou criminoso habitual.

Quanto ao agente *reincidente*, os tribunais divergem sobre a possibilidade de aplicação do princípio da insignificância.

O STJ considera inaplicável o princípio da insignificância, salvo quando as instâncias ordinárias, analisando o caso concreto, entenderem ser recomendável a incidência dessa causa de exclusão da tipicidade. Nesse particular, o STJ confirmou entendimento do Tribunal de 2º grau que manteve decisão de rejeição da denúncia oferecida contra réu reincidente, atentando para as circunstâncias do caso concreto:

> A jurisprudência desta Corte Superior de Justiça é firme no sentido de que não se revela inexpressiva a lesão econômica superior a 10% do salário mínimo. É assente, ainda, quanto ao entendimento de que a reincidência e os maus antecedentes, via de regra, afastam a incidência do princípio da bagatela. Referidos vetores, contudo, não devem ser analisados de forma isolada, porquanto não constituem diretrizes absolutas. Nesse contexto, mister se faz o exame das particularidades do caso concreto, com o objetivo de verificar se a medida é socialmente recomendável. *In casu*, não obstante o furto simples tenha recaído sobre um par de alianças avaliado em valor superior a 10% do salário mínimo, e apesar de se tratar de réu reincidente, o Tribunal de origem, atento às particularidades do caso concreto – consistentes no fato de o réu, ao ser abordado, ter confessado a subtração e restituído os bens objeto do delito, não acarretando prejuízo à vítima –, manteve a rejeição da denúncia oferecida pelo Ministério Público.[9]

9. STJ, AgRg no REsp nº 1804399/SP, rel. Min. Reynaldo Soares da Fonseca, 5ª T., j. 4-6-2019.

Verifica-se, pois, que, como regra, não se aplica o princípio da insignificância ao réu reincidente, salvo em casos excepcionais, atentando-se às particularidades do caso concreto. Assim, a reincidência do acusado não é motivo suficiente para afastar a aplicação do princípio da insignificância, ressalvados casos específicos, que dependem da análise do contexto fático concreto.[10]

Em relação ao multirreincidente[11] e ao reincidente específico, o STF[12] e o STJ[13] consideram inaplicável o princípio da insignificância, diante da maior reprovabilidade da sua conduta.

b) Em relação à vítima

A aplicação do princípio da insignificância depende, ainda, das condições e características pessoais da própria vítima.

Além da presença dos vetores objetivos, deve-se verificar o contexto que envolve a vítima, como, por exemplo, sua condição econômica, a importância que o bem jurídico representa para ela, o valor sentimental, as circunstâncias e as consequências do delito.

Com efeito, o que pode ser irrelevante para uma determinada vítima, pode não ser em relação à outra. A extensão do prejuízo provocado pela subtração de um botijão de gás de uma residência ocupada por família de excelente condição financeira não é, evidentemente, a mesma em relação a uma família com modesta condição econômica, que reside num acanhado imóvel e cuja renda mensal não supera o valor de um salário-mínimo.

Em relação à família dotada de boa condição econômica, pode-se aventar a incidência do princípio da insignificância, ao passo que em relação à família com situação financeira modesta não parece razoável considerar a hipótese de crime de bagatela.

Portanto, não há que se falar em reduzido grau de reprovabilidade da conduta do agente, se o valor do bem jurídico atacado não é irrisório diante das condições econômicas da vítima.[14]

Da mesma forma, ainda que inexpressivo economicamente, o valor sentimental em relação ao bem jurídico atacado também é considerado para aquilatar a aplicação do princípio da insignificância, uma vez que, nesse caso, o dano suportado pela vítima ganha maior relevância do que qualquer quantia pecuniária. Esse é o entendimento do STF[15] e do STJ.[16]

4.2.7.3 Princípio da insignificância em espécie

Embora seja mais frequente em relação a crimes contra o patrimônio, a aplicação do princípio da insignificância não se limita a crimes dessa natureza, podendo, se preenchidos os requisitos, incidir sobre qualquer crime.

---

10. No concurso para Juiz Substituto do TJCE, realizado em 2018, a banca CESPE/CEBRASPE, considerou como correta a afirmativa no sentido de que a reincidência do acusado não é motivo suficiente para afastar a aplicação do princípio da insignificância.
11. STJ, AgRg no AgREsp nº 1307157/MG, rel. Min. Felix Fischer, 5ª T., j. 21-8-2018.
12. STF, HC nº 153980 AgRg/MS, rel. Min. Dias Toffoli, 2ª T., j. 18-5-2018.
13. STJ, AgRg no REsp nº 1427296/MG, rel. Min. Joel Ilan Paciornik, 5ª T., j. 4-6-2019.
14. STJ, AgRg no AgREsp nº 813662/DF, rel. Min. Gurgel de Faria, 5ª T., j. 23-2-2016.
15. STF, HC nº 111017/RS, rel. Min. Ayres Britto, 2ª T., j. 7-2-2012.
16. STJ, HC nº 60949/PE, rel. Min. Laurita Vaz, 5ª T., j. 20-11-2007.

A maior incidência do princípio da insignificância ocorre, inexoravelmente, em relação ao crime de furto, já que praticado sem violência ou grave ameaça, atingindo, não raras vezes, objeto de valor ínfimo.

A propósito, nesse aspecto, convém registrar que não há um valor máximo limitando a incidência do princípio da insignificância, pois, como dito, além do valor do objeto do crime, deve-se, ainda, considerar as condições financeiras da vítima, a importância do objeto material, bem com as circunstâncias do caso concreto.

Não obstante isso, em que pese não constituir parâmetro absoluto, o STJ considera aplicável o princípio da insignificância, se presentes os demais requisitos, quando o valor do objeto material atingido não superar o equivalente a 10% do salário-mínimo vigente à época do fato,[17] rejeitando, por exemplo, a incidência do crime de bagatela em relação a furto de objeto com valor equivalente a 23% do salário mínimo vigente à época do fato.[18]

Não há espaço, à evidência, para aplicação do princípio da insignificância em relação a crimes hediondos ou equiparados, uma vez que o legislador conferiu maior rigor ao tratamento dado a agentes acusados por tais delitos, reconhecendo a gravidade das condutas, sendo, pois, incompatível com reduzida reprovabilidade e grau de ofensividade ao bem jurídico inerentes ao crime bagatelar.

Alguns delitos, por suas peculiaridades, merecem especial análise acerca da incidência ou não do princípio da insignificância.

a) Crimes praticados com violência ou grave ameaça à pessoa

É pacífico o entendimento no sentido da inaplicabilidade do princípio da insignificância em relação a crimes de roubo e a outros delitos praticados com violência ou grave ameaça à pessoa.

Isso porque, ainda que irrelevante o valor do objeto material atacado, não se mostra razoável considerar insignificante a conduta do agente que emprega violência ou grave ameaça contra a vítima. Ao contrário, tal conduta revela maior periculosidade do agente, bem como elevado grau de ofensividade e reprovabilidade, afastando, por absoluto, a aplicação do princípio da insignificância.

Esse é o entendimento adotado pelo STJ:

> Penal. Agravo regimental no agravo em recurso especial. Roubo majorado. Desclassificação. Impossibilidade. Súmula nº 7 do STJ. Princípio da insignificância. Não aplicação. Agravo não provido. 1. As instâncias ordinárias, após a minuciosa análise do acervo fático-probatório, produzido sob o crivo do contraditório, condenaram o agravante pelo crime de roubo majorado consumado por entenderem devidamente provada a grave ameaça necessária à sua configuração. 2. Para entender-se pela desclassificação para o delito de furto ou pela absolvição do réu, seria necessário o revolvimento de todo o conjunto fático-probatório produzido nos autos, providência que é incabível na via do recurso especial, consoante o enunciado na Súmula nº 7 do STJ, *in verbis*: "A pretensão de simples reexame de prova não enseja recurso especial". 3. A jurisprudência desta Corte é firme em assinalar que, nos crimes praticados mediante violência ou grave

---

17. STJ, AgRg no RHC nº 106838/MG, rel. Min. Laurita Vaz, 6ª T., j. 6-6-2019.
18. STJ, AgRg no HC nº 502019/SC, rel. Min. Rogério Schietti Cruz, 6ª T., j. 6-6-2019.

ameaça contra a vítima, como no roubo, não é aplicável o princípio da insignificância. 4. Agravo regimental não provido.[19]

Prevalece o entendimento, no entanto, da possibilidade da incidência do princípio da insignificância nos casos de lesão corporal leve e lesão corporal culposa, desde que a conduta gere lesões absolutamente ínfimas, como, por exemplo, pequenas escoriações, sem maior lesividade, salvo se praticado no contexto de violência doméstica e familiar contra a mulher.

b) Crimes contra a fé pública

Os crimes contra a fé pública estão previstos nos arts. 289 a 311-A do CP.

O bem jurídico tutelado é a legitimidade e a credibilidade depositada nos documentos, sinais e símbolos que registram as relações jurídicas celebradas na sociedade organizada.

Logo, diante da importância do bem jurídico tutelado, não se mostra razoável nem proporcional admitir a incidência do princípio da insignificância em relação aos crimes contra a fé pública.

De fato, julgando crime de falsificação de documento público (CP, art. 297), o STJ considerou inaplicável o princípio da insignificância aos delitos cujo bem tutelado seja a fé pública.[20]

c) Crimes contra a administração pública

Sedimentando discussão doutrinária e jurisprudencial, o STJ pacificou entendimento no sentido da inaplicabilidade do princípio da insignificância nos crimes praticados contra a administração pública, já que, independentemente do valor material do bem atingido, busca-se, no caso, tutelar a moralidade administrativa, insuscetível de mensuração econômica.

É o que se extrai da Súmula nº 599 do STJ, segundo a qual "o princípio da insignificância é inaplicável aos crimes contra a Administração Pública".

Em que pese o teor da referida Súmula, consideramos que esse entendimento não deve ser aplicado de modo absoluto, sem analisar o caso concreto. De fato, não parece razoável, por exemplo, a incidência da tipicidade material em relação à conduta do agente público que utiliza uma única vez a máquina xerocópia, para imprimir, em poucas folhas, alguns documentos particulares, ou a conduta de estagiário que se apropria de um *clip* ou caneta esferográfica de que tem a posse em razão da função que exerce.[21]

Embora não conste no capítulo dos crimes contra a administração pública, mitigando o alcance da Súmula nº 599, o próprio STJ reconheceu a incidência do princípio da insignificância em relação ao crime de dano contra patrimônio público (CP, art. 163, parágrafo único, III), considerando as peculiaridades do caso concreto, consistentes em ser o réu primário, que contava com 83 anos de idade à época dos fatos, sendo, ainda, o dano de um cone avaliado em R$ 20,00 (vinte reais).[22]

---

19. STJ, AgRg no AgREsp nº 1013662/BA, rel. Min. Rogério Schietti Cruz, 6ª T., j. 7-2-2017.
20. STJ, AgRg no AgREsp nº 1131701/SP, rel. Min. Rogério Schietti Cruz, 6ª T., j. 17-4-2018.
21. Não obstante nosso entendimento, para concursos públicos recomendamos a adoção do entendimento pela inaplicabilidade do princípio da insignificância aos crimes contra a administração pública. No concurso para Delegado de Polícia da PC/MA, realizado em 2018, a Banca CESPE/CEBRASPE considerou incorreta a seguinte alternativa: O princípio da insignificância poderá ser aplicado aos crimes contra a administração pública quando o agente for primário e o prejuízo causado ao erário for inexpressivo.
22. STJ, RHC nº 85272/RS, rel. Min. Nefi Cordeiro, 6ª T., j. 23-8-2018.

O STF, por sua vez, reconheceu a incidência do princípio da insignificância em relação à conduta de um carcereiro que subtraiu farol de milha que guarnecia motocicleta apreendida, avaliado em R$ 13,00 (treze reais), absolvendo o réu da acusação pelo delito de peculato-furto (CP, art. 312, § 1º).[23]

d) Crime de descaminho e crimes contra a ordem tributária

Não obstante estar inserido no capítulo dos crimes contra a administração pública, o crime de descaminho (CP, art. 334) também ofende a ordem tributária, já que o agente ilude, no todo ou em parte, o pagamento de tributo devido pela entrada ou saída de mercadoria do País.

Em razão disso, verifica-se a possibilidade de aplicação do princípio da insignificância ao crime de descaminho, apesar do disposto na Súmula nº 599 do STJ.

Ainda que possa parecer estranho num primeiro momento, sobretudo por força do valor considerado como parâmetro, admite-se a incidência do princípio da insignificância no crime de descaminho quando o valor do tributo devido não for superior a R$ 20.000,00 (vinte mil reais).

De fato, nos termos do art. 20 da Lei nº 10.522/2002, atualizado pelas Portarias do Ministério da Fazenda nºs 75/2012 e 130/2012, serão arquivados, sem baixa na distribuição, por meio de requerimento do Procurador da Fazenda Nacional, os autos das execuções fiscais de débitos inscritos em Dívida Ativa da União pela Procuradoria-Geral da Fazenda Nacional ou por ela cobrados, de valor consolidado igual ou inferior àquele estabelecido em ato do Procurador-Geral da Fazenda Nacional.

A Port. nº 130/2012, que alterou a Port. nº 75/2012, prevê que o Procurador da Fazenda Nacional requererá o arquivamento, sem baixa na distribuição, das execuções fiscais de débitos com a Fazenda Nacional, cujo valor consolidado seja igual ou inferior a R$ 20.000,00 (vinte mil reais), desde que não conste dos autos garantia, integral ou parcial, útil à satisfação do crédito.

Em outras palavras, se o valor do tributo iludido pelo agente for igual ou inferior a R$ 20.000,00 (vinte mil reais), poderá, a princípio, ser aplicado o princípio da insignificância.

Isso porque, se a Fazenda Nacional expressamente considera irrelevante cobrar tributo cujo valor não supera R$ 20.000,00, sendo, pois, insignificante na esfera fiscal, também será, na ótica dos Tribunais Superiores, insignificante na esfera penal.

Esse é o entendimento adotado pelo STJ:

> Agravo regimental no recurso especial. Descaminho. Princípio da insignificância. Tributos que não ultrapassam o valor previsto no art. 20 da Lei nº 10.522/2002, com as alterações da Portaria nº 75/2012 do Ministério da Fazenda. Incidência do princípio da insignificância. Recurso não provido. 1. Esta Corte Superior de Justiça, em julgamento proferido pela Terceira Seção nos Recursos Especiais nºs 1.709.029/MG e 1.688.878/SP, sob a sistemática dos recursos repetitivos, firmou entendimento no sentido de considerar insignificante os crimes tributários federais e de descaminho quando o débito tributário, excluídos os acréscimos posteriores à sua consolidação, decorrentes de juros e multa, não ultrapassar o limite de R$ 20.000,00, a teor do disposto no art. 20 da Lei nº 10.522/2002, com as atualizações efetivadas pelas Portarias nºs 75 e 130, ambas

23. STF, HC nº 112388/SP, rel. Min. Cezar Peluso, 2ª T., j. 21-8-2012.

> do Ministério da Fazenda. 2. Na hipótese dos autos, o tributo sonegado pela conduta atribuída ao embargado corresponde ao principal de R$ 15.873,15 (quinze mil, oitocentos e setenta e três reais e quinze centavos), inferior ao limite previsto nas Portarias Ministeriais mencionadas, mostrando-se correto o reconhecimento da atipicidade material da conduta do acusado. 4. Agravo regimental a que se nega provimento.[24]

Esse também é o entendimento do STF, segundo o qual se aplica o princípio da insignificância ao crime de descaminho se o valor do tributo devido for inferior a R$ 20.000,00, nos termos do art. 20 da Lei nº 10.522/2002, com valor atualizado pelas Portarias nºs 75 e 130/2012 do Ministério da Fazenda.[25]

Todavia, o princípio da insignificância em relação ao crime de descaminho não é aplicado de forma indiscriminada.

O limite previsto na Lei nº 10.522/2002, atualizado pelas Portarias nºs 75/2012 e 130/2012, ambas do Ministério da Fazenda, para aplicação do princípio da insignificância somente é aplicado em relação a tributos federais.[26] Não se aplica, pois, aos tributos estaduais e municipais; primeiro, porque tais tributos não estão abrangidos pela Lei nº 10.522/2002, que trata de tributos federais; segundo, porque a lesão jurídica provocada pela elisão fiscal pode ser mais expressiva entre os entes federativos da esfera estadual e municipal.

Além disso, não se admite a aplicação do princípio da insignificância quando constatada a habitualidade delitiva nos crimes de descaminho, configurada tanto pela multiplicidade de procedimentos administrativos quanto por ações penais ou inquéritos policiais em curso.[27]

e) Crime de contrabando

O crime de contrabando, previsto no art. 334-A do CP, consiste em importar ou exportar mercadoria proibida.

A prática do crime de contrabando não atinge unicamente o erário público, mas também outros bens jurídicos, que, por sua relevância, não permitem a aplicação do princípio da insignificância, tais como a saúde pública e a moralidade administrativa.

Além disso, a conduta do agente que importa ou exporta mercadoria classificada como proibida ou ilícita com grau maior grau de reprovabilidade, não se coaduna, portanto, com os vetores que autorizam o princípio da insignificância.

Por isso, os Tribunais Superiores possuem entendimento consolidado de que o princípio da insignificância não se aplica aos crimes de contrabando de cigarros, por menor que possa ter sido o resultado da lesão patrimonial, pois a conduta atinge outros bens jurídicos, como a saúde, a segurança e a moralidade pública.[28]

f) Crimes na Lei de Drogas – Lei nº 11.343/2006

A Lei de Drogas tutela a saúde pública. São crimes de perigo abstrato ou presumido, sendo, por isso, dispensável a comprovação do efetivo risco ao bem jurídico tutelado. Em relação ao crime de tráfico de drogas, delito equiparado a hediondo, não se discute a

---

24. STJ, AgRg no REsp nº 1716714/SP, rel. Min. Jorge Mussi, 5ª T., j. 26-10-2018.
25. STF, AgRE nº 1031579 AgRg/MG, rel. Min. Gilmar Mendes, 2ª T., j. 5-4-2019.
26. STJ, AgRg no REsp nº 1259739/SP, rel. Min. Joel Ilan Paciornik, 5ª T., j. 30-5-2019.
27. STJ, AgRg no REsp nº 1834566/PR, rel. Min. Joel Ilan Paciornik, 5ª T., j. 3-3-2020.
28. STJ, AgRg no REsp nº 1898529/RS, rel. Min. Ribeiro Dantas, 5ª T., j. 9-3-2021.

inaplicabilidade do princípio da insignificância, diante do tratamento mais severo conferido pelo legislador aos delitos dessa natureza.

Todavia, em relação ao delito de posse de drogas para consumo pessoal (Lei nº 11.343/2006, art. 28) há divergência acerca da aplicabilidade ou não do princípio da insignificância.

O STJ, por sua 5ª Turma, adota o entendimento no sentido de que a conduta de posse de drogas para consumo pessoal está tipificada na Lei de Drogas, que, na sua íntegra, tutela a saúde pública, bem jurídico que, a evidência, não pode ser considerado ínfimo. Além disso, o crime do art. 28 da Lei nº 11.343/2006 é de perigo abstrato, sendo irrelevante a pequena quantidade de substância entorpecente apreendida em poder do agente.[29]

De outro lado, o STF já admitiu o princípio da insignificância em favor de agente condenado por portar 0,6 g de maconha.[30]

g) Violência doméstica ou familiar contra a mulher

Diante da relevância do bem jurídico protegido e da natureza protetiva da Lei nº 11.340/2006 não se mostra razoável ou proporcional admitir a incidência do princípio da insignificância no contexto de violência doméstica ou familiar contra a mulher, nem mesmo na hipótese de reconciliação do casal.

É o que se extrai da Súmula nº 589 do STJ, segundo a qual: "É inaplicável o princípio da insignificância nos crimes ou contravenções penais praticados contra a mulher no âmbito das relações domésticas".

h) Crimes ambientais

A princípio, poder-se-ia supor a absoluta inaplicabilidade do princípio da insignificância em relação aos crimes ambientais, diante da relevância do bem jurídico tutelado, bem como o seu caráter transgeracional, assim entendido como bem que deve ser protegido também para as gerações futuras.

Todavia, não obstante a relevância do bem jurídico, em casos excepcionais, tem-se admitido a aplicação do princípio da insignificância aos delitos ambientais, quando demonstrada a ínfima ofensividade ao bem ambiental tutelado.

Nesse sentido, o STJ considerou que, conquanto a conduta consistente em pescar em período no qual a pesca seja proibida ou em local interditado por órgão competente se amolde formalmente ao tipo penal do art. 34 da Lei nº 9.605/1998, não configura a tipicidade material quando não há qualquer dano causado ao meio ambiente, sobretudo quando não restar apreendido qualquer espécie de pescado em poder do agente.[31]

i) Posse e porte ilegal de munição

Nos termos dos arts. 14 e 16, ambos da Lei nº 10.826/2003, constitui crime possuir, manter sob sua guarda, portar, deter, adquirir, fornecer, receber, ter em depósito, transportar, ceder, ainda que gratuitamente, emprestar, remeter, empregar, manter sob guarda ou ocultar munição, de uso permitido, sem autorização e em desacordo com determinação legal ou regulamentar.

---

29. STJ, AgInt no HC nº 372555/ES, rel. Min. Felix Fischer, 5ª T., j. 15-8-2017.
30. STF, HC nº 110.475/SC, rel. Min. Dias Toffoli, 1ª T., j. 14-2-2012.
31. STJ, HC nº 143208/SC, rel. Min. Jorge Mussi, 5ª T., j. 25-5-2010.

Os crimes de posse ou porte ilegal de munição incidem mesmo que desacompanhada de arma de fogo, já que se trata de crime de mera conduta e de perigo abstrato. A inviabilidade do pronto uso da munição, por estar desacompanhada da arma, não desnatura o delito.

Isso não significa a impossibilidade do reconhecimento, em situações excepcionais, do princípio da insignificância. Com efeito, admite-se a incidência do princípio da insignificância quando se tratar de posse de pequena quantidade de munição, desacompanhada de armamento capaz de deflagrá-la, uma vez que ambas as circunstâncias conjugadas denotam a inexpressividade da lesão jurídica provocada, bem como a diminuta ofensividade ao bem jurídico tutelado.

Nesse contexto, o STJ considerou a incidência do princípio da insignificância ao agente flagrado na posse de dois cartuchos de calibre.32, desacompanhados de arma de fogo.[32] O STF, por sua vez, reconheceu o princípio da insignificância em relação à conduta de portar, sem autorização legal, uma munição de uso proibido, consistente num cartucho calibre 0.40.[33]

Por outro lado, não se aplica o princípio da insignificância na hipótese de ser apreendida razoável quantidade de munições, como, por exemplo, 18 no total, sendo 5 projéteis de calibre.38 e 13 de calibre .380.[34]

j) Atos infracionais

Atos infracionais correspondem às condutas praticadas por crianças ou adolescentes análogas aos crimes e contravenções descritas em lei. E, nesse particular, tem-se admitido a incidência do princípio da insignificância aos atos infracionais, desde que, evidentemente, presentes todos os vetores que autorizam a incidência do princípio da insignificância.

4.2.7.4 Princípio da insignificância imprópria

O princípio da insignificância propriamente dito incide quando o bem atingido se mostra irrelevante para o Direito Penal. Ou seja, embora formalmente típico, o fato praticado será materialmente atípico, já que, como dito, o Direito Penal somente incide para tutelar bens jurídicos que se revestem de certa relevância. Há, portanto, exclusão da tipicidade.

O princípio da insignificância imprópria, também sem previsão legal, tem como base a desnecessidade da aplicação da pena.

Embora o fato praticado tenha atingido bem jurídico de certa relevância, revestindo-se, portanto, de tipicidade formal e material, verificando-se as circunstâncias do caso concreto, tais como a personalidade ajustada do autor do fato, sua primariedade, reparação do dano à vítima, reduzida reprovabilidade da conduta, torna-se desnecessária a aplicação da pena.

Em outras palavras, o fato praticado é relevante para o Direito Penal, sendo, portanto, típico, ilícito, revestindo-se o autor de culpabilidade. Diante disso, a peça acusatória é oferecida e o agente regularmente processado. Ao final, se for caso de procedência da pretensão punitiva estatal, o juiz, analisando o caso concreto e as circunstâncias judiciais do art. 59 do CP, sobretudo no que diz respeito à necessidade e suficiência da pena para reprovação e prevenção do crime, poderá deixar de aplicar a pena.

---

32. STJ, HC nº 484121/MG, rel. Min. Reynaldo Soares da Fonseca, 5ª T., j. 16-5-2019.
33. STF, HC nº 154390/SC, rel. Min. Dias Toffoli, 1ª T., j. 17-4-2018.
34. STJ, AgRg no REsp nº 1915047/RJ, rel. Min. Ribeiro Dantas, 5ª T., j. 9-3-2021.

Tomemos como exemplo o fato de o agente, primário, subtrair objeto com valor relevante, mas se arrepende e o restitui a vítima. O fato é formal e materialmente típico, ilícito e o agente culpável. Diante disso, a denúncia é oferecida pelo Ministério Público, seguindo o processo o seu trâmite normal até o momento da prolação da sentença. Considerando o que dispõe o art. 16 do CP, o juiz, diante do arrependimento posterior do agente, deveria proferir sentença condenatória, e, no momento da fixação da pena, diminuí-la de um a dois terços. Todavia, pelo princípio da insignificância imprópria, o juiz poderia, analisando o caso concreto (agente primário, sem personalidade voltada para o crime, restituição da coisa furtada), deixar de aplicar a pena, sob o fundamento de que seria desnecessária qualquer sanção penal para a reprovação do crime, valendo-se da parte final do art. 59 do CP. Logo, o agente praticou um fato típico, ilícito, sendo, ainda, culpável, mas não será punido. Assim, pode-se concluir que o princípio da bagatela imprópria constitui causa supralegal de extinção da punibilidade.

A aplicação do princípio da insignificância imprópria encontra resistência nos Tribunais Superiores. O STJ não admitiu a aplicação do princípio da insignificância imprópria em casos envolvendo violência doméstica e familiar contra mulher, mesmo na hipótese de reconciliação do casal.

> Agravo regimental no recurso especial. Violência doméstica. Ameaça. Tipicidade. Reconciliação. Irrelevância. Súmula nº 568/STJ agravo desprovido. 1. O STJ tem jurisprudência reiterada de que não incide os princípios da insignificância e da bagatela imprópria aos crimes e às contravenções praticados mediante violência ou grave ameaça contra mulher, no âmbito das relações domésticas, dada a relevância penal da conduta. Logo, a reconciliação do casal não implica no reconhecimento da atipicidade material da conduta ou a desnecessidade de pena (*ut*, AgRg no REsp nº 1602827/MS, rel. Min. Ribeiro Dantas, 5ª T., *DJe* 9-11-2016) 2. Agravo regimental desprovido.[35]

O STF também considerou incabível a aplicação do princípio da bagatela imprópria no caso de prática do crime previsto no art. 223 do CPM.[36]

4.2.8 Princípio da exclusiva proteção do bem jurídico

O Direito Penal deve se ocupar com a tutela dos bens jurídicos relevantes, assim compreendidos como sendo bens materiais ou até mesmo imateriais, individuais e metaindividuais, que, por sua importância, merecem especial proteção. Trata-se de bens jurídicos

---

35. STJ, AgRg no REsp nº 1743996/MS, rel. Min. Reynaldo Soares da Fonseca, 5ª T., j. 14-5-2019.

36. "Agravo regimental no *habeas corpus*. Penal e processual penal militar. Crime de ameaça. Art. 223 do CPM. Pleito de aplicação do princípio da bagatela imprópria. Inexistência de teratologia, abuso de poder ou flagrante ilegalidade. Revolvimento do conjunto fático-probatório. Inadmissibilidade na via eleita. Impossibilidade de utilização do *habeas corpus* como sucedâneo de recurso ou revisão criminal. Agravo regimental desprovido. 1. Incabível a aplicação do princípio da bagatela imprópria quando revelada a extrema gravidade do comportamento perpetrado pelo paciente. Precedente: HC nº 122.418, 2ª T., rel. Min. Teori Zavascki, *DJe* 16-10-2014. 2. O *habeas corpus* é ação inadequada para a valoração e exame minucioso do acervo fático-probatório engendrado nos autos. 3. *In casu*, o paciente foi condenado à pena de 30 (trinta) dias de detenção, em regime aberto, com direito ao *sursis* pelo prazo de 2 (dois) anos, em razão da prática do crime previsto no art. 223 do CPM. 4. O *habeas corpus* é impassível de ser manejado como sucedâneo de recurso ou revisão criminal. 5. A reiteração dos argumentos trazidos pelo agravante na petição inicial da impetração é insuscetível de modificar a decisão agravada. Precedentes: HC nº 136.071-AgR, 2ª T., rel. Min. Ricardo Lewandowski, *DJe* 9-5-2017; HC nº 122.904-AgRg, 1ª T. rel. Min. Edson Fachin, *DJe* 17-5-2016; RHC nº 124.487-AgRg, 1ª T., rel. Min. Roberto Barroso, *DJe* 1-7-2015. 6. Agravo regimental desprovido" (HC nº 170727 AgRg/CE).

consagrados na Constituição Federal como sendo fundamentais para o desenvolvimento humano e da coletividade.

A eleição dos bens jurídicos a serem tutelados pelo Direito Penal leva em conta o mandamento constitucional, que elenca no rol dos direitos e garantias fundamentais os bens jurídicos dignos de tutela penal, tais como a vida, a honra, meio ambiente, dentre outros.

Nesse sentido, o Direito Penal não se destina a tutelar bens jurídicos vinculados a questões éticas, morais, ideológicas ou religiosas, por exemplo. Em outras palavras, não se afigura possível tornar crime o exercício de uma determinada religião, em confronto com a liberdade de crença assegurada pela Constituição Federal.

4.2.9 Princípio da adequação social

Conforme o princípio da adequação social, somente será possível reputar criminoso o comportamento que violar o sentimento social de justiça. Se determinada conduta, embora seja formalmente típica, for socialmente aceita e tolerada pela comunidade, não poderá ser considerada criminosa.

Por isso, o princípio da adequação social constitui causa supralegal de exclusão da tipicidade, já que a conduta, embora subsumida formalmente a um tipo penal, será materialmente atípica.

O princípio da adequação social é admitido na conduta do trote acadêmico, desde que dentro do limite tolerado. Assim, se um grupo de estudantes veteranos obrigarem aos calouros arrecadarem donativos para pessoas de baixa renda, mesmo que um ou outro não queira participar de forma espontânea, não haverá crime de constrangimento ilegal, em face da incidência do princípio da adequação social.

Por outro lado, o STJ considerou inaplicável o princípio da adequação social à conduta prevista no art. 184, § 2º, do CP, considerando formalmente e materialmente típica a conduta de expor a venda CDs e DVDs "piratas".[37]

Também considerou inaplicável o princípio da adequação social ao crime de manutenção de casa de prostituição (CP, art. 229), ainda que diante de eventual tolerância de parte da sociedade e, até mesmo, de autoridades públicas, já que viola o princípio da dignidade humana, não podendo ser considerado comportamento correto e tolerado por toda a sociedade.[38]

4.2.10 Princípio da confiança

O princípio da confiança parte do pressuposto de que se espera dos membros da comunidade conduta responsável, compatível com as regras de convívio social, observando o dever de cuidado voltado a evitar danos a bem jurídico alheio.

Em síntese, recai sobre o agente, considerando as regras de experiência, a confiança de que pautará sua conduta no sentido de não provocar lesão a bem jurídico de terceiro.

Nesse contexto, se o agente desenvolver uma conduta, confiando que terceira pessoa não adotará postura descuidada ou inesperada, não lhe sendo possível, em razão disso, antever, no caso concreto, a ação descuidada de terceiro, não lhe será imputada a prática de crime.

---

37. STJ, AgRg no AgREsp nº 1281475/SP, rel. Min. Reynaldo Soares da Fonseca, 5ª T., j. 19-6-2018.
38. STJ, AgRg no REsp nº 1508423/MG, rel. Min. Ericson Maranho, 6ª T., j. 1º-9-2015.

O STJ reconheceu a incidência do princípio da confiança na conduta do motorista que, observando as regras de trânsito, atropelou pedestre que, de inopino, surgiu na via pública, colocando-se em frente ao veículo, provocando, assim, a sua própria morte.[39]

4.2.11 Princípio da alteridade

O Direito Penal atua quando o agente provoca dano ou perigo de dano a bem jurídico alheio. Não incide em relação ao agente que não exteriorizou sua ideação interna de crime, bem como em relação a condutas moralmente reprováveis.

Em outras palavras, o Direito Penal não serve para prevenir danos, seja físico ou moral, a bens do próprio agente que desenvolveu a conduta, não sendo possível punir alguém que produziu algum mal apenas a si próprio.

Em razão desse princípio, não se pune a autolesão, sustentando alguns, inclusive, a atipicidade da conduta do art. 28 da Lei nº 11.343/2006, sob o fundamento de que o consumo de drogas causa danos à saúde do próprio agente, não atingindo, em tese, bem jurídico alheio.

4.2.12 Princípio da individualização da pena

O princípio da individualização da pena, expressamente previsto no art. 5º, XLVI, da CF, invocado em diversas decisões importantes pelos Tribunais Superiores, guarda relação com o tratamento que deve ser dado ao agente, considerando as características específicas que envolveram o fato delituoso, bem como os aspectos subjetivos e objetivos do crime.

Trata-se de estabelecer um critério de justiça, conferindo tratamento específico e individualizado a cada agente, sem estabelecer padrões ou regras genéricas para situações distintas.

O princípio da individualização da pena deve ser considerado em três momentos: a) legislativo; b) judicial; c) administrativo.

No aspecto legislativo, cumpre ao legislador descrever a conduta proibida, definindo o tipo penal, cominando as sanções de forma proporcional, estabelecendo, de forma clara e objetiva, a descrição do fato delituoso, a pena mínima e máxima, bem como eventuais qualificadoras, causas de aumento ou diminuição da pena.

No âmbito judicial, por ocasião da fixação da pena, deve o Magistrado, em obediência ao sistema trifásico para pena privativa de liberdade (CP, art. 68) e bifásico para a pena de multa (CP, art. 49), considerar os aspectos subjetivos e objetivos que envolveram o fato delituoso, individualizando a pena conforme as características específicas do agente e do crime praticado.

No plano administrativo, a individualização é observada na fase de execução da pena, conferindo tratamento penitenciário ao agente de acordo com seus aspectos específicos e individuais, conduzindo o cumprimento da pena de forma a viabilizar o retorno do agente ao convívio social.

No aspecto prático, o STF considerou inconstitucional a imposição do regime inicial fechado de cumprimento de pena, previsto no art. 2º, § 1º, da Lei nº 8.072/1990, por violação ao princípio da individualização da pena.[40]

---

39. STJ, HC nº 147250/BA, rel. Min. Maria Thereza de Assis Moura, 6ª T., j. 4-3-2010.
40. STF, HC nº 111840/ES, Tribunal Pleno, rel. Min. Dias Toffoli, j. 27-6-2012.

4.2.13 Princípio da humanidade

Trata-se da manifestação do respeito à dignidade da pessoa humana, cuja previsão expressa consta no art. 1º, III, da CF.

De acordo com esse princípio, é vedado o tratamento desumano e cruel, sujeitando o indivíduo a sofrimento intenso, tanto no aspecto físico como no moral. Não é possível, pois, criar tipos penais desproporcionais nem cominar penas que atentem contra a incolumidade física ou moral do indivíduo.

Diante desse princípio, não haverá penas de morte, salvo em caso de guerra declarada; de caráter perpétuo; de trabalhos forçados; de banimento; cruéis (CF, art. 5º, XLVII).

Com base no princípio da dignidade da pessoa humana, o STF decidiu pela vedação de revistas íntimas em estabelecimentos carcerários de forma degradante ou vexatória.[41]

4.2.14 Princípio da proporcionalidade ou da razoabilidade

O princípio da proporcionalidade ou razoabilidade consiste numa espécie de limitação do poder estatal. Além disso, deve traduzir uma forma de segurança à coletividade, visto que os tipos penais devem ser concebidos de modo a impor aos indivíduos penas proporcionais às condutas penalmente proibidas eventualmente praticadas.

O princípio da proporcionalidade alcança a atuação do legislador, o juiz da ação penal, bem como os órgão de execução penal, caracterizando, respectivamente, a proporcionalidade abstrata, a proporcionalidade concreta e a proporcionalidade executória.

Conforme a *proporcionalidade abstrata*, destinada ao legislador, as penas abstratamente cominadas devem guardar proporcionalidade e razoabilidade com a conduta descrita no tipo penal.

Pela *proporcionalidade concreta*, direcionada ao Magistrado na fixação da pena, deve-se observar individualização da pena, aplicando-se a sanção penal mais consentânea com as circunstâncias que envolveram o caso concreto.

Em relação à *proporcionalidade executória ou administrativa*, as características e condições pessoais do condenado devem nortear a execução da pena a ele imposta. Ou seja, observa-se a proporcionalidade adequada na execução da pena imposta ao agente.

O princípio da proporcionalidade deve ser verificado, ainda, sob dois aspectos: a) proibição do excesso; b) proteção insuficiente de bens jurídicos.

O princípio da proporcionalidade limita o excesso estatal, proibindo a cominação e fixação da pena acima do razoável e desnecessária.

De outro lado, o princípio da proporcionalidade guarda estreita relação com a vedação da proteção deficiente ao bem jurídico tutelado. Em outras palavras, se, de um lado, veda-se o excesso estatal, de outro não se mostra razoável admitir atuação estatal abaixo do necessário, limitando, assim, a aplicação do princípio da insignificância.

Analisando a prática do crime de posse ilegal de munição, previsto no art. 12 da Lei nº 10.826/2003, o STJ relativizou a aplicação do princípio da insignificância, considerando que a incidência de tal princípio não pode levar à situação de proteção deficiente ao bem jurídico tutelado, não devendo, portanto, "abrir muito o espectro de sua incidência, que

---

41. STF, SL nº 1153 AgRg/SC, rel. Min. Dias Toffoli, Tribunal Pleno, j. 16-5-2019.

deve se dar apenas quando efetivamente mínima a quantidade de munição apreendida, em conjunto com as circunstâncias do caso concreto, a denotar a inexpressividade da lesão".[42]

4.2.15 Princípio do *ne bis in idem*

O princípio do *ne bis in idem* está previsto no art. 8º, 4, do Pacto de São José da Costa Rica, ratificado no Brasil pelo Dec. nº 678/1992, bem como no art. 20 do Estatuto de Roma, ratificado no Brasil pelo Dec. nº 4.388/2002.

De acordo com esse princípio, ninguém poderá ser julgado por fatos pelos quais já tenha sido condenado ou absolvido. Trata-se, em síntese, da vedação de dupla punição do agente pela prática de um mesmo fato.

Esse princípio incide sob três aspectos: a) processual; b) material; c) execucional.

Em relação ao *aspecto processual*, veda-se a possibilidade de o agente ser processado mais de uma vez pelo mesmo fato delituoso.

Em relação ao *aspecto material*, veda-se a possibilidade de o agente ser condenado pela segunda vez pela prática do mesmo fato delituoso.

E, por fim, em relação ao *aspecto execucional*, ninguém poderá ser compelido a cumprir duas vezes condenação imposta pelo mesmo fato delituoso.

Em síntese, é vedado processar, punir ou executar a pena imposta ao agente em razão do mesmo fato delituoso.

Exemplo clássico de aplicação desse princípio é o teor da Súmula nº 241 do STJ, segundo a qual: "A reincidência penal não pode ser considerada como circunstância agravante e, simultaneamente, como circunstância judicial".

Conforme entendimento adotado pelo STJ, o fato de ter o Tribunal considerado a atividade de policial civil para aumentar a pena-base pela culpabilidade e circunstâncias do crime, bem como para fazer incidir a causa de aumento do art. 2º, § 4º, II, da Lei nº 12.850/2013, revela inegável *bis in idem*, uma vez que não se pode sopesar o mesmo fato em duas fases distintas do cálculo da pena, sob pena de afronta aos arts. 59 e 68 do CP.[43]

Há violação do princípio do *ne bis in idem* na hipótese de a nocividade, quantidade e variedade da droga apreendida ser valorada tanto para exasperar a pena-base quanto para modular a fração da aplicação da minorante do tráfico dito privilegiado.[44]

Convém registrar que uma exceção no ordenamento jurídico brasileiro ao princípio do *ne bis in idem*. Com efeito, nos termos do art. 8º do CP, verifica-se a possibilidade de o agente ser processado duas vezes pelo mesmo fato nos casos de extraterritorialidade da lei penal brasileira, previstos no art. 7º do CP, devendo, naturalmente, ser considerada a hipótese de detração da pena parcialmente cumprida no estrangeiro.

Para acesso ao vídeo, utilize o QR Code ao lado.

42. STJ, AgRg no HC nº 479187/RJ, rel. Min. Rogério Schietti, 6ª T., j. 12-8-2019.

43. STJ, AgRg no REsp nº 1797632/SC, rel. Min. Nefi Cordeiro, 6ª T., j. 20-8-2019.

44. STJ, AgRg no HC nº 631932/RS, rel. Min. Antônio Saldanha Palheiro, 6ª T., j. 16-3-2021.

5

FONTES DO DIREITO PENAL

5.1 NOÇÕES INTRODUTÓRIAS

Fonte, na acepção do termo, tem a conotação de origem, nascedouro, de onde provém alguma coisa.

No sentido jurídico, o estudo das fontes do direito penal permite verificar a origem das normas que compõem o ordenamento jurídico penal. O nascedouro das normas de Direito Penal. Além disso, as fontes também constituem instrumentos de manifestação do Direito Penal.

As fontes do Direito Penal são divididas em fontes materiais (também denominadas de substanciais ou de produção) e formais (também denominadas de cognitivas ou de conhecimento).

5.2 FONTES MATERIAIS, SUBSTANCIAIS OU DE PRODUÇÃO

As fontes materiais guardam relação com os órgãos incumbidos de elaborar as normas de Direito Penal. Por isso são denominadas de fontes de produção, já que destinadas a criar o Direito Penal.

Nos termos do art. 22, I, da CF, compete à União legislar (criar, produzir) sobre Direito Penal. De acordo com o parágrafo único do art. 22 da CF, lei complementar federal poderá autorizar os Estados-Membros a legislar em matéria penal sobre questões específicas. Trata-se de competência suplementar, que pode ou não lhes ser delegada.

Entende-se por questões específicas matérias relacionadas a interesse meramente local. Os Estados não podem legislar sobre matéria fundamental de Direito Penal, alterando dispositivos da Parte Geral, criando crimes ou ampliando as causas extintivas da punibilidade já existentes, só tendo competência para legislar nas lacunas da lei federal e, mesmo assim, em questões de interesse específico e local.

5.3 FONTES FORMAIS, COGNITIVAS OU DE CONHECIMENTO

As fontes formais constituem instrumentos de exteriorização do Direito Penal, ou seja, mecanismos de publicizar, divulgar, tornar pública, levar ao conhecimento de todos as normas de Direito Penal.

As fontes formais se dividem em:

a) *Fonte formal imediata*: a lei em sentido genérico, compreendida como sendo a regra escrita emanada do Poder Legislativo, constitui a única fonte formal imediata do Direito Penal. Decorre do princípio da estrita legalidade ou da reserva legal, previsto nos arts. 5º, XXXIX, da CF e 1º do CP. Assim, somente a lei poderá criar crimes e contravenções penais e cominar penas;

b) *Fontes formais mediatas ou secundárias:* não criam infrações penais nem cominam penas, mas influenciam na sua criação. São fontes secundárias que fornecem elementos para a criação de crimes e contravenções penais.

Constituem fontes formais mediatas a Constituição Federal, os costumes, a jurisprudência, os princípios gerais do direito, os tratados e convenções internacionais sobre direitos humanos.[1]

5.3.1 Constituição Federal

A Constituição Federal não prevê crimes nem comina crimes, mas atribui essa tarefa à lei, quando prevê no capítulo dos direitos e garantias fundamentais o princípio da reserva legal ou da estrita legalidade (CF, art. 5º, XXXIX).

Além disso, a Constituição Federal prevê dispositivos relacionados ao Direito Penal como, por exemplo, os princípios da irretroatividade da lei penal mais severa (CF, art. 5º, XL), da personalidade ou responsabilidade pessoal (CF, art. 5º, XLV) e da individualização da pena (CF, art. 5º, XLVI), dentre outros aplicáveis ao Direito Penal.

Há, ainda, dispositivos constitucionais que tratam da outorga de mandados de criminalização de condutas, direcionados à atuação do legislador ordinário em relação a determinados crimes, como, por exemplo, racismo (CF, art. 5º, XLII), crimes hediondos e equiparados (CF, art. 5º, XLIII), ação de grupos armados contra a ordem constitucional e o Estado Democrático (CF, art. 5º, XLIV), crimes ambientais (CF, art. 225, § 3º) e proteção a crianças e adolescentes (CF, art. 227, § 4º).

5.3.2 Tratados e convenções internacionais sobre direitos humanos

Conforme dispõe o art. 5º, § 3º, da CF, os tratados e convenções internacionais sobre direitos humanos porventura aprovados, em cada Casa do Congresso Nacional, em dois turnos, por três quintos dos votos dos respectivos membros, terão tratamento equivalentes às emendas constitucionais.

Assim, após passar pelo processo legislativo, passando a integrar o ordenamento jurídico, os tratados e convenções internacionais sobre direitos humanos podem ser considerados como fontes formais mediatas do Direito Penal.

---

1. Rogério Sanches Cunha, realizando uma releitura da EC nº 45, acrescentou como fontes imediatas a Constituição Federal, os Tratados e Convenções Internacionais, a jurisprudência e os princípios. CUNHA, Rogério Sanches. *Manual de direito penal*: parte geral. 7. ed. Salvador: Juspodivm, 2019. p. 263.

5.3.3 Costumes

O costume tem relação com condutas reiteradas e constantes, que impõe à coletividade convicção de obrigatoriedade em relação a aplicabilidade das suas regras. Verifica-se, assim, a presença de um elemento objetivo, relacionado ao fato: reiteração da conduta; e elemento subjetivo, relativo ao agente: convicção da obrigatoriedade.

Em outras palavras, são regras não escritas, seguidas a partir da reiteração frequente de determinada conduta, constituindo-se, por conta disso, em normas imperativas e, portanto, de observância obrigatória.

O costume não cria infrações penais nem comina pena, já que tal atribuição é exclusiva da Lei, mas pode influenciar na sua criação, constituindo-se, pois, em fonte mediata ou secundária do Direito Penal.

Os costumes se dividem em três espécies:

a) *contra legem ou negativo*: como a própria denominação sugere, trata-se de conduta reiterada em desconformidade com a lei, mas insuficiente para revogá-la;

Exemplo clássico é a contravenção do jogo do bicho, prevista no art. 58 do Dec.-lei nº 3.688/1941. O STJ já assentou posição no sentido da impossibilidade de absolvição pela prática do jogo do bicho, sob o fundamento de que se trata de conduta costumeira.[2]

Da mesma forma, considerou que a conduta consistente em comprar e vender CDs e DVDs "piratas" se enquadra na hipótese prevista no art. 184, § 2º, do CP, não podendo ser afastada a aplicação da norma penal incriminadora, tampouco alegar-se que a conduta é socialmente adequada ou que o costume se sobrepõe à lei neste caso.[3]

Em síntese, a Lei escrita somente poderá ser revogada por outra lei, não sendo o costume fonte hábil para excluir do ordenamento jurídico uma regra penal. É o que se extrai do art. 2º, § 1º, da LINDB.

b) *secundum legem ou interpretativo*: permite ao intérprete identificar o teor de circunstâncias e elementares do tipo penal. Esclarecer determinada expressão, a partir da definição empregada em determinada coletividade, adequando, assim, o costume ao ordenamento jurídico.

Tomemos como exemplo a expressão "china ou chinoca". No dialeto gaúcho, chinoca significa mulher do peão, também chamada de prenda. Assim, dependendo da conotação atribuída, no Rio Grande do Sul chamar uma mulher de "chinoca" não constitui crime contra a honra. Todavia, pode constituir crime de injúria (CP, art. 140) em outro canto do País, já que a expressão "chinoca" também pode ser usada em sentido pejorativo, significando "prostituta".

c) *praeter legem ou integrativo*: trata-se do costume que preenche lacunas e especifica o conteúdo da norma. Tem incidência em norma penal não incriminadora, sobretudo no contexto de causas supralegais de exclusão da ilicitude ou culpabilidade.

2. STJ, REsp nº 30705/SP, rel. Min. Adhemar Maciel, 6ª T., j. 14-3-1995.
3. STJ, HC nº 150901/MG, rel. Min. Gilson Dipp, 5ª T., j. 22-2-2011.

5.3.4 Jurisprudência

A jurisprudência consiste na reiteração de decisões judiciais no mesmo sentido, buscando a uniformização do entendimento acerca de determinada matéria, conferindo segurança jurídica e estabilidade às relações jurídicas. Todavia, nem sempre possui natureza cogente, de aplicação obrigatória, restringindo, assim, o seu reconhecimento automático como fonte do direito.

As hipóteses em que a jurisprudência condiciona de forma cogente o entendimento dos operadores do direito, figurando, assim, como fonte mediata do direito estão previstas no art. 927 do CPC:

> I – as decisões do Supremo Tribunal Federal em controle concentrado de constitucionalidade;
>
> II – os enunciados de súmula vinculante;
>
> III – os acórdãos em incidente de assunção de competência ou de resolução de demandas repetitivas e em julgamento de recursos extraordinário e especial repetitivos;
>
> IV – os enunciados das súmulas do Supremo Tribunal Federal em matéria constitucional e do Superior Tribunal de Justiça em matéria infraconstitucional;
>
> V – a orientação do plenário ou do órgão especial aos quais estiverem vinculados.

5.3.5 Doutrina

A doutrina, compreendida como fonte de produção científica e intelectual de cunho jurídico pode influenciar na criação de normas penais, a partir de conceitos e princípios desenvolvidos pelos mais abalizados doutrinadores, sem força, evidentemente, vinculativa, razão pela qual constitui fonte mediata do direito.

5.3.6 Princípios gerais do direito

Os princípios constituem valores fundamentais que podem servir de base para criação de normas penais, não servindo, portanto, de fonte imediata de criação de tipos penais, cuja origem decorre exclusivamente da lei.

Para acesso ao vídeo, utilize o QR Code ao lado.

6

LEI PENAL

6.1 INTRODUÇÃO

Lei penal não se confunde com norma penal.

Norma é o mandamento de um comportamento recomendável, retirado do senso comum de justiça de cada coletividade. Trata-se de uma regra proibitiva não escrita, que se extrai do espírito dos membros da sociedade, isto é, do senso de justiça do povo. É do senso comum que não se deve matar, roubar, furtar ou estuprar. Logo, a ordem normal de conduta é não matar, não furtar, e assim por diante.

A norma penal pode ser entendida em sentido amplo e estrito.

Em sentido amplo, norma penal é tanto a que define um fato punível, impondo, abstratamente, a sanção, como a que amplia o sistema penal por meio de princípios gerais e disposições sobre os limites e ampliação de normas incriminadoras.

Em sentido estrito, norma penal é a que descreve uma conduta ilícita, impondo uma sanção (*sanctio juris*).

Lei, por sua vez, é a regra escrita estabelecida pelo legislador com a finalidade, sobretudo na seara penal, de tornar expresso o comportamento considerado indesejável e perigoso pela coletividade. É o veículo por meio do qual a norma aparece e torna cogente sua observância.

Ao legislador, portanto, não cabe proibir simplesmente a conduta, mas descrever em detalhes o comportamento, associando-lhe uma pena, de maneira que somente possam ser punidos aqueles que pratiquem exatamente o que está descrito.

A lei é, por imperativo do princípio da reserva legal, descritiva e não proibitiva. A norma sim é que proíbe.

Pode-se, portanto, dizer que enquanto a norma, que retrata o senso comum, diz "não mate" ou "matar é uma conduta anormal", a lei opta pela técnica de descrever a conduta, associando-se a uma pena, com o fito de garantir o direito de liberdade e controlar os abusos do poder punitivo estatal ("matar alguém: reclusão, de 6 a 20 anos"). Assim, quem mata alguém age contra a norma ("não matar"), mas exatamente de acordo com a descrição feita pela lei ("matar alguém").

6.2 A TÉCNICA LEGISLATIVA NO DIREITO PENAL

A lei penal obedece a peculiar técnica legislativa.

O legislador não diz expressamente que matar é crime, que é proibido matar, e sim que a eliminação da vida de uma pessoa por outra enseja a aplicação de determinada pena. Assim, o preceito imperativo que deve ser obedecido não se contém de maneira expressa na norma penal. A sanção e o comportamento humano ilícito é que são expressos.

Essa forma de elaboração legislativa deriva do princípio de reserva legal. Para que haja crime, é preciso uma lei anterior que o defina. Somente quando um fato se ajusta a um modelo legal de crime é que o Estado adquire o direito concreto de punir.

Em consequência, a regra proibitiva permanece implícita na definição do crime e só por via indireta é que pode ser determinada.

Assim, no art. 121, *caput*, do CP, o legislador define o crime de homicídio na seguinte proposição: Matar alguém. Esse é o comportamento humano ilícito. De forma oculta, existe o mandamento proibitivo ou regra imperativa: Não matarás.

6.3 CARACTERÍSTICAS DA LEI PENAL

a) Exclusividade

A lei penal encerra um caráter de exclusividade, pois somente por meio de lei se pode definir infrações (crimes e contravenções) e cominar sanções penais (penas e medidas de segurança). É o que se extrai dos arts. 5º, XXXIX, da CF e 1º do CP.

b) Imperatividade

A lei penal é impositiva, razão pela qual o seu descumprimento enseja a aplicação da pena ou medida de segurança. A todos é devido o acatamento à lei penal. Daí o seu caráter de obrigatoriedade.

Todas as leis ou normas penais são imperativas, mesmo as de caráter não incriminador. Assim, se o agente reagiu a uma injusta agressão, a lei não incriminadora que define a legítima defesa (CP, art. 25) é impositiva ao agressor.

c) Generalidade

A lei penal incide sobre todas as pessoas, indistintamente. Possui eficácia *erga omnes*, dirigindo-se a todos, inclusive inimputáveis, já que sujeitos à medida de segurança.

d) Abstrata e impessoal

Abstrata e impessoal porque não endereça o seu mandamento proibitivo a um indivíduo. Dirige-se a fatos futuros, uma vez que não há crime sem lei anterior que o defina.

6.4 CLASSIFICAÇÃO DAS LEIS PENAIS

A lei penal pode ser classificada em duas espécies: leis incriminadoras e não incriminadoras. Estas, por sua vez, subdividem-se em permissivas e finais, complementares ou explicativas.

6.4.1 Leis penais incriminadoras

São as que definem os crimes e cominam as sanções penais.

São estruturadas por um preceito primário, que encerra o comando da norma, descrevendo de forma clara, precisa e objetiva a conduta proibida, seja comissiva ou omissiva. Assim, no crime de furto (CP, art. 155), o preceito primário consiste em "Subtrair, para si ou para outrem, coisa alheia móvel".

O preceito secundário se destina a cominar a pena. Para que o preceito primário possa se tornar imperativo, ele deve se impor coercitivamente. Nesse momento aparece o preceito secundário prevendo a sanção, a coercibilidade, a possibilidade de se impor o preceito. No exemplo do furto (CP, art. 155), o preceito secundário prevê a sanção de "reclusão, de 1 (um) a 4 (quatro) anos, e multa".

6.4.2 Leis penais não incriminadoras

São as que não descrevem crimes nem cominam penas. Subdividem-se em: a) permissivas; b) exculpantes; c) explicativas ou interpretativas; d) complementares; e) extensão ou integrativas.

a) Permissivas

São aquelas que admitem, permitem a prática de determinado fato típico, sem considerá-lo ilícito.

Encontram-se, em regra, na Parte Geral do Código Penal (CP, art. 23), mas também na Parte Especial, em relação a crimes específicos, tais como o aborto legal (CP, art. 128) e nos crimes contra a honra (CP, art. 142).

b) Exculpantes

São normas que retiram a culpabilidade da conduta típica e ilícita do agente, ou, ainda, que extinguem a punibilidade do sujeito, como, por exemplo, as que preveem a inimputabilidade por doença mental (CP, art. 26, *caput*), menoridade (CP, art. 27) e embriaguez completa e acidental (CP, art. 28, § 1º), bem como as causas de extinção da punibilidade previstas no art. 107 do CP.

Há, ainda, normas exculpantes previstas na Parte Especial do Código Penal, como, por exemplo, a reparação do dano no peculato culposo antes da sentença irrecorrível (CP, art. 312, § 3º, 1ª parte).

c) Explicativas ou interpretativas

São as que se destinam a esclarecer o teor e o significado da norma, delimitando o âmbito de sua aplicação.

O art. 327 do CP esclarece o conceito de funcionário público para fins penais; o art. 150, § 4º, do CP, define o conceito de domicílio.

d) Complementares

As normas complementares dispõem sobre a aplicação e incidência da lei penal incriminadora, como ocorre, por exemplo, com o art. 5º do CP, que trata da incidência da lei penal brasileira a fatos praticados dentro do território nacional.

e) **De extensão ou integrativas**

São as que viabilizam a adequação de um fato não previsto diretamente como crime, estabelecendo a ponte entre a conduta do agente e o tipo penal correspondente.

Sem a existência da norma de extensão, o fato seria, a princípio, atípico. É justamente essa norma de extensão que integra o fato a um tipo penal.

Se, por exemplo, considerarmos isoladamente a conduta do agente que determina a eliminação da vida de uma pessoa, o fato seria atípico, uma vez que não há nenhum dispositivo penal descrevendo a conduta consistente em "mandar matar".

Mas, valendo-se da norma de extensão prevista no art. 29 do CP, será possível integrar a conduta do agente que determinou a morte da vítima ao tipo penal que define o crime de homicídio (CP, art. 121).

A mesma lógica de raciocínio deve ser empregada nos crimes omissivos impróprios (CP, art. 13, § 2º) e o crime na forma tentada (CP, art. 14, II).

6.5 NORMAS PENAIS EM BRANCO

6.5.1 Conceito

A norma penal em branco é aquela em que o preceito primário é incompleto, necessitando de outra norma para integralizá-lo. Há a descrição da conduta delituosa, mas não na sua integralidade, sendo necessária a complementação com outra norma para conferir tipicidade plena à conduta do agente.

Trata-se, em outras palavras, de uma norma cuja descrição da conduta está incompleta, necessitando de complementação por outra disposição legal ou regulamentar.

Essa norma que necessita de outra para complementá-la é denominada norma penal em branco.

6.5.2 Classificação

As normas penais em branco se classificam em:

a) **Normas penais em branco em sentido lato ou homogênea**

São aquelas em que o complemento é determinado pela mesma fonte formal da norma incriminadora. O órgão encarregado de formular o complemento é o mesmo que originou a norma penal em branco.

Há, pois, homogeneidade de fontes, não obstante a norma depender de lei extrapenal para completar-se.

O crime de induzimento a erro essencial e ocultação de impedimento para contrair casamento, previsto no art. 236 do CP, necessita de complemento, já que se deve verificar quais são as hipóteses de erro essencial e de impedimento. E as causas de impedimento e as hipóteses de erro essencial estão previstas, respectivamente, nos arts. 1.521 e 1.548, ambos do CC, que têm origem na mesma fonte legislativa do Código Penal.

Pode ser **homovitelina,** na hipótese da lei incriminadora e a complementadora se encontrarem no mesmo diploma legislativo, ou **heterovitelina,** quando estiverem em diplomas legislativos distintos.

b) Normas penais em branco em sentido estrito ou heterogêneas

São aquelas cujo complemento está contido em norma procedente de outra instância legislativa. As fontes formais são heterogêneas, havendo diversificação quanto ao órgão de elaboração legislativa.

Exemplo: O art. 33 da Lei de Tóxicos define o crime de importar ou exportar, preparar, produzir etc. "substâncias entorpecentes ou que determinem dependência física ou psíquica", sem autorização ou em desacordo com determinação legal ou regulamentar. Nos termos do art. 36 da referida lei, consideram-se substâncias entorpecentes ou capazes de determinar dependência física ou psíquica "aquelas que assim forem especificadas em lei ou relacionadas pelo Serviço Nacional de Fiscalização da Medicina e Farmácia, do Ministério da Saúde". Como se vê, o complemento pode ser expedido por órgão diverso da União. No caso, o complemento seria a Port. nº 344/1998 do Ministério da Saúde, que aprova o Regulamento Técnico sobre substâncias e medicamentos sujeitos a controle especial.

Da mesma forma, o art. 1º, I, da Lei nº 8.176/1981 também é considerado norma penal em branco, de complementação heteróloga (ou em sentido estrito), pois depende de ato normativo advindo de outra instância legislativa, mercê do disposto no art. 4º da citada lei.

c) Norma penal em branco inversa ou ao avesso

Caracteriza-se por conter o preceito primário completo, sem, portanto, a necessidade de norma complementar, sendo o preceito secundário que exige complementação.

Em outras palavras, há a definição completa do delito, mas a cominação da pena necessita de uma norma integradora. É o caso do crime de genocídio, previsto nos arts. 1º a 3º da Lei nº 2.889/1956. No art. 1º da referida Lei há a previsão da conduta do agente que, com a intenção de destruir, no todo ou em parte, grupo nacional, étnico, racial ou religioso, será punido com as penas do art. 121, § 2º, do CP, na hipótese de matar membros do grupo. Vê-se, pois, que o tipo penal descreve por completo o crime de genocídio, necessitando, contudo, no caso, da norma complementadora do art. 121, § 2º, do CP, no tocante à pena.

d) Norma penal em branco de fonte constitucional

A norma integradora ou complementar se encontra na Constituição Federal. É o que ocorre, por exemplo, com o crime de homicídio qualificado contra agentes de segurança pública, previsto no art. 121, § 2º, VII, do CP. Trata-se de norma penal em branco e sua fonte complementadora se encontra na Constituição Federal, especificamente nos arts. 142 e 144, nos quais estão arrolados os integrantes dos órgãos de segurança.

e) Norma penal em branco ao quadrado

Trata-se da norma penal em que o próprio complemento necessita de complemento. Há a necessidade de dupla complementação.

Tomemos como exemplo o art. 38 da Lei nº 9.605/1998, que prevê o delito de "Destruir ou danificar floresta considerada de preservação permanente, mesmo que em formação, ou utilizá-la com infringência das normas de proteção". Há a necessidade de uma norma definindo área de preservação permanente, que, no caso, seria o art. 6º da Lei nº 12.651/2012, que, por sua vez, exige nova complementação, por ato do Chefe do Poder Executivo, declarando de interesse social as áreas cobertas com florestas ou outras formas de vegetação destinadas às finalidades descritas nos incisos do referido artigo.

Logo, para incidir o art. 38 da Lei nº 9.605/1998 será necessário o complemento do art. 6º da Lei nº 12.651/2012, que, por sua vez, necessita do ato do Chefe do Poder Executivo, declarando de interesse social as áreas cobertas com florestas ou outras formas de vegetação destinadas às finalidades descritas nos incisos do referido artigo.

Para acesso ao vídeo, utilize o QR Code ao lado.

7

INTERPRETAÇÃO DA LEI PENAL

7.1 NOÇÕES INTRODUTÓRIAS

Interpretar significa buscar o verdadeiro alcance da norma, delimitando, se necessário, sua aplicação, bem como verificar o correto sentido de uma norma, como a finalidade de assegurar a sua correta aplicação.

Busca-se, por meio da correta exegese, extrair o significado e a extensão da norma em relação à realidade. Deve-se buscar, por meio dos instrumentos interpretativos, a vontade da lei, assim entendida como o real sentido que dela se extrai, ou seja, a *mens legis*.

A interpretação é realizada por um sujeito, que empregando determinado modo, chega a um resultado. Por isso, a doutrina costuma classificar a interpretação: a) quanto ao sujeito; b) quanto ao meio ou modo; c) quanto ao resultado.

7.2 CLASSIFICAÇÃO

7.2.1 Quanto ao sujeito

Trata-se do sujeito ou órgão que realiza a interpretação. Tem relação com a origem, fonte ou órgão de procedência da interpretação.

A interpretação quanto ao sujeito pode ser: autêntica ou legislativa, judicial e doutrinária.

a) Autêntica ou legislativa

Considera-se autêntica ou legislativa quando a interpretação é realizada pelo próprio órgão que produz a norma. O próprio legislador, ao editar a lei, busca definir e esclarecer o alcance da norma.

Em outras palavras, é a interpretação realizada pelo Poder Legislativo, que já estabelece o conteúdo da norma.

Exemplo disso é o conceito de funcionário público para fins penais estabelecido pelo próprio legislador, quando dispõe no art. 327 do CP que "Considera-se funcionário público, para os efeitos penais, quem, embora transitoriamente ou sem remuneração, exerce cargo, emprego ou função pública".

O legislador, no art. 150, §§ 4º e 5º, do CP, define e esclarece o conceito de casa para fins de incidência do delito de violação do domicílio.

b) Judicial ou jurisprudencial

É aquela produzida no âmbito dos tribunais, por meio da reiteração das decisões. O sujeito da interpretação é o membro do Poder Judiciário, que, por meio de uma decisão, interpreta a norma, aplicando-a ao caso concreto.

A reiteração da decisão, com a uniformização de entendimento, gera a jurisprudência.

Não tem força obrigatória, via de regra, salvo em relação ao caso concreto, já que sobrevém a coisa julgada, na hipótese da súmula vinculante (CF, art. 103-A) e nas hipóteses previstas no art. 927 do CPC.

c) Doutrinária ou científica

Como a própria denominação sugere, é a interpretação realizada por doutrinadores, que interpretam a lei conforme suas impressões e conhecimentos técnicos. Não possui, à evidência, força vinculante, mas contribui para criar uma base de entendimento acerca de determinada matéria.

A Exposição de Motivos do Código Penal, porque não integra propriamente a lei, não pode ser considerada autêntica, mas doutrinária, já que realizada pelos doutrinadores e estudiosos que contribuíram na sua elaboração.

7.2.2 Quanto aos meios empregados

Guarda relação com o meio empregado pelo intérprete para extrair o significado da norma penal.

a) Gramatical, literal ou sintática

Leva-se em conta o sentido literal das palavras contidas na lei. O intérprete se limita a extrair do texto legal a sua literalidade, sem buscar outros mecanismos de compreensão do seu teor.

Todavia, a simples análise gramatical não se mostra suficiente, porque pode levar à conclusão que aberre do sistema. Sob pena de grave equívoco, a interpretação literal não deve abster-se de visão de todo o sistema.

Para que se apreenda o significado de uma norma é preciso verificar sua finalidade: a *ratio legis*. Daí ser necessária a interpretação lógica ou teleológica.

b) Interpretação lógica ou teleológica

É a que consiste na indagação da vontade ou intenção objetivada na lei. Não prioriza a literalidade da lei, buscando extrair dela a vontade do legislador, atendendo-se aos seus fins e à sua posição dentro do ordenamento jurídico.

A simples análise literal do que dispõe a norma não é suficiente para exteriorizar o alcance e compreensão da norma, sendo necessária uma pesquisa mais profunda, mais rica em subjetividade, que indique qual a real finalidade de sua elaboração.

De observar que a interpretação deve ser única sob o aspecto de dever o exegeta empregar, harmonicamente, os meios gramatical e teleológico. Se ocorrer contradição entre as conclusões da interpretação literal e lógica, deverá a esta prevalecer, uma vez que atenda às "exigências do bem comum" e aos "fins sociais" a que a lei se destina.

c) **Interpretação histórica**

A interpretação histórica se destina a verificar a origem da lei, a sua evolução e o objeto abordado. Busca identificar os fundamentos da sua criação, conjugando a interpretação com o contexto histórico em que a lei foi elaborada.

d) **Interpretação sistemática**

A interpretação sistemática tem como característica buscar conjugar a interpretação da lei com todo o ordenamento jurídico. Trata-se da análise da lei em conjunto com o sistema jurídico no qual está inserido.

e) **Interpretação progressiva ou evolutiva**

Trata-se de adequar o teor da lei à evolução das relações sociais, ou seja, adaptar a lei à realidade atual de uma determinada sociedade. Busca-se, com isso, minimizar a necessidade de atualizações legislativas voltadas à adequação da nova realidade decorrente da evolução da sociedade.

Tomemos como exemplo a interpretação do que seja ato obsceno há décadas com a realidade atual. O que poderia ser obsceno na realidade passada, pode não ser no atual contexto evolutivo das relações sociais. Trata-se de uma questão de interpretação progressiva.

7.2.3 Interpretação quanto ao resultado

A partir dos meios empregados, o intérprete extrai uma conclusão que constitui o resultado interpretativo, que pode ser declaratório, restritivo ou extensivo. Daí falar-se em interpretação declaratória, restritiva e extensiva.

a) **Interpretação declaratória**

É aquela que expressa o real sentido do texto interpretado, não ampliando nem restringindo o seu teor. O intérprete limita-se a declarar o direito contido na norma.

Há perfeita correspondência entre o teor da norma e a vontade do legislador, não havendo, por isso, necessidade de ampliação ou restrição do alcance do texto legal.

b) **Interpretação restritiva**

Ocorre quando se verifica que o texto de lei dispõe além do seu real sentido. Ou seja, o texto da lei vai além do que o legislador pretende dispor, sendo, por isso, necessário limitar seu alcance, por meio de interpretação restritiva.

Em outras palavras, o intérprete limita a amplitude do texto de lei, restringindo o alcance do dispositivo legal.

Tomemos como exemplo o disposto no art. 28, I e II, do CP, segundo os quais não excluem a imputabilidade penal a emoção, a paixão ou a embriaguez voluntária ou culposa. Deve-se interpretar esse dispositivo de forma restrita, no sentido de que a imputabilidade não será afastada somente quando o estado de emoção, paixão e embriaguez voluntária ou culposa não se revestirem de caráter patológico, ensejando a incidência da inimputabilidade prevista no art. 26, *caput*, do CP.

Em outras palavras, numa leitura literal, poder-se-ia considerar que a emoção, paixão e embriaguez voluntária ou culposa sempre excluem a imputabilidade. Cabe, pois, ao intérprete restringir o alcance dessa norma, no sentido de que somente excluem, se não estiver presente o estado patológico ensejador da inimputabilidade prevista no art. 26, *caput*, do CP.

c) Interpretação extensiva

Trata-se de lógica inversa da interpretação restritiva.

Na interpretação extensiva, o texto de lei dispõe menos do que se desejava, sendo necessário, por isso, por meio de uma interpretação extensiva, ampliar o alcance da norma.

A respeito do tema, trava-se discussão sobre a possibilidade de ser adotada interpretação extensiva ainda que seja contra os interesses do réu.

Em outras palavras, a interpretação extensiva pode ser utilizada para buscar o real alcance da norma, ainda que relacionada à norma penal incriminadora, que, ao final, prejudicará o réu. É o caso, por exemplo, do crime de extorsão mediante sequestro, que também abarca o cárcere privado, por interpretação extensiva (CP, art. 159).

Da mesma forma, conforme entendimento do STJ, aplica-se a interpretação extensiva em relação ao disposto no art. 180, § 1º, do CP, que trata do crime de receptação qualificada.

Nos termos do art. 180, § 1º, do CP, o crime de receptação será qualificado se o agente adquirir, receber, transportar, conduzir, ocultar, ter em depósito, desmontar, montar, remontar, vender, expor à venda, ou de qualquer forma utilizar, em proveito próprio ou alheio, no exercício de atividade comercial ou industrial, coisa que *deve saber* ser produto de crime. Se o dispositivo legal considera suficiente para qualificar o crime de receptação que o agente *deveria saber*, o que denota dolo eventual, a origem criminosa do produto, com mais razão incidirá a qualificadora se restar demonstrado que o *agente sabia* (o que revela dolo direto) da origem criminosa do produto. Embora o texto de lei diga menos do que deveria, já que abarca somente o dolo eventual, por interpretação extensiva amplia-se o alcance da norma para, à evidência, abarcar também o dolo direto.

Eis o teor da ementa:

> Penal e processo penal. Agravo regimental no agravo em recurso especial. Nulidade. Ofensa ao princípio da correlação entre a denúncia e a sentença. Art. 384 do CPP. Não ocorrência. Agravo regimental não provido. 1. O acórdão recorrido contém dupla fundamentação, bipartida no reconhecimento tanto do dolo direto do réu, quanto em seu dolo eventual acerca da origem ilícita do produto negociado em seu estabelecimento comercial, o que já é suficiente para a manutenção do *decisum*. 2. Ademais, "o art. 180, § 1º, do Estatuto Repressivo é constitucional e pode ser aplicado através da utilização da interpretação extensiva, ampliando o significado da expressão deve saber (dolo eventual), englobando também a expressão sabe (dolo direto). O comerciante ou industrial que adquire, vende, expõe a venda mercadoria que sabe ou devia saber ser de origem ilícita responde pela figura qualificada". (AgRE nº 705620 AgRg, rel. Min. Luiz Fux, 1ª T., j. 19-3-2013, processo eletrônico *DJe*-066, divulg. 10-4-2013, public. 11-4-2013) 3. Agravo regimental a que se nega provimento.[1]

1. STJ, AgRg no AgREsp nº 1526114/PR, rel. Min. Ribeiro Dantas, 5ª T., j. 15-10-2019.

7.2.4 Interpretação analógica

A interpretação analógica ou *intra legem* se caracteriza pelo fato de dispositivo legal conter uma cláusula casuística, seguida de uma fórmula genérica, compreendendo situações análogas às enumeradas causticamente no tipo penal.

A própria lei prevê situações específicas e casuísticas, que servirão de base para a adequação de outras situações similares ao tipo penal.

Tomemos como exemplo o art. 121, § 2º, I, do CP, que prevê o crime de homicídio qualificado pelo motivo torpe. Na primeira parte do inciso, o legislador enumerou situações casuísticas com natureza repugnante, consistente em matar por paga ou promessa de recompensa, para, ao final, encerrar uma cláusula genérica, viabilizando que seja enquadrado na qualificadora outro motivo repugnante do homicídio, como, por exemplo, matar a vítima para ficar com sua herança.

7.3 ANALOGIA

7.3.1 Introdução

Por primeiro, o pressuposto para se vislumbrar a hipótese da aplicação da analogia é a inexistência de uma lei que possa ser aplicada ao caso concreto. A analogia serve justamente para suprir essa lacuna deixada pela lei.

Trata-se, em outras palavras, de um mecanismo de integração entre uma norma semelhante a um caso concreto cuja solução não encontra previsão expressa na lei.

É um processo de integração do ordenamento jurídico suprindo a lacuna deixada pelo legislador, conferindo tratamento empregado a uma norma semelhante a determinado caso concreto que necessita de solução não prevista em lei.

É consolidado o entendimento no sentido de que somente será possível aplicar a analogia se favorável ao réu, por força do princípio da reserva legal. Logo, afigura-se possível a analogia somente em relação a normas penais não incriminadoras, sendo, pois, vedada sua aplicação a normas penais incriminadoras, inclusive para agravar as penas expressamente existentes em lei.

7.3.2 Espécies

Para melhor compreensão do tema, convém identificar as espécies de analogia e aquela que pode ser empregada no ordenamento jurídico pátrio.

a) Analogia *in malam partem*

Essa espécie de analogia não é admitida no Direito Penal, pois viola o princípio da reserva legal.

Trata-se de aplicar lei mais severa a caso concreto semelhante cuja solução não encontra previsão legal. Nesse particular, não se afigura possível suprir a lacuna deixada pelo legislador, aplicando ao caso concreto lei penal semelhante que confere tratamento mais severo ao réu.

Em síntese, não se pode aplicar uma norma incriminadora a pretexto de ser semelhante ao caso concreto não regulado expressamente em lei, nem, tampouco, criar, por analogia, sanção penal não prevista no sistema legal, sob pena de violação do princípio da reserva legal.

Considerando a impossibilidade da aplicação da analogia *in malam partem*, o STJ[2] afastou a possibilidade de ser aplicada a majorante prevista no art. 327, § 2º, do CP a ocupantes de cargo político-eletivo, já que tal dispositivo incide somente em relação a ocupantes de cargos em comissão ou de função de direção ou assessoramento de órgão da administração direta, sociedade de economia mista, empresa pública ou fundação instituída pelo poder público.

Por força da vedação do emprego da analogia *in malam partem*, não caracteriza crime de bigamia (CP, art. 235) ao agente que mantém união estável, possuindo anterior casamento válido, já que o tipo penal exige que o agente tenha contraído outro casamento válido. Assim, muito embora seja equiparada ao casamento para fins civis, não é possível considerar, por analogia, a união estável como elemento constitutivo do crime de bigamia.

b) Analogia *in bonam partem*

É a espécie de analogia admitida pelo Direito Penal, já que favorável ao agente.

Trata-se de aplicar lei benéfica a caso concreto semelhante cuja solução não encontra previsão legal. Nesse particular, diversamente da analogia *in malam partem*, afigura-se possível suprir a lacuna deixada pelo legislador, aplicando ao caso concreto lei penal semelhante que confere tratamento mais brando ao réu.

Com efeito, a jurisprudência do STJ tem admitido que o art. 126 da Lei de Execução Penal, ao possibilitar a abreviação da pena, tem por objetivo a ressocialização do condenado, sendo possível o uso da analogia *in bonam partem*, que admita o benefício em comento em razão de atividades que não estejam expressas no texto legal, como no caso, a leitura e resenha de livros, nos termos da Recomendação nº 44/2013 do Conselho Nacional de Justiça.[3]

Da mesma forma, mostra-se possível considerar, por analogia *in bonam partem*, a possibilidade de vítima de crime de estupro de vulnerável interromper a gravidez com a morte do feto, com base no art. 128, II, do CP. Embora esse artigo autorize o aborto se a gravidez resulta de estupro (CP, art. 213), parece sintomático sua aplicação, por analogia em favor do réu, também para as hipóteses de estupro de vulnerável (CP, art. 217-A). Isso porque resulta de crime contra a dignidade sexual, assim como o estupro, bem como preservar a dignidade da gestante em detrimento de gravidez decorrente de ato indesejado.

Com a entrada em vigor dos novos lapsos temporais para a progressão de regime, introduzidos pela Lei nº13.964/2019 no art. 112 da Lei de Execução Penal, firmou-se no STJ

> o posicionamento segundo o qual a alteração promovida pelo Pacote Anticrime no art. 112 da LEP não autoriza a aplicação do percentual de 60%, relativo aos reincidentes em crime hediondo ou equiparado, aos reincidentes não específicos. Isso porque, ante a omissão legislativa, impõe-se o uso da analogia *in bonam partem*, para se aplicar, na hipótese, o inc. V do art. 112, que prevê o lapso temporal de 40% ao primário e ao condenado por crime hediondo ou equiparado.[4]

c) Analogia legal (ou *analogia legis*)

A lacuna deixada pelo legislador é integrada por uma lei que trata do caso concreto de forma semelhante.

---

2. STJ, AgRg no AgREsp nº 1341836/RN, rel. Min. Jorge Mussi, 5ª T., j. 4-12-2018.
3. HC nº 527446/SP, rel. Min. Leopoldo de Arruda Raposo (Desembargador convocado), 5ª T., j. 12-11-2019.
4. STJ, AgRg no HC nº 640014/AC, rel. Min. Ribeiro Dantas, 5ª T., j. 23-3-2021.

7.4 DIFERENÇA ENTRE ANALOGIA, INTERPRETAÇÃO ANALÓGICA E INTERPRETAÇÃO EXTENSIVA

A *analogia* não é propriamente uma forma de interpretação, mas uma forma de integração da aplicação da norma legal (por isso se diz que a analogia possui uma função integrativa). Não há previsão legal para aplicação no caso concreto, ou seja, não há um texto de lei obscuro e incerto cujo sentido exato se procure esclarecer; não há, em síntese, lei que regule especificamente determinado caso.

Por meio da analogia se procura aplicar determinado preceito ou os princípios gerais do direito a uma hipótese não contemplada no texto legal. Nesse caso, na analogia, constata-se primeiro que determinado fato não está contido na lei, para depois aplicar ao caso o mesmo tratamento penal conferido pela lei para situações semelhantes. Somente é possível analogia *in bonam partem*, pois o princípio da legalidade não permite *in malam partem*.

A *interpretação extensiva*, por sua vez, visa à aplicação de lei lacunosa, de forma que se deve interpretar o sentido da norma, ampliando o seu alcance. Há, portanto, uma norma para o caso concreto, mas diz menos do que o desejado. A própria lei determina a ampliação de seu sentido, alcançando um resultado maior do que o aparente previsto na lei. Não viola o princípio da legalidade, pois não se está criando nada, apenas esclarecendo algo que já está contido na lei.

Na *interpretação analógica* tem-se o processo de averiguação do sentido da norma jurídica, valendo-se de elementos fornecidos pela própria lei. Há, portanto, uma norma para o caso concreto, que arrola no seu texto situações casuísticas e, ao final, encerra com uma cláusula genérica, viabilizando que o texto normativo incida sobre hipóteses semelhantes.

A adoção das interpretações extensivas e analógicas é amplamente aceita pela doutrina e pela jurisprudência. Não se admite, por outro lado, a analogia *in malam partem*, isto é, para prejudicar o réu.

Para acesso ao vídeo, utilize o QR Code ao lado.

DIFERENÇA ENTRE ANALOGIA, INTERPRETAÇÃO ANALÓGICA E INTERPRETAÇÃO EXTENSIVA

8

LEI PENAL NO TEMPO

8.1 INTRODUÇÃO

Após percorrer todas as fases do processo legislativo, culminando com a sanção do Presidente da República, a lei penal passa a vigorar e produzir efeitos até ser revogada, de forma expressa ou tácita, por outra lei. Trata-se do princípio da continuidade das leis.

A revogação pode ser expressa, tácita ou global.

A *revogação expressa* ocorre quando uma lei posterior prevê a revogação do dispositivo legal anterior. A Lei nº 13.964/2019, por exemplo, revogou expressamente o § 2º do art. 2º da Lei nº 8.072/1990 (Lei nº 13.964/2019, art. 19).

A *revogação tácita* ocorre quando, sem mencionar expressamente a revogação, uma lei nova disciplina de forma diversa o disposto na lei anterior, a ponto de torná-la incompatível com a nova ordem jurídica.

A *revogação global* ocorre quando a nova lei disciplina por inteiro a matéria prevista na lei anterior, que passa a ser inteiramente desnecessária.

8.2 CONFLITOS DE LEIS PENAIS NO TEMPO

A regra é a incidência da lei vigente à época da ação ou da omissão, ou seja, a lei em vigor no momento da prática do delito (CP, art. 4º).

Todavia, podem surgir conflito em face da sucessão de normas disciplinando o mesmo fato. Ou seja, quando há revogação de uma lei, podem se instalar hipóteses de conflitos de normas penais: se incide sobre o fato a lei nova ou a lei revogada. Esse conflito, contudo, é meramente aparente, porque, na seara penal, há princípios que regem os conflitos de leis penais no tempo.

Nos termos dos arts. 5º, XL, da CF/1988 e 2º do CP, a regra geral é o da irretroatividade da lei mais severa, impossibilitando que uma lei posterior retroaja, de qualquer modo, para prejudicar o agente. Agora, se a lei posterior for, de qualquer modo, mais benéfica, incidirá o princípio da retroatividade da lei mais benéfica. Isso significa que a lei posterior mais favorável retroagirá para incidir sobre fatos praticados antes da sua entrada em vigor.

Por isso, a lei penal é dotada de extra-atividade, ou seja, detém capacidade para incidir regulando fatos praticados durante sua vigência mesmo depois de revogada, bem como retroagir no tempo, alcançando e regulando fatos praticados antes da sua vigência, desde que para beneficiar o agente. A extra-atividade figura como gênero das espécies *ultra-atividade* e *retroatividade*.

A ultra-atividade ocorre na hipótese de uma lei incidir para regular fatos ocorridos durante sua vigência, mesmo depois de revogada ou cessados seus efeitos. Em outras palavras, a lei revogada continua gerando efeitos sobre determinado fato praticado durante sua vigência.

A *retroatividade* ocorre quando uma lei nova incide para regular fatos praticados antes da sua vigência.

As hipóteses de sucessão de leis penais no tempo, estabelecendo conflitos aparentes de normas, se apresentam, invariavelmente, de quatro formas:

a) a lei posterior extinguir do ordenamento jurídico determinada infração penal (*abolitio criminis*);

b) a lei posterior disciplinar a matéria, de qualquer modo, de forma mais favorável (*novatio legis in mellius*);

c) a lei posterior criar tipo penal (*novatio legis* incriminadora);

d) a lei posterior, sem criar tipo penal, passa a regular determinado fato de forma mais severa (*novatio legis in pejus*).

8.2.1 *Abolitio criminis*

8.2.1.1 Introdução

Ocorre a chamada *abolitio criminis* quando a lei posterior deixa de considerar crime fato até então considerado ilícito penal. A nova lei, demonstrando não haver mais, por parte do Estado, interesse na punição do autor de determinado fato, retroage para alcançá-lo. É o que se extrai do disposto nos arts. 5º, XL, da CF e 2º, *caput*, do CP. Trata-se de causa de extinção da punibilidade, nos termos do art. 107, III, do CP.

O crime de sedução, por exemplo, era tipificado no art. 217 do CP. A Lei nº 11.106/2005 revogou o art. 217 do CP, deixando, portanto, de considerar crime a conduta de seduzir mulher virgem, menor de 18 anos e maior de 14, e ter com ela conjunção carnal, aproveitando-se de sua inexperiência ou justificável confiança.

A lei que retira do ordenamento jurídico determinado fato até então considerado típico não torna atípica as condutas anteriores à sua vigência. *Somente as condutas praticadas posteriormente à lei que aboliu o crime passam a ser atípicas*, porque não se enquadram mais a um modelo legal de conduta proibida, uma vez que o tipo penal que a descrevia não mais existe no ordenamento jurídico.

Por essa razão, a *abolitio criminis* constitui causa de extinção da punibilidade, nos termos do art. 107, III, do CP. *Assim, os fatos praticados antes da vigência da lei que aboliu o crime serão alcançados pela extinção da punibilidade. Se o agente praticou o fato após a vigência da lei abolicionista, a conduta será atípica.*

Assim, por exemplo, se o agente cometeu sedução antes do dia 28-3-2005, quando entrou em vigor a Lei nº 11.106/2005, incidirá a seu favor a causa extintiva de punibilidade, prevista no art. 107, III, do CP. Se, todavia, a sedução foi praticada após a entrada em vigor da lei que aboliu esse fato como crime, o agente não poderá ser responsabilizado, pelo menos na esfera criminal, por conta da atipicidade da sua conduta.

Para a incidência da *abolitio criminis*, deve haver revogação total do dispositivo que descrevia a prática delituosa, não sendo suficiente somente a revogação formal do tipo penal, devendo, ainda, ocorrer a supressão material do fato criminoso, tornando-o, assim, não só no aspecto formal, mas também materialmente irrelevante perante o ordenamento jurídico. No caso da sedução, além da revogação formal, por meio de um processo legislativo, o fato também passou a ser materialmente irrelevante para o Direito Penal, razão pela qual restou totalmente abolida a conduta delituosa.

Isso significa dizer que não incide a causa de extinção da punibilidade, nem tampouco torna a conduta atípica, quando, conquanto tenha ocorrido a revogação formal de um determinado dispositivo, o fato criminoso passar a estar previsto em dispositivo legal diverso. Trata-se da hipótese de incidência do *princípio da continuidade normativa* (ou princípio da continuidade normativo-típica), segundo o qual determinado tipo penal incriminador é expressamente revogado, mas seus elementos passam a figurar em outro tipo penal já existente ou até mesmo criado por lei nova.

O princípio da continuidade normativa incidiu, por exemplo, em relação ao crime de atentado violento ao pudor, que era previsto no art. 214 do CP, revogado pela Lei nº 12.015/2009, passando, contudo, os elementos do tipo a figurar no art. 213 do CP. Assim, não há, por evidente, incidência de causa extintiva de punibilidade do agente que praticou, mediante violência ou grave ameaça, ato libidinoso diverso da conjunção carnal, já que tal conduta, até então prevista no revogado art. 214 do CP, passou a figurar no art. 213 do CP.

É o que ocorreu também em relação à contravenção da perturbação da tranquilidade, que era prevista no art. 65 do Dec.-lei nº 3.688/1941, que foi revogado pela Lei nº 14.132/2021, que criou o crime de perseguição. A conduta consistente em perturbar a tranquilidade de outrem não deixou de ser infração penal, embora tenha sido formalmente revogado o artigo que a previa, pois está abarcada pelo art. 147-A do CP, sendo ainda punível, portanto, em face do princípio da continuidade normativa.

8.2.1.2 Efeitos da *abolitio criminis*

A *abolitio criminis*, além de conduzir à extinção da punibilidade, apaga todos os efeitos penais da sentença condenatória, permanecendo, no entanto, íntegros seus efeitos na esfera extrapenal, sobretudo na seara cível. É o que se extrai do art. 2º do CP.

A extinção da punibilidade pode incidir na fase investigatória e na fase judicial, podendo ser declarada a qualquer tempo, conforme se extrai do art. 61 do CPP.

Assim, se existir inquérito policial em andamento, deverá ser determinado seu arquivamento. Se existir denúncia oferecida, poderá o Magistrado declarar a extinção da punibilidade, inclusive de ofício. Se o processo estiver em fase recursal, cumprirá ao Tribunal declarar a extinção da punibilidade. Se, todavia, há sentença condenatória transitada em julgado, estando o processo em fase de execução criminal, cumprirá ao Juiz da Vara de Execução Penal declarar a extinção da punibilidade, nos termos do art. 66, I, da Lei nº 7.210/1984 e Súmula nº 611 do STF.

Diante disso, incidindo a *abolitio criminis*, a consequência lógica será a retirada do nome do agente do rol de culpados, além de a condenação em relação ao crime abolido não poder ser considerada para fins de reincidência ou antecedentes criminais.

Imaginemos, por exemplo, que o agente, em 2014, tenha sido definitivamente condenado pela prática do crime de sedução (CP, art. 217). Em 2015, por meio da Lei nº 11.106/2005, que revogou o art. 217 do CP, seduzir mulher virgem, menor de 18 anos e maior de 14, e ter com ela conjunção carnal, aproveitando-se de sua inexperiência ou justificável confiança, deixou de ser crime. Se o agente praticar novo crime, não poderá ser considerado reincidente, pois, com a abolição do crime de sedução, cessaram os efeitos da sentença condenatória, ainda que transitada em julgado.

Os efeitos extrapenais, no entanto, permanecem hígidos, sendo possível a vítima buscar a reparação de danos na esfera cível por meio da respectiva ação de execução, já que a sentença penal condenatória transitada em julgado constitui título executivo, nos termos do art. 515 do CPC.

8.2.1.3 Abolitio criminis *temporária*

Ao entrar no ordenamento jurídico, o tipo penal deve, via de regra, incidir de forma plena e contínua até ser expressamente revogado, ensejando a *abolitio criminis*. Pode ocorrer, todavia, que a incidência de determinado tipo penal se encontre temporariamente suspensa, inviabilizando a punição do agente que pratica a conduta típica durante o prazo da suspensão.

Tal fenômeno ocorreu, por exemplo, em relação ao delito de posse ilegal de arma de fogo, em relação ao disposto nos arts. 30 e 32 da Lei nº 10.826/2003. Tratando especificamente desse tema, o STJ, no dia 11-6-2014, editou a Súmula nº 513, segundo a qual: "A *abolitio criminis* temporária prevista na Lei nº 10.826/2003 aplica-se ao crime de posse de arma de fogo de uso permitido com numeração, marca ou qualquer outro sinal de identificação raspado, suprimido ou adulterado, praticado somente até 23-10-2005".

Em síntese, a *abolitio criminis* temporária configura a suspensão da tipicidade de uma conduta por determinado tempo, de modo a não punir, enquanto perdurar a suspensão, o agente da referida conduta.

8.2.2 *Novatio legis in mellius*

Nos termos do que dispõe o art. 2º, parágrafo único, do CP, a lei posterior, que de qualquer modo favorecer o agente, aplica-se aos fatos anteriores, ainda que decididos por sentença condenatória transitada em julgado.

Se a lei nova, sem eliminar do ordenamento jurídico determinado fato delituoso, pelo que incidiria as regras da *abolitio criminis*, for, de qualquer modo, mais favorável ao agente, deverá retroagir para beneficiá-lo.

Assim, se a lei nova, por exemplo, reduzir a pena mínima de uma determinada infração penal ou passar a prever benefício até então inexistente, deverá retroagir para alcançar os fatos praticados antes da sua vigência, ainda que tenha sido proferida sentença transitada em julgado.

Foi o que aconteceu em relação ao crime de roubo majorado pelo emprego de arma. Conforme a redação do revogado art. 157, § 2º, I, do CP, o roubo praticado mediante o emprego de arma, seja própria ou imprópria, branca ou de fogo, teria a pena aumentada de 1/3 a 1/2. Todavia, a Lei nº 13.654/2018 revogou tal inciso, passando a prever que a pena seria aumentada de 2/3 somente se o crime de roubo for praticado por meio de emprego de arma de fogo (CP, art. 157, § 2º-A). Logo, no ponto em que revogou o art. 157, § 2º, I, do CP, referida Lei foi mais benéfica, já que deixou de majorar o roubo com emprego de qualquer arma que não seja a de fogo, retroagindo, portanto, para alcançar fatos praticados antes da sua vigência.

Tratando do tema, o STJ decidiu do seguinte modo:

> Agravo regimental nos embargos de declaração no agravo em recurso especial. Roubo majorado. Emprego de arma branca. Lei nº 13.654/2018. Retroatividade da lei penal mais benéfica. Consideração na primeira fase como circunstância judicial desfavorável. Agravo desprovido.
>
> 1. "[...] embora o emprego de arma branca não se subsuma mais a qualquer uma das majorantes do crime de roubo, pode eventualmente ser valorado como circunstância judicial desabonadora pelas instâncias ordinárias" (AgRg no AgREsp nº 1.351.373/MG, rel. Min. Reynaldo Soares da Fonseca, 5ª T., *DJe* 19-2-2019). 2. No caso concreto, a pena-base do réu foi fixada acima do mínimo legal tendo sido considerada desfavorável as circunstâncias do crime, "uma vez que se torna relevante o fato do crime ter sido cometido com emprego de arma" (f. 215 e 218), notadamente porque um dos agentes tentou agredir a vítima com uma faca. 3. Agravo regimental desprovido.[1]

Registre-se, por pertinente, que o legislador, percebendo o equívoco, reintroduziu no ordenamento jurídico, por meio da Lei nº 13.964/2019, a majorante do roubo com emprego de arma (CP, art. 157, § 2º, VII). Convém ressaltar que isso não significa a possibilidade de repristinação da majorante para alcançar fatos praticados antes da sua vigência.

8.2.3 *Novatio legis* incriminadora

Ao contrário da *abolitio criminis*, a lei nova introduz no ordenamento jurídico fato criminoso antes considerado como um indiferente penal.

A Lei nº 10.224, de 15-5-2001, tornou crime de assédio sexual a conduta de constranger alguém com o intuito de obter vantagem ou favorecimento sexual, prevalecendo-se o agente da sua condição de superior hierárquico ou ascendência inerentes ao exercício de emprego, cargo ou função, o que até então era um indiferente penal, sendo tal situação resolvida, invariavelmente, em outra área do direito, notadamente na esfera cível ou trabalhista.

Por conferir tratamento severo, a *novatio legis incriminadora*, por evidente, não retroage para alcançar fatos praticados antes da sua vigência, tendo eficácia, portanto, somente em relação aos fatos praticados a partir da sua vigência.

8.2.4 *Novatio legis in pejus ou lex gravior*

Na *novatio legis in pejus* não há criação de novo crime, mas tratamento mais rigoroso às condutas já tipificadas como infrações penais. O tratamento mais severo pode consistir, por exemplo, no aumento da pena, criação de qualificadora ou causas de aumento de pena, aumento do prazo prescricional ou até mesmo prever novas causas interruptivas ou suspensivas da prescrição.

Considerando o mesmo exemplo anterior, a Lei nº 13.654/2018 revogou o inc. I do § 2º do art. 157 do CP, que previa aumento de pena de 1/3 a 1/2 na hipótese de o crime de roubo ter sido praticado por meio de emprego de arma, inclusive de fogo. A mesma Lei, no entanto, elevou a causa de aumento de pena pela prática do crime de roubo com emprego de arma de fogo, que passou a ser de 2/3 (CP, art. 157, § 2º-A, I). Logo, no ponto em que elevou o

---

1. STJ, AgRg no EDcl no AgREsp nº 1374791/PI, rel. Min. Joel Ilan Paciornik, 5ª T., j. 17-9-2019.

percentual da majorante do emprego de arma de fogo, a Lei nº 13.654/2018 foi mais severa, não retroagindo, à evidência, para alcançar fatos praticados antes da sua vigência.

Assim como a *novatio* legis *incriminadora*, a *lex gravior* não retroagirá para alcançar fatos praticados antes da sua vigência, incidindo, pois, somente em relação a fatos posteriores à sua vigência, em face do princípio da irretroatividade da lei mais severa.

Imaginemos, por exemplo, agente acusado de ter praticado, em 2017, o crime de roubo com emprego de arma de fogo, que previa aumento de 1/3 até 1/2. Em 24-4-2018, entrou em vigor a Lei nº 13.654/2018, que elevou o percentual da majorante para 2/3. Quando o juiz for proferir a sentença, deverá considerar a causa de aumento de pena que vigorava ao tempo do fato, ou seja, 1/3 até 1/2, pois a lei posterior conferiu tratamento mais severo, não podendo, portanto, retroagir. Logo, o juiz terá de considerar dispositivo penal já revogado, por ser mais benéfico. É o fenômeno da ultra-atividade, segundo o qual a norma penal produz efeitos mesmo depois de revogada.

8.3 LEI PENAL NO TEMPO E CRIME PERMANENTE E CONTINUADO

O crime permanente se caracteriza por ter sua execução e consumação prolongada no tempo. Enquanto perdurar a permanência, o crime estará em franca execução e consumação. É o que ocorre, por exemplo, no crime de extorsão mediante sequestro, previsto no art. 159 do CP. Enquanto a vítima estiver em poder do sequestrador, o crime permanecerá em franca execução e consumação.

O crime continuado, nos termos do art. 71 do CP, caracteriza-se pelo fato de o agente, mediante mais de uma ação ou omissão, praticar dois ou mais crimes da mesma espécie que, pelas condições de tempo, lugar, maneira de execução e outras semelhantes, devem os subsequentes ser havidos como continuação do primeiro.

Imaginemos que, no contexto de crime permanente ou continuado, uma lei discipline o fato criminoso no momento da conduta do agente e, após, durante a permanência ou continuidade delitiva sobrevenha nova lei disciplinando o fato de modo diverso, conferindo, inclusive, tratamento mais severo. Surge, assim, um conflito em relação a qual das leis deverá incidir sobre o fato: a anterior, mais benéfica, ou a nova lei, que conferiu tratamento mais severo?

Ao se deparar com essa situação, o STF sedimentou posição no sentido de que "a lei penal mais grave se aplica ao crime continuado ou ao crime permanente, se a sua vigência é anterior à cessação da continuidade ou da permanência". É o que dispõe a Súmula nº 711 do STF.

Isso porque, no contexto do crime permanente, a conduta criminosa se prolonga no tempo e sua execução perdura depois da entrada em vigor da lei nova mais gravosa. Em outras palavras, a lei nova entrou em vigor durante a execução do delito, razão pela qual incide no caso, ainda que mais severa. Trata-se, em síntese, da aplicação da regra do *tempus regit actum*, ou seja, aplica-se a lei em vigor ao tempo da conduta.

Imaginemos, por exemplo, o fato de o agente sequestrar a vítima no dia 5-10-2021, com a intenção de exigir resgate, praticando o crime de extorsão mediante sequestro (CP, art. 159), que previa pena de reclusão, de 8 a 15 anos. No dia 15-10-2021, enquanto a vítima estava no cativeiro, sobrevém lei nova, elevando a pena do crime de extorsão mediante sequestro, para 10 a 20 anos, de reclusão. A vítima é resgatada no dia 20-10-2021, cessando, portanto, a permanência. Nesse caso, aplica-se a lei nova, ainda que mais grave, já que entrou em vigor antes da cessação da permanência, ou seja, enquanto o crime de extorsão mediante sequestro estava sendo executado.

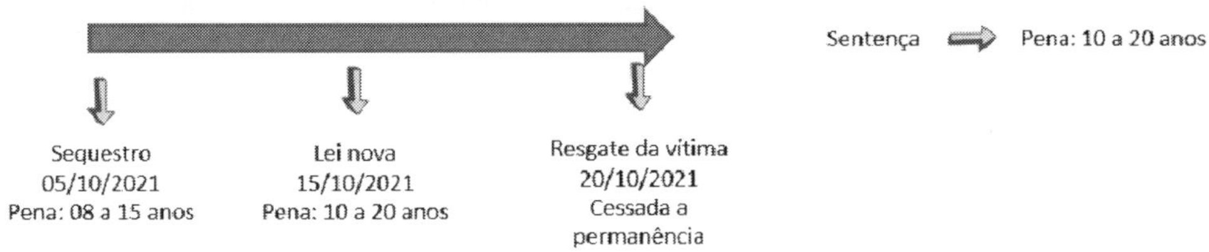

Se entrar em vigor após a cessação da permanência, evidentemente não deve ser aplicada a lei nova mais grave, por força do princípio da irretroatividade da lei mais severa. Imaginemos, considerando o exemplo, anterior, que a lei nova tivesse entrado em vigor após o dia 20-10-2021, quando teria cessado a permanência. Nesse caso, o Magistrado, no momento da sentença, deverá considerar a pena de 8 a 15 anos, de reclusão, já que a lei nova conferiu tratamento mais severo, não retroagindo para alcançar fatos praticados antes da sua vigência.

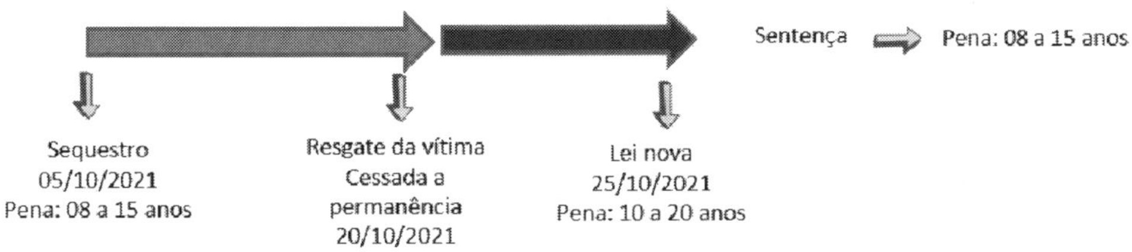

8.4 COMBINAÇÃO DE LEIS OU *LEX TERTIA*

Embora não seja recorrente, pode acontecer de uma lei nova revogar a anterior, sendo mais favorável em determinada parte e mais severa em outra.

Trata-se da hipótese, por exemplo, da Lei X prever para um determinado delito pena de reclusão de 1 a 3 anos e multa. Na sequência, sobrevém a Lei Y, prevendo para esse mesmo delito pena de reclusão, de 2 anos a 4 anos, sem a previsão de multa. A Lei nova Y é mais severa em relação ao *quantum* da pena e mais benéfica na parte em que não prevê a pena de multa. Tem-se, assim, que parte da Lei X é favorável em relação ao *quantum* da pena e parte da Lei Y é favorável em relação à pena de multa.

É sobre esse contexto que reside intensa discussão doutrinária e jurisprudencial acerca da possibilidade de incidir, em relação a um determinado fato, a parte benéfica de uma lei e a parte benéfica de outra lei, ou seja, se seria possível a combinação das partes favoráveis de ambas as leis, formando aquilo que se convencionou considerar uma terceira lei, criando a chamada *lex tertia*.

Concordando com a possibilidade da combinação de leis, Rogério Greco leciona que:

> A combinação de leis levada a efeito pelo julgador, ao contrário de criar um terceiro gênero, atende aos princípios constitucionais da ultra-atividade e retroatividade

> benéficas. Se a lei anterior, já revogada, possui pontos que, de qualquer modo, beneficiam o agente, deverá ser ultra-ativa; se na lei posterior que revogou o diploma anterior também existem aspectos que o beneficiem, por respeito aos imperativos constitucionais, devem ser aplicados.

Essa discussão tomou corpo com a entrada em vigor da Lei nº 11.343/2006, que trata do tráfico ilícito de drogas, revogando a Lei nº 6.368/1976.

A revogada Lei nº 6.368/1976 previa, no seu art. 12, a pena de reclusão, de 3 a 15 anos para o delito de tráfico de drogas. A Lei nº 11.343/2006 passou a disciplinar o crime de tráfico de drogas no seu art. 33, cominando pena de reclusão, de 5 a 15 anos. Logo, em relação à pena, essa lei posterior é mais severa. Todavia, no art. 33, § 4º, da Lei nº 11.343/2006, o legislador estabeleceu uma causa de diminuição de pena não prevista na Lei nº 6.368/1976.

Nesse sentido, estabeleceu-se a discussão no sentido da possibilidade dessa causa de diminuição da pena ser aplicada ao crime de tráfico praticado na vigência da Lei nº 6.368/1976. Ou seja, considerar a pena de 3 anos da Lei nº 6.368/1976 e aplicar a causa de diminuição da pena do art. 33, § 4º, da Lei nº 11.343/2006.

O STF pacificou entendimento no sentido de que é vedada a incidência da causa de diminuição do art. 33, § 4º, da Lei nº 11.343/2006, combinada com as penas previstas na Lei nº 6.368/1976, em relação aos crimes praticados na vigência dessa lei. Ou seja, não seria possível aplicar a causa de diminuição da pena considerando as penas previstas na Lei nº 6.368/1976.

Esse entendimento foi sumulado pelo STJ, que editou a Súmula nº 501, segundo a qual "É cabível a aplicação retroativa da Lei nº 11.343/2006, desde que o resultado da incidência das duas disposições, na íntegra, seja mais favorável ao réu do que o advindo da aplicação da Lei nº 6.368/1976, sendo vedada a combinação de leis".

Assim, se considerada a pena prevista na Lei nº 11.343/2006, com a redução do art. 33, § 4º, da Lei nº 11.343/2006, a pena definitiva ficar abaixo do apenamento com base na Lei nº 6.368/1976, a lei nova retroagirá na íntegra para alcançar o crime de tráfico de drogas praticado na vigência da lei antiga.

Imaginemos o agente ter praticado o crime de tráfico de drogas em 2005, na vigência, portanto, da Lei nº 6.368/1976. Consideremos que o processo tramitou regularmente e foi concluso, no dia 20-10-2007, para o juiz proferir sentença. Tomando como parâmetro o apenamento previsto na Lei nº 6.368/1976, e considerando todas as circunstâncias judiciais favoráveis, bem como ausência de agravantes, atenuantes, causas de aumento de aumento e diminuição da pena, a pena definitiva ficaria em 3 anos de reclusão. Note-se que, com base na Súmula nº 501 do STJ, o juiz não poderia considerar a causa de redução da pena prevista no art. 33, § 4º, da Lei nº 11.343/2006, por conta da vedação da combinação de Leis.

Agora, considerando o mesmo crime de tráfico de drogas praticado em 2005, se o juiz resolver fixar a pena considerando exclusivamente os parâmetros estabelecidos na Lei nº 11.343/2006, a situação seria diversa. Isso porque, considerando todas as circunstâncias judiciais favoráveis, a pena-base seria fixada em 5 anos. Não há agravantes, atenuantes e causas de aumento de pena. Nesse caso, poderia o juiz considerar a causa de diminuição da pena do art. 33, § 4º, da Lei nº 11.343/2006, reduzindo, por exemplo, pela metade, a pena ficaria em 2 anos e 6 meses. Logo, aplicando-se na íntegra a Lei nº 11.343/2006, a pena seria mais favorável ao réu (já que inferior à pena de 3 anos aplicada com base na revogada Lei nº 6368/1976), podendo, então, a Lei nº 11.343/2006 retroagir por inteiro para beneficiá-lo.

O que não seria possível é usar os 3 anos da Lei nº 6.368/1976 e aplicar a redução da pena do art. 33, § 4º, da Lei nº 11.343/2006, ficando a pena, por exemplo, em 1 ano e 6 meses, se reduzida pela metade, por conta da vedação da combinação de leis.

8.5 COMPETÊNCIA PARA APLICAR A LEI PENAL MAIS BENÉFICA

O juízo competente para verificar a incidência da lei mais benéfica será sempre aquele em que estiver tramitando a persecução penal (inquérito policial e ação penal).

Assim, na fase de inquérito policial e da ação penal em sede de 1º grau de jurisdição, compete ao juiz natural da causa a aplicação da lei penal mais favorável. Logo, se o inquérito policial foi distribuído à 3ª Vara Criminal da Comarca de Porto Alegre, com posterior oferecimento da denúncia e ação penal perante essa vara, o juízo competente para apreciar eventual aplicação da lei penal mais favorável será o da 3ª Vara Criminal da Comarca de Porto Alegre.

Se a ação penal estiver em grau recursal, caberá ao respectivo Tribunal apreciar a incidência da lei penal mais favorável. Assim, considerando, por exemplo, ter sido proferida sentença pelo Juiz da 3ª Vara Criminal de Porto Alegre, com interposição de recurso de apelação, a competência para apreciar a incidência da lei penal mais favorável será do Tribunal de Justiça do Estado do Rio Grande do Sul.

Da mesma forma, se a ação penal estiver tramitando no Tribunal em razão da competência originária, caberá ao respectivo Tribunal apreciar a incidência da lei penal mais favorável. Assim, imaginemos que a ação penal esteja tramitando no STJ por conta da competência originária, decorrente de foro por prerrogativa de função. Nesse caso, caberá ao STJ apreciar a incidência da lei penal mais favorável. Logo, considerando, por exemplo, ação penal oferecida contra Desembargador do Tribunal de Justiça do Estado do Rio Grande do Sul, que detém foro por prerrogativa de função, eventual incidência de lei penal mais favorável deverá ser apreciada pelo próprio STJ.

No caso de sentença condenatória, já na fase de execução da pena, a competência para apreciar a incidência da lei penal mais benéfica será do juízo da Vara das Execuções Criminais, nos termos do art. 66, I, da Lei nº 7.210/1984 e da Súmula nº 611 do STF, segundo a qual "Transitada em julgado a sentença condenatória, compete ao juízo das execuções a aplicação de lei mais benigna".

Convém ressaltar, por pertinente, que, se a lei penal mais favorável exigir juízo de valor, com análise mais aprofundada acerca da sua aplicabilidade no caso concreto, caberá o ajuizamento da revisão criminal perante o Tribunal competente.

Imaginemos, por exemplo, lei posterior estabelecendo o crime de roubo privilegiado, prevendo diminuição da pena ao agente primário, sendo de pequeno valor o objeto subtraído. Nesse caso, será necessário o ajuizamento da revisão criminal, já que demanda juízo de valor verificar se o objeto subtraído pelo agente se enquadra no contexto de pequeno valor.

8.6 LEI PENAL BENÉFICA E *VACATIO LEGIS*

O tema da aplicação da retroatividade benéfica no período da *vacatio legis*, muito além da sua aplicabilidade prática, desperta profunda discussão teórica no meio acadêmico.

Trata-se da hipótese de lei penal ter sido publicada, mas que ainda não entrou em vigor por conta da *vacatio legis* nela prevista. Imaginemos que uma lei penal que contém dispositivos mais benéficos tenha sido publicada, com previsão para entrar em vigor 60 dias após sua publicação. A questão versa sobre a possibilidade de ser aplicada norma penal mais benéfica prevista em lei publicada, mas que ainda não está em vigor, em face da *vacatio legis*.

Há duas posições bem delimitadas a respeito do tema.

Uma primeira corrente entende que, durante o período da *vacatio legis*, a norma penal não pode ser aplicada, ainda que favorável ao réu. Fundamentam tal posição sob o argumento de que a lei publicada, mas ainda não em vigor, está destituída de eficácia, não sendo possível, portanto, incidir em casos práticos. Em outras palavras, a lei, em *vacatio legis*, ainda não passou a irradiar efeitos, não podendo, pois, ter eficácia imediata, nem retroativa, até porque pode ser revogada antes mesmo de entrar em vigor.

A segunda corrente considera que, não obstante os argumentos contrários, não se pode ignorar que o direito deve se adequar à realidade social e à evolução das relações jurídicas.

Nos termos do art. 5º, XL, da CF, a lei penal não retroagirá, salvo para beneficiar o réu. Logo, a Constituição Federal tratou a retroatividade da lei mais benéfica como direito e garantia fundamental. E, conforme o art. 5º, § 1º, da CF, as normas definidoras dos direitos e garantias fundamentais têm aplicação imediata.

Assim, a Constituição Federal não só acolheu o princípio da retroatividade da lei mais benéfica, como assegurou que esse direito e garantia teriam aplicação imediata, não podendo o legislador ordinário restringir o seu alcance ou limitar a sua aplicabilidade.

É nesse sentido a posição de Alberto Silva Franco, segundo o qual

> o efeito retroativo da norma penal benéfica, que é, aliás, imposto pela Constituição, começa, pois da publicação da lei posterior ao fato criminoso, lei essa que desde então já existe no mundo jurídico, dotada de imediata eficácia, e que não pode ser obstaculizada por nenhum outro motivo.[2]

Segue nessa mesma linha a doutrina de Cezar Roberto Bitencourt:

> No momento em que é publicado um novo texto legal, este passa a existir no mundo jurídico, representa o novo pensamento do legislador sobre o tema de que se ocupa, produto, evidentemente, de novas valorações sociais. Assim, não sendo possível ignorar a existência do novo diploma legal, bem como as transformações que ele representa no ordenamento jurídico-penal, a sua imediata eficácia é inegável, e não pode ser obstaculizada a sua aplicação retroativa quando configurar lei penal mais benéfica, mesmo que ainda em *vacatio legis*.[3]

Acerca do tema, o STJ decidiu no sentido da inaplicabilidade da norma penal mais benéfica no período de *vacatio legis*, aduzindo que "Não poderia o Tribunal de origem aplicar a minorante do art. 33, § 4º, da Lei nº 11.343/2006, de 23-8-2006, uma vez que a norma não estava em vigor quando do julgamento do recurso acusatório, que se deu em dentro do prazo da *vacatio legis*".[4] Essa é a posição adotada em alguns concursos públicos.[5]

---

2. SILVA FRANCO, Alberto. *Código Penal e sua interpretação jurisprudencial*. 4. ed. São Paulo: Revista dos Tribunais, 1993. p. 32.
3. BITENCOURT, Cezar Roberto. *Tratado de direito penal:* parte geral. 22. ed. São Paulo: Saraiva, 2016. v. 1, p. 211.
4. STJ, HC nº 100692/PR, rel. Min. Arnaldo Esteve Lima, 5ª T., j. 15-6-2010.
5. No concurso para Delegado de Polícia do PC/PA, realizado em 2012, a banca MS Concursos considerou como correta a afirmativa no sentido de que "Não se aplica a lei nova, durante a *vacatio legis*, mesmo se mais benéfica, posto que esta ainda não está em vigor". No concurso para Analista de Promotoria do MPE/SP, realizado

8.7 RETROATIVIDADE DA JURISPRUDÊNCIA MAIS BENÉFICA

Conforme os arts. 5º, XL, da CF e 2º, parágrafo único, do CP, a lei não poderá retroagir, salvo para beneficiar o réu. Nota-se que os dispositivos fazem expressa referência à retroatividade da "lei" mais benéfica. Em razão disso, surge a discussão acerca da possibilidade ou não de jurisprudência consolidada por Tribunais Superiores retroagir para beneficiar o réu.

O tema não é pacífico, havendo quem defenda que a aplicação do novo entendimento jurisprudencial se limita a temas que chegaram ao *status* de súmula vinculante ou decididas por meio de controle concentrado de constitucionalidade do STF.

Nilo Batista, Zaffaroni, Alagia e Slokarr consideram que a interpretação jurisprudencial benéfica deve retroagir para alcançar fatos praticados no passado em julgados conforme o entendimento anterior. Invocam o princípio da isonomia e equidade, uma vez que duas pessoas que realizaram idênticas ações reguladas pela mesma lei terão sido julgadas de modo que uma resultou condenada e a outra absolvida, só porque uma delas foi julgada antes.[6]

Reconhecendo a retroatividade da jurisprudência mais benéfica, Rogério Greco cita como exemplo o cancelamento da Súmula nº 174 do STJ, que tinha a seguinte redação: "No crime de roubo, a intimidação feita com arma de brinquedo autoriza o aumento da pena". Com a nova orientação jurisprudencial, o renomado autor defende que o agente condenado por crime de roubo majorado pelo emprego de arma de brinquedo antes da mudança do entendimento jurisprudencial deverá ingressar com a necessária revisão criminal a fim de ver afastada a mencionada causa especial de aumento de pena.[7]

Cléber Masson, filiando-se à corrente que não admite a retroatividade de precedente judicial favorável, assevera que:

> A Lei Suprema, excepcionando a rega do *tempus regit actum* – aplica-se a lei que estava em vigor ao tempo da prática do fato – admite somente a retroatividade de lei favorável ao réu. Como se sabe, as normas excepcionais devem ser interpretadas restritivamente, levando em conta sua natureza extraordinária. Não pode criar hipótese de retroatividade não prevista pelo texto constitucional, sob risco de insegurança jurídica indispensável à manutenção do Estado de Direito. Além disso, a coisa julgada também tem assento constitucional (art. 5º, XXXVI), e somente pode ser superada por disposição expressa criada pela própria Constituição Federal.[8]

Nessa linha de pensamento, o STF decidiu que: "os preceitos constitucionais relativos à aplicação retroativa da norma penal benéfica, bem como à irretroatividade da norma mais grave ao acusado, *ex vi* do art. 5º, XL, da CF, são inaplicáveis aos precedentes jurisprudenciais".[9]

Parece-nos que o entendimento mais harmônico com os preceitos constitucionais é no sentido da possibilidade da retroatividade da jurisprudência consolidada nos Tribunais Superiores, desde que mais benéfica ao agente.

---

em 2013, a Banca IBFC considerou correta a afirmativa no sentido de que: "A lei penal, durante o período de *vacatio legis*, não pode ser aplicada, ainda que mais benéfica ao agente".

6. BATISTA, Nilo; ZAFFARONI, Eugenio Raúl; ALAGIA, Alejandro; SLOKAR, Alejandro. *Direito penal brasileiro.* Rio de Janeiro: Revan, 2017. v. 1, p. 224.
7. GRECO, Rogério. *Curso de direito penal:* parte geral. 19. ed. Rio de Janeiro: Impetus, 2017. v. 1, p. 178.
8. MASSON, Cleber. *Direito penal:* parte geral.14. ed. Rio de Janeiro: Forense; São Paulo: Método, 2020. v. 1, p. 142.
9. STF, HC nº 161452 AgRg/SP, rel. Min. Luiz Fux, 1ª T., j. 6-3-2020.

É certo que o art. 5º, XL, da CF prevê expressamente que a lei penal não retroagirá, salvo para beneficiar o réu. Todavia, não é menos correto que as normas constitucionais não podem ser interpretadas de forma isolada, devendo ser conjugadas com todo o sistema constitucional. No caso, a norma constitucional que prevê a retroatividade da lei mais benéfica deve ser interpretada em consonância com o princípio da igualdade, consagrado no art. 5º, *caput*, da CF.

Nesse sentido, o STJ decidiu que

> Não há qualquer óbice à aplicação retroativa da orientação jurisprudencial firmada a partir do julgamento dos EDclAgREsp nº 386.266/SP, uma vez que não se está diante de norma penal mais gravosa, mas de consolidação de interpretação judicial, inclusive do STF, cuja observância é esperada por parte de todos os órgãos do Poder Judiciário.

Com efeito, não parece razoável admitir que determinado agente cumpra pena pela prática do crime de roubo majorado por emprego de arma de brinquedo, não sendo aplicada a majorante a outro agente, apenas porque praticou a mesma conduta após o cancelamento da Súmula nº 174 do STJ. Ora, se a jurisprudência consolidada deixou de considerar a majorante em relação ao crime de roubo pelo emprego de arma de brinquedo, também não deve majorar em relação a fatos praticados antes do cancelamento da referida Súmula. Entendimento contrário viola, a nosso sentir, o princípio da igualdade.

Da mesma forma, haveria evidente violação do princípio da isonomia considerar fato típico a conduta de prestar declaração falsa às autoridades fazendárias (Lei nº 8.137/1990, art. 1º, I), se praticada antes da publicação da Súmula Vinculante nº 24 do STF, e considerar atípico o mesmo fato, sem lançamento definitivo, se praticado após a publicação da referida Súmula Vinculante. Por isso, parece-nos razoável admitir a possibilidade de aplicação da referida Súmula para fatos praticados antes da vigência, consistindo em verdadeira retroatividade da jurisprudência mais benéfica.

Em síntese, entendemos possível a retroatividade de entendimento jurisprudencial mais benéfico, desde que consolidado em Súmula dos Tribunais Superiores ou decididas por meio de controle concentrado de constitucionalidade do STF.

8.8 LEI INTERMEDIÁRIA

Lei intermediária é aquela que passou a vigorar após a prática do fato, mas já revogada no momento do julgamento. Trata-se de contexto em que se estabelece conflito de pelo menos três leis penais: Lei vigente à época do fato, a lei intermediária e a lei vigente à época do julgamento.

Imaginemos que ao tempo da prática de um fato criminoso vigorava a Lei A, prevendo pena de reclusão de 1 (um) a 4 (quatro) anos. Na sequência, entra em vigor a Lei B, passando a prever para o fato criminoso pena de reclusão de 1 (um) a 3 (três) anos. No momento do julgamento, já terá entrado em vigor a Lei C, prevendo que o fato criminoso será apenado com reclusão de 1 (um) a 5 (cinco) anos.

Como se vê, a lei intermediária é mais benéfica que a lei anterior e a posterior, surgindo a discussão acerca da possibilidade de ser aplicada pelo julgador no momento da sentença.

Assim, em se tratando de lei mais benéfica, consideramos perfeitamente possível a aplicação da lei intermediária, aplicando-se o princípio da retroatividade em relação à lei vigente à época do fato, e o da ultra-atividade em relação à lei em vigor à época da sentença. Logo, a lei intermediária pode ter, simultaneamente, dupla extra-atividade, possuindo características de retroatividade e ultra-atividade.

Tratando do tema, o STF decidiu que: "Dada a garantia constitucional de retroatividade da lei penal mais benéfica ao réu, é consensual na doutrina que prevalece a norma mais favorável, que tenha tido vigência entre a data do fato e a da sentença: o contrário implicaria retroação da lei nova, mais severa, de modo a afastar a incidência da lei intermediária, cuja prevalência, sobre a do tempo do fato, o princípio da retroatividade *in melius* já determinara."[10]

8.9 LEIS DE VIGÊNCIA TEMPORÁRIA E LEIS EXCEPCIONAIS

De acordo com o art. 3º do CP, as leis excepcionais ou temporárias, embora decorrido o período de sua duração ou cessadas as circunstâncias que as determinaram, aplicam-se aos fatos praticados durante sua vigência.

Lei excepcional é aquela editada para incidir durante uma situação de anormalidade, que necessite de tratamento penal diferenciado e específico para aquele contexto fático. A vigência estaria condicionada à presença de, por exemplo, convulsão social, calamidade pública, guerras, revoluções, cataclismos, epidemias etc.

Poder-se-ia considerar, por exemplo, a possibilidade de ser editada uma lei excepcional prevendo pena majorada para crimes praticados durante a paralisação de agentes de segurança pública, notadamente da polícia militar ou civil, prevalecendo-se dessa situação.[11]

Lei temporária é aquela editada para ter vigência por período previamente determinado. É a lei que já nasce com prazo determinado para o término da sua vigência. É o que se verifica da Lei nº 13.284, de 10-5-2016, que dispôs sobre as medidas relativas aos Jogos Olímpicos e Paraolímpicos de 2016 e aos eventos relacionados. O art. 23 da referida Lei previa que os tipos penais nela previstos teriam vigência até o dia 31-12-2016. Ou seja, a Lei nº 13.284 "nasceu" em 10-5-2016 e "morreu" no dia 31-12-2016.

As leis temporárias e excepcionais reúnem duas características importantes: a) autorrevogabilidade; b) ultra-atividade.

São *autorrevogáveis,* porque não exige edição de outra lei que a revogue.

Em regra, uma lei somente pode ser revogada por lei posterior que a revogue expressa ou tacitamente, quando seja com ela incompatível ou que regule integralmente a matéria nela tratada. As leis de vigência temporária constituem exceção a esse princípio, visto que perdem sua vigência automaticamente, sem a necessidade de outra lei para revogá-la.

Além disso, a lei temporária e a lei excepcional são dotadas de *ultra-atividade,* viabilizando a possibilidade de uma lei ser aplicada a um fato cometido durante a sua vigência, mesmo após a sua revogação (a lei adere ao fato como cola, acompanhando-o para sempre, mesmo após sua morte). Ou seja, a lei temporária ou excepcional será aplicada ao fato praticado durante sua vigência mesmo depois de decorrido o período de duração (lei temporária) ou cessada a circunstância que ensejou sua edição (lei excepcional).

---

10. STF, RE 418876/MT, rel. Min. Sepúlveda Pertence, 1ª T., j. 30-3-2004.

11. Como ocorreu em fevereiro de 2020 no Estado do Ceará, quando criminosos, aproveitando-se da paralisação da polícia militar, praticaram diversos crimes.

Em outras palavras, a lei temporária ou excepcional continuará gerando efeitos mesmo depois de revogadas.

Consideremos, por exemplo, que, em razão do aumento do número de crimes de dano qualificado contra o patrimônio da União (pena: detenção de 6 meses a 3 anos e multa), foi editada uma lei que passou a prever que, entre 20-8-2021 e 31-12-2021, tal delito (art. 163, parágrafo único, III, do CP) passaria a ter pena de 2 a 5 anos de detenção. Imaginemos que Wilson, em 20-12-2021, destrói dolosamente um bem de propriedade da União, razão pela qual foi denunciado, em 8-1-2022, como incurso nas sanções do art. 163, parágrafo único, III, do CP. Considerando a hipótese narrada, no momento da prolação da sentença, o Magistrado dever considerar, na hipótese de condenação de Wilson, a pena de 2 a 5 anos, de detenção, por conta da ultra-atividade da lei temporária. Isso porque a lei temporária revogada, que previa tratamento mais gravoso, é dotada de ultra-atividade, gerando efeitos mesmo depois de revogada.

Da mesma forma, imaginemos que Wilson, no dia 25-6-2016, tenha praticado a conduta de reproduzir símbolo oficial de titularidade de entidade organizadora dos jogos olímpicos de 2016, incidindo no crime previsto no art. 17 da Lei nº 13.284/2016, com pena de detenção, de 3 meses a 1 ano ou multa. Como dito, essa Lei teve vigência até o dia 31-12-2016. Nesse caso, no momento do julgamento, o juiz não poderá aventar a hipótese de *abolitio criminis*, uma vez que, a partir do dia 1º-1-2017, o fato não mais constituía crime, por conta da ultra-atividade da lei temporária. Ou seja, a Lei nº 13.284/2016 continuaria gerando efeitos, mesmo depois da sua autorrevogação.

8.10 NORMAS PENAIS EM BRANCO E CONFLITO DE LEIS NO TEMPO

8.10.1 Conceito

A norma penal em branco é aquela em que um determinado tipo penal descreve a conduta, mas necessita de outra norma para complementá-lo. Trata-se, portanto, de uma norma cuja descrição da conduta está incompleta, necessitando de complementação por outra disposição legal ou regulamentar. O preceito secundário é completo, enquanto o preceito primário necessita de complementação.

Assim, para sua incidência plena, a norma penal em branco necessita de outra norma para integralizá-la, para completá-la. Esse complemento pode ser em decorrência de lei ou outros atos normativos, inclusive por via administrativa, como regulamentos, decretos, portarias.

8.10.2 Classificação

As normas penais em branco se classificam em:

a) Normas penais em branco em sentido lato ou homogêneas

São aquelas em que o complemento é determinado pela mesma fonte formal da norma incriminadora. Ou seja, a norma integralizadora é originada pela mesma fonte legislativa da norma penal em branco. Há, pois, homogeneidade de fontes, não obstante a norma penal depender de lei extrapenal para sua integralização.

Exemplo clássico é o do art. 236 do CP, segundo o qual quem contrair casamento, induzindo em erro essencial o outro contraente, ou ocultando-lhe impedimento que não seja casamento anterior, estará sujeito à pena de detenção de 6 meses a 2 anos.

O art. 236 do CP descreve a conduta reveladora do crime de induzimento a erro essencial e ocultação de impedimento. Todavia, trata-se de norma incompleta, pois não define quais são as causas de erro essencial ou de impedimento ao matrimônio, necessitando, por isso, de outra norma para integralizá-la, da qual se extrairá as causas de erro essencial e impedimento de matrimônio.

E a norma integralizadora do art. 236 do CP encontra-se nos arts. 1.521 e 1.557 do CC, que preveem, respectivamente, as causas de impedimento ao casamento e de erro essencial.

Note-se que, nesse caso, a norma penal em branco e a norma integralizadora são originárias da mesma fonte legislativa, já que o Código Penal e o Código Civil são leis ordinárias. Por isso, o art. 236 do CP é uma norma penal em branco homogênea.

b) Normas penais em branco em sentido estrito ou heterogêneas

São aquelas cujo complemento está contido em norma procedente de outra esfera legislativa. As fontes formais são heterogêneas, diante da diversidade quanto ao órgão de elaboração legislativa.

O preceito primário não contém a descrição completa da conduta delituosa, necessitando de um complemento para integralizá-lo. E esse complemento está previsto em fonte legislativa diversa daquela que prevê a conduta delituosa. Essa fonte legislativa diversa pode emanar de ato normativo administrativo, decretos, portarias, regulamentos.

O art. 33 da Lei nº 11.343/2006, por exemplo, define o crime de tráfico de drogas, consistente em importar, exportar, remeter, preparar, produzir, fabricar, adquirir, vender, expor à venda, oferecer, ter em depósito, transportar, trazer consigo, guardar, prescrever, ministrar, entregar a consumo ou fornecer drogas, ainda que gratuitamente, sem autorização ou em desacordo com determinação legal ou regulamentar. Embora descreva dezoito condutas proibidas, o preceito primário do art. 33 da Lei nº 11.343/2006 é incompleto, tratando-se, pois, de norma penal em branco, pois necessita de outra norma prevendo que determinada substância constitui droga, capaz de determinar dependência física ou psíquica. E esse complemento consta na Port. nº 344, de 12-5-1998, editada pelo Ministério da Saúde, que aprova o regulamento técnico sobre substâncias e medicamentos sujeitos a controle especial, e relacionada às substâncias consideradas entorpecentes.

Assim, o art. 33 da Lei nº 11.343/2006 configura norma penal em branco heterogênea, pois a norma integralizadora decorre de fonte legislativa diversa da lei, qual seja, Portaria.

8.10.3 Aplicabilidade das regras da lei penal no tempo

A grande discussão que envolve as normas penais em branco guarda relação com a aplicabilidade das regras da lei penal no tempo. Imaginemos que a norma integralizadora sofra alteração na sua redação. Essa modificação teria força para atingir também a norma penal em branco? Eis a questão.

Se a nova redação da norma integralizadora passar a conferir tratamento mais severo, evidentemente que não atingirá fatos anteriores abarcados pela norma penal em branco.

Todavia, se a norma integralizadora passar a conferir tratamento mais benéfico, instala-se a discussão se retroagirá para beneficiar o agente, ou se a norma originária terá ultra-atividade, gerando efeitos mesmo depois de revogada.

Por primeiro, se a norma integralizadora decorrer de lei, havendo alteração que beneficie o réu, não há dúvidas de que deverá retroagir. Imaginemos que um cidadão contraia casamento com a sua sogra, sem que, por uma razão ou outra, ela saiba que o cônjuge foi casado com sua filha. O cidadão contraiu casamento com a sogra, omitindo dela essa causa de impedimento prevista no art. 1.521, II, do CC, praticando, portanto, o crime previsto no art. 236 do CP. Imaginemos, agora, que sobrevém uma lei posterior, retirando o impedimento para afins em linha reta contraírem casamento. Nesse caso, evidente que essa alteração da norma integralizadora é permanente, devendo, portanto, retroagir para beneficiar o "infortunado" réu que se casou com a sogra. O fato, pois, deixou de constituir crime.

Se o complemento estiver em outro ato normativo, que não seja lei, como, por exemplo, atos normativos do poder executivo, deve-se aferir se é de caráter permanente ou temporário ou excepcional. Em outras palavras, a retroatividade ou não da norma penal em branco, em face da alteração da norma integralizadora, dependerá da natureza do complemento.

Se a norma integralizadora for de natureza permanente, atingindo de forma perene o fato descrito na norma penal em branco, retroagirá para beneficiar o réu. Agora, se a norma integralizadora for de natureza temporária, que sofre alterações com frequência, a norma penal não retroagirá, ou seja, se revestirá de ultra-atividade, tomando como base o disposto no art. 3º do CP.

Assim, se, por exemplo, uma determinada substância for excluída do rol de substâncias entorpecentes que consta na Port. nº 344 do Ministério da Saúde, essa modificação deverá retroagir para beneficiar o agente, já que se reveste de caráter de definitividade. Nesse caso, se o agente estiver sendo acusado do crime de tráfico porque estaria transportando determinada substância que deixou de figurar no rol de substâncias entorpecentes, deverá ser beneficiado com a retroatividade da norma complementadora, já que tal conduta passou a ser um irrelevante penal. Em situação inusitada, o STF considerou ter ocorrido *abolitio criminis* em relação a condenado pela prática do crime de tráfico de drogas, por conta da exclusão do cloreto de etila, conhecido como lança-perfume, da lista de substância entorpecente, ainda que novamente incluída posteriormente na lista de substâncias proscritas. Eis a ementa da decisão:

> Penal. Tráfico ilícito de substância entorpecente. Lei nº 6.368/1976, art. 36. Norma penal em branco. Portaria do DIMED, do Ministério da Saúde, contenedora da lista de substâncias proscritas. Lança-perfume: cloreto de etila. I. O paciente foi preso no dia 1º-3-1984, por ter vendido lança-perfume, configurando o fato o delito de tráfico de substância entorpecente, já que o cloreto de etila estava incluído na lista do DIMED, pela Portaria de 27-1-1983. Sua exclusão, entretanto, da lista, com a Portaria de 4-4-1984, configurando-se a hipótese do *abolitio criminis*. A Portaria nº 02/1985, de 13-3-1985, novamente inclui o cloreto de etila na lista. Impossibilidade, todavia, da retroatividade desta. II. Adoção de posição mais favorável ao réu. III. HC deferido, em parte, para o fim de anular a condenação por tráfico de substância entorpecente, examinando-se, entretanto, no Juízo de 1º grau, a viabilidade de renovação do procedimento pela eventual prática de contrabando.[12]

Por outro lado, se a norma integralizadora se revestir de caráter de transitoriedade ou excepcionalidade, eventual alteração, ainda que benéfica, não poderá retroagir, incidindo a posição de ultra-atividade das leis excepcionais, nos termos do art. 3º do CP.

---

12. STF, HC nº 68904/SP, rel. Min. Carlos Velloso, 2ª T., j. 17-12-1991.

Assim, se determinada norma complementadora foi criada para vigorar em situações excepcionais, de forma transitória, eventual alteração, ainda que mais benéfica, não retroagirá para alcançar fatos passados.

É que se depreende, por exemplo, com o que ocorreu em relação ao art. 2º, VI, da Lei nº 1.521/1951. Em determinada época, havia um tabelamento de preços de produtos e mercadorias. Assim, quem transgredia tabelas oficiais de gêneros e mercadorias, ou de serviços essenciais, ou quem expunha a venda ou oferecesse tais gêneros, mercadorias ou serviços, por preço superior ao tabelado, assim como não mantinha afixadas, em lugar visível e de fácil leitura, as tabelas de preços aprovadas pelos órgãos competentes, estava sujeito à pena de detenção de 6 meses a 2 anos.

Esse art. 2º, VI, da Lei nº 1.521/1951 constitui norma penal em branco, porque necessita de uma norma complementadora definindo o tabelamento de preços.

Se, na sequência, deixar de existir situação excepcional, não havendo mais norma determinando o tabelamento de preços, não incidirá o princípio da retroatividade da norma mais benéfica, por conta da transitoriedade da situação excepcional. Nesse caso, ainda que não mais exista tabelamento de preços, a norma que tipifica a conduta de transgredir tabelas oficiais de gêneros e mercadorias, ou de serviços essenciais, bem como expor à venda ou oferecer ao público ou vender tais gêneros, mercadorias ou serviços, por preço superior ao tabelado, assim como não manter afixadas, em lugar visível e de fácil leitura, as tabelas de preços aprovadas pelos órgãos competentes, será ultrativa, irradiando, assim, efeitos a fatos praticados na sua vigência, mesmo depois de cessada a situação de excepcionalidade e extinção da norma que previa o tabelamento de preços.

Em síntese, o agente que praticou a conduta prevista no art. 2º, VI, da Lei nº 1.521/1951 poderá ser responsabilizado criminalmente, mesmo depois de extinta a norma que previa o tabelamento de preços, já que não haverá retroatividade da norma mais benéfica.

Da mesma forma, o STJ decidiu pela irretroatividade da norma integralizadora que não importar real modificação na figura típica, mas simples alteração sem caráter de definitividade. Com efeito, o STJ considerou a ultra-atividade do Dec. nº 3.552, de 4-8-2000, que fixava em 20% o percentual de álcool anidro na gasolina, mantendo a condenação do réu pela prática do crime previsto no art. 7º, II e IX, da Lei nº 8.137/1990, mesmo com alteração posterior permitindo 25% o percentual de álcool na gasolina, ressaltando que:

> (...) a lei anterior incide sobre os fatos praticados durante a sua vigência, mesmo após derrogada, tendo em vista que a variação da norma complementar somente gera a consequência pretendida, qual seja, a *abolitio criminis*, quando importar em real modificação da figura abstrata, objeto da proteção legal, e não nos casos em que ocorre simples alteração relativa ao *quantum* de determinada substância, persistindo inabalada a essência da norma (...).[13]

13. STJ, RHC nº 16172/SP, rel. Min. Laurita Vaz, 5ª T., j. 26-8-2005.

Para corroborar o que foi dito, convém registrar que o Dec. nº 3.522/2000 foi revogado pelo Dec. nº 3.824/2001, que passou a prever o percentual de 22% de adição de álcool etílico anidro combustível à gasolina.

Para acesso ao vídeo, utilize o QR Code ao lado.

9

TEMPO DO CRIME

9.1 CONCEITO E IMPORTÂNCIA

A análise do âmbito temporal da aplicação da lei penal necessita da fixação do momento em que se considera o delito cometido. Verificando-se o momento do crime, pode-se identificar a norma penal que deverá ser aplicada ao caso concreto.

A determinação do tempo em que se reputa praticado o delito tem relevância jurídica não somente para fixar a lei que o vai reger, mas também para: a) determinar a imputabilidade do agente; b) fixar as circunstâncias do tipo penal; c) verificar a incidência de causas de aumento de pena ou qualificadoras; d) dar oportunidade à prescrição etc.

Imaginemos um agente que, quando contava com 17 anos, 11 meses e 29 dias, tenha efetuado disparos contra a vítima, que veio a falecer cinco dias depois, sobrevindo o resultado naturalístico. No caso, aplica-se as normas do Estatuto da Criança e do Adolescente (Lei nº 8.069/1990) ou as do Código Penal?

Consideremos, ainda, que o agente tenha efetuado disparos contra a vítima, que foi conduzida ao hospital. Enquanto a vítima era submetida à intervenção médica, sobrevém uma lei penal introduzindo uma qualificadora que, em tese, se aplicaria ao caso. Logo depois, a vítima não resiste aos ferimentos e falece. A qualificadora introduzida no ordenamento jurídico incidirá ou não no caso concreto?

9.2 TEORIAS

Para dirimir essa questão do tempo do crime, três teorias se destacam: a) teoria da atividade; b) teoria do resultado; c) teoria da ubiquidade.

9.2.1 Teoria da atividade

Pela teoria da atividade, considera-se tempo do crime o momento da prática da conduta, mediante ação ou omissão, independentemente do momento do resultado. Assim, para essa teoria, reputa-se praticado o crime no momento da conduta, não importando o resultado.

Em relação ao crime de homicídio, por exemplo, reputa-se tempo do crime o momento da conduta do agente que efetuou disparos de arma de fogo, não importando o momento do resultado, com a morte da vítima.

9.2.2 Teoria do resultado

Para a teoria do resultado, pouco importa o momento da conduta, considerando-se como tempo do crime o momento da produção do resultado. Assim, no exemplo do crime de homicídio, o tempo do crime será o da ocorrência do resultado, com a morte da vítima, sendo irrelevante o momento da ação ou omissão do agente.

9.2.3 Teoria mista ou da ubiquidade

De acordo com esta teoria, considera-se tempo do crime tanto o momento da ação ou omissão, quanto o da produção do resultado. Assim, no exemplo do homicídio, reputa-se tempo do crime tanto o momento dos disparos de arma de fogo, quanto o momento da produção do resultado, com a morte da vítima.

9.2.4 Teoria aplicada

O Código Penal adotou a teoria da atividade, segundo a qual se reputa praticado o delito no momento da conduta, ou seja, no momento da ação ou omissão, não importando o instante do resultado. É o que se extrai da redação do art. 4º do CP. Assim, no caso do crime de homicídio, afigura-se relevante verificar o momento da ação ou omissão, com os disparos de arma de fogo, por exemplo, e não o momento do resultado, com a morte da vítima.

Diante disso, se, por exemplo, o agente, ao tempo da ação, contava com 17 anos, 11 meses e 29 dias de idade, efetua disparos de arma de fogo contra a vítima, que vem a falecer cinco dias depois, devemos indagar se incidirão as normas do Código Penal ou as normas relativas ao Estatuto da Criança e do Adolescente.

Nesse caso, considerando-se a teoria da atividade, incidirão as normas do Estatuto da Criança e do Adolescente (Lei nº 8.069/1990), uma vez que, ao tempo da ação, o agente era menor de 18 anos e, portanto, inimputável, não incidindo, assim, normas do Código Penal. Em outras palavras, ficará afastada a aplicação da lei penal, sendo o agente submetido a procedimento para apuração da prática de ato infracional e, se for o caso, à aplicação de medida socioeducativa.

Estabelecer o tempo do crime também ganha relevância para se verificar a incidência ou não de causas de aumento de pena ou qualificadora. Tomemos como exemplo o disposto no art. 121, § 4º, do CP. Por esse dispositivo, se o crime for praticado contra maior de 60 anos de idade, a pena será aumentada de 1/3. Imaginemos que, ao tempo da ação, a vítima contava com 59 anos, 11 meses e 25 dias, e vem a falecer 10 dias depois, por conta dos disparos de arma de fogo que lhe atingiram. Nesse caso, considerando que a ação foi praticada quando a vítima ainda não havia completado 60 anos de idade, não incidiria a norma do art. 121, § 4º, do CP, já que, para definição do tempo do crime, considera-se o momento da conduta, independentemente da produção do resultado.

Imaginemos outro exemplo: Um marido desalmado efetua disparos de arma de fogo contra a esposa no dia 7 de março de 2015, que ficou gravemente ferida. Enquanto a vítima estava no hospital, entrou em vigor a qualificadora do feminicídio (CP, art. 121, § 2º, VI), mais precisamente no dia 9 de março de 2015. Se a vítima falecer após essa data, não incidirá a qualificadora do feminicídio, uma vez que deve ser considerada a norma penal vigente ao tempo da ação, e não a do tempo do resultado.

No caso do crime permanente, a consumação se prolonga no tempo. É considerado tempo do crime todo o período em que se desenvolver a atividade delituosa, aplicando-se a Súmula nº 711 do STF, considerando-se a lei penal incidente durante a atividade criminosa prolongada no tempo, ainda que mais severa.

Assim, se, ao tempo do início do sequestro, com a privação da liberdade da vítima, o agente era menor de idade, adquirindo a maioridade enquanto perdurava o sequestro, incidirão, no caso, as normas do Código Penal, uma vez que, não obstante o início da atividade delituosa quando inimputável, a execução e consumação do delito se prolongaram ao tempo em que completou 18 anos.

Sinala-se, por pertinente, que lei posterior mais benéfica poderá ser aplicada para alcançar determinado fato praticado, não por conta da incidência do tempo do crime, mas pela retroatividade da lei mais benéfica.

Assim, se, por exemplo, o agente desfere disparos contra vítima com idade de 59 anos, 11 meses e 25 dias, que vem a falecer 10 dias depois, por conta dos disparos de arma de fogo que lhe atingiram, sendo que, enquanto estava hospitalizado, sobreveio lei excluindo a majorante consistente em matar pessoa maior de 60 anos de idade, essa lei posterior retroagirá para beneficiar o réu, não pela aplicação da teoria do resultado, mas pela incidência do princípio da retroatividade da lei mais benéfica.

9.2.5 Conclusão

Em síntese, a incidência da teoria da atividade e a verificação do tempo do crime ganha expressivo relevo, sobretudo em relação às seguintes hipóteses:

a) deve ser aplicada a lei em vigor ao tempo da ação ou omissão, ou seja, ao tempo da conduta, salvo se, evidentemente, a norma penal vigente ao tempo do resultado for mais benéfica;

b) verificação da inimputabilidade ou imputabilidade considerando o tempo da conduta;

c) sobrevindo lei nova enquanto estiver em franca execução de crime permanente, aplica-se a lei nova, ainda que mais severa. Isso porque o crime permanente estava sendo praticado no momento da entrada em vigor da lei nova. Ou seja, aplica-se a lei vigente no momento da ação do agente, nos termos da Súmula nº 711 do STF;

d) em relação ao crime continuado, conquanto sejam praticados vários crimes em sequência, considera-se, por ficção jurídica, como sendo crime único. Logo, se durante a prática dos crimes em continuidade delitiva sobrevier lei nova, aplicar-se-á esta, ainda que mais grave, também por força do disposto na Súmula nº 711 do STF.

Para acesso ao vídeo,
utilize o QR Code ao lado.

10

LUGAR DO CRIME

10.1 INTRODUÇÃO

A aplicação do princípio da territorialidade guarda relação com a determinação do lugar onde o crime é considerado praticado, tendo relevância, ainda, no tocante à competência penal internacional.

Convém, de logo, esclarecer que o tema aqui estudado não se confunde com a fixação da competência territorial, cuja determinação, via de regra, leva em conta o lugar da consumação do delito, conforme prevê o art. 70 do CPP. A identificação do lugar do crime serve tão somente para verificar a incidência ou não da norma penal brasileiro a fatos praticados no exterior, com resultado no Brasil, bem como a fatos praticados no Brasil, com resultado no exterior.

Com efeito, a definição do lugar do crime encontra relevo em relação à incidência da norma penal brasileira a fatos praticados no exterior, mas cujo resultado ocorreu no Brasil, bem como a fatos praticados no Brasil, cujo resultado ocorreu em país estrangeiro.

Em outras palavras, a definição do lugar do crime tem especial importância em relação aos *crimes a distância,* conhecidos como crimes de espaço máximo, em que a conduta é praticada em um determinado país, mas o resultado vem a ser produzido em país estrangeiro. Assim, exige-se a pluralidade de países para incidência do art. 6º do CP.

10.2 TEORIAS

Para contextualizar o tema, vejamos os seguintes exemplos:

a) na fronteira Brasil-Uruguai, um cidadão brasileiro que se encontra na cidade brasileira de Santana do Livramento/RS efetua disparos de arma de fogo contra a vítima que se encontrava em solo uruguaio, na cidade de Rivera, separada por uma rua do Município brasileiro, causando-lhe a morte. A conduta partiu do Brasil, mas o resultado ocorreu no Uruguai;

b) um cidadão argentino, residente na cidade de Buenos Aires, envia uma carta contendo substância tóxica a um brasileiro, que se encontra no Rio de Janeiro.

Ao abrir a carta, o brasileiro inalou substância tóxica e, por essa razão, acabou falecendo. A conduta partiu da Argentina, mas o resultado ocorreu no Brasil.

Para a definição do lugar do crime e, por conseguinte, da competência internacional, várias teorias foram lançadas, dentre as quais se destacam três:

a) Teoria da atividade

De acordo com a teoria da atividade ou da ação, é considerado lugar do crime aquele em que o agente desenvolveu a atividade criminosa, isto é, onde foi praticada a conduta, consistente na ação ou omissão do agente.

Assim, se o agente, postado em Rivera no Uruguai, efetuar disparos de arma de fogo contra a vítima que se encontra na cidade brasileira de Santana do Livramento/RS, matando-a, pela teoria da atividade, o lugar do crime seria no Uruguai. Nesse caso, a lei penal brasileira não incidiria.

A crítica em relação a essa teoria cinge-se ao fato de que o fato delituoso não seria alcançado pela atuação do Estado onde a conduta do agente produziu o resultado nocivo ao bem jurídico violado.

b) Teoria do resultado

Segundo a teoria do resultado, também conhecida por teoria do efeito ou evento, o lugar do crime será o da produção do resultado, sendo irrelevante o local da conduta.

Considerando relação inversa do exemplo anterior, imaginemos que o agente, postado na cidade brasileira de Santana do Livramento/RS, efetua disparos de arma de fogo contra a vítima que se encontra na cidade uruguaia de Rivera, matando-a. O lugar do crime seria no Uruguai, onde ocorreu o resultado, não incidindo, por isso, a lei penal brasileira.

Essa teoria é criticada, porque exclui a possibilidade de atuação do Estado onde se realizou a ação, que tenha demonstrado interesse na elucidação do fato criminoso.

c) Teoria da ubiquidade ou mista

Para a teoria da ubiquidade, lugar do crime será o da ação ou omissão, bem como aquele que se produziu ou deveria produzir-se o resultado. Trata-se, na verdade, da fusão das teorias da atividade e do resultado, razão pela qual também é chamada de teoria mista.

Nos termos da teoria da ubiquidade, mista ou da unidade, lugar do crime é aquele em que se realizou qualquer dos momentos do *iter criminis*, seja da prática dos atos executórios, seja da consumação.

Essa foi a teoria adotada pelo Código Penal, já que, segundo o art. 6º: "Considera-se praticado o crime no lugar em que ocorreu a ação ou omissão, no todo ou em parte, bem como onde se produziu ou deveria produzir-se o resultado".

Assim, na hipótese de um cidadão brasileiro, que se encontra na cidade brasileira de Santana do Livramento/RS, atirar contra a vítima que se encontra em solo uruguaio, na cidade de Rivera, separada por uma rua do Município brasileiro, causando-lhe a morte, será aplicada a lei penal brasileira, já que os atos executórios do crime foram praticados em território brasileiro, embora o resultado tenha ocorrido em país estrangeiro.

Da mesma forma, se um cidadão argentino, residente em Buenos Aires, envia uma carta tóxica a um brasileiro, que se encontra no Rio de Janeiro, causando-lhe a morte ao abri-la, também será aplicada a lei penal brasileira, já que o resultado se produziu em território brasileiro, embora a conduta tenha sido praticada no estrangeiro.

A expressão "deveria produzir-se o resultado" refere-se às hipóteses de tentativa. Aplica-se, portanto, a lei brasileira ao crime tentado cuja conduta tenha sido praticada no Brasil, o resultado deveria ocorrer no exterior, bem como quando a conduta partiu do país estrangeiro e o resultado deveria ocorrer no Brasil, não havendo consumação por circunstâncias alheias à vontade do agente.

10.3 HIPÓTESES DE APLICAÇÃO OU NÃO DA TEORIA DA UBIQUIDADE

a) Nos crimes a distância

É nos denominados crimes a distância, também conhecidos como de espaço máximo, que apresenta relevância jurídica a adoção da teoria da ubiquidade.

Como referido, os crimes a distância são aqueles em que a conduta é praticada num determinado país e o resultado vem a ser produzido em outro.

Em relação aos crimes a distância, aplica-se a teoria da ubiquidade, segundo a qual o local do crime será tanto o da ação ou omissão, quanto o do local em que se produziu ou deveria produzir-se o resultado.

Definido que a lei penal brasileira incide ao fato praticado no estrangeiro e consumado no Brasil, e vice-versa, resta estabelecer o foro competente para processá-lo e julgá-lo. E, nesse aspecto, agora sim passa a incidir as normas do Código de Processo Penal, especificamente no art. 70, §§ 1º e 2º. Assim, se iniciada a execução no território nacional, a infração se consumar fora dele, a competência será determinada pelo lugar em que tiver sido praticado, no Brasil, o último ato de execução; se o último ato de execução for praticado fora do território nacional, será competente o juiz do lugar em que o crime tenha, ainda que parcialmente, produzido ou devia produzir seu resultado em território brasileiro.

É possível que o fato praticado pelo agente também seja objeto de ação penal no país estrangeiro. Nesse caso, mesmo assim incidirá a lei penal brasileira, devendo-se, contudo, ser observada a regra do art. 8º do CP, levando-se em conta a pena cumprida no estrangeiro no cômputo da execução de eventual pena imposta no Brasil.

b) Nos crimes conexos

Não se aplica a teoria da ubiquidade, uma vez que os crimes conexos não constituem propriamente uma unidade jurídica, ou seja, não há propriamente atos executórios iniciados num determinado país com resultado gerado em outro, mas dois delitos autônomos, embora ligados entre si, praticados e consumados em países distintos. Por isso, cada crime deve ser julgado pelo país onde foi cometido.

Assim, se um automóvel for furtado na Argentina e vendido no Brasil, sabendo o adquirente ser produto de furto, o crime de receptação será processado e julgado no Brasil, ao passo que o crime de furto será processado e julgado na Argentina.

c) Nos crimes plurilocais

Crimes plurilocais são aqueles em que a ação se desenvolve em um determinado lugar e o resultado ocorre em outro, *mas dentro do território nacional*. Diferem dos crimes a distância, porque nesses últimos há necessariamente a interferência de países distintos, enquanto nos crimes plurilocais a ação e o resultado ocorrem dentro de um mesmo país.

Em relação aos crimes plurilocais não incidem as regras do art. 6º do CP, aplicando-se o disposto no art. 70 do CPP, considerando-se a teoria do resultado. Tomemos como exemplo o crime de estelionato, em que a vítima foi ludibriada, mediante emprego de ardil, em Santa Cruz do Sul/RS, entregando o dinheiro ao golpista, na cidade vizinha de Venâncio Aires/RS. Esta última será competente para processar e julgar o agente que praticou o crime de estelionato, pois nela é que se produziu o resultado "vantagem ilícita", com o qual se operou a consumação.

Ressalta-se, por pertinente, que, em relação aos crimes dolosos contra a vida, a jurisprudência pacificou entendimento no sentido da aplicação da teoria da atividade, por conta da conveniência da instrução criminal, já que, nestes casos, invariavelmente os elementos probatórios se encontram no local da prática do delito, não sendo, ainda, razoável exigir que as testemunhas do crime doloso contra a vida tenham de comparecer ao plenário do Júri em outra comarca.

Tratando do tema, o STJ decidiu pela aplicação da teoria da atividade nos crimes plurilocais.

> Competência. Crime plurilocal. Verdade real. *In casu*, o ora paciente foi denunciado pela suposta prática dos crimes previstos no art. 121, § 2º, I, III e IV, e no art. 211, ambos do CP, em concurso material. A denúncia foi recebida em parte pelo juiz singular da vara do júri de Guarulhos-SP, que, na mesma decisão, decretou a prisão preventiva do paciente. O *habeas corpus* impetrado perante o TJ foi denegado. Nesta superior instância, entre outras alegações, sustentou-se a ocorrência de constrangimento ilegal, pois o juiz que decretou a prisão do paciente seria incompetente para processar e julgar a causa. Aduziu-se, ainda, não haver como ser acolhida a tese do crime plurilocal por não existir nos autos nenhuma prova de que o crime ou os atos preparatórios ter-se-iam iniciado em Guarulhos. A Turma denegou o *habeas corpus* por entender, entre outras questões, que, no caso, embora os atos executórios do crime de homicídio tenham-se iniciado na comarca de Guarulhos, local em que houve, em tese, os disparos de arma de fogo contra a vítima, e não obstante tenha-se apurado que a causa efetiva da sua morte foi asfixia por afogamento, a qual ocorreu em represa localizada na comarca de Nazaré Paulista-SP, sem dúvida o lugar que mais atende às finalidades almejadas pelo legislador ao fixar a competência de foro é o do local em que foram iniciados os atos executórios, o juízo de Guarulhos. Observou-se que este é o local onde, em tese, ter-se-ia iniciado o crime, onde reside a maior parte das testemunhas arroladas tanto pela defesa quanto pela acusação, onde residem os réus e residia a vítima, onde a exemplaridade da pena mostrar-se-á mais eficaz e onde a instrução iniciou-se, colhendo-se provas não só testemunhais como técnicas, pelo que o desenrolar da ação penal nesse juízo, sem dúvidas, melhor atenderá às finalidades do processo e melhor alcançará a verdade real. Consignou-se, ainda, que eventual nulidade quanto à competência, no caso, é relativa, cujo reconhecimento exige não só a sua arguição no momento oportuno como também a demonstração de efetivo prejuízo, o que não ocorreu na espécie. Ademais, quando se firmou a competência do juízo da vara do júri de Guarulhos, nem sequer se tinha notícia de que a vítima morrera, sendo, pois, incerto o local da consumação do crime naquele momento, já que o corpo da ofendida somente foi localizado aproximadamente dezoito dias após o suposto cometimento do delito.[1]

d) No crime permanente e continuado

Aplica-se a lei penal brasileira quando algum dos fatos constitutivos do delito tenha sido praticado no território nacional, porque em qualquer dessas formas criminosas trata-se de delito unitário.

---

1. STJ, HC nº 196458/SP, rel. Min. Sebastião Reis Júnior, 6ª T., j. 6-12-2011. Noticiado no *Informativo* nº 489.

e) Infrações de menor potencial ofensivo

Não se aplica a teoria da ubiquidade em relação às infrações de menor potencial ofensivo, uma vez que o art. 63 da Lei nº 9.099/1995 expressamente adotou a teoria da atividade, ou seja, o foro competente é o do local da ação ou omissão.

Para acesso ao vídeo, utilize o QR Code ao lado.

11

LEI PENAL NO ESPAÇO

11.1 PRINCÍPIO DA TERRITORIALIDADE

11.1.1 Introdução

Como extensão do princípio da soberania, a lei penal deve vigorar em todo território de um Estado politicamente organizado. Logo, aplica-se a lei penal brasileira a fatos praticados dentro do território nacional. *Trata-se do princípio da territorialidade (CP, art. 5º).*

Todavia, em determinados casos, a lei penal de um País incide para alcançar fatos praticados fora dos seus limites territoriais, ou seja, a fatos inteiramente praticados no exterior. *É o princípio da extraterritorialidade (CP, art. 7º)*, que será estudado em capítulo próprio.

Com base nesses dois princípios, busca-se resolver o conflito que se estabelece entre leis penais no espaço.

Como corolário do princípio da igualdade soberana, insculpido no art. 2º, § 1º, da Carta da ONU, compete a cada país organizar a aplicação da lei penal sobre fatos praticados dentro do seu território.

Com base nisso, dispõe o art. 5º do CP que "aplica-se a lei brasileira, sem prejuízo de convenções, tratados e regras de direito internacional, ao crime cometido no território nacional".

Nesse contexto, o Código Penal adotou o princípio da territorialidade como regra, admitindo, contudo, excepcionalmente, a incidência do princípio da extraterritorialidade, aplicando-se, em determinados casos, a lei penal brasileira a fatos praticados no exterior, bem como permitindo a incidência de lei estrangeira sobre fatos praticados no território brasileiro, por força de convenções, tratados ou regras de direito internacional.

É a aplicação do *princípio da territorialidade temperada ou mitigada*, segundo a qual a lei penal brasileira aplica-se, em regra, ao crime cometido no território nacional. Excepcionalmente, porém, a lei brasileira é aplicável a delitos cometidos total ou parcialmente em território nacional estrangeiro, assim como a lei estrangeira poderá incidir sobre fatos praticados dentro do território brasileiro.

11.1.2 Conceito de território

Para fins jurídicos, território compreende o espaço em que o Estado exerce sua soberania política.

Em sentido estrito (material), território abrange o solo (e subsolo) sem solução de continuidade e com limites reconhecidos, as águas interiores, o mar territorial, a plataforma continental e o espaço aéreo.

Nos termos do art. 1º da Lei nº 8.617/1993, o mar territorial brasileiro compreende uma faixa de doze milhas marítimas de largura, medidas a partir da linha de baixa-mar do litoral continental e insular, tal como indicada nas cartas náuticas de grande escala, reconhecidas oficialmente no Brasil. A soberania do Brasil estende-se ao mar territorial, ao espaço aéreo sobrejacente, bem como ao seu leito e subsolo (Lei nº 8.617/1993, art. 2º).

A plataforma continental do Brasil compreende o leito e o subsolo das áreas submarinas que se estendem além do seu mar territorial, em toda a extensão do prolongamento natural de seu território terrestre, até o bordo exterior da margem continental, ou até uma distância de duzentas milhas marítimas das linhas de base, a partir das quais se mede a largura do mar territorial, nos casos em que o bordo exterior da margem continental não atinja essa distância (Lei nº 8.617/1993, art. 11).

O espaço aéreo compreende a extensão da camada atmosférica que se sobrepõe ao território e mar territorial de um país. O Brasil exerce completa e exclusiva soberania sobre o espaço aéreo acima de seu território e mar territorial, conforme dispõe o art. 11 da Lei nº 7.565/1986.

11.1.3 Território brasileiro por extensão

11.1.3.1 Embarcações ou aeronaves brasileiras

Nos termos do art. 5, § 1º, do CP, para os efeitos penais, consideram-se como extensão do território nacional as embarcações e aeronaves brasileiras, de natureza pública ou a serviço do governo brasileiro, onde quer que se encontrem, bem como as aeronaves e as embarcações brasileiras, mercantes ou de propriedade privada, que se achem, respectivamente, no espaço aéreo correspondente ou em alto-mar.

As embarcações e aeronaves públicas são, por exemplo, aquelas vinculadas a serviço militar, como, por exemplo, navios da Marinha e aeronaves da Aeronáutica Brasileira, bem como destinados a prestar serviços oficiais aos chefes de estados e representantes diplomáticos, como, por exemplo, aeronave contratada para conduzir o Presidente da República.

Embarcações ou aeronaves de natureza privada são os mercantes ou de propriedade privada. Quando estiverem navegando ou sobrevoando alto-mar, aplica-se a lei do país cuja bandeira ostentam; se estiverem navegando ou sobrevoando mar territorial ou espaço aéreo estrangeiro não serão considerados território brasileiro por extensão.

Assim, considera-se território brasileiro por extensão:

a) embarcações e aeronaves brasileiras de natureza pública ou a serviço do governo brasileiro onde estiverem;

b) embarcações e aeronaves brasileiras, de propriedade privada, que estiverem navegando em alto-mar ou sobrevoando espaço aéreo correspondente ao alto-mar.

Nesse contexto, se, por exemplo, um Oficial da Marinha do Brasil é assassinado por um marinheiro dentro da *embarcação pública brasileira,* que se encontrava atracada num

Porto dos Estados Unidos, a lei brasileira será aplicável, uma vez que, para efeitos penais, consideram-se como extensão do território brasileiro as embarcações de natureza pública, onde quer que se encontrem.

De outro lado, se durante um cruzeiro marítimo em *embarcação privada brasileira*, cruzando *alto-mar*, um turista resolve provocar lesão corporal em outro turista, incidirá a lei penal brasileira, uma vez que, para efeitos penais, consideram-se como extensão do território brasileiro as embarcações de natureza privada que estiverem navegando em alto-mar.

11.1.3.2 Embarcações ou aeronaves estrangeiras

Nos termos do art. 5º, § 2º, do CP,

> É também aplicável a lei brasileira aos crimes praticados a bordo de aeronaves ou embarcações estrangeiras de propriedade privada, achando-se aquelas em pouso no território nacional ou em voo no espaço aéreo correspondente, e estas em porto ou mar territorial do Brasil.

Assim, se o crime for praticado no interior de uma embarcação estrangeira privada atracada em mar territorial brasileiro, aplica-se a lei penal brasileira e a competência para processar e julgar será da Justiça Federal.

Os navios estrangeiros em águas territoriais brasileiras, desde que públicos, não são considerados parte do nosso território. Em face disso, os crimes neles cometidos devem ser julgados de acordo com a lei da bandeira que ostentam. Se, entretanto, são de natureza privada, aplica-se a lei brasileira, conforme dispõe o art. 5º, § 2º, do CP.

Por fim, convém sinalar que a legislação brasileira reconhece do direito de *passagem inocente* no mar territorial brasileiro aos navios de todas as nacionalidades, desde que não seja prejudicial à paz, à boa ordem ou à segurança do Brasil, devendo ser contínua e rápida. É o que se extrai do art. 3º da Lei nº 8.617/1993.

Logo, não incide a lei penal brasileira a fatos praticados a bordo de navios estrangeiros em passagem inocente pelo mar territorial brasileiro. Todavia, a lei penal brasileira incide em relação a crime praticado a bordo de embarcação estrangeira privada de grande porte ancorada em porto brasileiro, ainda que em situação de potencial deslocamento internacional.[1]

---

1. "Direito processual penal. Competência para processar e julgar crime cometido a bordo de navio. Compete à Justiça Federal processar e julgar o crime praticado a bordo de embarcação estrangeira privada de grande porte ancorada em porto brasileiro e em situação de potencial deslocamento internacional, ressalvada a competência da Justiça Militar. De fato, o art. 109, IX, da CF determina a competência da Justiça Federal para processar e julgar 'os crimes cometidos a bordo de navios ou aeronaves, ressalvada a competência da Justiça Militar'. Contudo, em razão da imprecisão do termo 'navio', utilizado no referido dispositivo constitucional, a doutrina e a jurisprudência construíram o entendimento de que 'navio' seria embarcação de grande porte – embarcação seria gênero, do qual navio uma de suas espécies – o que, evidentemente, excluiria a competência para processar e julgar crimes cometidos a bordo de outros tipos de embarcações, isto é, aqueles que não tivessem tamanho e autonomia consideráveis que pudessem ser deslocados para águas internacionais (CC nº 43.404/SP, Terceira Seção, *DJe* 2-3-2005; e CC nº 14.488/PA, Terceira Seção, *DJ* 11-12-1995). Além disso, restringindo-se ainda mais o alcance do termo 'navio', a jurisprudência do STJ também tem exigido que a embarcação de grande porte se encontre em situação de deslocamento internacional ou em situação de potencial deslocamento (CC nº 116.011/SP, Terceira Seção, *DJe* 1º-12-2011). Nesse sentido, a par da dificuldade de se delimitar a ideia de 'potencial deslocamento', cuja análise impõe seja feita de maneira casuística, revela-se ponto comum na interpretação dada pela jurisprudência desta Corte o fato de que a embarcação deva estar apta a realizar viagens internacionais" (CC nº 118.503/PR, rel. Min. Rogerio Schietti Cruz, j. 22-4-2015, *DJe* 28-4-2015).

11.1.4 Competência para o julgamento de crimes cometidos a bordo de embarcações e aeronaves

Nos termos do art. 109, IX, da CF, compete à Justiça Federal processar e julgar os crimes cometidos a bordo de navios ou aeronaves, ressalvada a competência da Justiça Militar.

Os crimes cometidos em qualquer embarcação nas águas territoriais da República, ou nos rios e lagos fronteiriços, bem como a bordo de embarcações nacionais, em alto-mar, serão processados e julgados pela justiça do primeiro porto brasileiro em que tocar a embarcação, após o crime, ou, quando se afastar do país, pela do último em que houver tocado (CPP, art. 89).

E, ainda, os crimes praticados a bordo de aeronave nacional, dentro do espaço aéreo correspondente ao território brasileiro, ou ao alto-mar, ou a bordo de aeronave estrangeira, dentro do espaço aéreo correspondente ao território nacional, serão processados e julgados pela justiça da comarca em cujo território se verificar o pouso após o crime, ou pela da comarca de onde houver partido a aeronave (CPP, art. 90).

Logo, em relação aos crimes praticados a bordo de embarcações a competência, a princípio, será da Justiça Federal do local do primeiro porto brasileiro que tocar a embarcação ou do último que houver tocado. Em relação a aeronaves, será da Justiça Federal do local do pouso ou do local de onde partiu a aeronave.

Todavia, para fins de verificação a competência para processar e julgar crimes praticados a bordo de embarcações e aeronaves, afigura-se indispensável verificar a espécie de embarcação e aeronave que pode ser alcançada pelo critério de competência firmado na Constituição Federal.

E, nesse particular, a jurisprudência firmou entendimento no sentido de que será da competência da Justiça Federal, com a incidência, portanto, do art. 109, IX, da CF, quando o crime for praticado a bordo de embarcações de grande porte aptas para a navegação em alto-mar, adaptada para viagens internacionais. Portanto, será da competência da Justiça Estadual a punição de crimes cometidos a bordo de iates, lanchas, botes e embarcações equiparadas.

No tocante à aeronave, não há interpretação restritiva, mesmo que o crime seja praticado dentro de um avião ainda em pouso, a competência será da Justiça Federal.

11.2 EXTRATERRITORIALIDADE

11.2.1 Introdução

O Código Penal, no seu art. 5º, adotou o princípio da territorialidade como regra, segundo o qual a lei penal brasileira incide sobre infrações penais praticadas dentro do território nacional, incluindo os fatos praticados dentro do território nacional por extensão (CP, art. 5º, § 1º).

Todavia, o próprio art. 5º do CP prevê exceções a esse princípio, ressalvando a possibilidade de incidência da lei penal brasileira a infrações penais praticadas fora do território nacional, nas hipóteses previstas em "convenções, tratados e regras de direito internacional". É a aplicação do princípio da territorialidade temperada.

A extraterritorialidade, por sua vez, consiste na aplicação da legislação penal brasileira aos *crimes praticados inteiramente no estrangeiro.* É o que se extrai do art. 7º do CP.

A extraterritorialidade não se confunde com a teoria da ubiquidade, prevista no art. 6º do CP. Esta teoria se aplica a crimes a distância, cuja conduta é realizada num país e o resultado ocorre em outro, enquanto a extraterritorialidade incide sobre crimes praticados e consumados inteiramente no exterior.

O princípio da extraterritorialidade se aplica ainda que o agente criminoso seja de origem estrangeira, ou seja, ainda que não seja brasileiro. Conforme já decidiu o STJ,

> Os crimes apurados foram supostamente cometidos por estrangeiro perante o Consulado-Geral do Brasil em Xangai, na China, tratando-se, portanto, de crimes contra a fé pública nacional, hipótese de extraterritorialidade incondicionada, descrita no art. 7º, I, *b*, do CP.[2]

Não se aplica a lei penal brasileira quando a infração penal praticada no exterior consistir em contravenção penal, por expressa vedação prevista no art. 2º do Dec.-lei nº 3.688/1941 (Lei das Contravenções Penais).

Antes da análise das hipóteses de extraterritorialidade, convém destacar os princípios norteadores da aplicação da lei penal brasileira a crimes praticados no exterior.

11.2.2 Princípios

11.2.2.1 Princípio da nacionalidade

O princípio da nacionalidade (ou da personalidade) consiste na aplicação da lei do país de origem do agente, independentemente do local onde foi praticado o delito. Assim, o que vai determinar a extraterritorialidade é a nacionalidade do sujeito ativo (personalidade ativa) e do sujeito passivo (personalidade passiva).

Assim, se um brasileiro praticar um delito no exterior (personalidade ativa) ou for vítima de um crime praticado no exterior (personalidade passiva), incidirá, a princípio, a lei penal brasileira, independentemente da nacionalidade dos demais envolvidos no crime.

As hipóteses de personalidade ativa estão previstas no art. 7º, I, *d*, (quando o agente for brasileiro), bem como no art. 7º, II, *b* (crimes praticados por brasileiro), do CP. Ou seja, a lei penal brasileira incidirá na hipótese de o sujeito ativo ser de nacionalidade brasileira, por crime praticado no exterior, independentemente da nacionalidade da vítima e da natureza do bem jurídico violado.

Esse princípio tem por objetivo impedir a impunidade de nacionais por crimes praticados em outros países, que não sejam abrangidos pelo critério da territorialidade. Isso porque pode ocorrer de o agente praticar um delito no exterior e fugir para o seu país de origem, que, via de regra, não permite extradição dos seus nacionais, como, a propósito, é o caso do Brasil, conforme se depreende do art. 5º, LI, da CF.

Assim, caso um brasileiro cometa um crime no exterior e empreenda fuga para o Brasil, poderá, para evitar eventual impunidade, ser processado e julgado no Brasil.

A competência para o julgamento será do Juízo da capital do Estado onde por último houver residido o acusado. Se nunca tiver residido no Brasil, será competente o juízo da capital da república (CPP, art. 88).

---

2. STJ, CC nº122119/DF, rel. Min. Marco Aurélio Bellize, 3ª Seção, j. 15-8-2012.

O princípio da nacionalidade passiva guarda relação com a nacionalidade da vítima. No caso, aplica-se a lei penal brasileira quando a vítima for brasileira, conforme o art. 7º, § 3º, do CP.

11.2.2.2 Princípio da defesa, real ou de proteção

Segundo este princípio, aplica-se a lei brasileira ao fato que atinge bem jurídico nacional, sem qualquer consideração a respeito do local onde foi praticado o crime ou da nacionalidade do agente. Permite hipóteses de extraterritorialidade levando em conta a importância do bem jurídico para o Brasil.

Nesse sentido, aplica-se a lei brasileira ao crime cometido fora do Brasil, que afete interesse nacional, independentemente do local de sua prática ou da nacionalidade do sujeito ativo. (CP, art. 7º, I, *a*, *b* e *c*).

Assim, se, por exemplo, um alemão atentar contra a vida do Presidente da República do Brasil em território francês, aplica-se a lei penal brasileira de forma incondicionada.

Imaginemos, ainda, que um cidadão americano pratique crime de roubo em uma agência do Banco do Brasil, sediada em Nova Iorque (Estados Unidos da América), para acessar os valores que lá se encontravam. Nessa hipótese, será aplicada a lei penal brasileira por se tratar de uma hipótese de extraterritorialidade incondicionada, em face da incidência do princípio da defesa, real ou de proteção.

11.2.2.3 Princípio da justiça universal ou cosmopolita

Pelo princípio da justiça universal ou cosmopolita, o criminoso deve ser julgado e punido onde for detido, segundo as leis deste país, não se levando em conta o lugar do crime, a nacionalidade do autor ou o bem jurídico lesado.

Por esse princípio, as leis penais devem ser aplicadas a todos os homens, onde quer que se encontrem. Esse princípio é característico da cooperação penal internacional, porque permite a punição, por todos os Estados, de crimes que forem objeto de tratados e de convenções internacionais.

Decorre do dever de cooperação entre os povos na repressão de crimes que, por tratado ou convenção internacional, comprometeram-se a combater. É o caso, por exemplo, dos crimes de tráfico de drogas, genocídio, tráfico internacional de pessoas etc.

É o que se extrai do art. 7º, II, *a*, do CP, segundo o qual ficam sujeitos à lei brasileira, embora praticados no exterior, os crimes que, por tratado ou convenção, o Brasil se obrigou a reprimir.

Imaginemos, por exemplo, um ex-Chefe de Estado, acusado de crimes de tortura e genocídio no seu País de origem, fugir para o Brasil. Nesse caso, em tese, seria possível a aplicação da lei penal brasileira, em face do princípio da justiça universal, expressão do princípio da extraterritorialidade na persecução penal.

11.2.2.4 Princípio da representação ou da bandeira

Esse princípio está previsto no art. 7º, II, *c*, do CP.

O princípio da representação ou da bandeira é aplicado subsidiariamente na hipótese de um crime ser praticado a bordo de embarcação ou aeronave privada, sem que o responsável seja submetido a processo e julgamento no país onde ocorreu o fato delituoso.

Isso porque compete precipuamente ao país onde foi praticado o crime a bordo de embarcação e aeronave privada processar e julgar o responsável. Se o país ficar inerte, de forma subsidiária, incide a Lei Penal Brasileira, sendo possível, portanto, o responsável pelo crime ser submetido a julgamento no Brasil.

Nota-se que esse princípio incide sobre crimes praticados a bordo de embarcação ou aeronave privada. Se, contudo, o crime for praticado a bordo de embarcação ou aeronave de natureza pública ou a serviço do governo brasileiro, o princípio aplicado é o da territorialidade, nos termos do art. 5º, § 1º, do CP, e não o da representação ou da bandeira.

11.2.3 Extraterritorialidade incondicionada

A extraterritorialidade incondicionada, conforme se extrai do próprio nome, é aquela em que a aplicação da lei penal brasileira não reclama qualquer condição. Basta a prática do crime em território estrangeiro para a incidência da lei penal brasileira, independentemente de qualquer outro requisito.

Em outras palavras, incide a lei penal brasileira, ainda que o agente tenha sido absolvido ou condenado no exterior.

Convém destacar que, nos termos do art. 8º do CP, a pena cumprida no estrangeiro atenua a pena imposta no Brasil pelo mesmo crime, quando diversas, ou nela é computada, quando idênticas.

Assim, se, eventualmente, o acusado de um crime contra o patrimônio da União, praticado na Bolívia, for processado e condenado naquele País à pena de 8 anos, tendo cumprido 6 anos e empreendido fuga para o Brasil, vindo a ser condenado conforme a lei brasileira a 10 anos de reclusão, não será necessário cumprir o total da pena imposta, mas mais 4 anos, por força da regra de detração prevista no art. 8º do CP.

As hipóteses de extraterritorialidade incondicionada estão previstas no art. 7º, I, do CP:

a) **contra a vida ou a liberdade do Presidente da República;**

É caso do princípio da defesa real ou da proteção.

Trata-se de crimes contra a vida ou a liberdade do Presidente da República, que eram previstos, respectivamente, nos artigos 29 e 28 da Lei nº 7.170/1983, revogada pela Lei nº 14.197/2021.

Esses crimes não foram reeditados pela Lei nova, o que não significa, à evidência, terem sido abolidos do ordenamento jurídico, em face do princípio da continuidade normativa-típica.

Com efeito, a conduta voltada a atentar contra a liberdade pessoal do Presidente da República pode ser enquadrada nos crimes contra a liberdade pessoal constantes na Seção I, do Capítulo VI, Título I, dos crimes contra a pessoa, inseridos nos artigos 146 a 149-A do Código Penal.

Atentar contra a vida do Presidente da República se insere no tipo penal que define o crime de homicídio, previsto no artigo 121 do Código Penal, podendo, evidentemente, incidir qualquer das qualificadoras previstas no § 2º, notadamente a do motivo torpe, se a motivação tiver conotação política.

Assim, se alguém atentar contra a vida do Presidente do Brasil em país estrangeiro, incidirá a lei penal brasileira sem imposição de nenhuma condição.

b) contra o patrimônio ou a fé pública da União, do Distrito Federal, de Estado, de Território, de Município, de empresa pública, sociedade de economia mista, autarquia ou fundação instituída pelo Poder Público;

Trata-se de crimes praticados contra o patrimônio (CP, arts. 155 a 180-A) e a fé pública (CP, arts. 289 a 311-A) das entidades da Administração Pública direta e indireta.

Logo, se, por exemplo, o agente praticar crime de roubo contra a sede da Petrobras, que se trata de sociedade de economia mista, localizada na Bolívia, poderá ser processado e julgado conforme as leis penais brasileiras, independentemente de qualquer condição.

Imaginemos, ainda, que um cidadão brasileiro, com residência no Uruguai, tenha passado a fabricar moeda brasileira em território argentino. Para garantir a diversidade da moeda falsificada, o cidadão brasileiro imprimia notas de 50 e de 100 reais, praticando o crime de moeda falsa, previsto no art. 289 do CP. Nesse caso, aplica-se, independentemente de qualquer condição, a lei penal brasileira, já que se trata de crime contra a fé pública.

c) contra a administração pública, por quem está a seu serviço;

Os crimes contra a administração pública estão previstos nos arts. 312 a 316 do CP.

Assim, se, por exemplo, um funcionário público em serviço na embaixada instalada em país estrangeiro praticar o crime de peculato, previsto no art. 312 do CP, incidirá a lei penal brasileira.

Consideremos, por exemplo, a hipótese de um agente que presta serviço do Consulado-Geral do Brasil em Toronto, no Canadá, desviar verbas do órgão para sua conta-corrente, naquele país. Nesse caso, incidirá a lei penal brasileira, independentemente de qualquer condição.

Aplica-se o princípio da defesa real ou proteção.

d) de genocídio, quando o agente for brasileiro ou domiciliado no Brasil.

Genocídio é o extermínio, no todo ou em parte, de grupo nacional, étnico, racial ou religioso, matando ou causando lesão grave à integridade física ou mental de seus membros; submetendo o grupo, deliberadamente, às condições de existência capazes de proporcionar-lhe a destruição física, integral ou parcial; adotando medidas destinadas a impedir nascimentos no seio do grupo, bem como efetuando a transferência forçada de crianças do grupo para outro grupo (Lei nº 2.889/1956, art. 1º).

Trata-se de hipótese do princípio da justiça universal, já que envolve interesse de todo o planeta, e não apenas contra um interesse nacional.

Estando o genocida no Brasil, é aqui que se pune; se estiver em outro país, lá será processado e julgado, de modo que todos os países passam a reprimir o genocida, onde quer que ele esteja.

Assim, se determinado cidadão brasileiro praticar delito de genocídio na Argentina, tendo matado membros de um grupo étnico daquele país, onde foi condenado definitivamente à pena máxima de 8 anos de reclusão, segundo a legislação argentina. Após ter cumprido integralmente a pena, esse cidadão retornou ao Brasil, em uma cidade onde sempre estabeleceu domicílio. Nesse caso, o cidadão brasileiro poderá ser condenado novamente pela justiça do Brasil, independentemente de qualquer condição. E, se a pena aplicada no Brasil for superior àquela cumprida na Argentina, será atenuada, nos termos do art. 8º do CP.

O art. 2º da Lei nº 9.455/1997 prevê mais uma situação de extraterritorialidade incondicionada, ao estatuir a possibilidade de se aplicar a lei brasileira ao torturador, onde quer que o delito seja cometido, desde que a vítima seja brasileira ou esteja o autor da infração penal sob jurisdição brasileira.

11.2.4 Extraterritorialidade condicionada

As hipóteses de extraterritorialidade condicionada estão previstas no art. 7º, II, e § 3º, do CP. As condições para a incidência da aplicação da lei penal brasileira para crimes praticados no exterior estão previstas no art. 7º, § 2º, *a*, *b*, *c*, *d*, *e*, e § 3º, do CP.

Nessas hipóteses, a lei penal brasileira não incide de forma automática, necessitando da presença das condições previstas em lei. Incide, pois, de forma subsidiária em relação aos crimes praticados no exterior.

11.2.4.1 Hipóteses de incidência da extraterritorialidade condicionada

A extraterritorialidade condicionada incide em relação às hipóteses elencadas no art. 7º, II, do CP:

a) que, por tratado ou convenção, o Brasil se obrigou a reprimir;

É a aplicação do princípio da justiça universal.

Aplica-se a lei penal brasileira nesses casos por conta do interesse das nações em reprimir práticas delitivas de transcendência cosmopolita, ou seja, cujos efeitos podem alcançar mais de uma nação, como, por exemplo, o crime de tráfico internacional de drogas e tráfico internacional de pessoas.

O STJ considerou a incidência da extraterritorialidade condicionada no caso de um boliviano ter praticado, na Bolívia, crime de estupro de vulnerável contra duas menores brasileiras, acrescentando que estaria "presente, a hipótese do art. 7º, II, *a*, do CP, pois o Brasil, ao ratificar a Convenção sobre os Direitos da Criança, obrigou-se a reprimir os crimes ali previstos".[3]

b) praticados por brasileiro;

O segundo caso é o de crimes praticados por brasileiro no estrangeiro. Adotou-se o princípio da nacionalidade ou personalidade ativa.

Aplica-se a lei penal brasileira em relação a crime praticado por brasileiro no estrangeiro como forma de evitar a sua impunidade, já que, se ingressar no território nacional, não poderá ser extraditado para o país onde cometeu o delito, nos termos do art. 5º, LI, da CF.

Logo, não se trata de privilégio, mas instrumento para evitar a impunidade do brasileiro que praticou delito no estrangeiro e foge para o Brasil. Como o Brasil não extradita seus nacionais, para evitar impunidade, o agente será processado e julgado no Brasil por crime praticado no exterior.

Imaginemos, por exemplo, que um cidadão brasileiro tenha praticado o crime de homicídio na França e, em seguida, foge para o Brasil. Esse cidadão não será extraditado, nem mesmo a pedido do governo francês, por expressa vedação na Constituição Federal (CF, art. 5º, LI). Assim, como forma de evitar sua impunidade pelo homicídio praticado, se preenchidas as demais condições, será processado e julgado no Brasil, conforme a lei penal brasileira.

---

3. STJ, HC nº 402637/DF, rel. Min. Jorge Mussi, 5ª T., j. 22-10-2019.

c) **praticados em aeronaves ou embarcações brasileiras, mercantes ou de propriedade privada, quando em território estrangeiro e aí não sejam julgados.**

A terceira hipótese cuida da incidência do princípio da representação ou da bandeira.

Trata-se dos casos de crimes cometidos em aeronaves ou embarcações brasileiras, de natureza privada, quando em território estrangeiro, mas que não seja julgado processado e julgado no país onde foi cometido o delito.

Pelo princípio da representação ou da bandeira, o Estado a que pertence a bandeira do navio ou aeronave se substitui àquele em cujo território ocorreu o delito, desde que não julgado por motivo relevante.

Ressalta-se, todavia, que o princípio da representação somente incidirá em casos excepcionais, aplicando-se a lei penal brasileira, quando o país que deveria ter interesse de julgar os agentes, assim não o fizer.

Imaginemos, por exemplo, uma aeronave privada brasileira sobrevoando espaço aéreo da Espanha, sendo praticado um crime a bordo, por um estrangeiro contra outro. Nesse caso, aplica-se a lei penal da Espanha em relação ao crime praticado a bordo de uma aeronave privada quando sobrevoava seu espaço aéreo.[4] Não sendo instaurado procedimento criminal no país estrangeiro, pode-se aplicar a lei penal brasileira ao caso.

Da mesma forma, imaginemos que um cidadão brasileiro, em férias com sua família em cruzeiro marítimo no mar territorial da França, a bordo de embarcação brasileira, de natureza privada, tenha praticado o crime de lesão corporal grave contra um francês que foi desrespeitoso com seus filhos. Dias após o delito, o cidadão brasileiro retornou ao Brasil sem que os fatos chegassem ao conhecimento das autoridades francesas. Nesse caso, o cidadão brasileiro poderá ser processado e julgado conforme a lei penal brasileira, se preenchidas as demais condições do art. 7º, § 2º, do CP.

11.2.4.2 Condições

A lei penal brasileira somente incidirá nas hipóteses previstas no art. 7º, II, do CP, se reunidas as condições previstas no art. 7º, § 2º, do CP (por isso a denominação extraterritorialidade condicionada). *As condições são cumulativas,* ou seja, devem estar todas presentes para a incidência da lei penal brasileira a crime praticado no exterior.

As condições são as seguintes:

a) **Entrar o agente no território nacional**

A primeira condição é a entrada do agente no território nacional. O ingresso pode ser voluntário ou forçado, legal ou de forma clandestina, ou, ainda, se resultar de simples passagem do autor do crime pelo território nacional. Logo, basta o agente entrar no território nacional, ainda que o ingresso seja temporário. A saída do agente não prejudicará o andamento da ação penal.

Trata-se, pois, de uma condição de procedibilidade.

Se, por exemplo, o agente praticou o delito na França e o Ministério Público brasileiro oferecer denúncia sem comprovar que o agente entrou no Brasil, o Juiz deverá rejeitar a

---

4. Convém lembrar que, nesse caso, não há falar em território nacional por extensão, uma vez que se trata de aeronave de propriedade privada sobrevoando espaço aéreo estrangeiro.

denúncia, com base no art. 395, II, do CPP, pois não demonstrada a condição prevista no art. 7º, § 2º, *a*, do CP. Se o agente ingressar posteriormente no território brasileiro, a denúncia poderá ser novamente oferecida, desde que não tenha incidido causa extintiva de punibilidade, como a prescrição, por exemplo.

Conclui-se, pois, que, se um cidadão brasileiro praticar um crime de homicídio no estrangeiro e nunca retornar ao Brasil, não poderá ser processado e julgado conforme a lei penal brasileira, já no Brasil.

b) Ser o fato punível também no país em que foi praticado

É necessário que o fato seja punível também conforme a lei do país onde foi praticado o delito.

Tomemos como exemplo uma jovem brasileira que viaja até um país cuja lei permite a realização do aborto. Essa brasileira, após ser submetida a procedimento para interrupção da gravidez com a morte do feto, retorna ao Brasil. Nesse caso, não poderá ser processada pelo crime previsto no art. 124 do CP, pois, embora tenha entrado no território nacional, o fato pelo qual está sendo acusada não constitui crime no país onde foi praticado. Logo, a lei penal brasileira não incide nesse caso.

c) Estar o crime incluído entre aqueles pelos quais a lei brasileira autoriza a extradição

A terceira condição é estar o crime incluído entre aqueles pelos quais a lei brasileira autoriza a extradição. É condição objetiva de punibilidade.

De acordo com o art. 82 da Lei nº 13.445/2017 (Lei de Migração), a extradição não será concedida quando:

a) o indivíduo cuja extradição é solicitada ao Brasil for brasileiro nato;

b) o fato que motivar o pedido não for considerado crime no Brasil ou no Estado requerente;

c) o Brasil for competente, segundo suas leis, para julgar o crime imputado ao extraditando;

d) a lei brasileira impuser ao crime pena de prisão inferior a 2 (dois) anos;

e) o extraditando estiver respondendo a processo ou já houver sido condenado ou absolvido no Brasil pelo mesmo fato em que se fundar o pedido;

f) a punibilidade estiver extinta pela prescrição, segundo a lei brasileira ou a do Estado requerente;

g) o fato constituir crime político ou de opinião;

h) o extraditando tiver de responder, no Estado requerente, perante tribunal ou juízo de exceção; ou

i) o extraditando for beneficiário de refúgio, nos termos da Lei nº 9.474, de 22-7-1997, ou de asilo territorial.

d) Não ter sido o agente absolvido no estrangeiro ou não ter aí cumprido a pena

Se o agente foi processado, condenado e cumpriu integralmente a pena imposta no país estrangeiro, não poderá ser processado no Brasil.

Se o agente cumpriu parcialmente a pena no estrangeiro, é possível, em tese, ser processado no Brasil, aplicando-se o disposto no art. 8º do CP. Assim, se cumpriu no estrangeiro três anos, sendo condenado também no Brasil a oito anos, será descontado na pena o cumprimento da pena no estrangeiro. Ou seja, terá de cumprir no Brasil cinco anos de pena privativa de liberdade.

e) **Não ter sido o agente perdoado no estrangeiro ou, por outro motivo, não estar extinta a punibilidade, segundo a lei mais favorável**

Se o agente obteve, por exemplo, perdão judicial no país onde foi praticado o delito, ou tenha incidido causa de extinção da punibilidade pela prescrição, seja em face da lei estrangeira, seja por força da norma penal brasileira, não incidirá a lei penal brasileira, não podendo, portanto, ser processado e julgado pelo crime praticado no exterior.

f) **Crime cometido por estrangeiro contra brasileiro fora do Brasil**

Nos termos do art. 7º, § 3º, do CP, a lei brasileira aplica-se também ao crime cometido por estrangeiro contra brasileiro fora do Brasil, se, reunidas as condições previstas no parágrafo anterior: a) não foi pedida ou foi negada a extradição; b) houve requisição do Ministro da Justiça.

Trata-se de hipótese de difícil incidência. Imagine-se que um estrangeiro pratique crime contra brasileiro e empreenda fuga justamente para o Brasil. Suponha-se que, em virtude de alguma particularidade da lei sobre a extradição, esse criminoso não possa ser extraditado. Aliado a isso, deve-se, ainda, aguardar a requisição por parte do Ministro da Justiça, porque, tratando-se de crime praticado fora do território nacional, é razoável que aquela alta autoridade, representando a Justiça do Brasil, possa resolver sobre a conveniência da ação penal.

11.2.5 EXTRATERRITORIALIDADE E A PENA CUMPRIDA NO ESTRANGEIRO

Nos termos do art. 8º do CP: "A pena cumprida no estrangeiro atenua a pena imposta no Brasil pelo mesmo crime, quando diversas, ou nela é computada, quando idênticas".

Como forma de evitar o *bis in idem*, o legislador penal prevê hipótese de detração da pena cumprida no estrangeiro em relação à pena aplicada no Brasil. Essa regra incide tanto nos casos de extraterritorialidade incondicionada, quanto na extraterritorialidade condicionada.

Assim, no caso de extraterritorialidade incondicionada, se o agente cumpriu integralmente a pena imposta no estrangeiro, de, por exemplo, seis anos, e foi condenado conforme a lei pena brasileira a 10 anos, terá de cumprir mais quatro anos, em face do cômputo do período da pena cumprida no estrangeiro. Registre-se, por pertinente, que, nos termos do art. 7º, § 1º, do CP, nos casos de extraterritorialidade incondicionada, o agente poderá ser punido segundo a lei brasileira, ainda que tenha cumprido integralmente a pena imposta no estrangeiro.

Na extraterritorialidade condicionada uma das condições é a de que o agente não tenha cumprido integralmente a pena (CP, art. 7º, § 2º, *d*, segunda parte). Assim, se o agente foi processado, condenado e cumpriu integralmente a pena imposta no país estrangeiro, não poderá ser processado no Brasil.

Por outro lado, se o agente cumpriu parcialmente a pena no estrangeiro, será possível, em tese, a incidência da lei penal brasileira, desde que preenchidas as demais condições, aplicando-se, se condenado, o disposto no art. 8º do CP. Assim, se cumpriu no estrangeiro três anos de pena privativa de liberdade, sendo condenado também no Brasil a oito anos de pena privativa de liberdade, será descontado na pena o cumprimento da pena no estrangeiro. Ou seja, terá de cumprir no Brasil cinco anos de pena privativa de liberdade.

Para acesso ao vídeo, utilize o QR Code ao lado.

12

LEI PENAL EM RELAÇÃO ÀS PESSOAS

12.1 INTRODUÇÃO

O princípio da territorialidade é temperado ou mitigado, não sendo, pois, adotado de forma absoluta, pois, em situações excepcionais, a lei penal brasileira não será aplicada a fatos praticados dentro do território nacional. Ocorre a chamada *intraterritorialidade*, segundo a qual se aplica a lei penal estrangeira a fatos praticados no território brasileiro.

É o que se extrai inclusive do disposto no art. 5º, *caput*, do CP, sobretudo na parte que ressalva a possibilidade de aplicação de convenções, tratados e regras de direito internacional a crime cometido no território nacional.

E, nesse aspecto, destaca-se o estudo das imunidades diplomáticas, que alcançam pessoas que em decorrência das funções que exercem, bem como em razão de regras internacionais, gozam de imunidade, que pode ser absoluta ou relativa.

Também merece destaque o estudo da imunidade parlamentar.

12.2 IMUNIDADES DIPLOMÁTICAS

Com base no princípio da reciprocidade, o Brasil concede imunidade a agentes diplomáticos de países que também conferem igual tratamento ao representante diplomático brasileiro em missão no seu território.

Conforme se infere da própria Convenção de Viena Sobre Relações Diplomáticas, a finalidade da imunidade não é beneficiar indivíduos, mas garantir o eficaz desempenho das funções das missões diplomáticas, em seu caráter de representantes dos Estados.

São beneficiários da imunidade diplomática: a) os chefes de governo ou de Estado Estrangeiro, bem como sua família e membros da sua comitiva; b) o agente diplomático (embaixador) e os membros da sua família; c) os funcionários do corpo diplomático e suas famílias; d) funcionários de organizações internacionais, quando em serviço, incluindo seus familiares.

Nos termos do art. 29 da referida Convenção, promulgada pelo Dec. nº 56.435/1965, a pessoa do agente diplomático é inviolável, não podendo, por isso, ser objeto de nenhuma forma de detenção ou prisão. A imunidade alcança qualquer espécie de delito, atingindo o processo de conhecimento e o processo de execução da pena.

Essa imunidade não significa impunidade, uma vez que a imunidade de jurisdição de um agente diplomático no Estado acreditado não o isenta da jurisdição do Estado acreditante (Dec. nº 56.435/1965, art. 31, item 4).

O agente diplomático não pode renunciar à imunidade, já que não se trata de um privilégio pessoal, mas decorrente das relações entre as Nações. Nada impede, no entanto, que o Estado em relação ao qual o agente cumpre missão diplomática renuncie à imunidade de jurisdição dos seus agentes diplomáticos e das demais pessoas que gozam de imunidade.

A imunidade não alcança os empregados particulares dos agentes diplomáticos, ainda que originários do país representado.

O agente consular não se confunde com o agente diplomático. Existem duas categorias de funcionários consulares: os funcionários consulares de carreira e os funcionários consulares honorários, conforme art. 1º, item 2, do Dec. nº 61.078/1967, que promulgou a Convenção sobre Relações Consulares.

A imunidade dos agentes consulares é mais limitada do que a diplomática, restringindo-se a atos realizados no exercício das funções consulares (Dec. nº 61.078/1967, art. 43, item 1).[1] Em relação a crime não vinculado à função, o agente consular será processado e julgado conforme as leis brasileiras. Assim, se, por exemplo, praticar crime de homicídio culposo na condução de veículo automotor (CTB, art. 302), o agente consular será submetido a eventual procedimento criminal com base na lei brasileira.

Convém ressaltar que a imunidade consular continuará sendo relativa, ou seja, vinculada à prática de atos relacionados diretamente à função consular, ainda que o funcionário consular esteja autorizado a praticar atos diplomáticos (Dec. nº 61.078/1967, art. 17, item 1).

12.3 IMUNIDADES PARLAMENTARES

12.3.1 Introdução

Os membros do Congresso Nacional, composto por Deputados Federais e Senadores, também gozam de certas imunidades expressamente previstas na Constituição Federal.

Como representantes do Povo e dos Estados, eleitos pelo voto direto, Deputados Federais e Senadores gozam de certas prerrogativas para exercerem de forma independente a atividade parlamentar, sendo-lhes assegurada a imunidade de natureza penal, além da inviolabilidade e foro por prerrogativa de função.

Há duas espécies de imunidades expressamente previstas na Constituição Federal:

a) imunidade absoluta, material, real, substancial ou inviolabilidade (CF, art. 53, *caput*);

b) imunidade relativa, formal ou adjetiva (CF, art. 53, §§ 1º a 5º).

---

1. STJ, HC nº 149481/DF, rel. Min. Haroldo Rodrigues, 6ª T., j. 19-10-2010. "(...) 1. Tendo o paciente, na condição de Cônsul-Geral de El Salvador, praticado supostamente os delitos de falsidade ideológica e descaminho no exercício de suas funções, o art. 43 da Convenção de Viena sobre Relações Consulares de 1963 lhe assegura a imunidade à jurisdição brasileira (...)".

12.3.2 Imunidade material ou absoluta

Nos termos do art. 53, *caput*, da CF: "Os Deputados e Senadores são invioláveis, civil e penalmente, por quaisquer de suas opiniões, palavras e votos".

Assim, ainda que representem expressões ofensivas, enquadrando-se, *a priori*, nos crimes contra a honra, o parlamentar estará protegido pela imunidade, não podendo ser, portanto, responsabilizado na esfera cível e penal.

Incide a imunidade material, qualquer que seja o âmbito espacial em que exerça a liberdade de opinião, sempre que as manifestações do parlamentar guardarem relação com o desempenho da função legislativa (*in officio*) ou tenha sido proferida em razão dela (*propter officium*).

Consideram-se manifestações de opinião e pensamento relacionadas ao exercício do mandato aquelas de teor político, referindo-se a fatos submetidos a debate público, objeto de investigação do Congresso Nacional (CPI) ou dos órgãos de persecução penal ou, ainda, sobre qualquer tema que seja de interesse de setores da sociedade, do eleitorado, organizações ou quaisquer grupos representados no parlamento ou com pretensão à representação democrática.

A doutrina diverge quanto à natureza jurídica da imunidade material, merecendo destaque as seguintes orientações: a) causa de atipicidade; b) causa excludente de crime; c) causa que se opõe à formação do crime; d) causa pessoal e funcional de isenção da pena; e) causa de irresponsabilidade; f) causa de incapacidade penal por razões políticas.

O STF sedimentou entendimento no sentido de se tratar de causa excludente da própria tipicidade da conduta do parlamentar. Eis a ementa:

> Recinto ou no interior das casas legislativas – Precedentes – Hipótese de inviolabilidade constitucional plena (CF, art. 53, *caput*) – O *telos* da garantia constitucional da *imunidade parlamentar material, que se qualifica como causa descaracterizadora da própria tipicidade penal da conduta do congressista em* tema de delitos contra a honra – Magistério doutrinário e jurisprudencial – Inadmissibilidade, no caso, da pretendida persecução penal por crimes contra a honra, em face da inviolabilidade constitucional que ampara os membros do Congresso Nacional – Parecer da procuradora-geral da República, como *custos legis*, pelo não provimento do recurso de agravo – Acolhimento dessa promoção do Ministério Público – Reconhecimento, na espécie, da imunidade parlamentar em sentido material – A inviolabilidade como obstáculo constitucional à responsabilização penal e/ou civil do congressista – Doutrina e precedentes – Recurso de agravo improvido. A garantia constitucional da imunidade parlamentar em sentido material (CF, art. 53, *caput*) – que representa instrumento vital destinado a viabilizar o exercício independente do mandato representativo – protege o congressista em todas as suas manifestações que guardem relação com o exercício do ofício legislativo, ainda que produzidas fora do recinto do Congresso Nacional (*RTJ* 131/1.039; *RTJ* 135/509; *RT* 648/318, v.g.) ou, com maior razão, nas hipóteses em que suas manifestações tenham sido proferidas no âmbito da própria Casa Legislativa. Doutrina. Precedentes. A cláusula da inviolabilidade parlamentar qualifica-se como causa de exclusão constitucional da tipicidade penal da conduta do congressista em tema de delitos contra a honra, afastando, por isso mesmo, a própria natureza delituosa do comportamento em que tenha ele incidido. Doutrina. Precedentes. O direito fundamental do congressista à inviolabilidade parlamentar impede a responsabilização penal e/ou civil do membro integrante da Câmara dos Deputados ou do Senado da República por suas palavras, opiniões e votos, especialmente quando manifestadas, *in officio* ou *propter officium*,

> no recinto das respectivas Casas do Congresso Nacional. Significado amplo da locução "Tribuna do Parlamento". Precedentes. Incidência, no caso, da garantia da imunidade parlamentar material em favor do congressista, ora agravado, acusado de delitos contra a honra do querelante, ora agravante.[2]

O âmbito de abrangência da cláusula constitucional de imunidade parlamentar material, prevista no art. 53 da CF, tem sido definido pelo STF considerando dois parâmetros:[3]

a) quando a opinião, ainda que considerada ofensiva, for manifestada no recinto do Parlamento, a imunidade material assume contornos absolutos;

b) quando a opinião, ainda que considerada ofensiva, for manifestada fora do recinto do Parlamento, o reconhecimento da imunidade depende de uma condição: a presença do nexo de causalidade entre o ato e o exercício da função parlamentar.

Em outras palavras, a jurisprudência do STF

> distingue manifestações dos parlamentares na tribuna da Casa Legislativa a que pertencem e fora dela, fazendo incidir, no primeiro caso, regra imunizante de amplíssimo espectro, que sequer demandaria investigação sobre o vínculo entre o conteúdo produzido e o exercício do mandato; e, no segundo caso, de ofensas proferidas fora da Casa Legislativa, imunidade condicionada à pertinência das manifestações e palavras com o exercício do mandato (*propter officium*).[4]

As expressões e opiniões de cunho meramente pessoal, sem qualquer relação com o desempenho da função legislativa (prática *in officio*) ou com atos praticados em razão do exercício de mandato parlamentar (prática *propter officium*), não estão abarcadas pela imunidade material. Em síntese, a imunidade parlamentar pressupõe nexo de causalidade com o exercício do mandato.[5]

Nesse particular, o STF afastou a imunidade material de então parlamentar que proferiu manifestações estranhas ao exercício do mandato legislativo, ao afirmar que "não estupraria" Deputada Federal porque ela "não merece".[6]

12.3.3 Imunidade formal ou relativa

Nos termos do art. 53, §§ 1º a 5º, da CF, os Deputados Federais e Senadores gozam também de imunidade formal, relativa à prisão e ao processo.

12.3.3.1 Imunidade formal para prisão

Conforme dispõe o art. 53, § 2º, da CF:

> Desde a expedição do diploma, os membros do Congresso Nacional não poderão ser presos, salvo em flagrante de crime inafiançável. Nesse caso, os autos serão remetidos dentro de vinte e quatro horas à Casa respectiva, para que, pelo voto da maioria de seus membros, resolva sobre a prisão.

Trata-se da chamada "incoercibilidade pessoal dos congressistas (*fredom from arrest*)".

---

2. STF, Pet nº 5626 AgRg, rel. Min. Celso de Mello, 2ª T., j. 14-12-2018.
3. STF, Pet nº 8630 AgRg, rel. Min. Luiz Fux, 1ª T., j. 3-4-2020.
4. STF, Pet nº 8318 AgRg, rel. Min. Rosa Weber, 1ª T., j. 4-5-2020.
5. STF, Inq nº 4694, rel. Min. Marco Aurélio, 1ª T., j. 11-9-2018.
6. STF, Inq nº 3932/DF, rel. Min. Luiz Fux, 1ª T., j. 21-6-2016.

A imunidade formal abarca toda prisão cautelar, salvo a prisão em flagrante de crime inafiançável,[7] não abrangendo, ainda, a prisão decorrente de sentença penal condenatória definitiva. No caso da prisão em flagrante por crime inafiançável, os autos devem ser remetidos no prazo de 24 horas à Casa respectiva, para que, pelo voto da maioria de seus membros, resolva sobre a prisão.

Assim, pela literalidade do dispositivo constitucional, a princípio, não seria possível decretação de prisão preventiva ou temporária contra Deputado Federal e Senador.

Todavia, a vedação do decreto de prisão preventiva ou temporária contra Parlamentar tem sido relativizada pelo STF. Com efeito, em situações excepcionais, o STF considera não ser aplicável a regra prevista no art. 53, § 2º, da CF, não podendo ser interpretada de forma isolada e distante do sistema constitucional como um todo. Assim, se representar risco de ensejar resultado oposto ao buscado pelo ordenamento jurídico, a aplicação da referida regra constitucional cederia espaço para os princípios constitucionais voltado a garantir a integridade e a unidade do sistema constitucional.

Esse foi o entendimento adotado pelo STF ao referendar prisão de Deputado Estadual, integrante de Assembleia Legislativa composta de 24 deputados, dos quais 23 eram investigados em diversos inquéritos policiais.

> *Habeas corpus*. Processual penal. Prisão decretada em ação penal por ministra do STJ. Deputado estadual. Alegação de incompetência da autoridade coatora e nulidade da prisão em razão de não ter sido observada a imunidade prevista no § 3º do art. 53 c/c parágrafo único do art. 27, § 1º, da Constituição da República. Comunicação da prisão à Assembleia Legislativa do Estado. Situação excepcional. Interpretação e aplicação à espécie da norma constitucional do art. 53, § 2º, da Constituição da República. Constrangimento ilegal não configurado. 1. A atração do caso ao STJ é perfeitamente explicada e adequadamente fundamentada pela autoridade coatora em razão da presença de um Desembargador e de um Conselheiro do Tribunal de Contas do Estado nos fatos investigados na ação penal, todos interligados entre si, subjetiva e objetivamente. Conexão entre os inquéritos que tramitaram perante o STJ, que exerce a *vis atractiva*. Não configuração de afronta ao princípio do juiz natural. Decisão em perfeita consonância com a jurisprudência deste STF. Súmula nº 704. 2. Os elementos contidos nos autos impõem interpretação que considere mais que a regra proibitiva da prisão de parlamentar, isoladamente, como previsto no art. 53, § 2º, da Constituição da República. Há de se buscar interpretação que conduza à aplicação efetiva e eficaz do sistema constitucional como um todo. A norma constitucional que cuida da imunidade parlamentar e da proibição de prisão do membro de órgão legislativo não pode ser tomada em sua literalidade, menos ainda como regra isolada do sistema constitucional. Os princípios determinam a interpretação e aplicação corretas da norma, sempre se considerando os fins a que ela se destina. A Assembleia Legislativa do Estado de Rondônia, composta de vinte e quatro deputados, dos quais, vinte e três estão indiciados em diversos inquéritos, afirma situação excepcional e, por isso, não se há de aplicar a regra constitucional do art. 53, § 2º, da Constituição da República,

7. CPP: "Art. 323. Não será concedida fiança: I – nos crimes de racismo; II – nos crimes de tortura, tráfico ilícito de entorpecentes e drogas afins, terrorismo e nos definidos como crimes hediondos; III – nos crimes cometidos por grupos armados, civis ou militares, contra a ordem constitucional e o Estado Democrático."

de forma isolada e insujeita aos princípios fundamentais do sistema jurídico vigente. 3. *Habeas corpus* cuja ordem se denega.[8]

Em outra oportunidade, o STF decretou a prisão preventiva de Senador da República, relativizando uma vez mais a imunidade prisional de Parlamentar, conferindo, na ponderação entre princípios, maior relevo aos princípios da República, no sentido de garantir a igualdade e a moralidade das instituições estatais, bem como ao da democracia, no sentido de garantir que as liberdades públicas, individuais e políticas, devem ser sempre respeitadas, principalmente pelos que criam o direito e o aplicam.[9]

A controvérsia não se limitou à prisão cautelar, alcançando também as medidas cautelares diversas da prisão.

Diante da celeuma instalada acerca do tema, três partidos políticos ajuizaram ação direta de inconstitucionalidade, a fim de que o STF desse interpretação conforme à Constituição para assentar que a aplicação das medidas previstas nos arts. 312 e 319 do CPP a membros do Poder Legislativo deve ser submetida, no prazo de 24 horas, à respectiva Casa Legislativa, para que sobre elas deliberem, sempre que se operar, por meio dessa aplicação, afastamento do exercício das funções parlamentares.

A Ação Direta de Inconstitucionalidade, que tomou o número 5526/DF, foi julgada parcialmente procedente, assentando, por maioria, ser incabível aos parlamentares federais, desde a expedição do diploma, a aplicação do art. 312 do CPP e, também por maioria, que o Poder Judiciário dispõe de competência para impor, por autoridade própria, as medidas cautelares a que se refere o art. 319 do referido diploma processo penal, vencido o Min. Marco Aurélio, que, ao assentar a premissa da inaplicabilidade da referida norma legal aos congressistas, declarava o prejuízo do pedido. Prosseguindo no julgamento, o Tribunal, também por votação majoritária, deliberou que se encaminhará à Casa Legislativa a que pertencer o parlamentar, para os fins a que se refere o art. 53, § 2º, da CF, a decisão pela qual se aplique a medida cautelar, sempre que a execução desta impossibilitar, direta ou indiretamente, o exercício regular de mandato parlamentar.[10]

12.3.3.2 Imunidade formal para o processo

Nos termos do art. 53, § 3º, da CF: "Recebida a denúncia contra o Senador ou Deputado, por crime ocorrido após a diplomação, o STF dará ciência à Casa respectiva, que, por iniciativa de partido político nela representado e pelo voto da maioria de seus membros, poderá, até a decisão final, sustar o andamento da ação".

Após o oferecimento da denúncia, por crime praticado após a diplomação, o recebimento da peça acusatória não está condicionado à prévia licença da Casa Legislativa a qual o parlamentar denunciado está vinculado. Assim, havendo justa causa e presentes os demais requisitos, o STF poderá receber a denúncia, sem a necessidade da prévia autorização da Casa Legislativa respectiva.

Recebida a denúncia, o STF dará ciência à Casa respectiva, que, por iniciativa de partido político nela representado e pelo voto da maioria, poderá, até a decisão, sustar o andamento da ação.

8. STF, HC nº 89417/RO, rel. Min. Cármen Lúcia, 1ª T., j. 22-8-2006.
9. STF, AC nº 4.039 Ref/DF, rel. Teori Zavascki, 2ª T., j. 15-12-2006.
10. STF, ADI nº 5526/DF, rel. Min. Edson Fachin, j. 11-10-2017.

O pedido de sustação deverá ser analisado pela Casa respectiva no prazo improrrogável de 45 dias a partir do recebimento pela Mesa Diretora (CF, art. 53, § 4º).

A sustação do processo enseja a suspensão da prescrição, enquanto durar o mandato parlamentar (CF, art. 53, § 5º).

A sustação do processo alcança somente crime praticado após a diplomação, não incidindo, portanto, essa imunidade processual para fatos delituosos praticados antes da diplomação do Parlamentar.

A sustação do andamento da ação penal ajuizada contra membro do Congresso Nacional não atinge agente não congressista que concorreu para a prática do delito, em concurso de pessoas.

12.3.3.3 Alcance da imunidade em relação à pessoa

As imunidades em relação à prisão e ação processual alcançam os Deputados Federais e Senadores, mas não os seus suplentes.

Os deputados estaduais também gozam de imunidade, já que, conforme o disposto no art. 27, § 1º, da CF, são aplicadas a eles as regras constitucionais sobre sistema eleitoral, inviolabilidade, imunidades, remuneração, perda de mandato, licença, impedimentos e incorporação às Forças Armadas. É o que se denomina princípio da simetria.

Conforme o art. 29, VIII, da CF, os vereadores têm assegurada inviolabilidade por suas opiniões, palavras e votos no exercício do mandato e na circunscrição do Município. Assim, se a manifestação for proferida no exercício do mandato e na circunscrição do município, o vereador goza de imunidade absoluta, não sendo passível de responsabilização judicial, conforme entendimento do STF.[11]

Para acesso ao vídeo, utilize o QR Code ao lado.

11. STF, AgRE nº 964815 AgRg, rel. Min. Gilmar Mendes, 2ª T., j. 7-6-2016.

13

EFICÁCIA DA SENTENÇA ESTRANGEIRA

13.1 EFICÁCIA DA SENTENÇA ESTRANGEIRA

A sentença judicial, decorrente de Poder estatal, constitui ato de soberania do Estado. E, como ato de exteriorização dessa soberania, a sentença proferida deve ser posteriormente executada. E essa execução deveria, como regra, ficar adstrita aos limites territoriais do país onde foi proferida a sentença.

Ocorre, contudo, que, em determinadas situações, a sentença proferida em determinado país necessita ser executada em país distinto. E, nesse aspecto, o art. 9º do CP disciplina a homologação de sentença proferida no estrangeiro, mas que deva ser executada no Brasil, por meio de procedimento previsto na Constituição Federal.

A partir da EC nº 45/2004, a competência para a homologação de sentença estrangeira e a concessão do *exequatur* às cartas rogatórias passou a ser do STJ, nos termos do art. 105, I, *i*, da CF.

A homologação se restringe a examinar os aspectos formais extrínsecos da sentença estrangeira. Trata-se, pois, de juízo de mera delibação, sem análise do conteúdo da sentença estrangeira, com a finalidade de atribuir-lhe eficácia executória, conforme se extrai do art. 788 do CPP.

Em outras palavras, a homologação da sentença penal estrangeira constituirá título executivo com validade em todo o território nacional, nos termos do art. 515, VIII, do CPC.

Nos termos dos arts. 216-D e 216-F do RISTJ, que, atualmente, disciplinam o procedimento de homologação de sentença estrangeira, constituem requisitos indispensáveis ao deferimento da homologação os seguintes: a) instrução da petição inicial com o original ou cópia autenticada da decisão homologanda e de outros documentos indispensáveis, devidamente traduzidos por tradutor oficial ou juramentado no Brasil e chancelados pela autoridade consular brasileira; b) haver sido a sentença proferida por autoridade competente; c) terem as partes sido regularmente citadas ou haver-se legalmente verificado a revelia; d) ter a sentença transitado em julgado; e) não ofender a soberania, a dignidade da pessoa humana e/ou ordem pública.

Todavia, conforme entendimento exarado pelo STJ com a entrada em vigor do novo Código de Processo Civil, que passou a disciplinar mais detalhadamente uma série de questões relacionadas ao procedimento e, principalmente, aos requisitos para a homologação da sentença estrangeira, não se exige o trânsito em julgado da sentença estrangeira para a homologação.

Isso porque, nos termos do art. 963, III, do CPC, constitui requisito indispensável à homologação a decisão ser eficaz no país em que foi proferida, sem que necessariamente tenha transitado em julgado. Logo, na ótica do STJ, o art. 963, III, do CPC, revogou tacitamente o art. 216-D, III, do RISTJ, restando, ainda, prejudicada a Súmula nº 420 do STF.[1]

Eis a ementa:

> Homologação de decisão estrangeira. Citação válida no processo que culminou com a sentença homologanda. Ato que deve ser realizado de acordo com a legislação alienígena. Trânsito em julgado na origem. Requisito inexistente no CPC/2015. Necessidade de que a decisão apenas seja eficaz em seu país. 1. Hipótese em que se pretende a homologação pelo STJ de comando jurisdicional proferido por Luxemburgo, o qual decide a causa em primeiro grau de jurisdição, estabelecendo a guarda dos filhos, o exercício da autoridade parental e a responsabilidade alimentar dos genitores em relação aos filhos. 2. "Na linha da jurisprudência desta Corte, os atos citatórios realizados no exterior devem obedecer às leis dos países onde forem realizados, não sendo possível invocar-se aplicação da legislação brasileira para revisar o referido ato" (AgIn na SEC 13.741/EX, rel. Min. Felix Fischer, Corte Especial, j. 6-6-2018, *DJe* 14-6-2018). 3. O art. 963, III, do CPC/2015, ao não mais exigir que a decisão judicial que se pretende homologar tenha transitado em julgado, mas apenas que seja eficaz no país em que foi proferida, torna possível a homologação de título judicial passível de ter seu cumprimento exigido no país de origem, não havendo necessidade de que tenha transitado em julgado. 4. Incumbe ao réu provar eventual coisa julgada brasileira que seja ofendida pela sentença estrangeira homologanda, nos termos do inc. II do art. 373 do CPC/2015, pois se trataria de fato impeditivo do direito do autor à homologação pelo STJ da sentença estrangeira. 5. Sentença estrangeira homologada.[2]

No caso de homologação para execução civil da sentença condenatória, ou seja, em face dos efeitos civis decorrentes da condenação criminal estrangeira, é necessário pedido da parte interessada, não podendo o STJ atuar de ofício, conforme disposição do art. 9º, parágrafo único, *a*, do CP.

Nos termos do art. 9º, parágrafo único, *b*, do CP, a execução da medida de segurança também depende de prévia homologação pelo STJ. Ressalta-se, contudo, que se aplica essa disposição nos casos de inimputabilidade, já que o Código Penal adotou o sistema vicariante, segundo o qual não podem ser impostas cumulativamente ao infrator pena e medida de segurança.

No caso da execução da medida de segurança, exige-se a existência de tratado de extradição com o país de cuja autoridade judiciária emanou a sentença, ou, na falta de tratado, de requisição do Ministro da Justiça.

---

1. Súmula nº 420 STF: "Não se homologa sentença proferida no estrangeiro sem prova do trânsito em julgado".
2. STJ, HDE nº 818/EX, rel. Min. Benedito Gonçalves, Corte Especial, j. 4-9-2019.

Registre-se, por fim, não ser necessária homologação de sentença condenatória transitada em julgado proferida no exterior para gerar reincidência na hipótese de novo crime após o trânsito em julgado. É o que se extrai do art. 63 do CP.

Para acesso ao vídeo, utilize o QR Code ao lado.

14

PRAZO PENAL

14.1 CONTAGEM DO PRAZO

O prazo penal é aquele que repercute na esfera da liberdade do agente, a exemplo do prazo decadencial para o oferecimento de queixa-crime ou representação, do cumprimento da pena, da prescrição. *Por isso, considera-se para o seu cômputo o dia de início e exclui o último dia.* Trata-se de contagem voltada a beneficiar o agente acusado da prática do delito, já que antecipa em um dia a extinção do direito de punir do Estado.

O prazo penal não se confunde com o prazo processual.

O prazo processual guarda relação, invariavelmente, com a prática de atos processuais, a exemplo da contagem do prazo para oferecimento da resposta à acusação e alegações finais por memoriais escritos, bem como para interposição de recursos.

Importante registrar que a Lei n. 14.365/2022 introduziu o art. 798-A, do CPP, que dispõe sobre a suspensão do curso do prazo processual nos dias 20 de dezembro a 20 de janeiro, sendo proibida também a realização de audiências e sessões de julgamento, não se aplicando essas disposições aos casos que envolvam réus presos, nos processos vinculados a essas prisões; nos procedimentos regidos pela Lei Maria da Penha; e nas medidas consideradas urgentes, mediante despacho fundamentado. O prazo começa a correr a partir do primeiro dia útil da citação ou intimação. Assim, se a intimação ocorreu na sexta (dia 7-8-2020), o prazo começará a correr no dia 10-8-2020, segunda-feira, que será o primeiro dia útil. É o que se extrai, inclusive, da Súmula nº 310 do STF, segundo a qual "Quando a intimação tiver lugar na sexta-feira, ou a publicação com efeito de intimação for feita nesse dia, o prazo judicial terá início na segunda-feira imediata, salvo se não houver expediente, caso em que começará no primeiro dia útil que se seguir".

O prazo processual é prorrogável, ou seja, se vencer num sábado, domingo, ou feriado, será prorrogado para o primeiro dia útil. O prazo para interposição do recurso de apelação é de 5 dias (CPP, art. 593, *caput*). Imaginemos que a defesa tenha sido intimada da sentença no dia 5-5-2020, que caiu numa terça-feira. O quinto dia do prazo será o dia 10-5-2020, que caiu num domingo, devendo, assim, ser prorrogado para o primeiro dia útil (CPP, art. 798, § 3º), razão pela qual o último dia do prazo será 11-5-2020, segunda-feira.

Na contagem do prazo penal, não interessa a que horas do dia o prazo começou a correr; considera-se o dia todo para efeito de contagem de prazo. Assim, por exemplo, se a pena começou a ser cumprida às 23h50min, os 10 minutos restantes do dia são contados como um dia inteiro, ou seja, nesse exemplo, os 10 minutos serão computados como se fosse um dia.

Os prazos penais são contados conforme o calendário comum, de forma contínua, pouco importando os dias de cada mês. Em outras palavras, o mês é contado de acordo com o número de dias que cada mês possui pouco importando que tenha 28 ou 29 dias, como no mês de fevereiro, 30 dias (como nos meses de abril, junho, setembro e novembro) ou 31 dias (como nos meses de janeiro, março, julho, agosto, outubro e dezembro).

Para melhor compreensão do cálculo do prazo penal, deve-se considerar o prazo previsto em lei e diminuir um dia, em razão do cômputo do dia do começo. Assim, se o ofendido de um crime de ação penal privada tomou conhecimento da autoria do fato no dia 5-3-2020, terá até o dia 4-9-2020 para ajuizar a queixa-crime, sob pena de decadência, causa extintiva da punibilidade, nos termos do art. 107, IV, do CP.

Da mesma forma, se o agente condenado a um ano de pena privativa de liberdade deu início ao cumprimento da pena, por exemplo, no dia 2-7-2020, a pena será considerada extinta no dia 1º-7-2021.

Os prazos de natureza penal são considerados improrrogáveis, mesmo que terminem em domingos e feriados. Isso significa que, encerrando-se no sábado (considerado feriado forense), domingo, feriado, ou qualquer outro dia que, por algum motivo, não tenha expediente forense, não existirá possibilidade de prorrogação para o primeiro dia útil subsequente.

Parte da doutrina entende que, se o prazo decadencial para o oferecimento da queixa-crime encerrar num domingo, o titular da queixa ou da representação deverá exercê-lo até sexta-feira anterior.[1]

Ousamos discordar. A decadência é a perda do direito de oferecer a queixa-crime (nos crimes de ação penal privada) ou de oferecer a representação (nos crimes de ação penal pública condicionada à representação).

Evidente que, na prática, a prudência recomenda que a queixa-crime seja protocolada até sexta-feira, enquanto há expediente forense normal. Todavia, se a queixa-crime ou representação constituem direito na busca da responsabilização criminal daquele que praticou um delito, não parece razoável tolher em um, dois ou três dias o exercício desse direito, sob o fundamento de que nesses dias não há expediente forense no sábado, domingo e feriado.

Se for considerada a possibilidade de antecipação do prazo penal para o dia útil anterior, forçoso concluir que um condenado deverá ser posto em liberdade na sexta-feira, se o último dia de cumprimento de pena cair num domingo.

Da mesma forma, se, para não incidir a prescrição executória, o último dia do prazo para o condenado dar início ao cumprimento da pena cair num domingo, não parece razoável exigir que o mandado de prisão seja cumprido até o dia útil anterior, ou seja, na sexta-feira, para evitar a incidência da causa extintiva de punibilidade.

Nesse contexto, se o termo final do prazo para ajuizamento da queixa-crime ou oferecimento da representação cair no sábado, domingo ou feriado, entendemos que o ofendido poderá ajuizar a queixa-crime perante o plantão judiciário, não sendo necessário que adote a providência no dia útil anterior.

---

1. MASSON, Cleber. *Direito penal*: parte geral (arts. 1º a 120). 14. ed. São Paulo: Método, 2020. p. 153.

Esse é o entendimento de Aury Lopes Júnior,[2] segundo o qual é "Importante destacar que o prazo decadencial não se prorroga, logo, se acabar no domingo, por exemplo, não se estende para segunda-feira, devendo a queixa ser distribuída na sexta-feira anterior ou no plantão de domingo".

Conforme Nestor Távora,[3] por ser de natureza decadencial, o prazo é contado na forma do art. 10 do CP, ou seja, inclui-se o dia do início e exclui-se o do vencimento. Este prazo também não se interrompe, não se suspende nem se prorroga. Caso se encerre em final de semana ou feriado, a vítima deverá representar à autoridade que esteja de plantão, afinal, não haverá prorrogação para o primeiro dia útil subsequente.

Na lição de André Estefam e Victor Gonçalves:[4] "Caso o último dia do prazo caia em feriado ou fim de semana, o prazo não se prorroga até o dia útil subsequente, devendo o interessado procurar o juiz de plantão caso queira evitar a decadência".

É o que se extrai da decisão proferida pelo STJ na APn nº 350/DF, no trecho do seguinte teor:

> Sendo a decadência instituto de direito material, porquanto importa em extinção da punibilidade, seu prazo, de natureza peremptória e que não se suspende ou se interrompe nem as férias forenses, conta-se incluindo o primeiro dia e excluindo o último, devendo o direito de queixa ser exercido até o *dies ad quem*, ainda que este caia em domingo ou feriado, tanto mais se há plantão judicial para atender as urgências com vista a evitar o perecimento do direito.

Eis a ementa:

> Ação penal mediante queixa. Calúnia da Lei nº 5.250/1967. Prazo (contagem). Prazo no STJ. Decadência (verificação). 1. O prazo decadencial não admite prorrogação e é contado segundo o previsto no art. 10 do CP. Se o último dia cai num domingo, nesse domingo o prazo se encerra. 2. De mais a mais, a tempestividade dos papéis que chegam ao Superior Tribunal é aferida com base na data do registro no protocolo da Secretaria. Assim, o que vale não é a data de entrega do objeto postado, mas a da protocolização. 3. Decadência verificada. Pronunciando-a, a Corte Especial rejeitou a queixa a teor do art. 43, II e III, do CPP.[5]

Da mesma forma, o STJ considerou não ser possível aplicar no prazo decadencial as regras do art. 798, § 3º, do CPP, que prevê a prorrogação do prazo para o primeiro dia útil, se vencer no sábado, domingo ou feriado. No caso, conforme consta da decisão proferida,

> consta dos autos que foi apresentada queixa-crime contra a paciente em 17-9-2018. Contudo, o impetrante afirma que a querelante tomou conhecimento da suposta ofensa e da sua autoria em 17-3-2018, motivo pelo qual o prazo decadencial de 6 meses, previsto no art. 38 do CPP, se esgotou em 16-9-2018, conforme contagem disciplinada pelo art. 10 do CP.[6]

O dia 16-9-2018 caiu num domingo, pelo que forçoso concluir que o STJ não considera como termo final o dia útil imediatamente anterior, que, no caso, seria na sexta-feira.

---

2. LOPES JÚNIOR, Aury. *Direito processual penal*. 17. ed. São Paulo: Saraiva, 2020. p. 259.
3. TÁVORA, Nestor. *Curso de direito processual penal*. Salvador: Juspodivm, 2017. p. 266.
4. ESTEFAM, André; GONÇALVES, Victor. *Direito penal esquematizado*. São Paulo: Saraiva, 2013. p. 722.
5. STJ, APn nº 350/DF, rel. Min. Nilson Naves, Corte Especial, j. 2-3-2005.
6. STJ, HC nº 491470/RS, rel. Min. Reynaldo Soares da Fonseca, 5ª T., j. 12-3-2019.

14.2 FRAÇÕES NÃO COMPUTÁVEIS NA PENA

Nos termos do art. 11 do CP: "Desprezam-se, nas penas privativas de liberdade e nas restritivas de direitos, as frações de dia, e, na pena de multa, as frações de cruzeiro".

Há duas situações envolvidas nesse artigo, uma referente às penas privativas de liberdade e restritivas de direitos, e outra em relação à pena de multa.

Na primeira situação, as frações de dia, ou seja, as horas do dia, não são computadas na fixação da pena privativa de liberdade. Diante da natureza substitutiva, a previsão em relação à pena restritiva de direitos é desnecessária, uma vez que primeiro o juiz fixa a pena privativa de liberdade e, após, se preenchidos os requisitos legais, substitui por pena restritiva de direitos, que tem a mesma duração (CP, art. 55).

Assim, considerando ter o magistrado chegado na segunda fase da dosimetria à pena intermediária de 6 meses e 6 dias de detenção, devendo, sobre essa quantia, diminuir um sexto, por força da incidência de uma causa de diminuição da pena, em termos absolutos, deverá ser extraído o equivalente a 1 mês e 1 dia, desconsiderando qualquer fração de horas do dia. Logo, a pena definitiva ficaria seria de 5 meses e 5 dias, de detenção.

A segunda hipótese envolve a pena de multa, da qual devem ser desprezadas as frações de real (onde se lê cruzeiro, entenda-se real), composta por centavos. Assim, na fixação da pena de multa, os centavos devem ser desprezados. Se, ao final do cálculo, a pena de multa resultar, por exemplo, no valor de R$ 368,56, deve-se considerar a pena de multa no valor de R$ 368,00.

Para acesso ao vídeo, utilize o QR Code ao lado.

15

CONFLITO APARENTE DE NORMAS

15.1 INTRODUÇÃO

O conflito aparente de normas se revela quando se tem a percepção da incidência, em tese, de duas ou mais normas em vigor sobre determinado fato. Neste caso, surge o que se denomina conflito aparente de normas penais, também chamado concurso aparente de normas, concurso aparente de normas coexistentes, concurso ideal impróprio e concurso impróprio de normas.

Há um fato, em tese, punível, mas que sobre ele podem incidir, aparentemente, duas ou mais normas penais. Todavia, tendo em vista ser vedada a incidência de mais de uma norma penal sobre fato único, apenas uma das normas possíveis deverá ser aplicada ao caso concreto.

Assim, no conflito aparente de normas, há a presença dos seguintes elementos: a) unidade do fato (há somente uma infração penal); b) pluralidade de normas (duas ou mais normas pretendendo regulá-lo); c) todas as normas em vigor, com a incidência de apenas uma delas sobre o fato.

Imaginemos o caso de uma mãe matar, sob influência do estado puerperal, o próprio filho, logo após o parto. Há um único fato sobre o qual, aparentemente, pode incidir o crime de homicídio, previsto no art. 121 do CP, ou infanticídio, previsto no art. 123 do CP. Eis o conflito de normas estabelecido, já que apenas uma delas deverá incidir sobre o fato.

A solução do conflito aparente de normas ganha especial importância sobretudo para evitar o *bis in idem*, já que não se admite no nosso ordenamento jurídico dupla punição pelo mesmo fato. Ou seja, não se mostra possível punir a mãe pelo crime de homicídio e de infanticídio, devendo, no caso, incidir apenas uma dessas normas.

O conflito de normas é aparente, pois será sanado com a aplicação do princípio adequado ao caso. Em outras palavras, o conflito que se estabelece entre as normas é apenas aparente, porque, na realidade, somente uma delas acaba regulamentando o fato, ficando afastadas as demais.

15.2 CONFLITO APARENTE DE NORMAS X CONFLITO DE LEIS NO TEMPO

O conflito aparente de normas não se confunde com conflito de leis no tempo. A diferença básica é que no *conflito aparente de normas há duas normas em vigor*, que, aparentemente, podem ser aplicadas a um determinado fato concreto, ao passo que no *conflito de leis no tempo apenas uma norma se encontra em vigor*, sendo aplicada, via de regra, a mais benéfica ao fato concreto.

No conflito de leis no tempo, vinculado ao direito intertemporal, há uma sucessão de leis no tempo, sendo o conflito solucionado, invariavelmente, pelos princípios da ultra-atividade ou retroatividade da lei mais benéfica. Assim, sobre determinado fato incidirá, via de regra, a lei penal mais benéfica.

No conflito aparente de normas vigentes, incidirá aquela mais adequada ao fato concreto, sendo vedada a aplicação simultânea de duas ou mais sobre um único fato, afastando a possibilidade do *bis in idem*.

15.3 CONFLITO APARENTE DE NORMAS X CONCURSO DE CRIMES

No conflito aparente de normas há um único fato, retratado por única conduta, devendo sobre ela incidir apenas uma das normas vigentes. No concurso de crimes há pluralidade de condutas, ensejando a incidência de dois ou mais fatos delituosos. Nesse caso de pluralidade de crimes, evidentemente será possível a aplicação de mais de uma norma penal, uma para cada fato praticado, resultando na soma ou exasperação da pena final.

O conflito aparente de normas não encontra previsão expressa no ordenamento jurídico, sendo suas bases construídas pela doutrina e jurisprudência. Já as regras do concurso de crimes estão expressamente previstas no Código Penal, mais especificamente nos arts. 69 a 72 do referido diploma legal.

Em síntese, no conflito aparente de normas apenas uma lei será aplicada ao caso concreto, ao passo que no concurso de crimes há incidência de mais de uma norma penal, que implicará, ao final, a pena definitiva imposta ao agente que, com uma ou mais condutas, praticou dois ou mais crimes.

15.4 PRINCÍPIOS PARA DIRIMIR O CONFLITO APARENTE DE NORMAS

Diante da ausência de expressa previsão legal de regras voltadas a dirimir o conflito aparente de normas, a doutrina aponta quatro princípios para solucionar tal conflito: a) especialidade; b) subsidiariedade; c) consunção; e d) alternatividade.

15.4.1 Princípio da especialidade

Trata-se da aplicação da regra de que a lei especial afasta a aplicação da lei geral, representado pelo brocardo *lex specialis derrogat generali*.

A lei especial, ou específica, caracteriza-se por se revestir de sentido diferenciado, individualizado, que a particulariza em relação às demais normas. Dito de outro modo, além de reunir todos os elementos que integram a lei geral, a lei especial contém outros que a torna específica, que a particulariza, chamados elementos especializantes.

E, nos termos do art. 12 do CP, a lei especial prevalece sobre a lei geral.

Tomemos, novamente, como exemplo o caso de uma mãe matar, sob influência do estado puerperal, o próprio filho, durante ou logo após o parto. Há um único fato sobre o qual, aparentemente, pode incidir o crime de homicídio, previsto no art. 121 do CP, ou infanticídio, previsto no art. 123 do CP. O crime de infanticídio possui núcleo idêntico ao do crime de homicídio, ou seja, reúne todos os elementos descritos no art. 121 do CP, consistentes em "matar alguém". Todavia, além dos elementos da norma geral, prevista no art. 121 do CP, o art. 123 do CP contém elementos que o especializa e o diferencia do crime de homicídio, quais sejam: autora do fato ser a própria genitora da vítima; vítima nascente ou neonato; crime praticado sob influência do estado puerperal.

Note-se que se estabeleceu um conflito entre as normas dos arts. 121 e 123 do CP, mas que é aparente, pois será solucionado pelo princípio da especialidade, prevalecendo, no caso, a norma penal que define o crime de infanticídio, já que as elementares contidas neste crime o torna especial em relação à norma geral que define o homicídio.

As normas genéricas e as específicas não exigem que estejam presentes no mesmo diploma legal, podendo estar previstas em leis distintas. Ou seja, não se afigura necessário que a norma geral e a especial estejam previstas no Código Penal, por exemplo. É possível, portanto, que a norma geral esteja prevista no Código Penal e a especial em legislação extravagante.

É o que ocorre, por exemplo, entre os crimes de contrabando, previsto no art. 334-A do CP, e o crime de tráfico de drogas, previsto no art. 33, *caput*, da Lei nº 11.343/2006. Sobre a conduta de importar cocaína pode, aparentemente, incidir duas normas: a que define o crime de contrabando e a que prevê o crime de tráfico de drogas. Todavia, esse conflito é resolvido pelo princípio da especialidade. O art. 33, *caput*, da Lei nº 11.343/2006 reúne todos os elementos contidos no tipo penal que descreve o crime de contrabando, acrescido de elementares que o especializa, qual seja, importar droga, prevalecendo, assim, sobre a norma geral.

Nesse contexto, o tipo incriminador previsto na Lei nº 11.343/2006 é especial em relação ao crime de contrabando. Assim, a importação de qualquer mercadoria proibida configura o delito de contrabando, mas se a importação for de substância entorpecente, em desacordo com a lei, prevalecerá a norma especial do art. 33 da Lei nº 11.343/2006 sobre a norma geral do art. 334-A do CP.

Convém destacar que a gravidade de um crime em relação a outro não é determinante para se definir qual a norma especial. De fato, a comparação entre as leis não leva em conta a gravidade dos crimes, mas o critério especializante, mediante o confronto dos elementos que integram a definição abstrata das normas penais.

A comparação não recai sobre o fato, mas entre as normas penais que aparentemente podem incidir sobre o delito praticado. Assim, deve-se buscar adequar o fato praticado às normas possíveis. Se, além de se enquadrar na norma geral, o fato praticado apresentar algum elemento que o especialize, que o destaque, que o especifique em relação à conduta descrita na norma geral, prevalecerá a incidência da lei especial. Em outras palavras, se, além de abrigar todos os elementos da lei geral, conter ainda elementos que a especifiquem, a lei especial prevalece sobre a geral.

Essa regra não incide exclusivamente para tipificação da conduta praticada pelo agente, mas também para outros institutos, como, por exemplo, aplicação da pena.

Nesse particular, o STJ, analisando a pena imposta de 9 meses de detenção, pela prática do crime previsto no art. 303 do CTB, considerou obrigatória a aplicação da sanção de prestação de serviços à comunidade ou a entidades públicas, prevista no art. 312-A do CTB, em detrimento de imposição unicamente de multa substitutiva, afastando, no caso, a aplicação do art. 44, § 2º, do CP.

Eis a ementa:

> *Habeas corpus*. Lesão corporal culposa no trânsito. Art. 303, *caput*, da Lei nº 9.503/1997, c/c os arts. 61, I, e 70, ambos do CP. Substituição da pena privativa de liberdade. Modalidade prevista em lei especial que prevalece sobre a geral. Caráter educativo. Constrangimento ilegal não evidenciado. Suspensão dos efeitos da condenação. Perda do objeto. Sobreveio o trânsito em julgado. *Habeas corpus* parcialmente conhecido e, nessa extensão, denegada a ordem. 1. Nos casos de condenação igual ou inferior a 1 ano, é possível a substituição da pena privativa de liberdade por multa ou por uma restritiva de direitos, nos termos do art. 44, § 2º, do CP. Todavia, nos crimes previstos no Código de Trânsito Brasileiro, há expressa menção, nas hipóteses de reprimenda substitutiva, à aplicação da pena de prestação de serviço à comunidade ou a entidades públicas. 2. O Tribunal de origem, ao determinar a substituição da reprimenda por prestação de serviços à comunidade, não só aplicou a norma prevista em lei especial como também trouxe fundamentação concreta, haja vista que apenas a imposição de pena pecuniária não atende a um dos objetivos da sanção por ser inócua à reeducação da sentenciada quanto ao delito praticado. 3. Com a superveniência do trânsito em julgado da condenação, fica prejudicada a análise da almejada suspensão dos efeitos da condenação. 4. *Habeas corpus* parcialmente conhecido e, nessa extensão, denegada a ordem.[1]

Dessarte, sendo verificada a incidência da lei especial, sua aplicação é obrigatória, não sendo facultada a aplicação da lei geral, sob pena de tornar a norma especial inócua e sem aplicação.

15.4.2 Princípio da subsidiariedade

Para melhor compreensão do princípio da subsidiariedade, convém, por primeiro, estabelecer distinção entre norma primária e norma subsidiária.

A *norma primária ou principal* é aquela que descreve a conduta de forma mais abrangente, contemplando, inclusive, aquela descrita na norma subsidiária. Trata-se, pois, de norma que descreve conduta de forma mais abrangente, que atinge com maior gravidade determinado bem jurídico.

Considera-se *subsidiária* a norma que descreve uma conduta que atinge em menor grau um determinado bem jurídico, sendo, pois, menos grave do que a norma principal. A norma subsidiária, portanto, além de ser menos grave, descreve conduta que representa parte da execução do delito previsto na norma principal. A norma subsidiária está abarcada pela norma principal.

Tomemos como exemplo o tipo penal que define o crime de constrangimento ilegal (CP, art. 146) em consonância com o crime de estupro (CP, art. 213). O delito de constrangimento ilegal é menos grave que o de estupro. Além disso, o tipo penal que define o crime de constrangimento ilegal descreve uma parte da execução do crime de estupro, consistente em "constranger". Logo, a norma que define o crime de constrangimento ilegal é subsidiária, enquanto a que define o crime de estupro é a principal.

Note-se que, ao contrário do que ocorre no princípio da especialidade, a comparação não é meramente entre as normas (uma mais especial do que a outra), mas em relação ao

---

1. STJ, HC nº 445915/SC, rel. Min. Rogério Schietti Cruz, 6ª T., j. 28-3-2019.

fato. Ou seja, para a aplicação do princípio da subsidiariedade, é imprescindível a análise do caso concreto, sendo insuficiente a mera comparação abstrata dos tipos penais, devendo ser verificado, por exemplo, a intenção do agente, os meios empregados para a prática do crime, além de outras circunstâncias que envolvem o contexto fático, a fim de ser verificada a extensão da gravidade do delito praticado.

Isso porque a norma principal ou primária absorve a norma subsidiária, que incidirá somente na impossibilidade de aplicação da norma principal mais grave. Primeiro, verifica-se, considerando as circunstâncias do caso concreto, se não incide a norma primária. Se a conduta não se enquadrar perfeitamente no tipo penal mais grave, passa-se então a cogitar da incidência da norma subsidiária. É como, perdoe-nos a analogia, se o jogador titular do grande grêmio imortal não puder entrar em campo, jogará o reserva.

Trata-se da aplicação do brocardo *Lex primaria derogat subsidiariae* (a lei primária derroga a subsidiária). A norma primária prevalece sobre a subsidiária, que passa a funcionar como um soldado de reserva, na expressão de Nelson Hungria. Primeiro, busca-se verificar a incidência da norma primária, e somente quando esta não se ajustar ao fato concreto, recorre-se à norma subsidiária, que prevê crime menos grave.

A subsidiariedade pode ser expressa ou tácita.

15.4.2.1 Subsidiariedade expressa

A subsidiariedade expressa se caracteriza por estar formalmente declarada na norma. A própria norma penal prevê expressamente que será aplicável somente quando outra norma de maior gravidade não incidir. Em outras palavras, a própria lei faz expressa ressalva ao seu caráter de subsidiariedade, admitindo incidir somente se o fato praticado não caracterizar crimes mais grave.

O crime de expor a vida ou a saúde de outrem a perigo direto e iminente constitui exemplo de subsidiariedade expressa, porquanto o próprio art. 132 do CP prevê que incidirá a pena de detenção, de três meses a um ano pela prática de tal delito, "se o fato não constitui crime mais grave". Assim, se não restar caracterizada a prática, por exemplo, de tentativa de homicídio (norma primária), poderá, conforme o caso, incidir o delito previsto no art. 132 do CP (norma subsidiária).

O crime de lesão corporal seguido de morte também se reveste de caráter de subsidiariedade, uma vez que, como expressamente consta no art. 129, § 3º, do CP, somente incidirá se "as circunstâncias evidenciam que o agente não quis o resultado, nem assumiu o risco de produzi-lo". Logo, se não restar demonstrado que o agente quis a morte da vítima ou assumiu o risco de causá-la, o que ensejaria a aplicação do art. 121 do CP (norma primária), incidirá o crime previsto no art. 129, § 3º, do CP (norma subsidiária).

A norma subsidiária que define o crime de subtração de incapaz, previsto no art. 249 do CP, somente incidirá "se o fato não constitui elemento de outro crime". Assim, se, por exemplo, o agente subtraiu/sequestrou o menor de 18 anos como condição ou preço de resgate, incorrerá no crime de extorsão mediante sequestro, previsto no art. 159 do CP (norma principal).

O crime de importunação sexual, previsto no art. 215-A do CP, incluído pela Lei nº 13.718/2018, incidirá "se o ato não constitui crime mais grave", conforme expressamente prevê o referido dispositivo legal. Logo, o delito de importunação sexual somente incidirá se a conduta do agente não caracterizar crime mais grave, como, por exemplo, estupro (CP, art. 213) ou estupro de vulnerável (CP, art. 217-A).

Assim, como já decidiu o STJ, a conduta do agente que surpreendeu a vítima, puxando-a pelo braço, para fazê-la tocar em seu órgão genital, não obtendo êxito porque a vítima conseguiu dele se desvencilhar, enquadra-se no art. 213 c/c art. 14, II, ambos do CP, já que se trata de ato mais grave do que aquele previsto no art. 215-A do CP. Poder-se-ia cogitar da incidência do art. 215-A do CP (norma subsidiária), se a ação atentatória contra o pudor praticada com propósito lascivo contra a vítima tivesse ocorrido sem violência ou grave ameaça.[2]

15.4.2.2 Subsidiariedade tácita

A subsidiariedade tácita ou implícita ocorre quando a norma penal não ressalva, de modo expresso, a sua incidência na hipótese de outra norma de maior gravidade punitiva não ser aplicável ao caso concreto.

Não há previsão expressa da natureza subsidiária da norma, extraindo-se essa condição do contexto que envolveu o fato praticado, que não se enquadra em norma penal mais grave. Busca-se, agora, adequar o fato a tipo penal subsidiário, que prevê tratamento menos grave, tanto que, não raras vezes, constitui elementar, qualificadora, causa de aumento de pena, agravante ou meio de execução do crime previsto na norma principal ou primária.

O crime de constrangimento ilegal (CP, art. 146) é tacitamente subsidiário em relação ao crime de estupro (CP, art. 213). Assim, se, no caso concreto, não restar caracterizado que o constrangimento, praticado mediante violência ou grave ameaça, tinha por finalidade a prática de conjunção carnal ou qualquer ato libidinoso, possível incidir o crime de constrangimento ilegal.

Logo, a conduta do agente que aponta uma arma em direção à vítima maior de idade, determinando que fique nua, sem o dolo lascivo, mas tão somente para constrangê-la, não se enquadra no crime de estupro, porque não foi compelida a praticar ou permitir que com ela se pratique ato sexual. Todavia, porque a vítima foi constrangida a fazer algo contra sua vontade, incide a norma subsidiária, prevista no art. 146 do CP.

15.4.3 Princípio da consunção ou da absorção

15.4.3.1 Introdução

Diversamente do princípio da subsidiariedade, em que a prática de um ato delituoso deve ser enquadrada na norma mais grave, o princípio da consunção é aplicado para dirimir conflito aparente de normas decorrente de uma *sequência de fatos delituosos*, que, isoladamente, constituem crime, mas que, ao final, devem ser subsumidos a um único tipo penal. Em outras palavras, os atos delituosos praticados para alcançar o resultado esperado serão absorvidos pelo crime desejado, resultando, assim, na responsabilização do agente pela prática de um crime.

Contextualizando para melhor compreensão. Imaginemos um agente que desfere golpe de faca na vítima, causando-lhe lesões corporais; na sequência, desfere outro golpe de faca na vítima, gerando outra lesão corporal; e, por fim, desfere o golpe fatal, matando-a. Temos duas lesões corporais em sequência e, ao final, o homicídio. Dessa sequência de fatos delituosos surge o conflito aparente de normas. O agente deverá responder por três crimes (duas lesões corporais e homicídio) ou apenas pelo crime de homicídio?

2. STJ, AgRg no REsp nº 1767968/MG, rel. Min. Nefi Cordeiro, 6ª T., j. 5-5-2020.

Pelo princípio da consunção, ou da absorção, o fato mais abrangente e grave consome, absorve, o(s) fato(s) menos abrangentes. *Os fatos menos abrangentes figuram como meio necessário ou normal fase de preparação ou execução de outro crime.* Nesse caso, a norma consuntiva prevalece sobre a norma consumida. Trata-se da hipótese de o crime meio ser absorvido pelo crime fim.

O conflito aparente de normas se reflete na relação de continente e conteúdo, entre a norma mais abrangente e grave e a norma que prevê conduta que serve de meio necessário ou fase de execução de outro crime. Ou, ainda, quando o agente, após consumar o crime visado, realiza nova conduta prevista em tipo penal específico e menos abrangente, constituindo mero exaurimento do crime.

Prevalece, nessa hipótese, a norma penal que define o crime mais abrangente, que absorverá a norma que prevê conduta de menor amplitude, evitando-se a incidência do *bis in idem*.

A aplicação do princípio da consunção se justifica, porque o bem jurídico protegido pela norma menos abrangente já está tutelado pela norma mais abrangente. Além disso, a violação da norma menos abrangente constitui meio necessário para atingir o bem jurídico tutelado pela norma mais abrangente.

Assim, considerando o exemplo acima, a integridade corporal (bem jurídico tutelado pelo art. 129 do CP) também está protegido pela norma mais abrangente prevista no art. 121 do CP. E, ainda, como a ofensa à integridade corporal constitui meio necessário para alcançar o crime de homicídio, as lesões corporais previamente praticadas serão absorvidas pelo crime de homicídio. Em síntese, o agente responderá unicamente pelo crime de homicídio (CP, art. 121).

O princípio da consunção difere do princípio da especialidade. No *princípio da especialidade, há uma conduta* que, aparentemente, adequa-se a duas normas. Comparando as normas, a conduta deverá ser enquadrada na norma mais específica, que contém elementos especializantes. No *princípio da consunção, há sucessão de fatos penalmente tipificados*. Não há comparação abstrata entre normas penais, mas entre fatos, incidindo apenas o crime mais grave, que absorve/consome os demais, evitando-se, assim, o *bis in idem*.

O princípio da consunção também não se confunde com o princípio da subsidiariedade.

No *princípio da subsidiariedade*, tomando-se em conta o fato praticado, a comparação se dá entre as normas penais para se verificar qual será aplicada ao caso concreto, prevalecendo a norma mais abrangente (principal) sobre a menos abrangente (subsidiária). Não há sucessão de condutas, *mas apenas um fato delituoso*, que deve ser enquadrado na norma mais abrangente e mais grave. No *princípio da consunção, há sucessão de fatos delituosos*. Não há comparação entre normas penais, mas entre os fatos praticados, sendo absorvidos aqueles que serviram de meio necessário ou normal fase de execução para alcançar o crime mais abrangente e mais grave.

Dessarte, ao contrário do que ocorre nos princípios da especialidade e da subsidiariedade, na consunção não há um fato único, mas uma sucessão de fatos voltados a alcançar um resultado esperado, sendo que a norma mais ampla e mais grave absorve os menos amplos e menos graves.

15.4.3.2 Hipóteses de incidência do princípio da consunção

O princípio da consunção pode ser aplicado em quatro situações distintas: crime progressivo, progressão criminosa, crime complexo e fatos impuníveis.

a) Crime progressivo

No crime progressivo, o agente, desejando desde o início produzir um resultado mais grave, pratica previamente sucessão de fatos, que, isoladamente, constituem crime, até alcançar o resultado final almejado. Ou seja, para alcançar o resultado pretendido, o agente pratica atos antecedentes de menor gravidade, sem os quais não seria possível atingir a consumação do delito desejado. O ato final, ensejador do resultado inicialmente pretendido, absorve todos os anteriores. Trata-se da hipótese dos denominados crimes de passagem.

No crime progressivo há, portanto, unidade de elemento subjetivo, sendo a conduta composta de vários atos praticados progressivamente até produzir o resultado desejado.

Tomemos como exemplo o agente que pretende desde o início produzir a morte da vítima. Para tanto, utiliza-se de uma faca, golpeando a vítima em várias partes do corpo, vindo ao final a aplicar o golpe fatal, causando-lhe a morte. Há um único elemento subjetivo, sendo a conduta composta por vários atos praticados de forma progressiva até atingir o resultado mais grave. Surge, assim, o conflito aparente de normas: o agente responderá pelos delitos de lesão corporal (CP, art. 129) e homicídio (CP, art. 121) ou apenas pelo crime de homicídio (CP, art. 121)?? Nesse caso, aplicando-se o princípio da consunção, o agente responderá apenas pelo crime de homicídio (CP, art. 121), pois as várias lesões corporais produzidas pelos golpes de faca constituíram meio necessário para a execução do delito pretendido, sendo, por isso, absorvidas pelo crime de homicídio.

Convém ressaltar que o princípio da consunção somente poderá ser adotado se evidenciada relação de dependência ou de subordinação entre as condutas, bem como que os delitos sequenciais foram praticados no mesmo contexto fático.

Essa premissa é fundamental para a verificação da incidência do princípio da consunção em relação aos crimes de porte ilegal de arma e homicídio, bem como crime de porte ilegal de arma de fogo e roubo majorado pelo emprego de arma de fogo.

E, nesse aspecto, o STJ sedimentou entendimento no sentido de que a absorção do crime de porte ilegal de arma de fogo pelo de homicídio exige que as condutas tenham sido praticadas no mesmo contexto, guardando relação de dependência ou subordinação, de modo que o porte tenha como fim unicamente a prática do delito de homicídio.[3]

Assim, se restar demonstrado que o agente portava a arma em ocasiões distintas da prática do crime de homicídio, não será aplicado o princípio da consunção, diante da incidência de crimes autônomos e independentes entre si. Logo, nesse caso, o agente responderá pelo delito previsto na Lei nº 10.826/2003 e crime de homicídio, em concurso material de crimes.

Apreciando o tema, o STJ decidiu da seguinte forma:

> Agravo regimental em recurso especial. Direito penal e processo penal. Tribunal do Júri. Homicídio qualificado pelo motivo fútil, na forma tentada (art. 121, § 2º, III e IV, c/c o art. 14, II, ambos do CP). Legítima defesa. Ausência de provas. Ausência de prequestionamento. Súmulas nºs 211/STJ, 282 e 356/STF. Princípio da consunção. Não incidência. Dosimetria. Exasperação da pena-base. Fundamentação suficiente. Livre convencimento motivado. Acórdão firmado em matéria fático-probatória. Súmula nº 7/STJ. Matéria constitucional. STF. (...) 7. O voto condutor do acórdão estadual demonstrou não ter vinculação exclusiva entre o delito de porte de arma de fogo e o

3. STJ, AgRg no AgREsp nº 1186399/MS, rel. Min. Nefi Cordeiro, 6ª T., j. 3-5-2018.

> crime de homicídio, de maneira que aquele pudesse ser considerado crime-meio e, portanto, ante *factum* impunível. Ao contrário, o sodalício estadual apontou o porte do artefato pelo réu em outras ocasiões que não a prática do crime de homicídio, tornando inviável a aplicação da regra da consunção, haja vista a existência de crimes autônomos e independentes (HC nº 395.268/SP, Min. Maria Thereza de Assis moura, 6ª T., *DJe* 19-12-2017). (...)[4]

Esse entendimento se aplica também para o crime de roubo majorado pelo emprego de arma de fogo em concurso com o crime de porte ilegal de arma de fogo, conforme já decidiu o STJ.[5]

b) Progressão criminosa

A progressão criminosa não se confunde com crime progressivo.

Enquanto no crime progressivo há, desde o início da conduta do agente, único elemento subjetivo, na progressão criminosa a intenção inicial é praticar o delito menor, e, durante a execução do delito, o agente delibera por cometer o crime mais grave. Há, portanto, pluralidade de fatos e de desígnios em progressividade delitiva.

Assim, se o dolo inicial era o de praticar apenas lesão corporal, mas, ao longo da execução, o agente decidir matar a vítima, haverá pluralidade de desígnios, com modificação do dolo (primeiro, pretendia lesionar; após, deliberou por matar a vítima) e pluralidade de condutas, praticadas em progressividade delitiva. Nesse caso, o agente responderá apenas pelo crime de homicídio, restando absorvidas as lesões corporais praticadas.

A adoção do princípio da consunção na progressão criminosa se justifica para evitar a incidência do *bis in idem*, com a responsabilização do agente pelos fatos anteriores, que, por via reflexa, acabaram abrangidos na punição imposta pelo crime mais grave.

c) Crime complexo

O crime complexo, também denominado crime composto, constitui espécie de crime que resulta da fusão de dois ou mais crimes autonomamente tipificados, que figuram como circunstâncias ou elementares do tipo penal complexo. É o que se pode inferir do disposto no art. 101 do CP.

O crime de roubo (CP, art. 157), por exemplo, é composto por elementares, que, por si, constituem crimes autônomos, havendo a junção dos crimes de furto (CP, art. 155) e ameaça (CP, art. 147) ou lesão corporal (CP, art. 129), considerando o meio de execução empregado.

Nesse caso, conforme o princípio da consunção, os fatos integrantes do crime complexo, autonomamente previstos em outros tipos penais, são absorvidos pelo crime resultante da fusão. Assim, no exemplo referido, o agente responderá apenas pelo delito de roubo, ficando o furto e a ameaça ou lesão corporal absorvidos.

d) Fatos impuníveis

Pode ocorrer de o agente realizar uma conduta anterior ou posterior, previstos como delitos autônomos, mas que, ao final, são impuníveis. Trata-se das hipóteses dos chamados *ante factum* impunível e *pos factum* impunível.

---

4. STJ, AgRg no REsp nº 168724/RJ, rel. Min. Sebastião Reis Júnior, 6ª T., j. 2-3-2020.
5. STJ, HC nº 441638/PR, rel. Min. Maria Thereza de Assis Moura, 6ª T., j. 21-8-2018.

O *ante factum* não punível ocorre quando um fato anterior menos grave constitui meio necessário para a prática de outro fato, mais grave, ficando, por conseguinte, o primeiro absorvido, sendo o fato antecedente mero indiferente penal.

Tomemos como exemplo o fato de o agente quebrar o vidro de um veículo, caracterizando fato definido como crime de dano (CP, art. 163), para subtrair uma bolsa feminina que se encontra no interior do automóvel. Nesse caso, o dano provocado na porta caracteriza o *ante factum* impunível, já que funcionou como meio de execução para a subtração da bolsa. Logo, o agente responderá apenas pelo crime de furto qualificado pelo rompimento de obstáculo (CP, art. 155, § 4º, I), sendo o fato anterior (dano) absorvido.

Eis a razão pela qual consideramos equivocada a Súmula nº 17 do STJ, segundo a qual o crime de falso é absorvido pelo de estelionato, quando nele se exaure. Isso porque o falso, crime mais grave, não poderia ser absorvido pelo estelionato, delito menos grave.

De acordo com essa orientação sumular, se o agente falsificar folha de cheque, documento público por equiparação, nos termos do art. 297, § 2º, do CP, com a finalidade de praticar estelionato, o falso, punido com reclusão de 2 a 6 anos, e multa, será absorvido pelo de estelionato, crime com pena mais branda, punido com reclusão de 1 a 5 anos e multa.

Todavia, prevalece o entendimento, inclusive adotado no STF, da incidência do princípio da consunção entre os crimes de falso e de estelionato quando exaurida a potencialidade lesiva do primeiro crime após a prática do segundo crime.[6]

O *post factum impunível* ocorre quando, após realizada a conduta, o agente pratica nova conduta voltada a ofender o mesmo bem jurídico, visando apenas tirar proveito da prática anterior. Trata-se, pois, de mero exaurimento. Assim, se após o furto o agente destrói a coisa subtraída, só responde pelo furto (CP, art. 155), que absorverá o crime de dano (CP, art. 163). Neste caso, a lesão ao interesse jurídico causada pela conduta precedente torna indiferente o crime de dano.

Adotando esse fundamento, o STJ já decidiu no sentido de que o uso de documento falsificado (CP, art. 304) deve ser absorvido pela falsificação do documento público ou privado (CP, arts. 297 e 298), quando praticado pelo mesmo agente, caracterizando o delito de uso *post factum* não punível, ou seja, mero exaurimento do crime de falso, não respondendo o falsário pelos dois crimes, em concurso material.[7]

Embora tênue a diferença, o *antefactum* impunível não se confunde com o crime progressivo. Neste os fatos anteriores se revelam absolutamente imprescindíveis e indissociáveis para se alcançar o resultado final. Para ser alcançado o homicídio, necessariamente o agente terá de praticar lesão corporal antes, ou seja, as lesões são atos anteriores indissociáveis em relação ao resultado final. Não há homicídio sem lesão anterior.

Já no *antefactum* impunível, os fatos anteriores não se revelam como imprescindíveis para ser alcançado o resultado. Para a incidência de um crime de furto não é imprescindível que tenha ocorrido anteriormente uma violação de domicílio. O patrimônio da vítima pode ser subtraído sem que obrigatoriamente seja necessário violação de domicílio anterior.

15.4.4 Princípio da alternatividade

O princípio da alternatividade pode incidir em duas situações.

---

6. STF, Ext nº 977 extensão na extradição/POR, rel. Min. Celso de Mello, 2ª T., j. 26-5-2015.
7. STJ, AgRg no RHC nº 112730/SP, rel. Min. Ribeiro Dantas, 5ª T., j. 3-3-2020.

Na primeira hipótese, o princípio da alternatividade se caracteriza pela circunstância de duas ou mais disposições legais estarem inseridas no mesmo fato. Nesse caso, deve-se verificar qual deles deve incidir. Imaginemos a conduta consistente no "beijo roubado", sem emprego de violência ou grave ameaça. Caracterizado o delito de importunação sexual (CP, art. 215-A), não se aplica o tipo penal que define o crime de estupro (CP, art. 213).

O princípio da alternatividade também se aplica nos crimes de ação múltipla ou de conteúdo variado, no qual o tipo penal descreve duas ou mais condutas como verbos nucleares do tipo. Nesse caso, o tipo penal descreve várias condutas, que, se praticadas pelo agente, de forma sucessiva, configura fato único.

Se o agente adquirir, guardar e vender determinada droga, praticando, assim, três das condutas previstas no art. 33 da Lei nº 11.343/2006, deverá ser imputado a ele a prática de um crime de tráfico de drogas, não incidindo, no caso, concurso de três infrações.

O princípio da alternatividade encontra resistência por boa parcela da doutrina, já que teria a sua função abarcada pelo princípio da consunção.

Além disso, em relação aos tipos penais mistos alternativos, não se verifica, na essência, um conflito aparente de normas, pela simples razão de que as condutas praticadas pelo agente estão previstas no mesmo tipo penal. Ou seja, o conflito é interno, entre as ações descritas no tipo penal. Nesse caso, o princípio da consunção soluciona o conflito entre as várias condutas praticadas pelo agente, configurando crime único. É o que ocorre quando o agente transporta, guarda e vende droga ilícita. Haverá crime único de tráfico de drogas (Lei nº 11.343/2006, art. 33), e não três crimes de tráfico de drogas em concurso de crimes.

Conforme já decidiu o STJ em relação ao crime de tráfico de drogas, caso o agente, dentro de um mesmo contexto fático e sucessivo, pratique mais de uma ação típica, responderá por crime único, em razão do princípio da alternatividade.[8]

Evidentemente que, se as condutas forem praticadas em contextos fáticos distintos, bem como em relação a substâncias entorpecentes de natureza diversa, estaremos diante de concurso de crimes, e não de crime único.

Para acesso ao vídeo, utilize o QR Code ao lado.

8. STJ, AgRg no AgREsp nº 1738871/PR, rel. Min. Joel Ilan Paciornik, 5ª T., j. 27-11-2020.

PARTE II

TEORIA GERAL DO CRIME

1

NOÇÕES INTRODUTÓRIAS À TEORIA GERAL DO CRIME

1.1 CONCEITO DE CRIME

Estabelecer um conceito de crime não constitui tarefa das mais simples. Não há um conceito pronto e acabado fornecido pelo legislador, cabendo à doutrina estabelecer o conceito de crime.

E a doutrina tem conceituado crime considerando três critério: material, formal ou analítico.

1.1.1 Conceito formal x conceito material

Conforme o *conceito formal*, infração penal seria toda conduta que violar ou confrontar uma norma penal incriminadora, sujeitando o agente a suportar uma pena previamente cominada.

Do ponto de vista do *conceito material*, também chamado substancial, crime nada mais é do que a violação de um bem penalmente protegido. Basta, pois, para caracterizar crime que a ação ou omissão do agente lesione ou exponha a perigo de lesão um bem jurídico penalmente tutelado.

Em outras palavras, em seu aspecto material, constitui crime quando o agente atingir ou ao menos colocar em perigo bem jurídico penalmente relevante. Se o bem jurídico atingido ou exposto a perigo de dano não for penalmente relevante, o fato não constituirá crime.

Assim, a mera previsão legal da conduta como crime, em consonância com o princípio da reserva legal, não se mostra suficiente para considerar determinado fato como sendo infração penal, sendo necessário, ainda, que o bem jurídico tutelado seja penalmente relevante.

A título de ilustração, consideremos a inusitada hipótese de o legislador estabelecer como crime, punido com detenção de três meses a um ano, a conduta do funcionário que não saldar o seu chefe no início do dia. O princípio da reserva legal estaria atendido, mas tal conduta não estaria legitimada pelo Direito Penal, porque não causa danos ou expõe a perigo bem jurídico penalmente relevante.

Ocorre, todavia, que a concepção material e formal não se mostra suficiente para definição precisa do que vem a ser crime. Por isso, emerge um conceito mais amplo de crime, que abrange as características ou elementos que compõem a infração penal. Destaca-se, nesse contexto, o conceito analítico de crime.

1.1.2 Conceito analítico

Em que pese consistir num conceito unitário e indivisível, a estratificação dos elementos do crime não o descaracteriza como tal. Isso porque o estudo estratificado do conceito de crime permite verificar, com segurança, a existência ou não da infração penal.

A análise individualizada de cada um dos elementos que integram o conceito de crime viabiliza a identificação de cada substrato percorrido no caminho do crime. Não estando presente um desses substratos ou elementos do crime, o fato praticado será um indiferente penal.

Alguns autores sustentam que o conceito de crime é composto por quatro elementos, caracterizando a posição quadripartida do conceito de crime. Conforme esses autores, os elementos do crime são: fato típico, ilicitude, culpabilidade e punibilidade.

Trata-se, no entanto, de posição minoritária, uma vez que a punibilidade não constitui elemento do crime, mas sua consequência. Em sendo praticado um fato típico, ilícito, sendo o agente culpável, surge a possibilidade jurídica de o Estado puni-lo. Além disso, a incidência de uma causa de extinção da punibilidade não constitui causa de exclusão do crime. Tomemos como exemplo a prescrição da pretensão executória. Haverá extinção da punibilidade, mas o crime e os efeitos da sentença penal condenatória permanecem hígidos.

A maior parte da doutrina adota o *conceito tripartido de crime*, assim considerado como sendo um *fato típico, ilícito e culpável.*

Primeiro, deve-se verificar se o agente praticou um *fato típico*, caracterizado por uma conduta humana, consistente numa ação ou omissão, que deu causa a um resultado, prevista na norma penal como penalmente proibida.

Não basta, porém, que o fato seja típico para que exista crime. É preciso, ainda, que esse fato seja contrário ao direito, ou seja, *ilícito*. A partir da análise da conduta típica, deve-se verificar se tal conduta se apresenta contrária ou não ao ordenamento jurídico.

Por fim, não basta que a conduta seja típica e antijurídica; é preciso, ainda, que o agente seja *culpável.*

A culpabilidade é o juízo de reprovação social que recai sobre a conduta do agente, a partir da análise dos elementos que a integram: a) imputabilidade; b) potencial consciência da ilicitude; c) exigibilidade de conduta diversa.

Em síntese, crime é uma ação ou omissão ajustada a um modelo legal de conduta proibida (tipicidade), contrária ao direito (antijuridicidade) e sujeita a um juízo de reprovação social incidente sobre o fato e seu autor imputável, que revela potencial consciência da ilicitude do fato, sendo-lhe, no caso, exigível conduta diversa, consistente na possibilidade de agir conforme o direito (culpabilidade).

Assim, se Pedro, agente imputável, desferir golpes de faca contra João, matando-o, a conduta será típica, pois descrita numa norma penal como modelo legal de conduta proibida, com imposição de sanção penal; antijurídica, porque contrária ao ordenamento jurídico, já que ausente causa excludente de ilicitude; e culpável, já que sua conduta comporta juízo de reprovação social, não incidindo nenhuma causa excludente de culpabilidade.

Alguns doutrinadores, dentre eles René Ariel Dotti, Damásio de Jesus e Julio Fabbrini Mirabete, adotam a *teoria bipartida do crime*, segundo a qual crime seria fato típico e ilícito, sendo a culpabilidade pressuposto para aplicação da pena. Assim, para caracterizar o crime, basta a incidência de um fato típico e ilícito. Verificada a tipicidade e a ilicitude da conduta, passa-se à análise da possibilidade ou não de a pena ser aplicada, mediante a verificação dos elementos que integram a culpabilidade.

Convém aqui um alerta. Não será a concepção bipartida ou tripartida do conceito de crime que definirá a adesão à teoria clássica ou finalista da conduta, mas sim a alocação do dolo ou da culpa no elemento do crime.

O conceito tripartido de crime pode ser considerado tanto pelos adeptos à teoria clássica, quanto à finalista. Para a teoria clássica, o dolo e a culpa integram a culpabilidade, ao passo que para os finalistas o dolo e a culpa integram a conduta, que é um dos elementos do fato típico.

Levando-se em conta que o dolo e a culpa integram a conduta, forçoso concluir que a teoria bipartida do conceito de crime guarda íntima relação com a teoria finalista da ação. Com efeito, se a teoria bipartida do conceito de crime considera como elementos do crime somente o fato típico e ilícito, corolário lógico que admite o dolo e a culpa como integrantes da conduta, elemento do fato típico, já que a culpabilidade seria pressuposto para aplicação da pena.

A teoria clássica não se coaduna com o conceito bipartido de crime. Isso porque, para a teoria clássica, o dolo e a culpa integram a culpabilidade. Se considerado o conceito bipartido, bastaria, para a incidência do crime, a prática do fato típico e ilícito, o que poderia ensejar a aplicação da responsabilidade objetiva, já que o dolo e a culpa, para a teoria clássica, encontram-se alojados na culpabilidade. Assim, como forma de inviabilizar a incidência da responsabilidade objetiva, com a presença do dolo e da culpa, conclui-se que em relação à teoria clássica da conduta somente seria compatível o conceito tripartido de crime.

1.1.3 Conceito adotado pelo Código Penal

O Código Penal adota o conceito analítico de crime. A celeuma, no entanto, restringe-se em saber se prevalece a concepção bipartida ou tripartida do conceito analítico de crime.

Para Cleber Masson, a partir da reforma do Código Penal, por meio da Lei nº 7.209/1984, "fica a impressão de ter sido adotado um conceito bipartido de crime, ligado obrigatoriamente à teoria finalista da conduta".[1]

Embasando sua posição, o Promotor de Justiça de São Paulo aponta uma série de dispositivos do Código Penal que desvinculam o fato típico e ilícito, elementos do crime, da culpabilidade, que figura como pressuposto para aplicação da pena. Aponta como exemplo o art. 23 do CP, segundo o qual, ao tratar das causas de exclusão da ilicitude, prevê que "não há crime", ao passo que os dispositivos que tratam da culpabilidade adotam a expressão "isento de pena", como, por exemplo, o art. 26, *caput*, do CP.[2]

Adotando a divisão tripartida do conceito analítico, incluindo a culpabilidade como um dos seus elementos característicos, Rogério Greco ressalta que:

> O Código Penal também utiliza a expressão isento de pena, ou alguma outra com ela parecida, para afastar outras características do crime, ou mesmo apontar causas que impedem a punibilidade do injusto culpável, conforme podemos verificar pela

---

1. MASSON, Cleber. *Direito penal:* parte geral (arts. 1º a 120). 14. ed. São Paulo: Método, 2020. p. 166.
2. Idem, ibidem.

> redação do § 1º do art. 20 do CP, que cuida do chamado erro de tipo permissivo, ou mesmo do art. 181, que ao prever as escusas absolutórias disse ser isento de pena quem comete qualquer dos crimes previstos no Título II (Dos crimes contra o patrimônio), da Parte Especial do Código Penal, em prejuízo: I – do cônjuge, na constância da sociedade conjugal; II – de ascendente ou descendente, seja parentesco legítimo ou ilegítimo, seja civil ou natural. Nesta última hipótese, o Código não está lidando com causas que eliminam a culpabilidade, uma vez que o fato praticado pelas pessoas por ele elencadas é típico, ilícito e culpável. Somente por questões de política criminal é que a lei entendeu por bem não puni-los.[3]

Não nos parece, com a devida vênia, adequado considerar critério terminológico como base para conceituação do crime, pois, sabidamente o Código Penal, não raras vezes, adota termos que destoam da boa técnica, como, por exemplo, a expressão "qualificada" para indicar a incidência de evidente causa de aumento de pena (CP, art. 127).

Além disso, a expressão "isento de pena" não pode ser vinculada, modo absoluto, à causa de exclusão da culpabilidade, já que o próprio Código Penal não o faz, a exemplo da retratação nos crimes de calúnia ou da difamação, que constitui causa de extinção da punibilidade, mesmo contendo a descrição "isento de pena" no tipo penal (CP, art. 143). Nesse sentido, não se afigura possível considerar a expressão "isento de pena" identificadora do elemento culpabilidade, assim entendida como pressuposto para aplicação da pena, e, ao mesmo tempo, identificadora de causa extintiva da punibilidade. Há, de fato, flagrante incompatibilidade vincular a expressão "isento de pena" ao pressuposto para punibilidade e considerar causa de extinção dessa mesma punibilidade. Ou é pressuposto para aplicação da pena, ou consiste em causa de extinção da punibilidade, sendo, por isso, absolutamente inadequado vincular a expressão "isento de pena" exclusivamente como elemento identificador da culpabilidade.

Dessarte, o conceito tripartido, na concepção finalista, parece-nos o mais apropriado para definição do crime.

1.2 INFRAÇÃO PENAL: DIFERENÇA ENTRE CRIME E CONTRAVENÇÃO

Não é rara certa confusão terminológica envolvendo as expressões "infração penal", "crime", "delito", "contravenção".

O sistema jurídico penal brasileiro adotou as palavras "crime" e "delito" como expressões sinônimas, distinguindo-as da expressão "contravenção". Assim, temos de um lado crime e delito como expressões sinônimas, e, do outro, as contravenções penais.

A infração penal tem significado mais abrangente, pois abarca tanto crimes/delito, como as contravenções penais. Em outras palavras, infração penal é gênero das espécies crimes/delito e contravenções penais.

O art. 1º da Lei de Introdução do Código Penal (Dec.-lei nº 3.914, de 9-12-1941) buscou estabelecer uma distinção legal entre crime e contravenção, ao dispor que

> Considera-se crime a infração penal que a lei comina pena de reclusão ou de detenção, quer isoladamente, quer alternativa ou cumulativamente com a pena de multa;

3. GRECO, Rogério. *Curso de direito penal:* parte geral. 19. ed. Niterói: Impetus, 2017. p. 203.

contravenção, a infração penal a que a lei comina, isoladamente, pena de prisão simples ou de multa, ou ambas alternativa ou cumulativamente.

Assim, se o preceito secundário do tipo penal cominar pena de reclusão ou detenção, haverá crime; se o preceito secundário cominar pena de prisão simples ou multa, isoladas, alternativa, ou cumulativamente, estaremos diante de contravenção penal.

Vê-se, pois, que a diferença precípua entre crime e contravenção guarda relação quanto à gravidade da sanção penal. Trata-se de distinção de grau, quantitativa (relacionada à quantidade da pena), bem como qualitativa (relacionada à qualidade da pena).

Além das diferenças apontadas pela Lei de Introdução do Código Penal, outras distinções estão previstas no Código Penal e na Lei de Contravenções Penais, conforme o quadro a seguir:

	Crimes	Contravenções
Aplicação da lei penal	Territorialidade (CP, art. 5º) e extraterritorialidade (CP, art. 7º)	Apenas no território nacional (LCP, art. 2º)
Tentativa	É punível (CP, art. 14, parágrafo único)	Não é punível (LCP, art. 4º)
Tempo de cumprimento de pena	40 anos (CP, art. 75)	5 anos (LCP, art. 10)
Período de prova do sursis	Regra: 2 a 4 anos (CP, art. 77, *caput*) Exceção: 4 a 6 anos (CP, art. 77, § 2º)	1 a 3 anos (LCP, art. 11)
Prazo mínimo das medidas de segurança	1 a 3 anos (CP, art. 97, § 1º)	6 meses (LCP, art. 16)
Ação penal	Pública incondicionada ou condicionada à representação ou privada (CP, art. 100)	Ação penal pública incondicionada (LCP, art. 17)

1.3 SUJEITOS DO CRIME

Sujeitos do crime são as pessoas ou entes ligados, seja no polo ativo, seja no passivo, à prática e aos efeitos de uma infração penal.

1.3.1 Sujeito ativo

É a pessoa que concorre, de qualquer modo, para a prática da conduta criminosa, na condição de autor, coautor ou partícipe.

Autor e coautor concorrem diretamente para a empreitada delituosa, enquanto o partícipe e o autor mediato concorrem de forma indireta para a prática da infração penal.

Por ser crime uma ação humana, somente o ser vivo, concebido a partir da gestação de uma mulher, pode ser autor de crime.

O sujeito ativo pode ser denominado de várias formas, a depender do momento processual e do critério utilizado. Até mesmo o Código Penal e o Código de Processo Penal empregam várias denominações vinculadas ao sujeito ativo do delito.

O Código Penal, em várias passagens, utiliza o termo genérico "agente" para designar o sujeito ativo, tais como nos arts. 14, II, 15, 18, I e II, 19, 20, § 3º, 21, parágrafo único, 23, *caput* e parágrafo único, e 26, *caput* e parágrafo único, todos do CP.

Na fase do inquérito policial recebe o sujeito ativo a denominação de "indiciado". É o que se extrai dos arts. 5º, § 1º, *b*, 6º, V, VIII e IX, 10, *caput* e seu § 3º, 14, 15 e 21, todos do CPP.

Durante o processo recebe o nome de acusado, denunciado ou réu. Para alguns autores, o agente toma a denominação de acusado a partir do oferecimento da denúncia ou queixa, passando à condição de réu com o recebimento da peça acusatória.

Após a sentença condenatória transitada em julgado, o agente passará à condição de condenado.

No aspecto biopsíquico e criminológico, o agente recebe o nome de criminoso ou delinquente.

Os animais são seres desprovidos de razão e raciocínio, sem qualquer vontade própria a dirigir o comportamento, razão pela qual não podem ser considerados sujeitos ativos de infração penal. Podem, todavia, servir de instrumento do crime, no caso, por exemplo, de um cão ser instigado pelo seu dono para atacar um desafeto. Nesse caso, aquele que incitou o animal a avançar será o sujeito ativo da infração penal, já que o fato estava sujeito ao controle da sua vontade.

1.3.1.1 Pessoa jurídica como sujeito ativo da infração penal

A possibilidade de a pessoa jurídica figurar como sujeito ativo de uma infração penal sempre foi objeto de acirrado debate na doutrina.

Para a teoria da ficção jurídica, originária das ideias de Savigny, a pessoa jurídica não tem existência real, mas fictícia, sendo pura abstração, destituída de vontade. Para essa teoria, a pessoa jurídica não pode ser sujeito ativo de crime, merecendo destaque os seguintes argumentos:

a) a pessoa jurídica é destituída de consciência, vontade e finalidade. Se a vontade consciente e finalística constitui elementos da conduta punível, não se pode imputar crime a um ente destituído de consciência e vontade;

b) ausência de culpabilidade. A pessoa jurídica não detém capacidade de compreensão e determinação, características da imputabilidade. Também não detém capacidade de verificar se a conduta é ilícita ou não. E, ainda, não reúne capacidade para eleger a conduta mais adequada, segundo critérios de evitabilidade (exigibilidade de conduta diversa);

c) afronta ao princípio da personalidade da pena. Isso porque a punição da pessoa jurídica atingiria, inexoravelmente, seus integrantes, afrontando o princípio constitucional da personalidade da pena;

d) ausência de justificativa para a imposição da pena. A sanção penal tem por escopo a ideia de retribuição, intimidação e reeducação, ao passo que as sociedades, por serem desprovidas de vontade própria, de inteligência e de liberdade de entender e querer, jamais poderão sentir-se intimidadas.

Para a teoria da realidade, orgânica ou da personalidade real, idealizada por Otto Gierke, a pessoa jurídica é um ser real, um verdadeiro organismo, tendo vontade que não é, simplesmente, a soma das vontades dos associados, nem o querer dos administradores. Assim, a pessoa jurídica pode ser sujeito ativo do crime, pois se reveste de vontade e capacidade de deliberação. Dentre os argumentos favoráveis à possibilidade de a pessoa jurídica figurar como sujeito ativo, destacam-se:

a) a pessoa jurídica é ente autônomo, revestindo-se de vontade e consciência;

b) a punição da pessoa jurídica não afronta o princípio da personalidade da pena. Não se pode confundir a imposição da pena com os efeitos da condenação. Os sócios, que não contribuíram para a prática delituosa, não sofrerão sanção penal, embora, ao final, alcançados pelos efeitos da condenação, assim como a família do preso suporta as dificuldades econômicas pela falta do arrimo da família, que cumpre sua pena;

c) o argumento de que o estatuto social da empresa jurídica não prevê a prática de infração penal não se sustenta, pois também não prevê a prática de ilícitos civis e nem por isso deixará de ser responsabilizada civilmente;

d) a imposição de sanção penal não se limita à pena privativa de liberdade, podendo ser aplicada à pessoa jurídica penas restritivas de direitos.

O sistema jurídico penal brasileiro nitidamente adotou a segunda corrente, admitindo-se a possibilidade da responsabilidade penal da pessoa jurídica. A própria Constituição Federal prevê expressamente a responsabilização da pessoa jurídica em todas as esferas do direito por atos cometidos contra a ordem econômica e financeira e contra o meio ambiente, conforme se extrai, respectivamente, dos arts. 173, § 5º, e 225, § 3º, ambos da CF.

Nesse passo, a Lei nº 9.605/1998 apenas atendeu ao comando constitucional, e, desta forma, em seu art. 3º, dispôs expressamente que as pessoas jurídicas serão responsabilizadas penalmente nos casos em que a infração seja cometida por decisão de seu representante legal ou de ser órgão colegiado, não deixando, portanto, qualquer dúvida quanto à possibilidade de responsabilização criminal de empresas que pratiquem crimes contra o meio ambiente.

Em relação aos crimes contra a economia popular e a ordem econômica e financeira, ainda não foi editada lei regulamentando a responsabilização da pessoa jurídica.

Sinala-se, por pertinente, que o reconhecimento da responsabilidade penal da pessoa jurídica não exclui, à evidência, a responsabilidade da pessoa física que contribuiu, de qualquer modo, para a prática delitiva. É o que a doutrina denomina sistema paralelo de imputação ou teoria da dupla imputação, previsto no art. 3º, parágrafo único, da Lei nº 9.605/1998, com a incidência dos arts. 13, *caput*, e 29, *caput*, ambos do CP.

A possibilidade de a pessoa jurídica figurar como sujeito ativo do crime não exige como pressuposto a aplicação da teoria da dupla imputação ou imputação simultânea, podendo subsistir a ação penal proposta contra a pessoa jurídica, mesmo não havendo pessoa física do polo passivo da ação.

Com efeito, a responsabilização penal da pessoa jurídica não implica necessariamente a responsabilização penal da pessoa física pelo crime imputado. Para que a pessoa física seja responsabilizada criminalmente deve restar suficientemente comprovada sua contribuição para o crime. Assim, não obstante a responsabilização penal da pessoa jurídica, afigura-se possível a absolvição da pessoa física, se não demonstrada sua contribuição para o crime.

Aliás, o STJ considerou possível, inclusive, o oferecimento da denúncia somente contra pessoa jurídica, figurando, portanto, isoladamente como ré na ação penal.[4]

Esse é o entendimento adotado pelo STF:

> Recurso extraordinário. Direito Penal. Crime ambiental. Responsabilidade penal da pessoa jurídica. Condicionamento da ação penal à identificação e à persecução concomitante da pessoa física que não encontra amparo na Constituição da República. 1. O art. 225, § 3º, da CF não condiciona a responsabilização penal da pessoa jurídica por crimes ambientais à simultânea persecução penal da pessoa física em tese responsável no âmbito da empresa. A norma constitucional não impõe a necessária dupla imputação. 2. As organizações corporativas complexas da atualidade se caracterizam pela descentralização e distribuição de atribuições e responsabilidades, sendo inerentes, a esta realidade, as dificuldades para imputar o fato ilícito a uma pessoa concreta. 3. Condicionar a aplicação do art. 225, § 3º, da Carta Política a uma concreta imputação também a pessoa física implica indevida restrição da norma constitucional, expressa a intenção do constituinte originário não apenas de ampliar o alcance das sanções penais, mas também de evitar a impunidade pelos crimes ambientais frente às imensas dificuldades de individualização dos responsáveis internamente às corporações, além de reforçar a tutela do bem jurídico ambiental. 4. A identificação dos setores e agentes internos da empresa determinantes da produção do fato ilícito tem relevância e deve ser buscada no caso concreto como forma de esclarecer se esses indivíduos ou órgãos atuaram ou deliberaram no exercício regular de suas atribuições internas à sociedade, e ainda para verificar se a atuação se deu no interesse ou em benefício da entidade coletiva. Tal esclarecimento, relevante para fins de imputar determinado delito à pessoa jurídica, não se confunde, todavia, com subordinar a responsabilização da pessoa jurídica à responsabilização conjunta e cumulativa das pessoas físicas envolvidas. Em não raras oportunidades, as responsabilidades internas pelo fato estarão diluídas ou parcializadas de tal modo que não permitirão a imputação de responsabilidade penal individual. 5. Recurso Extraordinário parcialmente conhecido e, na parte conhecida, provido.[5]

1.3.1.2 *Pessoa jurídica de direito público como sujeito ativo da infração penal*

Discute-se a possibilidade de responsabilização criminal da pessoa jurídica de direito público.

A Constituição Federal e a Lei dos Crimes Ambientais não limitam a responsabilização criminal à pessoa jurídica de direito privado, ensejando, assim, o debate acerca da possibilidade de estendê-la às pessoas jurídicas de direito público.

Parte da doutrina entende que essa omissão não autoriza submeter as pessoas jurídicas de direito público ao mesmo tratamento das pessoas jurídicas de direito privado, porque se trata de entes com natureza e finalidades distintas. Seria inusitado considerar o estado delinquente quando uma das suas características é se pautar pela estrita legalidade. Além disso, seria o Estado o garantidor das regras de convívio social, tutelando bens jurídicos penalmente relevantes. Soaria desarrazoado o garantir da aplicação da lei penal figurar também na condição de violador das normas penais.

---

4. STJ, AgRg no RMS nº 48851/PA, rel. Min. Nefi Cordeiro, 6ª T., j. 20-2-2018.
5. STF, RE nº 548181/PR, rel. Min. Rosa Weber, 1ª T., j. 6-8-2013.

Some-se a isso o fato de o Estado-Juiz aplicar sanção penal contra si mesmo. É o Estado, por meio do Judiciário, aplicando pena em si mesmo. Há, ainda, o fato de eventual sanção, sobretudo pecuniária, recair, via reflexa, sobre toda a sociedade.

Há, de outro lado, doutrina que defende a possibilidade da responsabilização criminal da pessoa jurídica de direito público, argumentando justamente que a Constituição Federal e a Lei nº 9.605/1998 não restringem a responsabilização a pessoas jurídicas de direito privado, não havendo, pois, óbice para que as pessoas jurídicas de direito público recebam o mesmo tratamento penal.

Considerando a possibilidade de responsabilização penal da pessoa jurídica de direito público, Guilherme de Souza Nucci leciona que:

> Em primeiro lugar, não há expressa previsão para a exclusão legal. Em segundo, a condenação criminal tem o seu lado moral, além, obviamente, da meta punitiva. O Município condenado a pagar ao Estado ou à União uma multa elevada por crime ambiental deve fazê-lo, acarretando, sem dúvida, ao Prefeito da gestão delituosa, um fardo político a ser justificado diante do seu eleitorado. Aliás, até mesmo a condenação à prestação de específico serviço à comunidade, fruto de condenação criminal, teria efeito positivo, pois nem sempre a pessoa jurídica de direito público cumpre suas finalidades.[6]

No campo jurisprudencial, o STJ admitiu pessoa jurídica da administração pública indireta, consistente em sociedade de economia mista, figurar como no polo passivo de ação penal. Com efeito, apreciando recurso ordinário em mandado de segurança, o STJ admitiu a possibilidade de responsabilização criminal da Petrobras pelo delito previsto no art. 54 da Lei nº 9.605/1998.[7]

1.3.1.3 *Capacidade especial do sujeito ativo*

Há crimes que podem ser praticados por qualquer pessoa imputável, os chamados *crimes comuns*, como, por exemplo, homicídio (CP, art. 121), furto (CP, art. 155), roubo (CP, art. 157), estelionato (CP, art. 171), dentre outros.

Há, no entanto, crimes que exigem, para sua incidência, especial característica do sujeito ativo. São os *crimes próprios*, pois, nesses casos, o sujeito ativo se reveste de especial capacidade penal, em contraposição ao crime comum, que pode ser praticado por qualquer pessoa imputável. Podem ser citados como exemplos de crimes próprios o infanticídio (CP, art. 123), que exige ser o sujeito ativo a mãe sob influência do estado puerperal; o peculato (CP, art. 312), que exige do sujeito a condição de funcionário público; o crime de bigamia (CP, art. 235), que somente pode ser praticado pelo homem ou mulher, que, embora casado, contrai novo casamento.

A identificação dos crimes que exigem especial capacidade do sujeito ativo se reveste de especial importância na definição do concurso de pessoas. Assim, embora sejam crimes próprios, responde por infanticídio o terceiro que auxiliou a mãe, sabidamente em estado puerperal, a matar o filho, bem como por peculato o terceiro que, em concurso com o funcionário público, apropriou-se, desviou ou subtraiu bem público ou privado, sabendo da condição especial do parceiro de crime.

---

6. NUCCI, Guilherme de Souza. *Leis penais e processuais penais comentadas*. 9. ed. Rio de Janeiro: Forense, 2015. p. 562.
7. STJ, RMS nº 39173/BA, rel. Min. Reynaldo Soares da Fonseca, 5ª T., j. 6-8-2015.

Há, ainda, os crimes de mão própria, assim denominados porque somente podem ser praticados pelo autor em pessoa, como, por exemplo, no crime de falso testemunho, previsto no art. 342 do CP. Ninguém pode mandar outrem praticar falso testemunho em seu lugar.

1.3.2 Sujeito passivo

Sujeito passivo é o titular do bem jurídico protegido pelo tipo penal incriminador, que foi violado. É também denominado de vítima ou ofendido.

Pode-se dividir o sujeito passivo em duas espécies: a) sujeito passivo genérico, geral, constante, formal, mediato ou indireto; b) sujeito passivo eventual, imediato, material, particular, acidental ou direto.

a) Sujeito passivo genérico, geral, constante, formal, mediato ou indireto

O Estado sempre será sujeito passivo genérico, constante. Isso porque a violação da lei penal atinge, ainda que de forma indireta, interesse do Estado de exigir o cumprimento da legislação penal.

Assim, por exemplo, no crime de furto, embora tenha sido lesado diretamente um bem jurídico privado, o Estado também figurará como sujeito passivo, já que atingido bem jurídico que cabia a ele tutelar.

b) Sujeito passivo eventual, imediato, material, particular, acidental ou direto

É o titular do bem jurídico violado pela conduta criminosa do agente. Nesse caso, a pessoa proprietária do bem jurídico subtraído será o sujeito passivo imediato do crime de furto.

O Estado também poderá figurar como sujeito passivo eventual, direto, como ocorre, por exemplo, nos crimes contra a administração pública. Em alguns casos, o Estado aparece como sujeito passivo material junto a outro sujeito passivo material, que é o particular.

Todo *ser humano*, como criatura viva, pode ser sujeito passivo material de crime, independentemente das condições de idade, sexo, raça, inteligência. O recém-nascido pode, por exemplo, ser vítima do crime de infanticídio (CP, art. 123).

A *pessoa jurídica* também pode ser sujeito passivo de crimes, inclusive patrimonial. Imaginemos, por exemplo, um furto praticado contra um estabelecimento comercial.

A pessoa jurídica pode ser, inclusive, vítima de crime contra a honra, desde que compatíveis com a sua natureza. De fato, a pessoa jurídica não pode ser vítima de uma imputação falsa da prática de crime de homicídio, furto, lesão corporal etc. Todavia, pode a pessoa jurídica ser vítima do crime de calúnia, quando, por exemplo, for, falsamente, imputada a ela a prática de crime ambiental, já que, em tese, a pessoa jurídica pode ser responsabilizada criminalmente pela prática de crime ambiental, nos termos do que dispõem os arts. 225, § 3º, da CF e 3º da Lei nº 9.605/1998.

Assim, se, por exemplo, alguém afirmar que uma empresa é responsável pelo lançamento de resíduos sólidos em determinado rio, imputando-lhe, falsamente, a prática do crime do art. 54, § 2º, V, da Lei nº 9.605/1998, incidirá no crime de calúnia (CP, art. 138), figurando como sujeito passivo do delito a pessoa jurídica atingida.

O *homem morto* não pode ser sujeito passivo, pois não é titular de direitos, podendo ser objeto material do delito. Convém sinalar, no entanto, que, embora possa parecer à primeira vista, não é o morto o sujeito passivo do crime de calúnia contra os mortos (CP, art. 138, § 2º), mas os seus familiares, que buscam preservar o respeito às lembranças da pessoa morta. Nos crimes de destruição e vilipêndio de cadáver (CP, arts. 211 e 212) o sujeito passivo é a coletividade, e, em particular, a família do morto.

O *feto* ou nascituro pode ser sujeito passivo de crime, como, por exemplo, do crime de aborto.

Os *animais* podem ser objeto material do delito, mas não sujeitos passivos. Em caso de lesão a animais ou coisas, os sujeitos passivos são os proprietários (furto, dano).

Há, ainda, a possibilidade de *sujeito passivo indeterminado*, como, por exemplo, nos *crimes vagos*, cuja vítima é uma coletividade destituída de personalidade jurídica, como em relação ao crime de poluição ambiental, previsto no art. 54 da Lei nº 9.605/1998, em que o sujeito passivo seria a coletividade como um todo.

Não é possível o sujeito ativo ser ao mesmo tempo sujeito passivo de algum crime em face de sua própria conduta. Ou seja, não se afigura possível o homem praticar crime contra si. As condutas ofensivas contra a própria pessoa, quando são definidas como crimes, lesam interesses jurídicos de terceiros. Assim, aquele que "lesa o próprio corpo ou a saúde, ou agrava as consequências da lesão ou doença, com o intuito de haver indenização ou valor do seguro" não pratica crime contra si mesmo, mas figura como sujeito ativo do crime previsto no art. 171, § 2º, V, do CP. Nesse caso, o sujeito passivo é a entidade seguradora contra quem se dirige a fraude.

No crime de rixa (CP, art. 137), os agentes que participaram da contenda são, ao mesmo tempo, sujeitos ativos e passivos, mas não em relação à própria conduta. Isso porque se trata de crime plurissubjetivo de condutas contrapostas ou convergentes, em que os agentes não são sujeitos passivos da própria ação, mas da ação do outro participante da rixa. Ou seja, o rixoso é sujeito ativo em relação à sua própria conduta, além de sujeito passivo em razão da coautoria ou participação dos outros.

Não se pode confundir sujeito passivo com o prejudicado do crime. Prejudicado pode ser qualquer pessoa atingida pelo crime, que eventualmente teve de suportar o prejuízo da prática delituosa. Tomemos como exemplo o crime de moeda falsa, previsto no art. 289 do CP, o sujeito passivo é o Estado figurando como prejudicado a pessoa que recebeu a moeda falsa. Da mesma forma, no crime de homicídio, o sujeito passivo é o homem cujo direito à vida foi lesado; prejudicado seria o cônjuge ou o parente do falecido.

1.4 OBJETO DO CRIME

Objeto do delito é aquilo sobre o qual recai a conduta delituosa. Divide-se em objeto material e objeto jurídico.

1.4.1 Objeto material

O objeto material é a pessoa ou coisa sobre a qual recai a conduta do agente. É o objeto inserto no tipo penal. Todos os crimes materiais têm objeto material, porque o resultado se perfectibiliza quando atingir uma pessoa ou coisa. A ausência ou impropriedade absoluta do objeto material, nesses casos, ensejará a incidência do crime impossível ou quase-crime, previsto no art. 17 do CP.

Alguns tipos penais, todavia, não têm objeto material. Isso porque a conduta do agente não recai sobre uma pessoa ou coisa, não havendo, pois, objeto material a ser atingido, em que pese constituir crime. É o que ocorre, por exemplo, nos crimes de mera conduta, como no crime de violação de domicílio (CP, art. 150), bem como nos crimes omissivos próprios, como o crime de omissão de socorro (CP, art.135).

Há, ainda, crimes formais que descrevem objeto material, como, por exemplo, "vantagem indevida" no crime de concussão (CP, art. 316), enquanto em outros a conduta não recai sobre pessoa ou coisa, como no crime de condescendência criminosa, cujo objeto material consiste na infração praticada por funcionário público subordinado no exercício do cargo, que deixou de ser objeto de responsabilização pelo superior hierárquico competente ou não comunicada à autoridade competente (CP, art. 320).

1.4.2 Objeto jurídico

Objeto jurídico é o bem ou interesse que a norma penal tutela. É o bem jurídico tutelado pela norma. Assim, o objeto jurídico do crime de homicídio é a vida, ao passo que o objeto material é a pessoa. No furto, o objeto jurídico é o patrimônio, enquanto o objeto material é a coisa alheia móvel subtraída.

A doutrina aponta duas teorias que buscam conceituar os bens jurídicos: a teoria monista e a teoria dualista.

A *teoria monista* é dividida em personalista ou coletiva. A *teoria monista personalista* concentra a tutela penal na pessoa, priorizando a proteção penal dos bens jurídicos individuais. Os bens coletivos seriam objeto de tutela penal de forma indireta, quando necessário para a preservação do bem jurídico individual.

A *teoria monista coletiva* prioriza a tutela dos bens jurídicos coletivos. Os bens supraindividuais ou metaindividuais, que abrangem os interesses públicos e os interesses coletivos *lato sensu*, se sobrepõem aos bens jurídicos de interesse individual.

A *teoria dualista* considera possível a divisão dos bens jurídicos em individuais e coletivos, sem relação de dependência entre eles. A tutela penal incide conforme a necessidade de proteção de cada um desses bens.

Diversamente do objeto material, não há crime sem objeto jurídico, já que o direito penal incide para tutelar bens jurídicos penalmente relevantes. Não existindo bem jurídico, não há razão também para a incidência do Direito Penal.

Para acesso ao vídeo, utilize o QR Code ao lado.

2

CLASSIFICAÇÃO LEGAL E DOUTRINÁRIA DOS CRIMES

2.1 INTRODUÇÃO

A classificação dos crimes guarda relação com a denominação atribuída ao delito pela lei ou pela doutrina.

A classificação legal é a qualificação ou denominação atribuída pela lei à determinada infração penal. É o *nomen iuris* da infração. Assim, "ofender a integridade corporal ou a saúde de outrem" recebe o nome de "lesão corporal", conforme prevê o art. 129, *caput*, do CP.

A classificação doutrinária é a denominação atribuída pela doutrina às infrações penais, considerando suas características e peculiaridades. Na sequência, buscaremos apontar as principais características e elementos considerados pela doutrina para classificar a infração penal.

2.2 CRIMES COMUNS, PRÓPRIOS E DE MÃO PRÓPRIA

Crimes comuns ou *gerais* são aqueles que podem ser praticados por qualquer pessoa. Não exige, para a realização de seu núcleo, qualquer condição especial do sujeito ativo, qualquer pessoa pode praticá-lo, independentemente da qualidade, condição ou categoria. A maioria dos crimes previstos no Código Penal é comum, como, por exemplo, homicídio, furto, estelionato etc.

Crime *próprio* ou *especial* é aquele em que somente poderá ser praticado por determinada categoria de pessoas, pois pressupõe no agente uma particular condição ou qualidade pessoal. O crime pode exigir do sujeito uma particular condição jurídica (funcionário público); profissional (comerciante, empregador, empregado, médico, advogado); de parentesco (pai, mãe, filho); ou natural (gestante, homem).

Os crimes próprios podem ser *puros e impuros*. Diz-se *crimes próprios puros*, quando, ausente a condição ou qualidade especial do sujeito ativo, houver *atipicidade absoluta*. Exemplo clássico é o delito de prevaricação, previsto no art. 319 do CP. Se não for praticado por funcionário público, o fato não se revestirá de qualquer tipicidade. Nos *crimes próprios impuros*, a ausência da condição ou qualidade especial do sujeito leva à *atipicidade relativa*, ou seja, à desclassificação para outro crime. Assim, se, por exemplo, a apropriação de um bem público ou particular não for praticada por funcionário público, afastando-se, por isso, a incidência do delito de peculato (CP, art. 312), subsistirá o crime de apropriação indébita (CP, art. 168).

Há, ainda, o *crime bipróprio*, que exige condição ou qualidade especial tanto do sujeito ativo quanto do sujeito passivo. É o caso da mãe que mata o filho recém-nascido, após o parto, em estado puerperal, praticando o infanticídio (CP, art. 123). Nesse caso, exige-se condição especial do sujeito ativo (ser mãe), bem como do sujeito passivo (filho nascente ou recém-nascido).

Os *crimes de mão própria ou de atuação pessoal* são aqueles que somente podem ser cometidos pelo agente expressamente indicado no tipo penal. É o caso do falso testemunho, previsto no art. 342 do CP, já que a testemunha notificada não pode pedir a terceiro que deponha falsamente em seu lugar.

Os crimes de mão própria não admitem coautoria, podendo, no entanto, o terceiro atuar na condição de partícipe. Assim, se o advogado do réu induzir, instigar ou auxiliar a testemunha a falsear a verdade, poderá figurar no crime de falso testemunho na condição de partícipe, mas jamais como coautor, já que se trata de conduta infungível, somente podendo ser praticada diretamente pelo agente indicado no tipo penal, que, no caso, será a pessoa que prestar o testemunho.

2.3 CRIMES DE DANO E DE PERIGO

Crimes de dano são os que se consumam com a efetiva lesão do bem jurídico. A ausência da efetiva lesão ao bem jurídico pode caracterizar a tentativa ou um indiferente penal. São exemplos os crimes de homicídio (CP, art. 121), lesão corporal (CP, art. 129), estupro (CP, art. 213) etc.

Nos *crimes de perigo*, a consumação se opera com a mera exposição do bem jurídico a perigo, dispensando a efetiva lesão ao bem jurídico tutelado. Basta a possibilidade de lesão ao bem jurídico tutelado. Subdividem-se em crime de perigo abstrato e crime de perigo concreto.

a) *Crimes de perigo abstrato ou presumido:* são aqueles que se consumam com a prática da conduta delituosa. A lei descreve uma conduta e presume que o agente, ao realizá-la, expõe o bem jurídico a risco. E essa presunção é absoluta, não admitindo prova em contrário, bastando a comprovação de que o agente praticou a conduta descrita no tipo penal para que incida a presunção absoluta da situação de perigo. É o caso do crime de tráfico ilícito de drogas (Lei nº 11.343/2006, art. 33), bem como do crime de porte ilegal de arma (Lei nº 10.826/2003).[1] O crime consistente em permitir, confiar ou entregar veículo automotor a pessoa que não seja habilitada, previsto no art. 310 do CTB, também é de perigo abstrato (CTB, art. 310), conforme se extrai da Súmula nº 575 do STJ.[2]

1. STJ, AgRg no AgREsp nº 1098040/ES, rel. Min. Maria Thereza de Assis Moura, 6ª T., j. 15-8-2017.
2. Súmula nº 575 do STJ: "Constitui crime a conduta de permitir, confiar ou entregar a direção de veículo automotor a pessoa que não seja habilitada, ou que se encontre em qualquer das situações previstas no art. 310 do CTB, independentemente da ocorrência de lesão ou de perigo de dano concreto na condução do veículo".

Alguns doutrinadores consideram inconstitucional rotular determinado crime como sendo de perigo abstrato, sob o fundamento de que há violação do princípio da lesividade, já que se perfaz ainda que não exponha concretamente determinado bem jurídico a perigo de lesão.

O STF, contudo, afastou qualquer alegação de inconstitucionalidade dos crimes rotulados como de perigo abstrato. Com efeito, em julgamento envolvendo a prática do crime de embriaguez ao volante (CTB, art. 306), a Suprema Corte afastou alegação de inconstitucionalidade, aduzindo que não se faz necessária a prova do risco potencial de dano causado pela conduta do agente que dirige embriagado, inexistindo qualquer inconstitucionalidade em tal previsão legal.[3]

> b) *Crimes de perigo concreto:* são aqueles em que a consumação do delito reclama a comprovação da situação de perigo. Exige-se a comprovação do risco para o bem jurídico tutelado para a sua tipificação. Pode ser crime de perigo individual ou crime de perigo comum.

O crime de *perigo individual* é aquele que expõe a risco o interesse de uma só pessoa ou de grupo limitado de pessoas. É o caso, por exemplo, do crime de perigo de contágio venéreo, previsto no art. 130 do CP.

O crime de *perigo comum* é aquele que expõe a risco o interesse de número indeterminado de pessoas, como, por exemplo, o crime de incêndio, previsto no art. 250 do CP.

2.4 CRIMES MATERIAIS, FORMAIS E DE MERA CONDUTA

A classificação entre crimes materiais, formais e de mera conduta estabelece a relação entre a conduta do agente e o resultado produzido.

O resultado pode ser naturalístico ou normativo. De acordo com a concepção naturalística, o resultado é a modificação do mundo exterior causada pelo comportamento humano, sendo estranha a qualquer valor e excluindo qualquer apreciação normativa. O resultado na concepção normativa leva em conta a lesão ou a exposição a perigo de lesão do bem jurídico tutelado, sem a necessidade de gerar alteração no mundo exterior.

Os *crimes materiais* ou *causais* são aqueles que exigem a ocorrência de um resultado naturalístico, com a modificação do mundo exterior. A consumação do delito depende da produção desse resultado naturalístico. Nos crimes materiais, o próprio tipo penal prevê a produção do resultado para a consumação da infração penal. Assim, por exemplo, somente haverá crime de homicídio quando o agente matar alguém, ou seja, com incidência do resultado morte da vítima (eis a modificação do mundo exterior: num momento, a vítima estava viva; noutro instante, a vítima está morta). No estelionato, a lei descreve a conduta (emprego de fraude para induzir ou manter a vítima em erro) e o resultado (obter vantagem ilícita). Logo, o crime de estelionato estará consumado com a obtenção da vantagem ilícita em prejuízo alheio.

Nos *crimes formais, de consumação antecipada ou de resultado cortado*, o tipo penal descreve a conduta e o resultado, sendo desnecessário para a consumação que este resultado efetivamente se produza. São também chamados crimes de consumação antecipada. Isso porque o legislador não aguarda que o resultado naturalístico efetivamente se produza para

---

3. STF, AgRE nº 1175112/ AgRg/RS, rel. Min. Celso de Mello, 2ª T., j. 1º-3-2019.

considerar o crime consumado. Em outras palavras, o crime estará consumado com a prática da conduta, independentemente da produção do resultado. Se o resultado se produzir, haverá mero exaurimento do delito.

Assim, no crime de concussão, previsto no art. 316 do CP, o tipo penal descreve a conduta (exigir, para si ou para outrem) e o resultado (vantagem indevida), mas não exige para sua consumação a efetiva obtenção da vantagem indevida. Assim, o crime de concussão se consuma com a simples exigência por parte do funcionário público, sendo dispensável a efetiva obtenção da vantagem indevida.

Da mesma forma, no crime de extorsão mediante sequestro, previsto no art. 159 do CP, basta para sua consumação a privação da liberdade da vítima com o intuito de postular preço do resgate. Ou seja, ainda que o agente não venha a obter a vantagem indevida, o crime estará consumado com a realização da conduta. Se o agente vier a obter a vantagem indevida, haverá mero exaurimento do crime.

Nos *crimes de mera conduta ou de simples atividade*, o tipo penal apenas descreve a conduta, não contendo previsão de qualquer resultado naturalístico. Assim, por exemplo, no crime de violação de domicílio, previsto no art. 150 do CP, basta o agente entrar ou permanecer, de forma clandestina, ou contra a vontade do proprietário ou possuidor, em casa alheia, para ser considerado consumado. É o caso, ainda, do crime de porte ilegal de arma (Lei nº 10.826/2003, art. 14), cuja consumação ocorre com o mero porte de arma sem autorização e em desacordo com determinação legal ou regulamentar. O tipo penal descreve apenas a conduta, sem fazer menção a qualquer resultado.

2.5 CRIMES COMISSIVOS, OMISSIVOS E DE CONDUTA MISTA

Crimes comissivos são aqueles praticados por meio de uma atividade corpórea, ou seja, por uma ação. O tipo penal objetivo descreve uma ação do agente, como, por exemplo, no delito de furto (CP, art. 155), que se perfectibiliza com o ato de subtrair. São aqueles que o tipo penal objetivo exige uma movimentação corpórea, uma atividade positiva do um agente, um fazer.

Os *crimes omissivos* se caracterizam pela postura negativa do agente, por uma inação. Configura-se crime omissivo quando o agente deixa de observar o dever de agir, quando lhe era possível, mantendo-se inerte.

Os crimes omissivos se dividem em *crimes omissivos próprios* (ou puros) e *omissivos impróprios* (ou comissivos por omissão).

> a) *Crimes omissivos próprios ou puros*: são aqueles em que o próprio tipo penal descreve a conduta omissiva. Trata-se, na verdade, de uma norma mandamental, já que exige uma postura ativa do agente, sob pena da sua omissão ensejar responsabilização penal.

Nos crimes omissivos próprios, o agente tem apenas o dever de agir diante de uma situação que exige conduta ativa. Não há o dever jurídico de evitar o resultado, mas tão somente de agir. Por isso, o omitente não responde pelo resultado, mas pelo crime previsto no tipo penal que expressamente descreve a conduta omissiva.

Os crimes omissivos próprios são obrigatoriamente previstos em tipos penais específicos, em obediência ao princípio da reserva legal, como, por exemplo, os crimes previstos nos arts. 135, 244, 269, 305, 319, todos do CP.

Os crimes omissivos próprios não admitem tentativa, já que são unissubsistentes, ou seja, a conduta é composta de um único ato.

> b) *Crimes omissivos impróprios ou comissivos por omissão:* nos crimes omissivos impróprios (ou comissivos por omissão ou comissivos-omissivos), o tipo penal descreve uma conduta ativa, uma ação. Todavia, se o agente que detém o dever jurídico de agir e de impedir o resultado permanecer inerte, responderá pelo resultado gerado.

Não há um tipo penal específico descrevendo a conduta omissa. O dever jurídico de agir e de impedir o resultado decorre das hipóteses previstas no art. 13, § 2º, do CP: a) dever legal; b) posição de garantidor; c) criação do risco ou ingerência.

Assim, nos crimes omissivos impróprios, o agente não tem apenas o dever de agir, mas também o de agir para evitar um resultado. Nos crimes comissivos por omissão há, na verdade, um crime material, isto é, um crime de resultado.

Tomemos como exemplo a mãe que deixa de amamentar o filho de tenra idade com a intenção de que venha a falecer. Nesse caso, a mãe tinha o dever decorrente de lei de agir para impedir o resultado morte. Como permaneceu dolosamente inerte, responderá pelo resultado morte, ou seja, pelo crime de homicídio.

Os crimes omissivos impróprios admitem tentativa e são compatíveis com delitos dolosos e culposos.

2.6 CRIMES INSTANTÂNEOS, PERMANENTES, INSTANTÂNEOS DE EFEITOS PERMANENTES E CRIMES A PRAZO

A classificação entre crimes instantâneos, permanentes e instantâneos de efeitos permanentes guarda relação com o momento da consumação do delito.

Crimes instantâneos ou de estado são aqueles cuja consumação ocorre em momento único, sem continuidade temporal. A consumação ocorre em momento determinado, sem prolongação no tempo, como, por exemplo, no crime de roubo (CP, art. 157).

Crimes permanentes são aqueles cuja consumação se prolonga ou protrai no tempo, por vontade do sujeito ativo. Como o delito está em permanente execução e consumação, é cabível a prisão em flagrante do agente, enquanto perdurar a permanência, nos termos do art. 303 do CPP. Além disso, o prazo prescricional começa a correr a partir da cessação da permanência (CP, art. 111, III).

Os crimes permanentes se subdividem em:

a) necessariamente permanentes: nesse caso, para a consumação do delito é necessário que o estado de permanência se prolongue por período juridicamente relevante. É o caso do crime de sequestro, previsto no art. 148 do CP;

b) eventualmente permanentes: são aqueles que, via de regra, são instantâneos, mas eventualmente, em determinados casos, a conduta ilícita se prolonga no tempo pela vontade do agente, como, por exemplo, o crime de furto de energia elétrica, previsto no art. 155, § 3º, do CP, cuja conduta ilícita se prolonga ao longo do tempo.

Crimes instantâneos com efeitos permanentes são aqueles que continuam gerando efeitos, mesmo após consumada a infração, independentemente da vontade do agente, como, por exemplo, o crime de estelionato em prejuízo do INSS, na circunstância de intermediação realizada por terceiros para concessão irregular de benefícios.[4] Nesse caso, o prazo prescricional começará a correr com a consumação do delito, nos termos do art. 111, I, do CP, não se aplicando, portanto, o termo inicial aplicado para os crimes permanentes (CP, art. 111, III, do CP).

O STJ também decidiu que: "O delito do art. 297, § 4º, do CP é omissivo próprio e configura-se como crime instantâneo de efeitos permanentes, pois o momento consumativo é o da contratação do empregado sem realizar as devidas anotações na Carteira de Trabalho e Previdência Social no prazo legal". No caso concreto, o agente realizou a contratação da vítima em janeiro de 1996, deixando de fazer a necessária anotação da vigência do contrato de trabalho e da remuneração na Carteira de Trabalho e Previdência Social. A relação de emprego perdurou até fevereiro de 2003, ocasião em que já estava em vigor a nova norma penal incriminadora. Como o § 4º do art. 297 do CP foi acrescentado pela Lei nº 9.983/2000, o STJ considerou atípica a conduta, já que, por se tratar de crime instantâneo de efeitos permanentes, o momento consumativo (janeiro de 1996) ocorreu antes da vigência da referida norma penal incriminadora.[5]

Crimes a prazo são aqueles que, para sua caracterização, exige-se o decurso de determinado prazo, como, por exemplo, o crime de apropriação de coisa achada, previsto no art. 169, parágrafo único, II, do CP, já que somente se considera consumado depois de transcorrido o prazo de 15 dias sem a restituição da coisa apropriada ao dono ou legítimo possuidor ou para entregar à autoridade competente.

2.7 CRIMES SIMPLES, COMPLEXOS E ULTRACOMPLEXOS

Crime simples é aquele cuja conduta se adequa ao modelo legal descrito num único tipo penal. É o caso do homicídio (CP, art. 121), e do furto (CP. art. 155) etc.

Crime complexo é aquele que resulta da fusão de dois ou mais tipos penais. De acordo com parte da doutrina, pode apresentar-se sob duas formas:

a) *crime complexo em sentido estrito*: é formado da junção de dois ou mais tipos penais. O legislador apanha a definição de legal de dois ou mais crimes diversos e os reúne, criando um terceiro crime. No crime de roubo, por exemplo, o legislador considera a junção entre o crime de furto (CP, art. 155) e ameaça (CP, art. 147) ou lesão corporal (CP, art. 129). Assim: furto + grave ameaça ou lesão corporal = roubo;

b) *crime complexo em sentido amplo*: há o delito complexo em sentido amplo entre a fusão de um crime cuja conduta isolada constituiria um irrelevante penal. Tomemos como exemplo o crime de denunciação caluniosa (CP, art. 339). A denunciação, isoladamente considerada, seria um indiferentemente penal, mas com a junção com o crime de calúnia (CP, art. 138), constituirá o crime de denunciação caluniosa, previsto no art. 339 do CP.

Crime ultracomplexo é composto por um crime complexo acrescido de outro delito, que, conjuntamente, configuram uma qualificadora ou causa de aumento de um crime. Tomemos o exemplo do crime de roubo majorado pelo emprego de arma de fogo. Trata-se

4. STJ, AgRg no REsp nº 1860685/PR, rel. Min. Rogério Schietti Cruz, 6ª T., j. 16-6-2020.
5. STJ, REsp nº 1359302/GO, rel. Min. Laurita Vaz, 5ª T., j. 12-11-2013.

de crime complexo (furto + constrangimento ilegal), acrescido do porte ilegal de arma. Se praticados no mesmo contexto fático, verificando-se o nexo de dependência ou de subordinação entre as condutas, o crime de roubo majorado pelo emprego de arma de fogo absorve o crime de porte ilegal de arma de fogo, evitando-se, assim, o *bis in idem*.

Tratando do tema, o STJ tem decidido no seguinte sentido:

> (...)
>
> IV – A jurisprudência desta Corte entende que "o princípio da consunção resolve o conflito aparente de normas penais quando um delito menos grave é meio necessário ou normal fase de preparação ou execução de outro mais danoso. Nessas situações, o agente apenas será responsabilizado pelo último crime. Para tanto, porém, imprescindível a constatação do nexo de dependência entre as condutas, a fim de que ocorra a absorção da menos lesiva pela mais nociva ao meio social" (HC nº 377.519/RJ, 6ª T. rel. Min. Antônio Saldanha Palheiro, *DJe* 9-2-2017).
>
> V – Na hipótese dos autos, é de se reconhecer a aplicação do referido princípio, haja vista que os delitos de roubo duplamente majorados pelo concurso de pessoas e pelo emprego de arma e o de porte ilegal de arma de fogo foram praticados no mesmo contexto fático, sendo que este último foi um meio empregado para a prática daqueles, vale dizer, estava inteiramente subordinado à consecução dos roubos. De fato, arma de fogo foi apreendida com os pacientes em local diverso dos sítios em que foram praticados os roubos e em momento distinto, porém no mesmo contexto fático e logo em seguida à perseguição policial.[6]

2.8 CRIME PROGRESSIVO E PROGRESSÃO CRIMINOSA

Crime progressivo é aquele em que o agente, para alcançar o resultado mais grave, pratica sucessivas lesões ao bem jurídico, tipificadas como crime menos grave. No crime de homicídio, por exemplo, para alcançar o resultado morte, o agente pratica sucessivas lesões corporais. O crime de lesão corporal é absorvido pelo homicídio.

O crime absorvido é chamado "crime de ação de passagem".

A *progressão criminosa* ocorre quando o agente desenvolve conduta voltada à produção de um resultado, mas, na sequência, altera o seu dolo e pratica atos voltados a alcançar a consumação de um crime mais grave. Tomemos como exemplo a hipótese em que o agente tem o dolo inicial apenas de lesionar a vítima, mas, na sequência, delibera em matá-la. Nesse caso, responderá apenas pelo crime de homicídio.

Vê-se, pois, que a progressão criminosa não se confunde com o crime progressivo. Neste, o agente desde o início pretendia praticar o crime mais grave, passando por crimes menos graves; naquele, o agente tinha o dolo inicial de praticar crime menos grave, progredindo seu dolo na sequência para, ao final, consumar o crime mais grave.

2.9 CRIMES UNISSUBSISTENTES E PLURISSUBSISTENTES

Crimes unissubsistentes são aqueles cuja conduta se desenvolve em apenas um ato suficiente para alcançar a consumação do delito. Não há fracionamento da conduta, sendo, por isso, inadmissível a tentativa. Exemplo clássico seria a prática do crime de injúria, por

---

6. STJ, HC nº 371692/RJ, rel. Min. Felix Fischer, 5ª T., j. 14-3-2017.

meio de palavras. Não há como fracionar a conduta do agente que chama o ofendido de vagabundo, por exemplo.

Crimes plurissubsistentes são aqueles compostos de vários atos, que somados produzem o resultado. Ao contrário dos crimes unissubsistentes, os crimes plurissubsistentes comportam tentativa, já que sua execução pode ser fracionada em vários atos. Exemplo seria a prática do crime de homicídio mediante vários golpes de faca.

2.10 CRIMES UNISSUBJETIVOS E PLURISSUBJETIVOS

Crimes unissubjetivos, também chamados de monossubjetivos ou unilaterais, são aqueles cuja conduta descrita no tipo penal pode ser praticada por uma única pessoa, como, por exemplo, roubo (CP, art. 157), podendo, todavia, eventualmente ser praticado em concurso de pessoas.

Crimes plurissubjetivos, plurilaterais ou de concurso necessário, são aqueles que, para sua incidência, exigem o concurso de duas ou mais pessoas. Sem o concurso necessário de duas ou mais pessoas, o fato não constituirá crime. O tipo penal reclama a pluralidade de agentes para sua incidência. Subdividem-se em:

a) *crimes bilaterais ou de encontro:* são aqueles em que o tipo penal exige *dois agentes* desenvolvendo condutas que se encontram, já que partem de lados opostos, como, por exemplo, o crime de bigamia (CP, art. 235);

b) *crimes coletivos ou de convergência:* são aqueles em que exigem a concorrência de três ou mais pessoas. Podem ser:

b.1) de condutas contrapostas: ocorre quando os agentes atuam uns contra os outros, como no caso do crime de rixa (CP, art. 137). Nesse caso, não incidirá o crime de rixa entre dois contendores, já que necessariamente devem concorrer três ou mais pessoas na contenda;

b.2) de condutas paralelas: ocorre quando os agentes atuam voltados para a consecução do mesmo objetivo, ou seja, concorrem, auxiliando-se mutuamente, para a produção do mesmo resultado. É o caso da associação criminosa (CP, art. 288);

c) *crimes eventualmente coletivos:* são aqueles que, na sua origem, são monossubjetivos, mas o concurso de mais pessoas para a prática do crime configura uma majorante (CP, art. 157, § 2º, II) ou qualificadora (CP, art. 155, § 4º, IV).

2.11 CRIME MULTITUDINÁRIO

Crimes multitudinários são aqueles praticados por uma multidão em tumulto. A análise do que se entende por "multidão" deve ser aferida considerando o caso concreto, já que a lei não estabeleceu critério expresso para sua definição. Pode-se usar como exemplo briga generalizada, com agressões recíprocas, na saída de um festival de música.

O art. 65, III, *e*, do CP prevê que constitui circunstância atenuante "ter o agente cometido o crime sob a influência de multidão em tumulto, se não o provocou".

2.12 CRIMES DE AÇÃO MÚLTIPLA OU DE CONTEÚDO VARIADO

São aqueles em que o tipo penal prevê uma multiplicidade de verbos nucleares, ou seja, prevê várias modalidades de condutas típicas.

Nos crimes de ação múltipla ou de conteúdo variado, ainda que o agente venha a praticar mais de uma ação prevista no tipo penal, responderá por delito único, sendo, pois, responsabilizado por somente uma infração penal.

Assim, no crime previsto no art. 122 do CP, se induzir a vítima a se suicidar e ainda prestar-lhe auxílio para exterminar a sua própria vida, o agente responderá por crime único.

É o caso também do crime de tráfico de drogas, previsto no art. 33 da Lei nº 11.343/2006, que prevê dezoito condutas típicas. Se o agente, por exemplo, adquirir a droga, mantendo-a, após, em depósito, responderá por crime único de tráfico de drogas.

2.13 CRIMES CONEXOS

Os crimes conexos são aqueles vinculados entre si, ou seja, há um liame entre as infrações penais.

A conexão pode ser:

a) *teleológica ou ideológica:* existe conexão teleológica quando o crime for cometido para assegurar a execução de outro delito;

> Exemplo: matar a babá para sequestrar o filho de um empresário, com finalidade de postular preço do resgate. Nesse caso, o crime de extorsão mediante sequestro (CP, art. 159) está ligado com o crime de homicídio qualificado (CP, art. 121, § 2º, V), em concurso material de crimes (CP, art. 69).

b) *consequencial ou causal*: incide na hipótese de um crime ser cometido para assegurar a ocultação, impunidade ou vantagem em relação de outro delito;

É o caso do sujeito que mata a vítima do crime de estupro, para assegurar que não será apontado como o autor do delito. Nesse caso, o agente responderá pelo crime de estupro (CP, art. 213) e homicídio qualificado (CP, art. 121, § 2º, V), em concurso material (CP, art. 69).

Pode ocorrer que o sujeito execute o homicídio a fim de assegurar vantagem no tocante a outro delito.

> Exemplo: o sujeito mata o parceiro do roubo com a finalidade de ficar com todo o produto do crime. Além do crime de roubo majorado, responderá pelo crime de homicídio qualificado, em concurso material de crimes.

c) *ocasional:* a conexão é ocasional quando um crime for cometido por ocasião da prática de outro.

> Exemplo: o agente ingressa no interior de uma residência e subtrai, mediante grave ameaça, objetos de valor. Todavia, além de subtrair objetos, decide estuprar a moradora da casa. Nesse caso, o agente responderá pelo crime de roubo e estupro, em concurso material de crimes.

2.14 CRIME CONTINUADO

Nos termos do art. 71 do CP, ocorre o crime continuado quando o agente, mediante mais de uma ação ou omissão, pratica dois ou mais crimes da mesma espécie, devendo os subsequentes, pelas condições de tempo, lugar, maneira de execução e outras semelhantes, ser havidos como continuação do primeiro.

Os requisitos do crime continuado estão previstos no art. 71 do CP: a) pluralidade de condutas; b) pluralidade de crimes da mesma espécie; c) continuação, tendo em vista as circunstâncias objetivas; e d) unidade de desígnio.

No crime continuado, aplica-se o critério da exasperação da pena: a) se as penas são idênticas, aplica-se uma só, com o aumento de 1/6 a 2/3; b) se as penas são diversas, aplica-se a mais grave, aumentada de 1/6 a 2/3; c) no crime continuado específico, o aumento é de 1/6 até o triplo (CP, art. 71, parágrafo único).

2.15 CRIME HABITUAL

Crime habitual é aquele que exige a reiteração de atos que revelam um todo criminoso, constituindo um estilo ou modo de vida do agente. Para a adequada tipificação do crime habitual é indispensável a reiteração da conduta delituosa, sob pena de o fato ser atípico.

Em outras palavras, cada ato, isoladamente considerado, será atípico, mas se praticado de forma habitual, passará a constituir infração penal. Eis a razão pela qual, segundo a maioria da doutrina, o crime habitual não admite tentativa.

Costuma-se dividir o crime habitual em crime habitual próprio e crime habitual impróprio.

O crime habitual próprio exige, para sua consumação, a prática reiterada de atos que revele ser aquela atividade da rotina de vida do agente. Pode-se citar como exemplos de crimes habituais o exercício ilegal da medicina (CP, art. 282) e o curandeirismo (CP, art. 284).

O crime habitual impróprio não exige reiteração de conduta para sua consumação, basta um único ato para considerar o fato típico. Tem-se como exemplo de crime habitual impróprio o delito de gestão fraudulenta, previsto no art. 4º da Lei nº 7.492/1986, conforme entendimento adotado pelo STJ.

> Agravo regimental no agravo em recurso especial. Crimes contra o sistema financeiro. Gestão fraudulenta. Comprovação. Reexame de provas. Atos de gestão. Crime habitual impróprio. Empréstimo vedado. Materialidade. Pena. Fixação acima do mínimo legal. *Modus operandi* e consequências. Agravo regimental não provido. 1. É firme o entendimento jurisprudencial de que o crime de gestão fraudulenta se classifica como habitual impróprio, de modo que basta uma única ação para que se configure. 2. Constatado o poder de gestão do acusado, com base no material cognitivo, não há como infirmar tal premissa sem que se faça nova incursão probatória. Incidência da Súmula nº 7 do STJ. 3. O *modus operandi* e as graves consequências do delito, que culminaram com a necessidade de intervenção oficial na instituição financeira, justificam a fixação da pena acima do mínimo legal. 4. Agravo regimental não provido, com determinação de imediato cumprimento da pena.[7]

2.16 CRIMES SIMPLES, PRIVILEGIADOS E QUALIFICADOS

Crime simples guarda relação com a descrição do tipo básico. É o descrito em sua forma fundamental. É a figura típica simples, que contém os elementos específicos do delito, como, por exemplo, o art. 121, *caput*, do CP.

---

7. STJ, AgRg no AgREsp nº 486689/BA, rel. Min. Rogério Schietti, 6ª T., j. 25-6-2019.

Crimes privilegiados são aqueles em que o legislador prevê determinadas circunstâncias de natureza objetiva ou subjetiva, com função de diminuição da pena. No crime de homicídio, por exemplo, após a definição do tipo básico, contida no *caput* do artigo, o legislador acrescentou circunstâncias de caráter subjetivo voltadas à diminuição da pena, prevendo o crime de homicídio privilegiado (CP, art. 121, § 1º).

Crimes qualificados são aqueles em que o legislador, após descrever o tipo penal básico, prevê circunstâncias de natureza objetiva ou subjetiva capazes de elevar a pena no seu mínimo e máximo. Assim, após descrever a conduta que define o crime de homicídio simples, que prevê pena de reclusão de 6 a 20 anos, o art. 121, § 2º, do CP prevê circunstâncias de caráter objetivo e subjetivo, que, se incidentes, elevarão a pena do crime de homicídio para 12 a 30 anos de reclusão.

2.17 CRIMES A DISTÂNCIA, PLURILOCAIS E EM TRÂNSITO

Crimes a distância, também conhecidos como crimes de espaço máximo: são aqueles em que a conduta e o resultado ocorrem em *países diversos*. A sua definição tem especial importância para estabelecer o lugar do crime, que, segundo o Código Penal, observa a teoria mista ou da ubiquidade (CP, art. 6º). Assim, considera-se crime a distância a conduta do agente, residente em Santos/SP, que envia carta-bomba para seu desafeto, residente em Londres/Inglaterra, que, ao ser aberta, desencadeia a explosão, vindo a vítima a falecer.

Crimes plurilocais são aqueles em que a conduta e o resultado se desenvolvem em comarcas diversas, mas *dentro do mesmo país*. A definição do crime plurilocal tem importância para a fixação da competência para o seu processo e julgamento.

Nos termos do art. 70 do CPP, a competência será definida pelo local da consumação do delito. Todavia, há exceção a essa regra. Tem-se considerado que, se a ação no crime de homicídio foi desenvolvida numa cidade, mas o resultado morte ocorreu em comarca diversa, a competência territorial para processar e julgar o fato será do local onde foi praticada a conduta e não o da consumação. Foi o entendimento adotado pelo STJ.

> Competência. Crime plurilocal. Verdade real. *In casu*, o ora paciente foi denunciado pela suposta prática dos crimes previstos no art. 121, § 2º, I, III e IV, e no art. 211, ambos do CP, em concurso material. A denúncia foi recebida em parte pelo juiz singular da vara do júri de Guarulhos-SP, que, na mesma decisão, decretou a prisão preventiva do paciente. O *habeas corpus* impetrado perante o TJ foi denegado. Nesta superior instância, entre outras alegações, sustentou-se a ocorrência de constrangimento ilegal, pois o juiz que decretou a prisão do paciente seria incompetente para processar e julgar a causa. Aduziu-se, ainda, não haver como ser acolhida a tese do crime plurilocal por não existir nos autos nenhuma prova de que o crime ou os atos preparatórios ter-se-iam iniciado em Guarulhos. A Turma denegou o *habeas corpus* por entender, entre outras questões, que, no caso, embora os atos executórios do crime de homicídio tenham-se iniciado na comarca de Guarulhos, local em que houve, em tese, os disparos de arma de fogo contra a vítima, e não obstante tenha-se apurado que a causa efetiva da sua morte foi asfixia por afogamento, a qual ocorreu em represa localizada na comarca de Nazaré Paulista-SP, sem dúvida o lugar que mais atende às finalidades almejadas pelo legislador ao fixar a competência de foro é o do local em que foram iniciados os atos executórios, o juízo de Guarulhos. Observou-se que este é o local onde, em tese, ter-se-ia iniciado o crime, onde reside a maior parte das testemunhas arroladas tanto pela defesa quanto pela acusação, onde residem os

> réus e residia a vítima, onde a exemplaridade da pena mostrar-se-á mais eficaz e onde a instrução iniciou-se, colhendo-se provas não só testemunhais como técnicas, pelo que o desenrolar da ação penal nesse juízo, sem dúvidas, melhor atenderá às finalidades do processo e melhor alcançará a verdade real. Consignou-se, ainda, que eventual nulidade quanto à competência, no caso, é relativa, cujo reconhecimento exige não só a sua arguição no momento oportuno como também a demonstração de efetivo prejuízo, o que não ocorreu na espécie. Ademais, quando se firmou a competência do juízo da vara do júri de Guarulhos, nem sequer se tinha notícia de que a vítima morrera, sendo, pois, incerto o local da consumação do crime naquele momento, já que o corpo da ofendida somente foi localizado aproximadamente dezoito dias após o suposto cometimento do delito.[8]

Crimes em trânsito são aqueles em que parcela da conduta se desenvolve num determinado país, mas sem causar dano ou expor a perigo de dano bem jurídico de seus cidadãos.

> Exemplo: agente, residente no Uruguai, envia carta ofensiva ao seu desafeto residente na França, tendo essa carta ligeira passagem no correio brasileiro, até ser enviada para França.

2.18 CRIME CONSUMADO, CRIME TENTADO E CRIME EXAURIDO

Nos termos do art. 14, I, do CP, o *crime consumado* incide "quando nele se reúnem todos os elementos de sua definição legal". É aquele em que estão presentes todos os elementos que integram o tipo penal que define determinado crime. O crime de roubo, por exemplo, se consuma quando ocorre a inversão da posse do bem mediante emprego de violência ou grave ameaça, ainda que por breve tempo e em seguida à perseguição imediata ao agente e recuperação da coisa roubada, sendo prescindível a posse mansa e pacífica ou desvigiada. É o que se extrai, inclusive, da Súmula nº 582 do STJ.

Nos termos do art. 14, II, do CP, *crime tentado* é aquele em que o agente dá início à execução do delito, mas não consuma por circunstâncias alheias à sua vontade. O agente não consegue reunir, por meio da sua conduta, todos os elementos da definição legal do crime.

O tipo penal, como regra, não define a modalidade tentada, razão pela qual o art. 14, II, do CP, serve de ponte de ouro entre a conduta do agente e o tipo penal na modalidade tentada. Trata-se, na verdade, de adequação típica de subordinação mediata.

Assim, se o agente desfere disparos de arma de fogo contra a vítima, que não falece porque foi submetida à pronta e exitosa intervenção cirúrgica, tem-se o crime de tentativa de homicídio, cuja consequência repercute na dosimetria da pena, já que, ao final, o juiz, verificando-se a tentativa, reduzirá a pena em 1/3 a 2/3, nos termos do art. 14, parágrafo único, do CP.

Crime exaurido é aquele no qual o agente, após atingir a consumação, pratica nova conduta voltada a violar o bem jurídico ou para dar-lhe uma nova destinação ou, ainda, obtém a vantagem ou proveito desejado após a realização integral do tipo. É o caso do funcionário público que, após atingir a consumação mediante a solicitação de vantagem indevida, incidindo no crime do art. 317 do CP, efetivamente vem a recebê-la. Com efeito, para a consumação do crime de corrupção passiva, basta a solicitação, sendo irrelevante,

---

8. STJ, HC nº 196.458/SP, rel. Min. Sebastião Reis Júnior, 6ª T., j. 6-12-2011, noticiado no *Informativo* nº 489.

para perfectibilização do delito, o efetivo recebimento da vantagem indevida. A obtenção da vantagem indevida, nesse caso, caracteriza o exaurimento do crime, podendo figurar como causa de aumento de pena, nos termos do art. 317, § 1º, do CP.

Quando não prevista como causa específica de aumento, o exaurimento poderá funcionar como circunstância judicial desfavorável na primeira fase da aplicação da pena (CP, art. 59, *caput*).

2.19 CRIME FALHO

Crime falho é aquele atribuído à *tentativa perfeita ou acabada*, em que o agente pratica tudo quanto está ao seu alcance, esgotando os meios executórios, para alcançar o resultado desejado, mas não consuma o delito por circunstâncias alheias à sua vontade.

Assim, se o agente, com o dolo de matar, empurrar a vítima, que não sabe nadar, às águas de um rio caudaloso, lançando-a do alto de uma ponte, teria esgotado todos os meios executórios que se encontravam ao seu alcance. Se a vítima sobreviver, agarrando-se, por exemplo, a galhos de árvores existentes no rio ou obtém salvamento de uma pessoa que se encontrava próximo ao local, teremos a tentativa perfeita e, por conseguinte, o crime falho.

A tentativa perfeita reflete na dosimetria, uma vez que, quanto mais próximo à consumação, menor será a diminuição da pena pela tentativa.

2.20 CRIMES VAGOS

Crimes vagos são aqueles em que o sujeito passivo é destituído de personalidade jurídica, como, por exemplo, a sociedade, a coletividade, a família.

> Exemplo: tráfico de drogas (Lei nº 11.343/2006, art. 33, *caput*), no qual o sujeito passivo é a coletividade.

2.21 CRIMES DE FORMA LIVRE E DE FORMA VINCULADA

Crimes de forma livre são aqueles em que o meio executório não reclama comportamento especial. Ou seja, o crime pode ser praticado livremente por qualquer meio de execução. O crime de homicídio, por exemplo, pode ser praticado por meio de disparos de arma de fogo, por asfixia, com emprego de fogo, explosivo etc. Da mesma forma, o crime de injúria (CP, art. 140) pode ser praticado por meio de palavras, gestos, escritos etc.

Crimes de forma vinculada são aqueles cuja execução deve observar o meio indicado no próprio tipo penal, isto é, o meio de execução está vinculado à descrição no tipo penal.

> Exemplo: crime de perigo de contágio venéreo (CP, art. 130), cuja execução exige que seja mediante relações sexuais ou atos libidinosos.

2.22 CRIMES TRANSEUNTES E NÃO TRANSEUNTES

A classificação entre crimes transeuntes e não transeuntes guarda relação com os crimes que deixam ou não vestígios, reclamando a realização ou não de exame de corpo de delito.

Crimes transeuntes ou de fato transitório são aqueles que não deixam vestígios aparentes, como, por exemplo, os praticados por intermédio de palavras, como a calúnia (CP, art. 138), difamação (CP, art. 139), injúria (CP, art. 140), ameaça (CP, art. 147) etc.

Crimes não transeuntes ou de fato permanente são aqueles que deixam vestígios, exigindo, por isso, a realização do exame de corpo de delito, salvo quando impossível sua realização, sob pena, inclusive, de nulidade (CPP, arts. 158 e 564, III, *b*). É o caso do crime de homicídio (CP, art. 121), lesão corporal (CP, art. 129) etc.

2.23 CRIMES PRINCIPAIS E ACESSÓRIOS

Crimes principais são aqueles que incidem de forma autônoma, ou seja, não dependem da prática de um crime anterior para existir, como, por exemplo, crime de estupro (CP, art. 213).

Crimes acessórios, também chamados de fusão ou parasitários, são aqueles que dependem da prática de um crime anterior para incidirem, como, por exemplo, o crime de receptação (CP, art. 180), cuja existência reclama a prática de um crime anterior. Outros exemplos que podem ser citados são os crimes de favorecimento pessoal (CP, art. 348), favorecimento real (CP, art. 349) e lavagem de dinheiro (Lei nº 9.613/1998, art. 1º).

2.24 CRIMES UNIOFENSIVOS OU MONO-OFENSIVOS E PLURIOFENSIVOS

Essa classificação guarda relação com o número de bens jurídicos atingidos pela prática delituosa.

Crimes uniofensivos ou mono-ofensivos são aqueles cuja conduta ofende um único bem jurídico, como, por exemplo, o crime de roubo simples (CP, art. 157), em que há violação unicamente do patrimônio da vítima.

Crimes pluriofensivos são aqueles cuja conduta ofende dois ou mais bens jurídicos, como o crime de latrocínio (CP, art. 157, § 3º, II), que viola os bens jurídicos vida e o patrimônio.

2.25 CRIMES DE SUBJETIVIDADE PASSIVA ÚNICA E DE DUPLA SUBJETIVIDADE PASSIVA

Essa classificação está vinculada ao número de vítimas.

Crimes de subjetividade passiva única são aqueles em que o tipo penal prevê uma única vítima, como o crime de homicídio (CP, art. 121).

Crimes de dupla subjetividade passiva são aqueles em que o tipo penal prevê duas ou mais vítimas, ou seja, que a conduta do agente necessariamente atinja duas ou mais vítimas, como, por exemplo, o crime de aborto sem o consentimento da gestante (CP, art. 125), no qual figuram como sujeitos passivos a gestante e o feto.

2.26 CRIMES CONDICIONADOS E INCONDICIONADOS

A classificação diz respeito à iniciativa para a deflagração de uma persecução penal em relação a crimes de ação penal pública.

Os crimes condicionados são aqueles que dependem da manifestação de vontade do legitimado para instauração de inquérito policial e ajuizamento da ação penal. Trata-se de verdadeira condição objetiva de procedibilidade. Sem o implemento dessa condição, não será possível a instauração de inquérito policial ou ajuizamento da ação penal. É o caso, por exemplo, dos crimes de ameaça (CP, art. 147) e perigo de contágio venéreo (CP, art. 130).

Os crimes incondicionados são aqueles que não dependem de qualquer manifestação de vontade, ou condição, para instauração da persecução penal. O inquérito policial e a ação penal podem, respectivamente, ser deflagrados de ofício pela autoridade policial e Ministério Público. A regra é a de que os crimes sejam incondicionados, salvo quando a lei expressamente prevê que se trata de crime que depende de condição para a persecução penal.

2.27 CRIMES NATURAIS E PLÁSTICOS

Crimes naturais são aqueles vinculados a condutas voltadas a atacar bem jurídico que desde sempre foram objeto de tutela estatal. São relacionados a comportamentos que sempre foram e serão considerados criminosos, pois violam bens jurídicos indispensáveis, revestidos de valores universais éticos e absolutos. De fato, atentar contra a vida, patrimônio ou dignidade sexual de alguém sempre foi e sempre será crime, pois viola bens jurídicos universais.

Crimes plásticos são aqueles em que os bens jurídicos, a princípio, não reclamavam tutela penal, mas que passaram a ser tipificados para se adequarem ao contexto histórico e social que estão inseridos. Com a evolução das relações humanas e do avanço tecnológico, determinadas condutas, que até então constituíam indiferente penal, passaram a caracterizar crime. É o exemplo dos crimes cibernéticos, contra a administração pública e contra a ordem tributária.

2.28 CRIMES DE MENOR POTENCIAL OFENSIVO, DE MÉDIO POTENCIAL OFENSIVO E MAIOR POTENCIAL OFENSIVO

Os *crimes de menor potencial ofensivo* estão definidos no art. 61 da Lei nº 9.099/1995, segundo o qual são consideradas infrações penais de menor potencial ofensivo, para os efeitos desta Lei, as contravenções penais e os crimes a que a lei comine pena máxima não superior a dois anos, cumulada ou não com multa. São da competência do Juizado Especial Criminal, seguindo, de regra, o procedimento sumaríssimo, que prevê medidas despenalizadoras, como a transação penal, composição civil e suspensão condicional do processo.

Os *crimes de médio potencial ofensivo* se caracterizam por preverem pena máxima superior a dois anos, mas que, embora não estejam enquadradas como infrações de menor potencial ofensivo, admitem a suspensão condicional do processo, porque a pena cominada não é superior a um ano. Em outras palavras, seriam os crimes com pena mínima cominada não superior a um ano, e com pena máxima superior a dois anos, como, por exemplo, o furto simples (CP, art. 155).

Os *crimes de elevado potencial ofensivo ou de maior potencial ofensivo* são aqueles que não comportam qualquer medida despenalizadora prevista na Lei nº 9.099/1995. Ou seja, não cabe transação penal, composição civil ou suspensão condicional do processo.

2.29 CRIME HEDIONDO E EQUIPARADO A HEDIONDO

Crime hediondo é aquele rotulado no art. 1º da Lei nº 8.072/1990. Adota-se o critério legal, sendo hediondo tão somente os crimes expressamente previstos na lei como sendo dessa natureza.

Crime equiparado a hediondo é aquele não previsto no art. 1º da Lei nº 8.072/1990, mas que, por expressa previsão na Constituição Federal e na lei, recebe o mesmo tratamento mais severo dos crimes hediondos. São equiparados a hediondo os crimes de tráfico de drogas, tortura e terrorismo.

2.30 CRIME PROFISSIONAL

O crime profissional é aquele em que o agente se utiliza da sua profissão para a prática de crimes, como, por exemplo, o médico para a prática do crime de aborto, o chaveiro que confecciona a chave falsa para a prática do crime de furto.

2.31 QUASE-CRIME

O quase-crime está relacionado com o crime impossível (CP, art. 17) e à participação impunível (CP, art. 31), já que, embora o agente tenha desenvolvido conduta voltada para produção do resultado, o meio empregado é absolutamente ineficaz ou o objeto é absolutamente impróprio. Ou, ainda, quando o partícipe contribui para a prática de um crime cuja execução nem sequer é iniciada. Em ambos os casos, não há crime, mas quase-crime e, por isso, não enseja responsabilização criminal.

2.32 CRIME PUTATIVO

O crime putativo, também chamado de imaginário ou erroneamente suposto, é aquele em que o agente supõe firmemente ter praticado um crime, quando, na verdade, o fato praticado configura um indiferente penal. É o caso, por exemplo, do agente que supõe estar transportando cocaína em seu veículo, quando, na verdade, tratava-se de farinha.

O crime putativo pode ser de três espécies: a) crime putativo por erro de tipo; b) crime putativo por erro de proibição, também conhecido como delito de alucinação ou delito de loucura; c) crime putativo por obra do agente provocador.

2.33 CRIME FUNCIONAL

É o crime praticado por funcionário público no exercício da função, ou em função dela, assim considerado o agente que se enquadra no conceito inserto no art. 327 do CP.

O crime funcional pode ser próprio ou impróprio.

No crime funcional próprio, se não praticado por funcionário público, o fato será atípico, como, por exemplo, no crime de prevaricação (CP, art. 319).

No crime funcional impróprio, não estando presente a qualidade de funcionário público, o fato poderá configurar outro crime distinto do delito funcional. É o caso do peculato-furto (CP, art. 312, § 1º), que, se não praticado por funcionário público, o fato poderá ser enquadrado no crime de furto (CP, art. 155).

2.34 CRIMES DE RESPONSABILIDADE

Dividem-se em próprio e impróprio.

O crime de responsabilidade propriamente dito é a infração penal comum, que pode gerar a responsabilização do agente, após o devido processo legal. Estão previstos no Código Penal, quando praticados por funcionários públicos no exercício da função ou em razão dela, bem como em leis especiais, como, por exemplo, no Decreto-Lei nº 201/1967, que trata dos crimes praticados por prefeito.

O crime de responsabilidade impróprio guarda relação com infrações político-administrativas, processadas perante o Poder Legislativo, que, ao final, poderá redundar em sanções de cunho político, como o *impeachment* do agente político infrator. Pode-se citar como exemplo os crimes previstos na Lei nº 1.079/1950.

2.35 CRIMES POLÍTICOS

Crimes políticos são aqueles em que o agente viola a segurança nacional, a ordem política e social. Estão previstos na Lei nº 7.170/1983, como a conduta consistente em tentar desmembrar parte do território nacional para constituir país independente (Lei nº 7.170/1983, art. 11).

Convém registrar, por pertinente, que a Lei nº 14.197/2021 revogou expressamente a Lei nº 7.170/1983, bem como acrescentou no Código Penal os crimes contra o Estado Democrático de Direito.

2.36 CRIMES CONTRA O ESTADO DEMOCRÁTICO DE DIREITO

A Lei nº 14.197/2021 revogou expressamente a Lei nº 7.170/1983, bem como acrescentou no Código Penal os crimes contra o Estado Democrático de Direito.

A referida lei inseriu o Título XII no Código Penal, denominado "Dos crimes contra o Estado Democrático de Direito", tipificando condutas voltadas a atentar contra a soberania nacional (atentando à soberania – artigo 359-I; atentado à integridade nacional – artigo 359-J; e espionagem – artigo 359-K), os crimes contra as instituições democráticas (abolição violenta do Estado democrático de Direito – artigo 359-L; e golpe de estado –artigo 359-M), crimes contra o funcionamento das instituições democráticas no processo eleitoral (interrupção do processo eleitoral –artigo 359-N; violência política – artigo 359-P) e os crimes contra o funcionamento dos serviços essenciais (sabotagem – artigo 359-R).

Trata-se de uma lei que eliminou do ordenamento jurídico a vetusta Lei de Segurança Nacional, concebida na ditatura, com evidente viés autoritário, incompatível com nova ordem democrática inaugurada a partir da Constituição Federal de 1988.

Busca tutelar o próprio Estado Democrático de Direito, punindo aqueles que ousarem atentar contra a democracia e as instituições incumbidas de assegurar a ordem democrática e o Estado

2.37 CRIMES MILITARES

Os crimes militares estão disciplinados no Dec.-lei nº 1.001/1969 – Código Penal Militar.

Os crimes militares podem ser próprios ou impróprios.

Os *crimes militares próprios* são aqueles descritos exclusivamente no Código Penal Militar, atingindo apenas as instituições militares, como a insubmissão (CPM, art. 183) e a deserção (CPM, art. 187).

Os *crimes militares impróprios* são aqueles praticados por militares, cuja conduta está prevista no Código Penal Militar e em outra fonte legislativa penal, como no Código Penal, bem como somente em outra fonte legislativa não militar, como, por exemplo, o crime de tortura, lavagem de capitais, organização criminosa.

Há, ainda, os crimes militares em tempo de paz, previstos no art. 9º do CPM, e os crimes militares em tempo de guerra, previstos no art. 10 do CPM.

2.38 CRIMES FALIMENTARES

Crimes falimentares são aqueles previstos na Lei nº 11.101/2005, praticados na administração de sociedades comerciais ou da massa falida. Se praticado pelo próprio falido, é chamado crime falimentar próprio; se praticado por pessoa diversa, como o administrador judicial, denomina-se crime falimentar impróprio.

2.39 CRIME INTERNACIONAL

É aquele que, por tratado ou convenção incorporado ao ordenamento jurídico brasileiro, o Brasil se comprometeu a reprimir, como, por exemplo, o tráfico internacional de drogas (Lei nº 11.343/2006, art. 33).

2.40 CRIME ORGANIZADO

É aquele praticado por meio de organização criminosa, assim considerada como sendo

> a associação de 4 (quatro) ou mais pessoas estruturalmente ordenada e caracterizada pela divisão de tarefas, ainda que informalmente, com objetivo de obter, direta ou indiretamente, vantagem de qualquer natureza, mediante a prática de infrações penais cujas penas máximas sejam superiores a 4 (quatro) anos, ou que sejam de caráter transnacional (Lei nº 12.850/2013, art. 1º, § 1º).

Não se confunde com o crime de associação criminosa. A associação criminosa do artigo 288 do CP, caracteriza-se por se associarem 03 ou mais pessoas. Não é necessário estrutura ordenada e divisão de tarefas. E é constituída com a finalidade específica de cometer crimes (dolosos, não importando o tipo ou a sua pena). Se três ou mais pessoas se associarem para praticar um único crime, em relação ao artigo 288 da CP a conduta será atípica, já que existe a prática de mais de um crime, por conta do tipo penal descrever crimes no plural.

A organização criminosa, prevista no artigo 2º da Lei 12850/2013, caracteriza-se pela associação de quatro ou mais pessoas. Pressupõe estrutura ordenada e divisão de tarefas, ainda que informalmente. É constituída com o objetivo de obter vantagem de qualquer natureza, mediante a prática de infrações penais, abrangendo contravenções, cujas penas máximas sejam superiores a 4 anos, ou que sejam de caráter transnacional.

2.41 CRIMES DO COLARINHO-BRANCO E CRIMES DE COLARINHO-AZUL (OU CRIMES DE RUA)

Os *crimes de colarinho-branco, também chamados de crime de paletó e gravata ou crime de escritório*, são aqueles praticados por agentes que ostentam elevada condição econômica, valendo-se dessas circunstâncias para praticar crimes envolvendo grande volume de valores, como, por exemplo, crimes contra o sistema financeiro (Lei nº 7.492/1986), contra a ordem econômica (Lei nº 8.176/1991) e lavagem de capitais (Lei nº 9.613/1998), dentre outros.

Os *crimes de colarinho-azul, também chamados de crimes de rua,* são aqueles praticados por pessoas integrantes de classe social menos favorecida, como, por exemplo, crimes contra o patrimônio praticados por pessoas de baixa ou nenhuma renda. A expressão "colarinho-azul" é utilizada em alusão ao uniforme que era utilizado pelos operários norte-americanos da década de 1940, consistente em macacão de cor azul.

2.42 CRIME GRATUITO

É aquele praticado sem motivação aparente. Não se confunde com o crime praticado por motivo fútil, já que neste há motivação conhecida, embora desproporcional em relação ao resultado provocado pela conduta do agente.

2.43 CRIME INOMINADO

É aquele em que a conduta do agente viola normas éticas ou culturais abarcadas pelo Direito Penal, embora não tipificada como crime. É o caso, por exemplo, da relação incestuosa entre pai e filha maior de 14 (catorze) anos. Tal conduta viola normas de caráter moral e ético, mas não constitui crime.

Não se aplica no ordenamento jurídico pátrio, por força da incidência do princípio da reserva legal, que veda a analogia *in malam partem* na esfera criminal.

2.44 CRIME DE ÍMPETO

É aquele praticado sem premeditação, decorrente de uma reação emocional, impulsiva, repentina, tal como ocorre no crime de homicídio privilegiado, praticado pelo agente sob o domínio de violenta emoção, logo após injusta provocação da vítima (CP, art. 121, § 1º).

2.45 CRIME DE TENDÊNCIA

O crime de tendência está vinculado à intenção do agente. Ou seja, dependendo da atitude pessoal e intencional do agente, a conduta constituirá ou não crime.

Se a tendência ou inclinação interna do agente estiver voltada para a prática de fato definido como crime, a conduta, evidentemente, será típica. Agora, se a conduta não está inclinada, considerando o âmbito interno e o desiderato do agente, o fato não constituirá crime.

Assim, a conduta do médico ginecologista consistente em tocar no órgão genital feminino pode constituir ou não crime, dependendo da tendência (libidinosa ou não) do fato praticado. Se a intenção do médico era de natureza libidinosa, no sentido de satisfazer sua lascívia, o fato constituirá crime; agora, se a conduta do médico estava voltada exclusivamente no sentido de examinar a paciente, o fato não constituirá crime.

Da mesma forma, chamar alguém "jaguara" com a tendência de ofender a honra da vítima, definindo-a como pessoa malandra, constituirá o crime de injúria (CP, art. 140). De outro lado, se o ato de chamar uma pessoa de "jaguara" não tem conotação pejorativa, sendo a intenção apenas de usar o termo no contexto de uma brincadeira, o fato não constituirá crime.

2.46 CRIME DE TENDÊNCIA INTERNA TRANSCENDENTE OU CRIME DE INTENÇÃO

É o crime vinculado ao tipo penal que exige o dolo e, ainda, prevê um elemento subjetivo específico. E, para sua consumação, dispensa-se a produção do resultado pretendido. É o caso, por exemplo, do crime de extorsão mediante sequestro (CP, art. 159), que, para sua consumação, não se exige que o agente venha a obter a vantagem indevida pretendia. Basta o sequestro da vítima, com a intenção de postular resgate para a consumação do delito, independentemente do efetivo pagamento do preço do resgate.

2.47 CRIME DE ATENTADO OU DE EMPREENDIMENTO

É aquele em que a lei prevê punição ao crime tentado de forma idêntica ao crime consumado. Ou seja, o crime tentado prevê a mesma pena do crime consumado, sem a diminuição da pena por força da tentativa.

É o que ocorre com o crime previsto no art. 352 do CP, segundo o qual a pena do agente que se evadiu é a mesma daquele que tentou se evadir, e não logrou alcançar o seu intento.

2.48 CRIME DE MERA SUSPEITA, SEM AÇÃO OU DE MERA POSIÇÃO

É o crime que se perfectibiliza com a mera suspeita da prática de um delito. O agente, a princípio, não pratica conduta penalmente relevante, mas o seu modo de agir, por si só, permite sua punição pela prática de infração penal autônoma.

2.49 CRIME DE CIRCULAÇÃO

É aquele praticado com o emprego de veículo automotor, seja na modalidade dolosa, seja na modalidade culposa, incidindo, respectivamente, normas do Código Penal e do Código de Trânsito Brasileiro.

Assim, se o agente joga intencionalmente o veículo automotor contra a vítima, com a intenção de matá-la, alcançando o resultado, responderá pelo delito de homicídio (CP, art. 121). Se, por negligência, imprudência ou imperícia, causar a morte da vítima na condução de veículo automotor, responderá pelo delito previsto no art. 302 do CTB (Lei nº 9.503/1997).

2.50 CRIME DE OPINIÃO OU DE PALAVRA

É aquele praticado quando o agente extrapola os limites na manifestação de pensamento ou abusa no exercício da liberdade de expressão, ensejando, por exemplo, a incidência de crimes contra a honra (calúnia, difamação ou injúria) e apologia de crime ou criminoso (CP, art. 287).

2.51 CRIME DE EXPRESSÃO

O crime de expressão guarda relação com a atividade intelectiva do agente, que expressa determinada informação ou declaração de forma inverídica. O crime incide em relação ao fato de o autor expressar uma informação ou declaração ciente da sua falsidade.

É o que ocorre com o crime de falso testemunho (CP, art. 342), que incide não somente porque as declarações das testemunhas estão em desconformidade com a veracidade dos fatos, mas sobretudo diante da convicção e ciência do agente no sentido de estar prestando informação ou declaração falsa.

2.52 CRIMES DE IMPRESSÃO

São aqueles que despertam determinado estado de ânimo na vítima, no seu sentimento, na sua vontade ou na sua inteligência. Por isso, dividem-se em: a) crimes de sentimento; b) crimes de vontade; c) crimes de inteligência.

Crimes de sentimento são aqueles que atingem os aspectos emocionais da vítima, tal como no crime de injúria (CP, art. 140).

Crimes de vontade são aqueles que recaem na autodeterminação da vítima, retirando-lhe a livre manifestação de vontade, como, por exemplo, o crime de sequestro ou cárcere privado (CP, art. 148).

Crimes de inteligência são aqueles que afetam a capacidade cognitiva da vítima, que, ludibriada, acaba cedendo ao desiderato do agente, como no caso do crime de estelionato (CP, art. 171).

2.53 CRIME OBSTÁCULO

É o crime que, a princípio, constitui ato preparatório de outro crime, mas é previsto como crime autônomo pelo legislador, como, por exemplo, o crime de associação criminosa (CP, art. 288) e de petrechos para falsificação de moeda (CP, art. 291).

2.54 CRIMES DE CATÁLOGO

São aqueles crimes que viabilizam a interceptação telefônica como meio de prova para elucidação do crime, desde que preenchidos os requisitos previstos na Lei nº 9.296/1996. É o que se extrai da decisão proferida pelo STF no HC nº 100524/PR:

> *Habeas corpus*. Afastamento dos sigilos bancário e fiscal. Medida cautelar deferida judicialmente. Regularidade. "Prova encontrada". Licitude. Precedentes. Ordem denegada. Não se verifica, no caso, qualquer ilicitude na quebra dos sigilos bancário e fiscal do ora paciente, haja vista que tais medidas foram regularmente deferidas pela autoridade judicial competente. "É lícita a utilização de informações obtidas por intermédio de interceptação telefônica para se apurar delito diverso daquele que deu ensejo a essa diligência (...) sendo incontestável o reconhecimento da licitude da prova encontrada quando o fato desvelado fortuitamente se encontre entre os chamados 'crimes de catálogo' – isto é, entre aqueles para a investigação dos quais se permite autorizar a interceptação telefônica", o que efetivamente é o caso dos autos (AgIn nº 761.706/SP, rel. Min. Cármen Lúcia, *DJe* nº 161, divulgado em 26-8-2009). Ordem denegada.[9]

9. STF, HC nº 100524/PR, rel. Min. Joaquim Barbosa, 2ª T., j. 27-3-2012.

2.55 CRIME SUBSIDIÁRIO

Crime subsidiário é aquele que incide somente quando o fato não constituir crime mais grave. É o "soldado de reserva", nas palavras de Nélson Hungria.

É o caso do crime de exposição de perigo para a vida ou saúde de outrem, previsto no art. 132 do CP, que somente incidirá se o fato praticado não constituir crime mais grave.

2.56 CRIME CONSUNTO E CRIME CONSUNTIVO

O crime consunto e o consuntivo guardam relação com a incidência do princípio da consunção ou da absorção.

O crime consunto é o absorvido, ao passo que o crime consuntivo é o que absorve.

Assim, no crime de homicídio (CP, art. 121), precedido por várias lesões corporais (CP, art. 129), o primeiro será o crime consuntivo, enquanto a lesão corporal será o crime consunto.

2.57 CRIME MUTILADO DE DOIS ATOS

É aquele em que o agente pratica, com o desiderato de obter uma vantagem futura, mas que dependerá de novo comportamento para alcançá-la.

Tomemos como exemplos os crimes de petrechos para falsificação de moeda (CP, art. 291) e moeda falsa (CP, art. 289). Teoricamente, o agente que possui aparelho ou instrumento para falsificação de moeda pretende, na sequência, fabricar a moeda falsa, para colocá-la em circulação, e com isso obter uma vantagem posterior. O crime consistente em possuir instrumento para falsificação de moeda estará autonomamente consumado (CP, art. 291), dependendo de novo comportamento do agente para a efetiva falsificação da moeda (CP, art. 289), e, após, colocá-la em circulação, para a obtenção da vantagem desejada.

2.58 CRIME DE RESULTADO CORTADO

Trata-se de crime de intenção, em que o resultado desejado é dispensável para a efetiva consumação.

O agente desenvolve a conduta, mas a obtenção do resultado desejado não está exclusivamente ao seu alcance, ou seja, não depende exclusivamente da sua decisão. É o que se verifica no crime de extorsão mediante sequestro (CP, art. 159), em que a consumação do delito ocorre com a privação da liberdade da vítima, com a finalidade de postular resgate para liberá-la, mas a efetiva obtenção da vantagem indevida (preço do resgate) independe da decisão do agente, mas da postura de terceiros vinculados à vítima.

2.59 CRIME DE AÇÃO VIOLENTA

É o praticado com emprego de violência ou grave ameaça contra a pessoa, como, por exemplo, no crime de homicídio (CP, art. 121).

2.60 CRIME DE AÇÃO ASTUCIOSA

É o crime praticado mediante o emprego de fraude, artifício, engodo, como os crimes de estelionato (CP, art. 171) e violação sexual mediante fraude (CP, art. 215).

2.61 CRIMES PARCELARES

São os crimes da mesma espécie que integram a cadeia de delitos praticados em continuidade delitiva, desde que presentes os demais requisitos do art. 71, *caput*, do CP.

Por ficção jurídica, os crimes parcelares são tratados, para fins de aplicação da pena, como crime único, já que é considerada a pena aplicada em relação a um deles, para depois exasperá-la em 1/6 a 2/3.

2.62 CRIME REMETIDO

É aquele em que o próprio tipo penal descreve a conduta do delito, reportando-se, no entanto, a outro crime, que passa a integrá-lo como elemento constitutivo do tipo.

É o caso do crime de uso de documento falso (CP, art. 304), em que o tipo penal descreve a conduta delituosa "fazer uso de qualquer dos papéis falsificados ou alterados", fazendo, na sequência, expressa referência aos arts. 297 a 302 do CP.

2.63 CRIMES DE HERMENÊUTICA

É aquele que decorre unicamente da interpretação do operador do direito, ainda que destituído de qualquer elemento ou indícios de prova da prática do fato delituoso. Não é admitido no ordenamento jurídico pátrio, pois viola o princípio da legalidade, bem como o da presunção da inocência.

É o que se extrai, inclusive, do disposto no art. 1º, § 2º, da Lei nº 13.869/2019, que expressamente afasta a possibilidade de o fato típico incidir a partir da interpretação da lei ou da avaliação de fatos e provas.

2.64 CRIME LILIPUTIANO OU CRIME ANÃO

Trata-se de denominação atribuída às contravenções penais.

Não constitui propriamente crime, já que não se enquadra no conceito insculpido no art. 1º do Dec.-lei nº 3.914/1941:

> Considera-se crime a infração penal que a lei comina pena de reclusão ou de detenção, quer isoladamente, quer alternativa ou cumulativamente com a pena de multa; contravenção, a infração penal a que a lei comina, isoladamente, pena de prisão simples ou de multa, ou ambas, alternativa ou cumulativamente.

2.65 CRIME CIBERNÉTICO

É o crime praticado por meio de rede mundial, pública ou privada de computadores. É o caso de crimes envolvendo pedofilia por meio de internet, bem como furto eletrônico (CP, art. 115, § 4º- B), e o de fraude eletrônica (CP, art. 171, § 2º-A).

2.66 CRIMES DE ACUMULAÇÃO OU CRIMES DE DANOS CUMULATIVOS

Se considerada isoladamente, determinada conduta não seria capaz de causar lesão ou perigo de lesão a determinado bem jurídico tutelado pela norma penal.

Todavia, se considerado o acúmulo de condutas repetitivas, passa-se a verificar a possibilidade de lesão ou perigo de lesão ao bem jurídico. Seria o "conjunto da obra" o fundamento para buscar a responsabilização criminal do agente.

A conduta isolada de pescar apenas um peixe em período no qual a pesca seja proibida não produz dano relevante ao meio ambiente, o que poderia ensejar, em tese, o afastamento da responsabilidade penal. Entretanto, se considerarmos a soma das várias condutas consistentes em pescar em período proibido, haverá dano ou risco de dano expressivo ao meio ambiente, viabilizando a incidência do crime previsto no art. 34 da Lei nº 9.605/1998.

2.67 CRIME DE OLVIDO OU DE ESQUECIMENTO

A expressão "olvido" guarda relação com "olvidar", no sentido de esquecer, razão pela qual também é usada a denominação crime de esquecimento.

O crime de olvido ou de esquecimento está relacionado aos crimes omissivos impróprios, especificamente na modalidade culposa, decorrente da culpa inconsciente ou sem previsão.

É o caso do agente que tem o dever de agir, porque inserido numa das hipóteses do art. 13, § 2º, do CP, adotar, de forma culposa, decorrente do seu esquecimento, ensejando, em razão disso, a produção de um resultado naturalístico.

Tomemos como exemplo a conduta omissiva do pai que esquece o filho de tenra idade dentro do veículo em dia de sol escaldante. A criança de tenra idade acaba falecendo em decorrência da insolação e da asfixia. O esquecimento do genitor deu causa ao resultado naturalístico, incorrendo no crime de homicídio culposo, diante da presença da culpa inconsciente.

2.68 CRIME ACHADO

Trata-se daquilo que se denomina teoria do encontro fortuito de provas ou serendipidade.

É aquele crime desconhecido, que somente foi descoberto ou achado a partir da investigação deflagrada para apuração de outro delito.

Imaginemos uma investigação deflagrada para apurar um crime de homicídio, sendo constatado, por meio de interceptação telefônica legalmente autorizada, que o suspeito praticava crimes de tráfico ilícito de drogas (Lei nº 11.343/2006, art. 33).

O crime de tráfico ilícito de drogas configura o crime achado, já que descoberto a partir da investigação em relação ao crime de homicídio.

Essa expressão foi usada pelo STF no julgamento do HC nº 129678/SP:

> *Habeas corpus*. "Crime achado". Ilicitude da prova. Requisitos legais e constitucionais atendidos. Improcedência. Justa causa para a ação penal. Alegada inexistência de indícios mínimos de autoria. Improcedência. 1. O "crime achado", ou seja, a infração penal desconhecida e, portanto, até aquele momento não investigada, sempre deve ser cuidadosamente analisada para que não se relativize em excesso o inc. XII do art. 5º da CF. A prova obtida mediante interceptação telefônica, quando referente a infração penal diversa da investigada, deve ser considerada lícita se presentes os requisitos constitucionais e legais. 2. A justa causa é exigência legal para o recebimento da denúncia,

> instauração e processamento da ação penal, nos termos do art. 395, III, do CPP, e consubstancia-se pela somatória de três componentes essenciais: (a) TIPICIDADE (adequação de uma conduta fática a um tipo penal); (b) PUNIBILIDADE (além de típica, a conduta precisa ser punível, ou seja, não existir quaisquer das causas extintivas da punibilidade); e (c) VIABILIDADE (existência de fundados indícios de autoria). 3. Esses três componentes estão presentes na denúncia ofertada pelo Ministério Público, que, nos termos do art. 41 do CPP, apontou a exposição do fato criminoso, com todas as suas circunstâncias, a qualificação do acusado e a classificação do crime. 4. *Habeas corpus* denegado.[10]

2.69 CRIME DE FATO PERMANENTE E DE FATO TRANSEUNTE

Crime de fato permanente é aquele que deixa vestígios materiais, exigindo a realização de exame de corpo de delito, conforme prevê o art. 158 do CPP.

Exemplo: crime de lesão corporal (CP, art. 129).

Crime de fato transeunte é aquele que não deixa vestígios materiais, não sendo possível, pois, sua constatação mediante perícia.

Exemplo: crime de difamação (CP, art. 139) praticado por meio de palavras.

2.70 CRIMES ABERRANTES

São aqueles vinculados ao erro de tipo acidental, como nas hipóteses da *aberratio ictus* (erro na execução), previsto no art. 73 do CP; *aberratio criminis* (resultado diverso do pretendido), previsto no art. 74 do CP; *aberratio causae* (erro sobre o nexo causal).

Para acesso ao vídeo, utilize o QR Code ao lado.

10. STF, HC nº 129678/SP, rel. Min. Marco Aurélio, redator do acórdão Min. Alexandre de Moraes, 1ª T., j. 13-6-2017.

3

FATO TÍPICO E SEUS ELEMENTOS

3.1 INTRODUÇÃO

Todo fato praticado por uma pessoa se reveste de certa relevância no meio social no qual está inserido. O fato humano pode se enquadrar naquilo que é desejado para o adequado convívio social, bem como pode ser considerado indesejado e inadequado às regras e normas de convívio social.

Quando esse fato humano indesejado violar regras e normas de convívio social, ofendendo bens jurídicos tutelados pelo direito penal, ajustando-se perfeitamente à conduta proibida descrita em determinado tipo penal, passa a ser considerado um fato típico.

Se esse fato humano, embora indesejado e inadequado às regras e normas de convívio social, não se enquadrar perfeitamente a qualquer tipo penal, será considerado fato atípico.

Portanto, fato típico é o fato humano que se enquadra perfeitamente no modelo legal de conduta proibida. É o fato que se adapta rigorosamente na descrição dos elementos constitutivos do tipo penal. Assim, o fato humano de desferir disparos de arma de fogo contra uma pessoa, matando-a, será considerado fato típico, porque se amolda perfeitamente no modelo legal da conduta proibida de "matar alguém", adequando-se aos elementos constitutivos do tipo penal que define o crime de homicídio, descritos no art. 121 do CP.

Fato atípico, por sua vez, é o fato humano que não se enquadra ou não se adéqua a um tipo penal. A conduta do agente consistente em seduzir mulher virgem, menor de 18 anos e maior de 14, para com ela ter conjunção carnal, valendo-se da sua inexperiência ou confiança, embora reprovável, não constitui crime, já que não se amolda a qualquer tipo penal. Convém lembrar que o crime de sedução deixou de constituir crime a partir da Lei nº 11.106/2005, que revogou o art. 217 do CP.

Para a integração do fato ao tipo penal deve haver um comportamento humano, consistente na *conduta*. A ação ou omissão humana (conduta), porém, não é suficiente, sendo necessário um *resultado*. Entre a conduta e o resultado se exige uma *relação de causalidade*. Por último, para integralizar um fato típico, deve operar-se a subsunção ou adequação de todos os elementos no modelo legal previsto no tipo penal, revestindo-se, assim, na própria *tipicidade*.

Portanto, os elementos do fato típico são:

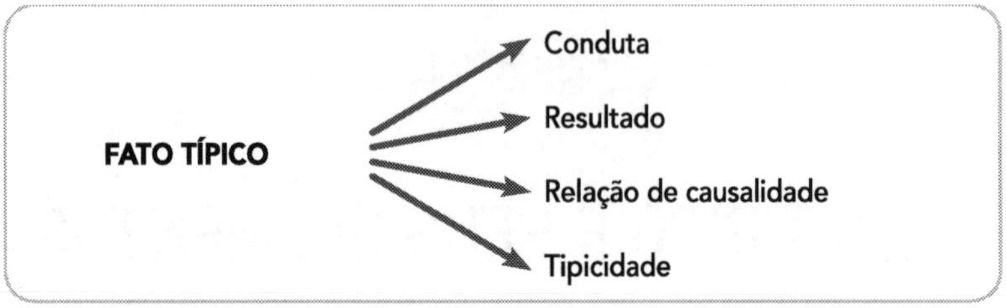

Esses quatro elementos se perfectibilizam rigorosamente nos crimes materiais consumados. Isso porque no crime material há uma conduta humana, que causa um resultado naturalístico, descrito num tipo penal.

Tomemos como exemplo a seguinte situação: Wilson desferiu disparos de arma de fogo contra Beto *(conduta)*, que vem a falecer *(resultado)*. Os disparos deram causa ao resultado morte *(relação de causalidade ou nexo de causalidade)*. Esses elementos se adéquam rigorosamente na descrição contida no tipo penal que define o crime de homicídio (CP, art. 121), caracterizando o quarto elemento do fato típico: a própria *tipicidade*.

Nos crimes tentados não há propriamente um resultado naturalístico. O agente desenvolve a conduta, mas não alcança o resultado por circunstâncias alheias à sua vontade. Logo, sintomático que nos crimes tentados não estão presentes todos os elementos do fato típico, já que a conduta não produziu o resultado desejado. Se a conduta não atingiu o resultado naturalístico, sintomática também a ausência do nexo de causalidade. *Assim, nos crimes tentados o fato típico se limita aos elementos conduta e tipicidade.* Evidentemente que isso não significa dizer que o fato tentado será atípico, já que o art. 14, II, do CP constitui a norma de extensão, que confere tipicidade à conduta iniciada, mas não consumada.

Nos crimes formais e de mera conduta, o fato típico também é integralizado pela conduta e tipicidade. Nos crimes formais, o tipo penal descreve a conduta e o resultado, mas dispensa sua produção para a consumação do delito. Logo, não há resultado e nexo de causalidade.

Nos crimes de mera conduta, basta o mero comportamento humano para sua consumação, dispensando a produção do resultado naturalístico e, por conseguinte, a relação de causalidade.

3.2 CONDUTA

3.2.1 Introdução

O conceito de conduta constitui um dos temas mais controversos na doutrina. A própria teoria do crime como atualmente concebida evoluiu a partir do conceito doutrinário de ação.

Para melhor definição do conceito de conduta, passemos à análise das principais teorias a respeito do tema.

3.2.2 Teorias

3.2.2.1 Teoria clássica, naturalista, mecanicista ou causal da ação

Para a teoria clássica, naturalista ou causal da ação, conduta nada mais é do que comportamento humano voluntário que produz reflexos na modificação do mundo exterior. Essa teoria foi idealizada por Liszt, Beling e Radbruch no século XIX.

No início do século XIX, predominava a concepção das ciências naturais como sendo a verdadeira ciência, calcada no naturalismo. As ciências humanas deveriam se aproximar das ciências naturais, estudadas de forma neutra e empírica, baseadas na experiência e na observação.

A teoria causal, no que diz respeito ao injusto, considerava os aspectos objetivos da conduta, isto é, um *movimento corpóreo que produz um resultado*. Em outras palavras, a incidência da conduta criminosa exigia apenas que o agente produzisse o resultado previsto na lei como infração penal, sem analisar, nesse momento, se agiu com dolo ou culpa.

A vontade humana reunia duas características: uma externa e objetiva, consistente na movimentação corpórea do ser humano; outra interna, subjetiva, voltada ao resultado final da ação. Conduta seria a movimentação corpórea (elemento externo) causadora de um resultado (elemento interno).

Bastava, pois, o agente exteriorizar sua vontade mediante uma movimentação corpórea, e, por consequência, causar um resultado, para ensejar, a princípio, conduta humana passível de punição. A vontade é a causa da conduta, que leva ao resultado. Por isso, a denominação teoria causalista.

CONDUTA = MOVIMENTAÇÃO CORPÓREA → RESULTADO

Considerava-se, pois, os aspectos objetivos da conduta (ação + relação de causalidade + resultado), sem a realização de qualquer juízo de valor. Não era feita análise acerca da intenção (dolo) ou da eventual inobservância de um dever de cuidado objetivo (culpa) no comportamento do agente. Bastava, para configurar a conduta delituosa, a causação de um resultado naturalístico, previsto em lei como crime.

Tomemos como exemplo a seguinte situação: Determinado agente conduz o seu veículo, em perfeitas condições de trafegabilidade, observando todas as normas de trânsito, dentro do limite de velocidade permitido. De forma inesperada, uma pessoa com intenção suicida se lança sobre o veículo, vindo a falecer com o choque.

Para a teoria clássica, o condutor do veículo teria praticado uma conduta penalmente relevante, já que a ação do agente (conduzir automóvel) deu causa ao resultado naturalístico (morte da pessoa). Basta a relação de causa e efeito.

Os elementos do fato típico estariam todos reunidos: conduta (conduzir o automóvel), resultado (morte da pessoa), nexo de causalidade (choque com o veículo conduzido pelo agente causou a morte) e tipicidade (subsunção ao tipo penal que define o crime de homicídio).

Não há juízo de valor no sentido de verificar se o condutor agiu com dolo ou culpa. Basta que sua ação tenha produzido o resultado naturalístico previsto como crime para estar presente o primeiro elemento do fato típico: a conduta.

Isso porque, segundo a teoria causal, o dolo e a culpa não integram a conduta, mas a culpabilidade. Ou seja, o juízo acerca do dolo ou culpa era realizado somente no terceiro elemento do crime, considerando o conceito tripartido de crime.

Assim, no exemplo acima, segundo a teoria clássica, o fato praticado pelo agente seria típico e ilícito, mas não seria culpável pela ausência de um dos elementos da culpabilidade (dolo ou culpa).

Em síntese, para a teoria clássica, diversamente do sistema atual, o dolo e a culpa eram elementos da culpabilidade, sendo a imputabilidade, nessa época, um pressuposto da culpabilidade. Assim, para analisar a culpabilidade, especificamente se agiu com dolo e culpa, o agente deveria ser imputável.

CRIME = FATO TÍPICO + ILÍCITO + CULPABILIDADE

FATO TÍPICO ↓

- Conduta (sem dolo ou culpa)
- Resultado naturalístico
- Relação de causalidade
- Tipicidade

CULPABILIDADE ↓

- Imputabilidade
- Dolo ou culpa

A principal falha apontada para essa teoria guarda relação com a ausência da análise do dolo ou da culpa já na própria conduta. Ou seja, a teoria clássica não permite verificar se a movimentação corpórea do agente estava efetivamente voltada à produção de um resultado naturalístico. Não permite a análise do conteúdo volitivo da conduta do agente.

Na lição de Hanz Welzel, o defeito fundamental da teoria da ação causal consiste no fato de que não apenas desconhece a função absolutamente constitutiva da vontade, como fator de direção da ação, mas também destrói e converte a ação em um mero processo causal desencadeado por um ato voluntário qualquer ("ato voluntário").[1]

Além disso, a teoria clássica não explica de forma convincente os crimes omissivos próprios, os formais e os de mera conduta, bem como os crimes tentados, uma vez que em todas essas hipóteses não há resultado naturalístico.

3.2.2.2 Teoria neokantista

A teoria neokantista, desenvolvida nas primeiras décadas do século XX, a partir dos estudos do teórico alemão Edmund Mezger, revela-se como uma variação da teoria causalista, embora com ela não se confunda, uma vez que lhe atribui uma visão neoclássica.

A principal contribuição da teoria neokantista foi a introdução da conduta omissiva no conceito de conduta. Há a superação da concepção exclusivamente natural da teoria clássica, para inserir um sentido normativo, que permite a valoração dos fenômenos humanos, admitindo-se a possibilidade de se verificar na conduta não só a ação em sentido estrito (positiva), mas também a omissão.

---

1. WELZEL, Hanz. *O novo sistema jurídico-penal*: uma introdução à doutrina da ação finalista. 4. ed. São Paulo: Revista dos Tribunais, 2015. p. 41.

A teoria neokantiana mantém a estrutura tripartida do crime, admitindo o conceito analítico do crime como sendo fato típico, antijurídico e culpável, embora tenha promovido um processo de transformação dos elementos que integram o conceito de crime.

A conduta, como elemento do fato típico, passou a abranger não só a ação (movimentação corpórea positiva), mas também a omissão. Além disso, a tipicidade, que na concepção clássica se revestia apenas de elementos objetivos, sofreu transformação a partir da inserção de elementos normativos, que encerram juízo de valor, e subjetivos. Assim, a conduta para a teoria neokantista aparece não como ação, mas como comportamento, englobando a omissão, sem, no entanto, considerar a finalidade, o que ocorrerá com o finalismo de Welzel.

A antijuridicidade deixa de ser apenas contrariedade formal a uma norma jurídica, passando a admitir uma concepção material ao conceito, representado pela possibilidade de lesão ao bem jurídico. Se não houver lesão a qualquer interesse, o fato se revestirá de antijuridicidade.

Assim, consoante a teoria causal-valorativa ou neokantista, a tipicidade não deve ser concebida apenas como descrição formal de comportamentos, devendo ser considerada também materialmente como uma unidade de sentido socialmente danoso, o que implica, em muitos casos, a análise de elementos subjetivos, como a intenção de apropriação no tipo de furto.

Em relação à culpabilidade, afasta-se a concepção meramente normativa, para introduzir um aspecto psicológico, passando a ter a concepção psicológica-normativa, passando o dolo e a culpa a figurar como elementos autônomos da culpabilidade, ao lado da imputabilidade e da exigibilidade de conduta diversa.

Sintetizando as características do sistema neoclássico, Juarez Cirino dos Santos leciona que:

> O sistema clássico de fato punível do modelo causal de ação evoluiu para o atual sistema neoclássico de fato punível, um produto de reorganização teleológica do modelo causal de ação segundo fins e valores do Direito Penal: a) o conceito de ação deixa de ser apenas naturalista para ser, também, normativo, redefinido como comportamento humano voluntário; b) o tipo de injusto – ou antijuridicidade típica – perde a natureza livre de valor para incluir elementos normativos, como documento, motivo torpe etc., e elementos subjetivos, como as intenções e tendências especiais de ação e, até mesmo, o dolo na tentativa; c) a culpabilidade estrutura-se como conceito psicológico-normativo, com a reprovação do autor pela formação de vontade contrária ao dever.[2]

Conquanto represente uma evolução em relação à teoria clássica, a teoria neokantiana não ficou imune a críticas, sobretudo por ter mantido o dolo e a culpa como elementos da culpabilidade.

3.2.2.3 Teoria finalista da ação

Em oposição ao conceito causal de ação, Hans Welzel concebeu a teoria finalista da ação no início da década do século passado.

A teoria finalista também é de base ontológica, pois considera a ideia do mundo do ser, da realidade. Não busca explicar apenas uma ação típica, mas também todas as ações humanas.

2. SANTOS, Juarez Cirino dos. *Direito penal* – parte geral. 7. ed. Florianópolis: Empório do Direito, 2017. p. 95.

Segundo Welzel, de acordo com a natureza, a ação humana é conduzida por uma finalidade. Assim, para a teoria finalista, a ação passou a ser um movimento corpóreo (aspecto objetivo) voltado a uma finalidade (aspecto subjetivo). Logo, Welzel agregou a finalidade, entendida como intenção do agente, no conceito de ação.

A teoria finalista adota a concepção de que o homem, consciente dos efeitos causais do acontecimento, pode prever as consequências de sua conduta. Considera, pois, o homem como ser livre e responsável pelos atos que desenvolve.

Para a teoria finalista, toda ação decorre de uma finalidade, inclusive aquela voltada à prática de infração penal. Os tipos penais descrevem ações e selecionam no mundo da vida aquelas condutas penalmente proibidas.

> Exemplo: O tipo penal descreve a ação "matar alguém". Essa descrição da ação tem o aspecto objetivo (movimento corpóreo) e também o aspecto subjetivo, que seria a finalidade de matar.

Outro aspecto relevante da teoria finalista reside no fato de que o dolo e a culpa integram a conduta, estando alojados, portanto, no fato típico, diversamente da teoria causal, que concebia o dolo e a culpa na culpabilidade.

A conduta, elemento do fato típico, passa a ter um aspecto objetivo (movimentação corpórea) e um aspecto subjetivo (dolo ou culpa).

Assim, a conduta do agente que trafegava com o seu veículo observando todas as normas de trânsito e colidiu com uma pessoa que se lançou contra o seu veículo com a intenção suicida, causando-lhe a morte, não constitui fato típico, por ausência de dolo ou culpa. Não havendo dolo ou culpa, não há conduta punível, um dos elementos do fato típico. Não havendo conduta punível, o fato não será típico. Não havendo fato típico, não há crime.

Crime = Fato típico + Ilícito + Culpabilidade

Fato típico ⇓
* Conduta (com dolo ou culpa)
* resultado naturalístico
* Relação de causalidade
* Tipicidade

Culpabilidade ⇓
* Imputabilidade
* Potencial consciência da ilicitude
* Exigibilidade de conduta diversa

Nesse contexto, verifica-se que os finalistas adotam, em relação à culpabilidade, a teoria normativa pura. Eliminam o elemento psicológico da culpabilidade, consistente no dolo e culpa, passando a ser eminentemente normativa. Constatando-se que se trata de fato típico e ilícito, passa-se a verificar a culpabilidade, mediante um juízo de reprovação ou valoração sobre conduta típica e ilícita do agente, ou seja, se estão presentes a imputabilidade, a potencial consciência da ilicitude e exigibilidade de conduta diversa.

As críticas à teoria finalista residem na dificuldade para explicar os crimes culposos e os crimes omissivos.

Para Welzel, as ações culposas também são finais. O Direito não visa tão somente que o ser humano não pratique condutas dolosas, mas, também, que imprima em todas as suas atividades uma direção finalista capaz de impedir que produzam resultados lesivos. Assim, a movimentação corpórea dirigida a uma finalidade, mas sem observar o dever de cuidado objetivo, caracterizam a modalidade culposa do delito, desde que expressamente previstas em lei como crime.

Com efeito, ao estabelecer o conceito de injusto nos delitos culposos, Hanz Welzel leciona que:

> Os delitos culposos baseiam-se também na consideração da ação humana como uma obra: a vontade, que, partindo do fim, seleciona os meios da ação, necessários para sua consecução, deve atender na seleção e utilização dos meios às consequências que estes possam produzir, juntamente com o fim ou em seu lugar. Nesse ponto, intervém o ordenamento jurídico, e ordena que, na realização de toda ação que possa ter como consequência (não desejada) a lesão de um bem jurídico, seja observado "o cuidado necessário no tráfego" para evitar essa consequência.[3]

Logo, a responsabilização pela prática de uma conduta culposa não leva em conta a finalidade do agente, mas os meios empregados para atingir tal finalidade, resultantes da inobservância do dever de cuidado, retratados pela negligência, imprudência e imperícia. Consiste, nas palavras de Hanz Welzel,

> no desvalor da conduta, enquanto o desvalor do resultado produzido (a lesão ou perigo de lesão a um bem jurídico) tem apenas uma significação restritiva, delimitadora, ao destacar, entre as condutas que não correspondem ao cuidado devido, aquelas que têm relevância para o Direito Penal.[4]

Tomemos como exemplo a conduta do agente que conduz seu veículo automotor em excesso de velocidade, com a finalidade de chegar mais rápido na sua casa. Em razão disso, perde o controle do veículo, atingindo uma pessoa, causando-lhe a morte. Trata-se de uma ação final, há uma finalidade, qual seja, o agente conduzir o veículo para chegar em casa. A finalidade é lícita, a reprovação da ação do agente, no entanto, reside na forma como foi desenvolvida a conduta, que, no caso, não observou o dever de cuidado objetivo. Logo, para Welzel, o problema das ações culposas não está na finalidade, como nos crimes dolosos, mas na forma de realização da conduta.

Buscando compatibilizar com maior precisão a teoria finalista aos crimes culposos, Welzel criou a *teoria cibernética*, conferindo destaque ao controle da vontade. A ação cibernética abrangeria o dolo e a culpa, já que teria o sentido de designar a ação como fato dirigido e controlado pela vontade.

Todavia, como o termo "cibernético" não constitui expressão propriamente do campo do Direito, mas da matemática, bem como por se adequar com mais propriedade ao estudo do Direito Penal, consolidou-se a expressão "teoria finalista" ou "finalismo penal".

---

3. WELZEL, Hanz. Op. cit., p. 95.
4. Idem, p. 96.

3.2.2.4 Teoria social da ação

Considerando insuficientes os postulados das teorias clássica e finalista, a teoria social da ação foi concebida justamente para compatibilizar o aspecto social ao comportamento humano. Os principais autores adeptos à essa teoria foram Hans-Heirinch Jescheck e Johannes Wessels.

A teoria social da ação não visa a substituir as teorias clássica e finalista, mas agregar a elas a transcendência social do comportamento humano.

Para essa teoria, ação é a realização de um resultado socialmente relevante, questionado pelos requisitos do Direito e não pelas leis da natureza.

Ao contrário da teoria finalista, que considerava relevante qualquer ação, a teoria social considera ação apenas o comportamento corpóreo socialmente relevante. Ou seja, não será qualquer comportamento, como era para Welzel, mas somente aquele capaz de vincular o agente ao meio social em que está inserido.

Com efeito, o comportamento humano final socialmente relevante é aquele apto a influenciar o relacionamento do agente como o meio social ao qual está inserido.

> Exemplo: ingerir alimentos é um comportamento final, mas não é socialmente relevante, não constituindo, pois, ação ou conduta punível. Agora, subtrair coisa alheia móvel constitui comportamento socialmente relevante, pois repercute nas relações sociais no meio em que o agente está inserido.

Assim, conduta, para a teoria social, consiste no comportamento humano voluntário direcionado a atingir uma finalidade socialmente relevante e reprovável. A reprovabilidade social integra, de certo modo, a conduta, como elemento implícito do tipo penal.

Em outras palavras, além dos elementos constitutivos do tipo penal, deveria estar presente, ainda, o elemento implícito consistente na finalidade de produzir um resultado socialmente relevante. Os comportamentos socialmente aceitos seriam atípicos.

A crítica que recai sobre essa teoria reside na extensão do conceito de transcendência ou relevância social. Não há um critério definido, podendo consistir em qualquer ação que gere influência na realidade social. Além disso, não explica a conduta nos crimes de mero comportamento, bem como confere exacerbada importância ao desvalor do resultado, quando o que importa é o desvalor da conduta.

3.2.2.5 Teoria da ação significativa

Seguindo os ensinamentos dos filósofos Ludwig Wittgenstein e Jürgen Habermas, Tomás Salvador Vives Antón desenvolveu a teoria da ação significativa, propondo uma releitura da definição de conduta penalmente relevante, considerando a concepção de ação e norma como fundamento para a liberdade de ação.

O modelo cartesiano de ação é questionado por Vives Antón. A concepção da ação composta de movimento corpóreo (aspecto físico) e da vontade (aspecto mental) viabiliza apenas a distinção entre os fatos humanos e os fatos da natureza e dos animais.

Por isso, a ação, segundo Vives Antón, deve estar revestida de um significado, não decorrente apenas dos elementos descritos no tipo penal, mas também do sentido que se extrai da conduta descrita na norma penal. Não basta a descrição das ações, sendo necessário entender e interpretar o seu significado.

Na lição de Cezar Roberto Bitencourt:

> A ação deve ser entendida de forma diferente, não como "o que as pessoas fazem", mas como o significado do que fazem, isto é, como um sentido. Todas as ações não são meros acontecimentos, mas têm um sentido (significado), e, por isso, não basta descrevê-las, é necessário entendê-las, ou seja, interpretá-las. Diante dos fatos, que podem explicar-se segundo as leis físicas, químicas, biológicas ou matemáticas, as ações humanas hão de ser interpretadas segundos as regras ou normas.[5]

Não há um conceito rígido e absoluto de ação. Não há um modelo matemático e fórmula padrão para a definição da ação humana, uma vez que deve ser verificada a partir do seu significado.

Além disso, a ação somente existe a partir de uma norma prévia. É a descrição prévia da norma que permite extrair o significado da ação humana penalmente relevante. Com efeito, somente seria possível verificar o significado de uma ação penal se existir norma previamente estabelecida.

Assim, para a teoria da ação significativa, somente haveria ação humana penalmente relevante quando fosse possível vinculá-la a determinado tipo penal previamente estabelecido. Havendo a reunião dos elementos descritos na norma penal incriminadora, será possível extrair o significado da ação consistente no crime de homicídio, roubo, estupro.

3.2.2.6 *Teoria funcionalista*

Os modelos da teoria funcionalista ganharam especial projeção a partir da década de 1970, tendo como principal característica buscar harmonizar a dogmática penal às funções do Direito Penal. Por isso, não se trata propriamente de teoria da conduta, diante desse espectro abrangente.

De todo modo, não se pode ignorar a importância da análise da teoria funcional juntamente com as demais teorias da ação, uma vez que estabelece estreita relação com o conceito de conduta, que deve ser compreendida conforme as finalidades político-criminais do Direito Penal. De fato, conforme leciona Cesar Roberto Bitencourt

> a evolução da teoria do delito a partir dos modelos funcionalistas caracteriza-se, principalmente, pela tendência de normativização dos conceitos, isto é, pela elaboração de conceitos com base em juízos de valor, e pela orientação do sistema penal a finalidades político-criminais.[6]

Duas correntes se destacam no modelo funcionalista: a) funcionalismo teleológico, dualista, moderado ou da política criminal; b) funcionalismo radical, sistêmico ou monista.

a) Funcionalismo teleológico, dualista, moderado ou da política criminal

Claus Roxin, idealizador da teoria da imputação objetiva, é o principal expoente do funcionalismo teleológico. O eminente doutrinador alemão defende um funcionalismo de política criminal ou dualista, em que o direito deve estar estruturado teleologicamente e com função primordial de proteção dos bens jurídicos da sociedade moderna.

---

5. BITENCOURT, Cezar Roberto. *Tratado de direito penal:* parte geral. 17. ed. São Paulo: Saraiva, 2012. v. 1, p. 288.
6. BITENCOURT, Cezar Roberto. *Tratado de direito penal*: parte geral. 22. ed. São Paulo: Saraiva, 2016. p. 269.

Buscando estabelecer a diferenciação com o causalismo e o finalismo, Claus Roxin assevera que:

> Um sistema jurídico-penal teleológico-racional difere dos projetos sistemáticos causal e final no campo do ilícito não só através de sua abertura para o empírico e para a política criminal, mas igualmente porque ele reconhece a ação típica não exclusivamente como um dado prévio ontológico, e sim também como produto de uma valoração legislativa. Se, p. ex., a venda de drogas a outrem na consciência dos possíveis efeitos, droga essa que vem a ser injetada pelo consumidor com resultado de morte, é ou não uma ação dolosa de homicídio, tal não pode ser respondido através de categorias como a causalidade ou a finalidade, mas unicamente através da teoria da imputação objetiva. Segundo esta teoria, não existirá ação de homicídio, porque a imputação é limitada pelo princípio da autorresponsabilidade.[7]

Mas, segundo Roxin, as diferenças entre as concepções de sistema vão além: se considerамos a ação típica como realização de um risco não permitido, é porque estamos deduzindo o comportamento jurídico-penalmente relevante da tarefa do direito penal, de defender o indivíduo e a sociedade contra riscos sociopoliticamente intoleráveis.[8]

E, nesse sentido, considerando a ação típica como sendo a realização de um risco não permitido, está-se "deduzindo o comportamento jurídico-penal.

Dessarte, pode-se concluir que, para o funcionalismo teleológico ou moderado, conduta seria o comportamento humano voluntário, capaz de gerar um risco não permitido ou intolerável a um bem jurídico tutelado pela norma penal.

Assim, para a teoria do funcionalismo moderado, se, por exemplo, um lutador de boxe causar a morte do adversário, o fato deverá ser considerado atípico, uma vez que o agente somente comete fato materialmente típico se criar riscos proibidos pelo direito; tal posicionamento contraria a doutrina tradicional, que caracteriza o fato como exercício regular de direito.

b) Funcionalismo radical, sistêmico ou monista.

A teoria funcionalista radical, sistêmica ou monista, cujo maior defensor é Gunther Jackobs, considera que a missão do direito penal é a proteção da norma e a punição do indivíduo desviante.

Para Jakobs, o que está em jogo não é a proteção de bens jurídicos, mas, sim, a garantia de vigência da norma, ou seja, o agente que praticou uma infração penal deverá ser punido para que se afirme que a norma penal por ele infringida está em vigor. A função do direito penal é assegurar o império da norma, ou seja, resguardar o sistema, mostrando que o direito posto existe e não pode ser violado.

Na concepção de Jakobs, aquele que se desvia da norma por princípio não oferece qualquer garantia de que se comportara como pessoa; por isso, não pode ser tratado como cidadão, mas deve ser combatido como inimigo. E arremata: "O Direito Penal do cidadão mantém a vigência da norma, o Direito Penal do inimigo (em sentido amplo: incluindo o Direito das medidas de segurança) combate perigos".[9]

---

7. ROXIN, Claus. *Estudos de direito penal.* 2. ed. Rio de Janeiro: Renovar, 2012. p. 82.
8. Idem, p. 80.
9. JAKOBS, Günter; Meliá, Cancio Manuel. *Direito penal do inimigo.* Organização e tradução de André Luís Callegari e Nereu José Giacomolli. 6. ed. Porto Alegre: Livraria do Advogado, 2020. p. 29.

Portanto, no funcionalismo radical de Jakobs, a relação com aquele que apresentou conduta desviante não se determina pelo Direito, mas pela coação, sendo a mais intensa a do Direito Penal.[10]

3.2.2.7 Teoria aplicada

A teoria mais aceita é a teoria finalista da ação, segundo a qual a conduta é a ação ou omissão humana, consciente e voluntária, voltada a produzir um resultado previsto em lei como crime ou contravenção penal.[11]

Aplicando a teoria finalista da ação, o STJ decidiu que se a conduta do agente

> não revelou a intenção de apoderar-se de bem alheio, que temporariamente permaneceu na sua posse, a simples mora na sua entrega ao proprietário, consoante orientação consignada pela teoria finalista da ação e adotada pela sistemática penal pátria, não configura crime de apropriação indébita descrito no art. 168 do CP, em razão da ausência do dolo – *animus rem sibi habendi* –, elemento subjetivo do tipo e essencial ao prosseguimento da imputação criminal.[12]

3.2.3 Formas de conduta

A teoria da ação mais aceita pela doutrina pátria é a teoria finalista.

Assim, adotando-se a concepção finalista da ação, conduta é a ação ou omissão humana, desenvolvida com vontade e consciência, voltada a uma determinada finalidade, na perspectiva de produzir um resultado tipificado em lei como crime ou contravenção penal.

A conduta pode ser desenvolvida mediante ação ou omissão.

Nos crimes comissivos ou por ação, o agente, por meio de uma movimentação corpórea, pratica uma infração penal. Trata-se de uma conduta positiva, voltada a um fazer, a um agir. A maioria dos tipos penais descreve uma conduta positiva do agente, inserta numa norma proibitiva.

> Exemplo: No crime de homicídio (CP, art. 121), o tipo penal descreve uma ação do agente, contendo, no seu bojo, uma norma proibitiva, que seria "não matar". Há a violação de uma norma penal proibitiva.

Na conduta omissiva há a violação de norma penal preceptiva, assim compreendida como sendo aquela que reclama a realização de uma ação.

A conduta omissiva se reveste de uma postura de abstenção, de um não fazer. Trata-se de uma postura negativa, em que o agente desenvolve conduta consistente em deixar de fazer aquilo que devia e podia ter feito por imposição legal. O agente deixa de observar o dever jurídico de agir, revestindo-se sua omissão em conduta penalmente relevante.

Nos crimes omissivos próprios ou puros, o próprio tipo penal específico descreve a conduta omissiva, impondo ao agente o dever jurídico de agir, sob pena de responsabilização criminal. O tipo penal descreve uma conduta omissiva, contendo uma norma preceptiva,

---

10. Idem, p. 24.
11. No concurso para Defensor Público DPE-MA, realizado em 2015, a banca FCC afirmou ser a teoria finalista da ação a adotada pelo Código Penal.
12. STJ, RHC nº 22914/BA, rel. Min. Jorge Mussi, 5ª T., j. 24-11-2008.

consistente no dever de agir. A omissão do agente ensejará a adequação ao tipo penal, revestindo-se, assim, conduta omissiva típica.

Nos crimes omissivos impróprios ou comissivos por omissão, não há norma específica descrevendo a conduta omissiva. O tipo penal violado descreve, na verdade, uma ação, sendo a omissão do agente, que descumpre o dever jurídico de agir para evitar o resultado, objeto de responsabilização penal pelo resultado gerado, em face da norma de extensão disposta no art. 13, § 2º, do CP.

3.2.4 Características e elementos da conduta

Considerando que a conduta consiste no comportamento humano, consciente e voluntário, dirigido a uma finalidade e na perspectiva da produção de um determinado resultado, pode-se considerar que a conduta se reveste das seguintes características:

a) a conduta se refere ao comportamento do homem, não dos animais irracionais. Os eventos da natureza e os atos de animais irracionais não ingressam na seara penal. Os animais podem ser utilizados como instrumento da conduta desenvolvida pelo ser humano;

b) só as condutas corporais externas constituem ações. O Direito Penal não se ocupa da atividade puramente psíquica. Os atos de cogitação não são objeto de punição do Direito Penal, já que não há perigo de lesão ao bem jurídico penalmente tutelado;

c) a conduta humana só tem importância para o Direito Penal quando voluntária.

A conduta é composta de dois elementos: a) comportamento voluntário, mediante ato de vontade, dirigido a uma determinada finalidade; b) manifestação da vontade no mundo exterior, consistente na prática de uma ação ou omissão dominado ou passível de dominação pela vontade. É o aspecto mecânico que exterioriza o elemento psíquico, ou seja, o desejo interno do agente.

3.2.5 Causas de exclusão da conduta

Para a caracterização da conduta, sob qualquer aspecto, é indispensável a existência do binômio vontade e consciência.

Entende-se por vontade a faculdade do ser humano desejar, escolher praticar livremente ou deixar de praticar determinados atos. O ato voluntário deve ser espontâneo, mediante manifestação de vontade livre de coação ou constrangimento de qualquer natureza.

Consciência consiste na capacidade do ser humano de distinguir a realidade que o cerca de uma mera ficção. É a capacidade de examinar a realidade e interagir com o mundo exterior, tendo condições de distinguir o certo do errado.

Se o agente desenvolver uma conduta destituída de vontade livre ou de consciência, não haverá conduta como elemento do fato típico, inexistindo, por conseguinte, crime.

Em síntese: não havendo vontade ou consciência, não há conduta; não havendo conduta, não há fato típico; não havendo fato típico, não há crime.

As causas de exclusão da conduta mais referidas pela doutrina são as seguintes:

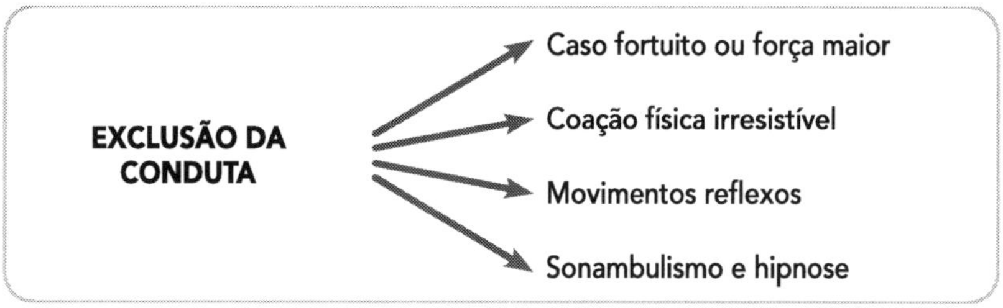

a) Caso fortuito e força maior

Não obstante divergência doutrinária acerca do conceito de caso fortuito ou força maior, ambos acontecimentos decorrem de situações imprevisíveis e inevitáveis que se situam fora do alcance e controle da vontade do ser humano.

Em apertada síntese, caso fortuito é o evento imprevisível e inevitável decorrente de ato humano, como, por exemplo, paralisações de serviços essenciais, por conta da greve de funcionários. Na força maior, o evento imprevisível e inevitável decorre da natureza, como, por exemplo, enchentes, tempestades.

Assim, se o acontecimento decorrente de caso fortuito ou força maior refoge ao domínio da vontade humana, não há conduta punível. Não havendo conduta punível, não há fato típico, não havendo, por conseguinte, crime.

Tomemos como exemplo um motorista conduzindo seu veículo dentro das normas de segurança de trânsito. De repente, ocorre um desmoronamento de terra que invade a pista de rolamento, fazendo com que ocorra a perda do controle do veículo e o choque com outro. O desmoronamento de terra é um fato natural. Se provar que a colisão aconteceu devido ao desmoronamento de terra que invadiu a pista de rolamento, decorrente, pois, de um acontecimento imprevisível e inevitável, não haverá conduta punível, não havendo fato típico e, por conseguinte, crime.

b) Coação física irresistível (*vis absoluta*)

Na coação física irresistível, o agente coator emprega força física sobre o coagido, fazendo com que produza um resultado, mesmo atuando sem vontade. Quem atua obrigado por uma força irresistível não age voluntariamente. Neste caso, o agente é mero instrumento realizador da vontade do coator.

Na coação física irresistível, o coagido tem eliminada a sua vontade. Não havendo vontade, não há conduta; não havendo conduta, não há fato típico; não havendo fato típico, não há crime.

A força física que recai sobre o agente pode partir da ação de uma terceira pessoa, que seria a figura do coator. Imaginemos que uma pessoa empurra outra contra objetos ou até mesmo contra outras pessoas. Nessa hipótese, se a pessoa empurrada fisicamente danificar objetos ou lesionar pessoas, não será responsabilizada, respectivamente, por eventual crime de dano (CP, art. 163) ou lesão corporal (CP, art. 129), pois agiu sem vontade, não havendo, pois, conduta punível e, por conseguinte, fato típico.

Da mesma forma, se uma pessoa franzina é forçada fisicamente a desferir disparo de arma de fogo por alguém muito mais forte, que lhe pressiona o dedo contra o gatilho, tendo o disparo atingido mortalmente a vítima, não será responsabilizada criminalmente, já que agiu sem vontade, e, por conseguinte, sem conduta punível, servindo, na verdade, como mero instrumento do crime. Nesse caso, não há, à evidência, concurso de pessoas, por absoluta ausência de liame subjetivo, razão pela qual somente o agente coator responderá pelo crime de homicídio.

Em síntese, na coação física irresistível, não há vontade; não havendo vontade, não há conduta. Não havendo conduta, não há fato típico. Não havendo fato típico, não há crime. Logo, na coação física irresistível, o fato, em relação ao coagido, é atípico.

Diversa é a situação, contudo, quando se tratar de coação moral.

Na coação moral, não há aplicação da força física, mas emprego de grave ameaça ou intimidação, feita mediante promessa de um mal grave, fazendo com o que o coagido pratique um fato típico e ilícito.

Não há, propriamente, eliminação da vontade do coagido, pois poderá deliberar em praticar ou não o fato típico e ilícito. E, se optar por desenvolver conduta típica e ilícita, não será considerado culpável, porque não se poderia exigir do coagido conduta diversa.

Tomemos como exemplo um gerente de banco ser obrigado a usar sua senha para acesso ao dinheiro da agência e transferir determinada quantia para uma conta bancária indicada pelo agente coator, sob pena de ter seu filho, que está em poder do agente criminoso, assassinado. Se o gerente de banco deliberar por transferir a quantia exigida, praticará um fato típico e ilícito, mas não poderá ser considerado culpável, porque não seria razoável exigir dele conduta diversa.

Nesse caso, nos termos do art. 22 do CP, somente o coator será responsabilizado pelo delito. Em relação ao coagido, incidirá causa de exclusão da culpabilidade, pela coação moral irresistível.

Se a coação for resistível, o fato será típico, ilícito e culpável, e, na hipótese de sentença condenatória, poderá ser considerada na segunda fase de fixação da pena como circunstância atenuante (CP, art. 65, III, *c*).

Em síntese:

Coação *física* irresistível: causa de exclusão da tipicidade.
Coação *moral* irresistível: causa de exclusão da culpabilidade.
Coação *moral* resistível: atenuante (art. 65, III, *c*, CP)

COAÇÃO FÍSICA IRRESISTÍVEL	COAÇÃO MORAL IRRESISTÍVEL	COAÇÃO MORAL RESISTÍVEL
Sujeito é forçado fisicamente a praticar o fato típico	Sujeito é ameaçado ou intimidado a praticar o fato típico	Sujeito é ameaçado ou intimidado a praticar o fato típico, mas poderia resistir
Causa de exclusão da tipicidade	Causa de exclusão da culpabilidade	Atenuante (art. 65, III, *c*, CP)

c) Movimentos ou atos reflexos

Os atos reflexos não dependem da vontade, uma vez que são reações motoras, secretórias ou fisiológicas, produzidas pela excitação de órgãos do corpo humano.

Nestes casos, o estímulo exterior é recebido pelos centros sensores, que o transmitem diretamente aos centros motores, sem intervenção da vontade, como ocorre, por exemplo, em um ataque epilético, tosse ou espirro. De fato, os atos reflexos não dependem da vontade, uma vez que são reações motoras. Não havendo vontade, não há conduta punível, sendo, portanto, o fato atípico.

Imaginemos a hipótese do condutor de veículo automotor que não conseguiu controlar um espirro e, por frações de segundos, movimentou, em razão do ato reflexo decorrente do espirro, levemente a direção para o lado, suficiente para provocar a colisão com outro veículo, causando, por consequência, lesão corporal culposa no seu ocupante. Assim, se demonstrado que perdeu o controle do seu veículo exclusivamente porque não conseguiu controlar o espirro e, por ato reflexo, desviou a direção, provocando a colisão e as lesões corporais no outro condutor, o agente não será responsabilizado pelo crime de lesão corporal culposa na condução de veículo automotor (Lei nº 9.503/1997, art. 303), uma vez que agiu sem vontade, não havendo, por conseguinte, conduta punível, sendo, assim, o fato atípico.

Os movimentos reflexos não se confundem com os atos em curto-circuito. Os atos em curto-circuito são reações humanas impulsivas decorrentes de emoções ou paixões violentas. Tomemos como exemplo a conduta impulsiva de alguém que desferiu um soco contra aquele que acabara de lhe provocar, causando-lhe lesão corporal. Nesse caso, o agente agiu com vontade, ainda que de forma impulsiva, havendo, pois, conduta punível.

d) Estados de inconsciência

Consciência consiste na capacidade das atividades cerebrais conduzirem o ser humano a interagir com o mundo exterior em condições de identificar a realidade que o cerca.

Se essas atividades cerebrais, ou funções mentais, não funcionarem adequadamente, o ser humano estará em estado de inconsciência, inviabilizando, pois, a manifestação de vontade de forma consciente.

Pode-se apontar como exemplos de estado de inconsciência o sonambulismo e a hipnose.

No sonambulismo, fenômeno ligado ao distúrbio do sono, as funções motoras da pessoa estão em funcionamento, mas a sua consciência permanece inativa. Ou seja, a pessoa se movimenta, desenvolve determinada atividade, mas em estado de inconsciência.

Imaginemos a seguinte situação hipotética: Um casal de namorados está dormindo na mesma cama. Num determinado momento da noite, a namorada, que é sonâmbula, levanta-se, em estado de inconsciência, pega uma tesoura, retorna para o leito do casal, e corta um dedo do namorado, causando-lhe lesão corporal. A namorada não será responsabilizada criminalmente, porque agiu em estado de inconsciência, sem vontade. E não havendo vontade, não há fato típico; não havendo fato típico, não há crime.

Da mesma forma, na hipnose, o agente, induzido por meios empregados pelo hipnotizador, desenvolve conduta sem consciência, fazendo somente aquilo que lhe é solicitado. Nesse caso, a pessoa hipnotizada age sem consciência e vontade, não havendo conduta punível, por conseguinte, não há fato típico e crime.

3.3 RESULTADO

3.3.1 Conceito

A doutrina também usa a expressão "evento" como sinônima de resultado.

Resultado é a consequência gerada por força da prática de uma infração penal. É, em síntese, o efeito provocado pela conduta do agente.

Uma conduta punível produz um resultado negativamente valorado. É o desvalor da conduta do agente em consonância com o desvalor de um resultado.

Somente o resultado penalmente relevante, seja porque gera apenas efeitos normativos, seja porque gera a modificação do mundo exterior, pode ser considerado como elemento do fato típico.

Em razão disso, pode-se considerar que a conduta pode gerar um resultado jurídico ou normativo e/ou naturalístico.

3.3.2 Resultado naturalístico

*Resultado naturalístico ou material oc*orre quando gera como consequência a modificação do mundo externo em face da conduta delitiva do agente. É o resultado perceptível, que altera o estado das coisas, modificando de algum modo o mundo exterior por conta de um comportamento humano.

É o resultado naturalmente e cronologicamente destacado da conduta.

Nem todos os crimes exigem a produção do resultado naturalístico para incidirem. Por isso, pode-se classificar os crimes conforme a exigência ou não da produção do resultado naturalístico, dividindo-se em crimes materiais, formais e de mera conduta.

Crimes materiais são aqueles que geram resultado naturalístico, produzindo alteração no mundo exterior. São aqueles que, na sua tipologia, pressupõem conduta e resultado, sendo esse a exteriorização necessária da conduta. O resultado naturalmente e cronologicamente destacado da conduta.

Assim, no crime de homicídio, há a conduta do agente (efetuar disparo, por exemplo), produzindo o resultado morte, que naturalmente modifica o estado das coisas e altera o mundo exterior. O resultado morte está naturalmente destacado da conduta do agente, sendo plenamente perceptível no plano fenomênico.

Da mesma forma, no crime de furto, o agente desenvolve a conduta consistente em subtrair coisa alheia móvel, modificando naturalmente o estado das coisas e o mundo exterior, pois a vítima não poderá mais dispor do objeto que lhe pertencia. O resultado consistente no desapossamento do objeto está naturalmente destacado da conduta do agente, sendo plenamente perceptível no plano fenomênico.

Nos *crimes formais,* o tipo penal descreve a conduta e o resultado, mas não exige a produção do resultado naturalístico para a consumação. O legislador antecipa a consumação, bastando a conduta do agente, sem a necessidade da efetivação do resultado naturalístico. Exemplo clássico é o crime de extorsão (CP, art. 158). O tipo penal descreve a conduta (constranger alguém, mediante violência ou grave ameaça a fazer, tolerar que se faça ou deixar fazer alguma coisa) e o resultado (indevida vantagem econômica). Todavia, para a consumação do crime de extorsão, basta o constrangimento, mediante violência ou grave ameaça, ainda que não tenha ocorrido a obtenção da vantagem indevida, ou seja, independentemente da produção do resultado naturalístico. É, aliás, o que dispõe a Súmula nº 96 do STJ.[13]

13. Súmula 96 do STJ: "O crime de extorsão consuma-se independentemente da obtenção da vantagem indevida."

Nos crimes de mera conduta, o legislador apenas descreve a conduta do agente, sem mencionar qualquer resultado naturalístico. São crimes sem resultado naturalístico.

> Exemplo: violação de domicílio (CP, art. 150), uso de documento falso (CP, art. 304) e porte ilegal de arma (Lei nº 10.826/2003, art. 14). A consumação desses crimes ocorre com a mera prática da conduta descrita no tipo penal.

3.3.3 Resultado jurídico ou normativo

Resultado jurídico, ou normativo, é aquele em que a conduta provoca lesão ou perigo de lesão a um bem jurídico penalmente tutelado. De fato, há ações que não exigem, obrigatoriamente, a produção de um resultado naturalístico, perceptível, exaurindo-se no próprio comportamento delitivo. Em outras palavras, basta a realização da conduta para ensejar a plena adequação típica ao fato praticado, que se realizará, com todos seus elementos, quer se verifique ou não qualquer consequência perceptível.

Quanto ao resultado jurídico, pode-se classificar em: a) delitos de dano (ou de lesão); b) delitos de perigo.

Crimes de dano são os que se consumam com a efetiva lesão do bem jurídico. A ausência da efetiva lesão ao bem jurídico pode caracterizar a tentativa ou um indiferente penal. São exemplos os crimes de homicídio (CP, art. 121), lesão corporal (CP, art. 129), estupro (CP, art. 213) etc.

Nos *crimes de perigo,* a consumação se opera com a mera exposição do bem jurídico a perigo, dispensando a efetiva lesão ao bem jurídico tutelado. Basta a possibilidade de lesão ao bem jurídico tutelado. Subdividem-se em crime de perigo abstrato e crime de perigo concreto.

Crimes de perigo abstrato ou presumido são aqueles que se consumam com a prática da conduta delituosa. Há presunção absoluta da exposição do bem jurídico a perigo. É o caso do crime de tráfico ilícito de drogas (Lei nº 11.343/2006, art. 33), bem como do crime de porte ilegal de arma (Lei nº 10.826/2003, art. 14).

Crimes de perigo concreto são aqueles em que a consumação do delito reclama a comprovação da situação de perigo. Exige-se a comprovação do risco para o bem jurídico tutelado para a sua tipificação. É o caso, por exemplo, do crime de perigo de contágio venéreo, previsto no art. 130 do CP.

3.3.4 Há crime sem resultado?

Indaga-se se há crime sem resultado. A resposta vai depender da natureza do resultado gerado.

Para os partidários da teoria do resultado jurídico, todo crime possui resultado, mesmo os de mera conduta. Isso porque toda conduta delituosa ofende bens jurídicos penalmente tutelados.

De outro lado, afigura-se possível crime sem resultado naturalístico, como, por exemplo, no crime tentado, que, embora material, pode não apresentar nenhum resultado perceptível.

> Exemplo: tentativa branca de homicídio, em que o agente desfere disparo de arma de fogo, sem atingir a vítima.

Assim, toda conduta gera resultado. Podem existir crimes sem resultado naturalístico, mas que apresentam resultado jurídico ou normativo. Logo, forçoso concluir que pode haver crimes sem resultado naturalístico, mas não há crime sem resultado jurídico. É falsa, portanto, a afirmativa de que não há crime sem resultado, pois sempre haverá o resultado jurídico ou normativo.

3.4 RELAÇÃO DE CAUSALIDADE OU NEXO CAUSAL

3.4.1 Conceito

A relação de causalidade é o vínculo estabelecido entre a conduta do agente e o resultado por ele produzido. É a relação de causa e efeito entre a conduta e o resultado. É o que estabelece a ligação entre a conduta desenvolvida pelo agente e o resultado produzido.

Trata-se de estabelecer uma relação física e natural entre a conduta e o resultado. Inexistindo causalidade, não há fato típico, sendo desnecessária, assim, a análise do dolo e da culpa.

Não sendo estabelecida essa relação entre a conduta e o resultado, não estará presente o nexo causal, um dos elementos do fato típico, não sendo possível, portanto, imputar ao agente a prática do delito.

A maior parte da doutrina adota o entendimento no sentido de que o estudo da relação de causalidade tem relevância apenas em relação aos crimes materiais, uma vez que o vínculo que estabelece a ligação entre a conduta do agente e o resultado produzido guarda relação com a causalidade física. Ou seja, a expressão "resultado" inserida no art. 13 do CP alcança apenas os crimes materiais, que produzem resultado naturalístico, com a modificação do mundo externo.

Nos crimes formais (que não exigem a produção do resultado para sua consumação) e de mera conduta (crimes sem previsão de resultado) não se mostra necessário o estudo da relação de causalidade, pois tais crimes se consumam com a realização da conduta do agente, independentemente da produção de qualquer resultado naturalístico.

Rogério Greco, no entanto, considera possível a relação de causalidade nos crimes cujo resultado é jurídico. Na visão do doutrinador:

> O resultado mencionado pelo art. 13 do CP deverá ser entendido como o jurídico, e não o meramente naturalístico. Na verdade, qualquer resultado, seja ele naturalístico (compreendido no sentido proposto pelos delitos materiais, ou seja, como o de modificação no mundo exterior, perceptível pelos sentidos, a exemplo do que ocorre com os crimes de homicídio e dano), ou o jurídico (significando a lesão ou perigo de lesão ao bem juridicamente protegido pelo direito penal), poderá figurar no raciocínio relativo à relação de causalidade, o que não impedirá, por exemplo, que um agente garantidor seja responsabilizado por uma infração penal de perigo.[14]

Prevalece, no entanto, o entendimento no sentido de que o estudo da relação de causalidade guarda pertinência com os crimes materiais, cujo resultado é naturalístico. Assim, primeiro, deve-se verificar a incidência da causalidade física, ou seja, se há relação de causa e efeito entre o resultado e a conduta do agente. Na sequência, verifica-se a possibilidade de imputação do resultado ao agente, ou seja, se a conduta do agente foi causa do resultado.

Assim, no crime de homicídio, primeiro verifica-se, de forma objetiva, se os disparos de arma de fogo desferidos pelo agente deram causa ao resultado morte; na sequência, deve-se

---

14. GRECO, Rogério. *Curso de direito penal* – Parte geral. 19. ed. Niterói: Impetus, 2017. p. 327.

verificar a possibilidade de imputar o resultado morte ao agente, mediante a análise da causalidade psíquica, ou seja, se há presença de dolo ou culpa na ação por ele desenvolvida.

3.4.2 Teorias da relação de causalidade

Estabelecer a relação entre causa e resultado nem sempre se revela tarefa simples. A complexidade para se estabelecer que determinado comportamento contribuiu para o resultado, ou seja, que foi causa para o resultado, se mostra ainda mais intensa a partir do estudo das teorias desenvolvidas para analisar a relação de causalidade.

Registre-se, por pertinente, e uma vez mais, que o ponto central dessas teorias é aferir, nesse primeiro momento, se um determinado fato deu causa, ou seja, contribuiu para o resultado. A possibilidade de imputação do resultado ao agente e, por conseguinte, a integralização do fato típico em relação a ele, será verificada em momento posterior, mediante a análise da causalidade psíquica, ou seja, se há dolo ou culpa na conduta desenvolvida pelo agente.

Em síntese, primeiro verifica-se a causalidade objetiva, para, na sequência, proceder-se à análise da causalidade psíquica.

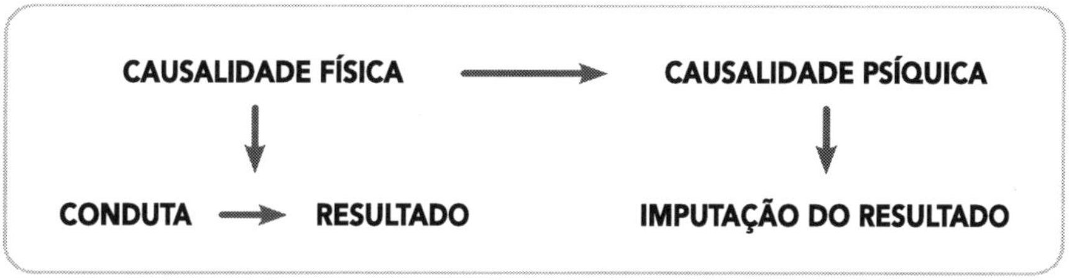

Dentre as teorias para se aferir a causalidade objetiva, três merecem especial destaque:

a) teoria da causalidade adequada;

b) teoria da equivalência dos antecedentes;

c) teoria da imputação objetiva, que será estudada em tópico separado.

3.4.2.1 Teoria da causalidade adequada

Para a teoria da causalidade adequada, também chamada de teoria da condição qualificada, ou teoria individualizadora, a causa não seria somente aquela que contribuiu para o resultado, *mas aquela que foi efetivamente adequada para produzi-lo.* A conduta do agente somente poderá ser considerada causa do resultado quando efetivamente for apta e idônea a produzir o resultado.

Assim, para essa teoria, a comercialização de uma arma, em atividade lícita de comércio, não poderá ser considerada causa de um crime de homicídio, uma vez que não constitui conduta idônea à produção do resultado, pois armas não são vendidas em lojas para deliberadamente contribuir para a prática de crimes de homicídio.

A teoria da causalidade adequada agrega um juízo de valor à causalidade física, considerando causa somente a conduta adequada para produzir um resultado. Busca, como forma de evitar cursos causais imprevisíveis, estabelecer um sentido jurídico ao fenômeno causal, atribuindo um juízo de valor voltado à concepção da probabilidade, previsibilidade e adequação da conduta idônea a produzir o resultado.

Imaginemos a hipótese de um condutor de um veículo que, trafegando, de forma imprudente, em excesso de velocidade, provoca a colisão com a traseira do veículo que trafegava à sua frente. Por conta disso, esse veículo abalroado na traseira, que se encontrava com os freios e os pneus absolutamente gastos, foi arremessado para frente e atingiu um poste de energia elétrica, que caiu sobre uma pessoa, que caminhava indevidamente pelo local, já que interditado para obras. A pessoa lesionada foi encaminhada para o hospital, onde contraiu uma infecção que a levou a óbito. Pela teoria da causalidade adequada, o motorista imprudente que provocou a primeira colisão poderia, a depender do juízo de valor do julgador, não responder por nenhum delito, já que, considerando um juízo de probabilidade e previsibilidade, a sua conduta não teria sido idônea para a produção do resultado morte.

É exatamente nesse contexto a crítica que recai sobre essa teoria, justamente pelo fato da necessidade de se atribuir importância à análise valorativa da conduta do agente para estabelecer se constitui causa do resultado, deixando ao julgador a análise daquilo que foi ou não adequado à produção do resultado, podendo resultar em eventuais distorções ou injustiças.

3.4.2.2 Teoria da equivalência dos antecedentes causais

Para a teoria da equivalência dos antecedentes causais, também chamada teoria das condições, teoria da condição simples, teoria da condição generalizadora ou, ainda, teoria da *conditio sine qua non*, criada por Glaser e, posteriormente, desenvolvida por Von Buri e Stuart Mill, em 1873, considera-se causa todos os fatos que antecederam o resultado produzido. Em outras palavras, toda e qualquer conduta que, de algum modo, ainda que de forma menos relevante, tenha contribuído para a produção do resultado deve ser considerada sua causa.

O objetivo da teoria é identificar quando um fato ou uma conduta é um antecedente causal, independentemente do grau de contribuição para o resultado, sem se preocupar se uma causa se mostra mais relevante do que a outra, pois tudo que contribui para o resultado será causa. Para a teoria da equivalência dos antecedentes causais, não importa se a causa é efetivamente apta e idônea a produzir o resultado, considerando um juízo de probabilidade e previsibilidade. Não é realizado esse juízo de valor.

Com efeito, para verificar se determinada ação é causa do resultado, deve-se, mentalmente, excluí-la do encadeamento causal. Se com a sua exclusão o resultado teria deixado de ocorrer, a ação do agente será causa, independentemente do grau de relevância. É o denominado *procedimento hipotético de eliminação de Thyrén,* segundo o qual, se suprimido mentalmente determinado fato que integra o encadeamento do crime, o resultado naturalístico desaparecer, é porque tal fato ou conduta também será causa; entretanto, se com a eliminação da cadeia causal o resultado material permanecer, o fato ou conduta antecedente não será considerado causa.

O saudoso Damásio de Jesus expõe exemplo bastante elucidativo:

> Suponha-se que "A" tenha matado "B". A conduta típica do homicídio possui uma série de fatos, alguns antecedentes, dentre os quais podem ocorrer os seguintes: 1º) produção do revólver pela indústria; 2º) aquisição da arma pelo comerciante; 3º) compra do revólver pelo agente; 4º) refeição tomada pelo homicida; 5º) emboscada; 6º) disparo de projéteis na vítima; 7º) resultado morte. Dentro dessa cadeia de fatos, excluindo-se os fatos sob números 1º a 3º, 5º e 6º, o resultado não teria ocorrido. Logo, são considerados causa. Excluindo-se o fato sob o número 4º (refeição), ainda

assim o evento teria acontecido. Logo, a refeição tomada pelo sujeito não é considerada causa.[15]

Em síntese, se eliminarmos mentalmente a ação do agente e o resultado assim mesmo subsistir, forçoso concluir que o evento ocorreria ainda que a conduta não tivesse sido realizada, não sendo, por isso, possível considerar como causa. Nesse caso, não haverá nexo causal no episódio, não incidindo em relação a ele fato típico, pela ausência de um dos elementos. Logo, não haverá responsabilização penal do agente, salvo se os fatos anteriores por ele praticados forem autonomamente típicos.

De outro lado, se eliminarmos mentalmente a ação do agente e o resultado não subsistir, haverá nexo de causalidade, devendo ser imputado ao agente a produção do resultado. Isso porque se o agente não tivesse praticado a conduta, o resultado não teria ocorrido, havendo, pois, entre ambos a relação de causa e efeito.

Tomemos como exemplo uma gestante que, desejando interromper a gravidez com a morte do feto, ingere substância apta a provocar o aborto. Todavia, antes da substância produzir efeito, a gestante acidentalmente cai de uma escada e, em decorrência do impacto, há interrupção da gravidez com a morte do feto. Se eliminada a conduta da gestante, o resultado morte do feto teria ainda assim ocorrido, uma vez que a queda da escada, que deu causa ao aborto, está desvinculada da sua conduta. Nesse caso, a queda da escada constitui causa absolutamente independente, não havendo, pois, nexo de causalidade entre a conduta da gestante (ingerir substância abortiva) e o resultado aborto. Logo, não há como imputar, de forma objetiva, à gestante a morte do feto, não sendo possível responsabilizá-la pelo aborto consumado, já que não deu causa ao resultado. Todavia, embora não tenha provocado o resultado morte do feto, a gestante deverá ser responsabilizada por aquilo que deu causa, ou seja, pelo ato até então praticado, consistente em ingerir substância abortiva, com a intenção de eliminar o feto. Logo, a gestante deverá ser responsabilizada pelo crime de aborto tentado (CP, art. 124 c/c art. 14, II).

Agora, se considerarmos a hipótese de a gestante ter sofrido a queda da escada em decorrência dos efeitos da substância abortiva ingerida, que a deixou atordoada, causando o aborto por conta do impacto relacionado à queda, haverá nexo causal entre a conduta da gestante e o resultado produzido. Isso porque, se eliminássemos mentalmente a ingestão da substância abortiva, a gestante não teria perdido o equilíbrio e sofrido a queda, resultando na interrupção da gravidez com a morte do feto. Logo, a conduta da gestante constitui causa do resultado, devendo responder por aborto consumado (CP, art. 124).

Imaginemos outro exemplo: o agente desfere uma facada numa pessoa que estava num bar, fugindo imediatamente do local. De repente, o bar é tomado por um incêndio que rapidamente alcançou grandes proporções, causando a morte da pessoa que levou a facada e dos demais frequentadores do bar, já que a única saída do local foi impedida pelas chamas. Adotando-se o procedimento hipotético de eliminação, verificaremos que, se eliminado o golpe de faca, o resultado morte pelo fogo decorrente do incêndio de grandes proporções persistiria. Logo, a conduta do agente que desferiu a facada não constitui causa do resultado morte, devendo, pois, responder por tentativa de homicídio (CP, art. 121 c/c art. 14, II).

De outro lado, se a pessoa atingida pelo golpe de faca viesse a falecer, porque, debilitada em razão dos ferimentos, não teve forças e condições para sair do local em chamas,

15. JESUS, Damásio E. *Direito penal* – Parte geral. São Paulo: Saraiva, 2010. v. 1, p. 288.

o agente responderá por homicídio consumado (CP, art. 121). Isso porque, adotando-se o procedimento hipotético de eliminação, verificaremos que, se eliminado o golpe de faca, o resultado morte pelo fogo desapareceria, já que a vítima, em tese, teria condições de sair do local. Logo, a conduta do agente que desferiu o golpe de faca constituiu causa do resultado morte, devendo, pois, responder por homicídio consumado.

Em outras palavras, se eliminarmos o antecedente (golpe de faca) e o resultado desaparecer (não haveria a morte), significa que o antecedente é a causa do resultado. De outro lado, se eliminarmos o antecedente (golpe de faca) e o resultado não desaparecer (haveria, de qualquer modo, a morte por conta do incêndio de grandes proporções), significa que o antecedente não é causa do resultado, não sendo possível imputar, de forma objetiva, o resultado à conduta do agente, que deve responder pelos atos anteriores, se típicos.

Em síntese, para verificar se determinado fato ou conduta antecedente contribuiu para o resultado e, portanto, constitui causa do evento, usa-se o procedimento hipotético de eliminação.

A aplicação do procedimento hipotético de eliminação deve considerar exatamente como o resultado ocorreu. Ou seja, na verificação da causalidade de um fato ou conduta antecedente deve-se verificar a *incidência do resultado em concreto, como objetivamente e efetivamente ocorreu, com todas as circunstâncias de modo, lugar, tempo* etc.

Imaginemos, por exemplo, que o agente "A" desfere um tiro contra a vítima e a joga em um barranco de terra. A vítima mortalmente ferida fica agonizando, na iminência de morrer. Antes, porém, de a vítima morrer, o agente "B" se aproxima e desfere um golpe fatal, causando-lhe a morte. Suprimindo-se mentalmente o segundo golpe, a vítima ainda assim teria morrido em face da conduta do primeiro agente. Logo, o agente "A" deu causa ao resultado morte e responderá por homicídio consumado. Em face disso, à primeira vista, parece que a conduta do agente "B" não deveria ser considerada causa do resultado. Todavia, sem ela o evento não teria ocorrido como ocorreu. Por isso, deve ser considerada causa. Logo, o agente "B" também responde por homicídio consumado.

3.4.2.2.1 Limites à teoria da equivalência dos antecedentes causais

A crítica que recai sobre a teoria da equivalência dos antecedentes causais consiste na possibilidade do chamado *regresso ao infinito*. De fato, se todas as causas e condições se equivalem, sem as quais o resultado não teria ocorrido, poder-se-ia aventar a hipótese de, no caso de um homicídio, responsabilizar o fabricante da arma e até mesmo a inusitada hipótese de responsabilizar os próprios pais do agente criminoso. De fato, se suprimirmos a fabricação da arma e o nascimento do agente, o resultado morte da vítima não teria ocorrido. Logo, a fabricação da arma e a concepção do agente foram causas para o resultado morte.

Buscando evitar situações inusitadas, consistentes na regressão indiscriminada dos antecedentes causais, a doutrina procurou estabelecer instrumentos para limitar o alcance dessa teoria, como, por exemplo, a localização do dolo e da culpa no tipo penal, as concausas absolutamente independentes, além da superveniência de causas relativamente independentes, bem como a imputação objetiva.

Nesse contexto, não basta para a responsabilização criminal do agente o mero nexo naturalístico, sendo necessário, ainda, o nexo normativo. *Assim, não basta apenas o nexo físico entre a conduta e o resultado, mas também uma relação de causalidade normativa.* No exemplo do homicídio, adotando-se cegamente a teoria da equivalência dos antecedentes, conclui-se que a concepção do agente pelos seus pais constitui, do ponto de vista naturalístico, causa para o evento, pois, se o agente não tivesse nascido, o resultado morte não teria ocorrido. Todavia, os pais não serão, à evidência, responsabilizados pela morte da vítima por força da total ausência de voluntariedade, isto é, porque não concorreram para a infração com dolo ou culpa.

Dessarte, *a causalidade objetiva,* por si só, não se mostra suficiente para a imputação do crime, sendo, ainda, necessária a presença da *causalidade psíquica,* verificando-se o dolo ou culpa na conduta do agente para a produção do resultado.

É o entendimento adotado pelo STJ:

> Penal. Processual penal. Recurso ordinário em *habeas corpus*. Art. 256, parágrafo único, do CP. Trancamento da ação penal. Atipicidade. Ausência de nexo causal. Teoria da equivalência dos antecedentes. Método de eliminação hipotético. Causalidade psíquica. Ausência de elemento subjetivo. Nexo material ou jurídico não evidenciado. Omissão imprópria descaracterizada. Recurso provido. 1. O trancamento da ação penal em sede de *habeas corpus* é medida excepcional, somente se justificando se demonstrada, inequivocamente, a ausência de autoria ou materialidade, a atipicidade da conduta, a absoluta falta de provas, a ocorrência de causa extintiva da punibilidade ou a violação dos requisitos legais exigidos para a exordial acusatória. 2. No Brasil, a relação de causalidade é decifrada pela conjugação entre a teoria da equivalência dos antecedentes causais (art. 13 do CP), o método de eliminação hipotético e o filtro de causalidade psíquica (*imputatio delicti*). Em apertada síntese, uma ação poderá ser considerada causa do evento danoso se, suprimida mentalmente do contexto fático, o resultado teria deixado de ocorrer tal como ocorreu. Ainda, de forma a evitar o regresso ao infinito, deve-se sempre perscrutar o elemento subjetivo (dolo ou culpa) que anima a conduta do agente. 3. Na hipótese, não se vislumbra dos termos da inicial incoativa a demonstração de nexo material, jurídico ou de evitação entre conduta exercida por representante legal de sociedade empresarial contratante de empreitada e o desabamento ocorrido em obra sob a supervisão de construtora contratada, que resultou na morte de um de seus funcionários. 4. Recurso provido a fim de trancar a ação penal em relação ao recorrente.[16]

Em síntese:

3.4.2.3 Teoria aplicada

Em relação ao nexo de causalidade, *o Código Penal adotou, como regra, a teoria da equivalência dos antecedentes causais*. Nos termos do art. 13, *caput*, 2ª parte, do CP, considera-se causa a ação ou omissão sem a qual o resultado não teria ocorrido.

---

16. STJ, RHC nº 80142/SP, rel. Min. Maria Thereza de Assis Moura, 6ª T., j. 28-3-2017.

Excepcionalmente, como se verá a seguir, adota-se a teoria da causalidade adequada na hipótese de incidência de uma causa superveniente relativamente independente. Isso porque o próprio Código Penal, no artigo 13, § 1º, prevê o rompimento do nexo causal, não sendo possível imputar ao agente, no contexto de causa superveniente relativamente independente, o resultado, mas somente os fatos anteriores por ele praticados.

3.4.3 Espécies de causas ou concausas

3.4.3.1 Introdução

Considerando a linha de desdobramento natural da atividade criminosa, a conduta desenvolvida pelo agente constitui causa direta do resultado produzido. Há um vínculo, liame, ligação entre causa e efeito.

Todavia, não é raro acontecer de o resultado decorrer da conjunção de mais de uma causa. Ou seja, além da conduta do agente, outra causa contribuir para a produção do resultado, havendo, pois, concorrência de causas, ensejando o que se convencionou denominar *concausas.*

Concausa, portanto, é a reunião de causas que contribuíram, de algum modo, para a produção do resultado. Em outras palavras, além da conduta do agente, outra causa, externa à vontade do autor, contribuiu para o resultado.

3.4.3.2 Causas dependentes e independentes

Causa dependente é aquela que somente existe em decorrência da conduta desenvolvida pelo agente. Não tem capacidade de, por si só, de forma desvinculada à conduta do agente, produzir o resultado. Em outras palavras, é a causa que depende da conduta do agente para provocar o resultado.

A causa dependente, portanto, se insere na linha de desdobramento causal da conduta do agente, integrando o curso normal entre a conduta e o resultado produzido.

Tomemos como exemplo a conduta do agente, que, pretendendo matar desafeto, após imobilizá-lo, coloca-o no porta-malas de um veículo, empurrando-o até um rio, gerando a morte por afogamento. A asfixia por afogamento, isoladamente considerada, sem a existência da conduta do agente, não seria capaz de causar a morte da vítima. Com efeito, a asfixia por afogamento somente deu causa à morte da vítima, porque antes o agente a amarrou, colocou-a no porta-malas do veículo e a jogou no rio. Logo, o resultado (morte em virtude da asfixia por afogamento) somente existiu em decorrência da conduta do agente.

No caso, a morte pela asfixia se inseriu na linha de desdobramento causal da conduta do agente, já que somente foi deflagrada a partir da ação voltada a imobilizar a vítima, colocá-la no porta-malas do veículo e empurrá-lo até o rio. Note-se que todo o evento se encontra na mesma linha de desdobramento causal, já que a produção do resultado está diretamente vinculada à conduta do agente.

Causa independente, ao contrário, é aquela que não depende da conduta do agente para produzir resultado, porque tem força suficiente para, isoladamente ou por si só, gerar um resultado.

A causa independente não está inserida na linha de desdobramento causal entre a conduta e o resultado, já que, por si só, foi capaz de produzir o resultado, independentemente da conduta do agente.

Exemplo: Imaginemos que o agente, desejando matar seu desafeto, efetue disparos de arma de fogo, atingindo-o. Todavia, verifica-se, por meio de laudo pericial, que os disparos efetuados não deram causa à morte da vítima, mas sim o veneno que teria ingerido antes com intenção suicida. O veneno, por si só, deu causa ao resultado morte, independentemente da conduta desenvolvida pela vítima. Logo, o veneno seria uma causa independente da conduta do agente, já que não se encontra na linha de desdobramento natural da conduta do agente.

Conforme sua origem, as causas podem ser absoluta ou relativamente independentes.

3.4.3.3 Causas absolutamente independentes

Causas absolutamente independentes são aquelas *desvinculadas da conduta do agente.* Com efeito, a expressão "absolutamente" serve para designar que a outra causa por si só produziu o resultado, independentemente da conduta do agente. São causas que não se inserem na linha do desdobramento natural da conduta do agente, ou seja, são causas inusitadas, desvinculadas da ação do agente, surgindo de fonte distinta. Há, na verdade, quebra do nexo causal entre a conduta do agente e o resultado gerado por essa outra causa.

Em outras palavras, ainda que o agente não tivesse desenvolvido qualquer conduta, a outra causa seria capaz de, por si só, produzir o resultado naturalístico.

Em relação à conduta do agente, as causas absolutamente independentes podem ser: a) preexistente; b) concomitante; c) superveniente.

a) Causa absolutamente independente preexistente

É aquela causa que já existia antes da conduta do agente, que produz o resultado independentemente da sua ação. É a causa absolutamente desvinculada da conduta do agente, que já existia antes da ação desenvolvida por ele. Não teve origem, pois, na conduta do agente.

Em outras palavras, o resultado teria ocorrido em decorrência dessa causa preexistente, tendo o agente desenvolvido ou não qualquer conduta.

> Exemplo: O agente desfere um disparo de arma de fogo contra a vítima, que, no entanto, vem a falecer pouco depois, não em consequência dos ferimentos recebidos, mas porque antes ingerira veneno com a intenção suicida.

Nesse caso, há a conduta do agente (efetuar o disparo), mas o que gerou o resultado morte foi outra causa (o veneno). Essa outra causa é *independente* da conduta do agente (porque por si só produziu o resultado). É *absolutamente* independente (porque não teve origem na conduta do agente, pois, mesmo que não tivessem ocorrido os disparos, o resultado ainda assim teria ocorrido). É *preexistente* porque essa outra causa (veneno) já existia antes da ação do agente.

b) Causa absolutamente independente concomitante

É aquela causa que incide no exato momento da ação desenvolvida pelo agente, produzindo por si só o resultado. *Surge simultaneamente à conduta delituosa,* mas absolutamente desvinculada dela, ou seja, sua incidência não tem origem na conduta do agente.

Em síntese, trata-se de causa que surge no exato momento da ação do agente, mas absolutamente desvinculada dela, e que, por si só, produz o resultado naturalístico. Se o agente não tivesse desenvolvido qualquer conduta, a outra causa ainda assim teria produzido o resultado naturalístico.

Exemplo: Wilson, percebendo que a vítima estava de costas, desfere disparos de arma de fogo em sua direção, atingindo-a no exato momento em que ela sofre um mal súbito, seguido de parada cardíaca. Constata-se, por laudo pericial, que a vítima veio a falecer exclusivamente por força de infarto do miocárdio.

Nesse caso, há a conduta do agente (desferir disparos de arma de fogo), mas o que gerou o resultado morte foi outra causa (infarto do miocárdio). O mal súbito com infarto do miocárdio se trata de causa *independente* da conduta do agente (porque por si só produziu o resultado). É *absolutamente* independente (porque não teve origem na conduta do agente, pois mesmo que não tivessem sido desferidos os disparos, o resultado ainda assim teria sido produzido). É *concomitante* porque essa outra causa (mal súbito com infarto do miocárdio) ocorreu exatamente no momento da ação do agente.

c) Causa absolutamente independente superveniente

É a causa que incide após a ação desenvolvida pelo agente. *Surge posteriormente à conduta* do agente, sendo absolutamente desvinculada dela, ou seja, sua incidência não tem origem na conduta do agente.

Imaginemos que Wilson ministra veneno na alimentação da sua sogra. No entanto, antes do veneno produzir efeitos, seu cunhado Lelo, que também odeia a sogra, entrou na residência da vítima e desferiu vários disparos de arma de fogo contra ela, causando-lhe sua morte.

Nesse caso, há a conduta do agente Wilson (ministrar veneno), mas o que gerou o resultado morte foi outra causa (disparos de arma de fogo efetuados por Lelo). Os disparos de arma de fogo constituem causa *independente* da conduta do agente Wilson (porque por si só produziram o resultado). É *absolutamente* independente (porque não teve origem na conduta do agente Wilson, pois ainda que não tivesse ministrado o veneno, o resultado ainda assim teria ocorrido). É *superveniente* porque essa outra causa (disparos de arma de fogo efetuados por Lelo) ocorreu depois da conduta do agente.

3.4.3.3.1 Efeitos das causas absolutamente independentes

Em todas as espécies de causas absolutamente independentes, verifica-se uma quebra do nexo causal entre a conduta do agente e o resultado produzido. Isso porque não foi a conduta do agente que produziu o resultado naturalístico, mas outra causa absolutamente desvinculada da sua conduta.

Com efeito, adotando-se a teoria da equivalência dos antecedentes causais e o procedimento hipotético de Thyrén, suprimindo a conduta do agente, o resultado ainda assim teria ocorrido da forma como ocorreu. Logo, a conduta do agente não deu causa ao resultado naturalístico, não sendo, portanto, possível imputar-lhe o crime consumado.

Assim, adotando o disposto no art. 13, *caput*, do CP, quando a causa é absolutamente independente da conduta do sujeito, há exclusão da causalidade decorrente da conduta, devendo o agente responder somente por aquilo que deu causa.

Nos exemplos acima, a causa da morte não tem ligação alguma com o comportamento do agente. Em face disso, o agente não responde pelo resultado morte, mas sim pelos atos praticados antes de sua produção. Isso porque ocorreu a ruptura do nexo causal entre a sua conduta e o resultado. Assim, como o dolo era de matar, o agente responderia por tentativa de homicídio.

Se o dolo for de lesão, vindo a vítima a falecer por força de causa absolutamente independente, o agente responderá por aquilo que deu causa, ou seja, lesão corporal leve, grave ou gravíssima, conforme o caso.

3.4.3.4 *Causas relativamente independentes*

Causas relativamente independentes são aquelas vinculadas à conduta do agente. A expressão "relativamente" serve para designar que a outra causa, que por si só produziu o resultado, *teve origem na conduta do agente.*

Como são causas independentes, produzem por si sós o resultado, não se situando dentro da linha de desdobramento causal da conduta. Por serem, no entanto, apenas relativamente independentes, encontram sua origem na própria conduta praticada pelo agente, ou seja, a causa relativamente independente somente foi desencadeada a partir da conduta do agente.

Analisadas isoladamente, a conduta do agente e a outra causa não seriam capazes de gerar o resultado. Todavia, se consideradas de forma conjugada, a junção da conduta do agente e da outra causa dela originada enseja a produção do resultado naturalístico.

Aqui não há, de regra, uma quebra do nexo causal, mas uma soma entre as causas, que, ao final, conduzem ao resultado lesivo.

Em síntese, se o agente não tivesse desenvolvido a conduta, a outra causa não incidiria e, por conseguinte, não haveria a produção de qualquer resultado naturalístico.

Também são três as espécies de causas relativamente independentes: a) preexistente; b) concomitante; c) superveniente.

a) Causa relativamente independente preexistente

É a causa que já existia antes da conduta do agente, que somente foi desencadeada a partir da ação ou omissão desenvolvida, produzindo, por si só, o resultado. Ou seja, se a conduta criminosa não tivesse sido desenvolvida, a causa preexistente não teria incidido. Logo, essa causa teve origem na ação desenvolvida pelo agente.

Exemplo: Lelo, com a intenção de matar, desfere um golpe de faca em Bilia, que é portadora de hemofilia, atingindo-a superficialmente na região do tórax. Todavia, a lesão provocou choque hemorrágico e sangramento intenso, causando a morte da vítima. O golpe de faca, isoladamente considerado, não seria capaz de causar a morte da vítima. Da mesma forma, a hemofilia, isoladamente considerada, não seria capaz de causar a morte da vítima. Entretanto, o golpe de faca somado ao estado de saúde da vítima (hemofilia) ensejou sua morte, em face do choque hemorrágico e do intenso sangramento. Note-se que a hemofilia por si só produziu o resultado, já que foi a causa principal da morte da vítima. Essa causa, contudo, incidiu somente a partir da conduta de Lelo.

Nesse caso, há a conduta do agente (golpe de faca), mas o que desencadeou efetivamente o resultado morte foi outra causa (hemofilia). Essa outra causa é *independente* da conduta do agente (porque por si só produziu o resultado). É *relativamente* independente (porque teve origem na conduta do agente, pois, se não tivesse desferido a facada, essa outra causa não seria desencadeada e o resultado não ocorreria). É *preexistente* porque essa outra causa (hemofilia) já existia ao tempo da ação do agente.

Nesse caso, como há uma soma de causas e não quebra do nexo causal, o agente responde pelo resultado pretendido. No caso, responderá por homicídio consumado, a menos que não tenha concorrido para ele com dolo ou culpa.

Isso, porque, segundo doutrina majoritária, a imputação do resultado ao agente exige que ele tenha conhecimento do estado de saúde do agente (que denota dolo) ou que, pelo menos, que lhe fosse previsível (indicativo de culpa).

Assim, se, por exemplo, o agente não sabia do estado de saúde da vítima e não lhe era possível saber, não seria possível lhe atribuir o resultado morte, devendo, no caso, responder por tentativa de homicídio, se agiu com intenção de matar, ou lesão corporal (leve, grave ou gravíssima, conforme o caso), se agiu com intenção de lesionar.

b) Causa relativamente independente concomitante

É aquela causa que incide no exato momento da ação desenvolvida pelo agente, e em razão dela. Ou seja, a incidência da causa concomitante teve origem na conduta do agente.

Em síntese, trata-se de causa que surge no exato momento da ação do agente, sendo dela originada, produzindo por si só o resultado naturalístico. Se o agente não tivesse desenvolvido qualquer conduta, a outra causa não teria incidido e, por conseguinte, não haveria produção de qualquer resultado.

Exemplo: Lelo, com intenção de matar Bilia, sabidamente pessoa idosa e com saúde frágil, desenvolve ataque contra a vítima, munido de uma faca, buscando atingi-la. Bilia, em decorrência da ação de Lelo, sofreu intenso susto, o que potencializou a descompensação da frequência cardíaca, levando-a a sofrer infarto do miocárdio e, por consequência, à morte. O ataque de faca, isoladamente considerado, não seria capaz de causar a morte da vítima. A idade e a saúde debilitada da vítima, isoladamente consideradas, não seriam capazes de causar a morte, pelo menos da forma como ocorreu. Entretanto, a ação de Lelo somada a descompensação da frequência cardíaca da vítima deram causa ao resultado morte. Note-se que o infarto do miocárdio produziu por si só o resultado naturalístico, sendo, por isso, a causa principal da morte da vítima. Essa causa, contudo, incidiu somente a partir da conduta desenvolvida pelo agente.

Nesse caso, há a conduta do agente (ataque mediante golpe de faca), mas o que desencadeou efetivamente o resultado morte foi outra causa (infarto do miocárdio). Essa outra causa é *independente* da conduta do agente (porque por si só produziu o resultado). É *relativamente* independente (porque teve origem na conduta do agente, pois, se não tivesse desferido o ataque a faca, essa outra causa não seria desencadeada e o resultado não ocorreria). É *concomitante* porque a outra causa (infarto do miocárdio) foi potencializada no exato momento da conduta do agente.

Dessarte, como há uma soma de causas e não quebra do nexo causal, o agente responde pelo resultado pretendido, consistente, no caso, no crime de homicídio consumado.

Convém registrar que a causalidade objetiva, por si só, não se mostra suficiente para a imputação do resultado final ao agente, sendo, ainda, necessária a presença da causalidade psíquica, consistente no dolo ou culpa na conduta do agente para a produção do resultado. No caso do exemplo acima, considerando a idade avançada e a saúde debilitada da vítima, sintomático que estava na esfera de conhecimento do agente a possibilidade de ser desencadeada a descompensação cardíaca e o infarto do miocárdio.

Portanto, para que o agente responda pelo resultado final, a concausa relativamente independente concomitante deve ser conhecida do agente ou ao menos existir possibilidade de conhecimento, sob pena de responsabilidade penal objetiva.

c) **Causa relativamente independente superveniente**

É a causa que surge posteriormente à conduta do agente, estando vinculada a ela, ou seja, somente incidiu a partir da ação desenvolvida pelo agente.

Assim, nesse caso, quando a concausa superveniente relativamente independente for capaz de, por si só, ocasionar o resultado naturalístico, haverá a exclusão da responsabilidade do agente pelo resultado ocorrido, devendo este responder pelos atos até então praticados.

Exemplo: O agente desferiu um golpe de faca contra a vítima, com a intenção de matá-la. Ferida, a vítima é colocada numa ambulância e levada ao hospital. Durante o trajeto, o veículo se envolve num acidente, vindo a vítima a falecer exclusivamente pelo traumatismo craniano decorrente da colisão da ambulância com outro veículo. A causa é independente, porque a morte foi provocada pelo acidente e não pela facada, mas essa independência é relativa, já que, se não fosse o golpe de faca, a vítima não estaria na ambulância acidentada e não morreria. Tendo atuado posteriormente à conduta, denomina-se causa superveniente.

Nesse caso, há a conduta do agente (golpe de faca), mas o que desencadeou efetivamente o resultado morte foi outra causa (traumatismo decorrente do acidente). Essa outra causa é *independente* da conduta do agente (porque por si só produziu o resultado). É *relativamente* independente (porque teve origem na conduta do agente, pois, se não tivesse desferido a facada, a vítima não estaria na ambulância e, portanto, não teria falecido por conta do acidente). É *superveniente* porque essa outra causa (traumatismo pelo acidente) surgiu depois da conduta do agente. Assim, o agente não responde pelo resultado ocorrido, mas somente pelos atos anteriores, que, no caso, foi tentativa de homicídio.

Com efeito, nos termos do art. 13, § 1º, do CP, a superveniência de causa relativamente independente exclui a imputação do resultado ao agente quando, por si só, deu causa resultado, entendendo-se, assim, quando o resultado não tenha decorrido de um desdobramento da conduta física ou natural do agente.

3.4.3.4.1 *Efeitos das causas relativamente independentes*

Em relação às *causas preexistentes e concomitantes relativamente independentes,* não há rompimento ou quebra do nexo causal, mas conjunção entre a conduta do agente e a causa preexistente e concomitante.

Aplicando-se a teoria da equivalência dos antecedentes causais, prevista no art. 13, *caput,* do CP, suprimindo-se mentalmente a conduta do agente, o resultado não ocorreria como efetivamente ocorreu.

Há uma soma entre a conduta do agente e a causa preexistente e concomitante relativamente independente, razão pela qual deverá ser responsabilizado pelo resultado naturalístico.

Dessarte, nos exemplos mencionados nos itens relacionados às causas preexistentes e concomitantes relativamente independente, se o dolo do agente era de matar, responderá pelo crime de homicídio consumado; se, no entanto, o dolo era de lesionar, mas, culposamente, causar o resultado morte, responderá pelo crime de lesão corporal seguida de morte (CP, art. 129, § 3º).

Como dito acima, convém registrar que a causalidade objetiva, por si só, não se mostra suficiente para a imputação do resultado final ao agente, sendo, ainda, necessária a presença da causalidade psíquica, verificando-se o dolo ou culpa na conduta do agente para a produção do resultado.

Em relação às *causas relativamente independentes supervenientes,* o legislador conferiu tratamento específico, previsto no art. 13, § 1º, do CP. Quando a concausa superveniente relativamente independente ensejar, por si, o resultado naturalístico, haverá exclusão da responsabilidade do agente em relação ao resultado ocorrido. Isso porque não foi a conduta do agente que produziu o resultado, mas outra causa superveniente, suficientemente capaz de, por si só, ocasionar o resultado naturalístico.

Assim, tomemos como exemplo o fato de Lelo efetuar disparo de arma de fogo contra Bilia, que, após ser atingida, foi levada ao hospital. Dois dias depois da internação, o hospital é tomado por um incêndio, decorrente de um curto-circuito no sistema elétrico, que causou a morte de alguns pacientes, dentre eles a vítima Bilia. Nesse caso, há uma causa superveniente à conduta do agente, que, por si só, produziu o resultado (o incêndio). Trata-se de causa relativamente independente, porque, se Lelo não tivesse efetuado os disparos, Bilia não estaria no hospital e não teria ocorrido o resultado da forma como ocorreu. Como o incêndio não se localiza dentro do desdobramento natural de um disparo de arma de fogo, Lelo não responderá pelo resultado morte de Bilia, já que ocorreu uma ruptura entre o nexo causal da sua conduta e o resultado. Todavia, os atos até então praticados deverão ser imputados ao agente, ou seja, Lelo deverá responder por tentativa de homicídio (CP, arts. 121 c/c 14, II).

Por isso, em relação às causas supervenientes relativamente independentes, adota-se a teoria da causalidade adequada, já que a conduta do agente não se encontra na linha de desdobramento natural em relação à efetiva causa do resultado. Logo, a conduta do agente não se revela apta ou adequada para a produção do resultado, razão pela qual há exclusão da imputação, devendo o agente responder apenas pelos fatos anteriores praticados.

3.4.3.4.2 Efeitos das causas supervenientes que se encontram dentro da linha do desdobramento da conduta

Se a causa superveniente está na linha do desdobramento físico ou anatomopatológico da ação, o resultado é atribuído ao agente. Isso porque a segunda causa guarda relação com a primeira, num desdobramento causal obrigatório.

Assim, tomemos como exemplo o fato de Lelo efetuar disparo de arma de fogo contra Bilia, que, após ser atingida, foi levada ao hospital. Dois dias depois da internação, Bilia contraiu infecção no ferimento causado pelos disparos de arma de fogo efetuados por Lelo, vindo a falecer. Nesse caso, como a infecção dos ferimentos se localiza dentro do desdobramento natural de um disparo de arma de fogo, Lelo responderá pela morte de Bilia, já que o resultado foi consequência de um desdobramento normal da conduta do agente, devendo, pois, ser imputado a ele o crime de homicídio consumado (CP, art. 121).

A propósito, conforme já decidiu o STJ:

> O fato de a vítima ter falecido no hospital em decorrência das lesões sofridas, ainda que se alegue eventual omissão no atendimento médico, encontra-se inserido no desdobramento físico do ato de atentar contra a vida da vítima, não caracterizando constrangimento ilegal a responsabilização criminal por homicídio consumado, em respeito à teoria da equivalência dos antecedentes causais adotada no Código Penal e diante da comprovação do *animus necandi* do agente.[17]

---

17. STJ, HC nº 42559/PE, rel. Min. Arnaldo Esteves de Lima, 5ª T., j. 4-4-2006.

Da mesma forma, imaginemos, hipoteticamente, que Lelo conduziu seu veículo automotor de forma imprudente, com excesso de velocidade, estando Bilia no banco do carona. Em determinado momento, Lelo perde o controle do veículo, chocando-se contra uma árvore. O impacto foi tão intenso que provocou incêndio no veículo, causa da morte de Bília, uma vez que não conseguiu sair a tempo do interior do veículo. O incêndio no veículo (concausa superveniente) foi decorrência direta e imediata do abalroamento do carro numa árvore por conduta imprudente do agente. Assim, não havendo quebra do nexo causal, o resultado deve ser imputado a quem lhe deu causa, ou seja, Lelo deverá responder pelo crime de homicídio culposo na condução de veículo automotor (CTB, art. 302).

Nessa linha de entendimento, o STJ decidiu que não há falar na existência de causa superveniente independente e, por conseguinte, na descaracterização do delito de latrocínio, na hipótese em que os réus, praticando atos com o intuito de garantir a consumação do delito de roubo, envolvem-se, no desdobramento causal da ação criminosa, em acidente automobilístico, do qual resulta a morte da vítima. No corpo da decisão, constou ainda que:

> O § 1º do art. 13 do CP não tem aplicação no caso, porquanto a morte do ofendido constitui, distintamente do alegado, desdobramento do ilícito que estava a ser perpetrado pelo recorrente. O resultado morte ocorreu no curso da prática do roubo, enquanto a vítima estava no porta-malas do automóvel subtraído (em local impróprio para o transporte de pessoas, situação de inegável risco), em evidente ato de violência física. Privação de liberdade esta voltada à garantia do desfecho do ilícito, quando o agente buscava a consumação do delito.[18]

Não havendo, portanto, rompimento do nexo causal, o agente responderá pelo resultado se o tiver causado por dolo ou culpa. Tratando-se, contudo, de causa inesperada e inusitada, fato que somente as peculiaridades de cada caso concreto podem ditar, ficará rompido o nexo causal, passando a concausa a ser considerada superveniente relativamente independente.

3.4.4 Relevância causal nos crimes omissivos

3.4.4.1 Considerações gerais e teoria adotada

A conduta humana não se revela apenas a partir de um movimento corpóreo, traduzido por uma ação. De fato, ao lado da ação, a conduta omissiva constitui uma forma independente de conduta humana, suscetível de ser regida pela vontade dirigida para um fim.

O crime omissivo se configura quando o agente deixa de fazer aquilo que poderia e deveria fazer, o que estaria obrigado em virtude de lei.

A doutrina costuma fazer referência a duas teorias para explicar a conduta omissiva: a teoria naturalística e a teoria normativa.

Para a *teoria naturalística,* a omissão é um fenômeno causal, perceptível no mundo dos fatos, já que, em que pese a ausência de atividade corpórea, enseja a possibilidade de gerar um resultado. Caracteriza-se, portanto, por um "fazer", ou seja, um comportamento positivo: quem se omite faz alguma coisa.

Esta teoria recebeu críticas, sobretudo por considerar que a modificação do mundo exterior ou resultado naturalístico é provocada pelo comportamento humano omissivo. Com

18. STJ, AgRg no HC nº 584314/SP, rel. Min. Laurita Vaz, 6ª T., j. 30-6-2020.

efeito, a omissão não influencia no processo de causa e efeito, pois quem se omite não faz absolutamente nada, e, por conseguinte, não pode produzir qualquer resultado. Em outras palavras, dentro da lei da causa e efeito, a omissão não pode ser provocadora de nenhum resultado.

Por isso, a *teoria adotada pelo nosso Código Penal é a teoria normativa.* Para a teoria normativa, a omissão é um nada, não sendo apta, portanto, a produzir qualquer resultado. Quem se omite nada faz, portanto, nada causa. Assim, *a priori*, o omitente não responde pelo resultado, já que não o provocou. Todavia, de modo excepcional, admite-se, por força da teoria normativa, que o omitente seja responsabilizado pelo resultado, desde que esteja inserido em uma das hipóteses do chamado "dever jurídico de agir".

Em outras palavras, conforme a teoria normativa, para que a omissão tenha relevância causal (por presunção legal), há necessidade de uma norma (por isso teoria normativa) impondo, na hipótese concreta, o dever jurídico de agir. Se presente o dever jurídico de agir, pode-se responsabilizar o agente que se omitiu quando deveria agir pelo resultado gerado. E esse dever de agir para impedir o resultado se encontra inserto no art. 13, § 2º, do CP.

Os crimes omissivos podem ser próprios ou impróprios (ou comissivos por omissão).

3.4.4.2 Crimes omissivos próprios

São os que se perfazem com a simples conduta negativa do sujeito, independentemente da produção de qualquer consequência posterior.

Há um tipo penal específico descrevendo a conduta omissiva. O verbo nuclear do tipo descreve uma conduta omissiva, contendo no seu bojo uma norma exigindo postura ativa. Nesse caso, o crime consiste em o sujeito amoldar a sua conduta ao tipo legal que descreve uma conduta omissiva. Em síntese, o agente será responsabilizado por não cumprir o dever de agir contido implicitamente na norma incriminadora.

São exemplos de crimes omissivos próprios o crime de omissão de socorro (CP, art. 135), abandono material (CP, art. 244), omissão de notificação de doença (CP, art. 269).

Nos crimes omissivos próprios, para a consumação do delito, basta a abstenção ou desobediência ao dever de agir. A obrigação do agente é de agir e não de evitar o resultado. O resultado que eventualmente surgir dessa omissão será irrelevante para a consumação do crime, podendo apenas configurar uma majorante ou uma qualificadora.

Não admite, portanto, tentativa, uma vez que não é possível fracionar a conduta omissiva propriamente dita: ou o agente desenvolve a conduta contida na norma, e não há crime; ou o agente deixa de agir, e o crime estará consumado.

No crime de omissão de socorro (CP, art. 135), por exemplo, se o agente prestar assistência à pessoa ferida, não haverá, evidentemente, crime; todavia, no momento em que deixar de prestar assistência, ou seja, desenvolver conduta omissiva, o crime estará consumado.

Os crimes omissivos próprios incidem, como regra, na modalidade dolosa.

Conforme decidiu o STJ, o delito previsto no art. 297, § 4º, do CP: "Trata-se de crime omissivo próprio, em que se consuma com a contratação do empregado sem as anotações na sua carteira de trabalho – CTPS, tal como evidenciado nas instâncias ordinárias, motivo pelo qual deve ser reconhecida a tipicidade da conduta".[19]

19. STJ, AgRg no REsp nº 1852359/PA, rel. Min. Nefi Cordeiro, 6ª T., j. 6-10-2020.

Em síntese:

CRIMES OMISSIVOS PRÓPRIOS

- Tipo penal específico
- Dever de agir, mas não o de evitar o resultado
- Crimes de mera conduta
- Não admitem tentativa
- Existem somente na modalidade dolosa

3.4.4.3 Crimes omissivos impróprios ou comissivos por omissão

3.4.4.3.1 Introdução

Os crimes omissivos impróprios ou comissivos por omissão são delitos em que a punibilidade advém da circunstância de o sujeito, que a isto se encontrava obrigado, não ter evitado a produção do resultado, embora pudesse fazê-lo. O agente se omite, ocorrendo o resultado. Isso não quer dizer que ele produz o resultado, uma vez que da omissão nada surge fisicamente. Ocorre que a lei considera que o não fazer tem o mesmo valor do fazer. Assim, pode-se praticar um homicídio por meio de um comportamento positivo – ação – (desferir facadas, p. ex.) ou negativo (deixar a vítima morrer de inanição).

Nos crimes omissivos impróprios, o agente não tem simplesmente a obrigação de agir, mas a *obrigação de agir para evitar um resultado,* isto é, deve agir com a finalidade de impedir a ocorrência de determinado evento. Nos crimes comissivos por omissão há, na verdade, um crime material, isto é, um crime de resultado naturalístico.

O tipo penal descreve uma conduta ativa, ou seja, o verbo nuclear do tipo descreve uma ação, incidindo, no entanto, o tipo penal à conduta omissiva, por conta do dever de agir para evitar o resultado descrito na norma incriminadora. Em outras palavras, o agente será responsabilizado por ter deixado de agir quando estava juridicamente obrigado a desenvolver uma conduta para evitar o resultado.

A adequação típica entre a conduta omissiva e o tipo penal incriminador exige, necessariamente, a passagem pelo disposto no art. 13, § 2º, do CP, que prevê os agentes garantidores da evitação do resultado. Trata-se, portanto, de norma de extensão, que estabelece a ponte entre a conduta omissiva e o tipo penal. Há, em síntese, uma adequação típica indireta ou mediata.

De fato, o CP, no art. 13, § 2º, regulamentou expressamente as hipóteses em que o agente assume a condição de garantidor, devendo, no entanto, ser observados alguns pressupostos, consistentes na possibilidade de agir e no dever de agir.

3.4.4.3.2 Pressupostos

a) Possibilidade real de agir

O poder agir é um pressuposto básico de todo comportamento humano. Também na omissão, evidentemente, é necessário que o sujeito tenha a possibilidade física de agir, para que se possa afirmar que não agiu voluntariamente.

Trata-se de uma possibilidade real e concreta do agente, no contexto da situação fática, considerando-se como padrão do homem médio, evitar o resultado penalmente relevante. É o que se extrai do próprio art. 13, § 2º, do CP, especificamente na expressão "podia agir".

Exemplo: O médico plantonista tem o dever de agir para impedir que determinado enfermo venha a óbito. Todavia, se um médico plantonista deixar de atender um paciente que acabou vindo à óbito, porque estava atendendo a outro enfermo em situação de emergência, à evidência, não poderá ser responsabilizado pela morte do paciente que aguardava atendimento.

Assim, ausente qualquer possibilidade real de agir para evitar o resultado, não será possível imputar o resultado ao agente; se, todavia, havia possibilidade de agir para evitar o resultado, a omissão do agente será penalmente relevante, sendo possível a sua responsabilização criminal.

b) Dever de agir

Nem todas as pessoas têm o dever de agir para evitar o resultado, mas somente aquelas que se revestem dessa condição. Há, basicamente, dois critérios para estabelecer o dever de agir: judicial ou legal.

De acordo com o critério judicial, incumbe ao magistrado, considerando as peculiaridades do caso concreto, realizar a análise da incidência ou não do dever de agir para evitar o resultado.

Pelo critério legal, cabe ao legislador definir, de forma taxativa, aqueles que têm o dever de agir para evitar o resultado. Esse critério, por priorizar o aspecto objetivo, confere maior segurança jurídica na definição do agente garantidor sujeito a responder pelo resultado decorrente da sua omissão, já que não fica atrelado ao subjetivismo do julgado.

Foi o critério adotado pelo Código Penal, uma vez que o art. 13, § 2º, do CP, definiu, nas suas alíneas, aqueles a quem incumbe o dever de agir em decorrência da lei, do compromisso assumido ou do risco criado.

3.4.4.3.3 Hipóteses do dever de agir para evitar o resultado

Diversamente dos crimes omissivos propriamente ditos, em que há o dever de agir, nos crimes omissivos impróprios o agente não tem somente o dever de agir, mas também o de agir para evitar o resultado.

O agente que se reveste da condição de garante tem o dever de agir para evitar o resultado. Se, todavia, o agente adotar conduta omissiva, o resultado gerado será imputado a ele. Ou seja, a omissão do agente que possui o dever de agir ensejará sua responsabilização pelo resultado produzido.

Nos termos do art. 13, § 2º, do CP, o dever de agir incumbe a quem: a) tenha por lei obrigação de cuidado, proteção ou vigilância; b) de outra forma, assumiu a responsabilidade de impedir o resultado; c) com seu comportamento anterior, criou o risco da ocorrência do resultado.

a) Ter por lei obrigação de cuidado, proteção ou vigilância

A lei impõe o dever de cuidado, proteção ou vigilância. A expressão "lei", constante no art. 13, § 2º, *a*, do CP, deve ser considerada no seu sentido amplo, abrangendo não apenas as leis em sentido estrito, mas também decretos, regulamentos, portarias e até mesmo sentenças judiciais, já que possuem eficácia para imposição de um vínculo jurídico.

Trata-se, pois, de dever legal imposto a determinadas pessoas que têm a obrigação de agir para evitar o resultado. Se adotar postura omissiva, ou seja, deixar de agir, quando lhe era possível, responderá pelo resultado gerado.

Com efeito, se o sujeito, em virtude de sua abstenção, descumprindo o dever de agir, não busca evitar o resultado é considerado, pelo Direito Penal, como se o tivesse causado, devendo, pois, ser responsabilizado criminalmente pelo resultado gerado.

É o caso, por exemplo, dos pais em relação aos filhos (CF, art. 229; ECA, art. 22; CC, arts. 1.566, IV, e 1.568); do dever de mútuo auxílio entre os cônjuges (CC, art. 1.566, III). Também é certo o dever dos filhos maiores em relação aos pais pessoa idosa, carentes ou enfermos (CF, art. 229, 2ª parte; Lei nº 10.741/2003, art. 3º).

Assim, uma mãe desalmada, que, desejando ceifar a vida do filho de tenra idade, deixar de amamentá-lo, causando-lhe a morte, responderá pelo crime de homicídio, com eventuais qualificadoras e majorantes; se, todavia, deixou de alimentar o filho, por conta da sua negligência e ausência de cuidado, responderá pelo crime de homicídio culposo (CP, art. 121, § 3º).

Da mesma forma, conforme já decidido pelo STJ, a mãe que permite que terceira pessoa mantenha conjunção carnal com a filha menor de 14 anos de idade, em troca de pedras de *crack*, responde também pelo crime de estupro de vulnerável (CP, art. 217-A), já que tinha o dever de cuidado, proteção e vigilância em relação à vítima, nos termos do art. 13, § 2º, *a*, do CP.[20]

Em relação a irmãos, não há previsão na lei do dever de agir para evitar o resultado. Se, todavia, um irmão tiver a guarda do outro, ou, de algum modo, tenha assumido a responsabilidade de impedir o resultado, poderá ser responsabilizado por sua omissão, não por força de lei, mas por assumido a responsabilidade de impedir o resultado. Esse foi o entendimento adotado pelo STJ:

> Muito embora uma irmã mais velha não possa ser enquadrada na alínea *a* do art. 13, § 2º, do CP, pois o mero parentesco não torna penalmente responsável um irmão para com o outro, caso caracterizada situação fática de assunção da figura do "garantidor" pela irmã, nos termos previstos nas duas alíneas seguintes do referido artigo (*b* e *c*), não há falar em atipicidade de sua conduta. Hipótese em que a acusada omitiu-se quanto aos abusos sexuais em tese praticados pelo seu marido na residência do casal contra suas irmãs menores durante anos. Assunção de responsabilidade ao levar as crianças para sua casa sem a companhia da genitora e criação de riscos ao não denunciar o agressor, mesmo ciente de suas condutas, bem como ao continuar deixando as meninas sozinhas em casa.[21]

b) De outra forma, assumir a responsabilidade de impedir o resultado

A doutrina não fala mais em dever contratual, uma vez que a posição de garantidor pode advir de situações em que não existe relação jurídica entre as partes. O importante é que o sujeito se coloque em posição de garante no sentido de que o resultado não ocorrerá, ainda que essa condição não seja expressamente formalizada contratualmente.

O alcance desse dever de agir é mais abrangente, já que atinge não só as relações decorrentes de negócios jurídicos, mas também as do cotidiano, independentemente de qualquer

20. STJ, HC nº 442.865/SC, rel. Min. Ribeiro Dantas, 5ª T., j. 21-6-2018.
21. STJ, HC nº 603.195/PR, rel. Min. Ribeiro Dantas, 5ª T., j. 6-10-2020.

vínculo jurídico entre os envolvidos. Assim, se, por exemplo, uma vizinha se comprometer a cuidar do filho da amiga, enquanto essa trabalha, estará assumindo a responsabilidade de impedir qualquer resultado que possa ocorrer em relação à criança ou adolescente.

Isso porque, como dito, a obrigação de agir para evitar o resultado não decorre de lei, mas do fato de o agente ter assumido a responsabilidade de impedi-lo.

Tomemos como exemplo a babá que, por negligência, deixa de cumprir corretamente sua obrigação de cuidar da criança, que acaba caindo na piscina e, por isso, morre afogada. Nesse caso, a babá responderá pelo resultado gerado, qual seja, homicídio culposo. Se, de outro lado, desejou a morte da criança ou assumiu o risco de produzi-la, responderá por homicídio doloso.

Da mesma forma, se uma enfermeira contratada para acompanhar uma gestante diagnosticada com gravidez de risco deixar de alcançar, de forma deliberada, medicação necessária para o controle da gestação, ensejando, em razão disso, a interrupção da gravidez com a morte do feto, responderá pelo crime de aborto sem o consentimento da gestante (CP, art. 125), já que, ao ser contratada, teria assumido o dever de agir para impedir o resultado.

Os médicos plantonistas de hospitais e pronto-socorro, independentemente de qualquer vínculo com o paciente de caráter permanente, assumem, enquanto durar a condição de plantonista, a posição de garantidores. Assim, se, podendo agir, um médico plantonista se omitir, responderá pelo resultado ocorrido. Ou seja, se a vítima falecer e restar demonstrado que a omissão contribuiu para o resultado morte, o médico plantonista responderá por crime de homicídio culposo, se a omissão decorrer de culpa; ou por homicídio doloso, se a omissão foi dolosa.

O STJ entendeu que responde por homicídio culposo médico plantonista que descumpriu o seu dever de agir, abstendo-se de realizar a conduta devida para evitar a morte da paciente.[22]

Convém ressaltar, contudo, que, na nossa visão, o fato de o agente ser médico não significa, por si só, que sempre responderá pelo resultado naturalístico. Em outras palavras, no caso de morte do paciente, nem sempre o médico responderá pelo crime de homicídio (doloso ou culposo), mas, conforme o caso, pelo crime de omissão de socorro, com o resultado morte (CP, art. 135, parágrafo único). Imaginemos que um médico esteja descansando em sua residência, quando recebe uma ligação telefônica relatando que uma pessoa desconhecida está à beira da morte, necessitando urgentemente de intervenção médica, e que ele seria o profissional mais indicado para atuar no caso. Se dolosamente se omitir, ou seja, deixar de atender a pessoa necessitada, que, diante da ausência de atendimento médico, veio a falecer, o médico responderá pelo crime de omissão de socorro, majorado pelo resultado morte, pois não havia qualquer vínculo ou relação jurídica ou de proximidade com a vítima, a ponto de considerá-lo garantidor.

Evidentemente que, no aspecto processual, quando se imputa a alguém crime comissivo por omissão (CP, art. 13, § 2º, *b*), a peça acusatória deverá revelar o nexo normativo entre a conduta omissiva e o resultado normativo, porque só se tem por constituída a relação de causalidade se, baseado em elementos empíricos, for possível concluir, com alto grau de probabilidade, que o resultado não ocorreria se a ação devida fosse efetivamente realizada. Se a peça acusatória não descreve de forma clara e objetiva a conduta omissiva

22. STJ, AgRg nos EDcl no AgREsp nº 1686212/SE, rel. Min. Reynaldo Soares da Fonseca, 5ª T., j. 23-6-2020.

que contribuiu para o resultado, deverá ser rejeitada, porque manifestamente inepta (CPP, art. 395, II).[23]

c) **Com o comportamento anterior, criar o risco da ocorrência do resultado**

Nesta hipótese, o sujeito, com o comportamento anterior, cria situação de perigo para bens jurídicos alheios penalmente tutelados, de sorte que, tendo criado o risco, fica obrigado a evitar que ele se degenere ou desenvolva para o dano ou lesão.

Não se afigura determinante que o comportamento anterior tenha sido realizado de modo voluntário ou involuntário; basta que tenha originado uma situação de risco ou agravar uma situação já existente.

> Exemplo: Aluno veterano, por ocasião de um trote acadêmico, sabendo que a vítima não sabe nadar, empurra o incauto calouro, jogando-o na piscina. Diante do seu comportamento anterior, o aluno veterano passa a ter o dever de impedir o resultado. Se adotar postura omissiva, ou seja, deixar de agir para evitar a morte por afogamento da vítima, responderá pelo crime de homicídio culposo ou doloso, conforme se caracterizar omissão culposa ou dolosa.

3.4.5 Dupla causalidade

A dupla causalidade incide quando dois ou mais agentes, *sem nenhum liame subjetivo entre eles,* ou seja, sem um saber da ação do outro, desenvolvem condutas aptas a produzirem simultaneamente o resultado naturalístico.

O problema que se instala na dupla causalidade gira em torno da responsabilização criminal dos agentes, uma vez que a teoria da equivalência dos antecedentes causais não se mostra eficiente para dirimir tal questão.

Duas situações se apresentam em relação à dupla causalidade:

a) **Dupla causalidade alternativa**

Trata-se da hipótese em que duas ou mais causas, decorrentes de condutas praticadas por pessoas diversas, que não se encontram subjetivamente ligadas, mostram-se suficientes para, isoladamente, de per si, produzirem o resultado.

Imaginemos a seguinte hipótese: Nicolau e Rogério odeiam Edilene, sogra de ambos. Certo dia, Nicolau e Rogério, sem que um soubesse da conduta do outro, colocaram veneno na comida de Edilene. Cada uma das doses *é suficiente* para, isoladamente, de per si, produzir o resultado morte da pobre senhora. Note-se que há concorrência de causas, que, se aplicado o procedimento hipotético de eliminação, poderá gerar perplexidade. Isso porque, se eliminarmos mentalmente a conduta de Nicolau, o resultado teria ocorrido de qualquer modo por conta da conduta de Rogério. Logo, pelo procedimento hipotético de eliminação, a conduta de Nicolau não seria causa do resultado. Ao reverso, se eliminarmos mentalmente a conduta de Rogério, o resultado teria ocorrido de qualquer modo por conta da conduta de Nicolau. Assim, pelo procedimento hipotético de eliminação, a conduta de Rogério não seria causa do resultado. A perplexidade reside no fato de que, segundo o critério da eliminação hipotética, nenhuma das duas condutas poderia ser considerada causa, pois, ainda que suprimida uma delas, o resultado teria ocorrido.

---

23. STJ, RHC nº 39.627/RJ, rel. Min. Rogerio Schietti Cruz, 6ª T., j. 8-4-2014, noticiado no *Informativo* nº 538.

Como se vê, a teoria da equivalência dos antecedentes causais não pode ser aplicada ao caso narrado, uma vez que, eliminadas mentalmente a conduta de cada um dos agentes, o resultado ainda assim teria ocorrido, o que, pelo procedimento hipotético de eliminação, levaria à absurda hipótese de exclusão da imputação aos agentes por ausência da relação de causalidade.

A solução apontada pela doutrina para essa perplexidade consiste em adotar uma *fórmula de eliminação global*. Na dupla causalidade alternativa, cada conduta será considerada causa, se, realizando um juízo de eliminação de todas elas, o resultado também seria eliminado.[24]

Assim, considerando o exemplo acima, suprimindo-se uma das condutas, o resultado ainda assim teria ocorrido. Logo, a conduta de cada um dos genros constitui causa para o resultado, devendo, portanto, ser imputada a eles a morte da sogra. Se, de outro lado, a eliminação hipotética de ambas as condutas ensejar a eliminação do resultado, haverá exclusão da imputação do resultado morte aos agentes.

Todavia, caso fique comprovado que uma das doses do veneno já causara a morte da vítima antes da outra, mas sem possível indicação de qual delas teria produzido esse efeito inicial, é de ser aplicado, aqui, o princípio *in dubio pro reo*, de modo a somente imputar a ambos uma tentativa de homicídio e não um homicídio consumado.[25]

b) Dupla causalidade cumulativa

Trata-se da hipótese em que duas ou mais condutas, praticadas por pessoas diversas, que não se encontram subjetivamente ligadas, são insuficientes, de forma isolada, para a produção do resultado, mas que reunidas ou cumuladas passam a ser aptas a produzirem o resultado naturalístico.

Imaginemos, agora, que Nicolau e Rogério, sem que um soubesse da conduta do outro, colocaram veneno na comida de Edilene. Cada uma das doses, isoladamente consideradas, *não seria capaz de produzir o resultado morte de Edilene. Todavia, as duas doses somadas são aptas a produzir o resultado morte da vítima*. Nesse caso, por mais estranho que possa parecer, se comparado com a situação anterior, não há perplexidade na aplicação do procedimento hipotético de eliminação. Isso porque, se suprimirmos mentalmente a conduta de Nicolau, o resultado não teria ocorrido, já que a dose ministrada por Rogério seria insuficiente; se suprimirmos a conduta de Rogério, o resultado também não teria ocorrido, já que a dose ministrada por Nicolau seria insuficiente. Logo, forçoso concluir que as condutas de Nicolau e Rogério são causas do resultado morte de Edilene, devendo ambos responder pelo crime de homicídio.

3.4.6 Teoria da imputação objetiva

3.4.6.1 Introdução

A teoria da imputação objetiva é atribuída originariamente aos estudos de Karl Larenz (1927) e Richard Honig (1930), sendo aprofundada, em 1970, por Claus Roxin.

---

24. No concurso para Juiz Federal do TRF 1ª Região, realizado em 2013, a Banca CESPE/CEBRASPE considerou como correta a seguinte afirmativa: "Caso Armando e Frederico tenham ministrado as doses de veneno no mesmo instante, sem combinação prévia e sem conhecimento da intenção um do outro, e tenha sido comprovado que cada uma das doses produziu seu efeito de forma instantânea, e que cada uma delas, isoladamente, era suficiente para matar, o fato configuraria dupla causalidade alternativa, mostrando-se inadequada a aplicação pura e simples da fórmula da eliminação hipotética, cuja correção, nesta situação, pode ser feita pela fórmula da eliminação global."

25. TAVAREZ, Juarez. *Fundamentos de teoria do delito*. 2. ed. São Paulo: Tirant lo Blanch, 2020. p. 247.

A teoria da imputação objetiva foi concebida como forma de limitar o alcance da teoria da equivalência dos antecedentes causais, sem substituí-la por completo, já que traduz a ideia de complementaridade. Isso porque a aplicação da teoria da imputação objetiva pressupõe primeiro a relação de causalidade.

A teoria da equivalência dos antecedentes causais se revela muito abrangente no estabelecimento do nexo causal, uma vez que considera suficiente a mera relação física de causa e efeito, gerando uma cadeia de causalidade a ponto de levar o chamado regresso ao infinito.

Com efeito, pela teoria da equivalência dos antecedentes causais, a cadeia infinita só não leva à responsabilização de todas as condutas antecedentes, em face da ausência de nexo subjetivo/normativo (exclusão do dolo e culpa), imprescindível para a infração penal. Desse modo, os pais só não respondem pelo crime cometido pelo filho, porque não atuaram com dolo ou culpa em relação ao resultado. Nexo causal, porém, existiu porque, se não fossem os pais, não haveria o filho, e, se ele não existisse, não teria cometido o crime; logo, os genitores concorreram, pelo menos do ponto de vista naturalístico, para a ocorrência do ilícito, mas não serão responsabilizados por conta da ausência de dolo e culpa em relação ao resultado.

Em razão disso, a teoria da imputação objetiva busca limitar o alcance da teoria da equivalência dos antecedentes causais, já que considera insuficiente a inclusão do dolo e culpa na conduta para resolver a imputação típica.

Em outras palavras, a solução empregada pelos adeptos do sistema finalista, consistente na análise do dolo ou culpa para atribuir à conduta do agente a imputação do resultado não se mostra suficiente para resolver o problema da causalidade. Antes da análise do dolo e da culpa, é preciso, para a teoria da imputação objetiva, verificar se a conduta do agente criou ou incrementou um risco proibido.

Explica-se de forma mais clara.

O tipo penal é composto por duas vertentes, uma de natureza objetiva e outra de natureza subjetiva. Assim, determinado fato somente poderia ser imputado ao agente se a sua conduta se amoldar aos elementos descritivos do tipo penal (feição objetiva), bem como se agiu com dolo ou culpa (feição subjetiva).

Para a teoria da equivalência dos antecedentes causais, adotada pelo sistema finalista, basta que a conduta do agente tenha contribuído de algum modo para o resultado para a incidência do nexo causal. O tipo penal na sua feição objetiva estaria implementado, passando-se, após, à análise do dolo ou da culpa, a fim de verificar a incidência do tipo penal subjetivo.

O problema é que nem sempre é possível se socorrer da análise do dolo e da culpa para definição da imputação do delito ao agente. Isso foi percebido na Alemanha, em meados do século passado. A razão foi simples: na Alemanha, antes da reforma penal de 1953, reconhecia-se a responsabilidade objetiva quanto ao evento agravador, nos delitos qualificados pelo resultado, ou seja, o agente respondia ainda que não o tivesse causado dolosa ou culposamente. Bastava o nexo causal.

Assim, supondo que alguém desse um tapa no rosto da vítima, a qual, por ser portadora de um problema cardíaco por todos desconhecido, vem a falecer de susto. Na Alemanha, na primeira metade do século XX, o agressor responderia pela morte, mesmo sem ter atuado com dolo ou culpa em relação à mesma.

A teoria da imputação objetiva foi concebida como forma de limitar o nexo causal, conferindo-lhe um conteúdo jurídico e não meramente naturalístico. Assim, não basta mera relação de causalidade entre a conduta e o resultado, sendo necessário, para a verificação do tipo penal objetivo, além da causalidade, a criação ou incremento de um risco proibido e a realização desse risco no resultado.

Uma vez constatada a criação ou incremento do risco proibido, passa-se à análise do dolo ou culpa, ou seja, se a feição subjetiva do tipo penal também restou implementada.

Em síntese, para que alguém seja penalmente responsabilizado por conduta que desenvolveu, a teoria da imputação objetiva exige a criação ou incremento de um perigo juridicamente intolerável e não permitido ao bem jurídico protegido, bem como a concretização em perigo típico.

Podemos sintetizar a diferença da seguinte forma:

	Finalismo	**Imputação objetiva**
Tipo objetivo	Relação de causalidade	1. Causalidade 2. Criação de um risco proibido 3. Realização do risco no resultado
Tipo subjetivo	Dolo ou culpa	Dolo ou culpa

Assim, para a teoria da imputação objetiva, além da causalidade física, agrega-se um nexo normativo, consistente na criação ou incremento de um risco juridicamente proibido e a realização do risco no resultado.

Convém assinalar, por pertinente, que a aplicação da teoria da imputação objetiva se restringe aos crimes materiais, assim considerados aqueles que produzem resultado naturalístico, com a modificação do cenário do mundo exterior. Não se aplica aos crimes formais ou de mera conduta, porque não há exigência de produção de resultado naturalístico, fisicamente perceptível, bastando, para verificação do nexo de causalidade, estabelecer a ligação da conduta do agente a um resultado normativo.

3.4.6.2 Pressupostos e causas de exclusão da imputação

Conforme leciona Claus Roxin,

> um resultado causado pelo agente só deve ser imputado como sua obra e preenche o tipo objetivo unicamente quando o comportamento do autor cria um risco não permitido para o objeto da ação (1), quando o risco se realiza no resultado concreto (2) e este resultado se encontra dentro do alcance do tipo (3).[26]

Em síntese, pode-se dizer que os pressupostos para estabelecer a relação objetiva entre a conduta do agente e o resultado, revelando uma imputação objetiva, são: a) a criação ou incremento de um risco; b) o risco criado ou incrementado deve ser proibido; c) a realização do risco no resultado.

---

26. ROXIN, Claus. Op. cit., p. 104.

PRESSUPOSTOS
- Criação ou incremento de um risco
- O risco deve ser proibido
- A realização do risco no resultado

3.4.6.2.1 Criação ou incremento de um risco

Diversamente do que prega a teoria da equivalência dos antecedentes causais, para a teoria da imputação objetiva não é qualquer conduta que pode ser considerada causa para a produção do resultado, mas somente aquelas capazes de criar ou incrementar um risco de lesão ou perigo de lesão a um bem jurídico penalmente tutelado.

De fato, conviver em sociedade, por si só, gera riscos. Caminhar na via pública, trafegar com seu veículo, mero aperto de mão, são situações, aparentemente, inofensivas, mas geram riscos, como: esbarrar em outra pessoa e lesioná-la; provocar uma colisão com outro veículo, causando a morte do outro condutor; transmitir uma infecção por meio do singelo aperto de mão.

Todavia, para ser considerado criado ou incrementado um "risco" capaz de ensejar a imputação, deve-se verificar, de forma objetiva, se a conduta do agente é capaz de gerar lesão ou perigo de lesão a um determinado bem jurídico. Ou seja, verificar se efetivamente o risco de lesão ou perigo de lesão depende ou está ao alcance da vontade do agente.

Para tanto, deve-se realizar uma prognose, considerando o contexto em que o agente está inserido no momento da conduta. Essa prognose deve ser realizada de forma objetiva, considerando as circunstâncias e situações vinculadas ao que comumente pode ocorrer a partir da ação de um homem prudente, ou seja, que efetivamente e objetivamente o risco pode ser criado ou incrementado a partir da sua conduta.

Assim, se a conduta do agente for capaz de criar um risco juridicamente relevante, ou seja, se o resultado por ele pretendido depender da sua vontade, caso aconteça deverá ser imputada a causa ao agente. De outro lado, se a conduta desenvolvida pelo agente não for capaz de criar ou incrementar um risco juridicamente relevante, não sendo apto a gerar uma possibilidade real de dano a um bem jurídico, não será possível imputar ao agente eventual resultado produzido.

Tomemos como exemplo a conduta do genro que, almejando a morte da sogra, contempla a genitora da sua esposa com uma passagem para a Indonésia, na expectativa que ocorra um tsunami, e que uma onda gigante atinja a pobre senhora, matando-a. Para a teoria da equivalência dos antecedentes causais, a conduta do genro seria causa do resultado, pois, se não tivesse presenteado a sogra com a viagem, ela não estaria na Indonésia, e, portanto, não teria sido atingida pelo tsunami. E, o que é mais inusitado, após verificada a relação de causalidade, passa-se à análise do tipo subjetivo, e, no caso, haveria a presença do dolo, já que o genro almejava a morte da sogra. Logo, pela teoria da equivalência dos antecedentes causais, poder-se-ia cogitar da responsabilização criminal do genro, em razão da sua conduta de presentear a sogra com uma passagem para a Indonésia, na expectativa que fosse engolida por uma onda gigante.

Fica claro, a partir desse exemplo, a razão pela qual a teoria da imputação objetiva serve para limitar o alcance da teoria da equivalência dos antecedentes causais. Com efeito, embora fosse o desejo do genro, o resultado morte da sogra não pode ser imputado a ele, uma vez que sua conduta não foi capaz de criar um risco juridicamente relevante. Isso porque, realizando-se uma prognose objetiva, a conduta de presentear a sogra com uma passagem não seria capaz de, por si só, criar o risco de um tsunami se formar e causar a morte da senhora. Não havia domínio do resultado por meio da vontade humana. Logo, para a teoria da imputação objetiva, não estaria presente a causalidade, inviabilizando, portanto, seguir para análise do tipo subjetivo, ou seja, nem sequer seria feita a análise se o genro agiu com dolo ou culpa.

Agora, se o genro, almejando a morte da sogra, cortar a mangueira do fluído do freio do veículo da genitora da sua esposa na expectativa de que ocorra um acidente, e, por conta da ausência de freio, a senhora vem a falecer, haverá, sem dúvida, a criação de um risco juridicamente relevante. Com efeito, nesse caso, o resultado morte da sogra pode ser imputado ao agente, uma vez que sua conduta, consistente em cortar a mangueira do fluído do freio do veículo, foi capaz de criar um risco juridicamente relevante. Isso porque, realizando-se uma prognose objetiva, a conduta do genro seria capaz de, por si só, criar o risco de a vítima perder o controle do veículo, devido à falta de freio, causando uma colisão e, por consequência, a morte da sogra.

Em determinado caso concreto, o STJ considerou que, conquanto se admita a existência de relação de causalidade entre a conduta do acusado e a morte da vítima, à luz da teoria da imputação objetiva, seria necessária a demonstração da criação pelo paciente de uma situação de risco não permitido no caso de um engenheiro naval, acusado de homicídio culposo de um mergulhador que faleceu por conta da sua exposição à substância tóxica. O Tribunal considerou que o engenheiro prestou as informações que entendia pertinentes ao êxito do trabalho do profissional qualificado, alertando-o sobre a sua exposição à substância tóxica, confiando que o contratado executaria a operação de mergulho dentro das regras de segurança exigíveis ao desempenho de sua atividade, que mesmo em situações normais já é extremamente perigosa.[27]

3.4.6.2.1.1 *Exclusão da imputação pela ausência de criação ou aumento do risco*

Como dito, somente será possível imputar ao agente a produção de resultado, se a sua conduta for capaz de criar ou incrementar um risco de lesão ou perigo de lesão a um bem jurídico. Se, todavia, não for apta a criar ou incrementar um risco juridicamente relevante, haverá exclusão da imputação. Isso ocorre basicamente em duas situações: a) risco juridicamente irrelevante; b) diminuição do risco.

a) Risco juridicamente irrelevante

A teoria da imputação objetiva pressupõe, inicialmente, a criação de um risco juridicamente relevante, a partir de uma conduta capaz de gerar a probabilidade real de produzir uma lesão ou perigo de lesão a um bem jurídico.

Se a conduta do agente não for minimamente capaz de criar um risco juridicamente relevante, ou seja, a partir de uma prognose objetiva verificar-se que a ação não gera qualquer possibilidade real de dano ou perigo de dano a um bem jurídico, não haverá imputação do resultado ao agente.

27. STJ, HC nº 68871/PR, rel. Min. Og Fernandes, 6ª T., j. 5-10-2009.

Essa causa de exclusão da imputação guarda estreita relação com a impossibilidade de o agente dominar, por sua vontade, o curso causal. Se o agente não reunir condições de dominar, por sua vontade, o processo causal, não poderá ser responsabilizado pelo resultado eventualmente gerado. Isso porque não está ao seu alcance ou sob o domínio da sua vontade a criação ou aumento do risco que se realizou no resultado.

Com efeito, se o resultado for atribuído ao acaso, dissociado do domínio e da vontade do agente, não haverá imputação, já que não teria criado ou aumentado o risco.

Conforme lição de Juarez Tavares:

> A dominabilidade da causalidade constitui um pressuposto do processo de aumento do risco. O que não puder se incluir no domínio do agente ou que não puder ser demonstrado como capaz de intervir nesse processo estará fora do âmbito de sua responsabilidade, ou seja, fora do campo da produção ou do aumento do risco.[28]

Assim, se, por exemplo, o agente convencer uma pessoa que pretende ver morta a visitar uma cidade turística, sabidamente dominada pelo elevado índice de criminalidade, na expectativa de que seja atingida por uma bala perdida. Se, coincidentemente, ocorrer o desfecho pretendido, ou seja, que a pessoa seja efetivamente alvejada por uma bala perdida, não poderá ser imputado ao agente o resultado, uma vez que, conquanto desejasse a morte da vítima, não tinha o domínio do curso causal por sua vontade.

De outro lado, se o agente orienta a vítima a ingressar numa favela, sabidamente dominada por traficantes, que costumavam executar visitantes desconhecidos, na expectativa de que fosse alvejada e morta, ser-lhe-á imputado o resultado, já que sua conduta criou o risco da ocorrência da morte da vítima, uma vez que havia probabilidade real de o resultado ter ocorrido.

Imaginemos, ainda, uma pessoa que convida um amigo para praticar trilha na floresta. O amigo, num determinado momento, tropeça num obstáculo, sofre uma queda, que lhe causa lesões graves. Não poderá ser imputado qualquer resultado à pessoa que convidou, uma vez que praticar trilha na floresta se situa dentro do risco normal da vida, não podendo, nesse caso, ser-lhe atribuída criação ou aumento do risco.

b) Diminuição do risco

Haverá exclusão da imputação, quando o agente desenvolve uma conduta capaz de modificar o curso causal de modo a diminuir o risco da produção do resultado. Com efeito, se o agente atuou para diminuir o risco que não criou, evidentemente não poderá ser imputado a ele o resultado eventualmente produzido.

Tomemos como exemplo a conduta do médico que prolonga por alguns dias a vida do paciente, submetendo-o a uma operação dolorosa; alguém vendo que uma pessoa está prestes a ser fuzilada desvia o braço do homicida e faz com que o tiro venha a atingir o braço da vítima.[29]

Com efeito, não se pode imputar ao agente ação típica quando desenvolve conduta voltada a reduzir a probabilidade de lesão a um bem jurídico, sobretudo quando não cria ou aumenta o risco de outro curso causal.

---

28. TAVAREZ, Juarez. Op. cit., p. 247.
29. TAVARES, Juarez. Op. cit., p. 244.

3.4.6.2.2 *O risco criado deve ser proibido*

Para que seja possível imputar objetivamente o resultado ao agente, o risco criado deve ser, à evidência, proibido, vale dizer, contrário ao direito.

De outro lado, embora a conduta do agente tenha provocado um risco do qual resultou a lesão ao bem jurídico, tal risco não será de nenhuma relevância para o direito, quando for considerado tolerado ou permitido. Somente quando o agente, com seu comportamento, criar um risco fora do que a coletividade espera, aceita e se dispõe a tolerar, haverá fato típico. O nexo de causalidade entre a conduta e o resultado naturalístico, embora possa existir em uma avaliação meramente física, não será considerado pelo direito penal como juridicamente relevante, por não ter criado uma situação de risco proibido.

Só haverá, portanto, imputação ao agente se o resultado tiver sido provocado por uma conduta criadora de um risco juridicamente proibido ou se o agente, com seu comportamento, tiver aumentado a situação de risco proibido e, com isso, gerado o resultado. Em contrapartida, se, a despeito de ter fisicamente contribuído para a produção do resultado, o autor tiver se conduzido de modo a ocasionar uma situação de risco tolerável ou permitido, o resultado não lhe poderá ser imputado.

3.4.6.2.2.1 *Exclusão da imputação pela ausência de criação do risco proibido*

A imputação somente será possível se a conduta do agente criar um risco proibido, contrário ao ordenamento jurídico. Se, todavia, o risco criado for tolerado ou permitido pelo Direito, haverá exclusão da imputação.

Dentre as hipóteses de exclusão da imputação pela ausência de criação do risco proibido apontadas pela doutrina, podemos destacar: a) risco permitido; b) princípio da confiança; c) autocolocação e heterocolocação da vítima em perigo; d) proibição do regresso.

a) Risco permitido

Risco permitido é aquele que decorre do desempenho normal das condutas de cada um segundo seu papel social, ou seja, o risco derivado de um comportamento aprovado pelo consenso social (socialmente adequado) por atender às expectativas da sociedade.

Conforme Claus Roxin:

> Sempre que, em virtude de sua preponderante utilidade social, ações perigosas forem permitidas pelo legislador – em certos casos, sob a condição de que se respeitem determinados preceitos de segurança – e, mesmo assim, ocorra um resultado de dano, esta causação não deve ser imputado ao tipo objetivo.

E segue o eminente doutrinador alemão:

> Isto vale em especial para o tráfego de veículos. Aquele que respeita as regras de trânsito e, ainda assim, acaba envolvendo-se em um acidente, com consequência de lesões a bens jurídicos, não praticou ação de homicídio, lesões corporais ou dano; pois as lesões aos bens jurídicos não decorreram de um risco proibido, e sim de um risco tolerado pela lei.[30]

Em outras palavras, ainda que a conduta do agente tenha criado um risco, trata-se do risco adequado às regras de convívio social, tolerado pela sociedade e pelo ordenamento jurídico.

30. ROXIN, Claus. Op. cit., p. 110.

Tomemos como exemplo o fabricante de automóvel. Se, eventualmente, um condutor adquirir o veículo e provocar um acidente, causando a morte de uma pessoa, pela teoria da equivalência dos antecedentes causais, a fabricação do veículo é causa para o resultado, não sendo o fabricante responsabilizado criminalmente, porque não agiu com dolo ou culpa. Já para a teoria da imputação objetiva, a fabricação do veículo sequer pode ser considerada causa do resultado, já que, ao fabricar o veículo, criou-se um risco permitido, socialmente tolerado, e regulamentado pelo Direito.

Da mesma forma, o fabricante de armas cria um risco permitido, tolerado pela sociedade e regulamentado pelo ordenamento jurídico. Assim, diversamente do que prega a teoria da equivalência dos antecedentes causais, para a teoria da imputação objetiva a fabricação da arma sequer pode ser considerada causa de eventual morte provocada pelo usa da arma fabricada.

Consideremos um exemplo mais próximo da nossa realidade. Imaginemos um motorista de ônibus, que trafegava em dia chuvoso observando todas as normas de trânsito, com redobrada cautela por conta das condições da pista de rolamento, mas, num dado momento, passa por uma fina camada de água acumulada na pista, fazendo com que perdesse o controle do veículo, devido à aquaplanagem, saindo da pista e chocando-se contra uma árvore, causando lesões corporais em alguns passageiros. Pela teoria da equivalência dos antecedentes causais, a conduta do motorista seria causa do resultado, passando-se, após, à análise se agiu com dolo ou culpa. Para a teoria da imputação objetiva, considerando rigorosamente o caso concreto, a conduta do motorista está inserida no contexto de um risco permitido, tolerado pela sociedade, razão pela qual nem sequer haveria imputação do resultado.

Agora, se o motorista conduzia o ônibus acima da velocidade permitida, sem observar o dever de cuidado objetivo, evidentemente que criou um risco proibido, causando resultado jurídico abrangido pela norma, atraindo, assim, a incidência da imputabilidade objetiva.

b) Princípio da confiança

O princípio da confiança constitui, em última análise, uma variação do risco permitido. Trata-se da expectativa que as pessoas nutrem em relação à conduta das outras, no sentido de que adotarão comportamento esperado, conforme as regras de convivência comumente recomendam. Expectativa que a outra pessoa observará o dever de cuidado, adotando postura considerada normal no cotidiano das pessoas.

No deslocamento diário de veículos esperamos que todos os condutores se comportem observando as normas de trânsito. Da mesma forma, se entregamos nosso veículo para conserto, confiamos que o defeito será sanado. Na intervenção cirúrgica, o médico confia que os instrumentos que lhe serão entregues estarão esterilizados.

Assim, não poderá ser imputado o resultado ao condutor de um veículo, que, trafegando dentro das normas de trânsito, cruzou semáforo aberto para ele, chocando-se com uma motocicleta, que atravessou a pista de rolamento mesmo estando o sinal fechado, provocando lesão corporal no seu condutor, já que o agente confiava que o motociclista também obedeceria à sinalização de trânsito.

Se o agente deixa seu veículo numa oficina para o conserto do sistema de freio, confia, ao retirar o veículo, que o defeito está sanado. Assim, se, ao trafegar com o veículo observando as normas de trânsito, atropelar uma pessoa por conta da falha no sistema de freios, não poderá ser imputado ao agente o resultado, porque acreditou que o defeito havia sido sanado.

Da mesma forma, não poderá ser imputado o resultado ao médico, que, durante intervenção cirúrgica, usou instrumento, que, depois, constatou-se ter causado infecção no paciente, porque não havia sido esterilizado, uma vez que confiou que a pessoa responsável adotou as cautelas necessárias para esterilizar o instrumento.

c) **Autocolocação e heterocolocação da vítima em perigo**

Pelo princípio da autorresponsabilidade, o indivíduo que delibera se colocar em situação de risco não estará sob a proteção da norma, devendo suportar as consequências dos seus atos, não sendo, possível, portanto, imputar a terceiro eventual resultado pela situação perigosa que ele próprio se colocou.

O risco desencadeado pela conduta da própria vítima pode ser revelado pela sua autocolocação ou heterocolocação em perigo.

A *autocolocação* em perigo ocorre quando a própria vítima se coloca em situação de risco, ainda que influenciada por terceiro a fazê-lo. Ainda que o terceiro seja a fonte inicial do risco, a conduta desenvolvida exclusivamente pela vítima, colocando-se em perigo, assumindo as consequências dos seus atos, não haverá imputação de eventual resultado ao terceiro.

Imaginemos uma vítima que resolve praticar um esporte radical, como, por exemplo, rapel. Desloca-se até um local destinado para a prática desse esporte e contrata um instrutor, que lhe passa todas as informações necessárias para uma descida segura de um paredão vertical, fornecendo, ainda, todos os equipamentos de segurança, incentivando, ainda, a vítima iniciante a se aventurar. Se, eventualmente, no processo de descida, a vítima se desequilibrar, e, por conta do susto, realizar movimento que a leve a se chocar contra o paredão, produzindo lesões graves, pela teoria da equivalência dos antecedentes causais a conduta do instrutor seria causa para o resultado, perquirindo-se, na sequência, se teria agido com dolo ou culpa. Todavia, pela teoria da imputação objetiva, não seria possível imputar ao instrutor o resultado, não sendo necessário sequer analisar se teria agido com dolo ou culpa. Haverá exclusão da imputação, uma vez que a responsabilidade seria exclusiva da vítima, que se colocou em risco.

Convém registrar, por pertinente, que haverá exclusão da imputação quando o fato praticado ficar sob inteira responsabilidade da vítima, sem que o terceiro tenha influenciado, de algum modo, no processo causal. Se, apesar da autocolocação em risco da vítima, o terceiro desenvolveu conduta que influenciou de algum modo no resultado, evidentemente que lhe será imputado a consequência. Considerando o exemplo anterior, embora a vítima tenha se colocado em risco, imaginemos que o desequilíbrio e o choque contra o paredão ocorreram em face do defeito no equipamento fornecido para a descida. Nesse caso, haverá imputação do resultado ao instrutor diante da criação ou aumento do risco decorrente da sua conduta.

O STJ afastou a imputação em relação à morte por afogamento de um estudante, jogado na piscina por membros da Comissão de Formatura. Constatou-se, mediante prova pericial, que o afogamento decorreu da ingestão de substâncias psicotrópicas, caracterizando, portanto, a hipótese de autocolocação da vítima em risco, excluindo o nexo causal entre a conduta dos agentes e o resultado produzido.[31]

31. STJ, HC nº 46525/MT, rel. Min. Arnaldo Esteves Lima, j. 21-3-2006.

A *heterocolocação em perigo* ocorre quando a vítima concorda ou influencia para que uma terceira pessoa realize um comportamento arriscado que poderá atingi-la. A vítima aceita correr o risco decorrente da ação de outra pessoa, ou, ainda, insiste para que o agente desenvolva determinada conduta que poderá colocá-la em risco, supondo que nenhum dano será produzido.

Imaginemos que uma pessoa esteja atrasada para o embarque no avião que a levaria a um compromisso importante. Diante disso, insiste para que o motorista do táxi que a conduz até o aeroporto imprima velocidade acima da permitida. Em decorrência do excesso de velocidade, o condutor do táxi perde o controle do veículo, chocando-se contra uma árvore, resultando na morte do passageiro apressado. Nesse caso, haveria exclusão da imputação do resultado à conduta do motorista, já que a vítima, por sua própria vontade, colocou-se em situação de risco.

d) Proibição do regresso

Embora não seja consenso na doutrina, a proibição do regresso também é apontada como causa de exclusão do risco proibido.

Não haveria imputação na conduta não dolosa do agente que deixa uma arma em local onde uma terceira pessoa teve acesso, apossando-se e fazendo uso dela para matar um desafeto. Em outras palavras, pela proibição do regresso, não poderia ser imputada a morte do desafeto ao agente que deixou a arma no local onde foi encontrada e, após, usada letalmente.

3.4.6.2.3 Risco realizado no resultado

Para fins de imputação, não basta a existência do risco de lesão ou perigo de lesão a um bem jurídico; afigura-se, ainda, necessário verificar se a produção do resultado pode ser atribuída ao risco eventualmente criado ou incrementado pela conduta do agente.

Se o resultado produzido constituir uma extensão ou desdobramento natural da criação ou incremento do risco decorrente da conduta do agente, haverá imputação. Se, todavia, o resultado não decorrer de um desdobramento natural do risco gerado pela conduta do agente, não haverá imputação.

Assim, será imputado o resultado ao agente que desferiu um disparo de arma de fogo contra a vítima, que, levada ao hospital, contraiu infecção no ferimento causado, levando-a à morte, já que a infecção constitui desdobramento natural do ferimento causado pelo disparo de arma de fogo.

3.4.6.2.3.1 Exclusão da imputação pela ausência do risco realizado no resultado

A imputação somente será possível se a conduta do agente criar um risco proibido, que se realize no resultado. Se, todavia, o resultado produzido não puder ser atribuído à conduta do agente, haverá exclusão da imputação.

Dentre as hipóteses de exclusão da imputação pela ausência do risco realizado no resultado, destacam-se: a) resultado sem relação com o risco criado pelo agente; b) dano consolidado bem depois da criação do risco pelo agente; c) resultados de choque em face de dano praticado a outrem.

a) Resultado sem relação com o risco criado pelo agente

Para incidir a imputação objetiva, o resultado produzido deve guardar relação com o risco criado ou aumentado pela conduta do agente.

Todavia, se o resultado decorrer de outro acontecimento, desvinculado à conduta do agente, a imputação deverá ser excluída.

Tomemos como exemplo a conduta do agente que desferiu disparos de arma de fogo contra a vítima. Ferida em região não letal, a vítima foi levada ao hospital, que, por um infortúnio, é tomado por um incêndio, causa exclusiva da morte da vítima. O Código Penal soluciona essa questão com o disposto no art. 13, § 1º, segundo o qual a superveniência de causa relativamente independente exclui a imputação quando, por si só, produziu o resultado, respondendo o agente pelos fatos anteriores.

Pela teoria da imputação objetiva, haverá exclusão da imputação, uma vez que o resultado não foi realizado em decorrência da conduta do agente. Isso porque a conduta do agente não gerou o risco no momento da incidência do resultado decorrente do incêndio. O risco mais próximo (incêndio) afasta a imputação do resultado ao agente em decorrência do risco criado mais remotamente (disparos de arma de fogo).

b) Dano consolidado bem depois da criação do risco pelo agente

Haverá exclusão da imputação quando o resultado consolidado ocorrer em momento muito posterior à conduta que gerou o risco. Primeiro, porque o expressivo tempo decorrido entre a causação do risco e o resultado produzido permite concluir que a relevância causal do risco criado arrefeceu, ou seja, a criação do risco deixou de ser juridicamente relevante pelo decurso do tempo.

Além disso, a produção do resultado bem distante do momento da conduta não permite concluir, com absoluta certeza, que o risco criado efetivamente foi realizado no resultado. Isso porque outros fatores, como, por exemplo, o desgaste natural da saúde da vítima, em decorrência do avanço da idade, pode ter sido decisivo para o desencadeamento do resultado definitivo.

Imaginemos, por exemplo, uma pessoa que, ao tempo dos disparos de arma de fogo desferidos pelo agente, contava com 40 anos de idade, mas veio a falecer 20 anos depois. Forçoso admitir que não se afigura possível afirmar com absoluta certeza que a morte decorreu das lesões sofridas anteriormente. Logo, como não é possível verificar com segurança que o risco criado pelo agente foi realizado no resultado, haverá exclusão da imputação.

A questão, como bem ponderou Juarez Tavares, está na identificação do tempo necessário para afastar a eficácia do risco anterior ou remoto, propondo a seguinte solução:

> O risco não se realiza no resultado quando, entre o primeiro e o último evento, tiver decorrido período de tempo que torne impossível identificar, *ex post*, a causa precisa do resultado, segundo os dados da perícia científica. Com isso se afasta da avaliação do processo causal qualquer formulação hipotética baseada em uma lei geral da causalidade.[32]

c) Resultados de choque em face de dano praticado a outrem

Da mesma forma, haverá exclusão da imputação se o resultado decorrer do choque provocado pelo fato criminoso praticado pelo agente. Imaginemos que o agente tenha efetuado disparos de arma de fogo contra determinada vítima, que acabou falecendo. A mãe da vítima, ao tomar conhecimento do falecimento do filho, sofre ataque cardíaco. Seria possível imputar o resultado morte da mãe da vítima ao agente que causou a morte do seu filho?

---

32. TAVAREZ, Juarez. Op. cit., p. 261.

Para a teoria da equivalência dos antecedentes causais, a conduta do agente que matou a vítima teria sido causa da morte da mãe, porque, se não tivesse matado o filho, a mãe não teria falecido com a notícia. Verificada a relação de causalidade, passa-se à análise do dolo ou culpa do agente em relação à morte da senhora.

Pela teoria da imputação objetiva, haveria exclusão da imputação, uma vez que o resultado morte da mãe da vítima não decorreu diretamente da conduta do agente que desferiu os disparos contra o seu filho. Logo, o resultado morte da mãe da vítima não se realizou diretamente no risco criado pelo agente.

3.4.7 TIPICIDADE

3.4.7.1 Introdução

Além da conduta, nexo de causalidade e do resultado, o fato típico também é composto da própria tipicidade. Não basta que a conduta do agente guarde relação de causa e efeito com o resultado produzido; afigura-se necessário, ainda, que o fato praticado se amolde a um modelo legal de conduta proibida expressamente descrito na lei, ou seja, a um tipo penal.

A tipicidade, portanto, caracteriza-se pela subsunção da conduta desenvolvida pelo agente ao modelo de conduta proibida descrito num tipo penal. É o enquadramento de determinada conduta a um dispositivo legal que descreve os elementos constitutivos de uma infração penal. Em outras palavras, para ser considerado típico, o fato social praticado pelo agente deve se enquadrar perfeitamente na descrição contida num dispositivo legal que define uma infração penal.

E, para incidir a tipicidade, essa adequação da conduta ao tipo penal deve ser perfeita, sob pena de constituir um indiferente penal, um fato atípico. Assim, por exemplo, o agente que tem conjunção carnal consentida com *pessoa de 14 anos de idade,* não incidirá no tipo penal que define o crime de estupro de vulnerável (CP, art. 217-A). Isso porque sua conduta não se enquadra de forma perfeita ao modelo legal de conduta proibida descrito no art. 217-A do CP, consistente em ter conjunção carnal *com menor de 14 anos de idade.* Logo, embora presente a conduta, resultado e nexo causal, o fato praticado pelo agente, no sentido de ter conjunção carnal consentida com pessoa de 14 anos de idade, não constitui crime, porquanto não revestido de tipicidade. Trata-se, pois, de fato atípico.

A tipicidade, elemento do fato típico, divide-se em tipicidade formal e tipicidade material.

A *tipicidade formal* é a subsunção, o enquadramento, a adequação da conduta desenvolvida pelo agente ao modelo legal de conduta proibida descrito pelo tipo penal. Trata-se da mera adequação da conduta a um tipo penal. Assim, se, por exemplo, subtrair quatro sabonetes de um supermercado, que somados não ultrapassam o valor de R$ 10,00 (dez reais), o agente terá praticado um *fato formalmente típico,* já que sua conduta se amolda perfeitamente ao modelo legal de conduta proibida descrito no art. 155 do CP.

A *tipicidade material* se caracteriza pelo dano ou perigo de dano a um bem jurídico penalmente tutelado por força da prática de uma conduta desenvolvida pelo agente formalmente descrita como proibida.

Embora todo fato descrito num modelo legal de conduta proibida seja formalmente típico, nem sempre se revestirá de tipicidade material. Com efeito, a tipicidade material guarda estreita relação com o princípio da ofensividade ou lesividade do Direito Penal, já que nem todas as condutas afetam substancialmente um bem jurídico penalmente tutelado, sendo, por isso, indiferente penal, ou seja, fato materialmente atípico. É o que ocorre no contexto de incidência do princípio da insignificância. Assim, no caso do agente que ingressa num supermercado e subtrai quatro sabonetes, avaliados conjuntamente em R$ 10,00 (dez reais), embora constitua fato formalmente típico, já que se amolda à conduta descrita no art. 155, *caput*, do CP, *será materialmente atípico*, pois não afeta de forma substancial um bem jurídico penalmente tutelado.

Em síntese, para caracterizar a tipicidade penal, afigura-se indispensável a presença simultânea da tipicidade formal e tipicidade material. Se for formalmente típico, mas materialmente atípico, o fato não constitui crime.

Tipicidade penal = Tipicidade formal + Tipicidade material

3.4.7.2 Fases da tipicidade

A evolução doutrinária da tipicidade atravessou algumas fases. Pode-se, nesse particular, destacar três fases: a) fase da independência do tipo; b) fase do caráter indiciário da ilicitude; c) fase do tipo legal como essência da ilicitude.

Na *fase da independência do tipo*, a tipicidade se encontra completamente desvinculada da ilicitude, caracterizando-se, apenas, pela função meramente descritiva, sem qualquer conteúdo valorativo. A finalidade do tipo consiste em definir delitos. Verificada a adequação da conduta ao tipo penal, passa-se à análise da incidência de alguma causa de exclusão da ilicitude, para, ao final, verificar a reprovabilidade da conduta. Essa fase vincula-se à teoria clássica, naturalista, mecanicista ou causal da ação.

A *fase do caráter indiciário da ilicitude* surgiu a partir da teoria finalista e da inclusão dos elementos subjetivos do tipo, essa concepção de tipicidade perdeu espaço, surgindo a fase do *caráter indiciário da ilicitude.*

Max Ernst Mayer, em 1915, aperfeiçoou a teoria da tipicidade, atribuindo-lhe a função de indício da antijuridicidade, admitindo também elementos normativos do tipo. Na fase do caráter indiciário da ilicitude, o fato típico e a ilicitude não poderiam ficar dissociados, como se fossem elementos equidistantes.

Nessa segunda fase, o tipo penal passou a ter um caráter indiciário da ilicitude. Primeiro, analisa-se a adequação do fato praticado pelo agente a um tipo penal incriminador. Se o fato praticado se amoldar a um tipo penal, presume-se que também será ilícito.

Todavia, essa presunção da ilicitude é relativa, uma vez que comporta prova em contrário, com a demonstração de que o fato foi praticado num contexto de excludente de ilicitude.

Imaginemos, para ilustrar as características da fase do caráter indiciário da ilicitude, que o agente provoque a morte de alguém. Esse fato se amolda ao tipo penal que descreve o crime de homicídio (CP, art. 121), gerando a presunção de que, além de típico, o fato também é ilícito. Esse caráter indiciário do fato típico somente cederá espaço se comprovado que o agente matou alguém sob o amparo de uma causa excludente de ilicitude, como, por exemplo, legítima defesa ou estado de necessidade.

Em síntese, a função indiciária da ilicitude permite concluir que todo fato típico também será ilícito, salvo quando demonstrada a presença de uma causa de exclusão da ilicitude.

Assim, num primeiro momento, verifica-se se o fato humano, doloso ou culposo, enquadra-se em algum modelo descritivo incriminador; em caso afirmativo, esse fato provavelmente também será ilícito. Em seguida, passa-se ao exame da incidência de eventual causa de exclusão da ilicitude; se presente uma descriminante, afasta-se a presunção inicial de ilicitude, e o fato não será considerado criminoso; ausente causas de exclusão de ilicitude, passa-se ao juízo de culpabilidade.

A *fase do tipo legal como essência da ilicitude* surgiu em 1931, Edmund Mezger, que considera o fato típico e a ilicitude como elementos indissociáveis. Ou seja, para essa terceira fase, o tipo penal não constitui mera presunção da ilicitude, passando a constituir a própria essência da ilicitude, isto é, a sua *ratio essendi* (a razão essencial). Assim, tipicidade e antijuridicidade unem-se de tal forma que a primeira é a razão de ser da segunda. É a fase da *tipicidade como essência da ilicitude.*

Desse modo, tipo penal e ilicitude uniram-se em uma relação indissolúvel no interior do *injusto*, embora seus conceitos não se confundam. Em outras palavras, *injusto penal* compreende, a um só tempo, o fato típico, caracterizado pelo enquadramento da conduta a um modelo legal proibido, e ilícito, se não incidir uma causa descriminante.

Essa teoria sofreu diversas críticas, sobretudo porque inviabiliza a adequada dissociação entre os juízos da tipicidade e da ilicitude. De fato, a adoção dessa teoria ensejaria a inusitada conclusão de que todas as condutas típicas seriam ilícitas, já que não haveria dissociação entre esses elementos do crime. Assim, para essa teoria, se o agente matar alguém em legítima defesa, sua conduta seria considerada como ilicitude tipificada, já que tipo penal e ilicitude são elementos indissociáveis.

A *teoria mais aceita no Direito Penal* é a que confere ao tipo penal *função indiciária,* já que consolida o sistema tripartido de crime, com a análise distinta e sequencial dos três elementos que o integram: tipicidade, ilicitude e culpabilidade.

O nosso ordenamento jurídico consagrou a teoria da tipicidade como indício da ilicitude no art. 386, VI, do CPP. Nos termos da parte final desse dispositivo, se o agente praticou um fato típico, mas, presente uma causa de exclusão de ilicitude ou mesmo se houver fundada dúvida sobre sua existência, haverá exclusão do crime e será absolvido, por conta da incidência do princípio do *in dubio pro reo.*

3.4.7.3 Teoria dos elementos negativos do tipo

Trata-se de uma teoria que idealiza o tipo total de injusto, segundo a qual as causas de exclusão da ilicitude seriam elementos do tipo penal, porém de natureza negativa. Em outras palavras, tipicidade e ilicitude constituiriam o tipo penal. Assim, se presente a tipicidade, inexoravelmente também estaria presente a ilicitude. Se ausente a ilicitude, o fato será atípico.

Para essa teoria, haveria um critério bipartido para a definição do crime: tipo total (tipicidade + ilicitude) e culpabilidade. Não haveria dissociação entre fato típico e ilicitude, que integrariam o tipo penal total. Assim, faz-se, primeiro, análise do tipo total de injusto, para depois realizar o juízo valorativo da culpabilidade.

Nesse caso, matar alguém se enquadraria no tipo penal que define o crime de homicídio (CP, art. 121), salvo se o agente agiu sob o amparo de uma excludente de ilicitude. Isso porque, se presente uma causa excludente de ilicitude, legítima defesa, por exemplo, não haveria tipicidade, já que a excludente serviria de elemento negativo da incidência do tipo penal total. Logo, a conduta do agente que agiu em legítima defesa seria atípica.

Essa teoria nitidamente não foi acolhida pelo nosso sistema penal, já que o Código Penal expressamente distinguiu os tipos penais incriminadores (dispostos na Parte Especial do Código Penal e legislação especial) dos tipos penais permissivos ou causas de exclusão de ilicitude (previstas, via de regra, na Parte Geral do Código Penal, especificamente no art. 23).

Além disso, não se pode olvidar que os efeitos da tipicidade e ilicitude são diversos. Isso porque, ainda que uma conduta seja típica, se praticada sob o amparo de uma excludente de ilicitude, deverá ser tolerada pela comunidade. Agora, uma conduta típica pode ser um indiferente penal, mas constitui um ilícito civil, como, por exemplo, no dano culposo, em que o fato será atípico, mas não necessariamente ilícito, ao menos na seara cível.

3.4.7.4 Teoria da tipicidade conglobante

Essa teoria foi concebida pelo penalista argentino Eugenio Raúl Zaffaroni. Para essa teoria, o fato típico pressupõe que a conduta esteja proibida pelo ordenamento jurídico como um todo, globalmente considerado.

Zaffaroni considera inadmissível que na ordem normativa uma norma ordene o que outra proíbe. Defende que as normas jurídicas não "vivem" isoladas, mas num entrelaçamento em que umas limitam as outras, e não podem ignorar-se mutuamente.[33]

Assim, o fato típico se reveste de antinormatividade, uma vez que, conquanto tenha praticado conduta descrita no tipo penal incriminador, o agente atua, na verdade, contra a norma como um todo. Não viola apenas um tipo penal, mas um tipo legal, infringindo todo o ordenamento jurídico.

Daí se extrai o significado da expressão "conglobante", pois, para ser típica, a conduta do agente deve violar o ordenamento jurídico em geral, de forma conglobada, e não somente o Direito Penal. O Direito é um só e deve ser considerado de modo conglobante, como organismo único, não importando o ramo de incidência (civil, trabalhista, administrativo etc.). É o que Zaffaroni chama de tipicidade legal.

A tipicidade legal é a adequação da conduta ao modelo legal descrito no tipo, compreendido como a descrição dos elementos objetivos e normativos que definem a infração penal. A tipicidade conglobante, por seu turno, significa que a conduta, além de encontrar correspondência no tipo penal, também é proibida pela norma como um todo, ou seja, não é permitida pelos demais ramos do direito, de forma conglobada.

Com efeito, na lição do grande criminalista argentino:

> O juízo de tipicidade não é um mero juízo de tipicidade legal, mas que exige um outro passo, que é a comprovação da tipicidade conglobante, consistente na averiguação da proibição através da indagação do alcance proibitivo da norma, não considerada isoladamente, e sim conglobada na ordem normativa. A tipicidade conglobante é um

33. ZAFFARONI, Eugenio Raúl; PIERANGELI, José Henrique. *Manual de direito penal brasileiro.* 13. ed. São Paulo: Revista dos Tribunais, 2019. p. 410.

> corretivo da tipicidade legal, posto que pode excluir do âmbito típico aquelas condutas que apenas aparentemente estão proibidas.[34]

Dessarte, para essa teoria, a tipicidade penal resulta da incidência da tipicidade legal e tipicidade conglobante. Em síntese: tipicidade penal = tipicidade legal + tipicidade conglobante.

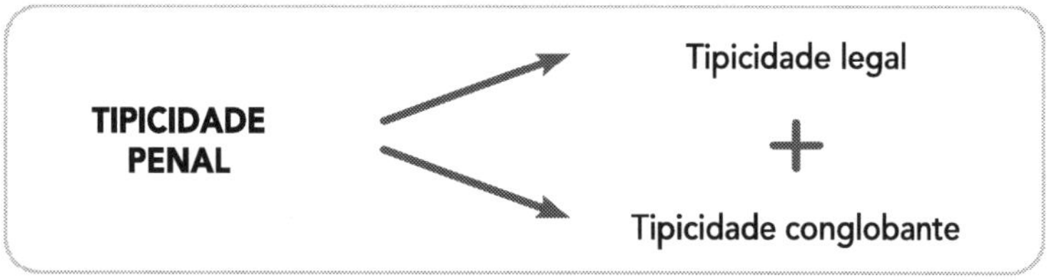

Assim, se, embora encontre correspondência a um tipo penal, a conduta do agente for permitida por outro ramo do direito, o fato por ele praticado será atípico. Desse modo, para a teoria da tipicidade conglobante, se o agente praticar uma conduta no exercício regular de um direito ou estrito cumprimento do dever legal, o fato será atípico, pois um fato não pode ser ao mesmo tempo típico na esfera penal e permitido pelos demais ramos do direito.

Com isso, o exercício regular do direito e o estrito cumprimento do dever legal deixam de ser causa de exclusão da ilicitude para transformar-se em excludente de tipicidade, pois, se o fato se reveste de normatividade, não pode, ao mesmo tempo, estar descrito como infração penal.

Essa teoria encontra resistência no Brasil e não foi adotada pelo nosso Código Penal, que expressamente incluiu o exercício regular de um direito e estrito cumprimento do dever legal como sendo causas excludentes de ilicitude.

3.4.7.5 Adequação típica

Adequação típica é a relação que se estabelece entre a conduta desenvolvida pelo agente e os elementos descritos na norma penal. É o procedimento para aferir se o fato praticado pelo agente encontra correspondência num modelo legal de conduta proibida. É, em síntese, o enquadramento da conduta ao tipo legal.

A adequação típica pode ser de duas formas: a) adequação típica de subordinação imediata; b) adequação típica de subordinação mediata.

a) Adequação típica de subordinação imediata

A adequação típica de subordinação imediata ocorre quando há uma correspondência integral, direta e perfeita entre conduta e tipo legal, sem necessidade de auxílio de qualquer outro dispositivo legal ou norma de extensão para ligar a conduta ao tipo penal. Há uma adequação direta entre a ação ou omissão do agente e a descrição inserida no modelo legal contido no preceito primário da norma penal incriminadora.

Exemplo: "A" desfere um disparo de arma de fogo contra "B", produzindo-lhe, em consequência, a morte. Entre essa ação e o tipo legal do homicídio (CP, art. 121) há uma perfeita correspondência, e o fato enquadra-se diretamente no modelo legal de conduta proibida ("A" dolosamente matou alguém, conduta descrita pelo art. 121, *caput*, do CP).

34. Idem, p. 411.

b) Adequação típica de subordinação mediata

A adequação típica de subordinação mediata, ampliada ou por extensão ocorre quando a conduta do agente não encontra perfeita correspondência ao tipo penal, exigindo, para se adequar ao tipo penal, o auxílio de uma outra norma que estabelecerá a ligação entre a conduta do agente e o tipo penal incriminador correspondente. Em outras palavras, como a conduta não se enquadra diretamente a determinado tipo penal, revela-se necessário o auxílio de outra norma para estabelecer a ligação entre a ação ou omissão do agente e o tipo penal correspondente.

Trata-se de uma norma de extensão que estabelece a ligação entre a conduta do agente e o tipo penal incriminador. Serve como verdadeira ponte de ouro, expressão cunhada por Nélson Hungria, entre a conduta do agente e o tipo penal incriminador.

É o que ocorre na tentativa (CP, art. 14, II), participação (CP, art. 29) e nos crimes omissivos impróprios (CP, art. 13, § 2º). Esses dispositivos legais são chamados de normas de extensão, normas integrativas ou complementares da tipicidade.

Assim, por exemplo, a conduta de "A", consistente em desferir disparo com arma de fogo contra "B", com a intenção de matá-lo, mas não consegue por erro na pontaria, não encontra perfeita correspondência a um tipo penal, já que o modelo legal que define o crime de homicídio descreve "matar alguém", e não o de "tentar matar alguém". No caso, a fim de evitar que o fato se torne atípico, por ausência do resultado morte, afigura-se necessária uma norma de extensão que estabeleça a adequação entre a conduta do agente e o modelo legal que descreve a infração penal. Essa norma servirá como uma ponte, evitando que o fato fique sem enquadramento típico. A norma da tentativa (CP, art. 14, II) é, portanto, uma norma de extensão, por meio da qual resulta a adequação típica mediata ou indireta do fato tentado à norma que se pretendia violar. No caso da tentativa, opera-se uma ampliação temporal da figura típica, pois o modelo descritivo alcança a conduta momentos antes de ser atingida a consumação.

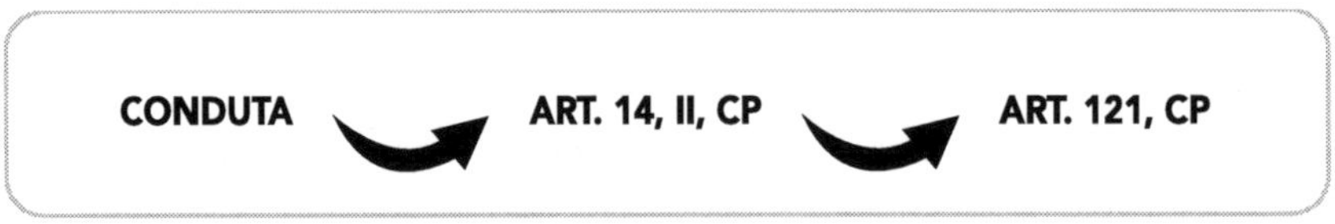

Na participação também não há correspondência direta entre a conduta do agente e o tipo penal, necessitando, por isso, de uma norma de extensão para o devido enquadramento típico. Há, na participação, uma ampliação espacial e pessoal do tipo penal, já que, por conta da incidência do art. 29 do CP, passa a ser possível alcançar não só a conduta do agente que praticou os atos executórios do crime, mas também a de quem contribuiu de qualquer modo, seja induzindo, instigando ou auxiliando, para a realização do delito. Assim, a norma do concurso de pessoas (CP, art. 29) é de extensão ou ampliação espacial e pessoal da figura típica, por meio da qual se opera a adequação típica mediata ou indireta da conduta do partícipe ao tipo penal. A conduta consistente em mandar matar não se enquadra exatamente no tipo penal que define o crime de homicídio, já que a descrição típica consiste em "matar alguém" (CP, art. 121). Para a adequação típica da conduta do agente que mandou matar, afigura-se necessária a norma extensão do art. 29 do CP, que fará a ligação com o tipo penal que define o crime de homicídio (CP, art. 121).

MANDAR MATAR → **ART. 29, CP** → **ART. 121, CP**

Da mesma forma, nos crimes omissivos impróprios, espúrios ou comissivos por omissão, há uma adequação típica mediata entre a conduta omissiva do agente e o tipo penal correspondente. Isso ocorre porque não há tipo penal específico descrevendo a conduta omissiva, sendo, por essa razão, necessário o auxílio de uma norma de extensão para a devida adequação típica. Assim, por exemplo, para enquadrar a conduta da mãe que, dolosamente, deixa de alimentar o seu filho até levá-lo a morte, mostra-se necessário o auxílio do art. 13, § 2º, *a*, do CP, que estabelecerá a ponte entre a conduta omissiva de quem tinha o dever de agir para evitar o resultado e o tipo penal que define o crime de homicídio (CP, art. 121), considerando, ainda, eventual qualificadora.

DEIXAR DE ALIMENTAR O FILHO → **ART. 13, § 2º, a, CP** → **ART. 121, CP**

Para acesso ao vídeo, utilize o QR Code ao lado.

4

TEORIA DO TIPO

4.1 CONCEITO

Tipo é o conjunto dos elementos descritivos do crime contidos na lei penal. É o modelo legal genérico e abstrato que descreve a conduta proibida ou permitida. Assim, tomando, por exemplo, a conduta consistente em "Subtrair, para si ou para outrem, coisa alheia móvel". O conjunto desses elementos forma o tipo penal do crime de furto, previsto no art. 155, *caput*, do CP.

O tipo penal não se restringe a descrever o modelo de conduta proibida. Há, também, tipos penais descrevendo condutas permitidas, como, por exemplo, o art. 25 do CP, que define a excludente de ilicitude consistente na legítima defesa.

Tipo e tipicidade são institutos distintos. Tipo é a figura imaginada pelo legislador, que se exterioriza por meio da descrição de um modelo legal proibido ou permitido, ao passo que a tipicidade é o juízo realizado para verificar se a conduta desenvolvida pelo agente se enquadra nos elementos imaginados pelo legislador e descritos no tipo penal.

4.2 ESTRUTURA DO TIPO PENAL

O tipo penal vem estruturado da seguinte forma: a) título ou *nomen juris*; b) preceito primário; c) preceito secundário.

O *título* representa a rubrica atribuída pelo legislador ao delito.

Exemplo: homicídio é a rubrica do modelo descrito como "matar alguém" (CP, art. 121). Furto é a rubrica do modelo descrito como "subtrair, para si ou para outrem, coisa alheia móvel" (CP, art. 155).

O *preceito primário* é a descrição da conduta proibida, quando se tratar de tipo penal incriminador, ou da conduta permitida, quando se refere ao tipo penal permissivo. O preceito primário do tipo penal incriminador do art. 121 do CP é "matar alguém". O preceito primário do tipo permissivo do art. 25 do CP, sob a rubrica "legítima defesa", é "repelir injusta agressão, atual ou iminente, a direito próprio ou de terceiros, usando moderadamente os meios necessários".

O *preceito secundário* do tipo é a parte sancionadora, prevista somente nos tipos penais incriminadores, que, após descreverem o modelo legal de conduta proibida, comina a sanção penal correspondente. No crime de homicídio simples, o preceito secundário é "reclusão, de 6 a 20 anos".

4.3 ESPÉCIES DE TIPO

Os tipos penais podem ser de duas espécies: a) tipo penal incriminador; b) tipo penal permissivo.

Tipos penais incriminadores ou legais são aqueles que descrevem a conduta proibida e cominam sanção penal.

Tipos penais permissivos ou justificadores são aqueles que descrevem o modelo legal de conduta permitida. São aqueles que permitem a prática de um fato típico, mas que não será ilícito. Por essa razão, denominam-se permissivos. São os que descrevem as causas de exclusão da ilicitude (CP, art. 23), também conhecidas como causas de justificação, como é o caso da legítima defesa, que se encontra no art. 25 do CP.

4.4 ELEMENTOS DO TIPO

A lei penal, na descrição da infração penal, deve ser objetiva, clara e pormenorizada, buscando delimitar a conduta proibida ou permitida, bem como definir a sanção penal cominada.

O tipo penal é integrado por um núcleo e elementos. Há, ainda, as circunstâncias, quando previstas causas de aumento de pena, figuras qualificadas ou privilegiadas.

O núcleo é composto pelo verbo que define a conduta do agente. Trata-se do verbo nuclear do tipo. No homicídio (CP, art. 121), o verbo nuclear do tipo é "matar"; no furto (CP, art. 155), o verbo nuclear do tipo é "subtrair"; no estupro (CP, art. 213), o verbo nuclear do tipo é "constranger".

Além do verbo nuclear, o tipo é composto por elementos ou elementares, que buscam viabilizar a perfeita descrição da conduta delituosa. São os elementos constitutivos do tipo penal.

Os elementos do tipo podem ser de três espécies: a) objetivos; b) subjetivos; c) normativos.

a) Elementos objetivos ou descritivos do tipo

Os elementos objetivos do tipo guardam relação com o aspecto material do fato.

São os que se referem à materialidade da infração penal, bem como ao seu aspecto de tempo, local, modo de execução etc. Esses elementos não estão vinculados ao sujeito ou ao estado anímico e à vontade do agente. São elementos relacionados ao *fato delituoso,* e não ao *agente criminoso.*

Não há juízo de valor cultural ou jurídico em relação aos elementos objetivos. Além de expressar a conduta do agente, por meio do verbo nuclear do tipo, o elemento objetivo se caracteriza por fazer referência, às vezes, ao sujeito ativo, ao sujeito passivo, ao objeto, ao tempo, ao lugar ou à ocasião e aos meios empregados pelo agente para a execução do delito.

Os elementos objetivos possuem a finalidade de retratar todos os dados necessários à caracterização do delito.

No crime de homicídio (CP, art. 121), por exemplo, o elemento objetivo se retrata na expressão "alguém". Nos crimes de invasão de domicílio (CP, art. 150, § 1º) e furto praticado durante repouso noturno (CP, art. 155, § 1º), o tipo faz referência ao tempo de execução do crime ("noite" e "repouso noturno", respectivamente).

b) Elementos normativos do tipo

Os elementos normativos do tipo são aqueles que reclamam um juízo de valor do intérprete para sua exata compreensão.

Diversamente dos tipos penais descritivos, o significado do elemento que integra o tipo penal não se extrai de forma objetiva, necessitando um juízo de valoração jurídica, social, cultural, histórica, política como forma de identificar o seu alcance dentro do próprio campo da tipicidade.

Os elementos normativos são classificados em jurídicos e culturais.

Elementos normativos jurídicos são aqueles que exigem juízo de valoração jurídico, relativo a institutos inerentes ao Direito, relacionados à ilicitude, como, por exemplo, os elementos "indevidamente", "sem justa causa", "sem as formalidades legais".

Elementos jurídicos culturais, morais ou extrajurídicos guardam relação com conceitos inerentes a outras áreas de conhecimento e atuação, reclamando, assim, uma valoração no aspecto social, cultural, histórico, religioso, político etc.

c) Elementos subjetivos do tipo

Os elementos subjetivos do tipo são os que pertencem à esfera anímica do agente, relacionados à especial finalidade e intenções decorrentes da sua conduta.

No crime de homicídio (CP, art. 121), por exemplo, para que ocorra o crime, basta a consciência e a vontade de tirar a vida de alguém, já que o tipo penal não exige nenhuma finalidade especial.

Todavia, em determinados tipos penais, o legislador destaca uma parte do dolo e a insere expressamente no tipo penal. Esse elemento subjetivo do tipo constitui a finalidade específica da conduta desenvolvida pelo agente. Nesses casos, quando o tipo penal descrever elemento subjetivo específico, além do dolo em realizar a conduta descrita no verbo nuclear, o agente deve ainda buscar atingir a finalidade específica descrita expressamente no tipo penal.

Assim, por exemplo, no crime de extorsão mediante sequestro (CP, art. 159), além do dolo de sequestrar a vítima, o tipo penal exige que o sujeito tenha agido com a finalidade específica de obter uma vantagem indevida como condição de preço ou do resgate.

Da mesma forma, no crime de furto, não basta a consciência e a vontade de subtrair coisa alheia móvel, sendo necessário que o agente desenvolva sua conduta voltada à subtração com a finalidade específica de se assenhorar definitivamente do bem pretendido, uma vez que o tipo penal tem essa finalidade especial como um de seus elementos, representada pela expressão "para si ou para outrem".

d) Elementos modais

Parte da doutrina faz, ainda, referência aos *elementos modais,* assim considerados como sendo aqueles que figuram no tipo penal como condições específicas de tempo, local ou modo de execução, indispensáveis para a própria caracterização do delito.

É o que ocorre no crime de infanticídio (CP, art. 123), consistente na conduta da mãe que, sob influência do estado puerperal, mata o próprio filho, durante ou logo após o parto. O elemento modal se encontra especificamente na expressão *durante ou logo após* o parto, já que diz respeito ao tempo em que o crime deve ser praticado para caracterizar o infanticídio.

Da mesma forma, a expressão "logo depois" de subtraída a coisa, prevista no art. 157, § 1º, do CP, constitui elemento modal do tipo penal que define o crime de roubo impróprio.

4.5 FUNÇÕES DO TIPO PENAL

Além de definir infrações penais, o tipo penal possui outras funções, tais como: a) função indiciária; b) função de garantia; c) função fundamentadora; d) função diferenciadora.

a) Função indiciária

O tipo circunscreve e delimita a conduta penalmente ilícita. Nesse sentido, o fato de uma ação ou omissão estar definida como típica permite a presunção de que, a princípio, também é ilícita.

Assim, a adequação típica constitui indício de que a conduta é antijurídica, e essa presunção somente cederá ante a configuração de uma causa de justificação. Logo, essa presunção é relativa (*iuris tantum*), admitindo prova em contrário. Desse modo, se demonstrado que o agente praticou a ação ou omissão no contexto de uma excludente de ilicitude, afastada estará essa presunção de ilicitude decorrente da prática de um fato típico.

b) Função de garantia

O tipo legal constitui importante instrumento de incidência do princípio da reserva legal. Com efeito, a Constituição Federal consagra expressamente o princípio de que "não há crime sem lei anterior que o defina, nem pena sem prévia cominação legal" (CF, art. 5º, XXXIX).

Logo, somente a lei em sentido material e formal pode criar um tipo penal incriminador, conferindo ao cidadão a garantia de que sua conduta será típica se expressamente definida em lei como infração penal.

Assim, o cidadão tem a garantia que poderá pautar sua conduta com liberdade, sendo-lhe, no entanto, vedado atuar em desconformidade com tipo penal expressamente previsto em lei.

Em outras palavras, o tipo penal confere a garantia ao indivíduo que sua esfera de liberdade não será afetada se praticar uma conduta não prevista em lei como sendo criminosa.

c) Função fundamentadora

A função fundamentadora constitui a outra face da função garantidora do tipo, pois, assim como confere a garantia ao cidadão de que não será punido por fato não taxativamente previsto como infração penal, o tipo penal também fundamenta o direito de punir do Estado quando o indivíduo pratica uma conduta que ofende a lei penal.

Assim, o tipo penal garante ao cidadão o direito de praticar qualquer conduta não vedada em lei, mas também fundamenta o exercício do *ius puniendi* estatal na hipótese de violação da lei penal.

d) Função diferenciadora do erro

Para que seja possível responsabilizá-lo criminalmente, o dolo do agente deve alcançar todos os elementos constitutivos do tipo legal, ou seja, deve estar consciente da presença de todos os elementos que integram o fato típico.

Se, eventualmente, o agente desenvolver conduta incorrendo em erro sobre um dos elementos constitutivos do tipo, incidirá o que se denomina erro de tipo, cujo efeito imediato é a exclusão do dolo e da culpa, se invencível, ou, se vencível, exclusão do dolo, com a punição pelo crime na modalidade culposa, se previsto em lei, conforme dispõe o art. 20, *caput*, do CP.

4.6 CLASSIFICAÇÃO DO TIPO PENAL

4.6.1 Tipo fechado e tipo aberto

O tipo fechado ou cerrado é constituído somente de elementos descritivos, possuindo descrição completa e pormenorizada da conduta criminosa, não sendo exigido emprego de esforço interpretativo para que seja compreendido.

> Exemplo: crime de homicídio (CP, art. 121), definido como "matar alguém". Os dois elementos são puramente descritivos, sem necessidade de emprego de juízo de valor para interpretar o seu alcance e significado.

O *tipo aberto* se caracteriza por não descrever de forma detalhada a conduta delituosa, dependendo da interpretação para verificar o seu alcance e incidência. São tipos penais, muitas das vezes, compostos de elementos normativos e subjetivos, exigindo do intérprete juízo de valor para verificar o seu significado.

Exemplo clássico de tipo penal aberto é aquele que prevê crimes culposos. Com efeito, diante da absoluta impossibilidade de prever e descrever todas as condutas que não observam o dever de cuidado objetivo, o legislador deixa o tipo penal em aberto, não descrevendo de forma pormenorizada e precisa a conduta proibida. Nesses casos, é imprescindível o juízo de valor do intérprete no sentido de verificar se determinada conduta se enquadra no tipo penal culposo.

O tipo penal que define, por exemplo, o crime de homicídio culposo (CP, art. 121, § 3º) se limita a tão somente descrever que "Se o homicídio é culposo, a pena será de detenção, de um a três anos". Note-se que não há uma descrição completa e precisa da conduta proibida, exigindo do intérprete, na análise do caso concreto, verificar se determinada conduta observou, ou não, o dever de cuidado objetivo (ou seja, se o agente agiu com imprudência, negligência ou imperícia), para só então realizar ou não o enquadramento típico.

Registre-se, por pertinente, que nem todo crime culposo constitui tipo penal aberto. O crime de receptação culposa (CP, art. 180, § 3º), por exemplo, constitui exceção, já que o tipo penal descreve e detalha a conduta típica.

Outro exemplo é o tipo penal que define o crime de rixa (CP, art. 137), que exige do intérprete a valoração do caso concreto, a fim de verificar se o agente participou do fato na condição de contendor ou de separador dos contendores.

4.6.2 Tipo fundamental e tipo derivado

O *tipo fundamental ou básico* é o que descreve a forma mais simples ou básica da conduta delituosa. O crime na sua modalidade simples está situado no *caput* do artigo e, via de regra, contém os elementos essenciais do crime, sem os quais podem levar à atipicidade absoluta, desaparecendo a conduta delituosa, ou à atipicidade relativa, transformando um crime em outro.

> Exemplo: crime de homicídio simples (CP, art. 121, *caput*); crime de furto simples (CP, art. 155, *caput*).

O crime de excesso de exação constitui exceção à previsão da modalidade simples no *caput* do dispositivo legal. Isso porque está previsto no art. 316, § 1º, do CP, constituindo-se em verdadeira figura delituosa autônoma, na modalidade simples e básica, prevista em um parágrafo do tipo penal e não no seu *caput*.

Os *tipos derivados* são os que se formam a partir do tipo fundamental, que somados ao tipo simples, preveem circunstâncias que aumentam ou diminuem a pena. Dividem-se em: a) tipos penais qualificados, quando a agravação consistir na variação dos limites abstratos de pena, como no caso do art. 121, § 2º, do CP, em que a pena, na modalidade simples é de 6 a 20 anos, passando a ser de 12 a 30 anos, na modalidade qualificada; b) causas de aumento de pena, quando o aumento consistir em determinado percentual, como, por exemplo, no crime de roubo majorado (CP, art. 157, § 2º); c) tipo privilegiado, quando há diminuição da pena, como no caso do homicídio privilegiado (CP, art. 121, § 1º).

4.6.3 Tipo simples e tipo misto

Tipo simples é aquele que descreve um único comportamento. É aquele integrado por um *único verbo nuclear do tipo.*

> Exemplo: crime de furto (CP, art. 155), que é composto por único verbo nuclear do tipo, consistente em "subtrair".

O *tipo misto* é integrado por mais de uma conduta punível, ou seja, é aquele composto por *mais de um verbo nuclear do tipo.* O tipo misto divide-se em: tipo misto alternativo e tipo misto cumulativo.

No *tipo misto alternativo* há a descrição de duas ou mais condutas, mas a prática sucessiva das várias ações nucleares num mesmo contexto fático caracteriza *crime único.* São os chamados *tipos penais de ação múltipla ou de conteúdo variado.*

Assim, por exemplo, no tipo penal que define o crime de tráfico de drogas (Lei nº 11.343/2006, art. 33) há dezoito condutas ou verbos nucleares do tipo "importar", "exportar", "remeter", "preparar", "produzir", "fabricar", "adquirir", "vender", "expor à venda", "oferecer", "ter em depósito", "transportar", "trazer consigo", "guardar", "prescrever", "ministrar", "entregar a consumo" ou "fornecer". Se, num mesmo contexto fático, o agente adquirir e transportar drogas, sem autorização ou em desacordo com determinação legal, incorrerá em crime único de tráfico de drogas.

O *tipo misto cumulativo* é aquele que descreve duas ou mais condutas, ou seja, é integrado por *mais de um verbo nuclear do tipo,* que, se praticados pelo agente, resultará na incidência de *mais de um crime,* em concurso material de crimes. No crime de abandono material (CP, art. 244), por exemplo, há vários núcleos e, se o agente, sem justa causa, faltar ao pagamento de pensão alimentícia judicialmente fixada ou majorada, e, ainda, deixar, sem justa causa, de socorrer descendente ou ascendente, gravemente enfermo, responderá por dois crimes de abandono material.

Nesse ponto, merece destaque a discussão envolvendo o crime de estupro (CP, art. 213), a partir da nova redação introduzida pela Lei nº 12.015/2009. Até a edição dessa lei, a jurisprudência dominante era no sentido de que o crime de estupro (CP, art. 213) e do já revogado crime de atentado violento ao pudor (CP, art. 214), praticados no mesmo contexto fático, ensejaria a incidência do concurso material de crimes, e, por consequência, a soma das penas. Todavia, com a nova redação conferida pela Lei nº 12.015/2009, a conduta consistente em praticar atos libidinosos diversos da conjunção carnal, até então prevista no revogado art. 214 do CP, passou a integrar o art. 213, *caput*, do CP, gerando discussão na doutrina e jurisprudência se o tipo penal era misto alternativo ou cumulativo.

Num primeiro momento, a jurisprudência do STJ se inclinava no sentido de que se tratava de tipo misto cumulativo, ou seja, se o agente praticasse conjunção carnal e outro ato libidinoso diverso da conjunção carnal no mesmo contexto fático, responderia por dois crimes de estupro, em concurso material de crimes.[1]

Todavia, alterando seu entendimento, o STJ passou a considerar que a prática de conjunção carnal e outro ato libidinoso diverso da conjunção carnal no mesmo contexto fático, ensejaria um único crime de estupro (CP, art. 213), passando a considerar que se trata de tipo misto alternativo, uma vez que tais condutas passaram a integrar o mesmo tipo penal.[2]

4.6.4 Tipo congruente e tipo incongruente

O *tipo congruente* é aquele em que há perfeita coincidência entre tipo objetivo e o tipo subjetivo, ou seja, a vontade do agente encontra perfeita correspondência no fato descrito na lei penal. A regra é que os tipos sejam congruentes. O que significa dizer que o tipo subjetivo, ou seja, aquilo que o sujeito conhece e deseja corresponde exatamente ao tipo objetivo.

No crime de homicídio, por exemplo, a vontade do agente de eliminar a vida de alguém encontra perfeita correspondência no fato descrito no art. 121 do CP. Da mesma forma, no crime de furto, a vontade do agente em subtrair, para si ou para outrem, coisa alheia encontra perfeita correspondência no fato descrito no art. 155 do CP.

No *tipo incongruente* não há correspondência entre a vontade do agente e o fato descrito na norma penal. Não há congruência entre o tipo objetivo e o tipo subjetivo, ou seja, não há perfeita correspondência entre a intenção do agente e os elementos descritos no tipo penal. Em outras palavras, embora produza resultado diverso do pretendido, a conduta do agente se enquadra num tipo penal por ele não almejado. Por isso, o tipo penal será incongruente entre a vontade do autor e o fato descrito na norma penal.

Os crimes preterdolosos são exemplos de tipos penais incongruentes. Na lesão corporal seguida de morte (CP, art. 129, § 3º), por exemplo, o tipo penal descreve uma conduta dolosa com resultado culposo. Assim, se o agente desenvolver uma conduta com a intenção de provocar lesões corporais na vítima, causando-lhe, de forma involuntária, a morte, haverá uma incongruência entre a intenção do agente e o fato descrito no tipo penal que define o crime de lesão corporal seguida de morte. Há, em síntese, incongruência entre a tipicidade objetiva e a tipicidade subjetiva.

---

1. STJ, HC nº 105533/PR, rel. Min. Laurita Vaz, 5ª T., j. 16-12-2010.
2. STJ, RHC nº 93906/PA, rel. Min. Ribeiro Dantas, 5ª T., j. 21-3-2019.

Da mesma forma, no crime de extorsão mediante sequestro (CP, art. 159), o tipo prevê o sequestro de pessoa, com o fim de obter vantagem, como condição ou preço do resgate. Esse é o tipo objetivo. O tipo subjetivo, ou seja, a vontade do agente consiste em obter vantagem patrimonial, com o pagamento do preço ou resgate. Todavia, para a incidência plena do crime de extorsão mediante sequestro, basta que o agente desenvolva conduta desejando privar a liberdade da vítima, como condição ou preço do resgate, não sendo necessário que efetivamente venha a obter a vantagem patrimonial. A incongruência reside exatamente na circunstância de a intenção do agente se sobrepor ao fato objetivamente descrito no tipo penal. Ou seja, basta o tipo subjetivo (vontade do agente) para a consumação do delito, não sendo exigida plena correspondência com a descrição objetiva do tipo (obtenção da vantagem indevida, como condição ou preço do resgate).

Os crimes tentados (CP, art. 14, II) também são exemplos de tipos penais incongruentes. No crime tentado, o agente desenvolve a conduta com a intenção de produzir determinado resultado, mas que acaba não alcançando, por circunstâncias alheias à sua vontade. Eis a incongruência entre o tipo subjetivo (intenção de alcançar a consumação) e o tipo objetivo (não consumação por circunstâncias alheias à vontade do agente).

4.6.5 Tipo normal e tipo anormal

Tipo normal seria aquele formado apenas por elementos descritivos, ou seja, apenas por elementos de ordem objetiva.

Tipo anormal seria formado, além dos elementos objetivos, também por elementos subjetivos e/ou normativos.

Trata-se de uma classificação em desuso, uma vez que, por força da teoria finalista, dolo e culpa passaram a integrar a conduta do agente, que constitui elemento do fato típico. Assim, forçoso concluir que todo tipo penal, além dos elementos objetivos, é integrado por elemento subjetivo (dolo) ou normativo (culpa).

4.6.6 Tipo complexo

Conforme exposto alhures, o tipo penal é formado por elementos objetivos, que descrevem a conduta delituosa.

Para a teoria clássica ou causal da ação, o dolo e a culpa integram a culpabilidade, sendo, pois, o tipo penal formado apenas por elementos objetivos.

Com a teoria finalista da ação, os elementos subjetivos passaram a integrar a conduta, e, portanto, o fato típico. Assim, com a transferência do dolo e da culpa para a conduta, o tipo penal passou a conter elementos objetivos (descrição da conduta delituosa) e subjetivos (dolo e culpa), caracterizando o tipo penal complexo. Em outras palavras, *o tipo penal complexo é a junção entre os elementos objetivos e subjetivos do tipo.*

É, por isso, que, se o agente desenvolver uma conduta sem a presença de dolo ou culpa, o fato será atípico.

4.6.7 Tipo de autor e tipo de fato

Tipo de autor é aquele que guarda relação com o Direito Penal do autor, em que a punição decorre em razão das condições, circunstâncias e características pessoais do agente, e não em relação ao fato praticado. Trata-se, felizmente, de figura cada vez menos aplicada no ordenamento jurídico, cedendo espaço para o tipo de fato.

Tipo de fato é aquele que guarda estreita relação com as circunstâncias que envolvem o fato criminoso, tutelando bens jurídicos expostos ao dano ou perigo de dano decorrente da conduta criminosa praticada pelo agente.

Para acesso ao vídeo, utilize o QR Code ao lado.

5

CRIME DOLOSO

5.1 CONCEITO

Conforme dispõe o art. 18, I, do CP, o crime será doloso "quando o agente quis o resultado ou assumiu o risco de produzi-lo". Essa previsão legal equipara dolo direto e dolo eventual.

O conceito de dolo, à evidência, é muito mais abrangente e complexo do que aquele atribuído pela lei penal.

Pela teoria naturalista ou causal da ação, o dolo estava alojado na culpabilidade.

Com o sistema finalista, o dolo passou a integrar a conduta, elemento do fato típico. Trata-se de um elemento psicológico introduzido no tipo penal, característico do crime doloso. Na lição de Welzel, idealizador da teoria finalista da ação:

> A teoria causal desconhece que o dolo é uma espécie de vontade final de realização, a saber, a vontade final de realização "das circunstâncias de fato de um tipo legal"; que o dolo, por conseguinte, como elemento da ação, é já parte integrante da ação típica e que esta se compõe, portanto, de elementos objetivos (externos) e subjetivos (anímicos).[1]

Nesse sentido, no crime doloso, o agente desenvolve uma conduta com vontade e consciência dirigida a produzir determinado resultado. É a vontade e consciência voltadas a realizar a conduta descrita no tipo penal incriminador. É, em síntese, a consciência e vontade de realizar o tipo objetivo.

5.2 CARACTERÍSTICAS

O dolo reúne algumas características, dentre as quais se destacam: a) abrangência; b) atualidade; c) possibilidade de influenciar o resultado.

---

1. WELZEL, Hans. *O novo sistema jurídico-penal:* uma introdução à doutrina da ação finalista. Tradução Luiz Régis Prado. 4. ed. São Paulo: Revista dos Tribunais, 2015. p. 43.

a) Abrangência

O dolo do agente deve abranger todos os elementos objetivos constitutivos do tipo penal. Ou seja, o agente deve agir com consciência e vontade em relação a todos os elementos que compõem o tipo penal. Assim, se, durante uma caçada, atirar contra um homem, supondo ser um animal, o agente não terá agido com dolo, já que lhe faltou consciência e vontade em relação ao elemento "homem", que integra o tipo penal que define o crime de homicídio (CP, art. 121). Trata-se, na verdade, de hipótese de erro de tipo (CP, art. 20, *caput*), que será analisada oportunamente.

b) Atualidade

O dolo deve ser atual, presente no momento da atividade da conduta, não sendo possível dolo subsequente ou antecedente à conduta. Assim, no furto (CP, art. 155), por exemplo, o dolo de se apossar definitivamente do objeto deve estar presente no momento da subtração (a intenção anterior à conduta de se apossar do objeto constitui mera cogitação e atos preparatórios, impuníveis, via de regra, à luz do Direito Penal). Se o agente deliberar por se apropriar do objeto após obtenção da posse lícita, não se fala em crime de furto, mas, em tese, de apropriação indébita (CP, art. 168). Note-se, pois, que, no caso, não há dolo subsequente do crime de furto, mas dolo atual do crime de apropriação indébita.

c) Possibilidade de influenciar no resultado

Por fim, o dolo deve ser capaz de influenciar o resultado. Isso significa que somente incidirá crime doloso se a conduta do agente, integrada pelo dolo, for apta a influenciar na produção de determinado resultado. Assim, a conduta do sobrinho no sentido de convencer o tio a realizar uma viagem de avião, na esperança de que ocorra um acidente aéreo e, por consequência, morte do irmão do seu pai, não pode ser taxada como dolosamente punível, pois, apesar da presença do elemento volitivo, o seu dolo não era capaz, à evidência, de influenciar na queda do avião e morte do tio.

Registre-se, a teor desse exemplo, que, para a teoria da imputação objetiva, haveria exclusão da imputação, porque o risco criado seria juridicamente irrelevante, já que, embora fosse a intenção do agente a morte da vítima, não tinha o domínio do curso causal por sua vontade.

5.3 ELEMENTOS DO DOLO

O dolo, elemento essencial da ação final, compõe o tipo subjetivo. Pela sua definição, constata-se que o dolo é constituído por dois elementos: um de caráter cognitivo e outro de caráter volitivo.

a) Elemento cognitivo ou intelectual

O elemento cognitivo consiste no conhecimento da presença dos elementos do tipo objetivo no caso concreto. Essa consciência deve ser atual, isto é, deve estar presente no momento da ação, quando ela está sendo realizada.

A mera possibilidade de conhecimento não se afigura suficiente para caracterizar o elemento cognitivo dolo. Isso porque a consciência deve abranger os elementos descritivos e normativos do tipo penal, bem como nexo causal entre a conduta e o resultado, além dos elementos objetivos das circunstâncias agravantes e atenuantes e das causas de aumento e diminuição da pena.

Em outras palavras, a consciência deve abarcar todas as elementares e circunstâncias do tipo penal. Se ausente essa consciência acerca de qualquer elemento objetivo do tipo, incide o instituto do erro de tipo.

b) **Elemento volitivo**

A vontade deve abarcar a ação ou omissão (conduta), o resultado e o nexo causal. A vontade de realizar os elementos constitutivos do tipo tem por pressuposto a consciência, pois não se afigura possível querer algo sem antes representar ou prever a ocorrência de determinado resultado.

Assim, o dolo, como elemento subjetivo, completa-se com a vontade e a consciência da ação, do resultado tipificado como injusto e da relação de causalidade.

5.4 TEORIAS DO DOLO

A doutrina aponta três principais teorias a respeito do dolo:

a) **Teoria da representação**

Para essa teoria, o dolo se caracteriza pela mera previsão do resultado. É suficiente que o resultado seja previsto pelo sujeito. Não é necessária a presença do elemento volitivo, sendo irrelevante, pois, se o agente quis o resultado ou assumiu o risco de produzi-lo. Basta, para essa teoria, a representação ou previsão da produção de determinado resultado.

Essa teoria é totalmente desacreditada, e até mesmo os defensores acabaram reconhecendo que somente a representação do resultado era insuficiente para exaurir a noção do dolo, sendo necessário um momento de mais intensa ou íntima relação psíquica entre o agente e o resultado.

Essa teoria não é aplicada no nosso ordenamento jurídico, uma vez que a mera representação não permite concluir que o agente tenha, ao menos, assumido o risco na produção do resultado. Além disso, embora previsível a produção de determinado agente, pode ocorrer de o agente confiar que ele não se produzirá ou que terá habilidade suficiente para evitar a sua produção. Note-se, pois, que essa teoria confunde dolo com culpa consciente, não sendo, pois, aplicada.

b) **Teoria da vontade**

O dolo é a vontade de realizar a conduta e produzir o resultado. Para essa teoria, além da representação do resultado, deve o agente agir com vontade na sua produção. Assim, o agente deve prever o resultado (consciência) e querer produzi-lo (vontade).

É a teoria adotada no dolo direto, nos termos do art. 18, I (1ª parte), do CP.

c) **Teoria do assentimento (ou consentimento)**

Essa teoria complementa a teoria da vontade, introduzindo no conceito de dolo a concepção da assunção do risco na produção do resultado.

Para essa teoria, dolo é o assentimento do resultado, acrescido da aceitação do risco de produzi-lo. Ou seja, há a previsão do resultado e, embora não o deseje diretamente, o agente assume o risco de produzi-lo, sendo, ainda, indiferente às consequências decorrentes da sua conduta.

É a teoria adotada para o dolo eventual, nos termos do art. 18, I (2ª parte), do CP.

5.5 ESPÉCIES DE DOLO

5.5.1 Dolo direto

Previsto na primeira parte do art. 18, I, do CP, o *dolo direto,* também chamado dolo determinado, intencional, imediato ou incondicionado, é aquele que se caracteriza pela vontade do agente estar dirigida especificamente à produção do resultado típico, abrangendo os meios utilizados para tanto. No dolo direto, o agente quer o resultado por ele anteriormente representado.

Tomemos como exemplo o agente que, pretendendo subtrair coisa alheia móvel, mediante emprego de grave ameaça, anunciou o assalto e desapossa a vítima dos bens que estavam em seu poder. Nesse caso, a vontade do agente é dirigida a produzir o resultado decorrente do crime de roubo (CP, art. 157).

Da mesma forma, se o agente desfere golpes de faca na vítima com a intenção de matá-la, desenvolve sua conduta com o dolo direto de praticar o crime de homicídio (CP, art. 121).

A primeira parte do art. 18, I, do CP, em que o agente quis o resultado, abrange o dolo direto de primeiro grau e de segundo grau.

5.5.1.1 Dolo direto de primeiro grau

No *dolo de primeiro grau,* o agente desenvolve conduta com vontade e consciência de atingir determinado resultado.

No dolo direto de primeiro grau é indispensável a certeza do agente acerca de que, com sua ação, o resultado se produzirá. Não havendo essa certeza, não haverá dolo direto.[2]

Em síntese, no dolo direto de primeiro grau, o agente desenvolve a conduta com consciência e vontade de alcançar um resultado certo e determinado.

Assim, se desejando matar o desafeto, o agente seguir ao seu encontro e ao visualizá-lo efetuar o disparo, matando-o, atuará com dolo direto de primeiro grau, já que agiu com consciência e vontade em busca de um resultado certo e determinado: matar o desafeto.

5.5.1.2 Dolo direto de segundo grau

No *dolo de segundo grau* ou de consequências necessárias, o agente desenvolve conduta com vontade e consciência dirigida a produzir determinado resultado. Todavia, os meios empregados para alcançar o resultado desejado inexoravelmente *produzirão consequências necessárias, de efeitos colaterais de verificação certa.*

Em outras palavras, o dolo do agente, num primeiro momento, não está relacionado aos efeitos colaterais decorrentes da sua conduta, mas age consciente de que ocorrerão, caso se produza o resultado originariamente pretendido.

> Exemplo: Imaginemos que o agente toma conhecimento que seu desafeto irá realizar uma viagem de carro com mais três amigos. Com a intenção de matar a vítima determinada, instala uma bomba no veículo, que, dada a potência da explosão, provoca a morte de todos os ocupantes do veículo. No caso, ainda que o agente

2. TAVAREZ, Juarez. *Fundamentos de teoria do delito.* 2. ed. São Paulo: Tirant lo Blanch, 2020. p. 299.

pretendesse matar somente o seu desafeto, agiu consciente que sua conduta provocaria necessariamente a morte dos demais passageiros do veículo. Tem-se, em relação ao desafeto, dolo de primeiro grau; em relação aos demais passageiros, o dolo direto de segundo grau ou dolo de consequências necessárias.

Consideremos outro exemplo: Juliano pretende matar seu desafeto Ricardo. Para tanto, coloca fogo na residência do desafeto, sabendo que lá também estavam Dudu, Sávio e Adinan, jogando canastra e bebendo cerveja. Todos acabaram falecendo intoxicados com a fumaça inalada por força do incêndio provocado. Juliano teria agido com dolo direto de primeiro grau em relação a Ricardo, e dolo direto de segundo grau em relação a Dudu, Sávio e Adinan, já que, ao atear fogo na residência, buscando a morte do desafeto, o agente tinha consciência que o resultado morte das demais vítimas seria consequência inevitável decorrente da sua conduta.

Como se vê, o dolo direto de segundo grau compreende os meios de ação escolhidos para realizar o fim e, de modo especial, os efeitos secundários representados como certos e necessários independentemente de serem esses efeitos ou resultados desejados ou indesejados pelo autor.[3]

5.5.2 Dolo indireto

No *dolo indireto* ou indeterminado, o agente não tem a vontade dirigida a um resultado determinado. Ou seja, desenvolve uma conduta voltada à produção de um resultado, por isso estar inserido no campo do dolo, mas não para um resultado certo e determinado, como no dolo direto.

Esse resultado incerto e indeterminado pode ser retratado pela alternatividade do dolo do agente ou pela assunção do risco em produzi-lo. Por isso, o dolo indireto subdivide-se em dolo alternativo e dolo eventual.

5.5.2.1 Dolo alternativo

Dolo alternativo é aquele em que o agente dirige sua conduta com a intenção de provocar qualquer dos resultados possíveis.

Assim, se o agente desferir disparos de arma de fogo contra o seu desafeto, com a intenção de matar ou lesionar, responderá por homicídio, se resultar na morte da vítima. A análise da incidência do dolo alternativo será mais criteriosa quando não resultar morte da vítima, mas apenas lesões corporais. Nesse caso, poderia surgir a dúvida sobre o enquadramento típico da conduta do agente: se responderia por tentativa de homicídio ou lesão corporal. E, no caso de dolo alternativo, o agente sempre responderá pelo resultado mais grave. Assim, no caso, responderá por tentativa de homicídio.

Rogério Greco considera de dolo alternativo um misto de dolo direto com dolo eventual, afirmando que:

> Quando o agente quer ferir ou matar a vítima seu dolo é dirigido diretamente a uma pessoa determinada; mas, no que diz respeito ao resultado, encontramos também uma "pitada" de dolo eventual, haja vista que o agente, quando direciona sua conduta

3. SANTOS, Juarez Cirino dos. *Direito penal* – parte geral. 7. ed. Florianópolis: Empório do Direito, 2017. p. 137.

a fim de causar lesões ou a morte de outra pessoa, não se importa com a ocorrência de um ou outro resultado, e se o resultado mais grave vier a acontecer este ser-lhe-á imputado a título de dolo eventual.[4]

Em síntese, o dolo alternativo apresenta-se quando o aspecto volitivo do agente se encontra direcionado, de maneira alternativa, seja em relação ao resultado, seja em relação à pessoa contra a qual é cometido o crime.

5.5.2.2 Dolo eventual

Em relação ao dolo eventual, adota-se a teoria do consentimento ou assentimento, inserta na expressão "assumiu o risco de produzi-lo", encartada no art. 18, I, do CP.

Ocorre o *dolo eventual* quando o sujeito assume o risco de produzir o resultado, isto é, admite e aceita o risco de produzi-lo. No dolo eventual, o agente não quer o resultado (se desejasse, seria dolo direto), mas, mesmo prevendo a realização do resultado, segue adiante na sua conduta, assumindo o risco de produzi-lo. No dolo eventual, o agente representa como possível o resultado não desejado, mas assume o risco de provocar lesão a um bem jurídico, seguindo adiante com a sua conduta, revelando, assim, conformismo com a produção do evento.

Tomemos como exemplo a conduta do agente que, pretendendo a morte do seu desafeto, efetua um disparo em sua direção, mesmo visualizando que se encontrava conversando com uma pessoa bem próxima a ele. O agente prevê que também pode atingir a outra pessoa, mas segue adiante na sua conduta, assumindo o risco de errar o disparo contra o seu desafeto e atingir a outra pessoa, sendo-lhe indiferente quanto ao resultado que possa ser produzido em relação ao terceiro. Se efetuar disparos matando o seu desafeto e também a outra pessoa, o agente responderá por dois crimes de homicídio: o primeiro, a título de dolo direto (em relação ao desafeto); o segundo, a título de dolo eventual (em relação ao terceiro).

Em outras palavras, no dolo eventual, o agente não quer diretamente o resultado, mas atua de tal modo que o incorpora como consequência provável ou possível de sua ação.[5]

Assim, no dolo eventual, o agente, embora não deseje diretamente o resultado, age com indiferença e desprezo na sua produção, aceitando a sua ocorrência. Prefere arriscar-se a produzi-lo a se abster e cessar a sua conduta. Age, pois, com dolo eventual o agente que ofende a integridade física de mulher grávida, ciente do seu adiantado estado gravídico, causando-lhe o aborto. Note-se que o agente não quer o resultado, pois, se desejasse, agiria com dolo direto, mas prevê como possível o aborto e mesmo assim segue com a sua conduta, assumindo o risco de interromper a gravidez com a morte do feto. Nesse caso, além do crime de lesão corporal gravíssima praticado contra a mulher (dolo direto), o agente também responderá pelo crime de aborto sem consentimento da gestante (dolo eventual), em concurso formal imperfeito.

Na prática, a verificação da incidência do dolo eventual nem sempre constitui tarefa fácil. Isso porque não se afigura possível extrair o dolo eventual da mente do autor, assim

---

4. GRECO, Rogério. *Curso de direito penal* – parte geral. 19. ed. Niterói: Impetus, 2017. p. 293.
5. TAVAREZ, Juarez. Op. cit., p. 304.

como no dolo direto, mas sim das circunstâncias que envolveram o caso concreto. Isso significa que a assunção do risco de produzir o resultado deve ser aferida no caso concreto, verificando-se, por exemplo, o risco que a conduta gerou ao bem jurídico atingido, os meios de execução empregados, o grau de indiferença em relação ao bem jurídico atingido.

Por isso, na investigação do dolo eventual, deve-se analisar as circunstâncias do fato concreto, diante da dificuldade de buscá-lo na mente do autor, uma vez que, como ficou consignado, nenhum réu irá admitir a previsão do resultado, a consciência da possibilidade ou probabilidade de sua causação e a consciência do consentimento.

O dolo eventual se aproxima muito da culpa consciente, cuja diferença será exposta em tópico próprio.

5.5.2.2.1 Dolo eventual nos Tribunais Superiores

a) Dolo eventual no contexto de crimes na condução de veículo automotor

Em regra, a morte decorrente de acidente de trânsito implica a incidência do crime de homicídio culposo na condução de veículo automotor, previsto no art. 302 da Lei nº 9.503/1997 (Código de Trânsito Brasileiro – CTB).

Todavia, considerando as circunstâncias do caso concreto, os Tribunais Superiores têm admitido a incidência de dolo eventual em determinados delitos cometidos no trânsito.

Isso porque, não obstante as inúmeras campanhas realizadas, demonstrando o risco da direção perigosa, bem como os elevadíssimos índices de morte do trânsito, alguns motoristas insistem em praticar manobras automobilísticas ousadas, inconsequentes, assumindo verdadeiramente o risco de causar a morte de pessoas inocentes.

O STJ já admitiu a possibilidade de incidência de dolo eventual na hipótese de ocorrência de disputa automobilística, denominada "racha", em alta velocidade e após aparente ingestão de bebidas alcoólicas,[6] bem como na hipótese de motorista que conduz o veículo com embriaguez ao volante, direção em zigue-zague e na contramão, em rodovia federal de intenso movimento.[7]

De outro lado, o STJ manteve decisão que desclassificou a imputação da prática de homicídio doloso para a forma culposa do delito de homicídio na condução de veículo automotor, sob o fundamento de que apenas a embriaguez e a velocidade pouco acima do permitido no instante do fato não permitem atribuir-lhe de forma alguma o *animus necandi* nem a assunção do risco de matar.[8]

b) Dolo eventual e compatibilidade com circunstância qualificadora

Discute-se a possibilidade do reconhecimento de eventual circunstância qualificadora na hipótese de crimes praticados com dolo eventual.

Os Tribunais Superiores admitem a possibilidade de incidência de circunstâncias qualificadoras em crimes praticados com dolo eventual, mas com algumas restrições.

---

6. STJ, AgRg no REsp nº 1320344/DF, rel. Min. Reynaldo Soares da Fonseca, 5ª T., j. 1º-8-2017.
7. STJ, AgRg no REsp nº 965572/RS, rel. Min. Jorge Mussi, 5ª T., j. 19-5-2017.
8. STJ, AgRg no REsp nº 1848945/PR, rel. Min. Jorge Mussi, 5ª T., j. 13-4-2020.

Com efeito, tanto o STF[9] como o STJ[10] pacificaram entendimento no sentido da incompatibilidade da qualificadora do recurso que dificultou a defesa da vítima, em razão da surpresa, com o dolo eventual, uma vez que tal circunstância revela claramente a intenção do agente, não podendo ser aceita na forma de homicídio cujo dolo seria o eventual.

Isso porque, quando atua com dolo eventual, o agente não deseja o resultado, que ocorre em razão da sua previsibilidade e a indiferença manifestada na conduta. E, no caso das qualificadoras do recurso que dificultou a defesa da vítima e do perigo comum, o dolo do agente deve ser bastante claro e definido em relação ao resultado almejado, por meio do emprego da traição, emboscada, dissimulação ou outro recurso que dificultou a defesa da vítima, bem como em relação ao meio que criou o perigo comum.

De outro lado, o STJ[11] reconheceu ser a qualificadora do meio cruel compatível com o dolo eventual, na hipótese de a vítima ter sido arrastada por cerca de 500 metros, presa às ferragens do veículo, após ter sido atropelada pelo veículo conduzido pelo réu.

O STJ[12] também considera que não há incompatibilidade entre o reconhecimento do dolo eventual e as qualificadoras de ordem subjetiva do homicídio, pois o dolo do agente, direto ou indireto, não se confunde com o motivo que ensejou a conduta capaz de colocar em risco a vida da vítima.

C) Dolo eventual e tentativa

A doutrina diverge sobre a compatibilidade da modalidade tentada e o crime praticado com dolo eventual.

Para parte da doutrina, não se afigura possível a tentativa nos crimes praticados com dolo eventual. Argumentam afirmando que, para a configuração do crime tentado, exige-se a vontade do agente em produzir o resultado lesivo, que não ocorre por circunstâncias alheias à sua vontade. E a vontade de produzir o resultado não se encontra presente no dolo eventual, que se caracteriza pela mera anuência em relação à produção do resultado. Assim, como não há efetiva vontade de produzir o resultado, a tentativa é incompatível com o instituto do dolo eventual. É o entendimento de Rogério Greco, segundo o qual:

> A própria definição legal do conceito de tentativa nos impede de reconhecê-la nos casos em que o agente atua com dolo eventual. Quando o Código Penal, em seu art. 14, II, diz ser o crime tentado quando, iniciada a execução, não se consuma por circunstâncias alheias à vontade do agente, nos está a induzir, mediante a palavra vontade, que a tentativa somente será admissível quando a conduta do agente for finalística e diretamente dirigida à produção de um resultado, e não nas hipóteses em que somente assuma o risco de produzi-lo, nos termos propostos pela teoria do assentimento. O art. 14, II, do Código Penal adotou, portanto, para fins de reconhecimento do dolo, tão somente, a teoria da vontade.[13]

Todavia, prevalece o entendimento no sentido da viabilidade da tentativa nos crimes praticados com dolo eventual. Isso porque, na medida em que o agente consente com a produção do resultado, resta claro que a consumação ingressou na órbita da sua vontade.

---

9. STF, HC nº 112242, rel. Min. Gilmar Mendes, 2ª T., j. 28-8-2012.
10. STJ, AgRg no AgREsp nº 1682533/SP, rel. Min. Reynaldo Soares da Fonseca, 5ª T., j. 27-5-2020.
11. STJ, REsp nº 1829601/PR, rel. Min. Nefi Cordeiro, 6ª T., j. 4-2-2020.
12. STJ, AgRg no AgREsp nº 1831164/RS, rel. Min. Joel Ilan Paciornik, 5ª T., j. 20-2-2020.
13. GRECO, Rogério. Op. cit., p. 374.

Assim, se o crime não atingiu a consumação por circunstâncias alheias ao consentimento do agente, restará caracterizado o crime na sua modalidade tentada.

> Exemplo: Agente que desfere vários tiros no interior de bar, sem o desejo de matar os frequentadores, mas assume o risco de produzir a morte de alguém. Se for detido por terceiros, antes mesmo de atingir alguém com um tiro, pode ser processado por tentativa de homicídio, já que consentiu, com a sua conduta, com a possibilidade de causar a morte de alguém, caracterizando o dolo eventual.

O STJ[14] considerou, em reiteradas decisões, a possibilidade de tentativa em crime praticado com dolo eventual. Orientação que deve ser seguida em concursos públicos.[15]

5.5.3 Dolo genérico e dolo específico

Dolo genérico se caracteriza pela vontade do agente de realizar uma conduta típica, mas sem nenhuma finalidade específica. No dolo genérico, o tipo penal não descreve nenhum elemento subjetivo específico, ou seja, não consta nenhuma exigência de finalidade especial, bastando, pois, o dolo genérico para caracterizar a conduta típica.

No crime de homicídio (CP, art. 121), por exemplo, basta a simples vontade de matar alguém para que a ação seja típica, pois o tipo penal não exige nenhuma finalidade específica do agente.

Dolo específico é a vontade de praticar uma conduta com finalidade específica descrita no tipo penal. Não basta o dolo genérico, pois o tipo exige, além da vontade de praticar a conduta, uma finalidade especial do agente.

> Exemplo: No crime de extorsão mediante sequestro (CP, art. 159), não basta a simples vontade de sequestrar a vítima, sendo também necessária a sua finalidade especial de obter, para si ou para outrem, qualquer vantagem, como condição ou preço de resgate. Isso porque o próprio art. 159 do CP descreve a finalidade específica decorrente da conduta do agente. Assim, para a correta adequação típica do crime de extorsão mediante sequestro, não basta o dolo genérico de sequestrar, exigindo-se, ainda, a finalidade específica de obtenção de vantagem como condição ou preço do resgate.

Essa classificação guarda relação com a teoria clássica da ação. Atualmente, com a incidência da teoria finalista da ação, a expressão dolo guarda relação com o dolo genérico, enquanto o dolo específico foi substituído pelo elemento subjetivo do tipo ou do injusto.

5.5.4 Dolo natural e dolo normativo

Essa classificação guarda relação com o sistema penal (clássico ou finalista) e a correspondente teoria adotada para definição da conduta.

O *dolo normativo* é característico do sistema clássico, em que prevalecia a teoria causalista da ação. Para essa teoria, a culpabilidade era integrada por três elementos:

---

14. "Este Superior Tribunal reconhece a compatibilidade entre o dolo eventual e a tentativa, consequentemente cabível a pronúncia do agente denunciado em razão da prática de tentativa de homicídio na direção de veículo automotor" (STJ, AgInt no REsp nº 1668017/RS, rel. Min. Sebastião Reis Júnior, 6ª T., j. 12-9-2017).

15. No concurso para Delegado da Polícia Federal, realizado em 2021, a banca examinadora CESPE/CEBRASPE considerou incorreta a seguinte afirmativa: "O dolo eventual é incompatível com a tentativa".

imputabilidade, dolo (ou culpa) e exigibilidade de conduta diversa. Logo, no sistema clássico, o dolo integra a culpabilidade. Além disso, o dolo ainda compreendia a consciência da ilicitude da conduta.

Eis a razão do dolo ser normativo, pois não se trata de uma simples manifestação de vontade de praticar uma conduta típica, mas também de consciência da ilicitude do fato. O dolo, portanto, não se revestia somente de elemento puramente psicológico (um simples querer), mas também de elemento de natureza normativa, consistente na consciência sobre a ilicitude do fato, que exige um juízo de valoração.

Com a superveniência da teoria finalista da conduta, o dolo deixou de ser elemento da culpabilidade, passando a integrar a conduta, adotando-se a concepção do dolo natural.

O *dolo natural,* por sua vez, caracteriza-se pela simples vontade de concretizar os elementos objetivos do tipo, não sendo integrado pela consciência da ilicitude. Trata-se de um elemento estritamente psicológico, desprovido de qualquer juízo de valor. Basta que o agente manifeste a vontade de praticar a conduta típica, sem a necessidade, pelo menos no momento da ação ou omissão, de realizar um juízo de valor sobre a consciência da ilicitude da conduta, ou seja, se tinha consciência de certo ou errado, do lícito ou ilícito.

O dolo natural é composto apenas da consciência e vontade, não sendo integrado pela consciência da ilicitude do fato. Logo, a partir da teoria finalista da ação, o dolo passou a figurar na conduta e, portanto, no fato típico, sem nenhum juízo normativo.

Assim, o dolo passou a integrar o fato típico, e a potencial consciência da ilicitude passou a constituir elemento da culpabilidade.

5.5.5 Dolo de dano e dolo de perigo

O *dolo de dano ou lesão* é aquele em que o agente deseja ou assume o risco de provocar um dano ou lesão a um bem jurídico penalmente tutelado. No crime de homicídio (CP, art. 121), o agente age com consciência e vontade de eliminar a vida da vítima, violando, assim, efetivamente um bem jurídico penalmente tutelado.

O *dolo de perigo* é aquele em que o agente deseja ou assume o risco de expor a perigo de lesão um bem jurídico penalmente tutelado. No crime previsto no art. 130 do CP, por exemplo, que define o crime de perigo de contágio venéreo, basta para sua tipificação que o agente manifeste o desejo ou assuma o risco de produzir o perigo de dano (o dano consiste no efetivo contágio). Ou seja, não se exige o dolo consistente no efetivo contágio para caracterizar o crime previsto no art. 130 do CP. Se presente o dolo de dano, incidirá a qualificadora do § 1º do art. 130 do CP.

5.5.6 Dolo geral, *dolus generalis* ou por erro sucessivo

Dolo geral é aquele em que o agente desenvolve uma conduta voltada a uma determinada finalidade e, acreditando ter alcançado o seu intento, realiza, na sequência, outra conduta que efetivamente produz o resultado desejado.

O dolo geral incide naquele grupo de casos em que há acontecimentos em dois atos. O sujeito acredita ter produzido o resultado na primeira parte da ação, quando, na realidade, o resultado foi realizado somente com a segunda parte da ação.

> Exemplo: Genro, não suportando mais a sogra, deliberou por matá-la. Para tanto, coloca veneno na sua bebida. Supondo ter matado a sogra, o genro, para se livrar do corpo e, portanto, ocultar o cadáver, joga a vítima no rio. Alguns dias depois, o

> corpo da vítima é localizado e, após ser submetido a exame necroscópico, verifica-se que, na realidade, a morte ocorreu não pelo veneno, mas por força de asfixia provocada por afogamento.

Nota-se que há um erro sucessivo, pois o agente supõe ter matado a vítima por força do emprego de veneno, quando, na realidade, o resultado morte decorreu do afogamento. Quando imaginava estar ocultando o cadáver, o agente, na verdade, alcançou a consumação do delito. Em outras palavras, no momento em que ministrou o veneno, o agente tinha o dolo de matar, agindo com consciência e vontade em relação aos elementos do tipo objetivo que define o crime de homicídio.

Todavia, num segundo momento, quando joga a vítima no rio, supondo estar morta, incide em erro sobre o elemento constitutivo "alguém", ou seja, a pessoa estava viva, o que poderia gerar certa perplexidade, pois, em relação ao momento consumativo, haveria exclusão do dolo.

Essa perplexidade se revela ainda mais intensa se considerarmos que o dolo deve existir quando da realização da conduta que produz a morte, que, nesse caso, ocorre no segundo momento. Por isso, alguns autores sustentam que, no caso, haveria uma tentativa de homicídio (em relação à primeira conduta – ministrar veneno) e homicídio culposo (em relação à segunda conduta – jogar o corpo no rio), em concurso material de crimes.

Essa, entretanto, não é a melhor solução, pois o erro em que incorreu o agente é meramente acidental, sendo irrelevante para o Direito Penal. O agente agiu com a intenção de causar a morte da vítima e efetivamente alcançou o resultado desejado.

Trata-se de dolo geral, que abrange toda a conduta desenvolvida pelo agente até a consumação, contemplando vários atos ligados por planejamento delitivo único. Assim, havendo plano delitivo único, os vários atos sucessivamente praticados compõem uma única conduta, abrangida pelo dolo geral.

Além disso, no segundo ato há um desvio causal acidental, e, por isso, não aproveita ao agente. Trata-se de erro sucessivo, resolvendo-se também pela teoria do erro sobre nexo causal. Há, nesse caso, como se vê, um erro sobre o nexo causal. Nexo causal imaginado (como causa do resultado): veneno. Nexo causal que efetivamente matou: afogamento. A morte, de qualquer modo, está na linha de desdobramento do risco criado. A solução seria o crime único (homicídio doloso).

Logo, no nosso exemplo, o genro deverá ser responsabilizado por homicídio doloso consumado, desprezando-se o erro incidente sobre o nexo causal, uma vez que a conduta desenvolvida pelo agente, ainda que dividida em dois atos, está abrangida pelo dolo geral, que acompanhava sua ação durante todo ato executório até alcançar o resultado desejado.

Convém registrar que o agente não responde, no caso, por ocultação de cadáver (CP, art. 211), porque, no momento da conduta voltada a se desfazer do corpo, não havia cadáver, ou seja, não havia objeto material desse crime, uma vez que a vítima estava viva, quando foi jogada ao rio.

> Consideremos outro exemplo: Adroaldo, pretendendo causar a morte de Sávio, o empurra do alto de uma escada, caindo a vítima desacordada. Supondo já ter alcançado o resultado desejado, Adroaldo pratica nova ação, dessa vez realiza disparo de arma de fogo contra Sávio, a pretexto de simular um ato de assalto. Ocorre, contudo, que somente na segunda ação Adroaldo obteve o resultado pretendido, já que, diferentemente do que pensara, Sávio não estava morto quando os disparos foram efetuados. Nesse caso, Adroaldo responderá por apenas um crime de homicídio doloso consumado,

uma vez que o dolo de matar alcança toda a ação delituosa até o resultado produzido, ou seja, ainda que praticado em dois atos, o dolo é geral, acompanhando o agente durante toda ação delitiva até o resultado alcançado.

Em síntese, prevalece o entendimento no sentido de que o agente responde por crime único, punindo-o pelo crime desejado desde o início, a título de dolo, pois o erro incorrido pelo agente é meramente acidental, na medida em que o dolo envolve todo o desenrolar da ação típica, desde o início da execução até a efetiva consumação, devendo, pois, responder por homicídio doloso.

Outra perplexidade gerada no estudo do dolo geral é relacionada à incidência de eventual qualificadora.

Parte da doutrina entende que deve ser considerado o meio de execução que o agente desejava empregar para a consumação (em nosso exemplo, o veneno), e não aquele que, acidentalmente, acabou produzindo o resultado (asfixia por afogamento).[16]

Para uma segunda corrente, deve-se considerar o meio que efetivamente produziu o resultado (em nosso exemplo, asfixia por afogamento), e não aquele visado pelo agente (veneno).

5.5.7 Dolo de propósito e dolo de ímpeto

Dolo de propósito, também chamado *refletido,* caracteriza-se pela prévia reflexão do agente acerca da prática delituosa. O dolo de propósito incide, invariavelmente, nos crimes premeditados. Convém destacar que o dolo de propósito nem sempre revela personalidade fria e calculista do agente, a ponto de justificar eventual elevação da pena. Imaginemos, nesse sentido, um pai que planeja a morte do estuprador da filha. Nesse caso específico, embora premeditado, não constitui circunstância apta a elevar a pena do agente.

Dolo de ímpeto, ou repentino, é aquele em que a cogitação e a execução do crime eclodem no mesmo espaço de tempo. É o típico dolo do agente que pratica sob o domínio de violenta emoção ou motivado pela paixão violenta e incontrolável. Incide, não raras vezes, nos crimes passionais, em que o agente, de forma repentina, sem muita deliberação, dominado pela violenta emoção, executa a ação de matar a vítima. O dolo de ímpeto poderá justificar a incidência de uma circunstância privilegiadora, como, por exemplo, no caso de homicídio privilegiado (CP, art. 121, § 1º) ou, ainda, uma circunstância atenuante (CP, art. 65, III, *c*).

Em síntese, no dolo de propósito o sujeito age com vontade e consciência refletida e premeditada, enquanto no dolo de ímpeto o autor age de modo repentino, sem intervalo entre a cogitação e a execução do crime.

5.5.8 Dolo antecedente, dolo atual e dolo subsequente

Dolo antecedente, também denominado como inicial ou preordenado, é aquele que preexiste à conduta do agente. Somente terá relevância para o Direito Penal quando o agente der início à execução da conduta delituosa, caso contrário será mera cogitação impunível.

---

16. Em concurso para a Magistratura do Trabalho (2010 – TRT – 1ª Região), a banca examinadora da prova (CESPE/CEBRASPE), considerou como correta a seguinte resposta: "Considere a seguinte situação hipotética. Um jovem desferiu, com intenção homicida, golpes de faca em seu vizinho, que caiu desacordado. Acreditando ter atingido seu objetivo, enterrou o que supunha ser o cadáver no meio da mata. A perícia constatou, posteriormente, que o homem falecera em razão de asfixia decorrente da ausência de ar no local em que foi enterrado. Nessa situação, ocorreu o que a doutrina denomina de *aberratio causae*, devendo o agente responder pelo delito de homicídio simples consumado, por ter agido com dolo geral".

Dolo atual, também denominado *concomitante,* é aquele que incide no momento da conduta do agente, podendo perdurar durante o desenvolvimento dos atos executórios.

Dolo subsequente, também denominado *sucessivo,* é aquele que incide após o agente desenvolver uma conduta dotada de boa-fé, mas passa a agir de forma criminosa. O dolo subsequente geralmente é vinculado ao crime de apropriação indébita, em que, num primeiro momento, o agente tem a posse lícita do bem, mas, na sequência, passa a se comportar como se dono fosse, surgindo o dolo da apropriação.

Todavia, comungamos da posição adotada por Guilherme de Souza Nucci, no sentido de que não existe dolo antecedente ou subsequente, mas somente o concomitante à conduta.[17]

Com efeito, uma das características do dolo é a sua atualidade, antes disso pode-se falar de cogitação ou atos preparatórios, mas não na exteriorização da vontade do agente, que se manifesta apenas quando der início à execução do verbo nuclear do tipo, movido pelo dolo de consumar o delito.

E, na apropriação indébita, o dolo se revela quando o agente dá início à conduta de se apropriar ou de não restituir a coisa alheia, passando a se comportar como se dono fosse. Antes disso, pode-se considerar estar o agente apenas nas fases de cogitação ou preparação, que, via de regra, não constituem crime.

5.5.9 Dolo presumido

O dolo presumido, também chamado dolo *in re ipsa,* é aquele que dispensa a comprovação da sua incidência no caso concreto. A partir de uma determinada acusação, presume-se que o agente teria agido com dolo voltado à produção de um determinado resultado, não sendo necessária dilação probatória para demonstrá-lo.

Evidentemente que o dolo presumido não é aceito no nosso ordenamento jurídico, que rechaça a aplicação da responsabilidade objetiva. Prevalece o princípio da responsabilidade subjetiva, em estrita vinculação aos preceitos do Estado Democrático de Direito.

Com efeito, cumpre ao órgão acusatório demonstrar à exaustão o dolo da pessoa acusada de ter praticado o fato descrito na peça acusatória. Cumpre, ainda, demonstrar que o agente tinha consciência acerca da presença de todos os elementos constitutivos do tipo penal incriminador.

5.5.10 Dolo abandonado

Dolo abandonado guarda estreita relação com a desistência e arrependimento eficaz, institutos previstos no art. 15 do CP, também chamados de tentativa abandonada.

O próprio agente abandona o dolo inicial de consumar o delito, interrompendo os atos executórios (desistência voluntária) ou impedindo que o resultado se produza, após esgotar os atos executórios (arrependimento eficaz).

Nesse caso, se a desistência ou arrependimento forem eficazes, o agente não responderá pelo delito originariamente desejado, mesmo na forma tentada, já que abandonou o dolo em relação a ele, sendo imputado a ele somente os atos até então praticados, se típicos.

Assim, se após desferir cinco disparos de arma de fogo contra a vítima, causando-lhe lesões corporais graves, o agente se arrepende e contribui para impedir o resultado, levando

17. NUCCI, Guilherme de Souza. *Manual de direito penal.* 9. ed. São Paulo: Revista dos Tribunais, 2013. p. 241.

a vítima até o hospital, por exemplo, estaremos diante do abandono do dolo de matar. Se a vítima sobreviver, o agente não responderá pelo delito de tentativa de homicídio, mas por lesão corporal grave.

Para acesso ao vídeo, utilize o QR Code ao lado.

6

TEORIA DO CRIME CULPOSO

6.1 INTRODUÇÃO

O crime culposo se caracteriza pela conduta humana voluntária desenvolvida sem observar o dever de cuidado objetivo, que, por imprudência, negligência ou imperícia, produz um *resultado involuntário*, objetivamente previsível, que poderia ter sido evitado.

No sistema finalista, a culpa passou a integrar o elemento normativo da conduta, uma vez que, para verificar sua incidência, deve-se realizar juízo de valor, levando-se em conta o caso concreto.

Os tipos que definem os crimes culposos são, em geral, abertos, limitando-se a descrever "se o crime é culposo, a pena será de (...)", sem especificar minuciosamente a conduta delitiva.

A culpa, portanto, não está descrita, nem especificada, mas apenas prevista genericamente no tipo, dada a absoluta impossibilidade de o legislador prever e descrever todas as formas de realização da conduta culposa.

Com efeito, no homicídio culposo, por exemplo, são inúmeras as formas que a culpa pode se revelar: atropelar uma pessoa por excesso de velocidade ou ultrapassar sinal vermelho, ou, ainda, invadir pista contrária; causar a morte de alguém em razão de disparo acidental de arma de fogo; deixar veneno ao alcance de uma criança; esquecer criança de tenra idade no veículo fechado por várias horas etc.

Por isso, para a tipificação da conduta culposa se mostra insuficiente a mera adequação entre a ação ou omissão do agente e a descrição típica. Deve-se, ainda, proceder a um juízo de valor sobre a conduta do agente, verificando-se se agiu sem a observância do dever de cuidado objetivo, exigido de pessoas com discernimento e prudência.

Em outras palavras, verifica-se conduta culposamente típica quando a ação ou omissão do agente não se adeque ao comportamento exigido de uma pessoa dotada de discernimento, cautela e prudência.

Convém destacar que nem todos os delitos dolosos encontram correspondência também na modalidade culposa. Isso porque somente existe crime culposo, se expressamente previsto em lei. Assim, não há, por exemplo, crime de furto na modalidade culposa, por absoluta ausência de previsão legal.

Essa constatação repercute, não raras vezes, no instituto do erro de tipo vencível, em que o agente age mediante erro sobre um elemento constitutivo do tipo, mas que uma pessoa prudente, nas mesmas circunstâncias, não teria incorrido em erro. Assim, a conduta de uma pessoa que, por descuido, se apossa de coisa alheia móvel, supondo ser sua, errando, pois, sobre o elemento "alheia" do tipo que define o delito de furto, será atípica. Isso porque, conforme o art. 20, *caput*, do CP, no erro de tipo vencível há exclusão do dolo, permitindo a punição por crime culposo, se previsto em lei. Como não há previsão legal de crime de furto na modalidade culposa, o fato será atípico.

6.2 ELEMENTOS DO CRIME CULPOSO

São elementos do fato típico culposo: a) conduta humana voluntária; b) resultado involuntário; c) inobservância do dever de cuidado objetivo; d) nexo de causalidade; e) tipicidade; f) previsibilidade objetiva; g) ausência de previsão.

6.2.1 Conduta humana voluntária

No crime culposo, o agente desenvolve uma conduta voluntária, agindo, porém, sem o dever de cuidado objetivo. O resultado produzido é involuntário.

Discute-se na doutrina eventual incompatibilidade da conduta culposa com a concepção da teoria finalista da ação, caracterizada pela conduta dirigida a alcançar determinada finalidade, sob o argumento de que a ação culposa não busca atingir nenhuma finalidade.

Todavia, os crimes culposos não destoam da concepção finalista da ação. Com efeito, toda conduta, seja dolosa ou culposa, é realizada com alguma finalidade. Nos crimes dolosos essa finalidade é ilícita, enquanto nos crimes culposos a finalidade, via de regra, é lícita, mas o agente não observou o dever de cuidado para atingir essa finalidade lícita.

Considerando que toda ação humana se baseia na vontade, Welzel leciona que:

> Os delitos culposos baseiam-se também na consideração da ação humana como uma obra: a vontade, que, partindo do fim, seleciona os meios da ação, necessários para sua consecução, deve atender na seleção e utilização dos meios às consequências que estes possam produzir, juntamente com o fim ou em seu lugar. Nesse ponto, intervém o ordenamento jurídico, e ordena que, na realização de toda ação que possa ter como consequência (não desejada) a lesão de um bem jurídico, seja observado "o cuidado necessário no tráfego" para evitar essa consequência.[1]

Em outras palavras, toda conduta é dotada de finalidade, inclusive as ações culposas. Na conduta culposa, no entanto, essa finalidade, como regra, é lícita e atípica, salvo quando não observado o dever de cuidado objetivo.

Tomemos como exemplo alguém que, atrasado para realizar uma prova na faculdade, imprime velocidade excessiva em seu veículo, vindo, em razão disso, a atropelar uma pessoa, causando-lhe a morte. A finalidade do agente, sem dúvida, era lícita (chegar no local da prova). Contudo, os meios utilizados para alcançar essa finalidade foram inadequados, uma

1. WELZEL, Hans. *O novo sistema jurídico-penal:* uma introdução à doutrina da ação finalista. Tradução Luiz Régis Prado. 4. ed. São Paulo: Revista dos Tribunais, 2015. p. 95.

vez que, para chegar ao local da prova, imprimindo alta velocidade na condução de veículo automotor, não observou o dever de cuidado objetivo, atropelando e causando a morte de uma pessoa.

Note-se que a conduta voluntária do agente foi desenvolvida para alcançar uma finalidade lícita, gerando, no entanto, um resultado involuntário.

6.2.2 Inobservância do dever de cuidado objetivo

As pessoas, durante as relações de convívio social, devem observar as regras básicas de cuidado e cautela. Essas regras gerais de cuidado decorrem da vedação de condutas capazes de gerar riscos a bem jurídico alheio além do que se reputa razoável tolerar.

De fato, as regras de convívio social impõem às pessoas o dever de cautela para não atingir bem jurídico alheio. Por isso, quem se arriscar a realizar, por exemplo, conduta imprudente, sobrevindo um resultado típico, incorrerá na prática de crime culposo.

Por isso, a observância do dever objetivo de cuidado, isto é, a diligência devida, constitui o elemento fundamental do tipo culposo, cuja análise constitui uma questão preliminar no exame da culpa.

Com efeito, primeiro há a verificação se a conduta desenvolvida pelo agente foi causa do resultado. Depois, deve-se indagar qual a regra de cuidado que rege aquela atividade naquele caso e se estabelece uma premissa. Na sequência, compara-se a conduta do agente com a regra padrão de cuidado exigida na relação de convívio social, para, ao final, concluir se houve conduta culposa ou não. A inobservância desse dever de cuidado representa o injusto típico dos crimes culposos.

O dever de cuidado objetivo é medido com base no *modelo de homem prudente*. Juarez Cirino dos Santos descreve as características que permitem identificar o modelo de homem prudente. Segundo o doutrinador:

> Um homem prudente é capaz de reconhecer e avaliar situações de perigo para bens jurídicos protegidos, mediante observação das condições de realização da ação e reflexão sobre os processos subjacentes de criação e de realização do perigo: um motorista prudente pode prever a possibilidade de crianças, pedestres desatentos ou pessoas idosas ou deficientes ingressarem, inesperadamente, na pista de rolamento das vias urbanas, e agir em conformidade com essa previsão.[2]

A doutrina também usa como critério para verificação da violação do dever de cuidado objetivo o princípio da confiança, segundo o qual desenvolve-se de acordo com o dever de cuidado a conduta daquele que, em qualquer atividade compartilhada, mantém a confiança em que o outro se comportará conforme ao dever de cuidado, enquanto não tenha razão suficiente para duvidar ou acreditar no contrário.[3]

Outro ponto relevante em relação à violação ao dever de cuidado diz respeito ao *dever de informação sobre eventuais riscos*. Se alguém desenvolve conduta, sem, no entanto, possuir conhecimentos específicos exigidos para desempenhar determinada atividade, agirá, a princípio, sem observar o dever de cuidado objetivo.

---

2. SANTOS, Juarez Cirino dos. *Direito penal* – parte geral. 7. ed. Florianópolis: Empório do Direito, 2017. p. 168.
3. ZAFFARONI, Eugenio Raúl; PIERANGELI, José Henrique. *Manual de direito penal brasileiro*. 13. ed. São Paulo: Revista dos Tribunais, 2019. p. 459.

Exemplo: agente que constrói uma casa sem possuir conhecimentos específicos e adequados exigidos para essa atividade. Se a casa desabar e atingir uma pessoa, causando-lhe a morte, o agente deverá responder por homicídio culposo. É a chamada *culpa por empreendimento*, pois o agente tinha o dever de buscar informações e conhecimento técnico antes de desenvolver atividade de risco.

De outro lado, convém registrar que essa análise deve ser extremamente criteriosa, uma vez que nem sempre uma ação arriscada implicará necessariamente na violação do dever objetivo de cuidado. Além da inobservância do dever de cuidado objetivo, a conduta do agente deve ultrapassar os limites de riscos socialmente aceitáveis.

Em outras palavras, pode ocorrer de o agente desenvolver conduta violando regra de cuidado, com a produção de um resultado e, ainda assim, não incidir crime culposo. Imaginemos, por exemplo, que determinado agente conduza seu automóvel a uma velocidade de 100 km/h em uma rodovia em que o limite máximo de velocidade é de 80 km/h, quando é surpreendido por uma bicicleta que atravessa a rodovia de maneira inesperada, vindo a atropelar a pessoa que conduzia a bicicleta, que falece no local em virtude do acidente. A perícia realizada no local do fato apontou que, ainda que a velocidade do veículo do acusado fosse de 80 km/h, não seria possível evitar o acidente.

Nesse caso, apesar da violação do dever objetivo de cuidado, o condutor do veículo não poderá ser acusado pela prática do crime de homicídio culposo na condução de veículo automotor (Lei nº 9.503/1997, art. 302), pois não poderia prever que uma bicicleta atravessaria seu caminho em uma rodovia de tráfego intenso, em local inadequado. Analisando o fato sob a ótica da teoria da imputação objetiva, pode-se concluir que o agente não poderia ser responsabilizado pela morte da vítima, pois sua conduta não representou incremento do risco na produção do resultado.

Para caracterizar a conduta culposa, deve restar sobejamente demonstrada a inobservância do dever de cuidado objetivo e o nexo de causalidade com o resultado, sempre analisando o caso concreto. Com efeito, o simples fato, por exemplo, de o agente estar na direção do veículo automotor no momento do acidente ou mesmo a perda do freio, por si só, não autoriza a imputação da prática de delito de homicídio culposo ou lesão corporal culposa se não restar narrada a inobservância de dever objetivo de cuidado e o nexo de causalidade com o resultado. Tratando do tema, o STJ já decidiu que:

> No caso, a denúncia encontra-se amparada na narrativa de que "o veículo perdeu os freios e o denunciado aumentou a velocidade descendo a serra sem controle", o que não se revela suficiente para a aferição de eventual responsabilidade penal no evento narrado, devendo ser ressaltado que não foi realizada qualquer perícia nos freios ou na parte mecânica do caminhão ou sequer no local do acidente, não havendo lastro probatório mínimo para se apurar, justamente, o elemento normativo tipo, ou seja, a culpa por eventual imprudência, negligência ou imperícia do acusado.[4]

A inobservância do dever objetivo de cuidado, que é a quebra do dever de cuidado imposto a todos, é manifestada por meio de três *modalidades de culpa*, todas previstas no art. 18, II, do CP: imprudência, negligência e imperícia.

4. STJ, HC nº 543922/PB, rel. Min. Ribeiro Dantas, 5ª T., j. 11-2-2020.

a) Imprudência

A conduta imprudente se caracteriza por um *agir positivo,* sem a observância do dever de cuidado objetivo. Ocorre quando o agente pratica fato perigoso, de forma intempestiva e precipitada.

É a culpa decorrente de um comportamento positivo descuidado. Trata-se de modalidade de culpa que incide paralelamente à ação do agente. É, pois, a face ativa ou positiva da culpa, que se exterioriza de forma concomitante à ação desenvolvida pelo agente. Trata-se, enfim, da culpa *in agendo.*

A imprudência é, portanto, um fazer algo perigoso, sem observar o dever de cuidado objetivo.

Age com imprudência o condutor de veículo automotor, que, imprimindo excessiva velocidade, perde o controle do veículo, invade a calçada e atropela um pedestre, matando-o.

Pratica o crime do art. 302, § 2º, do CTB, o agente, que, ao dirigir embriagado colidiu na traseira de motocicleta, em face da falta ao dever de cautela, na modalidade imprudência.[5] Da mesma forma, age com imprudência o agente que limpa arma de fogo carregada próximo a pessoas e, de forma descuidada, aciona o gatilho, matando alguém que estava ao seu lado.

Também age com imprudência o agente que sai cansado do trabalho e, em virtude de sua conduta descuidada, realiza um brusco movimento enquanto se dirigia para sua residência, trombando com um transeunte, que rola de uma escadaria, sofrendo lesões gravíssimas. Trata-se, em tese, de lesão corporal culposa (CP, art. 129, § 6º), por conta da conduta imprudente do agente, independentemente da gravidade da lesão.

b) Negligência

Trata-se de *modalidade negativa de culpa,* em que a inobservância do dever de cuidado do agente é retratada pela ausência de cautela e precaução. É a face omissiva ou negativa da culpa. Trata-se da *culpa in omitendo.*

A negligência é, portanto, um não fazer algo, deixando, por isso, de observar o dever de cuidado objetivo.

Ao contrário da imprudência, que ocorre concomitante à ação, a negligência se revela antes do início da conduta. Antes de agir, o negligente deixa de tomar as cautelas que uma pessoa prudente adotaria.

Tomemos como exemplo o condutor de veículo que, antes de sair de viagem, deixa de reparar os pneus e verificar os freios. Da mesma forma, age com negligência o pai que deixa arma de fogo ao alcance de uma criança. Agem, ainda, com negligência os pais, por culpa *in vigilando,* que deixam a criança de tenra idade, sem noção do perigo, caminhar vários metros à sua frente, em acostamento de rodovia de intenso tráfego, culminando o episódio com o trágico desfecho de um atropelamento, a atravessar o infante, repentina e abruptamente, a pista asfáltica.

Age com negligência, respondendo pelo crime de homicídio culposo (CP, art. 121, § 3º), agente que, na qualidade de médico, ao ser chamado, por três vezes, deixou de prestar

---

5. STJ, RHC nº 109466/SP, rel. Min. Nefi Cordeiro, 6ª T., j. 5-11-2019.

atendimento à vítima, por estar dormindo e mesmo após ser acordado e tomar conhecimento do fato, não foi ao local.[6]

Conforme decisão proferida pelo STJ, que o agente foi negligente, ao não se preocupar com a segurança dos trabalhadores da obra por cuja fiscalização era responsável, desrespeitando também, com essa conduta, norma específica da profissão, incide a causa de aumento de inobservância de regra técnica de profissão prevista no § 4º do art. 121 do CP.[7]

c) Imperícia

A imperícia se caracteriza pela falta de capacidade, preparo ou de conhecimentos técnicos suficientes de agente autorizado a desempenhar determinada arte, profissão ou ofício.

É a chamada culpa profissional, pois decorrente da *falta de aptidão para o exercício de arte, ofício ou profissão.* Ocorre quando o agente não tem o adequado conhecimento acerca das técnicas e regras que todos que se dedicam à determinada profissão, arte ou ofício deveriam dominar.

Assim, se um médico cirurgião, que não domina certa técnica inerente à determinada intervenção cirúrgica, causar a morte do paciente, responderá por homicídio culposo (CP, art. 121, § 3º), já que agiu com imperícia no exercício da sua profissão.

A imperícia guarda sempre relação com o exercício de arte, ofício ou profissão. Se o agente *não autorizado* a desempenhar determinada profissão, arte ou ofício produzir um resultado naturalístico, agirá com *imprudência ou negligência*, mas não por imperícia.

Assim, se uma parteira, sem risco à gestante ou ao nascente, se propor a realizar o parto em lugar do médico, causando, por uma técnica empregada de forma equivocada, a morte da gestante, agirá com imprudência, não sendo hipótese de imperícia, já que não agiu no exercício de uma profissão.

Advirta-se, no entanto, que nem sempre os erros praticados no exercício de arte, ofício ou profissão serão decorrentes de imperícia, podendo ser originados por negligência ou imprudência. Age, por exemplo, com negligência o médico cirurgião que esquece um instrumento cirúrgico dentro do abdômen do paciente. Da mesma forma, age com negligência o médico que, ao prescrever um remédio para um paciente, se esquece de informar que o medicamento não pode ser misturado com bebidas alcoólicas, sob pena de causar lesões ao sistema digestivo.

A imperícia não se confunde com erro profissional. Com efeito, no erro profissional o agente adota as regras e técnicas recomendadas para o exercício de uma determinada atividade, mas que, no caso concreto, não surtiram o efeito desejado.

É o caso do médico que, dentre as técnicas indicadas pela medicina, elege aquela que, no caso concreto, não produziu o resultado desejado, vindo o paciente a falecer. Note-se que, nesse caso, o resultado morte não decorreu da má aplicação de regras e princípios recomendados pela ciência médica, mas por erro de diagnóstico, escusável diante da falibilidade das regras científicas e da precariedade dos conhecimentos humanos.

Em síntese, a imperícia se caracteriza por um erro grosseiro, que o profissional dotado de mínimo conhecimento técnico exigido para o exercício de arte, ofício ou profissão não cometeria. No erro profissional há uma atuação escusável, já que, embora utilizada

---

6. STJ, AgRg nos EDcl no AgREsp nº 1686212/CE, rel. Min. Reynaldo Soares da Fonseca, 5ª T., j. 23-6-2020.
7. STJ, AgRg no AgREsp nº 1097076/SP, rel. Min. Reynaldo Soares da Fonseca, 5ª T., j. 20-2-2018.

técnica recomendável para o exercício de arte, ofício ou profissão, não ocorreu o resultado desejado.

Logo, o erro profissional não se resolve na seara criminal, podendo ser objeto de eventual ação na esfera cível.

6.2.2.1 Descrição das modalidades de culpa na peça acusatória

A individualização da conduta culposa nem sempre se revela tarefa fácil, até porque, não raras vezes, as modalidades de culpa se confundem, podendo, até mesmo, estar presentes mais de uma delas no mesmo contexto fático.

Imaginemos o condutor de um veículo que se coloca em viagem, sem realizar a vistoria dos pneus, sem qualquer condição de trafegabilidade. E, em determinado trecho da viagem, imprime velocidade excessiva, bem acima da permitida, perdendo o controle do veículo, em função da falta de aderência dos pneus e do excesso de velocidade, invadindo a pista contrária, causando colisão com outro veículo que trafegava em sentido contrário, causando a morte dos ocupantes. O condutor do veículo, num primeiro momento, agiu com negligência, por não ter sido realizada a vistoria; na sequência, agiu com imprudência, por ter imprimido velocidade excessiva.

Verifica-se, pois, no caso apresentado, a presença, no mesmo contexto fático, de duas modalidades de culpa: negligência e imprudência, que devem ser pormenorizadamente descritas na peça acusatória, sob pena de inépcia da denúncia, já que inviabiliza o adequado exercício da ampla defesa e do contraditório.

Tratando do tema, o STJ firmou entendimento no sentido de que:

> Tratando-se do crime de homicídio culposo na condução de veículo automotor, mister se faz reconhecer a necessidade de descrição narrativa e demonstrativa do fato criminoso, não sendo admissível que a acusação limite-se a afirmar que o réu praticou o crime de forma desatenta e imprudente sem, porém, descrever qual teria sido a conduta eivada de desatenção e imprudência praticada pelo agente, como, por exemplo, a invasão de contramão ou da via paralela, o excesso de velocidade, a conversão exagerada, entre outros aspectos.
>
> No caso em apreço, a exordial acusatória em questão limita-se a afirmar que a acusada, na condução de seu veículo automotor, agiu com desatenção de imprudência no trânsito, vindo a causar a morte da vítima, ausente, entretanto, qualquer indicação de qual teria sido tal conduta, suas circunstâncias, sem a devida acuidade, o que, a toda evidência, obsta o exercício do direito de defesa e do contraditório.[8]

Da mesma forma, se o órgão acusatório descrever na denúncia a prática de imprudência, sem, contudo, conseguir, ao longo da instrução, comprová-la, a solução será a absolvição do réu, ainda que reste demonstrado que a causa do resultado decorreu de eventual negligência não descrita na denúncia. Explica-se:

Imaginemos que a denúncia traga a narrativa no sentido de que o condutor do veículo trafegava em excesso de velocidade, de modo imprudente, e, por isso, perdeu o controle do veículo, causando a colisão e morte de uma pessoa, sendo, ao final, imputado ao agente o crime de homicídio culposo na condução de veículo automotor, previsto no art. 302 do CTB. Se ao longo da instrução constatar-se que não havia excesso de velocidade, mas que a

---

8. STJ, RHC nº 114210/BA, rel. Min. Ribeiro Dantas, 5ª T., j. 27-8-2019.

perda do controle do veículo decorreu da falta de condições de trafegabilidade dos pneus, fato não narrado na denúncia, o juiz não poderá proferir sentença condenatória, sob pena de violação dos princípios da correlação e do contraditório e ampla defesa, restando como única solução a absolvição do acusado, por falta de provas suficientes a corroborar a imprudência narrada na denúncia.

6.2.3 Resultado involuntário

A partir de uma conduta humana voluntária pode ocorrer a incidência de resultado involuntário, produzido em decorrência da inobservância do dever de cuidado objetivo.

Como nos crimes culposos a conduta voluntária é dotada de finalidade lícita, afigura-se imprescindível a produção de um resultado naturalístico. Isso porque, se é voltada a uma finalidade lícita, a conduta do agente constitui um indiferente penal, razão pela qual se mostra necessária a produção de um resultado involuntário para caracterizar o crime culposo. De fato, se não incidir qualquer resultado naturalístico – ainda que involuntário – em decorrência de uma conduta voluntária lícita, não há que se falar em conduta criminosa.

Nos crimes culposos, o resultado produzido constitui um delimitador da tipicidade. De fato, como nos crimes culposos não se admite a tentativa, se não ocorrer a produção de um resultado naturalístico, o fato será, via de regra, atípico. Assim, por exemplo, se um teto sem a devida manutenção cai próximo a uma pessoa, não haverá crime culposo, já que não há produção de nenhum resultado.

No caso, não se pode falar em tentativa, pois esta exige início da execução e consumação não alcançada por circunstâncias alheias à vontade do agente. Ou seja, o agente pretendia o resultado, mas por circunstâncias alheias à sua vontade não conseguiu alcançá-lo. Na culpa, o agente não deseja o resultado, produzindo-o por força de uma conduta voluntária descuidada.

Por isso, forçoso concluir que o resultado é um delimitador da tipicidade da conduta descuidada, diante da impossibilidade de se verificar a modalidade tentada no crime culposo.

6.2.4 Nexo de causalidade

O crime culposo depende de um resultado naturalístico, já que se trata de crime material. E, tratando-se de crime material, exige-se, para a adequada tipificação, o nexo causal entre a conduta voluntária descuidada e o resultado involuntário.

Adota-se também nos crimes culposos a teoria da *conditio sine qua non*, prevista no art. 13, *caput*, do CP, razão pela qual deve ser demonstrado que o resultado involuntário foi produzido pela conduta descuidada do agente.

Assim, se realizado o juízo hipotético de eliminação da conduta imprudente, negligente ou imperita do agente, o resultado ainda assim se produziria, não haverá nexo de causalidade e, portanto, não será possível imputar ao agente qualquer resultado, não podendo, pois, ser responsabilizado criminalmente.

No entanto, se realizado o juízo hipotético de eliminação da conduta imprudente, negligente ou imperita do agente, o resultado não se produziria, haverá nexo de causalidade, surgindo a possibilidade de responsabilizar criminalmente o agente por sua conduta culposa.

6.2.5 Previsibilidade objetiva

É a possibilidade de uma pessoa comum, com diligência e prudência inerente à média da população, prever a incidência de determinado resultado. Trata-se da previsibilidade daquilo que se convencionou chamar de homem médio, considerando-se o grau de atenção e cuidado exigido das pessoas de mediana inteligência.

A previsibilidade do resultado é aferida a partir de um juízo de valor, comparando a conduta desenvolvida pelo agente com a de um homem médio.

Assim, se o agente realizar uma conduta sem prever o resultado, que uma pessoa comum, com prudência e inteligência mediana, inerente à generalidade dos indivíduos, teria a possibilidade de prever, terá agido, se presentes os demais elementos do tipo, com culpa, uma vez que, nas circunstâncias, desenvolveu conduta sem prever o resultado que era previsível.

Esse juízo de valor deve ser realizado conforme as circunstâncias do caso concreto, considerando a postura de um homem médio nas mesmas condições em que o agente se encontrava. Ou seja, a análise não deve levar em conta qualquer fórmula padronizada do homem médio, mas a possibilidade de antever o resultado nas mesmas circunstâncias e condições em que o agente estava inserido.

Assim, se o contexto fático envolve acidente de trânsito, deve-se realizar um juízo de valor acerca da conduta do agente levando-se em conta a generalidade dos motoristas de veículo automotor. Se a situação fática envolve uma intervenção cirúrgica, o juízo de valor e a possibilidade de antever o resultado devem ser realizados considerando um cirurgião com diligência e perspicácia normais à generalidade dos cirurgiões.

Com efeito, na lição de Cezar Roberto Bitencourt:

> O resultado deve ser objetivamente previsível. O aferimento da ação típica deve obedecer às condições concretas, existentes no momento do fato e da necessidade objetiva, naquele instante, de proteger o bem jurídico. Assim como nos crimes dolosos o resultado deve ser abrangido pelo dolo, nos culposos deverá sê-lo pela previsibilidade.[9]

A previsibilidade, portanto, consiste numa análise objetiva acerca da possibilidade da produção do resultado, considerando as circunstâncias e condições do caso concreto.

Parte minoritária da doutrina entende que, ao lado da previsibilidade objetiva, há, ainda, a previsibilidade subjetiva, compreendida como aquela em que são consideradas as condições pessoais do agente, ou seja, o juízo de valor é realizado levando em conta os aspectos intelectuais, sociais, econômicos e culturais do agente.

Em outras palavras, na previsibilidade subjetiva, não se verifica a possibilidade de previsão sob a ótica do homem médio, mas conforme as características e experiências pessoais do próprio agente no caso concreto.

Conforme Zaffaroni:

> A previsibilidade deve estabelecer-se conforme a capacidade de previsão de cada indivíduo, sem que para isso possa socorrer-se a nenhum "homem médio" ou "critério de normalidade". Um técnico em eletricidade pode prever, com maior precisão do que um leigo, o risco que implica um cabo solto e, quem tem um dispositivo em seu automóvel que lhe permite prever acidentes, que sem esse dispositivo seriam imprevisíveis, tem um dever de cuidado maior do que aqueles que não possuem tal aparelho, ainda que apenas um veículo em mil o possua.[10]

---

9. BITENCOURT, Cezar Roberto. *Tratado de direito penal:* parte geral. 17. ed. São Paulo: Saraiva, 2012. v. 1, p. 369.
10. ZAFFARONI, Eugenio Raúl; PIERANGELI, José Henrique. *Manual de direito penal brasileiro* cit., p. 462.

Refutando a possibilidade de apreciar a previsibilidade de forma subjetiva, Cleber Masson assevera que:

> O Direito Penal não pode ficar submisso aos interesses de pessoas incautas e despreparadas para o convívio social. Ademais, a previsibilidade subjetiva fomentaria a impunidade, pois, por se cuidar de questão que habita o aspecto interno do homem, jamais poderia ser fielmente provada a compreensão do agente acerca do resultado que a sua conduta era capaz de produzir.[11]

Com efeito, a análise da antevisão do resultado considerando o aspecto subjetivo do agente não se circunscreve ao fato típico do crime culposo. As condições pessoais e o perfil subjetivo do agente devem ser verificados no juízo de culpabilidade, por ocasião da análise da potencial consciência da ilicitude ou na exigibilidade da conduta diversa, e não na definição da modalidade de culpa como elemento integrante da conduta típica.

6.2.6 Ausência de previsão

Para caracterizar o fato típico culposo, é necessário que o agente não tenha previsto o resultado, embora previsível. Se o previu, não há culpa, mas, conforme o caso, conduta dolosa.

Se o agente, dentro da concepção do homem médio, não tinha condições de prever o resultado, embora previsível, afastada estará a culpa. Não se vislumbra, por exemplo, previsibilidade do agente que, conduzindo o veículo dentro das normas de trânsito, atropela uma pessoa, que, de forma inesperada e repentina, se joga em frente ao veículo com desejo suicida.

Todavia, de forma excepcional, pode haver previsão do resultado na culpa, quando se tratar de culpa consciente, como será visto na sequência.

6.2.7 Tipicidade

A tipicidade também constitui elemento do fato típico culposo.

Para caracterizar o crime culposo, o fato praticado pelo agente deve encontrar correspondência num tipo penal que prevê a modalidade culposa da conduta.

E, nos crimes culposos, há a peculiaridade de somente incidirem se expressamente previstos em lei. É o que se extrai do art. 18, parágrafo único, do CP, segundo o qual "salvo os casos expressos em lei, ninguém poderá ser punido por fato previsto como crime, senão quando o pratica dolosamente".

De fato, quando o tipo penal descreve um modelo legal de conduta proibida, silenciando a respeito da modalidade culposa, significa que o crime existe somente na forma dolosa.

Tomemos como exemplo o crime de furto (CP, art. 155). O tipo penal descreve a conduta proibida (subtrair, para si ou para outrem, coisa alheia móvel), silenciando quanto à modalidade culposa dessa conduta. Logo, forçoso concluir que não existe furto culposo, incidindo, pois, somente na modalidade dolosa.

Assim, se o agente, acidentalmente, quebra a tela do celular que pertence ao colega de trabalho, o fato não constituirá crime, uma vez que não há previsão na lei do crime de dano culposo.

---

11. MASSON, Cleber. *Direito penal:* parte geral (arts. 1º a 120). 14. ed. Rio de Janeiro: Forense; São Paulo: Método, 2020. v. 1, p. 259.

Dessarte, para se aferir a tipicidade, deve-se verificar se o fato praticado pelo agente encontra correspondência numa norma penal incriminadora que prevê a modalidade culposa. Imaginemos que um motorista, imprimindo velocidade excessiva no seu veículo, dirigindo, pois, de forma imprudente, perde o controle da direção e atropela uma pessoa, causando-lhe a morte. Essa conduta imprudente encontra correspondência no tipo penal que define o crime de homicídio culposo na condução de veículo automotor (Lei nº 9.503/1997, art. 302), havendo, pois, tipicidade.

6.3 ESPÉCIES DE CULPA

6.3.1 Culpa inconsciente e culpa consciente

O Código Penal não prevê expressa distinção entre culpa inconsciente e culpa consciente, sendo, no entanto, importante estabelecer a diferença, até mesmo para fins de fixação da pena, diante de cada caso concreto.

A *culpa inconsciente* é aquela em que o resultado não é previsto pelo agente, embora seja objetivamente previsível. É a culpa comum, aquela que se caracteriza pela ausência de previsão do resultado. *É a culpa sem previsão.*

> Tomemos o seguinte exemplo: Dagoberto, quando limpava sua arma de fogo, devidamente registrada em seu nome, que mantinha no interior da residência, deixando de observar o dever de cuidado necessário, inclusive o de desmuniciá-la, acaba, acidentalmente, por acionar o gatilho, efetuando um disparo que atingiu seu vizinho Mário, que, em razão disso, veio a falecer. Nesse caso, diante da sua conduta imprudente, Dagoberto responderá por homicídio culposo, já que não previu que poderia causar a morte de alguém, embora objetivamente previsível que limpar arma municiada poderia gerar o acionamento do gatilho e, por conseguinte, o disparo do projétil.

Na *culpa consciente* há a previsão do resultado, mas o agente realiza a conduta considerando, sinceramente, que nenhum resultado se produzirá ou, ainda, que reúne habilidade suficiente para evitá-lo. *É a chamada culpa com previsão.*

Em outras palavras, na culpa consciente, o agente prevê o resultado, mas não aceita sua produção. Embora previsível, confia sinceramente que o resultado não ocorrerá ou que, por conta da sua habilidade, conseguirá impedir que o evento se produza.

> Exemplo: Leonardo conduz seu veículo por uma avenida. No banco do carona está sua namorada, Célia. Durante o percurso, Leonardo imprime velocidade excessiva no veículo, gerando protestos por parte de Célia, que lhe pedia para reduzir a velocidade. Leonardo responde dizendo que nada iria acontecer, até porque era um excelente motorista. Todavia, ao fazer uma curva, Leonardo perde o controle do veículo e atropela uma pessoa, causando-lhe a morte. Diante disso, Leonardo responderá pelo crime de homicídio culposo na condução de veículo automotor (Lei nº 9.503/1997, art. 302). Note-se que, no caso, havia por parte do motorista a previsibilidade do resultado, que não era aceito e nem esperado e, ainda, a leviana percepção de que sua habilidade como condutor impediria a produção de qualquer evento lesivo.

6.3.1.1 Diferença entre culpa consciente e dolo eventual

A culpa consciente se aproxima do dolo eventual, mas com ele não se confunde. Há entre ambos os institutos uma característica em comum: *a previsão do resultado*. Todavia, a distinção fundamental reside no fato de que no dolo eventual o agente prevê o resultado como possível, mas segue em diante com a sua conduta assumindo o risco de produzi-lo, aceitando, inclusive, a incidência de eventual evento lesivo; na culpa consciente, ao revés, o agente, embora tenha previsto o resultado, não o aceita, pois considera, sinceramente, que não ocorrerá ou que terá habilidade suficiente para evitar o evento lesivo.

Na *culpa consciente*, o agente tem consciência do risco da sua conduta, representa a produção do resultado típico, prevendo-o como possível, mas desenvolve a conduta sem observar o dever de cuidado objetivo, porque acredita firmemente que nada ocorrerá.

Imaginemos que Felipe e Rogério estejam praticando uma caçada. Em certo momento, Felipe visualiza um animal próximo a Rogério, e, confiando na sua habilidade no manuseio de uma arma, refutando a possibilidade de atingir o amigo, faz a mira em direção do animal, aciona o gatilho, mas acaba acertando Rogério, causando-lhe a morte. Nesse caso, Felipe responderá pelo crime de homicídio culposo, já que confiou convictamente que atingiria o animal, e não a vítima.

O STJ entendeu que, considerando o contexto fático de acidente de trânsito, o condutor teria agido com culpa consciente, por se tratar de motorista profissional que confiara em suas habilidades para impedir o resultado.[12]

No *dolo eventual*, o agente tem a nítida representação do resultado, e, mesmo prevendo ser possível realizá-lo, segue em diante na conduta, assumindo o risco e aceitando a produção do resultado.

Tomemos como exemplo a conduta de Leonardo que, após uma noite inteira ingerindo bebida alcoólica, estando, portanto, absolutamente embriagado, conduz seu veículo em altíssima velocidade, arriscando manobras ousadas numa via de intenso fluxo de veículos e pedestres, quando, ao ultrapassar sinal vermelho, atropela uma pessoa que cruzava a via. Há, evidentemente, a previsão do resultado e, analisando-se todos os elementos que envolveram a circunstâncias do caso concreto (embriaguez ao volante, excesso de velocidade em via movimentada, ultrapassar sinal vermelho), forçoso concluir que o condutor do veículo assumiu o risco de produzir o resultado, sendo indiferente quanto à sua incidência. Logo, nesse caso, Leonardo deveria responder por homicídio doloso, na modalidade dolo eventual.

A literatura contemporânea, no setor dos efeitos secundários típicos representados como possíveis, pontifica que a diferenciação entre dolo eventual e imprudência consciente se opera apenas "no nível intelectual", havendo coincidência entre ambos "no nível da atitude emocional". Dessarte, o dolo eventual se caracteriza, no nível intelectual, por levar a sério a possível produção do resultado típico e, no nível da atitude emocional, por conformar-se com a produção do resultado; por sua vez, a imprudência consciente se caracteriza, no nível intelectual, pela representação da possível produção do resultado típico e, no nível da atitude emocional, pela leviana crença na ausência ou evitação desse resultado.

Conforme Juarez Cirino dos Santos:

> O caráter complementar/excludente desses conceitos consiste no seguinte: quem confia na exclusão ou ausência do resultado típico possível não pode, simultaneamente,

12. STJ, AgRg no REsp nº 1041830/MG, rel. Min. Nefi Cordeiro, 6ª T., j. 13.10-2015.

> conformar-se com (ou aceitar) sua produção (imprudência consciente); quem se conforma com (ou aceita) o resultado típico possível não pode, simultaneamente, confiar me sua exclusão ou ausência (dolo eventual).[13]

O STJ considerou a incidência do dolo eventual nos crimes de trânsito na hipótese de o agente ter conduzido veículo automotor sob efeito de álcool, em alta velocidade e, ainda, com os faróis apagados e na contramão.[14]

Em síntese, incide a culpa consciente quando o agente prevê o resultado, mas espera, sinceramente, que não ocorrerá; configura-se o dolo eventual quando a vontade do agente não está dirigida para a obtenção do resultado, mas, prevendo que o evento possa ocorrer, assume assim mesmo a possibilidade de sua produção, conformando-se com a sua ocorrência.

6.3.2 Culpa própria e culpa imprópria

A *culpa própria* é a comum, propriamente dita, na qual o agente não quer o resultado nem tampouco assume o risco de produzi-lo. O *resultado não é previsto* pelo agente, embora previsível.

Na *culpa imprópria*, também denominada culpa por extensão, assimilação ou equiparação, o agente prevê o resultado, e deseja a sua produção, agindo, no entanto, em erro inescusável, supondo a presença de uma situação de fato que, se existisse, tornaria a ação legítima, ou seja, no contexto das chamadas descriminantes putativas, cuja disciplina se encontra no art. 20, § 1º, do CP.

Trata-se de uma figura mista, composta de um elemento subjetivo híbrido, pois uma conduta dolosa é, por política criminal, tratada como sendo culposa.

A culpa imprópria guarda relação com a descriminante putativa decorrente de erro quanto à situação de fato inescusável ou evitável. Nesse caso, o agente desenvolve uma conduta supondo estar diante de uma situação fática que, se realmente existisse, tornaria sua ação legítima.

Ou seja, o agente considera estar numa situação de legítima defesa, estado de necessidade, exercício regular do direito ou estrito cumprimento do dever legal que, se realmente existisse, a sua ação seria legítima pela incidência de uma causa excludente de ilicitude. Trata-se de hipótese de excludente de ilicitude imaginária, existente somente na mente do agente, que age movido pelo erro sobre a situação fática.

Tratando-se de erro inescusável, evitável, aquele em que um homem prudente e cauteloso não incorreria, a consequência será no sentido de o agente responder pelo delito a título de culpa, nos termos da parte final do art. 20, § 1º, do CP. O agente desenvolve uma conduta dolosa, punida como crime culposo.

Imaginemos que, durante a madrugada, um pacato cidadão visualiza um vulto no pátio da sua residência. Supondo se tratar de um ladrão, arma-se com um revólver, regularmente registrado, que adquiriu por conta dos vários furtos já realizados na região, e, sem maiores precauções ou cautela, efetua um disparo de arma de fogo, atingindo a pessoa que transitava no pátio da sua residência. Todavia, ao se aproximar da pessoa atingida, verifica que, na verdade, tratava-se do vigia da rua.

---

13. SANTOS, Juarez Cirino dos. Op. cit., p. 184.
14. STJ, AgRg no AgREsp nº 1502960/SE, rel. Min. Rogério Schietti Cruz, 6ª T., j. 4-2-2020.

No caso, evidentemente que o cidadão realizou a conduta com o desejo de produzir o resultado, ou seja, agiu com o dolo de atingir o suposto ladrão. Todavia, agiu movido por erro quanto à situação de fato, pois supôs estar diante de uma agressão injusta, que, na verdade, era imaginária, não existia. Se efetivamente estivesse diante de uma agressão injusta (se realmente fosse um ladrão), sua ação seria legítima. Trata-se, pois, de legítima defesa putativa.

É no momento inicial da formação do erro, quando o agente supõe se tratar de um assaltante, que incide na culpa. A partir de então, a conduta do agente passa a ser dolosa, já que agiu com o desejo de atingir a pessoa que considerava ser um ladrão. Eis a natureza híbrida ou mista da culpa imprópria, em que o dolo é tratado como culpa.

Se, por conta dos disparos desferidos, o vigia viesse a falecer, o morador responderia por homicídio culposo, pois, ainda que toda a ação tenha sido dolosa (atirou para matar), incorreu em erro no início da conduta (quando supôs ser o vigia um assaltante). Trata-se, no caso, de descriminante putativa por erro de tipo evitável, cujo efeito é a exclusão do dolo, respondendo o agente por culpa, nos termos do art. 20, § 1º, do CP.

Agora, se, por conta dos disparos, a vítima vier a sobreviver, diante do caráter híbrido da culpa imprópria (metade culpa, metade dolo), o agente responderá por tentativa de homicídio culposo. De fato, o agente, movido por erro evitável quanto a situação de fato, não consumou o seu intento (atingir de forma letal o ladrão) por circunstâncias alheias à sua vontade. Em outras palavras, ação dolosa do agente, movida pela culpa quanto à representação da situação de fato, permite a incidência da tentativa. Trata-se da única hipótese em que se admite a tentativa de crime culposo.[15]

6.3.3 Culpa mediata ou indireta

É aquela em que o agente causa indiretamente a produção de um resultado naturalístico a título de culpa.

Tomemos como exemplo o fato de o agente se aproximar da vítima que se encontra no interior do seu veículo parado no acostamento de uma via pública de intenso movimento. Ao ser anunciado o assalto, o motorista, assustado, foge buscando atravessar a pista, quando é atropelado por um veículo, vindo a falecer. Nesse caso, além do roubo tentado, o agente responderá pela morte da vítima a título de culpa, já que indiretamente deu causa à produção desse resultado. Isso porque era previsível a fuga de uma pessoa abordada num assalto, encontrando-se, pois, na linha de desdobramento causal da conduta do agente.

6.3.4 Culpa presumida

Na seara penal, não se afigura possível admitir a culpa presumida, por consistir numa verdadeira variação da responsabilidade penal objetiva. Os elementos do tipo penal culposo devem ser comprovados, para viabilizar a análise da incidência do delito na modalidade culposa.

15. No concurso para Delegado de Polícia do PC/DF, realizado em 2015, a banca examinadora considerou correta a afirmativa que admitia a forma tentada do crime impropriamente culposo. No concurso para Promotor de Justiça do MPE/SP, realizado em 2011, a banca examinadora considerou correta a alternativa que considerava possível a tentativa na culpa imprópria.

6.4 CONCORRÊNCIA DE CULPAS

Há concorrência de culpas quando duas ou mais pessoas, desvinculadas entre si, concorrem, culposamente, para a produção de um resultado naturalístico. Não se fala em concurso de pessoas, diante da ausência do vínculo subjetivo.

Nesse caso, todos os agentes que atuaram culposamente respondem pelo resultado produzido, aplicando-se, no caso, a teoria da *conditio sine qua non*, já que deram causa ao resultado produzido.

> Exemplo: Numa via pública movimentada, o condutor do veículo "A" avançou o sinal vermelho, enquanto o condutor do veículo "B" trafegava em excesso de velocidade. Os veículos acabam se chocando e, com o impacto, atingem também um pedestre que atravessava a rua, vindo a falecer. Ambos os motoristas deverão responder pelo crime de homicídio culposo na condução de veículo automotor (Lei nº 9.503/1997, art. 302), uma vez que concorreram, culposamente, para a produção do resultado.

6.5 COMPENSAÇÃO DE CULPAS

Pode ocorrer que, aliada à conduta culposa do agente, a vítima tenha contribuído para o resultado por também ter se conduzido de forma culposa. Há, no caso, culpa recíproca do agente e da vítima.

A conduta culposa da vítima não significa que a culpa do agente será eximida. Isso porque não há no Direito Penal a chamada compensação de culpas, aplicada no direito privado, como forma de reduzir o valor da reparação do dano decorrente do ilícito praticado.

Assim, se o condutor de um veículo ultrapassar o semáforo no sinal vermelho, chocando-se com a vítima que atravessava a via em local inadequado, provocando-lhe, em razão disso, lesões corporais, não terá sua culpa eliminada, apesar da conduta imprudente da vítima.

De fato, conforme entendimento sedimentado pelo STJ: "No crime de homicídio culposo ocorrido em acidente de veículo automotor, a culpa concorrente ou o incremento do risco provocado pela vítima não exclui a responsabilidade penal do acusado, pois, na esfera penal não há compensação de culpas entre agente e vítima".[16]

Na esfera penal, a culpa recíproca pode repercutir na dosimetria da pena, na fixação da pena-base, funcionando como circunstância judicial favorável ao agente, por conta do vetor relativo ao "comportamento da vítima", uma das circunstâncias previstas no art. 59, *caput*, do CP.

Somente a culpa exclusiva da vítima exclui a imputação de qualquer delito, pois sintomático concluir que, se a culpa foi exclusiva da vítima, o agente não atuou com imprudência, negligência ou imperícia. É como já decidiu o STJ.[17]

---

16. STJ, AgRg no REsp nº 1894333/CE, rel. Min. Nefi Cordeiro, 6ª T., j. 2-2-2021.
17. STJ, AgRg no AgREsp nº 487254/SE, rel. Min. Regina Helena Costa, 5ª T., j. 2-6-2014.

6.6 EXCLUSÃO DA CULPA

A doutrina aponta algumas situações que ensejam a exclusão da culpa, dentre as quais se destacam: a) caso fortuito e força maior; b) erro profissional; c) princípio da confiança; d) risco tolerado.

a) Caso fortuito e força maior

O caso fortuito ou força maior decorrem de fatos da natureza ou de ação humana imprevisíveis, cujos efeitos não são possíveis evitar ou impedir pela vontade humana, como, por exemplo, inundação, raios, terremotos, estado de guerra civil, greves, queda de viaduto ou ponte.

Logo, como refoge ao controle da vontade humana, elemento da conduta e, portanto, do fato típico, a incidência do caso fortuito ou de força maior afasta a possibilidade de responsabilização penal do agente, ainda que por crime culposo.

Assim, se, por exemplo, um condutor perder o controle do veículo, porque foi atingido por um raio, causando colisão com outro veículo, e, por consequência, lesões no motorista, não poderá ser responsabilizado pelo crime de lesão corporal culposa na condução de veículo automotor (CTB, art. 303), já que não teve controle da sua vontade, diante da força maior.

b) Erro profissional

O erro profissional não se confunde com imperícia.

A imperícia é verificada quando o agente, embora legitimado para desempenhar determinada arte, ofício ou profissão, revela não ter habilidade e conhecimento suficiente para tanto, causando dano a determinado bem jurídico, ensejando sua responsabilização criminal, se o fato é previsto em lei como crime culposo.

O erro profissional, por seu turno, caracteriza-se pela ineficácia do uso dos métodos científicos disponíveis para enfrentar determinadas situações. No caso, o agente reúne conhecimento teórico e prático para desempenhar determinada arte, ofício ou profissão, mas o método empregado não apresentou o resultado desejado. Por se tratar de falibilidade do método adotado, e não de falha do agente, não há responsabilização criminal, nem mesmo a título de culpa.

c) Princípio da confiança

O princípio da confiança, no contexto da teoria da imputação objetiva, insere-se como causa de exclusão da imputação pela ausência de criação do risco proibido.

O dever de cuidado objetivo deve ser observado por todos os indivíduos, razão pela qual se espera que cada um paute sua conduta de modo a não violar regras de convívio social.

Assim, não se atribui conduta culposa ao agente que, confiando que todos se conduzam de modo a observar o dever de cuidado, envolve-se em evento que causa resultado lesivo a bem jurídico alheio.

> Exemplo: Agente que conduz seu veículo observando todas as normas de trânsito, dentro do limite de velocidade permitido, confia que os pedestres aguardarão abrir o sinal destinado a eles para atravessarem a via pública. Se, no entanto, atingir

um pedestre que arrisca atravessar a via de rolamento, mesmo estando o sinal fechado para ele, o bom motorista não será responsabilizado criminalmente.

Como já decidiu o STJ,

> O fundamento da responsabilidade pelo crime culposo reside na violação do dever objetivo necessário nas circunstâncias. *In casu*, tendo o motorista respeitado todas as regras de trânsito, surgindo o transeunte, de inopino, na via, provocando o seu próprio óbito, mostra-se ilegal o processo-crime pela suposta prática de homicídio culposo. Tem-se, a um só tempo, o emprego dos princípios da confiança e da autocolocação da vítima em perigo, o que, à evidência, exclui a tipicidade do comportamento do condutor.[18]

d) Risco tolerado

O desenvolvimento industrial e tecnológico cada vez mais eleva o grau de risco em relação ao comportamento humano. A sociedade de risco atrai maior probabilidade de lesão ou perigo de lesão a bens jurídicos. Por isso, se não existir um grau de tolerância em relação a esses riscos, certamente haveria comprometimento das atividades cotidianas, desde o convívio social até o desenvolvimento econômico, industrial e tecnológico.

Diante disso, o comportamento humano indispensável, ainda que exponha a risco bem jurídico alheio, deve ser tolerado, não recaindo sobre si qualquer juízo de reprovação jurídica e imputação de crime doloso ou culposo.

Assim, se, por exemplo, um voluntário for submetido a teste de vacina imunizante contra determinado vírus e sofrer efeitos colaterais à sua saúde, nenhum juízo de reprovação recairá sobre o(s) agente(s) responsáveis pela pesquisa, já que se trata de um risco tolerado.

Para acesso ao vídeo, utilize o QR Code ao lado.

18. STJ, HC nº 147250/BA, rel. Min. Maria Thereza de Assis Moura, 6ª T., j. 22-3-2010.

7

CRIME PRETERDOLOSO

7.1 CONCEITO

A expressão "preterdolo" vem do latim *praeter dolum*, que significa "além do dolo". Assim, crime preterdoloso é aquele em que o resultado produzido foi além do dolo do agente, ou seja, a conduta do agente produz um resultado mais grave do que o inicialmente pretendido.

O agente originariamente desenvolve conduta voltada a praticar um crime doloso, mas, por culpa, acaba produzindo um resultado mais gravoso do que o inicialmente pretendido.

Por isso, costuma-se afirmar que há dolo no antecedente (*minus delictum*) e culpa no consequente (*majus delictum*). Ou seja, dolo na conduta e culpa no resultado.

Não se trata de um terceiro elemento anímico, nem tampouco de nova espécie de dolo ou de culpa, mas de uma *figura híbrida*, composta por uma conduta inicial dolosa e de um resultado culposo.

Em síntese, no crime preterdoloso o agente desenvolve conduta dolosa voltada à prática de um determinado crime, mas acaba se excedendo a ponto de produzir, por culpa, um resultado mais gravoso do que o desejado. É o caso da lesão corporal seguida de morte, na qual o agente pretendia ofender a integridade corporal da vítima, mas, por culpa, acaba causando-lhe a morte (CP, art. 129, § 3º).

Tomemos como exemplo um sujeito que desfere um soco contra o rosto da vítima com intenção de lesioná-la. No entanto, com o impacto do soco, a vítima perde o equilíbrio, bate a cabeça no solo e acaba morrendo. Há um só crime: lesão corporal dolosa, qualificado pelo resultado morte culposa, caracterizando a lesão corporal seguida de morte. Na hipótese, a conduta do autor produziu resultado além do que ele pretendia, ou seja, agiu além do dolo, com preterdolo. Pretendia causar lesão corporal, mas, por culpa, produziu resultado mais gravoso, consistente na morte da vítima.

Convém destacar que o crime de lesão corporal seguida de morte (CP, art. 129, § 3º) não se confunde com homicídio culposo (CP, art. 121, § 5º).

Isso porque, na lesão corporal seguida de morte, a conduta do agente é dolosa (ofender a integridade corporal da vítima) e o resultado é culposo (morte da vítima). No homicídio culposo, a conduta do agente é culposa, ou seja, desde o início o agente desenvolveu conduta sem observar o dever de cuidado objetivo, provocando culposamente a morte da vítima.

> Exemplo: limpar arma municiada próximo a uma pessoa e, acidentalmente, acionar o gatilho, matando-a. Nesse caso, o agente desenvolveu conduta imprudente, provocando culposamente a morte da vítima.

Pode-se, pois, afirmar que são elementos do crime preterdoloso: a) conduta dolosa; b) resultado culposo mais grave que o desejado; c) nexo de causalidade entre a conduta dolosa e o resultado culposo; d) tipicidade.

7.2 CRIME QUALIFICADO PELO RESULTADO

Crime qualificado pelo resultado é aquele em que o tipo penal descreve uma conduta básica, com todos os seus elementos, acrescentando um resultado mais grave, que enseja reprimenda maior. Para incidir a qualificadora, devem estar presentes o nexo causal físico e subjetivo entre a conduta e o resultado.

O crime qualificado pelo resultado não se confunde com crime preterdoloso. Isso porque o crime preterdoloso é qualificado pelo resultado, mas nem todo crime qualificado pelo resultado é preterdoloso.

Com efeito, o crime qualificado pelo resultado é o gênero no qual há a espécie preterdolosa. O crime preterdoloso se caracteriza pela conduta originariamente dolosa, mas admite somente a produção de resultado culposo, atingindo um mesmo bem jurídico.

7.2.1 Espécies de crimes qualificados pelo resultado

Além do crime preterdoloso, pode-se citar outras três espécies de crime qualificado pelo resultado.

a) Dolo na conduta antecedente e dolo na subsequente

Nesse caso, tem-se uma conduta dolosa e um resultado agravador também doloso. O agente desenvolve conduta dolosa com a intenção de provocar um resultado agravador igualmente doloso, como, por exemplo, ofender dolosamente a integridade corporal da vítima, com a intenção de provocar-lhe deformidade permanente (CP, art. 129, § 2º, IV).

Da mesma forma, se o agente desenvolve conduta com a intenção de subtrair, mediante violência, coisa alheia móvel e, no contexto do roubo, provocar, dolosamente, a morte da vítima, está-se diante do crime de latrocínio (CP, art. 157, § 3º, II), constituindo-se, nesse caso, crime qualificado pelo resultado. Isso porque há dolo no comportamento antecedente do agente e na produção do resultado agravador (dolo no antecedente e dolo no consequente).

b) Culpa na conduta antecedente e culpa na consequente

O agente desenvolve conduta culposa, provocando resultado também a título de culpa, expressamente previsto em lei como resultado culposo que eleva a pena decorrente da conduta culposa.

No crime de incêndio culposo (CP, art. 250, § 2º), se, além do incêndio, vier a ocorrer alguma morte, também por culpa, o homicídio culposo funcionará como resultado agravador. É a hipótese prevista no art. 258, parte final, do CP, que prevê crime de incêndio culposo majorado pelo resultado morte.

c) Culpa no antecedente e dolo no consequente

A conduta do agente é tipificada a título de culpa, ao passo que o resultado agravador é descrito na lei na modalidade dolosa. Em outras palavras, o agente, após desenvolver conduta culposa, por imprudência, negligência ou imperícia, acaba produzindo resultado agravador previsto na lei como doloso.

Tomemos como exemplo a conduta do motorista que, após atropelar, culposamente, uma pessoa, causando-lhe a morte, empreende fuga do local, sem prestar socorro. O condutor do veículo automotor desenvolve originariamente conduta culposa e, na sequência, deixa dolosamente de prestar socorro à vítima, quando era possível fazê-lo, sem risco pessoal. Há, no caso, culpa no antecedente e dolo no consequente. O agente responderá pelo crime de homicídio culposo na condução de veículo automotor, com a pena aumentada por ter deixado de prestar socorro, quando possível fazê-lo sem risco pessoal à vítima do acidente (Lei nº 9.503/1997, art. 302, § 1º, III).

Para acesso ao vídeo, utilize o QR Code ao lado.

8

ITER CRIMINIS

8.1 CONCEITO

Iter criminis significa literalmente "caminho do crime". Trata-se do caminho percorrido pelo agente para a prática da infração penal, passando pela ideação até chegar à consumação. Em síntese, *iter criminis* é o conjunto de fases pelas quais passa o delito.

Compõe-se de uma fase interna, na qual o agente representa mentalmente a prática delituosa, bem como de uma fase externa, em que o agente exterioriza a sua conduta, colocando em prática a ideia criminosa, praticando atos preparatórios e executórios até alcançar a consumação.

O *iter criminis*, pois, é composto pelas seguintes fases.

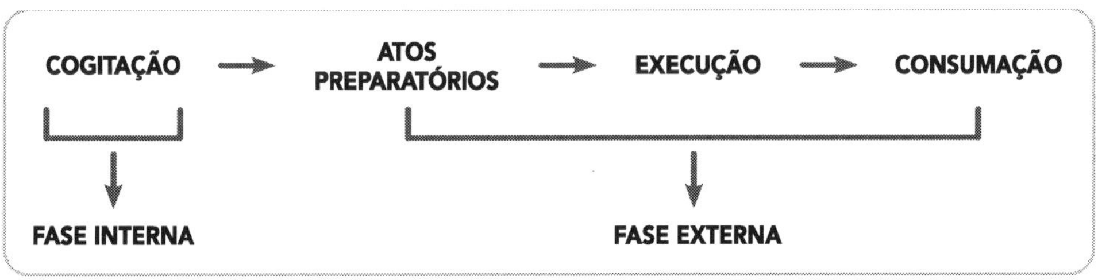

Convém sinalar que o exaurimento não integra o *iter criminis*, já que ocorre após a integralização da atividade criminosa. Constitui, na verdade, a atividade posterior à consumação do delito, consistente, não raras vezes, no proveito da atividade criminosa, como se fosse uma espécie de "plus", podendo, ainda, constituir nos casos expressamente previstos em lei, qualificadora ou causa de aumento de pena.

Assim, o fato de o agente vender o bem móvel subtraído caracteriza o exaurimento do crime de furto, já esgotado o *iter criminis* com o desapossamento do objeto. No crime de corrupção passiva (CP, art. 317), o recebimento da vantagem indevida solicitada caracteriza o exaurimento do crime, já que o crime se consumou com a solicitação de tal vantagem.

8.2 COGITAÇÃO

O primeiro momento do *iter criminis* é a chamada *cogitatio*. O agente idealiza internamente a atividade criminosa. Elabora mentalmente a infração penal, delibera sobre o desenvolvimento da conduta e, por fim, decide praticar a infração penal. Toda essa representação ainda se encontra no *plano interno do agente*, ou seja, ainda não há exteriorização de nenhum ato.

É exatamente por isso que a fase da cogitação não é punível. De fato, como ainda está no plano interno do agente, não há ainda qualquer violação a um bem jurídico, razão pela qual não incidem as normas de Direito Penal.

Em outras palavras, na fase da cogitação não há falar em crime, nem mesmo na forma tentada, já que, para tanto, deve haver, ao menos, o início da execução do delito para caracterizar a infração penal.

8.3 ATOS PREPARATÓRIOS

Os atos preparatórios consistem no conjunto de atos voltados a concretizar a infração penal. O agente passa da cogitação para a exteriorização da sua atividade criminosa, buscando, previamente ao início da execução, os elementos necessários para o desenvolvimento da conduta delituosa. É a partir dos atos preparatórios que o agente começa a materializar, ou seja, exteriorizar sua busca pela consumação da infração penal.

Para a prática do crime de homicídio, a aquisição de uma arma constitui mero ato preparatório. Da mesma forma, o estudo do local do crime, buscando identificar a melhor hora e forma de ingressar no ambiente, constitui atos preparatórios do crime de furto.

Os atos preparatórios, via de regra, não são puníveis, nem na forma tentada, uma vez que, nos termos do art. 14, II, do CP, afigura-se necessário o início da execução do delito, com a realização da conduta nuclear descrita no tipo penal.

Todavia, em casos excepcionais, o legislador descreve atos que na sua concepção seriam preparatórios como delitos autônomos. São os chamados *crimes-obstáculo.*

Nesses casos, o ato preparatório de um determinado delito é considerado pelo legislador um crime autônomo e independente, tratando-o, na situação específica, como verdadeiro ato executório.

Tomemos como exemplo o crime previsto no art. 253 do CP. O legislador considera punível a fabricação, fornecimento, aquisição, posse ou transporte de explosivos ou gás tóxico, ou asfixiante, ainda que não tenha sido dado início ao efetivo uso do artefato explosivo ou gás tóxico.

A associação de três ou mais pessoas, para o fim específico de cometer crimes, constitui crime autônomo (CP, art. 288), ainda que nenhum crime seja praticado.

Da mesma forma, o legislador considera crime autônomo atos preparatórios para a prática do crime de moeda falsa. De fato, nos termos do art. 291 do CP, constitui crime fabricar, adquirir, fornecer, a título oneroso ou gratuito, possuir ou guardar maquinismo, aparelho, instrumento ou qualquer objeto especialmente destinado à falsificação de moeda, ainda que nenhuma moeda tenha sido falsificada.

O art. 5º da Lei nº 13.260/2016 prevê conduta criminosa do agente que realizar atos preparatórios de terrorismo com o propósito inequívoco de consumar tal delito, ainda que nenhum ato executório seja realizado.

8.4 EXECUÇÃO

Idealizada a infração penal e após realizar os atos preparatórios, o agente passa à fase de execução do delito, com a efetiva agressão ao bem jurídico tutelado.

O agente passa a desenvolver conduta voltada a realizar o verbo nuclear do tipo. A partir dos atos executórios, o fato passa a ser punível, ao menos na forma tentada. Isso porque o próprio art. 14, II, do CP, atrelou a tentativa ao início da execução do crime, condicionando sua punibilidade ao início da prática de atos executórios.

O ato executório deve ser idôneo e inequívoco para alcançar o resultado.

Ato idôneo é aquele suficientemente apto a atingir um bem jurídico penalmente tutelado, considerando as circunstâncias do caso concreto.

Ato inequívoco é aquele que confere a certeza necessária do plano concreto do agente no sentido de consumar a infração penal.

> Exemplo: Adquirir um revólver para matar a vítima é apenas a preparação do crime de homicídio. Agora, desferir o primeiro disparo em direção à vítima já constitui ato executório, já que o agente revelou conduta idônea e inequívoca em busca da consumação do delito.

8.4.1 Teorias a respeito da passagem dos atos preparatórios para os atos executórios

Considerando que, como regra, os atos preparatórios são impuníveis, mostra-se imprescindível definir o momento do início da execução do delito, quando será possível verificar a possibilidade de punição do agente, ao menos a título de tentativa, estabelecendo, assim, a distinção entre ato preparatório de ato de execução.

Estabelecer a linha demarcatória que separa os atos preparatórios não puníveis dos atos de execução puníveis tem sido objeto de acirrada discussão na doutrina, surgindo várias teorias para estabelecer o momento que pode ser considerado o início da execução de um delito.

8.4.1.1 Teoria subjetiva

Para a teoria subjetiva, não há distinção entre os atos preparatórios e os de execução. O que importa é o plano interno do autor, exteriorizado com a prática de atos inequívocos voltados a consumar o delito. Basta que o agente desenvolva uma conduta, revelando sua intenção criminosa para caracterizar, ao menos, crime tentado.

Assim, para essa teoria, a conduta do agente que, após ser severamente ofendido pela vítima, pega uma arma de fogo e sai a procura do ofensor para matá-lo, sendo, no entanto, dominado por terceiros antes de encontrá-lo, já caracterizaria tentativa de homicídio, já que evidente o plano interno do agente no sentido de pretender matar a vítima.

Logo, para essa teoria, que não é a adotada, tanto a fase de preparação como a de execução são passíveis de punição.

8.4.1.2 Teoria objetiva

A teoria objetiva pressupõe o ingresso do agente na ação descrita no verbo nuclear do tipo. Não basta, pois, o plano interno do agente, afigura-se imprescindível tenha praticado ato idôneo e inequívoco voltado à produção de um resultado lesivo.

A teoria objetiva se divide em várias correntes:

a) Teoria da hostilidade ao bem jurídico

Pela teoria da hostilidade ao bem jurídico, atos preparatórios são aqueles que não ameaçam o bem jurídico tutelado, ao passo que os atos executórios são aqueles que efetivamente violam o bem jurídico, alterando o estado de paz, mediante a criação de uma situação concreta de perigo.

b) Teoria objetivo-formal

Para essa teoria, considera-se ato executório quando o agente der *início à realização da conduta descrita no verbo nuclear do tipo penal.* Pressupõe, portanto, que o autor tenha ingressado, de forma concreta, ainda que parcial, na prática da conduta descrita no núcleo do tipo penal.

Enquanto o agente não tiver praticado ato voltado a ingressar na ação descrita no verbo nuclear do tipo, estar-se-á ainda na fase dos atos preparatórios, não sendo, portanto, possível falar em punição, nem mesmo por crime tentado.

Assim, para essa teoria, na hipótese de homicídio mediante emprego de arma de fogo, não se considera iniciada a execução do delito com a mera conduta de apontar a arma em direção à vítima, mas quando ocorrer o acionamento do gatilho da arma carregada.

c) Teoria objetivo-material

De acordo com essa teoria, o início da execução do delito se verifica a partir da visão de um *terceiro observador.* Ou seja, considera-se atos executórios de um delito não só quando o agente der início à conduta descrita no verbo nuclear do tipo, mas também os atos imediatamente anteriores, considerando a visão de um terceiro observador.

Dessarte, para essa teoria, o fato de o agente apontar a arma em direção à vítima, com firme propósito de matá-la, sendo dominado antes de efetuar o primeiro disparo, já configura a tentativa de homicídio.

d) Teoria objetivo-individual

Essa teoria difere da teoria objetivo-material. Enquanto essa prioriza a verificação do início da execução do delito a partir da visão de um terceiro observador, a teoria objetivo-individual considera que o início da execução deve ser verificado a partir do *plano concreto do agente.*

Para essa teoria, os atos executórios não são apenas os que dão início à ação descrita no núcleo do tipo penal, mas também os imediatamente anteriores, considerando o plano concreto do autor, sendo irrelevante a visão de um terceiro observador. Logo, essa teoria possui uma dimensão objetiva e uma dimensão subjetiva, esta última constituída a partir do plano do autor.

Assim, para essa teoria, o ato de escalar um muro, com intenção de ingressar numa residência, constitui inequívoca demonstração do desiderato do autor em praticar a subtração de coisa alheia, sendo passível, portanto, de punição, ao menos na modalidade tentada do delito de furto.

8.4.1.3 Teoria aplicada

A teoria objetivo-formal, abrangendo a da hostilidade ao bem jurídico, ainda é a preferida pela doutrina, por ser mais segura para definição do início da execução do delito. Entretanto, as duas últimas vêm crescendo na prática dos tribunais, sobretudo porque, verificando-se o caso concreto, têm assegurado a punição a quem estava na iminência de promover um ataque ao bem jurídico, praticando atos idôneos e inequívocos em busca da concretização do seu intento, imediatamente anteriores ao ingresso da ação nuclear.

Tomemos como exemplo a conduta do agente que saca seu revólver, faz pontaria e, na iminência de acionar o gatilho para matar a vítima, é imediatamente dominado por alguém. Pela teoria objetivo-formal e da hostilidade ao bem jurídico, tal conduta caracterizaria ato preparatório, não sendo, portanto, punível. Para essas teorias, somente seria ato executório o momento em que o primeiro tiro fosse disparado, tendo em vista que somente a partir do disparo o bem jurídico vida poderia ser atacado, retirando o estado de paz da vítima, ainda que errasse o alvo.

Para as teorias objetivo-material e objetivo-individual, caracterizaria início da execução o momento em que o agente apontou a arma, com nítida intenção de matar, sendo dominado antes de apertar o gatilho, pois seria o momento imediatamente anterior ao disparo, que poderia ser fatal, consumando o delito. Não se trata de punir a mera intenção do agente, pois esta estaria consubstanciada em atos claros e evidentes de seu propósito, exteriorizado no instante em que apontou a arma, colocando em risco o bem jurídico vida.

Em que pese ser a preferida pela doutrina, por conferir maior segurança na percepção do início da execução do delito, consideramos a teoria objetivo-formal extremamente restritiva, já que se limita a punir somente atos idôneos e unívocos para atingir o resultado, com o ingresso na ação nuclear do tipo, desprezando os imediatamente anteriores, igualmente perigosos ao bem jurídico, o que, de certo modo, significa aguardar em demasia o percurso criminoso do agente.

Além disso, o começo da execução do crime não se confunde com o início da execução da ação típica. Com efeito, analisando-se de forma mais acurada o art. 14, II, do CP, percebe-se que a redação exposta considera possível a punição pela tentativa quando há *início da execução do crime*, e não a partir do começo da ação típica. Em outras palavras, o início da execução de um crime consiste na prática de atos idôneos e inequívocos da intenção do agente, praticados em momento imediatamente anterior à conduta descrita no verbo nuclear do tipo.

Como, aliás, já decidiu o STJ,

> quando o agente penetra no verbo nuclear está, sem dúvida, executando atos executórios. No entanto, ao praticar comportamentos periféricos que, conforme o plano do autor, uma vez externados, prescindem da execução do verbo típico para, de forma efetiva, evidenciar o risco ao bem jurídico tutelado pela norma penal, também estaria iniciada a execução do crime.[1]

Decidindo sobre o início da execução do crime de furto em residência, o STJ considerou que o início dos atos executórios pode ser aferido por outros elementos que antecedem a própria subtração da coisa, tais como a pretensão do autor, a realização de atos tendentes à ação típica, ainda que periféricos ao tipo, a idoneidade do ato para a realização da conduta típica e a probabilidade concreta de perigo ao bem jurídico tutelado, considerados os atos já realizados no momento da fragrância. Eis a ementa:

> Recurso especial. Tentativa de furto. Atos executórios. Ingresso na residência. Início da subtração. Desnecessidade. Teoria mista. Adoção. Precedentes do STJ. Recurso

1. STJ, REsp nº 1252770/RS, rel. Min. Rogério Schietti Cruz, 6ª T., j. 26-3-2015.

> provido. 1. Hipótese em que, surpreendido dentro da casa da vítima sem estar na posse de algum objeto, o réu foi absolvido, ao entendimento de que a ação constitui mero ato preparatório impunível. 2. Nos termos das teorias objetiva e subjetiva, o início dos atos executórios podem ser aferidos por outros elementos que antecedem a própria subtração da coisa, tais como, a pretensão do autor, a realização de atos tendentes à ação típica, ainda que periféricos, a idoneidade do ato para a realização da conduta típica e a probabilidade concreta de perigo ao bem jurídico tutelado, considerados os atos já realizados no momento da prisão do agente. 3. Embora a subtração não tenha sido efetivamente iniciada, o risco ao patrimônio de quem teve a casa já invadida, quando é o agente criminoso surpreendido, considerando-se a idoneidade da invasão para a realização da conduta típica, constituem relevantes atos periféricos indubitavelmente ligados ao tipo penal do delito de furto. 4. Os atos externados na conduta do agente, extraídos das premissas fáticas delineadas no acórdão, ultrapassaram meros atos de cogitação ou de preparação e, de fato, expuseram a perigo real o bem jurídico protegido pela norma penal. 5. Recurso especial provido para restabelecer a sentença condenatória.[2]

Dessarte, encontrar precisamente a passagem da preparação para a execução não é tarefa fácil, somente sendo passível de solução à vista da situação real. Deve-se verificar o plano concreto do autor, considerando-se os atos imediatamente anteriores ao ingresso da ação nuclear, suficientemente idôneos a revelar de forma inequívoca a realização da conduta voltada a expor concretamente a perigo o bem jurídico tutelado.

8.5 CONSUMAÇÃO

8.5.1 Conceito

Nos termos do art. 14, I, do CP, diz-se que o crime é consumado "quando nele se reúnem todos os elementos de sua definição legal". É o tipo penal integralmente realizado, ou seja, quando o fato praticado pelo agente se enquadra plenamente no tipo penal abstrato.

É o elemento culminante do *iter criminis*.

É o momento de conclusão do delito, reunindo todos os elementos que integram o tipo penal. Trata-se do crime perfeito ou completo, já que a conduta do agente atingiu a plenitude, culminando na concretização dos elementos que definem o tipo penal.

Assim, quando o agente efetua disparo de arma de fogo contra a vítima, matando-a, terá consumado o delito de homicídio, pois integralizou todos os elementos que compõem sua definição legal, consistente em "matar alguém".

Todavia, a definição de crime consumado revela uma complexidade maior do que o texto legal aparenta. Isso porque, dependendo da classificação doutrinária e das características próprias, as infrações penais podem ter um momento consumativo diverso. Em síntese, nem todas as infrações penais possuem o mesmo momento consumativo.

8.5.2 Consumação nas espécies de crimes

a) Crimes materiais

Crimes materiais ou causais são aqueles que exigem para sua consumação a produção de um resultado naturalístico. Inserem-se nesse contexto os crimes culposos e omissivos impróprios ou comissivos por omissão.

---

2. STJ, REsp nº 1683589/RO, rel. Min. Nefi Cordeiro, 6ª T., j. 19-3-2019.

Assim, nos crimes materiais, a consumação se verifica com a efetiva produção do resultado naturalístico, ou seja, com a modificação do mundo exterior. O resultado é perceptível aos sentidos humanos, em face da alteração do estado de coisas. No crime de homicídio (CP, art. 121), por exemplo, a consumação ocorre com a produção do resultado morte da vítima. Há alteração do estado de coisas, há modificação do mundo exterior, sendo o resultado perceptível, uma vez que a vítima estava viva, vindo, após, a falecer em face da conduta do agente.

> Outro exemplo: No crime de furto (CP, art. 155) também há alteração do mundo exterior, com a modificação do estado de coisas, sendo o resultado perceptível, uma vez que a vítima já não tem mais a disponibilidade do bem móvel que lhe foi subtraído.

b) Crimes formais

Nos crimes formais, o tipo descreve a conduta e o resultado, mas não exige sua produção para ser considerado consumado. São crimes de consumação antecipada, que ocorre com a simples atividade, independentemente da produção do resultado. Se ocorrer o resultado, será mero exaurimento do crime.

Tomemos como exemplo o crime de concussão (CP, art. 316), em que a consumação ocorre quando o funcionário público praticar a conduta de exigir, em razão da função que exerce, vantagem indevida. Ou seja, se o funcionário público exigir determinada quantia em dinheiro, mas, por qualquer razão, o pagamento não for efetuado, o crime de concussão estará consumado, independentemente da produção do resultado almejado pelo agente.

Da mesma forma, conforme entendimento do STJ, os crimes contra a honra praticados pela internet são formais, consumando-se no momento da disponibilização do conteúdo ofensivo no espaço virtual, por força da imediata potencialidade de visualização por terceiros.[3]

No exercício arbitrário das próprias razões (CP, art. 345), por ser crime formal, afigura-se suficiente para a consumação do delito a prática do ato voltado a fazer justiça com as próprias mãos, ainda que o agente não tenha conseguido efetivamente satisfazê-la, por meio da conduta arbitrária. A satisfação, se ocorrer, constitui mero exaurimento da conduta.

c) Crimes de mera conduta

Nos crimes de mera conduta, o tipo penal não faz referência ao resultado, razão pela qual a consumação se dá com a simples ação ou omissão delituosa.

No crime de violação de domicílio (CP, art. 150), por exemplo, basta que o agente ingresse clandestinamente na casa alheia para o crime ser considerado consumado, independentemente de qualquer finalidade específica.

Nos crimes de posse ilegal de arma de fogo (Lei nº 10.826/2003, art. 12) e porte ilegal de arma de fogo (Lei nº 10.826/2003, art. 14), por serem de perigo abstrato e de mera conduta, a consumação se dá com o simples fato de estar na posse ou porte de arma de fogo, munição ou acessório, não se exigindo qualquer finalidade específica, isto é, dolo específico.

d) Crimes permanentes

Nos crimes permanentes, a consumação se prolonga no tempo, sendo, por isso, possível a prisão em flagrante a qualquer momento, enquanto não encerrada a permanência.

---

3. STJ, HC nº 591218/SC, rel. Min. Joel Ilan Paciornik, 5ª T., j. 9-2-2021.

> Exemplo: No crime de extorsão mediante sequestro (CP, art. 159), enquanto a vítima estiver em poder do sequestrador, o delito estará em permanente consumação, autorizando a prisão em flagrante a qualquer tempo, enquanto não cessar a permanência.

Segundo jurisprudência firmada no STJ,

> o crime de tráfico de drogas de natureza permanente, assim compreendido aquele cuja consumação se protrai no tempo, não se exige a apresentação de mandado de busca e apreensão ou autorização judicial para o ingresso dos policiais na residência do acusado, quando se tem por objetivo cessar a atividade criminosa, dada a situação de flagrância, conforme ressalva o art. 5º, XI, da CF.[4]

A verificação do momento consumativo também tem especial relevância para o início da contagem do prazo prescricional, que começa a partir do momento em que cessar a permanência, nos termos do art. 111, III, do CP.

e) Crimes habituais

Nos crimes habituais, a consumação somente existirá quando houver reiteração de atos, com habitualidade, já que cada um deles, isoladamente, não constitui crime.

No crime de exercício ilegal da medicina (CP, art. 282), por exemplo, a consumação ocorre com a prática reiterada do ato de exercer, sem autorização legal, a profissão de médico. Se o exercício irregular da medicina se deu em ato isolado, o fato não constituirá crime.

f) Crimes omissivos

No *crime omissivo próprio*, a consumação ocorre com a simples abstenção da conduta exigida no tipo penal específico, independentemente da incidência de qualquer resultado.

No crime de omissão de socorro (CP, art. 135), por exemplo, basta que o agente deixe de prestar assistência, quando possível fazê-lo sem risco pessoal, para ser considerado consumado o crime, independentemente de qualquer resultado, que, se ocorrer, poderá ensejar a incidência de eventual causa de aumento de pena.

Todavia, *nos crimes omissivos impróprios, ou comissivos por omissão*, a simples conduta negativa não enseja a consumação do delito, sendo necessário ocorrer um evento naturalístico, ou seja, a produção do resultado.

Assim, se uma mãe deixar de amamentar o filho com a intenção de que venha a falecer, caracterizando a conduta omissiva imprópria, a consumação do crime de homicídio se dará com a morte da vítima. Dessa forma, a consumação não se verifica no momento em que a mãe deixou de agir para evitar o resultado, mas com a efetiva produção do resultado naturalístico, qual seja, morte da criança.

g) Crimes qualificados pelo resultado

Nos crimes qualificados pelo resultado, inclusive nos crimes preterdolosos, a consumação ocorre com a produção do resultado agravador, seja doloso ou culposo.

> Exemplo: no crime de lesão corporal seguida de morte (CP, art. 129, § 3º), em que o agente desenvolve conduta dolosa em relação à lesão corporal, o crime estará consumado com a morte indesejada da vítima.

---

4. STJ, AgRg no REsp nº 1896154/MG, rel. Min. Joel Ilan Paciornik, 5ª T., j. 17-2-2021.

8.6 EXAURIMENTO

O crime consumado não se confunde com o exaurido.

De fato, o exaurimento não integra o *iter criminis*, que encerra com a consumação.

O crime exaurido, também chamado de esgotado, é aquele no qual, após ser alcançada a consumação, continua produzindo efeitos decorrentes da conduta lesiva do agente. Além disso, o exaurimento do crime se revela quando o agente, após atingir a consumação, busca dar nova destinação ou tirar proveito do produto do delito praticado.

É o caso, por exemplo, do funcionário público que, após atingir a consumação mediante a solicitação de vantagem indevida, vem a efetivamente recebê-la. A consumação do crime de corrupção passiva (CP, art. 317) ocorre com a solicitação da vantagem indevida. O efetivo proveito ulterior com o recebimento dessa vantagem não integra o *iter criminis*, constituindo-se no exaurimento do crime.

Também é o caso do crime de extorsão (CP, art. 158), que, por ser crime formal, consuma-se quando o agente, mediante violência ou grave ameaça, constrange a vítima com o intuito de obter vantagem econômica indevida. O recebimento da vantagem indevida constitui mero exaurimento do crime. Neste sentido, foi editada a Súmula nº 96/STJ, segundo a qual "o crime de extorsão consuma-se independentemente da obtenção da vantagem indevida".[5]

Para acesso ao vídeo, utilize o QR Code ao lado.

5. STJ, AgRg no REsp nº 1815817/SP, rel. Min. Sebastião Reis Júnior, 6ª T., j. 10-9-2019.

9

TENTATIVA

9.1 CONCEITO

Nos termos do art. 14, II, do CP, tentativa se caracteriza pelo início da execução de um crime, que não alcança a consumação por circunstâncias alheias à vontade do agente.

Para caracterizar ao menos crime tentado, afigura-se imprescindível que o agente tenha superado a fase dos atos preparatórios e dado início à execução do delito, que, por razões alheias à sua vontade, não atinge a consumação.

A tentativa possui outras denominações: *conatus*, crime imperfeito, crime manco, ou crime incompleto.

9.2 NATUREZA JURÍDICA

Não há, como regra, no Código Penal e legislação penal extravagante descrição, de forma isolada, da modalidade tentada de cada crime. Não há, por exemplo, tipo penal específico descrevendo a conduta "tentar matar", não sendo possível, pois, estabelecer a adequação típica direta da conduta que não alcançou a consumação a um tipo penal específico. E o art. 14, II, do CP estabelece essa ponte ou ligação entre a conduta do agente que não conseguiu alcançar a consumação do delito e o tipo penal que define a conduta penalmente proibida.

O art. 14, II, do CP não incide por si só, sendo necessário o início da realização de uma conduta descrita no tipo penal incriminador. Logo, para existir a figura do crime na modalidade tentada é necessária a junção entre o tipo penal incriminador e o disposto no art. 14, II, do CP.

O art. 121 do CP, por exemplo, descreve a conduta "matar alguém", não definindo, pois, a modalidade tentada do delito de homicídio. Para que o ato executório anterior à consumação seja punido, afigura-se indispensável a combinação com o art. 14, II, do CP.

Assim, a tipificação do crime de homicídio simples tentado pode ser estabelecida da seguinte forma: art. 121, *caput*, c/c 14, II, ambos do CP.

Sem a combinação com a norma penal que prevê a tentativa, a conduta decorrente do homicídio tentado seria atípica, por força do princípio da reserva legal.

Por essa razão, a tentativa constitui ampliação temporal da figura típica, sendo um dos casos de *adequação típica de subordinação mediata*. Isso porque a utilização da norma de extensão prevista no art. 14, II, do CP permite ampliar o alcance do tipo penal para alcançar atos executórios praticados antes da consumação do delito.

Trata-se, pois, de uma norma de extensão entre a conduta do agente e o tipo penal incriminador, ampliando o alcance da norma penal que descreve o modelo legal de conduta proibida.

9.3 ELEMENTOS DA TENTATIVA

A tentativa se reveste de todos os elementos do crime desejado, exceto a consumação.

São três os elementos da tentativa: a) dolo da consumação; b) início da execução do crime; c) não consumação por circunstâncias alheias à vontade do agente.

9.3.1 Elemento subjetivo

O elemento subjetivo do crime tentado é rigorosamente o mesmo do crime consumado. Ou seja, o dolo do agente que não alcançou o resultado por circunstâncias alheias à sua vontade é, por evidente, o mesmo do crime consumado.

O próprio art. 14, II, do CP faz expressa referência à vontade do agente, permitindo a conclusão de que o agente agiu com consciência e vontade de alcançar o resultado, mas, por circunstâncias alheias à sua vontade, não conseguiu.

Note-se que não há propriamente dolo específico da tentativa, ou seja, dolo de tentar consumar o delito. O dolo do crime tentado é o mesmo do crime consumado, que contra a vontade do agente não foi alcançado. Assim, o dolo daquele que tentou furtar é rigorosamente o mesmo do crime de furto na sua forma consumada.

Na tentativa, embora preenchido o tipo subjetivo, o tipo penal objetivo não se integraliza, porque não atingiu a consumação. Na tentativa de homicídio, por exemplo, o agente deseja a morte da pessoa da mesma forma como no crime consumado. O tipo subjetivo é idêntico (dolo de matar alguém). O que muda é apenas o tipo objetivo. Este não se completa, já que não ocorreu a morte. Por isso, Zaffaroni e Pierangeli chamam a tentativa de crime incompleto ou imperfeito.[1]

9.3.2 Início da execução do crime

A tentativa pressupõe sempre o início da execução do delito. De fato, para haver tentativa é preciso sair da esfera dos atos preparatórios e ingressar na esfera dos atos de execução.

Considerando que, como regra, os atos preparatórios são impuníveis, mostra-se imprescindível verificar o momento do início da execução do delito, quando será possível aventar a possibilidade de punição do agente, ao menos a título de tentativa. Em outras palavras, é importantíssimo estabelecer a distinção entre ato preparatório de ato de execução.

Conforme exposto alhures, embora a doutrina seja mais inclinada a adotar a teoria objetiva-formal, consideramos que, conforme o plano concreto do agente, também caracteriza

1. ZAFFARONI, Eugenio Raúl; PIERANGELI, José Henrique. *Manual de direito penal brasileiro.* 13. ed. São Paulo: Revista dos Tribunais, 2019. p. 623.

início da execução do crime a conduta imediatamente anterior ao ingresso na ação do núcleo do tipo que evidencie risco relevante ao bem jurídico tutelado.[2]

9.3.3 Não consumação do crime por circunstâncias alheias à vontade do agente

Após o início da execução do delito, a consumação poderá não ocorrer por circunstâncias próprias à vontade do agente ou por circunstâncias alheias à sua vontade.

Quando a conduta do agente não atinge a consumação por sua própria vontade, estar-se-á diante da desistência voluntária ou arrependimento eficaz, previstos no art. 15 do CP.

De outro lado, quando o agente não alcança a consumação por circunstâncias alheias à sua vontade, configura o crime na modalidade tentada. Imaginemos que o agente tenha ingressado no domicílio, e no momento em que iria se apossar do objeto, o alarme é acionado, motivo pelo qual empreende fuga sem nada levar. O acionamento do alarme constitui a circunstância alheia à vontade do agente, razão pela qual estará configurada a tentativa de furto.

9.4 ESPÉCIES DE TENTATIVA

São espécies de tentativa: a) tentativa perfeita (ou acabada ou crime falho); b) tentativa imperfeita (ou inacabada); c) tentativa cruenta (ou vermelha); d) tentativa incruenta (ou branca).

9.4.1 Tentativa perfeita, acabada ou crime falho

Na tentativa perfeita, também denominada tentativa acabada ou crime falho, o agente *esgota toda sua potencialidade lesiva*, realizando todos os meios executórios que tinha à sua disposição para consumar o delito, que não ocorre, no entanto, por circunstâncias alheias à sua vontade.

A fase executória é integralmente realizada pelo agente, mas o resultado não se produz contra a sua vontade.

> Exemplo: "A", com o firme propósito de matar, valendo-se de um revólver municiado com cinco cartuchos intactos, efetua os cinco disparos de arma de fogo, atingindo a vítima. A vítima é socorrida e, após intervenção cirúrgica exitosa, acaba sobrevivendo. Trata-se de tentativa perfeita, uma vez que, embora tenha exaurido sua potencialidade lesiva, o agente não alcançou a produção do resultado, por circunstâncias alheias à sua vontade.

9.4.2 Tentativa imperfeita, inacabada ou tentativa propriamente dita

A tentativa imperfeita, inacabada ou propriamente dita ocorre quando o agente não esgota sua potencialidade lesiva, ou seja, não utiliza todos os meios executórios que tinha ao alcançar a consumação, que não ocorre por circunstâncias alheias à sua vontade.

O processo executório é interrompido por circunstâncias alheias à vontade do agente.

> Exemplo: "A", com o firme propósito de matar, valendo-se de um revólver municiado com cinco cartuchos intactos, efetua um disparo de arma de fogo, atingindo a vítima em região não letal. No momento em que iria desferir outros disparos é

---

2. Para evitar tautologia, remetemos o leitor ao item 9.4.1, que trata das teorias que buscam explicar a passagem dos atos preparatórios para os atos executórios.

dominado por populares que circulavam pelo local, sendo a vítima socorrida e salva. Trata-se de tentativa imperfeita, uma vez que, por circunstâncias alheias à sua vontade, o agente não exauriu sua potencialidade lesiva.

Conforme decisão do STJ, trata-se de tentativa perfeita a conduta do agente que desfere golpes de faca na vítima, causando-lhe lesões graves em regiões letais, percorrendo a totalidade do *iter criminis*, suficiente para alcançar o resultado morte, que não ocorreu porque a vítima teve rápido socorro e eficaz atendimento médico.[3]

9.4.3 Tentativa incruenta ou branca

Na tentativa branca, a vítima não é atingida pela ação do agente, nem vem a sofrer ferimentos. O objeto material não é atingido.

Pode ocorrer tanto na tentativa perfeita, quanto na imperfeita. Na primeira hipótese, o agente, exaurindo o seu potencial lesivo, não atinge a vítima, porque errou os cinco disparos desferidos em sua direção. Na tentativa imperfeita, o agente desfere um tiro contra a vítima, não a atingindo, sendo dominado antes que pudesse desferir os demais disparos.

9.4.4 Tentativa cruenta ou vermelha

Na tentativa cruenta, o agente consegue atingir a vítima, causando-lhe lesões. O objeto material é atingido.

Pode ocorrer na tentativa perfeita e na tentativa imperfeita. No primeiro caso, o agente, exaurindo os meios executórios, atinge a vítima, que acaba sobrevivendo. Na segunda hipótese, o agente atinge a vítima, mas antes de esgotar o seu potencial lesivo é dominado.

9.5 PUNIBILIDADE DA TENTATIVA

Algumas teorias buscam explicar a punibilidade da tentativa, dentre as quais destacam as seguintes:

a) Teoria subjetiva, voluntarística ou monista

A teoria subjetiva considera a vontade do agente criminoso. A punição do sujeito se justifica pela sua intenção criminosa, revelada por meio dos atos executórios. Por isso, segundo essa teoria, a pena da tentativa deve ser a mesma do crime consumado.

Nesse sentido, para essa teoria, quem pratica uma tentativa branca de homicídio, sem a produção de lesões, deve ter a mesma sanção do homicídio consumado.

b) Teoria objetiva, realística ou dualista

Para essa teoria, a punibilidade da tentativa se justifica pela exposição a perigo de um bem jurídico penalmente tutelado. No caso, há ponderação entre o desvalor da ação e o desvalor do resultado, considerando-se que a punição pela tentativa deve ser inferior à do crime consumado, já que o bem jurídico não foi atingido na sua integralidade.

c) Teoria da impressão ou objetivo-subjetiva

A teoria da impressão constitui uma espécie de limitação à teoria subjetiva, a fim de evitar abarcar atos preparatórios. A punição pela tentativa somente seria possível a partir

3. STJ, HC nº 365398/RS, rel. Min. Ribeiro Dantas, 5ª T., j. 17-11-2016.

do momento que a conduta do agente seja apta a afetar a confiança na vigência do ordenamento jurídico.

d) Teoria sintomática

A punição pela tentativa encontra fundamento na periculosidade revelada pelo agente, a periculosidade subjetiva, viabilizando, por isso, a punição até mesmo dos atos preparatórios.

9.5.1 Teoria adotada

Conforme se extrai do art. 14, parágrafo único, do CP, adota-se a *teoria objetiva*, já que se pune a tentativa com a pena correspondente ao crime consumado, diminuída de um a dois terços.

De fato, considera-se a proporção do desvalor do resultado em relação ao desvalor da conduta, punindo-se menos severamente o agente que não conseguiu alcançar, na sua plenitude, o resultado almejado.

Essa regra comporta exceção, representada pela expressão "salvo disposição em contrário". É que, em determinadas situações, o crime tentado é punido com a mesma pena do crime consumado. Isso ocorre, por exemplo, no crime de evasão mediante violência contra a pessoa (CP, art. 352), em que a pena prevista para o agente submetido à medida de segurança detentiva que se evadiu, usando de violência contra a pessoa, é a mesma daquele que tentou se evadir.

9.5.2 Critério para redução da pena

O critério de diminuição de um a dois terços leva em conta o *iter criminis* percorrido pelo agente. Quanto mais o sujeito se aproxima da consumação, menor deve ser a diminuição da pena (mais próximo a um terço); quanto menos ele se aproxima da consumação, maior deve ser a redução (mais próximo a dois terços).

Com efeito, o CP, em seu art. 14, II, adotou a teoria objetiva quanto à punibilidade da tentativa, pois, malgrado semelhança subjetiva com o crime consumado, diferencia a pena aplicável ao agente doloso de acordo com o perigo de lesão ao bem jurídico tutelado. Nessa perspectiva, a jurisprudência do STJ reconhece o critério de diminuição do crime tentado de forma inversamente proporcional à aproximação do resultado representado: quanto maior o *iter criminis* percorrido pelo agente, menor será a fração da causa de diminuição.[4]

Convém observar que o critério para a redução da pena pela tentativa há de ser o mesmo para todos os participantes nos delitos praticados em concurso de agentes.

O percentual redutor é, portanto, incindível e deverá atingir de forma uniforme todos os participantes, pouco importando que contra alguns existam agravantes e em prol de outros atenuantes, até porque tais circunstâncias não são levadas em consideração no momento da fixação do percentual redutor pela tentativa, mas tão somente o *iter criminis* percorrido.

Assim, se, por exemplo, um dos agentes efetuou um disparo na vítima, atingindo a perna, saindo do local, ao passo que o outro agente continuou efetuando outros disparos que atingiram a vítima, que não faleceu porque prontamente socorrida, ambos deverão ter a redução da pena no mesmo percentual.

---

4. STJ, HC nº 596624/SP, rel. Min. Ribeiro Dantas, 5ª T., j. 25-8-2020.

Da mesma forma, se, por exemplo, um dos agentes foi preso ao final da prática do delito de roubo, e o outro logrou fugir com parte dos objetos subtraídos, não será possível cindir a imputação, considerando o roubo tentado para o primeiro agente, e consumado para o segundo que logrou fugir na posse dos bens furtados; ambos responderão pelo crime na modalidade consumada.

Por fim, cumpre registrar que o Código Penal Militar, embora tenha adotado a teoria objetiva, prevê a possibilidade de o juiz, no caso de excepcional gravidade, aplicar ao crime tentado a pena correspondente ao crime na sua modalidade consumada (CPM, art. 30, parágrafo único).

9.6 DOLO EVENTUAL E TENTATIVA

Conforme exposto quando tratamos do tipo penal doloso, para parte da doutrina não se afigura possível a tentativa nos crimes praticados com dolo eventual, sob o fundamento de que a vontade de produzir o resultado não se encontra presente no dolo eventual, pressuposto para o crime na modalidade tentada.

Todavia, prevalece o entendimento no sentido da viabilidade da tentativa nos crimes praticados com dolo eventual, uma vez que, ao admitir a produção do resultado, a consumação ingressou na esfera de vontade do agente. Assim, se o crime não atingiu a consumação por circunstâncias alheias ao consentimento do agente, restará caracterizado o crime na sua modalidade tentada.

O STF[5] e o STJ[6] consolidaram entendimento no sentido da possibilidade de tentativa em crime praticado com dolo eventual.

9.7 TENTATIVA E CRIMES DE ÍMPETO

Crime de ímpeto é aquele decorrente de uma reação emocional, impulsiva, repentina, tal como ocorre no crime de homicídio privilegiado, praticado pelo agente sob o domínio de violenta emoção, logo após injusta provocação da vítima (CP, art. 121, § 1º).

Há quem considere que a emoção excessiva ou a reação impulsiva seriam incompatíveis com a tentativa, já que a conduta impetuosa e repentina inviabilizaria o fracionamento dos atos executórios.

Assim, se, por exemplo, um marido flagra sua esposa mantendo relações sexuais com o vizinho, sacar sua arma e efetuar disparos contra a mulher, não acertando qualquer disparo, não seria possível, em razão da violenta emoção, verificar se o agente não atingiu a esposa por erro de pontaria ou porque efetivamente não pretendia atingi-la.

Todavia, a conduta desenvolvida em momento de extrema exaltação ou emoção não interfere no caminho do crime percorrido. É possível imputar o crime na modalidade tentada ao agente que atuou por impulso ou dominado por violenta emoção, desde que efetivamente comprovado o dolo correspondente ao crime na sua forma consumada.

---

5. STF, HC nº 165200 AgRg/MG, rel. Min. Roberto Barroso, 1ª T., j. 29-4-2019.
6. "Este Superior Tribunal reconhece a compatibilidade entre o dolo eventual e a tentativa, consequentemente cabível a pronúncia do agente denunciado em razão da prática de tentativa de homicídio na direção de veículo automotor." (STJ, AgInt no REsp nº 1668017/RS, rel. Min. Sebastião Reis Júnior, 6ª T., j. 12-9-2017)

Imaginemos que o marido que flagra a esposa mantendo relação sexual com o vizinho seja dominado imediatamente após o primeiro disparo, que não atingiu a vítima, quando se preparava para desferir outros disparos. Trata-se, sem dúvida, de tentativa de homicídio, pois o agente, ainda que dominado pela violenta emoção e tenha atuado por impulso, somente não consumou o delito por circunstâncias alheias à sua vontade.

9.8 INFRAÇÕES INCOMPATÍVEIS COM A TENTATIVA

A incidência ou não do crime na modalidade tentada guarda relação com a possibilidade de fracionamento dos atos executórios, ou seja, verificar a viabilidade de o agente dar início à execução do delito e não alcançar a consumação por circunstâncias alheias à sua vontade. Em outras palavras, a tentativa somente incide *nos crimes plurissubsistentes*, assim considerados aqueles compostos de vários atos executórios, permitindo, pois, que a conduta do agente seja fracionada.

Isso significa que não é o fato de o crime ser material, formal ou de mera conduta que definirá a possibilidade ou não do crime na modalidade tentada, mas a possibilidade de fracionamento dos atos executórios. Assim, via de regra, todos os crimes dolosos são compatíveis com a tentativa, desde que plurissubsistentes.

Desmistifica-se, assim, a falsa impressão de que crimes formais ou de mera conduta não admitem tentativa, uma vez que podem incidir na modalidade tentada.

Crimes formais são aqueles em que o tipo penal descreve a conduta e o resultado, mas não exige, para a consumação, a produção do resultado naturalístico. São crimes de consumação antecipada, como, por exemplo, o crime de corrupção passiva (CP, art. 317). Imaginemos que um funcionário público solicite a Pedro, por meio de mensagem enviada por um aplicativo, vantagem indevida. Todavia, a mensagem foi enviada para o número errado, chegando no aparelho celular de João, que comunica a polícia. Trata-se de crime de corrupção passiva na modalidade tentada.

Os *crimes de mera conduta ou de simples atividade* são aqueles que o tipo penal não prevê qualquer resultado naturalístico, consumando-se quando o sujeito pratica a conduta descrita no verbo nuclear do tipo. Isso, contudo, não impede a incidência do crime de mera conduta na sua modalidade tentada. O crime de invasão de domicílio (CP, art. 150) é de mera conduta. Assim, se, por exemplo, o agente insiste em entrar num domicílio, mas é impedido, pode-se aventar a hipótese de crime de invasão de domicílio tentado.

A regra, pois, é a admissibilidade de crime também na sua modalidade tentada. Todavia, há infrações penais incompatíveis com a tentativa, ou seja, que não incidem na modalidade tentada. Ou existem na modalidade consumada, ou não constituem crime, ou não se tratam de fato punível.

Dentre as infrações penais incompatíveis com a tentativa, destacam-se as seguintes.

9.8.1 Crimes culposos

No crime culposo, o agente não deseja nem assume o risco na produção do resultado. O resultado, portanto, é involuntário. Na tentativa, o agente deseja a produção do resultado, que, no entanto, não ocorre por circunstâncias alheias à sua vontade.

Em outras palavras, no crime culposo há resultado sem intenção de provocá-lo; na tentativa, o agente quer o resultado, mas não consegue. Logo, verifica-se a absoluta incompatibilidade entre o crime culposo e a tentativa.

Isso porque não é possível o início da execução de um delito que não consuma por fatores alheios à vontade do agente, em crime cujo resultado não é desejado, como no crime culposo.

Todavia, é importante ressaltar que há uma espécie de culpa que admite tentativa: a culpa imprópria.

Com efeito, na *culpa imprópria*, também denominada culpa por extensão, assimilação ou equiparação, o resultado é previsto e desejado pelo agente, mas somente porque desenvolve conduta incorrendo em erro inescusável ou vencível quanto à ilicitude do fato no contexto de descriminante putativa.

Tomemos como exemplo a conduta de um morador que, cansado de ser vítima de furto, coloca-se de prontidão, quando avista um vulto se aproximando do quintal da sua residência. Supondo ser o ladrão, apanha uma arma de fogo e, sem adotar maior cautela e prudência, efetua disparos em direção ao vulto, atingindo a pessoa visada, que acabou sobrevivendo. Depois, verifica-se, no entanto, que não se tratava de um ladrão, mas do guarda noturno que fazia ronda no local. Trata-se de legítima defesa putativa, cuja consequência seria a responsabilização do agente por crime culposo, diante do erro evitável, nos termos do art. 20, § 1º, do CP. Como a vítima alvejada sobreviveu, o agente responderá pelo crime de tentativa de homicídio culposo.

9.8.2 Crimes preterdolosos

Nos crimes preterdolosos, a conduta é desenvolvida de forma dolosa, mas o resultado agravador é culposo. Ou seja, embora tenha agido com dolo na conduta, o resultado mais grave não é desejado pelo agente. Há, pois, dolo na conduta e culpa no resultado.

Assim, como no crime preterdoloso o resultado agravador não é desejado pelo agente, não há falar em tentativa, que pressupõe a não consumação do delito por circunstâncias alheias à sua vontade.

Nesse contexto, se o agente pretende lesionar a vítima, mas, de forma involuntária, causa-lhe a morte, responderá por lesão corporal seguida de morte (CP, art. 129, § 3º). Se, nesse caso, não resultar morte da vítima, o agente responderá unicamente pela lesão corporal dolosa (leve, grave ou gravíssima, conforme o caso), e não, à evidência, por tentativa de lesão corporal seguida de morte.

Sinala-se, por pertinente, que, diversamente dos crimes preterdolosos, admite-se a tentativa nos crimes qualificados pelo resultado punido a título de dolo.

> Exemplo: Namorado ciumento e desalmado joga ácido no rosto da namorada, com a intenção de produzir deformidade permanente. Todavia, a vítima desvia o corpo, não sendo atingida pelo ácido. Nesse caso, o resultado agravador foi pretendido e não se produziu por circunstâncias alheias à sua vontade, devendo, portanto, o agente responder por tentativa de lesão corporal gravíssima (CP, art. 129, § 2º, IV, c/c o 14, II, ambos do CP).

9.8.3 Contravenções penais

Nos termos do art. 4º do Dec.-lei nº 3.688/1941, "não é punível a tentativa na contravenção penal". Assim, conquanto no plano fático seja, a princípio, possível o início da execução da contravenção penal, que não se consuma por circunstâncias alheias à vontade do agente, a tentativa não será punível por expressa previsão legal.

Trata-se de hipótese de atipicidade, diante da impossibilidade de realizar a adequação típica entre a conduta do agente e o tipo penal correspondente, já que, na contravenção penal não há norma de extensão prevendo a tentativa.

9.8.4 Crimes omissivos próprios

Os *crimes omissivos próprios* não admitem tentativa, porque não se afigura possível fracionar a conduta omissiva do agente. Ou o agente se omite, deixando de observar o dever de agir implícito no tipo penal, e o crime se consuma; ou adota postura ativa, observando o dever de agir, e não há crime.

Tomemos como exemplo o crime de omissão de socorro (CP, art. 135). Se, ao se deparar com pessoa gravemente ferida, por conta de um acidente, o agente deixar de prestar assistência, o crime estará consumado. De outro lado, nesse mesmo caso, se o agente agir para socorrer a vítima, não haverá crime.

No caso, não há como fracionar a conduta omissa, com início da execução e não consumação por circunstâncias alheias à vontade do agente. O crime omissivo próprio estará consumado com a simples inércia do agente.

Convém destacar que os *crimes omissivos impróprios ou comissivos por omissão*, que produzem resultado naturalístico, admitem tentativa.

> Exemplo: Mãe desalmada, desejando a morte do filho recém-nascido, deixa de amamentar o bebê. Uma vizinha percebe o estado de desnutrição do bebê e o leva até o hospital. O bebê acaba sobrevivendo. A mãe responderá por tentativa de homicídio qualificado, conforme o caso.

9.8.5 Crimes unissubsistentes

Crimes unissubsistentes são aqueles que se perfazem com um único ato, não sendo possível fracionar o *iter criminis*. São distintos dos crimes plurissubsistentes, porque nestes há uma conduta formada por vários atos.

Os crimes unissubsistentes ou de ato único não admitem tentativa, diante da impossibilidade de fracionamento dos atos de execução. Ou seja, não é possível dar início à execução do delito e não atingir a consumação por circunstâncias alheias à vontade do agente.

Tomemos como exemplo a injúria verbal (CP, art. 140), que se consuma com a ofensa à dignidade ou decoro da vítima. Basta o agente proferir expressão ofensiva à honra da vítima, ainda que ela não se sinta ofendida, e o crime estará consumado. Não há como fracionar o ato executório, razão pela qual não se admite a tentativa nesse caso.

9.8.6 Crimes habituais

Crimes habituais são aqueles que, para sua consumação, exigem que o agente pratique, de forma reiterada e habitual, a conduta descrita no verbo nuclear do tipo. Os atos praticados, isoladamente considerados, constituem um indiferente penal.

> Exemplos: Crime de manutenção de casa de prostituição (CP, art. 229) e curandeirismo (CP, art. 284).

Assim, ou o agente mantém de forma habitual e reiterada estabelecimento onde ocorre exploração sexual, e o crime do art. 229 do CP estará consumado, ou não há reiteração da conduta, e o fato será atípico.

No crime de curandeirismo (CP, art. 284), o ato de prescrever, uma única vez, qualquer substância constitui um indiferente penal. Agora, se o agente prescrever de forma habitual e reiterada qualquer substância a pretexto de curar doenças, consumado estará o crime de curandeirismo.

Embora seja a posição majoritária na doutrina a impossibilidade de tentativa em crime habitual, há respeitadas vozes que entendem admissível a tentativa nessa espécie de crime. Isso porque poderá o agente ter dado início à cadeia dos atos que, sabidamente, seriam habituais, quando é impedido de continuar a exercer o comportamento proibido pelo tipo, por circunstâncias alheias à sua vontade.[7]

9.8.7 Crimes de atentado ou de empreendimento

Nos crimes de atentado, a mera prática da tentativa é punida com as penas do crime consumado. Diante disso, não há que se falar em tentativa, já que o crime inacabado prevê a mesma pena do delito na sua modalidade consumada.

> Exemplo: Crime de evasão mediante violência contra a pessoa, previsto no art. 352 do CP. O tipo penal prevê a mesma pena para o preso que se evadir ou tentar se evadir, usando de violência contra a pessoa.

Para acesso ao vídeo, utilize o QR Code ao lado.

7. GRECO, Rogério. *Curso de direito penal*: parte geral. 19. ed. Niterói: Impetus, 2017. p. 366.

10

DESISTÊNCIA VOLUNTÁRIA E ARREPENDIMENTO EFICAZ

10.1 INTRODUÇÃO

A desistência voluntária e o arrependimento eficaz estão previstos no art. 15 do CP, segundo o qual "O agente que, voluntariamente, desiste de prosseguir na execução ou impede que o resultado se produza, só responde pelos atos já praticados".

A desistência voluntária e o arrependimento eficaz constituem espécie de tentativa abandonada, uma vez que, após dar início à execução do delito, o agente não alcança a consumação por vontade própria, seja interrompendo os atos executórios, seja desenvolvendo postura ativa para impedir o resultado.

Eis a fundamental diferença em relação à tentativa. Enquanto na tentativa há início da execução do delito e não consumação por circunstâncias alheias à vontade do agente, na desistência voluntária e arrependimento eficaz a consumação não ocorre por vontade do próprio agente.

Em outras palavras, a tentativa e a desistência voluntária ou arrependimento eficaz são institutos absolutamente incompatíveis. Se reconhecido o crime tentado, afasta-se a possibilidade de desistência voluntária e arrependimento eficaz; se reconhecida a desistência voluntária ou arrependimento eficaz, afastada estará a possibilidade do reconhecimento do crime na modalidade tentada.

Não é por outra razão que, no Tribunal do Júri, o acolhimento da tese relativa à tentativa de homicídio prejudica a análise de eventual desistência voluntária ou arrependimento eficaz.[1]

Conforme decidiu o STF:

> A resposta afirmativa dos jurados à indagação sobre a ocorrência de tentativa afasta automaticamente a hipótese de desistência voluntária. Essa a conclusão da 2ª Turma ao denegar *habeas corpus* impetrado – em favor de condenado pela prática do crime previsto no art. 121, § 2º, I e IV, c/c o art. 14, II, do CP – com base em suposto cerceamento de defesa, em virtude da falta de quesitação específica requerida pela defesa.

---

1. STJ, AgRg no REsp nº 1764236, rel. Min. Ribeiro Dantas, 5ª T., j. 26-3-2019.

Esclareceu-se que o conselho de sentença, após responder positivamente ao primeiro quesito, inerente à autoria, também o fizera de forma assertiva quanto ao segundo, a fim de reconhecer a prática de homicídio tentado. Reputou-se que, assim, fora rejeitada a tese de desistência voluntária. Inferiu-se que, no caso, a ausência de quesito específico relativo à matéria não inquinaria de nulidade o julgamento do tribunal do júri. Precedente citado: HC nº 89921/PR (*DJe* 27-4-2007).[2]

A possibilidade da desistência voluntária e do arrependimento eficaz permite que o agente reveja seu intento de alcançar o resultado, após ter iniciado a execução do delito. Como prêmio pela desistência ou arrependimento, o Estado proporciona ao agente tratamento mais favorável, que, no caso, consiste em responsabilizá-lo somente pelos atos até então praticados, se típicos.

Como o resultado não ocorre por vontade do próprio agente, a desistência voluntária e o arrependimento são incompatíveis com o crime culposo, já que, nesse caso, o resultado incide de modo involuntário.

10.2 NATUREZA JURÍDICA

A doutrina aponta três correntes para explicar a natureza jurídica da desistência voluntária e arrependimento eficaz: a) causa pessoal de extinção da punibilidade; b) causa de exclusão da culpabilidade; c) causa de exclusão da tipicidade.

a) Causa pessoal de extinção da punibilidade

A primeira corrente considera como sendo causa pessoal de extinção da punibilidade. Isso porque, ainda que não expressamente prevista no art. 107 do CP, a desistência voluntária e o arrependimento eficaz retiram do estado o *ius puniendi* em relação ao delito inicialmente desejado.

Os adeptos a essa corrente consideram que o início da execução do delito já é suficiente para conferir tipicidade à conduta do agente, não a alteração do desiderato do autor, desistindo de alcançar o resultado, suficiente para excluir a tipicidade dos atos executórios anteriores.

b) Causa de exclusão da culpabilidade

Para outra corrente, a desistência voluntária e o arrependimento eficaz são causas de exclusão da culpabilidade, já que, se o agente não alcançou o resultado por ato voluntário, não há necessidade de aplicação de pena, não recaindo, portanto, sobre a conduta do agente qualquer juízo de reprovação.

c) Causa de exclusão da tipicidade

O entendimento dominante na doutrina é no sentido de que a desistência voluntária e o arrependimento eficaz são *causas de exclusão da tipicidade*. Ou seja, a interrupção dos atos executórios ou a postura ativa para evitar a consumação do delito retiram a tipicidade do crime inicialmente pretendido, remanescendo o crime decorrente dos atos até então praticados.

Assim, quando o crime não atinge a consumação por força da vontade do agente, não incide a norma de extensão da tentativa e, por consequência, os atos praticados são atípicos

---

2. STF, HC nº 112197/SP, rel. Min. Gilmar Mendes, 2ª T., j. 5-6-2012, noticiado no *Informativo* nº 669.

em relação ao delito inicialmente pretendido. Se a tentativa é a execução iniciada de um crime que não se consuma por circunstâncias alheias à vontade do agente, não se afigura possível, à evidência, compatibilizar tal instituto quando o delito não atinge o seu momento consumativo em face da própria vontade do sujeito.

Depois de novas meditações, Zaffaroni e Pierangeli passaram a adotar a teoria da ausência de tipo. Segundo os doutrinadores:

> Como consequência da natureza jurídica que atribuímos à impunidade da desistência, ou do arrependimento eficaz, em primeiro lugar devemos concluir que o problema da desistência pode ser colocado no nível da teoria do delito. Se um sujeito inimputável, ou que age em qualquer outro caso de inculpabilidade, desistisse de sua tentativa, não seria correto absolvê-lo com fundamento da inculpabilidade, mas sim por faltar tipicidade.[3]

Em síntese, a desistência voluntária e o arrependimento eficaz provocam a exclusão da adequação típica indireta, respondendo o autor pelos atos até então praticados e, não, pela tentativa.[4]

Convém sinalar, contudo, que o STF considerou que a desistência voluntária deve ser interpretada como "causa pessoal de exclusão da punibilidade", situação que afasta a punibilidade do agente, mas não a tipicidade do crime ou a culpabilidade.[5]

10.3 DESISTÊNCIA VOLUNTÁRIA

Na desistência voluntária, o agente dá início à execução do delito, mas, de modo voluntário, antes mesmo de esgotar os meios que tinha à sua disposição, interrompe os atos executórios, não alcançando a consumação por vontade própria.

A desistência voluntária se caracteriza por um comportamento negativo do agente, que, após dar início à execução do delito, adota uma postura de abstenção, deixando, mesmo tendo a possibilidade, de prosseguir na execução do delito.

Em outras palavras, iniciada a execução, o autor do ilícito, antes de esgotar os atos executórios, resolve, voluntariamente, não seguir adiante no comportamento delituoso.

De acordo com a lição de Frank, a desistência é voluntária quando o agente pode dizer: "não quero prosseguir, embora pudesse fazê-lo", e é involuntária quando tem de dizer: "não posso prosseguir, ainda que o quisesse".

A desistência voluntária guarda estreita relação com a *tentativa imperfeita ou inacabada*. Em ambas as situações, o agente não esgota os meios executórios, residindo a diferença quanto à voluntariedade em relação à não consumação do delito. Enquanto na tentativa imperfeita ou inacabada a consumação não ocorre por circunstâncias alheias à vontade do agente, na desistência voluntária a consumação não ocorre por conta da vontade do agente. Logo, a desistência voluntária incide antes de esgotar os meios executórios.

---

3. ZAFFARONI, Eugenio Raúl; PIERANGELI, José Henrique. *Manual de direito penal brasileiro.* 13. ed. São Paulo: Revista dos Tribunais, 2019. p. 623.
4. Afirmativa considerada correta no concurso para Analista Judiciário do TRE/MA, realizado em 2009, pela Banca CESPE/CEBRASPE.
5. STF, HC nº 115215/SP, rel. Min. Dias Toffoli, 1ª T., j. 4-6-2013.

Tomemos como exemplo a conduta do agente que, com a intenção homicida, desfere um disparo de arma de fogo contra a vítima, acertando-a em região não letal. Podendo prosseguir, já que tinha mais cinco balas no revólver, o agente resolve, por vontade própria, não efetuar mais disparos, deixando a vítima sobreviver.

Indubitável que o agente deu início à execução do delito, mas não consumou o homicídio por vontade própria, já que adotou uma postura de abstenção, cessando a atividade executória antes de esgotar todos os meios que tinha à sua disposição. Trata-se, pois, de desistência voluntária, devendo o agente responder pelas lesões corporais causadas.

> Outro exemplo: Wilson decide matar Pedro, e, para tanto, desfere uma facada em sua perna quando os dois estavam sozinhos. Durante a execução do delito, apesar de saber que aquela facada ainda não seria suficiente para causar a morte de Pedro, opta por não mais seguir na empreitada criminosa, pensando no sofrimento dos familiares da vítima. Deixa, então, o local do crime, vindo Pedro a ficar, em razão do ferimento causado pelo golpe, impossibilitado de exercer suas atividades habituais por 40 dias. Wilson não responderá por tentativa de homicídio, mas pelo crime de lesão corporal grave (CP, art. 129, § 1º, I).

Da mesma forma, incidirá a desistência voluntária na hipótese do agente que, após ingressar em residência alheia para o cometimento do furto, resolver adotar uma postura de abstenção, deixando voluntariamente o local sem nada subtrair. Trata-se de evidente hipótese de desistência voluntária, pois, embora tenha dado início à execução do furto, o agente, por vontade própria, cessou a atividade executória antes de esgotar sua potencialidade lesiva. Nesse caso, o agente responderá pelo crime de violação de domicílio (CP, art. 150), e não por tentativa de furto.

Ainda, consideremos a hipótese de o agente se deslocar até a Delegacia de Polícia, com o intuito de imputar a alguém a prática de determinado delito, sabendo ser inocente. Se o agente desistir de prosseguir na execução do delito, interrompendo, por exemplo, voluntariamente o seu depoimento, estaremos diante da desistência voluntária. Nesse caso, o agente não responderá pelo crime de tentativa de denunciação caluniosa, mas por eventual crime de calúnia, se atribuiu falsamente ao ofendido fato definido como crime (CP, art. 138). Se ainda não imputou qualquer fato definido como crime, desistindo de prosseguir na ideia de dar causa à instauração de inquérito policial, mesmo sabendo ser a vítima inocente, não restará qualquer delito, já que os atos até então praticados não constituem infração penal.

Assim como na tentativa, os *crimes unissubsistentes* são incompatíveis com a desistência voluntária, pois não há fracionamento da atividade executória, uma vez que o crime se consuma com único ato, sendo, pois, inviável dar início à execução e não consumação por vontade própria.

10.4 ARREPENDIMENTO EFICAZ

No arrependimento eficaz, ou resipiscência, o agente, após ter esgotado todos os meios à sua disposição para a consumação do delito, arrepende-se e, adotando uma postura ativa, impede que o resultado se produza.

Diversamente do que ocorre na desistência voluntária, o arrependimento eficaz se caracteriza pelo fato de o agente, após esgotar os meios executórios, desenvolver uma nova atividade, a fim de evitar a consumação do delito.

O agente esgota sua potencialidade lesiva, faz tudo que está ao seu alcance para consumar o delito, mas antes de alcançar o resultado inicialmente desejado, arrepende-se e adota um comportamento ativo para evitar a sua consumação.

O arrependimento eficaz se coaduna com o momento da *tentativa perfeita*, já que o agente esgota os meios de execução, com a ressalva, no entanto, que no caso da tentativa a consumação não ocorre por ato voluntário do agente.

Em outras palavras, o *arrependimento eficaz se dá após a execução, mas antes da consumação do crime*.

Tomemos como exemplo o agente que, com a intenção homicida, após efetuar disparos de arma de fogo contra a vítima utilizando todas as balas do revólver, arrepende-se e, adotando postura ativa, leva a vítima até o hospital, que, submetida a intervenção cirúrgica exitosa, acaba sobrevivendo, embora tenha ficado gravemente ferida. Nesse caso, o agente não responderá pelo crime de tentativa de homicídio, mas por lesão corporal grave.

Da mesma forma, agente que, com a intenção homicida, coloca veneno na bebida da vítima, mas, arrependido, desenvolve nova atividade entregando-lhe o antídoto, evitando, assim, a morte, embora tenha resultado lesão à sua saúde. Nesse caso, o agente não responderá pelo crime de tentativa de homicídio, mas por lesão corporal (leve, grave ou gravíssima, conforme o caso).

Com a intenção de praticar um golpe, Wilson pagou diversos produtos comprados em determinada loja emitindo cheque sem provisão de fundos. Antes da data do vencimento do desconto do título de crédito, Wilson, arrependido, retornou à loja e trocou o cheque por dinheiro em espécie, tendo quitado o débito integralmente, evitando a consumação do delito de estelionato por meio de pagamento de cheque sem provisão de fundos, já que não houve obtenção de vantagem indevida em prejuízo da vítima. Nesse caso, o agente não responderá pelo crime de tentativa de estelionato, sendo o fato atípico, já que os atos anteriores não constituem crime.

Em síntese, a desistência voluntária consiste na interrupção da execução de um crime após o agente tê-la iniciado, enquanto o arrependimento eficaz consiste na ação do agente para impedir que o resultado do crime ocorra depois de estar bem mais próximo de todo o processo executório da infração ou tê-lo percorrido integralmente.

O art. 15 do CP retrata o arrependimento eficaz na parte quando o agente "impede que o resultado se produza". Trata-se de impedir a produção do resultado naturalístico, aquele que modifica o mundo exterior, característico dos crimes materiais. Por isso, afirma-se que o arrependimento eficaz é compatível apenas com os crimes materiais, não incidindo nos crimes formais ou de mera conduta.

Isso porque nos crimes formais a realização da conduta, inexoravelmente, ensejará a imediata consumação do delito, dispensando a produção do resultado naturalístico. Ou seja, não há a viabilidade de o agente arrepender-se e adotar postura ativa para evitar a consumação, que já teria ocorrido com a conduta desenvolvida.

Os crimes de mera conduta se consumam com a mera atividade do agente, inviabilizando, assim, qualquer possibilidade de o agente se arrepender e evitar a consumação, pois já teria ocorrido.

Como dito, a doutrina entende, praticamente de forma unânime, ser o arrependimento eficaz incompatível com os crimes formais, porque, nesses casos, atinge-se a consumação independentemente da produção do resultado naturalístico. Cabe aqui, no entanto, uma reflexão.

Os crimes formais, conquanto se caracterizem pela consumação antecipada, não inviabilizam por completo o crime na sua modalidade tentada, quando plurissubsistentes. Imaginemos a conduta do agente que envia mensagem de texto, por meio de aplicativo WhatsApp, contendo a exigência para que o destinatário efetue pagamento de R$ 10.000,00, sob pena de ter um segredo revelado. Todavia, o agente, equivocando-se em relação ao número do aparelho celular, acabou enviando a mensagem para outra pessoa, que, assustada, encaminha à polícia antes de chegar ao destinatário desejado. Parece-nos evidente que se trata de crime de tentativa de extorsão (CP, art. 158 c/c art. 14, II).

Se é possível não alcançar a consumação de um crime formal por circunstâncias alheias à vontade do agente, não nos parece desarrazoada também a possibilidade de a consumação não incidir por vontade do próprio agente, que, arrependido, atuou para evitar a produção de qualquer resultado.

Imaginemos a conduta do agente que envia mensagem de texto, por meio de aplicativo WhatsApp, contendo a exigência para que o destinatário efetue pagamento de R$ 10.000,00, sob pena de ter um segredo revelado. Todavia, antes de a vítima visualizar a mensagem, o agente se arrepende e a exclui. Parece-nos evidente que o agente deu início à execução do delito, que não se consumou por sua própria vontade, já que atuou para evitar a consumação e logrou êxito.

No caso, não se pode falar, à evidência, em tentativa de extorsão, já que a consumação não ocorreu por vontade do próprio agente; também não se pode falar em atos preparatórios, uma vez que o agente ingressou na ação nuclear do tipo, praticando ato inequívoco voltado a constranger a vítima. Logo, como não se pode falar em tentativa ou em ato preparatório, resta a possibilidade do arrependimento eficaz, devendo o agente responder pelos atos praticados até o ato de arrependimento, se revestidos de tipicidade.

Registre-se que, para fins de concurso público, deve-se continuar considerando, pelo menos por ora, a incompatibilidade do arrependimento eficaz em relação aos crimes formais.[6]

10.5 REQUISITOS

A desistência voluntária e o arrependimento eficaz exigem a presença dos seguintes requisitos: a) voluntariedade; b) eficácia.

10.5.1 Voluntariedade

A desistência voluntária e o arrependimento eficaz devem decorrer de atos voluntários, livres de coação física ou moral, ainda que não sejam espontâneos.

De fato, não se afigura necessária a espontaneidade do ato de desistir ou se arrepender. Ou seja, não se exige que a ideia de interromper os atos executórios ou de se arrepender tenha se originado na mente do agente. Haverá, pois, desistência voluntária e arrependimento eficaz se o agente não consumou o delito influenciado por terceira pessoa.

> Exemplo: Durante uma discussão, Wilson, inimigo declarado de Dudu, seu cunhado, golpeou a barriga de seu rival com uma faca, com intenção de matá-lo. Ocorre

6. Foi a hipótese considerada no Concurso Público para Promotor de Justiça Substituto do Estado de Goiás/2016, bem como pela CESPE no Concurso para Juiz Federal do TRF – 5ª Região/2011.

> que, após o primeiro golpe, a pedido da sua irmã, Wilson percebeu a incorreção de seus atos e optou por não mais continuar golpeando Dudu, apesar de saber que aquela única facada não seria suficiente para matá-lo. Neste caso, Wilson não desistiu de prosseguir nos atos executórios de forma espontânea, mas a pedido de sua irmã, esposa da vítima. Embora não espontânea, a desistência foi voluntária, porque livre de coação física ou moral.

Da mesma forma, se o agente, após ingressar na residência da vítima, deixou de consumar o delito de furto, abstendo-se de prosseguir nos atos executórios por força de intensa dor decorrente de infecção dentária, haverá desistência voluntária, embora não espontânea.

Não importa a natureza do motivo que levou o agente a desistir de prosseguir na empreitada delituosa ou do seu arrependimento. Pode desistir ou arrepender-se por medo, piedade, decepção com a vantagem do crime, remorso, repugnância pela sua própria conduta, ou por qualquer outra razão.

> Exemplo: Wilson tem um desafeto a quem sempre faz ameaças de morte. O último encontro foi num bar. Portando um revólver carregado com seis munições, Wilson aproveitou para concretizar o desejo de matar seu oponente. Anunciou que iria matar seu desafeto e efetuou um disparo na sua perna. Neste momento, o desafeto suplica por sua vida. Wilson, sensível ao apelo da vítima, desiste de continuar disparando, afirma que não iria mais matar o rival e se retira do local. No caso, Wilson deixou de prosseguir na empreitada delituosa por piedade da vítima, caracterizando ainda assim a desistência voluntária.

> Outro exemplo: Decidido a matar João, Wilson efetua disparo contra a vítima, acertando-lhe o braço. Porém, assustado com o barulho do disparo, e temendo alertar pessoas que estariam por perto, em vez de descarregar a munição restante, Wilson estrategicamente decide socorrer João, que, levado ao hospital pelo próprio algoz, acaba sendo liberado depois de curada a lesão grave provocada. Há, nesse caso, desistência voluntária, pois, mesmo podendo, Wilson desistiu de prosseguir na execução do delito, por medo de ser descoberta sua trama. No caso, Wilson não responderá por tentativa de homicídio, mas pelas lesões provocadas em João. Ressalta-se que não se trata de arrependimento eficaz, mas desistência voluntária, pois o agente não praticou todos os atos executórios que tinha à sua disposição.

Em síntese, é irrelevante que o agente proceda por indulgência, comiseração, ou por motivos subalternos, egoísticos, desde que não tenha sido obstado por causas exteriores independentes de sua vontade.

10.5.2 Eficácia

Para que incidam os efeitos da desistência voluntária ou arrependimento eficaz, afigura-se imprescindível que não ocorra a consumação do delito. Ou seja, a conduta do agente, abstendo-se de prosseguir na empreitada delituosa, ou adotando postura para impedir o resultado, deve ser apta e eficaz para evitar a consumação do delito.

Se, conquanto tenha buscado evitar a produção do resultado, o crime alcançou a consumação, o agente responderá pelo delito desejado na sua forma consumada, já que a desistência ou arrependimento não foi eficaz.

Imaginemos que Wilson, desejando matar João, efetua vários disparos contra a vítima, atingindo-a na região torácica. Arrependido, decide socorrer João, que, levado ao hospital, não resistiu aos ferimentos e acabou falecendo. Como o arrependimento não foi eficaz, uma vez que o resultado ocorreu, Wilson responderá pelo crime de homicídio consumado.

Consideremos, ainda, a hipótese de agente desferir um disparo de arma de fogo contra a vítima, acertando-a na região toráxica, mas desiste de prosseguir na execução do delito, mesmo tendo mais munição no revólver. A vítima é socorrida por populares e encaminhada ao hospital, mas não resiste aos ferimentos e acaba falecendo. Nesse caso, a desistência voluntária não foi eficaz, respondendo o agente pelo crime de homicídio consumado, ainda que tenha abandonado a empreitada delituosa.

Registre-se, por pertinente, a possibilidade da incidência da atenuante genérica prevista no art. 65, III, *b*, 1ª parte, do CP.

10.6 CONSEQUÊNCIA

Nos termos da parte final do art. 15 do CP, verificada hipótese de desistência voluntária ou arrependimento eficaz, não é possível imputação do crime na modalidade tentada, já que, como visto, há exclusão da tipicidade do crime inicialmente desejado, respondendo o agente pelos atos até então praticados, se típicos.

Em outras palavras, a desistência voluntária e o arrependimento eficaz retiram a tipicidade dos atos somente em relação ao crime cuja execução o agente iniciou, mas não consumou por vontade própria, respondendo, contudo, pelos atos praticados. É o que se denomina tentativa qualificada.

Assim, no exemplo do agente que, com a intenção homicida, desfere um disparo de arma de fogo contra a vítima, acertando-a em região não letal, mas resolve, por vontade própria, não efetuar mais disparos, deixando a vítima sobreviver, não haverá tentativa de homicídio, devendo o agente responder pelos atos até então praticados, quais sejam, lesões corporais leves, graves ou gravíssimas, conforme o caso.

Na hipótese do agente que, após ingressar em residência alheia para o cometimento do furto, resolveu interromper os atos executórios, deixando voluntariamente o local sem nada subtrair, não haverá tentativa de furto, mas crime de violação do domicílio (CP, art. 150), atos até então praticados.

Ainda, no exemplo do agente que se desloca até a Delegacia de Polícia, com o intuito de imputar a alguém a prática de determinado delito, sabendo ser inocente, interrompendo voluntariamente o seu depoimento, não haverá tentativa de denunciação caluniosa (CP, art. 339), devendo responder pelos atos praticados correspondentes ao crime de calúnia (CP, art. 138). Se ainda não imputou qualquer fato definido como crime, desistindo de prosseguir na ideia de dar causa à instauração de inquérito policial, não restará qualquer delito, já que os atos até então praticados não constituem infração penal.

O agente que, com a intenção homicida, após efetuar disparos de arma de fogo contra a vítima utilizando todas as balas do revólver, arrepende-se e, adotando postura ativa, leva a vítima até o hospital, que, submetida a intervenção cirúrgica exitosa, acaba sobrevivendo, embora tenha ficado gravemente ferida, não responderá pela tentativa de homicídio, mas pelo crime de lesão corporal grave.

Da mesma forma, o agente que, com a intenção homicida, coloca veneno na bebida da vítima, mas, arrependido, desenvolve nova atividade entregando-lhe o antídoto, evitando, assim, a morte, embora tenha resultado lesão à sua saúde. O agente não responderá pelo crime de homicídio tentado, mas pelo crime de lesão corporal leve, grave ou gravíssima, conforme o caso.

Como dito, o agente somente responderá pelos atos até então praticados se constituírem infração penal. Assim, se os fatos inicialmente praticados não se revestirem de tipicidade, o agente não responderá por qualquer delito, já que os fatos anteriores à desistência voluntária ou arrependimento eficaz não constituem crime.

Exemplo: Wilson, com a intenção de obter vantagem indevida em prejuízo alheio, adquiriu diversos produtos, emitindo, como forma de pagamento, cheque sem provisão de fundos. Arrependido, retornou à loja antes da data prevista para o desconto da cártula e a trocou por dinheiro em espécie, quitando integralmente o débito, evitando, assim, a consumação do delito de estelionato por meio de pagamento de cheque sem provisão de fundos, já que não houve obtenção de vantagem indevida em prejuízo da vítima. No caso, diante do arrependimento eficaz, o agente não responderá pelo crime de estelionato inicialmente desejado, nem mesmo na forma tentada, devendo responder pelos atos até então praticados. Como, no caso, os atos anteriores não se enquadram em qualquer modelo legal de conduta proibida, o fato será atípico, não sendo o agente responsabilizado por crime algum.

Imaginemos outro exemplo: Wilson, pretendendo praticar crime de peculato, em determinada noite, ingressa em repartição pública se valendo da senha de acesso que possuía em razão do cargo, com o objetivo de subtrair um computador da repartição. Enquanto se dirigia até a sala onde estava o computador, reflete sobre as consequências da sua conduta e a decepção que poderia causar à sua família, razão pela qual deixa o local sem nada subtrair. Nesse caso, Wilson deu início à execução do crime de peculato, mas, por vontade própria, não consumou o delito, devendo, por isso, responder pelos atos até então praticados. Como os atos praticados não configuram conduta típica, Wilson não será responsabilizado criminalmente.

10.7 COMUNICABILIDADE

Discute-se na doutrina a possibilidade de a desistência voluntária ou arrependimento eficaz de um dos agentes alcançar também os demais que concorrem na prática delituosa.

Imaginemos, para contextualizar o tema, que Nascimento tenha contratado Fontoura para matar Cardoso. Fontoura, munido de uma faca, desferiu o primeiro golpe em Cardoso, insuficiente para matá-lo, mas, atendendo às súplicas da vítima, resolveu deixá-la viver, saindo do local, sem desferir outros golpes. No caso, há evidente desistência voluntária por parte do autor da facada, excluindo, assim, a possibilidade de responsabilizar Fontoura pelo crime de tentativa de homicídio, mas apenas pelas lesões corporais anteriormente provocadas.

A questão que se apresenta se restringe à possibilidade de a desistência voluntária do autor beneficiar o partícipe do delito. Ou seja, se a imputação em relação ao outro agente deve ser por tentativa de homicídio ou lesões corporais provocadas antes da desistência voluntária do autor do delito.

No caso, prevalece o entendimento doutrinário no sentido da comunicabilidade da desistência voluntária ou arrependimento eficaz do autor ao partícipe.

Isso porque a conduta do partícipe é acessória, sendo sua punição sempre vinculada à conduta principal desenvolvida pelo autor. Assim, ainda que o partícipe deseje firmemente a consumação de um delito, não será punido se o autor não chegar, pelo menos, a iniciar a execução (CP, art. 31).

Ora, se não há qualquer imputação ao partícipe na hipótese de o crime sequer chegar a ser tentado, pode-se, com mais razão, concluir que a desistência voluntária ou arrependimento eficaz do autor alcança o partícipe, a fim de responsabilizá-lo pelos atos até então praticados.

Além disso, a desistência voluntária ou arrependimento eficaz se revestem de caráter objetivo, pois vinculados à execução e consumação do delito, razão pela qual se comunicam entre todos os agentes, nos termos do art. 30 do CP.

O reverso, ou seja, a desistência voluntária ou arrependimento eficaz do partícipe, dependerá da eficácia da desistência ou arrependimento. Isso porque de nada adiantará a desistência ou arrependimento se ocorrer a consumação do delito. Assim, para que incida os efeitos da desistência voluntária ou arrependimento eficaz, afigura-se necessário que o partícipe atue de forma exitosa a convencer o autor a não consumar a infração penal.

10.8 DESISTÊNCIA VOLUNTÁRIA E ARREPENDIMENTO EFICAZ NA LEI ANTITERRORISMO

A Lei nº 13.260/2016, que disciplina o combate ao terrorismo e reformula o conceito de organização criminosa, introduz no ordenamento jurídico uma espécie de desistência voluntária antecipada.

Na regra geral, a desistência voluntária e o arrependimento eficaz incidem após o início da execução. Todavia, a Lei nº 13.260/2016 viabiliza a incidência da desistência voluntária e do arrependimento eficaz em relação a *atos preparatórios*, ou seja, atos praticados antes do início da execução do crime de terrorismo.

Explica-se esse fenômeno por força da possibilidade da responsabilização do agente pela prática de atos preparatórios com o propósito inequívoco de consumar o delito de terrorismo (Lei nº 13.260/2016, art. 5º). Trata-se de exceção à regra da atipicidade dos atos preparatórios.

Assim, como os atos preparatórios para a prática de terrorismo são previstos como crime autônomo, o legislador viabilizou mecanismos para incentivar o agente a desistir dos próprios atos preparatórios, aplicando-se as disposições do art. 15 do CP para fatos praticados mesmo antes de iniciada a execução do crime de terrorismo. É o que se extrai do art. 10 da Lei nº 13.260/2016.

Assim, se o agente, por sua vontade, interromper os atos preparatórios para a prática de terrorismo, não será imputado a ele crime de terrorismo em qualquer da sua forma, mas somente pelos atos praticados, se típicos.

Tomemos como exemplo a conduta do agente que desiste de recrutar indivíduos com o propósito de praticar atos de terrorismo. Não responderá pelo delito do art. 5º, § 1º, I, da Lei nº 13.260/2016, mas pelos atos praticados até a desistência, se típicos.

Para acesso ao vídeo, utilize o QR Code ao lado.

11

ARREPENDIMENTO POSTERIOR

11.1 CONCEITO

Trata-se de causa obrigatória de diminuição da pena que incide quando o agente, após consumação de um crime praticado sem violência ou grave ameaça à pessoa, resolve, de forma voluntária, reparar o dano provocado ou restituir a coisa objeto do crime até o recebimento da denúncia ou da queixa.

O arrependimento posterior difere da desistência voluntária e do arrependimento eficaz.

Na desistência voluntária e no arrependimento eficaz, o ato voluntário do agente, voltado a evitar o resultado, ocorre *antes da consumação do delito*. Na desistência voluntária, a abstenção de atos ocorre durante a execução; o arrependimento eficaz incide após esgotamento dos meios executórios e antes da consumação.

No arrependimento posterior, o ato voluntário do agente, exteriorizado pela restituição da coisa ou reparação do dano, *ocorre após a consumação do delito* até o recebimento da denúncia ou queixa. Por isso, chama-se arrependimento posterior (posterior à consumação do delito).

Se a reparação do dano ou restituição da coisa ocorrer após o recebimento da denúncia ou queixa, incidirá a atenuante genérica prevista no art. 65, III, *b*, do CP.

11.2 NATUREZA JURÍDICA

O arrependimento posterior constitui causa obrigatória de redução da pena, até porque o próprio art. 16 do CP dispõe expressamente que, uma vez presentes os requisitos, a pena imposta ao agente "será reduzida de 1 (um) a 2/3 (dois terços)".

Ao contrário do arrependimento eficaz, o arrependimento posterior não influencia na adequação típica do fato delituoso, mas na dosimetria da pena. Por isso, entendemos que esse dispositivo se encontra deslocado no Código Penal, pois deveria ser disciplinado e tratado na teoria da pena, já que analisado na terceira fase da fixação da pena.

11.3 ADMISSIBILIDADE DO ARREPENDIMENTO POSTERIOR

Diversamente do que possa parecer, até porque é mais recorrente nessas situações, o arrependimento posterior não se restringe aos crimes contra o patrimônio, podendo incidir em relação a qualquer crime que preencha os requisitos do art. 16 do CP.

É o caso, por exemplo, do crime de peculato doloso (CP, art. 312), crime contra a administração pública, que admite o arrependimento posterior.[1] Basta considerar a hipótese do funcionário público que se apropriou, em razão da função, de bem que estava sob sua responsabilidade, consumando o delito. Arrependido, resolve restituir o bem antes do recebimento da denúncia. Responderá pelo crime de peculato doloso e, se condenado, terá a pena diminuída um a dois terços.

Dessarte, o arrependimento posterior incide em relação a crimes compatíveis com o benefício, cujo resultado esteja revestido de algum caráter patrimonial, ou seja, que tenha causado dano passível de mensuração e reparação pelo agente.

Por essa razão, o STJ considerou inviável o reconhecimento do arrependimento posterior na hipótese de homicídio culposo na direção de veículo automotor, uma vez que o delito do art. 302 do CTB não pode ser encarado como crime patrimonial ou de efeito patrimonial, acrescentando que a tutela penal abrange o bem jurídico mais importante do ordenamento jurídico, a vida, que, uma vez ceifada, jamais poderá ser restituída, reparada.[2]

11.4 REQUISITOS

A causa de diminuição da pena em decorrência do arrependimento posterior não incide em qualquer situação ou a qualquer momento. Para a incidência do benefício, o agente deverá preencher, de forma cumulativa, todos os seguintes requisitos.

11.4.1 Crime cometido sem violência ou grave ameaça à pessoa

Nos termos do art. 16 do CP, cabe arrependimento posterior nos crimes praticados sem violência ou grave ameaça à pessoa, independentemente da pena cominada ou do regime prisional previsto.

Basta que seja um crime praticado sem violência ou grave ameaça à pessoa capaz de gerar um dano pecuniário, independentemente da natureza do crime, se patrimonial ou não. Logo, crime praticado com violência ou grave ameaça à pessoa não permite a aplicação do arrependimento posterior.

> Exemplo: Wilson, maior e capaz, subtraiu, mediante emprego de arma de fogo, a bicicleta de um adolescente, tendo-o ameaçado gravemente. Após algum tempo, Wilson, percebendo o erro da sua conduta, arrepende-se e voluntariamente restitui a coisa roubada. Nessa situação, a restituição do bem não assegura a Wilson a redução de um a dois terços da pena pelo arrependimento posterior, pois o crime foi cometido com grave ameaça à pessoa.

---

1. STJ, RHC nº 120906/BA, rel. Min. Ribeiro Dantas, 5ª T., j. 16-6-2020.
2. STJ, AgRg no HC nº 510052/RJ, rel. Min. Nefi Cordeiro, 6ª T., j. 17.12-2020.

Note-se que o art. 16 do CP prevê vedação quando há violência ou grave ameaça à pessoa. Assim, *se a violência for empregada contra a própria coisa*, será possível, preenchidos os demais requisitos, a aplicação do arrependimento posterior.

Imaginemos, por exemplo, o agente que, de forma dolosa, danifica o aparelho celular novo da vítima, causando-lhe um prejuízo de R$ 500,00, praticando o crime de dano (CP, art. 163). Se o agente reparar o dano antes do recebimento de eventual queixa-crime, poderá ser beneficiado pela causa de diminuição da pena, no caso de eventual sentença condenatória.

Além disso, o que inviabiliza a incidência do arrependimento posterior é a violência empregada na conduta do agente, e não a que se perfaz no resultado. Por essa razão, considera-se possível a aplicação do arrependimento posterior nos crimes culposos,[3] já que não há violência na conduta, mas no resultado. Na lição de Cleber Masson:

> Em caso de violência culposa, é cabível o arrependimento posterior. Não houve violência na conduta, mas sim no resultado. É o que se dá, por exemplo, na lesão corporal culposa, crime de ação penal pública condicionada em que a reparação do dano pode, inclusive, acarretar na renúncia ao direito de representação se celebrada a composição civil, na forma do art. 74 e parágrafo único da Lei nº 9.099/1995.[4]

Nota-se, nesse caso, que, diversamente do crime de homicídio culposo, em relação ao crime de lesão corporal culposa é possível admitir o arrependimento posterior, pois, em tese, seria possível dimensionar o dano sofrido pela vítima.

A doutrina diverge sobre a possibilidade de aplicação do arrependimento posterior na hipótese de *violência imprópria*, assim considerada como sendo aquela na qual não há violência propriamente dita, mas redução da possibilidade de a vítima resistir à conduta delituosa, como, por exemplo, no caso de roubo impróprio, previsto na parte final do art. 157, *caput*, do CP, em que o agente emprega meio capaz de reduzir a impossibilidade de resistência da vítima para praticar a subtração, como, por exemplo, colocar sonífero na bebida da vítima para subtrair-lhe a carteira.

Parte da doutrina considera inaplicável o arrependimento posterior no caso de emprego de violência imprópria, uma vez que a violência, ainda que ficta, decorre do dolo do agente, inibindo a vontade da vítima, sendo incompatível com o benefício da causa de diminuição da pena.

Aqueles que consideram possível a aplicação do arrependimento posterior aos crimes praticados com violência imprópria afirmam que, se pretendesse afastar a sua aplicação, o legislador teria sido expresso. Como não constou a vedação no art. 16 do CP, seria possível a aplicação da causa de diminuição da pena nos crimes envolvendo violência imprópria.

Conforme Rogério Sanches:

> Prevalece na doutrina que o legislador penal, no art. 16, vedou o benefício somente no caso de violência própria. Logo, no crime de roubo, por exemplo, seria admissível o arrependimento posterior, desde que cometido mediante emprego de meio diverso da

---

3. A CESPE/CEBRASPE, no concurso para Analista Judiciário do TRE/MT, considerou como correta a alternativa que considerava possível o arrependimento posterior nos crimes culposos.
4. MASSON, Cleber. *Direito penal esquematizado:* parte geral. 11. ed. rev., atual. e ampl. Rio de Janeiro: Forense; São Paulo: Método, 2017. v. 1, p. 399.

força física ou grave ameaça, mas suficiente para reduzir a capacidade de resistência da vítima.[5]

Com a devida vênia, entendemos inadmissível o benefício do arrependimento posterior no contexto de violência imprópria. Ainda que não resulte lesão, a violência imprópria também constitui espécie de violência, e, por conta dessa condição, é tratada pelo legislador com o mesmo rigor destinado à violência real. Com efeito, o roubo praticado com emprego de meio que reduziu a impossibilidade de resistência da vítima tem o mesmo tratamento penal do roubo praticado com violência ou grave ameaça, com a cominação da mesma pena, o que permite concluir que o legislador equipara essas modalidades de violência.

Pode-se, aqui, adotar a mesma lógica empregada pelo STJ para considerar a impossibilidade de substituição da pena privativa de liberdade por restritiva de direitos, quando praticados no contexto de violência presumida.[6]

11.4.2 Reparação do dano ou restituição da coisa

A reparação do dano ou restituição da coisa deve ser voluntária, pessoal e integral.

a) **Voluntária**

A lei exige que a reparação do dano ou restituição da coisa seja *voluntária*, assim entendida como sendo aquela exercida sem coação física ou moral.

Não é preciso que seja espontânea, no sentido de que reparação do dano ou restituição da coisa tenha ocorrido por iniciativa do próprio agente, incidindo ainda que o arrependimento tenha sido decorrente de conselho ou sugestão de terceiro, uma vez que o ato, embora não espontâneo, foi voluntário.

> Exemplo: Decidido a praticar crime de furto na residência de um vizinho, Wilson, percebendo que a porta já estava aberta, ingressou na residência e subtraiu um televisor. Chegando em casa, narra o fato para sua esposa, que o convence a devolver o aparelho subtraído. No dia seguinte, Wilson atende à sugestão da esposa e devolve o bem para a vítima, que, por sua vez, comparece à delegacia e promove o registro próprio. Incidirá, na hipótese de eventual condenação, a causa de diminuição da pena, uma vez que, embora não espontâneo, pois a iniciativa da restituição da coisa não partiu da mente do próprio agente, o arrependimento foi voluntário, livre de qualquer coação física ou moral.

Segundo Rogério Greco, também será beneficiado com o arrependimento posterior aquele que, já tendo sido descoberto pela autoridade policial como o autor do delito de furto, devolve a *res furtiva* tão somente com a finalidade de beneficiar-se com esse instituto.[7]

Todavia, o STJ tem decidido no sentido de que se a *res furtiva* foi apreendida por policial no momento da prisão do paciente, ante a ausência de um dos requisitos necessários à incidência da benesse – espontaneidade na devolução, é inadmissível minorar-se a reprimenda ao fundamento de que houve posterior arrependimento por parte do agente.[8]

---

5. CUNHA, Rogério Sanches. *Manual de direito penal:* parte geral. 7. ed. Salvador: Juspodivm, 2019. p. 419.
6. STJ, AgRg no REsp nº 1613395/MG, rel. Min. Felix Fischer, 5ª T., j. 16-5-2017.
7. GRECO, Rogério. *Curso de direito penal*: parte geral. 19. ed. Niterói: Impetus, 2017. p. 387.
8. STJ, HC nº 96140/MS, rel. Min. Jorge Mussi, 5ª T., j. 2-12-2008.

b) Pessoal

O arrependimento posterior deve ser *pessoal*, ou seja, a reparação do dano ou restituição da coisa deve partir do próprio agente acusado da prática delituosa. Excepcionalmente, admite-se a reparação do dano ou restituição da coisa por interposta pessoa, desde que comprovada a impossibilidade de ser realizada pessoalmente pelo autor do crime, a fim de ser preservado o caráter de voluntariedade do ato.

Diante disso, entende-se possível o arrependimento posterior por terceira pessoa, representando o acusado do crime que se encontra impossibilitado de realizar a reparação do dano ou restituir a coisa, quando, por exemplo, estiver preso ou internado em hospital.

De outro lado, se outra pessoa resolve, por sua conta, sem a anuência do agente, devolver a coisa ou reparar o dano, não há falar em redução da pena pelo arrependimento posterior, já que ausente a voluntariedade do agente.[9-10]

c) Integral

A reparação do dano ou restituição da coisa deve ser *integral*, não incidindo, como regra, o arrependimento posterior se praticado de modo parcial. A integralidade, no entanto, deve ser verificada no caso concreto, competindo, invariavelmente, à vítima sua constatação. É o que decidiu o STJ.[11]

O STF, no entanto, decidiu que a incidência do arrependimento posterior prescinde da reparação total do dano e o balizamento, quanto à diminuição da pena decorrente da aplicação do instituto, está na extensão do ressarcimento, bem como na presteza com que ele ocorre.[12]

d) Aspecto temporal

A reparação do dano ou restituição da coisa deve ser realizada até o recebimento da denúncia ou queixa, independentemente do momento do oferecimento da peça acusatória.

Se a reparação do dano ou restituição da coisa ocorrer após o recebimento da denúncia ou da queixa, mas até sentença, aplica-se a atenuante genérica prevista no art. 65, III, *b*, do CP.

O quadro abaixo ilustra os momentos de incidência dos institutos da desistência voluntária, arrependimento eficaz, arrependimento posterior e atenuante genérica.

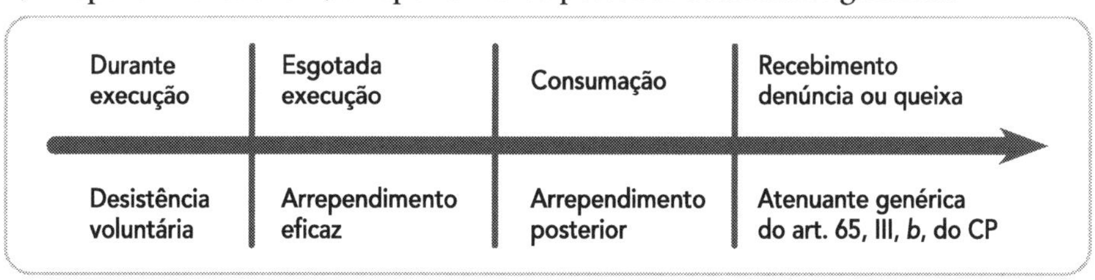

---

9. STJ, AgRg no AgREsp nº 1581782/RS, rel. Min. Ribeiro Dantas, 5ª T., j. 16-6-2020.
10. STF, RevCr nº 5475/AM, rel. Min. Edson Fachini, Plenário, j. 6-11-2019, noticiado no *Informativo* nº 958.
11. "A causa de diminuição de pena prevista no art. 16 do CP (arrependimento posterior), exige a reparação integral, voluntária e tempestiva do dano, nos crimes cometidos sem violência ou grave ameaça à pessoa. Precedentes" (STJ, AgRg no RHC nº 56387/CE, rel. Min. Antônio Saldanha Palheiro. 6ª T., j. 16-3-2017).
12. STF, HC nº 98.658/PR, rel. orig. Min. Carmén Lúcia, rel. para o acórdão Min. Marco Aurélio, 1ª T., j. 9.11-2010, noticiado no *Informativo* nº 608.

Assim, se o agente subtraiu uma TV do seu local de trabalho e, ao chegar em casa com a coisa subtraída, é convencido pela esposa a devolvê-la, o que efetivamente vem a fazer no dia seguinte, mesmo quando o fato já havia sido registrado na delegacia, haverá arrependimento posterior, com reflexo na dosimetria da pena.

11.5 COMUNICABILIDADE NO CONCURSO DE PESSOAS

Tratando-se de causa objetiva de diminuição de pena, o arrependimento posterior não se restringe à esfera pessoal de quem o realiza, comunicando-se, por isso, aos demais coautores e partícipes do crime, nos termos do art. 30 do CP.

Tratando do tema, o STJ decidiu que "O arrependimento posterior, previsto no art. 16 do CP, por possuir natureza objetiva, deve ser estendido aos corréus".[13]

Logo, no caso de furto em concurso de pessoas, se um dos agentes resolver restituir a coisa antes do recebimento da denúncia, a causa de diminuição da pena alcançará o outro agente que concorreu para a prática do delito.[14]

11.6 RECUSA DA VÍTIMA EM ACEITAR A REPARAÇÃO DO DANO OU A RESTITUIÇÃO DA COISA

A anuência da vítima com a reparação do dano ou restituição da coisa não figura como requisito no art. 16 do CP. Assim, a postura da vítima não pode ser considerada para a concessão do benefício, já que não é dado alargar o alcance da norma penal como forma de impedir a incidência da causa obrigatória de redução da pena.

Além disso, a fixação da pena não pode estar relacionada aos humores da vítima, que recusa a reparação do dano ou restituição da coisa para não ser concedido o benefício.

Em caso de recusa, cumpre ao agente entregar a coisa à autoridade policial, deixando à disposição do juízo competente e posterior encaminhamento à vítima, ou, ainda, sobretudo no caso de reparação do dano, proceder ao depósito judicial.

11.7 CRITÉRIO PARA REDUÇÃO DA PENA

O arrependimento posterior constitui causa obrigatória de diminuição da pena, não ficando, pois, a critério do juiz considerá-lo ou não na fixação da pena. A discricionariedade do juiz reside, no entanto, na fixação do patamar de um a dois terços previstos na lei.

Nesse aspecto, o juiz, para definir o *quantum* da redução, deve considerar a celeridade da reparação do dano ou restituição da coisa, bem como o grau de voluntariedade do agente.[15] Quanto mais célere e sincera a reparação do dano ou restituição da coisa, maior será a

13. STJ, REsp nº 1578197/SP, rel. Min. Sebastião Reis Júnior, 6ª T., j. 26-4-2016.

14. No concurso para o TCE/PE, realizado em 2004, a banca examinadora CESPE/CEBRASPE considerou incorreta a seguinte afirmativa: "O arrependimento posterior, por exigir voluntariedade, é uma circunstância subjetiva que se restringe à esfera pessoal de quem a realiza e, de acordo com a jurisprudência do STJ, não se estende aos co-autores e partícipes da infração penal", pelo que forçoso concluir que considera o arrependimento posterior como circunstância de natureza objetiva, razão pela qual se estende aos demais agentes que contribuíram para a prática do delito.

15. STJ, AgRg no AgREsp nº 1467975/DF, rel. Min. Laurita Vaz, 6ª T., j. 23-6-2020.

redução da pena; quanto mais distante do fato a reparação do dano ou restituição da coisa e menos sincera, menor será a redução da pena.

Convém relembrar a decisão do STF citada acima, no sentido de que o *quantum* da diminuição leva em conta a extensão do ressarcimento, bem como na presteza com que ele ocorre.[16]

11.8 EFEITOS DA REPARAÇÃO DO DANO OU RESTITUIÇÃO DA COISA EM SITUAÇÕES ESPECÍFICAS

11.8.1 Peculato culposo

Nos termos do art. 312, § 3º, do CP, tratando-se de *peculato culposo,* a reparação do dano antes da sentença irrecorrível constitui causa de extinção da punibilidade do agente; se posterior, a pena imposta será reduzida de metade.

Neste caso, reparado o dano antes da sentença final, com a consequente extinção da punibilidade, restará prejudicada a incidência do art. 16 do CP.

Registre-se, por pertinente, que essa causa de extinção da punibilidade não incide na hipótese de *peculato doloso.* Nesse caso, a reparação do dano ou restituição da coisa até o recebimento de denúncia ensejará a incidência do arrependimento posterior.

11.8.2 Súmula nº 554 do STF

Conforme a Súmula nº 554 do STF: "O pagamento de cheque emitido sem provisão de fundos, após o recebimento da denúncia, não obsta ao prosseguimento da ação penal".

Nos termos do disposto na referida súmula, se o agente efetuar o pagamento do cheque emitido sem provisão de fundos após o recebimento da denúncia, a ação penal terá prosseguimento até ulterior sentença. Significa, a *contrario sensu,* que o pagamento do cheque emitido sem provisão de fundos até o recebimento da denúncia impede o prosseguimento da ação penal.

Em outras palavras, no caso de estelionato por meio de emissão de cheque sem suficiente provisão de fundos, a reparação do dano até o recebimento da denúncia extingue a punibilidade do agente, nos termos da Súmula nº 554 do STF.

Convém sinalar que a Súmula nº 554 do STF não se aplica ao estelionato na sua modalidade fundamental, conforme já decidiu o STJ.[17]

11.8.3 Juizados Especiais Criminais

Nos termos do art. 74, parágrafo único, da Lei nº 9.099/1995, a composição dos danos civis entre o autor do fato e o ofendido, no caso de ação penal de iniciativa privada ou de ação penal pública condicionada à representação, acarreta a renúncia ao direito de queixa ou representação, com a consequente extinção da punibilidade do agente.

---

16. STF, HC nº 98.658/PR, rel. orig. Min. Carmén Lúcia, rel. para o acórdão Min. Marco Aurélio, 1ª T., j. 9-11-2010, noticiado no *Informativo* nº 608.
17. STJ, RHC nº 29970/SP. rel. Min. Laurita Vaz, 5ª T., j. 10-12-2013.

11.8.4 Pagamento integral do débito tributário

Nos termos do art. 69 da Lei nº 11.941/2009, extingue-se a punibilidade dos crimes previstos nos arts. 1º e 2º da Lei nº 8.137/1990 e 168-A e 337-A, ambos do CP, quando a pessoa jurídica relacionada com o agente efetuar o pagamento integral dos débitos oriundos de tributos e contribuições sociais, inclusive acessórios, que tiverem sido objeto de concessão de parcelamento. É a mesma redação do art. 9º, § 1º, da Lei nº 10.684/2003.

Para acesso ao vídeo, utilize o QR Code ao lado.

12

CRIME IMPOSSÍVEL

12.1 CONCEITO

O crime impossível está previsto no art. 17 do CP. Trata-se de hipótese de tentativa não punível, verificando-se quando a ineficácia absoluta do meio empregado na execução do delito ou impropriedade absoluta do objeto sobre o qual recaiu a conduta do agente tornam impossível a consumação do crime.

12.2 NATUREZA JURÍDICA

O crime impossível guarda estreita relação com a tentativa, mas com ela não se confunde.

Na tentativa, o agente deseja a consumação do delito, mas não consegue por circunstâncias alheias à sua vontade. Ou seja, a consumação é possível, mas não alcançada.

No crime impossível, o agente também deseja a consumação do delito, mas não consegue porque empregou meio absolutamente ineficaz durante a execução do delito, ou porque atacou objeto absolutamente impróprio. A consumação, pois, é desejada pelo agente, mas impossível de ser alcançada pela ineficácia absoluta do meio ou impropriedade absoluta do objeto.

Por isso, a doutrina costuma denominar o crime impossível também como tentativa inadequada, tentativa inidônea, tentativa impossível, tentativa irreal ou tentativa supersticiosa.

Embora o art. 17 do CP contenha a expressão "não se pune a tentativa", o que poderia revelar eventual causa de isenção de pena, o crime impossível, na verdade, tem *natureza jurídica de causa excludente da tipicidade.*

Como já referido, os elementos do fato típico são a conduta, o resultado, o nexo de causalidade e a própria tipicidade. Se, em face da ineficácia absoluta do meio ou impropriedade absoluta do objeto, será impossível alcançar a consumação, não haverá possibilidade de produção de qualquer resultado, um dos elementos do fato típico.

Assim, se impossível alcançar o resultado, não haverá um elemento do fato típico, sendo, portanto, causa excludente da tipicidade.

Além disso, a conduta desenvolvida pelo agente não se amolda a nenhum tipo penal, não havendo, pois, tipicidade. Com efeito, a conduta consistente em desferir golpes de faca em pessoa já morta jamais se enquadraria no tipo penal que define o crime de homicídio, pois impossível "matar alguém" já sem vida.

Diante disso, considerando o aspecto processual, concluído o inquérito policial, o Ministério Público deverá providenciar o arquivamento; se oferecida, a peça acusatória deverá ser rejeitada (CPP, art. 395, III). Se, por qualquer razão, foi recebida a peça acusatória, o Magistrado deverá proferir sentença de absolvição sumária (CPP, art. 397, III). Se recebida a peça acusatória e encerrada a instrução, o juiz deverá absolver o réu, com base no art. 386, III, do CPP, uma vez que o fato não constitui crime. Tratando-se de procedimento do júri, ao final da primeira fase, deverá o juiz proferir sentença de absolvição sumária, com base no art. 415, III, do CPP.

12.3 TEORIAS SOBRE O CRIME IMPOSSÍVEL

Algumas teorias buscam explicar a possibilidade ou não de responsabilização do agente que emprega meio absolutamente ineficaz ou ataca objeto absolutamente impróprio para atingir a consumação.

12.3.1 Teoria sintomática

Para essa teoria, o critério determinante para a punibilidade do crime impossível é a periculosidade do agente. Se o agente revelar personalidade voltada para o crime, deverá ser punido, independentemente da idoneidade ou não do fato delituoso atingir a consumação.

Trata-se de teoria representativa do Direito Penal do autor, cada vez mais rejeitado no nosso ordenamento jurídico.

12.3.2 Teoria subjetiva

Para a teoria subjetiva, deve-se considerar a intenção do agente, revelada a partir da sua conduta, sendo irrelevante, para se aferir sua responsabilização criminal, se os meios por ele empregados ou o objeto material do crime eram ou não idôneos para a produção do resultado.

Assim, para essa teoria, a gestante que ingere substância que não tem qualquer efeito abortivo (chá de boldo, por exemplo), com a intenção de interromper a gravidez com a morte do feto, deverá responder pelo crime de tentativa de aborto.

Essa teoria não é aplicada pelo Código Penal, que expressamente prevê que a *tentativa não é punível*, quando, por ineficácia absoluta do meio ou por absoluta impropriedade do objeto, for impossível consumar-se o delito (CP, art. 17).

12.3.3 Teoria objetiva

Para a teoria objetiva, a responsabilização criminal de alguém pela prática de determinada conduta pressupõe a presença de elementos subjetivos e objetivos.

O *elemento subjetivo* se insere no contexto do dolo e da culpa.

O *elemento objetivo* se caracteriza pela exposição de um bem juridicamente tutelado a perigo de lesão. Se a conduta desenvolvida pelo agente não se revestir de potencialidade para causar lesão a um bem jurídico, por conta do meio empregado pelo agente, ou pelas condições do objeto material, o crime será impossível e não haverá punição nem sequer em relação à tentativa.

Trata-se da inidoneidade do meio utilizado ou do objeto sobre o qual recaiu a conduta do agente. E, conforme a extensão, essa inidoneidade pode ser absoluta ou relativa.

A *inidoneidade absoluta* é aquela em que o agente jamais atingirá a consumação do delito; na *inidoneidade relativa* há possibilidade de consumação do delito, que não ocorreu por circunstâncias alheias à vontade do agente.

Essa teoria se subdivide em objetiva pura e objetiva temperada.

a) Teoria objetiva pura

Para a teoria objetiva pura, somente será possível a punição do agente quando sua conduta for capaz de produzir lesão a um bem jurídico. Se, por qualquer razão, não se revestir de idoneidade para produzir um resultado, a conduta do agente não será punida, independentemente do grau de inidoneidade da ação.

Assim, inexistindo perigo de lesão ao bem jurídico, independentemente se a inidoneidade do meio ou do objeto for absoluta ou relativa, não haverá conduta punível, nem mesmo na modalidade tentada.

b) Teoria objetiva temperada

Conforme a teoria objetiva temperada, independentemente do elemento subjetivo do agente (teoria subjetiva) e o seu grau de periculosidade (teoria sintomática), incidirá hipótese de crime impossível, com o afastamento da tipicidade do fato, quando a inidoneidade do meio empregado e do objeto sobre o qual recai sua conduta for de *natureza absoluta.*

Se a inidoneidade for relativa, ou seja, capaz de produzir um resultado, haverá possibilidade de punição do agente, ao menos pelo crime na modalidade tentada.

É a teoria adotada pelo legislador penal brasileiro: somente a ineficácia e a impropriedade absolutas ensejam a atipicidade do fato. A inidoneidade relativa é punida, ao menos na modalidade tentada.

Assim, se o agente, fazendo uso de uma arma defeituosa, incapaz de efetuar qualquer disparo, sai ao encalço da vítima, com a intenção de matá-la (teoria subjetiva), revelando sua periculosidade (teoria sintomática), não será punido nem na modalidade tentada, pois sua conduta não representa nenhum risco objetivo de lesão a um bem jurídico, ante a ineficácia absoluta do meio empregado. Trata-se de crime impossível, sendo irrelevante, diante da inidoneidade absoluta do meio, a intenção do agente e o perigo evidenciado em seu comportamento.

De outro lado, se o agente, portando arma de fogo desmuniciada, apta a efetuar disparos, mas a munição estava em pronto alcance (no bolso, por exemplo), for dominado antes de conseguir municiar a arma, poderá ser responsabilizado criminalmente pelo homicídio na modalidade tentada, já que se trata de ineficácia relativa. Imaginemos, por exemplo, que determinado agente, com a intenção homicida aciona o gatilho para matar o desafeto, mas nenhum disparo é realizado, porque a arma estava desmuniciada. No momento em que retirava a munição do bolso, para colocá-la no tambor do revólver, o agente é dominado pela vítima. Trata-se de hipótese de ineficácia relativa do meio, sendo possível responsabilizar o agente pelo crime de homicídio tentado.

Da mesma forma, se o agente enfia a mão no bolso de alguém que não traz consigo absolutamente nenhum objeto de valor, haverá crime impossível, pela impropriedade absoluta do objeto, já que seria impossível a consumação do furto, pela inexistência de objeto material.

No entanto, se o agente enfia a mão no bolso esquerdo da calça da vítima, mas a carteira contendo dinheiro se encontrava no bolso do lado direito, surge uma impossibilidade meramente ocasional, relativa, devendo o autor responder por tentativa, já que seria possível a consumação do delito, que não ocorreu por circunstâncias alheias à vontade do agente.

12.4 ESPÉCIES DE CRIME IMPOSSÍVEL

Conforme se extrai do art. 17 do CP, há duas espécies de crime impossível: a) crime impossível pela ineficácia absoluta do meio; b) crime impossível por impropriedade absoluta do objeto.

12.4.1 Crime impossível por ineficácia absoluta do meio

O crime impossível por ineficácia absoluta do meio guarda relação com o meio de execução ou instrumento utilizado pelo agente, que, por sua natureza, será incapaz de produzir qualquer resultado, ou seja, jamais alcançará a consumação do delito.

Constitui crime impossível, por ineficácia absoluta do meio, a conduta da gestante que busca interromper a gravidez com a morte do feto, fazendo uso de substância que não tem efeito abortivo, como, por exemplo, chá de boldo.

Da mesma forma, trata-se de crime impossível a conduta do agente que, penalmente imputável, pretendendo matar seu desafeto, aponta em sua direção arma de fogo que não realiza nenhum disparo em razão de defeito estrutural que, de forma absoluta, impede o seu funcionamento.

O STJ considera crime impossível pela ineficácia absoluta do meio a apreensão de ínfima quantidade de munição, aliada à ausência de artefato apto ao disparo, diante da incapacidade de gerar perigo à incolumidade pública.[1] Assim, para o STJ, trata-se de crime impossível a conduta do agente que guarda três munições dentro da gaveta de uma mesa no interior do seu estabelecimento comercial, desacompanhadas de arma de fogo.

Não será punida, ainda, a conduta do agente que portava arma de fogo inapta para efetuar qualquer disparo. É o que decidiu o STJ:

> Agravo regimental em recurso especial. Penal e processo penal. Porte ilegal de arma de fogo de uso restrito. Ineficácia da arma atestada por laudo pericial. Ausência de potencialidade lesiva. Atipicidade da conduta. Absolvição. 1. A Terceira Seção deste Tribunal Superior possui entendimento pacífico de que o tipo penal de posse ou porte ilegal de arma de fogo cuida de delito de perigo abstrato, sendo irrelevante a demonstração de seu efetivo caráter ofensivo.2. *In casu*, contudo, como ficou demonstrada, por laudo pericial, a total ineficácia da arma de fogo (inapta a disparar), deve ser reconhecida a atipicidade da conduta perpetrada, diante da caracterização de crime impossível dada a absoluta ineficácia do meio. 3. Agravo regimental desprovido.[2]

Também constitui crime impossível por ineficácia absoluta do meio o uso de documento grosseiramente falsificado como forma de obtenção de vantagem indevida em prejuízo

1. STJ, AgRg no REsp nº 1841147/RS, rel. Min. Sebastião Reis Júnior, 6ª T., j. 25-8-2020.
2. STJ, AgRg no REsp nº 1394230/SE, rel. Min. Antônio Saldanha Palheiro, 6ª T., j. 23-10-2018.

alheio, sobretudo quando imediatamente constatado pela vítima. Com efeito, conforme entendimento do STJ, "Somente haverá crime impossível no crime de falso, por absoluta impropriedade do objeto material, quando a contrafação for a tal ponto grosseira que não seja apta a ludibriar a atenção de terceiros".[3]

O crime impossível se caracteriza quando a ineficácia do meio for absoluta. A ineficácia do meio, quando relativa, leva à tentativa e não ao crime impossível, por aplicação da teoria objetiva temperada, adotada pelo Código Penal.

Há ineficácia relativa do meio quando, não obstante eficaz à produção do resultado, este não ocorre por circunstâncias acidentais. É o caso do agente que pretende desfechar um tiro de revólver contra a vítima, mas a arma nega o disparo, por defeito daquele projétil específico, embora os demais que constavam no tambor fossem aptos a efetuar disparos.

O açúcar é uma substância incapaz de causar a morte de uma pessoa com saúde normal, mas eficaz para causar a morte de uma pessoa portadora de diabetes. Se deu início à execução do delito de homicídio, ministrando açúcar a um diabético, mas não consuma por circunstâncias alheias à sua vontade, o agente responderá pela tentativa de homicídio.

Da mesma forma, não há falar em crime impossível, quando a falsificação se revela apta a enganar o cidadão comum[4], sobretudo quando os peritos precisaram recorrer a instrumentos especializados para especificarem no laudo as diferenças do documento em relação ao padrão.[5]

Registre-se, por pertinente, que a jurisprudência do STJ entende que a conduta de alterar a placa de veículo automotor, por qualquer meio, ainda que grosseira e perceptível a "olho nu" configura a conduta típica descrita no art. 311 do Código Penal.[6]

12.4.2 Crime impossível por impropriedade absoluta do objeto

O crime impossível pela impropriedade absoluta do objeto guarda relação com o objeto material, assim compreendido como sendo a pessoa ou coisa sobre a qual recai a conduta do agente.

O objeto será absolutamente impróprio quando inexistente ao tempo da conduta do agente ou, ainda, pelas circunstâncias em que se encontra, afigura-se impossível a produção do resultado visado pelo agente, como, por exemplo, buscar matar pessoa já sem vida ao tempo da conduta ou praticar aborto em mulher que não se encontrava grávida.

Com efeito, imaginemos a conduta do agente, que, pretendendo matar seu desafeto, desferiu vários disparos de arma de fogo contra o seu corpo, verificando-se, após, que, ao tempo dos disparos, a vítima já se encontrava morta por outro motivo. Evidente, nesse caso, a impropriedade absoluta do objeto, diante da impossibilidade de ceifar a vida de pessoa que já estava morta.

Caracteriza crime impossível pela impropriedade absoluta do objeto a conduta da mulher que ingere substância abortiva, verificando-se que jamais estivera grávida. Trata-se de fato atípico, pois não há objeto material a ser atingido (feto com vida intrauterina), não sendo possível, pois, punir a mulher nem mesmo a título de tentativa de aborto.

---

3. STJ, HC 417383/SP, rel. Min. Maria Thereza de Assis Moura, 6ª T., j. 12-12-2017.
4. STJ, AgRg no AREsp 1687322/PR, rel. Min. Ribeiro Dantas, 5ª T., j. 18-08-2020.
5. STJ, HC 551877/SP, rel. Min. Ribeiro Dantas, 5ª T., j. 11-02-2020.
6. STJ, AgRg no HC 420466/SC, rel. Min. Nefi Cordeiro, 6ª T., j. 02-10-2018.

Considera-se, ainda, crime impossível por impropriedade absoluta do objeto a conduta do punguista que, com a intenção de subtrair dinheiro, coloca a mão no bolso da vítima, que, ao tempo da ação, não trazia consigo qualquer quantia ou bem com valor econômico.

Em relação ao crime de roubo, todavia, o STJ considerou que, ainda que não exista nenhum bem com a vítima, por ser delito complexo, tem iniciada sua execução quando o agente, visando a subtração de coisa alheia móvel, realiza o núcleo da conduta-meio (constrangimento ilegal/lesão corporal ou vias de fato), ainda que não consiga atingir o crime-fim (subtração da coisa almejada).[7] Logo, nesse caso, não há falar em crime impossível, podendo o agente responder por tentativa de roubo.

Se a impropriedade do objeto for relativa, o agente poderá ser responsabilizado criminalmente ao menos na modalidade tentada.

Há impropriedade relativa do objeto quando por uma circunstância acidental o agente não consegue atingir a consumação, ou, ainda, embora presente o objeto na fase inicial da conduta, vem a ausentar-se no instante do ataque.

Assim, se o punguista, buscando subtrair a carteira da vítima, coloca a mão no seu bolso direito, quando, na verdade, o objeto material se encontra no bolso esquerdo, haverá, à evidência, tentativa de furto, já que se trata de uma circunstância meramente acidental que não torna impossível o crime. A existência de qualquer bem com a vítima impede o reconhecimento da impropriedade absoluta do objeto.

Da mesma forma, o fato de o veículo subtraído possuir alarme e sistema de corte de ignição não impede, por si só, a consumação da subtração, sobretudo quando o veículo foi levado ligado e, quando parou de funcionar, foi empurrado, circunstância que impede a configuração do crime impossível. Trata-se, no caso, de impropriedade relativa do objeto.[8]

12.5 CRITÉRIO DE AFERIÇÃO DA IDONEIDADE

A verificação da idoneidade ou não do meio empregado e do objeto material sobre o qual recaiu a conduta do agente deve ser realizada após a conduta do agente. Em outras palavras, somente após a realização da conduta do agente será possível verificar, considerando as circunstâncias do caso concreto, eventual incidência do crime impossível ou da tentativa punível.

Assim, se, considerando o caso concreto, antes de iniciada a ação executória, o meio empregado ou o objeto não era eficaz e idôneo para a consecução do resultado haverá o crime impossível. Se os meios ou o objeto tornam-se inidôneos concomitantemente ou após o início da execução, tipifica-se uma tentativa do crime que se pretendia cometer, porque, no momento em que o agente praticou o crime, havia a possibilidade da consumação.

Assim, se a vítima vier a falecer não pela ação do agente, mas porque, com a intenção suicida, ingeriu veneno antes, não há que se falar em crime impossível, uma vez que, ao tempo da conduta (disparo de arma de fogo) havia objeto material a ser atingido (a vítima ainda estava com vida). Agora, se a pessoa atingida já estava morta antes da ação do agente, haverá crime impossível, por impropriedade absoluta do objeto.

7. STJ, REsp nº 1340747/RJ, rel. Min. Maria Thereza de Assis Moura, 6ª T., j. 13-5-2014.
8. STJ, HC nº 199613/SP, rel. Min. Jorge Mussi, 5ª T., j. 12-3-2013.

12.6 FURTO SOB VIGILÂNCIA X CRIME IMPOSSÍVEL

O crime de furto se consuma com a inversão da posse, ainda que por breves momentos, não sendo exigida posse mansa, pacífica e desvigiada. Trata-se da adoção da teoria da *amotio*.

Discute-se, na doutrina e jurisprudência, se os sistemas eletrônicos de vigilância e segurança que guarnecem, por exemplo, determinado estabelecimento comercial seriam capazes de tornar impossível a consumação do delito de furto praticado no interior desses ambientes.

O STJ, atento a essa discussão, editou a Súmula nº 567, segundo a qual o "Sistema de vigilância realizado por monitoramento eletrônico ou por existência de segurança no interior de estabelecimento comercial, por si só, não torna impossível a configuração do crime de furto".

Assim, a existência de sistema de monitoramento eletrônico ou a observação do agente por funcionários do estabelecimento comercial não enseja, por si só, o automático reconhecimento da existência de crime impossível. Tudo depende do caso concreto. Existindo a mínima possibilidade de ocorrer a consumação, não haverá crime impossível.

Com efeito, em situação semelhante à exposta acima, com a ressalva que o agente foi detido fora do estabelecimento comercial, o STJ afastou a possibilidade de crime impossível. No caso concreto,

> (...) um funcionário do mercado verificou o momento em que o réu colocou duas peças de carne dentro de uma sacola plástica e acionou o gerente da loja. O acusado foi segurado fora da loja, por populares, no momento em que a polícia militar chegou e o prendeu, na posse de uma sacola plástica, contendo as duas peças de carne subtraídas (...).[9]

De outro lado, se, no caso concreto, o agente estava a todo momento sob vigilância, tanto pelo monitoramento de câmeras, como por seguranças, verificando-se que jamais conseguiria consumar o delito, pode-se aventar a hipótese de crime impossível.

O STF, tratando do assunto, decidiu que:

> A forma específica mediante a qual o funcionário do estabelecimento vítima exerceu a vigilância direta sobre a conduta da paciente, acompanhando ininterruptamente todo o *iter criminis*, tornou impossível a consumação do crime, dada a ineficácia absoluta do meio empregado. Tanto isso é verdade que, imediatamente após passar pelo caixa sem efetuar o pagamento dos produtos escolhidos, a denunciada foi abordada na posse dos bens pelo funcionário que vinha monitorando sua conduta. De rigor, portanto, diante dessas circunstâncias, a incidência do art. 17 do CP, segundo o qual "não se pune a tentativa quando, por ineficácia absoluta do meio ou por absoluta impropriedade do objeto, é impossível consumar-se o crime". Esse entendimento não conduz, automaticamente, à atipicidade de toda e qualquer subtração em estabelecimento comercial que tenha sido monitorada pelo corpo de segurança ou pelo sistema de vigilância, sendo imprescindível para se chegar a essa conclusão a análise individualizada das circunstâncias de cada caso concreto.[10]

---

9. STJ, AgRg no HC nº 582107/RJ, rel. Min. Sebastião Reis Júnior, 6ª T., j. 18-8-2020.
10. STF, HC nº 137290/MG, rel. Min. Ricardo Lewandowski, 2ª T., j. 7-2-2017.

Em síntese, a existência de sistema de segurança ou de vigilância eletrônica não torna impossível, por si só, o crime de furto cometido no interior de estabelecimento comercial, devendo ser analisado o caso concreto para se verificar a mínima possibilidade ou não da consumação do delito.

12.7 CRIME IMPOSSÍVEL X CRIME PUTATIVO

Crime putativo, imaginário ou erroneamente suposto, é aquele que existe apenas na mente do agente, não existe no mundo fático ou jurídico. O agente desenvolve uma conduta supondo estar praticando um delito, que, na verdade, não existe, é imaginário, uma vez que não se enquadra em qualquer tipo penal.

Tanto no crime impossível quanto no crime putativo não haverá conduta passível de punição.

No crime impossível, o agente pretende praticar um delito, mas, por ineficácia absoluta do meio ou impropriedade absoluta do objeto, será impossível alcançar a consumação. O erro, pois, está na idoneidade do meio empregado ou do objeto material sobre o qual recai sua conduta. Supôs ser idôneo, quando, na verdade, o meio era absolutamente ineficaz ou o objeto era absolutamente impróprio para consumação.

No crime putativo, o agente desenvolve uma conduta pretendendo praticar um delito, mas que, na verdade, constitui um indiferente penal. O erro recai sobre a presença de elementos do tipo (crime putativo por erro de tipo), ou sobre ilicitude da conduta (crime putativo por erro de proibição), ou, ainda, por ter sido o agente provocado a dar início à execução do delito, ao mesmo tempo em que providências foram adotadas para impedir a consumação (crime putativo por obra do agente provocador).

Para melhor visualização do tema, convém destacar três espécies de crime putativo: a) crime putativo por erro de tipo; b) crime putativo por erro de proibição; c) crime putativo por obra do agente provocador.

12.7.1 Crime putativo por erro de tipo

Trata-se de crime imaginário, que existe apenas na mente do autor, que acredita, firmemente, estar praticando um delito, mas que, na verdade, constitui um indiferente penal, pois ausente algum elemento do tipo. Ou seja, o agente supõe estar praticando um crime, mas o fato é atípico, porque sua conduta não se enquadra no tipo penal incriminador.

> Exemplo: Sinfrônio, maior, capaz, motorista de caminhão, transportava uma carga de sacos contendo substância branca, supondo ser cocaína, quando, na verdade, tratava-se de carga de farinha. Note-se que Sinfrônio supõe estar praticando o crime de tráfico de drogas (Lei nº 11.343/2006, art. 33), quando, na verdade, trata-se de um indiferente penal, por ausência de um elemento do crime, qual seja, transportar droga.
>
> Outro exemplo: Imaginemos que Sinfrônio tenha praticado conjunção carnal consentida com Marilda, supondo firmemente ser ela menor de 14 anos de idade, quando, na verdade, a menina tinha 17 anos de idade. Sinfrônio desejava ter conjunção carnal com menor de 14 anos de idade, mesmo sabendo que estaria incorrendo no crime de estupro de vulnerável (CP, art. 217-A). Todavia, sua conduta constitui indiferente penal, uma vez que Marilda era maior de 14 anos de idade, e a conjunção carnal foi consentida.

12.7.2 Crime putativo por erro de proibição

O erro do agente recai sobre a ilicitude do fato. No caso, o agente supõe estar praticando uma conduta prevista na lei como crime, quando, na verdade, trata-se de um indiferente penal.

> Exemplo: Sinfrônio, maior, capaz, motorista de caminhão, conheceu Marilda numa casa de prostituição, e com ela manteve conjunção carnal consentida. Ao descobrir que Marilda contava com 15 anos de idade, Sinfrônio empreendeu fuga, pois considerou ter praticado crime de estupro de vulnerável, já que a vítima era menor de idade. Todavia, trata-se de crime putativo por erro de proibição, pois, embora convicto que se tratava de crime, na verdade, trata-se de um indiferente penal, já que não há tipo penal incriminador definindo como crime a prática de conjunção carnal consentida com pessoa de 15 anos de idade.

12.7.3 Crime putativo por obra do agente provocador

Trata-se da hipótese de flagrante provocado ou preparado, também denominado crime de ensaio ou crime de experiência.

O flagrante provocado se caracteriza quando alguém, que pode ser policial ou particular, induzir, instigar, estimular, convencer, de forma insidiosa, uma pessoa a praticar uma conduta delituosa, e, ao mesmo tempo, prepara medidas para impedir a consumação do delito, como, por exemplo, a prisão em flagrante do agente.

Em outras palavras, ocorre quando um terceiro provoca o agente à prática do delito e, ao mesmo tempo, age para impedir o resultado.

Trata-se de hipótese de crime impossível pela ineficácia absoluta do meio empregado, provocada pela reunião de circunstâncias previamente preparadas, que tornam absolutamente impossível ao agente atingir a consumação do delito.

Evidente que o elemento subjetivo está presente, mas, do ponto de vista objetivo, não há risco de violação do bem jurídico, por conta da preparação engendrada para tornar impossível a consumação.

O STF, por meio da Súmula nº 145, considera que não há crime quando a preparação do flagrante torna impossível a consumação. Embora a súmula faça referência à preparação pela polícia, entende-se possível a provocação também por iniciativa de um particular.

Conforme se extrai do teor da Súmula nº 145 do STF, para caracterizar o flagrante provocado devem estar presentes duas situações: a) preparação/provocação (induzimento, por exemplo); b) não consumação do delito.

Ou seja, para se verificar a ilegalidade da prisão em flagrante, o policial (ou particular) deve provocar o agente a dar início à consumação do delito, e, ainda, adotar todas as providências para que o delito não alcance a consumação, montando, assim, um cenário que torne impossível a concretização do delito.

Imaginemos, por exemplo, o caso do dono de um estabelecimento comercial, que, desconfiado da honestidade de um de seus funcionários, manda-o selecionar determinado produto, deixando-o sozinho num cômodo, ao mesmo tempo que coloca seguranças de atalaia, que o surpreendem no ato de furtar. Trata-se de flagrante provocado, ou crime putativo por obra do agente provocador.

Sinala-se, por pertinente, que, mesmo com todo aparato preparado, o resultado ocorrer, não haverá crime impossível, devendo ser imputado ao agente a prática delituosa. Com efeito, na lição de Renato Brasileiro "mesmo que o agente tenha sido induzido à prática do delito, porém operando-se a consumação do ilícito, haverá crime e a prisão será considerada legal".[11]

O flagrante provocado não se confunde com o flagrante esperado.

Enquanto no flagrante provocado, o agente é induzido a dar início à execução de um delito, sendo, ao mesmo tempo, preparado aparato para impedir sua consumação, no flagrante esperado não há a figura do agente provocador. A prática do delito se dá por iniciativa do próprio agente criminoso. A polícia, tomando conhecimento previamente que o delito irá ser praticado, coloca-se em situação de espera e alerta, aguardando o momento do início da execução do delito para realizar a prisão do agente. No flagrante esperado, portanto, não há crime impossível, constituindo-se modalidade de prisão legal.[12]

No contexto de tráfico de drogas, deve-se verificar o caso concreto.

Imaginemos a hipótese de um policial se disfarçar de usuário de drogas. Esse policial se aproxima do suspeito e solicita determinada quantia de drogas, que lhe é entregue pelo suspeito. Em relação ao verbo "vender" não há dúvidas de que se trata de flagrante provocado. Todavia, o art. 33 da Lei de Drogas (Lei nº 11.343/2006) prevê 18 condutas. No caso, embora seja flagrante provocado em relação à conduta vender, a prisão será legal em relação às condutas, por exemplo, "trazer consigo", "guardar", "ter em depósito", uma vez que em relação às demais condutas (trazer consigo, guardar etc.), o suspeito não foi provocado ou influenciado a praticar. Ou seja, quando o policial disfarçado se aproximou, o agente já trazia consigo a droga, sendo, em razão disso, possível sua prisão em relação a essa conduta de trazer consigo.[13]

Agora, se o policial induz o suspeito a fornecer-lhe a droga que não possuía nem trazia consigo, conseguindo a substância somente após a insistente provocação do policial, pode-se cogitar da hipótese de flagrante provocado, sendo, portanto, ilegal eventual prisão.

Para acesso ao vídeo, utilize o QR Code ao lado.

11. LIMA, Renato Brasileiro de. *Manual de processo penal*. 8. ed. Salvador: Juspodivm, 2020. p. 1035.
12. STJ, AgRg no AgREsp nº 1301191/SP, rel. Min. Ribeiro Dantas, 5ª T., j. 19-3-2019.
13. STJ, AgRg no HC nº 565902/SP, rel. Min. Felix Fischer, 5ª T., j. 27-5-2020.

13

ERRO DE TIPO

13.1 CONCEITO

A redação original do Código Penal de 1940, especificamente no art. 17, *caput*, tratava do erro de fato, o que restringia o alcance do erro aos elementos objetivos do tipo penal.

Com a reforma do Código Penal pela Lei nº 7.209/1984, o erro de fato cedeu espaço para o erro de tipo, tornando o alcance mais abrangente, pois, além dos elementos objetivos do tipo, o erro também passou a abarcar os elementos subjetivos e normativos descritos no tipo penal.

Assim, nos termos da atual redação do art. 20, *caput*, do CP, o erro de tipo consiste no erro sobre o elemento constitutivo do tipo penal, abarcando os elementos objetivos, subjetivos ou normativos.

Antes de mais nada, afigura-se importante compreender o que significa a expressão "elemento constitutivo do tipo penal". A figura típica (ou tipo legal) é composta de elementos específicos ou elementares. Cada expressão que compõe uma figura típica é um elemento que constitui o modelo legal de conduta proibida. Esses elementos, como dito, podem ser objetivos, subjetivos ou normativos.

Os *elementos objetivos ou descritivos do tipo* guardam relação com o aspecto material do fato. São os que se referem à materialidade da infração penal, bem como ao seu aspecto de tempo, local, modo de execução etc. Esses elementos não estão vinculados ao sujeito ou ao estado anímico e à vontade do agente. São elementos relacionados ao fato delituoso e não ao agente criminoso.

No crime de homicídio (CP, art. 121), por exemplo, o elemento objetivo se revela na expressão "alguém". Nos crimes de invasão de domicílio (CP, art. 150, § 1º) e furto praticado durante repouso noturno (CP, art. 155, § 1º), o tipo faz referência ao tempo de execução do crime ("noite" e "repouso noturno", respectivamente).

Os *elementos subjetivos do tipo* são os relacionados à especial finalidade e intenções decorrentes da conduta do agente.

Em determinados tipos penais, o legislador destaca uma parte do dolo e a insere expressamente no tipo penal. Esse elemento subjetivo do tipo constitui a finalidade específica da conduta desenvolvida pelo agente. Nesses casos, quando o tipo penal prever elemento subjetivo específico, além do dolo em realizar a conduta descrita no verbo nuclear, o agente deve ainda buscar atingir a finalidade específica descrita expressamente no tipo penal.

No crime de furto (CP, art. 155), por exemplo, o tipo penal prevê uma finalidade especial como um de seus elementos, representada pela expressão "para si ou para outrem".

Elementos normativos do tipo são aqueles que reclamam um juízo de valor do intérprete para sua exata compreensão relacionados à ilicitude, como, por exemplo, os elementos "indevidamente", "sem justa causa", "sem as formalidades legais", ou relacionados a conceitos extrajurídicos, envolvendo aspecto social, cultural, histórico, religioso, político etc.

Para que alguém seja responsabilizado criminalmente, afigura-se necessário que tenha desenvolvido conduta com consciência acerca da presença dos elementos do tipo. Não se exige, evidentemente, que o agente conheça pormenorizadamente o teor do tipo penal, mas que, na situação de fato, desenvolva uma conduta com consciência e vontade em relação à realidade que o cerca.

Para, por exemplo, que o agente seja responsabilizado pelo crime de homicídio, é necessário que ele tenha desenvolvido conduta consciente de que estava matando alguém. Para que o agente seja responsabilizado pelo crime de furto, é necessário que ele tenha desenvolvido conduta consciente de que estava subtraindo coisa alheia móvel. Note-se que não se exige o conhecimento do teor do tipo penal, mas que, na situação de fato, o agente esteja consciente em relação ao contexto fático que o cerca.

Se o agente desenvolve conduta sem consciência em relação à realidade a que está inserido, adotando compreensão equivocada da situação de fato, pode-se cogitar da hipótese de erro de tipo.

Agora fica mais clara a compreensão de que o erro de tipo é aquele que recai sobre um dos elementos constitutivos do tipo penal. Há uma falsa percepção da realidade que cerca o agente. O agente desenvolve uma conduta sem saber que está praticando um fato típico. Não sabe, em função do erro, que está praticando uma conduta típica.

Em outras palavras, o agente, diante do erro, desenvolve conduta sem a plena consciência da presença de um elemento do tipo penal. Se, diante da situação de fato, tivesse atingido essa consciência, não incorreria em erro, e, portanto, não teria praticado a conduta.

> Exemplo: Durante uma caçada, o agente percebe que há movimentação atrás de arbustos. Supondo ser um animal, atira em direção ao alvo, e, quando vai se certificar do produto da caça, verifica que, na realidade, atingiu uma pessoa, que estava escondida atrás dos arbustos. O contexto fático, na percepção do caçador, era a de que estava atirando contra um animal. Todavia, trata-se de uma falsa percepção da realidade, já que acabou atingindo uma pessoa. O agente errou sobre o elemento constitutivo "alguém". Desenvolveu uma conduta sem saber que estava praticando um fato típico, ou seja, sem saber que estava incorrendo no tipo penal que descreve o crime de homicídio.

> Outro exemplo: Imaginemos a conduta de uma pessoa que se apossa do aparelho celular que estava sobre a mesa do escritório, supondo ser seu, quando, na realidade, era do colega de trabalho. A realidade do agente era a de que estava se apossando do seu aparelho celular. Todavia, trata-se de uma falsa percepção

da realidade, pois se apossou do aparelho celular que pertence a outra pessoa. O agente não sabia que estava praticando uma conduta típica, pois errou sobre o elemento constitutivo "coisa alheia móvel" do tipo penal que define o crime de furto (CP, art. 155).

Dessarte, no erro de tipo, o agente desenvolve conduta sem consciência e vontade em relação a todos os elementos que integram o tipo penal. Há desconformidade entre a realidade e a representação do sujeito que, se a conhecesse, não realizaria a conduta. Se o agente soubesse que era uma pessoa atrás dos arbustos, não teria efetuado o disparo; se o agente tivesse consciência que pertencia a outra pessoa, não teria se apossado do aparelho celular do colega.

O erro de tipo também pode recair sobre uma circunstância qualificadora.

> Exemplo: Agente é acusado da prática do crime de lesão corporal seguida de aborto (CP, art. 129, § 2º, V), ficando demonstrado que desconhecia o estado de gravidez da vítima, porque estava recém no início da gestação e não havia ainda volume aparente da barriga. Nesse caso, afastada estará a incidência da qualificadora, subsistindo o tipo fundamental doloso, qual seja, lesão corporal leve (CP, art. 129), se não incidente outra qualificadora.

O erro de tipo também incide nos crimes omissivos impróprios ou comissivos por omissão, já que o dever de agir é elemento constitutivo do tipo que define a condição de garantidor da inocorrência do resultado (CP, art. 13, § 2º). Imaginemos uma vizinha que se compromete a cuidar do filho da amiga, enquanto ela trabalha. A criança se joga num açude sabidamente raso, e começa a gesticular. A vizinha supondo que a criança estava brincando, nada faz, fica inerte. A criança, na verdade, estava tendo convulsões e morreu afogada. Pode-se considerar, no caso, a hipótese de erro de tipo, pois teve falsa percepção da realidade, porque considerou que não havia necessidade de agir para evitar o resultado.

O erro de tipo pode ser essencial ou acidental.

O *erro de tipo essencial* é aquele que repercute na própria tipificação da conduta do agente, pois, se não tivesse a falsa percepção da realidade, o agente não teria praticado o fato típico, ou, pelo menos, não nas circunstâncias que envolveram o contexto fático.

O *erro de tipo acidental* recai sobre elementos secundários, irrelevantes, para a caracterização da conduta típica. Não impede o sujeito de compreender o caráter ilícito de seu comportamento. Ainda que não tivesse incorrido em erro, a conduta típica estaria caracterizada.

13.2 ERRO DE TIPO ESSENCIAL

O erro de tipo essencial é aquele que repercute na própria tipificação da conduta do agente, recaindo sobre as elementares e circunstâncias do tipo penal.

O erro de tipo essencial pode ser invencível ou vencível.

13.2.1 Invencível, inevitável, escusável

O erro de tipo invencível, inevitável ou escusável é aquele em que qualquer pessoa, nas mesmas circunstâncias, incorreria. É um erro escusável, que não seria evitado ainda que se tratasse de pessoa cautelosa e prudente.

> Exemplo: Tomemos como exemplo a conduta de um estudante que deixou seu aparelho celular carregando na tomada da sala de aula, saindo para comprar café

na cantina da escola. Quando retorna, retira o aparelho celular da tomada, que, na verdade, não era o que havia deixado para carregar, mas outro idêntico, que pertencia à sua colega, que havia retirado o celular do agente da tomada e colocou o seu no lugar. Nesse caso, há evidente erro de tipo, pois o estudante, por conta da falsa percepção da realidade (supõe ser seu o celular, já que idêntico), errou em relação ao elemento "alheio" do tipo que define o crime de furto. E trata-se de erro de tipo invencível, porque qualquer pessoa, nas circunstâncias, consideraria que era o seu aparelho celular que havia deixado carregando na tomada da sala de aula.

Outro exemplo: Agente que se embrenha em mata fechada, distante de qualquer centro urbano, com rara circulação de pessoas. Em dado momento, visualiza algo se movimentando atrás da intensa vegetação. Supondo ser um animal, efetua um disparo. Ao verificar o produto da caça, constata, para sua surpresa, que não matou um animal, mas uma pessoa, que, por infeliz coincidência, também caçava no local. Trata-se de erro de tipo, pois o caçador, por conta da falsa percepção da realidade (supôs ser um animal), errou em relação ao elemento "alguém" do tipo que define o crime de homicídio. E, trata-se de erro de tipo invencível, porque qualquer pessoa, nas circunstâncias, consideraria que a movimentação atrás da vegetação seria a de um animal, não sendo possível supor, nem mesmo para uma pessoa mais cautelosa e diligente, que, na verdade, tratava-se de uma pessoa.

Da mesma forma, imaginemos um rapaz, imputável, que conhece uma menina no interior de uma boate onde era vedada a entrada de pessoas menores de 18 anos. Os dois, após algumas trocas de carícias, resolvem se dirigir a um motel e ali, de forma consentida, o jovem mantém relações sexuais com a menina. Após, o rapaz descobre que a moça, na verdade, tinha apenas 13 anos e que somente conseguira entrar na casa noturna mediante apresentação de carteira de identidade falsa. Trata-se de erro de tipo invencível ou inevitável, pois qualquer pessoa nas circunstâncias também consideraria que a menina não era menor de 14 anos de idade.[1]

O erro de tipo essencial invencível exclui o dolo e a culpa. Há exclusão do dolo, porque desenvolveu a conduta sem consciência e vontade na produção do resultado; há exclusão da culpa, diante da ausência de previsibilidade objetiva.

13.2.2 Vencível, evitável ou inescusável

É aquele erro em que uma pessoa mais cautelosa e prudente, nas mesmas circunstâncias, não incorreria. É um erro evitável, indesculpável ou inescusável, que uma pessoa, observando o dever de cuidado objetivo, teria evitado.

Considerando o exemplo anterior, imaginemos que outro estudante, menos cauteloso, tivesse deixado seu celular carregando na tomada da sala de aula, saindo, após, para comprar café na cantina da escola. Quando retorna, retira um celular da tomada, que, na verdade, não era o seu aparelho, mas de sua colega, que havia colocado para carregar em substituição ao do estudante. Todavia, não obstante e troca dos aparelhos, o celular da colega, embora parecido, era de outro modelo e marca, diferença que uma pessoa mais prudente

1. Convém ressaltar que, conforme posição adotada pelo STJ, o reconhecimento do erro de tipo nesses casos exige prova robusta de que efetivamente o agente não tinha conhecimento da idade da vítima, sob pena de a responsabilidade penal do agente ser definida a partir de uma avaliação subjetiva do agente sobre o corpo da vítima (AgRg no REsp nº 1847890/MG, rel. Min. Rogério Schietti Cruz, 6ª T., j. 28-4-2020).

teria percebido. Nesse caso, há evidente erro de tipo, pois o estudante, por conta da falsa percepção da realidade (supõe ser seu o celular), errou em relação ao elemento "alheio" do tipo que define o crime de furto. No entanto, nesse caso, trata-se erro de tipo vencível, plenamente evitável porque uma pessoa mais diligente teria, nas circunstâncias, percebido que não era seu o aparelho celular que se apossou.

Suponha-se, ainda, que o agente resolve caçar em mata próxima à zona urbana, comumente frequentada por outras pessoas, e, ao avistar algo se movimentando atrás da vegetação, supondo ser uma animal, efetua um disparo de arma de fogo. Todavia, na verdade, não se tratava de um animal, mas de uma pessoa que também estava caçando no local. Trata-se de erro de tipo, pois o caçador, por conta da falsa percepção da realidade (supôs ser um animal), errou em relação ao elemento "alguém" do tipo que define o crime de homicídio. E, nesse caso, trata-se de erro de tipo vencível, porque, nas circunstâncias, uma pessoa mais prudente adotaria as cautelas necessárias para se certificar que a movimentação atrás da vegetação seria a de um animal, e não de uma pessoa.[2]

O erro de tipo essencial vencível exclui o dolo, mas não a culpa, desde que previsto em lei o crime culposo.

13.2.3 Critério para distinção entre erro de tipo invencível e erro de tipo vencível

Estabelecer a diferença entre erro de tipo invencível e erro de tipo vencível nem sempre constitui tarefa simples.

O critério do "homem médio", segundo o qual se deve adotar como parâmetro a figura de uma pessoa prudente, que, nas circunstâncias do caso concreto, adotaria postura cuidadosa, recomendada no âmbito do convívio social, nem sempre se revela satisfatória.

Há situações em que o grau de instrução, idade do agente, momento e local do crime repercutem de forma decisiva para a verificação da espécie de erro.

Imaginemos, por exemplo, uma bondosa senhora, já com idade avançada, que anuncia para uma vizinha de longa data que irá viajar para a capital de um determinado Estado da Federação. O filho da vizinha, que a senhora viu nascer e crescer, escuta a conversa e pede a ela que leve um presente a um amigo, que estaria de aniversário, residente na cidade que irá visitar. A bondosa senhora, sem qualquer motivo para desconfiar das intenções do filho da vizinha, compromete-se a levar o embrulho, que, na verdade, continha cocaína.

Note que, no caso, o critério do "homem médio" seria insuficiente para medir a intensidade do erro, uma vez que ignora as características do caso concreto: senhora bondosa; amiga de longa da data da vizinha; conhecer o agente que lhe entregou o pacote desde quando ele era bebê; nunca teve qualquer motivo para desconfiar o teor do pacote. Todos esses elementos reunidos, permitem, em tese, considerar a hipótese de que, nas circunstâncias, o erro que a bondosa senhora incorreu seria inevitável.

Agora, se outra pessoa, não tão próxima do filho da vizinha, aceitasse levar o pacote supondo ser um presente, quando, na verdade, continha cocaína, pode-se cogitar de erro de tipo evitável, pois, nas circunstâncias, considerando-se as características do caso concreto, exigia-se do agente um pouco mais de cautela.

---

2. Situação comumente apontada pela doutrina como exemplo de erro de tipo aconteceu em agosto de 2020 no interior de Minas Gerais, em que um caçador foi morto por amigo ao ser confundido com javali (https://g1.globo.com/mg/sul-de-minas/noticia/2020/08/03).

Em síntese, a distinção entre erro de tipo invencível e o erro de tipo vencível deve ser verificada diante das circunstâncias do caso concreto, considerando, por exemplo, o grau de instrução do agente, momento, local do fato, dentre outros fatores que envolvem o contexto fático.

13.2.4 Efeitos do erro de tipo essencial

Nos termos do art. 20, *caput*, do CP, o erro de tipo, seja invencível ou vencível, *sempre exclui o dolo*, mas permite a punição por crime culposo, se previsto em lei.

Tratando-se de *erro de tipo invencível, inevitável ou escusável*, haverá a *exclusão do dolo e da culpa, sendo o fato atípico*. Isso porque, segundo a teoria finalista da ação, o dolo e a culpa integram a conduta, elemento do fato típico. Ausente dolo e culpa, não há conduta punível, e, por conseguinte, não haverá fato típico.

Logo, nos exemplos relacionados ao erro de tipo invencível, o estudante, o caçador e o rapaz que conheceu a menina numa boate onde era vedado acesso a menores de 18 anos, não seriam responsabilizados criminalmente, diante da ausência de dolo e culpa, sendo atípicos os fatos por eles praticados.

Com efeito, conforme decidiu o STJ:

> O erro de tipo pode ser conceituado como a falsa representação da realidade, o que afasta o dolo, não havendo crime. Nessa linha, a jurisprudência desta Corte Superior de Justiça firmou-se no sentido de que o desconhecimento da idade da vítima pode circunstancialmente excluir o dolo do acusado quanto à condição de vulnerável, mediante a ocorrência do chamado erro de tipo (art. 20 do CP).[3]

O *erro vencível, evitável ou inescusável* exclui o dolo, mas não a culpa. Se o erro poderia ter sido evitado com emprego de diligência mínima, pode-se responsabilizar o agente pelo crime culposo, desde que previsto em lei nessa modalidade.

Assim, se o fato for punido na modalidade culposa, o agente responderá por crime culposo. Quando o tipo, entretanto, não admitir essa modalidade, a consequência será inexoravelmente a exclusão do crime, já que configurará fato atípico.

No exemplo do caçador que praticava a caça em mata próxima à zona urbana, onde havia circulação de pessoas, o agente responderá pelo crime de homicídio culposo, já que se trata de erro de tipo vencível, que poderia ter sido evitado, se tivesse empregado um pouco mais de cautela. Isso porque o crime de homicídio prevê a modalidade culposa (CP, art. 121, § 3º).

Se não existir previsão do delito na modalidade culposa, o fato praticado mediante erro evitável será atípico. Assim, considerando o exemplo do jovem estudante que não empregou a necessária diligência para identificar se o aparelho celular que se apossou era seu ou não, restará afastado o dolo, permanecendo, no entanto, a possibilidade de responsabilização pelo crime na modalidade culposa, já que se trata de erro de tipo vencível. Todavia, como não existe furto na modalidade culposa, haverá exclusão do crime, já que o fato é atípico.

É possível, em situações excepcionais, o erro de tipo gerar o efeito de desclassificação do crime, em vez de excluir a tipicidade da conduta do agente. É o caso de um cidadão que profere ofensas contra uma pessoa, sem ter o conhecimento de que se tratava de funcionário

3. STJ, AgRg no REsp nº 1693341/RO, rel. Min. Reynaldo Soares da Fonseca, 5ª T., j. 27-8-2019.

público. Se acusado do crime de desacato (CP, art. 331), pode-se cogitar, por conta do erro sobre o elemento do tipo (consistente na condição de funcionário público do ofendido), a desclassificação para o crime de injúria (CP, art. 140).

13.3 ERRO DE TIPO ACIDENTAL

É o erro que incide sobre dados acidentais do delito, sobre circunstâncias (qualificadoras, agravantes e causas de aumento de pena) e elementos irrelevantes da conduta típica. Não recai, portanto, sobre elementos essenciais do delito. Logo, no erro de tipo acidental não há exclusão do dolo ou culpa do agente.

No erro de tipo acidental, o agente tem consciência do caráter criminoso da sua conduta, mas, por erro meramente secundário, o resultado produzido não sai exatamente conforme o desejado.

Em outras palavras, há um crime, embora com resultado não exatamente conforme o desejado, por conta de um erro acidental. Por isso, o erro de tipo acidental não afasta a responsabilização penal do agente.

São casos de erro acidental: a) erro sobre o objeto; b) erro sobre pessoa; c) erro na execução (*aberratio ictus*); d) resultado diverso do pretendido (*aberratio criminis*); e) erro sobre o nexo causal.

13.3.1 Erro sobre o objeto

No erro sobre o objeto, o agente supõe que sua conduta recai sobre determinada coisa, sendo que, na realidade, incide sobre objeto diverso.

É o caso do sujeito desejar subtrair joia preciosa, mas se apossar de objeto com valor reduzido, pois banhado a ouro. O erro é irrelevante, sendo meramente acidental, não influenciando na tipicidade da conduta do agente, pois subtraiu conscientemente coisa alheia móvel, errando, no entanto, quanto ao objeto.

Todavia, como bem advertiu Cléber Masson:

> A análise do caso concreto, entretanto, pode autorizar a incidência do princípio da insignificância, excluindo a tipicidade do fato, quando todos os seus requisitos objetivos e subjetivos estiverem presentes. É o que se dá, a título ilustrativo, na hipótese em que o agente, primário e sem antecedentes criminais, subtrai de uma grande joalheria uma imitação de um relógio de alto valor, porém avaliada em somente R$ 10,00.[4-5]

Convém sinalar, por pertinente, que se recair sobre objeto descrito como elementar do tipo penal, o erro será essencial. Assim, se o agente transporta cocaína, supondo ser farinha, trata-se de erro de tipo essencial, pois recai sobre a elementar "droga" do tipo penal que define o crime de tráfico de drogas (Lei nº 11.343/2006, art. 33).

---

4. MASSON, Cleber. *Direito penal* – parte geral (arts. 1º a 120). 14. ed. Rio de Janeiro: Forense; São Paulo: Método, 2020. v. 1, p. 278.
5. Na prova para Delegado de Polícia do Pará, realizada em 2012, a banca examinadora considerou como correta a afirmação de que o agente que furta uma bijuteria, acreditando ser um diamante, responderá pelo delito, não havendo o reconhecimento do princípio da insignificância.

13.3.2 Erro sobre pessoa

13.3.2.1 Conceito

O erro sobre pessoa, previsto no art. 20, § 3º, do CP, incide quando o agente desenvolve conduta voltada a atingir a pessoa pretendida, mas, confundindo-se em relação à sua identidade, atinge pessoa diversa.

Há um erro na representação mental do agente, que visualiza uma pessoa, supõe ser a vítima pretendida, mas, por erro na identidade, acaba atingindo pessoa inocente.

Trata-se de erro meramente acidental, uma vez que não há equívoco quanto à ilicitude da conduta, nem tampouco quanto a algum elemento constitutivo do tipo. O agente desenvolve a conduta com vontade e consciência de integralizar os elementos constitutivos do tipo, errando, contudo, quanto à pessoa que deveria ser atingida.

No erro quanto à pessoa, a vítima pretendida não corre risco de ser atingida, porque, em tese, não estava no local no momento dos fatos. Há um erro de representação, pois o agente se equivoca quanto à pessoa da vítima.

> Exemplo: Vinícius pretendia matar Dudu, camisa 10 e melhor jogador de futebol do time Energia, seu adversário no campeonato do bairro. No dia de um jogo do Energia, Vinicius vê, de costas, um jogador com a camisa 10 do time rival. Acreditando ser Dudu, efetua diversos disparos de arma de fogo, mas, na verdade, aquele que vestia a camisa 10 era Ricardo, adolescente que substituiria Dudu naquele jogo. Em virtude dos disparos, Ricardo faleceu. Note-se que Vinicius pretendia matar Dudu, mas, por erro na identificação, acabou matando Ricardo. Trata-se, pois, de erro sobre a pessoa.

O erro quanto à pessoa é considerado tão secundário que o próprio legislador cuidou de assentar que, embora tenha atingido pessoa diversa (vítima efetiva), o agente responderá como se tivesse atingido a pessoa pretendida (vítima virtual).

13.3.2.2 Consequência

Conforme se extrai do art. 20, § 3º, do CP, no contexto de erro quanto à pessoa, o agente não será isento de pena, respondendo pelo delito considerando-se as condições ou qualidades da *vítima pretendida.*

Incide, no caso, a teoria da equivalência do bem jurídico atingido, em que o agente responderá pelo crime praticado, porém, no momento da aplicação da pena, serão consideradas as condições da vítima virtual ou pretendida.

Consideremos, por exemplo, a hipótese do filho desalmado, que, pretendendo matar seu pai, que contava com 55 anos de idade, realiza disparos de arma de fogo contra o homem que estava na varanda da residência do genitor, causando a morte deste. O filho desalmado, então, deixa o local satisfeito, por acreditar ter concluído seu intento delitivo, mas vem a descobrir que matara um amigo de seu pai, que contava com 65 anos de idade, que, de costas, era com ele parecido.

Nesse caso, nos termos do art. 20, § 3º, do CP, consideram-se as condições e qualidades da vítima pretendida. Logo, o filho desalmado responderá pelo crime de homicídio, com a incidência da agravante de ter praticado crime contra ascendente, prevista no art. 61, II, *e*, 1ª parte, do CP. Despreza-se, pois, as condições e características da pessoa atingida, ou seja, o agente não responderá pelo crime de homicídio doloso, com a causa de aumento de pena em razão da idade da vítima efetivamente atingida.

De outro lado, consideremos que Wilson, pretendendo matar Tobias, de 70 anos de idade, amigo do seu pai, realiza disparos de arma de fogo contra o homem que estava na varanda da sua residência, causando a morte deste. Wilson, então, deixa o local satisfeito, por acreditar ter concluído seu intento delitivo, mas, logo depois, descobre que, na verdade, matara o seu próprio pai, que estava visitando o amigo, e, de costas, era com ele parecido. Nesse caso, o agente não responderá pelo crime de homicídio doloso, com a agravante por ter praticado crime contra o próprio pai, pois devem ser consideradas as condições e qualidades da vítima pretendida. E, como a vítima pretendida era Tobias, senhor de 70 anos de idade, Wilson responderá pelo crime de homicídio, com a causa de aumento de pena em razão da idade da vítima (CP, art. 121, § 4º, 2ª parte).

Consideremos a hipótese da mãe que, sob o efeito do estado puerperal, logo após o parto, durante a madrugada, vai até o berçário de um hospital e, supondo ser o seu filho recém-nascido, sufoca um bebê até a morte. Após, verifica-se que, na verdade, a criança morta não era o seu filho, que se encontrava no berçário ao lado, mas um bebê diverso, tendo ela se equivocado, portanto, quanto à vítima desejada. Nesse caso, como desejava, sob influência do estado puerperal, matar o seu filho recém-nascido, despreza-se as condições e qualidades do bebê efetivamente morto, devendo ser consideradas às do próprio filho. Assim, a mãe deverá responder pelo crime de infanticídio (CP, art. 123), pois, embora tenha atingido bebê diverso, a responsabilização penal deve ser como se tivesse matado a vítima pretendida, ou seja, seu filho.

13.3.3 Erro na execução (*aberratio ictus*)

13.3.3.1 Conceito

O erro na execução, ou *aberratio ictus*, previsto no art. 73 do CP, significa aberração no ataque ou desvio do golpe.

Ocorre erro na execução quando o agente pretende atingir uma pessoa, mas, por acidente ou erro no uso dos meios de execução, acaba atingindo pessoa diversa. A relação é de pessoa x pessoa e não crime x crime.

O agente não erra quanto à identidade da pessoa, mas quanto aos meios no uso dos meios de execução do delito. Com efeito, visualiza como certa a vítima pretendida, mas, por erro no uso dos meios de execução ou por acidente, acaba atingindo pessoa diversa.

A *aberratio ictus* pode ocorrer quando, *por acidente*, o agente, em vez de atingir a pessoa pretendida, atinge pessoa diversa. Suponhamos, nesse caso, que Wilson pretende matar José, deixando na sua mesa de trabalho uma xícara de café contendo veneno. Todavia, quem toma o café é Maria, que acaba falecendo. O agente pretendia matar José, mas, por acidente, matou Maria.

A *aberratio ictus* também pode ocorrer quando, *por erro no uso dos meios de execução*, o agente, em vez de atingir a pessoa pretendida, atinge pessoa diversa.

> Exemplo: Agente pretendendo matar José, visualiza a vítima, tendo-a como certa, faz a mira e efetua o disparo, mas erra o alvo pretendido, atingindo Maria, pessoa diversa da pretendida que se encontrava próxima ao local.

13.3.3.2 Espécies

Há duas espécies de *aberratio ictus*: a) *aberratio ictus* com unidade simples; b) *aberratio ictus* com resultado duplo.

a) *Aberratio ictus* com unidade simples ou com resultado único

Ocorre a *aberratio ictus* com resultado único, quando, em face de erro na execução, somente a pessoa diversa da pretendida é atingida, resultando lesão corporal ou morte. A vítima pretendida não sofre qualquer tipo de lesão, apenas a pessoa diversa.

A consequência jurídica da conduta do agente se encontra retratada no art. 73, 1ª parte, do Código Penal, que faz expressa remissão ao art. 20, § 3º, do CP. Ou seja, na hipótese de erro na execução, deve-se observar o disposto no art. 20, § 3º, do CP, segundo o qual, embora tenha atingido pessoa diversa, o agente deve receber tratamento penal considerando as condições ou qualidades da pessoa pretendida (vítima virtual), desprezando-se as condições pessoais da vítima efetivamente atingida.

> Exemplo: Agente efetua disparos em direção à vítima pretendida (vítima virtual), mas, por erro na pontaria, acaba atingindo somente a pessoa diversa, vindo a matá-la. Nesse caso, responderá pelo delito de homicídio doloso, como se tivesse causado a morte da pessoa pretendida.

É também o caso do agente que, pretendendo matar o seu pai, efetua disparo de arma de fogo, mas, por erro na pontaria, acaba atingindo pessoa diversa, que se encontrava próximo ao seu genitor. Nesse caso, teríamos, em tese, tentativa de homicídio em relação ao pai, e homicídio culposo em relação à pessoa diversa.

Todavia, como se trata de resultado único, não é possível imputar a prática de dois crimes. Por isso, nos termos do art. 20, § 3º, do CP, deve-se considerar as condições ou qualidades da vítima pretendida. Assim, no caso, embora tenha atingido pessoa diversa, o agente responde como se tivesse atingido a pessoa pretendida, ou seja, como se tivesse matado o próprio pai. Logo, responderá somente pelo crime de homicídio doloso consumado, com a incidência da agravante de ter praticado crime contra ascendente, prevista no art. 61, II, *e*, 1ª figura, do CP.

Consideramos, ainda, a conduta de Wilson, que, após acirrada discussão com Pedro num evento comemorativo, efetuou disparo de arma de fogo contra a vítima pretendida. Contudo o projétil não atingiu Pedro e sim Maria, criança que estava correndo pelo salão da festa, matando-a. Nesse caso, Wilson deverá responder pelo crime de homicídio doloso consumado, sem a agravante de ter praticado crime contra criança. Isso porque devem ser consideradas as condições e qualidades da vítima pretendida (Pedro) e não da pessoa efetivamente atingida (a criança Maria).

Imaginemos, por exemplo, que Wilson, pretendendo matar a sua esposa, efetua disparos de arma de fogo em sua direção, mas, por erro na pontaria, acaba atingindo Pedro, que reside na casa em frente a do casal, causando-lhe a morte. Nesse caso, Wilson deverá responder pelo crime de homicídio doloso consumado, com a qualificadora do feminicídio (CP, art. 121, § 2º, VI), uma vez que, embora tenha acertado Pedro, o tratamento penal deve considerar as condições e qualidades da vítima pretendida (esposa).

Em síntese, no erro na execução o agente não responde pelo crime na modalidade culposa em relação à pessoa efetivamente atingida, mas pelo crime doloso, como se tivesse praticado o crime contra a pessoa pretendida. Assim, conforme decidiu o STJ:

> (...) A norma prevista no art. 73 do CP afasta a possibilidade de se reconhecer a ocorrência de crime culposo quando decorrente de erro na execução na prática de crime doloso. 3. Reconhecido pelo Conselho de Sentença o dolo na conduta do agente que efetua disparo de arma de fogo contra vítima e acaba por acertar terceiro em razão

> de erro na execução (*aberratio ictus*), se mostra contraditória resposta afirmativa no sentido de que a morte do terceiro decorreu de culpa (...).[6]

Os efeitos do erro na execução também incidem para aplicação de causas de diminuição da pena, como, por exemplo, na hipótese de um pai efetuar disparos de arma de fogo contra uma pessoa que horas antes praticou estupro contra a sua filha, mas, diante da sua imperícia no manuseio de arma de fogo, erra o alvo, e atinge uma senhora de 80 anos de idade, que vem a falecer. Nesse caso hipotético, o pai responderá pelo crime de homicídio privilegiado (CP, art. 121, § 1º), sem a causa de aumento de pena por ter atingido pessoa maior de 60 anos de idade, considerando-se as condições e qualidades da pessoa pretendida.

Embora tenham o mesmo efeito, o erro na execução não se confunde com o erro sobre a pessoa.

Na *aberratio ictus (erro na execução)*, a relação é pessoa-pessoa. O agente pretende atingir determinada pessoa, mas, por acidente ou erro no uso dos meios de execução, atinge pessoa diversa. Não há erro na identificação, o agente visualiza como certa a vítima, mas, por acidente ou erro no uso dos meios de execução, atinge pessoa diversa. O agente visualiza a vítima pretendida, Pedro, mas, por erro na pontaria, atinge Maria. A vítima pretendida está no local do fato, correndo risco de ser atingida, o que somente não ocorre pelo erro na execução.

No *erro sobre a pessoa*, não há acidente ou erro no uso dos meios de execução, mas verdadeiro erro na identificação da pessoa pretendida. O agente visualiza um vulto caminhando em rua escura, representa como sendo a vítima que pretende matar, faz a mira e efetua o disparo, atingindo o alvo (não há acidente ou erro no uso dos meios de execução). Ao se aproximar do corpo desfalecido, percebe ter matado pessoa diversa, parecida com a vítima pretendida. Note-se que, ao contrário do erro na execução, no erro quanto à pessoa a vítima não está no local dos fatos, não correndo, portanto, o risco de ser atingida.

b) *Aberratio ictus* com unidade complexa ou com resultado duplo

A *aberratio ictus* com resultado duplo ocorre quando o agente, além de acertar a vítima pretendida, atinge também pessoa diversa.

Nesse caso, com uma única ação, o agente produz mais de um resultado: atinge a pessoa pretendida e também pessoa diversa. Por essa razão, o art. 73, 2ª parte, do CP, faz expressa remissão ao art. 70 do CP, devendo ser aplicada a regra do concurso formal de crimes.

> Exemplo: Pretendendo matar Wilson, o agente efetua um disparo, que, além de acertar Wilson, atinge também Maria, que se encontrava atrás da vítima pretendida. Por conta da potência da arma utilizada, o disparo efetuado causou a morte da pessoa pretendida (Wilson) e também da pessoa diversa (Maria). Em tese, teríamos homicídio doloso em relação à vítima pretendida e homicídio culposo em relação à pessoa diversa.

Nesse caso, nos termos do que dispõe o art. 73, 2ª parte, do CP, deve-se aplicar a regra do art. 70 do CP, segundo o qual, se o agente com uma única ação pratica dois ou mais crimes, deve-se considerar a pena do crime mais grave, aumentando-a de 1/6 até a 1/2, variando o percentual conforme o número de crimes praticados.

6. STJ, HC nº 210696/MS, rel. Min. Joel Ilan Paciornik, 5ª T., j. 19-9-2017.

Nenhum problema surge quando o resultado mais grave atinge a pessoa pretendida, ou, ainda, quando a pessoa pretendida e a diversa são atingidas com igual gravidade. Nesse caso, basta considerar a pena do crime mais grave que atingiu a vítima pretendida e exasperá-la de 1/6 até 1/2.

Assim, se o agente causar a morte da pessoa pretendida e da pessoa diversa, teremos homicídio doloso em relação àquela e homicídio culposo em relação à pessoa diversa. Basta, no caso, considerar a pena do crime de homicídio doloso e aumentar de 1/6 a 1/2.

Se o agente causar a morte da pessoa pretendida e lesão corporal na pessoa diversa, teremos homicídio doloso em relação àquela e lesão corporal culposa em relação à pessoa diversa. Basta, no caso, considerar a pena do crime de homicídio doloso e aumentar de 1/6 a 1/2.

Se o agente atingir a pessoa pretendida, sem, no entanto, causar sua morte e lesionar a pessoa diversa, teremos tentativa de homicídio em relação àquela e lesão corporal culposa em relação à pessoa diversa. Basta, no caso, considerar a pena do crime de tentativa de homicídio e aumentar de 1/6 a 1/2.

A discussão se torna mais acirrada quando o resultado mais grave incidiu sobre a vítima diversa da pretendida.

Imaginemos que o agente tomado pelo desejo de matar o desafeto adentrou a casa da vítima e disparou vários tiros em sua direção, ferindo-a gravemente, atingindo, ainda, o filho do desafeto, com nove anos de idade, por erro de pontaria, matando-o instantaneamente. O desafeto só sobreviveu em razão do pronto e eficaz atendimento médico de urgência. Nesse caso, o agente responderá por duplo homicídio doloso, um consumado e outro tentado, com as penas aplicadas em concurso formal de crimes, sem se levar em conta as condições pessoais da vítima atingida acidentalmente. Explica-se.

A lógica do art. 73 do CP revelaria que a solução seria considerar a pena do crime de homicídio tentado, já que mais grave, e elevá-la de 1/6 a 1/2. Todavia, tal hipótese desafia a lógica.

Se considerarmos a pena de quatro anos em relação ao homicídio tentado, exasperada em um sexto, a pena definitiva ficaria em quatro anos e oito meses. De outro lado, se considerarmos a hipótese de atingir apenas a pessoa diversa, causando-lhe a morte, o agente responderia por crime único de homicídio doloso, como se tivesse matado a pessoa pretendida. E a pena mínima do crime de homicídio doloso é seis anos. Ou seja, com resultado duplo (inclusive com morte de uma pessoa), a pena ficaria em quatro anos e oito meses. Com resultado único, a pena definitiva poderia ficar em seis anos.

Por isso, entendemos mais coerente e compatível com a lógica do art. 73 do CP imputar ao agente a prática do crime de homicídio doloso consumado (em relação à morte da pessoa diversa, considerando-se as qualidades e condições da pessoa pretendida) em concurso formal com o crime de tentativa de homicídio em relação à vítima pretendida.[7]

Nesse caso, considerando a pena do crime mais grave (homicídio consumado), com a exasperação de 1/6 decorrente do concurso formal, a pena definitiva seria mais proporcional

7. No concurso para Juiz Substituto do TJAM, realizado em 2016, a banca CESPE/CEBRASPE, na hipótese em que o agente atingiu a pessoa pretendida, causando-lhe lesões, bem como pessoa diversa, matando-a, considerou como correta a alternativa que considerou configurada a *aberratio ictus*, devendo o agente responder por duplo homicídio doloso, um consumado e outro tentado, com as penas aplicadas em concurso formal de crimes, sem se levar em conta as condições da vítima atingida acidentalmente.

aos resultados provocados pela conduta do agente, já que, na pior das hipóteses, ficaria em sete anos (seis anos, exasperados em 1/6).

Não obstante a orientação doutrinária, convém sinalar que o STJ já decidiu que alvejada, além da pessoa que se visava atingir, vítima diversa, por imprecisão dos atos executórios, deve ser a ela estendido o elemento subjetivo (dolo), aplicando-se a regra do concurso formal, acrescentando que a norma prevista no art. 73 do CP afasta a possibilidade de se reconhecer a ocorrência de crime culposo quando decorrente de erro na execução na prática de crime doloso.[8] Assim, pela lógica do STJ, se o agente, além de atingir a vítima pretendida, atinge também pessoa diversa, matando a primeira e causando lesões na segunda, deverá responder pelo crime de homicídio consumado em concurso formal com o crime de homicídio tentado.

Convém mencionar, por fim, que, se houver dolo eventual em relação à vítima efetiva e dolo direto em relação à vítima visada, não há falar propriamente em erro na execução, incidindo, no caso, inclusive, hipótese de concurso formal imperfeito, aplicando-se o sistema do cúmulo material (soma das penas).

Assim, se o agente efetua disparos em direção à pessoa pretendida, visualizando a possibilidade de também atingir pessoa diversa, assumindo o risco e aceitando o resultado, atingindo-a e causando-lhe a morte, teremos tentativa de homicídio, na modalidade dolo direto em relação à vítima pretendida e homicídio doloso, na modalidade dolo eventual, em relação à vítima diversa, em concurso formal imperfeito, aplicando-se o critério do cúmulo material na fixação da pena.

13.3.3.3 Aberratio ictus x *legítima defesa*

Em que pese constar no art. 73 do CP que o agente responde como se tivesse praticado crime contra a pessoa pretendida, entendemos que essa regra também alcança eventual causa excludente de ilicitude.

Em outras palavras, o tratamento penal a ser conferido ao agente deve sempre considerar as condições ou qualidades da pessoa pretendida, inclusive quando envolve causa justificativa ou tipo penal permissivo.

Assim, se, ao repelir agressão injusta, o agente, por acidente ou erro no uso dos meios de execução, atinge terceiro inocente, o tratamento penal deve levar em conta as condições ou qualidades da pessoa pretendida, que, no caso, seria o autor da agressão injusta. Logo, estará amparado pela excludente de ilicitude legítima defesa.[9]

Imaginemos que Wilson, agindo em legítima defesa contra agressão injusta praticada por José, atinja, por erro na execução, Maria, terceira inocente que estava passando pelo local no momento dos fatos, causando-lhe lesões graves. Nessa situação hipotética, Wilson não será responsabilizado criminalmente pelas lesões corporais graves provocadas em Maria, pois estará abarcado pela legítima defesa, como se tivesse atingido o agressor injusto.[10]

---

8. STJ, REsp nº 1853219/RS, rel. Min. Nefi Cordeiro, 6ª T., j. 2-6-2020.

9. No concurso para Promotor de Justiça do MPE/GO, realizado em 2019, a banca considerou incorreta a alternativa em que não considerava em legítima defesa o agente que, repelindo uma agressão injusta, atual ou iminente, a direito seu ou de outrem, vem a atingir pessoa inocente, por erro no emprego dos meios de execução (*aberratio ictus*).

10. O STJ considerou a possibilidade de o agente que, estando em situação de legítima defesa, causar ofensa a terceiro, por erro na execução, responder pela indenização do dano, se provada no juízo cível a sua culpa. (REsp

13.3.4 Resultado diverso do pretendido

13.3.4.1 Conceito

O resultado diverso do pretendido, também chamado *aberratio criminis*, previsto no art. 74 do CP, também decorre de acidente ou erro dos meios na execução do crime, mas em contexto distinto da *aberratio ictus*.

A *aberratio criminis* incide nas hipóteses em que não caracterizam a *aberratio ictus*. É o que se extrai da expressão "Fora dos casos do artigo anterior", prevista na parte inicial do art. 74 do CP.

Na *aberratio criminis*, o agente pretende produzir um resultado específico, ofendendo determinado bem jurídico, mas, por acidente ou erro no uso dos meios de execução, acaba produzindo resultado diverso do pretendido, atingindo bem jurídico diverso. O agente desenvolve conduta voltada à prática de um crime, mas acaba praticando um crime diverso do pretendido. E o erro pode acontecer na relação coisa para pessoa.

> Exemplo: O agente, pretendendo praticar o crime de dano (CP, art. 163), joga uma pedra contra o carro que pertence ao seu desafeto. Todavia, por erro na pontaria, a pedra acabou atingindo uma pessoa que se encontrava próxima ao local. Note-se que o agente pretendia produzir um resultado (dano no veículo), mas acabou produzindo resultado diverso do pretendido (lesão corporal).

A *aberratio criminis* não se confunde com a *aberratio ictus*.

Na *aberratio ictus*, a relação é entre pessoa x pessoa, ou seja, o agente, pretendendo atingir uma pessoa, acaba ofendendo pessoa diversa. Na *aberratio criminis*, o agente, pretendendo atingir um bem jurídico, acaba ofendendo outro bem jurídico, produzindo resultado diverso do pretendido. Por isso, diz-se que na *aberratio ictus* há desvio de golpe, ao passo que na *aberratio criminis* há desvio do crime.

13.3.4.2 Espécies

Assim como no erro na execução, há duas espécies de *aberratio criminis*: a) *aberratio criminis* com unidade simples; b) *aberratio criminis* com resultado duplo.

a) Com unidade simples ou resultado único

Na *aberratio criminis* com unidade simples, o agente somente atinge o bem jurídico diverso do pretendido. Ou seja, o agente quer atingir uma coisa, mas, por acidente ou erro no uso dos meios de execução, ofende somente bem jurídico diverso.

Nesse caso, conforme a primeira parte do art. 74 do CP, o agente responderá pelo resultado diverso do pretendido a título de culpa, se o fato é previsto como crime culposo.

Assim, se o agente, pretendendo atingir o veículo do desafeto, com o intuito de praticar o crime dano, por erro na execução, não atinge o objeto, mas somente uma pessoa que se encontrava próxima ao local, causando-lhe lesões corporais, responderá por lesão corporal culposa (CP, art. 129, § 6º), se resultar lesão corporal; ou por homicídio culposo (CP, art. 121, § 3º, do CP), se resultar morte.

---

nº 152030/DF, rel. Min. Ruy Rosado de Aguiar, 4ª T., j. 25-3-1998).

Cumpre ressaltar, por pertinente, que, se o resultado previsto como crime culposo for menos grave ou se o crime não prever modalidade culposa, não se aplica o disposto no art. 74 do CP. Assim, se o agente efetua disparos de arma para matar a vítima, mas não o acerta e quebra a vidraça de uma casa ou acertar um carro, deve-se desprezar a hipótese do art. 74 do CP, respondendo por tentativa de homicídio. Primeiro, porque o crime de tentativa de homicídio é mais grave do que o delito de dano; segundo, porque não há previsão legal de dano culposo.

b) Com unidade complexa ou resultado duplo

Na *aberratio criminis* com resultado duplo, o agente, além de praticar o crime pretendido, também acaba produzindo um resultado diverso do pretendido. Ou seja, com uma ação ou omissão, acaba provocando dois resultados.

Nesse caso, como expressamente prevê a parte final do art. 74 do CP, aplica-se a regra do concurso formal de crimes (CP, art. 70), considerando-se a pena do crime mais grave aumentada de 1/6 até a metade, de acordo com o número de resultados diversos produzidos.

Imaginemos que, certo dia, o agente, com raiva do vizinho, resolve quebrar a janela da residência deste. Para tanto, espera chegar a hora adequada e, supondo não haver ninguém na residência, o agente arremessa com força, na direção da casa do vizinho, um enorme tijolo, que, além de quebrar a vidraça, atinge também sua nuca. O vizinho faleceu instantaneamente. Nesse caso, o agente deverá responder por homicídio culposo em concurso formal com o crime de dano (arts. 121, § 3º, e 163, na forma do art. 70, todos do CP), considerando-se a pena aplicada para o crime de homicídio culposo, já que mais grave, aumentada de 1/6.

13.3.5 Erro sobre o nexo causal ou *aberratio causae*

No erro sobre o nexo causal há uma aberração na causa do resultado. O erro incide sobre a causa do delito. O resultado pretendido pelo agente foi alcançado, mas não em decorrência da causa por ele idealizada.

Em outras palavras, o agente supõe que o resultado tenha sido provocado por um ato que praticou, quando, na verdade, foi outra a causa. Há unidade de ato, mas o resultado foi provocado por causa diversa daquela imaginada pelo agente.

Não há erro sobre elemento do tipo, mas sobre o curso causal. Trata-se de erro meramente acidental, incapaz de influenciar na descaracterização do delito. O agente desenvolveu conduta voltada à produção de um resultado, e conseguiu alcançá-lo, embora por causa diversa da que idealizou.

> Exemplo: Genro, não suportando mais a sogra, deliberou por matá-la. Para tanto, aguarda a senhora se aproximar de um barranco à margem de um rio com águas caudalosas e, sem que ela pudesse esboçar qualquer reação, empurra a vítima com a intenção que caísse na água e morresse afogada. Todavia, antes de alcançar as águas caudalosas do rio, a vítima acaba batendo a cabeça numa rocha, vindo a falecer, na verdade, por traumatismo craniano.

Note-se que o genro pretendia a morte da sogra, e alcançou tal resultado, mas não pela forma originariamente idealizada (asfixia por afogamento), mas por outra causa (traumatismo craniano). Esse erro sobre o nexo causal não elimina, por evidente, a responsabilização criminal do agente, já que se trata de erro meramente acidental. O agente responderá pelo crime de homicídio doloso consumado.

A discussão que se trava cinge-se à incidência de eventual qualificadora: a) se deve ser considerado o meio de execução que o agente desejava, originariamente, empregar para a consumação do delito (asfixia por afogamento), desconsiderando aquele que efetivamente produziu o resultado; b) se prevalece o meio de execução que efetivamente provocou o resultado, e não aquele originariamente desejado pelo agente.

Considerando o exemplo acima, se adotada a primeira solução, teríamos de admitir que o genro deveria responder pelo crime de homicídio qualificado pela asfixia (considerando o meio de execução originariamente desejado); se adotada a segunda solução, não incidirá a qualificadora da asfixia, já que a morte ocorreu em decorrência do traumatismo craniano.

Rogério Sanches apresenta solução intermediária. Segundo o nobre Promotor de Justiça:

> Não havendo previsão legal, parece mais acertado (e justo) o juiz, na dúvida, considerar o nexo mais favorável ao réu, aquilatando o caso concreto. O agente vai ser punido pelo crime praticado, mas considerando o nexo desejado ou realizado, sempre o mais benéfico (imaginemos que um nexo gera a qualificadora, enquanto o outro permite a forma simples do delito).[11]

Com a devida vênia, consideramos inaplicável, no caso, o *in dubio pro reo*. Na *aberratio causae* não há absolutamente nenhuma dúvida acerca do plano interno do agente, ou seja, acerca do dolo que lhe acompanhou desde a conduta até o resultado, tanto que a doutrina majoritária defende, no caso, a imputação de crime único de homicídio doloso consumado.

A dúvida reside no plano objetivo, na tipificação do crime, em relação à incidência ou não da qualificadora desejada e não realizada; ou, ao reverso, da qualificadora realizada, mas não originariamente desejada.

Na primeira hipótese, não há como conceber a incidência de uma qualificadora objetivamente não realizada. As qualificadoras de natureza objetiva não estão atreladas exclusivamente ao plano interno do autor. Para incidirem, devem, naturalmente, ter sido objetivamente realizadas. Em outras palavras, não há como atribuir ao agente uma qualificadora que objetivamente não existiu. Não há como imputar ao agente a qualificadora por asfixia, se a vítima não morreu asfixiada. Ainda que desejado pelo agente, não se verifica, no caso, o caráter objetivo que caracteriza a qualificadora do meio empregado para a consumação do delito. Logo, o agente deverá responder pelo crime de homicídio simples, se não presente outra qualificadora.

Diversamente, a nosso sentir, seria a hipótese de que o agente, desejando a morte da vítima, alcança o seu intento com a presença de uma qualificadora não desejada, mas cuja incidência era previsível. No caso, deve ser considerado, no plano objetivo, o resultado da forma como alcançado, ou seja, como efetivamente e objetivamente realizado.

Imaginemos que o genro, com o firme propósito de matar a sogra, aplica-lhe, com emprego de barra de ferro, violento golpe na cabeça, empreendendo fuga do local. A vítima, que estava próxima à piscina da residência no ato da agressão, caiu na água em decorrência do impacto provocado pela ação do agente, falecendo, não em decorrência do golpe, mas por asfixia por afogamento. Embora não idealizado pelo agente, o meio de execução que efetivamente causou a morte desejada foi asfixia por afogamento. O genro desejava a morte da sogra, e alcançou, mas, por erro meramente acidental no nexo causal, a vítima não morreu em decorrência do golpe, mas por asfixia pelo afogamento. Logo, levando-se em conta

11. CUNHA, Rogério Sanches. *Manual de direito penal:* parte geral. 7. ed. Salvador: Juspodivm, 2019. p. 263.

o meio de execução que objetivamente causou o resultado desejado, o agente deverá responder pelo crime de homicídio consumado qualificado pela asfixia (CP, art. 121, § 2º, III).

Há uma sutil diferença entre o erro sobre o nexo causal ou *aberratio causae* e o dolo geral ou erro sucessivo.

Na *aberratio causae* há *unidade de ato*, no qual o agente supõe ter alcançado o resultado de um modo, quando, na verdade, o resultado desejado incidiu por força de causa diversa. É o caso de o agente empurrar a vítima de uma ponte, almejando que morra afogada, quando, na verdade, a causa de morte ocorreu por força do choque da cabeça da vítima contra a cabeceira da ponte).

No *dolo geral* há uma *pluralidade de atos*. O agente desenvolve determinada conduta voltada a uma determinada finalidade e, acreditando ter alcançado o seu intento, realiza sucessivamente outro ato, que efetivamente produz o resultado desejado. É o caso do agente que efetua disparos de arma de fogo contra a vítima e, crendo estar morta, joga o corpo no rio, sendo esse segundo ato que efetivamente produz o resultado originariamente desejado.

13.4 DESCRIMINANTES PUTATIVAS

13.4.1 Conceito

As descriminantes putativas estão previstas no art. 20, § 1º, do CP. Trata-se da hipótese em que, se uma situação de fato ou de direito efetivamente existisse, tornaria legítima a conduta do agente.

Para melhor compreensão, devemos atentar para o significado de cada uma das expressões.

A expressão *descriminante* guarda relação com causas de exclusão de ilicitude, previstas no art. 23 do CP: estado de necessidade, legítima defesa, estrito cumprimento do dever legal e exercício regular do direito.

A expressão *putativa* vem do latim *putativus*, originária do verbo *putare*, que significa imaginar ou acreditar. Trata-se de algo que parece ser real, mas, na verdade, é imaginário, inexistente.

Considerando-se a junção das duas expressões, percebe-se que descriminante putativa consiste na percepção equivocada da incidência de uma causa excludente de ilicitude inexistente, imaginária. Por isso, também é chamada de descriminante erroneamente suposta ou descriminante imaginária.

Em síntese, o agente supõe estar diante de uma causa excludente de ilicitude, que, na realidade, não existe, é imaginária.

Com efeito, o agente desenvolve uma conduta supondo estar diante de uma situação que lhe permitia agir em estado de necessidade, legítima defesa, estrito cumprimento do dever legal ou exercício regular do direito, mas que não existe. Só existe, portanto, na mente, na imaginação do agente, mas, como consta no art. 20, § 1º, do CP, se efetivamente existisse, tornaria sua conduta legítima.

Assim, se o agente pratica um fato típico supondo estar diante de uma situação de perigo imaginária, que existe somente na sua mente, estaremos diante do *estado de necessidade putativo*.

Se o agente pratica um fato típico supondo estar diante de uma agressão injusta imaginária, existente somente na sua mente, estaremos diante da *legítima defesa putativa.*

Se o agente pratica um fato típico supondo estar diante de um dever legal imaginário, existente apenas na sua cabeça, estaremos diante do *estrito cumprimento do dever legal putativo.*

Se o agente pratica um fato típico supondo estar no exercício de um direito imaginário, que existe somente na sua mente, estaremos diante do *exercício regular do direito putativo.*

13.4.2 Espécies

13.4.2.1 Descriminante putativa por erro de tipo

A descriminante putativa por erro de tipo guarda relação com o erro relativo aos *pressupostos de fato* de uma causa de exclusão da ilicitude. Ocorre quando o agente imagina situação de fato totalmente divorciada da realidade na qual está inserido. Há uma falsa percepção da realidade, a ponto de o agente considerar estar diante de uma situação de perigo, agressão injusta, dever legal ou exercício de um direito, que não existe, mas, se existisse, tornaria sua ação legítima.

É um *erro que incide sobre elemento constitutivo do tipo penal permissivo*, assim considerado como sendo aqueles que permitem a realização de condutas inicialmente proibidas. Compreendem os que descrevem as causas de exclusão da ilicitude, ou tipos descriminantes. São espécies de tipo permissivo: legítima defesa, estado de necessidade, exercício regular do direito e estrito cumprimento do dever legal.

O agente representa a situação fática de forma equivocada. Erra sobre o pressuposto fático de um elemento que constitui o tipo penal permissivo. Supõe, por exemplo, estar diante de uma *situação de perigo* (elemento do tipo permissivo que define o estado de necessidade, previsto no art. 24 do CP) ou diante de uma *agressão injusta* (elemento do tipo permissivo que define a legítima defesa, previsto no art. 25 do CP), *mas inexistentes.*

> Exemplo: Durante uma aula de direito penal na Universidade, o alarme de incêndio é acionado, fazendo com que os alunos ficassem assustados. Um dos alunos, imaginando que o prédio estava pegando fogo, agride o colega que estava à sua frente, a fim de sair rapidamente do local, causando-lhe lesões graves. Alguns minutos depois, chega a informação de que se tratava de alarme falso, ou seja, não existia a situação de perigo (incêndio), tratando-se, portanto, de *estado de necessidade putativo.*

Imaginemos que Wilson tenha proferido veementes ameaças contra Pedro, prometendo matá-lo no primeiro encontro. Certo dia, Wilson se encontrava num bar, quando Pedro, desavisadamente, chega ao local. Pedro senta-se numa mesa, pede uma cerveja, e visualiza Wilson já se deslocando em sua direção, colocando a mão na altura da cintura. Supondo que Wilson iria sacar uma arma, Pedro, que passou a andar armado após as ameaças, puxou da cintura um revólver, e efetuou um disparo, atingindo mortalmente o suposto agressor. Verifica-se, após, que Wilson não se encontrava armado, tendo apenas feito menção de pegar o celular que estava na cintura. Logo, Pedro teve uma falsa percepção da realidade, errou sobre uma situação de fato, qual seja, uma agressão injusta inexistente. Errou sobre um elemento constitutivo do tipo permissivo que define a legítima defesa. Trata-se, pois, de *legítima defesa putativa.*

Agora, consideremos um policial que, munido de um mandado de prisão, executa a prisão de uma pessoa homônima daquele contra quem foi expedido o mandado. O policial errou sobre uma situação de fato, já que supôs estar cumprindo o dever de prender a pessoa indicada no mandado, quando, na verdade, tratava-se de um dever imaginário, já que executado contra pessoa errada. Trata-se de *estrito cumprimento do dever legal putativo.*

Por fim, imaginemos que um particular surpreende alguém em flagrante delito, saindo no encalço do suposto criminoso. Ao virar uma esquina, depara-se com pessoa extremamente parecida com o suspeito e, supondo ser o autor do delito, realiza a prisão, levando-o à delegacia, quando foi verificado o equívoco, já que não se tratava da pessoa apontada como responsável pelo crime praticado. Trata-se de erro sobre uma situação de fato, pois o cidadão representou de forma equivocada a realidade que o cercava, supôs ser a pessoa suspeita, quando, na verdade, tratava-se de pessoa inocente. Estamos diante do *exercício regular do direito putativo.*

De observar que não só as causas de exclusão da ilicitude, quando sobre elas incide erro invencível, podem transformar-se em eximentes putativas, mas também as causas de exclusão da culpabilidade (salvo a inimputabilidade).

13.4.2.2 Descriminante putativa por erro de proibição

A descriminante putativa por erro de proibição caracteriza o erro de proibição indireto.

Na descriminante putativa por erro de proibição, o agente tem perfeita noção de tudo o que está ocorrendo. Não há qualquer engano acerca da realidade. Não há erro sobre a situação de fato. O erro recai sobre a existência de uma causa de exclusão de ilicitude, ou sobre os seus limites. Supõe estar diante da causa que exclui o crime, porque avalia equivocadamente a norma.

O agente supõe, equivocadamente, ser permitida a realização de determinada conduta, porque estaria acobertado por uma causa de exclusão de ilicitude ou que estaria agindo dentro dos limites da justificante.

Assim, a descriminante putativa por erro de proibição pode incidir: a) em relação à existência de uma causa de exclusão da ilicitude; b) em relação aos limites de uma causa de exclusão de ilicitude.

a) Em relação à existência de uma causa de exclusão da ilicitude

A descriminante putativa por erro de proibição em relação à existência de uma causa de exclusão da ilicitude ocorre quando o agente, consciente em relação ao contexto fático, supõe estar agindo licitamente, já que amparado por uma excludente de ilicitude.

> Exemplo: Um respeitado senhor de idade avançada, após chamar a atenção de um jovem, recebe um violento tapa em seu rosto, desferido pelo atrevido rapaz. O senhor, consciente em relação à situação fática, supõe, mesmo após cessada a agressão, que o direito lhe autoriza a defender sua honra, e passa a agredir violentamente o jovem agressor. Supõe, equivocadamente, que o ordenamento jurídico lhe permite agir em legítima defesa.

Há uma descriminante putativa por erro de proibição, uma vez que supôs ser permitido agir em legítima defesa, quando, na verdade, era proibido, pois cessada a agressão. Trata-se de legítima defesa putativa por erro de proibição.

Imaginemos a conduta de um policial, que adultera, sem autorização legal, sinal identificador de um veículo automotor a fim de que seja utilizado em investigação criminal, pois imagina que nesta hipótese sua conduta seria lícita. Todavia, há uma falsa percepção quanto à existência da causa excludente de ilicitude, já que o policial supôs estar amparado por uma justificante, quando, na verdade, sua conduta era proibida. Trata-se de estrito cumprimento do dever legal putativo.

b) Em relação aos limites de uma causa de exclusão de ilicitude.

A descriminante putativa por erro de proibição também pode incidir em relação aos limites de uma excludente de ilicitude. É possível que o agente, conhecedor de uma excludente, acredite ser possível defender a sua honra, matando aquele que a ofende. Trata-se de um flagrante excesso, caracterizando o erro sobre os limites impostos pela excludente.

Imaginemos, nesse caso, a hipótese de um proprietário de uma área rural, que, na defesa da sua propriedade contra a invasão de posseiros, supõe estar autorizado a matá-los. O proprietário tem ciência sobre a situação de fato, assim como sabe que pode exercer a defesa da sua propriedade; erra, contudo, quanto ao limite ou extensão da causa de exclusão da ilicitude. Supõe estar amparado pela legítima defesa, a ponto de poder matar os invasores.

13.4.3 Natureza jurídica das descriminantes putativas

A definição da natureza jurídica das descriminantes putativas enseja uma das maiores controvérsias no ambiente acadêmico e doutrinário. E isso se deve, sem dúvida, à estreita relação com a teoria da culpabilidade.

Quando tratarmos da culpabilidade, em capítulo próprio, veremos que as principais teorias para a definição dos seus elementos são: a) teoria psicológica; b) teoria psicológica-normativa; c) teoria normativa pura, que se subdivide em teoria extremada e teoria limitada.

Para a *teoria psicológica*, há apenas um vínculo psicológico entre o agente e o fato típico e ilícito, representado pelo dolo ou culpa, que integravam a culpabilidade, sendo a imputabilidade seu pressuposto. O dolo e a culpa somente seriam objeto de análise se o agente fosse imputável.

Para a *teoria psicológica-normativa*, além do aspecto psicológico (dolo e culpa), a culpabilidade também é integrada por um elemento puramente normativo, consistente na exigibilidade de conduta diversa. Assim, para essa teoria, os elementos da culpabilidade são a imputabilidade, o dolo ou culpa e a exigibilidade de conduta diversa.

Para a *teoria normativa pura*, a culpabilidade passa a ser puro juízo de valor, sem a presença de qualquer elemento subjetivo. Com isso, o dolo e a culpa passaram a integrar a conduta, elemento do fato típico. Assim, para essa teoria, os elementos da culpabilidade são a imputabilidade, a potencial consciência da ilicitude e a exigibilidade de conduta diversa.

A *teoria estrita ou extremada* e a *teoria limitada da culpabilidade* são derivações da teoria normativa pura e divergem justamente a respeito do tratamento das descriminantes putativas. Eis a celeuma estabelecida na doutrina.

Para a *teoria extremada da culpabilidade* toda espécie de descriminante putativa, seja a que incide sobre a existência ou limites de uma causa excludente de ilicitude (descriminante putativa por erro de proibição), seja a incidente sobre situação fática pressuposto de uma causa de exclusão da ilicitude (descriminante putativa por erro de tipo), deve ser sempre tratada como erro de proibição.

Pela *teoria limitada da culpabilidade*, quando a *descriminante putativa incidir sobre pressupostos de uma situação de fato* (descriminante putativa por erro de tipo), o efeito em relação à conduta do agente é o mesmo do *erro de tipo*: se o erro foi invencível, exclui o dolo e a culpa; se vencível, exclui o dolo, mas o agente responde pelo delito culposo, se previsto em lei. Agora, se a *descriminante putativa recair sobre a existência ou limites legais das excludentes* (descriminante putativa por erro de proibição), o efeito será o mesmo do *erro de proibição*: se inevitável, o agente será isento de pena; se evitável, o agente responde pelo delito, mas terá a pena reduzida (CP, art. 21).

Como se vê, em relação à descriminante putativa por erro de proibição não há maiores problemas para definição da natureza jurídica. Isso porque, nesse caso, tanto para a teoria extremada quanto para a teoria limitada, adota-se os mesmos efeitos do erro de proibição. Por isso, convencionou-se denominar a descriminante putativa sobre a existência ou limites de uma causa excludente de *erro de proibição indireto*.

O debate se torna mais acirrado quando se trata de estabelecer a natureza jurídica da *descriminante putativa sobre pressupostos de uma situação de fato* (descriminante putativa por erro de tipo). Para os adeptos da teoria extremada da culpabilidade, o tratamento jurídico deve ser idêntico ao do erro de proibição; para os adeptos da teoria limitada da culpabilidade, o tratamento jurídico deve ser idêntico ao do erro de tipo.

Há, ainda, quem reconheça a aplicação da teoria limitada da culpabilidade, mas com solução restrita à exclusão de culpabilidade, não fazendo alusão à exclusão da tipicidade como consequência da aplicação dos efeitos do erro de tipo inevitável. Com efeito, tratando do erro de tipo permissivo, Juarez Tavares afirma que:

> O direito brasileiro segue a teoria limitada da culpabilidade. Com base nisso, o erro sobre elementos de uma causa de justificação, também chamado erro de tipo permissivo, pode conduzir a duas soluções distintas. Segundo essa perspectiva, se for inevitável, exclui totalmente a culpabilidade; se for evitável, exclui a culpabilidade dolosa, mas permite o reconhecimento de uma culpabilidade culposa se houver previsão legal de crime culposo para o fato (art. 20, § 1º, CP).[12]

Guilherme de Souza Nucci, embora reconhecendo que o Código Penal adotou a teoria limitada da culpabilidade, considera mais correta a teoria extremada da culpabilidade, acrescentando que se trata de um autêntico erro de proibição, que foi "tratado" como erro de tipo.[13]

Cezar Roberto Bitencourt aponta uma série de consequências decorrentes da adoção da teoria limitada da culpabilidade:

> a) um fato praticado, com erro invencível, afasta o injusto típico, não podendo ser considerado como um fato antijurídico. Nessas circunstâncias, a vítima do erro terá de suportá-lo como se tratasse de um fato lícito, sendo inadmissível a legítima defesa; b) não seria punível a participação de alguém que, mesmo sabendo que o autor principal incorre em erro sobre os pressupostos fáticos de uma causa de justificação, contribui de alguma forma na sua execução. A punibilidade do partícipe é afastada pelo princípio da acessoriedade limitada da participação, que exige que a principal seja típica (afastada pela eliminação do dolo) e antijurídica; c) a tentativa não seria punível,

12. TAVAREZ, Juarez. *Fundamentos de teoria do delito*. 2. ed. São Paulo: Tirant lo Blanch, 2020. p. 515.

13. NUCCI, Guilherme de Souza. *Manual de direito penal*. 9. ed. São Paulo: Revista dos Tribunais, 2013. p. 377.

> nesses casos, pois sua configuração exige a presença de dolo. Mesmo que o erro fosse vencível, o fato ficaria impune, pois os crimes culposos não admitem a tentativa.[14]

Com a devida vênia aos nobres doutrinadores, não nos parecem convincentes os argumentos expostos.

Não conseguimos vislumbrar erro de proibição tratado como erro de tipo. No erro de proibição, o agente desenvolve determinada conduta supondo ser permitida, quando, na verdade, é proibida. Erra quanto à ilicitude do fato. No erro de tipo, o agente desenvolve determinada conduta sem a real percepção da realidade que envolve a situação de fato. Não erra quanto à ilicitude do fato, mas acerca da presença de um elemento do tipo. Se não estivesse sob o efeito do erro, não teria desenvolvido a conduta, porque sabe que é proibida pelo direito.

O erro relativo aos *pressupostos de fato* ocorre quando o agente supõe estar diante de uma situação fática que o legitimaria agir sob o amparo de uma causa excludente de ilicitude. De fato, o agente que desferiu disparos de arma de fogo contra um vulto desconhecido, supondo ser um assaltante, agiu com dolo. Mas somente desenvolveu tal conduta dolosa, porque incorreu em erro sobre a presença do elemento constitutivo do tipo permissivo que define a legítima defesa. Se não estivesse sob o efeito do erro, não teria efetuado os disparos, porque sabe que matar alguém é contrário ao direito. Logo, o erro não recaiu sobre a ilicitude do fato, mas sobre a consciência e vontade na conduta desenvolvida em relação à situação fática. A consciência e vontade do agente, elementos do dolo e, portanto, do fato típico, restaram afetadas em face do erro sobre a realidade que cercava o contexto fático. E, se esse erro for inevitável, a afetação da consciência e vontade do agente será escusável, excluindo o dolo da sua conduta. Trata-se, pois, de hipótese equivalente ao erro de tipo, com as consequências dele decorrentes.

De outro lado, é pacífico na doutrina que não se exige, para ser considerada injusta, que a agressão se revista de tipicidade penal. Qualquer agressão que o ofendido não esteja obrigado a suportar legitima sua reação para repeli-la. Logo, perfeitamente possível a legítima defesa contra legítima defesa putativa por erro de tipo invencível, já que, embora atípica, o ofendido não está obrigado a suportar a agressão desencadeada em face do erro incorrido pelo agressor.

O agente que, mesmo sabendo que o autor principal incorre em erro sobre os pressupostos fáticos de uma causa de justificação, contribui de alguma forma na sua execução, não agirá como partícipe, mas como autor mediato. Com efeito, o autor mediato, com total domínio sobre o fato, vale-se de uma pessoa não culpável ou desvestida de dolo ou culpa como instrumento de ataque. Assim, se desejando a morte da vítima, convencer alguém a matá-la a pretexto de reagir contra uma agressão injusta que sabe inexistente, o agente agirá como autor mediato e não como partícipe da conduta daquele que foi induzido a executar a ação delitiva.

Por fim, conquanto Cezar Roberto Bitencourt,[15] considere inapropriada a possibilidade de tentativa na culpa imprópria, sob o argumento que, na verdade, trata-se de um crime doloso tentado, com tratamento de crime culposo, não se pode negar que a maioria da doutrina admite, de forma excepcional, a tentativa no caso da culpa imprópria, em que o agente desenvolve conduta sob erro evitável quanto aos pressupostos fáticos de uma excludente de ilicitude.

---

14. BITENCOURT, Cezar Roberto. *Tratado de direito penal:* parte geral. 17. ed. São Paulo: Saraiva, 2012. p. 501.
15. BITENCOURT, Cezar Roberto. *Tratado de direito penal:* parte geral. 17. ed., cit., p. 530.

Ressalta-se, por pertinente, que o Código Penal adotou expressamente a teoria limitada da culpabilidade. A própria Exposição de Motivos da Parte Geral do Código Penal, especificamente nos itens 17 e 19, permite essa conclusão:

> 17. É, todavia, no tratamento do erro que o princípio *nullum crimen sene* culpa vai aflorar com todo o vigor no direito legislativo brasileiro. Com efeito, acolhe o Projeto, nos arts. 20 e 21, as duas formas básicas de erro construídas pela dogmática alemã: erro sobre elementos do tipo (*Tatbestandsirrtum*) e erro sobre a ilicitude do fato (*Verbotsirrtum*). Definiu-se a evitabilidade do erro em função da consciência potencial da ilicitude (parágrafo único do art. 21), mantendo-se no tocante às descriminantes putativas a tradição brasileira, que admite a forma culposa, em sintonia com a denominada "teoria limitada da culpabilidade" (Culpabilidade e a problemática do erro jurídico penal, de Francisco de Assis Toledo, *Rev. Trib.* 517/251).
>
> (...)
>
> 19. Repete o Projeto as normas do Código de 1940, pertinentes às denominadas "descriminantes putativas". Ajusta-se, assim, o Projeto à teoria limitada pela culpabilidade, que distingue o erro incidente sobre os pressupostos fáticos de uma causa de justificação do que incide sobre a norma permissiva. Tal como no Código vigente, admite-se nesta área a figura culposa (art. 17, § 1º).

Além disso, não se afigura razoável considerar que os efeitos deveriam ser idênticos aos do erro de proibição por questões terminológicas, já que consta no art. 20, § 1º, do CP, a expressão "isento de pena", que caracteriza a exclusão da culpabilidade. Isso porque, como é sabido, o Código Penal, em alguns dispositivos, não prima pela melhor técnica. A própria expressão "isento de pena" é usada de forma equivocada no art. 143 do CP, já que não revela causa de exclusão da culpabilidade, mas hipótese de extinção da punibilidade.

Da mesma forma, a solução dada pelo Código Penal para a descriminante putativa por situação de fato, quando se trata de erro evitável, não se coaduna com a regra aplicada ao erro de proibição evitável. Isso porque, tratando-se de erro de proibição evitável, a solução dada pelo legislador consiste em punir o agente pelo crime praticado, com a pena diminuída de 1/6 a 1/3, ao passo que o art. 20, § 1º, do CP, prevê que o erro sobre situação de fato evitável será punido na modalidade culposa, desde que previsto em lei.

Registre-se, por pertinente, que a descriminante putativa por situação de fato está prevista no art. 20, § 1º, do CP, que trata do erro de tipo, devendo assim ser tratado até mesmo por questão topográfica. Pretendendo o legislador considerar os efeitos do erro de proibição, deveria fazer constar o instituto no art. 21 do CP.

Dessarte, consideramos mais adequada a adoção da teoria limitada da culpabilidade. Assim, quando se trata de erro incidente sobre os pressupostos de fato da excludente, aplicam-se os mesmos efeitos do erro de tipo: Se o erro for invencível ou inevitável, haverá exclusão do dolo e da culpa, que integram a conduta, elemento do fato típico, razão pela qual há exclusão da própria tipicidade; se vencível ou evitável, exclui-se o dolo, mas o agente responderá pelo delito na modalidade culposa, desde que prevista em lei.[16]

---

16. Temos de reconhecer, no entanto, que algumas bancas de concurso têm considerado que as descriminantes putativas são causas de exclusão da culpabilidade. No concurso para Titular de Serviços e Notas e de Registros do TJMG, realizado em 2019, a banca Consulplan considerou que a consequência jurídica do erro de tipo permissivo (erro sobre a descriminante putativa) plenamente justificado pelas circunstâncias é a exclusão da

Quando, entretanto, o erro do sujeito recai sobre a existência ou limites legais (normativos) da causa de justificação, aplicam-se os mesmos efeitos do erro de proibição: se inevitável, há exclusão da culpabilidade; se evitável, não se exclui a culpabilidade, subsiste o crime doloso atenuando-se a pena (CP, art. 21).

13.5 ERRO PROVOCADO POR TERCEIRO

O erro provocado por terceiro está previsto no art. 20, § 2º, do CP, segundo o qual somente o terceiro que determina o erro responderá pelo delito.

Ao contrário do erro de tipo essencial, em que o agente incide no erro sobre os elementos constitutivos do tipo legal por conta própria, no erro provocado por terceiro o agente é induzido por alguém a ter uma falsa percepção da realidade em relação aos elementos constitutivos do tipo legal.

Há a figura do agente provocador e do agente provocado. O agente provocador induz o provocado a praticar determinada conduta, razão pela qual se diz que o erro não foi espontâneo, mas em decorrência da atuação de uma terceira pessoa.

O terceiro provocador responde pelo delito na condição de *autor mediato*, podendo a provocação ser dolosa ou culposa. O terceiro provocado figura como autor imediato, podendo sua responsabilidade penal ser excluída, conforme a escusabilidade ou não do erro que incorreu.

Há provocação dolosa quando o erro é preordenado pelo terceiro, que conscientemente induz o sujeito a incidir em erro. Neste caso, o terceiro provocador responde pelo crime a título de dolo.

Existe determinação (ou provocação) culposa quando o terceiro provocador age com imprudência, negligência ou imperícia. O terceiro provocador responderá a título de culpa pelo delito decorrente da conduta do provocado.

O tratamento penal em relação ao agente provocado (autor imediato) vai depender da escusabilidade ou não do erro ao qual foi induzido. Se o erro provocado pelo terceiro for *escusável ou inevitável*, haverá exclusão do dolo e da culpa, não incidindo, portanto, qualquer responsabilização criminal em relação ao terceiro provocado. Se o erro provocado pelo terceiro for *inescusável ou evitável*, haverá exclusão do dolo, mas o terceiro provocado responderá pelo crime na modalidade culposa, desde que prevista em lei.

---

culpabilidade. Todavia, no concurso para Promotor de Justiça do MPE/SC, realizado em 2019, o Instituto Consulplan considerou como correta a seguinte afirmativa: "Na legislação brasileira as consequências do erro evitável sobre os pressupostos fáticos de uma excludente de ilicitude são as mesmas do erro de tipo, e não as do erro de proibição". No concurso para Juiz de Direito do TJSP, realizado em 2014, a banca VUNESP considerou correta a seguinte afirmativa: "Para o Código Penal (art. 20, § 1.º), quando a descriminante putativa disser respeito aos pressupostos fáticos da excludente, estamos diante de erro de tipo". No concurso para Procurador de Contas do TCE-MT, realizado em 2008, a banca FMP Concursos considerou correta a afirmativa no sentido de que "Segundo a teoria adotada pelo Código Penal Brasileiro, quanto às consequências jurídicas, as descriminantes putativas, ora equiparam-se ao erro de tipo, ora equivalem ao erro de proibição". No concurso para Juiz Leigo do TJPB, realizado em 2013, a banca CESPE/CEBRASPE, considerou como correta a seguinte afirmativa: "De acordo com a teoria limitada da culpabilidade, adotada no CP, o erro que recai sobre uma situação fática configura erro de tipo permissivo, e o erro do agente sobre os limites ou a existência de uma causa de justificação, erro de proibição".

Exemplo: Wilson havia alugado um apartamento parcialmente mobiliado e, após o encerramento do contrato de locação, chamou Pedro, seu amigo, que nunca havia estado no imóvel, para ajudá-lo com a retirada de seus pertences. Durante a mudança, Wilson garantiu a Pedro que a televisão que se encontrava na sala era de sua propriedade e deveria ser retirada, embora soubesse que o aparelho pertencia ao proprietário do imóvel. Ao perceber a situação, o proprietário do imóvel registrou boletim de ocorrência contra Wesley e Sidney. Nesse caso, apenas Wilson responderá por furto, pois Pedro agiu em erro de tipo escusável provocado por terceiro, sendo atípica sua conduta.

Imaginemos outra situação. "A", sem verificar se a arma se encontra carregada ou não, entrega o artefato a "B", afirmando que está sem munição, induzindo-o a acionar o gatilho. Sem maiores cautelas, "B" acionado o gatilho, atingindo "C", matando-o. O agente provocador "A" responde por homicídio culposo, na condição de autor mediato. Em relação a "B", agente provocado, verificando-se que se trata de erro inescusável ou evitável, haverá a exclusão do dolo, mas a responsabilização pelo crime de homicídio culposo, já que há previsão legal do crime de homicídio na modalidade culposa.

Se o terceiro provocador e o agente provocado agirem com dolo, ambos respondem pelo delito na modalidade dolosa.

Suponha-se que "A" faça crer a "B" que a arma se encontra descarregada, sabendo que está carregada e querendo que "B" mate "C". "B" percebe que a arma está carregada e, notando a manobra ardilosa de "A", acede à sua vontade de matar a vítima. Aciona o gatilho e mata a vítima. Não se trata de erro provocado, uma vez que "B" não incidiu em erro. Neste caso ambos respondem por homicídio doloso.

Imaginemos a hipótese de o terceiro provocador agir com culpa e o agente provocado agir com dolo. Contextualizando a situação, consideremos a hipótese de "A", supondo estar a arma descarregada, induz "B" a efetuar disparo contra "C". Percebendo que, no entanto, a arma estava municiada, "B" faz a mira e efetua o disparo, causando a morte de "C". Nesse caso, não há propriamente erro provocado por terceiro, até porque o provocado não incorreu em erro. Também não há concurso de pessoas, diante da ausência do liame subjetivo. Assim, "A", que seria, em tese, o agente provocador, responderá pelo crime de homicídio culposo, enquanto "B" responderá pelo crime de homicídio doloso.

Para acesso ao vídeo, utilize o QR Code ao lado.

14

ILICITUDE

14.1 INTRODUÇÃO

Ilicitude consiste na contrariedade do fato típico praticado pelo agente em relação ao ordenamento jurídico, gerando lesão ou expondo a perigo de lesão bens jurídicos tutelados pelo Direito Penal.

A ilicitude é o segundo elemento do crime. Uma vez constatado que o fato é típico, passa-se à análise da ilicitude do fato, ou seja, se é contrário ao ordenamento jurídico. Se o fato for típico e também ilícito, presentes estarão os dois primeiros elementos do crime, restando a análise da culpabilidade do agente.

Conclui-se, assim, que nem todo fato típico é ilícito (já que pode incidir uma causa excludente de ilicitude), *mas todo fato ilícito necessariamente será típico.*

Embora comumente sejam utilizados como sinônimas, as expressões ilicitude e antijuridicidade encerram uma sútil diferença. A infração penal, gênero da espécie crimes e contravenções, constitui fato jurídico, já que, de uma forma ou de outra, gera efeitos jurídicos. Se geram efeitos jurídicos não podem ser considerados, concomitantemente, antijurídicos.

Em razão disso, considera-se a expressão "ilicitude" a mais correta para caracterizar um fato típico contrário ao ordenamento jurídico. Foi, aliás, a expressão adotada pelo Código Penal, quando fez constar no art. 23 a rubrica "exclusão de ilicitude".

A ilicitude não se confunde com o injusto. A ilicitude tem por característica a presença de uma conduta contrária ao direito, ao passo que o injusto penal é constituído pelo fato típico e ilícito. O injusto penal é bem mais abrangente, já que também está vinculado ao grau de reprovação social decorrente da conduta do agente. Em outras palavras, a ilicitude é uma característica do injusto penal.

14.2 ILICITUDE FORMAL E ILICITUDE MATERIAL

Parte minoritária da doutrina adota a concepção dualista da ilicitude, no sentido de que a ilicitude é formal e material.

Ilicitude formal consiste na contradição entre a conduta típica e o ordenamento jurídico. É a relação de contrariedade da conduta típica e o sistema jurídico.

Ilicitude material, ou substancial, guarda relação com a proteção e efetiva lesão ou perigo de lesão de um bem juridicamente penalmente relevante, considerando o caráter antinormativo do comportamento do agente.

Todavia, o entendimento dominante é no sentido de que a ilicitude adota uma concepção *unitária*, uma vez que uma conduta contrária ao ordenamento jurídico implica, necessariamente, a lesão ou perigo de lesão ao bem jurídico penalmente tutelado. Não há como dissociar a concepção formal da substancial e vice-versa.

Considerando a concepção unitária da ilicitude, Zaffaroni e Pierangeli lecionam que:

> Como consequência do que acabamos de dizer, negamos que a antijuridicidade possa ter outro fundamento além da lei, ainda que para sua determinação nos casos concretos, eventualmente, se deva recorrer a valorações sociais. Não cremos que, no plano dogmático, se possa falar de uma antijuridicidade "material" oposta à "formal": a antijuridicidade é una, material porque invariavelmente implica a afirmação de que um bem jurídico foi afetado, formal porque seu fundamento não pode ser encontrado fora da ordem jurídica.[1]

14.3 ILICITUDE OBJETIVA E ILICITUDE SUBJETIVA

Para a *ilicitude objetiva*, basta a contrariedade do fato praticado com o ordenamento jurídico, gerando dano ou perigo de dano a determinado bem jurídico. Não há juízo de valor acerca da capacidade de compreensão do autor do fato.

A *ilicitude subjetiva* preconiza que as normas proibitivas e mandamentais são direcionadas somente às pessoas imputáveis, pois somente elas reúnem a capacidade de compreender o caráter ilícito do fato em relação às leis penais. Essa teoria não é aplicada, uma vez que confunde ilicitude com culpabilidade. A capacidade mental de compreensão do caráter ilícito de um fato, bem como o juízo de reprovação da conduta, é verificada no campo da culpabilidade, e não da ilicitude.

No ordenamento jurídico pátrio, *a ilicitude é evidentemente objetiva*, ainda que o agente seja inimputável em decorrência de doença mental, o fato por ele praticado continuará sendo típico e ilícito, reservando à culpabilidade o juízo de reprovação social e a possibilidade de imposição de pena ou medida de segurança.

14.4 ILICITUDE PENAL E ILICITUDE EXTRAPENAL

Um determinado fato pode ser contrário a todo ordenamento jurídico ou em relação a apenas um ou alguns ramos do direito. Diante do caráter fragmentário do Direito Penal, nem todo ato ilícito também será no campo penal. Pode caracterizar um ilícito civil, mas não penal, como, por exemplo, o mero inadimplemento em decorrência de cheque sem provisão de fundos emitido sem emprego de fraude.

---

1. ZAFFARONI, Eugenio Raúl; PIERANGELI, José Henrique. *Manual de direito penal brasileiro.* 13. ed. São Paulo: Revista dos Tribunais, 2019. p. 510.

Por outro lado, todo ilícito penal será também contrário aos demais ramos do direito. Em outras palavras, nem todo ato ilícito também o será no campo penal, mas todo ilícito penal também o será nos demais ramos do direito.

Assim, se o agente emitir sem provisão de fundos empregando fraude, além de caracterizar ilícito penal (CP, art. 171, § 2º, VI), também será ilícito na esfera cível.

14.5 ILICITUDE GENÉRICA E ILICITUDE ESPECÍFICA

Ilicitude genérica é aquela que se encontra fora do tipo penal incriminador. O fato típico descreve uma conduta contrária ao ordenamento jurídico, cuja ilicitude se situa externamente ao tipo penal. A conduta consistente em subtrair, para si ou para outrem, coisa alheia móvel define o crime de furto (CP, art. 155), sendo contrária ao ordenamento jurídico, salvo se incidir alguma causa excludente de ilicitude. E essa ilicitude não está inserida no tipo penal, mas situada externamente ao tipo.

Ilicitude específica é aquela que o tipo penal descreve elementos relacionados ao caráter ilícito da conduta do agente. Ou seja, a ilicitude da conduta está incutida no próprio tipo penal, como, por exemplo, na expressão "indevidamente", descrita no tipo penal que define o crime de violação de correspondência (CP, art. 151), ou na expressão "sem justa causa", descrita no tipo penal que define o crime de divulgação de segredo (CP, art. 153).

Trata-se de elementos normativos do tipo, que reclama juízo valorativo da tipicidade e ilicitude, já que inserida no próprio tipo penal. Assim, se, após o juízo de valor, verificar que a conduta do agente não foi indevida ou amparada por justa causa, fato será atípico, já que, após o devido juízo de valor, constata-se que não está presente o elemento normativo do tipo ("indevidamente", "sem justa causa", nos nossos exemplos), que retrata a ilicitude da conduta.

14.6 CAUSAS LEGAIS DE EXCLUSÃO DE ILICITUDE

14.6.1 Introdução

Com a aplicação da teoria da indiciariedade, ou da *ratio cognoscendi*, uma vez verificada a presença de um fato típico, incide a presunção de que também se reveste de ilicitude. Ou seja, o fato típico gera indício de que também é ilícito.

Todavia, trata-se de presunção relativa, ou *iuris tantum*, comportando a possibilidade de demonstrar que o fato típico foi praticado amparado por uma causa de exclusão da ilicitude, acarretando, por consequência, a exclusão do próprio crime.

O fato permanece típico, mas com a presunção da ilicitude afastada, em face da incidência de uma causa de exclusão de ilicitude.

A doutrina costuma apontar algumas expressões para identificar causas de exclusão da ilicitude, merecendo destaque as seguintes: causas de justificação, justificativas, descriminantes, tipos penais permissivos e eximentes. Todas essas expressões revelam que "não há crime", ou seja, quando pretende destacar a incidência de uma causa de exclusão de ilicitude, o legislador se vale da expressão "não há crime" ou "excluam o crime", como, por exemplo, no art. 386, VI, do CPP.

Não é possível adotar a expressão "dirimente" para identificar causas de exclusão da ilicitude, já que guarda relação com causa de exclusão da culpabilidade. A expressão dirimente está vinculada aos termos "isento de pena", "não é punível", que identificam, como regra, as causas excludentes de culpabilidade.

Convém registrar, no entanto, que nem sempre o legislador seguiu a boa técnica no uso desses termos, pois em algumas situações a expressão "isento de pena" ou "não punível" não está relacionada à causa de exclusão da culpabilidade. No art. 128 do CP, por exemplo, a expressão "não se pune" longe está de caracterizar, no caso, causa de exclusão da culpabilidade, pois, nesse particular, trata-se de causa específica de exclusão da ilicitude.

14.6.2 Causas gerais e causas especiais de exclusão de ilicitude

O Código Penal prevê causas gerais (ou genéricas) e causas especiais (ou específicas) de exclusão da ilicitude. Além disso, há causas de exclusão de ilicitude previstas fora do Código Penal.

As causas genéricas, ou gerais, estão previstas na Parte Geral do Código Penal, podendo incidir em qualquer espécie de infração penal. Encontram-se elencadas no art. 23 do CP: a) estado de necessidade; b) legítima defesa; c) estrito cumprimento do dever legal; d) exercício regular de direito.

As causas especiais, ou específicas, são aquelas previstas na Parte Especial do Código Penal e na legislação especial, que incidem somente em relação aos delitos especificamente abarcados pela causa de exclusão, como, por exemplo, no crime de aborto (CP, art. 128), injúria e difamação (CP, art. 142); constrangimento ilegal (CP, art. 146, § 3º, I e II);[2] violação de domicílio (CP, art. 150, § 3º, I e II) e furto de coisa comum (CP, art. 156, § 2º).

Pode-se, ainda, destacar outras causas específicas de exclusão da ilicitude, situadas fora do Código Penal, como, por exemplo, o exercício regular de direito, consistente na violação de sigilo de correspondência postal a abertura de cartas que apresentam conteúdo suspeito (Lei nº 6.538/1978); estado de necessidade, consistente no abate de animal para saciar a fome do agente ou de sua família (Lei nº 9.605/1998); c) legítima defesa do possuidor turbado, ou esbulhado, para manter-se ou restituir-se na posse do imóvel (CC, art. 1.210, § 1º).

Além das causas legais, há, ainda, causas supralegais de exclusão da ilicitude, que serão tratadas em tópico próprio.

14.6.3 Elementos objetivos e subjetivos das causas de exclusão da ilicitude

Elementos de ordem objetiva são aqueles expressa ou implicitamente previstos em lei. Os arts. 24 e 25, ambos do CP, elencam, respectivamente, os elementos objetivos que expressamente caracterizam o estado de necessidade e legítima defesa. Os elementos objetivos do estrito cumprimento do dever legal e exercício regular de direito são implícitos, pois concebidos pela doutrina e jurisprudência.

Elemento de ordem subjetiva consiste no conhecimento por parte do agente de que sua conduta está amparada por uma causa excludente de ilicitude. Ou seja, o agente deve atuar com consciência e vontade diante de uma causa de exclusão da ilicitude. Atuar com consciência e vontade em relação à legítima defesa, estado de necessidade, estrito cumprimento do dever legal ou exercício regular de direito.

Para os adeptos da *concepção objetiva*, basta que o agente desenvolva uma conduta que se enquadra nos elementos do tipo penal permissivo, independentemente da consciência e

2. Há divergência doutrinária se constitui causa de exclusão da tipicidade ou de ilicitude.

vontade de atuar amparado por uma causa de exclusão de ilicitude. Para essa concepção, ainda que não tenha consciência acerca da situação que legitimaria sua conduta, o agente estará amparado pela causa de exclusão da ilicitude.

Para os adeptos da *concepção subjetiva*, não basta a presença dos elementos objetivos que legitimam a causa excludente de ilicitude, sendo, ainda, imprescindível o conhecimento da situação justificante, ou seja, que o agente desenvolva a conduta consciente que está diante de uma situação que autoriza a incidência de uma causa de justificação.

Para ilustrar a situação, imaginemos a seguinte contextualização: Wilson, desafeto de Pedro, avistou-o atrás de um muro. Desejando eliminar a vida do desafeto, Wilson faz a mira e aciona o gatilho, atingindo a vítima em região letal. Descobre-se, após, que, no exato momento em que foi alvejado, Pedro estava prestes a matar Flávio.

Para os adeptos da concepção objetiva, Wilson estaria acobertado pela causa de exclusão de ilicitude legítima defesa de terceiro, já que basta integralizar os elementos do tipo penal permissivo. Basta estar presente uma agressão injusta atual ou iminente para incidir a eximente da legítima defesa.

Para os adeptos da concepção subjetiva, Wilson não estaria acobertado pela causa de exclusão de ilicitude legítima defesa de terceiro, já que não tinha conhecimento de que estava diante de uma agressão injusta iminente praticada por Pedro contra Flávio. Não tinha consciência e vontade de desenvolver uma conduta para repelir a agressão praticada contra Flávio. Logo, nesse caso, Wilson responderá pelo crime de homicídio.

Dessarte, para que incida uma causa de exclusão da ilicitude, *além do elemento objetivo, deve, ainda, estar presente o elemento subjetivo,* consistente na vontade e consciência de atuar diante da presença de uma causa justificante.

14.6.4 Os reflexos das causas de exclusão da ilicitude no processo penal

A incidência de uma causa de exclusão da ilicitude gera reflexos desde eventual prisão em flagrante até a fase da sentença.

Na verdade, comprovada a existência de uma eximente, não há se falar em eventual conversão da prisão em flagrante em prisão preventiva (CPP, art. 310, § 1º); se instaurado, o inquérito policial deverá ser arquivado; se oferecida a peça acusatória, a denúncia ou queixa deverá ser rejeitada, com base no art. 395, II, do CPP; se recebida a peça acusatória, com citação do réu e apresentada a resposta à acusação, cumpre ao juiz proferir sentença de absolvição sumária, com base no art. 397, I, do CPP; se o processo se desenvolveu até a instrução, uma vez encerrada a produção de provas e oferecidas as alegações finais, o juiz, até mesmo na dúvida, terá de proferir sentença absolutória, com base no art. 386, VI, do CPP.

No caso dos crimes dolosos contra a vida, encerrada a instrução da primeira fase do procedimento do júri, se convencido da presença de uma causa excludente de ilicitude, deverá o juiz proferir sentença de absolvição sumária, com base no art. 415, IV, do CPP.

No aspecto processual, duas situações merecem algumas considerações adicionais: a) causas excludentes de ilicitude e prisão provisória; b) causas excludentes de ilicitude e arquivamento do inquérito policial.

a) Causas excludentes de ilicitude e prisão provisória

Nos termos do art. 310, § 1º, do CPP, se o juiz verificar, pelo auto de prisão em flagrante, que o agente praticou o fato em qualquer das situações de exclusão da ilicitude, previstas no art. 23 do CP, poderá, fundamentadamente, conceder ao acusado liberdade provisória, mediante termo de comparecimento obrigatório a todos os atos processuais, sob pena de revogação.

Na prática, nem sempre há elementos suficientes no auto de prisão em flagrante para aquilatar se o agente agiu amparado por uma causa de exclusão de ilicitude. Como se trata de procedimento que deve ser concluído no prazo de 24 horas, a coleta de elementos mais robustos fica prejudicada em face do curto espaço de tempo.

De todo modo, com a conclusão do auto de prisão em flagrante, o juiz deverá designar audiência de custódia dentro do prazo de 24 horas após a realização da prisão, oportunidade em que deverá relaxar a prisão, convertê-la em prisão preventiva ou conceder a liberdade provisória (CPP, art. 310).

Se verificar a *possibilidade* de o fato ter sido praticado sob o amparo de uma causa de exclusão de ilicitude, o juiz deverá conceder a liberdade provisória, mediante o compromisso de comparecimento do agente a todos os atos processuais.

Embora se trate de hipótese não muito comum, por conta da precariedade da prova, em face do curto espaço de tempo, se o juiz estiver *convicto* de que o agente agiu acobertado por uma causa de exclusão da ilicitude, deverá, de plano, relaxar a prisão, com base nos arts. 310, I, do CPP, e 5º, LXV, da CF, já que, a princípio, sequer teria ocorrido crime. Note-se que, nesse caso, há maior grau de certeza por parte do juiz, razão pela qual seria hipótese de relaxamento de prisão, já que não há crime.

O mesmo raciocínio deve ser empregado em relação à prisão preventiva. Sintomática a impossibilidade de decreto da prisão preventiva se o juiz verificar pelas provas constantes dos autos ter o agente praticado o fato no contexto de uma causa excludente de ilicitude (CPP, art. 314).

Convém ressaltar que, embora os dispositivos tratem expressamente das causas de exclusão da ilicitude, a doutrina considera aplicável também às causas excludentes de culpabilidade.

b) Causas excludentes de ilicitude e arquivamento do inquérito policial

Há um certo consenso em relação a duas hipóteses em que o arquivamento do inquérito policial produz coisa julgada formal e material: a) quando é reconhecida a atipicidade da conduta; b) quando presente causa extintiva da punibilidade.

Todavia, discute-se na doutrina e jurisprudência a natureza jurídica do arquivamento do inquérito policial com base na incidência de uma causa de exclusão da ilicitude. Uma primeira corrente considera se tratar de coisa julgada material, não sendo possível, portanto, o desarquivamento do inquérito policial nem mesmo diante do surgimento de prova nova; uma segunda corrente considera que o arquivamento do inquérito policial em face de uma causa de exclusão da ilicitude não faz coisa julgada material, podendo ser desarquivado quando surgir prova nova.

Para o STJ, o arquivamento de inquérito policial lastreado em circunstância excludente de ilicitude forma coisa julgada material. Levando-se em consideração que o arquivamento com base na atipicidade do fato faz coisa julgada formal e material, a decisão que arquiva o inquérito por considerar a conduta lícita também o faz, isso porque nas duas situações não existe crime e há manifestação a respeito da matéria de mérito.[3]

3. STJ, RHC nº 46666/MS, rel. Min. Sebastião Reis Júnior, 6ª T., j. 5-2-2015.

O STF, no entanto, considera que o arquivamento de inquérito policial por excludente de ilicitude não gera coisa julgada material, sendo possível o desarquivamento se surgirem provas novas. Eis a ementa:

> Penal. Processo penal. *Habeas corpus*. Homicídio. Legítima defesa. Fraude processual. Arquivamento de inquérito policial. Desarquivamento posterior. Novos elementos de convicção colhidos pelo Ministério Público. Possibilidade. Ordem denegada. I – O arquivamento de inquérito policial não faz coisa julgada nem causa a preclusão. II – Contrariamente ao que ocorre quando o arquivamento se dá por atipicidade do fato, a superveniência de novas provas relativamente a alguma excludente de ilicitude admite o desencadeamento de novas investigações. III – Ordem denegada.[4]

Em que pese a posição adotada pelo STF, consideramos mais adequada a orientação no sentido de que o arquivamento com fundamento na incidência de uma causa de exclusão de ilicitude faz coisa julgada material.

Com efeito, se o membro do Ministério Público concluiu pelo arquivamento do inquérito policial sob esse fundamento, significa que restou convencido acerca da causa de exclusão do crime, esgotando a análise do mérito. Considerar a possibilidade de reabertura das investigações, após manifestação de certeza acerca da inexistência do crime, por conta da incidência de uma excludente de ilicitude, afeta a segurança jurídica e a imutabilidade da análise do mérito.

Se não estiver convencido sobre a incidência ou não da excludente de ilicitude, cabe ao membro do Ministério Público requisitar novas diligências, ou determinar[5] o arquivamento por falta de elementos informativos suficientes para o oferecimento da peça acusatória, viabilizando, assim, sem maiores discussões, o desarquivamento do inquérito policial na hipótese de surgimento de prova nova.[6]

14.7 CAUSAS SUPRALEGAIS DE EXCLUSÃO DE ILICITUDE

É praticamente consenso na doutrina e jurisprudência a possibilidade da incidência de causa supralegal de exclusão de ilicitude. Com a evolução das relações sociais, e diversidade de situações que podem influenciar nas alterações de valores éticos e sociais, afigura-se praticamente impossível ao legislador prever e descrever causas com força suficiente para excluir a ilicitude de um fato típico praticado.

Assim, considerando que o reconhecimento de uma causa capaz de excluir a ilicitude de um fato se revela postura favorável ao acusado, não há qualquer ofensa ao princípio da reserva legal, o que reforça a possibilidade de incidência de uma excludente de ilicitude não expressamente prevista em lei.

E, sem margem a dúvidas, a causa supralegal excludente de ilicitude mais aceita na doutrina e jurisprudência é o consentimento do ofendido, sobre o qual passaremos a tratar antes de nos determos especificamente nas causas legais de justificação.

---

4. STF, HC nº 87395/PR, rel. Min. Ricardo Lewandowski, Tribunal Pleno, j. 23-3-2017, noticiado no *Informativo* nº 858.
5. Considerando a nova redação do art. 28 do CPP, com vigência ainda suspensa no momento da produção deste livro.
6. Em que pese a posição por nós adotada, a CESPE/CEBRASPE, no concurso para Defensor Público Federal de 2017, considerou correta a orientação do STF. Mesma posição adotada pela FUNDATEC no concurso para Delegado de Polícia do Estado do Rio Grande do Sul, realizado em 2018. Logo, para concurso público, sugere-se seguir a orientação do STF.

14.7.1 Consentimento do ofendido

14.7.7.1 Introdução

Para ser considerado como causa excludente de ilicitude, o dissentimento do ofendido não pode se revestir de elemento inerente ao tipo penal. Se o dissentimento for elemento integrante do tipo penal, o consentimento do ofendido terá força para excluir a própria tipicidade da conduta, e não a ilicitude do fato.

Tomemos como exemplo o crime de estupro (CP, art. 213). O dissentimento da vítima, ou seja, a aversão em relação ao ato sexual, constitui elemento integrante do tipo penal, ainda que não expressamente descrito. Com efeito, somente pode ser imputado ao agente a prática de crime de estupro, se a conjunção carnal ou ato libidinoso diverso da conjunção carnal foi realizada mediante violência ou grave ameaça. Esses meios de execução (violência ou grave ameaça) revelam que a vítima não consentiu livremente com o ato sexual, revestindo-se o fato de tipicidade. Se, de outro lado, a vítima consente com o ato sexual, não estará presente um elemento do tipo penal, consistente no dissentimento, razão pela qual o fato será atípico.

Logo, no caso exposto, o consentimento do ofendido constitui causa de exclusão da tipicidade, e não de ilicitude.

O mesmo raciocínio pode ser empregado em relação ao crime de sequestro ou cárcere privado (CP, art. 148). Para que se revista de tipicidade, o fato consistente na privação de liberdade não pode ser admitido pela vítima. Ou seja, caracteriza o crime de sequestro ou cárcere privado quando a vítima tem a sua liberdade privada contra a sua vontade. Se, todavia, a vítima, livre de qualquer tipo de coação, consentir em ter sua liberdade privada, o fato será atípico, pela ausência do dissentimento, elemento implícito do tipo penal que define o crime de sequestro ou cárcere privado.

Pode-se, ainda, citar como exemplo de consentimento do ofendido como causa de exclusão da tipicidade o que ocorre no crime de violação do domicílio (CP, art. 150), em que a permanência do agente no domicílio contra a vontade da vítima é inerente ao tipo penal. Se a vítima consentir que o agente permaneça no seu domicílio, o fato será atípico, por conta da ausência de um elemento integrante do tipo penal.

14.7.7.2 Requisitos

Para que seja reconhecida a causa supralegal de exclusão da ilicitude decorrente do consentimento do ofendido, determinados requisitos deverão ser preenchidos:

a) Bem disponível

O consentimento do ofendido, como causa excludente de ilicitude, incide nos crimes em que o agente é o único titular do bem ou interesse penalmente tutelado, e que pode dele livremente dispor, ou seja, somente em relação a *bens disponíveis.*

As infrações penais que geralmente admitem a possibilidade do consentimento do ofendido, por tutelarem, em regra, bens disponíveis, envolvem: a) crimes contra o patrimônio, praticados sem violência ou grave ameaça; b) crimes contra a integridade física; c) crimes contra a honra; d) crimes contra a liberdade individual.

Assim, se o bem jurídico violado, ainda que seja de ação penal pública incondicionada, atingir interesse prevalentemente individual, poderá ser enquadrado no bloco dos bens jurídicos disponíveis. Imaginemos que o agente está praticando a subtração de um celular, momento em que é avistado pela vítima, que consente com o desapossamento, por considerar que as funções do aparelho já estão superadas. O fato é típico, pois se enquadra na descrição do modelo de conduta proibida prevista no art. 155 do CP; não será, contudo, ilícito, por força do consentimento da vítima, já que se trata de bem disponível.

Em relação a crimes contra a integridade física, evidentemente que se deve guardar certo grau de proporcionalidade. Não cabe excludente de ilicitude na hipótese em que o agente provoca lesões graves ou gravíssimas na vítima. A intensidade das lesões retira dela a possibilidade de dispor da sua integridade corporal, inviabilizando que eventual consentimento retire a ilicitude da conduta do agressor. Assim, consideramos possível a exclusão da ilicitude pelo consentimento do ofendido se resultarem lesões leves, viabilizando que o ofendido disponha da sua integridade corporal, sobretudo porque, no caso específico, o interesse é prevalentemente privado, tanto que, via de regra, o crime de lesão corporal leve é de ação penal pública condicionada à representação (Lei nº 9.099/1995, art. 88). Assim, se o ofendido permitir que o agente lhe desfira um tapa no rosto, causando-lhe lesões leves, o fato será típico, mas não ilícito, por conta do consentimento.

De outro lado, se há interesse coletivo ou prevalente do Estado, a ponto de o particular dele não poder renunciar ou dispor, o bem jurídico será indisponível, inviabilizando a exclusão da ilicitude pelo consentimento do ofendido.

Logo, ainda que uma pessoa consinta que sua vida seja eliminada por terceira pessoa, não há falar em exclusão de ilicitude, porque a tutela da vida é de interesse do Estado, sendo, pois, via de regra, bem indisponível. Diz-se, via de regra, porque, embora em situações muito específicas, o interessado poderá consentir com a eliminação de uma vida, sem que se trate de conduta ilícita, como, por exemplo, no caso de aborto legal no caso de gestação decorrente de estupro (CP, art. 128, II).

b) Capacidade plena do ofendido para consentir

Nos termos do art. 27 do CP, a capacidade plena é atingida quando a pessoa completa 18 anos de idade. Assim, somente os maiores de 18 anos de idade e aqueles que não sofrem de enfermidade mental incapacitante para a compreensão dos atos praticados, poderão dispor do bem tutelado e manifestar o consentimento com a sua violação.

Dessarte, o consentimento, para ser válido, pressupõe que o titular do bem jurídico atingido possua capacidade de entendimento quanto ao caráter e à extensão da autorização.

Poder-se-ia ter a falsa percepção de que o menor de 18 anos e maior de 14 anos de idade não teria capacidade para consentir com o ato sexual, afastando, assim, possibilidade de exclusão da ilicitude. Ocorre, contudo, que, nesses casos, o ato sexual consentido por pessoas maiores de 14 anos não constitui sequer fato típico, por absoluta ausência de previsão legal de que se trata de conduta penalmente proibida. Registre-se, por pertinente, que o consentimento do ofendido menor de 14 anos com o ato sexual não afasta a tipicidade da conduta, conforme dispõe expressamente o art. 217-A, § 5º, do CP.

O consentimento prestado pelo representante legal do ofendido não é válido para fins de reconhecimento da causa de exclusão de ilicitude.

c) Consentimento válido

O consentimento deve ser manifestado livre de qualquer tipo de vício, coação, violência ou ameaça. Também não terá validade se obtido mediante paga ou promessa de recompensa.

Dessarte, o consentimento do ofendido deve ser livre e voluntário, destituído de qualquer mácula capaz de invalidá-lo.

Da mesma forma, o consentimento deve observar a moral e os bons costumes.

d) Consentimento prévio ou concomitante à lesão ao bem jurídico

O consentimento do ofendido deve ser prestado antes ou durante a prática do delito. Assim, no crime de dano, por exemplo, o consentimento deve ser prestado antes ou durante a conduta de danificar, inutilizar ou deteriorar o bem jurídico. O fato será típico, pois previsto no art. 163 do CP, mas não será ilícito por conta do consentimento do ofendido.

Se for prestado após a consumação do delito, o consentimento do ofendido não terá o efeito de excluir a ilicitude do fato. Imaginemos que o agente tenha subtraído um celular da vítima. Após a descoberta da autoria, a vítima, não querendo "se incomodar", consente com que o agente tome definitivamente para si o celular subtraído. Nesse caso, porque o consentimento foi prestado após a consumação do delito de furto, não haverá exclusão da ilicitude.

e) Consentimento expresso

O consentimento deve ser expresso, independentemente se prestado de forma oral ou por escrito. Basta que fique claro o desejo da vítima em consentir com o fato praticado.

Parte da doutrina admite o consentimento presumido ou ficto, desde que seja possível extrair do contexto fático e das circunstâncias do caso concreto, com certo grau de certeza, de que o ofendido anuiu com o fato praticado.

Tecendo considerações sobre o consentimento presumido, Juarez Tavares leciona que:

> O consentimento presumido é sempre invocado no direito médico, quando, muitas vezes, não se pode contar com o consentimento expresso do paciente nem de seu representante para a realização de uma intervenção. Por exemplo, o médico que, diante do agravamento do quadro do paciente, resolve operá-lo de urgência, retirando-lhe o apêndice inflamado.[7]

f) Conhecimento da causa de exclusão

Assim como em todas as causas legais de exclusão, o agente beneficiado deve estar ciente da presença da causa de justificação, ou seja, consciente de que a vítima consentiu previamente com a prática do fato típico.

Não incide, por isso, a excludente supralegal de ilicitude na hipótese de o agente ter subtraído o celular de um amigo, tomando, posteriormente, conhecimento de que a vítima teria manifestado a intenção de presenteá-lo com o celular subtraído. Nesse caso, porque no momento da conduta o agente não tinha ciência do consentimento da vítima, o fato seria típico e ilícito.

14.7.7.3 Consentimento do ofendido em crimes culposos

É perfeitamente possível a aplicação do consentimento do ofendido como causa supralegal de exclusão de ilicitude nos crimes culposos, desde que, à evidência, o bem jurídico violado seja disponível.

A ressalva é que nos crimes culposos o consentimento está relacionado à conduta do agente, e não ao resultado, que é involuntário.

---

7. TAVAREZ, Juarez. *Fundamentos de teoria do delito*. 2. ed. São Paulo: Tirant lo Blanch, 2020. p. 391.

Imaginemos que dois amigos estejam no interior de um veículo trafegando em altíssima velocidade. O amigo sentado no banco do carona anui com o excesso de velocidade, divertindo-se, inclusive, com a situação. Em determinado momento, o motorista perde o controle do veículo e acaba colidindo em uma árvore, resultando lesões corporais no amigo caroneiro. Nesse caso, o fato é típico, mas não será ilícito diante do evidente consentimento do ofendido. Assim, se, eventualmente, o caroneiro resolver oferecer representação pelo crime previsto no art. 303 da Lei nº 9.503/1997 (CTB), o motorista causador do acidente e das lesões corporais culposas poderá invocar a causa supralegal de exclusão da ilicitude.

Cabe, novamente, o registro que somente será possível a incidência da causa de justificação se resultar lesão corporal, já que atinge bem jurídico disponível. Se resultasse a morte do amigo caroneiro, não há que se falar em causa supralegal de exclusão de ilicitude, porque o bem vida atingido é indisponível.

Para acesso ao vídeo, utilize o QR Code ao lado.

15

ESTADO DE NECESSIDADE

15.1 CONCEITO

Nos termos do art. 24 do CP, estado de necessidade é a causa de exclusão da ilicitude do fato praticado por quem, não tendo o dever legal de enfrentar o perigo atual, que não provocou por sua vontade, sacrifica um bem jurídico alheio para salvar bem próprio ou de terceiros, cuja perda não era razoável exigir.

Tanto o bem sacrificado quanto o bem protegido são legítimos. Há, pois, um conflito entre interesses lícitos. Todavia, diante da situação de perigo, o legislador considera razoável sacrificar o bem jurídico de menor valor, para preservar aquele de maior valor.

Se, por exemplo, o condutor do veículo, com a finalidade de evitar a colisão com um pedestre, e, assim, preservar a vida humana, joga seu veículo contra outro que estava estacionado, causando danos, estará abarcado pelo estado de necessidade. Há um conflito de bens jurídicos legítimos: vida humana (bem protegido) e patrimônio alheio (bem sacrificado). Todavia, não era razoável exigir-se o sacrifício da vida humana (bem de maior valor), para preservar o patrimônio alheio (bem de menor valor). Por isso, embora seja típico, já que sua conduta se adéqua ao disposto no art. 163 do CP, o fato não será ilícito, pois presente a excludente consistente no estado de necessidade.

Há divergência na doutrina acerca da essência do estado de necessidade: se constitui faculdade ou um direito do agente. Nesse particular, compartilhamos do entendimento destacado por Cléber Masson, segundo o qual:

> O estado de necessidade constitui-se em faculdade entre os titulares dos bens jurídicos em colisão, uma vez que um deles não está obrigado a suportar a ação alheia, e, simultaneamente, em direito diante do Estado, que deve reconhecer os efeitos descritos em lei. Mais do que um mero direito, portanto, consiste em direito subjetivo do réu, pois o juiz não tem discricionariedade para concedê-lo. Presentes os requisitos legais, tem o magistrado a obrigação de decretar a exclusão da ilicitude.[1]

---

1. MASSON, Cleber. *Direito penal*: parte geral (arts. 1º a 120). 14. ed. Rio de Janeiro: Forense; São Paulo: Método, 2020. v. 1, p. 334.

15.2 ESTADO DE NECESSIDADE JUSTIFICANTE E ESTADO DE NECESSIDADE EXCULPANTE

Há duas principais teorias que buscam estabelecer a distinção e aplicação do estado de necessidade justificante e estado de necessidade exculpante: a) teoria unitária; b) teoria diferenciadora.

Trata-se, basicamente, de estabelecer a incidência da excludente de ilicitude considerando a ponderação entre o valor do bem protegido em detrimento do bem sacrificado.

a) Teoria unitária

É a teoria adotada pelo Código Penal.

Embora o Código Penal não estabeleça expressamente a ponderação de bens, deve-se, à evidência, observar o critério da razoabilidade e proporcionalidade entre o bem protegido e o bem sacrificado.

A teoria unitária não estabelece diferença entre estado de necessidade justificante ou exculpante. Para essa teoria, o estado de necessidade é somente justificante, e incide apenas quando o *bem jurídico protegido for de igual ou maior valor do que o bem jurídico sacrificado.* É o que se extrai do disposto no art. 24 do CP, notadamente na parte que consta "(...) cujo sacrifício, nas circunstâncias, não era razoável exigir-se".

Assim, se para preservar uma vida for necessário sacrificar outra vida ou patrimônio alheio, o fato, embora típico, não será ilícito por conta da incidência do estado de necessidade, já que o bem protegido é de igual ou maior valor do que o bem sacrificado.

De outro lado, se o bem jurídico protegido for de *menor valor* do que o bem jurídico sacrificado, não há exclusão da ilicitude, devendo o agente responder pelo delito, podendo incidir, no entanto, a causa de diminuição da pena prevista no art. 24, § 2º, do CP.

Imaginemos que durante uma situação de perigo, consistente num incêndio, o agente opte por ofender a integridade física de uma pessoa (praticar lesão corporal grave), para salvar seu computador que contém importantes arquivos relacionados à sua empresa. Note que não há estado de necessidade, pois, para salvar bem de menor valor (patrimônio), sacrificou outro de maior valor (integridade corporal). No caso, o agente responderá pelo delito de lesão corporal grave, podendo-se cogitar a incidência da causa de diminuição da pena prevista no art. 24, § 2º, do CP.

b) Teoria diferenciadora

A teoria diferenciadora guarda relação com o critério da ponderação de bens, estabelecendo a diferença entre estado de necessidade justificante e estado de necessidade exculpante.

Para essa teoria, há *estado de necessidade justificante* quando o *bem ou interesse sacrificado for de igual ou menor valor do que o protegido*. Nessa hipótese, embora seja típico, o fato não será ilícito, por conta da incidência de causa excludente de ilicitude.

No *estado de necessidade exculpante, o bem jurídico sacrificado é de valor superior ao do bem jurídico preservado.* Nesse caso, não incide excludente de ilicitude, mas causa excludente de culpabilidade pela inexigibilidade de conduta diversa.

Em síntese, para essa teoria, há estado de necessidade justificante, causa excludente de ilicitude, e estado de necessidade exculpante, causa excludente de culpabilidade.

Essa teoria não é aplicada pelo Código Penal, pelo que forçoso concluir que o estado de necessidade jamais atuará como causa supralegal de exclusão da culpabilidade. Isso se extrai do próprio art. 24, § 2º, do CP, segundo o qual se o sacrifício não for razoável (por ser o bem sacrificado de maior valor do que o protegido), o agente deverá responder pelo crime, tendo apenas direito à redução de pena de 1/3 a 2/3. Ou seja, na hipótese de não ser razoável o sacrifício do direito ameaçado, o agente responderá pelo crime, mas, ao final, poderá ter a pena diminuída de um a dois terços.

Imaginemos que, num incêndio, o agente opte por ofender a integridade física de uma pessoa (praticar lesão corporal grave), para salvar o seu computador, que contém arquivos importantes para sua atividade profissional. Não há que se falar em estado de necessidade, pois, para salvar bem de menor valor, o agente sacrificou outro de maior valor. No caso, não era razoável ofender a integridade física de alguém para salvar um computador, razão pela qual o agente responderá pelo delito de lesão corporal grave, podendo-se cogitar a incidência da causa de diminuição da pena prevista no art. 24, § 2º, do CP.

Embora não tenha sido acolhida pelo Código Penal, a teoria diferenciadora é adotada no Código Penal Militar (Dec.-lei nº 1.001/1969). Com efeito, no art. 39 do CPM[2] há a previsão do estado de necessidade, com excludente de culpabilidade, ao passo que no seu art. 43[3] há a previsão do estado de necessidade, como excludente do crime ou ilicitude.

15.3 ESTADO DE NECESSIDADE AGRESSIVO E ESTADO DE NECESSIDADE DEFENSIVO

Em relação à titularidade do bem sacrificado, ou seja, quanto à pessoa que suporta o prejuízo decorrente do fato praticado diante de uma situação de perigo, costuma-se classificar o estado de necessidade entre agressivo e defensivo, que encontra relevância quanto à reparação do dano na esfera cível.

O *estado de necessidade agressivo* é aquele em que o bem jurídico sacrificado é de um *terceiro inocente*, isto é, daquele que não provocou a situação de perigo. Nesse caso, o agente, para preservar bem jurídico próprio ou de terceiros, pratica um fato típico atingindo bem jurídico de terceiro inocente, sem qualquer vinculação com a situação de perigo.

Imaginemos que Wilson conduzia tranquilamente o seu automóvel quando, em uma descida, percebeu que um enorme caminhão desgovernando se aproximava da traseira de seu veículo, em face de ter perdido a capacidade de frenagem. Para salvar a sua vida, com intuito de sair da trajetória do caminhão desgovernado, Wilson jogou o seu automóvel para o

---

2. "Estado de necessidade, com excludente de culpabilidade.

   Art. 39. Não é igualmente culpado quem, para proteger direito próprio ou de pessoa a quem está ligado por estreitas relações de parentesco ou afeição, contra perigo certo e atual, que não provocou, nem podia de outro modo evitar, sacrifica direito alheio, ainda quando superior ao direito protegido, desde que não lhe era razoavelmente exigível conduta diversa."

3. "Estado de necessidade, como excludente do crime

   Art. 43. Considera-se em estado de necessidade quem pratica o fato para preservar direito seu ou alheio, de perigo certo e atual, que não provocou, nem podia de outro modo evitar, desde que o mal causado, por sua natureza e importância, é consideravelmente inferior ao mal evitado, e o agente não era legalmente obrigado a arrostar o perigo."

acostamento, colidindo com uma condução escolar, que estava estacionada aguardando uma criança. Wilson, no caso, praticou o fato típico descrito como crime de dano (CP, art. 163), mas que não seria ilícito, por conta do estado de necessidade, uma vez que sacrificou bem jurídico de menor valor (patrimônio) para preservar bem jurídico de maior valor (vida).

Todavia, como, no caso, acabou atingindo bem jurídico de terceiro inocente, caracterizando o estado de necessidade agressivo, surge para Wilson o dever de indenizar o dano suportado por terceiro, podendo, no entanto, ajuizar ação regressiva contra o provocador da situação de perigo. É o que se extrai dos arts. 929[4] e 930,[5] ambos do CC.

O *estado de necessidade defensivo* é aquele em que o bem jurídico sacrificado é do *próprio causador da situação de perigo*. Ou seja, o agente, para preservar bem jurídico próprio ou de terceiros, pratica um fato típico, atingindo bem jurídico do próprio provocador da situação de perigo. Nesse caso, à evidência, não incidirá qualquer dever de reparação do dano.

Imaginemos que Ronaldo, num acesso de raiva, tenha ateado fogo numa sala de aula. Paulo, desesperado com a situação de perigo decorrente do incêndio, buscou rapidamente a saída, quando foi interceptado por Ronaldo, que pretendia sair primeiro. Paulo então desfere violento golpe contra Ronaldo, causando-lhe lesões graves, e consegue sair primeiro do local. Paulo praticou fato típico, mas lícito, porque agiu em estado de necessidade defensivo, já que, para preservar sua integridade corporal, atinge bem jurídico do causador da situação de perigo, não incidindo, no caso, qualquer dever de reparar eventual dano causado ao agente provocador.

15.4 REQUISITOS

Os requisitos para a incidência do estado de necessidade estão previstos no art. 24, *caput*, e § 1º, do CP. Tais requisitos são cumulativos, devendo todos estarem presentes para configurar a causa excludente de ilicitude.

Os requisitos para configurar o estado de necessidade são: a) perigo atual; b) ameaça a direito próprio ou alheio; c) situação de perigo não provocado voluntariamente pelo agente; d) inevitabilidade do comportamento lesivo por outro modo; e) razoabilidade da proteção do direito ameaçado em detrimento do bem sacrificado; f) ausência do dever legal de enfrentar o perigo; g) conhecimento da situação do fato justificante.

15.4.1 Perigo atual

A situação de perigo caracteriza o estado de necessidade. O agente pratica um fato típico, para salvar a si próprio ou terceira pessoa de uma situação de perigo. Trata-se da hipótese de o agente estar diante de um fato que exponha seu bem jurídico a uma probabilidade de dano.

Essa situação de perigo pode decorrer de ação humana, evento da natureza ou do comportamento de um animal. De fato, ao contrário do que ocorre na legítima defesa, cuja

---

4. "Art. 929. Se a pessoa lesada, ou o dono da coisa, no caso do inciso II do art. 188, não forem culpados do perigo, assistir-lhes-á direito à indenização do prejuízo que sofreram."
5. "Art. 930. No caso do inciso II do art. 188, se o perigo ocorrer por culpa de terceiro, contra este terá o autor do dano ação regressiva para haver a importância que tiver ressarcido ao lesado.
   Parágrafo único. A mesma ação competirá contra aquele em defesa de quem se causou o dano (art. 188, inciso I)."

reação se volta contra uma agressão humana injusta, o estado de necessidade não está limitado à situação de perigo provocada por ação humana, mas também em decorrência de evento da natureza ou comportamento espontâneo e instintivo de um animal.

Convém destacar alguns exemplos que ilustram bem o contexto de incidência do estado de necessidade:

Wilson ateou fogo em seu apartamento para receber o seguro correspondente. No entanto, não conseguiu sair do imóvel pelas portas e tentou escapar pela janela, com a utilização de uma corda. Todavia, Laura, funcionária da residência, percebendo a situação de perigo, empurra violentamente Wilson para o lado, apossa-se da corda e consegue sair do local. Laura agiu em estado de necessidade, em decorrência de um perigo provocado por ação humana.

Fabiano e Fernando disputam o único colete salva-vidas durante o naufrágio de um barco, provocado por uma tempestade. Fabiano, para alcançar o único colete salva-vidas que restou na embarcação, agride violentamente Fernando, causando-lhe lesões corporais graves. Fabiano agiu em estado de necessidade, diante da situação de perigo decorrente de evento da natureza.

Durante um passeio pela fazenda da família, Candi caminhava com seu filho, de 5 anos de idade, quando um touro bravo surgiu e passou a atacar a criança. Diante da situação de risco para a integridade física do filho, Candi pegou um machado que estava no chão e passou a golpear o animal, vindo a causar sua morte. Nesse caso, Candi agiu em estado de necessidade, diante do perigo decorrente do comportamento de um animal.

Sávio e Felipe estavam em uma embarcação no rio Camaquã, na cidade de São Luiz Gonzaga/RS. Sem qualquer motivo aparente, a pequena embarcação perdeu a estabilidade e começou a virar. Sávio, que não sabia nadar, como única forma de evitar um naufrágio, empurrou Felipe para fora da embarcação, acarretando sua morte por afogamento. Nesse caso, embora seja típico, o fato não será ilícito, já que Sávio agiu em estado de necessidade.

Luvanor, motorista de ônibus, percebe que o veículo ficou sem freios e, para não colidir no final de uma ladeira, deliberadamente, amortece o impacto batendo no carro de Lucas que se encontrava estacionado na lateral da via, causando danos ao veículo atingido. Embora seja típico, pois se enquadra na figura descrita no art. 163 do CP, o fato não será ilícito, diante da incidência do estado de necessidade.

Situações da vida real também poderiam ser inseridas no campo de abrangência do estado de necessidade, como, por exemplo, o acidente conhecido como "tragédia dos Andes" ou "milagre dos Andes". No dia 13 de outubro de 1972, um avião da Força Aérea Uruguaia sobrevoava a Cordilheira dos Andes transportando a equipe de *rugby* do Uruguai para jogar uma partida no Chile, quando ocorreu um acidente, caindo no banco de neve. Dos 45 passageiros, 18 morreram no acidente ou pouco depois. Os sobreviventes tinham pouca comida e, em condição de frio extremo, nenhuma fonte de calor. Diante da fome intensa, os sobreviventes passaram a se alimentar da carne dos passageiros mortos, que havia sido preservada na neve. A conduta dos sobreviventes se enquadra no tipo penal que define o vilipêndio de cadáver (CP, art. 212), mas não será ilícita, diante do estado de necessidade.

Se Pedro, sem habilitação para dirigir, transportar em veículo pessoa gravemente enferma, em alta velocidade, gerando perigo de dano em via pública, não pode ser responsabilizado por prática do crime de dirigir veículo em via pública, sem habilitação (CTB, art. 309), por estar amparado pelo estado de necessidade.

O STJ reconheceu o estado de necessidade em relação a acusado pela prática do crime do art. 184, § 2º, do CP, sob o fundamento de que o agente era pessoa simples, de parcos rendimentos, e a única forma que encontrou para retirar o sustento foi com a venda de CDs e DVDs piratas.[6]

Conforme consta no Código Penal, o estado de necessidade incide diante de *perigo atual, silenciando acerca da possibilidade de incidir diante de perigo iminente*. Perigo atual é aquele que está acontecendo; perigo iminente é aquele que está prestes a acontecer, com grande probabilidade de causar dano a determinado bem jurídico.

Diante disso, surgiu a controvérsia sobre a possibilidade de se alegar estado de necessidade diante de perigo iminente.

Aqueles que pregam a incidência do estado de necessidade somente diante do perigo atual fundamentam que, ao contrário do dispositivo que trata da legítima defesa (CP, art. 25), em que expressamente consta a possibilidade de reação a agressão injusta atual ou iminente, o artigo que trata do estado de necessidade (CP, art. 24) não contemplou a iminência do perigo.

Não obstante as posições contrárias, consideramos que o perigo atual contempla também o *dano iminente*. E dano iminente não se confunde com perigo iminente. Com efeito, perigo iminente denota acontecimento futuro distante, podendo, ainda, de certo modo, ser improvável, o que relativiza a probabilidade do dano.

Consideremos, por exemplo, a seguinte situação real: *Sites* especializados noticiaram que um navio com mais de um milhão de barris de petróleo corria risco de afundar.[7] Monitorando a situação, as autoridades competentes verificaram que, embora o risco premente, o comportamento das correntes marítimas e as condições meteorológicas revelavam a possibilidade de o naufrágio não se concretizar. Nota-se, na situação exposta, perigo iminente, consistente na probabilidade de futuro naufrágio, mas que, à evidência, não autoriza que um tripulante da embarcação pratique fato típico contra outro para tomar um bote salva-vidas e abandonar o navio. Com efeito, não se justificaria, no caso, lesionar ou matar uma pessoa para ocupar um bote salva-vidas, porque o navio corria risco de no futuro afundar, havendo, no entanto, probabilidade de o infortúnio não se concretizar. Há perigo iminente, e não dano iminente.

O dano iminente, por sua vez, carrega forte probabilidade de incidência a qualquer momento. O perigo é atual e o dano iminente, o que viabiliza a incidência do estado de necessidade. É o caso do navio se chocar contra recifes de corais, iniciando o processo de naufrágio, que pode durar algumas horas. O perigo é atual e o dano é iminente, autorizando a prática de um fato típico acobertado pelo estado de necessidade.[8]

---

6. STJ, AgRg no REsp nº 1407834/SP, rel. Min. Sebastião Reis Júnior, 6ª T., j. 14-10-2014.

7. Disponível em: https://g1.globo.com/mundo/noticia/2020/10/21/navio-venezuelano-com-mais-de-1-milhao-de-barris-de-petroleo-corre-risco-de-afundar.ghtml. Noticiado em 21-10-2020.

8. No concurso para Promotor de Justiça do MP/MG, realizado em 2012, a banca examinadora considerou falsa a seguinte afirmativa: "Embora o código fale apenas em perigo atual, admite-se, doutrinariamente (princípio da razoabilidade da exigência de sacrifício), estado de necessidade justificante em face de perigo iminente, não provocado pela vontade do agente, ainda que possível, de outro modo, evitá-lo". No concurso para Agente e Escrivão da Polícia da PC/PB, realizado em 2009, a banca CESPE/CEBRASPE, considerou incorreta a alternativa

Como sustenta Cezar Roberto Bitencourt "embora o nosso Código Penal preveja, para o estado de necessidade, somente o perigo atual, aceita o requisito da iminência do dano, aliás, a iminência de dano é a prova real e indiscutível da existência do perigo concreto".[9]

O perigo futuro ou suposto, bem como o pretérito, considerado aquele que se verificou no passado e cessou, não autoriza a incidência do estado de necessidade.

15.4.2 Ameaça a direito próprio ou alheio: estado de necessidade próprio e de terceiro

A expressão "direito", contida no art. 24 do CP, deve ser interpretada de forma abrangente, atingindo qualquer bem jurídico, próprio ou de terceiros, exposto a perigo, tais como a vida, a integridade física, a honra, a liberdade e o patrimônio.

Em relação ao terceiro, não se exige qualquer relação jurídica entre o agente que age em estado de necessidade e o terceiro, sendo, pois, dispensável qualquer relação de parentesco, amizade ou subordinação entre o agente e o terceiro necessitado. Assim, é perfeitamente possível arguir estado de necessidade para defesa de bem jurídico de pessoa desconhecida.

15.4.3 Situação de perigo não provocada voluntariamente pelo agente

Conforme expressamente dispõe o art. 24 do CP, aquele que provocou voluntariamente a situação de perigo não está amparado pelo estado de necessidade. É o que se extrai da expressão "que não provocou por sua vontade".

De fato, parece sintomática e lógica a previsão do legislador, já que o ordenamento jurídico não pode referendar sacrifício de um direito, beneficiando com uma causa de exclusão de ilicitude agente que provocou, de forma voluntária, uma situação de perigo.

> Exemplo: Fernando mora no 3º andar de prédio de sua propriedade. Com ele reside um colega de escritório. Com a intenção de receber seguro, Fernando ateia fogo no apartamento. O incêndio, porém, assume rapidamente proporções inesperadas e bloqueia praticamente todas as saídas. Fernando, neste momento, percebe que o colega pretendia usar uma corda para descer pela janela e sair do local. Neste momento, Fernando mata o companheiro para pegar a corda, conseguindo descer pela janela e, ao final, salvar-se do incêndio. Fernando deverá responder pelo crime de homicídio em relação ao colega, pois o fato que praticou não encontra amparo no estado de necessidade, já que foi quem provocou voluntariamente a situação de perigo.

Não se discute, na hipótese de provocação dolosa do perigo, a impossibilidade de incidência do estado de necessidade. Todavia, a discussão doutrinária se acentua em relação à hipótese de o agente ter provocado a situação de perigo culposamente.

Cléber Masson defende a impossibilidade da incidência do estado de necessidade em favor de quem provocou culposamente a situação de perigo, afirmando que:

> Com efeito, além da culpa também ser voluntária em sua origem (involuntário é somente o resultado naturalístico), o Direito não pode ser piedoso com os incautos e

que considerava em estado de necessidade quem pratica o fato para salvar direito próprio ou alheio de perigo iminente.

9. BITENCOURT, Cezar Roberto. *Tratado de direito penal:* parte geral. 17. ed. São Paulo: Saraiva, 2012. p. 418.

> imprudentes, autorizando o sacrifício de bens jurídicos alheios, em regra de terceiros inocentes para acobertar com o manto da impunidade fatos típicos praticados por quem deu causa a uma situação de perigo.[10]

Em sentido contrário, Cezar Roberto Bitencourt leciona que

> a expressão do Código "que não provocou por sua vontade" deve ser entendida como sinônima de "que não provocou intencionalmente a situação de perigo". Dessa forma a simples circunstância de ter gerado uma situação de perigo para o bem jurídico (por exemplo, dirigir em velocidade inadequada, acima do limite permitido para o local), que origina uma situação de necessidade (imagine-se que um pedestre inicia a travessia pela faixa), por si só, não impede a alegação do estado de necessidade, pois a vontade ou intenção não era de criar perigo ou estado de necessidade para um determinado bem jurídico, mas simplesmente dirigir em velocidade não recomendada.[11]

Compartilhamos do entendimento daqueles que consideram a impossibilidade de estado de necessidade somente em relação ao agente que provocou a situação de perigo dolosamente, viabilizando a incidência da excludente de ilicitude também na hipótese de o perigo ter sido provocado culposamente.

O requisito da ausência de voluntariedade está vinculado ao resultado que o agente pretende produzir a partir da provocação da situação de perigo, e não necessariamente em relação à conduta do agente. Afigura-se, com efeito, sintomático afastar qualquer possibilidade de exclusão da ilicitude em relação ao agente que provocou a situação de perigo desejado ou assumindo o risco da produção de determinado resultado.

Diferente se apresenta a situação do agente que, de forma involuntária em relação a qualquer resultado, provoca uma situação de perigo. De fato, não parece razoável afastar a incidência da excludente de ilicitude em relação ao agente que, por descuido, provocou um incêndio, e, para se salvar, teve de provocar lesões corporais na pessoa que estava à sua frente trancando a passagem.

Imaginemos, ainda, a situação de um motorista imprudente que, após provocar a colisão em ônibus de excursão, causando lesões em vários passageiros, empreenda fuga do local do acidente sem prestar socorro, para se salvar do perigo real de agressões por parte das vítimas e demais passageiros. O motorista provocou culposamente a situação de perigo, ainda que contra si mesmo. Se considerarmos o entendimento de que o perigo não pode ser provocado nem dolosamente nem culposamente, teremos de admitir que a postura adotada pelo agente não estaria abarcada pelo estado de necessidade, devendo o motorista imprudente responder pelas lesões corporais e pela fuga do local do acidente, ainda que tenha sido para preservar sua integridade corporal, solução que não nos parece razoável.

15.4.4 Inevitabilidade do comportamento lesivo

Para a incidência do estado de necessidade, deve-se verificar a impossibilidade de evitar o perigo de outro modo, que não o adotado pelo agente necessitado. Em outras palavras, o agente, nas circunstâncias, não podia de outro modo exercer a proteção do bem jurídico, senão sacrificando o bem jurídico alheio.

---

10. MASSON, Cleber. *Direito penal esquematizado:* parte geral. 11. ed. Rio de Janeiro: Forense; São Paulo: Método, 2017. v. 1, p. 337.
11. BITENCOURT, Cezar Roberto. Op. cit., 2012, p. 420.

Se, nas circunstâncias, existir outro modo menos lesivo para a proteção do bem jurídico ameaçado pela situação de perigo, não há que se falar em estado de necessidade.

O agente estará autorizado a praticar um fato típico quando for absolutamente imprescindível para evitar a lesão ao bem jurídico. Se possível afastar o perigo por qualquer outro meio, deve o agente se abster de sacrificar bem jurídico alheio. Isso porque o estado de necessidade apresenta um caráter de subsidiariedade, ou seja, entre sacrificar o bem jurídico e se afastar da situação de risco, deverá por essa solução optar o agente.

Assim, se, por exemplo, para se salvar do ataque de um cão bravio for possível ao agente empreender fuga, ou se proteger em local seguro, não poderá matar o animal e depois alegar ter agido em estado de necessidade, porquanto havia outro modo de impedir a lesão ao seu bem jurídico.

Agora, se não podia de outro modo se salvar do ataque do cão, senão golpear o animal com um pedaço de madeira, o agente poderá alegar estado de necessidade.

15.4.5 Razoabilidade da proteção do direito ameaçado em detrimento do bem sacrificado

Como corolário da teoria unitária, que consagra o estado de necessidade justificante, deve-se guardar proporcionalidade entre o bem ou interesse protegido e o sacrificado. Trata-se, na verdade, de uma ponderação de bens insculpida na parte final do art. 24 do CP, ao admitir o estado de necessidade, para proteger direito próprio ou alheio "cujo sacrifício, nas circunstâncias, não era razoável exigir-se".

Logo, forçoso concluir que a admissibilidade do estado de necessidade é orientada pelo princípio da razoabilidade e proporcionalidade entre o bem sacrificado e o bem protegido.

O bem protegido deve ser de igual ou maior valor do que o bem sacrificado. Somente observando esse critério de razoabilidade é que se pode admitir o estado de necessidade. Assim, se o agente sacrificar um patrimônio ou até mesmo vida alheia para salvar a sua vida, o fato típico praticado não será ilícito, pois amparado pelo estado de necessidade.

De outro lado, se o agente sacrificar uma vida para salvar um patrimônio, haverá fato típico e ilícito, já que sua conduta não estará amparada pelo estado de necessidade, uma vez que o bem sacrificado (vida) é de maior valor do que o bem protegido (patrimônio).

Em síntese:

BEM PROTEGIDO	BEM SACRIFICADO	ESTADO DE NECESSIDADE
Vida	Patrimônio	Sim
Vida	Vida	Sim
Patrimônio	Vida	Não

15.4.6 Ausência do dever legal de enfrentar o perigo

Nos termos do art. 24, § 1º, do CP, "Não pode alegar estado de necessidade quem tinha o dever legal de enfrentar o perigo". Assim, por força desse dispositivo, quando a lei impuser ao agente o dever de enfrentar o perigo, deve ele buscar salvar o bem ameaçado sem sacrificar outro qualquer, ainda que tenha de correr os riscos inerentes à sua função.

Nessa condição situam-se várias profissões, que, por sua natureza e essência, carregam o dever de enfrentar o perigo. São agentes que assumiram o compromisso de enfrentar o perigo, não podendo renunciar a esse dever sob o pretexto de estar em estado de necessidade. Estão inseridos nesse contexto os policiais, bombeiros, salva-vidas, dentre outros agentes que assumiram o dever de enfrentar o perigo.

Assim, um bombeiro não pode deixar de praticar, sem risco extremo pessoal, um salvamento perfeitamente possível de ser realizado, valendo-se do treinamento que possui e equipamentos inerentes à sua atividade, a pretexto de estar diante de uma situação de perigo e alegar estado de necessidade. A omissão desse bombeiro é penalmente relevante, podendo ser responsabilizado criminalmente pelo resultado produzido, já que não poderá se escorar na excludente de ilicitude.

Importante destacar que a razoabilidade também se aplica em relação ao dever legal de enfrentar o perigo. Isso significa dizer que aquele que tem o dever legal de enfrentar o perigo não está obrigado a atos de heroísmo, a ponto de sacrificar sua vida em detrimento de outra. Assim, age impelido por estado de necessidade o bombeiro que se recusa a ingressar em prédio onde há incêndio de grandes proporções, com iminente risco de desabamento, para salvar a vida de alguém que se encontra em andar alto e que tenha poucas chances de sobreviver, dada a possibilidade de intoxicação por fumaça, se houver risco para sua própria vida.

O critério da razoabilidade também prepondera em relação à ponderação de bens. Não é razoável exigir daquele a quem é imposto o dever legal de enfrentar o perigo sacrifício da sua vida ou integridade corporal para salvar um patrimônio do perigo. Assim, não estará o bombeiro obrigado a ingressar numa residência em chamas para salvar o computador do morador.

O art. 24, § 1º, do CP faz expressa menção ao agente que tinha o "dever legal" de enfrentar o perigo, gerando discussão doutrinária acerca do alcance dessa expressão, abrangendo também o dever jurídico, assim considerado como sendo aquele que não decorre de lei, mas de contrato ou de outro modo de assunção do compromisso de enfrentar o perigo.

Nélson Hungria considerava que somente o dever decorrente da lei inviabiliza a invocação do estado de necessidade. Se o Código Penal dispõe expressamente que se trata de dever legal, não cabe ampliar o alcance da norma para atingir também o dever contratual.[12]

Todavia, prevalece o entendimento que a expressão dever legal abarca também o dever jurídico, aquele não decorrente de lei, mas de contrato ou outra forma de assunção do dever de enfrentar o perigo. E o principal argumento está expresso na Exposição de Motivos da Parte Geral de 1940, não alterada, nesse aspecto, pela atual redação, conforme leciona Guilherme de Souza Nucci:

> No prisma da ampliação do significado, pode-se citar o disposto na Exposição de Motivos da Parte Geral de 1940 (não alterada pela atual), item 23: "A abnegação em face do perigo só é exigível quando corresponde a um especial *dever jurídico*". Por isso, tem o dever de enfrentar o perigo tanto o policial (dever advindo de lei), quanto o segurança particular contratado para a proteção do seu empregador (dever jurídico advindo do contrato de trabalho).[13]

Imaginemos, por exemplo, que José Valdir tenha contratado Sávio como segurança particular do seu filho, chamado Vinicius. Em uma tarde de sábado, em uma rua movimentada da cidade, Vinícius foi vítima de agressão, sofrendo lesões corporais graves. Sávio,

12. HUNGRIA, Nélson. *Comentários ao Código Penal*. Rio de Janeiro: Forense, 1949. v. 1, p. 442.
13. NUCCI, Guilherme de Souza. *Manual de direito penal*. 9. ed. São Paulo: Revista dos Tribunais, 2013. p. 272.

que estava no local do ocorrido, mesmo lhe sendo possível, não reagiu porque temeu por sua integridade corporal, e porque considerou que não tinha o dever de enfrentar o perigo. Nessa situação hipotética, é possível inferir que Sávio, ao contrário do que pensou, tinha obrigação de enfrentar os agressores, pois, além de decorrer da lei, o dever também é jurídico, podendo advir de um contrato de trabalho. Logo, a omissão de Sávio é penalmente relevante, razão pela qual deveria responder pelas lesões graves sofridas pela vítima, não lhe amparando, no caso, a excludente de ilicitude consistente no estado de necessidade.

15.4.7 Elemento subjetivo do fato justificante

Como exposto alhures, para que seja reconhecida a incidência de uma excludente da ilicitude, é preciso que o agente tenha conhecimento da causa justificante. Em outras palavras, afigura-se necessário que o agente pratique o fato típico consciente de que está diante de uma situação de perigo.

Com efeito, o conhecimento do elemento subjetivo não está restrito ao tipo penal incriminador, devendo estar presente também no tipo penal permissivo. O elemento subjetivo contempla todo o injusto penal, assim compreendido como a junção do fato típico e a ilicitude.

O elemento subjetivo do estado de necessidade deve integrar toda a situação justificante, ou seja, o agente deve ter conhecimento da situação de perigo atual, que não podia de outro modo evitá-lo. Deve estar consciente de que está sacrificando determinado bem jurídico para preservar outro de igual ou maior valor de uma situação de perigo.

Dessarte, o elemento subjetivo deve estar vinculado ao estado anímico consistente na proteção de um bem jurídico em perigo atual. Se outra razão mover o agente, que não seja a de preservar o bem jurídico em perigo, não incidirá a causa justificante.

Assim, o médico que, sabendo que sua amante, grávida de um filho seu, corre risco de morrer em decorrência de complicações da gestação, a submete a aborto, com o intuito de evitar que sua esposa tome conhecimento da gravidez, não estará abarcado pelo estado de necessidade justificante. Logo, responderá pelo crime de aborto provocado sem o consentimento da gestante (CP, art. 125). Isso porque o elemento subjetivo que moveu o médico a interromper a gravidez com a morte do feto não foi a preservação da vida da gestante, mas a ocultação do seu adultério.

De outro lado, o médico que, sabendo que sua amante, grávida de um filho seu, corre risco de morrer em decorrência de complicações da gravidez, a submete a aborto, com o intuito de preservar a vida da gestante, estará abarcado pela causa justificante consistente no aborto legal, estado de necessidade específico previsto no art. 128, I, do CP.

15.5 CAUSA DE DIMINUIÇÃO DA PENA

O art. 24, § 2º, do CP, prevê uma causa de diminuição da pena no contexto da situação de perigo. Se a conduta adotada pelo agente não for suficiente para caracterizar a exclusão do crime, por força do estado de necessidade, poderá, conforme as circunstâncias, constituir causa de diminuição da pena, quando razoável exigir-se o sacrifício do direito ameaçado.

A redação desse dispositivo, embora curta, é intrincada. Significa, em apertada e objetiva síntese, não ser razoável admitir o sacrifício de bem de maior valor para preservar outro de menor valor. Ou seja, por ser bem de menor valor, seria razoável exigir o sacrifício do bem ameaçado, razão pela qual não autorizava o agente a praticar o fato típico para preservá-lo.

Por isso, na hipótese de sacrificar bem jurídico de maior valor, conquanto não autorize a exclusão da ilicitude, mas que, nas circunstâncias, até era razoável admitir o seu sacrifício, poderá o agente ser beneficiado pela redução da pena de um a dois terços.

Não é razoável admitir, por exemplo, lesionar gravemente uma pessoa para salvar um objeto de elevado valor sentimental ou patrimonial. Nesse caso, o agente responderá pelo crime de lesão corporal grave, podendo-se cogitar a incidência da causa de diminuição da pena de um a dois terços, em razão da menor reprovabilidade da sua conduta, já que praticou o fato típico, ilícito e culpável para salvar objeto de elevado valor sentimental ou patrimonial.

Consideremos outra hipótese, adaptando um dos exemplos mencionado acima. Imaginemos que Luvanor, motorista de ônibus, percebe que o veículo ficou sem freios e, para não colidir no final de uma ladeira e sofrer lesões corporais, deliberadamente, joga o veículo sobre a calçada onde transitava um pedestre, causando-lhe a morte em decorrência do atropelamento. A vida do pedestre é de maior valor do que eventual lesão corporal que pudesse ser sofrida pelo motorista do ônibus. Logo, não incide a excludente de ilicitude consistente no estado de necessidade, razão pela qual o agente responderá pelo crime de homicídio culposo na condução de veículo automotor (CTB, art. 302). Todavia, diante das circunstâncias que envolveram o caso concreto, o motorista do ônibus poderá ter a sua pena diminuída de um a dois terços.

Um último exemplo. Imaginemos a seguinte situação: Luiz Henrique e Guigui, professores de um grande curso preparatório, foram escalados para ministrar uma aula interdisciplinar na mesma sala, quando se inicia um incêndio no local em razão de problemas na fiação elétrica, mas ainda sem maiores proporções. Existe apenas uma pequena porta que permite a saída das pessoas da sala de aula. Quando Luiz Henrique, que estava mais próximo da porta, desloca-se em direção à saída, Guigui, que, além de professor, era policial e estava com sua arma na mochila, desesperado, por considerar que poderia se lesionar se esperasse a saída do companheiro, desfere um disparo de arma de fogo na cabeça do colega de trabalho e passa à sua frente, deixando a sala de aula.

Nota-se que Guigui sacrificou a vida de Luiz Henrique para preservar sua integridade corporal, mesmo verificando que o fogo ainda não atingira grandes proporções. A vida, evidentemente, é um bem de valor superior à integridade corporal. No caso exposto, embora presente a situação de perigo não provocada por sua vontade, era mais razoável exigir-se de Guigui agir de outro modo ou, até mesmo, o sacrifício do direito ameaçado (sua integridade corporal) em detrimento do direito efetivamente sacrificado (vida), razão pela qual Guigui responderá pelo crime de homicídio, podendo, no entanto, ser reduzida a pena, uma vez que o fato típico, ilícito e culpável foi praticado em decorrência da situação de perigo, o que ameniza a reprovabilidade da conduta por ele desenvolvida.

Convém destacar que a causa de diminuição da pena se aplica na hipótese de estado de necessidade exculpante (sacrificar bem de maior valor para preservar bem de menor valor), já que o estado de necessidade justificante (sacrificar bem de menor valor para preservar bem de igual ou maior valor) gera a exclusão da ilicitude. E, ainda, desde que, conforme admitido por boa parte da doutrina, não caracterize hipótese de inexigibilidade de conduta diversa, redundando na exclusão da culpabilidade.

15.6 ESTADO DE NECESSIDADE ESPECÍFICO

O art. 24 do CP prevê os requisitos para aplicação do estado de necessidade em situações genéricas. Há, na parte especial do Código Penal, hipóteses específicas de estado de necessidade.

O exemplo mais clássico está inserido no art. 128, I, do CP, que trata do aborto necessário, no qual o médico está autorizado a sacrificar a vida do feto, se não há outro meio para preservar a vida da gestante.

Pode-se, ainda, mencionar a hipótese do art. 146, § 3º, do CP, que caracteriza situação específica de estado de necessidade no contexto de constrangimento ilegal, sendo autorizado pelo legislador o emprego de violência ou grave ameaça para constranger o paciente a se submeter a intervenção médica ou cirúrgica, sem o seu consentimento ou de seu representante legal, se justificada por iminente perigo de vida, bem como para impedir o suicídio de alguém.[14]

Da mesma forma, há exclusão do crime de violação de domicílio, se o agente entrou em casa alheia quando algum crime está sendo ali praticado ou na iminência de o ser, bem como em caso de desastre ou para prestar socorro a alguém (CP, art. 150, § 3º, II; CF, art. 5º, XI).

15.7 ESTADO DE NECESSIDADE E SITUAÇÃO ECONÔMICA (FURTO FAMÉLICO)

Como dito, o estado de necessidade incide num contexto de conflitos de interesses legítimos, devendo prevalecer o critério da razoabilidade e proporcionalidade para medir a ponderação na valoração dos bens em situação de perigo.

No caso do furto famélico, estabelece-se o conflito entre a saúde do agente e o patrimônio de outrem. E, nesse particular, embora a dificuldade econômica gere perigo à sobrevivência de uma pessoa, nem sempre irá se sobrepor ao bem jurídico alheio.

Com efeito, a mera alegação de dificuldade financeira não se afigura suficiente para justificar a exclusão do crime. É necessário, para viabilizar a incidência da excludente de ilicitude, que reste demonstrado o estado de miserabilidade extrema, situação de penúria suscetível a caracterizar eventual perigo à saúde do agente ou da sua família.

Em outras palavras, somente se admite o estado de necessidade, consistente no furto famélico, em situações excepcionais, evidentemente extremas, em que o agente, diante do elevado grau de miserabilidade, após esgotadas as possibilidades de buscar alimento de forma lícita, não havendo, portanto, outro modo, subtrai, em ato extremo, alimentos básicos para saciar sua fome e/ou de sua família. Nesse caso, fica evidente que a saúde de uma pessoa prepondera sobre o patrimônio alheio.

Imaginemos, por exemplo, a hipótese de uma mulher que reside numa humilde casa com seu filho de 2 anos de idade. Desempregada e sem ter familiares por perto e nem outros conhecidos, conseguia alimentar seu filho a partir de ajudas recebidas de desconhecidos. Em determinado dia, não mais aguentando a situação e vendo o filho chorar e ficar doente em razão da ausência de alimentação, após não conseguir emprego ou ajuda, a aflita mãe decidiu ingressar em um grande supermercado da região, e subtraiu dois pacotes de macarrão, com a intenção de preparar o alimento para dar ao seu filho. Trata-se, sem dúvida, de fato formalmente típico[15], mas praticado em evidente situação de perigo atual decorrente da

14. Convém registrar que alguns autores consideram se tratar de causa excludente de tipicidade, o que será objeto de análise mais aprofundada no nosso *Manual* – Parte Especial.

15. Pode-se, ainda, cogitar da incidência do princípio da insignificância, tornando o fato materialmente atípico.

debilidade da saúde do filho pela falta de alimento. Trata-se, na hipótese, de furto famélico, causa de exclusão de ilicitude pelo estado de necessidade.

O STJ, no contexto de subtração de uma peça de carne bovina em supermercado, considerou a aplicação do furto famélico no caso de o agente "encontrar-se desempregado, em situação de hipossuficiência social, uma vez que faz tratamento clínico, recebendo tão somente o valor do bolsa-família".[16]

15.8 ESTADO DE NECESSIDADE RECÍPROCO

O estado de necessidade está inserido no contexto de conflito de interesses legítimos. Não há, pois, um interesse que deva ser rechaçado; muito pelo contrário, ambos são tutelados e protegidos pelo direito.

Diante disso, o ordenamento jurídico autoriza os envolvidos a praticarem fato típico para preservar seus interesses ou bens diante de uma situação de perigo. Há, na hipótese, dois ou mais interesses distintos em conflito, cuja proteção é legitimada pelo direito.

Daí que surge a possibilidade do estado de necessidade recíproco, assim compreendido como sendo aquele em que duas ou mais pessoas atuam uma contra as outras para preservarem seus bens ou interesses diante de uma situação de perigo comum. E, nesse embate, o Estado permanece neutro, já que a disputa se desenrola para preservar bens lícitos.

> Exemplo: Fabiano e Fernando disputam o único colete salva-vidas durante o naufrágio de um barco, provocado por uma tempestade. Ambos estão em situação de perigo comum. Fabiano e Fernando passam então a travar uma disputa para a preservação de bens legítimos (a vida de cada um deles). Se ambos sobreviverem, depois de terem mutuamente se agredido para se salvarem, nenhum deles poderá ser responsabilizado criminalmente pelas lesões corporais praticadas um contra o outro, pois estarão amparados pelo estado de necessidade.

Dessarte, é perfeitamente possível estado de necessidade contra estado de necessidade, também denominado estado de necessidade recíproco.

15.9 ESTADO DE NECESSIDADE E COMUNICABILIDADE

Embora permaneça hígido o fato típico, o estado de necessidade exclui o crime. Logo, uma vez excluído o crime ou contravenção penal em relação a um dos agentes, corolário lógico que a excludente de ilicitude alcançará também todos aqueles que, de qualquer modo, na condição de coautor ou partícipe, contribuíram na prática de determinado fato para o salvamento de um perigo atual.

Assim, se, por exemplo, um dos agentes auxiliar o outro a se apossar de veículo alheio como único modo de levar ao hospital alguém gravemente enfermo, com evidente risco de morte, também estará amparado pela causa justificante. Em outras palavras, tanto aquele que subtraiu o veículo quanto aquele que levou a pessoa enferma para o hospital estarão acobertados pelo manto do estado de necessidade.

---

16. STJ, HC nº 418945/SP, rel. Min. Reynaldo Soares da Fonseca, 5ª T., j. 7-12-2017.

15.10 ESTADO DE NECESSIDADE E ERRO NA EXECUÇÃO

Ocorre erro na execução ou *aberratio ictus*, quando, por acidente ou erro no uso dos meios de execução, o agente, em vez de atingir a pessoa que pretendia ofender, atinge pessoa diversa (CP, art. 73).

Embora o art. 73 do CP guarde relação com erro na execução envolvendo pessoa pretendida e pessoa diversa, parte da doutrina considera que também incide a *aberratio ictus*, quando, por acidente ou erro no uso dos meios de execução, atinge pessoa ou objeto diverso do desejado, com a finalidade de proteger determinado bem jurídico de uma situação de perigo atual, não provocado pelo agente.

Consideremos a seguinte situação: Carlos e seu filho de 10 anos caminhavam por uma rua com pouco movimento e bastante escura, já de madrugada, quando são surpreendidos com a vinda de um cão *pitbull* na direção deles. Quando o animal iniciou o ataque contra a criança, Carlos, que estava armado e tinha autorização para assim se encontrar, efetuou um disparo na direção do cão, que não foi atingido, ricocheteando a bala em uma pedra e acabando por atingir o dono do animal, Leandro, que chegava correndo em sua busca, pois notou que ele fugira clandestinamente da casa. A vítima atingida veio a falecer, ficando constatado que Carlos não teria outro modo de agir para evitar o ataque do cão contra o seu filho, não sendo sua conduta tachada de descuidada. Diante desse quadro, Carlos atuou em estado de necessidade e não deve responder pela morte de Leandro.[17]

Sinala-se, por pertinente, que Rogério Greco considera a situação exposta como sendo hipótese de *aberratio criminis*. Segundo o nobre Procurador de Justiça aposentado:

> Nessa hipótese, podemos perceber que quando atiramos em direção ao cão estamos diante de um estado de necessidade defensivo. Note-se que com relação à pessoa atingida não havia qualquer das espécies de estado de necessidade (defensivo ou agressivo). Quando o projétil, desviando-se do seu alvo, atinge uma pessoa, ocorrerá a hipótese de *aberratio criminis* (resultado diverso do pretendido), prevista no art. 74 do CP. Contudo, tal resultado aberrante, vale dizer, lesão sofrida por aquele que passava pelo local, não poderá ser atribuído ao agente, que se encontra amparado pela causa de justificação do estado de necessidade.[18]

Parece-nos com razão Rogério Greco.

O art. 73 do CP, que trata do erro na execução, prevê expressamente que o acidente ou erro no uso dos meios de execução envolve a pessoa pretendida e a pessoa efetivamente atingida. Ou seja, a relação estabelecida no artigo é entre pessoas (pessoa pretendida e a pessoa diversa).

O art. 74 do CP, por seu turno, trata de resultado diverso do pretendido, ou seja, por acidente ou erro no uso dos meios de execução, o agente pretendendo atingir determinado bem jurídico, visando um resultado, acaba atingindo bem jurídico diverso, produzindo resultado diverso do pretendido.

É o que se extrai do exemplo acima. O agente, para se salvar da situação de perigo, pretende praticar o fato típico consistente no dano (CP, art. 163) ou maus-tratos contra animais (Lei nº 9.605/1998, art. 32), em relação ao cão bravio, mas, por acidente, acaba atingindo uma pessoa, causando-lhe a morte, produzindo, assim, resultado diverso do pretendido (CP, art. 121, § 3º), amparado pela excludente de ilicitude.

---

17. Exemplo extraído de questão cobrada no XVI Exame da OAB.
18. GRECO, Rogério. *Curso de direito penal:* parte geral. 19. ed. Niterói: Impetus, 2017. p. 440.

Por isso, embora incida a exclusão do crime tanto na hipótese de erro na execução, quanto de *aberratio criminis*, consideramos que efetivamente o fato narrado se adéqua com mais precisão à hipótese prevista no art. 74 do CP.

15.11 ESTADO DE NECESSIDADE X CRIMES PERMANENTES X CRIMES HABITUAIS

Crime permanente é aquele cuja consumação se prolonga no tempo, perdurando enquanto não cessar a permanência, ao passo que o crime habitual exige, para sua consumação, a reiteração de atos.

Diante da ausência dos requisitos do estado de necessidade, sobretudo em relação à atualidade da situação de perigo, bem como a inevitabilidade do fato praticado, a doutrina tem considerado ser incompatível a causa de justificação com crimes permanentes e habituais.

Assim, em tese, não cabe alegar estado de necessidade quem exerce, de forma habitual, ilegalmente a medicina, ainda que seja em zona distante, carente de médico. Com efeito, exercer a medicina, sem a devida formação, não enseja exclusão de ilicitude. Se, eventualmente, em caso concreto e isolado, alguém praticar, como único modo de salvar a vida de alguém, intervenção reservada exclusivamente a um médico, poder-se-á alegar estado de necessidade.

Da mesma forma, não pode alegar estado de necessidade quem pratica fato típico de modo permanente, ainda que seja por motivo nobre. Isso porque estarão ausentes os requisitos da atualidade e inevitabilidade por outro modo o fato necessitado. Assim, se, por exemplo, uma mãe mantiver em cárcere privado o filho, praticando o fato típico previsto no art. 148 do CP, a pretexto que não saia à rua consumir droga, não poderá alegar estado de necessidade.

Em ambas as hipóteses, contudo, admite-se, sempre dependendo do caso concreto, alegar inexigibilidade de conduta diversa, que constitui causa excludente de culpabilidade.

15.12 EXCESSO

Incide o excesso no estado de necessidade quando há a desnecessária intensificação da conduta inicialmente justificada. No comportamento com que pretende defender o bem jurídico em situação de perigo o agente vai além dos limites da proteção razoável.

Tratando-se de excesso, nota-se que o agente se encontrava em situação de necessidade, exorbitando no uso dos meios de execução postos em ação para a defesa do bem.

O excesso pode ser doloso ou não intencional (culposo).

Há excesso doloso quando o agente supera conscientemente os limites legais. Neste caso, responde a título de dolo pelo fato constitutivo do excesso, nos termos do art. 23, parágrafo único, do CP.

Para acesso ao vídeo, utilize o QR Code ao lado.

16

LEGÍTIMA DEFESA

16.1 INTRODUÇÃO

O instinto de defesa é inerente à natureza humana. Desde os primeiros passos, o ser humano exerce e aperfeiçoa o instinto de defesa, sobretudo diante de um ataque injusto e inesperado.

A repulsa a um ataque injusto é delegada, num primeiro momento, ao Estado, a quem compete a função jurisdicional de dirimir conflitos, evitando que as pessoas exerçam, de forma indiscriminada, a autotutela e a vingança privada. A intervenção estatal constitui meio absolutamente necessário para manter o equilíbrio das regras de convívio social e impedir atos de barbáries.

Todavia, por conta das evidentes limitações de agentes e recursos materiais, o Estado não reúne condições para estar presente, de forma simultânea, em todo e qualquer lugar. Em outras palavras, afigura-se absolutamente impossível ao Estado estar presente a todo tempo e em todos os lugares para repelir eventuais agressões injustas contra direitos, interesses e bens dos cidadãos.

Em razão disso, o Estado legitima que o próprio cidadão, em situações específicas, possa exercer o seu direito de defesa contra uma agressão injusta. Com efeito, conforme a lição de Zaffaroni e Pierangeli:

> O problema mais complexo da legítima defesa não é a sua natureza, mas o seu fundamento. É definido pela necessidade de conservar a ordem jurídica e de garantir o exercício dos direitos. Conforme seja acentuado um ou outro dos aspectos deste duplo fundamento, se insistirá em seu conteúdo social ou individual. Na realidade, o fundamento da legítima defesa é único, porque se baseia no princípio de que ninguém pode ser obrigado a suportar o injusto. Trata-se de uma situação conflitiva, na qual o sujeito pode agir legitimamente, porque o direito não tem outra forma de garantir o exercício de seus direitos, ou, melhor dito, a proteção de seus bens.[1]

---

1. ZAFFARONI, Eugenio Raúl; PIERANGELI, José Henrique. *Manual de direito penal brasileiro*. 13. ed. São Paulo: Revista dos Tribunais, 2019. p. 516.

Nota-se, nesse sentido, que a legítima defesa encerra um caráter subsidiário, somente podendo ser exercida diante da impossibilidade de o Estado atuar para repelir a injusta agressão a um direito, interesse ou bem jurídico.

16.2 CONCEITO

Nos termos do art. 25 do CP, "Entende-se em legítima defesa quem, usando moderadamente dos meios necessários, repele injusta agressão, atual ou iminente, a direito seu ou de outrem".

É uma causa de exclusão da ilicitude (CP, art. 23, II) que consiste em repelir injusta agressão, atual ou iminente, a direito próprio ou alheio, usando moderadamente dos meios necessários.

A legítima defesa pode ser exercida para repelir injusta agressão contra qualquer bem jurídico, desde a integridade corporal, passando pelo patrimônio, dignidade sexual, liberdade, abrangendo, até mesmo, a defesa da honra.

Evidentemente que a defesa de todo e qualquer bem jurídico não pode ser exercida de forma indiscriminada, devendo observar a inafastável proporcionalidade e razoabilidade entre a agressão sofrida e o bem jurídico defendido.

Com efeito, conforme lecionam Zaffaroni e Pierangeli:

> A defesa a direito seu ou de outrem abarca a possibilidade de defender legitimamente qualquer bem jurídico. O requisito da moderação da defesa não exclui a possibilidade de defesa de qualquer bem jurídico, apenas exigindo uma certa proporcionalidade entre a ação defensiva e a agressiva, quanto tal seja possível, isto é, que o defensor deve utilizar o menos lesivo que tiver ao seu alcance.[2]

Nesse sentido, embora seja passível de defesa, não se mostra legítima e proporcional a reação do agente que teve sua honra maculada consistente em matar ou agredir violentamente o ofensor ou agressor injusto.

Assim, qualquer bem jurídico pode ser objeto de defesa, desde que seja legítima, assim entendida aquela que não exceda o limite da proporcionalidade, representada pela necessidade e moderação.

16.3 REQUISITOS

A legítima defesa, nos termos em que é proposta pelo nosso Código Penal, exige a presença simultânea dos seguintes requisitos: a) agressão injusta; b) atual ou iminente; c) contra direito próprio ou alheio; d) reação com os meios necessários; e) moderação no uso dos meios necessários; f) elemento subjetivo: consciência de que está reagindo à injusta agressão.

16.3.1 Agressão injusta

Exige-se, para caracterizar a legítima defesa, a existência de uma agressão injusta, assim considerada como sendo aquela não protegida por uma norma jurídica, isto é, decorrente de conduta não autorizada pelo ordenamento jurídico.

2. Idem, p. 518.

Dito de outro modo, agressão é a conduta humana que ataca ou coloca em perigo um bem jurídico, *independentemente de constituir ou não um ilícito penal.* Assim, é perfeitamente possível a reação diante da hipótese de furto de uso, já que, embora não constitua fato típico, diante da ausência do dolo de assenhoramento definitivo, configura agressão injusta contra patrimônio alheio.

A agressão injusta deve decorrer de *ação ou omissão humana.* Não há legítima defesa contra ataque instintivo e espontâneo de um animal, porque ausente consciência e vontade inerente à agressão. Nesse caso, como vimos, o agente estará diante de uma situação de perigo, ensejando a incidência do estado de necessidade.

Convém registrar, no entanto, que, se o agente atiça um animal, cão feroz, por exemplo, a atacar a vítima, estaremos diante de uma agressão injusta, não em decorrência do comportamento do animal, mas pela conduta do agente instigador, que usou o cão como verdadeira arma ou instrumento de ataque. Nesse caso, tratando-se de agressão injusta humana (agente que atiçou o animal a atacar), a vítima poderá praticar um fato típico, que não será ilícito, porque estará amparada pela legítima defesa.

Consideremos a seguinte hipótese como exemplo ilustrativo: Enquanto assistia a um jogo de futebol em um bar, Francisco começou a provocar Raul, dizendo que seu clube, que perdia a partida, seria rebaixado. Inconformado com a indevida provocação, Raul, que estava acompanhado de um cachorro de grande porte, atiça o animal para atacar Francisco, o que efetivamente acontece. Na tentativa de se defender, Francisco desferiu uma facada no cachorro de Raul, o qual veio a falecer. Francisco, no caso, atuou escorado na excludente de ilicitude da legítima defesa, já que reagiu a uma agressão injusta praticada por Raul.[3]

A agressão injusta pode decorrer de conduta desenvolvida por um *inimputável.* Com efeito, a condição de inimputabilidade não retira a voluntariedade da conduta, mas a capacidade de compreensão do caráter ilícito do fato, seja por enfermidade mental, seja por embriaguez completa e acidental ou pela menoridade. O injusto está presente na conduta do inimputável (o fato é típico e ilícito), faltando-lhe, no entanto, a culpabilidade.

Discute-se na doutrina se a agressão injusta que legitima a defesa pode ser *dolosa ou culposa, ou se somente dolosa.*

Para Cléber Masson, a agressão injusta é a de natureza ilícita, isto é, contrária ao Direito. Pode ser dolosa ou culposa.[4]

É também a posição adotada por Juarez Cirino dos Santos, segundo o qual

> o conceito de agressão inclui também a imprudência, porque o conceito de agressão não é restrito à violência dolosa (o motorista que insiste em manobras imprudentes do veículo em parque repleto de crianças deve suportar a legítima intervenção de terceiro para impedir as manobras e, se for o caso, tomar, temporariamente, a chave do veículo).[5]

Há, todavia, entendimento no sentido de que somente a agressão injusta dolosa autoriza a legítima defesa, atribuindo ao estado de necessidade a proteção do bem jurídico decorrente de uma conduta culposa. É a posição adotada por Rogério Sanches Cunha:

---

3. Exemplo adaptado de questão cobrada no XXX Exame da OAB.
4. MASSON, Cleber. *Direito penal esquematizado*: parte geral. 11. ed. rev., atual. e ampl. Rio de Janeiro: Forense, São Paulo: Método, 2020. v. 1. p. 347.
5. SANTOS, Juarez Cirino dos. *Direito penal* – parte geral. 7. ed. Florianópolis: Empório do Direito, 2017. p. 228.

> A agressão, para caracterizar legítima defesa, deve ser dirigida, com destinatário certo, pois, do contrário, caracteriza perigo atual (sem destinatário determinado), permitindo, conforme as circunstâncias, a descriminante do estado de necessidade. Logo, se diante de um carro desgovernado, o pedestre, para salvar sua vida, sacrifica bem jurídico de terceiro, agiu em estado de necessidade (e não legítima defesa).[6]

Para Zaffaroni e Pierangeli, a agressão deve ser intencional, não sendo admissível a agressão "culposa", pois, em tal caso, é um absurdo pretender que aquele que se vê ameaçado tenha direito a causar um dano sem proporção alguma com a magnitude do mal.[7]

Nos alinhamos com aqueles que consideram legítima a defesa contra agressão dolosa e culposa. Com efeito, o que legitima a defesa é uma agressão injusta decorrente de uma conduta e não do resultado eventualmente produzido ou prestes a ser consumado. E toda conduta é desenvolvida voluntariamente, podendo partir dela, seja dolosa ou culposa, uma agressão que o agente não está obrigado a suportar, razão pela qual poderá legitimamente exercer sua defesa, praticando um fato típico para repelir a injusta agressão.

Além disso, se a legítima defesa incide diante de uma agressão antijurídica, ainda que não seja de natureza penal, não nos parece razoável desconsiderar a incidência dessa excludente diante de uma agressão decorrente de uma conduta culposa.

Imaginemos a conduta do agente que, de forma irresponsável, resolveu brincar com uma arma municiada, e, em determinado momento, de forma imprudente e descuidada, aciona o gatilho efetuando um disparo acidental, sem a intenção de produzir qualquer resultado. Se alguém que se encontrava no local reagir à conduta do indigitado brincalhão, retirando-lhe, com emprego de força física, a arma de fogo, estará sob o abrigo da legítima defesa, já que repeliu uma injusta agressão decorrente de uma conduta culposa.[8]

De fato, a prática do fato típico voltado a sacrificar bem de terceiro para se salvar de um carro desgovernado caracteriza estado de necessidade, pois evidente a situação de perigo e não agressão injusta. Além disso, para caracterizar a legítima defesa, a reação deve ser contra o agressor injusto, com o intuito de fazer cessar a agressão, e não contra terceiro inocente alheio ao fato agressivo.

Por fim, *não há que se confundir injusta agressão ou injusta provocação*. O que legitima a defesa é a injusta agressão, e não a injusta provocação. A agressão se caracteriza pela capacidade de ataque a um bem jurídico, ao passo que a provocação revela afronta, atitude de desrespeito, insulto, mas não ataque, ainda que iminente, capaz de legitimar uma reação por parte do provocado.

Tanto é assim que o próprio legislador tratou de considerar criminosa a conduta do agente que sob o domínio ou influência de forte emoção, após injusta provocação da vítima. É o caso, por exemplo, do homicídio privilegiado (CP, art. 121, § 1º) e da atenuante prevista no art. 65, III, *c*, do CP.

---

6. CUNHA, Rogério Sanches. *Manual de direito penal:* parte geral. 7. ed. Salvador: Juspodivm, 2019. p. 309.
7. ZAFFARONI, Eugenio Raúl; PIERANGELI, José Henrique. *Manual de direito penal brasileiro* cit., p. 518.
8. Foi a posição adotada pela banca examinadora no concurso para Promotor de Justiça do MPE/PR (2017), já que, seguindo posição majoritária, considerou como *incorreta* a seguinte afirmação: "A ação ou a omissão de ação, determinante de agressão injusta, atual ou iminente, a bem jurídico próprio ou de terceiro, autoriza a legítima defesa, mas a ação imprudente, determinante de igual agressão, não autoriza a legítima defesa, podendo, eventualmente, autorizar causa de justificação diversa. Também foi a posição adotada pela CESPE/CEBRASPE no concurso para Juiz de Direito Substituto do TJDFT, realizado em 2014.

Consideremos a seguinte situação: Durante uma festa, Pedro, maior e capaz, provocou e humilhou injustamente Vitor, também maior e capaz, na frente de amigos. Envergonhado e com muita raiva, Vitor, que era policial, sacou da sua arma, e, fortemente impactado pela provocação a qual foi submetido, efetuou um disparo da arma contra a vítima, que faleceu no local. Evidentemente que não se trata de legítima defesa, uma vez que, embora reprovável, a conduta da vítima não chegou ao patamar de uma agressão injusta capaz de legitimar a causa de justificação. Pode-se, no caso, considerar a possibilidade de homicídio privilegiado (CP, art. 121, § 1º), mas jamais legítima defesa.

16.3.2 Agressão atual ou iminente

Além de injusta, a agressão deve ser atual ou iminente.

Em relação à legítima defesa, diversamente do tratamento conferido ao estado de necessidade, o legislador expressamente admitiu reação contra agressão injusta iminente. E não poderia ser diferente, uma vez que não se mostra razoável aguardar a atualidade do ataque, para adotar postura defensiva e repelir a injusta agressão, ou seja, dito de forma mais clara, não se pode exigir aguardar o primeiro golpe ou disparo, para a vítima reagir ao injusto ataque.

Atual é a agressão que está acontecendo, ou seja, quando o efetivo ataque já está em curso no momento da reação defensiva. Exemplo: a vítima reage enquanto está sendo se desenvolvendo o ataque com uma faca.

Iminente é a que está prestes a ocorrer. Nesse caso, a agressão ainda não teve início, mas poderá ocorrer em momento imediato. Exemplo do agressor que anuncia o ataque, e parte, munido de uma faca, em direção à vítima para matá-la, que reage desferindo um disparo de arma de fogo contra o agressor, fazendo cessar a agressão.

A agressão que se anuncia para o *futuro (remota)* e a agressão *passada (pretérita)* não autoriza a legítima defesa. De fato, não se admite legítima defesa contra suposta agressão que talvez nem sequer se concretize, nem tampouco em relação à agressão pretérita, pois caracterizaria vingança.

Discute-se, em relação à atualidade da agressão, a possibilidade de reação após a consumação do delito, como, por exemplo, o roubo (CP, art. 157). Em outras palavras, seria possível a vítima, após ser despojada do seu patrimônio, sair ao encalço do criminoso para reaver o bem subtraído, e depois alegar legítima defesa?

Considerando a literalidade do disposto no art. 25 do CP, com a consumação do roubo e fuga do acusado, a agressão injusta, em tese, teria cessado, inviabilizando futura reação da vítima. Todavia, cremos não seja possível estabelecer uma regra absoluta para essa hipótese, devendo-se sempre analisar as circunstâncias do caso concreto.

Se, conquanto fisicamente encerrada, a agressão persistir no plano interno da vítima, ainda inserida no contexto de uma reação imediata, mesmo depois de consumado o delito, cremos possível se falar em *legítima defesa postergada.*

Imaginemos que a vítima tenha sido despojada do seu patrimônio, e, na sequência, ainda no contexto de uma reação imediata, tomar conhecimento onde se encontra o criminoso, dirigir-se até o local, e, após agredir violentamente o roubador, lograr retomar o bem subtraído, cremos seja possível, nesse caso, estender no tempo a atualidade da agressão injusta para legitimar a reação levada a efeito pela vítima.

Note-se que a reação, ainda que no plano interno da vítima, deve estar inserida temporalmente no contexto da agressão injusta, não sendo, por isso, legítima a defesa levada a efeito em momento evidentemente destacado do tempo do crime. Assim, se, por exemplo, a vítima buscar recuperar o objeto no dia seguinte à subtração, cremos que não haverá legítima defesa, por ausência do requisito da atualidade da reação.

16.3.3 Agressão contra direito próprio ou de terceiro

Em relação ao titular do bem jurídico sujeito à agressão, há duas formas de legítima defesa: a) legítima defesa própria, quando a agressão é direcionada ao próprio titular do bem jurídico atacado ou ameaçado; b) legítima defesa de terceiro, quando a agressão é voltada a atingir bem jurídico alheio.

Todo e qualquer bem ou interesse, seja próprio ou de terceiros, pode ser objeto de defesa. Trata-se de um critério de solidariedade permitir a legítima defesa de bem jurídico alheio. Não há necessidade que exista vínculo de parentesco ou amizade entre a vítima de uma agressão injusta e aquele que agiu para defendê-la, podendo ser, inclusive, pessoa desconhecida.

Imaginemos que Pedro esteja caminhando por uma rua com iluminação precária, relativamente escura, quando se depara com a situação de uma pessoa estar agredindo uma moça desconhecida, com a intenção de abusá-la sexualmente. Verificando que a jovem estava em risco e não havendo outra forma de protegê-la, pega um pedaço de madeira que estava no chão e desfere violento golpe contra o agressor, causando-lhe lesão corporal de natureza grave. Trata-se de fato típico, mas não ilícito, pois Pedro agiu em legítima defesa de terceiro.

Não constitui requisito indispensável autorização da vítima para legitimar a reação por parte do terceiro, mormente quando o bem atingido for indisponível, como, por exemplo, a vida. Aliás, na legítima defesa de terceiro, a reação pode ser direcionada contra o próprio terceiro defendido. Nesse caso, o agredido figurará, simultaneamente, como defendido.

> Exemplo: Agredir uma pessoa completamente embriagada que insiste em sair com o seu veículo, depois de ter ingerido intensa quantidade de bebida alcóolica. A reação foi contra iminente agressão que poderia ser perpetrada pelo agressor contra si próprio, já que, diante do estado de embriaguez, poderia causar um acidente no qual sairia lesionado ou que poderia resultar na sua morte.

É perfeitamente possível a legítima defesa para proteção de bens de propriedade de *pessoas jurídicas*. Imaginemos que uma empresa esteja sendo vítima de furto e um funcionário, após visualizar a ação do bandido, consegue, por meio de emprego de força física, imobilizá-lo até a chegada da polícia.

16.3.4 Meios necessários

A legítima defesa não constitui salvo-conduto para excessos ou atos de execução. Não tem por objeto penalizar o agressor, mas repelir injusta agressão contra um determinado bem jurídico. Dito de outro modo, a legítima defesa consiste num mecanismo jurídico entregue ao agredido para fazer cessar uma agressão injusta. Uma vez cessada a agressão, cessa a situação que legitima a defesa.

Por isso, o agredido deve eleger, dentre aqueles que tem à sua disposição, o meio necessário e menos lesivo capaz de repelir e fazer cessar a injusta agressão. Logo, os meios necessários são aqueles eficazes e suficientes para repelir a injusta agressão que está em desenvolvimento ou prestes a acontecer, a direito próprio ou de outrem.

Evidentemente que não se exige que o agredido empregue, no contexto da agressão injusta, raciocínio milimétrico para verificar o meio necessário para exercer sua defesa. Com efeito, afigura-se desarrazoado exigir que o agredido, no desenrolar do ataque, exerça uma operação matemática rígida para medir e eleger o meio necessário e suficiente para repelir a injusta agressão.

Não há uma regra absoluta, rígida, para se medir o acerto da escolha do meio necessário para o exercício da defesa. Uma arma de fogo pode constituir meio necessário para repelir um determinado ataque, mas também pode revelar excesso em relação ao contexto que envolve outra agressão. Tudo dependerá das circunstâncias do caso concreto.

O melhor critério é o da razoabilidade e da proporcionalidade. Sempre considerando o caso concreto, verificar se o meio empregado é diretamente proporcional à intensidade do ataque. Se proporcional, estaremos diante da legítima defesa, desde que preenchidos os demais requisitos; se desproporcional à intensidade do ataque, estaremos diante do excesso, que pode ser doloso ou culposo, afastando a legitimidade da defesa.

Assim, se estiver sendo agredido por alguém munido de facão, a vítima, tendo à sua disposição uma faca e um revólver, poderá eleger a arma de fogo para repelir e fazer cessar a injusta agressão. Isso porque, diante do caso concreto, a arma de fogo é um meio diretamente proporcional à intensidade do ataque.

Agora, se estiver sendo agredido por alguém desarmado, a vítima, tendo à sua disposição uma faca e um revólver, deverá eleger a faca para repelir e fazer cessar a injusta agressão. Isso porque, diante do caso concreto, a faca seria o meio diretamente proporcional à intensidade do ataque.

Claro que, como dito acima, tudo dependerá do caso concreto. Pode ser que o agressor tenha larga vantagem física em relação à vítima. Nesse caso, a faca não seria meio suficiente para repelir a injusta agressão, já que, inclusive, poderia lhe ser tomada e usada contra si. O agredido, diante da disparidade de força física, estaria autorizado eleger a arma de fogo para o exercício da defesa.

Diversamente do que ocorre no estado de necessidade, incide a excludente de ilicitude da legítima defesa ainda que, embora havendo a possibilidade de fugir da agressão injusta, o agente tenha optado livremente pelo seu enfrentamento. Dito de outro modo, a possibilidade de fuga diante da agressão injusta não impede o exercício da legítima defesa.

Não há imposição do *commodus discessus*, obrigando a vítima a empreender fuga, se possível fazê-la, em vez de repelir a injusta agressão, buscando a saída mais cômoda e menos lesiva.

Merece especial atenção a análise do caso concreto quando a vítima tiver ao seu alcance um único meio necessário e suficiente para repelir a injusta agressão, sobretudo quando esse meio se revela lesivo em cotejo com a intensidade do ataque. Novamente tudo dependerá da análise do caso concreto, sempre adotando o critério da proporcionalidade e razoabilidade.

O fato de usar o único meio necessário para fazer cessar a agressão, ainda que mais lesivo, não indica, por si só, conduta desproporcional, mas exige uma análise mais acurada em relação à moderação do seu manejo.

Consideremos as seguintes situações: Francisco sofreu um acidente e, por conta disso, passou a utilizar uma cadeira de rodas para se locomover. Em um determinado dia, quando estava sozinho em sua residência, percebeu que um indivíduo desconhecido invadiu seu pátio, pelo que passou a gritar e pedir insistentemente que fosse embora. O indivíduo, aparentemente desarmado, não atendeu aos apelos e continuou se conduzindo em direção à residência, momento em que Francisco efetuou um único disparo com sua espingarda, calibre.38, contra o invasor, causando-lhe a morte.

Nota-se que a vítima, na proteção do seu patrimônio, usou de uma espingarda para matar um invasor desarmado. Num primeiro momento, poder-se-ia gerar certa recalcitrância para se admitir a legítima defesa, mas, considerando as circunstâncias do caso concreto, verifica-se que a reação foi proporcional ao ataque. A vítima era cadeirante, gritou e insistiu para que o indivíduo fosse embora, no que não foi atendido, fazendo com que utilizasse o único meio necessário e suficiente para repelir a injusta agressão. Além disso, fez o uso moderado desse meio, já que desferiu um único disparo, que, embora fatal, não afasta a excludente de ilicitude, pois se mostra razoável exigir que, diante do desenrolar do iminente ataque, a vítima fizesse mira milimétrica para atingir região não letal. Trata-se, pois, de legítima defesa.

Vejamos, agora, a situação em que o uso do único meio à disposição do agredido não legitima a defesa. Para tanto, vamos adaptar o exemplo acima:

Francisco, que utilizava cadeira de rodas para se locomover, morava num local cercado de árvores frutíferas. Em um determinado dia, quando estava sozinho em sua residência, percebeu que uma criança invadiu seu pátio para subtrair frutas do seu pomar, pelo que passou a gritar e pedir insistentemente que fosse embora. A criança não atendeu aos apelos e continuou furtando as frutas, momento em que Francisco efetuou um único disparo com sua espingarda, calibre.38, contra a criança, causando-lhe a morte.

Nesse caso hipotético, fica evidente a desproporcionalidade da defesa em relação ao ataque. Ainda que fosse o único meio para o exercício da defesa, considerando sua condição de cadeirante, não se afigura proporcional matar uma criança para defender um pomar de árvores frutíferas. A reação foi absolutamente desproporcional ao ataque. Não observou o critério da proporcionalidade e razoabilidade, razão pela qual Francisco não estará amparado pela legítima defesa, devendo responder criminalmente pela morte da criança.

Dessarte, o critério norteador para se aferir a necessidade do meio é o da proporcionalidade e razoabilidade entre a defesa e a agressão injusta.

16.3.5 Moderação no uso dos meios necessários

Após eleger o meio necessário, o agredido deverá fazer uso moderado desses meios, assim compreendido como sendo o suficiente para fazer cessar a agressão injusta.

Trata-se do emprego dos meios necessários dentro do limite do razoável para conter a agressão. A proporção entre o ataque e a defesa empreendida deve ser verificada no caso concreto, considerando-se a natureza, a gravidade da agressão e a extensão da reação.

Aqui também não há como se exigir regra absoluta, medida com régua milimétrica, para se aferir a moderação do uso dos meios necessários. Não se pode medir a moderação na defesa usando como parâmetro a figura do "homem médio", estabelecendo uma comparação com o comportamento esperado de uma pessoa prudente e com discernimento.

Ora, as situações que envolvem agressões injustas são das mais diversas, não há uma forma preconcebida e rígida, como a figura do propalado "homem médio", que caracterizam e legitimam a reação da vítima. A análise da legítima defesa deve considerar as circunstâncias do caso concreto, seguindo também aqui um critério de proporcionalidade e razoabilidade.

Não será o número ou intensidade de golpes, que, por si só, definirão a legitimidade da defesa. Pode ser que o agente tenha desferido vários golpes no agressor, e ter agido em legítima defesa, como, ao contrário, pode ter se excedido se desferiu apenas um golpe. Tudo dependerá do caso concreto e do grau de proporcionalidade entre a defesa e o ataque.

Com efeito, assim como na escolha do meio necessário, a moderação do uso desse meio também deve observar a proporcionalidade entre a reação e a intensidade do ataque.

Assim, se a vítima está sendo atacada pelo agente munido de uma faca, poderá se utilizar de uma arma de fogo para repelir a injusta agressão (eis o meio necessário), mas deverá agir com moderação. Nesse caso, se um disparo foi suficiente para fazer cessar a agressão, o ofendido não poderá efetuar o segundo disparo, sob pena de incorrer em excesso e responder pelo resultado produzido pela desproporção da defesa em relação ao ataque.

Da mesma forma, enquanto estiver em curso a injusta agressão, a vítima poderá exercer legitimamente sua defesa mediante reiteração de golpes com pedaço de madeira contra o agressor até fazer cessar o ataque. Cessada a agressão, superada estará a situação de legítima defesa. Se a vítima continuar reagindo, passará à qualidade de agressora diante do excesso no uso do meio necessário para se defender, devendo, por isso, responder pelo excesso doloso ou culposo, conforme o caso.

16.3.6 Elemento subjetivo da legítima defesa

Além dos requisitos de ordem objetiva, a legítima defesa exige requisito de ordem subjetiva, consistente no conhecimento da situação de agressão injusta e da necessidade da defesa. O agente que age em legítima defesa deve ter ciência de que está diante de uma agressão injusta, sob pena de não incidir a excludente.

O *animus defendendi* atribui valor positivo a uma conduta objetivamente dotada de desvalor. Ou seja, matar alguém revela, a princípio, desvalor da conduta. Todavia, se for praticada no contexto de agressão injusta, estando a vítima consciente e revestida de vontade de exercer sua defesa, a conduta passa a ser valorada positivamente, autorizando a exclusão da ilicitude.

Se ausente o *animus defendi*, a consciência da agressão injusta e a vontade de se defender, não incidirá a excludente da legítima defesa.

Assim, se o agente desferir disparos de arma de fogo contra um desafeto, sem saber que estava na iminência de ser por ele agredido, ou seja, sem o *animus defendendi*, mas com *animus necandi*, não poderá este alegar legítima defesa, por ausência do elemento subjetivo da legítima defesa.

16.4 LEGÍTIMA DEFESA E AGENTE DE SEGURANÇA PÚBLICA

16.4.1 Introdução

A Lei nº 13.964/2019, chamada de "Pacote Anticrime", introduziu a figura da legítima defesa de agentes de segurança pública, nos casos de crimes com vítima refém, incluindo um parágrafo único no art. 25 do CP, com a seguinte redação: "Observados os requisitos previstos no *caput* deste artigo, considera-se também em legítima defesa o agente de segurança pública que repele agressão ou risco de agressão a vítima mantida refém durante a prática de crimes".

Alguns autores, não sem razão, consideram inócuo esse dispositivo, uma vez que a ação do agente de segurança pública já estaria abarcada pela legítima defesa do *caput* do art. 25 do CP.

Trata-se, em síntese, de dispositivo que visa a assegurar, de modo específico, a atuação de agentes de segurança no contexto de crimes com vítima mantida refém. É um instrumento jurídico de exclusão da ilicitude que busca legitimar, com mais segurança ainda, a ação daquele atirador de elite (*sniper*), por exemplo, no desenrolar de um crime, que, por haver vítima refém, torna a situação ainda mais tensa e imprevisível.

É nesse cenário tenso e imprevisível, em que a tomada de decisão e atuação ocorre em frações de segundos, que o legislador inseriu a legítima defesa específica como forma de conferir maior proteção jurídica a agentes de segurança pública no desenrolar de um crime com vítima refém.

Com a introdução do parágrafo único ao art. 25 do CP, sedimenta-se, de forma definitiva, a posição de que o agente de segurança pública que alveja um suspeito durante confronto atuará em legítima defesa, e não estrito cumprimento de um dever legal.

16.4.2 Destinatário

O destinatário dessa excludente de ilicitude é o agente de segurança pública, assim compreendido como aqueles elencados no art. 144 da CF: integrantes da polícia federal; polícia rodoviária federal; polícia ferroviária federal; polícias civis; polícias militares e corpos de bombeiros militares; polícias penais federal, estaduais e distrital, bem como guardas municipais.

Diversamente do art. 121, § 2º, VII, do CP, o legislador não inseriu no art. 25 do mesmo diploma legal expressa menção às Forças Armadas, constituídas, conforme o art. 142 da CF, pela Marinha, pelo Exército e pela Aeronáutica.

Essa omissão poderia levar à percepção de que essa causa de exclusão da ilicitude não alcança os integrantes das Forças Armadas. Isso porque, conforme se extrai do art. 142 da CF, as Forças Armadas possuem três finalidades precípuas: a) defesa da pátria; b) garantia dos poderes constitucionais; c) garantia da lei e da ordem.

Todavia, a atuação das Forças Armadas com o fim de cumprir a missão constitucional dos órgãos de segurança pública é admitida de forma excepcional. Ocorre somente após esgotados os instrumentos destinados à preservação da ordem pública e da incolumidade das pessoas e do patrimônio, relacionados no art. 144 da CF (LC nº 97/1999, art. 15, § 2º). O próprio art. 17-A da LC nº 97/1999 admite a possibilidade de o Exército cooperar com órgãos federais, quando se fizer necessário, na repressão aos delitos de repercussão nacional e internacional, no território nacional, na forma de apoio logístico, de inteligência, de comunicações e de instrução.

Foi o que ocorreu, por exemplo, na intervenção federal no Rio de Janeiro, durante o ano de 2018, que sofria grave crise econômica, sem recursos financeiros para arcar com os salários dos servidores públicos, que afetou, também, os investimentos com segurança pública, levando o governo estadual a decretar estado de calamidade pública.

Assim, consideramos que, em situações excepcionais, os integrantes das Forças Armadas estariam abarcados pela legítima defesa específica, quando diante de crime com vítima refém.

O art. 25, parágrafo único, do CP não se aplica à polícia legislativa da Câmara dos Deputados e do Senado Federal, já que seus integrantes não são agentes de segurança pública, pois exercem sua atribuição apenas nas dependências das respectivas casas do Congresso Nacional. Evidentemente se atuar diante de crime com refém sendo praticado no ambiente do Congresso Nacional, a polícia legislativa estará sob o amparo da legítima defesa do *caput* do art. 25 do CP.

16.4.3 Requisitos

O legislador não conferiu ao agente de segurança pública salvo-conduto para atuação indiscriminada, destituída de proporcionalidade e razoabilidade. O próprio parágrafo único do art. 25 do CP expressamente dispõe que o agente de segurança pública terá de observar os requisitos do *caput*, notadamente a moderação no uso dos meios necessários para repelir e fazer cessar a agressão injusta.

Além dos requisitos genéricos que legitimam a defesa, há, ainda, a presença de outro específico, consistente na reação diante de crime com vítima refém.

E é justamente essa circunstância de o crime estar sendo praticado no contexto de vítima refém que eleva o espectro de alcance da justificadora. Enquanto o *caput* do art. 25 do CP autoriza a legítima defesa diante de agressão injusta atual ou iminente, a legítima defesa específica autoriza o agente de segurança pública atuar para *repelir agressão ou risco de agressão* à vítima mantida refém durante a prática de crimes.

Assim, a legítima defesa específica pode incidir em duas situações: a) contra agressão em andamento à vítima mantida refém; b) contra risco de agressão à vítima mantida refém.

Na primeira hipótese, a vítima mantida refém está sendo agredida. A privação da liberdade e a agressão contra a vítima são atuais e ocorrem simultaneamente. Trata-se da hipótese, pois, da agressão atual no contexto de privação da liberdade da vítima.

Na segunda hipótese, a privação de liberdade da vítima refém está em curso, mas sem agressão física, embora premente o risco de lesão. É justamente essa possibilidade de agressão, que, inclusive, pode resultar na morte da vítima, que possibilita a reação do agente de segurança.

Evidentemente que a privação da liberdade já configura, por si só, espécie de agressão, já autorizando a atuação do agente de segurança pública. Mas, na nossa concepção, a introdução do risco de agressão relativiza, de certa forma, o requisito do uso moderado dos meios necessários.

Isso porque, no risco de agressão, há a privação da liberdade, mas ainda não há agressão física, o que, num primeiro momento, poderia ensejar dúvida sobre a intensidade da defesa em relação ao ataque do agressor. Com efeito, poder-se-ia colocar em dúvida a legitimidade da defesa no contexto em que um atirador de elite atinge o agente que está mantendo a vítima refém sem empregar a força física, ou seja, sem ainda tê-la agredido.

Embora ainda não tenha ocorrido a agressão física contra a vítima, há o risco de acontecer a qualquer momento durante a atividade delituosa. Logo, a agressão contra vítima mantida refém é um evento possível, embora incerto. Não há certeza da extensão da atuação do agressor que mantém a vítima como refém. Não se sabe o que poderá vir a acontecer no futuro, há risco premente de agressão, que pode, inclusive, levar à morte da vítima, como pode nada de mais grave acontecer. *Esse risco de agressão futura, cuja extensão é incerta, é que legitima a defesa por parte do agente de segurança pública.*

E a relativização do critério da proporcionalidade reside justamente na incerteza da extensão do ataque, ou seja, a reação é levada a efeito sem que seja medida a intensidade da eventual agressão futura.

Consideremos a situação, infelizmente, recorrente no Brasil, em que o agente, durante roubo a banco, mantém vítimas reféns. Há situações em que ainda não há agressão física, mas o risco de ocorrer é evidente e premente, embora incerta a extensão. A polícia é acionada e atiradores de elite se colocam em locais estratégicos. Em determinado momento, um *sniper* avista o suspeito, realiza a mira e efetua um disparo certeiro, causando-lhe a morte. A fim de afastar a possibilidade de se alegar que não havia agressão que justificasse a reação, o legislador se preocupou em proporcionar maior segurança jurídica à atuação do agente de segurança nesse cenário tenso e de consequências incertas.

Não se pode confundir risco de agressão com agressão iminente. A *agressão iminente* guarda estreita relação com a proximidade temporal de uma *agressão certa*. Ou seja, a agressão está prestes a acontecer, autorizando a legítima defesa prevista no *caput* do art. 25 do CP.

O *risco de agressão* não está vinculado à proximidade temporal, até porque a violência pode até não ser empregada. Há uma probabilidade real da existência da agressão, só que a sua *realização ou intensidade são absolutamente incertos.*

Convém sinalar que, se o risco de agressão constituir uma possibilidade distante de agressão, não se aplica o disposto no art. 25, parágrafo único, do CP. Ou seja, o agente de segurança pública não está autorizado a atuar com a relativização da proporcionalidade entre a defesa e o ataque incerto na sua ocorrência e na sua intensidade. Em outras palavras, a legitimidade da reação deverá, como não poderia ser diferente, ser aferida diante da situação do caso concreto.

A possibilidade de existência da agressão e da intensidade do ataque devem ser verificadas diante do contexto fático e as circunstâncias do caso concreto, considerando-se o comportamento do suspeito, o grau de periculosidade e de agressividade, as possíveis mudanças que poderão surgir no curso da privação da liberdade.

As circunstâncias e consequências devem ser muito bem analisadas e avaliadas por agentes de segurança pública experientes e preparados, para não precipitar um desfecho com desdobramentos lesivos, indesejados e evitáveis, que podem ser desde a morte da vítima ou, até mesmo, a morte desnecessária do suspeito, retirando a legitimidade da reação.

16.5 ASPECTOS PONTUAIS DA LEGÍTIMA DEFESA

16.5.1 Legítima defesa da honra

Conforme o art. 5º, X, da CF, a honra é um direito fundamental do ser humano, não podendo, portanto, ser violada. Assim, a honra também pode ser objeto de proteção, desde que guardada a necessária proporcionalidade.

A honra que envolve o respeito pessoal sem dúvida viabiliza reação proporcional à ofensa. Assim, se o agente ofender a honra, praticando calúnia, difamação ou injúria, atingindo sua reputação, dignidade ou decoro, a vítima estará legitimada a exercer sua defesa, inclusive, conforme a situação do caso concreto, com emprego de força física. Imaginemos, nesse contexto, um distinto e respeitado senhor sendo ofendido por um jovem rapaz. A vítima poderá empregar, de forma moderada e proporcional, força física contra o agressor, a fim de fazer cessar as ofensas.

A polêmica já foi mais acirrada quando se tratava da honra envolvendo infidelidade conjugal. Diz-se que foi mais acirrada, porque, atualmente, diante da evolução da sociedade, reprovação à cultura machista, empoderamento feminino e o necessário e inarredável respeito às mulheres, não se pode legitimar a reação física, seja de qualquer ordem, do marido traído, a pretexto de legítima defesa da honra.

Primeiro, porque, na verdade, a honra do(a) traído(a) não foi afetada, mas sim do(a) adúltero(a), que revelou não reunir postulados morais para o convívio conjugal. Além disso, o Direito Penal se reveste de caráter fragmentário e subsidiário, devendo suas normas, inclusive permissivas, incidir quando os demais ramos do direito não se revelarem suficientes para dirimir o conflito de interesses. E, no caso, o Direito Civil é o campo mais adequado para resolver o impasse no matrimônio, com a dissolução da sociedade conjugal, e, até mesmo, conforme o caso, ensejar indenização por danos morais em favor do cônjuge traído.[9]

Por unanimidade, o STF firmou entendimento de que a tese da legítima defesa da honra é inconstitucional, por violar os princípios constitucionais da dignidade da pessoa humana, da proteção à vida e da igualdade de gênero, conferindo interpretação conforme à Constituição aos arts. 23, II, e 25, *caput* e parágrafo único, do CP e ao art. 65 do CPP, de modo a excluir a legítima defesa da honra do âmbito do instituto da legítima defesa e, por consequência, obstar à defesa, à acusação, à autoridade policial e ao juízo que utilizem, direta ou indiretamente, a tese de legítima defesa da honra (ou qualquer argumento que induza à tese) nas fases pré-processual ou processual penais, bem como durante julgamento perante o tribunal do júri, sob pena de nulidade do ato e do julgamento.[10]

16.5.2 Legítima defesa sucessiva

É admissível a legítima defesa sucessiva.

A legítima defesa sucessiva incide na hipótese de excesso na legítima defesa. Ocorre quando o agredido se excede na repulsa da injusta agressão, passando a atuar como agressor injusto, legitimando a defesa contra esse excesso.

Assim, num primeiro momento, temos a figura do agressor injusto e da vítima que repele a injusta agressão. Num segundo momento, com o excesso no uso dos meios necessários, passamos a ter a figura da vítima/agressor injusto e do agressor injusto/vítima do excesso. Há, na primeira hipótese, legítima defesa em relação à vítima originária, e, sucessivamente, em decorrência do excesso desta, legítima defesa exercida pelo agressor em decorrência do excesso praticado pelo agredido.

Consideremos, por exemplo, que Leandro começou a agredir injustamente Márcio. A vítima, então, de posse de uma faca, fere e imobiliza o agressor, mas, pensando ainda estar sob o influxo do ataque, prossegue na reação, buscando desferir outros golpes. Nessa situação, é cabível a Leandro (agressor originário) agir em legítima defesa em relação ao excesso praticado por Márcio (agredido originário), configurando a legítima defesa sucessiva.

9. Na prova para concurso para juiz leigo do TJBA, realizada em 2019, a CESPE/CEBRASPE não admitiu como correta a alternativa que previa a possibilidade de legítima defesa contra a honra.

10. STF, ADPF nº 779/DF, rel. Min. Dias Toffoli, Tribunal Pleno, j. 15-3-2021.

Em síntese:

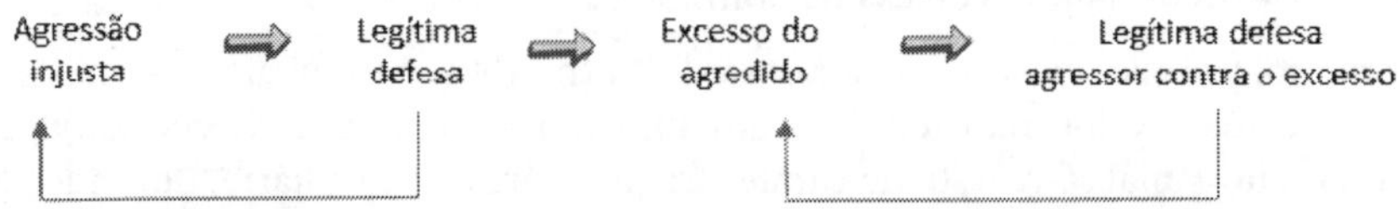

16.5.3 Legítima defesa e *aberratio ictus*

Nos termos do art. 73 do CP, ocorre erro na execução ou *aberratio ictus*, quando, por acidente ou erro no uso dos meios de execução, o agente, em vez de atingir a pessoa que pretendia ofender, atinge pessoa diversa, considerando-se, contudo, as condições e qualidades da pessoa pretendida.

Essa regra também se aplica no caso de legítima defesa. Assim, se o agente está sendo vítima de uma agressão injusta, e, no ato de defesa, por acidente ou erro no uso dos meios de execução, ao invés de atingir o agressor, acerta pessoa diversa, o tratamento penal a ser conferido é como se tivesse atingido a pessoa pretendida, ou seja, o agressor injusto. Logo, ainda que tenha acertado terceira pessoa, incidirá a causa excludente de ilicitude, já que devem ser consideradas as condições e qualidades do agressor injusto.

Imaginemos que Carla, para defender seu marido contra a agressão injusta praticada por Wilson, inclusive por meio de faca, efetuou um disparo de arma de fogo contra o agressor. Entretanto, diante da imperícia de Carla no manuseio da arma de fogo, o tiro atinge Dona Maria, uma senhora de 75 anos de idade, que vem a falecer. Carla não poderá ser responsabilizada pelo crime de homicídio doloso, com pena aumentada por ser a vítima maior de 60 anos de idade (CP, art. 121, § 4º, segunda parte), porque incide, no caso, a excludente de ilicitude da legítima defesa, uma vez que, diante do erro na execução, deve-se considerar as condições e qualidades do agressor injusto.

16.5.4 Legítima defesa contra a multidão

A doutrina considera possível a legítima defesa contra a multidão, uma vez que, para incidir a excludente de ilicitude, exige-se agressão injusta, atual ou iminente, decorrente de ser humano, independentemente se individualizado ou não.

Se possível verificar que uma multidão de pessoas, ainda que não sejam individualizadas, está praticando atos de vandalismo, seguidos de agressões contra outras pessoas, seria possível ao agredido inocente repelir esse ataque com amparo na legítima defesa.

Situação diversa ocorre no contexto de crime de rixa (CP, art. 137). No crime de rixa, os contendores estão, de forma injusta, agredindo-se mutuamente. Se ambas as agressões são injustas, não há que se falar em legítima defesa. Não há legítima defesa recíproca.

16.5.5 Legítima defesa contra pessoa jurídica

Perfeitamente possível legítima defesa contra pessoa jurídica, que materializada eventual agressão injusta por seus colaboradores, viabilizando, assim, a repulsa por parte da vítima.

Imaginemos que o funcionário de uma empresa verifique que o canal de comunicação interna estaria sendo usado para proferir ofensas contra ele. Nesse caso, poderá destruir a fonte de transmissão das ofensas, para defender legitimamente sua honra.

16.6 LEGÍTIMA DEFESA E OUTRAS CAUSAS EXCLUDENTES

16.6.1 Legítima defesa recíproca (legítima defesa real contra legítima defesa real)

Não é cabível a legítima defesa recíproca, ou legítima defesa real contra legítima defesa real.

Na legítima defesa, ao contrário do estado de necessidade, há o conflito entre um interesse legítimo em detrimento de uma conduta injusta. Em outras palavras, considerando que o pressuposto para legitimar a defesa é a reação contra uma agressão injusta, necessariamente, para que incida a excludente de ilicitude, um dos agentes estará agindo legitimamente, enquanto o outro estará praticando a agressão injusta.

Não há a possibilidade de legítima defesa real contra legítima defesa real, pela impossibilidade de incidir esta excludente de ilicitude quando os bens jurídicos em conflito são legítimos (o que poderia ensejar o estado de necessidade, conforme o caso), bem como na hipótese de ambos os contendores se agredirem mutuamente.

Com efeito, se os contendores estiverem praticando agressão recíproca, estaremos diante de um duelo ou desafio, em que ambos estão praticando agressão injusta de forma recíproca, afastando, portanto, a possibilidade de qualquer deles invocar legítima defesa. Logo, nesse caso, os contendores responderão pelos resultados produzidos um contra o outro, já que praticaram fato típico e ilícito.

16.6.2 Legítima defesa real contra legítima defesa putativa

Ocorre a legítima defesa putativa quando o agente, por erro plenamente justificado pelas circunstâncias, supõe encontrar-se em face de agressão injusta, atual ou iminente, a direito próprio ou de outrem, mas que, na verdade, é imaginária, inexistente.

A legítima defesa putativa não exclui a ilicitude do fato, podendo excluir, considerando a teoria limitada da culpabilidade, a tipicidade (erro sobre situação de fato) ou culpabilidade (erro sobre situação de direito). Diante disso, a conduta que constitui a legítima defesa putativa é injusta, viabilizando que o agressor imaginário possa reagir legitimamente à ação do agente que pratica uma conduta supondo estar diante de uma agressão inexistente.

> Exemplo: Na madrugada de um domingo, Fernando, sargento da Polícia Militar, retornava para casa, tendo de passar por um bairro bastante violento da capital. Policial experiente, que já havia sido ameaçado por alguns bandidos que disputavam ponto de tráfico na região, Fernando sempre caminhava pelo bairro em trajes civis. Quando chegou na rua da sua casa, Fernando se deparou com um homem correndo. Supondo ser bandido, Fernando sacou da sua arma, efetuando disparos em direção ao suposto agressor, não acertando nenhum. Assustado o homem sacou da arma que portava e atirou contra Fernando, ferindo-o gravemente. O homem acionou o serviço de socorro médico de emergência, a quem se identificou como sendo policial civil que realizava uma operação no bairro, quando foi atacado por Fernando, razão pela qual sacou da sua arma para se defender. Verifica-se que o homem que se identificou como sendo policial agiu em legítima defesa real

(a agressão de Fernando existia e era injusta) contra legítima defesa putativa (não existia a agressão imaginada por Fernando).

16.6.3 Legítima defesa putativa contra legítima defesa putativa

Também chamada legítima defesa putativa recíproca.

Nesse caso, ambos os agentes, por erro plenamente justificado pelas circunstâncias, supõem estar em legítima defesa putativa. Imaginemos dois desafetos que se encontram, ambos supondo estar diante de uma agressão inexistente sacam das suas respectivas armas, efetuando disparos um em direção do outro, sendo que nenhum deles restou atingido. Verifica-se, após, que, na verdade, nenhum deles pretendia agredir o outro, ou seja, a agressão injusta imaginada por ambos era inexistente.

Nesse caso, pode-se cogitar da hipótese de legítima defesa real por parte de ambos os agentes, pois cada um supôs estar reagindo a uma injusta agressão inexistente.

16.6.4 Legítima defesa contra estado de necessidade

Não se admite legítima defesa contra estado de necessidade. Isso porque quem age em estado de necessidade realiza conduta lícita, não havendo, por conseguinte, agressão injusta. Assim, não havendo agressão injusta, não há falar em legítima defesa em relação a agente que age em estado de necessidade.

Por outro lado, é possível vislumbrar a hipótese de o agente agir, de forma simultânea, em estado de necessidade e legítima defesa, quando, para se defender de uma agressão injusta, praticou um fato típico no contexto de uma situação de perigo.

> Exemplo: Pedro, para defender-se legitimamente do ataque feito por Sávio, tomou a arma pertencente a Vinicius. A subtração da arma caracteriza fato típico praticado no contexto de estado de necessidade, ao passo que o uso da arma para se defender do ataque caracteriza legítima defesa. Nessa situação, coexistem o estado de necessidade e a legítima defesa.

Em razão dessa mesma lógica, não é possível legítima defesa contra exercício regular do direito e estrito cumprimento do dever legal, já que se revestem de condutas lícitas, não havendo, pois, o pressuposto da agressão injusta.

16.6.5 Legítima defesa contra excludente de culpabilidade

Crime é fato típico, ilícito e culpável. Se incidir uma causa excludente de culpabilidade, o fato continuará sendo típico e ilícito. Logo, se o agente amparado por uma causa de exclusão da culpabilidade praticar um ato violento contra alguém, essa agressão será injusta, autorizando a reação em legítima defesa.

Imaginemos que Pedro, sob coação moral irresistível, dirige-se para matar João, sob pena de ter seu filho de tenra idade assassinado se não praticar tal conduta. João, nesse caso, está autorizado a repelir a injusta agressão, já que, embora sob o amparo de uma causa excludente da culpabilidade, o fato praticado por Pedro é típico e ilícito.

16.7 LEGÍTIMA DEFESA PREORDENADA (OFENDÍCULOS)

Ofendículo significa obstáculo, impedimento ou empecilho. No contexto jurídico, pode ser definido como mecanismos ou aparatos destinados à proteção de patrimônio ou qualquer bem jurídico contra eventual ataque futuro, como, por exemplo, cercas elétricas instaladas nas residências, portões com ponta de lança, cacos de vidros colocados nos muros e cães bravios.

A doutrina diverge quanto à natureza jurídica dos ofendículos. Para alguns, trata-se de legítima defesa preordenada; para outros, constituem exercício regular de um direito.

Aníbal Bruno considera que se trata de exercício regular do direito, justificando que:

> A legítima defesa é um caso de exercício de direito, que só pode configurar-se dentro de estritos requisitos, que não se verificam na defesa predisposta. Nesta, a ação do sujeito, no momento em que se realiza, apresenta-se, não como reação justa, oportuna e medida contra agressão atual ou iminente, mas como um gesto de prevenção contra possível agressão futura e, embora o aparelho predisposto só se destine a funcionar no momento do ataque, a verdadeira ação do sujeito é anterior: no momento da agressão, quando cabia a reação individual imediata, ele, com o seu gesto e a sua vontade de defesa, está ausente.[11]

Há quem defenda que a instalação do ofendículo constitui exercício regular do direito, mas quando acionado, reage ao ataque esperado, constitui legítima defesa preordenada. Cezar Roberto Bitencourt adota esse entendimento "uma vez que oferece melhores recursos para análise de cada caso concreto, diante da necessidade dos diversos requisitos da legítima defesa".[12]

Prevalece, no entanto, o entendimento no sentido de que a predisposição de mecanismos e artefatos de proteção constitui legítima defesa preordenada, desde que dispostos de forma a serem acionados somente quando necessário e fora do alcance de pessoas inocentes.[13]

Assim, se o proprietário de uma residência colocar uma cerca elétrica para proteção do seu patrimônio, e alguém tentando ingressar na residência morrer eletrocutado, incidirá a favor do proprietário a causa excludente de ilicitude consistente em legítima defesa preordenada.

A instalação dos ofendículos exige redobrada atenção, devendo ser dispostos em local visível e fora do alcance de pessoas inocentes. Isso porque, se considerado legítima defesa preordenada, a predisposição da reação de um ataque deve guardar a necessária proporcionalidade, sob pena de o morador incorrer em excesso e ser, por conseguinte, responsabilizado criminalmente.

O STJ já decidiu que não agiu sob o amparo da excludente de ilicitude um morador que, com o escopo de evitar a prática de novos furtos em sua residência, predispôs no quintal uma espingarda preparada para disparar quando terceiro adentrar o imóvel durante a noite, vindo a causar a morte de uma pessoa que tentou invadir o imóvel.[14]

16.8 LEGÍTIMA DEFESA E CONFRONTO POLICIAL

Não é raro confundir legítima defesa e estrito cumprimento do dever legal na atuação policial.

---

11. BRUNO, Anibal. *Direito penal* – Parte geral. Rio de Janeiro: Forense, 2005. t. II, p. 5.
12. BITENCOURT, Cezar Roberto. *Tratado de direito penal:* parte geral. 17. ed. São Paulo: Saraiva, 2012. p. 435.
13. Foi a posição adotada pela FGV no XIII Exame da OAB.
14. STJ, REsp nº 38302/GO, rel. Min. Edson Vidigal, 5ª T., j. 10-11-1997.

Se um terceiro investigado em inquérito policial resistir à prisão regularmente determinada pela autoridade competente, o executor do mandado poderá usar dos meios necessários para vencer a resistência, inclusive empregando força física. Nesse caso, a autoridade policial está amparada pelo estrito cumprimento de um dever legal, já que o art. 292 do CPP lhe autoriza a praticar determinado fato típico, assegurando-lhe que não será ilícito.

Todavia, quando estiver diante de um confronto com os suspeitos, que passam a efetuar disparos em sua direção, a autoridade policial poderá reagir à injusta agressão, sacando da arma e revidar os disparos contra os agressores. Se acabar causando a morte de um suspeito, a autoridade policial estará acobertada pela excludente de ilicitude legítima defesa; primeiro, porque evidente a agressão injusta e a necessidade de repulsa; segundo, porque não há lei autorizando autoridade policial matar suspeito, ainda que em confronto.

Imaginemos a seguinte situação. Uma viatura da polícia militar deslocava-se pela rua quando um sujeito saiu de uma padaria com arma em punho. Ele havia acabado de fazer um assalto e não esperava encontrar ninguém que pudesse dificultar sua fuga. Muito agressivo, ele aponta o seu revólver na direção dos policiais e dispara duas vezes. O policial, imediatamente para a viatura, desce, abriga-se e repele a injusta agressão com um disparo que acerta o infrator. Nesse caso, o policial agiu amparado pela excludente de ilicitude da legítima defesa, uma vez que repeliu agressão injusta, atual, contra si, usando os meios necessários.

Para acesso ao vídeo, utilize o QR Code ao lado.

17

ESTRITO CUMPRIMENTO DO DEVER LEGAL E EXERCÍCIO REGULAR DO DIREITO

17.1 ESTRITO CUMPRIMENTO DO DEVER LEGAL

17.1.1 Conceito

É a causa de exclusão de ilicitude prevista no art. 23, III, do CP.

Ao contrário do estado de necessidade (CP, art. 24) e da legítima defesa (CP, art. 25), o Código Penal não dispôs sobre o conceito e requisitos do estrito cumprimento do dever legal, cabendo à doutrina e jurisprudência estabelecer as características dessa causa excludente de ilicitude.

Estará ao abrigo do estrito cumprimento do dever legal o agente que praticar um fato típico em cumprimento de um dever imposto pela lei, observando rigorosamente os limites de natureza penal ou extrapenal.

> Exemplo: Policial que prende o agente em flagrante ou mediante cumprimento de mandado de prisão, embora atinja o direito de liberdade e até mesmo a integridade corporal do preso, não comete crime algum, pois, embora seja típico, o fato não será ilícito, porque praticado dentro do estrito cumprimento de um dever imposto pela lei, como é o caso do flagrante obrigatório (CPP, art. 301).

Age em estrito cumprimento do dever legal policial rodoviário federal que, aplicando técnicas de defesa policial, causa escoriações em um infrator que resiste à prisão.

Imaginemos que, durante operação em rodovia federal, uma equipe da Polícia Rodoviária Federal abordou o condutor de um veículo, solicitando a apresentação de sua carteira nacional de habilitação (CNH) e do certificado de registro e licenciamento de veículo (CRLV), verificando que se trata de veículo clonado. Ao solicitar que saísse do veículo, o condutor se negou, razão pela qual o policial usou de força necessária para fazê-lo cumprir a ordem. A conduta do policial está amparada pelo estrito cumprimento do dever legal.

Da mesma forma, estará amparado pelo estrito cumprimento de um dever legal o agente policial que submete o preso aos procedimentos estabelecidos na lei, como, por exemplo, à identificação datiloscópica, quando autorizada, e ao reconhecimento de pessoas e de coisas, no curso do inquérito policial.

Também age em estrito cumprimento de um dever legal o oficial de justiça que cumpre mandado de reintegração de posse de bem imóvel de propriedade de banco público, com ordem de arrombamento, desocupação e imissão de posse.

O STJ reconheceu ter agido no estrito cumprimento do dever legal escrivã judicial que efetuou cobrança de autos de advogado indicado no livro de carga como responsável por sua retirada.[1]

A Lei nº 13.964/2019, chamada "Pacote anticrime", introduziu o art. 10-C na Lei nº 12.850/2013, segundo a qual: "Não comete crime o policial que oculta a sua identidade para, por meio da internet, colher indícios de autoria e materialidade dos crimes previstos no art. 1º desta Lei". Trata-se de excludente de ilicitude, consistente no estrito cumprimento do dever legal, expressamente prevista em lei. Evidentemente que essa excludente de ilicitude incidirá desde que seja observada a estrita finalidade da investigação, sob pena de o agente policial responder pelos excessos praticados (Lei nº 12.850/2013, art. 10-C, parágrafo único).

17.1.2 Destinatário

A excludente é destinada precipuamente aos agentes que exercem atividade pública, tal como funcionário público ou agente público que age por ordem da lei. Também alcança o particular que exerce função pública, ainda que temporariamente, como, por exemplo, o jurado, mesário da Justiça Eleitoral.

Embora, na essência, alcance agentes públicos, prevalece na doutrina o entendimento de que o estrito cumprimento do dever legal pode também alcançar o particular, quando estiver diante de um dever imposto pela lei. É o caso do advogado que se recusa a prestar declarações como testemunha sobre fatos que tomou conhecimento no exercício da sua função. Embora típico (CP, art. 342), não será ilícito, porque o advogado agiu no estrito cumprimento de um dever legal, conforme se extrai dos arts. 2º, § 3º, e 7º, XIX, ambos da Lei nº 8.906/1994.

Com efeito, o art. 207 do CPP prevê a proibição de depor as pessoas que, em razão da função, ministério, ofício ou profissão, devam guardar segredo, salvo se desobrigadas pela parte interessada. Todavia, embora esteja elencado como direito, a recusa de depor como testemunha constitui praticamente um dever para o advogado, pois, ainda que autorizado ou solicitado pelo constituinte, terá de se recusar a depor sobre fato relacionado com pessoa de quem seja ou foi advogado, bem como sobre fato que constitua sigilo profissional (Lei nº 8.906/1994, art. 7º, XIX).

17.1.3 Dever legal

Para incidir essa excludente, é fundamental que o dever decorra, diretamente ou indiretamente, de lei, em sentido genérico, emanado de autoridade pública competente.

O dever pode ser imposto por qualquer lei, seja penal ou extrapenal, podendo se originar de decreto, regulamento ou qualquer ato administrativo de caráter geral. Da mesma forma, o dever pode emanar de decisões judiciais, já que, ao fim e ao cabo, nada mais são do que a aplicação da lei ao caso concreto.

---

1. STJ, AgIn no AgREsp nº 118934/PR, rel. Min. Napoleão Nunes Maia Filho, 1ª T., j. 22-11-2016.

Não se enquadram no contexto de dever legal, não incidindo, portanto, a excludente de ilicitude, o cumprimento de dever social, moral ou religioso. Assim, não age no estrito cumprimento do dever legal, pastor que invade domicílio a pretexto de afastar maus espíritos.

17.1.4 Cumprimento nos estritos limites da lei

É necessário que o sujeito pratique o fato no estrito cumprimento do dever legal. Fora daí, a conduta torna-se ilícita. Deve, pois, observar os rígidos limites do dever previsto em lei, sob pena de incorrer em excesso.

Com efeito, não pode o agente extrapolar os limites do razoável e do necessário ao cumprimento do dever. Se ultrapassar os limites impostos pela lei, responderá pelo resultado produzido, a título culposo ou doloso, conforme tenha ou não sido ele intencional.

Assim, se, por exemplo, um policial, ainda que munido de mandado de prisão ou busca e apreensão, ingressar na residência de uma pessoa no período noturno, sem autorização do morador, agirá em excesso, incorrendo no crime previsto no art. 22 da Lei nº 13.869/2019, já que extrapolou os estritos limites da lei, que protege a inviolabilidade do domicílio.

17.1.5 Estrito cumprimento do dever legal no contexto de crime culposo

O estrito cumprimento do dever legal somente incide no contexto de fato típico que denota crime doloso. Não incide nos fatos típicos que retratam crimes culposos. Isso porque, à evidência, não há lei autorizando funcionário público a desenvolver seu mister com imprudência, negligência ou imperícia.

Pode-se, dependendo do caso concreto, cogitar-se da possibilidade de incidência do estado de necessidade. Imaginemos o motorista da ambulância de determinado município, que, no intuito de levar uma pessoa gravemente enferma ao hospital, imprime velocidade excessiva, perdendo o controle do veículo, e atropela uma pessoa, causando-lhe lesões corporais. O motorista da ambulância, embora tenha praticado fato típico decorrente da lesão corporal culposa na condução de veículo automotor (CTB, art. 303), não será responsabilizado criminalmente, porque agiu em estado de necessidade, e não no estrito cumprimento do dever legal.

17.1.6 Estrito cumprimento do dever legal e comunicabilidade

A incidência do estrito cumprimento do dever legal retira a ilicitude de um fato típico, excluindo o crime. Logo, excluído o crime em relação ao agente que atuou no estrito cumprimento do dever legal, evidentemente não haverá crime também para aquele que, de qualquer modo, contribuiu para a realização do fato típico amparado pela excludente de ilicitude. Se não é crime para um, também não é para o outro.

Assim, se, por exemplo, um policial é auxiliado por um particular a imobilizar alguém resistindo a uma abordagem regular, ambos estarão amparados pela excludente de ilicitude.

17.2 EXERCÍCIO REGULAR DE DIREITO

17.2.1 Conceito

Assim como o estrito cumprimento do dever legal, não há no Código Penal dispositivo específico estabelecendo o conceito e as características do exercício regular do direito, limitando-se o legislador a indicar que se trata de excludente de ilicitude, nos termos do art. 23, III, do CP.

Trata-se de causa excludente de ilicitude voltada ao desempenho de uma atividade ou a prática de uma conduta autorizada por lei, que torna lícito um fato típico. A lógica, pois, reside no fato de que o exercício de um direito, desde que regular, não pode ser, ao mesmo tempo, proibido pelo direito.

Qualquer direito, público ou privado, penal ou extrapenal, regularmente exercido, afasta a antijuridicidade. Mas o exercício deve ser regular, isto é, deve obedecer a todos os requisitos objetivos exigidos pela ordem jurídica.

17.2.2 Alcance

A Constituição Federal dispõe que ninguém será obrigado a fazer ou deixar de fazer alguma coisa senão em virtude de lei (CF/1988, art. 5º, II). Logo, se a lei autoriza o agente a praticar determinada conduta, não poderá, à evidência, considerá-la ilícita.

Essa excludente alcança o particular, o cidadão comum, que está autorizado a exercer regularmente um direito conferido pelo ordenamento jurídico ou, para boa parte da doutrina, pelos costumes.

A expressão direito é empregada em sentido amplo, abrangendo todas as formas de direito subjetivo, penal ou extrapenal, como, por exemplo, a faculdade do uso moderado dos meios de correção e disciplina, decorrentes do poder familiar, nos termos do art. 1.634, I, do CC.

Conforme parte da doutrina, o costume também legitima certas ações e fatos típicos, como, por exemplo, o trote acadêmico, em que as violências, injúrias e constrangimentos que os veteranos praticam contra os noviços não se consideram atos antijurídicos em face do direito penal, porque longo e reiterado costume consagra o "trote" como instituição legítima. Evidentemente que o fato deve ser praticado dentro de um grau de proporcionalidade tolerável, sem incorrer em excessos, sob pena de o agente responder pelo resultado produzido.

Qualquer pessoa pode exercitar um direito subjetivo ou uma faculdade prevista em lei (penal ou extrapenal). Exemplo clássico é do particular que realiza a prisão em flagrante, conforme prevê o art. 301 do CPP.

17.2.3 Algumas hipóteses de exercício regular de um direito

17.2.3.1 Correção dos filhos

Os arts. 229 da CF, 1.566, IV, e 1.634, I, do CC, bem como o art. 22 da Lei nº 8.069/1990 (ECA) atribuem aos pais o dever de guarda, sustento e educação dos filhos.

Os atos de correção aplicados pelos pais aos filhos, desde que evidentemente não transbordem para o castigo físico ou tratamento cruel e degradante, guardando a necessária razoabilidade, embora possam constituir fato típico, não serão considerados ilícitos pelo exercício regular do direito.

Assim, quando um pai, sempre, absolutamente sempre, dentro de um critério de razoabilidade impor ao filho castigo consistente em ficar isolado no quarto, privando sua liberdade por alguns minutos, para pensar sobre a arte que praticou, estará no exercício regular de um direito.

O abuso ou excesso no exercício desse direito acarretará a responsabilização criminal do pai, até porque o próprio Estatuto da Criança e do Adolescente prevê que a criança e o adolescente têm o direito de ser educado e cuidado sem o uso de castigo físico ou de tratamento cruel ou degradante (Lei nº 8.069/1990, art. 18-A).

17.2.3.2 Livre manifestação de pensamento e opinião

Nos termos do art. 5º, IV, da CF "é livre a manifestação do pensamento, sendo vedado o anonimato".

Logo, qualquer pessoa tem o direito de expor seu pensamento ou opinião, ainda que para criticar alguém ou determinado ato. Embora, em tese, possa ser típico por atingir a honra de alguém, se exercido regularmente o direito da livre manifestação de pensamento ou opinião, o fato não será ilícito.

O STJ considerou exercício regular do direito a conduta de condôminos que se insurgiram contra a administração do condomínio, considerando que gozam da liberdade de expressar seu descontentamento e se manifestar, chamando a atenção dos demais condôminos, desde que minimamente embasado.[2]

O STF liberou a realização da chamada "marcha da maconha", evento que reúne pessoas favoráveis à descriminalização da droga. Para os ministros, os direitos constitucionais de reunião e de livre expressão do pensamento viabilizam esse tipo de manifestação, desde que não dirigida a incitar ou provocar ações ilegais e iminentes.[3]

17.2.3.3 Intervenções médicas e cirúrgicas

Não há dúvida que as intervenções médicas e cirúrgicas constituem exercício regular do direito quando autorizadas pelo paciente ou seu representante legal. Assim, estará no exercício regular do direito o médico que realizar, mediante prévio consentimento, corte incisivo no corpo do paciente para operá-lo.

O problema surge quando não há consentimento do paciente, ou, quando incapaz ou impossibilitado de fazê-lo, do seu representante legal. Nesse caso, trata-se de fato típico, consistente no constrangimento ilegal (CP, art. 146), debatendo-se na doutrina qual a natureza da excludente que ampara a conduta do agente.

Parte da doutrina entende que nesses casos a exclusão da ilicitude ocorre por força do estado de necessidade, destacando, precipuamente, duas situações: a) quando o leigo, em face da impossibilidade absoluta de socorrer-se de um médico, realiza a intervenção para salvar a vida ou a saúde de terceiro de perigo certo ou iminente; b) quando o médico pratica a intervenção cirúrgica sem o consentimento do paciente ou do seu representante legal para salvá-lo de iminente perigo de vida.

No entanto, alguns autores consideram que a conduta do médico que pratica a intervenção cirúrgica sem o consentimento do paciente ou do seu representante legal para salvá-lo de iminente perigo de vida seria atípica, diante do disposto no art. 146, § 3º, I, do CP. Ou seja, incidirá causa de exclusão da tipicidade.[4]

---

2. STJ, APn nº 737/DF, rel. Min. Og Fernandes, Corte Especial, j. 17-12-2014.
3. STF, ADIn nº 4274/DF, rel. Min. Ayres Britto, Tribunal Pleno, j. 23-11-2011, noticiado no *Informativo* nº 649.
4. NUCCI, Guilherme de Souza. *Manual de direito penal*. 9. ed. São Paulo: Revista dos Tribunais, 2013. p. 294.

Entendemos constituir causa específica de exclusão da ilicitude, por se tratar de fato típico praticado para salvar alguém de iminente perigo de vida. Está-se, pois, diante de uma situação de perigo, viabilizando a prática de um fato típico para salvar o paciente do perigo de vir a óbito.

Segundo Cléber Masson, no tocante às pessoas que se filiam à religião "testemunha de Jeová", e analisando a questão sob o prisma estritamente jurídico, é legítima a atuação de médico que, independentemente de autorização judicial, efetua a transfusão de sangue para salvar a vida do paciente, ainda que sem a sua autorização ou contra a vontade de seus familiares. Com efeito, o direito à vida deve sobrepor-se às posições religiosas.[5]

17.2.3.4 Violência esportiva

A prática de determinadas atividades esportivas produz, invariavelmente, lesões corporais, tais como o futebol, o boxe e a luta livre.

Nesses casos, o fato típico praticado não será ilícito, desde que a conduta desenvolvida pelo agente observe os estritos limites das regras do esporte praticado.

Imaginemos, por exemplo, uma luta de boxe, durante disputa do cinturão de ouro, Naldinho, obedecendo rigorosamente às regras do esporte, desfere diversos socos contra Mauro, causando lesões gravíssimas em seu adversário. Nesse caso, embora típico, o fato não será ilícito, pois Naldinho está amparado pelo exercício regular de um direito.

Se, no entanto, o desportista não observar as regras que disciplinam o esporte praticado, responderá pelo resultado lesivo que produzir, segundo seu dolo ou sua culpa.

Assim, se um jogador de futebol desferir um violento pontapé no rosto do adversário caído ao solo, responderá pelo resultado produzido, qual seja, lesão corporal, já que extrapolou os limites das regras da atividade desportiva que exercia.

17.2.3.5 Inviolabilidade de domicílio

Nos termos do art. 5º, XI, da CF, "a casa é asilo inviolável do indivíduo, ninguém nela podendo penetrar sem consentimento do morador, salvo em caso de flagrante delito ou desastre, ou para prestar socorro, ou, durante o dia, por determinação judicial".

Logo, durante o período noturno, se não for hipótese de flagrante delito, o morador poderá exercer o direito de não franquear a entrada da autoridade policial para prender um suspeito, ainda que munido de mandado de busca e apreensão. Nesse caso, embora constitua, em tese, o fato típico consistente no favorecimento pessoal (CP, art. 348), não será ilícito, porque o morador está no exercício regular de um direito.

17.2.3.6 Utilização de cadáver não reclamado

Conforme o art. 2º da Lei nº 8.501/1992: "O cadáver não reclamado junto às autoridades públicas, no prazo de trinta dias, poderá ser destinado às escolas de medicina, para fins de ensino e de pesquisa de caráter científico".

5. MASSON, Cleber. *Direito penal* – parte geral (arts. 1º a 120). 14. ed. Rio de Janeiro: Forense; São Paulo: Método, 2020. v. 1, p. 366.

Assim, se transcorrido o prazo de 30 dias, sem que alguém reclame o cadáver, pode-se destiná-lo às escolas de medicina, para fins de estudos, onde, à evidência, o corpo será aberto, com o intuito de proporcionar aos alunos estudo prático. Nesse caso, não haverá o crime de destruição de cadáver (CP, art. 211) ou vilipêndio de cadáver (CP, art. 212), por força do exercício regular de direito.

Para acesso ao vídeo, utilize o QR Code ao lado.

18

EXCESSO NAS EXCLUDENTES

18.1 INTRODUÇÃO

Como visto, em determinadas situações, o agente está autorizado a praticar um fato típico, mas que não será ilícito por conta da incidência de uma causa de justificação. Todavia, o próprio art. 23 do CP, em seu parágrafo único, prevê a possibilidade de responsabilização do agente que desenvolve a conduta praticando excesso doloso ou culposo.

Em outras palavras, o agente está autorizado a praticar um fato típico, desde que não extrapole o limite do necessário. Se extrapolar esse limite, deixando de observar o critério da razoabilidade, a causa que poderia excluir a ilicitude da conduta do agente desaparece. Logo, o fato será típico e ilícito, devendo o agente responder pelo excesso culposo ou doloso.

Embora na prática se verifique mais comumente no contexto da legítima defesa, o excesso alcança qualquer excludente da ilicitude, como, aliás, extrai-se do próprio parágrafo único do art. 23 do CP, especificamente na expressão "em qualquer das hipóteses deste artigo".

Poderá haver, portanto, excesso no estado de necessidade, na legítima defesa, no estrito cumprimento do dever legal e no exercício regular do direito.

No *estado de necessidade*, o excesso se exterioriza quando o agente não observa o requisito da inevitabilidade do comportamento lesivo, retratado na expressão "nem podia de outro modo evitar", prevista no art. 24 do CP. Assim, se o agente poderia atuar para se salvar de uma situação de perigo valendo-se de modo menos lesivo, mas acabou optando pelo mais lesivo, não estará sob o abrigo do estado de necessidade, diante do excesso praticado.

Imaginemos a situação de alguém que está caminhando tranquilamente pela via pública, quando observa que um cão se soltou da coleira que o prendia no pátio de uma residência. O agente observa que fechando o portão da residência estaria salvo do perigo, mas faz a opção de pegar um pedaço de madeira e golpear o cão no momento do ataque, matando o animal. Inquestionável que, num primeiro momento, o agente estava em situação de perigo, legitimando a causa de justificação; todavia, não é menos correto que havia outro modo menos lesivo de evitar o perigo (fechando o portão), mas optou pelo modo mais lesivo, agindo em excesso, afastando, assim, a causa excludente de ilicitude, devendo responder pelo resultado produzido em decorrência do excesso, ou seja, crime de dano ou maus-tratos contra animal, conforme o caso.

Na *legítima defesa*, há excesso quando o agente extrapola os limites da repulsa do ataque, intensificando a reação, dolosa ou culposamente, elegendo meio além do necessário ou fazendo uso imoderado dos meios necessários para repelir a injusta agressão.

> Exemplo: Pedro percebeu que uma criança entrou no seu sítio para pegar, sem autorização, frutas em seu pomar. De imediato, pegou sua espingarda cal.38 e efetuou um disparo contra a criança, causando-lhe a morte. Evidente, no caso, o excesso doloso, uma vez que Pedro elegeu o meio desproporcional ao ataque e, ainda, usou de forma imoderada esse meio. Logo, considerando que incorreu em excesso doloso, deverá responder pelo crime de homicídio doloso.

No *estrito cumprimento do dever legal*, o excesso se exterioriza quando o agente extrapola os limites impostos pela lei.

> Exemplo: Morador não concorda que a autoridade policial, cumprindo ordem de juiz competente, adentre, no período noturno, sua residência para realizar busca e apreensão. Se a autoridade policial insistir e forçar a entrada, arrombando a porta, agirá em excesso, devendo responder pelo delito de abuso de autoridade.

No *exercício regular do direito*, o excesso incide quando o agente exerce o direito de modo abusivo, extrapolando os limites impostos pelo ordenamento jurídico.

> Exemplo: Pai que, a pretexto de corrigir e impor disciplina, agride o filho violentamente. Há flagrante excesso, devendo o genitor responder pelo resultado produzido pelas lesões provocadas no filho.

18.2 ESPÉCIES

18.2.1 Excesso doloso e culposo

O excesso pode ser doloso ou culposo.

Há *excesso doloso* quando o sujeito, de forma consciente e com vontade, extrapola os limites e os pressupostos previstos em lei para incidência da excludente de ilicitude. Num primeiro momento, o agente desenvolve conduta amparado pela causa de justificação; todavia, após cessada a situação que enseja a excludente de ilicitude, atua, consciente e intencionalmente, em excesso, passando de agredido a agressor.

> Exemplo: Uma viatura da polícia militar deslocava-se pela rua quando um sujeito saiu de uma padaria com arma em punho. Ele havia acabado de praticar um assalto e não esperava encontrar ninguém que pudesse dificultar sua fuga. Muito agressivo, ele aponta o seu revólver na direção dos policiais e dispara duas vezes. O policial imediatamente para a viatura, desce, abriga-se e efetua um disparo que acerta o infrator em região não letal, fazendo com que caia ao solo. A autoridade policial se aproxima, percebe que o suspeito está imobilizado, não tendo mais possibilidade de continuar a agressão, e, mesmo assim, efetua outros disparos, causando a morte do infrator. Constatado o excesso doloso, o agente responde pelo resultado dolosamente. No caso, o agente, que num primeiro momento estava em legítima defesa, responderá pelo crime de homicídio doloso.

O *excesso doloso* também pode decorrer do *erro sobre os limites de uma causa de justificação*, caracterizando o erro de proibição indireto. Imaginemos que um jovem rapaz, durante uma discussão, desferiu um tapa no rosto de um senhor de 60 anos de idade, gaúcho da região das missões, daqueles que não leva desaforo para casa, que acredita firmemente que teria o direito não só de se defender para fazer cessar a agressão, mas também de continuar reagindo, pegando seu facão de sete listras e desferir vários golpes nas costas do rapaz, causando-lhe lesões gravíssimas. Verifica-se que a conduta praticada em excesso foi nitidamente dolosa, mas decorrente de erro sobre os limites de uma causa de justificação. Nesse caso, considerando que se trata de hipótese de erro de proibição indireto, deve-se verificar se o erro foi inevitável ou evitável, nos termos do art. 21 do CP. Se inevitável, ainda que tenha sido praticado em excesso, o agente será isento de pena; se evitável, responderá pelo resultado, mas com a pena diminuída de um sexto a um terço.

No *excesso culposo* não há intenção em extrapolar os limites da repulsa à agressão injusta, supondo o agente ainda estar sofrendo a agressão, que, na verdade, havia cessado. O excesso decorre da ausência de cuidado objetivo do agente, que extrapolou os limites previstos em lei por imprudência, negligência ou imperícia. Nesse caso, o agente responderá pelo resultado produzido a título de culpa.

> Exemplo: Uma viatura da polícia militar deslocava-se pela rua quando um sujeito saiu de uma padaria com arma em punho. Ele havia acabado de praticar um assalto e não esperava encontrar ninguém que pudesse dificultar sua fuga. Muito agressivo, ele aponta o seu revólver na direção dos policiais e dispara duas vezes. O policial imediatamente abriga-se e efetua um disparo que acerta o infrator em região não letal, fazendo com que caia ao solo, cessando o ataque. Sem tomar maiores cautelas para verificar se efetivamente a agressão havia cessado, o policial, de forma imprudente, efetua um segundo disparo que atinge o suspeito em região letal, matando-o. No caso, o agente, que num primeiro momento estava em legítima defesa, responderá pelo crime de homicídio culposo.

O *excesso culposo* também pode decorrer do *erro sobre a situação de fato que envolve uma causa de justificação*, aplicando-se, nesse caso, a regra do art. 20, § 1º, do CP.

> Exemplo: Uma viatura da polícia militar deslocava-se pela rua quando um sujeito saiu de uma padaria com arma em punho. Ele havia acabado de praticar um assalto e não esperava encontrar ninguém que pudesse dificultar sua fuga. Muito agressivo, ele aponta o seu revólver na direção dos policiais e dispara duas vezes. O policial imediatamente se abriga e efetua um disparo que acerta o infrator em região não letal, fazendo com que caia ao solo. O policial, supondo que o suspeito continuaria a agressão, já que teria levado a mão perto do bolso, efetuou um segundo disparo, matando o bandido. Verifica-se, após, que o suspeito não estaria mais armado, e que pretendia levar a mão à perna, para estancar um sangramento. Nota-se que o agente avaliou mal a situação que o envolvia, acreditando que a agressão continuaria, quando, na verdade, havia cessado.

Nesse caso, trata-se de excesso no contexto de erro sobre a situação fática, devendo-se aplicar a regra do art. 20, § 1º, do CP. Sendo o excesso decorrente de erro inevitável, o agente será isento de pena, ou como consideram os adeptos da teoria limitada da culpabilidade, excluído o dolo e a culpa, sendo o fato atípico; sendo o excesso decorrente de erro evitável, o agente responderá pelo excesso na modalidade culposa. É a chamada culpa imprópria, em que o agente, embora tenha desenvolvido uma conduta dolosamente, terá tratamento jurídico como se fosse crime culposo.

18.2.2 Excesso acidental

Excesso acidental é aquele que decorre de caso fortuito ou força maior, com eventos imprevisíveis. Trata-se de excesso irrelevante, por estar vinculado a resultado imprevisível ou inevitável. Em outras palavras, o agente que atua diante de uma causa de justificação não responderá pelo resultado deflagrado a partir da sua ação. É o caso do agressor injusto falecer em decorrência do susto gerado pela reação do agredido.

18.2.3 Excesso exculpante

O excesso exculpante é aquele deflagrado a partir da alteração do estado de ânimo do agente agredido. A situação que envolve a agressão injusta provoca tanto pavor, medo e susto que o agente desenvolve a reação defensiva sem medir as consequências. O agente reage com a capacidade emocional alterada diante da tensão, do pavor e do medo da situação decorrente da agressão injusta, razão pela qual extrapola os limites do necessário para fazer cessar a agressão.

É o caso de uma pessoa ter sido ameaçada de morte por alguém reconhecidamente violento e perigoso. Por conta disso, passa a andar armado, com o intuito de repelir eventual agressão. Certo dia percebe que o desafeto vem em sua direção para agredi-lo de próprio punho, e sem medir as consequências, tomado pelo medo e o pavor de ser agredido, saca da sua arma e efetua vários disparos contra aquele que o ameaçou.

Trata-se de excesso exculpante que não legitima a conduta do agente. Ou seja, o agente que reage de forma desproporcional, extrapolando os limites do necessário, não está acobertado pela excludente de ilicitude.

Todavia, para a maioria da doutrina, conforme o caso concreto, o excesso exculpante pode constituir inexigibilidade de conduta diversa, causa supralegal de exclusão da culpabilidade,[1] estando, inclusive, expressamente previsto no art. 45, parágrafo único, do CPM Pátrio.[2]

18.2.4 Excesso intensivo e extensivo

Excesso intensivo ou próprio ocorre durante ou na iminência de uma injusta agressão, quando ainda estão presentes os pressupostos fáticos da causa de justificação. Em outras palavras, o excesso é intensivo quando o agente durante ou na iminência de uma agressão injusta emprega meios desproporcionais à agressão sofrida ou em vias de ocorrer. A reação desproporcional no decorrer da agressão já desencadeia o excesso punível, tornando ilícita a conduta de repulsa à injusta agressão.

---

1. Na prova para Promotor de Justiça do MPE/PB, realizada em 2010, a banca examinadora considerou correta a afirmativa que o excesso exculpante é uma causa supralegal de exclusão da culpabilidade.
2. "Excesso culposo

   Art. 45. O agente que, em qualquer dos casos de exclusão de crime, excede culposamente os limites da necessidade, responde pelo fato, se êste é punível, a título de culpa.

   Excesso escusável

   Parágrafo único. Não é punível o excesso quando resulta de escusável surpresa ou perturbação de ânimo, em face da situação."

Há excesso intensivo, por exemplo, na conduta do agente que usa uma arma de fogo para repelir injusta agressão de um jovem rapaz desarmado, efetuando um disparo, causando-lhe a morte. No próprio contexto da agressão injusta, já estará incrustado o excesso diante do emprego de meio desproporcional, além do necessário, para o exercício da defesa.

Excesso extensivo ou impróprio ocorre após cessar a agressão. É aquele em que os pressupostos da causa de justificação não estão mais presentes. O agente já repeliu a injusta agressão na legítima defesa; já afastou a situação de perigo, no estado de necessidade; já cumpriu o seu dever legal, no estrito cumprimento do dever legal; já exerceu seu direito, no exercício regular do direito. Após, o agente extrapola os limites previstos para a excludente, desenvolvendo conduta reveladora do excesso.

Na legítima defesa, por exemplo, o agente, após atuar dentro dos limites impostos para repelir a injusta agressão, continua empregando conduta reativa, dando continuidade à repulsa, fazendo uso imoderado dos meios necessários.

> Exemplo: João, maior e capaz, após ser agredido fisicamente por um desconhecido, também maior e capaz, repele, moderadamente, a injusta agressão, com um pedaço de madeira. Depois de cessada a agressão, João continua a desferir golpes na cabeça do desconhecido, mesmo estando ele desacordado, causando-lhe lesões gravíssimas. Trata-se de excesso extensivo, devendo João responder pelo crime de lesão corporal gravíssima.

Em síntese, na legítima defesa, a expressão excesso intensivo é usada para referir-se ao uso de meios desnecessários (durante ou na iminência da agressão injusta), sendo que a expressão excesso extensivo é usada para referir-se ao uso imoderado de meios necessários (após cessada a agressão injusta).

Para acesso ao vídeo, utilize o QR Code ao lado.

19

CULPABILIDADE

19.1 INTRODUÇÃO

Doutrinariamente, a culpabilidade é considerada um juízo de censurabilidade e reprovação social incidente sobre o fato e seu autor, como forma de se verificar a necessidade de aplicação de uma pena.

Em outras palavras, quando pratica um fato típico e ilícito, o agente será submetido a um juízo de censura, que incide sobre a manifestação e exteriorização da sua vontade, a fim de verificar a possibilidade de imposição de uma pena.

Cezar Roberto Bitencourt leciona que o Direito Penal atribui um triplo sentido ao conceito de culpabilidade:

> Em primeiro lugar, a culpabilidade – como fundamento da pena – refere-se ao fato de ser possível ou não a aplicação de uma pena ao autor de um fato típico e antijurídico, isto é, proibido pela lei penal. Para isso, exige-se a presença de uma série de requisitos – capacidade de culpabilidade, consciência da ilicitude e exigibilidade de conduta conforme a norma – que constituem os elementos positivos específicos do conceito dogmático de culpabilidade. A ausência de qualquer desses elementos é suficiente para impedir a aplicação de uma sanção penal. Em segundo lugar, a culpabilidade – como elemento da determinação ou medição da pena. Nessa acepção, a culpabilidade funciona não como um fundamento da pena, mas como limite desta, impedindo que a pena seja imposta além da medida prevista pela própria ideia de culpabilidade, aliada, é claro, a outros fatores, como importância do bem jurídico, fins preventivos etc. E, finalmente, em terceiro lugar, a culpabilidade – vista como conceito contrário à responsabilidade objetiva, ou seja, com o identificador e delimitador da responsabilidade individual e subjetiva. Nessa acepção, o princípio de culpabilidade impede a atribuição da responsabilidade penal objetiva, assegurando que ninguém responderá por um resultado absolutamente imprevisível e se não houver agido, pelo menos, com dolo ou culpa.[1]

1. BITENCOURT, Cezar Roberto. *Tratado de direito penal:* parte geral. 17. ed. São Paulo: Saraiva, 2012. p. 438.

É assente na doutrina que a culpabilidade constitui um juízo de reprovação em relação à conduta praticada por agente com capacidade de compreensão e determinação, dotado de discernimento para adquirir a consciência da ilicitude e que poderia ter agido de modo diverso daquele que elegeu.

A discussão que se trava diz respeito à posição da culpabilidade na estrutura do crime: se constitui pressuposto para aplicação da pena ou se integra o conceito de crime.

Damásio de Jesus, seguindo entendimento de René Ariel Dotti, defende que a culpabilidade é um dos pressupostos da pena, e não requisito ou elemento do crime. Damásio, apegando-se às expressões adotadas no Código Penal, afirma que quando pretende se referir à causa excludente de antijuridicidade, o Código Penal emprega expressões como "não há crime", por exemplo; quando trata de causa excludente da culpabilidade, emprega a expressão "isenção de pena", concluindo então que, para a existência do crime, basta que o agente tenha praticado um fato típico e ilícito, sendo prescindível a culpabilidade, que fica vinculada à possibilidade de aplicação da pena.[2]

Todavia, prevalece o entendimento no sentido de que a culpabilidade efetivamente integra o conceito do crime, ou seja, constitui um elemento do crime, e não apenas pressuposto para aplicação da pena.

Com efeito, segundo o conceito analítico, crime é um fato típico, ilícito e culpável. Em outras palavras, para constituir crime, o agente deve ter praticado um fato que se amolda a um modelo legal de conduta proibida, contrário ao ordenamento jurídico, mesmo dotado de capacidade de compreensão e determinação acerca do caráter ilícito do fato, reunindo condições para adquirir a consciência da ilicitude da conduta, sendo-lhe exigido agir de modo diverso do que se conduziu.

Presentes todos esses elementos, será possível aplicar a pena ao sujeito que praticou um fato típico, ilícito e culpável. Isso porque todos os elementos que integram o crime constituem pressuposto para aplicação da pena, e não somente a culpabilidade.

Para ser possível aplicar a pena, é preciso que o fato seja típico. Sendo o fato atípico, nem sequer será possível verificar a ilicitude do fato e, muito menos, realizar um juízo de reprovação, e, portanto, aplicar a pena. Logo, ser o fato típico é pressuposto para aplicação da pena.

Se for típico, o fato também precisa ser ilícito para ser possível a aplicação da pena. Incidindo alguma causa de exclusão da ilicitude, dispensa-se a realização de um juízo de reprovação da conduta, não havendo possibilidade de aplicação da pena. Logo, a ilicitude também se reveste de pressuposto para aplicação da pena.

Se, finalmente, o fato for típico e ilícito, mas o agente não for culpável, por conta da incidência de uma causa de exclusão da culpabilidade, não será possível aplicação da pena. Logo, a culpabilidade também constitui pressuposto para aplicação da pena.

Dessarte, muito além das expressões adotadas pelo Código Penal para definição da ilicitude ou culpabilidade, crime é a reunião dos elementos que o compõem para fundamentar a aplicação da pena. Crime, pois, é fato típico, antijurídico e culpável, que, no seu conjunto, constituem fundamento e pressuposto para aplicação da pena.

---

2. JESUS, Damásio E. *Direito penal* – Parte geral. São Paulo: Saraiva, 2010. v. 1, p. 499-500.

19.2 TEORIAS DA CULPABILIDADE

19.2.1 Teoria psicológica

A teoria psicológica foi idealizada por Franz von Liszt e Ernest von Beling e guarda estreita relação com a *teoria clássica, naturalista, mecanicista ou causal da ação.*

Para essa teoria, o *pressuposto* da culpabilidade é a *imputabilidade* do agente, consistente na capacidade do agente de compreender o caráter ilícito do fato e de determinar-se de acordo com esse entendimento. Há, portanto, apenas um vínculo psicológico entre o agente e o fato típico e ilícito, representado pelo dolo ou culpa.

Por essa razão, para a teoria clássica ou causal, a qual está vinculada a teoria psicológica da culpabilidade, o dolo e a culpa integram a culpabilidade.

No plano objetivo, a teoria causal considera ação aquilo que fisicamente deu causa ao resultado. No plano subjetivo, a culpabilidade era o vínculo subjetivo que existe entre a conduta e o resultado.

Muito além do que elementos, o dolo e a culpa figuravam como espécies da culpabilidade, sendo a imputabilidade seu pressuposto. Em outras palavras, primeiro seria necessário verificar se o agente era imputável, para depois realizar a análise se teria agido com dolo ou culpa.

Isso porque, na visão da teoria clássica, um inimputável, sobretudo aquele acometido por doença mental, não reunia capacidade psíquica para agir com dolo ou culpa, não sendo possível, pois, estabelecer o vínculo psicológico entre sua conduta e o resultado. O *dolo*, por isso, era *normativo*, já que abarca no seu bojo a consciência da ilicitude.

Em síntese, ao contrário da concepção atualmente adotada, sobretudo a partir da adoção da teoria normativa pura, na teoria psicológica primeiro era feita a análise do injusto, ou seja, se o fato era típico e ilícito, representando o aspecto objetivo do crime, para depois verificar o aspecto subjetivo, ou seja, se o agente agiu com dolo ou culpa, aferindo-se, a partir disso, a presença da culpabilidade.

Dessarte, para ser considerado culpável, o agente deveria ser imputável e ter agido com dolo ou culpa.

CRIME = FATO TÍPICO + ILÍCITO + CULPABILIDADE

FATO TÍPICO ↓
- Conduta
- Resultado naturalístico
- Relação de causalidade
- Tipicidade

CULPABILIDADE ↓
- Imputabilidade (pressuposto)
- Dolo (normativo) ou culpa

Essa teoria não é aceita, pois não explica situações envolvendo inexigibilidade de conduta diversa e culpa inconsciente.

Com efeito, na inexigibilidade de conduta diversa, representada pela coação moral irresistível e obediência hierárquica, o agente age com dolo, mas num contexto em que não lhe era exigível conduta diversa.

Assim, se um gerente de banco é moralmente coagido a transferir determinada quantia para uma conta bancária indicada pelo coator, sob pena de ter o seu filho assassinado, agirá com dolo, mas, nas circunstâncias, era inexigível dele conduta diversa. Logo, pela teoria psicológica, o coagido gerente de banco seria culpável e, portanto, apto a suportar uma sanção penal, com imposição de uma pena.

Da mesma forma, não havia, ainda, como compatibilizar uma teoria puramente psicológica considerando a culpa como sendo espécie da culpabilidade. Isso porque a culpa se caracteriza por ser um elemento normativo, cuja essência é a inobservância do dever de cuidado.

19.2.2 Teoria psicológico-normativa da culpabilidade

A teoria psicológico-normativa da culpabilidade, também chamada de teoria normativa, foi concebida por Reinhart Frank em 1907, vinculando a culpabilidade com a *exigibilidade de conduta diversa.*

Para essa teoria, o elemento psicológico, expresso pelo dolo ou culpa, não se revela suficiente para aferir a culpabilidade do agente. Além do dolo ou culpa, a conduta do agente deveria ser passível de um juízo de censura e reprovação.

Além do elemento psicológico, representado pelo dolo e culpa, a culpabilidade passou a ter outro elemento, de caráter normativo, representado pela exigibilidade de conduta diversa. Além disso, a imputabilidade não mais constitui pressuposto da culpabilidade, passando a figurar como seu elemento.

A culpabilidade deixou de ser puramente psicológica, passando a admitir um juízo de reprovabilidade que recai sobre o agente que praticou um fato típico e ilícito que exigia conduta diversa.

Assim, não há mais apenas um vínculo psicológico entre a conduta do agente e o resultado, passando a recair sobre o autor de um fato típico e ilícito um juízo de reprovação, um juízo de censura, condicionado à presença de três elementos: a) imputabilidade; b) dolo ou culpa; c) exigibilidade de conduta diversa.

A *imputabilidade*, que na teoria psicológica figurava como mero pressuposto, passa, a partir da teoria psicológica-normativa, a constituir um dos elementos da culpabilidade. O *dolo ou a culpa*, espécie da culpabilidade na teoria psicológica, passaram a ser um dos seus elementos. Por fim, e aqui se encontra a maior característica dessa teoria, incluiu-se um elemento normativo que seria a *exigibilidade de conduta diversa*, assim entendida como sendo a possibilidade de o agente ter agido de modo diverso, ou seja, que não tivesse praticado o fato típico e ilícito.

A consciência da ilicitude da conduta continua vinculada ao dolo, que permanece normativo.

Como o dolo e a culpa permaneceram integrando a culpabilidade, a teoria psicológico-normativa se vincula à teoria clássica ou causal. Alguns autores, no entanto, considerando as alterações da estrutura da culpabilidade, e, por conseguinte, do conceito analítico do crime, entendem que a teoria normativa ou psicológica-normativa serviu de base para o sistema neoclássico do Direito Penal.

A maior crítica que recai sobre essa teoria consiste no fato de o dolo e a culpa permanecerem integrando a culpabilidade. Isso porque, se a culpabilidade passou a admitir um juízo de reprovação e censura, aspecto puramente normativo, o dolo, que se reveste de caráter psicológico, não poderia figurar como elemento da culpabilidade.

Para essa teoria, para haver dolo, como elemento da culpabilidade, fazia-se necessário que o agente desejasse praticar um fato típico e ilícito, com a consciência da antijuridicidade desse fato, isto é, sabendo que estava contrariando a ordem jurídica. Dessa forma, o dolo deixava de ser puramente psicológico (natural), passando a ser também normativo, isto é, reunia os dois aspectos simultaneamente: psicológico (vontade e previsão) e normativo (consciência da ilicitude), configurando o que se denominou um dolo híbrido, isto é, psicológico-normativo.[3]

Em outras palavras, a culpabilidade deveria se revestir tão somente de elementos normativos, surgindo, por isso, a teoria normativa pura da culpabilidade.

19.2.3 Teoria normativa pura da culpabilidade

Essa teoria surge em 1930, a partir da teoria finalista da ação, concebida por Hanz Welzel. Logo, a teoria normativa pura está vinculada unicamente ao *sistema finalista*.

Para essa teoria, os elementos da culpabilidade devem ser puramente normativos, sem vínculos psicológicos representados pelo dolo ou culpa. Se a culpabilidade é um fenômeno normativo, consistente no juízo de valor da conduta do agente, seus elementos devem ser todos normativos.

Por essa razão, o dolo e a culpa não podem figurar como elementos da culpabilidade, devendo ser analisados na conduta, elemento do fato típico. Isso porque, conforme apregoa a teoria finalista da ação, se a conduta do agente é voltada para uma finalidade, deve se revestir de consciência e vontade, representada pelo dolo.

A culpabilidade passa a ser puramente normativa se revestindo em juízo de valor que recai sobre o autor de fato típico e ilícito.

Conforme prega o sistema finalista, o dolo e a culpa são retirados da culpabilidade, passando a integrar a conduta, elemento do fato típico.

Na lição do maior expoente do finalismo penal, Hanz Welzel:

> A teoria do dolo não observa que o dolo não é uma parte integrante, mas o objeto de reprovação da culpabilidade, e que, por isso, pertence à ação e ao tipo de injusto, enquanto a consciência da antijuridicidade é só um elemento da reprovabilidade.[4]

Além disso, o dolo passa a ser natural, desvinculando-se da consciência da ilicitude. E a consciência da ilicitude, que até deveria ser atual, pela teoria normativa passa a ser

---

3. BITENCOURT, Cezar Roberto. *Tratado de direito penal:* parte geral. 17. ed., cit., p. 448.
4. WELZEL, Hanz. *O novo sistema jurídico-penal:* uma introdução à doutrina da ação finalista. Tradução Luiz Régis Prado. 4. ed. São Paulo: Revista dos Tribunais, 2015. p. 150.

potencial, exigindo do agente a possibilidade de, no caso concreto, ter consciência do caráter ilícito do fato praticado.

Assim, a culpabilidade passa a ter os seguintes elementos: a) imputabilidade; b) potencial consciência da ilicitude (possibilidade de conhecimento do injusto); c) exigibilidade de conduta diversa.

Crime = **Fato típico** + **Ilícito** + **Culpabilidade**

Fato típico:
- Conduta (com dolo ou culpa)
- Resultado naturalístico
- Relação de causalidade
- Tipicidade

Culpabilidade:
- Imputabilidade
- Potencial consciência da ilicitude
- Exigibilidade de conduta diversa

A teoria normativa pura subdivide-se em teoria extremada da culpabilidade e teoria limitada da culpabilidade. A teoria extremada da culpabilidade e a teoria limitada da culpabilidade convergem quanto aos elementos da culpabilidade. Para as duas teorias, os elementos da culpabilidade são: a) imputabilidade; b) potencial consciência da ilicitude; c) exigibilidade de conduta diversa.

Todavia, essas duas teorias divergem quanto ao tratamento conferido às descriminantes putativas.

19.2.3.1 Teoria extremada da culpabilidade

Conforme a teoria normativa pura ou extremada, as descriminantes putativas, seja em relação aos limites autorizadores/normativos da norma (por erro de proibição), seja sobre a incidência de uma situação de fato de uma causa de justificação (por erro de tipo), devem ser tratadas segundo as regras do erro de proibição, previstas no art. 21 do CP, na seara, pois, da culpabilidade. Ou seja, se o erro for inevitável, o agente é isento de pena; se evitável, terá a pena reduzida.

Para a *teoria extremada da culpabilidade*, as descriminantes putativas são tratadas sempre conforme as regras do *erro de proibição*, previsto no art. 21 do CP. Assim, se o erro for inevitável, as descriminantes putativas, independentemente se o erro for por uma situação de fato ou em relação aos limites autorizadores da norma, serão causas de exclusão da culpabilidade.

19.2.3.2 Teoria limitada da culpabilidade

Pela teoria limitada da culpabilidade, quando a descriminante putativa incidir sobre *pressupostos de uma situação de fato* o efeito em relação à conduta do agente seria o mesmo do *erro de tipo*: se o erro foi invencível, exclui o dolo e a culpa; se vencível, exclui o dolo, mas o agente responde pelo delito culposo, se previsto em lei.

Agora, se a descriminante putativa recair sobre *pressupostos os limites legais das excludentes*, ou seja, apesar de conhecer a situação de fato, *ignora a ilicitude do comportamento* (supõe ser comportamento lícito), o efeito será o mesmo do *erro de proibição*: se inevitável, o agente será isento de pena; se evitável, o agente responde pelo delito, mas terá a pena reduzida (CP, art. 21).

Não obstante a divergência doutrinária sobre o tratamento que deve ser conferido às descriminantes putativas, verifica-se que o Código Penal adotou a normativa pura, na concepção limitada da culpabilidade, conforme, inclusive, se extrai do item 19 da Exposição de Motivos da Nova Parte Geral do Código Penal.[5-6]

19.3 TEORIA FUNCIONAL DA CULPABILIDADE

Em contraposição aos sistemas causal e finalista vinculados à culpabilidade, na década de 1970 começou-se a conceber a teoria funcional para a culpabilidade, tendo os maiores representantes Claus Roxin e Günter Jakobs.

A teoria funcional busca modificar a concepção da culpabilidade como juízo de reprovação ou de censura para vinculá-la às funções do direito (por isso teoria funcional), notadamente em relação à finalidade da pena.

Claus Roxin, que adota concepção mais moderada da teoria funcional, considera que a formação do sistema jurídico-penal não pode ficar atrelada a realidades ontológicas prévias como ação, causalidade, dentre outras. Na lição do mestre Roxin:

> Se partirmos, contudo, do pressuposto de que a culpabilidade é, de fato, condição necessária, mas não suficiente da punição, deveremos acrescentar à culpabilidade – que é compreendida como agir ilícito apesar da idoneidade para ser destinatário de normas – uma necessidade preventiva de pena, assim como é indicado pelo desenvolvimento do direito e pelas modernas teorias da pena.[7]

A teoria funcional, numa visão mais radical, conforme preconizada por Jakobs, fundamenta-se a partir da finalidade preventiva geral da pena. A partir da conduta do agente, consistente na falta de fidelidade ao direito em relação ao ordenamento jurídico, a culpabilidade deve ser analisada para se buscar, dentre as possibilidades existentes, restabelecer a ordem jurídica, aplicando-se a norma penal suficiente para alcançar a finalidade de prevenção geral.

O conceito funcional da culpabilidade atribuído a Jakobs leva em conta o comportamento de uma pessoa e a distinção entre sentido e natureza. O comportamento de uma pessoa pode expressar um sentido relevante para a comunicação de um determinado âmbito social, como no Direito Penal, ou esse comportamento não atinge essa relevância comunicacional e permanece no campo da natureza. O comportamento de uma criança pode ser relevante para um pedagogo; para o direito penal, no entanto, esse comportamento não ultrapassa o campo do natural, pois refere que às crianças ou aos mentalmente enfermos não se dirigem expectativas normativas que possam ser defraudadas.

Conforme Callegari e Linhares:

> Não é por acaso que o exemplo da menoridade aparece tanto quando Jakobs se refere à ação para o Direito Penal quanto aqui, na culpabilidade. Isso se justifica porque, na teoria de Jakobs, renuncia-se à separação entre injusto e culpabilidade, já que a ação que desautoriza a vigência da norma pressupõe um agente culpável. Assim, a conduta de

5. Posição adotada pelas bancas dos seguintes concursos: DPE/MG (2014), Promotor de Justiça do MPE/MS (2018), Juiz Leigo TJPB, Banca CESPE/CEBRASPE (2013).
6. Para evitar inútil tautologia, remetemos o leitor ao capítulo 13, item 13.4.3, da Parte II, no qual tratamos da natureza jurídica das descriminantes putativas.
7. ROXIN, Claus. *Estudos de direito penal.* Rio de Janeiro: Renovar, 2012. p. 87.

um doente mental, por exemplo, não produziria a comunicação contrária à vigência da norma, não se falando nesse caso em injusto. Em outras palavras, ao inimputável falta a culpabilidade não porque não podia atuar de outra forma mas porque a sociedade não concebe a necessidade de estabilização de uma expectativa normativa, já que a conduta do inimputável não comunica algo suficientemente relevante a desautorizar a norma, a partir do que se pode concluir que não há ação (penalmente falando) sem culpabilidade.[8]

19.4 COCULPABILIDADE

A coculpabilidade lança sua base teórica no critério de desigualdade social, bem como no critério de oportunidades disponibilizadas ao agente para deliberar em seguir ou não as regras de convívio social, orientando-se conforme o ordenamento jurídico.

A personalidade do agente também é moldada pelo ambiente no qual está inserido e pelas oportunidades que lhe são ou não disponibilizadas. Nesse contexto, como o Estado falha em relação à parcela da população menos favorecida, contribuindo, de alguma forma, para condutas desviantes, em decorrência da falta de oportunidades igualmente oferecidas, deve ser considerado esse fato como circunstância atenuante no momento da fixação da pena em eventual sentença condenatória, considerando como circunstância inominada (CP, art. 66).

Na lição de Zaffaroni e Pierangeli:

> Todo sujeito age numa circunstância determinada e com um âmbito de autodeterminação também determinado. Em sua própria personalidade há uma contribuição para esse âmbito de autodeterminação, posto que a sociedade – por melhor organizada que seja – nunca tem a possibilidade de brindar a todos os homens com as mesmas oportunidades. Em consequência, há sujeitos que têm um menor âmbito de autodeterminação, condicionado desta maneira por causas sociais. Não será possível atribuir estas causas sociais ao sujeito e sobrecarregá-lo com elas no momento da reprovação de culpabilidade. Costuma-se dizer que há, aqui, uma "coculpabilidade", com a qual a própria sociedade deve arcar.[9]

Em síntese, a teoria da coculpabilidade reconhece grau de culpabilidade reduzido ao agente que possui limitado âmbito de autodeterminação, porque não lhe foi proporcionado acesso às mesmas oportunidades e direitos conferidos a outros indivíduos da sociedade, sendo, por isso, o Estado também responsável pelo cometimento de determinados delitos, praticados por cidadãos de melhores condições sociais e econômicas.

A teoria da coculpabilidade não é admitida no nosso ordenamento jurídico, sendo rechaçada pelo STJ, sob o fundamento de que "não pode ser erigida à condição de verdadeiro prêmio para agentes que não assumem a sua responsabilidade social e fazem da criminalidade um meio de vida".[10]

Em sentido inverso, criou-se a teoria da *coculpabilidade às avessas*, segundo a qual se aos menos favorecidos e destituídos de oportunidades pode-se considerar a hipótese de

---

8. CALLEGARI, André Luís; LINHARES, Raul Marques. *Direito penal e funcionalismo:* um novo cenário da teoria geral do delito. Porto Alegre: Livraria do Advogado, 2017. p. 147.
9. ZAFFARONI, Eugenio Raúl; PIERANGELI, José Henrique. *Manual de direito penal brasileiro.* 13. ed. São Paulo: Revista dos Tribunais, 2019. p. 545.
10. STJ, AgRg no REsp nº 1770619/PE, rel. Min. Laurita Vaz, 6ª T., j. 6-6-2019.

atenuar a pena decorrente da sua conduta desviante, com maior razão se deve punir com mais rigor aquele que, conquanto goze de boa capacidade econômica, movido pela vaidade e ambição, opte por trilhar o caminho do crime.

Mesmo diante das possibilidades que lhe foram conferidas, o agente adota postura desviante, praticando crime, como forma de acumular mais fortuna. Nesses casos, diversamente do que ocorre na coculpabilidade, o agente merece reprimenda maior, com imposição de pena acima do mínimo legal, já que tal circunstância soa absolutamente desfavorável. É o que já decidiu o STJ: "No caso, sob a influência da teoria da coculpabilidade às avessas, as instâncias ordinárias constataram reduzido senso ético-social do paciente, em razão de ter trilhado o caminho da criminalidade, a despeito das favoráveis condições socioeconômicas".[11]

19.5 ELEMENTOS DA CULPABILIDADE E SUAS CAUSAS EXCLUDENTES

Conforme a teoria normativa pura, admitida no nosso ordenamento jurídico, os elementos da culpabilidade são: a) a imputabilidade do agente; b) a potencial consciência da ilicitude; c) exigibilidade de conduta diversa.

As causas de exclusão da culpabilidade são: a) inimputabilidade; b) falta de potencial consciência de ilicitude; c) inexigibilidade de conduta diversa.

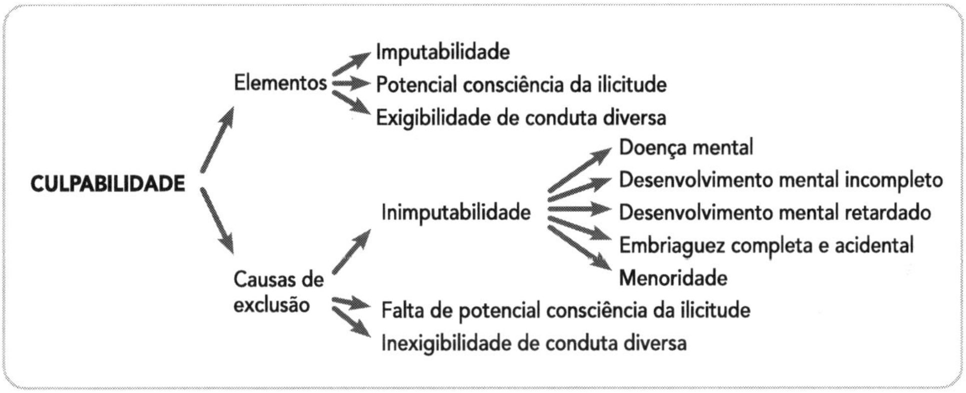

Para acesso ao vídeo, utilize o QR Code ao lado.

11. STJ, HC nº 443678/PE, rel. Min. Ribeiro Dantas, 5ª T., j. 21-3-2019.

20

IMPUTABILIDADE PENAL E CAUSAS DE EXCLUSÃO

20.1 INTRODUÇÃO

Embora o Código Penal não tenha definido o conceito de imputabilidade, afigura-se possível extrair as suas características a partir da definição das hipóteses de inimputabilidade, previstas nos arts. 26, *caput*, 27 e 28, § 1º, todos do CP.

Para fins penais, pode-se considerar a imputabilidade como sendo a possibilidade de se atribuir a autoria ou responsabilidade por fato criminoso a alguém, maior de dezoito anos e com higidez mental, que revelou ter capacidade de compreensão em relação ao caráter ilícito do fato, bem como de se determinar de acordo com esse entendimento.

Verifica-se, pois, que a imputabilidade penal leva em consideração dois elementos determinantes: a) elemento intelectivo; b) elemento volitivo.

O *elemento intelectivo* consiste na capacidade mental do agente que lhe possibilita o entendimento do caráter ilícito do fato, da capacidade de discernir sobre o que é certo ou errado. De ter, por exemplo, a capacidade mental de entender que o fato de matar uma pessoa é ilícito, é errado.

O *elemento volitivo* consiste na capacidade de controle e comando dos impulsos, a capacidade de dominar a vontade de acordo com a compreensão do caráter ilícito do fato. Não basta apenas a compreensão do caráter ilícito da conduta do agente, mas também a capacidade de controlar a sua vontade de acordo com esse entendimento.

A falta de qualquer um desses elementos enseja o reconhecimento da inimputabilidade.

A imputabilidade é capacidade psíquica de ser sujeito de reprovação, composta da capacidade de compreender a antijuridicidade da conduta e de adequá-la de acordo com esta compreensão.[12]

Logo, a nosso sentir, a imputabilidade pode ser definida como a capacidade do agente maior de dezoito anos de idade, que goza de saúde mental, entender, ao tempo da

12. ZAFFARONI, Eugenio Raúl; PIERANGELI, José Henrique. *Manual de direito penal brasileiro*. 13. ed. São Paulo: Revista dos Tribunais, 2019. p. 559.

ação ou omissão, o caráter ilícito da sua conduta e de determinar-se de acordo com esse entendimento.

Nos termos do art. 26, *caput*, do CP, a imputabilidade deve ser aferida no momento da ação ou omissão, ou seja, no momento da conduta, seguindo-se a regra da teoria da atividade, prevista no art. 4º do CP.

Todavia, se no transcurso da ação penal sobrevier a insanidade mental, o processo ficará suspenso, aguardando que o agente recobre a sanidade, a fim de que possa exercer amplamente o seu direito à defesa. É o que se extrai do art. 152 do CPP.

Na hipótese de, no curso da execução da pena privativa de liberdade, sobrevir ao condenado doença mental, cabe ao juiz, de ofício, ou a requerimento do Ministério Público ou da autoridade administrativa, substituí-la por medida de segurança (Lei nº 7.210/1984, art. 183).

Registre-se que essa substituição somente deve ocorrer quando a doença mental for de caráter permanente. Se transitória, transfere-se o condenado a hospital de custódia e tratamento psiquiátrico, e, uma vez, curado, retorna ao estabelecimento carcerário, conforme dispõe o art. 41 do CP.

20.2 CRITÉRIO PARA AFERIÇÃO DA INIMPUTABILIDADE

20.2.1 Introdução

O ordenamento jurídico pátrio adota o critério cronológico para gerar a presunção de imputabilidade. Ou seja, ao completar 18 anos de idade, presume-se que o agente seja imputável, capaz, portanto, de suportar a aplicação de uma pena. Essa presunção, no entanto, é relativa, admitindo-se prova em contrário, no sentido de que o agente poderá ser considerado inimputável.

Há três critérios ou sistemas para aferição da inimputabilidade.

a) Sistema biológico

O sistema biológico considera a causa e não o efeito. O único critério para a aferição da inimputabilidade é a presença de uma enfermidade mental, consistente em alguma doença mental ou desenvolvimento mental incompleto ou retardado.

Não importa se, no caso concreto, o agente, ao tempo da ação, era ou não capaz de compreender o caráter ilícito da sua conduta e determinar-se de acordo com esse entendimento.

Segundo esse critério, basta que o agente estivesse, no momento da conduta, acometido de doença mental, desenvolvimento mental incompleto ou retardado, para ser considerado inimputável, ainda que dotado de capacidade de compreensão e de determinação.

Trata-se, na verdade, de presunção absoluta da inimputabilidade.

Registre-se, desde logo, que esse foi o critério adotado para a inimputabilidade por menoridade.

b) Sistema psicológico

Para o sistema psicológico é irrelevante se o agente apresenta ou não alguma enfermidade mental. Importa aferir se, no momento da prática do fato, o agente reunia condições de compreender o seu caráter ilícito e de determinar-se de acordo com essa compreensão ou não. Se o agente não tiver capacidade de compreensão ou determinação, é considerado inimputável, sendo desnecessário verificar sua causa.

Assim, ainda que o agente não seja portador de enfermidade mental, se revelar não reunir capacidade de compreensão ou determinação, será considerado inimputável.

O sistema *psicológico* é adotado em relação à embriaguez completa decorrente de caso fortuito ou força maior (CP, art. 28, § 1º).

c) **Sistema biopsicológico**

O sistema biopsicológico reúne as características dos dois primeiros. Ou seja, na conjugação do critério biológico e psicológico surge o critério biopsicológico, que é o aplicado pelo Código Penal em relação à inimputabilidade pela enfermidade mental, conforme se infere do art. 26, *caput*, do CP.

Além da doença mental, desenvolvimento mental incompleto ou retardado, é necessário que o agente, ao tempo da conduta, tenha atuado, em decorrência da enfermidade mental, sem capacidade de entender o caráter criminoso do fato ou de determinar-se de acordo com esse entendimento.

Logo, ao contrário do que se poderia pensar, a enfermidade mental, por si só, não caracteriza a inimputabilidade. É preciso que, em decorrência dela, o sujeito, ao tempo da conduta, não possua capacidade de entendimento ou de autodeterminação.

Dessa forma, será inimputável aquele que, em razão de uma causa prevista em lei (doença mental ou desenvolvimento mental incompleto ou retardado), atue no momento da prática da infração penal sem capacidade de entender o caráter criminoso do fato ou de determinar-se de acordo com esse entendimento.

20.2.1 Critério adotado

O critério adotado para se aferir a inimputabilidade pela enfermidade mental é o biopsicológico. Com efeito, na primeira parte do art. 26 do CP, verifica-se a presença do caráter biológico, ao fazer referência à doença mental, desenvolvimento mental incompleto e retardado. Já na segunda parte do artigo, constata-se a presença do caráter psicológico, quando trata da incapacidade de compreensão e de determinação, formando, assim, o critério biopsicológico.

Em relação à inimputabilidade em decorrência da menoridade, o critério adotado é o *biológico*, gerando a presunção absoluta que o menor de 18 anos tem desenvolvimento incompleto, não reunindo, portanto, capacidade de compreensão e determinação (CF, art. 228; CP, art. 27).

O sistema *psicológico* é o critério adotado em relação à embriaguez completa decorrente de caso fortuito ou força maior (CP, art. 28, § 1º).

20.3 CAUSAS DE EXCLUSÃO: INIMPUTABILIDADE

O Código Penal prevê como causas de inimputabilidade:

a) doença mental (CP, art. 26, *caput*);

b) desenvolvimento mental incompleto (CP, arts. 26, *caput*, e 27);

c) desenvolvimento mental retardado (CP, art. 26, *caput*);

d) menoridade (CP, art. 27); e

e) embriaguez completa proveniente de caso fortuito ou força maior (CP, art. 28, § 1º).

20.4 INIMPUTABILIDADE PELA ENFERMIDADE MENTAL

20.4.1 Inimputabilidade pela doença mental

Doença mental é a perturbação mental ou psíquica capaz de eliminar a capacidade de o agente compreender o caráter ilícito da sua conduta e de se determinar de acordo com esse entendimento. Ou seja, em decorrência da doença mental, o agente desenvolve conduta sem a capacidade de compreender o caráter ilícito do fato.

A doença mental compreende todas as alterações mentais ou psíquicas aptas a eliminar a capacidade de compreensão do agente, tanto de origem patológica, quanto as toxicológicas, como, por exemplo, a demência senil, psicose traumática, causadas por alcoolismo, psicose maníaco-depressiva, esquizofrenia, loucura, histeria, paranoia etc.

Não constitui requisito indispensável que a doença mental seja de caráter permanente, podendo, portanto, ser transitória, desde que, ao tempo da conduta, em decorrência dessa enfermidade mental, o agente não reúna qualquer capacidade de compreensão ou determinação.

Isso porque, conforme consta expressamente no art. 26, *caput*, do CP, a inimputabilidade deve ser verificada no momento da conduta.

O critério adotado para aferir a inimputabilidade é o *biopsicológico*. Assim, além da doença mental, é necessário que, em consequência desse estado biológico, o agente seja, no momento da conduta, inteiramente incapaz de entender o caráter ilícito do fato ou de determinar-se de acordo com esse entendimento.

Em outras palavras, a doença mental retira do agente a capacidade de discernir o certo do errado, de entender, por exemplo, que atentar contra a vida ou patrimônio de uma pessoa é ilícito, bem como impede que o agente consiga controlar sua vontade e seu impulso. Ou seja, retira totalmente do agente sua capacidade de compreensão e determinação.

Em decorrência disso, o doente mental com total incapacidade de compreensão e determinação não reúne condições para suportar a fixação e execução de uma pena. Na verdade, o portador de doença mental se revela perigoso para si e para a sociedade, necessitando, conforme o caso, de internação em hospital de custódia ou tratamento ambulatorial.

De outro lado, se, embora portador de doença mental, o agente, ao tempo da conduta, apresentar lucidez, isto é, capacidade de compreensão do caráter ilícito do fato e de determinação de acordo com esse entendimento, será considerado imputável, sendo possível, portanto, suportar a fixação da pena. Imaginemos, por exemplo, uma pessoa diagnosticada como portadora de esquizofrenia, mas que, por meio de exame de insanidade mental, constatou-se que, *no momento da conduta*, tinha capacidade de compreender o caráter ilícito do fato. Nesse caso, será considerado imputável, estando apto a suportar a fixação da pena. Evidentemente que, se no curso da execução da pena privativa de liberdade, constatar-se a incapacidade do agente em decorrência da doença mental, caberá ao juiz, de ofício, ou a requerimento do Ministério Público ou da autoridade administrativa, substituir a pena privativa de liberdade por medida de segurança (Lei nº 7.210/1984, art. 183).

20.4.2 Inimputabilidade por desenvolvimento mental incompleto

A segunda causa de inimputabilidade é o *desenvolvimento mental incompleto*. É o desenvolvimento que ainda não encontrou a plenitude, por conta da idade cronológica do agente ou à sua falta de convivência em sociedade, não tendo o agente, por isso, maturidade mental ou emocional.

O desenvolvimento mental incompleto abrange os menores de 18 anos e os silvícolas inadaptados ao convívio social.

Em relação aos menores de 18 anos de idade, a inimputabilidade gera presunção absoluta, não admitindo prova em contrário, sem prejuízo, à evidência, de instauração de procedimento para apuração de ato infracional no Juizado da Infância e Juventude, com eventual aplicação de medida socioeducativa.

A doutrina também aponta como exemplo o silvícola inadaptado, assim considerado como sendo aquele afastado da civilização e das regras de convívio social, arraigado à sua cultura de forma a ignorar ou não reunir qualquer capacidade de compreensão ou determinação em relação à ilicitude do fato.

Todavia, o fato de o agente ser índio, ainda que aparentemente não integrado, não gera, por si só, a presunção de inimputabilidade. Com efeito, no caso do indígena, afigura-se recomendável, considerando o caso concreto, a realização do exame antropológico, a fim de ser verificado o grau de adaptação e compreensão das regras de convívio social e, por conseguinte, em relação à ilicitude do fato.

Diz-se recomendável, porque, conforme entendimento do STJ, é dispensável a realização de exame pericial antropológico ou sociológico quando, por outros elementos, constata-se que o indígena está integrado à sociedade civil e tem conhecimento dos costumes a ela inerentes.[13]

O STF, em relação a índio condenado pelos crimes de tráfico de drogas, associação para o tráfico e porte ilegal de armas, considerou dispensável o exame antropológico destinado a aferir o grau de integração do paciente na sociedade quando possível aferir sua imputabilidade plena pela avaliação do grau de escolaridade, da fluência na língua portuguesa e do nível de liderança exercida na quadrilha, entre outros elementos de convicção.[14]

Assim, a depender da conclusão do laudo antropológico ou de outros elementos de convicção, o indígena pode ser: a) imputável, se constatado sua integração à vida em sociedade; b) semi imputável, na hipótese de não estar integrado plenamente à vida em sociedade, já que ainda enraizado na cultura da tribo; c) inimputável, quando verificada sua plena inadequação à vida em sociedade, por conta do desconhecimento das regras de convívio social.

Pode-se citar, em tese, como hipótese de inimputabilidade do indígena inadaptado, pelo desenvolvimento mental incompleto, episódio acontecido em Rondônia, onde um sertanista foi atingido por uma flecha de bambu, disparada por indígenas que vivem em isolamento total ou sem contato significativo com a sociedade em geral.[15]

20.4.3 Inimputabilidade por desenvolvimento mental retardado

A terceira causa de inimputabilidade contida no art. 26, *caput*, do CP, é o *desenvolvimento mental retardado*, consistente na incompatibilidade com a fase da vida em que se encontra o agente, já que abaixo do desenvolvimento mental inerente à sua idade cronológica.

---

13. STJ, REsp nº 1129637/SC, rel. Min. Sebastião Reis Júnior, 6ª T., j. 15-8-2013.

14. STF, HC nº 85198/MA, rel. Min. Eros Grau, 1ª T., j. 17-11-2005.

15. Triste episódio ocorrido no dia 9-9-2020, em Seringueiras/RO, conforme noticiada extraída no *site* https://g1.globo.com/ro/rondonia/natureza/amazonia/noticia/2020/09/09/coordenador-da-funai-morre-apos-levar-flechada-de-indigenas-isolados-em-rondonia.ghtml.

Diante da sua peculiar condição, o agente com desenvolvimento retardado não reúne aptidões cognitivas, de linguagem, motoras e sociais para compreender o caráter ilícito da sua conduta. Estão inseridos na expressão "desenvolvimento mental retardado" os oligofrênicos nas suas mais variadas formas, como, por exemplo, a idiotice, imbecilidade e debilidade mental, bem como as pessoas que, por ausência ou deficiência dos sentidos, possuem deficiência psíquica, como é o caso do surdo-mudo.

Todavia, convém ressaltar que a surdo-mudez, por si só, não constitui causa de inimputabilidade. É preciso que, em decorrência dessa deficiência biológica, o agente seja, ao tempo da conduta, inteiramente incapaz de compreender o caráter ilícito da sua conduta e de se comportar de acordo com esse entendimento, o que deverá ser constatado por meio de exame pericial.

20.4.4 Exame pericial

Conforme referido, o ordenamento jurídico brasileiro adotou o critério biopsicológico para se aferir a inimputabilidade pela enfermidade mental. Logo, para ser considerado inimputável, além de estar acometido de uma enfermidade mental, o agente deverá, ao tempo da ação ou omissão, ser inteiramente incapaz de compreender o caráter ilícito do fato ou de determinar-se de acordo com esse entendimento.

E essa constatação se dá mediante incidente de insanidade mental, cuja instauração ocorre quando houver dúvida sobre a integridade mental do acusado (CPP, art. 149). O incidente de insanidade mental pode ser instaurado de ofício ou a requerimento do Ministério Público, do defensor, do curador, do ascendente, descendente, irmão ou cônjuge do acusado, e tramitará em apartado (CPP, art. 153), ficando suspenso o processo (CPP, art. 149, § 2º).

Embora constitua importante elemento de formação da convicção, o juiz não fica adstrito ao resultado do exame pericial (CPP, art. 182). Nesse caso, como, em tese, não reúne conhecimento técnico suficiente para aferir a inimputabilidade, cumpre ao juiz desconsiderar a conclusão do perito, determinando a realização de novo exame pericial.

20.4.5 Consequências do reconhecimento da inimputabilidade por enfermidade mental

Em relação à inimputabilidade pela enfermidade mental, o agente será processado e julgado normalmente, mas, ao final, o juiz não poderá proferir sentença condenatória, já que ausente a culpabilidade, pressuposto para a aplicação da pena.

Nesse contexto, uma vez verificado que o agente praticou um fato típico e ilícito, sendo, ao final, considerado inimputável por conta da sua enfermidade mental, o juiz deverá proferir sentença absolutória imprópria, aplicando medida de segurança, consistente em internação em hospital de custódia ou tratamento ambulatorial, nos termos do art. 386, parágrafo único, III, do CPP.

20.5 SEMI-IMPUTABILIDADE OU IMPUTABILIDADE DIMINUÍDA OU RESTRITA

20.5.1 Introdução

A semi-imputabilidade ou imputabilidade diminuída ou restrita encontra previsão no art. 26, parágrafo único, do CP. Trata-se, na verdade, de uma causa de diminuição da pena.

O art. 26, parágrafo único, do CP traz a expressão "perturbação mental", que também se caracteriza como doença mental, mas de menor intensidade, já que não retira completamente a capacidade de compreensão do caráter ilícito do fato e de determinação de acordo com esse entendimento.

Diversamente do que ocorre na inimputabilidade, em que o agente tem suprimida por completo a capacidade de compreensão e de determinação, na semi-imputabilidade há a redução da capacidade de entendimento e de autodeterminação. Em outras palavras, o agente, não obstante a perturbação mental, detém capacidade de compreensão e de autodeterminação, mas em grau reduzido, subsistindo, por isso, a imputabilidade e, por conseguinte, a culpabilidade.

Não é suficiente que o agente seja portador de perturbação da saúde mental ou de desenvolvimento mental incompleto ou retardado. É necessário que, em consequência dessas causas, ao tempo da realização da conduta, não possua a plena capacidade de entendimento ou de determinação.

Trata-se, pois, da aplicação do critério biopsicológico.

20.5.2 Natureza jurídica

Considerando que o agente se encontra em condição biológica e psicológica inferior a de um imputável, revela-se sintomático que o tratamento penal deve ser proporcional à redução da sua capacidade de compreensão e determinação. Por isso, uma vez imposta a sentença condenatória, deve o Magistrado considerar, na terceira fase de fixação, a redução da pena no patamar de um a dois terços.

Logo, a semi-imputabilidade tem natureza jurídica de causa obrigatória de diminuição da pena. Ou seja, uma vez demonstrada a semi-imputabilidade, o juiz terá de, necessariamente, aplicar a redução da pena, sendo sua discricionariedade limitada unicamente em relação ao percentual da redução, dentro dos limites de um a dois terços.

O parâmetro adotado para verificar a redução entre o intervalo de um a dois terços leva em consideração o grau de deficiência intelectiva do acusado, ou seja, o grau de diminuição da capacidade de compreensão e determinação em relação ao caráter ilícito do fato. É o entendimento adotado pelo STJ.[16]

Assim, quanto mais próximo da inimputabilidade, maior deverá ser a redução da pena; quanto mais afastado da inimputabilidade, ou seja, com maior capacidade de compreensão e determinação, menor deverá ser a redução da pena.

Como se vê, uma vez reconhecida a semi-imputabilidade, a sentença deve ser condenatória, verificando-se, na terceira fase de fixação da pena, a redução da pena de um a dois terços.

Pode acontecer, contudo, que o semi-imputável não reúna condições para suportar o cumprimento de uma pena, necessitando de especial tratamento curativo, em face da sua periculosidade, revelada pela perturbação mental. Nesse caso, conforme o art. 98 do CP, a pena privativa de liberdade pode ser substituída por medida de segurança, pelo prazo mínimo de um a três anos. E a medida de segurança imposta em substituição à pena aplicada ao semi-imputável na sentença não pode exceder o *quantum* da sanção estabelecida pelo juiz.[17]

---

16. STJ, HC nº 167.376/SP, rel. Min. Gurgel de Faria, 5ª T., j. 23-9-2014, noticiado no *Informativo* nº 547.
17. STJ, HC nº 294969/SP, rel. Min. Maria Thereza de Assis Moura, 6ª T., j. 20-11-2014.

20.6 INIMPUTABILIDADE POR MENORIDADE PENAL

Em relação à inimputabilidade por força do agente ser menor de 18 anos de idade à época do fato, o Código Penal adotou o *sistema biológico*.

Conforme se extrai dos arts. 228 da CF e 27 do CP, a presunção da inimputabilidade é absoluta, não admitindo prova em contrário. Assim, ainda que o menor de 18 anos de idade revele, em tese, maturidade e capacidade de compreensão acima da média, será considerado inimputável.

O menor de 18 anos civilmente emancipado não perde, na seara penal, a condição de inimputável, já que a incapacidade para os atos da vida civil não se confunde com a imputabilidade penal.

Se o fato é cometido no dia em que comemora 18 anos, o agente será tratado como imputável, sendo submetido a processo criminal, já que não se indaga a que hora completa a maioridade penal. A partir do primeiro instante do dia do aniversário surge a maioridade.

Para a aferição da inimputabilidade, adota-se a teoria da atividade, ou seja, considera-se o momento da ação ou omissão, independentemente do momento em que ocorreu o resultado. É a aplicação do disposto no art. 4º do CP, que trata do tempo do crime.

Assim, se, por exemplo, o agente, contando com 17 anos, 11 meses e 29 dias, desferir golpes de faca na vítima, que vem a falecer cinco dias depois, quando, portanto, o agressor já teria completado 18 anos, deverão ser aplicadas as normas do Estatuto da Criança e do Adolescente, com a submissão do agente a procedimento para apuração de ato infracional, com aplicação, se for o caso, de medida socioeducativa.

Deve-se ter, no entanto, especial atenção quando se tratar de crime permanente, assim considerado como aquele cuja consumação se prolonga no tempo, por vontade do agente. Se o agente iniciar a execução do crime permanente quando era adolescente e completar a maioridade no curso da prática desse crime permanente, poderá ser responsabilizado criminalmente pelos atos praticados na condição de imputável.

Imaginemos, por exemplo, que o agente, nascido em 5-10-2000, tenha adquirido, no dia 28-9-2018, quando era adolescente, grande quantidade de cocaína, mantendo em depósito até o dia 18-10-2018, quando já teria completado a maioridade. Nesse caso, o agente será considerado imputável, podendo responder pelo delito de tráfico de drogas (Lei nº 11.343/2006, art. 33). Isso porque, na verdade, embora tenha iniciado a execução do delito quando era adolescente, o agente atingiu a maioridade enquanto estava praticando o delito de tráfico de drogas. Pode-se aqui, embora reservada ao tema relacionado à aplicação da lei penal no tempo, adotar a essência do disposto na Súmula nº 711 do STF, no sentido de considerar a norma vigente durante a permanência do delito, ainda que mais grave.

20.7 EMOÇÃO E PAIXÃO

20.7.1 Introdução

Nos termos do art. 28, I, do CP, a emoção e a paixão não excluem a imputabilidade penal.

Emoção é o abalo afetivo ou moral, que causa comoção e perturbação transitória do equilíbrio psíquico capaz de provocar alterações no temperamento e na personalidade de uma pessoa. É o que ocorre com os sentimentos de raiva, medo, tristeza, alegria, por exemplo.

Paixão é o sentimento intenso de atração por uma pessoa, objeto ou tema, capaz de provocar, conforme o caso, perturbação mais duradoura do equilíbrio psíquico, a ponto de alterar o comportamento ou pensamento de uma pessoa. É o que ocorre, por exemplo, com os sentimentos de amor, ódio, inveja, ciúmes, vingança.

Ao dispor que não excluem a imputabilidade penal, o legislador considerou o sentimento de emoção ou paixão num grau de normalidade, incapaz de retirar do agente a capacidade de entender o caráter ilícito do fato ou de determinar-se de acordo com esse entendimento.

Todavia, se a emoção ou paixão chegar a um estágio patológico, configurando hipótese de doença mental, devidamente comprovada por meio de perícia, pode-se cogitar da incidência da inimputabilidade por doença mental ou semi-imputabilidade.

Há, em casos específicos, previsão no sentido de que o crime praticado sob violenta emoção, conquanto não afaste a imputabilidade do agente, pode servir de atenuante (CP, art. 65, III, *c*), ou causa de diminuição da pena, como, por exemplo, no homicídio privilegiado (CP, art. 121, § 1º) e lesão corporal privilegiada (CP, art. 129, § 4º).

O chamado *homicídio passional*, assim considerado como aquele em que o agente, dominado pelo estado de ira ou privação dos sentidos, mata uma pessoa, por si só, não afasta a imputabilidade. É o caso, por exemplo, do companheiro(a) que flagra a(o) companheira(o) com o(a) amante, e, sem medir as consequências dos seus atos, com absoluta privação dos sentidos, tomado pela raiva, mata a(o) adúltera(o). Logo, o agente sofrerá sentença condenatória, podendo, dependendo do caso concreto, ter a pena diminuída ou atenuada.

A imputabilidade é a lógica introduzida pelo legislador. Todavia, como a competência para definir o destino do acusado do crime de homicídio é do Tribunal do Júri, integrado por juízes leigos, que decidem por íntima convicção, sem a necessidade de fundamentação dos seus votos, em determinadas situações, felizmente cada vez mais raras, pode ocorrer absolvição do acusado por homicídio passional, motivados pela tese do descontrole emocional do réu, que não conseguiu dominar seus impulsos diante da situação posta.

20.8 INIMPUTABILIDADE PELA EMBRIAGUEZ

20.8.1 Conceito

Embriaguez é a intoxicação aguda e transitória causada pelo álcool ou qualquer substância de efeitos análogos, sejam eles entorpecentes (morfina, ópio), estimulantes (cocaína) ou alucinógenos (ácido lisérgico), capaz de levar à exclusão da capacidade de entendimento acerca do caráter ilícito do fato ou de determinar-se de acordo com esse entendimento.

Não é necessário que a substância com efeito análogo ao da embriaguez integre o rol de substância entorpecente, previsto na Port. SVS/MS nº 344/1998, para viabilizar a possibilidade de isenção de pena, se, nesse caso, a perícia constatar que a substância ingerida tinha o efeito de retirar a capacidade de compreensão ou determinação do agente.

Convém registrar que o art. 45 da Lei nº 11.343/2006 prevê modalidade específica de inimputabilidade ao estabelecer que:

> É isento de pena o agente que, em razão da dependência, ou sob o efeito, proveniente de caso fortuito ou força maior, de droga, era, ao tempo da ação ou da omissão, qualquer que tenha sido a infração penal praticada, inteiramente incapaz de entender o caráter ilícito do fato ou de determinar-se de acordo com esse entendimento.

Como se vê, há duas situações postas nesse artigo: a) verificando-se ser dependente de substância entorpecente, o agente será isento de pena, com base no art. 45 da Lei nº 11.343/2006; b) se não for dependente, o agente será isento de pena se era, ao tempo da conduta, completamente incapaz de compreender caráter ilícito do fato ou de determinar-se de acordo com esse entendimento, em decorrência de estar sob o efeito de drogas, proveniente de caso fortuito ou força maior.

20.8.2 Fases da embriaguez

A embriaguez apresenta três fases:

A *primeira fase* é a da *excitação*. É a fase em que o agente revela euforia, demonstrando comportamento inquieto, falante, mas ainda consciente dos seus atos e palavras, embora com diminuição da capacidade de autocrítica. É conhecida como a "fase do macaco".

A *segunda fase* é a da agitação. O agente revela confusão mental e falta de coordenação motora. As funções psicomotoras e cognitivas ficam alteradas. O senso crítico e comportamental passa a ficar comprometido. O agente perde o equilíbrio e deambula de forma desorientada. O grau de agressividade e irritabilidade se eleva. Por isso, é chamada de "fase do leão".

A *terceira fase* é a comatosa. O agente passa a apresentar estado de sonolência, perdendo completamente os reflexos, advindo anestesia profunda. Por se caracterizar também pela perda da noção de higiene, é chamada de "fase do porco".

20.8.3 Espécies de embriaguez

A embriaguez aguda classifica-se quanto à intensidade e quanto à origem.

a) Quanto à intensidade

Quanto à intensidade, a embriaguez pode ser completa ou incompleta.

A *embriaguez completa*, total ou plena, é aquela em que o agente chegou à segunda ou terceira fase. O agente chega ao estágio de desestabilização do sistema cerebral, com alterações do comportamento. A conduta é desenvolvida sem qualquer capacidade de compreensão e determinação. O agente, em decorrência da ingestão de bebida alcoólica ou substância análoga, fica inteiramente incapaz de compreender o caráter ilícito do fato ou de se comportar de acordo com esse entendimento. Invariavelmente ocorre na segunda e terceira fase da embriaguez.

A *embriaguez incompleta*, parcial ou semiplena, é aquela em que o agente ficou na primeira fase. Nesta fase, embora apresente comportamento agitado, irrequieto, falante, o agente reúne capacidade de compreensão ou de determinação, estando, pois, consciente dos atos praticados. Pode, ainda, apresentar capacidade de compreensão e determinação reduzida, mantendo-se na condição de imputável, ensejando, na hipótese de eventual condenação, redução da pena.

b) Quanto à origem

Quanto à origem, a embriaguez voluntária, culposa, preordenada ou acidental.

A *embriaguez voluntária*, ou intencional, como o próprio nome diz, é aquela em que o agente ingere bebida alcoólica com a intenção de se embriagar, mas sem o desiderato de praticar infração penal. É o caso do agente que, predisposto a se embriagar, passa várias horas numa mesa de bar, consumindo bebida alcoólica.

A *embriaguez culposa* é aquela em que a intenção do agente se limita apenas a ingerir bebida alcoólica, mas não de se embriagar. No entanto, acaba se excedendo no consumo da bebida alcoólica, vindo a embriagar-se. Imaginemos o agente convidado a jantar na casa de amigos, que, sem a intenção de se embriagar, acaba se excedendo no consumo de bebida alcoólica.

> Outro exemplo: Em uma festa de aniversário, Wilson, no intuito de perder a inibição e conquistar Maria, se embriagou e, devido ao seu estado, provocado pela imprudência na ingestão da bebida, agrediu fisicamente o aniversariante. Nesse caso, Wilson será punido pelo crime de lesões corporais, já que a embriaguez culposa não exclui a imputabilidade.

A *embriaguez preordenada*, ou dolosa, é aquela em que o agente se embriaga intencionalmente para cometer uma infração penal. A embriaguez serve como espécie de estímulo e encorajamento para a prática de crime ou contravenção penal. Evidentemente, não há exclusão da imputabilidade; antes pelo contrário, pois, além de responder pelo delito, incide, ainda, a agravante prevista no art. 61, II, *l*, do CP.

A *embriaguez é acidental* quando não voluntária nem culposa. Pode ser proveniente de *caso fortuito* ou *força maior*.

No *caso fortuito*, o sujeito desconhece o efeito inebriante da substância que ingere, ou quando, desconhecendo uma particular condição fisiológica, ingere substância que possui álcool (ou substância análoga), ficando embriagado. É o caso do agente que está tomando determinado medicamento e ingere bebida alcóolica. A conjugação do medicamento e da bebida alcoólica potencializa o metabolismo do agente, a ponto de deixá-lo embriagado. É também o caso do agente que ingere determinada bebida sem saber que nela foi colocada uma substância capaz de lhe retirar os sentidos, deixando-o embriagado, como, por exemplo, o chamado "boa noite cinderela".

É o caso, ainda, do agente que ingeriu, sem saber, bebida alcoólica, pensando tratar-se de medicamento que costumava guardar em uma garrafa, e perdeu totalmente sua capacidade de entendimento e de autodeterminação. Em seguida, entrou em uma farmácia e praticou um furto. Nesse caso, será isento de pena, por estar configurada a sua inimputabilidade.

Na *força maior*, o agente é obrigado a ingerir bebida alcoólica. Não desejando se embriagar nem de se exceder culposamente, o agente é forçado a ingerir bebida alcoólica. É o caso, por exemplo, do trote acadêmico de péssimo gosto em que os veteranos obrigam, forçam os calouros a ingerirem bebida alcoólica.

20.8.4 Efeitos

Nos termos do art. 28, II, do CP, a embriaguez voluntária ou culposa não exclui a imputabilidade penal. Isso significa dizer que aquele que ingerir bebida alcoólica, de forma voluntária ou culposa, poderá ser responsabilizado criminalmente, se praticar um fato típico e ilícito. Assim, se o agente, depois de passar várias horas ingerindo bebida alcóolica voluntariamente, pegar o seu veículo e, por conta da ausência de reflexos, acaba colidindo com outro veículo, causando a morte de uma pessoa, responderá, a princípio, pelo crime de homicídio culposo na condução de veículo automotor (CTB, art. 302).

A inimputabilidade pela embriaguez, com a excludente de culpabilidade, ocorre quando se tratar de embriaguez *completa* e *acidental*, nos termos do que dispõe o art. 28, § 1º, do CP. Logo, a embriaguez deve decorrer de caso fortuito ou força maior e, em decorrência disso, deixar o agente, ao tempo da ação ou da omissão, inteiramente incapaz de entender o caráter ilícito do fato ou de determinar-se de acordo com esse entendimento. Logo, não basta a embriaguez acidental, sendo, ainda, necessário que, em decorrência da ingestão de substância alcoólica ou de efeitos análogos, o agente tenha ficado, ao tempo da conduta, inteiramente incapaz de entender o caráter ilícito da sua conduta ou de determinar-se de acordo com esse entendimento.

A natureza jurídica da sentença que acolhe a inimputabilidade pela embriaguez completa a acidental é absolutória propriamente dita, sem, portanto, aplicação de qualquer medida de segurança.

Quando a embriaguez acidental, proveniente de caso fortuito ou força maior, é *incompleta*, não há exclusão da imputabilidade. Isso porque, em decorrência da embriaguez, proveniente de caso fortuito ou força maior, o agente, ao tempo da conduta, não possuía a plena capacidade de entender o caráter ilícito do fato ou de determinar-se de acordo com esse entendimento. Ou seja, tinha capacidade de compreensão ou determinação, mas reduzida. A sentença será condenatória, mas o agente, por ter a capacidade de compreensão ou determinação reduzida, também terá a pena reduzida de um a dois terços, nos termos do art. 28, § 2º, do CP.

A *embriaguez preordenada*, ou dolosa, evidentemente não exclui a imputação. Pelo contrário, não só enseja a responsabilização criminal do agente, como também constitui circunstância agravante, devendo ser considerada pelo magistrado na segunda fase da fixação da pena, conforme se extrai do art. 61, II, *l*, do CP.

20.8.5 *Actio libera in causa*

A imputabilidade, como regra, deve ser aferida ao tempo da conduta do agente, não sendo possível, a princípio, a imputabilidade subsequente.

Todavia, surge o problema decorrente da hipótese de o agente, no contexto de embriaguez não acidental, praticar uma infração penal, destituído, no momento da conduta, de capacidade de compreensão ou de autodeterminação.

Da mesma forma, pode ocorrer o caso de o agente colocar-se propositadamente em situação de inimputabilidade para a realização da conduta punível. Se fosse considerada sua incapacidade de compreensão ou autodeterminação no momento da prática do delito, ensejaria a possibilidade de considerá-lo inimputável, gerando impunidade.

Surge, para solucionar essa celeuma, a teoria da *actio libera in causa*, que textualmente significa "ação livre na causa".

Essa teoria foi desenvolvida inicialmente para tratar da embriaguez preordenada. Todavia, a aplicação da teoria da *actio libera in causa* alcançou também a embriaguez voluntária e a culposa.

> Exemplo: Considere que Pedro, penalmente capaz e mentalmente são, tenha praticado ato típico e antijurídico, em estado de absoluta inconsciência, em razão de estar voluntariamente sob a influência de álcool. Nessa situação, Pedro será apenado normalmente, por força da teoria da *actio libera in causa*.

Por essa teoria, para se aferir a imputabilidade do agente, ignora-se o momento em que a infração penal foi praticada, quando o agente estava destituído da capacidade de compreensão e de autodeterminação, para ser considerado o momento em que ingeriu bebida alcóolica ou substância análoga, embriagando-se livre de qualquer coação.

Essa teoria também é aplicada quando o agente ingere bebida alcoólica ou substância análoga de forma preordenada para que, no momento da prática do delito, esteja em estado de inconsciência.

Assim, o segurança noturno de uma loja de departamentos, que, ajustado com outros comparsas para subtração do estabelecimento comercial, embriaga-se até chegar ao estado de incapacidade de compreensão ou de autodeterminação, colocando-se em estado de inimputabilidade, viabilizando, assim, que os demais agentes ingressem no local e pratiquem a subtração de objetos, também responderá pelo crime de furto qualificado.

Nesse caso, para aferir a imputabilidade do segurança, despreza-se o momento da sua conduta omissiva, considerando-se o momento em que ingeriu bebida alcoólica livre de qualquer coação, ou seja, no momento precedente ao da prática do crime.

Em síntese, segundo a teoria da *actio libera in causa*, considera-se imputável o indivíduo que, tendo tomado conscientemente a decisão de embriagar-se, cometa crime em estado de intoxicação aguda.

Convém ressaltar que não se aplica a teoria da *actio libera in causa* quando o agente se encontra em estado de embriaguez completa, proveniente de caso fortuito ou força maior, já que, nesse caso, a embriaguez não decorreu de ato livre e voluntário.[18]

Há uma crítica doutrinária bastante conhecida e frequente ao fundamento teórico da punição, no direito brasileiro, dos crimes cometidos em estado de embriaguez, no sentido de que a teoria da *actio libera in causa* não é extensível aos casos de embriaguez não preordenada ou mesmo meramente culposa, propiciando-se, eventualmente, situações de responsabilização penal estritamente objetiva.

O STJ, aplicando a teoria da *actio libera in causa*, decidiu que o fato de o réu se encontrar embriagado não o exime da responsabilidade pela prática do crime de roubo majorado, de modo que sua espontânea embriaguez, antes do cometimento do delito, não afasta sua culpabilidade, acrescentando que:

> Nos termos do art. 28, II, do CP, é cediço que a embriaguez voluntária ou culposa do agente não exclui a culpabilidade, sendo ele responsável pelos seus atos mesmo que, ao tempo da ação ou da omissão, era inteiramente incapaz de entender o caráter ilícito do fato ou de determinar-se de acordo com esse entendimento. Aplica-se a teoria da *actio libera in causa*, ou seja, considera-se imputável quem se coloca em estado de inconsciência ou de incapacidade de autocontrole, de forma dolosa ou culposa, e, nessa situação, comete delito.[19]

Para acesso ao vídeo, utilize o QR Code ao lado.

18. STJ, AgInt no HC nº 350915/SC, rel. Min. Antônio Saldanha Palheiro, 6ª T., j. 26-4-2016.
19. STJ, AgRg no AgREsp nº 1551160/SP, rel. Min. Laurita Vaz, 6ª T., j. 16-5-2020.

21

POTENCIAL CONSCIÊNCIA DA ILICITUDE

21.1 INTRODUÇÃO

Para que seja possível a aplicação da pena ao autor de um fato típico e ilícito, além de ser imputável, deve-se aferir se, no momento da conduta, ele tinha consciência da ilicitude do fato, ou, ao menos, a potencialidade de entender o caráter ilícito da sua conduta.

A evolução da introdução da potencial consciência da ilicitude como elemento da culpabilidade guarda relação com as teorias da ação.

De acordo com o *sistema clássico* ou causal, o *dolo é normativo* e estava inserido na culpabilidade, sendo a consciência da ilicitude integrante do dolo.

No *sistema finalista*, o dolo e a culpa passaram a integrar a conduta e, portanto, o fato típico. O *dolo é natural*, sendo desprovido da consciência da ilicitude que integra a culpabilidade.

A consciência da ilicitude que era real, com o sistema finalista passou a ser potencial. Não se exige do agente o efetivo conhecimento do caráter ilícito do fato típico, sendo suficiente a possibilidade de compreender o caráter ilícito do fato, ou, melhor dizendo, a potencial consciência da ilicitude.

Trata-se, na verdade, da possibilidade de o agente estabelecer um juízo de valor acerca da sua conduta, reunindo condições de compreender o caráter ilícito do fato.

A falta de potencial consciência a respeito da ilicitude do fato gera a exclusão da culpabilidade pelo erro de proibição escusável ou inevitável, nos termos do art. 21 do CP.

21.2 CRITÉRIOS PARA AFERIÇÃO DA CONSCIÊNCIA DA ILICITUDE

Há certa celeuma no que tange ao critério para se aferir o objeto da consciência da ilicitude, ou seja, para medir a extensão do conhecimento do injusto por parte do agente. E, nesse aspecto, a doutrina costuma apontar três critérios: a) formal; b) material; c) intermediário.

Pelo *critério formal*, o agente deve ter conhecimento de que sua conduta viola uma norma penal. Esse critério não foi adotado, uma vez que limita em muito o alcance desse elemento da culpabilidade, já que atingiria somente aquelas pessoas dotadas de conhecimento técnico do Direito Penal, ou seja, somente juristas e operadores do direito familiarizados com as normas penais seriam alcançados pela potencial consciência da ilicitude.

Pelo *critério material*, teria potencial consciência da ilicitude o agente que desenvolve conduta ciente de que está produzindo um dano ou perigo de dano a um bem ou interesse penalmente tutelado. Exige-se que o agente pratique uma conduta consciente de que é antissocial, injusta e imoral. Esse critério não é aplicado, porque há infrações penais que não se enquadram no conceito de injusto material. Além disso, sendo aplicado esse critério, teríamos de admitir a incidência desse elemento da culpabilidade nas condutas que provocam dano a um determinado bem jurídico, mas não se adequam a qualquer tipo penal.

Pelo *critério intermediário*, não se exige do agente conhecimento aprofundado das normas penais, da punibilidade e dos dispositivos que descrevem a conduta penalmente proibida. Basta que tenha a possibilidade de, nas circunstâncias do caso concreto, adquirir a consciência da ilicitude, se empregar esforço de pessoa dotada de normal inteligência. *É o que a doutrina denomina de valoração paralela na esfera do profano.*

O critério intermediário é o mais aceito, porque afasta a limitação do alcance do critério formal e da exigência do conhecimento do caráter antissocial da conduta do agente. De fato, para caracterizar o elemento da culpabilidade, basta a possibilidade de o agente atingir, diante das circunstâncias, com emprego de normal esforço cognitivo, a consciência de que a conduta praticada pode ser ilícita. Basta, pois, a potencial consciência da ilicitude.

21.3 DESCONHECIMENTO DA LEI OU *IGNORANTIA LEGIS*

O erro no âmbito penal é aquele que decorre do vício de vontade, gerando uma falsa percepção da realidade fática (erro de tipo) ou do conhecimento da ilicitude do fato (erro de proibição).

O erro sobre a ilicitude do fato guarda estreita relação com o erro de proibição, que não se confunde com o desconhecimento ou ignorância da lei.

Nos termos do art. 21, 1ª parte, do CP, "o desconhecimento da lei é inescusável". É o que dispõe também o art. 3º da LINDB. Isso significa que a mera alegação de desconhecimento da existência de uma determinada lei não exime o agente da responsabilização criminal.

Com efeito, o conhecimento da lei se enquadra no contexto de uma presunção absoluta, não comportando prova em contrário. Com a publicação no *Diário Oficial*, presume-se, de forma absoluta, que todos tomaram conhecimento da sua existência.

Todavia, o conhecimento da existência da lei não se confunde com o *conhecimento do seu conteúdo ou do teor do seu texto*. O conhecimento da existência da lei se dá com a publicação no *Diário Oficial*; o conhecimento do seu conteúdo se adquire por meio das regras de experiência da convivência em sociedade.

O erro de proibição surge exatamente do erro quanto ao conteúdo da lei, ou seja, quanto ao caráter ilícito do seu teor.

Embora não isente de pena, o desconhecimento da lei pode servir de circunstância atenuante (CP, art. 65, II), podendo, ainda, ensejar o perdão judicial no caso de contravenção penal, desde que escusável (Dec.-lei nº 3.688/1941, art. 8º).

No erro de proibição, o agente, em tese, sabe da existência da lei penal (há presunção absoluta nesse sentido), mas desconhece ou interpreta equivocadamente o seu conteúdo, faltando-lhe, no caso, consciência da ilicitude do fato. Ex.: agente sabe ou poderia saber (presunção absoluta da existência de eventual norma penal a respeito) que há uma lei que prevê que se apropriar de coisa achada constitui crime (CP, art. 169, parágrafo único, II), mas desconhece o seu conteúdo (quem acha coisa alheia perdida e dela se apropria, total ou parcialmente, deixando de restituí-la ao dono ou legítimo possuidor ou de entregá-la à autoridade competente, dentro do prazo de 15 dias). Se essa falta de consciência da ilicitude do fato for inevitável, assim compreendido como sendo a hipótese em que não era possível ao agente, por conta da sua condição pessoal, atingir a consciência da ilicitude do fato, será isento de pena, conforme o art. 21 do CP.

A atenuante genérica do art. 65, II, do CP, justifica-se em face do elevado número de leis que existem no nosso ordenamento jurídico. Ninguém pode alegar desconhecimento da lei para se eximir da responsabilidade penal, mas se tolera a atenuante por conta do emaranhado de leis existentes e a dificuldade de conhecê-las.

> Exemplo: pessoa simples, com pouca instrução, deixar de prover a instrução primária de filho em idade escolar não pode alegar desconhecimento da existência do art. 246 do CP para se eximir da responsabilidade penal, mas, se eventualmente condenada, pode-se cogitar da possibilidade de aplicar a atenuante.

21.4 FALTA DE POTENCIAL CONSCIÊNCIA DA ILICITUDE: ERRO DE PROIBIÇÃO

21.4.1 Conceito de erro de proibição

Como vimos, a possibilidade de o agente adquirir a consciência da ilicitude do fato constitui um dos elementos da culpabilidade; pode, no entanto, acontecer de o agente desenvolver uma conduta supondo ser permitida ou lícita, quando, na verdade, é penalmente proibida, faltando-lhe a potencial consciência da ilicitude do fato.

Surge, nesse cenário, o erro de proibição que, ao fim e ao cabo, constitui um erro sobre a ilicitude do fato, para usar a expressão adotada pelo art. 21 do CP.

Com efeito, o agente desenvolve uma conduta conhecendo a realidade fática que o cerca, tem consciência sobre o fato que está praticando; erra, no entanto, quanto à ilicitude do fato praticado. Considera estar praticando fato permitido, mas movido por uma falsa percepção acerca do caráter ilícito do fato típico praticado, faltando-lhe, em razão disso, a potencial consciência da ilicitude do fato.

> Exemplo: Uma mulher estrangeira, em visita ao nosso País, grávida de dois meses e proveniente de país que não coíbe o aborto, ingeriu substância abortiva acreditando não ser proibido fazê-lo no Brasil. A mulher não incorre em erro sobre a situação fática nem sobre qualquer elemento do tipo que define o crime de aborto (CP, art. 124). Ou seja, tem consciência que está ingerindo substância abortiva, com a finalidade de interromper a gravidez; erra, contudo, quanto à ilicitude do fato praticado. Supõe ser lícita a conduta, quando, na verdade, é penalmente proibida no Brasil.
>
> Imaginemos outro exemplo: Wilson, estrangeiro que reside no Brasil há um mês, resolveu plantar maconha no seu quintal, porque havia informações que essa substância tem efeito medicinal em relação à doença respiratória que lhe acomete.

Após ser flagrado pela polícia, Wilson afirmou que supôs ser lícito o fato de plantar maconha para fins medicinais, já que tal conduta era permitida em seu país de origem. Wilson não incorre em erro sobre a situação fática nem sobre qualquer elemento do tipo que define o crime de tráfico de drogas (Lei nº 11.343/2006, art. 33), mas em relação à proibição da sua conduta. De fato, tem pleno conhecimento de que estava plantando substância entorpecente, errando, contudo, quanto à ilicitude do fato praticado. Supõe ser lícita a conduta, quando, na verdade, é penalmente proibida no Brasil.

Outro exemplo: Depois de jantar num restaurante, Francisco, homem de pouca cultura, percebeu que lá havia esquecido seu celular e voltou para pegá-lo, mas não mais o encontrou. Considerando que o dono do restaurante era responsável pelo seu prejuízo e acreditando ter o direito de fazer justiça pelas próprias mãos, tomou para si objetos pertencentes ao estabelecimento, supostamente de valor igual ao seu prejuízo. Francisco não incorre em erro sobre a situação fática nem sobre qualquer elemento do tipo que define o crime de exercício arbitrário das próprias razões (CP, art. 345), mas em relação à proibição da sua conduta. Tem pleno conhecimento de que estava se apossando de objetos pertencentes ao dono do restaurante, errando, contudo, quanto à ilicitude do fato praticado. Supõe ser lícita a conduta, quando, na verdade, é penalmente proibida no Brasil.

21.4.2 Espécies de erro de proibição

O erro de proibição pode ser direto, indireto ou mandamental.

No *erro de proibição direto*, o agente desenvolve conduta desconhecendo a norma penal que a proíbe, ou, se a conhece, age interpretando-a equivocadamente. Em melhores palavras: "Ocorre o erro de proibição direto, quando o agente não sabe que sua conduta é criminosa ou interpreta mal a norma e acha que a proibição não alcança sua conduta".[20]

Além dos exemplos acima expostos, pode-se também considerar a seguinte hipótese de erro de proibição direto: Um cidadão argentino, imputável, resolve passar férias no Brasil, trazendo consigo frascos da substância denominada lança-perfume, legalmente fabricada no seu país de origem, supondo ser também permitido no Brasil.

Da mesma forma, incide em erro de proibição direto o dono de uma oficina que considera permitido vender por sua conta carro que lhe foi entregue para conserto e não retirado dentro do prazo, como forma de se ressarcir do valor do serviço.

No *erro de proibição indireto*, também denominado *descriminante putativa por erro de proibição*, o agente tem consciência do caráter ilícito do fato, mas, nas circunstâncias do caso concreto, acredita equivocadamente estar diante de uma *causa excludente da ilicitude inexistente*, ou, ainda, equivoca-se quanto aos *limites de uma causa excludente da ilicitude presente*. O agente tem perfeita noção da realidade, mas avalia de forma equivocada os limites da norma autorizadora. Em síntese, o erro de proibição indireto incide sobre causas de justificação.

Exemplo: Um senhor de idade recebe um soco de um jovem rapaz e acredita estar autorizado a repelir a injusta agressão, lesionando o agressor gravemente por conta do desaforo. Nesse caso, o senhor tem perfeita noção da realidade, mas ignora

20. TAVAREZ, Juarez. *Fundamentos de teoria do delito*. 2. ed. São Paulo: Tirant lo Blanch, 2020. p. 515.

> que sua conduta, no caso, é ilícita, já que avaliou de forma equivocadamente os limites da causa excludente de ilicitude.
>
> Imaginemos que Carlos, com 18 anos de idade, conhece Melina, com 13 anos de idade, em uma festa e a convida para sair. Os dois começam a namorar e, cerca de dois meses depois, resolveram manter relação sexual. O rapaz, *mesmo sabendo da idade da jovem* e da previsão legal de que constitui crime praticar conjunção carnal ou outro ato libidinoso com menor de 14 anos, mantém relação sexual com Melina, acreditando que o fato de namorarem seria uma causa de justificação que tornaria a sua conduta permitida, causa essa que, na verdade, não existe. Carlos supôs que o consentimento da namorada eliminaria a ilicitude da conduta, quando, na verdade, não incide qualquer causa de justificação. Trata-se de erro de proibição indireto.

O erro de proibição direto e erro de proibição indireto não se confundem. No *erro de proibição direto*, a falsa percepção da realidade recai sobre a proibição constante em *tipo penal incriminador*. O agente tem conhecimento da realidade, mas lhe falta potencial consciência de que a sua conduta é ilícita. O *erro de proibição indireto* é o erro que recai sobre a existência de uma causa excludente de ilicitude ou sobre limites legais das excludentes de ilicitude (eis a diferença básica do erro de proibição direto). O erro de proibição indireto constitui, na verdade, descriminante putativa por erro de proibição.

O *erro de proibição mandamental* incide nas hipóteses de *crimes omissivos próprios e crimes omissivos impróprios*, previstas no art. 13, § 2º, do CP. Ocorre quando o agente, que tem o dever jurídico de agir para evitar o resultado, diante de uma situação de perigo, acredita equivocadamente que pode adotar conduta omissiva.

> Exemplo: Mãe, em situação de miserabilidade, abandona o filho de tenra idade, causando-lhe a morte, por considerar que não teria, em razão da pobreza, o dever de cuidado, guarda ou vigilância.

Em todas as espécies de erro de proibição incidem os efeitos previstos no art. 21, *caput*, do CP. Se o erro de proibição for inevitável, há isenção de pena; se o erro de proibição for evitável, o agente responderá pelo delito, mas terá sua pena diminuída de um sexto a um terço.

21.4.3 Efeitos: erro de proibição inevitável e evitável

a) Erro de proibição inevitável, escusável ou invencível

No *erro de proibição inevitável, escusável ou invencível*, o agente, mesmo que tivesse empregado as diligências ordinárias, considerando-se suas características pessoais, não teria a possibilidade de adquirir a consciência da ilicitude do fato praticado, ou seja, de verificar que se trata de conduta ilícita.

Adotando-se um critério mais objetivo para aferição da inevitabilidade do erro de proibição, pode-se utilizar como parâmetro o conceito de erro de proibição evitável fornecido pelo próprio Código Penal. Nos termos do art. 21, parágrafo único, do CP: "Considera-se evitável o erro se o agente atua ou se omite sem a consciência da ilicitude do fato, quando lhe era possível, nas circunstâncias, ter ou atingir essa consciência".

Nesse contexto, se o erro de proibição evitável reúne a característica de ser possível, nas circunstâncias, ao agente ter ou atingir a consciência da ilicitude, forçoso concluir que o erro de proibição inevitável é aquele em que o agente atua ou se omite sem a consciência da ilicitude do fato, *quando não lhe era possível,* nas circunstâncias, ter ou atingir essa consciência.

Em outras palavras, ainda que tivesse empregado as diligências necessárias, considerando sua condição pessoal, não seria possível ao agente a atingir a consciência da ilicitude do fato praticado.

Diante do avanço tecnológico e da facilidade de acesso às informações, atualmente se revela de difícil incidência a hipótese de erro de proibição inevitável. Há, de fato, diversos mecanismos e instrumentos para se alcançar a consciência da ilicitude do fato, reduzindo sobremaneira o alcance do erro de proibição inevitável.

De todo modo, podemos citar alguns exemplos, que, em tese, poderiam se enquadrar na hipótese de erro de proibição indireto.

> Exemplo: Um telejornal de alcance nacional informa, de forma equivocada, a aprovação da lei que autoriza a eutanásia de doentes em estágio terminal. Não havendo nenhuma razão para duvidar da veracidade da notícia, o agente se dirige até o hospital e desliga os aparelhos que mantinham vivo um ente querido, que se encontrava sofrendo com a doença que o acometia e em estágio terminal, causando-lhe a morte. Praticou fato típico e ilícito, mas lhe faltou potencial consciência da ilicitude, incidindo o erro de proibição inevitável, cuja consequência será a exclusão da culpabilidade. Note-se que, diante das circunstâncias do caso, ainda que empregando diligência normal, o agente teria incorrido em erro quanto à licitude do fato praticado, já que a notícia havia sido veiculada em telejornal de grande alcance, não havendo qualquer razão para duvidar da veracidade da informação.

Pode-se, ainda, considerar a seguinte hipótese de erro de proibição inevitável: Imaginemos um gaúcho bagual,[21] que morou a vida toda na área rural, lidando no campo, onde não há sinal de internet e as informações chegam de forma precária. Trata-se de um senhor que cultiva as tradições gaúchas e sempre se veste com a indumentária típica, composta, basicamente, pela camisa, lenço no pescoço, bombacha,[22] guaiaca e bota. A guaiaca é uma espécie de cinto, utilizado para guardar, dentre outras coisas, moeda, dinheiro e, antigamente, até mesmo arma de fogo e munição. Havia, inclusive, a fabricação de guaiacas com local destinado para colocar balas de revólver. Desde criança o gaúcho se vestia com a indumentária típica, inclusive com a guaiaca cheia de munição. Imaginemos, agora, que esse gaúcho, depois de muito tempo, resolva ir para a cidade. Para tanto, veste-se com a sua melhor indumentária e segue para a cidade com a guaiaca repleta de balas de revólver, quando, de repente, é abordado pela polícia e preso em flagrante pela prática do delito de porte ilegal de munição (Lei nº 10.826/2003, art. 14). Nesse caso, considerando-se as circunstâncias do caso concreto, o perfil subjetivo do agente, bem como suas características pessoais, pode-se concluir que, mesmo adotando todas as diligências, não teria condições de adquirir a consciência de que a sua conduta era penalmente proibida. De fato, o gaúcho considerava firmemente que portar munição era permitido (até porque fez isso praticamente a vida toda), mas, na verdade, era proibido. Faltou a ele potencial consciência da

21. Expressão utilizada no dicionário gaúcho como sendo cavalo não domado, mas também sinônimo de homem valente e rude.

22. Calça de cós largo.

ilicitude do fato. Trata-se de erro de proibição inevitável, causa excludente de culpabilidade, devendo, pois, o bagual ser isento de pena.

O erro de proibição inevitável, escusável ou invencível exclui a culpabilidade do agente, por força da falta de potencial consciência de ilicitude. Com efeito, nos termos do art. 21, 1ª parte, do CP, "O erro sobre a ilicitude do fato, se inevitável, isenta de pena".[23]

a) Erro de proibição evitável, inescusável ou vencível

O critério de aferição do erro de proibição inescusável, vencível ou evitável encontra-se no parágrafo único do art. 21 do CP, segundo o qual "considera-se evitável o erro se o agente atua ou se omite sem a consciência da ilicitude do fato, quando lhe era possível, nas circunstâncias, ter ou atingir essa consciência".

O erro de proibição inescusável ou evitável ocorre quando o erro sobre a ilicitude do fato não se justifica, pois, se tivesse empregado um mínimo de esforço para se informar, o agente poderia ter adquirido a consciência da ilicitude do fato praticado.

Não se adota aqui o perfil do "homem médio" para se aferir a inescusabilidade do erro, mas as condições e características pessoais do agente. Com efeito, considerando que a culpabilidade está vinculada ao juízo de reprovação da conduta, deve-se levar em conta a figura do agente para verificar se reúne condições pessoais para suportar a aplicação de uma pena.

Em outras palavras, não há um modelo do "homem médio" ou padrão previamente estabelecido para verificar se o erro de proibição é inevitável ou evitável. Tudo irá depender do caso concreto, bem como das características e condições pessoais do agente para se aferir se reunia condições de, nas circunstâncias, ter ou atingir a consciência da ilicitude do fato.

Nesse diapasão, alguém que reside na zona urbana, com amplo acesso aos meios de informações, não pode alegar erro inevitável em face da acusação pelo porte de munição. De fato, se reconhecido o erro de proibição, certamente será evitável, já que era possível ao agente, diante das circunstâncias, de, com um mínimo de esforço, atingir a consciência da ilicitude da sua conduta.

Tratando-se de erro de proibição evitável, inescusável, vencível, não haverá isenção de pena ou exclusão da culpabilidade, o agente será condenado, mas, ao final, o juiz, na terceira fase da fixação da pena, deverá diminui-la de um sexto a um terço.

No exemplo mencionado acima, em que manteve conjunção carnal com menina de 13 anos, considerando que o fato de estarem namorando retira a ilicitude do fato, Carlos responderá pelo crime de estupro de vulnerável (CP, art. 217-A), e, se condenado, poderá ser aplicada a ele a causa de diminuição da pena em decorrência do erro de proibição evitável, já que, se empregasse um mínimo de esforço cognitivo, teria a possibilidade de atingir a consciência da ilicitude da sua conduta.

Imaginemos, ainda, que Samara recebia a pensão previdenciária da sua mãe, depositada mensalmente em sua conta bancária, em virtude de ser procuradora dela. Após a morte da

---

23. No concurso para Delegado de Polícia da PC/PI, realizado em 2009, a banca examinadora (UESPI) considerou como erro de proibição inevitável a seguinte situação: Juan, 19 anos, argentino residente em Córdoba/Argentina, recebeu um convite de seu amigo Pedro, brasileiro, residente em Teresina, para passar as férias no Delta do Parnaíba. Juan, entusiasmado com a possibilidade de conhecer o Brasil, aceitou o convite. Porém, Pedro, quando convidou o amigo, solicitou que trouxesse consigo 10 vidros de lança-perfume (cloreto de etila), e Juan, tendo total desconhecimento de que esta substância fosse proibida no Brasil, pois na Argentina tal substância circula livremente, prontamente atendeu ao pedido.

sua mãe, Samara continuou recebendo a pensão, supondo que, por ser filha da beneficiária, esse benefício passaria diretamente para ela. Trata-se de erro de proibição evitável, porque seria possível, com um mínimo esforço, alcançar a percepção da ilicitude de sua conduta. Assim, Samara responderia pelo crime de apropriação indébita, incidindo, na hipótese de condenação, a causa de diminuição da pena prevista no art. 21, *caput*, do CP.

Em síntese, no erro de proibição inevitável, incide causa de exclusão da culpabilidade, sendo o agente isento de pena. No erro de proibição evitável, inescusável, vencível, não haverá isenção de pena ou exclusão da culpabilidade, devendo o agente responder pelo delito, e, se condenado, ter a pena diminuída de um sexto a um terço.

21.5 ERRO DE PROIBIÇÃO X CRIME PUTATIVO POR ERRO DE PROIBIÇÃO X DESCRIMINANTE PUTATIVA POR ERRO DE PROIBIÇÃO

Há evidente distinção entre erro de proibição e crime putativo por erro de proibição.

No *erro de proibição* o agente desenvolve conduta supondo ser lícito o fato praticado, quando, na verdade, é proibido. Tem a percepção da realidade, errando, contudo, quanto à ilicitude do fato.

No *crime putativo por erro de proibição*, também chamado de *delito de alucinação ou crime de loucura*, o agente pratica um determinado fato supondo ser crime ou contravenção penal, quando, na verdade, consiste num indiferente penal. No crime putativo o agente imagina proibida uma conduta, quando, na verdade, lhe é permitida, não cabendo qualquer punição. Imaginemos que um rapaz de 18 anos de idade mantém, de forma consentida, conjunção carnal com uma menina de 14 anos de idade, supondo estar praticando o crime de estupro de vulnerável (CP, art. 217-A), quando, na verdade, trata-se de fato atípico, já que a conduta criminosa incide quando o ato sexual é praticado contra *menor de 14 anos* de idade. Ainda que o agente estivesse convicto que estava praticando um crime, não seria responsabilizado criminalmente, uma vez que o fato não constitui crime.

O crime putativo por erro de proibição não se confunde com descriminante putativa por erro de proibição.

A *descriminante putativa por erro de proibição* guarda relação com a hipótese do erro que recai na existência ou sobre os limites de uma causa excludente de ilicitude, ou seja, o agente desenvolve uma conduta típica supondo estar diante de uma causa excludente de ilicitude inexistente, ou erra quanto aos limites da causa de justificação.

> Exemplo: Agente que flagra sua esposa com o amante, e, por considerar que incide hipótese de legítima defesa da honra, efetua disparos de arma de fogo contra o amante da esposa, matando-o. Supõe estar diante de uma causa excludente de ilicitude, que, na verdade, não existe. Nesse caso, o efeito será o mesmo do erro de proibição: se inevitável, o agente será isento de pena; se evitável, o agente responderá pelo delito, mas terá a pena reduzida (CP, art. 21).

21.6 DIFERENÇA ENTRE ERRO DE TIPO E ERRO DE PROIBIÇÃO

No *erro de tipo essencial*, previsto no art. 20, *caput*, do CP, o agente erra sobre um dos elementos constitutivos do tipo, ou seja, age mediante uma falsa percepção da realidade, desenvolvendo uma conduta sem saber que está praticando um fato típico.

> Exemplo: O rapaz mantém conjunção carnal com menina menor de 14 anos de idade, supondo ser ela maior de idade. Errou sobre um elemento constitutivo do tipo que define o crime de estupro de vulnerável, previsto no art. 217-A do CP, qual seja, "menor de 14 anos de idade".

O *erro de proibição*, previsto no art. 21 do CP, é aquele que incide sobre a ilicitude do fato. O sujeito sabe o que faz, mas, incorrendo em erro, supõe inexistir a regra de proibição, ou seja, supõe que pratica conduta lícita.

> Exemplo: Holandês, em visita ao Brasil, porta substância entorpecente para consumo pessoal, supondo se tratar de conduta lícita, já que no seu país de origem tal conduta é permitida.

Para deixar bem clara a diferença, atentemos para as seguintes hipóteses:

a) Agente que porta arma de fogo verdadeira, supondo ser de brinquedo (eis a falsa percepção da realidade). Há erro de tipo, mais especificamente em relação ao elemento "arma de fogo", que constitui o tipo penal que define o delito de porte ilegal de arma de fogo, previsto no art. 14 da Lei nº 10.826/2003. O agente não sabe o que faz (portar arma de fogo verdadeira, pois supõe ser de brinquedo). Se soubesse, não incorreria em erro, porque sabe ou deveria saber que se trata de conduta ilícita.

Se o erro de tipo for invencível, exclui-se o dolo e a culpa e o fato será atípico; se o erro de tipo for vencível, exclui-se o dolo e o sujeito responde pelo delito na modalidade culposa, se tiver previsão legal, conforme prevê o art. 20 do CP. Como, no caso, não existe delito de porte ilegal de arma de fogo na modalidade culposa, o fato será atípico.

b) Cidadão americano, em visita ao Brasil, porta uma arma de fogo, supondo ser conduta lícita, já que nos Estados Unidos, especificamente na região em que reside, tal conduta é permitida. Trata-se de erro de proibição, uma vez que o agente sabe exatamente o que está fazendo (portar arma de fogo verdadeira), mas supõe que sua conduta é permitida pelo direito, quando, na verdade, é ilícita. Se o erro de proibição for inevitável, haverá isenção de pena e, por consequência, exclusão da culpabilidade; se for evitável, o agente responde pelo delito previsto no art. 14 da Lei nº 10.826/2003, com redução da pena de 1/6 a 1/3, nos termos do art. 21 do CP.

<table>
<tr><th colspan="2">ERRO DE TIPO</th><th colspan="2">ERRO DE PROIBIÇÃO</th></tr>
<tr><td colspan="2">Portar arma de fogo verdadeira, supondo ser de brinquedo.</td><td colspan="2">Cidadão americano portar arma de fogo no Brasil supondo ser conduta lícita.</td></tr>
<tr><td colspan="2">Agente não sabe o que faz.</td><td colspan="2">Agente sabe o que faz.</td></tr>
<tr><td colspan="2">Se soubesse, não incorreria em erro, pois sabe ser conduta ilícita.</td><td colspan="2">Supõe que sua conduta é lícita.</td></tr>
<tr><td>Se erro for invencível, exclui o dolo e a culpa e o fato será atípico.</td><td>Se o erro for vencível, exclui o dolo e o agente responde por culpa se a conduta tiver previsão na modalidade culposa.</td><td>Se erro for inevitável, há isenção de pena.</td><td>Se erro for evitável, há redução da pena de 1/6 a 1/3.</td></tr>
</table>

Para acesso ao vídeo, utilize o QR Code ao lado.

22

EXIGIBILIDADE DE CONDUTA DIVERSA

22.1 CONCEITO

A exigibilidade de conduta diversa é o terceiro elemento da culpabilidade. O agente, ao praticar a infração penal, frustra a expectativa da sociedade, pois lhe era exigido conduta diversa daquela que deliberadamente adotou. Ou seja, o agente poderia se comportar conforme o direito, mas optou por infringir a norma penal.

O agente pratica um fato típico e ilícito, sendo imputável, com consciência da ilicitude do fato, exigindo-se dele, nas circunstâncias, conduta diversa da que praticou. Praticou um fato típico, ilícito e culpável, estando apto, portanto, a suportar a aplicação da pena.

A exigibilidade de conduta diversa passou a integrar a culpabilidade a partir da teoria psicológica-normativa da culpabilidade, como forma de viabilizar um juízo favorável de censura em relação ao agente que praticou um fato típico e ilícito, mas que, nas circunstâncias, não poderia agir de outro modo.

Se o agente imputável praticou fato típico e ilícito, consciente da ilicitude, mas, nas circunstâncias, não lhe era exigível comportamento diverso, não haverá um juízo de reprovação da sua conduta, incidindo, por conseguinte, causa de exclusão da culpabilidade.

E, nesse particular, as causas legais de exclusão da culpabilidade por inexigibilidade de conduta diversa estão previstas no art. 22 do CP, consistentes na coação moral irresistível e a obediência hierárquica.

22.2 CAUSAS LEGAIS DE EXCLUSÃO DA CULPABILIDADE POR INEXIGIBILIDADE DE CONDUTA DIVERSA

O Código Penal prevê algumas causas legais de exclusão da culpabilidade por inexigibilidade de conduta diversa, com destaque ao disposto no art. 22, segundo o qual, se o fato for praticado mediante coação moral irresistível ou obediência hierárquica a ordem manifestamente ilegal, o coagido ou o subordinado serão isentos de pena.

Há, ainda, previsão de causa legal de exclusão da culpabilidade por inexigibilidade de conduta diversa na legislação extravagante, como, por exemplo, no art. 13, parágrafo único, da Lei nº 12.850/2013, que trata dos crimes praticados por organizações criminosas.

22.3 COAÇÃO MORAL IRRESISTÍVEL

22.3.1 Conceito

Nos termos do art. 22 do CP, se o fato é cometido sob coação irresistível somente o autor da coação é punido. Embora o dispositivo faça referência à coação irresistível, sintomático que trata apenas da coação moral, pois a coação física constitui causa de exclusão da tipicidade, já que, por meio de emprego de força física, não haverá conduta punível e a vontade do coagido foi formada à força, redundando, por consequência, na exclusão do fato típico em relação a ele.

Na coação moral, para alcançar o resultado desejado, o agente coator emprega grave ameaça contra o coagido, que, por medo de suportar um mal grave contra si ou contra outrem, acaba realizando a conduta criminosa exigida. A coação empregada pelo agente retira do coagido a exigência de se comportar de modo diferente. Nesse caso, em relação ao coagido, incide a causa de exclusão da culpabilidade decorrente da inexigibilidade de conduta diversa.

> Exemplo: Imaginemos que, por meio de grave ameaça, Mauro é coagido a confeccionar e assinar um documento falso, sob pena de o seu filho ser assassinado. Trata-se de fato típico e ilícito, mas não culpável, uma vez que, embora praticado por agente imputável e consciente da ilicitude do fato, não lhe era, nas circunstâncias, exigível conduta diversa. De fato, o coagido tinha duas opções: confeccionar e assinar o documento falso ou se negar a fazê-lo e ter o seu filho assassinado. Ao optar por praticar a falsificação, não se pode atribuir ao agente juízo de reprovação, uma vez que somente praticou a conduta diante da grave ameaça do seu filho ser morto.
>
> Outro exemplo: Mário, gerente de banco, estava dentro de seu veículo juntamente com familiares quando foi abordado por um bandido armado, que ameaçou os ocupantes do veículo, exigindo de Mário o fornecimento de determinada senha para a realização de uma operação bancária, o que foi por ele prontamente atendido. Nessa situação, embora tenha contribuído para a prática da subtração de valores de contas bancárias, Mário não será responsabilizado criminalmente, diante da inexigibilidade de conduta diversa.

22.3.2 Requisitos

O reconhecimento da coação moral irresistível exige a presença de alguns requisitos:

a) Ameaça grave atual ou iminente do coator

A ameaça a qual foi submetido o coagido deve ser sobre prática de fato grave atual ou na iminência de ocorrer. Além disso, a ameaça deve ser séria e grave, suficiente para causar temor ao coagido, bem como passível de ser realizada.

A ameaça deve ser endereçada ao próprio coagido ou a ainda à pessoa das suas relações pessoais, atingindo-o de tal maneira, que não seria razoável exigir dele comportamento distinto. Se a ameaça for direcionada a terceiro, fora do círculo pessoal do coagido, pode-se aventar a possibilidade de incidência de uma causa supralegal de inexigibilidade de conduta diversa.

b) Irresistibilidade da ameaça

Aliada à gravidade da ameaça, o mal prometido deve ser irresistível, considerando-se as circunstâncias do caso concreto, bem como as condições e características pessoais do coagido.

Com efeito, "a coação física ou moral, para ser aceita como excludente de culpabilidade, há de ser irresistível, inevitável e insuperável, devendo ficar substancialmente comprovada por elementos concretos existentes dentro do processo".[1]

c) Inevitabilidade do perigo por outro modo

Se for possível evitar o perigo decorrente da ameaça por outro modo, seja por atuação do coagido, seja pela força policial, não incide a causa de exclusão de culpabilidade.

Assim, a inexigibilidade de conduta diversa somente funciona como causa de exclusão da culpabilidade quando proceder de forma contrária à lei se mostrar como única alternativa possível diante de determinada situação. Se há outros meios de solução do impasse, a exculpante não se caracteriza.[2]

d) Pluralidade de pessoas envolvidas

Para ser reconhecida a causa excludente de culpabilidade pela inexigibilidade de conduta diversa deve haver a presença de, no mínimo, três pessoas envolvidas: o coator, o coagido e a vítima do crime praticado.

Assim, no caso de um gerente de banco, obrigado por criminosos a entregar valores que se encontram no cofre de que tem acesso por meio de senha privativa, sob pena de o seu filho, que estava em poder dos bandidos, ser assassinado, os envolvidos são: os criminosos (coatores), o gerente do banco (coagido) e o próprio banco, já que lesado no seu patrimônio (vítima).

É possível, no entanto, a presença da excludente de culpabilidade com a presença de apenas duas pessoas, quando, por exemplo, a conduta do coagido recair contra o próprio coator.

> Exemplo: Coagido, por conta da grave ameaça e sem outra forma de agir, mata o próprio coator. Note-se que, na hipótese, não se trata de legítima defesa, por conta da inexistência de agressão atual ou iminente, já que o coator se limitou a empregar grave ameaça.

22.3.3 Efeitos

Embora tenha praticado fato típico e ilícito, incidirá, em relação ao coagido, causa de exclusão da culpabilidade, por conta da coação moral irresistível. Somente o coator será

---

1. STJ, HC nº 34912/SP, rel. Min. José Arnaldo da Fonseca, 5ª T., j. 25-5-2004.
2. STJ, REsp nº 1456633/RS, rel. Min. Reynaldo Soares da Fonseca, 5ª T., j. 5-4-2016, noticiado no *Informativo* nº 581.

punido pela conduta desenvolvida pelo coagido, conforme expressamente prevê o art. 22 do CP.

O coator responderá pelo fato típico e ilícito praticado pelo coagido na condição de *autor mediato*, já que se valeu de pessoa não culpável para praticar a infração penal desejada. Por isso, não há que se falar em concurso de pessoas, justamente pela falta do vínculo subjetivo entre coator e coagido, já que este não atuou com a intenção de contribuir para o crime do coator.

Além de responder pelo fato praticado pelo coagido, o coator responderá, conforme o caso, pelo crime de tortura, previsto no art. 1º, I, *b*, da Lei nº 9.455/1997, em concurso material.

Por fim, em relação ao coagido, tratando-se de *coação moral resistível* não há exclusão da culpabilidade, incidindo uma circunstância atenuante (CP, art. 65, III, *c*, 1ª figura). Já, em relação ao coator, incide a agravante genérica descrita no art. 62, II, do CP.

22.3.4 Coação moral irresistível x estado de necessidade

Embora pareçam, de certa forma, semelhantes, a coação moral irresistível e o estado de necessidade não se confundem.

Na coação moral irresistível, há a figura do coator, que, por meio de grave ameaça, determina que o coagido pratique um fato típico e ilícito. Com efeito, o fato praticado pelo coagido é objetivamente ilícito, mas, por conta da inexigibilidade da conduta diversa, não será, em relação a ele, culpável. O crime subsiste, no entanto, em relação ao coator, que responderá criminalmente na condição de autor mediato (CP, art. 22).

No estado de necessidade não há a figura do coator. O agente, para salvar a si ou terceiro de uma situação de perigo, pratica um fato típico, mas lícito. Ou seja, nesse caso, haverá a exclusão do crime, não remanescendo qualquer responsabilização criminal pelo fato praticado.

> Exemplo: Para se salvar de um incêndio, o agente ofende a integridade corporal de uma outra pessoa, praticando fato típico, mas, diante das circunstâncias, lícito, em face do estado de necessidade. Haverá, pois, exclusão do crime, não remanescendo qualquer responsabilização criminal.

22.4 OBEDIÊNCIA HIERÁRQUICA

22.4.1 Conceito

A hierarquia guarda relação com Direito Público, ou seja, com agentes públicos. Para que os serviços públicos sejam prestados com eficiência, há necessidade de ser estabelecida uma estrutura hierárquica em que as ordens são emanadas dos escalões superiores para serem cumpridas pelos agentes subordinados, integrantes dos escalões menores da estrutura administrativa.

E, como regra, as ordens emanadas dos superiores hierárquicos devem ser cumpridas pelos subordinados, sob pena, inclusive, de constituir infração funcional, sujeita a sanções de ordem administrativa.

Assim, o subordinado, ainda que não concorde com a ordem, deverá, a princípio, cumpri-la. É nesse cenário que surge a exclusão da culpabilidade por força da obediência hierárquica, uma vez que, diante de uma ordem não manifestamente ilegal, não seria exigível do subordinado conduta diversa, que não seja cumpri-la.

Dessarte, a obediência hierárquica decorre da conduta do subordinado que, por força de ordem não manifestamente ilegal emanada por superior hierárquico, pratica fato típico e ilícito. Trata-se de exclusão da culpabilidade, consistente na inexigibilidade de conduta diversa, prevista no art. 22 do CP.

22.4.2 Requisitos

A obediência hierárquica depende da presença dos seguintes requisitos: a) ordem não manifestamente ilegal emanada de autoridade competente; b) relação de direito público/ c) pluralidade de pessoas; d) cumprimento estrito da ordem.

a) Ordem não manifestamente ilegal

Ordem de superior hierárquico é a manifestação de vontade do titular de uma função pública a um funcionário que lhe é subordinado, no sentido de que realize determinada conduta.

A ordem não manifestamente ilegal é aquela que revela aparente legalidade, mas que, na realidade, é contrária ao direito. O subordinado, por força da ordem emanada pelo superior hierárquico, realiza a conduta que lhe foi determinada, considerando-a lícita, quando, na realidade, constitui fato típico e ilícito.

No caso de a ordem não ser manifestamente ilegal, embora tenha praticado um fato típico e ilícito, o subordinado não será culpável, em face da inexigibilidade de conduta diversa.

A ordem deve ser emanada por autoridade competente para emiti-la. Eventual cumprimento de ordem determinada por autoridade sem competência para emiti-la pode ensejar hipótese de erro de proibição.

b) Relação de direito público

Na obediência hierárquica, para que se configure a causa de exclusão de culpabilidade, é necessário que exista dependência funcional do executor da ordem dentro do serviço público.

Em outras palavras, a obediência hierárquica tem relação de direito público entre superior e subordinado, de forma que não há que se falar, para fins de exclusão da culpabilidade, em relação hierárquica entre particulares.

A subordinação doméstica também não ingressa no campo de abrangência da obediência hierárquica.

c) Pluralidade de pessoas

Há, necessariamente, a presença de três pessoas: o superior hierárquico (mandante da ordem), o executor da ordem (subordinado) e a vítima do crime praticado.

d) Cumprimento estrito da ordem

O executor deve pautar sua conduta nos estritos limites da ordem emanada pelo superior hierárquico, sob pena de não incidir a excludente.

Se extrapolar os limites da ordem emanada, não haverá exclusão da culpabilidade, devendo o subordinado responder pelo excesso praticado. É o que se extrai, aliás, do disposto no art. 38, § 2º, do CPM.[3]

22.4.3 Efeitos

No caso de a ordem não ser manifestamente ilegal, embora constitua fato típico e antijurídico, o subordinado não será culpável, em face da inexigibilidade de conduta diversa. Diante das circunstâncias, não seria possível exigir do subordinado conduta diversa, sob pena, inclusive, de, desobedecendo ordem não manifestamente ilegal, responder a procedimento disciplinar.

Nesse caso, o subordinado será isento de pena, ao passo que o superior hierárquico responderá pelo resultado produzido pelo executor. É o que se extrai do art. 22 do CP.

Imaginemos que um Delegado de Polícia Civil, mesmo sabendo que o mandado de busca e apreensão regularmente expedido se encontra com prazo de cumprimento expirado, ordena que Fernanda, policial civil recém-empossada, se dirija até a residência de um suspeito e cumpra o mandado. Sem desconfiar que a diligência era ilegal, uma vez que determinada por autoridade superior, Fernanda se desloca até a casa do suspeito, apresenta o mandado de busca e apreensão, e ingressa na residência, mesmo sem a autorização do morador. Trata-se de uma ordem ilegal, já que o mandado de busca e apreensão já não tinha validade, mas, considerando as circunstâncias, tratando-se de policial recém-empossada, pode-se cogitar da hipótese de que essa ordem não é manifestamente ilegal. Assim, embora tenha praticado fato típico e ilícito, Fernanda não será culpável, pois atuou por força de uma ordem não manifestamente ilegal emanada de superior hierárquico. Nesse caso, somente o superior hierárquico responderá pelo crime previsto no art. 22 da Lei nº 13.869/2019.[4]

Se a ordem for manifestamente ilegal, tanto o superior hierárquico, quanto o subordinado responderão pelo delito praticado. Nesse caso, para o superior hierárquico incide a agravante genérica descrita no art. 62, III, 1ª parte, do CP. E, em relação ao subordinado, aplica-se a atenuante prevista no art. 65, III, *c*, do CP.

Pedro, funcionário público do Tribunal de Justiça, tem a responsabilidade de registrar em um livro próprio do cartório os procedimentos que estão há mais de 10 dias conclusos, permitindo o controle dos prazos por parte de advogados. O juiz responsável, buscando evitar que terceiros soubessem de sua demora, determina que Pedro deixe de registrar diversos

---

3. "Art. 38. Não é culpado quem comete o crime:
   (...)
   2º Se a ordem do superior tem por objeto a prática de ato manifestamente criminoso, ou há excesso nos atos ou na forma da execução, é punível também o inferior."
4. "Art. 22. Invadir ou adentrar, clandestina ou astuciosamente, ou à revelia da vontade do ocupante, imóvel alheio ou suas dependências, ou nele permanecer nas mesmas condições, sem determinação judicial ou fora das condições estabelecidas em lei:
   Pena – detenção, de 1 (um) a 4 (quatro) anos, e multa.
   § 1º Incorre na mesma pena, na forma prevista no *caput* deste artigo, quem:
   I – coage alguém, mediante violência ou grave ameaça, a franquear-lhe o acesso a imóvel ou suas dependências;
   II – (VETADO);
   III – cumpre mandado de busca e apreensão domiciliar após as 21h (vinte e uma horas) ou antes das 5h (cinco horas)."

processos que estavam conclusos para sentença há vários meses. Apesar de ter conhecimento de que a conduta não era correta, Pedro cumpriu a ordem, já que partiu de seu superior hierárquico. Nesse caso, como se trata de ordem manifestamente ilegal, tanto Pedro quanto o juiz deverão responder pelo crime de falsidade ideológica (CP, art. 299), podendo incidir em favor do subordinado a atenuante prevista no art. 65, III, *c*, do CP, e em desfavor do superior hierárquico a agravante do art. 62, III, do CP.

22.4.4 Infiltração de agentes policiais nas organizações criminosas

Nos termos do art. 10 da Lei nº 12.850/2013, é possível a infiltração de agentes de polícia em tarefas de investigação em determinada organização criminosa, desde que mediante autorização judicial, a partir de representação da autoridade policial ou requerimento do Ministério Público.

Conforme Guilherme de Souza Nucci:

> O instituto da infiltração de agentes destina-se justamente a garantir que agentes de polícia, em tarefas de investigação, possam ingressar, legalmente, no âmbito da organização criminosa, como integrantes, mantendo identidades falsas, acompanhando as suas atividades e conhecendo sua estrutura, divisão de tarefas e hierarquia interna.[5]

A infiltração no crime organizado ensejará, invariavelmente, a possibilidade de agentes policiais praticarem ou contribuírem para a prática de infrações penais, como forma de conferir efetividade à ação controlada, e não despertar desconfiança dos integrantes da organização criminosa.

Por isso, o legislador previu expressamente uma excludente de culpabilidade capaz de retirar juízo de censura ou reprovação social em relação à conduta do agente infiltrado, consistente na inexigibilidade de conduta diversa (Lei nº 12.850/2013, art. 13, parágrafo único).

Evidentemente que, para ser alcançado pela excludente de culpabilidade, o agente infiltrado deverá guardar a necessária proporcionalidade, não sendo razoável isentá-lo de pena em relação a um homicídio praticado na atividade de organização criminosa para a prática de crimes financeiros. É o que se extrai do art. 13, *caput*, da Lei nº 12.850/2013.

Agora, se, eventualmente, acompanhar um integrante de organização criminosa voltada a crime de corrupção e lavagem de dinheiro numa negociata espúria, poderá arguir em seu favor a excludente de culpabilidade, pela inexigibilidade de conduta diversa.

22.5 CAUSAS SUPRALEGAIS DE EXCLUSÃO DA CULPABILIDADE POR INEXIGIBILIDADE DE CONDUTA DIVERSA

22.5.1 Introdução

A exigibilidade de conduta diversa constitui o terceiro elemento da culpabilidade. Em algumas situações específicas, o legislador pontuou expressamente as hipóteses legais passíveis de caracterizar a inexigibilidade de conduta diversa da praticada pelo agente, como, por exemplo, a coação moral irresistível e obediência hierárquica.

---

5. NUCCI, Guilherme de Souza. *Leis penais e processuais penais comentadas*. 9. ed. Rio de Janeiro: Forense, 2016. p. 724.

Todavia, a dinâmica da vida em sociedade e as inúmeras hipóteses que podem surgir nas relações jurídicas não permitem ao legislador exaurir as possibilidades de comportamentos humanos que ensejam fatos típicos e ilícitos, mas que, nas circunstâncias, não se poderia exigir conduta diversa.

Nesse cenário, surgem as causas supralegais de exclusão da culpabilidade por inexigibilidade de conduta diversa.

Reconhecendo a possibilidade de incidência de causa supralegal de exclusão da culpabilidade pela inexigibilidade de conduta diversa, o STJ manteve decisão do Tribunal de origem, no sentido da absolvição do agente acusado da prática do crime de uso de passaporte falso (CP, art. 304), para ingressar nos Estados Unidos na expectativa de encontrar emprego digno para garantir melhores condições de vida.[6]

Pode-se citar, ainda, a hipótese da mãe desesperada, que, com o intuito de preservar e proteger o filho dependente de drogas, priva sua liberdade, acorrentando-o no pé da cama, para que não saia à rua em busca de substância entorpecente para consumir. A mãe praticou fato típico e ilícito, mas não será responsabilizada pelo crime de sequestro ou cárcere privado (CP, art. 148), por força da incidência da causa excludente de culpabilidade, pois, diante das circunstâncias, não era exigível dela conduta diversa.

Tem-se buscado adotar a tese da causa supralegal de excludente de culpabilidade nos crimes contra a ordem tributária (Lei nº 8.137/1990) ou apropriação indébita previdenciária (CP, art. 168-A), sob o fundamento de que o não pagamento do tributo e o não recolhimento das contribuições previdenciárias decorrem da incapacidade da sociedade empresarial honrar as suas obrigações, diante da grave crise financeira. Todavia, o STJ tem adotado postura rigorosa no acolhimento dessa tese, exigindo comprovação extreme de dúvidas da inexigibilidade de conduta diversa.[7]

A doutrina aponta outras causas supralegais de exclusão da culpabilidade, como, por exemplo: a) fato de consciência; b) desobediência civil.

22.5.2 Fato de consciência

O fato de consciência está vinculado à conduta daqueles que, por questão de consciência, preferem praticar um fato previsto como crime a violar sua crença religiosa. O fato de consciência encontra amparo na liberdade de crença, assegurada pelo art. 5º, VI, CF.

Todavia, essa cláusula de consciência, como causa supralegal de exclusão da culpabilidade, deve ser analisada com reservas, incidindo somente quando não ocorrer violação de direitos fundamentais mais caros.

É o caso do pai, que, por convicção religiosa, não permite que seu filho seja submetido à transfusão de sangue. A causa supralegal de exclusão da culpabilidade somente alcançaria o pai se não ocorrer a violação de um direito fundamental do filho, como, por exemplo, a vida.

Com efeito, se o pai se nega a autorizar a transfusão de sangue no filho menor de idade, mas o médico, mesmo diante da negativa, em face da situação de risco de vida ou à saúde do infante, decide realizar a intervenção cirúrgica. Nesse caso, se a intervenção médica

---

6. STJ, AgRg no REsp nº 1459899/RJ, rel. Min. Jorge Mussi, 5ª T., j. 10-3-2016.
7. STJ, AgRg no AgREsp nº 1291995/SC, rel. Min. Ribeiro Dantas, 5ª T., j. 13-11-2018.

for exitosa, no sentido de restabelecer a saúde da criança, nenhum direito fundamental da criança foi violado, podendo-se, no caso, considerar, em relação ao pai, a causa de exclusão da culpabilidade, pela inexigibilidade de conduta diversa, afastando a possibilidade de responsabilização por qualquer crime.

Se, todavia, em face do exercício da liberdade de crença, o pai se omitir e não viabilizar a intervenção cirúrgica no filho, que, em razão disso, acaba falecendo, não incidirá a causa de exclusão da culpabilidade, pois a liberdade de crença não se sobrepõe ao direito à vida.[8]

Como bem leciona Juarez Cirino dos Santos:

> Em nenhuma hipótese o fato de consciência exculpa a efetiva lesão de bens jurídicos individuais fundamentais - como a vida, por exemplo - porque a omissão da ação protetora privaria a vítima de todos os direitos: os pais deixam morrer o filho menor porque sua consciência religiosa impede transfusão de sangue; o médico deixa morrer a paciente porque sua consciência pessoal não permite realizar aborto. Exceções seriam as chamadas lesões periféricas de bens jurídicos, que preservam a livre decisão da vítima: o marido desaconselha a esposa, por motivos religiosos, a realizar transfusão de sangue.[9]

22.5.3 Desobediência civil

A desobediência civil consiste em movimentos ou atos praticados como forma de manifestar irresignação ou descontentamento sobre determinada questão, buscando, com isso, alterar a ordem estabelecida.

E, na prática desses atos ou participação de movimentos para subverter a ordem, invariavelmente o agente poderá incorrer num fato típico e ilícito, mas que não será culpável, pela inexigibilidade de conduta diversa, desde que, evidentemente, não extrapolem os limites exigidos para legitimar qualquer movimento social, descambando para resistência ativa violenta contra a ordem estabelecida.

Assim, os movimentos envolvendo greves de trabalhadores, bem como os protestos por melhores condições de moradia, são hipóteses apontadas pela doutrina que podem ensejar, em situações excepcionais, sem atos violentos, a incidência da causa supralegal de inexigibilidade de conduta diversa.

Para acesso ao vídeo, utilize o QR Code ao lado.

8. A CESPE/CEBRASPE, no concurso para Analista Legislativo da Câmara dos Deputados/2014, considerou que se um menor de idade morrer devido ao fato de seus pais, por motivo de consciência religiosa, terem impedido a realização de transfusão de sangue, tal conduta dos pais não estará acobertada por causa supralegal de exclusão da culpabilidade, consistente no fato de consciência.
9. SANTOS, Juarez Cirino dos. *Direito penal* – Parte geral. 7. ed. Florianópolis: Empório do Direito, 2017. p. 333.

23

CONCURSO DE PESSOAS

23.1 INTRODUÇÃO

Trata-se de contribuição entre dois ou mais agentes para o cometimento de uma infração penal. Ocorre quando duas ou mais pessoas, em conjugação de esforços e comunhão de vontades, reúnem-se para a prática de um ou mais delitos.

A doutrina utiliza também as expressões concurso de agentes e codelinquência.

Muitos dos crimes previstos na legislação penal podem ser cometidos por uma única pessoa, sendo possível, na eventualidade, a contribuição de duas ou mais pessoas. Todavia, há crimes que somente incidem quando necessariamente praticados por duas ou mais pessoas em conjunto.

Por isso, costuma-se classificar o concurso de pessoas em duas espécies: a) concurso necessário; b) concurso eventual.

O *concurso necessário* de pessoas guarda relação com os crimes plurissubjetivos ou plurilaterais, caracterizados por exigirem para sua configuração o concurso de pelo menos duas pessoas. Logo, no concurso necessário, a incidência do tipo penal incriminador exige, como condição essencial, a existência de mais de um autor, de maneira que o crime, para existir, não pode ser praticado por uma só pessoa. Exemplo de crime plurissubjetivo, que reclama, portanto, concurso necessário é o crime de associação criminosa, previsto no art. 288 do CP.

O *concurso eventual* de crimes se refere aos crimes monossubjetivos (ou unissubjetivo), que podem ser praticados por um ou mais agentes. De fato, invariavelmente, o crime é praticado por uma pessoa. Se, no entanto, for cometido por duas ou mais pessoas em concurso, haverá coautoria ou participação, dependendo da forma como os agentes concorrerem para a prática do delito.

Nesse sentido, o princípio segundo o qual quem, de qualquer modo, concorre para o crime incide nas penas a ele cominadas somente é aplicável aos casos de concurso eventual, com exclusão do concurso necessário.

Em síntese, as regras do concurso de pessoas incidem nas hipóteses de concurso eventual de pessoas.

23.2 REQUISITOS DO CONCURSO DE PESSOAS

Não basta a contribuição de duas ou mais pessoas na prática delituosa para caracterizar o concurso de pessoas. É necessária, ainda, a presença de determinados requisitos, sem os quais não há como configurar o concurso de pessoas.

Para a incidência do concurso de pessoas devem estar presentes, cumulativamente, os seguintes requisitos: a) pluralidade de condutas; b) relevância causal das condutas; c) liame ou vínculo subjetivo; d) identidade de infrações.

23.2.1 Pluralidade de condutas

Trata-se de requisito elementar do concurso de pessoas: a concorrência de mais de uma pessoa na execução de uma infração penal.

Assim, para que haja concurso de pessoas, exige-se que cada um dos agentes tenha realizado ao menos uma conduta relevante. Pode ser autoria e participação, em que há uma conduta principal e outra acessória, praticadas, respectivamente, por autor e partícipe, bem como em coautoria, em que há duas condutas principais.

Todavia, para que incida esse requisito, e, portanto, o concurso de pessoas, afigura-se necessário que todos os agentes sejam dotados de culpabilidade, sob pena de caracterizar a autoria mediata.

Assim, não haverá, em tese, concurso de pessoas se um agente imputável se valer de um inimputável por doença mental, por exemplo, para matar uma pessoa. No caso, estaremos diante de autoria mediata, em que o imputável figura como único responsável pelo delito, já que se valeu de pessoa não culpável para a execução do crime desejado.

23.2.2 Relevância causal das condutas

Nos termos do art. 29, *caput*, do CP, quem, de qualquer modo, contribuir para a prática de um delito incide nas penas a este cominadas. A expressão de "qualquer modo" revela a amplitude da forma de atuação do agente na empreitada delituosa, seja na forma de contribuição pessoal, direta ou indireta, física ou moral.

Extrai-se, ainda, do art. 29, *caput*, do CP, que, para incidir a hipótese de concurso de pessoas, a conduta do agente deve concorrer para o crime, contribuindo, ainda que minimamente, para a produção do resultado. É imprescindível, pois, que a conduta do agente tenha sido relevante para a infração penal, a ponto de o resultado não ter ocorrido da forma como ocorreu, se excluída do curso causal.

Em outras palavras, se a conduta não se revestiu de qualquer relevância causal, isto é, se não contribuiu em nada para a produção do resultado, não há que se falar em concurso de pessoas.

A simples manifestação de adesão a uma prática delituosa não configura participação. Assim, se o agente simplesmente manifestar que irá concorrer para a prática de um homicídio que efetivamente foi consumado, mas não realiza qualquer outra conduta, não pode o crime ser imputado a ele a pretexto de concurso de pessoas, uma vez que sua conduta foi absolutamente irrelevante. Agora, se induzir, estimular, o executor a matar a vítima, o agente será responsabilizado pelo crime de homicídio, já que sua conduta foi relevante para a produção do resultado.

Imaginemos que a empregada doméstica de uma residência, profundamente irritada por ter sido ofendida pela patroa, observa que há uma movimentação suspeita no lado externo da casa, concluindo que era alguém observando o local para praticar o delito de furto. Para facilitar o sucesso da subtração, a empregada deixa aberta a porta da frente da residência. Durante a empreitada criminosa, sem saber que a *porta da frente* se encontrava destrancada, o agente de atitude suspeita arrombou a *porta dos fundos*, ingressou na residência, e subtraiu diversos objetos. Diante desse quadro fático, a empregada doméstica não deverá responder por qualquer infração penal, uma vez que a sua contribuição foi absolutamente irrelevante para o sucesso da subtração.

Para implementação deste requisito, além de ser relevante para o resultado, a contribuição do agente deve ser antes ou durante a execução do delito. Se posterior ao delito, não haverá concurso de pessoas, podendo incidir, conforme o caso, um delito autônomo, como, por exemplo, receptação (CP, art. 180), favorecimento pessoal (CP, art. 348) ou favorecimento real (CP, art. 149).

23.2.3 Vínculo subjetivo

Além da pluralidade de condutas relevantes para o resultado, afigura-se, ainda, imprescindível o elemento subjetivo, consistente na conjugação de vontades de cada um dos agentes para a produção do mesmo resultado. A ausência desse elemento psicológico inviabiliza o concurso de pessoas, ensejando condutas isoladas e autônomas.

Os agentes devem atuar conscientes de que participam de crime comum, *ainda que não tenha havido acordo prévio de vontades*. Em outras palavras, a atuação de cada um dos agentes deve ser voltada para a produção do mesmo resultado. Trata-se do princípio da convergência de vontades dos agentes voltados para a prática do mesmo crime, ainda que não haja combinação prévia, ou seja, que um dos agentes não saiba da contribuição do outro. Essa situação não se confunde com a autoria colateral.

Como veremos a seguir, na autoria colateral, cada um dos agentes desenvolve sua conduta para a produção do mesmo resultado, com a peculiaridade de que *nenhum deles tem conhecimento da atuação do outro*. Ou seja, embora a finalidade seja a mesma, não há liame subjetivo ou vínculo subjetivo entre os agentes, descaracterizando, assim, o concurso de pessoas.

No vínculo subjetivo, que caracteriza o concurso de pessoas, basta que um dos agentes tenha conhecimento que está contribuindo para prática delituosa, ainda que não tenha havido combinação prévia com o outro agente envolvido no delito. Basta, em síntese, um dos agentes aderir à conduta ou à vontade de outrem, e concorrer, ainda que sem o conhecimento do outro, para a produção do resultado.

Consideremos o mesmo exemplo acima, com uma pequena e determinante adaptação. Imaginemos que a empregada doméstica de uma residência, profundamente irritada por ter sido ofendida pela patroa, observa que há uma movimentação suspeita no lado externo da casa, concluindo que era alguém observando o local para praticar o delito de furto. Para facilitar o sucesso da subtração, *a empregada deixa aberta a porta da frente da residência.* Durante a empreitada criminosa, sem saber do auxílio da empregada doméstica, o agente de atitude suspeita *ingressou na residência pela porta da frente deixada aberta,* e subtraiu diversos objetos. Agora, diante desse quadro fático, a empregada doméstica deverá responder pelo furto praticado na residência, já que sua contribuição foi relevante para o resultado (se não tivesse deixado a porta da frente aberta, o furto não teria ocorrido da forma como ocorreu), estando, ainda, presente, em relação a ela a qualificadora do concurso de pessoas, diante da concorrência de vontades, uma vez que aderiu à conduta e à vontade do agente suspeito.

A inexistência do vínculo subjetivo descaracteriza o concurso de pessoas, podendo, conforme o caso, ensejar a hipótese de autoria mediata, autoria colateral ou crimes autônomos e independentes em relação a cada um dos agentes.

Com efeito, não há concurso de pessoas na hipótese de *autoria mediata*, quando, por exemplo, o agente que se vale de um inimputável para praticar um crime de homicídio. Somente o agente imputável será responsabilizado criminalmente, na condição de autor mediato, por absoluta ausência de vínculo subjetivo.

Não há concurso de pessoas na hipótese de *autoria colateral*, quando dois agentes, *sem que um saiba da atuação do outro*, praticam condutas voltadas para produção do mesmo resultado. Imaginemos que Pedro e Nestor, com a intenção de matar Marcelo, sem que um saiba da conduta do outro, efetuam disparos simultâneos, sendo que o disparo que causou a morte da vítima partiu da arma de Pedro. No caso, não há concurso de pessoas, por ausência de liame subjetivo, razão pela qual Pedro responderá pelo crime de homicídio consumado, ao passo que Nestor por homicídio tentado. Trata-se de autoria colateral. Se existisse liame subjetivo, ambos responderiam pelo mesmo delito, qual seja, homicídio consumado.

Da mesma forma, por ausência de vínculo subjetivo, *não há que se falar participação dolosa em crime culposo.* Ou seja, não há concurso de pessoas quando um dos agentes participa de forma culposa no crime doloso praticado pelo outro agente.

> Exemplo: Anastácio, desejando matar Grizelda, sua paciente, alcança à Januária, enfermeira contratada para cuidar da velha senhora, uma substância dizendo ser medicamento, quando, na verdade, tratava-se de veneno. Mesmo percebendo a dosagem inadequada e a coloração diferente, a enfermeira, sem maiores cautelas, ministra a substância à paciente, causando-lhe a morte. Não há, no caso, concurso de pessoas, por ausência de vínculo subjetivo, já que Anastácio agiu com dolo, enquanto a conduta de Januária foi culposa. Há, portanto, dois delitos: homicídio doloso em relação a Anastácio; homicídio culposo em relação à Januária.

Pela mesma razão, *não há participação culposa em crime doloso.*

> Exemplo: Anastácio, médico negligente e imperito, alcança a Januária, enfermeira responsável por cuidar de Grizelda, que se encontrava enferma, um medicamento, mas com a dosagem acima da recomendada. Percebendo a dosagem inadequada, que, inclusive, poderia causar a morte da senhora enferma, Januária, com a intenção de matar, ministra a substância à paciente, causando-lhe a morte. Não há, no caso, concurso de pessoas, por ausência de vínculo subjetivo, já que Anastácio agiu com culpa, enquanto a conduta de Januária foi dolosa. Há, portanto, dois delitos: homicídio culposo em relação a Anastácio; homicídio doloso em relação à Januária.

23.2.4 Identidade de infração para todos os agentes

Nos termos do art. 29, *caput*, do CP: "Quem, de qualquer modo, concorre para o crime incide nas penas a este cominadas, na medida de sua culpabilidade". Significa que, via de regra, todos aqueles que contribuem para a prática de delito responderão pelo mesmo crime.

É a aplicação da teoria unitária ou monista, segundo a qual haverá um único crime para os diversos agentes. Assim, o agente que anuncia o assalto e realiza a subtração responderá pelo mesmo crime daquele que o conduziu até o local do roubo, aguardando-o para empreender fuga, e daquele que planejou toda a atividade criminosa. Os três agentes responderão pelo crime de roubo majorado.

23.3 NATUREZA JURÍDICA

Presentes todos os requisitos do concurso de pessoas, surge a necessidade de verificar a adequada tipificação em relação a cada um dos agentes que concorreu de algum modo para a prática da infração penal.

E, nesse particular, três teorias se destacam: a) teoria unitária ou monista; b) teoria dualista; c) teoria pluralista.

23.3.1 Teoria unitária (ou monista)

Pela teoria unitária ou monista, todo aquele que concorre para o crime, independentemente se na condição de autor, coautor ou partícipe, deu causa ao resultado e, portanto, deverá incorrer nas penas cominadas em relação à infração penal praticada.

Isso porque, embora tenha sido praticado por diversas pessoas, a infração penal permanece única e indivisível. O crime é resultado da conduta de cada um e de todos, indistintamente. Essa concepção parte da teoria da equivalência dos antecedentes causais, considerando a conduta de cada agente condição necessária à produção do resultado.

Em síntese, todos os que contribuem para a prática do delito cometem o mesmo crime, não havendo distinção quanto ao enquadramento típico entre autor e partícipe. Daí decorre a denominação atribuída à teoria: há crime único praticado por diversos agentes. É o que se extrai do art. 29, *caput*, do CP.

23.3.2 Teoria dualista

Para essa teoria há dois crimes: um para os autores, aqueles que realizam a atividade principal, a conduta típica emoldurada no ordenamento positivo; e outro para os partícipes, assim considerados como sendo aqueles que desenvolvem uma atividade secundária, que não realizam a conduta nuclear descrita no tipo penal.

Portanto, para essa teoria, havendo pluralidade de agentes, com diversidade de condutas, causando um só resultado, deve-se separar os coautores, que praticam um delito, e os partícipes, que cometem outro.

Assim, os partícipes se integram ao plano criminoso, porém não desenvolvem um comportamento central, executivamente típico.

23.3.3 Teoria pluralista

Segundo essa teoria, a cada participante corresponde uma conduta própria, um elemento psicológico próprio e um resultado igualmente particular. Havendo pluralidade de agentes, por corolário, segundo essa teoria, haverá pluralidade de crimes. Existem tantos crimes quantos forem os participantes do fato delituoso. Chegou-se a ver na participação um crime distinto, especial, o "crime de concurso".

Portanto, para esta teoria, havendo pluralidade de agentes, com diversidade de condutas, ainda que provocando somente um resultado, será atribuído delito distinto a cada um deles.

23.3.4 Teoria adotada

O Código Penal adotou, como regra, a teoria monista (ou unitária), segundo a qual havendo pluralidade de agentes, com diversidade de condutas, mas provocando apenas um resultado, há somente um delito. Nesse caso, portanto, todos os que tomam parte na infração penal cometem o mesmo delito.

A teoria unitária ou monista está consagrada no art. 29, *caput*, do CP: "Quem, de qualquer modo, concorre para o crime incide nas penas a este cominadas, na medida de sua culpabilidade".

É, ainda, nesse sentido o teor do item 25 da Exposição de Motivos da Parte Geral do Código Penal:

> Item 25 – Ao reformular o Título IV, adotou-se a denominação "Do Concurso de Pessoas", decreto mais abrangentes, já que a coautoria não esgota as hipóteses do *concursus delinquentium*. O Código de 1940 rompeu a tradição originária do Código Criminal do Império, e *adotou neste particular a teoria unitária ou monística* do Código italiano, como corolário da teoria da equivalência das causas (Exposição de Motivos do Ministro Francisco Campos, item 22). Em completo retorno à experiência passada, curva-se, contudo, o Projeto aos critérios dessa teoria, ao optar, na parte final do art. 29, e em seus dois parágrafos, por regras precisas que distinguem a autoria de participação. Distinção, aliás, reclamada com eloquência pela doutrina, em face de decisões reconhecidamente injustas.

Dessarte, todos aqueles que, na qualidade de autor, coautor ou partícipe, contribuíram para a produção do resultado, responderão, via de regra, pelo mesmo crime, na medida da sua culpabilidade.

Assim, se, por exemplo, Totó e Tião, em comunhão de esforços e vontades, desferem, em coautoria, golpes de faca contra Francisco, causando-lhe a morte, ambos responderão pelo crime de homicídio consumado.

Da mesma forma, imaginemos que Totó, Tião e Totonho, todos maiores e capazes, deliberaram para assaltar uma empresa local, competindo a Totó ficar vigiando o movimento na parte externa do estabelecimento, enquanto os demais ingressam no local e subtraem objetos de valor. Nesse caso, todos responderão pelo crime de furto qualificado. Há unidade de crime e pluralidade de agentes. Ou seja, um crime praticado por várias pessoas.

Como dito, adota-se, como regra, a teoria unitária ou monista para tipificação da conduta de todos que contribuíram para a produção do resultado. Mas essa regra comporta exceção.

Com efeito, em determinadas situações a teoria unitária não se revela apta a resolver o problema da tipificação da conduta de todos os agentes, sendo necessária a adoção da *teoria pluralista*.

Haverá separação ou individualização das condutas para adequá-las a tipos penais diversos, ainda que os agentes tenham agido, a princípio, em busca do mesmo resultado.

Contudo, apesar dessa concepção dupla, o resultado continua sendo um só, e, muitas vezes, a ação daquele que realiza a atividade típica (o executor) é menos importante do que a do partícipe. Mas, enfim, a teoria consagra dois planos de condutas, um principal, a dos autores ou coautores, e um secundário, a dos partícipes.

Pode-se destacar algumas hipóteses de aplicação da teoria pluralista:

a) Na cooperação dolosamente distinta

A teoria pluralista foi adotada, como exceção, no art. 29, § 2º, do CP, que dispõe: "Se algum dos concorrentes quis participar de crime menos grave, ser-lhe-á aplicada a pena deste; essa pena será aumentada até metade, na hipótese de ter sido previsível o resultado mais grave".

Com efeito, embora todos os coautores e partícipes devam, em regra, responder pelo mesmo crime, excepcionalmente, visando a evitar a responsabilidade objetiva, o legislador prevê expressamente a possibilidade de imputação de crimes diversos quando um dos agentes quis praticar crime menos grave.

É o caso do motorista que conduz outros dois comparsas a uma residência desejando única e exclusivamente a prática do crime de furto. Enquanto aguarda no carro para empreender fuga, os comparsas praticam a subtração, mas resolvem matar uma pessoa que apareceu de repente no local.

O partícipe que imaginava estar ocorrendo apenas um furto responderá somente por este crime, do qual quis tomar parte. O delito principal foi latrocínio, mas o partícipe responderá somente por furto qualificado, único fato que passou pela sua mente (se o resultado mais grave for previsível, a pena ainda poderá ser aumentada até a metade, mas o delito continuará sendo o mesmo).

b) Aborto provocado por terceiro com o consentimento da gestante

Quando a gestante concorda que um terceiro pratique o aborto nela, e este terceiro pratica o aborto com o consentimento da gestante, ambos estão, em comunhão de vontades e esforços, buscando o mesmo resultado: a interrupção da gravidez com a morte do feto.

Se aplicada a teoria unitária, a gestante e o terceiro deveriam responder pelo mesmo crime. Todavia, por expressa previsão legal, aplica-se, nessa hipótese, a teoria pluralista, já que a gestante e o terceiro responderão por crimes distintos.

A gestante que consentiu com o aborto responderá pelo crime previsto no art. 124 do CP. O terceiro que praticou o aborto com o consentimento da gestante responderá pelo crime previsto no art. 126 do CP.

c) Bigamia

O cônjuge casado que contrai novo casamento, bem como aquele que, não sendo casado, contrai casamento com pessoa que sabe ser casada, praticam cada qual sua conduta em busca do mesmo resultado, o que, em tese, ensejaria rigorosamente a mesma tipificação.

Todavia, por expressa previsão legal, aquele que contraiu novo casamento, sendo casado responderá pelo delito previsto no art. 235, *caput*, do CP, enquanto aquele que, não sendo casado, contrai casamento com pessoa que sabia ser casada, responderá pelo crime previsto no art. 235, § 1º, do CP.

d) Crimes de corrupção ativa e passiva

Quando o particular oferece vantagem indevida ao funcionário público, que recebe a vantagem oferecida, ambos, em comunhão de vontades e esforços, concorrem em busca do mesmo resultado, o que ensejaria, a princípio, a imputação pelo mesmo crime.

Todavia, embora a presença de resultado comum, o legislador estabeleceu crimes diversos para cada um dos agentes. O particular que ofereceu a vantagem indevida deverá responder pelo crime de corrupção ativa (CP, art. 333), enquanto o funcionário público que recebeu a vantagem indevida deverá responder pelo crime de corrupção passiva (CP, art. 317).

e) Falso testemunho e corrupção de testemunha

O agente que der, oferecer ou prometer dinheiro ou qualquer outra vantagem a testemunha, perito, contador, tradutor ou intérprete, para fazer afirmação falsa, negar ou calar a verdade em depoimento, perícia, cálculos, tradução ou interpretação, responderá pelo crime previsto no art. 343 do CP. Aquele que fizer afirmação falsa, ou negar ou calar a verdade como testemunha, perito, contador, tradutor ou intérprete em processo judicial, ou administrativo, inquérito policial, ou em juízo arbitral, responderá pelo crime previsto no art. 342 do CP.

Embora tenham atuado em busca do mesmo resultado, por expressa previsão legal, os agentes responderão por crimes distintos.

23.4 MODALIDADES DE ATUAÇÃO NO CONCURSO DE PESSOAS

O agente pode atuar no contexto do concurso de pessoas na condição de autor, coautor ou partícipe. Logo, as modalidades de atuação no concurso de pessoas são: a) autoria; b) coautoria; c) participação.

23.4.1 Autoria

Para a adequada imputação do delito ao agente, revela-se necessário identificar o seu modo de atuação na empreitada delituosa, verificando-se se contribuiu para o delito na condição de autor ou partícipe.

Todavia, diante da omissão do legislador estabelecer o conceito de autoria não se revela tarefa das mais pacíficas, surgindo, em razão disso, várias teorias para a definição do conceito de autor de um crime.

Dentre essas teorias, merecem destaque: a) teoria subjetiva; b) teoria extensiva; c) teoria objetiva (na qual está alojada a vertente restritiva); d) teoria do domínio do fato.

23.4.1.1 Teoria subjetiva ou unitária

A teoria subjetiva ou unitária não estabelece qualquer distinção entre autor e partícipe. Para essa teoria, autor é todo aquele que contribui, de qualquer modo, para a produção de um determinado resultado. Eis a razão pela qual é chamada de unitária, pois considera somente a autoria como modalidade de atuação delituosa.

23.4.1.2 Teoria extensiva

A teoria extensiva também tem feição subjetiva ou unitária, já que não estabelece qualquer distinção entre autor e partícipe. Para essa teoria, todos aqueles que contribuem para a prática do delito se enquadram na condição de autor.

A teoria extensiva da autoria fundamenta-se na causação do resultado, sendo autor quem dá causa ao evento. Em princípio, autor é aquele que causa a modificação do mundo externo.

A diferença da teoria subjetiva reside no fato de que a teoria extensiva estabelece uma espécie de graus de autoria para fins de aplicação da pena. Todos os agentes que contribuem para a prática delituosa são autores, mas aquele que concorreu de forma secundária, menos relevante, como cúmplice, por exemplo, terá sua pena diminuída em relação ao que teve atuação mais relevante, como ator principal.

Afirmando que o conceito extensivo de autor está atrelado à teoria subjetiva da participação, Rogério Greco leciona que:

> A teoria subjetiva procura traçar um critério de distinção entre autores e partícipes, valorando o elemento anímico dos agentes. Existe uma vontade de ser autor (*animus*

auctoris), quando o agente quer o fato como próprio, e uma vontade de ser partícipe (*animus socii*), quando o agente deseja o fato como alheio.[1]

Em síntese, autor é aquele que contribui de algum modo para a produção do resultado. Há, no entanto, para fins de aplicação da pena, distinção entre o autor que concorre de forma mais relevante para o crime daquele que concorre de forma menos relevante.

Essa teoria não é aplicada pelo Código Penal, nem tampouco aceita na doutrina brasileira, por conta justamente do grau de subjetivismo para aferir qual dos agentes praticou, na condição de autor, a conduta principal ou acessória, para fins de aplicação da pena. De fato, não há como considerar secundária, a ponto de figurar como cúmplice, a conduta do executor que matou uma pessoa mediante pagamento realizado por outra pessoa, concorrendo para o crime em decorrência de fato alheio.

23.4.1.3 *Teoria objetiva ou dualista*

A teoria objetiva ou dualista está estreitamente vinculada ao *conceito restritivo de autor*, uma vez que estabelece evidente distinção entre a figura do autor e do partícipe, delimitando a atuação dos agentes na empreitada delituosa, e restringindo a figura do autor à determinada forma de atuação.

Com efeito, ao contrário da teoria extensiva, que tratava a autoria como figura única, ampliando sobremaneira seu conceito, a teoria restritiva limita o conceito de autor à determinada forma de atuação, estabelecendo nítida distinção em relação à figura do partícipe.

Agora, com a teoria objetiva, na vertente restritiva, não há só a figura do autor, mas a figura do autor e do partícipe.

A teoria objetiva subdivide-se em: a) teoria objetivo-formal; b) teoria objetivo-material.

a) Teoria objetivo-formal

Para a teoria objetivo-formal, autor é aquele que realiza a ação ou omissão descrita no verbo nuclear do tipo penal que define o crime ou contravenção. É, em síntese, aquele que pratica a conduta descrita no tipo penal incriminador. É aquele que pratica, por exemplo, a ação de "matar" (CP, art. 121); de subtrair (CP, arts. 155 e 157); de constranger (CP, arts. 146, 158 e 213).

Partícipe é aquele que contribui, de qualquer modo, para a empreitada delituosa, mas sem realizar a ação ou omissão descrita no verbo nuclear do tipo. É aquele que induz, instiga ou auxilia o autor a executar a conduta descrita no tipo penal.

Assim, o agente que efetua disparos contra a vítima, atuará no crime de homicídio na condição de autor, ao passo que aquele que induziu a matá-la atuará na condição de partícipe.

Quem ingressa numa agência bancária e, portando uma arma de fogo, anuncia o assalto e realiza a subtração do dinheiro, atuará no crime de roubo majorado na condição de autor, enquanto o agente que se posta no lado externo do prédio e aguarda, com o motor do veículo acionado, o comparsa para empreenderem fuga, atua no delito na condição de partícipe.

---

1. GRECO, Rogério. *Curso de direito penal*: parte geral. 19. ed. Niterói: Impetus, 2017. p. 535.

E é justamente na adequação típica da conduta do partícipe que reside a importância do estudo do concurso de pessoas. Com efeito, em tese, a conduta do partícipe seria atípica, pois, teoricamente, não se enquadra no modelo legal de conduta proibida descrita no tipo penal. Não existe tipo penal definindo a conduta de "mandar matar" ou "auxiliar a subtrair". Se não existisse a norma de extensão do art. 29, *caput*, do CP essas condutas vinculadas ao partícipe seriam atípicas, gerando impunidade.

Por meio dessa norma de extensão, que serve como verdadeira ponte, é possível adequar, ainda que de forma indireta, a conduta do partícipe ao tipo penal que descreve a conduta criminosa.

Assim, por exemplo, a conduta do autor intelectual ou do mandante do crime será típica, por força da norma de extensão (ou ponte de ouro) do art. 29, *caput*, CP, que estabelece a ligação entre a sua conduta e o tipo penal correspondente.

b) Teoria objetivo-material

A teoria objetivo-material, por ser de vertente restritiva, também estabelece distinção entre autor e partícipe, mas de maneira distinta da teoria objetivo-formal.

Para a teoria objetivo-material, autor é aquele que desenvolve a conduta objetiva mais relevante para a produção do resultado, ainda que não tenha praticado a ação descrita no núcleo do tipo. Partícipe, por sua vez, seria aquele que concorre para o resultado de forma menos relevante, ainda que tenha praticado a conduta descrita no tipo penal.

Em síntese, o conceito restritivo de autor pode ser complementado pelas teorias objetivo-formal e objetivo-material. A primeira, considera autor como sendo aquele que realiza a ação típica ou alguns de seus elementos, ao passo que o partícipe é aquele que contribui sem realizar a conduta descrita no tipo penal. Já a segunda, diferencia o partícipe do autor, por considerar que este contribui de forma mais relevante para a consecução do fato delituoso do que o partícipe.

23.4.1.4 Teoria do domínio do fato

A teoria do domínio do fato foi elaborada por Hanz Welzel, em 1939, e retomada e desenvolvida pelo jurista alemão Claus Roxin, na década de 1960, e tem por função dogmática distinguir entre autor e partícipe, sem a pretensão de fixar parâmetros sobre a existência, ou não, de responsabilidade penal.

De acordo com a teoria do domínio do fato, autor é quem tem o controle final do fato. É quem domina o decurso do crime e decide sobre sua prática, interrupção e circunstâncias. O partícipe não tem o domínio do fato, pois apenas coopera, induz e incita a prática do delito.

Em síntese, a teoria do domínio do fato amplia o conceito de autor, abarcando também o agente que realiza uma parte necessária da execução do plano global, com o domínio funcional do fato, mesmo que não constitua um ato típico em sentido estrito. É aquele que domina a realização do fato, quem tem poder sobre ele, bem como quem tem poder sobre a vontade alheia.

Assim, para a teoria do domínio do fato, a figura do autor não se restringe somente aquele que executa a conduta descrita no tipo penal, mas também aquele que tem o controle da ação típica dos demais agentes, inserindo-se, nesse contexto, o *autor executor*, o *autor intelectual*, o *autor mediato*, bem como o *coautor*.

O *partícipe* é aquele que contribui para o delito alheio, sem realizar a figura típica, nem tampouco comandar a ação. É quem não domina a realização do fato, mas contribui de qualquer modo para ele.

> Exemplo: Clodoaldo, Alan e Patrícia, todos maiores e capazes, deliberaram para assaltar uma empresa local. Em data e hora combinadas, no período noturno e após o fechamento, Clodoaldo e Alan arrombaram a porta dos fundos da empresa, na qual entraram e ficaram vigiando enquanto Patrícia subtraía objetos valiosos, que seriam divididos igualmente entre os três. Como se vê, a rigor somente Patrícia praticou a ação nuclear do tipo penal que define o crime de furto, já que somente ela praticou o ato de subtrair. Não há dúvida que Patrícia atuou no delito na condição de autora. Clodoaldo e Alan não realizaram a ação descrita no tipo penal, mas, sem dúvida, tinham o controle de toda a ação delituosa, o domínio final do fato, sendo, portanto, também autores do delito.
>
> Outro exemplo: Clodoaldo Alan e Patrícia deliberaram praticar um crime de roubo. Clodoaldo se encarregou somente de emprestar a arma. Alan ficou responsável por transportar em seu veículo Patrícia até o local do crime e dar-lhe fuga. Patrícia atraiu a vítima ao local ermo, anunciou o assalto, apontando a arma para a vítima, e, após, subtraiu sua carteira. Nesse contexto, pela teoria do domínio do fato, Alan e Patrícia atuaram na condição de autores, já que tinham o domínio de toda empreitada delituosa, ao passo que Clodoaldo, por ter somente emprestado a arma, sem o controle de dominar a ação dos comparsas, responderá pelo crime de roubo majorado na condição de partícipe.

A teoria do domínio do fato se insere numa posição intermediária entre a teoria objetiva e teoria subjetiva, constituindo a *teoria objetiva-subjetiva*. Na lição de Juarez Cirino dos Santos:

> A teoria do domínio do fato – hoje dominante na dogmática penal – integra o critério objetivo do conceito restritivo de autor (que vincula o conceito de autor à ação do tipo), com o critério subjetivo da teoria subjetiva de autor (que incorpora a vontade como energia produtora do tipo de injusto), mas supera os limites de ambas as teorias porque considera a ação na sua estrutura subjetiva e objetiva, pressuposta no controle do tipo de injusto e necessária para mostrar o fato como obra do autor: subjetivamente, o projeto de realização (a vontade criadora) do tipo do injusto; objetivamente, a (magnitude das contribuições para) realização do projeto de tipo de injusto.[2]

O STF, no julgamento da APn nº 470/MG, envolvendo o caso denominado "mensalão", adotou a teoria do domínio do fato, considerando como autores os integrantes do núcleo político apontado como sendo o núcleo intelectual ou mentor de toda atividade criminosa. Isso porque os integrantes do núcleo político detinham o controle funcional do fato, com poderes sobre as ações de todos os agentes que contribuíram para as práticas criminosas.[3]

O STJ aplicou a teoria do domínio do fato, considerando autor do crime ambiental previsto no art. 15 da Lei nº 7.802/1989 o engenheiro agrônomo que prescreveu receituário agronômico em desacordo com as normais legais do uso de agrotóxico, possuindo, assim, controle funcional da conduta ilícita poluente, mesmo não sendo o autor dos atos materiais de poluição.[4]

---

2. SANTOS, Juarez Cirino dos. *Direito penal* – Parte geral. 7. ed. Florianópolis: Empório do Direito, 2017. p. 348.
3. STF, APn nº 470/MG, rel. Min. Joaquim Barbosa, Tribunal Pleno, j. 17-12-2012.
4. STJ, RHC nº 118591/PR, rel. Min. Ribeiro Dantas, 5ª T., j. 11-2-2020.

Convém registrar que a teoria do domínio do fato não pode ser utilizada de forma a gerar a presunção de que todo aquele que exerce posição de direção ou gestão em determinada empresa atuará em eventual crime na condição de autor. O cargo de direção ou chefia, por si só, não é suficiente para comprovar a autoria delitiva, não sendo possível, à evidência, a presunção de autoria, sob pena de incorrer na responsabilidade objetiva.

Essa é a posição adotada pelo STF, segundo o qual:

> (...) 2. A teoria do domínio do fato não tem lugar para colmatar a falta de substrato probatório da autoria delitiva. Precedentes APn nº 975/AL e APn nº 898/SC. 3. No crime de falsidade ideológica, a conduta comissiva do tipo penal imputado não pode ser presumida, unicamente, pelo cargo de direção ocupado na época dos fatos, pois a *contrario sensu* estar-se-ia autorizar a aplicação da vedada responsabilidade penal objetiva (...).[5]

Diante da sua natureza conceitual e hipótese de incidência, pode-se cogitar da aplicação da teoria do domínio do fato somente aos delitos dolosos, porquanto somente esses exigem voluntariedade e, portanto, domínio em relação ao resultado final.

Assim, a teoria do domínio do fato não se aplica, segundo a doutrina, aos delitos de dever, aos culposos e aos delitos de mão própria.

Nos delitos de dever, assim considerados como sendo aqueles crimes especiais, como, por exemplo, os praticados por funcionários públicos. Nesses casos, autor do delito não será quem detém o domínio final do fato, mas somente o portador do dever jurídico, por força da condição prevista em lei de realizar a ação ou omissão descrita no tipo penal, podendo os demais concorrentes atuarem na condição de partícipes.

No crime de peculato (CP, art. 312), por exemplo, somente poderá ser considerado autor o funcionário público que contribui para a apropriação, desvio ou subtração de bem público ou privado em decorrência da função pública que exerce, já que, para incidir, o tipo penal exige uma condição especial do agente que pratica a ação descrita no tipo penal, qual seja, a condição de funcionário público.

Os *crimes culposos*, que se caracterizam pela ausência de vontade em relação ao resultado final, não estão adstritos à teoria do domínio do fato. Isso porque, nos crimes culposos, o agente não quer o resultado, não sendo possível, portanto, ter o domínio daquilo que não se deseja. Logo, a teoria do domínio do fato é absolutamente incompatível com os crimes culposos.

A propósito, em caso rumoroso, o STF assim decidiu:

> *Habeas corpus* – Homicídio culposo – Acidente em parque de diversões – Imputação desse evento delituoso ao presidente e administrador do complexo Hopi Hari – Inviabilidade de instaurar-se persecução penal contra alguém pelo fato de ostentar a condição formal de *chief executive officer* (CEO) – Precedentes – Doutrina – Necessidade de demonstração, na peça acusatória, de nexo causal que estabeleça relação de causa e efeito entre a conduta atribuída ao agente e o resultado dela decorrente (CP, art. 13, *caput*) – Magistério doutrinário e jurisprudencial. Inexistência, no sistema jurídico brasileiro, da responsabilidade penal objetiva – Prevalência, em sede criminal, como princípio dominante do modelo normativo vigente em nosso país, do dogma da responsabilidade com culpa – *Nullum crimen sine culpa* – Não se revela

5. STF, APn nº 987/MG, rel. Min. Edson Fachin, 2ª T., j. 25-9-2018.

> constitucionalmente possível impor condenação criminal por exclusão, mera suspeita ou simples presunção – O princípio da confiança, tratando-se de atividade em que haja divisão de encargos ou de atribuições, atua como fator de limitação do dever concreto de cuidado nos crimes culposos – Entendimento doutrinário – Inaplicabilidade da teoria do domínio do fato aos crimes culposos – Doutrina – *Habeas corpus* deferido – Recurso de agravo improvido.[6]

O crime de mão própria somente incidirá se o autor realizar a conduta descrita no tipo penal. Os demais somente poderão atuar no crime na condição de partícipes. Assim, no crime de falso testemunho (CP, art. 342), somente a testemunha, por exemplo, pode ser autor do delito, podendo outra pessoa concorrer para o crime na condição de partícipe.

23.4.1.5 Teoria adotada

A teoria do domínio do fato é aceita pela maioria da mais abalizada doutrina e pelos Tribunais Superiores, sobretudo como solução aos casos envolvendo autoria mediata. Ao tecer comentários sobre a autoria mediata, Cezar Roberto Bitencourt assevera que:

> A teoria do domínio do fato molda com perfeição a possibilidade da figura do autor mediato. Todo o processo de realização da figura típica, segundo essa teoria, deve apresentar-se como obra da vontade reitora do "homem de trás", o qual deve ter absoluto controle sobre o executor do fato. O autor mediato realiza a ação típica através de outrem, que atua sem culpabilidade.[7]

Todavia, para a maioria da doutrina,[8] a teoria restritiva é a aplicada pelo Código Penal.[9]

Na lição de Guilherme de Souza Nucci:

> Em nossa visão, melhor é a teoria restritiva, ou seja, coautor é aquele que pratica, de algum modo, a figura típica, enquanto ao partícipe fica reservada a posição de auxílio material ou suporte moral (onde se inclui o induzimento, a instigação ou o comando) para a concretização do crime. Consegue-se, com isso, uma clara visão entre dois agentes distintos na realização do tipo penal – o que ingressa no modelo legal de conduta proibida e o que apoia, de fora, a sua materialização –, proporcionando uma melhor análise da culpabilidade.[10]

Dessarte, autor é quem realiza a conduta descrita no tipo penal incriminador; partícipe é aquele que concorre de qualquer modo para a empreitada delituosa, sem, no entanto, realizar a ação ou omissão descrita no verbo nuclear do tipo.

23.4.1.6 Espécies de autoria

23.4.1.6.1 Autoria imediata ou direta

É também denominada autoria direta.

---

6. STF, HC nº 138637 AgRg/SP, rel. Min. Celso de Mello, 2ª T., j. 22-10-2020.
7. BITENCOURT, Cezar Roberto. *Tratado de direito penal*: parte geral. 17. ed. São Paulo: Saraiva, 2012. p. 561.
8. Guilherme de Souza Nucci; André Estefam; Fernando Capez, Aníbal Bruno, Mirabete, René Ariel Dotti, dentre outros.
9. É o que foi considerado como correto pela CESPE/CEBRASPE no concurso para Juiz Federal, TRF 5ª Região, realizado em 2009.
10. NUCCI, Guilherme de Souza. *Manual de direito penal*. 9. ed. São Paulo: Revista dos Tribunais, 2013. p. 385.

Autor direto é aquele que executa diretamente a ação ou omissão descrita no verbo nuclear do tipo. É, em síntese, o *autor executor*, ou seja, aquele, por exemplo, que diretamente efetua dos disparos ou desfere golpes de faca no crime de homicídio; aquele que diretamente pratica a subtração nos crimes de furto e roubo; aquele que diretamente constrange a vítima à conjunção carnal ou ato libidinoso diverso da conjunção carnal no crime de estupro.

23.4.1.6.2 Autoria mediata ou indireta

23.4.1.6.2.1 Conceito

É a chamada autoria indireta.

Na autoria mediata, o autor não executa diretamente a ação descrita no verbo nuclear do tipo, mas se vale de uma terceira pessoa que servirá como um instrumento, uma extensão do seu corpo, para a execução do delito. É a figura do "autor atrás de outro autor" ou o "homem de trás" que se utiliza de outra pessoa para a execução da atividade delituosa.

Essa terceira pessoa que atua como um instrumento ou extensão do corpo do autor desenvolve a conduta sem dolo ou culpa, bem como se trata de alguém destituído de culpabilidade. A autoria mediata, em síntese, é uma modalidade de autoria, ocorrendo quando o agente se vale de pessoa não culpável, ou que atua sem dolo ou culpa, para executar o delito.

Dessarte, admite-se a autoria mediata nas hipóteses de: a) inimputabilidade do executor pela menoridade, enfermidade mental ou embriaguez (CP, art. 62, III); erro de proibição inevitável (CP, art. 21); c) inexigibilidade de conduta diversa, como na coação moral irresistível e obediência hierárquica (CP, art. 22); d) erro de tipo invencível, provocado por terceiro (CP, art. 20, § 2º); e) coação física irresistível; f) estados de inconsciência (sonambulismo e na hipnose).

Assim, aquele que se serve de pessoa inimputável para a prática de uma conduta ilícita é responsável pelo resultado na condição de autor mediato. Logo, se, de forma consciente e deliberada, utilizar um adolescente para executar a conduta de matar alguém, o agente responderá pelo crime de homicídio na condição de autor mediato. Trata-se de autoria mediata no contexto de inimputabilidade por menoridade.

É o caso, ainda, do agente que se utiliza de crianças para subtrair objetos, em via pública. Esse agente responderá pelos furtos praticados pelas crianças na condição de autor mediato, já que se prevaleceu de executores inimputáveis para a prática do delito.

Da mesma forma, suponhamos que Berilo, imputável, proprietário de um bar, com a inequívoca intenção de matar Francisco, tenha induzido a erro Patrícia, funcionária do estabelecimento, a servir à vítima uma bebida contendo arsênico, causando-lhe a morte. Nessa situação, Berilo deve ser responsável pelo crime de homicídio qualificado como autor mediato, não sendo a funcionária responsabilizada criminalmente, uma vez que, por conta do erro provocado por terceiro, agiu sem dolo ou culpa. Trata-se de autoria mediata no contexto de erro provocado por terceiro.

Imaginemos, ainda, que Valério, conhecido nos meios policiais por sua alta periculosidade, desloca-se até a residência de Silvio, gerente do "Socred", onde rende, sob a mira de arma de fogo, Silvio, sua esposa e o filho do casal. Valério determina que Silvio se desloque até o banco, subtraia a quantia de R$ 200.000,00 e entregue a ele, sob pena de matar sua esposa e filho, se não lhe entregar o dinheiro ou acionar a autoridade policial. Sem opção, desesperado com a situação, Silvio se dirige ao banco e retorna com a vultosa quantia e entrega a Valério, o qual foge imediatamente do local. Neste caso é correto afirmar que, além dos crimes praticados contra Sílvio e sua família, Valério figura como autor mediato em relação ao furto praticado contra o banco. Nota-se que se trata de autoria mediata no contexto da coação moral irresistível.

Na autoria mediata, à evidência, não se fala em concurso de pessoas, por falta do liame subjetivo. Assim, somente o autor mediato será responsabilizado criminalmente. No caso de ter sido utilizado na prática delituosa, o adolescente inimputável será submetido a procedimento para apuração de ato infracional.

A autoria mediata distingue-se da intelectual, porque nesta o agente concorre para o crime sem realizar a ação nuclear do tipo, figurando como partícipe (considerando a teoria restritiva) ou autor (considerando a teoria do domínio do fato). Agora, se o agente se valer de uma pessoa doente mental para matar seu inimigo, responderá pelo crime de homicídio na condição de autor mediato.

23.4.1.6.2.2 Autoria mediata e crimes culposos

A autoria mediata é absolutamente incompatível com os crimes culposos. Isso porque, na autoria mediata, o agente, desejando o resultado, vale-se de uma pessoa não culpável para a execução do delito. Ou seja, o autor mediato atua com consciência e vontade em relação ao resultado, características que não se coadunam com o crime culposo.

No crime culposo, o agente desenvolve uma conduta voluntária e, por ausência de dever de cuidado, acaba produzindo um resultado involuntário. Logo, não há como o autor do crime culposo manejar terceira pessoa para alcançar um resultado que não é desejado. Não é possível verificar a consciência e vontade de usar outra pessoa como instrumento para a prática de um crime cujo resultado é involuntário. Eis a razão pela qual a autoria mediata é incompatível com o crime culposo.

23.4.1.6.2.3 Autoria mediata e crimes próprios e de mão própria

Crime *próprio* ou *especial* é aquele que exige do sujeito ativo uma particular condição ou qualidade pessoal, podendo, portanto, ser praticado por um grupo de pessoas, como, por exemplo, a condição de funcionário público no crime de peculato (CP, art. 312).

Os *crimes de mão própria ou de atuação pessoal* são aqueles que somente podem ser cometidos pelo agente expressamente indicado no tipo penal. É o caso do falso testemunho, previsto no art. 342 do CP. Assim, a testemunha notificada não pode pedir a terceiro que deponha falsamente em seu lugar.

Em relação aos *crimes próprios, admite-se a possibilidade de autoria mediata,* desde que o autor mediato reúna as qualidades ou condições especiais exigidas pelo tipo penal. Assim, imaginemos que Pedro, funcionário público, prevalecendo-se da facilidade que a essa qualidade lhe proporciona, consiga que um adolescente tenha autorização para ingressar numa repartição pública e subtraia objetos que estavam no local indicado pelo mau servidor. Nesse caso, Pedro responderá pelo crime de peculato (CP, art. 312) na condição de autor mediato.

Os *crimes de mão própria,* por sua vez, *não admitem autoria mediata,* uma vez que o seu conteúdo de injusto reside precisamente na pessoal e indeclinável realização da atividade proibida. Trata-se, pois, de uma conduta infungível, somente podendo ser praticada diretamente pelo agente indicado no tipo penal, que, no caso, será somente a pessoa que prestar o testemunho. Logo, não há como a testemunha se valer de outra pessoa para praticar o falso testemunho no seu lugar, já que, por se tratar de crime de mão própria, não há como delegar a execução a outrem, inviabilizando a possibilidade de autoria mediata. É o entendimento adotado pelo STJ.[11]

23.4.1.6.3 Autoria por determinação

Zaffaroni e Pierangeli conceberam a autoria por determinação como forma de adequar ao tipo penal a conduta daquele que contribuiu para um crime de *mão própria* ou *crime próprio*, diante da impossibilidade da atuação na condição de autor mediato ou partícipe.

Trata-se da hipótese de o agente se valer de uma terceira pessoa, que atua sem conduta punível, para praticar um crime de mão própria ou crime próprio. Com efeito, para figurar como partícipe, o agente deve ter contribuído para que o autor realize um fato típico e ilícito, em face da *teoria da acessoriedade limitada*. Essa regra vale evidentemente também para os crimes de mão própria e para os crimes próprios. Assim, se o agente concorreu para um crime de mão própria ou crime próprio sem que o autor tenha desenvolvido uma conduta típica, não poderia ser punido na condição de partícipe, ensejando a possibilidade de impunidade.

Como não pode ser enquadrado como autor direto, autor mediato ou partícipe, surge a figura do autor por determinação. Algumas hipóteses são elencadas por Zaffaroni e Pierangeli:

> Pensemos o caso de que alguém se valha de outro que não realiza conduta para cometer um delito de mão própria: uma mulher que dá um sonífero a outra e depois hipnotiza um amigo, ordenando-lhe que com aquela mantenha relações sexuais durante o transe (...) Também os casos de autoria mediata, tampouco poderiam resolver-se pela instigação, porque o determinado não comete um injusto, como o funcionário público que age em erro de tipo, e, como não há injusto, tampouco se pode falar de instigação, pois não seria acessória de um injusto. Igualmente não haveria injusto quando o interposto agisse justificadamente, e, portanto, também não poderia haver instigação.[12]

Para evitar a impunidade da mulher que contribuiu para o crime de estupro praticado por outrem, sem se enquadrar como autora mediata ou partícipe, por ser crime de mão própria praticado por alguém sem conduta punível, bem como de quem contribuiu para um fato praticado por funcionário público, mas, no entanto, não se adequa à figura do autor ou partícipe, Zaffaroni e Pierangeli consideram a possibilidade de punir esses agentes na condição de autores por determinação.

Todavia, deve ficar claro que não se trata de autoria do delito, mas de um tipo penal especial de concorrência, em que o autor só pode ser apenado como autor da determinação em si, e não do delito a que tenha determinado. A mulher não é apenada como autora de estupro, mas lhe será aplicada a pena deste crime por haver cometido o delito de determinar o estupro; o sujeito não é apenado como autor de corrupção passiva, mas como autor da determinação à corrupção passiva.[13]

23.4.1.6.4 Autoria de escritório

A autoria de escritório guarda íntima relação com a teoria do domínio do fato, caracterizando-se em *autoria mediata particular* ou *autoria mediata especial*.

---

11. STJ, REsp nº 200785/SP, rel. Min. Félix Fischer, 5ª T., j. 29-6-2000.
12. ZAFFARONI, Eugenio Raúl; PIERANGELI, José Henrique. *Manual de direito penal brasileiro*. 13. ed. São Paulo: Revista dos Tribunais, 2019. p. 602.
13. Idem, p. 604.

Pressupõe, nas palavras de Zaffaroni e Pierangeli, uma "máquina de poder, que pode ocorrer tanto num Estado em que se rompeu com toda a legalidade, como organização paraestatal (um Estado dentro do Estado), ou como uma máquina de poder autônoma mafiosa, por exemplo".[14]

É o caso das grandes organizações criminosas, em que os chefes determinam que agentes de hierarquia inferior executem suas ordens. O autor de escritório, portanto, seria aquele que transmite a ordem a ser executada pelo autor direto, inserido num escalão inferior da organização criminosa, sendo, por isso, passível de ser substituído por outra pessoa.

Tomemos como exemplo um líder do Primeiro Comando da Capital (PCC), preso num estabelecimento carcerário, que determina a membros com posição hierárquica inferior na organização criminosa que pratiquem determinados crimes, como, por exemplo, matar um integrante da facção rival. O líder de quem partiu a ordem seria o autor de escritório ou autor mediato particular ou especial.

23.4.1.6.5 Autoria por convicção

Autoria por convicção é aquela em que o agente, mesmo conhecendo o teor da norma penal incriminadora, resolve transgredi-la por questões religiosas, políticas, filosóficas, ou por qualquer outra natureza.

O agente sabe que sua conduta violará uma norma penal, mas, mesmo assim, por convicção, resolve transgredi-la.

É o caso da mãe adepta à religião que proíbe a realização da transfusão de sangue, e, por conta disso, não permite que seu filho, em estado grave de saúde, seja submetido a uma intervenção cirúrgica que poderia salvar sua vida. Se o filho vier a falecer, a mãe responderá pelo resultado morte, ou seja, por homicídio, na condição de autora, por força da sua conduta omissiva penalmente relevante (CP, art. 13, § 2º, *a*).

23.4.1.6.6 Autoria colateral

A autoria colateral também é chamada de *coautoria imprópria* ou *autoria parelha*.

A autoria colateral incide quando os agentes, *desconhecendo cada um a conduta do outro*, realizam atos convergentes à produção do resultado a que todos visavam, mas que ocorre em face do comportamento de um só deles.

A característica determinante para a incidência da autoria colateral reside justamente no fato de que os agentes desconhecem a atuação um do outro. Cada um desenvolve sua conduta voltada para a mesma finalidade, ou seja, para produção do mesmo resultado, com o detalhe que um desconhece a conduta do outro.

Em outras palavras, na autoria colateral, duas ou mais pessoas intervêm na execução de um crime, buscando o mesmo resultado, mas um ignorando a conduta do outro.

Não obstante a pluralidade de agentes, *não há concurso de pessoas* na autoria colateral, por *ausência do vínculo subjetivo* entre os agentes, não havendo, por conseguinte, unidade de infração penal entre os agentes.

> Exemplo: Cicinho, pessoa extremamente perigosa, acumulou ao longo da sua vida vários inimigos capazes de matá-lo. Certo dia, sabendo que Cicinho passava por

14. Idem, p. 606.

> um beco escuro para se recolher à noite, Candinho e Totonho, inimigos mortais de Cicinho, se postaram de emboscada, *sem saberem da conduta um do outro*. No momento em que Cicinho passava, Candinho e Totonho efetuaram disparos em direção à vítima, sendo constatado que o disparo efetuado por meio da arma de Candinho foi o causador da morte do inimigo em comum. Nesse caso, como não há concurso de pessoas, não será possível atribuir a ambos os agentes o mesmo crime. Assim, como restou constatado que o disparo fatal partiu da arma de Candinho, este responderá pelo crime de *homicídio consumado*, ao passo que Totonho responderá pelo crime de *homicídio tentado*.

De fato, ante a falta de unidade de desígnios, cada um responderá pelo crime que cometeu, ou seja, um será autor de homicídio consumado e o outro, de homicídio tentado, sendo inaplicável a teoria unitária ou monista.

> Imaginemos outro exemplo: Arruda, ambicionando o cargo de diretor ocupado por Lindolfo na empresa em que trabalham, ministra veneno no café do colega. O veneno passou a fazer efeito, e Lindolfo resolveu ir para sua casa, já que não estava se sentindo bem. Dirige-se até o estacionamento onde havia deixado seu veículo, e, ao acionar a ignição, ocorre uma explosão em decorrência da carga explosiva colocada por Amarildo, que também ambicionava seu cargo de diretor, causando a morte de Lindolfo. O barulho da explosão assusta a todos, inclusive Arruda, que não desconfiava da atuação de Amarildo. Neste caso, não há concurso de pessoas, diante da ausência de vínculo subjetivo, razão pela qual Amarildo responde pelo crime de *homicídio consumado*, enquanto Arruda responde por crime de *homicídio tentado*.

Se, todavia, um dos agentes tomar conhecimento da conduta do outro, a ela aderindo, responderá pelo resultado produzido. Imaginemos, considerando o exemplo acima, que Totonho tenha constatado a presença de Candinho, bem como sua intenção de matar Cicinho, aderindo à sua conduta. Se ambos efetuarem disparos, restando constatado que o tiro fatal partiu da arma de Candinho, Totonho também responderá pelo crime de homicídio consumado, uma vez que aderiu à conduta do outro agente, havendo, em relação a ele, o liame subjetivo.

23.4.1.6.7 Autoria incerta

Também não há concurso de pessoas, por ausência de vínculo subjetivo.

Dá-se a autoria incerta quando, na autoria colateral, não se apura a quem atribuir a produção do resultado. Ou seja, assim como na autoria colateral, *nenhum dos agentes tem conhecimento da conduta do outro*, embora tenham agido em busca do mesmo resultado. *Se não for possível apurar qual a conduta que deu causa ao resultado, estaremos diante da autoria incerta.*

Suponha-se que dois sujeitos, pretendendo matar a vítima a tiros de revólver, postam-se de emboscada, ignorando cada um o comportamento do outro. Ambos atiram e a vítima vem a falecer em consequência dos ferimentos produzidos pelos projéteis de um dos revólveres, não sendo possível, no entanto, constatar de qual arma partiu o disparo fatal. Surge, então, a grande dúvida: por qual delito respondem os agentes? homicídio consumado para ambos ou homicídio tentado para ambos?

Não há solução expressa no Código Penal, cabendo à doutrina apontar aquela mais adequada ao caso retratado. Imputar aos agentes o crime de homicídio consumado não é a melhor solução, pois um deles será condenado injustamente, já que não teria dado causa ao resultado.

No caso, a solução mais consentânea com os princípios constitucionais é a condenação de ambos os agentes pelo crime de *homicídio tentado, invocando, no caso, o princípio do in dubio pro reo.* Ou seja, na dúvida de quem causou a morte, busca-se a solução menos gravosa.

Assim, se, por exemplo, dois genros que, desejando matar a indesejável sogra, resolvem envenená-la, sem que um saiba da conduta do outro. E, por pura coincidência, num almoço de família, ambos decidiram matar a vítima. Um dos genros ministra raticida na bebida da sogra, enquanto o outro ministra estricnina na comida da senhora. A sogra veio a falecer, não tendo a perícia constatado qual a substância venenosa que efetivamente causou a morte da pobre senhora. Como não se sabe se a morte foi provocada pelo veneno da comida ou da bebida, a solução será aplicar o princípio do *in dubio pro reo*, responsabilizando ambos os genros por homicídio tentado.

23.4.1.6.8 Autoria desconhecida

A autoria desconhecida não se confunde com autoria incerta. A autoria desconhecida está vinculada à persecução penal, que, ao final dos atos investigatórios, não se conseguiu apurar a autoria.

Na autoria incerta, a autoria foi desvendada, sabe-se quem são os agentes envolvidos, mas não se revelou possível apurar quem efetivamente deu causa ao resultado produzido.

Na autoria desconhecida, por evidente, não haverá responsabilização criminal, pelo menos até surgirem provas que apontem o autor do fato. Na autoria incerta, haverá responsabilização criminal, mas, como não foi possível apurar quem deu causa ao resultado, a solução será imputar aos agentes o crime na sua modalidade tentada, por força do princípio do *in dubio pro reo.*

23.5 COAUTORIA

23.5.1 Introdução

A coautoria é a modalidade de atuação no concurso de pessoas em que dois ou mais agentes figuram como autores do crime, desenvolvendo a conduta em busca do mesmo resultado.

A coautoria pode ser parcial (ou funcional) ou direta (ou material).

A *coautoria parcial (ou funcional)* é aquela em que há divisão de tarefas entre os agentes, que, somadas, produzem o resultado desejado por todos.

> Exemplo: um dos agentes segura a vítima, enquanto o outro desfere nela golpes de faca.

A *coautoria direta (ou material)* é aquela em que todos os agentes executam atos iguais, voltados à produção do resultado.

> Exemplo: Mauro e Arnaldo, ambos portando faca, desferem golpes de faca contra a vítima até levá-la à morte.

Considerando a teoria objetiva-formal, na sua vertente restritiva, a coautoria se revela na atuação de todos os agentes que praticam a conduta descrita no verbo nuclear do tipo. Assim, seriam coautores do crime de homicídio os agentes que desferem cada qual golpes de faca na vítima. Da mesma forma, seriam coautores os agentes que ingressam numa residência, anunciam o assalto, e subtraem objetos. Há uma relação com a coautoria direta ou material.

Mas talvez a importância maior para a definição da coautoria reside no âmbito da coautoria parcial (ou funcional), já que intimamente ligada à teoria do domínio do fato.

Pela teoria do domínio do fato, autor é aquele que possui o controle final da ação delituosa, que tem o domínio funcional dos fatos, com poder decisório de levar adiante a prática do delito ou interromper os atos executórios. E, nesse contexto, autor não seria apenas aquele que praticou a ação descrita no verbo nuclear do tipo, mas também quem desempenha papel importante na empreitada delituosa, tendo o domínio final de fato delituoso.

Assim, na lição de Rogério Greco:

> Se autor é aquele que possui o domínio do fato, é o senhor de suas decisões, coautores serão aqueles que têm o domínio funcional dos fatos, ou seja, dentro do conceito de divisão de tarefas, serão coautores todos os que tiverem uma participação importante e necessária ao cometimento da infração, não se exigindo que todos sejam executores, isto é, que todos pratiquem a conduta descrita no núcleo do tipo.[15]

Por essa ótica, pois, haverá coautoria entre o mandante (ou autor intelectual) e o executor do crime de homicídio, já que ambos possuem o controle final de toda ação delituosa. O mandante poderia, em tese, determinar a interrupção do *iter criminis*, ao passo que o executor poderia deliberar em não levar a cabo a empreitada delituosa. Se, no entanto, o executor der início à execução do delito, atuará em coautoria com o mandante do crime.

O coautor que concorre na realização do tipo também responderá pela qualificadora ou agravante de caráter objetivo quando tiver consciência desta e aceitá-la como possível.

23.5.2 Coautoria e crimes próprios

Crimes próprios são aqueles que o tipo penal exige, para incidir, uma condição ou característica especial em relação ao sujeito ativo. Somente haverá o crime definido no respectivo tipo penal, se praticado pelo sujeito ativo que possui a característica ou condição especial exigida na lei. É o caso da condição de funcionário público em relação ao crime de peculato (CP, art. 312); da condição de genitora da vítima no crime de infanticídio (CP, art. 123).

Embora seja de rigor a condição especial do sujeito ativo, *afigura-se possível a coautoria nos crimes próprios*. Imaginemos que dois agentes, ambos possuindo a condição ou qualidade especial descrita no tipo penal, resolvam, em comunhão de esforços, mediante divisão de tarefas, com o domínio do fato delituoso, praticar o delito próprio. Ambos serão coautores do delito.

Assim, se dois funcionários públicos, prevalecendo-se da facilidade que essa condição lhes proporciona, subtraírem determinado objeto, ambos responderão pelo crime de peculato (CP, art. 312), na condição de coautores.

Também é possível a coautoria com pessoa que não possui a qualidade ou condição especial prevista no tipo penal. Imaginemos que uma mãe, sob influência do estado puerperal, é auxiliada por outra pessoa que sabe dessa condição pessoal a praticar atos voltados a matar o bebê, ou seja, ambos praticam atos executórios para eliminar a vida do nascente

---

15. GRECO, Rogério. Op. cit., p. 523.

ou recém-nascido. Aplica-se, nesse caso, o disposto no art. 30 do CP, que trata da comunicabilidade das circunstâncias e condições pessoais, que figuram como elementares de um delito. Assim, tanto a genitora quanto a terceira pessoa que auxiliou nos atos de execução responderão, em coautoria, pelo crime de infanticídio (CP, art. 123).

23.5.3 Coautoria e crimes de mão própria

Crime de mão própria é aquele que somente pode ser praticado diretamente pelo sujeito ativo. E, por isso, diversamente dos crimes próprios, *os crimes de mão própria não admitem coautoria*, uma vez que o verbo nuclear do tipo exige atuação pessoal do agente.

Em síntese, os crimes de mão própria não admitem coautoria, uma vez que o seu conteúdo de injusto reside precisamente na indeclinável realização pessoal do sujeito ativo da atividade criminosa.

É o que ocorre, por exemplo, no crime de falso testemunho (CP, art. 342), que, por ser de mão própria, não admite coautoria. Imaginemos a seguinte situação: Durante audiência de instrução, debates e julgamento, o Magistrado verifica que a testemunha Matilde está negando a verdade, diante de pergunta sobre fato a respeito do qual a testemunha tinha conhecimento, mas se negou a responder alegando que foi orientada pelo advogado da parte. Nesse caso, houve crime de falso testemunho por parte da testemunha Matilde e do advogado, mas não em coautoria. A testemunha Matilde atuou na condição de autora, ao passo que o advogado atuou na condição de partícipe. É o que já decidiu o STJ.[16-17]

Segundo Cléber Masson há, no entanto, uma exceção a essa regra envolvendo o delito de falsa perícia (CP, art. 342), que, embora seja de mão própria, admite a coautoria.[18] Assim, sob essa ótica, se dois peritos elaboram em conjunto um laudo de exame de DNA, atendendo a determinação judicial, e de comum acordo, mediante suborno, fazem afirmações falsas no âmbito de processo criminal, concluindo inveridicamente que o material coletado não corresponde à identidade genética do acusado, tem-se, na hipótese, o crime de "falsa perícia" (CP, art. 342, § 1º), praticado em coautoria pelos peritos.

23.5.4 Coautoria sucessiva

Coautoria sucessiva é aquela que se dá quando, já percorrido o *iter criminis* por um ou mais agentes, inclusive alcançando a fase de execução, ingressa o coautor, por adesão à conduta criminosa, antes do exaurimento.

Em outras palavras, ocorre a coautoria sucessiva quando, após iniciada a conduta típica por um ou mais agentes, houver a adesão de um outro agente à empreitada criminosa, sendo que as condutas praticadas por cada um, dentro de um critério de divisão de tarefas e união de desígnios, devem ser capazes de interferir na consumação da infração penal.

---

16. STJ, RHC nº 106395/SP, rel. Min. Reynaldo Soares da Fonseca, 5ª T., j. 26-3-2019.
17. No concurso para Promotor de Justiça do MPE/GO, realizado em 2012, a banca examinadora considerou correta a afirmação no sentido de que "Nos crimes de mão própria (falso testemunho, v.g.) em regra não se pode falar em coautoria porque o verbo núcleo do tipo exige atuação pessoal do agente". No Concurso para Procurador do TCE/SP, realizado em 2011, a banca FCC considerou *incorreta* a afirmativa no sentido que seria possível a coautoria nos crimes de mão própria.
18. MASSON, Cleber. *Direito penal* – Parte geral (arts. 1º a 120). 14. ed. Rio de Janeiro: Forense; São Paulo: Método, 2020. v. 1, p. 436.

Trata-se, em síntese, da hipótese de um dos agentes praticar a conduta nuclear ou passar a ter o domínio final do fato após o início da atividade criminosa, mas antes do exaurimento do delito.

Imaginemos, por exemplo, que Ricardo e Fernando passaram a ofender a integridade corporal de Diego, causando-lhe lesões corporais. Ao longo da execução do delito, Nédio resolve aderir à conduta de Ricardo e Fernando, e também passa a agredir Diego. Todos são coautores do crime de lesão corporal, sendo que a coautoria de Nédio surgiu sucessivamente ao início da atividade criminosa.

A dúvida que se instala reside na extensão da responsabilização criminal do coautor sucessivo: a) se deve ser responsabilizado pelos fatos praticados desde o início do *iter criminis*; b) se deve ser responsabilizado pelos fatos praticados a partir do momento em que aderiu às condutas dos demais coautores.

Consideremos que Paulo e Pedro deram início à execução do crime de roubo a uma agência bancária, matando, inclusive, uma das vítimas. Na sequência, tomando conhecimento da ação dos amigos, Francisco resolve aderir às condutas deles, e passa a atuar no roubo, inclusive ajudando a ameaçar os clientes do banco e subtrair o dinheiro dos caixas. Considerando a situação hipotética, Francisco responderia pela morte da vítima ocorrida antes dele aderir ao roubo, o que lhe ensejaria a imputação pelo crime de latrocínio (CP, art. 157, § 3º, II), ou pelo crime de roubo majorado, considerando os fatos praticados a partir da sua cooperação para a empreitada delituosa?

Entendemos que o coautor sucessivo deverá responder pelo crime que pretendia praticar, a partir do momento em que passou a contribuir para a empreitada delituosa, desde que os fatos anteriores tenham ingressado na sua esfera de conhecimento após o início da sua atuação no crime. Trata-se da aplicação do disposto no art. 29, § 2º, do CP. No exemplo acima, responderá pelo crime de roubo majorado.

Se, no entanto, já tinha tomado conhecimento de que um crime mais grave já havia sido cometido, e mesmo assim passou a aderir às condutas dos demais agentes, colaborando no restante do *iter criminis*, sobretudo em relação aos atos executórios, o agente responderá pelo crime que pretendeu aderir. Nesse caso, no exemplo acima, responderá pelo crime de latrocínio (CP, art. 157, § 3º, II).

23.6 PARTICIPAÇÃO

23.6.1 Introdução

Conforme a teoria restritiva de autoria, partícipe é quem contribui para que o autor ou coautores realizem a conduta principal, ou seja, aquele que, sem praticar o verbo nuclear do tipo, concorre de algum modo para a produção do resultado. De acordo com a teoria do domínio do fato, participação é a contribuição dolosa de menor relevância, em que o agente contribui para o fato de outrem, sem ter o domínio do fato.

Assim, considerando a teoria restritiva, adotada pelo Código Penal, autor seria o agente que pratica a conduta descrita no verbo nuclear do tipo incriminador, ao passo que partícipe seria aquele que contribui, de qualquer modo, para a atividade delituosa, mas sem realizar a conduta descrita no tipo penal.

> Exemplo: Imaginemos a hipótese de Carlos instigar e encorajar Pedro a matar João. Se efetivamente praticar a ação de matar João, Pedro responderá pelo crime de

homicídio na condição de autor, enquanto Carlos responderá pelo mesmo crime na condição de partícipe.

Outro exemplo: João, Pedro e José acertaram, mediante prévio ajuste, a prática de um crime de furto qualificado em residência. João escolheu a residência e emprestou seu veículo para o transporte dos objetos furtados. Pedro arrombou a porta da residência indicada por João e entrou. José entrou em seguida. Pedro e José recolheram todos os objetos de valor, colocaram no veículo e fugiram do local. Nesse caso, Pedro e José foram coautores e João partícipe do crime de furto qualificado.

Dessarte, a participação é a atividade acessória daquele que colabora para a conduta do autor com a prática de uma ação que, em si mesma, não é penalmente relevante no sentido de realização da conduta descrita no tipo penal. Logo, partícipe de um crime é o sujeito que induz, instiga ou auxilia na prática do crime, sem praticar a conduta típica.

Como se vê, a participação é conduta acessória à do autor, considerada principal. Somente haverá participação se o agente der início à execução do delito. Se o crime nem sequer chegar a ser tentado, não haverá participação punível (CP, art. 31).

23.6.2 Formas de participação

O art. 29, *caput*, do CP não delimitou a forma de atuação dos agentes, estabelecendo, apenas, que quem, de qualquer modo, concorre para o crime responderá nas penas a este cominadas.

A expressão concorrer "de qualquer modo" se reveste de forma extremamente genérica para alcançar a conduta daquele que contribuiu, ainda que minimamente, para a produção do resultado.

Todavia, em termos de participação, a doutrina aponta a existência de duas espécies: a) participação moral; b) participação material.

23.6.2.1 Participação moral

a) Induzir

A participação moral é aquela vinculada ao apoio psicológico dado pelo partícipe, *induzindo* ou *instigando* o autor a praticar o delito.

No *induzimento*, o agente introduz na mente do autor a ideia criminosa. O autor não tinha a representação mental da prática delituosa, sendo induzido pelo partícipe a cogitar a execução do delito. Em síntese, na indução, o partícipe faz surgir na mente do agente a intenção delituosa.

Exemplo: Suponha-se que tenha ocorrido um desentendimento entre Marcelo e João, sem maiores consequências. Marcelo conta o ocorrido a Fernando, que passa a induzi-lo a matar João, introduzindo na sua mente a ideia homicida. Se efetivamente matar João, Marcelo atuará na condição de autor do homicídio, ao passo que Fernando responderá pelo mesmo delito na condição de partícipe.

É irrelevante que o executor pratique o fato delituoso imediatamente à determinação ou que o cometa depois de longo tempo. Pode apresentar-se sob as formas de mandato, paga, promessa, ordem ou artifício.

b) Instigar

Instigar é reforçar uma ideia criminosa já existente. O agente já cogitava a possibilidade de praticar o crime, sendo apenas encorajado, instigado pelo partícipe.

O partícipe reforça, estimula, a preexistente resolução delituosa. Pode ocorrer de duas maneiras: a) mediante reforço da resolução de o executor cometer o delito; b) mediante promessa de ajuda material ou moral após o cometimento por parte do executor. Do contrário, há determinação e não instigação, embora as duas formas possam coexistir (o partícipe induz e depois instiga o autor principal a praticar o delito).

> Exemplo: Suponha-se que tenha ocorrido um desentendimento entre Marcelo e João. Marcelo conta o ocorrido a Fernando, manifestando, ainda, a vontade de matar João. Fernando, então, passa a instigá-lo, reforçando a ideia criminosa, encorajando Marcelo a levar adiante a conduta delituosa e consumar o seu desejo de matar João. Se efetivamente matar João, Marcelo atuará na condição de autor do homicídio, ao passo que Fernando responderá pelo mesmo delito na condição de partícipe.

Se a pessoa determinada ou instigada a cometer o crime não está sujeita à autoridade do partícipe, ou é punível (inexistente a impunidade em virtude de condição ou qualidade pessoal), a sua responsabilidade é igual à do instigador ou determinador.

23.6.2.2 *Participação material*

A participação material se exterioriza na forma de *auxílio*. O partícipe será aquele que presta ajuda efetiva na preparação ou execução do delito.

O auxílio é a forma de participação material que corresponde à antiga *cumplicidade*. Pode ser prestado na preparação ou execução do delito.

Auxilia na preparação quem fornece a arma ou informações úteis à realização do crime. Auxilia na execução quem permanece de atalaia, no sentido de avisar o autor da aproximação de terceiro; quem leva o ladrão em seu veículo ao local do furto; quem empresta a arma ao homicida.

23.6.3 Natureza jurídica da participação

A participação tem natureza jurídica de *acessoriedade*, ou seja, trata-se de conduta acessória a um fato principal. O fundamento reside no fato de que a conduta do partícipe, a princípio, não integra qualquer elemento de realização da figura típica, dependendo, por isso, da realização de uma conduta principal do autor ou executor.

Imaginemos que "A" instiga "B" a matar "C". A princípio, a conduta de "A" não seria punível, pois não se adéqua a nenhum elemento constitutivo do tipo penal que define o crime de homicídio (CP, art. 121). Logo, a responsabilização criminal da conduta de "A" depende da realização da conduta principal por parte de "B", sendo, pois, acessória da conduta do autor/executor do delito.

Em outras palavras, não há participação punível sem um comportamento principal, consistente em atos de execução de um crime consumado ou tentado (CP, art. 31). Dessarte, a participação somente adquire relevância jurídica quando estiver vinculada a um fato principal.

Sedimentada a condição de acessoriedade da participação, discute-se na doutrina o grau ou extensão dessa posição acessória, destacando-se, nesse particular, quatro teorias: a) teoria da acessoriedade mínima; b) teoria da acessoriedade limitada; c) teoria da acessoriedade máxima; d) teoria da hiperacessoriedade.

23.6.3.1 Teoria da acessoriedade mínima

Para a teoria da acessoriedade mínima, basta que o partícipe tenha concorrido para o autor praticar um *fato típico*, não sendo imprescindível que também seja ilícito.

Essa teoria revela situação inusitada: se é suficiente que a ação principal seja típica, não importando se é ilícita, forçoso concluir que uma ação justificada para o autor constitui crime em relação ao partícipe.

Em outros termos, aquele que induzir o autor a agir em legítima defesa responderá pelo crime, enquanto o executor, autor direto, será absolvido pela excludente de antijuridicidade, já que basta o autor praticar um fato típico, ainda que lícito, para viabilizar a punição do partícipe.

Da mesma forma, se uma pessoa induzir outra que vive em estado de miserabilidade a subtrair alimentos para sua subsistência, responderá pelo crime de furto, pois a conduta do autor é típica, embora não seja ilícita por conta da incidência do furto famélico, que caracteriza estado de necessidade, causa excludente de ilicitude. O autor do furto miserável terá excluído o crime em relação a ela, ao passo que em relação ao partícipe, segundo a teoria da acessoriedade mínima, o fato é típico e ilícito, razão pela qual poderá ser responsabilizado criminalmente.

23.6.3.2 Teoria da acessoriedade limitada

Para a teoria da acessoriedade limitada, será possível a punição do partícipe se o autor praticar um fato típico e ilícito. Não é necessário que o autor seja culpável.

Enquanto para a teoria da acessoriedade mínima basta a prática de um fato típico pelo autor, para a *teoria da acessoriedade limitada* o autor deverá praticar um *fato típico e ilícito.*

Nesse contexto, se "A" instigar "B" a matar "C", basta "B" dar início à execução do delito, praticando fato típico e ilícito para que o partícipe também seja responsabilizado criminalmente.

Assim, se "A" instigar "B" a reagir a um ataque injusto de "C", nem "A" nem "B" serão responsabilizados criminalmente, pois, embora seja típico, o fato não é ilícito, já que o autor teria agido em legítima defesa, causa excludente de ilicitude. Nesse caso, "B" praticou um fato típico, mas não ilícito, razão pela qual não haverá a responsabilização criminal nem do autor nem do partícipe.

23.6.3.3 Teoria da acessoriedade extremada

Para a teoria da acessoriedade extremada, o partícipe somente será responsabilizado se o autor praticar um *fato típico, ilícito e culpável*. Não basta, pois, que o fato praticado pelo autor seja típico e ilícito, exigindo-se também que esteja presente a sua culpabilidade.

Assim, para que esteja presente a figura do partícipe, afigura-se necessário que o autor tenha praticado um fato típico, ilícito e culpável. Se o autor praticar um fato típico, ilícito, mas for inimputável, por exemplo, não estará presente a culpabilidade, desaparecendo a figura do partícipe, para dar espaço à figura do autor mediato.

Dito de outro modo, se instigar um inimputável a praticar um fato típico e ilícito, o agente não atuará na empreitada delituosa como partícipe, mas na condição de autor mediato.

23.6.3.4 Teoria da hiperacessoriedade

Para essa teoria, não basta para a responsabilização criminal do partícipe que tenha sido praticado fato típico, ilícito e culpável. Exige-se, ainda, que o *autor seja efetivamente punido no caso concreto.*

Em outras palavras, a punibilidade do autor constitui pressuposto indispensável para a responsabilização criminal do partícipe. Se, porventura, incidir qualquer causa de extinção da punibilidade do autor, como, por exemplo, morte do agente (CP, art. 107, I), o partícipe não poderá ser responsabilizado criminalmente.

23.6.3.5 Teoria adotada

A teoria da acessoriedade mínima não pode ser aceita, uma vez que revela flagrante injustiça e desproporcionalidade do tratamento penal destinado a cada um dos agentes. Com efeito, enquanto o autor do fato terá a seu favor causa excludente de ilicitude, o partícipe responderá pelo delito, já que basta seja praticado fato típico, o que, à evidência, não se mostra razoável.

A teoria da hiperacessoriedade também não é admitida no nosso ordenamento jurídico, uma vez que pode redundar em evidente impunidade em relação ao partícipe. Imaginemos que incida uma causa de extinção da punibilidade em relação ao autor, como, por exemplo, prescrição com prazos contados pela metade diante da sua menoridade (CP, art. 115). Nesse caso, diante da extinção da punibilidade do autor, o partícipe também não será punido, redundando em descrédito no sistema punitivo.

A doutrina diverge entre a teoria da acessoriedade limitada e teoria da acessoriedade extremada.

E, nesse aspecto, prevalece o entendimento doutrinário no sentido de que o Código Penal adotou a *teoria da acessoriedade limitada*, segundo a qual para a punibilidade da participação basta que o fato principal seja típico e antijurídico.[19]

De fato, para a punibilidade da participação basta que o fato principal seja típico e antijurídico, não se exigindo que seja culpável. Assim, a participação não requer que o autor principal tenha atuado "culpavelmente".

Dessarte, a regra é a aplicação da teoria da acessoriedade limitada, reservando-se a teoria da acessoriedade extremada para as hipóteses de autoria mediata. Nesse caso, o autor mediato não é partícipe, mas autor, pois pratica a conduta principal, realizando o verbo nuclear do tipo, só que não diretamente, mas pelas mãos de outra pessoa, seu instrumento.

Assim, aquele que induz ou instiga uma pessoa portadora de doença mental ou menor inimputável a executar uma ação típica não figura no delito na condição de partícipe, mas de autor mediato do delito.

23.6.4 Participação impunível

Para a participação ser punível, afigura-se imprescindível que o ato executório do crime tenha sido iniciado. Com efeito, o ajuste, a determinação, a indução, instigação e o auxílio

19. Esse é o entendimento que tem sido considerado nos concursos públicos: Promotor de Justiça MPE/GO (2019); Promotor de Justiça MPE-MT (2012); Juiz Substituto TJSE, banca FCC (2015); Escrivão de Polícia Civil PC/PA (2016); Titular de Serviço de Notas e de Registros TJAC (2012); TJMT (2014).

somente serão punidos se o autor der início à execução do delito. Se o crime nem sequer chegar a ser tentado, a conduta do partícipe não será punível (CP, art. 31).

Imaginemos que Fabrício contrata Félix para matar Mafalda. Félix sai em busca de Mafalda e, ao avistá-la, apiedado, nem sequer dá início aos atos executórios. Nesse caso, tanto Fabrício quanto Félix não sofrerão qualquer tipo de punição, uma vez que o delito nem sequer chegou a ser tentado.

Trata-se de decorrência lógica do caráter de acessoriedade da participação, uma vez que, para existir participação punível, afigura-se imprescindível que o autor ao menos tenha dado início à prática de um fato típico e ilícito.

Essa regra, no entanto, comporta exceção, insculpida na expressão "salvo disposição em contrário", que consta no art. 31 do CP.

Com efeito, há situações expressamente previstas em lei em que o ajuste, a determinação, instigação ou auxílio são tipificados como crimes autônomos, como, por exemplo, nos crimes de incitação ao crime (CP, art. 286) e de associação criminosa (CP, art. 288). Nesses casos, basta, respectivamente, a incitação ao crime e a associação de três ou mais pessoas com a finalidade de praticarem crimes para a tipificação da conduta, independentemente se os crimes objeto da incitação ou da associação vierem a ser praticados.

23.6.5 Participação posterior ao crime

A participação em concurso de pessoas exige que a conduta acessória tenha sido praticada *antes ou durante* a execução do delito. Isso porque, diante do caráter de acessoriedade, a participação do agente deve contribuir para o crime praticado pelo executor até a fase da consumação.

Se a contribuição do partícipe for posterior à consumação do crime, pode configurar, conforme o caso, o crime de favorecimento pessoal (CP, art. 348) ou real (CP, art. 349), dentre outros.

E aqui cabe uma ressalva. Pode ser que a conduta do partícipe se limite a encorajar ou influenciar o executor a praticar o delito, vindo a ter proveito somente após a consumação do delito. Nesse caso, o partícipe responderá pelo crime praticado pelo autor, uma vez que sua contribuição, no sentido de influenciar, instigar, encorajar, ocorreu antes da consumação do delito.

Contextualizando a situação: Imaginemos que uma pessoa estimule o agente a praticar o crime de furto de um veículo, sob a promessa de que ficaria com o automóvel, mediante pagamento em dinheiro. Nesse caso, aquele que estimulou responderá, juntamente com o autor, pelo crime de furto qualificado, uma vez que sua contribuição foi anterior à consumação do delito.

Se, eventualmente, sua conduta se restringir a atos praticados posteriormente à consumação do delito, o agente não responderá pelo crime praticado pelo autor, podendo, conforme o caso, responder por delito autônomo. É o caso do sujeito que, sem qualquer contribuição anterior, adquire o veículo subtraído sabendo ser produto de furto. Evidentemente não responderá pelo crime de furto, mas de receptação, previsto no art. 180 do CP, já que sua atuação ocorreu após a consumação do delito de furto.

Da mesma forma, se, por exemplo, Wilson tiver subtraído um automóvel. Sabendo que os policiais estavam em seu encalço, foi até a casa de Pedro e lhe pediu para guardar o veículo subtraído, de forma a garantir o proveito de sua empreitada criminosa. Pedro, nesse caso, não contribuiu para a prática do furto, já que sua conduta se limitou a prestar auxílio para tornar seguro o produto do crime anterior, sem obter qualquer vantagem econômica para isso. Logo, à evidência, Pedro não responderá pelo furto do veículo, mas pelo crime de favorecimento real (CP, art. 349), já que sua atuação foi posterior à consumação do crime anterior.

23.6.6 Participação negativa ou conivência

Na conivência ou participação negativa, o agente não tem qualquer vínculo com a atividade criminosa, ou seja, não induziu, instigou ou auxiliou o autor, bem como não está inserido em qualquer hipótese que revele o dever de agir. Dito de outro modo, trata-se da situação em que o agente não contribuiu de qualquer modo para o delito e nem tinha o dever de agir para evitar o resultado.

A conivência consiste em omitir voluntariamente o fato impeditivo da prática do crime, ou a informação à autoridade pública, ou retirar-se do local onde o delito está sendo cometido, quando ausente o dever jurídico de agir.

A mera conivência não é punida, pois não se insere no nexo causal, nem mesmo como forma de participação. Com efeito, o simples conhecimento da atividade criminosa ou não revelação às autoridades competentes de eventual crime prestes a acontecer, não configura participação punível, já que se trata de conduta absolutamente irrelevante para o resultado.

Na lição de Aníbal Bruno, "a simples presença no ato de consumação ou a não denúncia à autoridade competente de um fato delituoso de que se tem conhecimento não pode constituir participação punível. É a chamada conivência".[20]

Assim, não será responsabilizado criminalmente o sujeito que toma conhecimento de que um furto será praticado pelo agente e não comunica às autoridades policiais. Não será partícipe do crime de furto, pois, além de ausente o dever jurídico de agir para evitar o crime, a conivência, por si só, não se apresenta como conduta minimamente relevante para a produção do resultado.

Dessarte, a conivência não enseja participação punível, não respondendo o conivente pelo crime praticado pelo autor, salvo se constituir delito autônomo, como, por exemplo, omissão de socorro (CP, art. 135). É o caso do agente que, podendo agir para prestar assistência, nada faz ao se deparar com uma pessoa agredindo violentamente outra. O conivente não responderá pelo crime de lesão corporal grave praticado pelo agressor, mas poderá responder pelo crime de omissão de socorro (CP, art. 135), se ficar demonstrado que podia agir sem risco pessoal, mas resolveu se omitir.

23.6.7 Participação por omissão

A participação por omissão não se confunde com a conivência ou participação negativa.

Na participação por omissão, o agente tem o dever de agir para evitar o resultado, porque inserido em uma das hipóteses do art. 13, § 2º, do CP. Todavia, embora ciente do dever legal e tendo a possibilidade de agir, o agente resolve se omitir, contribuindo, assim, para a produção do resultado delituoso.

> Exemplo: Um policial, em patrulhamento de rotina, percebe uma pessoa próxima a um veículo prestes a subtraí-lo. Ao se aproximar, constata que o veículo pertence a

20. BRUNO, Aníbal. *Direito penal:* parte geral. 5. ed. Rio de Janeiro: Forense, 2005. t. II, p. 183.

> um desafeto, e resolve não intervir, mesmo lhe sendo possível evitar o furto. Nesse caso, o policial, que tinha o dever legal de agir para evitar o resultado, será partícipe por omissão do furto do veículo do seu desafeto.

Na conivência, como dito, o conivente não tem o dever legal de agir, limitando-se a não comunicar às autoridades competentes a existência de um crime prestes a ser realizado. É o caso do vizinho do agente que tomou conhecimento que ele iria subtrair um veículo naquela noite. O vizinho não será responsabilizado pelo crime de furto, pois sua conivência não integrou a relação de causalidade estabelecida até a produção do resultado.

A diferença entre conivência ou participação negativa e participação por omissão evidencia-se no seguinte exemplo:

> Após um Grenal vencido pelo Grêmio, um pipoqueiro e um policial militar presenciam torcedores do Internacional agredir um torcedor gremista. Mesmo podendo agir, em vez de prestarem socorro, ambos resolvem ficar olhando, já que, na condição de colorados, também estavam indignados com a derrota do time do coração. O pobre torcedor gremista acaba gravemente lesionado.
>
> O vendedor de pipocas não tem o dever legal de agir para evitar o resultado, não podendo, por isso, ser responsabilizado pelo crime de lesão corporal grave. Todavia, a sua conivência se adéqua a um crime autônomo, qual seja, omissão de socorro majorado (CP, art. 135, parágrafo único). Não participou da lesão corporal grave, mas sua omissão se enquadra num delito omissivo próprio, consistente na omissão de socorro. Isto é conivência ou participação negativa.
>
> O policial, no entanto, por ter o dever legal de agir para evitar o resultado (CP, art. 13, § 2º, *a*), será considerado partícipe do delito de lesão corporal grave, já que realiza uma conduta omissiva imprópria, respondendo pelo resultado. Não se trata de mera conivência, pois o policial contribuiu para o resultado, na medida em que, podendo e devendo fazê-lo, não interferiu nos acontecimentos. Responderá pelo crime de lesão corporal grave em razão da sua participação por omissão.

23.6.8 Participação sucessiva

Ocorre a participação sucessiva quando o mesmo agente é induzido, instigado ou auxiliado por duas ou mais pessoas, sem que essas soubessem do comportamento um do outro. Ou seja, duas ou mais pessoas, desconhecendo a conduta alheia, contribuem para que o agente autor realize a atividade criminosa.

É o caso, por exemplo, do agente que foi induzido por alguém a praticar um furto. Ainda reticente quanto à ideia criminosa, aconselha-se com outra pessoa, que, sem saber da conduta daquele que induziu, encoraja e instiga o agente a praticar o furto. Se o autor executar o crime de furto, aquele que induziu e o outro que instigou responderão também pelo crime de furto, na condição de partícipes, pois há, no caso, uma sucessão de participação. Primeiro, um dos agentes induz, após, sem saber da contribuição anterior, outro agente instiga.

Evidentemente que, para ser punível, a participação deve ser minimamente relevante para a produção do resultado, capaz de efetivamente ter influenciado no ânimo do agente para executar o delito. Se, ainda que tenha se aconselhado com a outra pessoa, o agente se apresentava firme na ideia criminosa, a participação posterior será irrelevante, já que não interferiu no ânimo do executor, não sendo, pois, punível.

23.6.9 Participação em cadeia

Participação em cadeia, também chamada de participação da participação, ocorre quando o agente induz ou instiga uma pessoa a induzir ou instigar outra pessoa a executar determinado crime. É o caso de "A" induzir "B" a convencer "C" auxiliar "D" a executar o crime de homicídio. "A", "B" e "C" respondem pelo crime de homicídio na condição de partícipes, ao passo que "D" responderá pelo homicídio, na condição de autor.

Por força do disposto no art. 31 do CP, aqueles que atuaram na participação em cadeia serão responsabilizados se o autor ao menos tentar praticar o delito. Se o crime nem sequer chegar a ser tentado, não haverá participação punível.

23.6.10 Participação em ação alheia

Para incidir hipótese de concurso de pessoas, deve estar presente o liame ou vínculo subjetivo entre os agentes, ou seja, afigura-se necessário que as condutas desenvolvidas sejam voltadas à produção do mesmo resultado, ainda que não exista ajuste prévio entre eles. Em razão disso, na participação alheia não há concurso de pessoas, pela ausência do liame subjetivo.

Trata-se da hipótese em que o agente, sem qualquer vínculo subjetivo, contribui para o crime praticado por outra pessoa, prevendo a lei crime específico para quem desenvolveu a conduta de forma dolosa e crime distinto para quem contribuiu para o crime alheio de forma culposa. Há uma conexão entre os delitos, mas com tratamento penal distinto em relação aos agentes, justamente pela falta do liame subjetivo.

É o caso, por exemplo, do crime de peculato culposo, previsto no art. 312, § 2º, do CP, em que o funcionário público concorre culposamente, sem, portanto, qualquer vínculo subjetivo, para o crime alheio. O funcionário público responderá pelo crime de peculato culposo (CP, art. 312, § 2º), ao passo que o outro indivíduo responderá pelo crime que praticou dolosamente.

Imaginemos que um funcionário público, de forma negligente, deixa a porta da repartição pública aberta. Aproveitando-se dessa situação, um particular ingressa no local e subtrai computadores. Não há qualquer liame subjetivo entre o funcionário público e o autor do furto, razão pela qual não se fala em concurso de pessoas. Nesse caso, por ter participado culposamente para crime alheio, o funcionário público responderá pelo delito de peculato culposo (CP, art. 312, § 2º) e o sujeito que praticou a subtração pelo crime de furto (CP, art. 155). Se, porventura, estivesse presente o liame subjetivo entre os agentes, haveria concurso de pessoas, sendo que ambos deveriam responder pelo crime de peculato-furto, previsto no art. 312, § 1º, do CP, em face da comunicabilidade da condição pessoal de funcionário público (CP, art. 30).

23.7 PUNIBILIDADE DO CONCURSO DE PESSOAS

23.7.1 Introdução

Nos termos do art. 29, *caput*, do CP, quem, de qualquer modo, concorre para o crime incide nas penas a este cominadas, na medida de sua culpabilidade. Trata-se da aplicação da teoria monista ou unitária, segundo a qual os agentes, via de regra, respondem pelo mesmo delito, incorrendo, de forma abstrata, nas mesmas penas a esse cominadas.

Assim, se dois agentes, em comunhão de esforços e conjugação de vontades, subtraírem coisa alheia móvel, incorrerão, abstratamente, nas penas previstas para o crime de furto qualificado, qual seja, de 2 a 8 anos, de reclusão (CP, art. 155, § 4º, IV).

Todavia, isso não significa que, após o devido processo legal, sobrevindo condenação, a pena aplicada deva ser rigorosamente igual. É o que se extrai da expressão "na medida da sua culpabilidade", inserida na parte final do art. 29, *caput*, do CP.

Com efeito, não obstante a unidade de crimes, a pena em concreto deve ser individualizada em relação a cada um dos agentes, aplicando-se o critério trifásico previsto no art. 68 do CP. Isso significa que o juiz, ao final, quando verificar ser hipótese de condenação deverá realizar a dosimetria da pena em relação a cada dos indivíduos que concorreram para a prática do delito, podendo as penas ser distintas, na medida da culpabilidade de cada um deles.

Assim, pode ocorrer de um dos agentes ser beneficiado com a atenuante da menoridade (CP, art. 65, I), não incidindo essa circunstância em relação ao outro. Um dos agentes pode ser reincidente (CP, art. 61, I), enquanto o outro não. Nota-se, pois, que as penas aplicadas a ambos serão distintas.

De outro turno, não é a circunstância de o agente ter atuado na condição de autor ou partícipe do delito que irá determinar o grau de reprovabilidade da conduta. Nem sempre o autor/executor do delito receberá punição mais severa do que a aplicada ao partícipe. Isso porque, em determinadas situações, a conduta do partícipe pode se revelar mais reprovável do que a do próprio autor, quando, por exemplo, na hipótese de autor intelectual (partícipe), cuja conduta é determinante para o deslinde da atividade delituosa.

Essa constatação fica ainda mais evidente se considerarmos a circunstância agravante prevista no art. 62, I, do CP, que prevê aplicação de pena mais grave ao agente que "promove, ou organiza a cooperação no crime ou dirige a atividade dos demais agentes". Nesse contexto, além de praticar o mesmo delito dos demais agentes, o autor intelectual (partícipe), por ocasião da dosimetria da pena, terá a pena agravada.

23.7.2 Participação de menor importância

A participação de menor importância incide somente em relação ao partícipe, não alcançando o autor ou coautor. Isso porque o autor, ainda que sua contribuição não seja de maior relevância, não pode ser considerado de menor importância, já que praticou a conduta descrita no verbo nuclear do tipo.

Conforme se extrai do art. 29, § 1º, do CP, trata-se de causa de redução da pena de 1/6 a 1/3, devendo ser reconhecida, se demonstrada a participação de menor importância, na terceira fase de fixação da pena.

Embora conste no art. 29, § 1º, do CP a expressão "pode", denotando, num primeiro momento, ser ato facultativo, a doutrina majoritária considera ser um direito subjetivo do réu. Se efetivamente demonstrada a participação de menor importância, reconhecendo o Magistrado essa circunstância, deverá diminuir a pena, limitando-se a sua discricionariedade com relação ao *quantum* da redução.

O *quantum* da redução de 1/6 a 1/3 deve variar de acordo com a maior ou menor contribuição do partícipe na prática delituosa: quanto mais a conduta se aproximar do núcleo do tipo, menor deverá ser a redução, ficando, portanto, maior a pena; quanto mais distante do núcleo, maior deverá ser a redução da pena.

A verificação do grau de importância da participação do agente depende de dilação probatória. Essa participação deve ser minimamente relevante, pois, se sua *participação foi inócua*, sem qualquer contribuição para o resultado, não estará presente um dos requisitos do concurso de pessoas. De outro lado, a participação não pode ser decisiva para a eclosão do resultado, pois, à evidência, não se enquadrará na concepção da participação de menor importância, inviabilizando, assim, a incidência da causa de redução da pena.

A participação de menor importância caracteriza-se, pois, pela mínima contribuição para a produção do resultado. A conduta do agente efetivamente influencia na causa do resultado, mas com reduzida relevância.

Imaginemos que Wilson resolva furtar produtos de um estabelecimento comercial, convidando Lucas para a empreitada delituosa. Convencionaram que Lucas ficaria apenas vigiando de longe as imediações, a fim de monitorar a presença de pessoas no local, enquanto Wilson ingressou no local, após quebrar uma janela, subtraiu diversos objetos e empreendeu fuga, entregando ao partícipe pequena parte dos objetos subtraídos. Lucas contribuiu para o crime de furto, mas sua participação foi de menor importância, já que se limitou a ficar vigiando de longe a movimentação no local. Logo, Lucas responderá pelo crime de furto qualificado, mas, ao final da fixação da pena, terá a seu favor a causa de redução de pena prevista no art. 29, § 1º, do CP.

Analisando caso concreto relacionado ao crime de roubo majorado tentado, o STJ admitiu a participação de menor importância na conduta da ré que, apesar de ter concorrido para a empreitada criminosa, não praticou efetivamente nenhum ato de violência ou grave ameaça contra as vítimas, limitando-se a hospedar os demais autores em sua residência, além de fornecer alimentação e avisá-los acerca da movimentação policial durante a execução do crime.[21]

Evidentemente, considerando o elevado grau de reprovabilidade e relevante atuação na empreitada criminosa, o *autor intelectual*, embora partícipe, não pode ser beneficiário da causa de diminuição da pena, uma vez que, à evidência, sua contribuição para a empreitada delituosa, na condição de mentor do crime, não se enquadra na concepção de participação de menor importância.

23.7.3 Cooperação dolosamente distinta

Para existir concurso de pessoas, os agentes devem atuar voltados à produção do mesmo resultado, caracterizando, assim, o vínculo ou liame subjetivo. Todavia, pode ocorrer de um dos agentes pretender praticar crime menos grave do que o efetivamente realizado.

Surge, nesse caso, os desvios subjetivos entre os agentes ensejando o rompimento da teoria monista ou unitária, passando a incidir a teoria pluralista, segundo a qual o agente que pretendeu praticar o crime menos grave será incurso nas penas a este cominadas, ao passo que o agente que praticou o crime mais grave incidirá nas penas deste delito. Isso porque ocorre uma divergência entre o elemento subjetivo de um dos agentes e a conduta realizada pelo outro.

É o que se extrai do art. 29, § 2º, do CP, segundo o qual: "Se algum dos concorrentes quis participar de crime menos grave, ser-lhe-á aplicada a pena deste; essa pena será aumentada até metade, na hipótese de ter sido previsível o resultado mais grave".

21. STJ, HC nº 561417/MG, rel. Min. Sebastião Reis Júnior, 6. T., j. 1º-9-2020.

Diversamente da participação de menor importância, a cooperação dolosamente distinta pode incidir em relação a autor, coautor ou partícipe, já que o dispositivo faz expressa referência a qualquer dos concorrentes, não se limitando, pois, à figura do partícipe.

O art. 29, § 2º, do CP prevê duas situações: a) tipificação diversa do agente que pretendeu praticar crime menos grave; b) causa de aumento de pena, na hipótese de ter sido previsível o resultado mais grave.

A *primeira hipótese* guarda relação com o agente que desejava praticar um delito, sem a condição de prever que seria praticado crime mais grave. Nesse caso, o agente deve responder pelo crime que pretendia praticar, não sendo possível imputar a ele resultado não desejado para o qual não contribuiu, sob pena de se estar tratando de responsabilidade objetiva.

Há, na verdade, ruptura do vínculo subjetivo entre os agentes, já que, em relação ao crime mais grave, não estavam ligados subjetivamente, pois um dos agentes atuou unicamente para a prática do crime menos grave, enquanto o outro agente acabou praticando crime mais grave.

> Imaginemos um singelo exemplo: "A" induz "B" a lesionar gravemente "C", desafeto de ambos, deixando claro que pretendia tão somente praticar lesão corporal. Todavia, "B" delibera por matar "C". Nesse caso, "A" responde por crime de lesão corporal grave, enquanto "B" incorrerá nas sanções do crime de homicídio.
>
> Outro exemplo: Wilson e Lauro combinam de praticar um crime de furto em determinado estabelecimento comercial. Wilson, então, sugere que o ato seja praticado em um domingo, quando o local estaria totalmente vazio e nenhuma pessoa seria diretamente prejudicada. No momento da empreitada delitiva, Wilson auxilia Lauro a entrar por uma janela lateral, rompendo depois a porta dos fundos do estabelecimento. Já no interior do local, Wilson pega um *laptop* e sai, de imediato, pela porta dos fundos, mas Lauro, que estava armado sem que Wilson soubesse, avista uma pessoa no interior da farmácia e, de imediato, desfere disparos de arma de fogo, atingindo-a letalmente. Nesse caso, embora num primeiro momento os agentes estivessem vinculados pelo mesmo liame subjetivo, qual seja, praticar o furto no estabelecimento comercial, no decorrer da atividade criminosa esse liame se rompeu, pois Wilson pretendia tão somente o crime de furto qualificado (CP, art. 155, § 4º, I e IV), ao passo que Lauro acabou praticando o crime de latrocínio (CP, art. 157, § 3º, II).

Dessarte, na chamada cooperação dolosamente distinta, um dos concorrentes apenas atua querendo praticar um fato menos grave do que aquele que efetivamente acaba sendo levado a efeito pelos demais concorrentes, razão pela qual apenas responderá pelo fato menos grave, sob pena de se estar tratando de responsabilidade objetiva.

Em situação concreta, o STJ entendeu por afastar a imputação pelo delito de roubo quando demonstrado que a intenção do agente era a de "praticar o crime de furto, sendo que o emprego de grave ameaça por um dos corréus ocorreu fora do âmbito de sua atuação na prática criminosa, uma vez que estava em local diverso quando houve a aludida ameaça, não lhe pode ser estendida esta elementar, mas deve responder na medida da sua culpabilidade, segundo a cooperação dolosamente distinta prevista no art. 29, § 2º, do CP.[22]

---

22. STJ, AgRg no REsp nº 1245570/SP, rel. Min. Sebastião Reis Júnior, 6ª T., j. 20-3-2014.

Todavia, segundo o STJ, no contexto do latrocínio, a ciência a respeito da utilização de arma de fogo no delito de roubo impõe, a princípio, a responsabilização de todos os agentes por eventual morte da vítima, haja vista ser tal resultado desdobramento ordinário da ação criminosa em que todos contribuem para realização do evento típico.[23]

A *segunda hipótese* extraída do art. 29, § 2º, do CP, diz respeito à incidência de uma causa de aumento de pena quando a prática do crime mais grave era previsível ao agente que pretendia o crime menos grave.

Com efeito, se o crime mais grave não era previsível, o agente responderia pelo crime menos grave, sem a causa de aumento de pena. No entanto, se lhe era previsível o resultado mais grave, o agente responde pelo crime menos grave que pretendia praticar, mas terá sua pena aumentada até a metade.

> Exemplo: Wilson e Pedro combinam o cometimento de furto residencial, ficando combinado que executariam o delito quando verificassem que nenhum morador estaria na residência. Certo dia, depois de constante monitoramento, os agentes perceberam que o veículo dos moradores havia deixado o local. Supondo que não havia ninguém na residência, arrombaram a porta, ingressaram no local, tendo Wilson se dirigido ao andar superior, enquanto Pedro vasculhava o andar inferior em busca de objetos de valor. Ao longo da atividade delituosa, Pedro percebe que alguém estava escondido atrás de uma porta, verificando, após, ser a filha dos moradores, que resolveu ficar em casa estudando. Enquanto Wilson ainda estava no andar superior, Pedro passa, mediante grave ameaça e violência, a praticar ato libidinoso contra a menina. Ao ver a cena, Wilson, de imediato, solicitou que Pedro parasse com os abusos de ordem sexual. Nesse caso, Pedro deverá responder pelo delito de furto qualificado e pelo crime de estupro (CP, art. 213), em concurso material de crimes (CP, art. 69), enquanto Wilson deverá responder apenas pelo crime de furto qualificado, já que sua cooperação foi dolosamente distinta da empregada, sem a causa de aumento de pena, já que não sabia que filha dos moradores estava na residência, não lhe sendo, portanto, previsível o crime mais grave.
>
> Se, todavia, Wilson, na condição de funcionário da residência, previamente ajustado com Pedro, deixa a porta da residência aberta ao final da jornada de trabalho, a fim de facilitar o ingresso do comparsa, sabendo que a filha dos moradores estava na residência, a situação muda de cenário, pois lhe era possível prever que um crime mais grave poderia ocorrer. Assim, se Pedro praticar a subtração e, após avistar a filha dos moradores, resolve estuprá-la, Wilson responderá apenas pelo crime de furto qualificado, já que o liame subjetivo se estendia tão somente à subtração, mas com a pena aumentada até metade, porque lhe era previsível o resultado mais grave. Pedro responderá pelo crime de furto qualificado em concurso material com o crime de estupro (CP, art. 213).

23.8 COMUNICABILIDADE E INCOMUNICABILIDADE DAS CIRCUNSTÂNCIAS

O art. 30 do CP prevê a possibilidade de comunicabilidade ou não das circunstâncias e condições de caráter pessoal, ou seja, relacionadas ao agente criminoso. Dito de outro

23. STJ, AgRg no AgREsp nº 1163320/MG, rel. Min. Jorge Mussi, 5ª T., j. 10-4-2018.

modo, trata-se da hipótese de uma circunstância ou condição relacionada a um dos agentes também ser aplicada ao outro que concorreu para a prática criminosa.

E, no caso, a regra é a de que as circunstâncias e as condições de caráter pessoal, exclusiva de um dos agentes, não se comunicam ou se aplicam ao outro agente, salvo quando elementares do crime.

Para melhor compreensão do teor desse art. 30 do CP, convém estabelecer a distinção entre circunstâncias e elementares.

23.8.1 Elementares x circunstâncias

23.8.1.1 Elementares

Elementares são os elementos constitutivos do tipo legal. São aqueles elementos que integram o tipo penal e, por conseguinte, a definição da infração penal. Os elementos são traduzidos em cada expressão que integra a definição do modelo legal de conduta proibida. São, em síntese, os elementos que constam no artigo que aloja a definição da infração penal. As elementares estão localizadas no *caput* dos tipos incriminadores, que, por essa razão, são chamados de tipos fundamentais.

Cada elementar se reveste de componente básico, essencial, fundamental, configurando assim todos os dados indispensáveis para a existência da figura típica. Isso porque, se ausente um dos elementos, o tipo penal não se integraliza, ensejando a atipicidade absoluta (o fato não constituirá crime algum) ou atipicidade relativa (o fato passa a se adequar a outro tipo penal).

As elementares, ou seja, os elementos constitutivos do tipo que define o crime de homicídio (CP, art. 121) estão representadas pelas expressões "matar" e "alguém". As elementares, do crime de furto (CP, art. 155) estão representadas pelas expressões "subtrair", "para si ou para outrem", "coisa", "alheia", "móvel". Se não estiver presente qualquer uma dessas elementares, não haverá crime de homicídio e furto, respectivamente.

23.8.1.2 Circunstâncias

As circunstâncias não integram o conceito da infração penal, ou seja, não influenciam na definição do modelo legal da conduta proibida. As circunstâncias não são indispensáveis para a existência da infração penal, ou seja, pode haver a incidência de um crime, sem a presença de qualquer circunstância.

Isso porque as circunstâncias são dados secundários, acessórios, que não integram a definição do crime, mas cuja presença pode repercutir no apenamento do acusado. As circunstâncias, pois, conquanto não integrem a definição do crime, influenciam na incidência de situações que podem aumentar ou diminuir a pena do acusado. Em síntese, não interferem na definição do crime, mas repercutem na dosimetria da pena.

> Exemplo: A circunstância de o furto ter sido praticado durante o repouso noturno não interfere na definição legal do crime, mas repercute na elevação da pena, já que se trata de uma causa de aumento de pena (CP, art. 155, § 1º). A circunstância de o roubo ter sido praticado mediante emprego de arma de fogo não interfere na definição legal do crime, mas repercute na elevação da pena, já que se trata de uma causa de aumento de pena (CP, art. 157, § 2º-A, I). A circunstância de o homicídio ter sido praticado sob o domínio de violenta emoção logo após injusta provocação da vítima não interfere na definição legal do crime, mas repercute na diminuição da

pena, já que se trata de uma causa de diminuição da pena (CP, art. 121, § 1º). A circunstância de o agente ter confessado a prática do crime de estupro não interfere na definição legal do crime, mas repercute na atenuação da pena, já que se trata de uma circunstância atenuante (CP, art. 65, III, *d*).

Como se vê, em todos esses casos, se inexistentes as circunstâncias apontadas, os crimes incidiriam de qualquer modo, já que não integram o tipo penal fundamental. O crime continuaria existindo, apenas não haveria a incidência de circunstâncias aptas a elevar ou diminuir a pena do acusado.

23.8.1.3 *Circunstâncias objetivas e subjetivas*

As circunstâncias podem ser de natureza objetiva ou subjetiva, também chamada de caráter pessoal.

As *circunstâncias de natureza objetiva* guardam estreita relação com o fato praticado, desvinculando-se da pessoa do acusado. São as que se relacionam com os meios e modos de realização do crime, tempo, ocasião, lugar, objeto material e qualidades da vítima.

> Exemplo: Tempo do crime (se praticado à noite, durante o dia, em datas festivas); lugar do crime (local público, ermo, de grande circulação de pessoas); modo de execução (emboscada, traição, dissimulação, surpresa); os meios empregados para a prática do crime (mediante arma, veneno, fogo, asfixia, tortura); objeto material (pequeno valor, bem público, bem de uso comum); a qualidade da vítima (mulher grávida, criança, velho ou enfermo).

As *circunstâncias de natureza subjetiva ou de caráter pessoal* dizem respeito ao agente e não ao fato. São as que só dizem respeito com a pessoa do participante, sem qualquer relação com o fato praticado, como, por exemplo, o motivo do crime; circunstância de o autor do delito ser funcionário público nos crimes funcionais.

23.8.2 Condições de caráter pessoal

Além das elementares e circunstâncias, existem as chamadas condições de caráter pessoal, consistentes nas relações do agente com o mundo exterior e com outras pessoas ou coisas, como as de estado civil, de parentesco, condição de menor de 21 anos de idade.

23.8.3 Aplicação do art. 30 do CP

Estabelecidas as definições de elementares, circunstâncias e condições, passa-se, agora com mais segurança, à análise da regra estabelecida no art. 30 do CP.

Nos termos do art. 30 do CP: “Não se comunicam as circunstâncias e as condições de caráter pessoal, salvo quando elementares do crime”. Surgem, nesse contexto, três situações:

a) As circunstâncias e condições de caráter pessoal não se comunicam

Essa é a regra. As circunstâncias e condições de caráter pessoal, ou seja, relativas exclusivamente à pessoa de um dos agentes, não se comunicam ou não repercutem em relação ao outro agente que concorreu para a prática do delito.

Assim, se um dos agentes contratar uma pessoa para matar seu próprio pai, essa agravante de praticar crime contra ascendente, por ser circunstância de caráter pessoal, relativa exclusivamente ao mandante, não se comunicará ou repercutirá em relação ao executor do delito.

Imaginemos que Wilson, ao chegar a sua casa, toma conhecimento que sua filha foi estuprada por Florisbal. Imbuído de relevante valor moral e dominado pela violenta emoção, contrata Nazário, pistoleiro profissional, para tirar a vida do estuprador. O serviço é regularmente executado. Nesse caso, o motivo que levou Wilson a desejar a morte do estuprador, por ser circunstância de caráter pessoal, não alcança o executor do delito. Da mesma forma, o motivo que levou Nazário a matar Florisbal, por ser circunstância de caráter pessoal, não se comunica a Wilson. Assim, Wilson responderá pelo crime de homicídio privilegiado (CP, art. 121, § 1º), ao passo que Nazário responderá pelo delito de homicídio qualificado pelo motivo torpe (CP, art. 121, § 2º, I).

Da mesma forma, se Wilson e Pedro, ambos com 19 anos de idade, planejaram, em comum acordo, furtar bens dos pais de Wilson, que contam cada um com 50 anos de idade, quando estes estivessem ausentes. Na data combinada, os agentes subtraíram joias e dinheiro, no valor total de R$ 10.000,00, da residência do casal. Nesse caso, a condição pessoal de Wilson ser descendente das vítimas não se comunica a Pedro, já que não é elementar do crime de furto. Logo, a escusa absolutória prevista no art. 181, II, do CP, consistente em praticar crime contra ascendente, não se comunica a Pedro. Assim, Wilson não será punido pelo crime praticado contra os ascendentes, por conta da incidência da escusa absolutória, ao passo que Pedro responderá pelo crime de furto qualificado.

b) As circunstâncias e condições de caráter pessoal se comunicam, desde que elementares do crime

As circunstâncias e condições de caráter pessoal relativos a um dos agentes somente se comunicam e se transmitem aos demais sujeitos quando elementares do crime praticado.

Como dito, as circunstâncias ou condições se apresentam como dados acessórios e secundários, que geram reflexos na dosimetria da pena. Todavia, em determinadas hipóteses, dados de caráter pessoal não figuram apenas como circunstâncias, mas como verdadeiros elementos do crime. Ou seja, há circunstâncias ou condições de caráter pessoal que são verdadeiros elementos constitutivos do tipo penal, figurando, pois, como elementares do crime.

E, nesse caso, por ser elementares do crime, as circunstâncias e as condições de caráter pessoal se comunicam entre todos os agentes que concorreram para a atividade criminosa. É o caso, por exemplo, da circunstância de ser funcionário público no crime de peculato (CP, art. 312); a circunstância de matar descendente, sob influência do estado puerperal, durante ou logo após o parto, caracteriza o crime de infanticídio (CP, art. 123).

A circunstância de o autor ser funcionário público se reveste, em determinadas situações, de causa de aumento de pena, como, por exemplo, no crime de tráfico de drogas (Lei nº 11.343/2006, art. 40, II). Mas também funciona como elementar dos crimes praticados por funcionários públicos, previstos, precipuamente, nos arts. 312 a 326 do CP. Logo, em relação ao crime de peculato (CP, art. 312) a circunstância de o autor do crime ser funcionário público não serve tão somente para elevar a pena, mas figura como elemento constitutivo do tipo, ou seja, como elementar do crime, comunicando-se, pois, aos demais agentes.

> Exemplo: Imaginemos que Wilson, funcionário público, e Bete, sua noiva, resolveram subtrair computadores da repartição pública em que desenvolvia suas funções. Assim, para conseguir seu intento, Wilson, em determinado feriado municipal, valendo-se da facilidade que seu cargo lhe proporcionava, identificou-se na recepção e disse ao segurança que precisava ir até sua sala para buscar alguns pertences que havia esquecido. O segurança, que já conhecia Wilson de vista, não

> desconfiou de nada e permitiu o acesso. Wilson subtraiu um computador, foi a uma janela e, dali, o entregou a Bete, que o colocou no carro e saiu. Nesse caso, a circunstância pessoal de Wilson ser funcionário público, por ser elementar do crime, comunica-se a Bete, razão pela qual ambos respondem pelo crime de peculato-furto, previsto no art. 312, § 1º, do CP.
>
> Outro exemplo: Wilson, amigo de Florinda, que havia dado à luz recentemente, sabendo desde o início que ela estava sob influência do estado puerperal, auxilia a amiga a matar o próprio filho logo após o parto. Nesse caso, a condição pessoal da parturiente, por ser elementar do crime, comunica-se a Wilson, razão pela qual ambos responderão pelo crime de infanticídio (CP, art. 123).[24]

A propósito, especificamente quanto à comunicabilidade em relação ao crime de infanticídio, por conta do grau de reprovabilidade da conduta, já que se trata da morte de um nascente ou recém-nascido, a doutrina buscou fundamento para que o agente que concorresse para o delito respondesse pelo crime de homicídio, em vez de infanticídio.

Nélson Hungria, num primeiro momento, considerava o infanticídio crime personalíssimo, razão pela qual a condição "sob influência do estado puerperal" é incomunicável. Todavia, aquela opinião foi modificada na 5ª edição dos *Comentários*, v. V, 1979, nos seguintes termos: "Assim, em face do nosso Código, mesmo os terceiros que concorrerem para o infanticídio respondem pelas penas a este cominadas, e não pelo homicídio".[25]

Embora, de fato, pareça ser injusta, é a solução que mais se adequa aos princípios constitucionais da legalidade e da anterioridade, já que a conduta do agente que, sabendo estar a parturiente sob influência do estado puerperal, concorre de qualquer modo para a execução no nascente ou do recém-nascido.

Por outro lado, a aplicação incondicional da regra da comunicabilidade das elementares e circunstâncias pode levar, em alguns casos, à autêntica responsabilidade penal objetiva.

Suponha-se que um estranho participe de um crime de peculato desconhecendo a qualidade pessoal de funcionário público do autor principal. Puni-lo por peculato consistiria na aplicação da responsabilidade objetiva, já que não sabia da circunstância pessoal elementar do tipo penal a ele imputado.

Logo, afigura-se imprescindível que o concorrente tenha ciência da condição ou qualidade pessoal do agente. Assim, por exemplo, o partícipe só responde por peculato quando conhece a qualidade pessoal do autor, as elementares só se comunicam quando ingressam na esfera do dolo do partícipe. É o que se extrai, inclusive, da própria parte final do art. 29, *caput*, do CP, quando prevê que o agente será responsabilizado na medida da sua culpabilidade.

c) As circunstâncias e condições de caráter objetivo se comunicam sempre, desde que ingressem na esfera de conhecimento do agente

A regra exposta no art. 30 do CP, tratando da comunicabilidade das elementares e circunstâncias, deve ser analisada conjuntamente com o disposto no art. 29, *caput*, do CP,

---

24. Posição adotada no concurso realizado em 2009 para Juiz de Direito TJMG; pela CESPE/CEBRASPE no concurso para Perito Criminal da PC/ES, realizado em 2011; pela CESPE/CEBRASPE no concurso para Defensor Público do Acre, realizado em 2012; Concurso para Delegado de Polícia PC/MG, realizado em 2008; pela FGV no VIII Exame da OAB.

25. HUNGRIA, Nélson; DOTTI, René Ariel. *Comentários ao Código Penal.* 7. ed. Rio de Janeiro: Forense, 2016. v. 1, t. II, p. 849.

segundo o qual a pena deve ser medida de acordo com a culpabilidade de cada um dos participantes, levando-se em conta a presença do dolo e da culpa, afastando-se, assim, a possibilidade de responsabilidade objetiva.

Nesse sentido, as elementares e circunstâncias de caráter objetivo só alcançam o agente se concorreu para o crime com dolo ou culpa. Se as elementares e as circunstâncias não ingressaram na esfera de conhecimento do agente, não incidirão em relação a ele.

> Exemplo: Pedro instiga João a matar Marcos, sem deliberar sobre o modo de execução do delito. João, mediante emboscada, aguarda Marcos se aproximar e efetua disparos de arma de fogo, causando-lhe a morte. Nesse caso, a qualificadora decorrente da emboscada, prevista no art. 121, § 2º, IV, do CP, incidirá somente em relação a João, já que não ingressou na esfera de conhecimento de Pedro.

23.9 CONCURSO DE PESSOAS EM CRIME CULPOSO

23.9.1 Introdução

Crime culposo se caracteriza pela conduta voluntária do agente que, em decorrência da violação do dever de cuidado objetivo, causa um resultado involuntário, cuja produção era previsível.

O tipo penal culposo não descreve de forma detalhada a conduta delituosa, até porque não se afigura possível prever todas as hipóteses decorrentes da violação do dever de cuidado objetivo. Trata-se, pois, de um tipo penal aberto, limitando-se, na maioria das vezes, a descrever situação genérica, como, por exemplo, "se o crime é culposo".

Tratando-se de tipo penal aberto, que não permite verificar a conduta principal e a acessória, instalou-se na doutrina a discussão acerca da possibilidade ou não de concurso de pessoas nos crimes culposos.

Nesse aspecto, a doutrina admite a hipótese de concurso de pessoas em crimes culposos, divergindo, no entanto, quanto à forma: alguns admitem apenas na forma de coautoria, outros consideram possível autoria e participação em crime culposo.

23.9.2 Coautoria em crimes culposos

A doutrina majoritária considera possível coautoria nos crimes culposos na hipótese de duas ou mais pessoas, no mesmo contexto fático e conjuntamente, deixarem cada qual de observar o dever de cuidado objetivo, agindo com imprudência, negligência ou imperícia.

No caso, o liame subjetivo se vincula à conduta, e não ao resultado, já que, à evidência, não é desejado. Os agentes desenvolvem conduta voluntária, provocando, por força da violação do dever de cuidado objetivo, resultado involuntário.

> Exemplo: Motorista imprudente é instigado, por seu acompanhante, a desenvolver velocidade incompatível com o local, vindo a atropelar e matar uma pessoa. Ambos serão autores de homicídio culposo, não havendo que se falar em participação, uma vez que, dada a natureza do tipo legal, fica impossível detectar-se qual foi a conduta principal. Há, pois, nesse caso coautoria em crime culposo.

O STJ considera ser "perfeitamente possível, segundo o entendimento doutrinário e jurisprudencial, a possibilidade de concurso de pessoas em crime culposo, que ocorre quando há um vínculo psicológico na cooperação consciente de alguém na conduta culposa de outrem. O que não se admite nos tipos culposos, ressalve-se, é a participação.[26]

23.9.3 Participação em crimes culposos[27]

A possibilidade de coautoria nos crimes culposos, como visto, é amplamente admitida na doutrina e jurisprudência. Contudo, em relação à participação há divergência doutrinária.

Conforme Fernando Capez, há possibilidade de coautoria e participação em crime culposo. Mesmo no tipo culposo, que é aberto, é possível definir qual a conduta principal. No caso do homicídio culposo, por exemplo, a descrição típica é "matar alguém culposamente"; logo, quem matou é o autor e quem o auxiliou, instigou ou induziu à conduta culposa é o partícipe. Na hipótese acima ventilada, quem estava conduzindo o veículo é o principal responsável pela morte, pois foi quem, na verdade, matou a vítima. O acompanhante não matou ninguém, até porque não estava dirigindo o automóvel. Por essa razão, é possível apontar uma conduta principal (autoria) e outra acessória (participação).[28]

Por outro lado, todo grau de causação a respeito do resultado típico produzido não dolosamente, mediante uma ação que não observa o cuidado requerido no âmbito de relação, fundamenta a autoria do respectivo delito culposo.

Por essa razão, não existe diferença entre autores e partícipes nos crimes culposos. Toda classe de causação do resultado típico culposo é autoria. Enquanto no tipo doloso a conduta é determinada, no culposo o comportamento não é determinado legalmente, o tipo é aberto e com necessidade de complemento.

23.10 CONCURSO DE PESSOAS EM CRIMES OMISSIVOS

23.10.1 Introdução

Os crimes omissivos se dividem em *crimes omissivos próprios* (ou puros) e *omissivos impróprios* (ou comissivos por omissão).

Os *crimes omissivos próprios ou puros* são aqueles em que o próprio tipo penal descreve a conduta omissiva. O agente tem apenas o dever de agir diante de uma situação que exige conduta ativa. Não há o dever jurídico de evitar o resultado, mas tão somente de agir. Por isso, o omitente não responde pelo resultado, mas pelo crime previsto no tipo penal que expressamente descreve a conduta omissiva.

Os crimes omissivos impróprios ou comissivos por omissão são aqueles em que o tipo penal descreve uma conduta ativa, uma ação. Não há um tipo penal específico descrevendo a conduta omissa. O agente tem o dever jurídico de agir e de impedir o resultado decorrente do dever imposto pela lei, da posição de garantidor ou da criação do risco ou ingerência, conforme se extrai do art. 13, § 2º, do CP.

Nesse contexto, surge a dúvida da possibilidade de coautoria ou participação em crimes omissivos próprios ou impróprio, bem como acerca da participação por omissão.

---

26. STJ, HC nº 40474/PR, rel. Min. Laurita Vaz, 5ª T., j. 6-12-2005.
27. As bancas dos concursos públicos, na sua esmagadora maioria, não admitem participação em crime culposo: Promotor de Justiça, MPE-MS (2011); CESPE/CEBRASPE, Técnico Judiciário TJDFT (2013); CESPE/CEBRASPE, Promotor de Justiça, MPE/TO (2012).
28. CAPEZ, Fernando. *Curso de direito penal.* 20. ed. São Paulo: Saraiva, 2016. p. 367.

23.10.2 Coautoria em crimes omissivos

Os crimes omissivos se subdividem em crimes omissivos próprios, em que a norma impõe o dever de agir; e crimes omissivos impróprios, em que há o dever de agir para evitar o resultado, conforme as hipóteses inseridas no art. 13, § 2º, do CP.

Surge, nesse cenário, a dúvida a respeito da possibilidade ou não de coautoria em crime omissivo.

Para uma primeira corrente, afigura-se possível a coautoria em crimes omissivos próprios e impróprios, sob o fundamento de que a coautoria se aperfeiçoa com o vínculo subjetivo entre dois ou mais agentes, que, mediante conduta omissiva relevante por parte de cada um deles, contribuíram para o resultado.

É o entendimento adotado por Guilherme de Souza Nucci[29] e Cezar Roberto Bitencourt, que aponta a seguinte situação:

> Se duas pessoas deixarem de prestar socorro a uma pessoa gravemente ferida, podendo fazê-lo, sem risco pessoal, praticarão, individualmente, o crime autônomo de omissão de socorro. Agora, se essas duas pessoas, de comum acordo, deixarem de prestar socorro, nas mesmas circunstâncias, serão coautoras do crime de omissão de socorro. O princípio é o mesmo dos crimes comissivos: houve consciência e vontade de realizar um empreendimento comum, ou melhor, no caso, de não realizá-lo conjuntamente.[30]

Nesse contexto, se, em comunhão de vontades, de forma consciente, deixarem de promover o alimento de um bebê de tenra idade, levando-o à morte, o pai e a mãe responderão pelo crime de homicídio, em coautoria, já que ambos tinham o dever legal de agir para evitar o resultado (CP, art. 13, § 2º, *a*).

No entanto, há corrente doutrinária considerando inadmissível a coautoria em crimes omissivos, seja próprio ou impróprio, sob o fundamento de que cada um dos agentes tem o dever individual, indivisível e indelegável de agir, razão pela qual cada um responde autonomamente por sua conduta omissiva. É o entendimento adotado por Nilo Batista.[31]

Consideramos correta a primeira posição. É perfeitamente possível que dois ou mais agentes, com igual dever de agir, resolvam, em comunhão de vontades e conscientes do vínculo subjetivo, adotar postura omissiva relevante para a produção do resultado. Convém notar que os agentes deixaram de praticar a conduta descrita no verbo nuclear do tipo, com domínio final da ação, razão pela qual figuram como coautores.

Logo, presentes os requisitos do concurso de pessoas, consistentes na pluralidade de agentes, relevância causal das condutas omissivas, vínculo subjetivo e identidade de crimes, perfeitamente possível coautoria em crimes omissivos, sejam próprios ou impróprios.[32]

---

29. NUCCI, Guilherme de Souza. *Leis penais e processuais penais comentadas*. 9. ed. Rio de Janeiro: Forense, 2016. p. 391.
30. BITENCOURT, Cezar Roberto. *Tratado de direito penal*: parte geral, 17. ed., cit., p. 572.
31. BATISTA, Nilo. *Concurso de agentes:* uma investigação sobre os problemas da autoria e da participação no direito penal brasileiro. 2. ed. Rio de Janeiro: Lumen Juris, 2004. p. 65.
32. É o entendimento adotado pelas bancas de concursos, como, por exemplo, para Promotor de Justiça do MPE/BA, realizado em 2018; pela FCC no concurso para Juiz Substituto do TJMS; pela FGV, no concurso da AL/MA.

23.10.3 Participação em crimes omissivos

A participação em crimes omissivos consiste na atuação do agente que induz, instiga ou auxilia alguém que detém o dever de agir a adotar postura omissiva.

A participação é admitida tanto em crimes omissivos próprios quanto nos crimes omissivos impróprios.[33]

A participação em crimes omissivos próprios ocorre, por exemplo, quando o agente induz médico a deixar de denunciar à autoridade pública doença cuja notificação é compulsória. Aquele que induziu responderá pelo crime do art. 269 do CP, na condição de partícipe, e o médico que se omitiu incorrerá no crime de omissão de notificação de doença na qualidade de autor.

Da mesma forma, afigura-se perfeitamente possível a participação em crimes omissivos impróprios, como, por exemplo, na hipótese de o agente induzir ou instigar a adotar postura omissiva sujeito inserido numa das hipóteses do art. 13, § 2º, do CP. Assim, será partícipe do crime de homicídio o agente que instiga uma mãe a deixar de amamentar o filho recém-nascido, com a intenção de que venha a falecer por inanição.

23.10.4 Participação por omissão em crime comissivo

A participação por omissão em crime comissivo não se confunde com a participação em crimes omissivos.

Como visto, na *participação em crimes omissivos*, o agente induz ou instiga o sujeito que detém o dever de agir a adotar postura omissiva, influenciando para que esse sujeito deixe de agir para evitar o resultado. O crime é omissivo e o agente que induziu ou instigou responderá pelo crime na condição de partícipe.

Na *participação por omissão em crime comissivo*, o agente omitente tem o dever de agir para impedir o resultado. Ou seja, o agente está inserido numa das hipóteses do art. 13, § 2º, do Código. Nesse caso, tinha o dever de agir para impedir o resultado decorrente da ação desenvolvida por outra pessoa. Se aquele que figura na condição de garantidor se omitir, responderá, na condição de partícipe por omissão, pelo resultado produzido pelo autor do crime. O crime é comissivo, praticado por outra pessoa com a participação por omissão daquele que tinha o dever de agir para evitar o resultado.

Dessarte, se o omitente possui o dever jurídico de impedir o resultado, violando a obrigação, concorre para a sua produção, tornando-se partícipe. Mas, para isso, é necessário que concorra o elemento subjetivo da participação, que adira a sua conduta negativa ao comportamento do autor principal.

Assim, a participação por omissão ocorre quando existe a obrigação de impedir o delito, que o omitente permite ou procede de forma que se realize. Dá-se, portanto, quando o sujeito, tendo o dever jurídico de agir para evitar o resultado (art. 13, § 2º), omite-se intencionalmente, desejando que ocorra a consumação.

> Exemplo: Se um policial, em patrulhamento de rotina, se depara com alguém desferindo golpes de faca contra uma pessoa, que identificou como sendo seu desafeto, subjetivamente aderindo à conduta comissiva consistente em matar alguém,

---

33. Posição considerada como correta pela FCC no Concurso Público para Auditor Fiscal do Município de São Paulo (2012); CESPE/CEBRASPE no concurso para Juiz Substituto TJPB (2015).

responderá pelo crime de homicídio na condição de partícipe por omissão, pois, ainda que a vítima fosse seu desafeto, o policial tem obrigação por lei de agir para evitar o resultado.

Da mesma forma, é partícipe do roubo o policial que contempla a obra delituosa dos autores, mostrando que consente em sua prática; o guarda-noturno é partícipe do furto se, deliberadamente, deixa a porta da fábrica que estava obrigado a fechar, para permitir a entrada de ladrões e vingar-se do patrão.

É partícipe do crime de estupro de vulnerável (CP, art. 217-A) a mãe que, mesmo sabendo que seu companheiro abusava sexualmente da sua filha menor de 14 anos de idade, nada faz, permanecendo conscientemente inerte.

Com efeito, o STJ considerou possível a condenação de agente garantidor que se omitiu diante dos abusos sexuais praticados por outrem contra menor de 14 anos de idade:

> *Habeas corpus*. Estupro de vulnerável. Omissão imprópria. Irmã das vítimas. Alegação de atipicidade. Ausência do dever legal de agir. Tese não acolhida. Possível assunção do papel de garantidor. Inexigibilidade de conduta diversa. Inviabilidade. Ilegalidade não verificada. *Writ* não conhecido. 1. Os crimes omissos impróprios, nas lições de Guilherme de Souza Nucci, são aqueles que "(...) envolvem um não fazer, que implica a alta do dever legal de agir, contribuindo, pois, para causar o resultado. Não têm tipos específicos, gerando uma tipicidade por extensão. Para que alguém responda por um delito omissivo impróprio é preciso que tenha o dever de agir, imposto por lei, deixando de atuar, dolosa ou culposamente, auxiliando na produção do resultado" (NUCCI, Guilherme de Souza. *Código Penal comentado*. 19. ed. Rio de Janeiro: Forense, 2019. p. 140). 2. Muito embora uma irmã mais velha não possa ser enquadrada na alínea *a* do art. 13, § 2º, do CP, pois o mero parentesco não torna penalmente responsável um irmão para com o outro, caso caracterizada situação fática de assunção da figura do "garantidor" pela irmã, nos termos previstos nas duas alíneas seguintes do referido artigo (*b* e *c*), não há falar em atipicidade de sua conduta. Hipótese em que a acusada omitiu-se quanto aos abusos sexuais em tese praticados pelo seu marido na residência do casal contra suas irmãs menores durante anos. Assunção de responsabilidade ao levar as crianças para sua casa sem a companhia da genitora e criação de riscos ao não denunciar o agressor, mesmo ciente de suas condutas, bem como ao continuar deixando as meninas sozinhas em casa. 3. "Estando apta a denúncia, não há que se falar em ausência de justa causa para a ação penal segundo a tese de inexigibilidade de conduta diversa, face a necessidade de sua demonstração ao longo da instrução processual" (HC nº 284.620/BA, rel. Min. Nefi Cordeiro, 6ª T., j. 9-8-2016, *DJe* 23-8-2016).[34]

Por outro lado, não se pode falar em participação por omissão quando não concorra o dever jurídico de impedir o crime. Suponha-se que alguém tome conhecimento de que uma quadrilha vai praticar um roubo e não denuncie o plano à autoridade competente. Não será partícipe por omissão no fato praticado, pois não tinha o dever jurídico de impedir o seu cometimento.

23.10.5 Concurso de pessoas e crimes de autoria coletiva

Os chamados crimes de autoria coletiva ou de multidão ocorrem em situações em que várias pessoas, sem prévia associação criminosa ou qualquer outra forma de organização,

34. STJ, HC nº 603195/PR, rel. Min. Ribeiro Dantas, 5ª T., j. 6-10-2020.

praticam, no mesmo contexto fático, em ambiente de tumulto generalizado, atos criminosos mútuos e recíprocos, atacando, de forma coletiva, bens jurídicos penalmente tutelados. É o caso de confrontos entre torcidas organizadas nas imediações ou no interior de estádios de futebol, atos de rebelião em estabelecimentos carcerários, briga generalizada na saída de casas noturnas.

Em situações como essas, não raras vezes, revela-se difícil a tarefa de individualizar a conduta de cada um dos agentes, dispensando-se, nesses casos específicos, a necessidade da descrição pormenorizada e minuciosa da ação de cada agente. Assim, nos crimes de autoria coletiva, a denúncia será válida quando demonstrado o liame subjetivo no agir dos agentes, ainda que não individualizada a conduta de cada um deles. É o entendimento adotado pelo STJ.[35]

Por outro lado, não se pode olvidar que os crimes de autoria coletiva se revestem de maior gravidade, diante da maior probabilidade de produção dos mais diversos resultados. Além disso, o grau de reprovabilidade dos crimes praticados coletivamente é mais acentuado, pois, à evidência, os agentes desenvolvem condutas delituosas encorajados e estimulados uns pelos outros, buscando resultado de maiores proporções.

Considerando as repercussões decorrentes de crimes de autoria coletiva ou por multidão, o Código Penal prevê como circunstância agravante em relação ao agente que promove, ou organiza a cooperação no crime ou dirige a atividade dos demais agentes (CP, art. 62, I). Todavia, se verificado que o agente praticou o crime por influência da multidão em tumulto, que não provocou, terá sua pena atenuada (CP, art. 65, III, *e*).

Para acesso ao vídeo, utilize o QR Code ao lado.

35. STJ, AgRg nos EDcl no RHC nº 125928/SP, rel. Min. Joel Ilan Paciornik, 5ª T., j. 15-6-2020.

PARTE III

TEORIA GERAL DA PENA

1

ASPECTOS INTRODUTÓRIOS

1.1 CONCEITO

Quando determinado indivíduo pratica uma infração penal, surge para o Estado o direito de, após o devido processo legal, impor, se for o caso, uma sanção penal.

A pena é uma espécie de sanção penal, consistente na privação da liberdade ou restrições de direitos, inclusive no aspecto patrimonial, em razão da prática de uma infração penal, com a finalidade de retribuir ao agente o mal causado e readaptá-lo ao convívio social, bem como evitar a reiteração na prática de novos crimes ou contravenções penais.

1.2 CONSIDERAÇÕES SOBRE A EVOLUÇÃO HISTÓRICA

Na Antiguidade, em tempos mais remotos, a privação de liberdade não se revestia da concepção de sanção penal nos moldes como se considera atualmente, ou seja, não tinha o caráter de pena, sendo o encarceramento utilizado como instrumento de custódia do agente antes da efetiva aplicação da sanção penal.

Com efeito, até o final do século XVIII, a prisão tinha como finalidade precípua a contenção do acusado, como forma de assegurar sua custódia até o momento do julgamento. Uma vez condenado, a sanção penal aplicada durante esse período consistia, fundamentalmente, à pena de morte, às penas corporais (mutilações e açoites) e às infamantes.

Pode-se, pois, dizer que a prisão funcionava como uma espécie de antessala de suplícios, pois a privação da liberdade, acompanhada, não raras vezes, de tortura para obtenção de eventual confissão, servia como uma sala de espera para o cumprimento da pena antes do julgamento. Era, em última análise, uma antecipação da extinção física do indivíduo.

Verifica-se, pois, que a prisão não se revestia de ambiente de cumprimento de pena, uma vez que as sanções consistiam, basicamente, na pena de morte, penas corporais e infamantes.

Na Antiguidade, portanto, a finalidade da prisão restringia-se à custódia dos réus até a execução das condenações referidas.

Na Idade Média, os acusados de toda ordem aguardavam espremidos entre si em inóspitos encarceramentos subterrâneos, ou calabouços de palácios e fortalezas, o suplício e a morte. Surgem, nesse período, a prisão de Estado e a prisão eclesiástica.

A prisão de Estado era destinada a encarcerar os inimigos do poder, real ou senhorial, que praticavam crimes de traição, bem como aqueles que se insurgiam politicamente contra os governantes.

A prisão eclesiástica, por sua vez, destinava-se aos clérigos rebeldes e respondia às ideias de caridade, redenção e fraternidade da Igreja, dando ao internamento um sentido de penitência e meditação. Recolhiam os infratores em uma ala dos mosteiros para que, por meio de penitência e oração, se arrependessem do mal causado e obtivessem a correção ou emenda. A expressão "penitenciária" decorre de "penitência", vocábulo vinculado ao Direito Canônico.

Na Idade Moderna, a pobreza e a miséria desencadearam o crescimento exponencial da criminalidade. Com o número elevado de delinquentes, verificou-se que a pena de morte não era a medida mais adequada, já que, se aplicada, significaria o extermínio de muitas pessoas, bem como de força de trabalho.

Na segunda metade do século XVI, iniciou-se um movimento que contribuiu decisivamente para introdução da pena privativa de liberdade, com a criação e construção de prisões organizadas para a correção de apenados.

Surgiram em Amsterdã, no ano de 1596, casas de correção para homens, as Rasphuis; em 1957 outra prisão, a Spinhis, para mulheres, e em 1600 uma seção especial para jovens. Tais instituições foram criadas, precipuamente, para tratar a pequena delinquência. Para os que cometiam delitos mais graves mantinha-se ainda a aplicação de outras penas, como o exílio, açoites etc.

Atualmente, embora não cumpra seu papel, a privação da liberdade é uma espécie de pena amplamente adotada, principalmente por falta de opção melhor. Busca-se, com razão, medidas alternativas, como instrumentos despenalizadores e penas restritivas de direitos, mas sem o alcance desejado na diminuição dos níveis de violência e criminalidade. De todo modo, a abolição das penas corporais e infamantes representou, à evidência, significativo avanço.

1.3 FINALIDADE

A pena figura como um mal necessário até mesmo como forma de preservar o controle do convívio em sociedade.

Estabelecer a finalidade da pena significa transitar pela própria história do Direito Penal, saindo da concepção retributiva da pena até chegar às concepções preventivas relacionadas à previsão e aplicação da pena.

E, nesse contexto, três teorias se destacam na busca da identificação da finalidade da pena: a) teoria absoluta ou retributiva; b) teoria relativa ou preventiva; c) teoria mista ou eclética.

1.3.1 Teoria absoluta ou retributiva da pena

A teoria absoluta ou retributiva da pena guarda estreita relação com as características do Estado absolutista, em que o soberano detinha o poder absoluto, não só em relação ao

Estado, mas também em relação à concepção de Justiça. Isso porque todo o poder concentrado na figura do rei soberano era concedido diretamente por Deus.

Adotava-se a concepção de que aquele que agia contra o soberano, insurgia-se, em última análise, contra o próprio Deus. Por isso, a pena era o instrumento de castigo contra aquele que praticou um mal, servindo como mecanismo de expiação do pecado cometido, já que não afrontou tão somente o soberano, mas o próprio Deus. Retribuía-se com um mal (pena) o mal praticado (o delito/pecado).

Para a teoria absoluta, a pena se exaure em si mesma, não havendo preocupação com qualquer tipo de finalidade preventiva ou como mecanismo de reinserção do condenado ao convívio social.

A pena se reveste, de modo absoluto, como instrumento de *castigo* e de vingança do Estado contra o criminoso. É a resposta ou retribuição do Estado ao mal praticado pelo agente delituoso. Basta castigar o criminoso, independentemente de qualquer outro tipo de finalidade.

1.3.2 Teoria relativa ou da prevenção

Para as teorias preventivas, a pena não tem a finalidade de retribuição em relação ao fato delitivo praticado, mas de prevenir sua prática. Se, na lógica das teorias absolutas, a imposição de castigo ao autor do delito se reveste de caráter absoluto, incidindo em retribuição ao delito praticado, na teoria relativa à imposição da pena se reveste do caráter preventivo, para que o agente não delinqua ou não volte a delinquir.

Na concepção preventiva, a imposição de pena também é considerada um mal necessário, mas sem a finalidade precípua de retribuição ou realização pura e simples de Justiça. A imposição da pena se justifica para inibir, tanto quanto possível, a prática de novos fatos delitivos.

A teoria relativa ou da prevenção se divide em: a) prevenção geral; b) prevenção especial.

1.3.2.1 Prevenção geral

A prevenção geral tem por finalidade buscar o controle da criminalidade, diminuindo e evitando a prática de delitos. Busca evitar que o cidadão desenvolva ações delituosas, adotando a pena como verdadeiro instrumento de freio inibitório. A mensagem consiste em advertir o cidadão que, se optar por delinquir, ser-lhe-á aplicada uma pena; não delinqua, pois.

A prevenção geral pode ser positiva ou negativa.

a) Prevenção geral positiva

A prevenção geral positiva busca sedimentar a legitimidade do Estado como fonte de controle do convívio em sociedade, afirmando e demonstrando a existência, validade e a eficiência do Direito Penal. E isso se exterioriza a partir da afirmação da lei geral, destinada a todos, assegurando a confiança na aplicação da lei em detrimento da atividade criminosa.

A finalidade, pois, não se limita a tão somente intimidar, mas legitimar o Direito Penal, por meio de leis gerais, como mais um instrumento eficaz de controle social.

Convém registrar que, para sua legitimação, a pena deve manter-se dentro dos limites do Direito Penal do fato e da proporcionalidade, e somente pode ser imposta por meio de um procedimento cercado de todas as garantias jurídico-constitucionais.

b) Prevenção geral negativa

A prevenção geral negativa fundamenta-se na ideia da intimidação ou da utilização do medo, e a ponderação da racionalidade do homem. Para a teoria da prevenção geral negativa, a ameaça da pena produz no indivíduo uma espécie de motivação para não cometer delitos.

A possibilidade de imposição de uma pena serve como fonte de intimidação aos membros da sociedade, criando uma espécie de coação coletiva, a fim de que o cidadão não cogite delinquir.

Com base na teoria da prevenção geral negativa, o legislador estimula a crença de conter a criminalidade com a ajuda do Código Penal.

1.3.2.2 *Prevenção especial*

A teoria da prevenção especial também procura evitar a prática do delito, mas, diversamente da prevenção geral, dirige-se exclusivamente ao delinquente em particular, objetivando que este não volte a delinquir.

A prevenção especial não busca a intimidação do grupo social nem a retribuição do fato praticado, mas alcançar apenas aquele indivíduo que já delinquiu para fazer com que não volte a transgredir as normas jurídico-penais.

A prevenção especial também pode ser positiva ou negativa.

a) Prevenção especial positiva

O objetivo central é a ressocialização do condenado, retornando ao convívio em sociedade observando as normas impostas pelo Direito. A imposição da pena somente se legitimará com a ressocialização do condenado, atingindo sua finalidade com o retorno do agente ao convívio social, passando a seguir as regras impostas pelo ordenamento jurídico.

b) Prevenção especial negativa

A prevenção especial negativa considera que a pena tem por finalidade intimidar o condenado de forma que ele não volte a delinquir. Busca, por meio da intimidação, atingir especificamente o condenado, prevenindo-o que, se retornar a praticar atos delituosos, ser-lhe-á novamente aplicada uma pena.

Vê-se, pois, que a finalidade precípua da prevenção especial negativa é exatamente evitar a reincidência.

1.3.3 Teoria mista ou eclética

O Código Penal adotou nitidamente a teoria mista ou eclética.

A teoria mista busca conciliar a exigência de retribuição jurídica da pena com os fins de prevenção geral e de prevenção especial. Em outras palavras, a pena ostenta dupla função: punir o criminoso e prevenir a prática do crime, pela reeducação e pela intimidação coletiva.

De acordo com o entendimento dominante, a pena estatal não se limita a figurar como mera retribuição ao delito cometido (teorias absolutas) ou apenas servir de instrumento de prevenção para a prática de futuros delitos (teorias relativas).

Pela teoria mista ou eclética, a pena, pois, consiste na retribuição proporcional ao mal causado pelo delito, bem como na efetivação da prevenção geral e da prevenção especial.

Em outras palavras, além da retribuição proporcional ao mal causado pelo delinquente, a pena busca prevenir futuros delitos e a ressocialização do autor.

Há, na verdade, a unificação das teorias retributivas e preventivas, na medida em que centraliza a ideia de retribuição (ao mal do crime, o mal da pena) e prevenção, tanto geral (ameaça a todos para que não venham a delinquir) como especial (evitar que o criminoso volte a delinquir).

Todavia, é pertinente salientar que, no atual estágio da evolução da finalidade da pena, a concepção retributiva da pena não tem a conotação de mero castigo ou vingança estatal, mas sim de estabelecer critério de imposição da pena justa e merecida, isto é, da pena proporcional à gravidade objetiva do fato e à culpabilidade do seu autor.

Portanto, a pena, na Reforma de 1984, passou a apresentar natureza mista: é retributiva e preventiva. É o que se extrai do próprio art. 59, *caput*, do CP, especificamente na parte final, quando dispõe que a pena será fixada pelo juiz "conforme seja necessário e suficiente para *reprovação* e *prevenção do* crime".

Da mesma forma, o art. 1º da Lei nº 7.210/1984 (LEP) prevê que "a execução penal tem por objetivo efetivar as disposições de sentença ou decisão criminal e proporcionar *condições para a harmônica integração social do condenado e do internado*".

Como se vê, no momento da sentença a pena deve ser aplicada com o sentido retributivo e preventivo. No momento da execução, firmou-se orientação primordial da integração social (prevenção especial). De qualquer modo, o sentido da pena em um determinado momento (da sentença) não se exclui quando ela passa para a fase seguinte (executiva).

1.4 PRINCÍPIOS INFORMADORES DA PENA

A cominação, imposição e execução da sanção penal não podem ser de forma discricionária, devendo, pois, observar os princípios informadores da pena, sobretudo aqueles previstos de forma explícita ou implícita na Constituição Federal.

Os princípios foram tratados em capítulo próprio, ao qual remetemos o leitor, sem, no entanto, deixarmos de apontar agora aqueles que merecem mais destaque, porque relacionados à pena.

a) Princípio da legalidade ou da reserva legal

De acordo com o princípio da legalidade, não há crime sem lei anterior que o defina, nem pena sem prévia previsão legal. É o brocardo *nulla poena sine lege*. Trata-se de cláusula pétrea prevista nos arts. 5º, XXXIX, da CF e 1º do CP.

b) Princípio da anterioridade

A lei que comina a pena deve ser anterior ao fato praticado pelo agente. Em outras palavras, não é possível punir um fato praticado sem que uma lei tenha cominado previamente uma pena. Também encontra previsão nos arts. 5º, XXXIX, da CF e 1º do CP.

c) Princípio da personalidade, intransmissibilidade ou responsabilidade pessoal

Nos termos do art. 5º, XLV, da CF, a pena não pode, em nenhuma circunstância, ultrapassar a pessoa do condenado. Logo, a pena não pode alcançar familiares do condenado ou qualquer outra pessoa desvinculada à infração penal.

Todavia, alguns efeitos da condenação podem atingir terceiros alheios à infração penal, tais como a obrigação de reparação do dano e a decretação do perdimento de bens, alcançando os sucessores até o limite do valor do patrimônio transferido (CF, art. 5º, XLV).

Além disso, a pena de multa não poderá ser executada contra os sucessores do condenado. Nos termos do art. 51 do CP, a pena de multa é executada como sendo dívida de valor, nos moldes da execução fiscal. Se o condenado falecer antes ou no curso da execução da pena de multa, a ação não poderá ser direcionada contra os seus sucessores, já que mantém a natureza jurídica de pena. Nesse caso, deverá ser declarada extinta a punibilidade, com base no art. 107, I, do CP.

d) Princípio da humanidade ou humanização da pena

A pena não pode significar um martírio ou ensejar tratamento degradante ao condenado. Com efeito, a pena deve observar os direitos fundamentais do condenado, respeitando sua dignidade, preservando sua integridade física ou moral, nos termos do art. 5º, XLIX, da CF.

Em respeito a esse princípio, a Constituição Federal, no art. 5º, XLVII, proíbe expressamente as penas de morte, salvo em guerra declarada, de caráter perpétuo, de trabalhos forçados, de banimento e cruéis.

e) Princípio da proporcionalidade

A pena deve ser justa e proporcional ao crime praticado, bem como ao bem jurídico violado.

Deve ser observado na atividade legislativa, servindo como limite ao legislador, bem como ao magistrado, na fixação da pena no caso concreto.

f) Princípio da individualização da pena

O princípio da individualização da pena está previsto no art. 5º, XLVI, da CF/1988, e guarda relação com a justa e adequada sanção penal, considerando-se as características individuais de cada sentenciado. Busca evitar a padronização da pena, devendo a pena ser aplicada de acordo com as circunstâncias específicas de cada indivíduo.

Esse princípio deve ser observado em três esferas:

Na *esfera legislativa*, o princípio da individualização da pena deve ser observado na descrição do tipo penal e na cominação da sanção penal adequada, estabelecendo os limites no mínimo e no máximo, bem como as circunstâncias de aumento ou diminuição da pena.

Na *esfera judicial*, a individualização deve ser observada pelo juiz ao aplicar a pena de acordo com o sistema trifásico, previsto no art. 68 do CP, em relação à pena privativa de liberdade, ou o sistema bifásico, previsto no art. 49 do CP, em relação à pena de multa.

Na fase de *execução da pena*, competindo ao Estado proporcionar a cada condenado, isoladamente considerado, tratamento penitenciário de acordo com suas características individuais, viabilizando a realização das finalidades da pena.

1.5 CLASSIFICAÇÃO DAS PENAS

De acordo com o art. 32 do CP, as penas são privativas de liberdade; restritivas de direitos e de multa.

As penas privativas de liberdade são as penas de reclusão, detenção e prisão simples. As duas primeiras constituem decorrência da prática de crimes e a terceira à aplicada às contravenções penais.

As penas restritivas de direitos estão previstas no art. 43 do CP e em algumas leis extravagantes.

Para acesso ao vídeo, utilize o QR Code ao lado.

2

PENA PRIVATIVA DE LIBERDADE

2.1 CONCEITO

A pena privativa de liberdade repercute diretamente no direito de locomoção do agente condenado, por tempo determinado.

Há três espécies de penas privativas de liberdade: reclusão e detenção, vinculados a crimes (CP, art. 33, *caput*), e prisão simples, em relação às contravenções penais (LCP, art. 5º, I).

A prisão simples é a prevista para condenações envolvendo contravenções penais. A pena de prisão simples deve ser cumprida, sem rigor penitenciário, em estabelecimento especial ou seção especial de prisão comum, em regime semiaberto ou aberto (LCP, art. 6º, *caput*). Além disso, o condenado a pena de prisão simples fica sempre separado dos condenados à pena de reclusão ou de detenção (LCP, art. 6º, § 1º).

2.2 DIFERENÇAS ENTRE RECLUSÃO E DETENÇÃO

A reforma do Código Penal de 1984 adotou as penas privativas de liberdade como gênero e manteve a reclusão e a detenção como espécies, sucumbindo à divisão histórica do direito pátrio.

Ao descrever a conduta delituosa e, após, no preceito secundário, cominar a pena, o legislador estabelece que determinado delito é apenado com reclusão ou detenção. Embora possam, às vezes, passar despercebidas, há diferenças relevantes entre reclusão e detenção, que repercutem em vários institutos jurídicos importantes.

Além da repercussão que gera na fixação do regime inicial de cumprimento de pena, a diferença entre reclusão e detenção é determinante também nas seguintes hipóteses:

a) **Prioridade na ordem de execução**

Conforme o art. 69, *caput*, parte final, do CP, no caso de concurso de crimes apenados com reclusão e detenção, executa-se primeiro aquele que prevê pena de reclusão, para depois passar à execução da pena imposta em relação ao crime apenado com detenção.

É o que se extrai também do disposto no art. 76 do CP.

b) Incapacidade para o exercício do poder familiar, tutela ou curatela

Somente os crimes punidos com reclusão, praticados contra outrem igualmente titular do mesmo poder familiar, contra filho, filha ou outro descendente ou contra tutelado ou curatelado, podem gerar a incapacidade para o exercício do poder familiar, tutela ou curatela (CP, art. 92, II).

Na hipótese de prática de crimes punidos com detenção, nas mesmas circunstâncias, não será possível a incidência desse efeito extrapenal da sentença penal condenatória.

c) Espécies de medidas de segurança

Se o inimputável praticar fato típico e ilícito relacionado a crime apenado com reclusão, a medida de segurança será sempre detentiva, consistente em internação em hospital de custódia; se, no entanto, o fato típico e ilícito estiver relacionado a crime punido com detenção, a medida de segurança consistirá em tratamento ambulatorial (CP, art. 97).

d) Interceptação telefônica

Nos termos do art. 2º, III, da Lei nº 9.296/1996, a decretação da interceptação telefônica somente será possível em relação aos crimes apenados com reclusão, sendo vedada para crimes apenados com detenção.

2.3 REGIMES PENITENCIÁRIOS

O regime penitenciário é o meio pelo qual é executado ou efetivado o cumprimento da pena privativa de liberdade.

O art. 33, § 1º, do CP prevê três regimes:

> a) *fechado:* a pena privativa de liberdade é executada em estabelecimento de segurança máxima ou média;
>
> b) *o semiaberto:* a pena privativa de liberdade é executada em colônia agrícola, industrial ou estabelecimento similar;
>
> c) *aberto:* a pena privativa de liberdade é executada em casa de albergado ou em estabelecimento adequado.

2.4 FIXAÇÃO DO REGIME INICIAL DE CUMPRIMENTO DE PENA

Após formar sua convicção, de modo fundamentado, pela condenação do réu, o juiz passará à fixação da pena, seguindo a ordem prevista no art. 59 do CP. Primeiro, o juiz verificará a pena aplicada dentre as cominadas (inc. I); em seguida, estabelecerá a quantidade da pena (inc. II); na sequência, fixará o regime inicial de cumprimento de pena (inc. III); para, finalmente, analisar a possibilidade de substituição da pena privativa de liberdade por restritiva de direitos (inc. IV).

Logo, após estabelecer a quantidade da pena imposta ao réu, deverá o Magistrado fixar o regime inicial de cumprimento de pena, adotando os critérios legais para eleger o regime inicial fechado, semiaberto ou aberto.

Cumpre ao juiz fixar o regime inicial de cumprimento da pena privativa de liberdade, levando em conta: a) a espécie de pena cominada; b) a quantidade da pena imposta; c) a reincidência; d) as circunstâncias judiciais do art. 59, *caput*, do CP.

Mas, para melhor compreensão, convém estabelecer a distinção entre a fixação do regime inicial nos crimes apenados com reclusão e detenção, ressaltando, desde logo, que em relação aos crimes apenados com reclusão, o juiz poderá fixar o regime inicial fechado, semiaberto ou aberto, ao passo que nos crimes apenados com detenção, somente poderá fixar o regime inicial semiaberto ou aberto (CP, art. 33, *caput*).

2.4.1 Regime inicial de cumprimento de pena nos crimes apenados com reclusão

Nos termos do art. 33, *caput*, do CP, se o crime objeto da condenação for apenado com *reclusão*, o juiz poderá fixar o regime inicial *fechado, semiaberto* ou *aberto*.

Após constatar que se trata de crime apenado com reclusão, deve o juiz, na fixação do regime inicial, considerar a quantidade da pena imposta na sentença; se o réu é reincidente ou não; as circunstâncias judiciais do art. 59, *caput*, do CP, podendo surgir as seguintes hipóteses:

> a) *Regime inicial fechado:* pena aplicada superior a 8 anos, independentemente se o réu é reincidente ou não.
>
> b) *Regime inicial semiaberto:* pena superior a 4 e não exceda a 8 anos, se o réu não for reincidente e as circunstâncias judiciais favoráveis.

Se for reincidente, o réu não se enquadrará nos requisitos para o regime inicial semiaberto, restando ao juiz a fixação do regime inicial fechado.

Da mesma forma, ainda que não reincidente, mas sendo as circunstâncias judiciais consideradas desfavoráveis, o juiz poderá fixar o regime inicial fechado. Assim, se, por exemplo, o réu não reincidente for condenado a 5 anos de reclusão, mas as circunstâncias judiciais forem desfavoráveis, o juiz, fundamentadamente, poderá fixar o regime inicial fechado.

> c) *Regime inicial aberto:* pena não superior a 4 anos, se o réu não for reincidente e as circunstâncias judiciais favoráveis.

Se o réu for reincidente, a única certeza que emerge é a de que não será possível fixar o regime inicial aberto, já que não preenche os requisitos do art. 33, § 2º, *c*, do CP.

Nesse contexto, em que pese parte minoritária da doutrina entender que o reincidente deverá iniciar o cumprimento da pena no regime fechado, o STJ abrandou esse rigor, considerando a possibilidade de fixação do regime semiaberto ou fechado, sendo, nesse caso, as circunstâncias judiciais critério determinante para a imposição do regime inicial.

Assim, se o condenado a pena não superior a 4 anos for reincidente, o juiz fixará o regime inicial semiaberto, se todas as circunstâncias judiciais forem favoráveis. Nesse caso, fixando a pena-base no mínimo legal, sintomático que o regime inicial deverá ser o semiaberto, já que evidentemente favoráveis ao réu todas as circunstâncias judiciais.

Por outro lado, se as circunstâncias judiciais forem desfavoráveis, sendo, ainda, o réu reincidente, com pena aplicada não superior a 4 anos, o juiz poderá fixar o regime inicial fechado.

É o que se extrai da Súmula nº 269 do STJ: "É admissível a adoção do regime prisional semiaberto aos reincidentes condenados à pena igual ou inferior a 4 anos se favoráveis as circunstâncias judiciais".

O regime inicial não depende, pois, exclusivamente, da quantidade da pena fixada, mas também das circunstâncias judiciais previstas no art. 59 do CP. Desde que haja fundamentação expressa na sentença, o condenado que tenha péssimos antecedentes, alta periculosidade, desvio de comportamento moral, insensibilidade e perversão, ainda que primário e condenado a pena inferior a 4 anos, ficará sujeito ao regime fechado.

Além disso, a imposição de regime inicial fechado depende de fundamentação adequada, não se revestindo a gravidade em abstrato do delito motivação idônea para a fixação de do regime de cumprimento de pena mais severa do que a pena aplicada exigir. É o que se extrai das Súmulas nºs 718 e 719, ambas do STF, e Súmula nº 440 do STJ.

Com efeito, nos termos da Súmula nº 718 do STF, a simples opinião do julgador sobre a gravidade em abstrato do crime não constitui motivação idônea para a imposição de regime mais severo do que o permitido segundo a pena aplicada. Não basta, por exemplo, o julgador, após condenar o réu primário pelo crime de tráfico de drogas, aplicando-lhe pena de 6 anos de reclusão, fixar o regime inicial fechado, sob o fundamento de que se trata de crime equiparado a hediondo. É também o entendimento adotado pelo STJ.[1]

A aplicação do regime mais severo, portanto, exige motivação idônea, conforme se extrai da Súmula nº 719 do STF. Assim, o que autoriza a imposição de regime mais gravoso do que a quantidade de pena aplicada permite é a fundamentação com base na gravidade em concreto, como, por exemplo, a quantidade expressiva de droga apreendida em poder do condenado, revelando maior grau de reprovabilidade e gravidade da conduta do agente.[2]

Registre-se, ainda, que, conforme a Súmula nº 440 do STJ, sendo fixada a pena-base no mínimo legal, é vedado o estabelecimento de regime prisional mais gravoso do que o cabível em razão da sanção imposta, com base apenas na gravidade abstrata do delito. De fato, se fixada a pena-base no mínimo legal, forçoso concluir que todas as circunstâncias judiciais são favoráveis, não havendo justificativa idônea, portanto, para imposição de regime mais severo do que a quantidade da pena aplicada permitia.

O STJ considera que a quantidade e a natureza do entorpecente autorizam a fixação de regime prisional inicial mais rigoroso do que aquele que seria decorrente da quantidade de pena imposta.[3] Também considerou a possiblidade de aplicação do regime inicial fechado pela gravidade concreta da conduta, tendo em vista as circunstâncias que envolveram os delitos, os quais foram cometidos mediante concurso de três agentes, sendo que, em um dos roubos, os assaltantes se passaram por passageiros para abordar motorista de aplicativo, elementos que tornam patente a especial gravidade do *modus operandi* dos delitos.[4] A superioridade numérica de agentes em relação à vítima, com emprego de violência, também autoriza o regime mais severo do que prevê a quantidade de pena aplicada.[5]

2.4.2 Regime inicial de cumprimento de pena nos crimes apenados com detenção

Conforme se extrai da parte final do art. 33, *caput*, do CP, nos crimes apenados com detenção somente será possível a fixação do regime inicial semiaberto ou aberto. Ou seja, não é admitida a fixação do *regime inicial* fechado nos crimes apenados com detenção.

---

1. STJ, HC nº 500080/SP, rel. Min. Sebastião Reis Júnior, 6ª T., j. 4-8-2020.
2. STJ, HC nº 383435/SP, rel. Min. Joel Ilan Paciornik, 5ª T., j. 27-3-2017.
3. STJ, AgRg no HC nº 661017/SP, rel. Min. Laurita Vaz, 6ª T., j. 4-5-2021.
4. STJ, AgRg no HC nº 659738/SP, rel. Min. Reynaldo Soares da Fonseca, 5ª T., j. 27-4-2021.
5. STJ, AgRg no HC nº 602430/SP, rel. Min. Joel Ilan Paciornik, 5ª T., j. 8-3-2021.

a) *Regime semiaberto:* se a pena aplicada na sentença condenatória for superior a 4 anos, sendo ou não o réu reincidente.

b) *Regime aberto:* se a pena aplicada na sentença condenatória não for superior a 4 anos, sendo o réu não reincidente, e circunstâncias judiciais favoráveis.

Se o réu for reincidente, restará ao Magistrado fixar o regime inicial semiaberto, jamais o fechado.

Da mesma forma, ainda que não reincidente, verificando que as circunstâncias judiciais não são favoráveis ao réu, o Magistrado poderá fixar o regime inicial semiaberto.

c) *Salvo transferência para o regime fechado:* como dito, não é possível ao Magistrado fixar o regime inicial fechado nos crimes apenados com detenção. Isso não significa, todavia, que o condenado por crime apenado com detenção não venha a cumprir pena no regime fechado. Explica-se.

O que não se admite é a fixação do regime inicial fechado, mas pode ocorrer de o condenado a regime semiaberto, por exemplo, praticar, ao longo da execução da pena, falta disciplinar grave (LEP, art. 50), sendo uma das consequências a regressão do regime carcerário (LEP, art. 118). Imaginemos que o condenado por crime apenado com detenção estava cumprindo pena no regime semiaberto, quando foi flagrado na posse de aparelho celular no interior do estabelecimento carcerário. No caso, após o regular procedimento, em sendo reconhecida a prática da falta disciplinar grave (LEP, art. 50, VII), umas das consequências será a regressão para o regime fechado. Vê-se, pois, que iniciou a cumprir a pena no regime semiaberto, mas com a prática da falta grave teve o regime regredido para o fechado.

Por fim, convém sinalar que valem as mesmas considerações expostas acima em relação à fundamentação com base na gravidade em abstrato, e aplicação das Súmulas nºs 718 e 719 do STF e Súmula nº 440 do STJ.

2.4.3 Regime inicial nos crimes hediondos e equiparados

Conforme prevê o art. 2º, § 1º, da Lei nº 8.072/1990 (Lei dos Crimes Hediondos), os condenados por crimes hediondos, tráfico ilícito de entorpecentes, terrorismo e tortura devem necessariamente iniciar o cumprimento da pena em regime fechado, independentemente da quantidade da pena imposta e das características pessoais do réu, se reincidente, primário, circunstâncias judiciais favoráveis ou não.

Ocorre, contudo, que, no dia 27-6-2012, o STF, por oito votos contra três, declarou inconstitucional tal dispositivo, por considerar que a obrigatoriedade do regime inicial fechado viola o princípio constitucional da individualização da pena e da proporcionalidade.[6]

Em face disso, o STJ já entendeu ser possível a fixação do regime inicial semiaberto, pela prática do crime de tráfico de drogas, a agente condenado à pena de 4 anos e 2 meses.[7]

2.4.4 Regime inicial e Lei de Tortura

Nos termos do art. 1, § 7º, da Lei nº 9.455/1997, que define os crimes de tortura, o condenado pelo crime de tortura, salvo a hipótese do § 2º, iniciará o cumprimento da pena em regime fechado.

---

6. STF, HC nº 111840/ES, rel. Min. Dias Toffoli, Tribunal Pleno, j. 14-6-2012, noticiado no *Informativo* nº 670.
7. STJ, HC nº 580598/SP, rel. Min. Felix Fischer, 5ª T., j. 18-8-2020.

Cria-se, pois, a inusitada situação de considerar a possibilidade de regime menos severo para os crimes hediondos, tráfico de drogas e terrorismo, mas a obrigatoriedade do regime inicial fechado para os condenados pelo crime de tortura.

Com efeito, não obstante ter considerado inconstitucional o art. 2º, § 1º, da Lei nº 8.072/1990, que impõe o regime inicial fechado para os crimes hediondos e equiparados, o STF considera constitucional a obrigatoriedade do regime inicial de cumprimento de pena previsto na Lei de Tortura. Com efeito, no voto proferido no HC nº 123316/SE, o Min. Marco Aurélio afirmou que:

> Como a Constituição Federal remete a regência da individualização da pena ao legislador comum, este fez uma opção – para mim, válida –, ao prever que, considerada a gravidade da tortura, a pena deve ser cumprida, ainda que fixada no mínimo previsto para o tipo, sendo, portanto, as circunstâncias judiciais positivas, inicialmente em regime fechado, ocorrendo posteriormente a progressão.[8]

Em entendimento diametralmente oposto, o STJ considera inconstitucional a imposição do regime inicial fechado da Lei de Tortura, assim como declarada pelo STF em relação ao art. 2º, § 1º, da Lei nº 8.072/1990. Em razão disso, reformando decisão do Tribunal *a quo*, o STJ concedeu *habeas corpus* de ofício para redimensionar a pena privativa de liberdade para dois anos e quatro meses de reclusão, imposta pela prática do crime de tortura, e modificar o regime inicial de cumprimento da pena privativa de liberdade do fechado para o aberto.[9]

Parece-nos mais acertado o entendimento adotado pelo STJ. O próprio STF considerou inconstitucional a imposição de regime inicial fechado aos condenados por crimes hediondos e equiparados, sob o fundamento de violação de dispositivos constitucionais, não sendo razoável admitir o regime inicial fechado apenas porque previsto em lei específica.

Além disso, soa estranho considerar a gravidade do crime de tortura fundamento idôneo para imposição do regime inicial fechado. Primeiro, porque o próprio STF editou a Súmula nº 718, segundo a qual a gravidade em abstrato do delito não constitui motivação idônea para imposição de regime inicial mais severo; segundo, porque se afigura extremamente subjetiva a análise do grau de gravidade de um delito em detrimento de outro. Não há, por exemplo, como afirmar de modo absoluto que o crime de tortura, abstratamente falando, seja mais grave do que o crime de estupro, e vice-versa. A gravidade, para fins de fixação do regime inicial, deve ser avaliada sempre considerando as circunstâncias do caso concreto, independentemente da natureza do delito pelo qual o agente foi condenado.

2.4.5 Regime inicial e detração

Nos termos do art. 42 do CP: "Computam-se, na pena privativa de liberdade e na medida de segurança, o tempo de prisão provisória, no Brasil ou no estrangeiro, o de prisão administrativa e o de internação em qualquer dos estabelecimentos referidos no artigo anterior". Assim, o período em que o agente ficou preso provisoriamente deverá ser computado no tempo de cumprimento da pena privativa de liberdade.

Mas não é só. A partir da inclusão do § 2º no art. 387 do CPP, o legislador passou a prever que o tempo de prisão provisória, de prisão administrativa ou de internação também deverá ser computado para fins de fixação do regime inicial de cumprimento de pena.

---

8. STF, HC nº 123.316/SE, rel. Min. Marco Aurélio, 1ª T., j. 9-6-2015, noticiado no *Informativo* nº 789.
9. STJ, AgRg no AgREsp nº 529364/TO, rel. Min. Jorge Mussi, 5ª T., j. 30-8-2017.

Consideremos que o agente tenha ficado preso provisoriamente pelo período de 6 meses, sendo, ao final, condenado à pena de oito anos e quatro meses de reclusão. Num primeiro momento, o total da pena aplicada indica a imposição do regime inicial fechado, já que superior a oito anos. Todavia, considerando o período de prisão provisória, a pena ficaria em 7 anos e 10 meses, sendo possível cogitar da hipótese de fixação do regime inicial semiaberto, se o condenado for primário e as circunstâncias judiciais favoráveis.

Todavia, entendemos que a detração prevista no art. 387, § 2º, do CPP não pode ser aplicada de forma indiscriminada, podendo ser fixado o regime inicial mais brando, desde que a detração corresponda ao equivalente necessário para a implementação do requisito objetivo para progressão de regime, sob pena de subverter a necessidade de implementação do lapso temporal exigido em lei para obtenção do benefício.

Com efeito, tomemos como exemplo a hipótese de o agente reincidente condenado pela prática de crime de roubo majorado pelo concurso de pessoas, com pena fixada em oito anos e dois meses de reclusão, em regime fechado. Para a progressão para o regime semiaberto, o condenado teria de cumprir 30% da pena (LEP, art. 112, III), ou seja, aproximadamente, dois anos e seis meses.

Consideremos, agora, a hipótese de, no mesmo exemplo, o agente ter ficado preso provisoriamente pelo período de cinco meses. Nesse caso, considerando o disposto no art. 387, § 2º, do CPP, o magistrado poderia, em tese, fixar o regime inicial semiaberto, já que a pena restante não seria superior a oito anos, ficando alojada em sete anos e nove meses.

Vê-se, pois, a flagrante violação do princípio da igualdade, ensejando, ainda, em relação à segunda hipótese, a proteção deficiente do Estado, dada a viabilidade de o condenado iniciar a cumprir a pena em regime mais brando do que, em tese, a lei prevê.

Nesse contexto, conforme decidiu o STJ:

> (...) II – O § 2º do art. 387 do CPP, acrescentado pela Lei nº 12.736/2012, determina que o tempo de prisão cautelar deve ser considerado para a determinação do regime inicial de cumprimento de pena, vale dizer, a detração do período de segregação cautelar deve ser considerada já no estabelecimento do regime inicial pela decisão condenatória. III – No presente caso, inexiste flagrante ilegalidade, pois, ainda que descontado o período de prisão, não haveria alteração do regime inicial fixado, em razão do não cumprimento do requisito objetivo (...).[10]

Dessarte, entendemos que a aplicação da detração prevista no artigo 387, § 2º, do CPP está condicionada ao período de prisão provisória superar o tempo necessário para a progressão de regime. Se o tempo de prisão provisória tiver superado o que seria necessário para a progressão de regime, poderá o juiz, já na própria sentença condenatória, fixar o regime inicial mais brando, já que, tão logo iniciasse a cumprir a pena, o condenado já teria implementado o requisito objetivo para a progressão de regime, considerando o período de prisão provisória.

Se o tempo de prisão provisória for inferior ao período necessário para progressão de regime, não poderá o juiz considerar, para fins de fixação do regime inicial, a detração.

---

10. STJ, HC nº 464610/RN, rel. Min. Felix Fischer, 5ª T., j. 13-11-2018.

2.5 REGRAS DO REGIME FECHADO

2.5.1 Noções introdutórias

O local destinado para o cumprimento da pena privativa de liberdade em regime fechado é a penitenciária, conforme prevê o art. 87 da Lei nº 7.210/1984.

No início do cumprimento da pena em regime fechado, o condenado será submetido a exame criminológico de classificação para a individualização da execução, conforme prevê o art. 34, *caput*, do CP. Esse exame é realizado pela Comissão Técnica de Classificação, voltado a definir o programa de individualização da pena privativa de liberdade adequada ao condenado, nos termos do art. 6º da Lei nº 7.210/1984.

O condenado fica sujeito a trabalho no período diurno e isolamento durante o repouso noturno. Dentro do estabelecimento carcerário, o trabalho será comum, de acordo com as aptidões e ocupações anteriores do condenado, desde que compatíveis com a execução da pena (CP, art. 34, §§ 1º e 2º).

Nos termos do art. 34, § 3º, do CP, admite-se trabalho externo em serviços ou obras públicas. O art. 36, *caput*, da Lei nº 7.210/1984 também prevê a possibilidade de atividade laboral extramuros também em entidades particulares, desde que tomadas as cautelas contra a fuga e em favor da disciplina.

O limite máximo do número de presos será de 10% do total de empregados na obra (LEP, art. 36, § 1º). Caberá ao órgão da administração, à entidade ou à empresa empreiteira a remuneração desse trabalho (LEP, art. 36, § 2º). A prestação de trabalho à entidade privada depende do consentimento expresso do preso (LEP, art. 36, § 3º).

Evidentemente que a autorização para o trabalho externo dependerá de aptidão, disciplina e responsabilidade, além do cumprimento mínimo de 1/6 da pena (LEP, art. 37). O benefício será revogado se o preso vier a praticar fato definido como crime, for punido por falta grave, ou tiver comportamento que revele inaptidão para o trabalho, falta de disciplina e de responsabilidade.

A jornada de trabalho não pode ser inferior a 6, nem superior a 8 horas, com descanso nos domingos e feriados (LEP, art. 33).

2.5.2 Local de cumprimento da pena

A pena imposta deve ser preferencialmente executada na comarca em que se consumou o delito, e, a princípio, onde o réu foi processado e condenado. Todavia, não se trata de regra absoluta; primeiro, porque nem todas as comarcas são dotadas de estabelecimentos carcerários; segundo, o art. 86 da LEP prevê a possibilidade de o condenado cumprir pena até mesmo em estabelecimento carcerário localizado em outra Unidade da Federação, em estabelecimento local ou da União.

Com efeito, o apenado não detém o direito de cumprir pena em estabelecimento prisional próximo à sua residência ou de seus familiares. Embora se revista em importante fonte de ressocialização, a transferência do preso para estabelecimento prisional da localidade onde trabalha e tem convívio familiar cede espaço para o interesse público. É o entendimento adotado pelo STJ.[11]

11. STJ, AgRg no HC nº 565366/PR, rel. Min. Laurita Vaz, 6ª T., j. 23-6-2020.

Além disso, nos termos do art. 86, § 1º, da LEP: "A União Federal poderá construir estabelecimento penal em local distante da condenação para recolher os condenados, quando a medida se justifique no interesse da segurança pública ou do próprio condenado". Assim, perfeitamente possível, e até mesmo recomendável, a transferência para presídio federal de preso dotado de alta periculosidade, integrante de organização criminosa, que continua, ainda que encarcerado, envolvido em atividade criminosa.[12]

2.5.3 Estabelecimentos penais federais de segurança máxima

A Lei nº 11.671/2008, que dispõe sobre a transferência e inclusão de presos em estabelecimentos penais federais de segurança máxima, sofreu profunda alteração pela Lei nº 13.964/2019, chamada de "Pacote Anticrime", com a finalidade precípua de conferir tratamento mais rígido a presos definitivos e provisórios dotados de alta periculosidade, sobretudo aqueles que integram organizações criminosas.

Com efeito, nos termos do art. 3º da Lei nº 11.671/2008, serão incluídos em estabelecimentos penais federais de segurança máxima aqueles para quem a medida se justifique no interesse da segurança pública ou do próprio preso, condenado ou provisório.

A admissão do preso, condenado ou provisório, dependerá de decisão prévia e fundamentada do Juízo Federal competente, após receber os autos de transferência enviados pelo juízo responsável pela execução penal ou pela prisão provisória (Lei nº 11.671/2008, art. 4º).

Convém ressaltar que a competência do Juízo Federal se limita ao exame da regularidade da solicitação da transferência do preso, não sendo competente para realizar juízo de valor sobre as razões de fato emanadas do Juízo solicitante.[13]

Assim, compete ao Juízo da Vara de Execuções Penais avaliar a conveniência da transferência ou permanência em estabelecimento penitenciário federal, considerando o interesse da segurança pública ou do próprio preso, limitando-se o Juízo Federal a verificar a regularidade da solicitação.

Além disso, consoante a jurisprudência consolidada do STJ, não constitui ilegalidade a transferência do apenado a estabelecimento penitenciário federal sem prévia oitiva da defesa, dado o caráter emergencial da medida, a qual poderá ser posteriormente suprida com o contraditório diferido.[14]

Depois de efetivada a transferência do preso, o juízo federal passará a ser competente para as ações de natureza penal que tenham por objeto fatos ou incidentes relacionados à execução da pena ou infrações penais ocorridas no estabelecimento penal federal (Lei nº 11.671/2008, art. 2º, parágrafo único).

A inclusão em estabelecimento penal federal de segurança máxima, no atendimento do interesse da segurança pública, será em regime fechado de segurança máxima, com as seguintes características (Lei nº 11.671/2008, art. 3º, § 1º):

I – recolhimento em cela individual, como forma de evitar ao máximo o contato do preso com outros detentos, bem como prevenir que integrantes de facções rivais possam eventualmente atentar contra a vida de um e de outro;

---

12. STJ, AgRg no HC nº 592548/SP, rel. Min. Nefi Cordeiro, 6ª T., j. 16-9-2020.
13. STJ, CC nº 168595/RJ, rel. Min. Laurita Vaz, Terceira Seção, j. 11-3-2020.
14. STJ, AgRg no HC nº 124623/RJ, rel. Min. Rogério Schietti Cruz, 6ª T., j. 1-7-2020.

II – visita do cônjuge, do companheiro, de parentes e de amigos somente em dias determinados, por meio virtual ou no parlatório, com o máximo de duas pessoas por vez, além de eventuais crianças, separados por vidro e comunicação por meio de interfone, com filmagem e gravações.

Note-se que não há contato físico entre o preso e os visitantes, justamente como forma de evitar a entrada de objetos proibidos no estabelecimento carcerário, bem como a transmissão de ordens ou recados para integrantes de facções e de organizações criminosas que ainda estão em liberdade. As gravações das visitas não poderão ser utilizadas como meio de prova de infrações penais pretéritas ao ingresso do preso no estabelecimento (Lei nº 11.671/2008, art. 3º, § 3º). É vedado o monitoramento de áudio e vídeo no parlatório e nas áreas comuns, para fins de preservação da ordem interna e da segurança pública, vedado seu uso nas celas e no atendimento advocatício, salvo expressa autorização judicial em contrário (Lei nº 11.671/2008, art. 3º, § 2º).

III – banho de sol de até duas horas diárias; e

IV – monitoramento de todos os meios de comunicação, inclusive de correspondência escrita.

Como forma de preservar os magistrados de eventuais ataques, ameaças, coações ou qualquer outro modo de intimidação, o legislador inovou ao viabilizar a possibilidade de decisões perante juízos colegiados acerca de requerimentos de transferência ou prorrogação de permanência do preso em estabelecimento penal federal de segurança máxima, concessão ou à denegação de benefícios prisionais, bem como sobre imposição de sanções ao preso federal (Lei nº 11.671/2008, art. 11-A).

2.5.4 Regime disciplinar diferenciado (RDD)

2.5.4.1 Conceito

O regime disciplinar diferenciado está previsto no art. 52 da Lei nº 7.210/1984. Não constitui nova espécie de regime de cumprimento de pena, além do fechado, semiaberto ou aberto, nem tampouco modalidade de prisão provisória. Trata-se, na verdade, de um regime de disciplina carcerária especial, caracterizado pelo maior rigor no tratamento do apenado, decorrente do seu isolamento e de restrições ao contato com o mundo exterior.

A inclusão do preso no regime disciplinar diferenciado depende de prévio despacho do juiz da execução competente, mediante requerimento circunstanciado elaborado pelo diretor do estabelecimento carcerário ou outra autoridade administrativa, precedida de manifestação do Ministério Público e a defesa (LEP, art. 54, §§ 1º e 2º).

2.5.4.2 Hipóteses

O regime disciplinar diferenciado pode ser aplicado ao preso provisório e ao condenado, nacional ou estrangeiro, e tem cabimento nas seguintes hipóteses:

a) **Quando o preso provisório ou condenado praticar fato previsto como crime doloso, gerando subversão da ordem ou disciplina internas do presídio onde se encontre;**

Há, nessa hipótese, duas exigências cumulativas entre si: a) que o fato praticado esteja previsto como crime doloso; b) que tenha gerado subversão da ordem ou disciplina.

A prática de fato definido como crime constitui, por si só, falta grave, ensejando a imposição de sanções que vão desde a perda de até 1/3 dos dias remidos até a regressão do regime carcerário. E o reconhecimento da falta grave decorrente do cometimento de fato definido como crime doloso no cumprimento da pena prescinde do trânsito em julgado de sentença penal condenatória no processo penal instaurado para apuração do fato. É o que se extrai da Súmula nº 526 do STJ, segundo a qual: "O reconhecimento de falta grave decorrente do cometimento de fato definido como crime doloso no cumprimento da pena prescinde do trânsito em julgado de sentença penal condenatória no processo penal instaurado para apuração do fato".

Se, além de configurar crime doloso, o fato praticado pelo preso redundar na subversão da ordem ou disciplina do estabelecimento carcerário, pode-se cogitar da imposição do regime disciplinar diferenciado.

Não basta, pois, que o fato seja previsto como crime doloso, devendo, ainda, ser grave suficiente para gerar alteração na rotina carcerária, tumultuando o ambiente já naturalmente inóspito e sensível a qualquer movimento apto a causar perturbação da ordem e da disciplina.

Assim, se, por exemplo, atentar contra a vida de outro detento, líder de facção rival, deflagrando convulsão generalizada no ambiente carcerário, o apenado poderá ser submetido a regime disciplinar diferenciado.

b) **Quando o preso provisório ou condenado representar alto risco para a ordem e à segurança do estabelecimento penal ou da sociedade;**

A crítica que recai sobre essa hipótese reside justamente na definição do que pode ser considerado "alto risco para a ordem e à segurança", pois se trata de norma aberta e abrangente, passível de análise eminentemente subjetiva.

Numa leitura rápida, pode-se, inclusive, considerar que se trata da aplicação do direito penal do autor, recaindo sanção severa a apenado que carrega a pecha de representar risco à ordem e à segurança.

Não se mostra razoável, à evidência, que seja aplicado regime disciplinar diferenciado apenas porque o agente, por seu histórico, representa alto risco para ordem e a segurança. Deve, a nosso juízo, estar atrelado ao preso fato concreto que revele sua periculosidade a ponto de representar alto risco para a ordem e a segurança do estabelecimento prisional. Em outras palavras, o fato de o apenado ser apontado como elemento dotado de periculosidade, por si só, não se reveste de fundamento suficientemente idôneo para a imposição de regime disciplinar diferenciado. O "alto risco para a ordem e a segurança" deve ser avaliado conforme fato concreto que vincule o apenado a grau de periculosidade extrema, revelando a necessidade de imposição do regime disciplinar diferenciado.

c) **Preso ou condenado sobre o qual recaiam fundadas suspeitas de envolvimento ou participação, a qualquer título, em organização criminosa, associação criminosa ou milícia privada, independentemente da prática de falta grave.**

Embora possa parecer sedutora, já que direcionada a integrantes de organização criminosa, associação criminosa ou milícia privada, essa hipótese deve ser avaliada com cuidado, até para não incorrer em situações que redundem na indesejada aplicação da responsabilidade objetiva.

De fato, o preso ou condenado que integra organização criminosa, associação criminosa ou milícia privada revela maior periculosidade, já que os crimes associativos se destacam pela estrutura e a sofisticação para a prática delituosa. Desempenham verdadeira atividade empresarial a serviço do crime, inclusive as que adotam práticas violentas, como as organizações criminosas voltadas ao tráfico de drogas.

Todavia, algumas cautelas devem ser observadas nesse aspecto.

Primeiro, porque o legislador não exigiu certeza, mas mera suspeita do preso ou condenado integrar organização criminosa, associação criminosa ou milícia privada, para viabilizar a imposição de regime disciplinar diferenciado.

Em que pese o legislador se contentar com a mera suspeita, consideramos que a imposição de regime diferenciado na execução da pena exige elementos consistentes e robustos revelando que o preso ou condenado efetivamente integra grupos associativos criminosos. Com efeito, não se afigura razoável impor o regime disciplinar diferenciado apenas porque há mera suspeita do preso ou condenado integrar organização criminosa, associação criminosa ou milícia privada.

Segundo, porque, ainda que demonstrado que o preso ou condenado efetivamente integra organização criminosa, associação criminosa ou milícia privada, deve-se avaliar a posição que ocupa no grupo associativo. De fato, da forma como redigido o dispositivo, todo e qualquer integrante de grupo associativo poderá ser submetido a regime disciplinar diferenciado, independentemente da posição que ocupa, o que se revela desproporcional, além de evidente afronta ao princípio da individualização da pena, já que confere mesmo tratamento entre condenados que ocupam altos escalões e aqueles que não detém qualquer representatividade da organização criminosa.

Além disso, o dispositivo não exige que a prisão ou condenação guarde relação com crimes envolvendo participação em organização criminosa, associação criminosa ou milícia privada. Ou seja, basta a suspeita do envolvimento ou participação do preso ou condenado em organização criminosa, associação criminosa ou milícia privada, independentemente do momento em que passou a integrar o grupo criminoso, para viabilizar a aplicação do regime disciplinar diferenciado.

2.5.4.3 Características

O regime disciplinar diferenciado possui as seguintes características:

a) **Duração máxima de até 2 (dois) anos, sem prejuízo de repetição da sanção por nova falta grave de mesma espécie**

A Lei nº 13.964/2019 recrudesceu o tratamento ao preso ou condenado submetido a regime disciplinar diferenciado. Pela redação anterior, a duração máxima do regime disciplinar diferenciado era de 360 dias, sem prejuízo de repetição da sanção por nova falta grave de mesma espécie, até o limite de 1/6 da pena aplicada.

Com a nova redação do art. 52, I, da Lei nº 7.210/1984, o RDD poderá ter duração de até dois anos, sem prejuízo de repetição da sanção por nova falta grave de mesma espécie.

Em relação aos presos que apresentem alto risco para a ordem e a segurança do estabelecimento penal ou da sociedade, bem como sob os quais recaiam fundadas suspeitas de envolvimento ou participação, a qualquer título, em organização criminosa, associação criminosa ou milícia privada, independentemente da prática de falta grave, o regime disciplinar diferenciado poderá ser prorrogado sucessivamente, por períodos de um ano, existindo indícios de que o preso: a) continua apresentando alto risco para a ordem e a segurança do estabelecimento penal de origem ou da sociedade; b) mantém os vínculos com organização criminosa, associação criminosa ou milícia privada, considerados também o perfil criminal e a função desempenhada por ele no grupo criminoso, a operação duradoura do grupo, a superveniência de novos processos criminais e os resultados do tratamento penitenciário.

b) Recolhimento em cela individual

Trata-se de medida importante e necessária, sobretudo para inviabilizar contato do preso com os outros detentos, e, com isso, prevenir eventual engendramento de atividades criminosas, e até mesmo de plano de fuga. Preserva-se, ainda, a integridade corporal do detento em relação a eventuais ataques de preso pertencente a grupo rival.

c) Visitas quinzenais, de duas pessoas por vez, a serem realizadas em instalações equipadas para impedir o contato físico e a passagem de objetos, por pessoa da família ou, no caso de terceiro, autorizado judicialmente, com duração de duas horas

Sabe-se que, não raras vezes, o contato entre o preso e pessoas que realizam visitas nem sempre ocorre para amenizar as mazelas do cárcere, servindo, infelizmente, de mecanismo de introdução de objetos proibidos, sobretudo armas, drogas e aparelhos celulares, para o interior do estabelecimento carcerário, bem como para transmissão de ordens para integrantes da organização criminosa que estão fora do sistema carcerário.

Por isso, o legislador restringiu por absoluto o contato físico entre o preso e o visitante, estabelecendo que as visitas deverão ser realizadas em instalações equipadas para impedir o contato físico entre o preso e o visitante, bem como evitar a passagem de objetos.

O legislador estabeleceu que as visitas serão quinzenais, limitando-se a duas pessoas por vez, entre adultos e crianças, com duração máxima de duas horas. Os familiares do preso não precisam de autorização judicial, sendo suficiente o cadastramento perante a Administração do estabelecimento carcerário. O terceiro sem vínculo familiar com o preso necessita de autorização judicial.

A visita será gravada em sistema de áudio ou de áudio e vídeo e, com autorização judicial, fiscalizada por agente penitenciário (LEP, art. 52, § 6º).

d) Direito do preso à saída da cela por duas horas diárias para banho de sol, em grupos de até quatro presos, desde que não haja contato com presos do mesmo grupo criminoso

Cumpre à administração do estabelecimento carcerário analisar a compatibilidade e a conveniência para formação dos grupos de até quatro detentos para o banho de sol, com duração de duas horas diárias, atentando-se para evitar o contato entre presos do mesmo grupo criminoso.

Evita-se, assim, que membros do mesmo grupo criminoso se reúnam para planejarem crimes e fugas.

e) Entrevistas sempre monitoradas, exceto aquelas com seu defensor, em instalações equipadas para impedir o contato físico e a passagem de objetos, salvo expressa autorização judicial em contrário

A entrevista do preso com seu defensor deve ser sempre viabilizada, já que constitui direito fundamental o acesso à assistência de advogado. Todavia, por cautela, as instalações onde são realizadas as visitas deverão ser equipadas de forma a impedir o contato físico e a passagem de objetos.

As entrevistas que não envolvem defensor poderão ser monitoradas.

f) Fiscalização do conteúdo da correspondência

O direito ao sigilo da correspondência cede em face do interesse público no sentido de evitar comunicação do preso com agentes externos voltada ao planejamento e execução de crimes.

g) Participação em audiências judiciais preferencialmente por videoconferência, garantindo-se a participação do defensor no mesmo ambiente do preso

Trata-se de importante e eficaz alternativa ao risco decorrente do deslocamento do preso até a sede do Poder Judiciário. Evita-se, assim, a possibilidade de ações voltadas ao resgate do preso, além de representar economia aos cofres públicos.

Com o avanço dos meios tecnológicos de transmissão em tempo real de imagem e áudio pela internet, com plataformas cada vez mais estáveis e eficientes, a possibilidade de audiências por videoconferência se revela ainda mais recomendável.

2.6 REGRAS DO REGIME SEMIABERTO

Conforme preveem os arts. 33, § 1º, *b*, do CP e 91 da LEP, a pena privativa de liberdade deve ser cumprida em colônia agrícola, industrial ou estabelecimento similar.

Os apenados no regime semiaberto também ficam sujeitos a exame criminológico, para fins de individualização da pena. Todavia, conforme entendimento majoritário, trata-se de procedimento facultativo, já que o art. 8º, parágrafo único, da LEP, dispõe que o condenado a regime semiaberto "poderá" ser submetido a exame criminológico.

O apenado fica sujeito a trabalho em comum durante o período diurno em colônia agrícola, industrial ou estabelecimento similar, sendo, ainda, admissível o trabalho externo, bem como a frequência a cursos supletivos profissionalizantes, de instrução de segundo grau ou superior (CP, art. 35, §§ 1º e 2º).

2.7 REGRAS DO REGIME ABERTO

O regime aberto baseia-se na autodisciplina e senso de responsabilidade do condenado (CP, art. 36, *caput*).

A pena deve ser cumprida em Casa do Albergado, cujo prédio deve situar-se em centro urbano, separado dos demais estabelecimentos. (LEP, arts. 93 a 95).

O condenado deverá, fora do estabelecimento e sem vigilância, trabalhar, frequentar curso ou exercer outra atividade autorizada, permanecendo recolhido durante o período noturno e nos dias de folga (CP, art. 36, § 1º).

O apenado em regime aberto deverá observar determinadas condições gerais e especiais.

> 1. *Gerais ou legais:* estão previstas no art. 115 da LEP, consistentes em: a) permanecer no local que for designado, durante o repouso e nos dias de folga; b) sair para o trabalho e retornar, nos horários fixados; c) não se ausentar da cidade onde reside, sem autorização judicial; d) comparecer a Juízo, para informar e justificar as suas atividades, quando for determinado.
>
> 2. *Especiais ou judiciais:* estabelecidas pelo juiz da execução penal a seu critério, além das condições gerais.

A prestação de serviços à comunidade ou qualquer outra pena restritiva de direitos não pode ser imposta como condição para o cumprimento da pena privativa de liberdade no regime aberto. É o que se extrai da Súmula nº 493 do STJ: "É inadmissível a fixação de pena substitutiva (art. 44 do CP) como condição especial ao regime aberto".

2.8 SÚMULA VINCULANTE Nº 56: FALTA DE ESTABELECIMENTO PENAL ADEQUADO

Como é sabido, a maioria das comarcas brasileiras não possuem colônia agrícola ou industrial, nem tampouco Casa do Albergado, ou estabelecimentos carcerários similares, para alojarem os apenados que cumprem pena no regime semiaberto ou aberto. E, invariavelmente, a solução encontrada era a de submeter o apenado a condições mais gravosas do que o regime prisional a que estava inserido previamente.

Essa realidade constitui evidente afronta ao sistema progressivo, bem como viola os princípios da individualização da pena, bem como da legalidade, já que o cumprimento da pena não observa o regime carcerário previsto em lei e estabelecido na sentença.

Diante disso, no dia 29-6-2016, o Plenário do STF aprovou a Súmula Vinculante nº 56, segundo a qual: "A falta de estabelecimento penal adequado não autoriza a manutenção do condenado em regime prisional mais gravoso, devendo-se observar, nessa hipótese, os parâmetros fixados no RE nº 641.320/RS".

No RE nº 641.320, expressamente mencionado na Súmula Vinculante nº 56, o STF estabeleceu os seguintes parâmetros:

a) a falta de estabelecimento penal adequado não autoriza a manutenção do condenado em regime prisional mais gravoso;

b) os juízes da execução penal poderão avaliar os estabelecimentos destinados aos regimes semiaberto e aberto, para qualificação como adequados a tais regimes;

c) são aceitáveis estabelecimentos que não se qualifiquem como "colônia agrícola, industrial" (regime semiaberto) ou "casa de albergado ou estabelecimento adequado" (regime aberto) (art. 33, § 1º, *b* e *c*). No entanto, não deverá haver alojamento conjunto de presos dos regimes semiaberto e aberto com presos do regime fechado.

Nesse contexto, segundo se extrai da Súmula Vinculante nº 56, em conjunto com o disposto no RE nº 641.320/RS, a inexistência de estabelecimento penal adequado ao regime prisional imposto ao apenado autoriza as seguintes providências: a) a saída antecipada de sentenciado no regime com falta de vagas; b) a liberdade eletronicamente monitorada ao sentenciado que sai antecipadamente ou é posto em prisão domiciliar por falta de vagas; c) o cumprimento de penas restritivas de direito e/ou estudo ao sentenciado que progride ao regime aberto.

Convém sinalar, por pertinente, que a inexistência de estabelecimento penal adequado ao regime prisional determinado para o cumprimento da pena não autoriza a concessão imediata do benefício da prisão domiciliar, porquanto, nos termos da Súmula Vinculante nº 56, é imprescindível que a adoção de tal medida seja precedida das providências estabelecidas no julgamento do RE nº 641.320/RS, quais sejam: (i) a saída antecipada de sentenciado no regime com falta de vagas; (ii) a liberdade eletronicamente monitorada ao sentenciado que sai antecipadamente ou é posto em prisão domiciliar por falta de vagas; (iii) o cumprimento de penas restritivas de direito e/ou estudo ao sentenciado que progride ao regime aberto. É também o entendimento do STJ.[15]

A Súmula Vinculante não se aplica aos presos provisórios, já que, por ser a prisão de natureza cautelar, não se submetem a distinção de diferentes regimes. Em outras palavras, o preso provisório não está submetido ou vinculado a um ou outro regime carcerário, não se podendo falar em tratamento mais ou menos gravoso durante o período em que se encontra encarcerado.[16]

2.9 REGIME ESPECIAL PARA MULHERES

Nos termos do art. 37 do CP: "As mulheres cumprem pena em estabelecimento próprio, observando-se os deveres e direitos inerentes à sua condição pessoal, bem como, no que couber, o disposto neste Capítulo".

O regime especial de cumprimento de pena para mulheres encontra amparo na própria Constituição Federal, revestindo-se de direito fundamental, conforme se extrai do art. 5º, XLVIII e L, da CF.

O art. 5º, XLVIII, da CF prevê que "a pena será cumprida em estabelecimentos distintos, de acordo com a natureza do delito, a idade e o sexo do apenado". Já o art. 5º, L, da CF, dispõe que "às presidiárias serão asseguradas condições para que possam permanecer com seus filhos durante o período de amamentação".

Para se adequar ao mandamento constitucional, o legislador promoveu uma série de alterações na Lei de Execução Penal, prevendo que a mulher e o maior de 60 anos, separadamente, serão recolhidos a estabelecimento próprio e adequado à sua condição pessoal (LEP, art. 82, § 1º).

A apenada gestante passou a ter atenção especial do legislador, como, por exemplo, a previsão no sentido de que a penitenciária de mulheres será dotada de seção para gestante e parturiente e de creche para abrigar crianças maiores de 6 meses e menores de 7 anos, com a finalidade de assistir a criança desamparada cuja responsável estiver presa (LEP, art. 89).

Além disso, será assegurado acompanhamento médico à mulher, principalmente no pré-natal e no pós-parto, extensivo ao recém-nascido (LEP, art. 14, § 3º). Os estabelecimentos penais destinados a mulheres serão dotados de berçário, onde as condenadas possam cuidar de seus filhos, inclusive amamentá-los, no mínimo, até 6 meses de idade (LEP, art. 83, § 2º).

2.10 EXECUÇÃO PROVISÓRIA

2.10.1 Introdução

A execução provisória ou antecipada consiste no cumprimento da pena antes do trânsito em julgado da sentença condenatória. Ou seja, ainda que não seja definitiva, a pena provisória imposta ao réu poderá ser objeto de execução.

15. STJ, HC nº 603982/RS, rel. Min. Felix Fischer, 5ª T., j. 13.10-2020.
16. STJ, RHC nº 99006/PA, rel. Min. Jorge Mussi, 5ª T., j. 7-2-2019.

2.10.2 Execução provisória de réu preso

Embora seja exceção, não é rara a hipótese de o réu responder ao processo preso, porque presentes os requisitos que autorizam a prisão preventiva (CPP, arts. 311 a 313), sendo ao final proferida sentença condenatória. E, nesse caso, tendo respondido ao processo preso, muito provavelmente o juiz, ao proferir sentença condenatória, manterá o réu preso, não permitindo que interponha eventual recurso em liberdade.

Dessarte, com a sentença condenatória e a impossibilidade de apelar em liberdade, inicia-se a execução provisória da pena, viabilizando ao condenado obter benefícios inerentes à execução penal, como, por exemplo, progressão de regime, antes mesmo do trânsito em julgado da sentença penal condenatória.

É o entendimento consagrado na Súmula nº 716 do STF: "Admite-se a progressão de regime de cumprimento da pena ou a aplicação imediata de regime menos severo nela determinada, antes do trânsito em julgado da sentença condenatória".

Conforme entendimento do STJ, o processo de execução criminal provisória pode ser formado ainda que haja recurso de apelação interposto pelo Ministério Público pendente de julgamento, não sendo este óbice à obtenção de benefícios provisórios na execução da pena.[17]

Imaginemos, por exemplo, o réu preso em flagrante pela prática do crime de homicídio simples (CP, art. 121), sendo convertida em prisão preventiva, mantida até o momento da sentença, proferida um ano após a prisão do agente. Na sentença, o juiz condenou o réu, aplicando-lhe a pena de 6 anos de reclusão. O Ministério Público e a defesa interpuseram recurso de apelação, não havendo, pois, trânsito em julgado da sentença penal condenatória, razão pela qual se trata de execução provisória da pena. Como se trata de crime praticado com violência à pessoa, sendo primário, o réu terá de cumprir 25% da pena, para postular a progressão de regime (LEP, art. 112, III), ou seja, um ano e seis meses. Considerando que está preso há mais de um ano, terá de cumprir aproximadamente mais 6 meses para postular a progressão de regime, ainda que pendentes de julgamentos os recursos interpostos.

Na eventualidade de provimento do recurso interposto pelo Ministério Público, para majorar a pena, cumprirá ao Juízo da Execução Penal determinar a retificação da guia de recolhimento, mantendo o apenado no regime mais brando, se preenchido o requisito objetivo mesmo com a majoração da pena, ou determinando seu retorno para o regime anterior, se não atingido o requisito objetivo por força da majoração da pena.

2.10.3 Execução provisória de réu solto

Sem dúvidas, um dos temas que mais ensejou acirrados debates nos últimos anos foi justamente a possibilidade ou não de execução provisória da pena aplicada a réu solto.

Trata-se da hipótese de o réu ter respondido a todo o processo em liberdade, mas que, ao final, restou condenado por sentença ainda recorrível. A celeuma reside na possibilidade ou não de ser promovida a execução provisória da sentença condenatória, expedindo-se mandado de prisão contra o réu.

Era pacífico o entendimento no sentido da possibilidade da execução provisória de réu solto. Todavia, no dia 5-2-2009, o Plenário do STF alterou esse entendimento. Com efeito, no HC nº 84.078/MG, de relatoria do então Min. Eros Grau, o STF considerou inconstitucional

---

17. STJ, HC nº 328685/SP, rel. Min. Ribeiro Dantas, 5ª T., j. 4-10-2016.

a execução antecipada da pena, por violação do princípio da presunção da inocência e da dignidade da pessoa humana.[18]

No dia 17-2-2016, o Plenário do STF, por maioria, alterou o entendimento, passando a considerar a possibilidade de execução antecipada da sentença penal condenatória, sob o fundamento de que não há violação do princípio da presunção da inocência. A única ressalva era no sentido de que a execução provisória da sentença dependia de decisão proferida por Tribunal de Segundo Grau de Jurisdição, confirmando a sentença condenatória, ou reformando sentença absolutória, com prolação de acórdão condenatório.[19]

No dia 7-11-2019, o STF, no julgamento das Ações Declaratórias de Constitucionalidade nºs 43, 44 e 54, por apertada maioria, alterou, uma vez mais, o entendimento da Corte Suprema, passando a considerar a vedação da execução provisória da pena imposta a réu solto. Eis a ementa:

> Pena – Execução provisória – Impossibilidade – Princípio da não culpabilidade. Surge constitucional o art. 283 do CPP, a condicionar o início do cumprimento da pena ao trânsito em julgado da sentença penal condenatória, considerado o alcance da garantia versada no art. 5º, LVII, da CF, no que direciona a apurar para, selada a culpa em virtude de título precluso na via da recorribilidade, prender, em execução da sanção, a qual não admite forma provisória.[20]

Em síntese, o atual entendimento do STF é no sentido de que a execução penal antes do trânsito em julgado não é compatível com a Constituição Federal, e a ordem de prisão decretada antes desse marco processual deve se revestir dos requisitos da prisão preventiva, sob pena de ofensa ao princípio de presunção de não culpabilidade.

2.11 PROGRESSÃO DE REGIME

2.11.1 Introdução

Nos termos do art. 33, § 2º, do CP, as penas privativas de liberdade devem ser executadas de forma progressiva, de acordo com o mérito do condenado. Em outras palavras, adota-se no Brasil o sistema progressivo de cumprimento de pena, no qual o condenado, após cumprir parte da pena e demonstrar merecimento, passará gradativamente de um regime mais severo para outro mais brando.

Conforme o art. 112 da LEP, para obtenção da progressão de regime, o apenado deverá preencher o requisito de caráter objetivo, consistente no tempo de cumprimento de pena, e de caráter subjetivo, que se refere ao mérito do condenado indicando a oportunidade da transferência.

2.11.2 Requisito objetivo

2.11.2.1 Regime anterior à Lei nº 13.964/2019

O período de cumprimento de pena para obtenção da progressão de regime variava conforme a natureza do crime pelo qual o condenado cumpria pena. Se a condenação não

18. STF, HC nº 84.078/MG, rel. Min. Eros Grau, Tribunal Pleno, j. 5-2-2009.
19. STF, HC nº 126.292/SP, rel. Min. Teori Zavascki, Tribunal Pleno, j. 17-2-2016.
20. ADC nº 43/DF, ADC nº 44/DF e ADC nº 54/DF, rel. Min. Marco Aurélio, Plenário, j. 7.11-2019, noticiados no *Informativo* nº 958.

fosse pela prática de crime hediondo ou equiparado, o apenado teria de cumprir 1/6 da pena para implementar o requisito objetivo. Era o que previa o art. 112 da LEP.

Nos termos do revogado art. 2º, § 2º, da Lei nº 8.072/1990, se a condenação decorresse da prática de crime hediondo ou equiparado, o apenado teria de cumprir 2/5 da pena, se fosse primário, e 3/5 da pena, se reincidente.

Todavia, a Lei nº 13.964/2019 alterou profundamente o art. 112 da LEP, estabelecendo novos parâmetros para a progressão de regime, considerando a primariedade ou reincidência do condenado, bem como a natureza do crime, se praticado com ou sem violência ou grave ameaça, levando-se em conta, ainda, se o crime é hediondo ou equiparado ou não.

2.11.2.2 Prazos para crimes não hediondos ou equiparados

Nos termos do art. 112 da LEP, com a redação dada pela Lei nº 13.964/2019, o condenado por crime não hediondo ou equiparado, terá de cumprir ao menos:

a) 16% da pena, se for primário e o crime tiver sido cometido sem violência à pessoa ou grave ameaça (inc. I);

Pela redação original do art. 112 da LEP, o condenado teria de cumprir mais de 1/6 da pena, para implementar o requisito objetivo para progressão de regime. Assim, se aplicada pena de 6 anos, o apenado teria de cumprir mais de um ano para progredir de regime.

A partir da alteração introduzida pela Lei nº 13.964/2019, o art. 112, I, da LEP passou a prever que o apenado primário, condenado por crime praticado sem violência ou grave ameaça, terá de cumprir ao menos 16% da pena, para progredir de regime.

E aqui surge uma inusitada situação. Em relação a esse inc. I do art. 112 da LEP, a lei nova é mais benéfica, devendo, pois, retroagir para alcançar fatos praticados antes da sua vigência.

Isso porque, diversamente do que se poderia supor numa simples comparação matemática, 16% da pena representa menos tempo de cumprimento do que a fração de 1/6. Explica-se: O condenado à pena de 6 anos, pela redação anterior, teria de cumprir 1/6 da pena para postular a progressão de regime, o que representa o cumprimento de um ano. Com a redação atual, o condenado terá de cumprir 16% da pena para progressão de regime, ou seja, aproximadamente 11 meses e 15 dias. Logo, nesse particular, a lei nova é mais benéfica, devendo retroagir para alcançar fatos praticados antes da sua vigência.

b) 20% da pena, se o apenado for reincidente em crime cometido sem violência à pessoa ou grave ameaça (inc. II);

Basta que o agente seja reincidente em crime praticado sem violência ou grave ameaça, ainda que de tipos penais distintos, para incidir o período de 20% da pena, para implementação do requisito objetivo. Não se exige, pois, que a reincidência seja específica.

Note-se que o percentual de 20% de tempo de cumprimento de pena refere-se ao agente reincidente em crime praticado sem violência à pessoa ou grave ameaça. Assim, se o agente depois de definitivamente condenado pelo crime de estelionato (CP, art. 171), praticar o crime de furto (CP, art. 155), por ser reincidente em crime praticado sem violência ou grave ameaça, deverá cumprir ao menos 20% da pena para preencher o requisito objetivo.

Assim, se, por exemplo, for aplicada pena de um ano em relação ao crime de estelionato (CP, art. 171), e de dois anos, em relação ao crime de furto (CP, art. 155), totalizando três anos, o condenado terá de cumprir ao menos 20% da pena, ou seja, pouco mais de sete meses, para implementar o requisito objetivo.

A celeuma surge na hipótese de o agente ter sido definitivamente condenado por crime praticado com violência ou grave ameaça e depois cometer novo crime, mas agora sem violência ou grave ameaça. O agente, sem dúvida, é reincidente, mas não por crime praticado sem violência ou grave ameaça.

E, nesse caso, o legislador silenciou quanto ao tempo de pena que deverá ser cumprido para a progressão de regime.

Imaginemos a seguinte situação: agente condenado definitivamente pelo crime de roubo (CP, art. 157) e depois comete crime de furto (CP, art. 155). Trata-se de condenado reincidente, mas não em crime praticado sem violência ou grave ameaça. Essa hipótese não foi contemplada pelo legislador, razão pela qual surge a dúvida acerca do tempo de cumprimento de pena necessário para obtenção da progressão de regime.

Em relação ao crime de furto (CP, art. 155), ainda que reincidente, evidentemente não incidirá o percentual de 30%, já que destinado ao reincidente em crime praticado com violência ou grave ameaça. Logo, em relação ao crime de furto, diante da omissão do legislador, o agente terá de cumprir 20% da pena, já que mais favorável do que a hipótese do inc. IV do art. 112 da LEP.

Essa solução, contudo, não pode se revestir em benefício pleno ao apenado reincidente, a ponto de ser compelido a cumprir o percentual de 20% sobre a pena total, considerando a unificação das penas impostas aos crimes de roubo e de furto.

Consideremos que tenha sido imposta a pena de quatro anos pelo crime de roubo e de dois anos em relação ao crime de furto, totalizando a seis anos. Se aplicado o percentual de 20% sobre o total da pena, bastaria o apenado cumprir aproximadamente 1 ano e 3 meses para postular a progressão de regime.

Parece-nos mais adequado considerar o percentual de 25% sobre a pena de 4 anos, imposta ao crime de roubo (LEP, art. 112, III), já que, em relação a esse delito, o agente era primário, acrescido, diante da omissão do legislador, do percentual de 20% em relação à pena de dois anos, aplicada pelo crime de furto (LEP, art. 112, II). Teríamos, assim, um ano, em relação ao crime de roubo, mais, aproximadamente, cinco meses, em relação ao crime de furto. Logo, o apenado teria de cumprir o equivalente a um ano e cinco meses, para implementar o requisito objetivo.

c) **25% da pena, se o apenado for primário e o crime tiver sido cometido com violência à pessoa ou grave ameaça (inc. III);**

Sendo primário, condenado por crime praticado com violência ou grave ameaça à pessoa, o agente terá de cumprir ao menos 25% da pena para postular a progressão de regime.

Assim, o agente primário, condenado pelo crime de roubo à pena de cinco anos, terá de cumprir um ano e três meses de pena, para postular a progressão de regime.

d) **30% da pena, se o apenado for reincidente em crime cometido com violência à pessoa ou grave ameaça (inc. IV);**

Basta que o agente seja reincidente em crime praticado com violência ou grave ameaça, ainda que de tipos penais distintos, para incidir o período de 30% da pena. Não se exige, pois, que a reincidência seja específica. Assim, se o agente, definitivamente condenado por crime de roubo (CP, art. 157), praticar, após, crime de extorsão (CP, art. 158), terá de cumprir 30% da pena total, para implementar o requisito objetivo.

Se, por exemplo, for aplicada pena de quatro anos em relação ao crime de roubo (CP, art. 157), e de seis anos, em relação ao crime de extorsão (CP, art. 158), totalizando 10 anos, o condenado terá de cumprir ao menos 30% da pena, ou seja, três anos, para implementar o requisito objetivo.

O percentual de 30% para o cumprimento da pena refere-se ao agente reincidente em crime praticado com violência à pessoa ou grave ameaça. Assim, se a reincidência não for por crimes praticados com violência ou grave ameaça, não incidirá esse percentual gerando a dúvida acerca do percentual que deve ser aplicado.

Nesse caso, diante da omissão legislativa, deve-se adotar o percentual mais favorável ao condenado, qual seja, o de 25% (LEP, art. 112, III).

Consideremos que tenha sido imposta a pena de um ano de reclusão pela prática do crime de furto, e cinco anos de reclusão, em relação à prática de crime de roubo, sendo o réu reincidente, totalizando seis anos. Não será possível aplicar o percentual de 30%, já que, embora reincidente, o réu não é reincidente em crime cometido com violência ou grave ameaça. Logo, em relação ao crime de roubo, deve-se aplicar o percentual mais favorável ao condenado, qual seja, 25% (LEP, art. 112, III), acrescido de 16% em relação à pena imposta ao crime de furto (já que em relação a esse delito, o apenado não era reincidente).

2.11.2.3 *Prazos para crimes hediondos ou equiparados*

Os crimes hediondos são aqueles previstos no art. 1º da Lei nº 8.072/1990, sendo considerados equiparados a hediondos os crimes de tráfico ilícito de drogas, terrorismo e tortura.

Para a verificação do tempo de cumprimento da pena em relação a crimes dessa natureza, o legislador considerou a primariedade ou não do agente, bem como se resultou ou não na morte da vítima.

Nos termos do art. 112 da LEP, com a redação dada pela Lei nº 13.964/2019, o condenado por crime hediondo ou equiparado, terá de cumprir ao menos:

a) **40% da pena, se o apenado for condenado pela prática de crime hediondo ou equiparado, se for primário (inc. V);**

Pela antiga redação do art. 2º, § 1º, da Lei nº 8.072/1990, o condenado por crime hediondo ou equiparado, teria de cumprir 2/5 da pena, se primário. A partir da alteração introduzida pela Lei nº 13.964/2019, o art. 112, V, da LEP passou a prever que o apenado primário, condenado por crime hediondo ou equiparado, sem resultado morte, terá de cumprir ao menos 40% da pena, para progredir de regime.

Vê-se, pois, que a contagem em fração foi transformada em percentual, não havendo, ao final, alteração em relação ao tempo de cumprimento da pena.

Assim, o agente primário, condenado à pena de 10 anos pela prática do crime de estupro de vulnerável (CP, art. 217-A), terá de cumprir ao menos 4 anos, para postular a progressão de regime.

b) **50% da pena, se o apenado for condenado pela prática de crime hediondo ou equiparado, com resultado morte, se for primário, vedado o livramento condicional, bem como por exercer o comando, individual ou coletivo, de organização criminosa estruturada para a prática de crime hediondo ou equiparado (inc. VI);**

O art. 112, V, da LEP contempla duas situações distintas na hipótese de condenação por crime hediondo ou equiparado.

A primeira diz respeito ao condenado pela prática de crime hediondo ou equiparado, com resultado morte, se for primário, vedado o livramento condicional. Assim, o agente condenado à pena de 12 anos pela prática do crime de homicídio qualificado pelo motivo torpe (CP, art. 121, § 2º, I) terá de cumprir ao menos 6 anos de pena, para postular a progressão de regime.

Ressalta-se que, nesse caso, segundo expressa previsão da parte final do art. 112, VI, *a*, da LEP, o condenado por crime hediondo, com resultado morte, não terá direito ao benefício do livramento condicional.

Da mesma forma, terá de cumprir ao menos 50% da pena o condenado que exercer o comando, individual ou coletivo, de organização criminosa estruturada para a prática de crime hediondo ou equiparado. Note-se que, nesse caso, independe se o agente é primário ou reincidente, sendo suficiente que seja condenado por exercer papel de comando na organização criminosa estruturada para a prática de crime hediondo ou equiparado.

c) **60% da pena, se o apenado for reincidente na prática de crime hediondo ou equiparado;**

Sendo reincidente em crime hediondo ou equiparado, o condenado terá de cumprir 60% da pena, para a obtenção da progressão de regime.

A Lei exige que o agente seja reincidente específico em crimes de natureza hedionda, não sendo necessário, pois, que seja pela prática do mesmo crime. Assim, o agente que registra condenação definitiva por crime de estupro (CP, art. 213) e depois pratica crime de tráfico ilícito de drogas (Lei nº 11.343/2006), terá de cumprir 60% da pena, para postular a progressão de regime. Se, por exemplo, o agente foi condenado à pena de 7 anos pelo crime de estupro, e a 8 anos, em relação ao crime de tráfico ilícito de drogas, totalizando 15 anos, terá de cumprir 9 anos de pena, para postular a progressão de regime.

Essa hipótese revela outra situação inusitada de lei posterior mais benéfica ao condenado. Explica-se:

Conforme entendimento consolidado pelo STJ, considerando a redação do revogado art. 2º, § 2º, da Lei nº 8.072/1990, era irrelevante que a reincidência fosse específica em crime hediondo para a aplicação da fração de 3/5 na progressão de regime, já que não havia distinção entre as condenações anteriores, se por crime comum ou por delito hediondo.[21]

Todavia, com as modificações introduzidas pela Lei nº 13.964/2019, a fração de 3/5, que corresponde a 60%, deve ser aplicada somente aos reincidentes em crimes hediondos ou equiparados. Ou seja, não contempla a hipótese de o agente condenado por crime hediondo ou equiparado ser reincidente em face de condenação definitiva anterior por crime comum.

Nesse caso, se o agente condenado por crime hediondo ou equiparado for reincidente em decorrência de anterior condenação definitiva por crime comum, não incide o percentual de 60%, devendo, por conta da omissão legislativa e da analogia *in bonam partem*, ser aplicado o percentual de 40%,[22] em relação ao crime hediondo ou equiparado, mais o percentual correspondente ao crime comum anteriormente praticado.

Consideremos a hipótese de o agente ter sido definitivamente condenado pela prática do crime de roubo simples (CP, art. 157), sendo-lhe aplicada a pena de seis anos. Após, pratica o crime de estupro de vulnerável (CP, art. 217-A), sendo condenado à pena de 10 anos. Trata-se de condenado reincidente, mas não por crime hediondo ou equiparado.

---

21. STJ, AgRg no HC nº 521434/SP, rel. Min. Sebastião Reis Júnior, 6ª T., j. 1º-10-2019.
22. STJ, AgRg no HC nº 613268/SP, rel. Min. Reynaldo Soares da Fonseca, 5ª T., j. 9-12-2020.

Pela sistemática anterior, o apenado deveria cumprir 3/5 da pena em relação ao crime de estupro de vulnerável, ou seja, 6 anos, mais 1/6 da pena em relação ao delito de roubo, ou seja, 1 ano, totalizando 7 anos de pena, para obter a progressão de regime.

Com o novo sistema de cálculo para a progressão de regime, o apenado terá de cumprir 40% da pena (LEP, art. 112, V), em relação ao crime hediondo, mais 30% da pena, em relação ao crime de roubo, já que reincidente (LEP, art. 112, IV). Considerando o exemplo acima, o apenado terá de cumprir 4 anos, em relação ao crime de estupro de vulnerável, mais um ano e oito meses, aproximadamente, em relação ao crime de roubo, totalizando, aproximadamente, cinco anos e oito meses de cumprimento de pena, para progressão de regime.

Surge, nesse aspecto, mais um problema: como resolver a aplicação da lei mais benéfica? Sim, porque em relação ao crime comum, a *lei anterior é mais benéfica,* já em relação ao crime hediondo, a *lei posterior se mostra mais benéfica*. Seria possível a combinação de leis, considerando a fração de 1/6 (lei revogada), em relação ao crime comum, e o percentual de 40% (lei nova), em relação ao crime hediondo?

Nesse particular, consideramos que deva ser aplicado o entendimento adotado na Súmula nº 501 do STJ,[23] que veda a combinação de leis. Deve-se, nesse caso, considerar a aplicação integral de uma das leis, levando-se em conta a que se mostrar mais favorável ao condenado.

No exemplo anterior, adotando-se o critério da norma revogada (3/5 em relação ao crime hediondo, mais 1/6 em relação ao crime comum), o condenado teria de cumprir sete anos de pena, para obtenção da progressão de regime, enquanto pela nova redação do art. 112 da LEP (40% em relação ao crime hediondo, mais 30% em relação ao crime comum, praticado com violência ou grave ameaça, sendo o agente reincidente), teria de cumprir, aproximadamente, 5 anos e 8 meses. Logo, a lei nova, por ser na íntegra mais benéfica, deverá retroagir para alcançar os fatos praticados antes da sua vigência.

Tratando de tema semelhante, o STJ decidiu da seguinte forma:

> Agravo regimental no *habeas corpus*. Execução penal. Tráfico. Receptação. Progressão de regime. Retroatividade. Aplicação integral da lei mais benéfica. Combinação de leis. Impossibilidade. Agravo improvido. 1. Não há que falar em *reformatio in pejus*, haja vista que o Tribunal de origem, ao decidir pela retificação do cálculo de penas do sentenciado, para aplicação dos lapsos de progressão de regime de 40% para o crime equiparado a hediondo (tráfico de drogas) e 20% ao crime comum, cometido sem violência ou grave ameaça (receptação), por ser réu reincidente, apenas aplicou a lei penal mais benéfica ao caso concreto, isto é, o art. 112, II e V, da Lei de Execução Penal. 2. Foi pacificado pela Terceira Seção desta Corte, sobre a combinação de leis, em face do princípio da retroatividade da lei penal mais benéfica (art. 5º, XL, da Constituição da República), ser devido o exame, no caso concreto, "de qual diploma legal, em sua integralidade, é mais favorável" (EREsp nº 1.094.499/MG, rel. Min. Felix Fischer, 3ª Seção, *DJe* 18-8-2010). 3. Agravo regimental improvido.[24]

---

23. Súmula nº 501 STJ: "É cabível a aplicação retroativa da Lei nº 11.343/2006, desde que o resultado da incidência das suas disposições, na íntegra, seja mais favorável ao réu do que o advindo da aplicação da Lei nº 6.368/1976, sendo vedada a combinação de leis".

24. STJ, AgRg no HC nº 636197/SP, rel. Min. Nefi Cordeiro, 6ª T., j. 2-3-2021.

d) 70% da pena, se o apenado for reincidente em crime hediondo ou equiparado com resultado morte, vedado o livramento condicional.

Se o condenado for reincidente em crime hediondo ou equiparado com resultado morte, deverá cumprir 70% da pena, para obtenção da progressão de regime. Imaginemos que o agente tenha praticado o crime de homicídio qualificado, sendo definitivamente condenado à pena de 12 anos. Depois, pratica novo crime hediondo com resultado morte, como, por exemplo, o crime de estupro qualificado (CP, art. 213, § 2º), sendo aplicada a pena de 18 anos, totalizando 30 anos. Nesse caso, o agente terá de cumprir 70% da pena, ou seja, 21 anos, para postular a progressão de regime.

Se o agente for reincidente, mas não por crime hediondo com resultado morte, não poderá ser adotado o percentual de 70% da pena, para obtenção da progressão de regime. Nesse caso, surgem duas situações: a) o agente condenado por crime hediondo com resultado morte é reincidente, mas por força de anterior condenação definitiva por crime comum; b) o agente condenado por crime hediondo com resultado morte é reincidente, mas por força de condenação definitiva anterior por crime hediondo sem resultado morte.

No primeiro caso, o agente condenado por crime hediondo com resultado morte terá de cumprir 50% da pena, mais o percentual correspondente ao crime comum (20%, ou 30%).

No segundo caso, o agente condenado por crime hediondo com resultado morte terá de cumprir 60% da pena, já que, embora não seja em relação a crime hediondo ou equiparado com resultado morte, é reincidente em crime dessa natureza, incidindo, portanto, o disposto no art. 112, VII, da LEP, mediante aplicação da *analogia in bonam partem*.

2.11.2.4 Condenado pela prática do crime de constituição de milícia privada

Nos termos do art. 112, VI, *c*, da LEP, o agente condenado pela prática do crime de constituição de milícia privada deverá cumprir mais de 50%, para obtenção da progressão de regime.

Logo, se, por exemplo, o agente foi definitivamente condenado pela prática do crime previsto no art. 288-A do CP, terá de cumprir mais de 50% da pena, independentemente se primário ou reincidente.

2.11.2.5 Súmula nº 715 do STF

Conforme a Súmula nº 715 do STF, o lapso temporal para a progressão de regime deverá considerar a pena total, não sendo observado, para tal fim, o limite de 30 anos previsto no art. 75 do CP. Registre-se que a Lei nº 13.964/2019 alterou a redação do art. 75 do CP, passando a prever 40 anos como tempo limite de cumprimento de pena.

Logo, se, por exemplo, o condenado registrar pena total de 70 anos, é sobre essa pena total que incidirão os prazos para obtenção de benefícios carcerários, e não sobre o limite de cumprimento de pena previsto no art. 75 do CP.

2.11.3 Requisito subjetivo

Conforme se extrai do art. 112, § 1º, da LEP, além da implementação do requisito objetivo, deverá o condenado registrar boa conduta carcerária, comprovada pelo diretor do estabelecimento, revelando, assim, mérito para a progressão de regime.

Boa conduta carcerária guarda relação com uma série de requisitos de ordem pessoal, tais como autodisciplina, senso de responsabilidade do sentenciado e esforço voluntário e responsável em particular do conjunto de atividades destinadas à sua harmônica integração social, avaliado de acordo com seu comportamento perante o delito praticado, seu modo de vida e sua conduta carcerária.

Para a comprovação do requisito subjetivo, a regra é a de que basta o atestado de boa conduta carcerária emitido pelo diretor do estabelecimento carcerário, sendo dispensado o exame criminológico.

Todavia, dependendo das circunstâncias do caso concreto o Ministério Público poderá requerer a realização e o juiz, fundamentadamente, deferir a realização do exame criminológico. É nesse sentido, aliás, a Súmula nº 439 do STJ, segundo a qual "Admite-se o exame criminológico pelas peculiaridades do caso, desde que em decisão motivada".

2.11.4 Progressão de regime no caso de mulher gestante ou que for mãe ou responsável por crianças ou pessoas com deficiência

Nos termos do art. 112, § 3º, da Lei nº 7.210/1984, incluído pela Lei nº 13.769/2018, a progressão de regime no caso de mulher gestante ou que for mãe ou responsável por crianças ou pessoas com deficiência depende do preenchimento de requisitos específicos.

Os requisitos são cumulativos, e, uma vez preenchidos, permitem a progressão de regime em menor tempo da mulher gestante ou que for mãe ou responsável por crianças ou pessoas com deficiência.

Essa modalidade específica de progressão de regime alcança a mulher gestante, bem como a mãe ou responsável por crianças ou pessoas com deficiência. Nesse último caso, não se exige seja necessariamente a mãe, mas qualquer mulher comprovadamente responsável por crianças ou pessoas com deficiência, como, por exemplo, a avó ou tia da criança ou pessoa com necessidades especiais em razão da sua deficiência.

Os requisitos para progressão de regime são, cumulativamente: a) não ter cometido crime com violência ou grave ameaça a pessoa; b) não ter cometido o crime contra seu filho ou dependente; c) ter cumprido ao menos 1/8 da pena no regime anterior; d) ser primária e ter bom comportamento carcerário, comprovado pelo diretor do estabelecimento; e) não ter integrado organização criminosa (LEP, art. 112, § 3º).

Portanto, a mulher gestante, bem como a mãe ou responsável por crianças ou pessoas com deficiência condenada por crime praticado sem violência ou gave ameaça a pessoa, contra vítima que não seja seu filho ou dependente, primária, com bom comportamento carcerário, e não integra organização criminosa, poderá obter a progressão de regime cumprindo 1/8 da pena.

E aqui se instala outra celeuma. O art. 2º, § 2º, da Lei nº 8.072/1990 viabilizava a possibilidade da progressão de regime especial para mulher gestante, bem como à mãe ou responsável por crianças ou pessoas com deficiência condenada por crime hediondo, já que, em sua parte final, havia expressa remissão ao art. 112, §§ 3º e 4º, da LEP. Todavia, esse artigo foi revogado pela Lei nº 13.964/2019, notadamente em decorrência da alteração dos prazos para progressão de regime a condenados por crime hediondo ou equiparado, que passaram a seguir os percentuais estabelecidos no art. 112 da Lei nº 7.210/1984; o legislador, contudo, silenciou quanto à parte final do revogado art. 2º, § 2º, da Lei nº 8.072/1990, que permitia, desde que preenchidos todos os requisitos, a progressão de regime especial para mulher gestante, bem como à mãe ou responsável por crianças ou pessoas com deficiência.

Com as alterações legislativas, Cléber Masson defende a impossibilidade da progressão de regime especial para mulher gestante, bem como à mãe ou responsável por crianças ou pessoas com deficiência condenada por crime hediondo ou equiparado, afirmando que:

> Na hipótese de crime hediondo ou equiparado, deverão ser respeitados os índices de 40%, 50%, 60% ou 70%, dependendo da primariedade ou reincidência, e de eventual resultado morte (LEP art. 112, V, VI, *a*, VII e VIII). Vale destacar que o art. 2º, § 2º, da Lei nº 8.072/1990, que admitia a progressão especial para mulher gestante ou que for mãe ou responsável por crianças ou pessoas com deficiência nos crimes hediondos ou equiparados, foi expressamente revogado pelo art. 19 da Lei nº 13.964/2019 ("Pacote Anticrime").[25]

Ousamos discordar do nobre Promotor de Justiça. O legislador, à evidência, revogou o disposto no art. 2º, § 2º, da Lei nº 8.072/1990 em face da alteração dos lapsos temporais para a progressão de regime para condenados por crimes hediondos ou equiparados, deixando de reproduzir a parte final do referido artigo, que previa a possibilidade de progressão especial à mãe ou responsável por crianças ou pessoas com deficiência condenada por crime hediondo ou equiparado.

Com efeito, refoge à razoabilidade conferir um benefício em 2018 e excluí-lo em 2019. Não nos parece ser essa a *mens legis* idealizada pelo legislador, até porque, se pretendesse a exclusão do benefício, teria incluído como requisito no art. 112, § 3º, da Lei nº 7.210/1984 não ter a gestante ou mãe ou responsável por crianças ou pessoas com deficiência praticado crime hediondo ou equiparado.

Além disso, entendimento contrário afronta, na nossa visão, sobremaneira o princípio da isonomia, já que as gestantes ou mães ou responsáveis por crianças ou pessoas com deficiência que praticaram, por exemplo, o crime de tráfico de drogas até o dia 22-1-2020 teriam direito ao regime especial de progressão de regime, mediante o cumprimento de 1/8 da pena, ao passo que as mulheres nas mesmas condições que praticaram o mesmo crime depois do dia 23-1-2020, terão de cumprir 40% da pena para obtenção da progressão de regime. Ou seja, as gestantes ou mães ou responsáveis por crianças ou pessoas com deficiência que praticaram tráfico de drogas antes do dia 23-1-2020 terão de cumprir 12,5% da pena (correspondente a 1/8), para progressão de regime, desde que preenchidos os demais requisitos, ao passo que aquelas que praticaram o mesmo delito a partir desse dia terão de cumprir 40% da pena, para a progressão de regime. Vê-se, pois, clara violação ao princípio da isonomia.

Poder-se-ia, é verdade, argumentar que essa distinção de tratamento alcançará a todos que praticaram crimes antes e depois da vigência da Lei nº 13.964/2019; todavia, não se pode olvidar que a progressão de regime para gestante ou mãe ou responsável por crianças ou pessoas com deficiência consiste em norma específica, que, à evidência, deve prevalecer sobre a regra geral.

2.11.5 Progressão nos crimes contra a administração pública

Nos termos do art. 33, § 4º, do CP, a progressão de regime nos crimes contra a administração pública ficará condicionada à reparação do dano causado ao erário, devidamente atualizado e com todos os consectários legais, ou à devolução do produto do crime.

---

25. MASSON, Cleber. *Direito penal:* parte geral (arts. 1º a 120). 14. ed. Rio de Janeiro: Forense; São Paulo: Método, 2020. v. 1, p. 490.

Guilherme de Souza Nucci considera o dispositivo em comento inconstitucional, porque "Tal medida é discriminatória e fere não somente a finalidade da pena, prejudicando a individualização, como também lesa o princípio geral da igualdade de todos perante a lei".[26]

No entanto, prevalece o entendimento perante os Tribunais Superiores no sentido de reconhecer a constitucionalidade do art. 33, § 4º, do CP, o qual condiciona a progressão de regime, no caso de crime contra a administração pública, à reparação ou à devolução do produto do ilícito.[27-28-29]

2.11.6 Progressão de regime e organização criminosa

Nos termos do art. 2º, § 9º, da Lei nº 12.850/2013, incluído pela Lei nº 13.964/2019 (Pacote Anticrime):

> O condenado expressamente em sentença por integrar organização criminosa ou por crime praticado por meio de organização criminosa não poderá progredir de regime de cumprimento de pena ou obter livramento condicional ou outros benefícios prisionais se houver elementos probatórios que indiquem a manutenção do vínculo associativo.

Sob o ponto de vista da crença que o recrudescimento do tratamento a integrantes de organização criminosa possa servir de instrumento preventivo e intimidatório, tal medida é extremamente sedutora e contempla o anseio social pela implementação de tratamentos mais rígidos a esse tipo de crime.

Todavia, sob o ponto de vista jurídico e constitucional, consideramos que tal dispositivo afronta a Constituição Federal, uma vez que, em última análise, ressuscita a hipótese de vedação do sistema progressivo da execução da pena, com a imposição do regime integralmente fechado, o que já foi considerado inconstitucional pelo STF.

Com efeito, se expressamente reconhecido na sentença que o condenado integra organização criminosa, havendo elementos probatórios que indiquem a manutenção do vínculo associativo, o condenado não terá direito a progressão de regime, livramento condicional, bem como a outros benefícios prisionais.

O legislador, no empenho de introduzir regras mais rígidas aos condenados que integram organização criminosa, criou uma curiosa hipótese de dilação probatória perante o Juízo de Execução Penal. Isso porque, para ser avaliada a possibilidade de progressão de regime, deve-se previamente reunir provas indicando que o condenado ainda mantém o vínculo associativo.

Parece-nos, no mínimo, inusitada essa exigência; primeiro, porque será instaurado procedimento, no âmbito do Juízo de Execução Penal, para verificar se o agente integra organização criminosa, ou seja, será deflagrada dilação probatória, em seara imprópria, em busca de elementos indicativos no sentido de que o condenado persiste praticando o crime

26. NUCCI, Guilherme de Souza. *Manual de direito penal*. 9. ed. São Paulo: Revista dos Tribunais, 2013. p. 422.
27. STJ, AgRg no REsp nº 1786891/PR, rel. Min. Felix Fischer, 5ª T., j. 23-9-2020.
28. STF, EP 22 ProgReg-AgR, rel. Min. Roberto Barroso, Tribunal Pleno, j. 18-3-2014.
29. É a posição considerada nos concursos públicos: Juiz de Direito TJ/PR (2012); Defensor Público DPE/CE, realizado em 2008, pela CESPE/CEBRASPE; Promotor de Justiça Substituto MPE/SP, realizado em 2019; Analista Judiciário do TRE/MS, realizado em 2013, pela CESPE/CEBRASPE; Juiz Substituto TJ/RR, realizado em 2015, pela banca FCC.

de organização criminosa, previsto no art. 2º da Lei nº 12.850/2013, com o objetivo, em tese, de impedir a progressão de regime.

Vê-se, pois, que tal procedimento não repercutirá apenas na possibilidade da vedação da progressão de regime, mas efetivamente antecipará, em cenário impróprio, a busca de provas acerca de eventual prática de crime praticado por meio de organização criminosa.

Além disso, a possibilidade, ainda que indireta, de vedação da progressão de regime viola o princípio da individualização da pena, como já amplamente decidido pelo STF.[30]

2.11.7 Progressão de regime e colaboração premiada

A Lei nº 12.850/2013, especificamente no seu art. 4º, § 5º, prevê a possibilidade de progressão de regime, sem a necessidade de implementação do requisito objetivo, ao agente que aderiu à colaboração premiada após a sentença.

Embora seja dispensada a implementação do requisito objetivo, o condenado, que passou a colaborar, deverá demonstrar mérito para obtenção do requisito, devendo, pois, preencher o requisito subjetivo, que, invariavelmente, será demonstrado pela própria iniciativa da colaboração.

2.11.8 Progressão por salto

O sistema progressivo de cumprimento de pena exige que, preenchidos os requisitos objetivos e subjetivos, o apenado seja transferido para o regime imediatamente menos rigoroso, sendo vedada a progressão *per saltum*.

Nesse sentido, se estiver cumprindo pena no regime fechado, não será possível ao apenado progredir diretamente para o regime aberto, sendo, pois, no caso, obrigatória a passagem pelo regime semiaberto.

É o que se extrai da própria Exposição de Motivos da Lei de Execução Penal, especificamente no item 120, segundo o qual "Se o condenado estiver no regime fechado não poderá ser transferido diretamente para o regime aberto". Sedimentando esse entendimento, o STJ editou a Súmula nº 491, dispondo que "É inadmissível a chamada progressão *per saltum* de regime prisional".

Há, no entanto, uma ressalva: O condenado que cumpre pena no regime fechado, após ter preenchido todos os requisitos, será transferido diretamente para o regime aberto na falta de estabelecimento adequado para o cumprimento do regime semiaberto. É o que se depreende da própria Súmula Vinculante nº 56 do STF.

2.11.9 Progressão de regime e falta grave

Se, ao longo da execução da pena, o condenado praticar falta grave, uma das consequências é a interrupção do prazo para obtenção da progressão de regime, devendo reiniciar a contagem por inteiro para a implementação do requisito objetivo exigido para o benefício. É o que dispõe o art. 112, § 6º, da Lei nº 7.210/1984: "O cometimento de falta grave durante a execução da pena privativa de liberdade interrompe o prazo para a obtenção da progressão no regime de cumprimento da pena, caso em que o reinício da contagem do requisito objetivo terá como base a pena remanescente".

---

30. STF, HC nº 82.959-7, rel. Min. Marco Aurélio, Tribunal Pleno, j. 23-2-2006.

Antes mesmo da inclusão desse dispositivo pela Lei nº 13.964/2019 ("Pacote anticrime"), o STJ já havia consolidado esse entendimento por meio da Súmula nº 534: "A prática de falta grave interrompe a contagem do prazo para a progressão de regime de cumprimento de pena, o qual se reinicia a partir do cometimento dessa infração".

Assim, se, por exemplo, um agente reincidente pela prática de crime sem violência ou grave ameaça, condenado a 5 anos, em regime fechado, terá de cumprir 20% da pena, ou seja, um ano, para progressão para o regime semiaberto. Imaginemos que no oitavo mês de cumprimento de pena, o condenado pratique falta grave. O prazo para progressão de regime será interrompido, devendo o condenado cumprir, a partir da falta grave, novo prazo de 20% sobre a pena remanescente (4 anos e 4 meses), para o preenchimento do requisito objetivo.

2.12 REGRESSÃO DE REGIME

2.12.1 Hipóteses de regressão de regime

A regressão do regime carcerário consiste na transferência do condenado para regime carcerário mais severo do que aquele em que estava inserido. Assim, se presente uma das hipóteses previstas em lei, o condenado ficará sujeito à transferência para qualquer dos regimes mais rigorosos, podendo regredir para o regime semiaberto ou fechado, se cumpria pena no regime aberto; ou para o regime fechado, se cumpria pena no semiaberto.

Nos termos do art. 118 da LEP, a execução da pena privativa de liberdade ficará sujeita à forma regressiva, com a transferência para qualquer dos regimes mais rigorosos, quando o condenado: a) praticar fato definido como crime doloso ou falta grave; b) sofrer condenação, por crime anterior, cuja pena, somada ao restante da pena em execução, torne incabível o regime (LEP, art. 111); c) o condenado será transferido do regime aberto se, além das hipóteses referidas nos incisos anteriores, frustrar os fins da execução ou não pagar, podendo, a multa cumulativamente imposta.

a) Prática de fato definido como crime doloso ou falta grave (LEP, art. 118, I)

A primeira causa de regressão é a prática de fato definido como crime doloso, pouco importando sua natureza ou espécie. Aliás, a prática de fato definido como crime doloso constitui falta grave, conforme prevê o art. 52 da LEP.

Não é necessário que o crime doloso tenha sido objeto de sentença condenatória transitada em julgado. Quando a lei exige a condenação ou o trânsito em julgado da sentença é ela expressa a respeito dessa circunstância, como aliás o faz o inc. II do art. 118 da LEP.

Esse entendimento é consolidado na Súmula nº 526 do STJ: "O reconhecimento de falta grave decorrente do cometimento de fato definido como crime doloso no cumprimento da pena prescinde do trânsito em julgado de sentença penal condenatória no processo penal instaurado para apuração do fato". Esse também é o entendimento adotado pelo STF.[31]

Para o reconhecimento da regressão do regime carcerário pela prática de crime durante a execução da pena, deve-se viabilizar oitiva prévia do condenado (LEP, art. 118, § 2º).

---

31. STF, EP nº 16 AgR- Terceiro/DF, rel. Min. Roberto Barroso, Tribunal Pleno, j. 1-7-2016, noticiado no *Informativo* nº 382.

A prática de crime culposo ou de contravenção não enseja, obrigatoriamente, a regressão, mas poderá demonstrar que o condenado está frustrando os fins da execução, possibilitando a transferência do regime aberto para qualquer dos mais rigorosos.

O art. 50 da LEP prevê as hipóteses de falta grave.[32] Trata-se de rol taxativo, não sendo cabível a realização de interpretação extensiva ou complementar a fim de ampliar o alcance das condutas ali previstas.[33]

O reconhecimento da prática da falta grave exige prévia instauração de procedimento administrativo disciplinar, assegurando o contraditório e a ampla defesa, incluindo a necessidade de advogado constituído ou nomeado. É o que se extrai da Súmula nº 533 do STJ:

> Para o reconhecimento da prática de falta disciplinar no âmbito da execução penal, é imprescindível a instauração de procedimento administrativo pelo diretor do estabelecimento prisional, assegurado o direito de defesa, a ser realizado por advogado constituído ou defensor público nomeado.

Logo, no caso específico, não incide a Súmula Vinculante nº 5 do STF, já que aplicada somente aos procedimentos de natureza extrapenal.

b) Sofrer condenação, por crime anterior, cuja pena, somada ao restante da pena em execução, torne incabível o regime (LEP, art. 118, II)

Por força do art. 59, III, do CP, o regime inicial do cumprimento das penas privativas de liberdade é determinado pelo juiz da sentença, que deve obedecer aos parâmetros impostos no art. 33, §§ 2º e 3º, do CP.

No entanto, pode ocorrer que, no processo, seja imputada ao acusado a prática de mais de um crime e, nessa hipótese, o juiz deve tomar por base, para a fixação do regime penitenciário, a soma das penas impostas. O total será a diretriz para a determinação do regime.

Se todas as penas forem de detenção, o regime inicial será o semiaberto ou aberto, mas se houver uma de reclusão, poderá ser determinado o regime fechado para o início do cumprimento das reprimendas.

As penas de detenção e de prisão simples, porém, deverão ser cumpridas em regime semiaberto e aberto, após a pena de reclusão. De outro lado, se a soma ultrapassar quatro anos, não poderá ser imposto o regime aberto, seja qual for a espécie da pena privativa de liberdade e, se superar oito anos, sendo uma delas ao menos de reclusão, deve ser determinado o regime fechado.

---

32. "Art. 50. Comete falta grave o condenado à pena privativa de liberdade que:

I – incitar ou participar de movimento para subverter a ordem ou a disciplina;

II – fugir;

III – possuir, indevidamente, instrumento capaz de ofender a integridade física de outrem;

IV – provocar acidente de trabalho;

V – descumprir, no regime aberto, as condições impostas;

VI – inobservar os deveres previstos nos incisos II e V, do artigo 39, desta Lei.

VII – tiver em sua posse, utilizar ou fornecer aparelho telefônico, de rádio ou similar, que permita a comunicação com outros presos ou com o ambiente externo; [Inciso acrescido pela Lei nº 11.466, de 28-3-2007.]

VIII – recusar submeter-se ao procedimento de identificação do perfil genético. [Inciso acrescido pela Lei nº 13.964, de 24-12-2019.]"

33. STJ, HC nº 481699/RS, rel. Min. Sebastião Reis Júnior, 6ª T., j. 12-3-2019.

Pode ocorrer que após o início da execução da pena sobrevenham novas condenações para serem implantadas no processo de execução penal do condenado. Nesse caso, as penas deverão ser somadas, para definição do regime de cumprimento de pena para continuidade da execução penal.

E, nesse caso, compete ao Juiz da Execução Penal determinar a alteração da guia de recolhimento, para fins de implantação da nova condenação, considerando a soma das penas, descontando-se o período já cumprido (LEP, art. 111, parágrafo único). Soma-se assim o restante da pena que estava sendo cumprida com a nova sanção aplicada e o resultado é o parâmetro para a fixação do regime a que deve ser submetido o condenado.

Imaginemos o agente condenado a sete anos, dos quais cumpriu dois anos no regime semiaberto, quando sobreveio nova condenação, agora à pena de seis anos. Considerando o restante da pena que estava sendo cumprida (cinco anos), somada à nova pena (seis anos), o total da pena resultará em 11 anos, ensejando a regressão do regime semiaberto para o fechado, já que as penas somadas ultrapassaram oito anos (CP, art. 33, § 2º, *a*).

Nessas hipóteses, bem como nas hipóteses de prática de fato definido como crime doloso ou falta grave, o condenado deve ser ouvido previamente (LEP, art. 118, § 2º).

c) **O condenado será transferido do regime aberto se, além das hipóteses referidas nos incisos anteriores, frustrar os fins da execução ou não pagar, podendo, a multa cumulativamente imposta.**

Nos termos do art. 118, § 1º, da LEP, "O condenado será transferido do regime aberto se, além das hipóteses referidas nos incisos anteriores, frustrar os fins da execução ou não pagar, podendo, a multa cumulativamente imposta".

Assim, se o condenado adotar postura que revele incompatibilidade com o regime aberto, como, por exemplo, simplesmente abandonar o emprego, poderá ter, após o exercício do contraditório e da ampla defesa, o seu regime carcerário regredido.

A segunda parte do dispositivo, consistente na regressão pelo não pagamento da pena de multa, foi revogada pela Lei nº 9.268/1996, que considerou a multa como dívida de valor para fins de cobrança, sem qualquer possibilidade de repercutir negativamente o seu não pagamento, no direito de liberdade do condenado.

2.12.2 Regressão *per saltum*

Diversamente da progressão de regime, que veda a progressão por salto (Súmula nº 491 do STJ), afigura-se possível a regressão de regime *per saltum*.

Isso porque o art. 118 da LEP não restringe a transferência para o regime imediatamente mais severo, mas para *qualquer* dos regimes mais rigorosos.

É o entendimento adotado pelo STJ:

> Agravo regimental. Embargos declaratórios. Recurso especial. Execução penal. Art. 118, I, da LEP. Falta grave. Cometimento de novo crime. Regressão por salto (aberto para o fechado). Possibilidade. Acórdão em conformidade com a jurisprudência desta Corte. 1. A prática de falta grave, decorrente ou não de nova condenação, justifica a regressão do regime de cumprimento de pena do reeducando, ainda que estabelecido de forma mais gravosa do que a estabelecida na sentença condenatória, sendo admitida a regressão por salto. Precedentes. 2. Agravo regimental improvido.[34]

34. STJ, AgRg nos EDcl no REsp nº 1703504/RO, rel. Min. Maria Thereza de Assis Moura, 6ª T., j. 22-5-2018.

2.13 DIREITOS DO PRESO

Nos termos do art. 38 do CP, "O preso conserva todos os direitos não atingidos pela perda da liberdade, impondo-se a todas as autoridades o respeito à sua integridade física e moral". Esses direitos abrangem tanto o preso definitivo, quanto o provisório.

O art. 41 da LEP arrola, como direitos do preso: alimentação suficiente e vestuário, atribuição de trabalho e sua remuneração; previdência social; constituição de pecúlio; trabalho; descanso e recreação; exercício de atividades profissionais, intelectuais, artísticas e desportivas anteriores, desde que compatíveis com a execução da pena; assistência material, à saúde, jurídica, educacional, social e religiosa; proteção contra qualquer forma de sensacionalismo; entrevista pessoal e reservada com o advogado; visita do cônjuge, da companheira, de parentes e amigos em dias determinados; chamamento nominal; igualdade de tratamento salvo quanto às exigências da individualização da pena; audiência especial com o diretor do estabelecimento; representação e petição a qualquer autoridade, em defesa de direito; contato com o mundo exterior por meio de correspondência escrita, da leitura e de outros meios de informação que não comprometam a moral e os bons costumes; atestado de pena a cumprir, emitido anualmente, sob pena da responsabilidade da autoridade judiciária competente.

2.14 TRABALHO DO PRESO

O trabalho do preso será sempre remunerado, sendo-lhe garantidos os benefícios da Previdência Social (CP, art. 39).

O trabalho do preso constitui um direito (LEP, art. 41, II) e um dever (LEP, art. 39, V). O condenado à pena privativa de liberdade está obrigado ao trabalho na medida de suas aptidões e capacidade (LEP, art. 31), não podendo, contudo, ser-lhe imposto trabalho forçado, desumano ou cruel, que é constitucionalmente proibido (CF, art. 5º, XLVII, *c*).

A jornada normal de trabalho interno não será inferior a seis, nem superior a oito horas, com descanso nos domingos e feriados (LEP, art. 33).

O trabalho do preso, mesmo não estando sujeito ao regime da legislação trabalhista, será remunerado, mediante prévia tabela, não podendo ser inferior a três quartos do salário-mínimo (LEP, art. 29).

No regime fechado, o trabalho será em comum dentro do estabelecimento, na conformidade das aptidões ou ocupações anteriores do condenado, desde que compatíveis com a execução da pena (LEP, art. 34, § 2º).

O trabalho externo será admissível para os presos em regime fechado somente em obras ou serviços públicos realizados por órgãos da administração direta ou indireta, ou entidades privadas (mediante consentimento do preso), desde que tomadas as cautelas contra a fuga e em favor da disciplina (LEP, art. 36).

Além de autorizada pela administração do estabelecimento e dependente da aptidão, disciplina e responsabilidade do condenado, a prestação de trabalho externo estará condicionada, nesse caso, ao cumprimento mínimo de 1/6 da pena (LEP, art. 37).

Tratando-se de regime semiaberto, o trabalho será realizado em comum durante o período diurno, em colônia agrícola, industrial ou estabelecimento similar, admitindo-se o trabalho externo, bem como a frequência a cursos supletivos profissionalizantes, de instrução de segundo grau ou superior (CP, art. 35, §§ 1º e 2º).

2.15 REMIÇÃO

2.15.1 Conceito

A remição é um benefício que o apenado recebe por desempenhar atividade laboral ou relacionada a estudo, consistente no abatimento de parte da pena privativa de liberdade pelo trabalho ou pelo estudo.

Pode-se, pois, definir a remição como um direito do condenado em deduzir o tempo de duração da pena privativa de liberdade cumprida em regime fechado ou semiaberto pelo trabalho prisional ou pelo estudo. Trata-se de um meio de abreviar ou extinguir parte da pena.

A remição consiste em importante fonte de ressocialização do apenado, estimulando-o, por meio do trabalho ou estudo, a abandonar o ócio e se ocupar com atividades que lhe proporcionem cumprir pena em menos tempo.

A remição não reduz o total da pena imposta ao condenado, mas abrevia o tempo de sua duração, sendo computada como pena cumprida, para todos os efeitos (LEP, art. 128), como, por exemplo, para obtenção dos benefícios da progressão de regime, livramento condicional e indulto.

2.15.2 Beneficiários

A remição é um direito privativo dos condenados que estejam cumprindo a pena em regime fechado ou semiaberto (LEP, art. 126, *caput*), não se aplicando, assim, ao que se encontra em regime aberto, já que a este incumbe submeter-se aos papéis sociais e às expectativas derivadas do regime que lhe concede, objetivamente, a liberdade do trabalho contratual. Esse, aliás, é o entendimento consolidado pelo STJ.[35]

Pela mesma razão, aliás, não se concede a remição ao liberado condicional. Também não tem direito à remição o submetido a pena de prestação de serviço à comunidade, pois o trabalho, nessa espécie de sanção, constitui, essencialmente, o cumprimento da pena.

Em que pese o art. 126 da LEP fazer expressa referência a "condenado", consideramos que o preso provisório também faz jus à remição pelo trabalho ou estudo, computando-se tal período na pena privativa de liberdade futuramente imposta, assim como no caso da detração.

Nos termos da Súmula nº 562 do STJ: "É possível a remição de parte do tempo de execução da pena quando o condenado, em regime fechado ou semiaberto, desempenha atividade laborativa, ainda que extramuros". Logo, tem direito à remição o apenado que exerce atividade laboral dentro e fora do estabelecimento carcerário.

2.15.3 Contagem da remição pelo trabalho

Nos termos do art. 126, § 1º, II, da LEP, a contagem de tempo para fins de remição pelo trabalho é feita à razão de um dia de pena por três de trabalho.

Somente podem ser considerados para os fins da remição os dias em que o condenado desempenhar sua atividade laboral durante a jornada completa de trabalho, que nunca

35. STJ, AgInt nos EDcl no HC nº 475842/SP, rel. Min. Felix Fischer, 5ª T., j. 12-3-2019.

poderá ser inferior a seis nem superior a oito horas, obedecida a lei local quanto à jornada mínima.

Na hipótese da jornada de trabalho excedente à oitava hora diária, poderão ser somadas as horas trabalhadas após a jornada máxima legalmente prevista, a fim de que, atingindo seis horas, sejam computadas como um dia para fins de remição. Esse é o entendimento do STF[36] e do STJ.[37]

Se a jornada for inferior a seis horas, sem que tenha sido imposta por determinação da Administração do estabelecimento carcerário, as horas trabalhadas não poderão ser computadas no cálculo da remição da pena.[38] Assim, se, por exemplo, o condenado desenvolver atividade laboral aos sábados, com jornada diária de quatro horas, as horas trabalhadas não poderão ser somadas e incluídas no cálculo da remição da pena.

Todavia, o STF consolidou entendimento no sentido de que

> é obrigatório o cômputo de tempo de trabalho nas hipóteses em que o sentenciado, por determinação da administração penitenciária, cumpra jornada inferior ao mínimo legal de 6 (seis) horas, vale dizer, em que essa jornada não derive de ato de insubmissão ou de indisciplina do preso, diante dos princípios da segurança jurídica e da proteção da confiança, que tornam indeclinável o dever estatal de honrar o compromisso de remir a pena do sentenciado, legítima contraprestação ao trabalho prestado por ele na forma estipulada pela administração penitenciária, sob pena de desestímulo ao trabalho e à ressocialização.[39]

É o caso, por exemplo, do apenado que cumpre pena no regime fechado e realiza trabalho de artesanato e prestação de serviços em artefatos de argila.[40]

2.15.4 Contagem da remição pelo estudo

Nos termos do art. 126, § 1º, I, da LEP, a contagem de tempo de remição pelo estudo será feita à razão de um dia de pena a cada 12 horas de frequência escolar – atividade de ensino fundamental, médio, inclusive profissionalizante, ou superior, ou ainda de requalificação profissional – divididas, no mínimo, em três dias. Em resumo, pretendeu o legislador seguir o padrão de um dia de pena remido a cada três dias de aprendizado a partir da atividade relacionada ao estudo.

O STF considera inviável o cômputo de tempo superior a quatro horas diárias de estudo, por não encontrar respaldo na Lei de Execução Penal, bem como porque ocasionaria distorções do modelo de remição de pena nela previsto.[41]

O STJ, contudo, em que pese a literalidade da lei, prevendo quatro horas diárias de limite máximo de remição pelo estudo, passou a adotar entendimento no sentido de ser possível a remição das horas excedentes de estudo, não se limitando a jornada de estudo de quatro horas diárias, sob o fundamento de que observa o objetivo da ressocialização do condenado.[42]

---

36. STF, HC nº 182752/SP, rel. Min. Ricardo Lewandowsky, 2ª T., j. 11-5-2020.
37. STJ, HC nº 338220/MG, rel. Min. Felix Fischer, 5ª T., j. 21-6-2016.
38. STJ, HC nº 468733/RS, rel. Min. Joel Ilan Paciornik, 5ª T., j. 12-2-2019.
39. STF, HC nº 136509/MG, rel. Min. Dias Toffoli, 2ª T., j. 4-4-2017.
40. STJ, REsp nº 1721257/MG, rel. Min. Jorge Mussi, 5ª T., j. 5-6-2018.
41. STF, HC nº 182752 AgRg/SP, rel. Min. Ricardo Lewandowski, 2ª T., j. 11-5-2020.
42. STJ, AgRg no AgREsp nº 1720688/SC, rel. Min. Reynaldo Soares da Fonseca, 5ª T., j. 6-10-2020.

Com efeito, qualquer esforço empregado pelo apenado em busca do adequado cumprimento da sua pena, sobretudo diante das circunstâncias inóspitas inerentes ao cárcere, merece reconhecimento por parte do Estado. Não parece razoável desprezar atitudes reconhecidamente eficazes para o adequado retorno ao convívio social, correndo o risco de desestimular o apenado que elegeu o estudo como forma de amenizar o ambiente naturalmente desfavorável do cárcere e, ainda, abreviar o tempo de cumprimento de pena.

Além disso, não se afigura razoável admitir-se horas extras na remição pelo trabalho e, por outro lado, negá-las quando a remição é feita por meio do estudo.

Assim, parece-nos mais concernente às finalidades da execução da pena o entendimento no sentido de que as horas de estudos excedentes devem ser computadas para fins de remição, desde que devidamente comprovadas.

O legislador previu mais um importante incentivo ao condenado que se propôs a buscar no estudo fonte de ressocialização e cumprimento adequado da pena, ao instituir que o tempo a remir em função das horas de estudo será acrescido de 1/3 no caso de conclusão do ensino fundamental, médio ou superior durante o cumprimento da pena, desde que certificada pelo órgão competente do sistema de educação (LEP, art. 126, § 5º).

Conforme exposto acima, a remição pelo trabalho é cabível aos condenados no regime fechado e semiaberto. Todavia, em relação à remição pelo estudo, o legislador, acertadamente, ampliou o alcance do benefício para atingir os condenados que cumprem pena no regime aberto, bem como os que estão em livramento condicional, estabelecendo que

> o condenado que cumpre pena em regime aberto ou semiaberto e o que usufrui liberdade condicional poderão remir, pela frequência a curso de ensino regular ou de educação profissional, parte do tempo de execução da pena ou do período de prova, observado o disposto no inc. I do § 1º deste artigo (LEP, art. 126, § 6º).

É possível, ainda, a remição pelo estudo baseada na leitura e resenha de livros, mesmo que o estabelecimento penal assegure acesso a atividades laborais e à educação formal, nos termos da Recomendação nº 44/2013 do Conselho Nacional de Justiça.[43]

2.15.5 Remição e falta grave

Nos termos do art. 127 da LEP, com redação dada pela Lei nº 12.433/2011: "Em caso de falta grave, o juiz poderá revogar até 1/3 (um terço) do tempo remido, observado o disposto no art. 57, recomeçando a contagem a partir da data da infração disciplinar".

Assim, o condenado punido por força da prática de falta grave perderá até 1/3 do tempo remido. A revogação depende, no entanto, da prática de um dos fatos previstos no art. 50, ou do cometimento de crime doloso, por força do art. 52 da LEP, apurados por meio de regular procedimento disciplinar.

Como se vê, não mais prevalece a perda de todo período remido, razão pela qual perdeu eficácia a Súmula Vinculante nº 9 do STF. Conforme a nova redação do art. 127 da LEP, a punição pela prática de falta grave ensejará a perda de até 1/3 do período remido, podendo ser, pois, tempo inferior, mas nunca superior a 1/3 do total dos dias remidos.

Com a perda dos dias remidos, recomeça a contagem para aquisição de novo período a partir da data da infração disciplinar.

---

43. STJ, HC nº 527446/SP, rel. Min. Leopoldo de Arruda Raposo (Desembargador convocado do TJPE), 5ª T., j. 12-11-2019.

2.16 SUPERVENIÊNCIA DE DOENÇA MENTAL

A inimputabilidade pela enfermidade mental é aferida considerando o critério biopsicológico, segundo o qual não basta somente a enfermidade mental, sendo, ainda, necessário que, ao tempo da ação ou omissão, o agente seja, em razão dela, inteiramente incapaz de compreender o caráter ilícito da sua conduta e de determinar de acordo com esse entendimento.

Assim, se, ao tempo da ação, ficar constatado que o agente era inimputável, será proferida sentença absolutória imprópria, aplicando-se medida de segurança. Todavia, se, ao tempo da ação, o agente apresentar lucidez, será tratado como imputável, devendo, se sobrevier doença mental, ser recolhido a hospital de custódia e tratamento psiquiátrico.

Com efeito, nos termos do art. 41 do CP: "O condenado a quem sobrevém doença mental deve ser recolhido a hospital de custódia e tratamento psiquiátrico ou, à falta, a outro estabelecimento adequado".

A expressa referência a "condenado" permite concluir que, ao tempo da ação ou omissão, o agente era imputável, e, por ter praticado fato típico, ilícito e culpável, foi-lhe aplicada uma pena.

Logo, trata-se de doença mental superveniente à conduta do agente, contraída durante a execução da pena. Se a enfermidade mental for transitória, deve o condenado ser recolhido a hospital de custódia ou ser submetido a tratamento psiquiátrico. Uma vez cessada a causa determinante daquela medida, o agente voltará a cumprir a pena computando-se no seu tempo o período em que esteve internado.

Se a doença mental superveniente for de caráter permanente, caberá ao juiz, de ofício, ou a requerimento do Ministério Público ou da autoridade administrativa, substituí-la por medida de segurança. É o que se extrai do art. 183 da Lei nº 7.210/1984 (LEP).

No caso, conforme entendimento do STJ, o período de duração da medida de segurança corresponde ao tempo que resta de cumprimento da pena privativa de liberdade imposta na sentença, sob pena de ofensa à coisa julgada.[44]

Assim, terminada a sua pena, estando ele em hospital de custódia e tratamento psiquiátrico, deve ser colocado à disposição do juízo civil, tal como acontece com qualquer pessoa acometida de uma enfermidade mental incurável.

2.17 DETRAÇÃO PENAL

2.17.1 Conceito

O conceito de detração é extraído do próprio art. 42 do CP. Trata-se do cômputo na pena privativa de liberdade e da medida de segurança do período em que ficou o sentenciado detido, por força de prisão provisória (prisão em flagrante, preventiva ou temporária), no Brasil ou no exterior, de prisão administrativa ou mesmo de internação em hospital de custódia e tratamento.

A prisão administrativa, embora não tenha natureza de pena, não se confunde com a prisão civil *stricto sensu*. A prisão administrativa pode decorrer de infração disciplinar,

---

44. STJ, AgRg no HC nº 531438/GO, rel. Min. Reynaldo Soares da Fonseca, 5ª T., j. 12-5-2020.

hierárquica, ou mesmo de infrações praticadas por particulares, nacionais ou estrangeiros, contra a Administração Pública.

Assim, se, por exemplo, o agente ficou preso provisoriamente pelo prazo de 6 meses e, ao final, restou condenado a uma pena de 4 anos, terá de cumprir 3 anos e 6 meses, já que o período da prisão provisória deve ser computado na pena privativa de liberdade.

Os períodos de prisão processual ou de internação provisória (CPP, art. 319, VII) também devem ser considerados na imposição da medida de segurança. Como, neste caso, o juiz fixa apenas o prazo mínimo de cumprimento da medida de segurança, que varia de um a três anos, nos termos do art. 97, § 1º, do CP, entende-se que a detração guarda relação com o prazo mínimo de internação ou tratamento para a realização da primeira perícia.

Nesse caso, se o agente praticou um fato típico e ilícito, sendo necessária sua internação provisória, por ter apresentado sinais de doença mental, sendo mantido nessa condição pelo prazo de um ano, ao final da instrução, constatada sua inimputabilidade, o juiz profere sentença absolutória imprópria, estabelecendo o prazo mínimo de três anos de internação. Considerando a detração de um ano da internação provisória, a perícia para verificação da cessação da periculosidade será realizada depois de dois anos da internação do sentenciado em hospital de custódia.

Todavia, o STJ já considerou a possibilidade de detração sobre o tempo máximo de duração da medida de segurança, considerando-se, para tanto, a pena máxima cominada ao delito. Com efeito,

> em casos de aplicação de medida de segurança, deve ser descontada desta, para fins de cômputo do tempo de duração máxima da medida ou para fins de desinternação progressiva, o tempo em que o agente esteve cumprindo prisão cautelar ou internação, conforme determinação do art. 387, § 2º, do CPP, qual, aplica-se também às medidas de segurança.[45]

2.17.2 Detração e medida cautelar diversa da prisão

Diante do silêncio da Lei nº 12.403/2011, que introduziu no ordenamento jurídico as medidas cautelares diversas da prisão, surgiu a dúvida acerca da possibilidade ou não do cômputo de eventual medida cautelar diversa da prisão na pena imposta ao condenado.

Como não há restrição absoluta à liberdade de locomoção, via de regra, não cabe detração da medida cautelar diversa da prisão imposta ao condenado. Todavia, excepcionalmente, pode-se admitir a detração, quando a medida cautelar diversa da prisão configurar restrição à liberdade, como, por exemplo, o recolhimento domiciliar noturno (CPP, art. 319, V).

Esse é o entendimento do STJ, segundo o qual, a despeito da inexistência de previsão legal para a detração penal na hipótese de submissão do sentenciado a medidas cautelares diversas da prisão, o período de recolhimento domiciliar noturno, por comprometer o *status libertatis*, deve ser detraído da pena, em observância aos princípios da proporcionalidade e do *non bis in idem*.[46]

---

45. STJ, HC nº 298252/SP, rel. Min. Reynaldo Soares da Fonseca, 5ª T., j. 19-4-2016.
46. STJ, AgRg no EDcl no HC nº 626870/DF, rel. Min. Reynaldo Soares da Fonseca, 5ª T., j. 7-12-2020.

2.17.3 Detração e penas restritivas de direitos

Consoante se extrai do art. 42 do CP, a detração do período em que o apenado ficou preso provisoriamente somente poderia ser considerada na pena privativa de liberdade.

A doutrina e a jurisprudência, contudo, consideram plenamente cabível a detração nas penas restritivas de direitos que substituem as penas privativas de liberdade, como a prestação de serviços à comunidade, a interdição temporária de direitos e a limitação de final de semana, até porque o próprio art. 55 do CP prevê a substituição das penas restritivas de direitos pelo mesmo tempo de duração da pena privativa de liberdade.

Além disso, se a lei admite o desconto do tempo de prisão provisória para a pena privativa de liberdade, beneficiando quem não fez jus à substituição por penalidade mais branda, refugiria ao bom-senso impedi-lo nas hipóteses em que o condenado merece tratamento legal mais tênue, por ter satisfeito todas as exigências de ordem objetiva e subjetiva.

Assim, se o condenado esteve preso por dois meses e posteriormente foi condenado a seis meses de pena privativa de liberdade, substituída por prestação de serviços à comunidade, deverá ser computado na sanção aplicada o lapso temporal da prisão provisória.

2.17.4 Detração e pena de multa

Não há possibilidade de detração do período em que o agente ficou preso provisório na pena de multa aplicada. Primeiro, porque não há previsão legal; segundo, porque não há um critério previsto em lei capaz de estabelecer a relação do período de prisão provisória e o *quantum* de dias-multa a ser aplicado; terceiro, diante da vedação da conversão da pena de multa inadimplida em privativa de liberdade, inaplicável a detração da prisão durante o curso da persecução penal.

2.17.5 Detração e regime inicial de cumprimento da pena

Com a introdução do § 2º no art. 387 do CPP, pela Lei nº12.736/2012, o tempo de prisão provisória, de prisão administrativa ou de internação, no Brasil ou no estrangeiro, será computado para fins de determinação do regime inicial de pena privativa de liberdade.

Nesse sentido, se o agente, primário, ficou preso provisoriamente por um ano, sendo, ao final condenado a oito anos e seis meses (o que exigiria a fixação do regime inicial fechado), o Magistrado da condenação deverá considerar, na fixação do regime carcerário, o período de prisão provisória, fixando, o regime inicial semiaberto, já que com o desconto da prisão provisória a pena restante será de sete anos e seis meses.[47]

2.17.6 Detração e prisão provisória em processo distinto

O art. 42 do CP prevê, a princípio, a possibilidade de detração da prisão provisória decretada em processo que ao final o agente foi condenado. Ou seja, exige, a princípio, conexão entre o período de prisão provisória e a pena aplicada no mesmo processo.

Diante disso, surgiu a celeuma sobre a possibilidade ou não de considerar na pena imposta em determinado processo o período de prisão provisória decretada em processo distinto, em que o agente, ao final, restou absolvido. A prisão provisória foi decretada em processo distinto daquele em que o agente restou condenado.

---

47. Para evitar inútil tautologia, remetemos o leitor ao item 2.4.5 deste capítulo, no qual tecemos mais considerações acerca do regime inicial e detração.

Em regra, deve haver ligação entre o fato criminoso, a prisão provisória decretada e a pena aplicada. Todavia, a maioria da doutrina e a jurisprudência dos Tribunais Superiores admitem a possibilidade da detração da pena imposta em processo no qual o agente sofreu sentença condenatória do período de prisão provisória imposta em processo em que o agente ao final restou absolvido, com a condição de que o crime pelo qual o agente foi condenado deve ter sido praticado antes da prisão no processo em que foi absolvido, evitando-se, assim, o chamado "crédito contra o Estado".

Com efeito, a jurisprudência do STJ admite a detração por custódia indevidamente cumprida em outro processo, desde que o crime em virtude do qual o condenado executa a pena a ser computada seja anterior ao período pleiteado. Busca-se, com isso, impedir uma espécie de crédito em desfavor do Estado, disponível para utilização no futuro.[48]

É também o entendimento adotado pelo STF:

> Recurso ordinário em *habeas corpus*. Execução da pena privativa de liberdade. Detração penal. Ausência de nexo processual. Prisão cautelar anterior aos fatos ensejadores da condenação criminal. Impossibilidade de se criar um "banco de horas de prisão ou crédito de pena". Recurso a que se nega provimento. 1. A detração (desconto da reprimenda penal) constitui importante instrumento de controle da legalidade da execução das penas privativas de liberdade. Isso por competir ao Juízo das Execuções Criminais decidir sobre o cômputo, na pena finalmente imposta, do tempo da prisão provisória eventualmente cumprida pelo agente. 2. A norma do art. 42 do CP recebe da jurisprudência dos tribunais brasileiros uma leitura mais alargada para admitir a detração do período de prisão provisória, mesmo naqueles casos em que não se estabelece um vínculo causal entre o motivo da prisão cautelar e o fato ensejador da condenação. Isto naquelas situações fáticas em que o delito pelo qual o agente se acha condenado for anterior à prisão provisória (ou cautelar) em processo que resultar na absolvição do réu. 3. Não se pode descontar da pena do paciente o período de prisão cautelar por fatos anteriores aos delitos ensejadores da condenação criminal. Com o que se evita a constituição de verdadeiros "bancos de pena" ou "créditos" passíveis de futura aplicabilidade. 4. Recurso ordinário a que se nega provimento.[49]

Assim, consideremos a hipótese de um mesmo agente estar sendo processado em duas ações distintas pelo crime de roubo (CP, art. 157), praticado em 2018, e pelo delito de extorsão (CP, art. 158), praticado em 2019, sendo, em relação a este delito, preso em flagrante, com conversão em prisão preventiva, que durou um ano, sendo, após o devido processo legal, absolvido em relação a esse delito, por ausência de provas. Todavia, em relação ao crime de roubo (CP, art. 157), praticado antes do suposto crime de extorsão (CP, art. 158), o réu restou condenado à pena de seis anos de reclusão. Admite-se, nesse caso, a detração, computando-se na pena privativa de liberdade imposta em relação ao crime de roubo, praticado antes do crime de extorsão, o tempo de prisão provisória ocorrida em relação ao crime no qual foi absolvido. Logo, em relação ao crime de roubo (CP, art. 157), o agente terá de cumprir cinco anos, já que o período de um ano de prisão provisória deve ser computado na pena imposta, ainda que em processo distinto.

Por outro lado, se o agente tivesse sido preso provisoriamente pelo crime de roubo (CP, art. 157), no qual, ao final foi absolvido, tendo depois praticado o crime de extorsão (CP, art. 158), no qual restou condenado, não será possível considerar a detração do período de

48. STJ, AgRg no HC nº 506413/SP, rel. Min. Rogério Schietti Cruz, 6ª T., j. 19-9-2019.
49. STF, RHC nº 110576/DF, rel. Min. Ayres Britto, 2ª T., j. 6-3-2012.

prisão provisória, já que a prisão decorrente do processo pelo qual o agente foi absolvido guarda relação com fato praticado antes daquele que ensejou o processo no qual, ao final, restou condenado.

2.17.7 Detração e suspensão condicional da pena (*sursis*)

O *sursis* é um instituto que tem por finalidade impedir o cumprimento da pena privativa de liberdade. Logo, como não há pena sendo cumprida, afigura-se incompatível a detração com *sursis*. Assim, impossível a diminuição de uma pena que nem sequer está sendo executada, por se encontrar suspensa.

Da mesma forma, não é possível a detração de eventual prisão provisória no período de prova do *sursis*, que varia, como regra, de dois a quatro anos. Isso porque o instituto da detração guarda relação com a pena imposta na sentença, e não com o período de prova fixado para o cumprimento das condições impostas para o *sursis*.

Convém registrar que, se o *sursis* for revogado, o condenado, como efeito da revogação, terá de cumprir integralmente a pena aplicada na sentença, sendo possível, nesse caso, a detração, computando-se o período de prisão provisória no tempo total da pena privativa de liberdade.

2.17.8 Detração para fins de prescrição

Há quem defenda, com base no art. 113 do CP, que o período em que o condenado ficou preso provisoriamente poderá ser descontado na pena também para fins de verificação do prazo prescricional.

Assim, segundo esse entendimento, se o agente ficou preso provisoriamente por um ano, e sofreu condenação à pena de cinco anos, o prazo prescricional será de oito anos, considerando a pena de quatro anos (CP, art. 109, IV), com a detração já computada.

Todavia, o STJ adota o entendimento no sentido de que o período de prisão provisória do agente é considerado apenas para o desconto da pena a ser cumprida e não para contagem do prazo prescricional, o qual será analisado a partir da pena definitiva aplicada, não sendo cabível a detração para fins prescricionais.[50]

Para acesso ao vídeo, utilize o QR Code ao lado.

50. STJ, AgRg no HC nº 490288/PR, rel. Min. Laurita Vaz, 6ª T., j. 27-8-2019.

3

PENAS RESTRITIVAS DE DIREITOS

3.1 CONCEITO

São penas alternativas às privativas de liberdade, expressamente previstas em lei, com a finalidade de evitar o encarceramento de determinados criminosos, autores de infrações penais consideradas mais leves, provocando-lhes a recuperação por meio de restrições a certos direitos.

Nos termos do art. 43 do CP, as penas restritivas de direitos são: a) prestação pecuniária; b) perda de bens e valores; c) prestação de serviço à comunidade ou a entidades públicas; d) interdição temporária de direitos; e) limitação de fim de semana.

Trata-se de rol taxativo, não sendo possível o magistrado, no momento da sentença, criar pena alternativa diversa da prevista em lei.

3.2 NATUREZA JURÍDICA

A própria Constituição Federal, no art. 5º, XLVI, arrola algumas penas restritivas de direitos, viabilizando a criação de outras, quando adota a expressão "entre outras".

Nos termos do art. 44 do CP, as penas restritivas de direitos são sanções penais substitutivas e autônomas.

As penas restritivas de direitos são *substitutivas*, uma vez que o juiz, depois de fixar a pena privativa de liberdade, verificando a presença dos requisitos, realiza a substituição por uma ou mais penas restritivas de direitos, conforme o caso. Isso porque não há, no preceito secundário dos tipos penais incriminadores, previsão direta de pena restritiva de direitos, mas tão somente pena privativa de liberdade e/ou multa.

Assim, se o juiz proferir sentença condenatória a réu acusado pela prática do crime de furto, aplicando-lhe pena privativa de liberdade de dois anos de reclusão, poderá, se preenchidos os requisitos do art. 44 do CP, substituí-la por duas penas restritivas de direitos. Nesse caso, o condenado não cumprirá a pena privativa de liberdade, mas as penas restritivas de direitos substitutivas.

A exceção reside no art. 28 da Lei nº 11.343/2006, cujo preceito secundário não prevê pena privativa de liberdade, mas apenas penas restritivas de direitos, consistentes em advertência sobre os efeitos das drogas, prestação de serviços à comunidade e medida educativa de comparecimento a programa ou curso educativo.

A *autonomia* deriva do fato de que, ao substituir a pena privativa de liberdade, a pena restritiva de direitos segue regras próprias, autônomas, não sendo possível, portanto, sua cumulação com pena privativa de liberdade. Assim, por exemplo, após substituir a pena privativa de liberdade, a pena restritiva de direitos consistente na prestação de serviços à comunidade segue regras próprias, como o cumprimento à razão de uma hora de tarefa por dia de condenação.

3.3 MOMENTO DA SUBSTITUIÇÃO

Após a fixação da pena privativa de liberdade, observando o critério trifásico, o Magistrado, na própria sentença, verificando a presença dos requisitos, realizará a substituição da pena privativa de liberdade por penas restritivas de direitos. Ou seja, a pena restritiva de direitos é aplicada na própria sentença condenatória.

Todavia, o art. 180 da LEP prevê uma exceção, em que o Juízo da Execução Penal poderá realizar a conversão da pena privativa de liberdade por restritiva de direitos, desde que a pena privativa de liberdade não seja superior a dois anos; o condenado a esteja cumprindo em regime aberto; tenha sido cumprido pelo menos 1/4 da pena; os antecedentes e a personalidade do condenado indiquem ser a conversão recomendável.

3.4 DURAÇÃO DAS PENAS RESTRITIVAS DE DIREITOS

Conforme dispõe o art. 55 do CP, as penas restritivas de direitos consistentes em prestação de serviço à comunidade ou a entidades públicas, interdição temporária de direitos e limitação de final de semana terão a mesma duração da pena privativa de liberdade substituída, ressalvado o disposto no art. 46, § 4º, do CP.

Com efeito, o art. 46, § 4º, do CP, permite o cumprimento em menor tempo da pena de prestação de serviço à comunidade ou a entidades públicas superior a um ano, nunca inferior à metade da pena privativa de liberdade fixada. Assim, se foi condenado a dois anos de pena privativa de liberdade, substituída por duas restritivas de direitos, sendo uma de prestação de serviços à comunidade, o condenado poderá cumpri-la em menor tempo, mas no limite de 1 ano.

Evidentemente, que, por sua natureza patrimonial, a regra de duração das penas restritivas de direitos não alcança as penas de prestação pecuniária e perda de bens e valores, já que o cumprimento não se vincula a qualquer lapso temporal.

3.5 REQUISITOS DAS PENAS RESTRITIVAS DE DIREITOS

A substituição da pena privativa de liberdade por restritiva de direitos não se aplica para qualquer crime ou condenado. Devem ser observados os requisitos objetivos e subjetivos, previstos no art. 44 do CP.

São requisitos cumulativos, devendo, pois, todos estarem devidamente preenchidos para a concessão do benefício. Estando todos os requisitos presentes, o juiz deverá realizar a substituição da pena privativa de liberdade por restritiva de direitos, já que constitui direito subjetivo do condenado.

Convém sinalar, contudo, que, conquanto seja direito subjetivo em relação à concessão do benefício, desde que preenchidos todos os requisitos, não há direito subjetivo do réu em optar por qual medida prefere cumprir. Ou seja, não é dado ao condenado escolher a pena restritiva de direitos que prefere cumprir, cabendo ao Magistrado, analisando o caso concreto, fixar a(s) pena(s) restritiva(s) de direitos mais adequada. Esse é o entendimento adotado pelo STJ.[1]

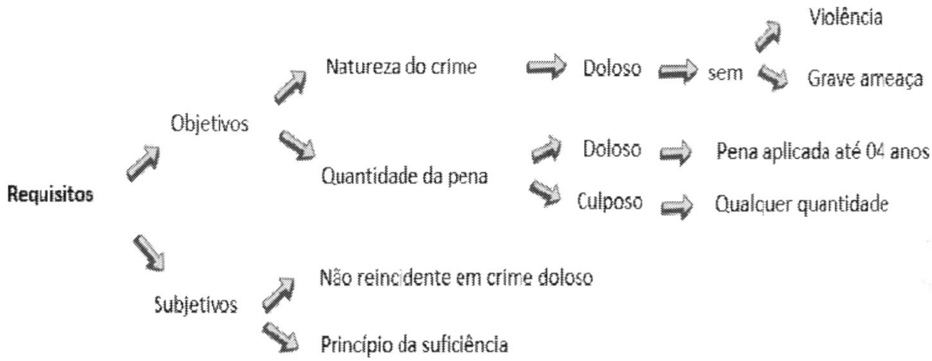

3.5.1 Requisitos objetivos

3.5.1.1 Em relação aos crimes dolosos

a) Quantidade da pena aplicada

O legislador estabeleceu como parâmetro para a concessão da pena restritiva de direitos a pena aplicada na sentença, sendo irrelevante a pena abstratamente cominada no preceito secundário do tipo penal. Em outras palavras, deve-se considerar a pena aplicada na sentença, independentemente da pena prevista no tipo penal.

E, nesse particular, em relação aos crimes dolosos praticados sem violência ou grave ameaça à pessoa, será possível a substituição da pena privativa de liberdade por restritiva de direitos, desde que a pena aplicada na sentença não seja superior a quatro anos (CP, art. 44, I, primeira parte).

Tratando-se de concurso de crimes, deve-se levar em conta o total da pena imposta, considerando os critérios do cúmulo material ou exasperação da pena. Dessa forma, se aplicadas as regras do concurso material, concurso formal ou crime continuado, o total da pena privativa de liberdade efetivamente imposta exceder a quatro anos, não será possível a substituição por pena alternativa.[2]

Consideremos a hipótese de o agente ter sido condenado pela prática dos crimes de tráfico privilegiado (Lei nº 11.343/2006, art. 33, § 4º) em concurso material com o crime de

1. STJ, AgRg no HC nº 582302/SC, rel. Min. Joel Ilan Paciornik, 5ª T., j. 16-11-2020.
2. STJ, HC nº 454494/PE, rel. Min. Ribeiro Dantas, 5ª T., j. 23-8-2018.

porte ilegal de arma de fogo de uso restrito (Lei nº 10.826/2003, art. 16), com penas somadas chegando ao montante total de 4 anos e 8 meses. Nesse caso, não se afigura possível a substituição da pena privativa de liberdade por restritiva de direitos, já que a sanção corporal aplicada superou o patamar de 4 anos.

Se, contudo, mesmo considerando os critérios de fixação no contexto de concurso de crimes, a pena não for superior a quatro anos, será possível a substituição da pena privativa de liberdade por restritiva de direitos.

Convém registrar, por pertinente, que, se for negada a suspensão condicional da pena em relação a um dos delitos, será inviável a substituição por restritiva de direitos em relação ao outro delito (CP, art. 69, § 1º). Assim, se, por exemplo, o agente praticou o crime de lesão corporal grave (CP, art. 129, § 1º) em concurso material com o crime de furto (CP, art. 155), não sendo concedido o *sursis* em relação ao primeiro crime, será inviável a substituição da pena privativa de liberdade por restritiva de direitos em relação ao crime de furto.

Na hipótese de o juiz aplicar mais de uma pena restritiva de direitos, o condenado cumprirá simultaneamente as que forem compatíveis entre si e sucessivamente as demais (CP, art. 69, § 2º).

b) Natureza do crime cometido

As penas restritivas de direitos são aplicáveis aos crimes cometidos sem violência ou grave ameaça à pessoa. Convém deixar bem registrado que a violência que impede a medida alternativa é aquela cometida contra a pessoa, e não contra o próprio objeto. Assim, se, por exemplo, o agente praticar o crime de furto qualificado mediante destruição de obstáculo (CP, art. 155, § 4º, I), será possível a substituição da pena privativa de liberdade por restritiva de direitos, se preenchidos os demais requisitos, já que a violência empregada não foi contra pessoa, mas contra o obstáculo que separava o agente da coisa alheia móvel que pretendia subtrair.

Em relação à natureza do crime, duas situações ensejam divergência doutrinária acerca da possibilidade ou não de pena restritiva de direitos nos casos de violência imprópria e crimes de menor potencial ofensivo.

Há doutrinadores que consideram somente a violência real como impeditiva da substituição, entendendo, pois, viável a pena restritiva de direitos na hipótese de violência presumida.[3]

Todavia, há doutrina abalizada preconizando entendimento diverso. Adotando posição no sentido de que a *violência imprópria* também impede a aplicação da medida alternativa, Guilherme de Souza Nucci leciona que:

> A violência presumida, por outro lado, é forma de violência física, pois resulta da incapacidade de resistência da pessoa ofendida. Quem não consegue resistir, porque o agente se valeu de mecanismos indiretos para dobrar seu esforço (drogando a vítima, por exemplo) está retirando o que lhe pertence. Por isso, o que se denomina de violência imprópria não passa da violência presumida, que é, no caso do art. 44, igualmente impeditiva da concessão de penas alternativas.[4]

---

3. MIRABETE, Julio Fabbrini. *Manual de direito penal.* Parte geral. 24. ed. São Paulo: Atlas, 2007. p. 283.
4. NUCCI, Guilherme de Souza. *Manual de direito penal.* 9. ed. São Paulo: Revista dos Tribunais, 2013. p. 446.

O legislador, ao limitar a concessão do benefício a crimes praticados sem violência ou grave ameaça, evidentemente atribuiu maior desvalor à conduta do que propriamente em relação ao resultado. Com efeito, o agente que emprega violência, seja real ou presumida, ou grave ameaça, revela maior reprovabilidade na conduta, incompatível com a finalidade da aplicação da medida alternativa à pena de prisão. Nesse contexto, praticar subtração com emprego de narcótico, retirando a capacidade de resistência da vítima, é tão ou mais reprovável do que cometer o crime de roubo com emprego de grave ameaça.

Além disso, o STJ assentou entendimento no sentido de que a condenação por crime praticado com violência presumida não pode ter pena substituída por restritiva de direitos, em virtude da vedação legal do art. 44, I, do CP.[5]

Discute-se, ainda, a possibilidade de substituição da pena privativa de liberdade por restritiva de direitos em relação a *crimes de menor potencial ofensivo*, mesmo praticados com violência ou ameaça (ressalvados, à evidência, os que envolvem violência doméstica e familiar contra a mulher).

Por primeiro, convém observar que, levando-se em conta o rito sumaríssimo previsto na Lei nº 9.099/1995, que trata dos Juizados Especiais Criminais, há a possibilidade de transação penal, bem como de suspensão condicional do processo, razão pela qual dificilmente o crime de menor potencial ofensivo alcançará a fase da sentença.

De todo modo, considerando a hipótese de o agente não fazer jus à transação penal e suspensão condicional do processo, tramitando o processo até final sentença, seria um contrassenso não admitir a pena substitutiva, ainda que se trate de crime praticado com violência ou ameaça, sobretudo porque um dos objetivos do processo perante o Juizado Especial Criminal é a aplicação de pena não privativa de liberdade (Lei nº 9.099/1995, art. 62).

De fato, embora cometidos com violência ou grave ameaça, crimes como lesão corporal leve (CP, art. 129, *caput*), constrangimento ilegal (CP, art. 146) e de ameaça (CP, art. 147), admitem a substituição por pena alternativa, pois, como são crimes de menor potencial ofensivo, comportam transação penal e imposição consensual de pena não privativa de liberdade antes mesmo da instauração de eventual ação penal.[6]

Assim, se, antes mesmo de instaurada a relação processual, tais infrações penais beneficiam-se de medidas penais alternativas, não há razão para impedi-las na sentença final, quando transcorrido todo o processo. O STJ já adotou entendimento nesse sentido.[7]

3.5.1.2 Em relação aos crimes culposos

a) Quantidade da pena aplicada

A limitação da pena aplicada na sentença até 4 anos restringe-se aos crimes dolosos. Em relação aos crimes culposos, será possível a substituição da pena privativa de liberdade por restritiva de direitos qualquer que seja a pena aplicada (CP, art. 44, I, parte final).

---

5. STJ, HC nº 561655/SP, rel. Min. Ribeiro Dantas, 5ª T., j. 16-6-2020.
6. No concurso para Juiz de Direito do TJ/RS, realizado em 2009, a banca examinadora considerou errada a seguinte assertiva: "I – A condenação do acusado por lesão corporal leve não admite a substituição da pena privativa de liberdade por pena restritiva de direitos". Logo, para a banca examinadora, na condenação pelo crime de lesão corporal leve seria possível a substituição da pena privativa de liberdade por restritiva de direitos.
7. STJ, HC nº 87644/RS, rel. Min. Nilson Naves, 6ª T., j. 4-12-2007.

Assim, se, por exemplo, um condutor de veículo, de forma imprudente, em razão do excesso de velocidade, atropela e mata duas pessoas, que estavam caminhando sobre a calçada, sendo processado e condenado pela prática de dois crimes de homicídio culposo na condução de veículo automotor (CTB, art. 302, § 1º, II), em concurso formal de crimes, com pena final acomodada em quatro anos e seis meses de detenção em regime semiaberto, poderá, em tese, ter a pena privativa de liberdade substituída por pena restritiva de direitos, ainda que a pena final tenha ficado acima de quatro anos.

b) Natureza do crime cometido

Em relação aos crimes dolosos, somente será possível a substituição da pena privativa de liberdade por restritiva de direitos, se praticados sem violência ou grave ameaça.

Em relação aos crimes culposos, diversamente, será possível a substituição por pena alternativa, ainda que da conduta do agente decorra resultado com desfecho violento. Isso porque, embora a conduta tenha sido voluntária, o resultado provocado pelo agente não era desejado, ou seja, não agiu com o desiderato de praticar crime violento, produzindo tal resultado por conta da inobservância do dever de cuidado objetivo.

c) Homicídio culposo e lesão corporal culposa na condução de veículo automotor qualificado pela embriaguez

O legislador, por meio da Lei nº 13.546/2017, criou uma situação inusitada no contexto dos crimes de homicídio culposo e lesão corporal culposa na condução de veículo automotor, quando praticados sob a influência de álcool ou de qualquer outra substância psicoativa que determine dependência. Isso porque adotou o mesmo rigor da quantidade de pena geralmente cominadas para crimes dolosos em relação a esses crimes culposos. Em relação ao homicídio culposo na condução de veículo automotor qualificado, a pena cominada é de cinco a oito anos (CTB, art. 302, § 3º); em relação ao crime de lesão corporal culposa qualificada, a pena cominada é de dois a cinco anos (CTB, art. 303, § 2º).

Não obstante a previsão de penas privativas de liberdade elevadas, seria possível, em tese, a substituição por penas restritivas de direitos, já que, nos termos da parte final do art. 44, I, do CP, o benefício pode ser concedido qualquer que seja a pena aplicada, se o crime for culposo. Ou seja, em relação à pena aplicada na sentença, o juiz poderia, em tese, conceder a substituição da pena privativa de liberdade por restritiva de direitos, salvo, o que nos parece sintomático, se a vedação esbarrasse no juízo de suficiência, não preenchendo o requisito previsto no art. 44, III, do CP.

Para dirimir essa incongruência, o legislador, por meio da Lei nº 14.071/2020 introduziu importante alteração no Código de Trânsito Brasileiro, sobretudo no que diz respeito à impossibilidade de substituição da pena privativa de liberdade por restritiva de direitos no crime de homicídio culposo na condução de veículo automotor e lesão corporal culposa na condução de veículo automotor, sob a influência de álcool ou de qualquer outra substância psicoativa que determine dependência.

Com efeito, nos termos do art. 312-B do CTB: "Aos crimes previstos no § 3º do art. 302 e no § 2º do art. 303 deste Código não se aplica o disposto no inciso I do *caput* do art. 44 do Decreto-lei nº 2.848, de 7 de dezembro de 1940 (Código Penal)".

E, nesse particular, andou bem o legislador, pois nos parecia absolutamente desproporcional cominar pena privativa de liberdade de cinco a oito anos de reclusão, e, em tese, viabilizar a substituição da pena privativa de liberdade por restritiva de direitos, em face do disposto no art. 44, I, do CP, se não rejeitado o benefício em face do juízo de suficiência desfavorável (CP, art. 44, III).

Agora, com a alteração legislativa, veda-se por absoluto a possibilidade de pena restritiva de direitos para as hipóteses dos arts. 302, § 3º, e 303, § 2º, do CTB. Assim, o agente que conduzir veículo automotor sob influência de álcool ou de qualquer outra substância psicoativa que determine dependência, causando morte ou lesão corporal de natureza grave ou gravíssima deverá cumprir a pena privativa de liberdade imposta na sentença condenatória.

3.5.2 Requisitos subjetivos

Os requisitos subjetivos levam em conta as características pessoais do sentenciado.

a) **Réu não reincidente em crime doloso**

Nos termos do art. 44, II, do CP, para concessão do benefício, é necessário que o sujeito não seja reincidente em crime doloso. O texto não trata de qualquer reincidente. *Refere-se ao não reincidente em crime "doloso"*, de modo que não há impedimento à aplicação da pena alternativa quando: a) os dois delitos são culposos; b) o anterior é culposo e o posterior é doloso; c) o anterior é doloso e o posterior culposo.

Imaginemos a seguinte situação: Carlos foi denunciado pela prática de um crime de estelionato (CP, art. 171, *caput*), constando em sua Folha de Antecedentes Criminais uma única condenação anterior, definitiva, oriunda de sentença publicada quatro anos antes, pela prática do crime de *lesão corporal culposa praticada na direção de veículo automotor* (CTB, art. 303). Ao final do regular procedimento, o Magistrado, após fixar a pena privativa de liberdade não superior a quatro anos, poderá substitui-la por duas penas restritivas de direitos, já que, embora reincidente, o condenado não o é em crime doloso, uma vez que a condenação definitiva anterior foi por crime culposo.

Essa regra, comporta exceção, que está prevista no art. 44, § 3º, do CP. Ainda que o réu seja reincidente em crime doloso, se, em face de condenação anterior, a medida for socialmente recomendável e a reincidência não se tenha operado em virtude da prática do mesmo crime, será possível aplicar a substituição da pena privativa de liberdade por restritiva de direitos. Vê-se, pois, que, além dos requisitos anteriores, há outros dois que devem ser preenchidos cumulativamente: a) a medida seja socialmente recomendável; b) não ser reincidente específico.

A verificação da *medida socialmente recomendável* depende da análise subjetiva do Magistrado, que, considerando os elementos do caso concreto, como as circunstâncias em que o delito foi praticado e as características pessoais e sociais do agente, formará seu convencimento acerca da conveniência da aplicação da pena alternativa. Assim, se, por exemplo, embora reincidente, o agente demonstre exercer atividade lícita, ser provedor da família, verificando-se, ainda, em face do crime anterior, não se tratar de pessoa com personalidade agressiva ou voltada para o crime, pode-se aventar a possibilidade de ser socialmente recomendável a substituição da pena privativa de liberdade por restritiva de direitos.

O STJ já se manifestou no sentido de que não se mostra socialmente recomendável a substituição da pena privativa de liberdade por restritiva de direitos a condenado por tráfico privilegiado (Lei nº 11.343/2006, art. 33, § 4º), tendo em vista a elevada quantidade de droga apreendida em poder do agente.[8] Também considerou que, embora não seja reincidente

---

8. STJ, AgRg no HC nº 369584/SP, rel. Min. Ribeiro Dantas, 5ª T., j. 7-2-2017.

específico, o réu ostenta condenação anterior pela prática do crime de roubo, cometido com grave ameaça à pessoa, não sendo, por isso, socialmente recomendável a substituição da pena privativa de liberdade em restritiva de direitos.[9]

Além de ser socialmente recomendável, o réu não pode ser reincidente específico, ou seja, pela prática do mesmo crime.

Sedimentando posição jurisprudencial, a Terceira Seção do STJ delimitou o alcance da vedação imposta no artigo 44, § 3º, do CP à reincidência pela prática do mesmo crime, assim entendidos aqueles previstos no mesmo tipo penal, não alcançando, portanto, os crimes de mesma espécie, previstos em tipos penais distintos, mas que atacam o mesmo bem jurídico. Com efeito, o Ministro Ribeiro Dantas, relator do acórdão, propôs "a superação da tese de que a reincidência em crimes da mesma espécie impede, em absoluto, a substituição da pena privativa de liberdade por restritivas de direitos, porque somente a reincidência no mesmo crime (aquele constante no mesmo tipo penal) é capaz de fazê-lo, nos termos do art. 44, § 3º, do CP. Nos demais casos de reincidência, cabe ao Judiciário avaliar se a substituição é ou não recomendável, em face da condenação anterior."[10]

Portanto, a reincidência que proíbe de forma absoluta a substituição é a que ocorre com a "prática do mesmo crime doloso", isto é, aqueles previstos no mesmo tipo penal. De fato, conforme já decidiu o STJ:

> A substituição de pena é admitida inclusive ao reincidente, tanto que o art. 44, § 3º, do CP permite a concessão da benesse, desde que, em face da condenação anterior, a medida seja socialmente recomendada e a reincidência não tenha se operado em razão da prática do mesmo delito (*ut*, HC nº 445.824/SP, rel. Min. Ribeiro Dantas, 5ª T., *DJe* 1º-8-2018) 2. *In casu*, a pena privativa de liberdade aplicada não é superior a 4 (quatro) anos, o crime não foi cometido com violência ou grave ameaça e, embora seja o apelante reincidente, não ostenta nenhuma circunstância judicial desfavorável e a condenação anterior não se deu em face do mesmo crime.[11]

Assim, se, por exemplo, o agente ostenta sentença condenatória definitiva pelo crime de estelionato (CP, art. 171) e comete novo crime, agora de furto (CP, art. 155), será reincidente, mas não específico pelo mesmo crime, viabilizando, em tese, a substituição da pena privativa de liberdade por restritiva de direitos.

Por outro lado, se o agente ostenta sentença condenatória definitiva pelo crime de estelionato (CP, art. 171) e comete novo crime de estelionato (CP, art. 171), será reincidente específico pela prática do mesmo crime, inviabilizando, por absoluto, a substituição da pena privativa de liberdade por restritiva de direitos.

b) Princípio da suficiência

Conforme o art. 44, III, do CP, "a culpabilidade, os antecedentes, a conduta social e a personalidade do condenado, bem como os motivos e as circunstâncias indicarem que essa substituição seja suficiente".

---

9. STJ, AgRg no HC nº 618438/SC, rel. Min. Sebastião Reis Júnior, 6ª T., j. 20-10-2020.
10. STJ, AgRg no AREsp 1716664/SP, rel. Min. Ribeiro Dantas, 3ª Seção, j. 25-08-2021, noticiado no informativo nº 706 do STJ.
11. STJ, AgInt no AgRg nos EDcl no AgREsp nº 1390012/MS, rel. Min. Reynaldo Soares da Fonseca, 5ª T., j. 12-2-2019.

Assim, além dos demais requisitos, a culpabilidade, os antecedentes, a conduta social e a personalidade do condenado devem revelar a adequação e suficiência da substituição da pena privativa de liberdade por restritiva de direitos.

Convém notar que esses requisitos praticamente reproduzem as circunstâncias judiciais previstas no art. 59, *caput*, do CP, com exceção de duas: comportamento da vítima e consequências do crime, coincidentemente as únicas de natureza objetiva. Logo, verifica-se que o art. 44, III, do CP somente levou em conta as circunstâncias subjetivas.

3.6 PENA RESTRITIVA DE DIREITOS E CRIMES HEDIONDOS E EQUIPARADOS

Em regra, crimes hediondos ou equiparados não permitem a substituição da pena privativa de liberdade por restritiva de direitos, uma vez que, invariavelmente, a pena cominada é superior a quatro anos, ou porque são praticados com emprego de violência ou grave ameaça.

Todavia, convém ressaltar que não há norma específica inviabilizando a aplicação de penas restritivas de direitos para delitos de natureza hedionda, pelo que, em tese, se preenchidos os requisitos legais, será possível a substituição da pena privativa de liberdade por pena alternativa.

É o que pode se dar, por exemplo, no caso do crime de posse ou porte ilegal de arma de fogo de uso restrito, previsto no art. 16 da Lei nº 10.826/2003, alçado a crime hediondo pela Lei nº 13.497/2017, que prevê pena de três a seis anos, e multa. Assim, se, ao final, a pena fixada na sentença não for superior a quatro anos, o requisito objetivo estará preenchido.

O mesmo raciocínio pode ser empregado para os crimes de favorecimento da prostituição ou de outra forma de exploração sexual de criança ou adolescente ou de vulnerável (CP, art. 218-B), crime hediondo previsto no art. 1º, VIII, da Lei nº 8.072/1990, desde que aplicada a pena mínima de 4 (quatro) anos, bem como em relação ao crime de furto qualificado pelo emprego de explosivo ou de artefato análogo que cause perigo comum (CP, art. 155, § 4º-A), guindado a crime hediondo pela Lei nº 13.964/2019 ("Pacote Anticrime"), desde que também seja aplicada a pena mínima de quatro anos.

De todo modo, conquanto não exista vedação expressa, não nos afigura razoável compatibilizar o grau de reprovação naturalmente atribuído aos crimes hediondos com a suficiência e adequação da medida alternativa à pena de prisão. São circunstâncias incompatíveis, e que se repelem.

Com efeito, as circunstâncias que envolvem a prática dos crimes de porte ilegal de arma de uso restrito, favorecimento à prostituição infantil e furto com emprego de explosivos, revelam, por si só, a inadequação da pena restritiva de direitos, estando, pois, ausente o requisito subjetivo decorrente do juízo de suficiência. Esse, aliás, é o entendimento adotado pelo STJ.[12]

Com relação ao tráfico ilícito de entorpecentes, a vedação constante no art. 33, § 4º, da Lei nº 11.343/2006, foi declarada inconstitucional pelo STF, por violação ao princípio da individualização da pena.

12. STJ, HC nº 433035/RJ, rel. Min. Ribeiro Dantas, 5ª T., j. 7-3-2018.

Além disso, o Senado Federal editou Res. nº 5, suspendendo a execução da expressão que veda a conversão em penas restritivas de direitos nos crimes de tráfico ilícito de entorpecentes, conferindo o caráter *erga omnes* à decisão proferida pelo STF.

Convém sinalar, por pertinente, que recentemente o STF retirou o caráter hediondo do crime de tráfico privilegiado.

Logo, admite-se a substituição da pena privativa de liberdade por restritiva de direitos ao condenado pelo crime de tráfico privilegiado (Lei nº 11.343/2006, art. 33, § 4º), desde que, evidentemente, presentes os demais requisitos.

3.7 PENAS RESTRITIVAS DE DIREITOS E VIOLÊNCIA DOMÉSTICA OU FAMILIAR CONTRA A MULHER

Nos termos do art. 17 da Lei nº 11.340/2006, conhecida como Lei Maria da Penha: "É vedada a aplicação, nos casos de violência doméstica e familiar contra a mulher, de penas de cesta básica ou outras de prestação pecuniária, bem como a substituição de penas que implique o pagamento isolado de multa".

Vê-se, pois, que a Lei Maria da Penha vedou de forma parcial a aplicação de pena restritiva de direitos às hipóteses de violência doméstica, limitando-se à "cesta básica", prestação pecuniária e multa isolada.

Todavia, a jurisprudência dos Tribunais Superiores, visando a conferir proteção integral à mulher, consolidou o entendimento pela absoluta vedação de aplicação de qualquer pena restritiva de direitos nos crimes e contravenções praticados com violência ou grave ameaça contra a mulher no âmbito doméstico e familiar.

Trata-se de entendimento consolidado na Súmula nº 588 do STJ: "A prática de crime ou contravenção penal contra a mulher com violência ou grave ameaça no ambiente doméstico impossibilita a substituição da pena privativa de liberdade por restritiva de direitos".

Não há, pois, qualquer dúvida acerca da vedação da pena restritiva de direitos quando o crime ou contravenção for praticado com violência ou grave ameaça contra a mulher no âmbito doméstico e familiar. Todavia, persiste a dúvida sobre a possibilidade da aplicação da pena restritiva de direitos quando o crime ou contravenção for praticado sem violência real ou grave ameaça contra mulher no âmbito doméstico e familiar.

Para fins da Lei Maria da Penha, a expressão "violência" foi utilizada de forma genérica, abrangendo qualquer violação a bem jurídico contra a mulher (Lei nº 11.340/2006, art. 7º). Ou seja, além da violência contra a pessoa, a expressão "violência" abrange condutas praticadas sem violência física efetiva ou grave ameaça, como, por exemplo, furto (CP, art. 155), estelionato (CP, art. 171) e a contravenção da perturbação da tranquilidade (LCP, art. 65). Por esse prisma, pode-se, é verdade, interpretar que, por se tratar de "violência" doméstica, estaria afastada qualquer possibilidade de substituição da pena privativa de liberdade por restritiva de direitos.

E, de fato, se considerarmos qualquer forma de violação a bem jurídico da mulher no âmbito doméstico e familiar como ato de violência, forçoso concluir que qualquer crime ou contravenção penal, ainda que praticado sem violência real, estaria inserido na vedação do art. 44, I, do CP.

Com efeito, não se mostra razoável considerar a vedação da pena restritiva de direitos na condenação pela prática da contravenção penal de vias de fato (LCP, art. 21), conforme entendimento adotado pelo STF,[13] e permitir a substituição em relação a crimes considerados mais lesivos pelo legislador, como, por exemplo, o furto ou apropriação indébita praticados no âmbito da unidade doméstica e familiar contra a mulher.

Além disso, considerando que a violência doméstica e familiar contra a mulher constitui uma das formas de violação dos direitos humanos, parece-nos retumbante contrassenso admitir a substituição da pena privativa de liberdade por restritiva de direitos em relação a crimes dessa natureza, ainda que praticados sem violência ou grave ameaça.

Assim, entendemos que a Súmula nº 588 do STJ tem alcance mais abrangente, não atingido, pois, somente os crimes ou contravenções penais praticados com violência ou grave ameaça contra a mulher, mas qualquer crime ou contravenção penal praticado contra a mulher no âmbito doméstico e familiar, já que todas as infrações, nesse contexto, se revestem do caráter de violência doméstica e familiar.

Para corroborar tal entendimento, convém destacar a decisão monocrática proferida pelo STJ, no REsp nº 1776474/MS, que deu provimento ao recurso para cassar a substituição da pena privativa de liberdade por restritiva de direitos em caso de condenação pela contravenção penal de perturbação da tranquilidade, praticada no contexto de violência doméstica e familiar contra a mulher.[14] Note-se, pois, que, não obstante ser contravenção praticada sem violência ou grave ameaça, o STJ vedou a possibilidade de substituição da pena privativa de liberdade por restritiva de direitos.

3.8 FORMAS DE SUBSTITUIÇÃO

Conforme o art. 44, § 2º, do CP, tratando-se de condenação à pena igual ou inferior a um ano, a substituição pode ser feita por multa *ou* por uma pena restritiva de direitos. Assim, quando o tipo penal prevê prisão e multa cumulativamente, nada impede que o juiz substitua a pena de prisão aplicada até o limite de um ano por multa ou pena restritiva de direitos. Em outras palavras, quando a pena privativa de liberdade *não for superior a 1 ano*, o juiz poderá aplicar *apenas uma pena*: uma pena restritiva de direitos *ou* apenas a pena de multa.

Se, todavia, a condenação for superior a um ano, a pena privativa de liberdade pode ser substituída por uma pena restritiva de direitos *e* multa ou por duas restritivas de direitos. Logo, na hipótese de pena privativa de liberdade *superior a um ano*, o juiz poderá aplicar *duas penas*: duas penas restritivas de direitos (prestação pecuniária + prestação de serviços à comunidade, por exemplo) ou uma pena restritiva de direitos + pena de multa.

O art. 60, § 2º, do CP, que prevê a possibilidade da substituição da pena privativa de liberdade por multa, desde que a pena aplicada não seja superior a seis meses, foi revogado pelo art. 44, § 2º, do CP, incluído pela Lei nº 9.714/1998, já que confere tratamento mais benéfico ao réu, ampliando a possibilidade de substituição da pena privativa de liberdade por multa a condenados à pena não superior a um ano.

Essa regra não alcança os crimes ambientais, já que orientados por regra específica, prevista no art. 7º, I, da Lei nº 9.605/1998, segundo o qual as penas restritivas de direitos

13. STF, HC nº 137888/MS, rel. Min. Rosa Weber, 1ª T., j. 31-10-2017.

14. STJ, REsp nº 1776474/MS, rel. Min. Antônio Saldanha Palheiro, j. 9-4-2019.

substituem as privativas de liberdade quando tratar-se de crime culposo ou for aplicada a pena privativa de liberdade inferior a quatro anos. Não há, no caso, a limitação à pena aplicada até um ano para a substituição por uma pena restritiva de direitos ou por pena de multa. Logo, forçoso concluir ser possível a imposição de uma pena restritiva de direitos quando a pena aplicada pela prática do crime ambiental for inferior a quatro anos.

3.9 CONVERSÃO DA PENA ALTERNATIVA EM PRIVATIVA DE LIBERDADE

3.9.1 Introdução

O descumprimento injustificado das condições impostas pelo juiz ensejará a reconversão da pena restritiva de direitos em pena privativa de liberdade. Em outras palavras, o réu condenado à pena privativa de liberdade, preenchendo os requisitos terá essa pena convertida em restritiva de direitos. Se descumprir a pena restritiva de direitos substituída, o efeito será a reconversão em pena privativa de liberdade. Ou seja, o condenado terá de cumprir a pena privativa de liberdade que foi substituída pela pena restritiva de direitos descumprida.

Trata-se de um incidente na execução penal, conforme prevê o art. 181 da Lei nº 7.210/1984, devendo ser observado o contraditório e a ampla defesa, viabilizando ao condenado a oportunidade de esclarecer as razões do descumprimento, sob pena de nulidade.

3.9.2 Causas gerais de conversão previstas no Código Penal

O Código Penal prevê hipóteses de conversão obrigatória ou facultativa da pena restritiva de direitos em pena privativa de liberdade.

a) Conversão obrigatória

O descumprimento injustificado da restrição imposta constitui causa obrigatória de conversão da pena restritiva de direitos em pena privativa de liberdade (CP, art. 44, § 4º).

Nesse sentido, se, por exemplo, o condenado deixar de cumprir injustificadamente a pena de prestação de serviços à comunidade, o juiz deverá reconverter essa pena restritiva de direitos em pena privativa de liberdade.

Nos termos do art. 44, § 4º, do CP, convertida a pena restritiva de direitos em privativa de liberdade, será deduzido o tempo em que o condenado esteve solto, devendo ele cumprir preso somente o período restante.

A lei determina, no entanto, seja respeitado um saldo mínimo de 30 dias de detenção ou reclusão, não podendo o agente ficar preso por menos tempo. Desse modo, se, operada a dedução, resultar um período inferior, o condenado deverá ficar pelo menos 30 dias preso. Tratando-se de prisão simples, não há exigência de período mínimo.

b) Conversão facultativa

A segunda hipótese de conversão incide quando, durante o cumprimento da pena restritiva de direitos, o sujeito vem a ser condenado, irrecorrivelmente, pela prática de crime, à pena privativa de liberdade, nos termos do art. 44, § 5º, do CP.

Nesse caso, a conversão é facultativa e não obrigatória, de acordo com duas regras consideradas em face da natureza da pena alternativa anterior:

a) **havendo compatibilidade entre as duas penas não há conversão.**

> Exemplo: haverá compatibilidade para o cumprimento da pena privativa de liberdade imposta na condenação superveniente e a pena de prestação pecuniária imposta em processo anterior;

b) **havendo incompatibilidade entre as penas não há conversão.**

> Exemplo: Condenado cumprindo pena de prestação de serviços à comunidade e sobrevém sentença penal condenatória à pena privativa de liberdade, em regime fechado. Nesse caso, deverá haver a conversão da pena restritiva de direitos em privativa de liberdade, diante da incompatibilidade de o agente cumprir a pena de prestação de serviços à comunidade simultaneamente com a pena privativa de liberdade, em regime fechado.

3.9.3 Causas especiais de conversão

A Lei nº 7.210/1984 (Lei de Execução Penal), em seu art. 181 e parágrafos, prevê outras causas, específicas, para cada modalidade de pena restritiva.

Em relação à prestação de serviços à comunidade, a pena será convertida quando:

a) **O condenado não for encontrado por estar em lugar incerto e não sabido, ou desatender a intimação por edital**

Essa primeira hipótese refere-se a duas situações distintas.

A primeira ocorre quando o condenado respondeu regularmente o processo, compareceu a todos os atos processuais ou esteve legitimamente representado. Contudo, quando da intimação da sentença definitiva, para o seu cumprimento, o apenado não é encontrado e o oficial de justiça certifica que o mesmo "encontra-se em local incerto e não sabido". Nesse caso, a prestação de serviços à comunidade poderá ser convertida em pena privativa de liberdade.

Outra é a situação do réu revel, isto é, daquele que já se fizera revel no curso de processo. Apesar de ter demonstrado seu desapreço pela Justiça ao manter-se revel, mesmo assim se lhe oferece uma última oportunidade para beneficiar-se com uma pena alternativa, intimando-o por meio de edital. Somente após o desatendimento desse derradeiro chamado terá lugar a conversão à pena privativa de liberdade.

b) **Não comparecer, injustificadamente, à entidade ou programa em que deva prestar serviço**

É o descumprimento voluntário da pena. Intimado para o cumprimento da pena, pode ocorrer de o condenado não comparecer à entidade ou programa em que deve prestar serviço ou, iniciada a execução, deixa de comparecer nos dias fixados pelo juiz para o cumprimento da sanção. Nessa hipótese, porém, ao contrário das anteriores, pode o condenado justificar a sua ausência no local em que deve prestar suas tarefas, cabendo ao juiz decidir pela conversão.

c) **Recusar-se, injustificadamente, a prestar o serviço que lhe foi imposto**

É também causa de conversão recusar-se o condenado, injustificadamente, a prestar o serviço que lhe foi imposto. Embora compareça ao local da prestação de serviços, o condenado se recusa a desempenhá-lo sem motivo justificado.

Poderá, contudo, também nessa hipótese, escusar-se, demonstrando que está impossibilitado para a tarefa (insuficiência física, doença etc.), e nesse caso não ocorrerá a conversão.

d) Praticar falta grave

As faltas graves previstas para o descumprimento das penas restritivas de direitos, por sua natureza, são distintas das previstas para as penas privativas de liberdade. A prática de qualquer falta grave autoriza a conversão da pena restritiva de direitos em privativa de liberdade.

A pena de limitação de fim de semana será convertida quando o condenado não comparecer ao estabelecimento designado para o cumprimento da pena, recusar-se a exercer a atividade determinada pelo Juiz ou se ocorrer qualquer das hipóteses das letras *a*, *d* e *e* do art. 181, § 1º, da LEP, ou seja: não for encontrado por estar em lugar incerto e não sabido, ou desatender a intimação por edital; praticar falta grave; sofrer condenação por outro crime à pena privativa de liberdade, cuja execução não tenha sido suspensa (LEP, art. 181, § 2º).

A pena de interdição temporária de direitos será convertida quando o condenado exercer, injustificadamente, o direito interditado ou se ocorrer qualquer das hipóteses das letras *a* e *e*, do art. 181, § 1º, da LEP, ou seja: não for encontrado por estar em lugar incerto e não sabido, ou desatender a intimação por edital; sofrer condenação por outro crime à pena privativa de liberdade, cuja execução não tenha sido suspensa (LEP, art. 181, § 3º).

3.10 CRIMES MILITARES E PENAS RESTRITIVAS DE DIREITOS

O art. 55 do CPM relaciona as penas principais, não contemplando a pena restritiva de direitos. Logo, em decorrência da ausência de previsão, incabível se afigura a substituição da pena privativa de liberdade por restritiva de direitos na hipótese de condenação por crime militar. É o entendimento adotado pelo STF.[15]

3.11 ESPÉCIES DE PENAS RESTRITIVAS DE DIREITOS

3.11.1 Classificação

As penas restritivas de direitos podem ser classificadas em: a) genéricas; b) específicas; c) reais; d) pessoais.

As *penas restritivas de direitos genéricas ou gerais* são aquelas que viabilizam a substituição da pena privativa de liberdade por restritiva de direitos em *qualquer crime*, desde que presentes todos os requisitos legais. Nessa classificação, inserem-se a prestação pecuniária, perda de bens e valores, prestação de serviço à comunidade ou a entidades públicas, proibição de frequentar determinados lugares e a limitação de final de semana.

As *penas restritivas de direitos específicas ou especiais* são aquelas que viabilizam a substituição da pena privativa de liberdade por restritiva de direitos em *crimes específicos*, cuja característica guarda relação com o crime praticado. Nessa classificação, inserem-se as

15. STF, HC nº 127199/BA, rel. Min. Marco Aurélio, 1ª T., j. 11-5-2017.

interdições temporárias de direitos, salvo a proibição de frequentar determinados lugares e proibição de inscrever-se em concurso, avaliação ou exame públicos; a prestação pecuniária; perda de bens e valores; prestação de serviço à comunidade ou a entidades públicas; proibição de frequentar determinados lugares, e a limitação de final de semana.

As *penas restritivas de direitos reais* são aquelas vinculadas ao aspecto patrimonial, como a prestação pecuniária e a perda de bens e valores.

As *penas restritivas de direitos pessoais* são aquelas relacionadas à pessoa do condenado, como a prestação de serviços à comunidade ou a entidades públicas, interdição temporária de direitos e limitação de fim de semana.

3.11.2 Prestação pecuniária

Nos termos do art. 45, § 1º, do CP, a prestação pecuniária consiste no pagamento em dinheiro, à vista ou em parcelas, à vítima, a seus dependentes ou a entidade pública ou privada com destinação social, de importância fixada pelo juiz, não inferior a um salário-mínimo, nem superior a 360 salários mínimos.

O dispositivo legal permite extrair uma ordem de preferência dos destinatários dos valores. Preferencialmente, o valor fixado a título de prestação pecuniária destina-se à vítima e, na sua falta, a seus dependentes.

Excepcionalmente, no caso de não haver dano a ser reparado ou inexistir vítima imediata do delito, como, por exemplo, no caso de crime de porte ilegal de arma (art. 14 da Lei nº 10.826/2003), o valor da prestação pecuniária poderá ser destinado à "entidade pública ou privada com destinação social".

Como se trata de sanção penal, a prestação pecuniária possui caráter unilateral e impositivo, sendo sua execução cogente, independentemente da aceitação do beneficiário.

O valor pago será deduzido do montante de eventual condenação em ação de reparação de danos, se coincidentes os beneficiários. Isso porque, embora constitua sanção penal, a prestação pecuniária se reveste, ainda que indiretamente, do caráter de indenização civil antecipada.

Se o valor da prestação pecuniária for destinado a alguma entidade pública ou privada com destinação social, sendo, portanto, distinto o beneficiário em relação à eventual vítima do delito, essa pena restritiva de direitos não terá nenhuma consequência na esfera cível, razão pela qual não será deduzido do valor arbitrado em eventual ação indenizatória movida pela vítima do delito.

O Código Penal prevê que a prestação pecuniária seja efetuada em dinheiro. Se houver aceitação do beneficiário, a prestação pecuniária consistirá em *prestação de outra natureza* (CP, art. 45, § 2º), consistente, por exemplo, no pagamento em pedras preciosas, obras de arte, imóveis, bens móveis e, até mesmo, em fornecimento de mão de obra.

Consideremos, por exemplo, o agente, cuja profissão é pedreiro, condenado a efetuar pagamento no montante de R$ 1.000,00 em dinheiro. Se demonstrada a impossibilidade financeira, e se a vítima concordar, o Magistrado poderá substituir o pagamento em dinheiro por prestação de mão de obra para reforma da casa da vítima, considerando o valor equivalente por hora de trabalho de um pedreiro.

Diversamente da pena de multa, que prevê apenas a conversão em dívida de valor, a prestação pecuniária, por ser pena restritiva de direitos, admite, na hipótese de descumprimento injustificado, a conversão em privativa de liberdade, nos termos do art. 44, § 4º, I, do CP. É o entendimento adotado pelo STJ.[16]

3.11.3 Perda de bens e valores

Trata-se de uma sanção penal de caráter confiscatório, levando à apreensão definitiva por parte do Estado de bens ou valores de *origem lícita* do indivíduo, em favor do Fundo Penitenciário Nacional.

Consiste na decretação de perda de bens móveis, imóveis ou de valores, tais como títulos de créditos, ações etc. Não pode alcançar bens de terceiros, mas apenas os bens do condenado, já que a pena não pode passar da sua pessoa (CF, art. 5º, XLV).

Convém destacar que a perda de bens e valores não se confunde com o efeito da sentença penal condenatória, consistente na perda em favor da União dos instrumentos utilizados para a prática do crime, no produto do delito ou no valor auferido como proveito pela prática do fato criminoso (CP, art. 91, II).

Além disso, a pena restritiva atinge bens e valores de natureza e origem lícitas, o que não ocorre no confisco como efeito automático da sentença penal condenatória.

De acordo com o art. 45, § 3º, do CP, a perda de bens e valores pertencentes aos condenados dar-se-á, ressalvada a legislação especial, em favor do Fundo Penitenciário Nacional, e seu valor terá como teto – o que for maior – o montante do prejuízo causado ou do proveito obtido pelo agente ou por terceiro, em consequência da prática do crime. Assim, se o prejuízo causado pela prática de um crime de furto, por exemplo, resultar no equivalente a R$ 2.000,00, o juiz poderá substituir a pena privativa de liberdade por restritiva de direitos, consistente na perda de bens com valor equivalente a R$ 2.000,00.

Como o art. 45, § 3º, do CP, faz expressa referência que a pena restritiva decorre do montante do prejuízo causado ou do proveito obtido pela prática de crime, não cabe na hipótese de condenação pela prática de contravenção penal.

3.11.4 Prestação de serviço à comunidade

Conforme se extrai do art. 46 do CP, a prestação de serviços à comunidade consiste no dever de prestar, de forma gratuita, determinada quantidade de horas de trabalho à comunidade durante o tempo livre, em benefício de entidades assistenciais, hospitais, escolas, orfanatos e outros estabelecimentos congêneres, em programas comunitários ou estatais.

A prestação de serviços à comunidade somente pode ser fixada no caso de condenações superiores a 6 meses de privação da liberdade (CP, art. 46, *caput*).

Na fixação da pena, atende-se a uma hora de tarefa por dia de condenação, considerada de modo a não prejudicar a jornada normal de trabalho do apenado. Assim, se, por exemplo, o réu for condenado a 1 (um) ano de pena privativa de liberdade, com posterior substituição por prestação de serviços à comunidade, terá de cumprir 365 horas de serviços comunitários.

O Código Penal faculta ao condenado à pena superior a um ano até o limite de quatro anos, se crime doloso, a cumpri-la em menor tempo, nunca inferior à metade da quantidade da pena substituída (CP, art. 46, § 4º). Consideremos que o agente tenha sido condenado a

16. STJ, AgRg no HC nº 516321/SP, rel. Min. Reynaldo Soares da Fonseca, 5ª T., j. 24-9-2019.

dois anos de pena privativa de liberdade, substituída por restritiva de direitos. Teoricamente, teria de cumprir 730 horas, considerando uma hora por dia de condenação, concluindo o cumprimento da pena em dois anos. Se, todavia, prestar serviços à comunidade por duas horas diariamente, cumprirá a pena, em tese, em um ano. Note-se que a pena continua sendo de dois anos, convertidas em 730 horas de prestação de serviços à comunidade, mas cumprida em menos tempo, no caso, em um ano.

A Lei nº 13.281/2016, com nítido caráter educativo, além de proporcionar punição adequada ao infrator de trânsito que praticou algum delito previsto nos arts. 302 a 312 da Lei nº 9.503/1997 – Código de Trânsito Brasileiro, introduziu o art. 312-A, estabelecendo atividades específicas à prestação de serviços à comunidade.

De acordo com o art. 312-A da Lei nº 9.503/1997, o juiz deverá aplicar a prestação de serviço à comunidade ou a entidades públicas, em uma das seguintes atividades:

> I – trabalho, aos fins de semana, em equipes de resgate dos corpos de bombeiros e em outras unidades móveis especializadas no atendimento a vítimas de trânsito;
>
> II – trabalho em unidades de pronto-socorro de hospitais da rede pública que recebem vítimas de acidente de trânsito e politraumatizados;
>
> III – trabalho em clínicas ou instituições especializadas na recuperação de acidentados de trânsito;
>
> IV – outras atividades relacionadas ao resgate, atendimento e recuperação de vítimas de acidentes de trânsito.

3.11.5 Interdições temporárias de direitos

As penas de interdição temporária de direitos estão previstas no art. 47 do CP:

> I – proibição do exercício de cargo, função ou atividade pública, bem como de mandato eletivo;
>
> II – proibição do exercício de profissão, atividade ou ofício que dependam de habilitação especial, de licença ou autorização do poder público;
>
> III – suspensão de autorização ou de habilitação para dirigir veículo;
>
> IV – proibição de frequentar determinados lugares;
>
> V – proibição de inscrever-se em concurso, avaliação ou exame públicos.

As interdições temporárias não se confundem com os efeitos da condenação previstos no art. 92 do CP, que constituem apenas consequências reflexas da decisão condenatória. A interdição de direitos pode ser aplicada independentemente da sanção que couber no âmbito ético ou administrativo. Isto é, a condenação criminal, com a aplicação de interdição temporária de direito, não inviabiliza os Conselhos Regionais de Classes e a Administração Pública aplicarem, em suas esferas de competências, as sanções correspondentes.

3.11.5.1 Proibição do exercício de cargo, função ou atividade pública, bem como de mandato eletivo

Trata-se de pena restritiva de direitos específica, já que aplicada somente ao crime vinculado ao exercício de cargo, função ou atividade pública, bem como de mandato eletivo.

Embora o legislador tenha buscado abranger toda e qualquer atividade desenvolvida por quem usufrua da condição de funcionário público, nos termos do art. 327 do CP, não constitui requisito que o crime praticado seja contra a Administração Pública, podendo, portanto, ser qualquer crime comum, desde que com violação dos deveres funcionais. É o que se extrai do art. 56 do CP.

A interdição temporária de direito não se confunde com o efeito da sentença penal condenatória, consistente na perda de cargo, função pública ou mandato eletivo, previsto no art. 92, I, do CP.

Logo, não se trata de incapacidade definitiva, mas de uma suspensão temporária que terá a duração correspondente à pena de prisão substituída, pelo que, uma vez cumprida integralmente a pena, encerra-se a proibição do exercício do direito, podendo o agente retomar o exercício do cargo, função ou atividade pública, bem como o mandato eletivo.

3.11.5.2 *Proibição do exercício de profissão, atividade ou ofício que dependam de habilitação especial, de licença ou autorização do poder público*

Também se caracteriza por ser uma pena restritiva de direitos específica, já que destinada exclusivamente ao crime praticado no exercício de profissão, atividade, ofício, cargo ou função, quando houver violação dos deveres que lhe são inerentes.

Qualquer profissional que for condenado por crime praticado no exercício de seu mister, com infringência aos deveres que lhe são inerentes, poderá receber essa sanção, desde que, é claro, preencha os requisitos necessários e a substituição revele-se suficiente à reprovação e prevenção do crime.

Profissão é o trabalho remunerado, cujo desempenho reclama conhecimentos específicos de caráter predominantemente intelectual, como, por exemplo, advogado, dentista, médico e engenheiro. *Ofício* é o trabalho remunerado que exige técnica ou habilidade predominantemente mecânica ou manual. *Atividade* tem natureza residual em relação aos demais, constituindo qualquer outra forma de trabalho, remunerado ou não.

Convém sinalar que se essa pena restritiva de direitos está vinculada à profissão, ofício ou atividade que exige habilitação especial, de licença ou autorização do poder público, sob pena de ser inócua a intervenção estatal com imposição de interdição temporária de profissão, ofício ou atividade cujo exercício não exige habilitação especial, licença ou autorização.

Assim, se, por exemplo, um advogado praticar crime violando os deveres da sua profissão, como, por exemplo, apropriação indébita de valores destinados ao cliente (CP, art. 168, § 1º, III), poderá o juiz, se preenchidos os demais requisitos, substituir a pena privativa de liberdade por interdição temporária para o exercício da profissão de advogado durante o tempo da pena imposta.

3.11.5.3 *Suspensão de autorização ou de habilitação para dirigir veículo*

Com o advento da Lei nº 9.503/1997 (Código Brasileiro de Trânsito), essa pena restritiva de direitos sofreu alteração, pois a suspensão ou proibição de se obter a permissão ou habilitação para dirigir veículo automotor passou a ser penalidade principal, podendo ser aplicada isolada ou cumulativamente com outras penalidades (CTB, art. 292).

Nos termos do art. 141 do CTB, a *habilitação* é exigida para condução de ciclomotores. *Permissão* é concedida a candidatos aprovados no exame de habilitação, conferida com validade de um ano (CTB, art. 148, § 2º). *Habilitação* é concedida ao condutor de forma definitiva, desde que, no período de um ano da permissão, não tenha praticado nenhuma infração de natureza grave ou gravíssima ou seja reincidente em infração média (CTB, art. 148, § 3º).

O art. 47, III, do CP trata apenas da autorização ou habilitação, razão pela qual tudo que estiver relacionado à permissão deve seguir as normas previstas no Código de Trânsito Brasileiro.

Com relação à habilitação, o Código de Trânsito Brasileiro prevê como penalidade principal a suspensão ou proibição para dirigir veículo automotor (CTB, art. 292). Assim, como se trata de pena principal, podendo ser aplicada cumulativamente com a pena privativa de liberdade, verifica-se a incompatibilidade da aplicação da pena substitutiva consistente na suspensão da habilitação para dirigir veículo. Em outras palavras, se já constitui pena principal, não se mostra necessária a pena substitutiva.

Assim, na parte que trata da suspensão ou proibição de se obter permissão ou habilitação para dirigir veículo automotor, o art. 47, III, do CP restou tacitamente revogado.

O art. 47, III, do CP, continua, no entanto, sendo aplicável à suspensão de autorização para dirigir veículo, destinada exclusivamente a ciclomotores (CTB, art. 141).

Nos termos do anexo I do Código de Trânsito Brasileiro, ciclomotor é o "veículo de duas ou três rodas, provido de um motor de combustão interna, cuja cilindrada não exceda a cinquenta centímetros cúbicos (3,05 polegadas cúbicas) e cuja velocidade máxima de fabricação não exceda a cinquenta quilômetros por hora".

3.11.5.4 Proibição de frequentar determinados lugares

A proibição de frequência de determinados lugares, prevista no art. 47, III, do CP, deve ser imposta considerando-se o local do cometimento do crime (bares, estádios esportivos, casas de prostituição, boates etc.).

A sentença deve especificar qual o lugar ou lugares proibidos, podendo, inclusive, ser mais de um.

Cumpre ressaltar que a obrigação não pode abranger lugares indeterminados, ou escolher aleatoriamente locais que se sabe o "beneficiário" possa eventualmente ter, querer ou precisar frequentar, seja por hábito, prazer, necessidade ou profissão.

3.11.5.5 Proibição de inscrever-se em concurso, avaliação ou exame públicos

Em que pese essa pena restritiva de direitos estar vinculada ao crime previsto no art. 311 do CP, consistente em utilizar ou divulgar, indevidamente, conteúdo sigiloso de certame público, com o fim de beneficiar a si ou a outrem, ou de comprometer a credibilidade do processo seletivo, considera-se possível sua aplicação em razão da prática de crimes em geral, desde que preenchidos os requisitos do art. 44 do CP.

Com efeito, considerando as circunstâncias do caso, como, por exemplo, no crime de estelionato (CP, art. 171), afigura-se recomendável a vedação de condenados ao acesso às funções e cargos públicos, por conta da ausência de lisura e de idoneidade moral do agente.

3.11.6 Limitação de fim de semana

Nos termos do art. 48 do CP, a limitação de fim de semana consiste na obrigação de permanecer, aos sábados e domingos, por cinco horas diárias, em casa de albergado ou outro estabelecimento adequado.

Durante essa permanência, diz o parágrafo único do referido artigo, poderão ser ministrados ao condenado cursos e palestras ou atribuída atividades educativas.

Essa pena tem preocupação notadamente educativa, prevendo que durante o seu cumprimento o albergado possa receber cursos, palestras ou, ainda, realizar quaisquer outras atividades.

Na prática essa pena substitutiva, até hoje, tem sido de pouca efetividade, diante da escassez de Casas do Albergado. Diante da inexistência de casa do albergado na localidade em que o apenado deveria cumprir a pena, o STJ adota o entendimento no sentido de que o cumprimento da pena de limitação de fim de semana deve se dar em outro estabelecimento adequado ou em regime domiciliar.[17]

Para acesso ao vídeo, utilize o QR Code ao lado.

17. STJ, REsp nº 1416888/GO, rel. Min. Jorge Mussi, 5ª T., j. 17-5-2018.

4

PENA DE MULTA

4.1 CONCEITO

Trata-se de uma sanção penal, de natureza patrimonial, consistente no pagamento de determinada quantia em dinheiro, previamente fixada em lei, em favor do Fundo Penitenciário Nacional.

O Fundo Penitenciário Nacional (FUNPEN) foi instituído pela LC nº 79/1994, com a finalidade de proporcionar recursos e meios para financiar e apoiar atividades e os programas de modernização e aprimoramento do sistema penitenciário nacional.

Os recursos do Fundo Penitenciário Nacional (FUNPEN) serão aplicados, dentre outras hipóteses, em construção, reforma, ampliação e aprimoramento de estabelecimentos penais; manutenção dos serviços e realização de investimentos penitenciários, inclusive em informação e segurança; formação, aperfeiçoamento e especialização do serviço penitenciário (LC nº 74/1994, art. 3º).

4.2 CRITÉRIO DE FIXAÇÃO DA PENA DE MULTA

O Código Penal adotou o sistema do dia-multa, segundo o qual o preceito secundário do tipo penal incriminador se limita a cominar a pena de multa, sem, no entanto, estabelecer o seu valor, cuja definição deverá seguir os critérios previstos no art. 49 do CP.

Diversamente da pena privativa de liberdade, cujo sistema é o trifásico (CP, art. 68), a pena de multa adota um *sistema bifásico de aplicação da pena*, comportando, pois, duas fases distintas e sucessivas.

Na *1ª fase*, o juiz deverá estabelecer o *número de dias-multa*, que varia de, no mínimo, 10 dias-multa a, no máximo, 360 dias-multa. É o que se extrai do art. 49, *caput*, do CP.

Para chegar ao número de dias-multa, o Magistrado considera as *circunstâncias judiciais* do art. 59, *caput*, do CP, bem como eventuais atenuantes e agravantes, além de causas de diminuição e aumento de pena.

Na 2ª *fase*, o juiz deverá fixar o *valor do dia-multa*, que não pode ser inferior a um trigésimo do salário-mínimo mensal de referência vigente ao tempo do fato, nem superior a cinco vezes esse salário (CP, art. 49, § 1º).

Para aferir o valor do dia-multa, o juiz deverá considerar a *situação econômica do réu* (CP, art. 60, *caput*), podendo, em face da privilegiada situação econômica do réu, elevar a pena de multa até o triplo, se considerar insuficiente e ineficaz a pena de multa, ainda que aplicada no seu máximo (CP, art. 60, § 1º).

Assim, imaginemos que o agente seja condenado pela prática do crime de furto simples (CP, art. 155), sendo-lhe aplicado a pena privativa de liberdade de um ano, mais a pena de multa consistente em 10 dias-multa, já que as circunstâncias judiciais foram favoráveis ao réu, à razão de um salário-mínimo, considerando situação financeira relativamente favorável do réu. Imaginemos, hipoteticamente, que o valor do salário-mínimo na época do fato era de R$ 1.100,00.

Para verificarmos o valor da pena multa, devemos multiplicar os 10 dias-multa pelo valor de um salário-mínimo, vigente à época do fato. Logo, teremos 10 dias-multa x R$ 1.100,00, resultando no total da pena de multa de R$ 11.000,00.

Nos crimes contra a propriedade industrial (Lei nº 9.279/1996, art. 197, parágrafo único) e nos crimes previstos nos arts. 33 a 39 da Lei de Drogas (Lei nº 11.343/2006, art. 43, parágrafo único), o valor final da pena de multa pode ser aumentado até o décuplo.

Em relação aos crimes contra o sistema financeiro nacional, o valor do dia-multa pode ser estendido até o décuplo (Lei nº 7.492/1986, art. 33).

4.3 PAGAMENTO VOLUNTÁRIO DA PENA DE MULTA

Nos termos do art. 50 do CP, a multa deve ser paga voluntariamente dentro do prazo de 10 dias depois do trânsito em julgado da sentença penal condenatória, podendo ser de uma só vez ou em parcelas mensais, mediante requerimento do apenado.

Não há previsão de número limite de parcelas mensais, devendo o juiz considerar as circunstâncias do caso concreto, determinando, se necessário, diligências para verificar a real situação econômica do condenado e, ouvido o Ministério Público, fixará o número de prestações (LEP, art. 169, § 1º).

É possível a cobrança da multa mediante o desconto nos vencimentos do condenado ou no seu salário, quando aplicada isoladamente e cumulativamente com pena restritiva de direitos ou quando concedido o *sursis* (CP, art. 50, § 1º).

Efetuado o pagamento da multa, de uma ou outra forma, julga-se extinta a pena.

4.4 EXECUÇÃO DA PENA DE MULTA

Conforme o ordenamento jurídico vigente, a inadimplência no pagamento da multa estatal não conduz, em nenhuma hipótese, à aplicação da pena de prisão. Ninguém pode ser privado da liberdade em razão do não pagamento de uma multa estatal.

Na redação anterior do art. 51 do CP, alterada pela Lei nº 9.268/1996, transitada em julgado a sentença condenatória, o valor da multa deve ser inscrito como dívida ativa em favor da Fazenda Pública. A multa permanece com sua natureza penal. A execução é que se procede em termos extrapenais. Em face disso, a obrigação de seu pagamento não se transmite aos herdeiros do condenado.

Considerando que se trata de dívida de valor, com inscrição em dívida ativa, o entendimento que prevalecia era o de que a pena de multa deveria ser executada pela Fazenda Pública, perante a Vara das Execuções Fiscais, conforme, inclusive, se extraia da Súmula nº 521 do STJ, segundo a qual "A legitimidade para a execução fiscal de multa pendente de pagamento imposta em sentença condenatória é exclusiva da Procuradoria da Fazenda Pública".

O STF, no entanto, na ADI nº 3.150, passou a adotar o entendimento de que a legitimação prioritária para a execução da multa penal é do Ministério Público, perante a Vara de Execuções Penais, passando a Fazenda Pública ter legitimidade subsidiária, se o Ministério Público não houver atuado em prazo razoável (90 dias).[18]

Ocorre, contudo, que o art. 51 do CP foi novamente alterado, agora pela Lei nº 13.964/2019 ("Pacote Anticrime"), passando a dispor que:

> Transitada em julgado a sentença condenatória, a multa será executada perante o juiz da execução penal e será considerada dívida de valor, aplicáveis as normas relativas à dívida ativa da Fazenda Pública, inclusive no que concerne às causas interruptivas e suspensivas da prescrição.

O legislador, portanto, encerrou o debate a respeito da competência e legitimidade para a execução da pena de multa. Assim, pela atual regra, a legitimidade para promover a execução da pena de multa é do Ministério Público, a quem a Constituição Federal atribuiu a função privativa para promover a ação penal pública (CF, art. 129, I).

E a competência para execução da pena de multa, conforme expressa previsão da atual redação do art. 51 do CP, é da Vara da Execução Penal, devendo, em razão disso, ser seguido o procedimento previsto nos arts. 164 a 170 da LEP.

Logo, a Súmula nº 521 do STJ resta superada.

A essa execução aplicam-se as normas da legislação relativa à dívida ativa da Fazenda Pública, inclusive no que concerne às causas interruptivas e suspensivas da prescrição. Hipótese de suspensão da prescrição está prevista no art. 40 da Lei nº 6.830/1980,[19] ao passo que as causas interruptivas estão previstas no art. 174, parágrafo único, do CTN.[20]

---

18. STF, ADI nº 3.150/DF, rel. Min. Marco Aurélio, red. p/ acórdão Min. Roberto Barroso, Plenário, j. 13-12-2018, noticiado no *Informativo* nº 927.
19. "Art. 40. O Juiz suspenderá o curso da execução, enquanto não for localizado o devedor ou encontrados bens sobre os quais possa recair a penhora, e, nesses casos, não correrá o prazo de prescrição.

    § 1º Suspenso o curso da execução, será aberta vista dos autos ao representante judicial da Fazenda Pública.

    § 2º Decorrido o prazo máximo de 1 (um) ano, sem que seja localizado o devedor ou encontrados bens penhoráveis, o Juiz ordenará o arquivamento dos autos.

    § 3º Encontrados que sejam, a qualquer tempo, o devedor ou os bens, serão desarquivados os autos para prosseguimento da execução.

    § 4º Se da decisão que ordenar o arquivamento tiver decorrido o prazo prescricional, o juiz, depois de ouvida a Fazenda Pública, poderá, de ofício, reconhecer a prescrição intercorrente e decretá-la de imediato.

    § 5º A manifestação prévia da Fazenda Pública prevista no § 4º deste artigo será dispensada no caso de cobranças judiciais cujo valor seja inferior ao mínimo fixado por ato do Ministro de Estado da Fazenda."
20. "Art. 174. A ação para a cobrança do crédito tributário prescreve em cinco anos, contados da data da sua constituição definitiva.

    Parágrafo único. A prescrição se interrompe:

Como dito, a pena de multa, embora seja executada como dívida de valor, preserva o caráter de pena, razão pela qual, na hipótese de morte do condenado, não será possível estender a cobrança aos seus herdeiros, por força do princípio da responsabilidade pessoal ou da personalidade, previsto no art. 5º, XLV, da CF.

Se sobrevier ao condenado doença mental, a execução da pena de multa será suspensa, nos termos do art. 52 do CP.

4.5 PENA DE MULTA E *HABEAS CORPUS*

Embora tenha caráter de pena, a multa não atinge a liberdade de locomoção do condenado. Além disso, conforme a redação do art. 51 do CP, não se afigura converter a pena de multa em detenção, na hipótese de inadimplemento.

Logo, não cabe *habeas corpus* contra decisão condenatória a pena de multa, se for a única pena aplicada. É o que se extrai da Súmula nº 693 do STF: "Não cabe *habeas corpus* contra decisão condenatória a pena de multa, ou relativo a processo em curso por infração penal a que a pena pecuniária seja a única cominada".

4.6 PENA DE MULTA E *SURSIS*

Em regra, a sentença condenatória transitada em julgado, com aplicação apenas da pena de multa, não afasta os efeitos da reincidência, se o agente praticar novo crime depois da sentença definitiva que aplicou somente a pena de multa.

Todavia, embora não impeça a reincidência, a condenação anterior a pena de multa não impede a concessão da suspensão condicional da pena, conforme se extrai do art. 77, § 1º, do CP.

4.7 PENA DE MULTA E PRESTAÇÃO PECUNIÁRIA

A pena de multa não se confunde com a prestação pecuniária.

A multa é espécie de pena. A prestação pecuniária é espécie de pena restritiva de direitos.

A pena de multa é destinada ao Fundo Penitenciário Nacional, ao passo que a prestação pecuniária é destinada à vítima, seus dependentes ou entidade pública ou privada com destinação social.

O valor pago a título de pena de multa não será deduzido do montante arbitrado em eventual ação de reparação do dano na esfera cível; o valor pago a título de prestação pecuniária será deduzido da indenização cível, se coincidentes os beneficiários.

I – pelo despacho do juiz que ordenar a citação em execução fiscal;

II – pelo protesto judicial;

III – por qualquer ato judicial que constitua em mora o devedor;

IV – por qualquer ato inequívoco ainda que extrajudicial, que importe em reconhecimento do débito pelo devedor."

Em caso de descumprimento, a pena de multa será convertida em dívida de valor, jamais ensejando a conversão em detenção. Se o condenado descumprir injustificadamente a prestação pecuniária, o entendimento majoritário é no sentido de que será possível a conversão em pena privativa de liberdade.

Para acesso ao vídeo, utilize o QR Code ao lado.

5

APLICAÇÃO DA PENA PRIVATIVA DE LIBERDADE

5.1 INTRODUÇÃO

Em sintonia ao princípio da individualização da pena, atualmente previsto no art. 5º, XLVI, da CF, o Código Penal estabeleceu critérios para o juiz fixar a pena em decorrência de uma sentença penal condenatória.

Com efeito, após o devido processo legal, verificando que o réu praticou fato típico, ilícito, sendo, ainda, culpável, o juiz passará à dosimetria da pena. Vê-se, pois, que o pressuposto para aplicação da pena é a culpabilidade do réu, revelada pela sua imputabilidade, potencial consciência da ilicitude e exigibilidade de conduta diversa.

Isso porque, se não estivessem presentes os elementos da culpabilidade, não seria possível ao juiz proferir sentença condenatória e, por conseguinte, aplicar uma pena. Tratando-se de inimputabilidade por doença mental ou desenvolvimento mental incompleto ou retardado, caberia ao juiz proferir sentença absolutória imprópria, com aplicação de medida de segurança, tendo como pressuposto a periculosidade do sentenciado.

Nesse sentido, verificando-se a culpabilidade do réu, compete ao juiz proceder à fixação da pena, conforme a suficiência para prevenção e reprovação da infração penal, escolhendo, primeiro, a pena a ser aplicada dentre as previstas; passando, após, a determinar a quantidade de pena aplicada, dentro dos limites legais; determinada a quantidade de pena, o juiz deverá fixar o regime inicial de cumprimento da pena privativa de liberdade; e, por fim, verificar a possibilidade de substituição da pena privativa de liberdade aplicada por outra espécie de pena, se cabível (CP, art. 59, I, II, III, IV).

Não sendo cabível ou recomendável a substituição da pena privativa de liberdade por restritiva de direitos, o juiz deverá verificar a possibilidade de concessão da suspensão condicional da pena, desde que presentes os requisitos previstos no art. 77 do CP.

Conforme se extrai do art. 59, II, do CP, embora seja um ato discricionário, o juiz está juridicamente vinculado aos limites que a lei estabelece, devendo, para tanto, seguir o critério legal de fixação da pena.

5.2 SISTEMAS DE FIXAÇÃO DA PENA

Em relação à *pena privativa de liberdade*, seguindo a posição defendida por Nélson Hungria, o Código Penal adotou o *critério trifásico* de fixação da pena, segundo o qual a dosimetria da pena deverá observar três etapas até chegar à pena definitiva. Na primeira etapa, o juiz fixa a pena-base, tendo como parâmetro as circunstâncias judiciais; na sequência, deverá considerar as circunstâncias atenuantes e agravantes; por fim, na terceira fase, verificará a presença de causas de diminuição e de aumento de pena.

É o que se extrai do art. 68 do CP: "A pena-base será fixada atendendo-se ao critério do art. 59 deste Código; em seguida serão consideradas as circunstâncias atenuantes e agravantes; por último, as causas de diminuição e de aumento".

Em relação à pena de *multa*, convém repetir, o Código Penal adotou o *sistema bifásico*, conforme se extrai do art. 49 do CP, adotando-se o critério de dias-multa. Primeiro, fixa-se a quantidade de dias-multa, com base nas circunstâncias judiciais, para, após, estabelecer o valor de cada dia-multa, considerando a capacidade financeira do réu.

5.3 VEDAÇÃO DO *BIS IN IDEM*

A vedação do *bis in idem* consiste na inviabilidade de uma mesma circunstância ser considerada por mais de uma vez pelo juiz na dosimetria da pena, quer para majorá-la, quer para reduzi-la.

Imaginemos, por exemplo, que um filho único mate os pais para ficar com todo o patrimônio da família. Trata-se de motivo torpe, previsto como qualificadora do crime de homicídio (CP, art. 121, § 2o, I, do CP), sendo também agravante genérica (CP, art. 61, II, a). Além disso, o art. 59 do CP prevê como circunstância judicial o motivo pelo qual o crime foi praticado. Vê-se, pois, que, a princípio, a motivação torpe do crime se enquadra em três dispositivos da lei penal, servindo, em tese, de forma simultânea, como qualificadora, agravante e circunstância judicial.

Todavia, considerando a proibição do *bis in idem*, a solução, no caso mencionado, será reconhecer o motivo torpe como qualificadora do crime, porquanto se trata de dispositivo específico, enquanto as agravantes do art. 61 do CP e as circunstâncias judiciais do art. 59 do CP são genéricas e subsidiárias, incidindo, apenas, quando não coincidirem com outras causas.

O mesmo raciocínio é empregado para causas de aumento e diminuição da pena que funcionem, simultaneamente, como agravante ou atenuante. Por ser específico, prevalece a causa de aumento ou diminuição da pena em detrimento da agravante ou atenuante genérica.

5.4 DOSIMETRIA DA PENA

Considerando o critério trifásico adotado pelo Código Penal (CP, art. 68), o juiz deverá proceder à dosimetria da pena privativa de liberdade em três fases distintas e de forma sucessiva.

Embora seja ato discricionário, o juiz, a cada fase de fixação da pena, deverá fundamentar sua decisão, viabilizando, assim, a adequada individualização da pena, proporcionando, ainda, o exercício da ampla defesa do réu, que poderá se insurgir se considerar inadequada ou desproporcional cada etapa da aplicação da pena. Ressalta-se, ainda, que a fundamentação deverá ser clara, com base em elementos concretos, devendo o Magistrado expor suas razões de convencimento, sem se limitar a reproduzir fundamentos de terceiros.

Com efeito, conforme entendimento do STJ, nos casos de fundamentação *per relationem*, é nula a decisão que se limita a reproduzir os fundamentos expostos por terceiros, incluindo partes, exigindo-se acréscimo pessoal do magistrado, a indicar o exame do pleito e a clarificar suas razões de convencimento.[1]É o que se extrai, inclusive, da nova redação do artigo 315 do CPP, que, embora vinculada à decisão sobre prisão preventiva, aplica-se, à evidência, para qualquer espécie de decisão.

Antes de analisarmos detalhadamente cada fase, convém aqui antecipar algumas regras relacionadas ao critério trifásico.

Na primeira fase da fixação da pena, o Magistrado está rigorosamente vinculado aos limites da pena cominada no preceito secundário do tipo penal incriminador. Isso significa que o Magistrado não poderá fixar a pena-base abaixo do mínimo ou acima do máximo da pena legalmente prevista no tipo penal.

Na segunda fase da fixação da pena, eventual circunstância agravante e/ou atenuante incide sobre a pena-base fixada, não podendo, contudo, ficar abaixo do mínimo legal, conforme o teor da Súmula 231 do STJ, nem acima do máximo da pena abstratamente cominada.

Na terceira fase da fixação da pena, as causas de aumento e de diminuição da pena incidem sobre a pena intermediária fixada na segunda fase, podendo, nesse caso, ficar abaixo do mínimo legal e acima da pena máxima abstratamente cominada.

5.5 PRIMEIRA FASE DA FIXAÇÃO DA PENA: PENA-BASE E CIRCUNSTÂNCIAS JUDICIAIS

5.5.1 Introdução

As circunstâncias judiciais são as que envolvem o crime, nos aspectos objetivo e subjetivo, extraídas da livre apreciação do juiz, desde que respeitados os parâmetros fixados pelo legislador no art. 59 do CP, constituindo efeito residual das circunstâncias legais.

A fixação da pena-base leva em conta a análise das circunstâncias judiciais previstas no art. 59, *caput*, do CP. São chamadas de circunstâncias judiciais, porque, na fixação da pena-base, o juiz detém amplo grau de discricionariedade.

Todavia, em que pese o grau de discricionariedade, o juiz, nessa fase, está restrito à cominação legal da pena, devendo observar o mínimo e o máximo da pena abstratamente cominada no tipo penal. Em outras palavras, ainda que todas as circunstâncias judiciais sejam favoráveis ao réu, a pena-base não poderá ficar abaixo do mínimo legal. De outro lado, se as circunstâncias judiciais forem desfavoráveis ao réu, não será possível ao juiz fixar a pena-base além do máximo da pena cominada ao delito. Assim, por exemplo, em relação ao crime de furto simples (CP, art. 155, *caput*), o juiz somente poderá fixar a pena-base dentro do limite de 1 a 4 anos.

---

1. STJ, HC nº 606628/RJ, rel. Min. Nefi Cordeiro, 6ª T., j. 7-12-2020.

Não há nenhum dispositivo legal prevendo critérios para fixação da pena-base, competindo à doutrina e à jurisprudência estabelecer critérios basilares para o montante da pena-base, sempre considerando a discricionariedade do juiz.

De todo modo, se todas as circunstâncias judiciais do art. 59 do CP forem favoráveis ao réu, a pena-base, como regra óbvia, deverá ser fixada no mínimo legal. Se alguma circunstância judicial for desfavorável ao réu, o juiz está autorizado a fixar a pena-base acima do mínimo legal.

Em relação ao aumento da pena-base, por conta da presença de circunstâncias judiciais desfavoráveis, não há regra absoluta estabelecendo pesos determinados a cada uma delas, como forma de, mediante simples cálculo matemático, chegar à pena inicial.

Por essa razão, o entendimento jurisprudencial é no sentido de que a elevação da pena-base, por conta da presença de circunstâncias judiciais desfavoráveis, deve ser, em regra, de um sexto em relação à pena mínima prevista em abstrato, sem prejuízo de acréscimo em patamar maior, quando a peculiaridade do caso concreto justifique incremento maior.[2]

As circunstâncias judiciais têm *aplicação residual ou subsidiária*, já que somente poderão ser consideradas para fixação da pena-base se não configurarem elementares ou circunstâncias específicas do tipo penal, como qualificadoras ou privilegiadoras, causas de aumento de pena, agravantes ou atenuantes. Isso para evitar o *bis in idem*.

Assim, se, por exemplo, determinada circunstância servir para qualificar ou agravar a pena, não poderá ser utilizada para elevar a pena-base como circunstância judicial desfavorável. Logo, se, por exemplo, foi praticado um crime de roubo contra mulher grávida, não poderá o Magistrado considerar essa circunstância para elevar a pena-base, uma vez que será levada em conta na segunda fase da fixação da pena como agravante genérica contida no art. 61, II, *h*, do CP.

Em outras palavras, não se afigura possível uma mesma circunstância funcionar simultaneamente como circunstância judicial e agravante genérica. É o que se extrai da Súmula nº 241 do STJ.

Quando, no caso concreto, *incidirem duas ou mais qualificadoras* boa parte da doutrina adota o entendimento no sentido de que o Magistrado deverá utilizar uma delas para qualificar o crime, e as demais considerá-las como agravantes genéricas, se encontrarem correspondência no art. 61 do CP. Se a circunstância qualificadora não estiver prevista no rol do art. 61 do CP, deverá ser considerada na 1ª fase da fixação da pena para elevar a pena-base, funcionando como circunstância judicial.[3]

Assim, consideremos, por exemplo, no caso de homicídio doloso praticado por motivo torpe, emprego de veneno e de recurso que impossibilite a defesa do ofendido incidir três qualificadoras (CP, art. 121, § 2º, I, III e IV). Somente uma cumprirá a função de elevar a pena da modalidade simples para o qualificado. Assim, basta uma das qualificadoras para a pena passar de 6 a 20 anos, prevista para o homicídio simples, para 12 a 30 anos, cominadas ao homicídio qualificado. É o que basta para a pena do agente partir de 12 anos, considerando os critérios de fixação da pena-base na primeira fase. As outras duas qualificadoras (emprego de veneno e de recurso que impossibilite a defesa do ofendido) devem

---

2. STJ, AgRg no HC nº 528258/SP, rel. Min. Laurita Vaz, 6ª T., j. 17-11-2020.
3. STJ, AgRg no HC nº 614881/PR, rel. Min. Laurita Vaz, 6ª T., j. 17-11-2020.

ser consideradas na segunda fase da aplicação da pena, já que também figuram (encontram correspondência) como agravantes (CP, art. 61, II, *c* e *d*).[4]

Convém sinalar, por pertinente, que há entendimento no sentido de que na hipótese de incidir no fato mais de uma qualificadora, deverá uma delas ser utilizada para estabelecer o novo limite abstrato (o mínimo e o máximo da figura qualificada), e as demais deverão ser consideradas como circunstâncias judiciais desfavoráveis (primeira fase da dosimetria).[5]

Por fim, segundo entendimento do STJ, na dosimetria da pena, os fatos posteriores ao crime em julgamento não podem ser utilizados como fundamento para valorar negativamente a culpabilidade, a personalidade e a conduta social do réu.

Convém registrar que a Lei nº 11.343/2006 prevê regra específica para fixação da pena-base, estabelecendo circunstâncias que, inclusive, preponderam sobre aquelas relacionadas no art. 59, *caput*, do CP, como a natureza e a quantidade da substância ou do produto, a personalidade e a conduta social do agente.[6]

5.5.2 Rol das circunstâncias judiciais

O art. 59, *caput*, do CP prevê oito circunstâncias judiciais, algumas relacionadas ao agente (culpabilidade, antecedentes, conduta social, personalidade e motivos do crime), e outras vinculadas à infração penal (circunstâncias, consequências e comportamento do ofendido).

5.5.2.1 Culpabilidade

A culpabilidade como circunstância judicial da dosimetria da pena não se confunde com elemento do crime ou pressuposto para aplicação da pena, cuja análise foi realizada pelo juiz para formar seu convencimento acerca da condenação. Ou seja, a imputabilidade, a potencial consciência da ilicitude, bem como a exigibilidade de conduta diversa, foram analisadas para formar a convicção do juiz sobre a prática do delito e a necessidade de aplicação da pena.

A culpabilidade, como circunstância judicial, por sua vez, caracteriza-se como elemento de determinação ou medição da pena, mediante o grau de reprovação social que incide sobre a infração penal e o autor. Trata-se da verificação a respeito da maior ou menor censurabilidade do comportamento do agente, da maior ou menor reprovabilidade do comportamento praticado, levando-se em conta a atuação do réu em relação ao bem jurídico violado.

> Exemplo: Imaginemos um crime de estelionato (CP, art. 171) praticado por um advogado. Evidente que recai sobre ele, pelo seu grau de instrução, maior reprovabilidade social da sua conduta, devendo, no caso, a culpabilidade ser considerada um vetor desfavorável, autorizando a elevação da pena-base acima do mínimo.

---

4. No concurso para Promotor de Justiça (MPE/GO), realizado em 2019, a banca considerou como correta a seguinte afirmativa: "Conforme entendimento jurisprudencial dominante no STJ, caso um delito de homicídio tenha sido praticado com duas ou mais circunstancias qualificadoras, uma delas servir· para configurar o homicídio qualificado, enquanto as demais poderão configurar agravantes, se houver expressa previsão legal, ou circunstâncias judiciais desfavoráveis, por ocasião da primeira fase da dosimetria da pena. Também foi a posição admitida no concurso para Promotor de Justiça (MPE/PR), realizado em 2011.
5. STF, HC nº 145000 AgRg/SP, rel. Min. Alexandre de Moraes, 1ª T., j. 17-4-2018.
6. "Art. 42. O juiz, na fixação das penas, considerará, com preponderância sobre o previsto no art. 59 do Código Penal, a natureza e a quantidade da substância ou do produto, a personalidade e a conduta social do agente."

O juízo negativo da culpabilidade depende de fundamentação com base no caso concreto, apontando elementos que extrapolam as características normais do tipo penal, revelando grau de reprovabilidade acima do normal à espécie. Assim, meras alusões à gravidade em abstrato do delito, à potencial consciência da ilicitude, ao perigo da conduta, à busca do lucro fácil e outras generalizações sem lastro em circunstâncias concretas não podem ser utilizados para aumentar a pena-base.[7]

O STJ considerou elevado o grau de culpabilidade que, aproveitando a dificuldade de locomoção, conhecimento, e até mesmo visão de pessoa idosa, pratica o crime de subtração de suas coisas e faz uso de seu cartão impondo-lhe prejuízo incalculável, prejudicando, inclusive, sua saúde.[8]

A *premeditação*, conquanto não constitua circunstância agravante ou causa de aumento de pena, revela maior censurabilidade do comportamento do réu, recaindo sobre ele maior juízo de reprovação social, autorizando a fixação da pena-base acima do mínimo legal, diante da intensidade da culpabilidade.[9]

A fixação da pena-base acima do mínimo legal encontra fundamento diante da conduta do réu que age com brutalidade e barbaridade, desferindo sequência de socos e chutes contra a cabeça da vítima caída e desacordada, revelando intensidade acentuada do dolo e culpabilidade exacerbada, merecendo maior reprovação.[10]

Em síntese, a culpabilidade do agente é o primeiro critério diretivo de fixação da pena, indicando o grau de censurabilidade da conduta: quanto mais reprovável, maior deve ser a pena (a culpabilidade é a medida da pena).

5.5.2.2 Antecedentes

Os antecedentes guardam relação com a vida pregressa do agente na esfera criminal. Estão vinculados a fatos anteriores praticados pelo réu, que podem ser bons ou maus.

A discussão que se trava na doutrina e jurisprudência diz respeito ao que pode ser considerado maus antecedentes.

Atualmente, prevalece o entendimento no sentido de que réu com maus antecedentes é aquele que registra contra si sentença condenatória transitada em julgado por crime anterior, mas que não induza reincidência. Ou seja, pressuposto para caracterizar maus antecedentes é que o réu ostente condenação definitiva, mas que não seja usada para agravar a pena pela reincidência. E assim deve ser para evitar o indevido *bis in idem* e ofensa à Súmula nº 241 do STJ, que dispõe: "A reincidência penal não pode ser considerada como circunstância agravante e, simultaneamente, como circunstância judicial".

Assim, a simples existência de inquérito policial, em curso ou arquivado, ou ação penal em andamento ou com sentença absolutória, ou, ainda, transação penal concedida no âmbito do Juizado Especial Criminal, bem como suspensão condicional do processo, não caracterizam maus antecedentes.

É o que se extrai da Súmula nº 444 do STJ, segundo a qual "É vedada a utilização de inquéritos policiais e ações penais em curso para agravar a pena-base".

---

7. STJ, HC nº 353839/PB, rel. Min. Reynaldo Soares da Fonseca, 5ª T., j. 2-6-2016.
8. STJ, AgRg no HC nº 593151/AC, rel. Min. Felix Fischer, 5ª T., j. 1-9-2020.
9. STJ, AgRg no REsp nº 1890184/AC, rel. Min. Laurita Vaz, 6ª T., j. 3-11-2020.
10. STJ, AgRg no HC nº 524573/ES, rel. Min. Laurita Vaz, 6ª T., j. 3-2-2020.

Além disso, por expressa previsão legal, a celebração e o cumprimento do acordo de não persecução penal não constarão de certidão de antecedentes criminais (CPP, art. 28-A, § 12).

Assim, se, por exemplo, o agente praticou novo crime *antes* do trânsito em julgado da sentença penal condenatória do crime anterior, essa condenação definitiva não poderá ser usada para fins de reincidência (cujo pressuposto é a prática de novo crime *depois* do trânsito em julgado da sentença penal condenatória pelo crime anterior, conforme art. 63 do CP), mas, na dosimetria da pena do novo crime, poderá ser considerado pelo magistrado como maus antecedentes, elevando a pena-base acima do mínimo legal.

Logo, imaginemos que o agente praticou o crime "A" em 10-5-2010. Foi julgado e a sentença condenatória transitou em julgado em 5-8-2013. Cometeu o crime "B" em 20-7-2012; antes, portanto, do trânsito em julgado da sentença penal condenatória do crime "A". Nesse caso, não será reincidente, porque não se enquadra no conceito do art. 63 do CP, que exige novo praticado depois da sentença definitiva do crime anterior. Nesse caso, quando o juiz for proferir sentença pelo crime "B", deverá, na primeira fase da fixação da pena, elevar a pena-base por conta dos maus antecedentes.

Da mesma forma, se o agente ostentar mais de uma sentença condenatória transitada em julgado por crimes anteriores (que chamaremos aqui de "A" e "B"), pode-se usar, na dosimetria da pena do terceiro crime (chamado "C"), a sentença proferida em relação ao crime "A" para fins de maus antecedentes (na 1ª fase de fixação da pena, elevando a pena-base um pouco acima do mínimo legal) e a sentença proferida em relação ao crime "B", para agravar a pena pela reincidência (na 2ª fase de fixação da pena). Isso porque não haverá *bis in idem*, já que a mesma sentença definitiva não foi usada duas vezes para agravar a situação do réu.[11]

A sentença condenatória transitada em julgado que induz maus antecedentes deve ter sido proferida em relação a fato anterior ao crime pelo qual o agente está sendo sentenciado. Assim, consideremos que o agente tenha praticado um crime em 15-10-2015, sendo definitivamente condenado por esse crime em 7-8-2018; em 22-3-2016 praticou novo crime. Na sentença desse novo crime, poderá o juiz elevar a pena-base, porque o réu registra maus antecedentes, já que o fato que ensejou a condenação anterior foi praticado antes do novo crime (eis a razão da expressão "antecedentes").

Por outro lado, consideremos que o agente tenha praticado um crime "A" em 15-10-2015, sendo definitivamente condenado por esse crime em 7-8-2018. Todavia, o réu registrava contra si a prática de outro crime "B", ocorrido em 5-11-2014, cujo processo teve tramitação mais demorada, sendo a sentença proferida somente no ano de 2019. Nesse caso, o juiz não poderá considerar a condenação definitiva em relação ao crime "A", para fins de maus antecedentes, uma vez que o crime "B", pelo qual o réu está sendo sentenciado, foi praticado antes (5-11-2014) daquele que já teve sentença definitiva, praticado em 15-10-2015.

Logo, não é possível considerar para fins de maus antecedentes condenações transitadas em julgado por fatos praticados após o delito pelo qual o agente está sendo sentenciado, sob pena de malferir o princípio constitucional da presunção de não culpabilidade.[12]

---

11. STJ, HC nº 598460/SP, rel. Min. Ribeiro Dantas, 5ª T., j. 18-8-2020.
12. STJ, AgRg no HC nº 550993/SP, rel. Min. Joel Ilan Paciornik, 5ª T., j. 25-8-2020.

Em relação à validade da sentença condenatória transitada em julgado pelo delito anterior, cujo prazo em relação ao novo crime tenha extrapolado o limite de cinco anos, previsto no art. 64, I, do CP, cessando os efeitos da reincidência, há, basicamente, duas posições:

1ª) Não se considera o limite temporal previsto no art. 64, I, do CP. Ou seja, a sentença condenatória anterior não induz reincidência, pelo decurso de cinco anos do cumprimento ou extinção da pena. Todavia, se o agente praticar novo delito após este período depurador, a condenação anterior poderá ser considerada na primeira fase de fixação da pena como maus antecedentes. *É o sistema da perpetuidade.*

2ª) O decurso do período de 5 anos do cumprimento ou extinção da condenação anterior faz cessar os efeitos da reincidência, não podendo, ainda, a sentença condenatória anterior ser considerada para maus antecedentes. Conforme essa corrente, a sentença condenatória anterior não tem o condão de gerar efeitos perpétuos, nem para reincidência nem para fins de maus antecedentes. *É o sistema da temporariedade.*

Nesse aspecto, o entendimento dominante é no sentido de que as condenações anteriores transitadas em julgado, alcançadas pelo prazo de cinco anos previstos no art. 64, I, do CP, a partir do cumprimento ou da extinção da pena, embora não induza mais reincidência, podem ser usadas para fins de maus antecedentes.

No STJ prevalece o entendimento de que de que as condenações alcançadas pelo período depurador de cinco anos, previsto no art. 64, I, do CP, afastam os efeitos da reincidência, mas não impedem a configuração de maus antecedentes, permitindo o aumento da pena-base acima do mínimo legal e a devida individualização das penas.[13]

No STF, havia divergência entre as duas Turmas. A 1ª Turma do STF considerava que o prazo quinquenal para fins de cessação dos efeitos da reincidência não alcançava os maus antecedentes. Já a 2ª Turma do STF entendia que o prazo quinquenal para fins de cessação dos efeitos da reincidência também atingia os maus antecedentes.

Todavia, o STF pacificou entendimento no sentido de que o prazo quinquenal para fins de cessação dos efeitos da reincidência não atinge os maus antecedentes. Ao julgar o Tema 150 da Repercussão Geral, a Corte Suprema, por maioria, deu parcial provimento ao RE nº 593.818/SC, de relatoria do Min. Roberto Barroso, para fixar a seguinte tese: "Não se aplica para o reconhecimento dos maus antecedentes o prazo quinquenal de prescrição da reincidência, previsto no art. 64, I, do CP".[14]

Com efeito, não há violação do princípio da presunção da inocência, uma vez que se exige o trânsito em julgado da sentença condenatória para fins de reconhecimento da circunstância desfavorável. Além disso, afrontaria o princípio da individualização da pena desconsiderar uma sentença condenatória transitada em julgado por fato praticado anteriormente ao crime pelo qual o agente está sendo sentenciado. Preserva-se, ainda, o princípio da isonomia, tratando de modo semelhante os iguais, e de modo diverso os desiguais. Não se afigura possível, nesse aspecto, conferir o mesmo tratamento penal ao agente que não registra sentença condenatória transitada em julgado em relação àquele que ostenta condenação definitiva anterior, que não enseja reincidência.

Todavia, ainda que se admita o reconhecimento da condenação definitiva para fins de maus antecedentes, a sua aplicação na primeira fase de fixação da pena deve observar o

---

13. STJ, AgRg no HC nº 587700/SP, rel. Min. Sebastião Reis Júnior, 6ª T., j. 7-12-2020.
14. STF, RE nº 593818/SC, rel. Min. Roberto Barroso, Tribunal Pleno, j. 18-8-2020.

critério da razoabilidade e da proporcionalidade. Com efeito, a fixação da pena-base, por ser ato absolutamente discricionário, exige do julgador bom-senso e serenidade, devendo formar sua convicção conforme o caso concreto, evitando-se a indesejável padronização na aplicação da pena.

O instituto dos maus antecedentes não é de aplicação cogente, sobretudo quando decorre de decisão definitiva cuja pena foi cumprida ou extinta há mais de cinco anos; serve, apenas, para subsidiar a discricionariedade do julgador na fase de dosimetria da pena, quando já houve a condenação anterior.

Assim, na nossa ótica, nada impede, e os princípios da proporcionalidade e razoabilidade recomendam, que, considerando o caso concreto, o juiz deixe de considerar na primeira fase de fixação da pena a condenação definitiva que não mais induz reincidência pelo decurso do prazo quinquenal.

Imaginemos, por exemplo, que um determinado cidadão registre contra si sentença condenatória transitada em julgado por crime de lesão corporal leve. Esse mesmo cidadão, 15 anos depois do cumprimento da pena imposta pelo crime de lesão corporal leve, pratica o crime de lesão corporal culposa na condução de veículo automotor (CTB, art. 303), sendo essa a única atividade ilícita praticada nesse decurso do prazo. Não nos parece atender ao critério da razoabilidade e proporcionalidade elevar a pena-base, considerando a sentença condenatória aplicada há mais de 15 anos como maus antecedentes.

Aliás, nesse particular, como bem decidiu o STF:

> Não se pretende induzir ao raciocínio de que a pessoa que já sofreu condenação penal terá registros criminais valorados pelo resto da vida, mas que, havendo reiteração delitiva, a depender do caso concreto, o juiz poderá avaliar essa sentença condenatória anterior.[15]

Logo, cumpre ao julgador, dentro da sua discricionariedade, analisar o caso concreto, para formar sua convicção acerca do reconhecimento ou não da decisão definitiva condenatória, cuja pena foi cumprida ou extinta há mais de cinco anos da prática do novo crime.[16]

5.5.2.3 *Personalidade do agente*

Personalidade do agente é o conjunto de características psicológicas e morais, que devem ser analisadas pelo Magistrado, a fim de verificar se o condenado tem ou não perfil voltado para a prática de infrações penais.

Trata-se, em última análise, da verificação do caráter do agente, considerando o caso concreto, como, por exemplo, na hipótese de o agente revelar, na prática da infração penal, maldade, agressividade, impaciência, rispidez, hostilidade, covardia, frieza.

A personalidade do agente não pode ser aferida por elementos abstratos, mas a partir da análise concreta da sua índole e do seu modo de vida, sempre atrelada ao fato criminoso pelo qual está sendo sentenciado, não sendo necessário, para tanto, laudo pericial de constatação.

---

15. STF, HC nº 193648 AgRg/RS, rel. Min. Alexandre de Moraes, 1ª T., j. 7-12-2020.

16. Para fins de concurso público e exame da OAB, recomenda-se adotar a posição no sentido de que "Não se aplica para o reconhecimento dos maus antecedentes o prazo quinquenal de prescrição da reincidência, previsto no art. 64, I, do CP". Ou seja, que a decisão definitiva anterior, que não mais gera efeitos para fins de reincidência em decorrência do decurso do prazo quinquenal, pode ser utilizada para fins de maus antecedentes.

O STJ valorou negativamente a personalidade do agente que demonstrou extrema frieza, violência e perversidade na injusta agressão à vítima e seu patrimônio.[17] Da mesma forma, essa vetorial não pode ser afastada, quando demonstrado o envolvimento do réu com vários crimes e o planejamento para praticar outros tantos, o que denota sua propensão para práticas delitivas e, portanto, traço negativo de caráter.[18]

Por outro lado, o fato de, por si só, o agente possuir condenações anteriores ou ações penais em curso não pode ser considerado como fundamento idôneo para a valoração negativa da conduta social ou da personalidade.[19]

Se, no caso concreto, não existirem elementos suficientes para se extrair o perfil subjetivo do agente, o magistrado deverá considerar a neutralidade dessa circunstância judicial, não sendo possível elevar a pena-base em relação a esse vetor.

5.5.2.4 Conduta social

É a análise do comportamento do agente em seu meio social, na família, na sociedade, no ambiente de trabalho, no círculo de amizades.

O Magistrado deverá extrair dos autos, sobretudo pela prova testemunhal e interrogatório, elementos que lhe permitam constatar a conduta social do agente. Não havendo subsídios nos autos apontando conduta social desregrada, o Magistrado deverá considerar a neutralidade dessa circunstância judicial, não sendo possível, por essa razão, elevar a pena-base acima do mínimo legal.

O STJ já considerou conduta social desabonatória, considerando o comportamento do agente no seu ambiente familiar e na convivência em sociedade, que, apesar de possuir filhos, não se portava com dignidade, submetendo sua prole a situações impróprias, em ambiente agressivo e violento, além de usar drogas e álcool em excesso.[20]

A conduta social não se confunde com maus antecedentes, pois estes se limitam à vida pregressa do agente na seara criminal, exigindo, ainda, sentença condenatória transitada em julgado, que não induza reincidência; já a conduta social guarda relação com a vida pregressa do agente no âmbito familiar e social, não guardando qualquer relação com procedimentos criminais pretéritos, ainda que se revestidos de sentença definitiva.

Aliás, nesse particular, como em decidiu o STJ:

> Eventuais condenações criminais do réu transitadas em julgado e não utilizadas para caracterizar a reincidência somente podem ser valoradas, na primeira fase da dosimetria, a título de antecedentes criminais, não se admitindo sua utilização também para desvalorar a personalidade ou a conduta social do agente.[21]

5.5.2.5 Motivos do crime

Os motivos constituem a fonte propulsora da vontade criminosa. São os fatores psicológicos que impulsionam a vontade do agente e o levam a praticar a conduta delituosa. Podem se revestir de aspecto social e antissocial, como, por exemplo, o sentimento de honra ferida,

17. STJ, AgRg no HC nº 567208/SC, rel. Min. Jorge Mussi, 5ª T., j. 4-8-2020.
18. STJ, AgRg no REsp nº 1628918/PE, rel. Min. Rogério Schietti Cruz, 6ª T., j. 10-12-2020.
19. STJ, HC nº 548139/RJ, rel. Min. Laurita Vaz, 6ª T., j. 18-12-2020.
20. STJ, AgRg no HC nº 469922/SC, rel. Min. Antônio Saldanha Palheiro, 6ª T., j. 18-12-2020.
21. STJ, AgRg no REsp nº 1863239/RS, rel. Min. Sebastião Reis Júnior, 6ª T., j. 27-10-2020.

revolta contra um ato injusto, amor à família, gratidão, prepotência, cobiça, vingança, luxúria etc.

Os motivos que levam o agente a praticar um delito não se confundem com dolo ou culpa. Os motivos podem ser voláteis, que sofrem variações constantes, e são desvinculados do tipo penal, limitando-se a revelar os desejos do agente. Dolo e culpa são elementos da conduta e, portanto, inseridos no próprio fato típico. São estáticos, vinculados à consciência e vontade de realizar os elementos constitutivos do tipo penal, independentemente da fonte propulsora que desencadeou a conduta ou desejo do agente.

Convém sinalar, por pertinente, que essa circunstância judicial somente poderá ser considerada quando o motivo não constituir elementar do delito, qualificadora, causa de aumento ou de diminuição da pena, agravante ou atenuante.

Assim, se, por exemplo, o motivo do crime foi considerado para qualificar o crime pela torpeza (CP, art. 121, § 2º, I), não poderá ser considerado na primeira fase de fixação da pena como circunstância judicial desfavorável, sob pena de *bis in idem*.

5.5.2.6 Circunstâncias do crime

São os elementos acidentais que envolveram a prática delituosa, mas que não integram a estrutura do tipo, nem tampouco constituem agravantes ou atenuantes.

Em outras palavras, são circunstâncias relacionadas ao delito, que não constituem agravantes ou atenuantes, que podem ser valoradas pelo juiz na primeira fase de fixação da pena, como, por exemplo, o local do crime, instrumento do crime, relação de amizade com a vítima, aproveitamento da sua condição

Assim, se, por exemplo, um crime foi praticado em lugar ermo, com premeditação, para dificultar a sua descoberta e a apuração do culpado, autoriza ao juiz considerar essa circunstância desfavorável para elevar a pena-base acima do mínimo legal.

Conforme já decidiu o STJ,

> o fato de a lavagem de dinheiro decorrer de valores oriundos do erário público, bem como de a conduta ter sido cometida por intermédio de empresa de *factoring* de fachada, pode justificar a valoração negativa da culpabilidade e circunstâncias do crime.[22]

5.5.2.7 Consequências do crime

São os efeitos decorrentes do crime, seus resultados, que transcendem o fato típico, que atingem a vítima, seus familiares ou, até mesmo, a própria coletividade. Trata-se, em síntese, do resultado da ação do agente, que extrapola os limites dos efeitos inerentes ao tipo penal, ou seja, que transcendem o desdobramento natural da conduta do agente.

> Exemplo: No caso de lesão corporal culposa na condução de veículo automotor (CTB, art. 303), a vítima ficar paraplégica, essa circunstância deve ser considerada pelo juiz para elevar a pena-base acima do mínimo legal.

As consequências do crime se referem à maior ou menor intensidade da lesão jurídica causada pela infração penal à vítima ou a terceiros. Assim, no contexto do crime de estupro (CP, art. 213), por exemplo, o abalo provocado na vítima é consequência natural do crime; no crime de homicídio (CP, art. 121), a morte é consequência natural do crime; o

22. STJ, HC nº 504462/RO, rel. Min. Ribeiro Dantas, 5ª T., j. 2-3-2021.

desapossamento da coisa é consequência natural do crime de furto (CP, art. 155) e roubo (CP, art. 157). Nessas hipóteses, se não transcenderem os elementos normais do tipo penal, o juiz não poderá valorar negativamente as consequências do crime, a ponto de fixar a pena-base acima do mínimo legal.

Todavia, se as consequências do crime de estupro (CP, art. 213) extrapolarem o limite do abalo psicológico característico do tipo penal, atingindo a vítima com tamanha intensidade a ponto de causar-lhe trauma psicológico, tornando-a pessoa depressiva, com dificuldades para retornar ao convívio normal, afigura-se possível valorar negativamente essa circunstância judicial, com elevação da pena-base acima do mínimo legal.[23]

Em relação ao crime de homicídio, conforme entendimento do STJ, o fato de a vítima ter deixado um filho menor desamparado justifica o incremento da pena-base a título de consequências do crime.[24]

Nos crimes contra o patrimônio, o prejuízo experimentado pela vítima, por si só, não autoriza o incremento da pena-base como consequência desfavorável. No entanto, se o prejuízo suportado pela vítima for superior ao ínsito aos delitos contra o patrimônio, como, por exemplo, o roubo de um caminhão, juntamente com a sua carga, autoriza a exasperação da pena-base a título de consequência do crime.[25]

5.5.2.8 Comportamento da vítima

O comportamento da vítima é a circunstância judicial necessariamente vinculada à vitimologia. Não se trata, por evidente, de censurar ou emitir juízo de valor acerca da conduta da vítima, mas de verificar se o seu comportamento contribuiu de algum modo para deflagrar a atividade criminosa do autor do delito.

Há, de fato, determinados crimes, como, por exemplo, o de natureza patrimonial, que o comportamento da vítima pode provocar ou facilitar a prática delituosa, como, por exemplo, a de contar vultosa quantia de dinheiro, após resgatá-lo de um caixa eletrônico instalado em via pública. Tal comportamento da vítima, à evidência, contribuiu para a prática delituosa.

Convém sinalar que essa circunstância judicial não poderá ser utilizada contra o réu, podendo, apenas, ser considerada neutra ou então favorável a ele. Logo, o único reflexo concreto que pode produzir o comportamento da vítima, na fixação da pena-base, é o de neutralizar ou diminuir a exasperação da pena em detrimento de outras circunstâncias judiciais consideradas desfavoráveis.

E uma das formas de concretizar a positivação do comportamento da vítima em favor do réu é por meio da compensação com outra circunstância judicial considerada negativa pelo magistrado. Trata-se de exceção à regra que não admite a compensação entre circunstâncias judiciais desfavoráveis ao réu e outras consideradas favoráveis.

Convém advertir, no entanto, que:

> A compensação não é admitida no caso de o comportamento da vítima ser considerado neutro, mas tão somente quando há a conclusão de que este contribuiu para a ocorrência do delito. E, se não tiver havido a negativação de nenhum outro vetor,

---

23. STJ, HC nº 459777/PR, rel. Min. Felix Fischer, 5ª T., j. 18-9-2018.
24. STJ, HC nº 602919/RS, rel. Min. Ribeiro Dantas, 5ª T., j. 25-8-2020.
25. STJ, HC nº 616198/SP, rel. Min. Ribeiro Dantas, 5ª T., j. 3-11-2020.

a positivação do comportamento da vítima não autoriza a fixação da pena-base em patamar abaixo do mínimo legal.[26]

Consideremos, por exemplo, que a vítima tenha proferido graves ameaças contra o agente, que, em razão disso, ao encontrar o desafeto que o ameaçou, desferiu disparos de arma de fogo contra ele, causando-lhe a morte. Parece-nos, nesse caso, evidente que o comportamento da vítima contribuiu para o crime praticado pelo agente. Nesse caso, se, na dosimetria da pena, o juiz reconhecer, por exemplo, qualquer outra circunstância desfavorável ao réu, poderá compensá-la com a circunstância judicial relacionada ao comportamento da vítima, mantendo a pena-base no mínimo legal.

Convém registrar não ser possível a fixação da pena-base abaixo do mínimo legal, ainda que seja considerada favorável a circunstância judicial decorrente do comportamento da vítima, sem que qualquer outra seja negativada. A pena-base, nesse caso, deverá ser fixada no mínimo legal.

5.6 SEGUNDA FASE DA FIXAÇÃO DA PENA: CIRCUNSTÂNCIAS AGRAVANTES

5.6.1 Introdução

Após fixar a pena-base, considerando com baliza as circunstâncias judiciais, o magistrado passará à segunda fase de fixação da pena, verificando a presença ou não de circunstâncias agravantes e/ou atenuantes.

Circunstâncias agravantes e atenuantes são dados acessórios, periféricos, de natureza objetiva ou subjetiva, que não integram o tipo penal, mas que a ele se vincula com função específica de aumentar ou diminuir a pena. Logo, as circunstâncias não influenciam na definição do modelo legal da conduta proibida, mas incidem na quantidade da pena.

Podem ser genéricas, quando previstas na Parte Geral do Código Penal, incidindo sobre a generalidade dos crimes, bem como específicas, quando previstas em lei especial, incidindo apenas sobre crimes específicos, como, por exemplo, as circunstâncias agravantes previstas no art. 298 do CTB.

Fixada a pena-base, cumpre ao juiz passar para a segunda fase, aplicando a pena, ainda provisória, levando em conta as circunstâncias agravantes e atenuantes.

A *quantidade da pena* a ser agravada ou atenuada fica a critério do juiz, uma vez que não há nenhum dispositivo legal fixando os parâmetros. Na prática, entretanto, firmou-se a interpretação de que o aumento ou diminuição deve se dar no patamar de um sexto, salvo se as circunstâncias indicarem a necessidade de índice maior.

Invariavelmente, na segunda fase de aplicação da pena, é possível se deparar com a presença, no mesmo contexto fático e processual, de duas ou mais agravantes e atenuantes. Nessas hipóteses, poder-se-ia ter a falsa impressão que bastaria estabelecer uma compensação entre as agravantes e atenuantes: havendo mais agravantes, a pena seria elevada (3 agravantes - 2 atenuantes = 1 agravante); havendo mais atenuantes, a pena seria diminuída (3 atenuantes - 2 agravantes = 1 atenuante). Trata-se de entendimento equivocado, sobretudo diante da regra prevista no art. 67 do CP.

---

26. STJ, REsp nº 1847745/PR, rel. Min. Laurita Vaz, 6ª T., j. 3-11-2020.

Conforme dispõe o art. 67 do CP, havendo concurso entre agravantes e atenuantes, ou seja, estando presentes no processo simultaneamente agravantes e atenuantes, preponderam as circunstâncias subjetivas (personalidade, motivos e reincidência).

> Exemplo: Réu reincidente (CP, art. 61, I) que reparou os danos (CP, art. 65, III, *b*). Nesse caso, deve preponderar a circunstância subjetiva (reincidência). Ou seja, o juiz, na segunda fase, deverá agravar mais a pena do que atenuar, na medida em que a reincidência é circunstância preponderante em relação à atenuante de reparar o dano.

Na segunda fase da fixação da pena, ainda que reconheça várias agravantes, não será possível ao juiz elevar a pena em patamar acima do máximo abstratamente previsto. Da mesma forma, ainda que aplicada a pena-base no mínimo legal, e verificando a incidência de atenuante, não será possível fixar a pena abaixo do mínimo legal, conforme se extrai da Súmula nº 231 do STJ: "A incidência da circunstância atenuante não pode conduzir à redução da pena abaixo do mínimo legal".

Isso porque, em relação às circunstâncias agravantes e atenuantes, não há previsão na lei do percentual de aumento ou redução da pena, o que poderia ensejar intervenção judicial em desarmonia ao princípio da separação dos poderes, já que juiz estaria criando uma pena não prevista no ordenamento jurídico, o que seria possível somente a partir de um processo legislativo.

Para melhor compreensão do tema, passamos a analisar separadamente as circunstâncias agravantes e circunstâncias atenuantes.

5.6.2 Circunstâncias agravantes

As circunstâncias agravantes estão expressamente previstas no art. 61 do CP. Trata-se de rol taxativo, não admitindo ampliação para alcançar situações semelhantes, diante do princípio da reserva legal e da vedação da analogia *in malam partem*. Em outras palavras, somente será possível elevar a pena do condenado, se a circunstância estiver expressamente prevista em lei.

O art. 61, *caput*, do CP, emprega o advérbio "sempre", indicando que as agravantes são, como regra, de aplicação compulsória. Assim, se presente uma agravante, não fica na discricionariedade do juiz aplicá-la ou não, já que a sua incidência é obrigatória. Apenas o *quantum* da elevação da pena fica a critério do livre convencimento do magistrado.

Todavia, o próprio *caput* do art. 61 do CP prevê exceção à regra, ao estabelecer que, se uma das circunstâncias previstas no referido artigo já constar como elementar, ou seja, constituir o crime, ou como circunstância qualificadora, não poderá ser valorada na segunda fase de fixação da pena, sob pena de *bis in idem*.

Vê-se, pois, que as circunstâncias agravantes são subsidiárias, pois somente incidirão, se não constituírem ou qualificarem determinado crime. Assim, se, por exemplo, o agente praticar homicídio por motivo fútil (CP, art. 121, § 2º, II), não incide a agravante do art. 61, II, *a*, 1ª figura (ter sido o crime cometido por motivo fútil), pois a circunstância genérica funciona como "qualificadora" do homicídio.

A circunstância agravante incide sobre a pena-base fixada na primeira fase de fixação da pena. O Código Penal não estabelece limites mínimo e máximo de aumento da pena em razão de circunstâncias agravantes, nem qualquer percentual balizador do *quantum* de elevação de pena, ficando na discricionariedade do legislador aplicar o percentual que considera mais pertinente, observando os princípios da razoabilidade e proporcionalidade.

O STJ, contudo, firmou entendimento no sentido de que a fração padrão para elevação da pena seria de 1/6, para cada circunstância. Se, em situações excepcionais, for superior a esse patamar, o montante do aumento da pena deve ser devidamente fundamentado.[27]

Em relação aos crimes dolosos contra a vida, antes da reforma processual, as agravantes ou atenuantes eram quesitadas aos jurados. Todavia, com a atual redação do art. 492, I, *b*, do CPP, o juiz considerará, na fixação da pena, as circunstâncias agravantes – e também as atenuantes – alegadas nos debates.

A agravante da reincidência (CP, art. 61, I) pode incidir em crimes dolosos e culposos, já que vinculada estritamente à pessoa do condenado.

Em relação às agravantes genéricas previstas no inc. II do art. 61 do CP, prevalece o entendimento doutrinário e jurisprudencial no sentido de que somente incidem em relação aos crimes dolosos e preterdolosos, *não sendo possível aplicá-las aos crimes culposos*, já que o resultado involuntário característico dos delitos dessa espécie é incompatível com a necessidade da ciência do agente da presença da circunstância agravante, para ser valorada na segunda fase de fixação da pena.[28]

Nos crimes preterdolosos, a conduta é desenvolvida com dolo, voltada para uma determinada finalidade, ocorrendo, porém, de forma involuntária, resultado mais grave, que gera o efeito de qualificar o crime praticado pelo agente. Trata-se da hipótese do dolo na conduta, mas culpa no resultado agravador. E como exemplo característico de crime preterdoloso, o art. 129, § 3º, do CP descreve conduta dolosa que autonomamente preenche o tipo legal de lesões corporais, produzindo, todavia, resultado diverso mais grave a título de culpa, consistente na morte da vítima. Assim, no crime de lesão corporal seguida de morte, a ofensa intencional à integridade física da vítima constitui crime autônomo doloso, cuja natureza não se altera com a produção do resultado mais grave a título de culpa, autorizando, assim, a incidência das agravantes previstas no art. 61, II, do CP. Esse é o entendimento adotado pelo STJ.[29]

5.6.2.1 Reincidência

5.6.2.1.1 Introdução

Reincidência, também chamada de recidiva, deriva de *recidere*, que significa recair, repetir o ato. Reincidência é, em termos comuns, repetir a prática do crime. Há quem considere a reincidência inconstitucional, sob o argumento de que o princípio do *ne bis in idem*, que se traduz na proibição de dupla valoração fática, tem hoje seu apoio no princípio constitucional da legalidade, pois não se permite, segundo essa corrente de pensamento, que o fato criminoso que deu origem à primeira condenação possa servir de fundamento a uma agravação obrigatória de pena em relação a um outro fato delitivo.

Em que pese tal discussão, o Código Penal, em sua Parte Geral, manteve a reincidência como circunstância agravante. A exacerbação da pena justifica-se para aquele que, punido anteriormente, voltou a delinquir, demonstrando que a sanção anteriormente imposta foi insuficiente.

---

27. STJ, HC nº 534173/RJ, rel. Min. Reynaldo Soares da Fonseca, 5ª T., j. 10-12-2019.
28. Foi a posição adotada no concurso para Promotor de Justiça do MPE/SP, realizado em 2019; no concurso para Promotor de Justiça Substituto do MPE/MS, realizado em 2018; no concurso para Promotor de Justiça Substituto do MPE/MT, realizado em 2019, pela banca FCC.
29. STJ, AgInt no AgREsp nº 1074503/SP, rel. Min. Nefi Cordeiro, 6ª T., j. 18-9-2018.

A reincidência, por se tratar de circunstância agravante, deve ser reconhecida na segunda fase da dosimetria da pena; convém registrar, no entanto, que a reincidência gera efeitos em muitos outros institutos penais.

Com efeito, diversas são as repercussões legais da reincidência, não se limitando, portanto, à dosimetria da pena. Assim é na fixação do regime inicial de cumprimento de pena (CP, art. 33, § 2º, *b* e *c*); em relação à substituição da pena privativa de liberdade por restritiva de direitos (CP, art. 44, II). O instituto também repercute no tocante à suspensão condicional da pena (CP, art. 77, I); a reincidência volta a repercutir para efeito de lapso temporal relativamente ao livramento condicional (CP, art. 83, I, II e V); a reincidência constitui causa de revogação do *sursis* (CP, 81, I) e do livramento condicional (CP, arts. 86, I e II, e 87); influencia no aumento de 1/3 nos prazos da prescrição executória (CP, art. 110, *caput*); interfere, ainda, no lapso temporal para a progressão de regime (LEP, art. 112, II, IV, VII e VIII).

Tratando-se de circunstância agravante subjetiva, que, à evidência, não constitui elementar de qualquer crime, não se comunica ao partícipe ou coautor.

5.6.2.1.2 *Conceito e pressuposto*

Nos termos do art. 63 do CP: "Verifica-se a reincidência quando o agente comete novo crime, depois de transitar em julgado a sentença que, no País ou no estrangeiro, o tenha condenado por crime anterior".

Como se vê, não basta, para considerar o agente reincidente, a prática sequencial de crimes; afigura-se necessário que o crime anterior tenha alcançado sentença condenatória transitada em julgado.

CRIME A		**CRIME B**		**CRIME C**		
Sem sentença condenatória transitada em julgado	→	Sem sentença condenatória transitada em julgado	→	Sem sentença condenatória transitada em julgado	=	**NÃO REINCIDENTE**

Logo, se praticou uma série de crimes em sequência, sem que tenha ocorrido em qualquer deles o trânsito em julgado da sentença penal condenatória, o agente não será considerado reincidente.

A reincidência, pois, pressupõe uma sentença condenatória transitada em julgado por prática, no Brasil ou no exterior, de crime anterior. Há reincidência somente quando o novo crime for cometido após a sentença condenatória definitiva.

> Exemplo: O agente pratica um crime, sendo processado e condenado. Não recorre, vindo a sentença transitar em julgado. Meses depois, vem a praticar novo crime. É considerado reincidente uma vez que cometeu novo delito após o trânsito em julgado de sentença que o condenou por prática de crime.

CRIME A		**CRIME B**		
Sentença condenatória transitada em julgado em 5-10-2020	→	Praticado em 10-11-2020	=	**REINCIDENTE**

Convém ressaltar que, para fins de reincidência, não constitui pressuposto que o novo crime seja da mesma espécie do crime anterior com trânsito em julgado da sentença penal condenatória. Também não importa se o crime anterior é culposo e o posterior é doloso, ou vice-versa. O que realmente interessa para a definição da reincidência é a prática de novo crime após o trânsito em julgado da sentença penal condenatória do crime anterior, independentemente se forem crimes da mesma espécie, dolosos ou culposos.

Se o novo crime for praticado antes da data do trânsito em julgado da sentença penal condenatória do crime anterior, o agente não será considerado reincidente, podendo, no entanto, a sentença condenatória definitiva pelo crime anterior ser considerada para fins de maus antecedentes.

Se o agente praticar o novo crime exatamente no dia em que transitar em julgado a sentença penal condenatória pelo crime anterior, *não incide a agravante da reincidência*, pois a lei é expressa ao mencionar que o novo crime deve ser praticado "depois" do trânsito em julgado. Portanto, se o novo crime for praticado no dia do trânsito em julgado do crime anterior, não haverá reincidência, porquanto tal situação não encontra previsão legal, já que não se enquadra no conceito do art. 63 do CP.

A condenação definitiva que ensejou a reincidência pode ser por crime praticado no Brasil ou no estrangeiro, sem a necessidade, nesse último caso, de homologação da sentença pelo STJ, conforme se extrai do art. 9º do CP, bastando a prova do trânsito em julgado de sentença condenatória proferida na seara judicial.

A prova da reincidência pode ser realizada por meio da folha de antecedentes criminais do acusado, conforme se extrai da Súmula nº 636 do STJ: "A folha de antecedentes criminais é documento suficiente a comprovar os maus antecedentes e a reincidência".

Se o juiz aplicou o perdão judicial em relação ao delito anterior, vindo o sujeito a cometer novo crime não será considerado reincidente, nos termos do art. 120 do CP.

5.6.2.1.3 Reincidência e Lei de Contravenções Penais

Além do conceito introduzido no art. 63 do CP, o art. 7º da LCP (Dec.-lei nº 3.688/1941) também prevê hipótese de incidência da reincidência, ao dispor que: "verifica-se a reincidência quando o agente pratica uma contravenção depois de passar em julgado a sentença que o tenha condenado, no Brasil, ou no estrangeiro, por qualquer crime, ou, no Brasil, por motivo de contravenção".

Assim, podem ocorrer várias hipóteses:

a) o agente pratica um *crime* no Brasil ou no exterior, sendo condenado definitivamente. Após o trânsito em julgado da sentença condenatória, pratica *contravenção penal*: é reincidente (LCP, art. 7º);

b) o sujeito pratica uma *contravenção penal* no Brasil, vindo a ser condenado por sentença transitada em julgado; depois do trânsito em julgado da sentença condenatória, comete *nova contravenção penal*: é considerado reincidente (LCP, art. 7º).

Convém registrar que o art. 7º da LCP se limita a mencionar sentença condenatória definitiva, *no Brasil, por motivo de contravenção,* excluindo a possibilidade de a condenação definitiva por contravenção praticada no exterior gerar reincidência;

c) o sujeito comete uma *contravenção* no Brasil, sendo condenado por sentença irrecorrível; após o trânsito em julgado da sentença penal condenatória, pratica um *crime*: não é reincidente, por ausência previsão legal, já que tal hipótese não se encaixa no art. 63 do CP nem no art. 7º do Dec.-lei nº 3.688/1941.

Em síntese:

Infração penal anterior	Nova infração penal	Consequência
Crime	Crime	Reincidente (CP, art. 63)
Contravenção penal	Contravenção penal	Reincidente (LCP, art. 7º)
Crime	Contravenção penal	Reincidente (LCP, art. 7º)
Contravenção penal	Crime	Não é reincidente

5.6.2.1.4 Reincidência e condenação definitiva por pena exclusiva de multa

O art. 63 do CP não estabelece limites e não excepciona a natureza da pena imposta ao crime anterior, podendo ser pena privativa de liberdade, restritiva de direitos ou multa.

Logo, a pena exclusivamente de multa pelo crime anterior não impede seja reconhecida a reincidência pela prática de novo crime. Não se aplica, no caso, o disposto no art. 77, § 1º, do CP, segundo o qual a pena de multa do crime anterior não impede a suspensão condicional da pena.

Com efeito, trata-se de institutos distintos com finalidades distintas. O fato de o agente ter sido definitivamente condenado por crime anterior, independentemente da espécie da pena, confere maior reprovabilidade à sua conduta, autorizando o agravamento da sua pena; já o instituto da suspensão condicional da pena se trata de medida alternativa à execução da pena privativa de liberdade, razão pela qual não seria razoável admitir que a pena de multa anterior, que não repercute na esfera de liberdade do condenado, impeça que a execução da pena privativa de liberdade seja suspensa. De fato, soaria contraditório admitir que uma pena que não repercute na esfera de liberdade do agente tenha a eficácia de impedir a suspensão da execução de uma pena privativa de liberdade.

Em síntese, o art. 63 do CP não faz distinção em relação ao tipo de crime praticado ou à natureza da pena aplicada, de forma que o cometimento de novo delito ocasionará o reconhecimento da agravante de reincidência em razão da condenação irrecorrível pelo crime anteriormente perpetrado, independentemente de a sanção imposta ser privativa de liberdade, restritiva de direitos ou de multa, já que a norma visa apenar de forma mais gravosa aqueles tendentes à prática delitiva.[30]

Logo, a condenação definitiva exclusivamente à pena de multa por crime anterior não afasta a incidência da agravante da reincidência.

5.6.2.1.5 Espécies de reincidência

Considerando a exigência de cumprimento da pena decorrente da sentença condenatória definitiva por crime anterior, para fins de incidência da agravante, a reincidência pode ser real ou presumida.

30. STJ, HC nº 393709/SP, rel. Min. Ribeiro Dantas, 5ª T., j. 20-6-2017.

A *reincidência real, propriamente dita ou verdadeira* é aquela que incide na hipótese de o agente ter praticado o novo crime depois de ter cumprido integralmente a pena imposta em relação à prática do crime anterior.

Na *reincidência presumida, ficta, imprópria ou falsa* não há exigência que o agente tenha cumprido integralmente a pena imposta pelo crime anterior. Basta, para ser considerado reincidente, que o agente tenha praticado novo crime depois do trânsito em julgado da sentença penal condenatória pelo crime anterior, independentemente se cumpriu ou não a pena imposta.

O Código Penal, no seu art. 63, adotou a reincidência presumida, bastando novo crime após o trânsito em julgado da sentença penal condenatória em relação ao crime anterior, sem a necessidade de cumprimento integral da pena imposta.

A reincidência pode ser, ainda, genérica ou específica.

A *reincidência genérica* é aquela em que o crime anterior que ensejou a condenação definitiva e o novo crime praticado estão previstos em tipos penais distintos.

> Exemplo: O agente é definitivamente condenado pela prática do crime de homicídio (CP, art. 121), e, após o trânsito em julgado da sentença condenatória, pratica o crime de roubo (CP, art. 157). É reincidente genérico.

A *reincidência específica* é aquela em que o crime anterior que ensejou a condenação definitiva e o novo crime praticado estão previstos no mesmo tipo penal.

> Exemplo: O agente é definitivamente condenado pela prática do crime de roubo (CP, art. 157), e, após o trânsito em julgado da sentença condenatória, comete outro crime de roubo (CP, art. 157). É reincidente específico na prática de crime de roubo.

O legislador não estabeleceu distinção expressa quanto aos efeitos da reincidência genérica ou específica. O tratamento penal conferido a ambas as espécies, como regra, é idêntico.

Há, no entanto, situações excepcionais em que a reincidência específica repercute e gera efeitos de modo diverso da reincidência genérica.

Conforme se extrai do art. 44, § 3º, do CP, a reincidência genérica, em tese, não inviabiliza a substituição da pena privativa de liberdade por restritiva de direitos, desde que preenchidos os demais requisitos. Todavia, se o agente for reincidente pela prática do mesmo crime, ou seja, reincidente específico, não será possível a substituição da pena privativa de liberdade por restritiva de direitos, sendo, portanto, a vedação absoluta.

Em relação ao livramento condicional, a reincidência específica pela prática de crime de natureza hedionda ou equiparado, inviabiliza por absoluto a concessão do benefício (CP, art. 83, V).

Além disso, se o réu for reincidente específico na prática de crime previsto no Código de Trânsito Brasileiro, o juiz aplicará a penalidade de suspensão da permissão ou habilitação para dirigir veículo automotor, sem prejuízo das demais sanções penais cabíveis (CTB, art. 296).

5.6.2.1.6 *Eficácia temporal da condenação anterior para efeito da reincidência*

A questão que se apresenta neste aspecto diz respeito à possibilidade de a sentença condenatória transitada em julgado por crime anterior preservar o caráter perpétuo do efeito de gerar reincidência, ou se esse efeito cessa pelo decurso de determinado prazo.

Há, basicamente, três sistemas a respeito da eficácia temporal da condenação anterior para efeito da reincidência: a) sistema da perpetuidade; b) sistema da temporariedade; c) sistema misto.

De acordo com *o sistema da perpetuidade*, não importa o lapso temporal entre o termo *a quo* e a prática do novo crime, pois, se voltou a delinquir, ainda que no intervalo de tempo relativamente mais elástico, o agente revelou sua tendência criminosa, autorizando a incidência da agravante.

Pelo *sistema da temporariedade*, a sentença condenatória transitada em julgado em relação a crime anterior não mais produz efeito para fins de reincidência, se o novo crime foi praticado após o lapso temporal previsto em lei.

O *sistema misto*, embora inclinado à perpetuidade, permite a atenuação da agravação resultante da reincidência em proporção ao tempo decorrido: quanto maior o tempo entre a condenação anterior e a prática do novo crime, menor será a agravação da segunda pena.

O *Código Penal adotou o sistema da temporariedade*, ou seja, os efeitos da reincidência não são perpétuos, tendo um prazo previamente estabelecido na lei para cessar o efeito da sentença penal condenatória transitada em julgado pelo crime anterior gerar reincidência.

Nos termos do art. 64, I, do CP, não prevalece a condenação anterior, se entre a data do cumprimento ou extinção da pena e a infração posterior tiver decorrido período superior a cinco anos, computado o tempo de prova da suspensão ou do livramento condicional, se não ocorrer revogação.

Logo, o prazo de cinco anos começa a correr a partir do cumprimento da pena ou a sua extinção por outro modo, como, por exemplo, incidência de uma causa extintiva da punibilidade, como a prescrição da pretensão executória, graça ou indulto.

Assim, se, por exemplo, o agente, em 2014, cumpriu integralmente a pena de um ano imposta em decorrência de sentença condenatória transitada em julgado por crime anterior, e, em 2021 praticou novo crime, não será considerado reincidente, pois cessou os efeitos da sentença condenatória definitiva de gerar reincidência, pelo decurso do prazo de 5 anos entre o término da pena e a prática do novo crime.

Convém ressaltar que, se a causa extintiva da punibilidade consistir em anistia ou *abolitio criminis*, cessam todos os efeitos da sentença penal condenatória, não ensejando, portanto, reincidência a eventual prática de novo crime.

Conforme o art. 64, I, do CP, o período de prova do livramento condicional e da suspensão condicional da pena será computado para fins de cessar os efeitos da reincidência, se não ocorrer a revogação.

Assim, em tese, ao agente condenado a 6 anos de reclusão, cumprindo 1/3 (ou seja, dois anos), será concedido o livramento condicional (CP, art. 83, I), restando outros quatro anos para o término da pena, que será o período de prova. Logo, esse período de prova de quatro anos será computado no prazo de cinco anos para verificação da reincidência.

Para melhor ilustrar o dispositivo em comento, consideremos a hipótese de o agente ter iniciado a cumprir a pena no dia *10-8-2010*. Após cumprir dois anos (1/3 da pena), obteve o livramento condicional em *10-8-2012*, restando quatro anos de período de prova. A pena foi cumprida com correção e extinta em *9-8-2016*, já que se trata de prazo penal. Em 9-9-2017, o agente pratica novo crime. Nesse caso, *não será considerado reincidente*, pois se passaram mais de 5 anos entre a data do cumprimento da pena e a prática do novo crime, *computando-se o período de prova do livramento condicional.*

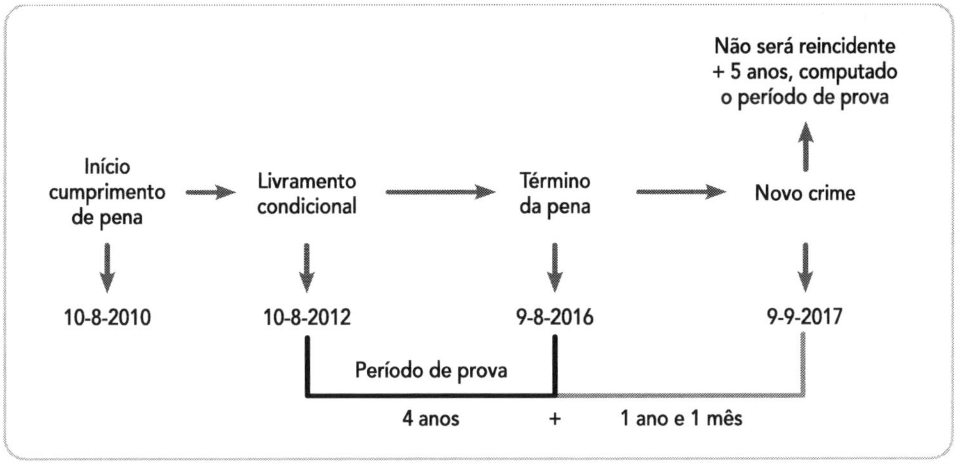

Conforme a parte final do art. 64, I, do CP, o período de prova do livramento condicional somente será computado se o benefício não for revogado (com a sentença condenatória definitiva do novo crime, por exemplo).

Assim, se o réu foi definitivamente condenado pela prática do novo crime, o período de prova não será computado para fins de cessação da reincidência, já que constitui causa obrigatória de revogação do livramento condicional, devendo o agente cumprir a pena restante do crime anterior mais a nova pena imposta (CP, arts. 86, I, e 88).

Se o réu for absolvido, não haverá, por evidente, a revogação do livramento condicional, devendo, nesse caso, ser computado o período de prova para fins de cessação dos efeitos da reincidência.

Conforme exposto alhures, esse critério de temporariedade não alcança os maus antecedentes. Com efeito, sempre prevaleceu no STJ o entendimento de que o prazo de 5 anos, previsto no art. 64, I, do CP, embora repercuta para cessar os efeitos da reincidência, não alcança as condenações anteriores transitadas em julgado para afastar os maus antecedentes. Recentemente, o STF, por maioria, apreciando o Tema 150 da Repercussão Geral, pacificou o entendimento no sentido de que condenações criminais extintas há mais de cinco anos podem ser consideradas como maus antecedentes para a fixação da pena-base em novo processo criminal. Logo, "Não se aplica para o reconhecimento dos maus antecedentes o prazo quinquenal de prescrição da reincidência, previsto no art. 64, I, do CP".[31]

5.6.2.1.7 Crimes que não induzem reincidência

O art. 64, II, do CP, prevê duas hipóteses legais de crimes que não induzem reincidência: a) crimes militares próprios; b) crimes políticos. O STJ, contudo, passou a adotar o entendimento no sentido de que condenações anteriores pelo delito do art. 28 da Lei nº 11.343/2006 não são aptas a gerar reincidência.

Logo, há duas hipóteses legais e uma decorrente da jurisprudência de crimes que não induzem reincidência.

31. STF, RE nº 593818/SC, rel. Min. Roberto Barroso, Tribunal Pleno, j. 18-8-2020.

a) Crimes militares próprios

Os *crimes militares próprios* são aqueles tipificados exclusivamente no Código Penal Militar (Dec.-lei nº 1.001/1969), tais como motim (CPM, art. 149), recusa de obediência (CPM, art. 163), deserção (CPM, art. 187).

Os *crimes militares impróprios* são aqueles cuja conduta está tipificada no Código Penal Militar e no Código Penal, como, por exemplo, homicídio (CPM, art. 205; CP, art. 121); furto (CPM, art. 240; CP, art. 155).

Nos termos do art. 64, II, do CP, se o agente registrar sentença condenatória transitada em julgado em relação a crime militar próprio, e, posteriormente, praticar um crime comum, não poderá ser considerado reincidente. Assim, se, por exemplo, o agente registrar contra si sentença condenatória definitiva pela prática do crime militar próprio de deserção (CPM, art. 187), e, posteriormente, pratica um crime comum, como o furto simples (CP, art. 155), não poderá ser considerado reincidente.

CRIME MILITAR PRÓPRIO → CRIME COMUM = NÃO REINCIDENTE

Se, porém, o agente registrar sentença condenatória transitada em julgado por crime militar próprio, e, posteriormente, praticar novo crime militar próprio, será considerado reincidente, mas com base no art. 71 do CPM.

CRIME MILITAR PRÓPRIO → CRIME MILITAR PRÓPRIO = REINCIDENTE

O art. 64, II, do CP não se aplica quando o agente registrar sentença condenatória transitada em julgado em relação a crime militar impróprio, e, posteriormente, praticar crime comum. Nesse caso, se, por exemplo, registrar condenação definitiva pela prática do crime de furto simples, previsto no art. 187 do CPM, e, posteriormente, praticar um crime de homicídio contra cidadão comum, desvinculado com qualquer hipótese de crime militar, o agente será considerado reincidente.

CRIME MILITAR IMPRÓPRIO → CRIME COMUM = REINCIDENTE

b) Crimes políticos

Os crimes políticos estão previstos na Lei nº 7.170/1983, e podem ser: a) próprios ou puros; b) impróprios, impuros ou relativos.

Tanto os crimes políticos próprios (exclusivamente de natureza política, que ofendem a segurança ou a organização do Estado), como os impróprios (aqueles que ofendem simultaneamente a ordem político-social e um interesse privado) não geram a reincidência prevista no Código Penal.

Assim, se, por exemplo, o agente registrar sentença condenatória transitada em julgado pelo crime de praticar atentado pessoal por inconformismo político (Lei nº 7.170/1983, art. 20), e, posteriormente, praticar um crime de furto (CP, art. 155), não será considerado reincidente.

CRIME POLÍTICO → CRIME COMUM = NÃO REINCIDENTE

Convém ressaltar que a Lei nº 14.197, de 1º de setembro de 2021, revogou a Lei nº 7.170/1983, bem como acrescentou o Título XII na Parte Especial do Código Penal, relativo aos crimes contra o Estado Democrático de Direito, o que poderá gerar certa controvérsia acerca da revogação tácita do artigo 64, II, do CP, no que diz respeito à condenação pela prática de crime político não gerar reincidência.

Entendemos que não há revogação da possibilidade de a condenação pela prática de crime político afastar a possibilidade de incidência dos efeitos para fins de reincidência.

Isso porque o dispositivo não está atrelado à Lei nº 7.170/1983, o que, aliás, sempre gerou discussão acerca do conceito e características do crime político. Não obstante a isso, a esmagadora maioria da doutrina admitia a relação com a Lei nº 7.170/1983, porque considerava crime político aquele que ofende interesse político do Estado, tais como integridade territorial, soberania nacional, regime representativo e democrático, Federação, Estado de Direito, a pessoa dos Chefes dos poderes da União, independência.[32]

Como se vê, a Lei nº 14.197, de 1º de setembro de 2021, deslocou condutas típicas previstas na Lei nº 7.170/1983, para o Código Penal, criando capítulos específicos para crimes contra a soberania nacional, contra as instituições democráticas, contra o funcionamento das instituições democráticas no processo eleitoral, contra o funcionamento dos serviços essenciais. Verifica-se, pois, que o legislador promoveu, na verdade, a continuidade típico-normativa de condutas proibidas previstas na lei revogada, deslocando-as, embora com redação mais atualizada, para o Código Penal.

Logo, parece-nos, seguindo a lógica do legislador, que não revogou expressamente o artigo 64, II, do CP, na parte que inviabiliza o reconhecimento da reincidência por conta da condenação definitiva pela prática de crime político, que, agora, para efeito de reincidência não se consideram os crimes previstos no título relacionado aos crimes contra o estado democrático de direito.

Convém ressaltar que, conquanto não gere reincidência, o trânsito em julgado de uma sentença penal condenatória por crime militar próprio ou crime político viabiliza a possibilidade de ser reconhecida na primeira fase de fixação da pena a título de maus antecedentes, já que o art. 64, II, do CP, limita-se a afastar a reincidência, nada dispondo sobre maus antecedentes.

---

32. NUCCI, Guilherme de Souza. *Manual de direito penal*. 9. ed. São Paulo: Revista dos Tribunais, 2013. p. 506.

c) **Porte de substância entorpecente para consumo pessoal**

Nos termos do art. 28 da Lei nº 11.343/2006 quem adquirir, guardar, tiver em depósito, transportar ou trouxer consigo, para consumo pessoal, drogas sem autorização ou em desacordo com determinação legal ou regulamentar será submetido às seguintes penas: a) pena de advertência; b) prestação de serviços à comunidade; c) medida educativa de comparecimento a programa ou curso educativo.

A conduta descrita no art. 28 da Lei nº 11.343/2006 ainda não foi descriminalizada, tendo o legislador tão somente retirado a possibilidade de impor pena privativa de liberdade ao agente condenado por esse delito, restringindo-se à advertência, prestação de serviços à comunidade e medida educativa.

Nesse contexto, a jurisprudência do STJ passou a considerar que viola o princípio da proporcionalidade considerar a condenação definitiva pelo crime de porte de substância entorpecente para consumo pessoal apta a gerar o efeito da reincidência.[33]

Isso porque, como é sabido, a condenação definitiva por contravenção penal anterior, que prevê pena de prisão simples, não induz reincidência, revelando-se, por isso, desproporcional considerar, para fins de reincidência, o prévio apenamento por posse de droga para consumo próprio, crime punido com medidas mais amenas, como advertência sobre os efeitos das drogas, prestação de serviços à comunidade e medida educativa de comparecimento a programa ou curso educativo. Esse também é o entendimento adotado pelo STF.[34]

5.6.2.2 Agravantes previstas no art. 61, II, do CP

5.6.2.2.1 Ter o agente cometido o crime por motivo fútil ou torpe

O *motivo fútil* é o insignificante, incidindo quando o ataque ao bem jurídico é evidentemente desproporcional ao motivo que o ensejou.

> Exemplo: Agente que ofende a integridade corporal da vítima, praticando o delito de lesão corporal (CP, art. 129), porque não lhe ofereceu uma bebida.

O *motivo torpe* é o repugnante, moralmente reprovável, que causa repulsa e aversão.

> Exemplo: Agente que ofende a integridade corporal da vítima, praticando o delito de lesão corporal (CP, art. 129), porque não o incluiu no seu seguro de vida.

Se o motivo fútil ou torpe estiver previsto como circunstância qualificadora de determinado crime, como no caso do homicídio (CP, art. 121, § 2º, I e II), não poderá ser usado na segunda fase de fixação da pena para agravar a pena, sob pena de *bis in idem*.

5.6.2.2.2 Para facilitar ou assegurar a execução, a ocultação, a impunidade ou vantagem de outro crime

Trata-se de hipótese de conexão, ou seja, ligação entre dois ou mais crimes.

Denomina-se *teleológica* a conexão, quando o crime for praticado para facilitar ou assegurar a execução de outro crime.

> Exemplo: furtar um veículo para ser utilizado num roubo a uma agência bancária.

---

33. STJ, HC nº 453437/SP, rel. Min. Reynaldo Soares da Fonseca, 5ª T., j. 15-10-2018, noticiado no *Informativo* nº 636.
34. STF, AgRE nº 1212607/SP, rel. Min. Carmen Lúcia, j. 2-6-2019.

A *conexão consequencial* ocorre quando o crime for cometido para facilitar ou assegurar a ocultação, a impunidade ou a vantagem de outro crime.

> Exemplo: praticar lesão corporal em determinada testemunha, para que ela não preste declarações em juízo contra agente acusado de tráfico de drogas.

Se essa circunstância já qualificar o delito, como no caso do homicídio (CP, art. 121, § 2º, V), não poderá ser usada na segunda fase de fixação da pena para agravar a pena, sob pena de *bis in idem*.

5.6.2.2.3 À traição, de emboscada, ou mediante dissimulação, ou outro recurso que dificultou ou tornou impossível a defesa do ofendido

A *traição* caracteriza-se pela quebra de confiança que a vítima depositava no agente responsável pelo crime. Pode ser *material ou objetiva*, como, por exemplo, praticar lesões corporais em um amigo durante o seu sono, ou *moral ou subjetiva*, como, por exemplo, atrair o amigo para um local afastado, para, juntamente com outros agentes, ofender sua a integridade corporal.

O legislador empregou a interpretação analógica ou *intra legem*, quando descreveu situações casuísticas como a traição, emboscada e dissimulação, para depois apresentar uma fórmula genérica, para abranger qualquer outra situação que dificulte ou torne impossível a defesa do ofendido, como, por exemplo, a surpresa.

Se essa circunstância já qualificar o delito, como no caso do homicídio (CP, art. 121, § 2º, IV), não poderá ser usada na segunda fase de fixação da pena para agravar a pena, sob pena de *bis in idem*.

5.6.2.2.4 Com emprego de veneno, fogo, explosivo, tortura ou outro meio insidioso ou cruel, ou de que podia resultar perigo comum

O legislador novamente adotou a interpretação analógica, agora em relação aos meios de execução do crime.

Há, nesse dispositivo, três meios genéricos para a execução do delito: meio insidioso, cruel e o que resulta perigo comum.

Meio insidioso é aquele em que o crime é praticado por meio de estratagema, de forma sorrateira, sem que a vítima perceba que está sendo alvo de ataque.

> Exemplo: agente colocar substância não letal, mas capaz de intoxicar o organismo, com a finalidade de ofender a saúde da vítima, causando-lhe lesão corporal.

Meio cruel é o que causa à vítima intenso e desnecessário sofrimento físico ou mental. O dispositivo descreve como meio cruel o emprego de fogo e tortura, podendo ser incluída também a asfixia, até mesmo por conta da fórmula genérica consistente em qualquer outro meio cruel.

Meio que possa *resultar perigo comum* é aquele que, além de atingir a vítima de forma intensa, causando-lhe sofrimento excessivo, pode também colocar em perigo um número indeterminado de pessoas, como, por exemplo, o *emprego de explosivo ou fogo*.

Se essas circunstâncias já qualificarem o delito, como no caso do homicídio (CP, art. 121, § 2º, III), não poderá ser usada na segunda fase de fixação da pena para agravar a pena, sob pena de *bis in idem*.

5.6.2.2.5 *Contra ascendente, descendente, irmão ou cônjuge*

A incidência dessa agravante encontra fundamento na insensibilidade moral do agente, que se vale das relações familiares para cometer o delito, violando o dever de mútua assistência, cuidado, proteção que norteia a relação entre ascendente, descendente, irmão ou cônjuge.

Não há distinção entre parentesco civil ou natural, por força do que dispõe o art. 227, § 6º, da CF, que veda qualquer discriminação entre os filhos havidos ou não do casamento.

Diante da ausência de previsão legal, já que não inseridos no art. 61 do CP, não incide a agravante genérica nas relações decorrentes do parentesco por afinidade, como, por exemplo, entre sogra e genro ou cunhados.

Também não incide a agravante genérica nas relações decorrentes de união estável, diante da inadmissibilidade da analogia *in malam partem* no Direito Penal.

Se essa circunstância já servir como causa de aumento de pena, como no caso dos crimes contra a dignidade sexual (CP, art. 226, II) ou qualificar o delito, como no caso da lesão corporal (CP, art. 129, § 9º), não poderá ser usada na segunda fase de fixação da pena como agravante, sob pena de *bis in idem.*

5.6.2.2.6 *Com abuso de autoridade ou prevalecendo-se de relações domésticas, de coabitação ou de hospitalidade, ou com violência contra a mulher na forma da lei específica*

A incidência da agravante decorrente do *abuso de autoridade* incide somente nas relações de direito privado, como, por exemplo, entre tutor e tutelado, e pressupõe vínculo de dependência entre autor e vítima. Imaginemos, por exemplo, um tutor, que, abusando da autoridade que exerce em relação ao tutelado, pratica contra ele maus-tratos ou lesões corporais.

A agravante decorrente das *relações domésticas* não se restringe aos membros da família, incidindo também quando não existir vínculo de parentesco, como, por exemplo, entre patrão e empregada doméstica.

A *coabitação* pressupõe moradia comum, ou seja, viver sob o mesmo teto, ainda que por breve período, como, por exemplo, estudantes universitários que moram no mesmo apartamento.

Hospitalidade é o acolhimento, ainda que eventual, na residência de alguém, não sendo exigido pernoite, como, por exemplo, o agente se prevalecer do convite para jantar na casa da vítima para subtrair objetos da residência.

A incidência da agravante decorrente de relações domésticas, de coabitação ou de hospitalidade não exige que o delito tenha sido praticado dentro do âmbito doméstico, bastando a sua existência ao tempo do crime. Assim, se no trajeto até a universidade um colega subtrai objeto que está no interior da mochila de outro colega com quem reside numa república de estudantes, incidirá a agravante genérica.

Se essa circunstância já servir para qualificar o delito, como no caso do feminicídio (CP, art. 121, § 2º, VI), não poderá ser usada na segunda fase de fixação da pena para agravar a pena, sob pena de *bis in idem.*

Com efeito, considerando que o fato de o crime ter sido perpetrado no contexto da violência doméstica contra a mulher foi valorado para qualificar o crime de homicídio, não pode ser também considerado para exasperar a pena como agravante, já que evidente o *bis in idem.*[35]

Convém sinalar que, conforme entendimento consolidado pelo STJ:

> (...) a aplicação da agravante prevista no art. 61, II, *f*, do CP, de modo conjunto com outras disposições da Lei nº 11.340/2006 não acarreta *bis in idem*, pois a Lei Maria da Penha visou recrudescer o tratamento dado para a violência doméstica e familiar contra a mulher (...).

Logo, não há *bis in idem* entre a agravante genérica e o crime de lesão corporal qualificado pela violência doméstica (CP, art. 129, § 9º) e o crime de ameaça (CP, art. 147), uma vez que a incidência da agravante prevista no art. 61, II, *f*, do CP tem o objetivo de punir mais severamente o agente que pratica a infração prevalecendo-se das relações domésticas, no âmbito do seio familiar. Além disso, a incidência da agravante não tem o condão de configurar *bis in idem*, considerando que o cometimento do delito em âmbito doméstico é circunstância estranha às elementares dos referidos tipos.[36]

5.6.2.2.7 Com abuso de poder ou violação de dever inerente a cargo, ofício, ministério ou profissão

Esse dispositivo prevê duas situações distintas: a) abuso de poder; b) violação de dever.

O *abuso de poder* e a *violação inerente a cargo* guarda relação com a condição de funcionário público do agente, ou particular exercendo função pública. Pressupõe a prática de crime praticado no desempenho do cargo público.

A violação de dever inerente ao cargo pode constituir crime autônomo, não incidindo a agravante genérica, como, por exemplo, na hipótese do delito de violação de sigilo funcional (CP, art. 325), bem como em relação ao crime de concussão (CP, art. 316).[37]

Se for atribuído ao agente a prática de algum crime envolvendo abuso de autoridade, previsto na Lei nº 13.869/2019, não incide essa agravante genérica para evitar o *bis in idem*.

A violação de dever inerente a ofício, ministério ou profissão tem relação com a prática de crimes no contexto das relações privadas.

Ofício é o trabalho remunerado, que exige técnica e habilidade específica, predominantemente manual. Exemplo: ofício de mecânico de automóveis.

Ministério tem relação com desempenho de atividade religiosa. Exemplo: Padre ou pastor de uma igreja.

Profissão é a atividade remunerada, que exige capacitação especializada para exercer um trabalho. Exemplos: médico, advogado, arquiteto.

Imaginemos que um mecânico de automóvel, prevalecendo-se dessa situação, subtrai peças de um veículo que foi entregue para conserto na oficina em que trabalha. Sobre a pena-base imposta na condenação pelo crime de furto, incidirá essa agravante genérica.

---

35. STJ, HC nº 520681/RJ, rel. Min. Ribeiro Dantas, 5ª T., j. 22-10-2019.
36. STJ, AgRg no AgREsp nº 1390898/SE, rel. Min. Antônio Saldanha Palheiro, 5ª T., j. 19-3-2019.
37. STJ, REsp nº 1627014/SC, rel. Min. Nefi Cordeiro, 6ª T., j. 15-8-2017.

5.6.2.2.8 *Contra criança, maior de 60 anos, enfermo ou mulher grávida*

Incide essa agravante genérica nas hipóteses em que o agente se prevalece da vulnerabilidade e maior fragilidade da vítima, por conta da sua idade ou da sua condição de enfermo ou mulher grávida.

Criança é a pessoa que não completou 12 anos de idade, conforme prevê o art. 2º, *caput*, da Lei nº 8.069/1990.

Com a redação dada pela Lei nº 10.741/2003 (Estatuto da Pessoa Idosa), o Código Penal deixou de adotar a expressão "velho", para considerar o critério cronológico, passando a considerar *idosa* a pessoa maior de 60 anos de idade.

Enfermo é a pessoa que se encontra fragilizada física ou mentalmente, por conta de uma doença permanente ou transitória. Para incidir a agravante genérica, o agente deve se prevalecer da enfermidade da vítima para praticar o delito.

> Exemplo: furto contra um deficiente físico. Assim, não incidirá a agravante genérica se o crime for praticado contra pessoa que se encontra com passageiro resfriado.

Para incidir a agravante da *mulher grávida*, a vítima deve estar em avançado estágio gestacional, a ponto de deixá-la vulnerável ao ataque do agente criminoso, facilitando a prática do delito.

5.6.2.2.9 *Quando o ofendido estava sob a imediata proteção da autoridade*

Essa agravante incide na hipótese de o crime ser praticado contra quem está sob a proteção imediata do Estado, ou seja, sob a guarda, dependência do Estado. É o caso de praticar lesões corporais, por exemplo, contra preso detido na Delegacia.

5.6.2.2.10 *Em ocasião de incêndio, naufrágio, inundação ou qualquer calamidade pública, ou de desgraça particular do ofendido*

O Código Penal descreve situações casuísticas, para, ao final, conferir maior abrangência dessa alínea, por meio de interpretação analógica.

Trata-se de reprovar com maior rigor a conduta do agente que se prevalece de situações de calamidade e, por consequência, da inferioridade e fragilidade da vítima para praticar crime, revelando insensibilidade moral.

Calamidade pública significa desgraça, catástrofe, desastre que atinge um número indeterminado de pessoas.

> Exemplo: Furto praticado durante incêndio de grandes proporções em um *shopping center.*

A *desgraça particular do ofendido* é o desastre ou tragédia que atinge uma pessoa ou grupo determinado de pessoas.

> Exemplo: Furto de produtos transportados na carroceria logo após o capotamento de um caminhão.

5.6.2.2.11 *Em estado de embriaguez preordenada*

A *embriaguez preordenada*, ou dolosa, é aquela em que o agente se embriaga intencionalmente para cometer uma infração penal. A embriaguez serve como espécie de estímulo e encorajamento para a prática de crime ou contravenção penal.

Nesse caso, a exasperação da pena encontra fundamento na maior a reprovabilidade da conduta do agente que se embriaga propositadamente para praticar infrações penais, bem como para buscar a incidência de eventual exclusão da imputabilidade penal.

Convém advertir que não é qualquer embriaguez que agrava a pena, mas somente aquela proposital, voltada à prática do crime. Assim, não incide a agravante na hipótese de o agente ter ingerido bebida alcóolica numa festa, e, ao retornar para casa, resolve praticar roubo contra um pedestre.

5.6.2.3 Agravantes no concurso de pessoas

5.6.2.3.1 Introdução

O art. 62 do CP prevê hipóteses de agravantes relacionados a crimes praticados em concurso de pessoas. Todavia, a terminologia empregada pelo legislador não se mostra correta, uma vez que os incisos II e III guardam relação com casos de autoria mediata.

A autoria mediata é aquela em que o agente se vale de pessoa não dotada de culpabilidade para praticar crime. Logo, não há, na essência, concurso de pessoas entre os agentes, por ausência de vínculo subjetivo entre eles.

Assim, em que pese a terminologia adotada pelo Código Penal, deve-se considerar a aplicabilidade dessas agravantes aos crimes praticados entre duas ou mais pessoas, não se restringindo às hipóteses de incidência do art. 29 do CP.

5.6.2.3.2 *Promove, ou organiza a cooperação no crime ou dirige a atividade dos demais agentes*

Essa agravante incide sobre a pessoa que comanda, organiza ou favorece a prática de um crime. É o autor intelectual do crime, o organizador, chefe ou líder, bem como com o autor de escritório.

Conforme a teoria restritiva do concurso de pessoas, adotada pelo Código Penal, aquele idealiza, comanda, promove a atividade criminosa, o chamado autor intelectual, não se enquadra propriamente na condição de autor, mas de partícipe.

O autor de escritório seria aquele que transmite a ordem a ser executada pelo autor direto, inserido num escalão inferior da organização criminosa, sendo, por isso, passível de ser substituído por outra pessoa.

Essa circunstância agravante incide por conta do maior grau de reprovabilidade da conduta do agente que ocupa posição de comando, organização ou direção da atividade criminosa. Logo, nem todos os agentes que atuam na empreitada criminosa são atingidos por essa agravante genérica, mas somente aqueles que ocupam posição hierárquica superior aos demais agentes.

Tomemos como exemplo um líder do Primeiro Comando da Capital (PCC), preso num estabelecimento carcerário, que determina a membros com posição hierárquica inferior na organização criminosa que pratiquem determinados crimes, como, por exemplo, matar um integrante da facção rival. O líder de quem partiu a ordem seria o autor de escritório ou autor mediato particular ou especial, recaindo sobre ele a agravante genérica do art. 62, I, do CP.

5.6.2.3.3 *Coage ou induz outrem à execução material do crime*

Coagir é usar de violência física ou moral para obrigar alguém, de forma irresistível ou não, a praticar o crime.

Em relação ao coagido, tratando-se de coação física irresistível haverá exclusão da conduta punível, por ausência de vontade, e, por conseguinte, do próprio fato típico. A coação moral irresistível exclui a culpabilidade, por conta da inexigibilidade de conduta diversa.

Se a coação for resistível, haverá concurso de pessoas, respondendo o coagido pelo delito, mas com a pena atenuada (CP, art. 65, III, *c*).

Logo, somente o coator responderá pelo crime e, na fixação da pena, o juiz fará incidir a agravante prevista no art. 62, II, do CP.

Ressalta-se que a agravante genérica incidirá sobre o coator tanto na hipótese de coação irresistível como na resistível, já que o legislador não estabeleceu nenhuma distinção nesse sentido.

Induzir é introduzir a ideia criminosa no agente até então inexistente. Não é emprego de violência ou grave ameaça, mas convencimento para que o agente pratique o delito.

Assim, quem participa da infração penal induzindo alguém a praticar um crime, terá a pena, em tese, mais severa do que o autor do delito.

5.6.2.3.4 *Instiga ou determina a cometer o crime alguém sujeito à sua autoridade ou não punível em virtude de condição ou qualidade pessoal*

Instigar é reforçar uma ideia preexistente. *Determinar* é ordenar, impor.

Exige-se que o autor do crime esteja sob a autoridade de quem instiga ou determina.

Se a instigação ou determinação for dirigida a inimputável, caracterizará autoria mediata, incidindo sobre o autor mediato essa agravante genérica.

5.6.2.3.5 *Executa o crime, ou nele participa, mediante paga ou promessa de recompensa*

Pune-se o criminoso mercenário. Não é preciso que a recompensa seja efetivamente recebida. Tal circunstância agravante não incide nos crimes contra o patrimônio porque é da índole dessa modalidade de infrações penais a obtenção de vantagem econômica.

Se a prática do delito mediante paga ou promessa de recompensa constituir causa de aumento de pena ou qualificadora, como, por exemplo, no crime de homicídio qualificado (CP, art. 121, § 2º, I), não incidirá essa agravante genérica, para evitar o *bis in idem*.

5.7 CIRCUNSTÂNCIAS ATENUANTES

5.7.1 Introdução

As circunstâncias atenuantes são de aplicação em regra obrigatória, pois o *caput* do art. 65 do CP dispõe que: "são circunstâncias que sempre atenuam a pena".

Entretanto, quando a pena-base for fixada no mínimo legal, a incidência da circunstância atenuante não pode conduzir à redução da pena abaixo da pena mínima cominada. É o que se extrai da Súmula nº 231 do STJ: "A incidência da circunstância atenuante não pode conduzir à redução da pena abaixo do mínimo legal".

Assim, se, na dosimetria da pena imposta a condenado menor de 21 anos de idade, pela prática do crime de furto simples (CP, art. 155), o juiz aplicar a pena-base no mínimo legal, ou seja, em 1 ano, não poderá, segundo entendimento do STJ, considerar a atenuante da menoridade, já que ficaria abaixo do mínimo legal.

Todavia, há doutrina abalizada defendendo a possibilidade de a pena-base ficar abaixo do mínimo legal diante da presença de uma atenuante. Para Cezar Roberto Bitencourt:

> Deixar de aplicar uma circunstância atenuante para não trazer a pena para aquém do mínimo cominado nega vigência ao disposto no art. 65 do CP, que não condiciona a sua incidência a esse limite, violando o direito público subjetivo do condenado à pena justa, legal e individualizada. Essa ilegalidade, deixando de aplicar norma de ordem pública, caracteriza uma inconstitucionalidade manifesta. Em síntese, não há lei proibindo que, em decorrência do reconhecimento de circunstância atenuante, possa ficar aquém do mínimo cominado. Pelo contrário, há lei que determina (art. 65), peremptoriamente, a diminuição da pena em razão de uma atenuante, sem condicionar seu reconhecimento a nenhum limite; e, por outro lado, reconhecê-la na decisão condenatória (sentença ou acórdão), somente para evitar nulidade, mas deixar de efetuar sua atenuante, é uma farsa, para não dizer fraude, que viola o princípio da reserva legal.[38]

Em que pese o entendimento adotado pelo STJ, consideramos que a negativa imposta à pena intermediária ficar abaixo do mínimo legal, por conta da incidência de uma circunstância atenuante, viola os princípios da individualização da pena, isonomia e da reserva legal.

Com efeito, a vedação prevista na Súmula nº 231 do STJ inviabiliza que o juiz, considerando as circunstâncias fáticas do caso concreto e as características pessoais do agente, aplique a pena mais justa e adequada. Impede, por exemplo, que o magistrado valorize a circunstância de um dos réus ter confessado sua participação no delito, enquanto o outro mantém a negativa da autoria.

Além disso, não há qualquer dispositivo legal vedando a possibilidade de aplicação da circunstância atenuante, com a fixação da pena-base abaixo do mínimo legal. Logo, impor uma restrição, sobretudo violando direito subjetivo do réu, sem expressa previsão legal, afronta, à evidência, a Constituição Federal.[39]

5.7.2 Ser o agente menor de 21, na data do fato, ou maior de 70 anos, na data da sentença

O art. 65, I, do CP prevê duas situações: a) agente menor de 21 anos à época do fato; b) maior de 70 anos na data da sentença. Trata-se da atenuante da menoridade relativa e da senilidade.

Para a incidência da atenuante da menoridade relativa, basta que o agente seja menor de 21 anos de idade à época do fato, independentemente da sua idade na data da sentença.

O benefício começa no dia em que o agente completa os 18 anos, incidindo até o dia anterior àquele em que completa 21 anos, aplicando-se a teoria da atividade prevista no art. 4º do CP.

Conforme se extrai do art. 155, parágrafo único, do CPP, a prova da idade deve ser feita por meio da certidão de nascimento. No entanto, a jurisprudência flexibiliza essa regra, admitindo qualquer outro documento hábil para a comprovação da idade do réu, como, por

38. BITENCOURT, Cezar Roberto. *Tratado de direito penal:* parte geral. 17. ed. São Paulo: Saraiva, 2012. p. 790.

39. De todo modo, para fins de concurso público, deve-se considerar o teor da Súmula nº 231 do STJ.

exemplo, carteira de identidade, certificado de reservista, carteira nacional de habilitação. É o que se extrai da Súmula nº 74 do STJ: "Para efeitos penais, o reconhecimento da menoridade do réu requer prova por documento hábil".

A segunda parte do dispositivo prevê a atenuação da pena ao maior de 70 anos de idade, ao tempo da sentença, não importando a data em que o fato foi praticado.

Considera-se a idade na data da publicação da sentença condenatória, quando entregue em mãos ao escrivão e certificado no processo. A expressão sentença é empregada em sentido amplo, compreendendo as sentenças de primeira instância e acórdãos condenatórios em face de recurso contra sentença absolutória, e acórdãos originários, no caso de foro por prerrogativa de função.

Tratando-se de acórdão condenatório, decorrente de reforma da sentença absolutória em sede de segundo grau, a idade deve ser verificada na data da sessão de julgamento do recurso de apelação interposto.

Sinala-se, por pertinente, que a atenuante da senilidade só será aplicada ao agente que contar com 70 anos na data da sentença condenatória, e, não, de sua confirmação em sede de recurso.[40] Assim, se o agente contava com 68 anos de idade ao tempo da sentença condenatória, atingindo 70 anos quando a decisão for confirmada em grau recursal, não incidirá a atenuante da senilidade, já que não tinha essa idade ao tempo da sentença.

5.7.3 Desconhecimento da lei

Embora o desconhecimento da lei não isente de pena e não afaste o caráter delituoso do fato, poderá funcionar como atenuante genérica. O crime subsiste, mas a pena será abrandada pelo desconhecimento de determinada lei.

A atenuante genérica do art. 65, II, do CP incide por conta do elevado número de leis que existem no nosso ordenamento jurídico. Ninguém pode alegar desconhecimento da lei para se eximir da responsabilidade penal, mas se tolera a atenuante por conta do emaranhado de leis existentes e a dificuldade de conhecê-las.

Tomemos como exemplo a conduta de uma pessoa simples, com pouca instrução, deixar de prover a instrução primária de filho em idade escolar. A alegação de que desconhecia a existência do disposto no art. 246 do CP, por si só, não se revela suficiente para eximir sua responsabilidade penal, mas, se eventualmente condenado, pode-se cogitar da possibilidade de aplicar a atenuante prevista no art. 65, II, do CP.

5.7.4 Ter o agente cometido o crime por motivo de relevante valor social ou moral

Relevante valor social ocorre quando a causa do delito diz respeito a um interesse coletivo.

> Exemplo: Insatisfeito com a inoperância dos órgãos estatais de segurança, cidadão priva a liberdade de um traficante que distribui drogas a adolescentes de uma determinada comunidade. O cidadão responderá, nesse caso, pelo crime de sequestro (CP, art. 148), sendo possível reconhecer, na segunda fase de fixação da pena, essa atenuante.

40. STJ, HC nº 440844/SP, rel. Min. Felix Fischer, 5ª T., j. 21-8-2018.

O motivo de relevante valor moral diz respeito a um interesse particular, interesse de ordem pessoal.

> Exemplo: Um pai priva a liberdade do estuprador da sua filha, antes de entregá-lo às autoridades, praticando o crime de sequestro (CP, art. 148).

Esses motivos podem constituir causa de diminuição de pena de um crime específico, como, por exemplo, na hipótese de homicídio privilegiado (CP, art. 121, § 1º). Quando isso ocorre, não incide a atenuante genérica. De outra forma, o agente seria beneficiado duas vezes em face do mesmo motivo.

5.7.5 Ter o agente procurado, por sua espontânea vontade e com eficiência, logo após o crime, evitar-lhe ou minorar-lhe as consequências, ou ter, antes do julgamento, reparado o dano

A primeira parte dessa alínea, consistente "ter o agente procurado, por sua espontânea vontade e com eficiência, logo após o crime, evitar-lhe ou minorar-lhe as consequências", não se confunde com o arrependimento eficaz (CP, art. 15).

No arrependimento eficaz, o agente esgota os atos executórios, mas, arrependido, pratica atividade para evitar a consumação do crime. Nesse caso, o agente responderá somente pelos atos praticados, conforme dispõe o art. 15 do CP, não incidindo, por isso, a atenuante genérica.

A atenuante genérica, por sua vez, incide *após a consumação do delito*. Nesse caso, após a consumação do delito, o agente, por sua vontade e com eficiência, busca impedir ou reduzir as consequências do delito.

O arrependimento deve ser exteriorizado ou manifestado *logo após o crime*, conforme prevê o art. 65, III, *b*, do CP, revelando certo grau de imediatidade entre o crime praticado e a exteriorização do arrependimento. O arrependimento deve, ainda, ser voluntário e suficientemente eficaz para evitar ou diminuir as consequências do crime praticado.

Imaginemos o agente que, com a intenção de ofender a integridade corporal da vítima, provoca nela lesões corporais graves (CP, art. 129, § 2º), e, logo depois da consumação, passa a arcar com os custos decorrentes do tratamento médico a que a vítima teve de ser submetida. O Magistrado, ao proferir a sentença condenatória pelo crime de lesão corporal grave, poderá, na segunda fase de fixação da pena, considerar a atenuante genérica.

A *atenuante da reparação do dano* (CP, art. 65, III, *b*) não se confunde com o instituto do arrependimento posterior, previsto no art. 16 do CP, que constitui causa de diminuição da pena, se o crime praticado pelo agente for sem violência ou grave ameaça à pessoa, e a reparação do dano ou restituição da coisa seja realizada até o recebimento da denúncia ou queixa.

Como forma de evitar o *bis in idem*, a atenuante genérica somente incidirá se não for caso de aplicação da causa de diminuição da pena decorrente do arrependimento posterior.

Assim, se, por exemplo, o agente praticou um crime de roubo, com emprego de violência, mas se arrependeu e reparou o dano, não incidirá a causa de diminuição da pena, pois não preenche todos os requisitos do art. 16 do CP, já que se trata de crime praticado com violência ou grave ameaça. Todavia, o juiz poderá considerar esse arrependimento como circunstância atenuante (CP, art. 65, III, *b*).

Da mesma forma, se o agente praticou um crime sem violência ou grave ameaça à pessoa, mas reparou o dano somente depois do recebimento da denúncia ou queixa, não incidirá a causa de diminuição da pena, pois não preenche todos os requisitos do art. 16 do CP, podendo, no caso, ser aplicada a atenuante do art. 65, III, *b*, do CP.

5.7.6 Ter o agente cometido o crime sob coação a que podia resistir, ou em cumprimento de ordem de autoridade superior, ou sob a influência de violenta emoção, provocada por ato injusto da vítima

Coação resistível é o constrangimento suportável, que não isenta o agente coagido da responsabilidade penal, mas, mesmo assim, funciona como atenuante genérica, visto que a ameaça e constrangimento moral praticado pelo agente coator influenciou para a prática do delito.

Assim, se, por exemplo, alguém subtrair coisa alheia móvel e entregar o objeto furtado ao coator, sob pena de ter sua relação extraconjugal revelada, praticará o crime de furto, sendo possível, no entanto, a aplicação dessa atenuante genérica. Trata-se, sem dúvida, de coação, mas que, no caso, seria exigido ao agente resistir a ela, em vez de optar por praticar um fato típico e ilícito.

Se a coação moral for irresistível, incidirá a causa excludente de culpabilidade prevista no art. 22 do CP, sendo o agente coagido isento de pena, por conta da inexigibilidade de conduta diversa.

Convém sinalar que, se a coação for resistível, o coagido responderá pelo delito, tendo a sua pena atenuada, ao passo que o coator terá a sua pena agravada (CP, art. 62, II).

Nos termos do art. 22 do CP, se praticar um fato típico e ilícito em obediência a ordem não manifestamente ilegal emanada de superior hierárquico, o agente será isento de pena, diante da exclusão da culpabilidade. No caso, somente o superior hierárquico responderá pelo delito.

Todavia, se *a ordem for manifestamente ilegal*, tanto o superior hierárquico quanto o subordinado responderão pelo crime, incidindo, em relação ao subordinado a atenuante genérica do art. 65, III, *c*, do CP.

O *domínio de violenta emoção* pode caracterizar causa de diminuição específica, também chamada de privilégio, como, por exemplo, no homicídio doloso (CP, art. 121, § 1º) e nas lesões corporais dolosas (CP, art. 129, § 4º).

Todavia, se o agente não estiver sob o domínio, mas diante de mera *influência*, haverá atenuante genérica, e não o privilégio. Além disso, o privilégio exige o requisito temporal "logo em seguida", o que inexiste para a incidência da atenuante.

5.7.7 Ter o agente confessado espontaneamente, perante a autoridade, a autoria do crime

Para a incidência desta atenuante, é necessário a admissão da autoria, sendo irrelevante a demonstração de arrependimento, pois o que a lei pretende é o esclarecimento dos fatos, premiando o agente que coopera espontaneamente para isso com a atenuação da pena.

A confissão pode ser parcial, não sendo necessário, por exemplo, alcançar eventual qualificadora. No aspecto temporal, a confissão pode ocorrer até o trânsito em julgado da sentença condenatória.

Em relação à incidência da atenuante da confissão espontânea, o STJ sedimentou entendimento no sentido de que o reconhecimento da atenuante independe se a confissão foi integral, parcial, qualificada, meramente voluntária, condicionada, extrajudicial ou posteriormente retratada, especialmente quando utilizada para fundamentar a condenação.[41]

A princípio, não incide a atenuante genérica quando o réu se retrata na fase judicial da confissão realizada na fase inquisitiva. Todavia, conforme entendimento do STJ, se as declarações do réu na fase investigatória, em harmonia com as provas produzidas na fase judicial sob o contraditório, serviram de base para a condenação, incidirá a atenuante da confissão espontânea. É o que se extrai da Súmula nº 545 do STJ: "Quando a confissão for utilizada para a formação do convencimento do julgador, o réu fará jus à atenuante prevista no art.65, III, *d*, do CP".

Todavia, a 5ª Turma do Superior Tribunal de Justiça, alterou seu entendimento, para considerar a redução da pena, independentemente de a confissão ter sido considerada pelo juiz na sentença condenatória.

O ministro Ribeiro Dantas, relator do recurso, adotou entendimento no sentido de que viola o princípio da legalidade condicionar a redução da pena à citação expressa da confissão na sentença, como razão decisória, principalmente porque o direito concedido ao réu sem ressalvas na lei não pode ficar sujeito ao arbítrio do julgador. O recurso especial foi desprovido, e adotada a seguinte tese: "O réu fará jus à atenuante do art. 65, III, 'd', do CP quando houver admitido a autoria do crime perante a autoridade, independentemente de a confissão ser utilizada pelo juiz como um dos fundamentos da sentença condenatória, e mesmo que seja ela parcial, qualificada, extrajudicial ou retratada."[42]

Para o STJ, a confissão qualificada, assim considerada como aquela em que o agente reconhece a sua contribuição no fato típico, mas alega ter agido sob o amparo de uma causa excludente de ilicitude ou da culpabilidade, autoriza a incidência da atenuante genérica, quando utilizada para fundamentar a decisão.[43-44]

Por outro lado, o STF já decidiu que a confissão qualificada não é suficiente para justificar a atenuante prevista no art. 65, III, *d*, do CP.[45]

Conforme entendimento do STJ, é possível, na segunda fase da dosimetria da pena, a compensação da atenuante da confissão espontânea com a agravante da reincidência.[46] Tratando-se de réu multirreincidente, no entanto, não é cabível a compensação integral entre a atenuante da confissão espontânea e a agravante da reincidência.[47]

41. STJ, HC nº 418255/SP, rel. Min. Felix Fischer, 5ª T., j. 23-11-2017.
42. STJ, AgRg no HC 760122/RJ, rel. Min. Antônio Saldanha Palheiro, 6ª T., j. 28-11-2022.
43. STJ, AgRg no HC nº 575543/SC, rel. Min. João Otávio de Noronha, 5ª T., j. 6-10-2020.
44. No concurso para Juiz de Direito Substituto TJBA, realizado em 2019, a Banca CESPE/CEBRASPE considerou correta a afirmativa no sentido de que "A confissão qualificada, na qual o réu alega em seu favor causa descriminante ou exculpante, não afasta a incidência da atenuante de confissão espontânea". No concurso para Juiz Federal Substituto TRF-3ª Região, realizado em 2018, a banca examinadora considerou *incorreta* a afirmativa no sentido de que "A confissão do acusado não poderá ser levada em consideração na dosimetria da pena se for alegada alguma causa excludente de antijuridicidade ou culpabilidade (confissão qualificada)". No concurso para Defensor Público DPE/MA, realizado em 2018, a banca examinadora FCC considerou *incorreta* a afirmativa no sentido de que: "A confissão qualificada, ainda que utilizada como elemento de convicção do magistrado, não servirá para atenuar a pena".
45. STF, HC nº 119671/SP, rel. Min. Luiz Fux, 1ª T., j. 5-11-2013.
46. STJ, HC nº 427354/SP, rel. Min. Ribeiro Dantas, 5ª T., j. 12-3-2018.
47. STJ, AgRg no HC nº 580942/SC, rel. Min. João Otávio de Noronha, 5ª T., j. 20-10-2020.

Não incide a atenuante da confissão espontânea quando o réu admite a autoria, mas busca amenizar sua responsabilidade penal, prestando declarações de forma a sugerir indevidamente ter praticado crime menos grave do que aquele que lhe foi imputado. É o que se dá, por exemplo, na hipótese de o agente admitir a subtração da coisa, mas negar que tenha empregado violência, como forma de ser-lhe imputado o crime de furto (CP, art. 155) em vez do delito de roubo (CP, art. 157).

Seguindo esse raciocínio, o STJ firmou entendimento no sentido de que, se tratando do delito de tráfico de drogas, para a incidência da atenuante genérica da confissão espontânea, faz-se imprescindível que o agente tenha confessado a traficância, não sendo suficiente a mera admissão da posse da substância entorpecente para consumo pessoal. É o teor da Súmula nº 630 do STJ: "A incidência da atenuante da confissão espontânea no crime de tráfico ilícito de entorpecentes exige o reconhecimento da traficância pelo acusado, não bastando a mera admissão da posse ou propriedade para uso próprio".

5.7.8 Ter o agente cometido o crime sob a influência de multidão em tumulto, se não o provocou

Trata-se da hipótese de crime multitudinário, como, por exemplo, agressões praticadas por torcidas organizadas em estádios de futebol, protestos em locais públicos. Nesses casos, uma vez identificados os agentes, todos respondem pelo delito.

Todavia, considerada a alteração transitória do ânimo do agente, em decorrência do contexto que circunda o crime multitudinário, já que agiu sob influência de outras pessoas em tumulto, o legislador reconheceu a possibilidade da atenuação da pena.

5.7.9 Circunstâncias atenuantes inominadas

Ao contrário das circunstâncias agravantes, que somente podem ser aplicadas se expressamente previstas em lei, pode o Magistrado considerar, na segunda fase de fixação da pena, atenuante não prevista em lei, levando em conta circunstância relevante anterior ou posterior ao crime. É o que se extrai do art. 66 do CP.

Assim, se, por exemplo, restar comprovado que o agente praticou o crime de furto em razão de desemprego ou moléstia grave na família, poderá o Magistrado considerar essa circunstância para atenuar a pena, ainda que não expressamente prevista em lei.

Em outras palavras, somente pode ser reconhecida a existência da atenuante inominada quando houver uma circunstância, não prevista expressamente em lei, que permita ao Juiz verificar a ocorrência de um fato indicativo de uma menor culpabilidade do agente.[48]

Conforme entendimento do STJ,

> a complexidade do sistema tributário, a alta carga tributária e o suposto ineficiente emprego dos tributos arrecadados em nada diminuem a culpabilidade do recorrente para fins de aplicação da atenuante inominada do art. 66 do CP, pois não são circunstâncias específicas do caso concreto, vez que alcançam a todos que exercem atividade econômica e se submetem ao regime tributário nacional.[49]

O STJ considerou que, muito embora não sirva para afastar a tipicidade do delito de estupro de vulnerável, em razão da presunção absoluta de vulnerabilidade da vítima – que

48. STJ, AgRg no AgREsp nº 1809203/SP, rel. Min. Felix Fischer, 5ª T., j. 9-3-2021.
49. STJ, AgRg no AgREsp nº 1648761/RS, rel. Min. Joel Ilan Paciornik, 5ª T., j. 6-10-2020.

contava com 13 anos à época dos fatos –, que o envolvimento amoroso entre a vítima e o réu, por três meses, do qual resultaram relações sexuais consentidas, é circunstância relevante que deve ser considerada em favor do acusado, para reduzir-lhe a pena, por se enquadrar na previsão contida no art. 66 do CP.[50]

5.8 CONCURSO DE CIRCUNSTÂNCIAS AGRAVANTES E ATENUANTES GENÉRICAS

5.8.1 Introdução

É possível incidir num mesmo fato a presença de circunstâncias agravantes e circunstâncias atenuantes, resultando no concurso entre as duas. Nesse caso, no momento da fixação da pena, não pode o juiz realizar mera operação aritmética, somando todas as agravantes para depois diminuir das atenuantes, ou simplesmente anular uma circunstância agravante em detrimento de uma atenuante.

Isso porque, dependendo da natureza da circunstância, uma poderá predominar em relação a outra, viabilizando, com isso, que, na segunda fase de fixação, a exasperação ou diminuição da pena se aproxime do limite indicado pelas circunstâncias preponderantes.

Nesse caso, nos termos do art. 67 do CP, havendo concurso de agravantes e atenuantes, o juiz deve dar preponderância às de natureza subjetiva, calcadas na personalidade do agente, nos motivos determinantes da prática da infração e na reincidência.

Assim, se, por exemplo, o agente, reincidente, pratica um crime de roubo, mediante coação moral resistível, o juiz terá de agravar mais do que atenuar a pena, já que a reincidência é circunstância preponderante em relação à atenuante da coação moral resistível.

Do mesmo modo, se o agente pratica um crime de furto por relevante valor social contra vítima enferma, o juiz terá de atenuar mais do que agravar a pena, já que o motivo determinante do crime prepondera sobre a agravante relativa a praticar crime contra enfermo.

Se as circunstâncias se equivalem, uma neutraliza o efeito agravador ou atenuador da outra. Assim, poderá haver compensação entre a atenuante do motivo de relevante valor moral e a agravante da reincidência, porque ambas são preponderantes.

Da mesma forma, poderá haver compensação entre a agravante de ter praticado crime contra enfermo e a atenuante da coação moral resistível, já que nenhuma predomina em relação a outra, uma vez que não estão inseridas no rol do art. 67 do CP.

5.8.2 Concurso entre reincidência e confissão espontânea

A circunstância atenuante da confissão espontânea não consta expressamente como preponderante no art. 67 do CP, razão pela qual surge a discussão a respeito do seu grau de valoração, sobretudo diante da agravante da reincidência.

Para o STF, a confissão espontânea é ato posterior ao cometimento do crime e não tem nenhuma relação com ele, mas, tão somente, com o interesse pessoal e a conveniência do réu durante o desenvolvimento do processo penal, motivo pelo qual não se inclui no caráter subjetivo dos motivos determinantes do crime ou na personalidade do agente. Logo, a

50. STJ, HC nº 410873/SC, rel. Min. Jorge Mussi, 5ª T., j. 6-3-2018.

agravante da reincidência prepondera sobre a confissão espontânea, já que esta não integra o rol do art. 67 do CP.[51]

O STJ adota entendimento diverso, no sentido de que, embora não conste expressamente no art. 67 do CP, a confissão espontânea também é considerada preponderante, uma vez inserida na personalidade do agente, que revelou interesse em contribuir para a elucidação do fato, contribuindo com a administração da justiça.[52-53]

Nesse contexto, o concurso entre a agravante da reincidência e a atenuante da confissão espontânea enseja o afastamento de ambas as circunstâncias, não devendo a pena ser aumentada ou diminuída na segunda fase da dosimetria, havendo, em última análise, a compensação entre a referida agravante e a atenuante.

Já era o entendimento por nós também firmado, mas podemos acrescentar assim, desse modo.

É o que se extrai, inclusive, do Tema Repetitivo nº 585 do STJ, segundo o qual: "É possível, na segunda fase da dosimetria da pena, a compensação integral da atenuante da confissão espontânea com a agravante da reincidência, seja ela específica ou não. Todavia, nos casos de multirreincidência, deve ser reconhecida a preponderância da agravante prevista no art. 61, I, do Código Penal, sendo admissível a sua compensação proporcional com a atenuante da confissão espontânea, em estrito atendimento aos princípios da individualização da pena e da proporcionalidade."

5.8.3 Concurso entre reincidência e menoridade relativa

Até a entrada em vigor do Código Civil de 2002, havia entendimento pacificado no sentido de que a atenuante da menoridade relativa se revestia de circunstância superpreponderante, já que prevalecia sobre as demais circunstâncias.

Com a entrada em vigor no novo Código Civil, a capacidade plena para os atos da vida civil passou a ser adquirida quando a pessoa completar 18 anos, perdendo o sentido o fundamento de que a inexperiência e a falta de maturidade do agente autorizavam tratamento mais brando na dosimetria da pena.

Todavia, continua prevalecendo no STJ o entendimento no sentido de que a atenuante da menoridade relativa, por estar inserida na personalidade do réu, se reveste do *status* de circunstância preponderante. Assim, por exemplo, a atenuante da menoridade relativa é preponderante em relação à agravante do meio que dificultou a defesa da vítima.[54]

Além disso, conforme entendimento do STJ, a atenuante da menoridade e a agravante da reincidência, ainda que específica, são circunstâncias legais igualmente preponderantes, sendo devida a compensação integral entre elas, salvo se o condenado for multirreincidente.[55]

---

51. STF, RHC nº 141519/SC, rel. Min. Marco Aurélio, 1ª T., j. 31-8-2020.
52. STJ, HC nº 576876/SC, rel. Min. Ribeiro Dantas, 5ª T., j. 18-8-2020.
53. No concurso para Juiz Federal Substituto, do TRF – 2ª Região, realizado em 2017, foi considerada como correta a afirmativa que considerava possível a compensação da atenuante da confissão espontânea com a agravante da reincidência, não havendo preponderância entre elas. No concurso para Técnico Superior Jurídico da DPE/RJ, realizado em 2019, a Banca FGV considerou *incorreta* a afirmação no sentido de que a reincidência, como circunstância agravante preponderante, não poderá ser compensada com eventual confissão.
54. STJ, HC nº 557839/ES, rel. Min. Ribeiro Dantas, 5ª T., j. 2-6-2020.
55. STJ, AgRg no REsp nº 1820568/MT, rel. Min. Laurita Vaz, 6ª T., j. 16-6-2020.

O STF também adota o entendimento no sentido de que a exegese do disposto no art. 67 do CP impõe a compensação entre a circunstância da agravante da reincidência e atenuante da menoridade, porquanto se cuida de circunstâncias equivalentes.[56-57]

5.9 TERCEIRA FASE DA APLICAÇÃO DA PENA: CAUSAS DE AUMENTO E DE DIMINUIÇÃO DA PENA

5.9.1 Introdução

Na terceira e última fase de aplicação da pena, o juiz deve considerar as causas de aumento (majorantes) e de diminuição da pena (minorantes) presentes no caso concreto. Essas causas de aumento e de diminuição da pena podem estar previstas tanto na parte geral quanto na parte especial do Código Penal, bem como em leis especiais.

As causas de aumento ou de diminuição da pena dividem-se em genéricas, quando previstas na parte geral do Código Penal, e específicas, se previstas na parte especial do Código Penal ou em legislação especial.

Causa de aumento de pena não se confunde com qualificadora. Nesta, o legislador eleva a pena no seu mínimo e no máximo, sendo considerada na primeira fase de fixação da pena; as causas de aumento de pena incidem na terceira fase da fixação da pena e são cominadas pelo legislador em percentual fixo ou variável.

As causas de aumento e de diminuição incidem sobre a pena intermediária encontrada na segunda fase de fixação da pena, e não sobre a pena-base, podendo superar a pena máxima, bem como ficar abaixo da pena mínima abstratamente cominada.

Nos termos do art. 68 do CP, após analisar as circunstâncias judiciais encontrando a pena-base e verificar eventual presença de agravantes e atenuantes, chegando na pena provisória, o Magistrado deverá, por último, considerar as causas de aumento e de diminuição da pena, se presentes no caso concreto.

> Exemplo: Imaginemos que o agente tenha sido condenado pelo crime de homicídio tentado (CP, art. 121 c/c art. 14, II), sendo fixada a pena-base no mínimo legal, não havendo agravante nem atenuantes. Na terceira fase, o magistrado fará incidir a causa de diminuição da pena de um a dois terços sobre a pena intermediária, que, no caso, seria de 6 anos. Se aplicada, por exemplo, a fração mínima de 1/3, a pena definitiva ficaria em 4 anos, abaixo, portanto, da pena mínima de 6 anos prevista para o crime de homicídio.
>
> Imaginemos outro exemplo: Agente, reincidente, condenado pelo crime de roubo majorado pelo emprego de arma branca (CP, art. 157, § 2º, VII). Na dosimetria da pena, o juiz fixou a pena-base no mínimo legal, ou seja, quatro anos, na segunda fase, considerando a agravante da reincidência, o magistrado elevou a pena-base em um ano, ficando a pena intermediária em cinco anos. Na terceira fase, diante da presença da majorante do emprego de arma branca, o magistrado fez incidir sobre a pena intermediária (cinco anos) o aumento de 1/3, tornando a pena definitiva em seis anos e oito meses.

---

56. STF, RHC nº 174590 AgRg/SC, rel. Min. Luiz Fux, 1ª T., j. 20-12-2019.

57. No concurso para Juiz de Direito Substituto do TJDFT, realizado em 2014, a Banca CESPE/CEBRASPE considerou *incorreta* a afirmação no sentido de que "Em caso de concurso da atenuante da menoridade relativa com a agravante da reincidência, a pena deverá ser aumentada, dada a preponderância da reincidência sobre a atenuante".

Pode acontecer que num mesmo crime incidam mais de uma causa de aumento ou diminuição da pena, havendo, no caso, concurso de causas de aumento ou de diminuição de pena em relação ao mesmo delito. Nessa hipótese, algumas situações poderão surgir:

a) Concurso entre duas ou mais causas de aumento de pena previstas na parte geral

Incidindo duas ou mais causas de aumento de pena previstas na parte geral do Código Penal, a aplicação de todas é *obrigatória*, não ficando à discricionariedade do magistrado aplicá-las ou não.

E, nesse caso, a segunda causa de aumento incidirá sobre o montante encontrado na última operação, e não sobre a pena-base ou sobre a pena intermediária da segunda fase.

> Exemplo: Considerando que não haveria ninguém no local, "A" ajustou com "B" a subtração de objetos em duas salas comerciais localizadas no mesmo prédio, ficando combinado que ele ficaria do lado de fora monitorando a circulação de pessoas ou chegada da polícia. "B" ingressou no prédio e dirigiu-se até as duas salas comerciais, situadas uma ao lado da outra. Percebendo que havia pessoas nas salas, pegou um canivete, cujo porte não era de conhecimento de "A", e anunciou o assalto, subtraindo objetos da primeira sala comercial e depois, na sequência, outros objetos da segunda sala comercial. Ao final, "A" foi denunciado e condenado pelo crime de furto qualificado pelo concurso de pessoas, em continuidade delitiva, nos termos dos arts. 155, § 4º, IV, 71, ambos do CP, sendo reconhecida sua cooperação dolosamente distinta, mas com a pena aumentada até metade, porque lhe era previsível o resultado mais grave (CP, art. 29, § 2º).

Como se vê, há duas causas de aumento de pena previstas na parte geral do Código Penal: a cooperação dolosamente distinta (CP, art. 29, § 2º) e a continuidade delitiva (CP, art. 71).

Imaginemos, nesse caso, que o juiz fixe a pena-base no mínimo legal, ou seja, dois anos de reclusão. Ausentes circunstâncias agravantes e atenuantes, na terceira fase de fixação da pena, deve-se acrescentar o aumento de metade, em face da cooperação dolosamente distinta, ficando a pena em três anos. Sobre esse montante, deve-se acrescentar a fração decorrente da continuidade delitiva, que, no caso, será de 1/6, tornando a pena definitiva em três anos e seis meses.

b) Concurso entre causas de diminuição de pena previstas na parte geral

Se concorrerem duas causas de diminuição da pena previstas na parte geral do Código Penal, todas deverão ser obrigatoriamente aplicadas. E, nesse caso, a segunda causa de diminuição incidirá sobre o montante encontrado na última operação, e não sobre a pena-base ou sobre a pena intermediária da segunda fase.

Consideremos, por exemplo, que o agente praticou crime de tentativa de furto qualificado pelo concurso de pessoas (CP, art. 155, § 4º, IV c/c art. 14, II), sendo reconhecida sua participação de menor importância (CP, art. 29, § 1º). Vê-se, pois, a presença de duas causas de diminuição da pena: tentativa (CP, art. 14, II) e a participação de menor importância (CP, art. 29, § 1º).

Imaginemos, nesse caso, que o juiz fixe a pena-base no mínimo legal, ou seja, dois anos de reclusão. Ausentes circunstâncias agravantes e atenuantes, na terceira fase de fixação da pena, deve-se considerar a diminuição da pena pela tentativa, que, no caso, será de 1/3, ficando a pena em um ano e quatro meses. Sobre esse montante, deve-se aplicar a fração decorrente da causa de diminuição da pena decorrente da participação de menor importância, que, no caso, será de 1/6, tornando a pena definitiva em um ano, um mês e 10 dias.

c) Concurso entre causas de aumento de pena da parte geral e da parte especial

Se concorrerem duas ou mais causas de aumento, uma prevista na parte geral e outra na parte especial do Código Penal, o juiz deverá proceder ao segundo aumento não sobre a pena-base, mas sobre o *quantum* já acrescido na primeira operação realizada sobre a pena provisória da segunda fase da aplicação da pena.

Para tanto, primeiro deve ser aplicada a causa de aumento de pena prevista na parte especial, para depois, sobre o montante dessa operação, fazer incidir a fração decorrente da causa de aumento de pena prevista na parte geral.

> Exemplo: O agente pratica, em continuidade delitiva, dois furtos durante o repouso noturno (CP, art. 155, § 1º c/c art. 71, duas vezes). Em primeiro lugar, o juiz fixa a pena-base, considerando as circunstâncias judiciais do art. 59, *caput*, do CP. Suponha-se que aplique a pena-base no mínimo legal, ou seja, um ano de reclusão. Ausentes circunstâncias agravantes e atenuantes, passa-se à terceira fase de fixação da pena, acrescentando a fração de um terço em decorrência da majorante do furto durante repouso noturno, resultando na pena de um ano e quatro meses, para cada um dos crimes de furto majorado. Sobre essa pena, deve ser acrescentada a fração decorrente do crime continuado, no caso, 1/6, totalizando na pena definitiva de um ano, seis meses e 20 dias.

d) Concurso entre causas de diminuição da parte geral e da parte especial

Nessa hipótese, incidirão as duas causas de diminuições. A segunda diminuição incide sobre a pena já diminuída pela primeira operação, e não sobre a pena-base, evitando-se, assim, que, em alguns casos, a pena chegasse a zero ou até mesmo negativa, restando o condenado com "crédito de pena".

Primeiro, deve ser considerada a causa de diminuição prevista na parte especial, para, sobre o montante fixado, aplicar a causa de diminuição prevista na parte geral do Código Penal.

Imaginemos que o agente tenha sido condenado pelo crime de homicídio privilegiado tentado (CP, art. 121, § 1 c/c art. 14, II). Consideremos que o juiz fixe a pena-base no mínimo legal, ou seja, seis anos de reclusão. Ausentes circunstâncias agravantes e atenuantes, na terceira fase de fixação da pena, deve-se reduzir a pena, considerando a fração da causa de diminuição prevista na parte especial do Código Penal (CP, art. 121, §1º). No caso, vamos adotar a redução no percentual de 1/6, chegando à pena de cinco anos. Sobre o montante alcançado nessa operação, deve ser aplicada a redução da pena prevista na parte geral do Código Penal (CP, art. 14, II), que, no caso, consideraremos o percentual de 1/3, ficando a pena definitiva em três anos e quatro meses.

e) Concurso entre uma causa de aumento de pena e uma causa de diminuição da pena (uma da parte geral e outra da parte especial)

Se ocorrer a concorrência de duas ou mais causas de aumento e de diminuição da pena, uma prevista na parte geral do Código Penal e outra na parte especial, todas deverão ser obrigatoriamente aplicadas.

Nessa hipótese, o juiz deve considerar primeiro o disposto na parte especial do Código Penal e depois o da parte geral do Código Penal.

> Exemplo: Imaginemos que o agente tenha sido condenado pelo crime de tentativa de homicídio contra pessoa maior de 60 anos de idade (CP, art. 121, § 4º c/c art. 14, II). Há uma causa de aumento de pena prevista na parte especial do Código Penal (CP, art. 121, § 4º) e uma causa de diminuição de pena prevista na parte geral do Código Penal (CP, art. 14, II). Consideremos que o juiz fixe a pena-base no mínimo legal, ou seja, seis anos de reclusão. Ausentes circunstâncias agravantes e atenuantes, na terceira fase de fixação da pena, deve-se, primeiro, considerar a causa de aumento de pena, que, no caso, será na fração de 1/3, chegando à pena de oito anos. Sobre o montante alcançado nessa operação, deve ser aplicada a redução da pena prevista na parte geral do Código Penal (CP, art. 14, II), que, no caso, consideramos o percentual de 1/3, ficando a pena definitiva em cinco anos e quatro meses.

f) Concurso de causas de aumento e de diminuição de pena da parte especial

Nos termos do art. 68, parágrafo único, do CP: "No concurso de causas de aumento ou de diminuição previstas na parte especial, pode o juiz limitar-se a um só aumento ou a uma só diminuição, prevalecendo, todavia, a causa que mais aumente ou diminua".

Assim, na hipótese de concorrência de várias causas de aumento ou de diminuição da pena previstas na parte especial do Código Penal, o juiz pode aplicar uma delas, dando preferência à que mais aumente ou diminua. Trata-se de faculdade judicial, podendo o juiz deliberar se aplica uma delas, a que mais aumente ou diminua, ou as duas causas de aumento ou de diminuição.

> Exemplo: Crime de incêndio (CP, art. 250, *caput*), com duas causas de aumento de pena (CP, arts. 250, § 1º, e 258, 1ª parte). Embora o parágrafo empregue a expressão "pode", a aplicação de uma só causa de aumento ou de diminuição é obrigatória, desde que presentes os requisitos legais.

Conforme entendimento do STJ, optando o magistrado sentenciante pela incidência cumulativa de causas de aumento da parte especial, a escolha deverá ser devidamente fundamentada, lastreada em elementos concretos dos autos, a evidenciar, tal como ocorreu na espécie, maior grau de reprovação da conduta e, portanto, a necessidade de sanção mais rigorosa.[58]

É o que se dá, por exemplo, no caso do crime de roubo majorado pelo concurso de pessoas (CP, art. 157, § 2º, II), privação da liberdade da vítima (CP, art. 157, § 2º, V) e emprego de arma de fogo (CP, art. 157, § 2º-A, I), quando o número de agentes for superior ao mínimo para a configuração do concurso de pessoas, assim como a longa duração da restrição da liberdade da vítima, servem como fundamento apto a manter a incidência cumulativa das causas de aumento referentes ao concurso de agentes, ao emprego de arma de fogo e à restrição da liberdade da vítima. Nesse contexto, não resta evidenciada flagrante ilegalidade na aplicação cumulativa das causas de aumento previstas no art. 157, § 2º, II e § 2º-A, I, do CP.[59]

---

58. STJ, AgRg no REsp nº 1890184/AC, rel. Min. Laurita Vaz, 6ª T., j. 3-11-2020.
59. STJ, HC nº 616198/SP, rel. Min. Ribeiro Dantas, 5ª T., j. 3-11-2020.

Se o juiz deliberar por aplicar uma das causas de aumento, a remanescente deve ser considerada como circunstância agravante genérica, desde que prevista em lei, ou, subsidiariamente, como circunstância judicial. Em relação às causas de diminuição da pena, a remanescente deverá ser aplicada na segunda fase de fixação da pena como atenuante genérica.

Para acesso ao vídeo, utilize o QR Code ao lado.

6

CONCURSO DE CRIMES

6.1 INTRODUÇÃO

O crime pode ser praticado por várias pessoas em concurso, incidindo as regras do concurso de pessoas, mas também é possível que um agente ou grupo de pessoas pratiquem dois ou mais crimes, surgindo a hipótese de concurso de crimes.

De fato, quando duas ou mais pessoas praticam um crime surge o "concurso de agentes ou de pessoas". Quando um sujeito, mediante unidade ou pluralidade de ações ou omissões, pratica dois ou mais delitos, surge o concurso de crimes ou de penas.

O concurso de crimes (ou de penas) não se confunde com o concurso aparente de normas. No concurso de normas há um único fato criminoso, que, aparentemente, se enquadra em mais de uma norma penal vigente. Pressupõe, portanto: a) unidade de crime; b) pluralidade de leis vigentes, mas apenas uma incide sobre o fato. No concurso de crimes, pode haver unidade ou pluralidade de condutas, mas sempre com a incidência de duas ou mais infrações penais. Há, portanto: a) unidade ou pluralidade de condutas; b) pluralidade de crimes.

O concurso pode ocorrer entre crimes de qualquer espécie, comissivos ou omissivos, dolosos ou culposos, consumados ou tentados, simples ou qualificados e ainda entre crimes e contravenções.

O concurso de crimes está inserido no Título V do Código Penal, relativo às penas, justamente porque sua incidência repercute no total da pena aplicada ao agente que praticou dois ou mais crimes.

Há três espécies de concurso de crimes: concurso material, concurso formal e crime continuado.

6.2 SISTEMAS DE APLICAÇÃO DA PENA

O agente que, mediante unidade ou pluralidade de condutas, pratica dois ou mais crimes, merece, à evidência, tratamento mais severo do que o autor de um só delito. Para tanto, merecem destaque três sistemas que servem como parâmetro para o cálculo da pena definitiva, em face do concurso de crimes: a) sistema do cúmulo material; b) sistema da exasperação da pena; c) sistema da absorção.

6.2.1 Sistema do cúmulo material

Pelo sistema do cúmulo material, as penas fixadas para cada um dos crimes são, ao final, somadas. Aplica-se no concurso material ou real (CP, art. 69, *caput*), concurso formal imperfeito (CP, art. 70, *caput*, 2ª parte) e no concurso das penas de multa (CP, art. 72).

6.2.2 Sistema da exasperação da pena

Aplica-se a pena de qualquer dos crimes, se idênticas, ou a mais grave, se distintas, aumentadas em qualquer caso de um percentual previsto em lei. É o sistema adotado em relação ao concurso formal perfeito (CP, art. 70, *caput*, 1ª parte) e no crime continuado (CP, art. 71).

6.2.3 Sistema da absorção

Pelo sistema da absorção, apenas a pena do crime mais grave é aplicada, absorvendo a do crime menos grave. Não há qualquer aumento. É aplicado em relação aos crimes falimentares praticados pelo falido, previstos no Dec.-lei nº 7.661/1945, por força do princípio da unicidade dos crimes falimentares. Trata-se de ficção criada pela doutrina, a qual dispõe que, no caso de concurso de diversas condutas direcionadas ao cometimento de fraudes geradoras de prejuízos aos credores da empresa submetida ao processo de falência, deve-se entender como praticado um só tipo penal, com a aplicação ao agente somente da pena do mais grave deles. A nova Lei Falimentar (Lei nº 11.101/2005) não dispôs expressamente sobre o concurso de crimes falimentares, pelo que entendemos que se mantém a aplicação do princípio da unicidade dos crimes falimentares.

Tal princípio não se aplica no caso de concurso de crimes falimentares e delitos comuns elencados no Código Penal brasileiro, que devem ser apurados e punidos separadamente, segundo as regras do concurso material de crimes, conforme previa expressamente o art. 192 do Dec.-lei nº 7.661/1945, revogado pela nova Lei de Falências.[1]

6.3 CONCURSO DE CRIMES E A RELAÇÃO COM OUTROS INSTITUTOS

As regras do concurso de crimes não repercutem somente na pena definitiva, mas também influenciam em outros institutos jurídicos, como, por exemplo, na determinação do procedimento, na concessão da suspensão condicional do processo, na prescrição.

Nos termos do art. 394 do CPP, para determinar o *procedimento* a ser seguido, deve-se verificar o máximo da pena cominada ao delito, considerando os critérios do concurso de crimes. Assim, para definir o procedimento no contexto de concurso material de crimes ou de concurso formal imperfeito, as penas deverão ser somadas. Tratando-se de concurso formal perfeito e crime continuado, considera-se a pena mais grave, com a elevação da fração que mais aumenta a pena (1/2, se concurso formal perfeito; 2/3, se crime continuado).

Para a concessão da *suspensão condicional do processo*, um dos requisitos consiste na pena mínima cominada ao delito não ser superior a um ano (Lei nº 9.099/1995, art. 89),

1. STJ, HC nº 94632/MG, rel. Min. Og Fernandes, 6ª T., j. 12-3-2013.

devendo ser considerado o concurso de crimes na definição da pena mínima. No contexto de concurso material de crimes, as penas mínimas cominadas devem ser somadas. Se as penas mínimas somadas superarem um ano, o réu não poderá ser beneficiado pela suspensão condicional do processo.

Em relação ao concurso formal de crimes e crime continuado, deve-se considerar a fração que *menos aumenta* a pena. É o que dispõe a Súmula nº 723 STF: "Não se admite a suspensão condicional do processo por crime continuado, se a soma da pena mínima da infração mais grave com o aumento mínimo de um sexto for superior a um ano". E também a Súmula nº 243 STJ:

> O benefício da suspensão do processo não é aplicável em relação às infrações penais cometidas em concurso material, concurso formal ou continuidade delitiva, quando a pena mínima cominada, seja pelo somatório, seja pela incidência da majorante, ultrapassar o limite de um (1) ano.

No contexto de concurso de crimes, o *prazo prescricional* deve ser verificado com base na pena máxima cominada ou na pena imposta na sentença em relação a cada um dos crimes, ou seja, isoladamente. É o que se extrai do art. 119 do CP e da Súmula nº 497 do STF: "Quando se tratar de crime continuado, a prescrição regula-se pela pena imposta na sentença, não se computando o acréscimo decorrente da continuação".

6.4 CONCURSO MATERIAL DE CRIMES

6.4.1 Conceito

Ocorre o concurso material, também chamado de real, quando o agente, mediante mais de uma ação ou omissão, pratica dois ou mais crimes, idênticos ou não (CP, art. 69, *caput*), não sendo necessário que tenham sido praticados no mesmo contexto fático. Há, pois, pluralidade de condutas e pluralidade de crimes.

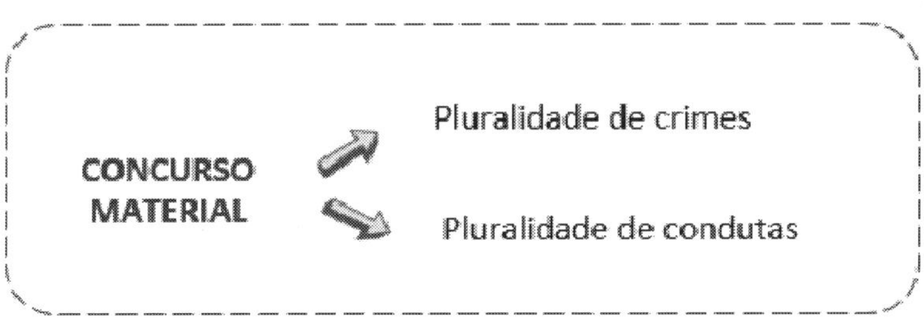

6.4.2 Espécies

O concurso material pode ser:

a) *homogêneo*: quando os crimes são previstos na mesma figura típica, ou seja, quando os crimes são idênticos;

> Exemplo: O agente pratica crime de furto (CP, art. 155), e, após, três meses pratica novo crime de furto (CP, art. 155). Note-se que não há crime continuado, porque não preenchido o requisito temporal.

b) *heterogêneo*: quando os crimes são previstos em figuras típicas diversas, ou seja, em tipos penais distintos.

Exemplo: Praticar o crime de estupro (CP, art. 213) e, na sequência, matar a vítima para assegurar a sua impunidade (CP, art. 121, § 2º, V).

6.4.3 Aplicação cumulativa de reclusão e detenção

Conforme dispõe a parte final do art. 69 do CP, no caso de aplicação cumulativa de penas de reclusão e de detenção, executa-se primeiro aquela.

Parte da doutrina considera despicienda essa disposição, uma vez que, na prática, a verificação do implemento do lapso temporal para a obtenção de benefícios carcerários, como, por exemplo, progressão de regime, leva em conta o total da pena.

Convém sinalar o entendimento adotado pelo STJ, no sentido de que "devem ser consideradas cumulativamente tanto as reprimendas de reclusão quanto as de detenção para efeito de fixação do regime prisional, porquanto constituem penas de mesma espécie, ou seja, ambas são penas privativas de liberdade".[2]

6.4.4 Concurso material e penas restritivas de direitos

Conforme dispõe o art. 69, § 1º, do CP, no caso de concurso material, se o agente sofrer pena privativa de liberdade por um dos delitos, não sendo concedido o *sursis*, não será possível atribuir, em relação ao outro, pena restritiva de direitos, diante da impossibilidade do cumprimento simultâneo das penas.

Conclui-se, em sentido contrário, que, se concedido o *sursis* à pena privativa de liberdade, será possível a substituição dessa pena pela restritiva de direitos em relação ao outro delito, já que, uma vez suspensa a execução da pena privativa de liberdade, não haveria impedimento para o cumprimento da pena restritiva de direitos.

Imaginemos, por exemplo, que o réu tenha sido condenado pelo crime de lesão corporal grave (CP, art.129, § 1º), com pena aplicada de um ano de reclusão, sendo concedida suspensão condicional da pena, e, no mesmo processo, em concurso material de crimes, pelo crime de furto (CP, art. 155), com pena aplicada em um ano. Logo, como foi concedida a suspensão condicional da pena em relação ao crime de lesão corporal grave, pode o magistrado substituir a pena privativa de liberdade por restritiva de direitos, em relação ao delito de furto.

6.4.5 Cumprimento simultâneo ou sucessivo de penas restritivas de direitos

Nos termos do art. 69, § 2º, do CP, quando forem aplicadas na sentença duas ou mais penas restritivas de direitos, o condenado cumprirá simultaneamente as que forem compatíveis entre si e sucessivamente as demais.

Assim, o condenado pode, por exemplo, cumprir simultaneamente uma pena de prestação de serviço à comunidade e uma prestação pecuniária. Por outro lado, diante da incompatibilidade de cumprimento simultâneo, o cumprimento de duas penas de prestação de serviços à comunidade deverá ser de forma sucessiva.

---

2. STJ, HC nº 550089/SP, rel. Min. Joel Ilan Paciornik, 5ª T., j. 18-2-2020.

Imaginemos, por exemplo, que o agente tenha sido condenado pelo crime de furto simples (CP, art. 155), em concurso material com o crime de estelionato (CP, art. 171). Em relação ao crime de furto foi aplicada a pena privativa de liberdade de um ano, substituída por prestação de serviços à comunidade; em relação ao crime de estelionato, foi aplicada pena privativa de liberdade de dois anos, também substituida por prestação de serviço à comunidade. Nesse caso, não há possibilidade de cumprimento simultâneo das penas restritivas de direitos, devendo o condenado cumprir as prestações de serviços à comunidade de forma sucessiva: Assim, por exemplo, após cumprir a pena do crime de furto, passará a cumprir a prestação de serviços à comunidade em relação ao crime de estelionato.

6.4.6 Aplicação da pena

Nos termos do art. 69, *caput*, do CP, quando o agente realiza o concurso real de crimes, "aplicam-se cumulativamente as penas em que haja incorrido". Portanto, no concurso material as penas são cumuladas, somadas.

Aplica-se, pois, o sistema do cúmulo material de crimes.

Na hipótese de crimes conexos apurados na mesma ação penal, a soma das penas, pelo concurso material, será realizada na própria sentença, após a adoção do critério trifásico para cada um dos delitos.

> Exemplo: O agente pratica o crime de estupro (CP, art. 213) e, para assegurar a sua impunidade, desfere golpes de faca na vítima, matando-a, praticando o crime de homicídio qualificado (CP, art. 121, § 2º, V). Imaginemos que o juiz fixe, em relação ao delito de estupro, a pena de 8 anos de reclusão. Em relação ao crime de homicídio qualificado, a pena de 20 anos. Ao final, considerando se tratar de concurso material de crimes, o Magistrado deverá aplicar o sistema do cúmulo material, mediante o somatório das penas. Logo, no caso, a pena definitiva do réu será de 28 anos de reclusão.

De outro lado, na hipótese de não haver conexão entre os crimes, sendo, por isso, julgados em processos distintos, a soma das penas será realizada perante o juízo da execução penal, por força do disposto no art. 66, III, *a*, da LEP.

6.5 CONCURSO FORMAL

6.5.1 Conceito

Ocorre o concurso formal (ou ideal) quando o agente, mediante uma só ação ou omissão, pratica dois ou mais crimes (CP, art. 70, *caput*). Há unidade de conduta e pluralidade de crimes.

A *unidade de conduta* se concretiza quando os atos são realizados no mesmo contexto espacial e temporal, não sendo necessário que seja praticado em ato único. De fato, pode haver unidade de conduta mesmo quando fracionada em vários atos, como, por exemplo, agente que subtrai objetos pertencentes a pessoas distintas, no mesmo contexto fático.

Para incidir o concurso formal de crimes, a única conduta deve produzir duas ou mais infrações penais, atingindo mais de um bem penalmente tutelado, causando, pois, *pluralidade de resultados.*

Assim, quem efetua disparos em direção a uma pessoa, atingindo a vítima pretendida e também pessoa diversa, terá praticado, mediante uma única ação, dois crimes, uma vez que violou mais de um bem penalmente tutelado.

Do mesmo modo, o motorista que conduz seu veículo de modo imprudente, vindo a matar várias pessoas, desenvolveu um único comportamento, do qual resultaram vários crimes.

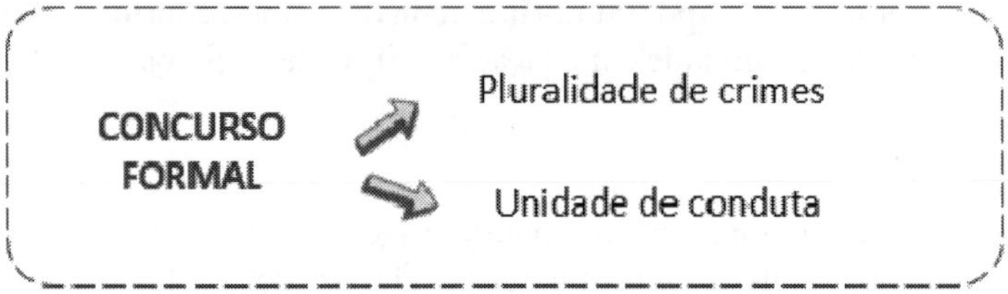

6.5.2 Espécies

6.5.2.1 Concurso formal homogêneo e heterogêneo

O *concurso formal homogêneo* ocorre quando os crimes se encontram descritos na mesma figura típica, havendo diversidade de sujeitos passivos.

> Exemplo: Agente, na condução de veículo automotor, atropela e causa a morte de duas ou mais pessoas, praticando dois ou mais crimes de homicídio culposo na condução de veículo automotor (CTB, art. 302).

O *concurso formal heterogêneo* ocorre quando os crimes estão previstos em tipos penais diversos.

> Exemplo: Agente, na condução de veículo automotor, atropela e causa a morte de uma pessoa e lesão corporal em outra, praticando um crime de homicídio culposo na condução de veículo automotor (CTB, art. 302) e outro de lesão corporal culposa na condução de veículo automotor (CTB, art. 303), em concurso formal de crimes.

6.5.2.2 Concurso formal perfeito e concurso formal imperfeito

O *concurso formal perfeito, ou próprio,* está previsto na primeira parte do art. 70 do CP. Ocorre quando o agente pratica duas ou mais infrações penais mediante uma única conduta, movido por um único desígnio. O agente, por meio de um só impulso volitivo, dá causa a dois ou mais resultados, sem desígnios autônomos em relação a cada um dos resultados.

Quando a unidade de comportamento corresponder à unidade interna da vontade do agente, assim compreendido como sendo o desejo de realizar apenas um crime e obter um único resultado danoso, fala-se em concurso formal perfeito.

Assim, se, por exemplo, o agente, na condução de veículo automotor, atropela e causa a morte de uma pessoa e lesão corporal em outra, praticará o crime de homicídio culposo na condução de veículo automotor (CTB, art. 302) e o crime de lesão corporal culposa na condução de veículo automotor (CTB, art. 303), em concurso formal perfeito, já que não tinha desígnios autônomos em relação a cada um dos resultados.

No *concurso formal imperfeito, ou impróprio*, o agente, mediante uma ação ou omissão, pretende, de forma consciente e voluntária, o resultado em relação a cada um dos crimes. Ou seja, o agente desenvolve a conduta única *com desígnios autônomos* em relação a cada um dos resultados.

Portanto, *desígnio autônomo* se caracteriza pelo fato de o agente pretender, mediante uma única conduta, atingir dois ou mais resultados. Ou seja, o agente, mediante uma ação ou omissão, age com consciência e vontade em relação a cada um deles, considerados isoladamente.

> Exemplo: O agente provoca fogo em uma residência com a intenção de matar todos os moradores. O agente tem desígnios autônomos (intenção de matar) em relação a cada um dos moradores da residência.
>
> Outro exemplo: Wilson, maior, capaz, na saída de um estádio de futebol, tendo avistado diversos torcedores do time adversário embarcados em um veículo de transporte regular, aproveitou-se da oportunidade e lançou uma única bomba incendiária contra o veículo, causando graves lesões em diversas vítimas e a morte de uma delas. Nesse caso, Wilson será apenado com base no concurso formal imperfeito ou impróprio.

A expressão "desígnios autônomos" abrange tanto o dolo direto quanto o dolo eventual. Assim, haverá concurso formal imperfeito, por exemplo, entre o delito de homicídio doloso com dolo direto e outro com dolo eventual.

6.5.3 Aplicação da pena no concurso formal

a) Em relação ao concurso formal perfeito

O concurso formal próprio ou perfeito (CP, art. 70, primeira parte) foi concebido com a finalidade de conferir tratamento menos severo a agente que, mediante uma conduta, gerou pluralidade de resultados não derivados de desígnios autônomos, afastando, com isso, os rigores do concurso material (CP, art. 69).

Por esse motivo, em relação ao concurso formal perfeito, ou próprio, o Código Penal adotou o sistema de *exasperação da pena*. Aplica-se a pena do crime mais grave ou, se iguais, somente uma delas, mas aumentada, em qualquer caso, de um sexto até metade.

Nesse sentido, se a regra da exasperação da pena se mostrar prejudicial ao réu em comparação ao cúmulo material, deverá ser afastada (CP, art. 70, parágrafo único). Logo, a regra do concurso material benéfico figura como teto do produto da exasperação da pena.

Isso porque, conforme dito:

> O concurso formal próprio ou perfeito (CP, art. 70, primeira parte), cuja regra para a aplicação da pena é a da exasperação, foi criado com intuito de favorecer o réu nas hipóteses de pluralidade de resultados não derivados de desígnios autônomos, afastando-se, pois, os rigores do concurso material (CP, art. 69). Nesse diapasão, o parágrafo único do art. 70 do CP impõe o afastamento da regra da exasperação, se esta se mostrar prejudicial ao réu, em comparação com o cúmulo material. Nos termos da jurisprudência deste STJ, o aumento da pena decorrente do concurso formal próprio é calculada com base no número de infrações penais cometidas, que concretizará a fração de aumento abstratamente prevista (1/6 a 1/2), exasperando-se a pena do crime de maior reprimenda. Nesses termos, aplica-se a fração de aumento de 1/6 pela prática

de 2 infrações; 1/5, para 3 infrações; 1/4 para 4 infrações; 1/3 para 5 infrações e 1/2 para 6 ou mais infrações.[3]

Conforme consta no artigo 70, "caput", do Código Penal, em se tratando de concurso formal perfeito, a pena poderá ser exasperada de 1/6 até ½. O critério adotado pela jurisprudência para a fixação do aumento da pena entre o patamar mínimo (1/6) e o máximo (1/2) leva em conta o número de crimes cometidos pelo agente.

Número de crimes	Aumento da pena
2 crimes	1/6 de aumento
3 crimes	1/5 de aumento
4 crimes	1/4 de aumento
5 crimes	1/3 de aumento
6 ou mais	1/2 de aumento

b) Em relação ao concurso formal imperfeito

Como dissemos, o critério da exasperação da pena visa a favorecer o agente que, por meio de uma conduta, produz dois ou mais resultados, sem desígnios autônomos em relação a cada um deles.

No concurso formal imperfeito, ou impróprio, embora tenha desenvolvido uma conduta, recai sobre o agente maior grau de reprovabilidade, já que revelou desígnios autônomos em relação a cada resultado, não merecendo, por isso, tratamento mais brando proporcionado pelo critério da exasperação da pena.

Por isso, no concurso formal imperfeito, o critério adotado é o do *cúmulo material*, devendo ser somadas as penas aplicadas em relação a cada um dos crimes praticados pelo agente, nos termos do art. 70, *caput*, 2ª parte, do CP.

Imaginemos que Wilson, pretendendo matar dois colegas de trabalho que exerciam suas atividades em uma sala ao lado da dele, inseriu substância tóxica no sistema de ventilação dessa sala, o que causou o óbito de ambos em poucos minutos. Nessa situação, Wilson, com uma única conduta, praticou dois resultados, com desígnios autônomos em relação a cada um deles. Trata-se, pois, de dois homicídios dolosos em concurso formal imperfeito.

Nesse caso, o Magistrado terá de realizar a dosimetria da pena em relação a todas as vítimas, e, ao final, aplicar o critério do cúmulo material. Assim, vamos considerar que, em relação a vítima "A", a pena aplicada foi de 12 anos, e, em relação à vítima "B", a pena aplicada tenha sido de 15 anos. Como se trata de concurso formal imperfeito, o magistrado terá de adotar o critério do cúmulo material, somando as penas, ficando a pena definitiva em 27 anos.

6.5.4 Concurso formal e crime único

O concurso formal se caracteriza pela produção de dois ou mais resultados, embora decorrentes de conduta única. Logo, a partir da conduta do agente, devem resultar dois ou mais crimes.

3. STJ, HC nº 325411/SP, rel. Min. Ribeiro Dantas, 5ª T., j. 19-4-2018.

Há, no entanto, determinadas situações em que, num primeiro momento, poderia ensejar a percepção da prática de dois ou mais crimes, quando, na verdade, se trata de crime único. Quando, por exemplo, há o emprego de violência ou grave ameaça contra várias pessoas, mas subtração de patrimônio pertencente a apenas uma delas, estaremos diante de crime único de roubo, já que ocorreu crime contra apenas um patrimônio.

Todavia, se, num mesmo contexto fático, são subtraídos bens pertencentes a vítimas distintas, não haverá crime único, mas concurso formal, já que com uma conduta, o agente atingiu patrimônios distintos. caracterizando concurso formal, por terem sido atingidos patrimônios diversos, nos moldes do art. 70 do CP.[4]

O STJ tem entendido que a prática do crime de roubo contra vítimas diversas, no mesmo contexto fático, configura uma única ação, incidindo, por isso, as regras do concurso formal de crimes.[5]

Com efeito, não há que se falar em crime único quando, num mesmo contexto fático, são subtraídos bens pertencentes a vítimas distintas, caracterizando concurso formal, por terem sido atingidos patrimônios diversos, nos moldes do art. 70 do CP.[6]

A celeuma que se instala nesse particular guarda relação com a espécie de concurso formal que incide no caso: se concurso formal perfeito ou concurso formal imperfeito. Até mesmo o STJ já proferiu decisões considerando a incidência das duas espécies.

Com efeito, o STJ já decidiu que:

> a hipótese de o agente, mediante uma só conduta, atingir o patrimônio de duas vítimas distintas denota a ocorrência de concurso formal. Porém, para que seja reconhecido o cúmulo formal impróprio mister se faz a comprovação dos desígnios distintos, ou seja, que o agente tivesse consciência de que estava subtraindo bens de ofendidos diversos, exatamente como ocorrido na espécie e confirmado pelo próprio impetrante ao relatar que o acusado foi condenado por ser autor de um suposto roubo, tendo subtraído, para si, mediante violência e grave ameaça, bens pertencentes às vítimas distintas, subtraindo seus celulares (e-STJ, f. 5 e 7), e expressamente reconhecido pela Corte paulista. Desse modo, houve a ocorrência de desígnios autônomos aptos a justificar a caracterização do concurso formal imperfeito.[7]

Em outra decisão, o STJ entendeu que, em se tratando de quatro roubos praticados em concurso formal próprio, deve incidir o aumento na fração de 1/4, e não 1/2, como estipularam as instâncias ordinárias.[8]

Entendemos que se trata de concurso formal imperfeito. De fato, a distinção entre o concurso formal próprio e o impróprio relaciona-se com o elemento subjetivo do agente, ou seja, a existência ou não de desígnios autônomos. E, no caso de o agente subtrair objetos pertencentes a pessoas distintas, parece-nos evidente o desejo de praticar a subtração em relação ao patrimônio de cada uma das vítimas. Em outras palavras, sintomático que o

---

4. STJ, HC nº 608932/SP, rel. Min. Ribeiro Dantas, 5ª T., j. 6-10-2020.
5. STJ, AgRg no HC nº 412140/MG, rel. Min. Sebastião Reis Júnior, 6ª T., j. 1-3-2018.
6. STJ, HC nº 623117/SP rel. Min. Ribeiro Dantas, 5ª T., j. 9-2-2021.
7. STJ, AgRg no HC nº 651158/SP, rel. Min. Reynaldo Soares da Fonseca, 5ª T., j. 29-3-2021.
8. STJ, HC nº 325411/SP, rel. Min. Ribeiro Dantas, 5ª T., j. 19-4-2018.

agente desenvolveu conduta com consciência e vontade em relação ao patrimônio de cada uma das vítimas, revelando seu desígnio autônomo em relação a cada um dos resultados.

Com efeito, se, por exemplo, um agente ingressar no interior de um ônibus, anunciar o assalto e passar a subtrair os objetos dos passageiros, forçoso concluir que tinha desígnios autônomos em relação a cada uma das subtrações, caracterizando o concurso formal imperfeito.[9]

6.6 CONCURSO MATERIAL BENÉFICO

O critério de exasperação da pena do concurso formal perfeito é aplicado como forma de favorecer o réu que, num dado momento da sua vida, praticou, mediante uma conduta, dois ou mais crimes. Logo, em tese, com a aplicação do critério da exasperação, a pena definitiva imposta ao réu deveria ser menor do que se aplicado o critério do cúmulo material.

Por isso, se, porventura, adotando-se o critério da exasperação, a pena definitiva se revelar superior à que resultaria se somadas, deve-se adotar o critério do cúmulo material, porque, nesse caso, será mais benéfico (CP, art. 70, parágrafo único).

> Exemplo: Suponha-se que o agente tenha praticado um homicídio simples (CP, art. 121 – pena de 6 a 20 anos) e uma lesão corporal leve (CP, art. 129, *caput* – pena de três meses a um ano), em concurso formal, tendo o juiz fixado a pena mínima em relação a cada delito. Pelo critério da exasperação da pena, considerando-se a pena do crime mais grave (pena de 6 anos em relação ao crime de homicídio), com acréscimo, nesse caso, de 1/6, resultaria na pena definitiva de sete anos. No entanto, se aplicada a pena seguindo o critério do cúmulo material, teríamos a soma entre a pena aplicada pelo crime de homicídio (pena de seis anos) e a pena aplicada para crime de lesão corporal leve (pena de três meses), resultando na pena definitiva de seis anos e três meses.

Como se vê, o critério da exasperação da pena, nesse caso específico, foi prejudicial ao réu, razão pela qual deve ser aplicado o critério do cúmulo material, por ser mais benéfico, nos termos do art. 70, parágrafo único, do CP.

6.7 CRIME CONTINUADO

6.7.1 Conceito

O crime continuado está previsto no art. 70 do CP.

Ocorre o crime continuado quando o agente, mediante mais de uma ação ou omissão, pratica dois ou mais crimes da mesma espécie, devendo os subsequentes, pelas condições de tempo, lugar, maneira de execução e outras semelhantes, ser havidos como continuação do primeiro.

---

9. Sinala-se, por lealdade acadêmica, que no concurso para Promotor de Justiça do MPE/RS, realizado em 2012, a banca examinadora considerou correta a afirmação que se tratava de concurso formal perfeito a conduta do agente que deslocou-se para o fundo do coletivo e, mediante violência e grave ameaça, exercidas com emprego de um revólver, subtraiu um par de tênis e um telefone celular, pertencentes a Jeferson e a Pedro, também passageiros do referido coletivo.

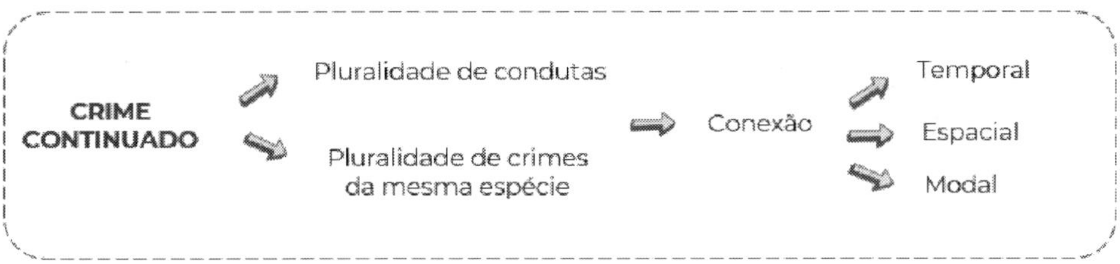

6.7.2 Natureza jurídica

A definição da natureza jurídica da continuidade delitiva busca estabelecer se a pluralidade de condutas praticadas pelo agente constitui vários crimes ou crime único. Para tanto, duas teorias se destacam: teoria da realidade real e teoria da ficção jurídica.

Para a *teoria da realidade real ou da unidade real*, os vários delitos, na realidade, constituem um único crime, pois os vários comportamentos do agente estão interligados entre si, traduzindo unidade de intenção e de crime.

Para a *teoria da ficção jurídica*, existem vários crimes, mas o ordenamento jurídico, para fins de aplicação da pena, considera, por ficção jurídica, crime único.

Em outras palavras, há pluralidade de delitos, mas o legislador, por uma ficção, presume que constituem um só crime, apenas para efeito de sanção penal.

O Código Penal adota a teoria da ficção jurídica, já que, por exemplo, para fins de prescrição, considera-se cada crime, isoladamente. É o que se extrai do disposto no art. 119 do CP e da Súmula nº 497 do STF: "Quando se tratar de crime continuado, a prescrição regula-se pela pena imposta na sentença, não se computando o acréscimo decorrente da continuação".

6.7.3 Requisitos

Para a incidência das regras do crime continuado é preciso verificar a presença de requisitos dispostos no art. 71 do CP, consistentes: a) na pluralidade de condutas; b) na pluralidade de crimes da mesma espécie; c) nas mesmas condições de tempo, lugar, maneira de execução e outras semelhantes.

6.7.3.1 Pluralidade de condutas

Nos termos do art. 71 do CP, o crime continuado se caracteriza pelo fato de o agente praticar crimes mediante mais de uma ação ou omissão, exigindo, pois, pluralidade de condutas.

Distingue-se do concurso material, que também exige pluralidade de condutas, por força da incidência dos demais requisitos, consistentes na prática de crimes de mesma espécie, nas mesmas condições de tempo, lugar e maneira de execução.

6.7.3.2 Crimes da mesma espécie

Crimes da mesma espécie são os que estão previstos no mesmo tipo penal, considerando-se, inclusive, as figuras simples ou qualificadas, dolosas ou culposas, tentadas ou consumadas.

Além disso, para caracterizar crimes da mesma espécie, os crimes parcelares devem tutelar os mesmos bens jurídicos, que possuem a mesma estrutura jurídica. Por isso, a teor da jurisprudência do STJ, não há como reconhecer a continuidade delitiva entre os crimes de roubo e o de latrocínio, porquanto são delitos de espécies diversas, já que tutelam bens jurídicos diferentes, uma vez que o roubo tutela o patrimônio e a integridade física (violência) ou o patrimônio e a liberdade individual (grave ameaça); o latrocínio, por outro lado, tutela o patrimônio e a vida.[10]

O STJ entende, no entanto, que, para caracterizar crimes da mesma espécie, não é necessário que os fatos sejam capitulados no mesmo tipo penal, sendo suficiente que tutelem o mesmo bem jurídico e sejam perpetrados pelo mesmo modo de execução. Por isso, considerou que "para fins da aplicação do instituto do crime continuado, art. 71 do CP, pode-se afirmar que os delitos de estupro de vulnerável e estupro, descritos nos arts. 217-A e 213 do CP, respectivamente, são crimes da mesma espécie".[11]

6.7.3.3 Conexão temporal

Exige-se, para caracterizar crime continuado, conexão temporal entre as condutas praticadas. Deve existir, em outros termos, uma certa periodicidade que permita observar-se um certo ritmo, uma certa uniformidade, entre as ações sucessivas, embora não se possam fixar, a respeito, indicações precisas.

A jurisprudência tem admitido crime continuado quando entre as infrações penais não houver decorrido período superior a 30 dias.[12] O STJ também já decidiu no sentido de que "perpetrados crimes da mesma espécie em comarcas limítrofes, com o mesmo *modus operandi*, o simples fato de ter decorrido prazo um pouco superior a 30 dias entre a terceira conduta e a última conduta não afasta a viabilidade da concessão do referido benefício".[13]

6.7.3.4 Conexão espacial

Além dos demais requisitos, para que seja possível reconhecer a continuidade delitiva, deve, ainda, estar presente a conexão espacial.

A lei não estabelece parâmetros para o reconhecimento da conexão espacial, tendo a jurisprudência do STJ admitido a continuidade delitiva quando tratarem de crimes praticados na mesma cidade, bem como em comarcas limítrofes ou próximas.[14]

Assim, a prática de crimes da mesma espécie em locais diversos não exclui a continuidade. Crimes praticados em bairros diversos de uma mesma cidade, ou em cidades próximas, podem ser entendidos como praticados em condições de lugar semelhantes.

6.7.3.5 Maneira de execução

A lei exige que a forma de execução das infrações continuadas seja semelhante, traduzindo-se no modo, forma e os meios empregados para a prática dos delitos. Exemplo: Funcionário de um estabelecimento comercial que subtrai, diariamente, objetos da empresa.

Por outro lado, um crime de furto qualificado pela escalada e outro furto qualificado pela destreza, conquanto crimes da mesma espécie, inviabilizam a incidência do crime continuado, já que praticados com modos de execução distintos.

---

10. STJ, HC nº 449110/SP, rel. Min. Ribeiro Dantas, 5ª T., j. 2-6-2020.
11. STJ, AgRg no REsp nº 1797986/GO, rel. Min. Jorge Mussi, 5ª T., j. 10-9-2019.
12. STJ, AgRg no AgREsp nº 542556/SC, rel. Min. Jorge Mussi, 5ª T., j. 14-3-2018.
13. STJ, PExt no HC nº 490707/SC, rel. Min. Ribeiro Dantas, 5ª T., j. 8-9-2020.
14. STJ, HC nº 490707/SC, rel. Min. Ribeiro Dantas, 5ª T., j. 21-2-2019.

Da mesma forma, verifica-se a diversidade da maneira de execução dos diversos delitos, quando o agente pratica furto ora sozinho, ora em companhia de comparsas, não configurando, pois, continuidade delitiva, mas sim a habitualidade criminosa.[15]

6.7.4 Unidade de desígnios

Algumas teorias buscam explicar a necessidade ou não da unidade de desígnios:

a) **Teoria subjetiva**

Para a teoria subjetiva, basta que o agente pratique os crimes parcelares com unidade de desígnios, independentemente da presença dos aspectos objetivos consistentes nas mesmas condições de tempo, lugar e modo de execução.

Logo, basta que o agente tenha previamente elaborado a prática dos crimes em sequência, sendo irrelevante o intervalo de tempo entre eles, o local e o modo de execução. Em síntese, de acordo com a teoria subjetiva, que foi qualificada como absurdo lógico e dogmático, para a caracterização do crime continuado, não importam os aspectos objetivos das diversas ações.

b) **Teoria puramente objetiva**

Dispensa a unidade de ideação e deduz o conceito de condutas continuadas dos elementos exteriores da homogeneidade.

É dispensável a vontade de praticar os delitos em continuação, bastando que as condições objetivas semelhantes estejam presentes.

Para essa teoria, apuram-se os elementos constitutivos da continuidade delitiva objetivamente, independentemente do elemento subjetivo, isto é, da programação do agente. Despreza a unidade de desígnio ou unidade de resolução criminosa, como elemento caracterizador do crime continuado. É o conjunto das condições objetivas que forma o critério aferidor da continuação criminosa.

c) **Teoria objetiva-subjetiva**

Caracteriza-se pela junção das anteriores, possuindo, pois, natureza híbrida, já que exige a presença dos elementos objetivos previstos no art. 71 do CP, bem como o elemento subjetivo, caracterizado pela unidade de desígnios ou vínculo subjetivo entre os crimes praticados.

Portanto, para essa teoria, o crime continuado exige, para a sua identificação, além dos elementos de ordem objetiva, outro de índole subjetiva, que é expresso de modos diferentes: unidade de dolo, unidade de resolução, unidade de desígnio.

Exige-se unidade de resolução, devendo o agente desejar praticar os crimes com continuidade. Portanto, para essa teoria, além dos requisitos objetivos, exige unidade de desígnios, isto é, uma programação inicial, com realização sucessiva.

É o entendimento adotado pelo STJ[16] e STF,[17] segundo o qual na prática dos crimes em continuidade delitiva, exigindo-se, pois, que haja um liame entre os crimes, apto a evidenciar

---

15. STJ, REsp nº 421246/SP, rel. Min. Og Fernandes, 6ª T., j. 15-12-2009.
16. STJ, HC nº 419094/RJ, rel. Min. Ribeiro Dantas, 5ª T., j. 15-3-2018.
17. STF, HC nº 106982/RS, rel. Min. Marco Aurélio, 1ª T., j. 28-11-2017.

de imediato terem sido esses delitos subsequentes continuação do primeiro, isto é, os crimes parcelares devem resultar de um plano previamente elaborado pelo agente.

Com efeito, o próprio Código Penal, ao dispor que os crimes subsequentes devem ser havidos como continuação do primeiro, sinaliza pela necessidade da ligação subjetiva entre os diversos crimes praticados pelo agente. Não há como considerar um crime subsequente ao primeiro sem a presença de liame ou vínculo subjetivo entre eles. Logo, deve restar demonstrado que o agente agiu com consciência e vontade em praticar crimes da mesma espécie em sequência, nas mesmas condições de tempo, lugar e modo de execução.[18]

6.7.5 Espécies de crime continuado

6.7.5.1 *Crime continuado comum*

É aquele em que as penas aplicadas aos crimes praticados são idênticas, como, por exemplo, ter sido fixada a mesma pena em relação a cada um dos crimes de furto praticado pelo agente. Nesse caso, considera-se qualquer uma das penas, acrescidas de um 1/6 a 2/3.

6.7.5.2 *Crime continuado qualificado*

É aquele em que as penas aplicadas aos crimes praticados são diversas, sendo uma mais grave, como, por exemplo, a pena fixada em relação a um crime de furto simples superior a aplicada em relação a outro crime de furto, mas praticado na modalidade tentada. Nesse caso, considera-se a pena do crime mais grave, acrescido de 1/6 a 2/3.

6.7.5.3 *Crime continuado específico*

Além dos requisitos previstos no art. 71, *caput*, do CP, o crime continuado específico prevê a necessidade de três requisitos, que devem ocorrer simultaneamente:

a) Contra vítimas diferentes

Admite-se nexo de causalidade entre crimes que lesam interesses jurídicos pessoais, ainda que praticados contra vítimas diversas.

De fato, a circunstância de os delitos componentes atingirem bens jurídicos pessoais não impede a continuação. Entretanto, cumpre observar o disposto no parágrafo único do art. 71:

> Nos crimes dolosos, contra vítimas diferentes, cometidos com violência ou grave ameaça à pessoa, poderá o juiz, considerando a culpabilidade, os antecedentes, a conduta social e a personalidade do agente, bem como os motivos e as circunstâncias, aumentar a pena de um só dos crimes, se idênticas, ou a mais grave, se diversas, até o triplo, observadas as regras do parágrafo único do art. 70 e do art. 75 deste Código.

Assim, admite o Código Penal nexo de continuidade entre homicídios, lesões corporais ou roubos contra vítimas diversas, podendo o juiz, de acordo com as circunstâncias judiciais do art. 59, *caput*, do CP, aumentar a pena de um dos delitos até o triplo, desde que a pena não seja superior à que seria imposta se o caso fosse de concurso material.

b) Com violência ou grave ameaça à pessoa

Mesmo que o crime seja contra vítimas diferentes, se não houver violência – real ou ficta – contra a pessoa, não haverá a continuidade específica.

---

18. É a teoria considerada como correta nos concursos públicos, como, por exemplo, MPE/SC, realizado em 2019, pelo Instituto Consulplan.

c) **Somente em crimes dolosos**

Se a ação criminosa for praticada contra vítimas diferentes, com violência à pessoa, mas não for produto de uma conduta dolosa, não estará caracterizado o crime continuado específico.

6.7.6 Aplicação da pena

Tratando-se de *crime continuado comum*, aplica-se a pena de qualquer um dos crimes, se idênticas, aumentada de 1/6 até 2/3.

Tratando-se de *crime continuado qualificado*, aplica-se a pena do crime mais grave, aumentada de 1/6 até 2/3.

O parâmetro para o aumento da pena entre 1/6 e 2/3 deve ser proporcional ao número de infrações praticadas. Ou seja, "em se tratando de aumento de pena referente à continuidade delitiva, aplica-se a fração de aumento de 1/6 pela prática de 2 infrações; 1/5, para 3 infrações; 1/4 para 4 infrações; 1/3 para 5 infrações; 1/2 para 6 infrações e 2/3 para 7 ou mais infrações".[19]

Número de crimes	Aumento da pena
2 crimes	1/6 de aumento
3 crimes	1/5 de aumento
4 crimes	1/4 de aumento
5 crimes	1/3 de aumento
6 crimes	1/2 de aumento
7 crimes ou mais	2/3

Tratando-se de crime continuado específico, previsto no art. 71, parágrafo único, do CP, aplica-se a pena do crime mais grave aumentada até o triplo. Todavia, segundo o entendimento do STF, no crime continuado específico, a majoração da pena não está adstrita ao número de infrações praticadas, uma vez que o art. 71, parágrafo único, do CP, determina que poderá o juiz, "considerando a culpabilidade, os antecedentes, a conduta social e a personalidade do agente, bem como os motivos e as circunstâncias, aumentar a pena de um só dos crimes, se idênticas, ou a mais grave, se diversas, até o triplo". Logo, a fração de aumento de pena no crime continuado qualificado lastreia-se nos vetores em questão, e não apenas no número de infrações praticadas.[20]

Se, da aplicação da regra do crime continuado, a pena resultar superior à que restaria se somadas as penas, aplica-se a regra do concurso material benéfico (CP, art. 71, parágrafo único, parte final).

6.7.7 Crime continuado e conflito de leis no tempo

Trata-se da hipótese de uma determinada lei mais gravosa entrar em vigor durante a prática da série de crimes em continuidade delitiva.

---

19. STJ, AgRg no EDcl-AgREsp nº 1629001/SP, rel. Min. Laurita Vaz, 3ª Seção, j. 28-10-2020.
20. STF, HC nº 131871/PR, rel. Min. Dias Toffoli, 2ª T., j. 31-5-2016.

Nesse caso, se o agente praticar delitos em continuidade delitiva e durante a empreitada delituosa entrar em vigor nova lei, aplicar-se-á essa lei, ainda que mais severa.

É o que se extrai da Súmula nº 711 do STF: "A lei penal mais grave aplica-se ao crime continuado ou ao crime permanente, se a sua vigência é anterior à cessação da continuidade ou da permanência".

Assim, se, no contexto do crime continuado, o agente praticar crime 1, crime 2, na vigência da Lei A (menos grave), e, após, praticar o crime 3, na vigência da Lei B (mais grave), cessando a continuidade delitiva com a prática do crime 4. Nesse caso, na dosimetria da pena, o juiz deverá considerar a pena do crime 3 para fins de exasperação pela incidência do crime continuado, ainda que mais grave, já que a sua vigência é anterior à cessação da continuidade delitiva.

Para melhor compreensão, ilustramos da seguinte forma:

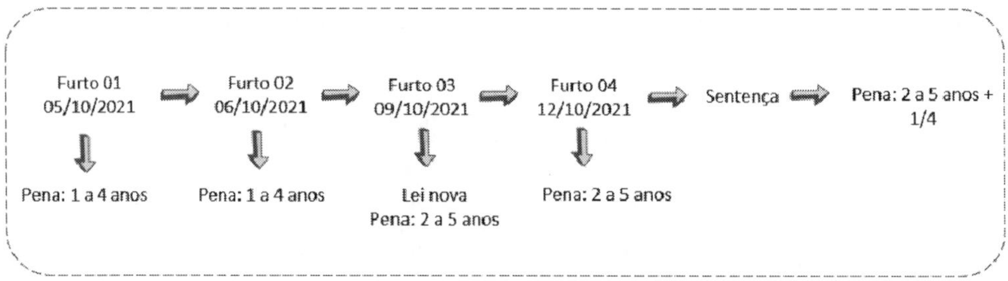

6.7.8 Crime continuado e prescrição

A teoria da ficção jurídica considera os vários crimes praticados em continuidade delitiva como crime único apenas para fins de fixação da pena. Significa dizer que, para a incidência dos demais efeitos, os crimes devem ser considerados isoladamente.

Assim, para efeitos de extinção da punibilidade, notadamente por força da prescrição, deve-se considerar a pena de cada crime, isoladamente. É o que dispõe o art. 119 do CP e a Súmula nº 497 do STF: "Quando se tratar de crime continuado, a prescrição regula-se pela pena imposta na sentença, não se computando o acréscimo decorrente da continuação".

> Exemplo: Em determinado dia, uma funcionária do caixa de um estabelecimento comercial subtraiu para si a quantia de R$ 700,00. No dia seguinte, voltou a subtrair determinada quantia do caixa do supermercado. Ainda na mesma semana, a funcionária, com o mesmo *modus operandi*, subtraiu, por mais duas vezes, valores pertencentes ao estabelecimento comercial. Ao final das investigações, o Ministério Público, ofereceu denúncia pela prática do crime descrito no art. 155, § 4º, II, do CP, por quatro vezes, na forma do art. 71 do mesmo diploma legal. Na sentença, o juiz aplica para *cada um dos crimes a pena de dois anos de reclusão*, exasperando-a em 1/4 por força da continuidade delitiva, ficando a pena definitiva em *dois anos e seis meses*.

Considerando a pena definitiva, a prescrição seria de 8 anos, nos termos do art. 109, IV, do CP. Todavia, conforme o art. 119 do CP e a Súmula nº 497 do STF, a prescrição deverá ser calculada com base na pena aplicada para cada um dos furtos, isoladamente, considerando-se, portanto, a pena de dois anos, desprezando-se o aumento decorrente do crime continuado. Logo, nesse caso, a prescrição incidirá em quatro anos, nos termos do art. 109, V, do CP.

6.7.9 Crime continuado e suspensão condicional do processo

Conforme se extrai do art. 89 da Lei nº 9099/1995, um dos requisitos para a concessão da suspensão condicional do processo é o de que a pena mínima cominada ao delito seja igual ou inferior a 1 (um) ano.

Como dito acima, o crime continuado, por ficção jurídica, considera-se crime único para fins de aplicação da pena, sobre a qual deverá incidir a exasperação de 1/6 a 2/3.

Diante disso, essa exasperação da pena também é considerada para fins de verificação do requisito objetivo para a concessão da suspensão condicional do processo. Assim, se o agente praticar dois furtos simples, que prevê pena de um a quatro anos de reclusão, em continuidade delitiva, não seria possível a concessão da suspensão condicional do processo, uma vez que, considerando a exasperação, a pena mínima seria superior a um ano, não preenchendo o requisito previsto no art. 89 da Lei nº 9.099/1995.

É o que se extrai da Súmula nº 723 do STF: "Não se admite a suspensão condicional do processo por crime continuado, se a soma da pena mínima da infração mais grave com o aumento mínimo de um sexto for superior a um ano".

6.7.10 Crime continuado entre crimes culposos

É possível sustentar a continuidade delitiva no crime culposo, sem renunciar à exigência do elemento subjetivo, o qual, no caso, consiste na vontade de continuar agindo culposamente, mesmo após o primeiro crime.

Imaginemos, por exemplo, a conduta de um motorista após atropelar culposamente uma vítima na região central de Porto Alegre, matando-a. Ao se deparar com a situação, resolve tentar fuga, empreendendo velocidade excessiva, provocando, em razão disso, outro acidente, que resultou na morte de uma pessoa.

Trata-se sem dúvida de crimes de mesma espécie (CTB, art. 302), praticados nas mesmas condições de tempo, lugar e maneira de execução. Quanto à unidade de desígnios, verifica-se que o agente agiu com consciência e vontade de prosseguir na conduta que ensejou o primeiro crime culposo, embora também não desejasse o segundo crime, havendo, pois, unidade de desígnios na conduta, embora os resultados não tenham sido esperados.

6.7.11 Distinção entre crime continuado e habitualidade criminosa

O crime continuado é benefício penal, modalidade de concurso de crimes, que, por ficção legal, considera a unidade dos crimes parcelares praticados em continuidade, para fins específicos de aplicação da pena. Em outras palavras, caracterizado o crime continuado, as penas impostas a cada crime praticado não serão somadas, mas exasperadas, conferindo, pois, tratamento bem mais brando ao agente condenado.

Por isso, a habitualidade criminosa é incompatível com o crime continuado. Isso porque não se afigura possível conferir tratamento benéfico ao criminoso habitual, que faz do crime modo de vida, cuja reiteração criminosa revela delinquência habitual ou profissional. Em outras palavras, a culpabilidade (no sentido de reprovabilidade) é mais intensa na habitualidade do que na continuidade delitiva.

Em síntese, conforme entendimento consolidado nos Tribunais Superiores, a reiteração criminosa e a habitualidade delitiva afastam a possibilidade de reconhecimento do crime continuado.[21]

6.8 A PENA DE MULTA NO CONCURSO DE CRIMES

É pacífico na doutrina e jurisprudência o entendimento no sentido de que, para o concurso material e concurso formal, as penas de multa devem ser somadas.

É a aplicação literal do que dispõe o art. 72 do CP, segundo o qual no concurso de crimes, as penas de multa são aplicadas distinta e integralmente.

Todavia, em relação ao crime continuado há controvérsia.

Para uma primeira corrente, o art. 72 do CP se aplica a todas as espécies de concurso de crimes, já que não faz nenhuma distinção a esse respeito. Logo, adota-se a soma das penas de multas também para os crimes praticados em continuidade delitiva. É a posição dominante na doutrina.

De outro lado, uma segunda corrente sustenta que a adoção da teoria da ficção jurídica em relação aos crimes continuados acarreta a fixação de uma única pena de multa, por se tratar de crime único para fins de aplicação da sanção penal. Seria inusitado aplicar uma pena privativa de liberdade e várias penas de multas somadas.

É o entendimento adotado pelo STJ:

> Esta Corte assentou compreensão no sentido de que o art. 72 do CP é restrito às hipóteses de concursos formal ou material, não sendo aplicável aos casos em que há reconhecimento da continuidade delitiva. Desse modo, a pena pecuniária deve ser aplicada conforme o regramento estabelecido para o crime continuado, e não cumulativamente, como procedeu a Corte de origem.[22-23]

Para acesso ao vídeo, utilize o QR Code ao lado.

21. STJ, AgRg no HC nº 624886/SP, rel. Min. Reynaldo Soares da Fonseca, 5ª T., j. 24-11-2020.
22. STJ, AgRg no AgREsp nº 484057/SP, rel. Jorge Mussi, 5ª T., j. 27-2-2018.
23. No concurso para Juiz do TJDFT, realizado em 2007, a banca considerou falsa a afirmativa no sentido de que "No crime continuado, devem ser aplicadas distintas e cumulativamente as penas de multa". No concurso para Juiz Substituto do TJCE, realizado em 2012, a banca CESPE/CEBRASPE, considerou correta a alternativa na qual constava que "A utilização da regra segundo a qual, no concurso de crimes, as penas de multa são aplicadas distinta e integralmente restringe-se aos casos de concursos material e formal, não se inserindo no âmbito de abrangência da continuidade delitiva".

7

LIMITE DAS PENAS

7.1 INTRODUÇÃO

O art. 75 do CP previa o limite de 30 anos de cumprimento de pena. A Lei nº 13.964/2019, chamada "Pacote Anticrime", elevou esse limite para 40 anos.

A Lei das Contravenções Penais prevê em cinco anos o limite de cumprimento da pena de prisão simples (LCP, art. 10).

É possível que o agente registre contra si penas elevadas, superando o limite de 40 anos, sobretudo quando decorrentes dos critérios de fixação da pena no contexto de concurso de crimes. Assim, pode acontecer de o condenado registrar pena total de 60, 100, 200 anos, por exemplo.

Se fosse compelido a cumprir o total da pena, invariavelmente o destino do condenado seria falecer no cárcere, o que violaria sobremaneira a vedação constitucional da pena de caráter perpétuo, prevista no art. 5º, XLVII, *b*, da CF.

Como forma de evitar a violação da vedação constitucionalmente prevista, o legislador estabeleceu um limite de cumprimento de penas, tendo como a expectativa de vida média do cidadão brasileiro, consistente, com a nova redação do art. 75 do CP, em 40 anos.

Além disso, a limitação do tempo de cumprimento de pena também encontra fundamento no princípio da dignidade da pessoa humana, previsto no art. 1º, III, da CF.

Em outras palavras, mesmo que registre pena total de, por exemplo, 100 anos, o condenado deverá cumprir 40 anos, conforme o limite estabelecido no art. 75, *caput*, do CP.

Assim, nos termos do art. 75, § 1º, do CP, quando o agente for condenado a penas privativas de liberdade, que somadas extrapolam 40 anos, devem elas ser unificadas para atender ao limite máximo de 40 anos.

Convém destacar, por pertinente, que esse limite guarda relação somente com o tempo de cumprimento de pena, não servindo de base para o cálculo de outros benefícios, como o livramento condicional e progressão de regime. É o que se extrai da Súmula nº 715 do STF: "A pena unificada para atender ao limite de trinta anos[1] de cumprimento, determinado pelo art. 75 do CP, não é considerada para a concessão de outros benefícios, como o livramento condicional ou regime mais favorável de execução".

Logo, se registrar condenações, cujas penas somadas alcançam, por exemplo, 50 anos, o agente cumprirá 40 anos, mas o requisito objetivo para obtenção dos benefícios externos, tais como progressão de regime e livramento condicional, será calculado com base no total da pena, ou seja, 50 anos.

7.2 NOVA CONDENAÇÃO E UNIFICAÇÃO DAS PENAS

O limite de 40 anos de cumprimento de pena não autoriza o condenado a praticar outros crimes na expectativa que esse limite será eternamente preservado.

Com efeito, para que o limite de 40 anos de cumprimento de pena não torne o sentenciado imune a qualquer outra condenação advinda durante a execução de sua pena, o legislador estabeleceu que "sobrevindo condenação por fato posterior ao início do cumprimento da pena, far-se-á nova condenação, desprezando-se, para esse fim, o período de pena já cumprido" (CP, art. 75, § 2º).

Assim, se, por exemplo, o réu é condenado a pena total de 50 anos de reclusão. Procedida a unificação, terá de cumprir até o limite de 40 anos. Após cumprir 10 anos, sobrevém nova condenação, agora de 20 anos por fato posterior ao início do cumprimento da pena.

Nesse caso, proceder-se-á à nova unificação, desprezando-se o tempo já cumprido de pena (10 anos). Logo, deve-se somar os 40 anos que restam da primeira condenação com os 20 anos decorrentes da nova condenação, resultando em 60 anos. Procede-se à nova unificação para o limite de 40 anos. Agora, além dos 10 anos já cumpridos em relação à pena anterior, terá de cumprir mais 40 anos em relação à nova unificação das penas em decorrência da superveniência da nova condenação.

Em outras palavras, do total de 70 anos, o condenado não irá cumprir apenas 40 anos. Com a nova unificação, cumprirá 50 anos (10 anos já cumpridos em relação às condenações anteriores + 40 anos decorrentes da nova unificação).

7.3 CONCURSO DE INFRAÇÕES

Nos termos do art. 76 do CP: "No concurso de infrações, executar-se-á primeiramente a pena mais grave". Isso significa, por exemplo, que, se o agente registra condenação por crime apenado com reclusão e outra por crime apenado com detenção, deverá primeiro cumprir a de reclusão, para depois passar ao cumprimento da pena de detenção.

É possível, por exemplo, que o agente esteja cumprindo pena de 6 anos de reclusão pela prática do crime de estupro (CP, art. 213), e de um ano de detenção, pela prática do crime de homicídio culposo (CP, art. 121, § 3º). Primeiro, terá de cumprir a pena relativa ao crime de estupro, para depois cumprir a pena aplicada em relação ao crime de homicídio culposo.

Todavia, convém registrar que as penas deverão ser somadas ou unificadas, para fins de obtenção de benefícios da execução penal, como, por exemplo, a progressão de regime

---

1. Leia-se agora 40 anos.

(LEP, art. 111). Assim, considerando o exemplo anterior, as penas serão somadas para fins de progressão de regime, devendo, portanto, ser considerada a pena total de sete anos para verificação do lapso temporal exigido para obtenção do benefício.

Para acesso ao vídeo, utilize o QR Code ao lado.

8

SUSPENSÃO CONDICIONAL DA EXECUÇÃO DA PENA (*SURSIS*)

8.1 CONCEITO

Trata-se de um instituto de política criminal, cuja finalidade precípua é a suspensão da execução da pena privativa de liberdade, evitando o recolhimento ao cárcere do agente não reincidente em crime doloso condenado à pena não superior a dois anos (ou a quatro anos, na hipótese de *sursis* etário ou humanitário), mediante o cumprimento, durante o período de prova, das condições estabelecidas judicialmente.

Em outras palavras, embora tenha sido proferida sentença condenatória com aplicação de pena privativa de liberdade, se preenchidos os requisitos do art. 77 do CP, a execução dessa pena ficará suspensa, mediante o cumprimento das condições impostas pelo juiz.

Com a concessão do *sursis*, o réu condenado à pena privativa de liberdade não cumprirá a sanção imposta, cuja execução ficará suspensa durante o período em que deverá cumprir as condições impostas judicialmente. Esgotado o período de prova sem revogação do *sursis*, a pena imposta ao réu será declarada extinta.

8.2 REQUISITOS

O *sursis* é um instituto concebido como uma das medidas alternativas ao encarceramento em massa, destinado a condenados a penas não tão elevadas, que revelam menor grau de periculosidade e reprovabilidade da atividade criminosa.

Para a concessão da suspensão condicional da execução da pena, devem ser preenchidos, cumulativamente, os requisitos de ordem objetiva e subjetiva, previstos em lei, mais especificamente no art. 77 do CP.

8.2.1 Requisitos objetivos

a) Natureza da pena

Quanto à natureza da pena, somente a pena privativa de liberdade, seja de reclusão ou detenção, admite a suspensão condicional da execução da pena.

Não cabe *sursis* em relação à pena restritiva de direitos e à pena de multa. É o que se extrai do art. 80 do CP, segundo o qual "a suspensão não se estende às penas restritivas de direitos nem à multa".

Por ser medida voltada a suspender a execução da pena, não se aplica o *sursis* às medidas de segurança. Além disso, verificada a inimputabilidade pela enfermidade mental, a sentença será absolutória imprópria, não havendo, pois, pena a ser cumprida ou suspensa.

b) Quantidade da pena privativa de liberdade

Como regra geral, a quantidade da pena imposta na sentença não pode ser superior a 2 (dois) anos (CP, art. 77, "caput"). Tratando-se, entretanto, de condenado maior de 70 anos de idade, ao tempo da sentença ou do acórdão (*sursis* etário) ou em razão de saúde (*sursis* humanitário ou profilático), a pena aplicada pode ser igual ou inferior a quatro anos (CP, art. 77, § 2º).

Tratando-se de concurso de crimes, em qualquer das suas espécies, a pena aplicada, considerando os critérios da exasperação da pena ou cúmulo material, não pode ser superior a dois anos (ou quatro anos, na hipótese de *sursis* etário ou humanitário).

Assim, em relação ao crime continuado, descabe a aplicação por analogia da Súmula nº 497 do STF[1].

Portanto, é perfeitamente possível aplicar a suspensão condicional da pena ao concurso de crimes, bastando que a pena fixada não ultrapasse o limite imposto pela lei. Dessa forma, se, em virtude de concurso material, o sentenciado alcançar a pena total de um ano e seis meses, fruto de três penas de seis meses cada uma, seria possível aplicar o benefício.

Se, no entanto, a pena total superar dois anos, por força da soma de três penas de um ano cada uma, por exemplo, não será possível a concessão do *sursis*.

Tratando-se de crimes ambientais, a suspensão condicional da pena pode ser aplicada nos casos de condenação à pena privativa de liberdade não superior a três anos (Lei nº 9.605/1998, art. 16).

c) Impossibilidade de substituição por pena restritiva de direitos

Somente se aplica o *sursis* quando incabível ou não recomendável a substituição da pena privativa de liberdade por restritiva de direitos (CP, art. 77, III).

O caráter subsidiário do *sursis* em relação à pena alternativa, na prática, diminuiu a incidência do *sursis*, pois a hipótese de aplicação da pena restritiva de direitos é mais abrangente, já que tem cabimento quando a pena privativa imposta for igual ou inferior a 4 anos, abarcando, pois, o limite de pena previsto para concessão do *sursis*.

Portanto, somente em casos excepcionais, quando não for cabível ou recomendável a referida substituição, como, por exemplo, na hipótese de crimes violentos contra a pessoa, como a lesão corporal, poderá o juiz aplicar o *sursis*, se preenchidos os demais requisitos.

Verifica-se, pois, que as hipóteses de incidência do *sursis* são bem mais restritas, girando, basicamente, em torno das seguintes situações:

i) crimes dolosos cometidos *mediante violência ou grave ameaça*, cuja pena aplicada seja igual ou inferior a dois anos, ou, no caso dos *sursis* etário ou humanitário, pena aplicada

---

1. Súmula 497 STF: "Quando se tratar de crime continuado, a prescrição regula-se pela pena imposta na sentença, não se computando o acréscimo decorrente da continuação."

igual ou inferior a quatro anos. Por se tratar de crime praticado com violência ou grave ameaça, não cabe a substituição da pena privativa de liberdade por restritiva de direitos, diante da vedação prevista no art. 44, I, do CP;

ii) condenado reincidente em crime doloso, cuja pena anterior tenha sido a pena de multa: pode obter *sursis*, pois a ressalva expressa a essa hipótese, permitindo o cabimento do *sursis* (CP, art. 77, § 1º), não alcança as penas restritivas de direitos (art. 44, II). Convém ressaltar, nesse particular, que o cabimento do *sursis* depende da não aplicação do disposto no art. 44, § 3º, do CP;

8.2.2 Requisitos subjetivos

a) Condenado não reincidente em crime doloso

Nem toda reincidência impede a concessão do *sursis*, mas somente a reincidência em crime doloso. Isso significa dizer que a condenação anterior, mesmo definitiva, por crime culposo ou por simples contravenção, por si só, não é causa impeditiva da suspensão condicional da pena.

Da mesma forma, a reincidência em crime culposo não impede a concessão do *sursis*.

Convém sinalar, por pertinente, que a reincidência, ainda que por crime doloso, em decorrência de anterior condenação a pena exclusivamente de multa, não impede a concessão do *sursis* (CP, art. 77, § 1º). É o que se extrai da Súmula nº 499 do STF: "Não obsta à concessão do *sursis* condenação anterior à pena de multa".

Se o agente cometer novo crime depois de cinco anos do cumprimento ou da extinção da pena anterior, não será mais considerado reincidente, nos termos do art. 64, I, do CP, viabilizando, desde que preenchidos os demais requisitos, a concessão do *sursis*.

b) A culpabilidade, os antecedentes, a conduta social e personalidade do agente, bem como os motivos e as circunstâncias autorizem a concessão do benefício

Nos termos do art. 77, II, do CP, será cabível o *sursis*, desde que a culpabilidade, os antecedentes, a conduta social e personalidade do agente, bem como os motivos e as circunstâncias autorizem a concessão do benefício.

Conforme entendimento do STJ, não prospera a tese de que as circunstâncias devem ser majoritariamente negativas, bastando haver uma a ser valorada para obstar a concessão do *sursis*.[2]

Em que pese o entendimento adotado pelo STJ, entendemos que não é indispensável que todas as circunstâncias sejam favoráveis, como ocorre com *sursis* especial. Basta que, no geral, não sejam desfavoráveis de modo a criar dúvidas fundadas sobre a possibilidade de o condenado voltar a delinquir.

Isso porque, o próprio art. 78, § 2º, do CP prevê que, se as circunstâncias judiciais do art. 59 do CP forem inteiramente favoráveis ao réu, o juiz poderá conceder o *sursis* especial. Logo, forçoso concluir que a existência de alguma circunstância judicial desfavorável não inviabiliza por absoluto a concessão do *sursis*, mas sim a concessão do *sursis* especial, autorizando, assim, ao juiz, diante de alguma circunstância desfavorável, a concessão do *sursis* simples, previsto no art. 78, § 1º, do CP.

---

2. STJ, HC nº 524062/SP, rel. Ribeiro Dantas, 5ª T., j. 8-10-2019.

8.3 MOMENTO PARA CONCESSÃO DO *SURSIS*

O momento adequado para a concessão do *sursis* é na sentença ou no acórdão condenatório. É o que se extrai do art. 157 da Lei nº 7210/1984: "O Juiz ou Tribunal, na sentença que aplicar pena privativa de liberdade, na situação determinada no artigo anterior, deverá pronunciar-se, motivadamente, sobre a suspensão condicional, quer a conceda, quer a denegue".

Isso não significa a total inviabilidade de o juízo da execução penal conceder o *sursis*. Se, ao longo da ação penal, não foi possível reunir elementos probatórios suficientes para verificar a incidência dos requisitos legais, é possível delegar essa possibilidade ao juízo da execução penal.

Da mesma forma, nos termos do art. 66, III, *d*, da Lei nº 7.210/1984, será possível ao juízo da execução penal conceder o *sursis* na hipótese, por fato superveniente à sentença ou ao acórdão condenatório, desaparecer o motivo que impedia a concessão da medida.

8.4 ESPÉCIES DE *SURSIS*

O legislador criou dois tipos de *sursis*: simples e especial.

a) *Sursis* simples ou comum

Trata-se da hipótese em que o condenado não reparou o dano, injustificadamente, ou quando as circunstâncias judiciais não foram integralmente favoráveis. É a leitura a *contrario sensu* do disposto no art. 78, § 2º, do CP.

Nesse caso, no primeiro ano do período de prova, o condenado ficará sujeito à aplicação das condições de prestação de serviços à comunidade ou limitação de fim de semana (CP, art. 78, § 1º).

b) *Sursis* especial

Trata-se da hipótese em que o agente reparou o dano, salvo impossibilidade de fazê-lo, sendo-lhe as circunstâncias judiciais do art. 59 do CP inteiramente favoráveis.

No *sursis especial*, o agente não presta serviços à comunidade nem se submete a limitação de final de semana. Consiste na aplicação das outras condições, previstas no art. 78, § 2º, do CP: proibição de frequentar determinados lugares; proibição de ausentar-se da comarca na qual reside, sem autorização do juiz; comparecimento pessoal e obrigatório a juízo, mensalmente, para informar e justificar suas atividades.

8.5 CONDIÇÕES

Durante o período do *sursis*, o condenado deve cumprir determinadas condições, sob pena de ser revogada a medida e ter de cumprir a sanção privativa de liberdade. Essas condições são: a) legais: impostas pela lei (CP, arts. 78, § 1º, e 81); b) judiciais: impostas pelo juiz na sentença (CP, art. 79).

No *sursis* simples, a condição legal e obrigatória consiste na prestação de serviços à comunidade ou limitação de fim de semana, no primeiro ano do período de suspensão (CP, art. 78, § 1º, 1ª parte).

Tratando-se de *sursis* especial, satisfeitos os seus requisitos, as condições alternativas da prestação de serviços à comunidade e a limitação de fim de semana são substituídas por: proibição de frequentar determinados lugares; proibição de ausentar-se o condenado da comarca onde reside, sem autorização judicial; e comparecimento pessoal e obrigatório a juízo, mensalmente, para informar e justificar suas atividades (CP, art. 78, § 2º, *a*, *b* e *c*).

As condições legais do *sursis* especial, previstas no art. 78, § 2º, *a*, *b* e *c*, do CP, devem ser impostas cumulativamente.

Por outro lado, não é possível a cumulação das condições do *sursis* simples e especial. Todavia, conforme a dicção do art. 79 do CP, na hipótese do *sursis* simples, admite-se que o julgador estabeleça outras condições às quais a suspensão condicional da pena ficará subordinada, desde que adequadas ao caso concreto, além das legalmente previstas, quais sejam, prestação de serviços à comunidade e limitação de final de semana,[3] como, por exemplo, o comparecimento mensal em juízo e a proibição de se ausentar-se da comarca.[4]

8.6 *SURSIS* INCONDICIONADO

Não se admite *sursis* sem imposição de condições ao condenado. De fato, *sursis* sem condições equivaleria, pelo menos no contexto de execução penal, praticamente a uma sentença absolutória, já que o condenado não cumpriria a pena imposta, nem tampouco as condições para a suspensão da execução da pena.

Nesse caso, se o juiz não estabelecer condições na sentença condenatória, cumprirá à acusação opor embargos de declaração, para que a omissão seja suprida. Não sendo acolhidos os embargos de declaração, restará interposição de recurso de apelação, buscando a reforma da decisão.

Se ocorrer o trânsito em julgado da sentença condenatória, sem que tenha sido estabelecido qualquer condição, entendemos que o juiz da execução penal poderá especificá-las, sem que implique em *reformatio in pejus* nem ofensa à coisa julgada. É o que já decidiu o STJ.[5]

Há, no entanto, quem entenda não ser possível ao juiz da execução penal fixar as condições, uma vez que a omissão do poder público (órgão de acusação e julgador) não pode ser contornada sem previsão legislativa para desconstituir a coisa julgada em prejuízo do réu.[6]

8.7 PERÍODO DE PROVA

O período de prova consiste no lapso temporal fixado na sentença concessiva do *sursis* em que a execução da pena privativa de liberdade ficará suspensa, mediante o cumprimento das condições estabelecidas.

Como regra geral, o período de prova varia entre *dois a quatro anos* (CP, art. 77, *caput*). Sendo o condenado maior de 70 anos de idade ou por razões de saúde, o prazo varia de *quatro a seis anos* (CP, art. 77, § 2º). Tratando-se da contravenção, o período de prova varia de *um a três anos* (LCP, art. 11).[7]

---

3. STJ, AgRg nos EDcl no REsp nº 1834873/SP, rel. Sebastião Reis Júnior, 6ª T., j. 10-3-2020.
4. STJ, HC nº 440286/RS, rel. Ribeiro Dantas, 5ª T., j. 12-6-2018.
5. STJ, REsp nº 69740/SP, rel. Ribeiro Dantas, 5ª T., j. 6-12-1995.
6. ARAÚJO, Fábio Roque. *Direito penal Didático*: parte geral. 4. ed. Salvador: Juspodvm, 2021. p. 1021.
7. A Lei nº 7.170/1983, revogada pela Lei nº 14.197/2021, previa que, nos crimes contra a segurança nacional praticados em tempo de paz, o período de prova varia entre dois a seis anos (Lei nº 7.170/1983, art. 5º, *caput*).

O prazo do período de prova deve ser fixado segundo a natureza do crime, personalidade do agente e intensidade da pena, não podendo o juiz, senão em hipótese excepcional, estabelecê-lo no prazo máximo.

A suspensão condicional da pena somente poderá ser aplicada após o trânsito em julgado da sentença penal condenatória. O período de prova tem início a partir da audiência de admonitória, que é a solenidade de advertência das consequências do descumprimento das condições (LEP, art. 160).

O período de prova pode ser prorrogado nas hipóteses do art. 81, § 2º, do CP.

8.8 PRORROGAÇÃO DO PERÍODO DE PROVA

Período de prova é o tempo fixado na sentença condenatória em que o condenado terá de cumprir as condições impostas para a concessão do *sursis*. É possível, todavia, incidir situações que estendam o prazo determinado na sentença, prorrogando-se o período de prova.

O Código Penal prevê duas hipóteses de prorrogação do período de prova (CP, art. 81, §§ 2º e 3º):

a) Beneficiário está sendo processado por outro crime ou contravenção, considera-se prorrogado o prazo da suspensão até o julgamento definitivo

A primeira hipótese está prevista no art. 81, § 2º, do CP, segundo o qual se o beneficiário está sendo processado por outro crime ou contravenção, considera-se prorrogado o prazo da suspensão até o julgamento definitivo.

Como o dispositivo legal faz expressa referência a agente estar sendo processado, a mera instauração de inquérito policial não constitui causa de prorrogação do período de prova.

O artigo não exige que o agente esteja sendo processado por crime praticado durante o período de prova, razão pela qual é possível a prorrogação do período de prova quando o processo teve origem por crime praticado antes da concessão do benefício.

No momento em que o agente passa a ser processado pela prática de qualquer infração penal, a pena, que estava suspensa condicionalmente, não pode mais ser extinta sem que se aguarde o trânsito em julgado da sentença.

A prorrogação, portanto, é automática. Não importa se o juiz determinou ou não a prorrogação antes do término do período de prova. Assim, não é a prática de crime ou contravenção penal que acarreta a revogação do benefício, mas a condenação definitiva pela sua prática. É preciso, portanto, aguardar o resultado final do processo para saber se haverá ou não a revogação.

Em síntese, suponha-se que o agente esteja em gozo do *sursis* por dois anos. Faltando alguns meses para o término do período de prova da suspensão, comete novo delito, sendo, por isso, instaurada a ação penal. O período de prova é prorrogado até que transite em julgado a sentença em relação ao segundo crime, podendo a prorrogação ultrapassar o máximo de quatro ou seis anos.

É o entendimento adotado pelo STJ, segundo o qual

> o período de prova do *sursis* fica automaticamente prorrogado quando o beneficiário está sendo processado por outro crime ou contravenção, bem como que a

superveniência de sentença condenatória irrecorrível é caso de revogação obrigatória do benefício, mesmo quando ultrapassado o período de prova.[8]

Nesse caso, se o réu vier a ser condenado, haverá revogação obrigatória: terá de cumprir a pena que estava suspensa e a pena aplicada em decorrência da nova condenação. Se absolvido, o juiz determinará a extinção da pena que se encontrava suspensa, nos termos do art. 82 do CP.

b) **Quando facultativa a revogação, o juiz pode, em vez de decretá-la, prorrogar o período de prova até o máximo, se este não foi o fixado.**

Nesse caso, fica a critério do juiz decretar a revogação do *sursis* ou prorrogar o período de prova até o máximo, se este não foi o fixado.

Assim, se, por exemplo, durante o período de prova fixado em dois anos, o condenado deixar de cumprir qualquer outra condição imposta na decisão ou se sobrevier condenação irrecorrível, por crime culposo ou contravenção, à pena privativa de liberdade e restritiva de direitos, em vez de juiz revogar o benefício, poderá prorrogar o período de prova pelo prazo de quatro anos.

8.9 CAUSAS DE REVOGAÇÃO DO *SURSIS*

Incidindo uma causa de revogação do *sursis*, deverá o condenado cumprir integralmente a pena privativa de liberdade, cuja execução se encontrava suspensa, não sendo descontado o tempo que permaneceu no período de prova. Ou seja, não há detração do tempo de cumprimento das condições durante o período de prova, devendo o condenado cumprir na integralidade a pena privativa de liberdade aplicada na sentença condenatória.

Assim, se, por exemplo, o agente foi condenado à pena privativa de liberdade de um ano e seis meses, sendo-lhe concedido o *sursis*. Se, no primeiro ano de período de prova o agente cumpriu seis meses de prestação de serviço à comunidade, sobrevindo causa de revogação do *sursis*, esse período não será descontado/detraído da pena privativa de liberdade que deverá ser executada. Ou seja, o agente terá de cumprir integralmente a pena privativa de liberdade de um ano e seis meses aplicada na sentença.

Na *revogação obrigatória*, as causas decorrem da própria lei. Nesse caso, o juiz deverá decretar a revogação, não havendo espaço para discricionariedade em manter ou revogar a suspensão condicional da pena.

A *revogação facultativa* abre margem para o juiz deliberar acerca da revogação ou não do benefício.

8.9.1 Revogação obrigatória

A revogação obrigatória decorre de lei, não ficando a critério do Magistrado decretá-la ou não. A margem de discricionariedade do Magistrado é limitada pela lei, sendo seu dever revogar o benefício.

Nos termos do art. 81 do CP, a suspensão condicional da execução da pena será revogada, no curso do prazo, se o beneficiário: a) é condenado, em sentença irrecorrível, por crime doloso; b) frustra, embora solvente, a execução de pena de multa ou não efetua, sem motivo justificado, a reparação do dano; c) descumpre a condição do § 1º do art. 78 deste Código

8. STJ, HC nº 175758/SP, rel. Min. Laurita Vaz, 5ª T., j. 4-10-2011.

a) Condenação definitiva por crime doloso

A lei não faz ressalva no sentido de que a condenação deva ser por crime praticado antes ou no curso da suspensão condicional da pena. Logo, não se mostra relevante se o crime foi praticado antes ou depois ao início da suspensão condicional da pena. Basta que tenha havido sentença condenatória transitada em julgado pela prática de crime doloso, independentemente de quando foi praticado.

A revogação obrigatória do *sursis* não se limita à condenação definitiva por crime doloso à pena privativa de liberdade, alcançando, também, condenado, em sentença irrecorrível, por crime doloso, à pena restritiva de direitos. Todavia, se a nova condenação se referir somente à pena de multa, não haverá revogação do benefício. Com efeito, se a condenação anterior à pena de multa, mesmo por crime doloso, não impede a concessão do *sursis* (CP, art. 77, § 1º), também não pode ser causa de revogação do benefício.

b) Frustra, embora solvente, a execução de pena de multa ou não efetua, sem motivo justificado, a reparação do dano

Trata-se da hipótese de o condenado solvente criar embaraços para frustrar a execução da pena de multa que obstem a cobrança da multa, não efetuando o seu pagamento.

Nesse particular, há duas posições acerca dessa causa de revogação do *sursis*.

A primeira posição adota o entendimento no sentido de que, com a nova redação do art. 51 do CP, não incide mais essa hipótese de revogação. Para essa corrente, se o inadimplemento da pena de multa não mais acarreta a sua conversão em detenção, já que será considerada como dívida de valor, também não poderá, como efeito da revogação do benefício, acarretar a privação da liberdade, já que o condenado terá de cumprir a pena privativa de liberdade suspensa.

A segunda posição considera possível a revogação do *sursis* pela frustração do pagamento da pena de multa. Isso porque o *sursis* não se confunde com a pena de multa, já que decorre de benefício conferido somente à pena privativa de liberdade. Além disso, o art. 51 do CP tem incidência somente em relação ao inadimplemento da pena de multa, nada dispondo, portanto, acerca da causa de revogação do *sursis* pela frustração da execução da pena de multa.

De todo modo, prevalece o entendimento no sentido de que, uma vez revogado o *sursis*, se o condenado efetuar o pagamento da pena de multa, o benefício poderá ser restabelecido.

Também constitui causa obrigatória de revogação do *sursis* a ausência injustificada da reparação do dano. Assim, se justificada a impossibilidade de reparação do dano, como, por exemplo, a precária situação financeira do condenado, não incidirá a causa de revogação do benefício.

c) Descumprimento da prestação de serviços à comunidade ou limitação de final de semana

Como ocorre na hipótese da reparação do dano, somente o descumprimento injustificado da prestação de serviços à comunidade ou da limitação de fim de semana ensejará a revogação do benefício.

Dessa forma, verificando-se que o condenado descumpriu deliberadamente a condição do § 1º do art. 78 do CP, deve o magistrado determinar a revogação da suspensão condicional da pena (CP, art. 81, III).

Em que pese o silêncio da lei, entendemos indispensável prévia intimação do condenado, a fim de oportunizar a ele a possibilidade de justificar o descumprimento das condições, sob pena de violação dos princípios do contraditório e da ampla defesa.

8.9.2 Revogação facultativa

Incidindo uma causa de revogação facultativa do *sursis* ficará a critério do juiz revogar ou não o benefício.

As hipóteses de revogação facultativa estão previstas no art. 81, § 1º, do CP. Nesse caso, o juiz não está obrigado a revogar o benefício, podendo optar por advertir novamente o sentenciado ou prorrogar o período de prova até o máximo, conforme dispõe o art. 81, § 3º, do CP.

São duas as hipóteses de revogação facultativa:

a) **Quando o condenado deixa de cumprir qualquer outra condição imposta**

Na hipótese de revogação facultativa, a decisão fica sujeita à discricionariedade do juiz, que, em vez de revogar a suspensão, poderá prorrogar o período de prova. Aqui a lei refere-se às condições legais previstas para o *sursis* especial (CP, art. 78, § 2º) e às condições judiciais que houverem sido determinadas (CP, art. 79).

b) **Condenação irrecorrível, por crime culposo ou contravenção, à pena privativa de liberdade e restritiva de direitos**

Conforme se extrai do art. 81, § 1º, do CP, a hipótese de revogação facultativa se limita a condenações definitivas em crime culposo ou contravenção penal à pena privativa de liberdade ou restritiva de direitos. Logo, não constitui causa de revogação a condenação definitiva à pena de multa.

Isso porque, por coerência, se a condenação definitiva à pena de multa não impede a concessão do *sursis* (CP, 77, § 1º), por corolário lógico também não pode constituir causa de revogação do benefício.

8.10 CASSAÇÃO DO *SURSIS*

A cassação do *sursis* não se confunde com a revogação do benefício. A cassação ocorre quando o benefício fica sem efeito antes do início do período de prova, enquanto a revogação somente pode ser decretada durante o período de suspensão condicional da pena.

São hipóteses de cassação do *sursis*:

a) o não comparecimento injustificado do condenado à audiência admonitória (LEP, art. 161). Nesse caso, a suspensão condicional da pena conferida na sentença condenatória ficará sem efeito, devendo o condenado, portanto, cumprir integralmente a pena imposta;

b) a renúncia do condenado ao benefício. A suspensão condicional da pena não é ato impositivo do Magistrado, dependendo, pois, da aceitação do condenado. Assim, se o condenado não aceitar o *sursis*, o benefício será cassado e a pena imposta na sentença será executada.

Conforme entendimento do STJ, somente após o trânsito em julgado e designada audiência admonitória pelo juízo da execução penal é que poderá o apenado renunciar ao *sursis*, caso não concorde com as condições estabelecidas e entenda ser mais benéfico o cumprimento da pena privativa de liberdade;[9]

c) se sobrevier sentença condenatória transitada em julgado à pena privativa de liberdade não suspensa *antes do início do período de prova*, o *sursis* será cassado, já que incompatível com a execução da pena privativa de liberdade em regime fechado ou semiaberto. Trata-se da hipótese de ser concedido o *sursis* num processo e, antes do início do período de prova, sobrevém sentença condenatória transitada em julgado à pena privativa de liberdade, imposta em processo distinto.

Se a sentença condenatória transitada em julgada à pena privativa de liberdade for implantada *durante o período de prova*, a hipótese será de revogação do *sursis*, e não de cassação, nos termos do art. 81, I, do CP;

d) quando há provimento do recurso interposto pela acusação, com a majoração da pena privativa de liberdade a patamar superior a dois anos, por exemplo. Nesse caso, a pena privativa de liberdade aplicada pelo juiz de 1º grau é até dois anos, com a concessão do *sursis*, mas, por força do provimento do recurso interposto pela acusação, a pena é elevada, passando a ser superior a dois anos. A consequência será a cassação do *sursis* anteriormente concedido.

8.11 EXTINÇÃO DA PENA

Se o período de prova termina sem que haja ocorrido motivo para a revogação, não mais se executa a pena privativa de liberdade (CP, art. 82).

Assim, expirado o prazo de suspensão ou de prorrogação, sem que tenha havido motivo para a revogação, o juiz deve declarar extinta a pena privativa de liberdade.

Trata-se de sentença declaratória. Em face disso, considera-se, para fins de extinção da pena, a data do término do período de prova e não a data em que o juiz profere a decisão, ainda que seja em período posterior.

Sinala-se, por pertinente, que, o conhecimento da existência de novas condenações após a revogação do *sursis* não inviabiliza seja revista a decisão. Em outras palavras,

> o cumprimento do prazo do *sursis* não aciona imediata e automaticamente a declaração da extinção da punibilidade, tendo em vista tratar-se de procedimento incidental sujeito às determinações do contraditório. Em face disso, possível a averiguação posterior da eficiência do benefício, se o transcurso foi satisfatório e se o beneficiário atendeu aos pressupostos legais exigidos, caso em que a revogação, mesmo que operada após o período de prova, se afigura correta ante os parâmetros legais. Não bastasse isso, o fato reclama o entendimento no sentido da revogação automática com a simples ocorrência das condenações no prazo da suspensão condicional.[10]

O STF também já decidiu pela possibilidade de revogação do *sursis* após o término do período de prova. Com efeito, conforme a Suprema Corte: "Constatado o descumprimento de condição imposta durante o período de prova do *sursis*, é perfeitamente cabível

9. STJ, AgRg no AgREsp nº 1428394/SP, rel. Min. Joel Ilan Paciornik, 5ª T., j. 19-5-2-2020.
10. STJ, HC nº 26578/RJ, rel. Min. José Arnaldo da Fonseca, 5ª T., j. 10-6-2003.

a revogação do benefício, ainda que a decisão venha a ser proferida após o término do período de prova".[11]

Convém registrar que, nesses casos, a revogação do benefício da suspensão condicional da pena somente será possível se a sentença que declarou extinta a punibilidade do agente não tenha transitado em julgado.

Com efeito, segundo entendimento do STJ: "Inexiste constrangimento ilegal quanto à revogação do benefício da suspensão condicional da pena em razão de condenação pelo cometimento de outro crime durante o período de prova, desde que não tenha sido extinta a punibilidade do agente mediante sentença transitada em julgado, nos termos do inciso I do art. 81 do Código Penal."[12]

Significa dizer que, uma vez transitada em julgado a sentença que declarou extinta a punibilidade pelo decurso do período de prova do *sursis*, sem revogação, nada mais poderá ser feito, sob pena de ofensa à coisa julgada.

8.12 *SURSIS* E CRIMES HEDIONDOS E EQUIPARADOS

Por força do tratamento mais recrudescedor, naturalmente as penas cominadas aos crimes hediondos ou equiparados são elevadas, distanciando-se, portanto, do limite legalmente previsto para a concessão do benefício da suspensão condicional da pena. Até mesmo a possibilidade da pena aplicada ao crime de tráfico privilegiado, que poderia ficar abaixo de dois anos, perdeu o sentido, diante do atual entendimento de que não se trata de crime equiparado a hediondo, bem como da vedação do art. 44 da Lei nº 11.343/2006.

Todavia, pode-se vislumbrar essa possibilidade, por exemplo, na hipótese de estupro simples tentado (CP, art. 213 c/c art. 14, II), que, considerando a redução máxima pela tentativa sobre a pena de seis anos, considerando a pena-base no mínimo legal e ausência de circunstâncias agravantes, resultará na pena definitiva de dois anos.

Da mesma forma, pode-se considerar a hipótese de condenado com idade superior a 70 anos pelo crime de estupro de vulnerável tentado (CP, art. 217-A c/c art. 14, II), com pena definitiva, considerando a redução pela tentativa, não superior a quatro anos, diante do disposto no art. 77, § 2º, do CP, que trata do *sursis* etário, e desde que, evidentemente, estejam presentes os demais requisitos legais.

Nesse sentido, o STJ considerou a possibilidade de conceder a suspensão condicional da pena a condenado por crime hediondo, desde que preenchidos os requisitos do art. 77, § 2º, do CP.[13]

8.13 *SURSIS* E DETRAÇÃO

Conforme exposto alhures, não incide a detração do tempo do período de prova cumprido pelo condenado que teve a revogação do *sursis*. Nesse caso, o condenado terá de cumprir integralmente a pena, sem o desconto do tempo cumprido no período de prova.

---

11. STF, HC nº 91582/PR, rel. Min. Joaquim Barbosa, 2ª T., j. 9-10-2007.
12. STJ, HC nº 175758/SP, rel. Min. Laurita Vaz, 5ª T., j. 04-10-2011.
13. STJ, REsp nº 1320387/SP, rel. Min. Nefi Cordeiro, 6ª T., j. 9-3-2016.

Consideremos, por exemplo, que o agente tenha sido condenado a dois anos de pena privativa de liberdade. Preenchidos os requisitos, obteve a suspensão condicional da pena. Após cumprir seis meses das condições, o benefício foi revogado. Nesse caso, esse período de seis meses não será descontado na pena privativa de liberdade, devendo, pois, cumprir integralmente a pena de dois anos imposta na sentença condenatória.

Todavia, se, porventura, o réu ficou preso provisoriamente durante o curso do processo, uma vez revogado o *sursis* e a necessidade de cumprimento integral da pena suspensa, esse período de prisão provisória deverá ser computado na pena que o agente deverá cumprir. Note-se que não se trata de tempo de período de prova, mas sim da prisão provisória a que foi submetido o condenado.

8.14 *SURSIS* SUCESSIVOS

Embora não seja comum, é possível a hipótese de sursis sucessivo, quando, após cumprir as condições impostas, com a extinção da punibilidade, o agente obtém nova suspensão condicional da pena, agora em decorrência de condenação por outro crime, que deve ser culposo, ou por contravenção penal.

Isso porque, se a condenação em relação ao delito anterior, for crime doloso, não será possível a concessão do sursis, já que reincidente em crime doloso, incidindo, no caso, a vedação prevista no artigo 77, I, do CP.

8.15 *SURSIS* SIMULTÂNEOS

Também se trata de hipótese rara a possibilidade de cumprimento simultâneo de mais de um *sursis*.

Imaginemos que o condenado esteja cumprindo as condições impostas na sentença que lhe concedeu o *sursis*, quando, durante o período de prova, sobrevém nova sentença condenatória transitada em julgado, mas por crime culposo ou contravenção penal, a pena não superior a dois anos. Nesse caso, como o agente não será reincidente em crime doloso, e, em razão da nova condenação, a revogação do benefício em relação à primeira condenação é facultativa, nada impede o cumprimento simultâneo do *sursis* imposto na primeira condenação por crime doloso, e o sursis imposto na segunda condenação por crime culposo ou contravenção penal.

8.16 *SURSIS* PARA ESTRANGEIRO

Nos termos do artigo 54, § 3º, da Lei 13.445/2017, que institui a Lei de Migração, "o processamento da expulsão em caso de crime comum não prejudicará a progressão de regime, o cumprimento da pena, a suspensão condicional do processo, a comutação da pena ou a concessão de pena alternativa, de indulto coletivo ou individual, de anistia ou de quaisquer benefícios concedidos em igualdade de condições ao nacional brasileiro."

Logo, ainda que esteja respondendo a processo de expulsão, será possível a concessão de sursis ao estrangeiro condenado por crime praticado no Brasil, desde que preencha os requisitos previstos no artigo 77 do CP.

8.17 *SURSIS* E *HABEAS CORPUS*

Em regra, o *habeas corpus* não se reveste de medida adequada para postular a concessão do *sursis* ou discutir o preenchimento dos requisitos legais, já que invariavelmente a análise de tais demandas exige dilação probatória.

Não obstante isso, entendemos que, se o *habeas corpus* estiver instruído com elementos robustos, que não demandam dilação probatória, apontando a presença dos requisitos legais, evidenciada estará a ilegalidade da decisão e o constrangimento ilegal suportado pelo condenado, autorizando, em razão disso, a concessão da ordem, para a concessão da suspensão condicional da pena.

O Superior Tribunal de Justiça já concedeu habeas corpus de ofício, para fixar o regime semiaberto para início de cumprimento de pena, bem como determinar a suspensão condicional da pena, devendo as condições para o cumprimento da benesse serem estabelecidas pelo Juízo da Execução.[14]

8.18 *SURSIS* E INDULTO

Considerando que não é computado como tempo de efetivo cumprimento de pena, o período de prova do *sursis* não pode ser considerado para fins verificação do prazo para a concessão do indulto. É o entendimento adotado pelo STJ.[15]

8.19 *SURSIS* E SUSPENSÃO DOS DIREITOS POLÍTICOS

Enquanto não declarada extinta a punibilidade pelo cumprimento das condições do *sursis*, estando em período de prova, o agente estará submetido e vinculado à pena privativa de liberdade imposta na sentença transitada em julgado, permanecendo hígidos seus efeitos.

Logo, enquanto estiver em período de prova da suspensão condicional da pena, os direitos políticos do agente deverão permanecer suspenso, conforme o artigo 15, III, da Constituição Federal.

8.20 *SURSIS* E REGIME INICIAL DO CUMPRIMENTO DA PENA

Após verificar que se trata de hipótese de condenação, o juiz, seguindo o disposto no artigo 59 do CP, deverá fixar a quantidade da pena, impor o regime inicial de cumprimento, verificar a possibilidade de concessão de pena restritiva de direitos ou, não sendo cabível essa pena alternativa, analisar os requisitos para a concessão do *sursis*.

Note-se, pois, que a imposição do regime inicial de cumprimento de pena, precede a análise de concessão do *sursis*. Logo, o magistrado não poderá deixar de fixar o regime inicial de cumprimento de pena, a pretexto de concessão do *sursis*, uma vez que se trata de direito subjetivo do condenado ter conhecimento do regime carcerário, até mesmo para

14. STJ, HC 309535/SP, rel. Min. Joel Ilan Paciornik, 5ª T., j. 22-8-2017.

15. STJ, HC 350345/RS, rel. Min. Ribeiro Dantas, 5ª T., j. 6-10-2016.

analisar a hipótese de rejeitar o benefício, bem como para, no caso de revogação, ter saber qual o regime de cumprimento de pena a que será submetido.

Para acesso ao vídeo, utilize o QR Code ao lado.

9

LIVRAMENTO CONDICIONAL

9.1 CONCEITO

Trata-se de um instituto de política criminal, destinado a antecipar o retorno do condenado ao convívio social, mediante o cumprimento de determinadas condições e de forma precária, desde que preenchidos os requisitos legais.

A liberdade é *antecipada*, porque o apenado retorna ao convívio social antes do término da pena privativa de liberdade. É *condicional*, porque o condenado fica adstrito ao cumprimento das condições impostas na decisão que concedeu o benefício. E *precária*, porque se incidir uma das causas dos arts. 86 e 87, ambos do CP, o benefício pode ser revogado.

Consiste, em síntese, na última etapa do cumprimento da pena do sistema progressivo, visando à reinserção antecipada do condenado ao convívio social.

Trata-se de *direito subjetivo* do condenado, não podendo, pois, ser rejeitado por quem preencheu os requisitos exigidos na lei para obtenção do benefício. Além disso, se preenchidos todos os requisitos, o juiz ficará adstrito à concessão do benefício.

9.2 LIVRAMENTO CONDICIONAL X *SURSIS*

O livramento condicional não se confunde com *sursis*, embora sejam institutos, em determinados aspectos, semelhantes, como, por exemplo, exigirem o cumprimento de determinadas condições, tendo por finalidade evitar a execução total ou parcial da pena privativa de liberdade.

A principal diferença reside no fato de que no *sursis* não há a exigência de o réu iniciar a cumprir a pena. No livramento condicional, o sentenciado inicia o cumprimento da pena privativa de liberdade, obtendo, posteriormente, o direito de cumprir o restante em liberdade.

Além disso, no *sursis*, o período de prova dura de dois a quatro anos ou seis anos. No livramento condicional, corresponde ao restante da pena.

O *sursis* é concedido na sentença condenatória ou no acórdão condenatório, em sede recursal ou no caso de competência originária; O livramento condicional é concedido pelo juízo da execução penal, comportando, se for o caso, o recurso de agravo em execução (LEP, art. 197).

9.3 REQUISITOS

Os requisitos do livramento condicional, de ordem objetiva e subjetiva, encontram-se no art. 83 do CP.

Os requisitos objetivos guardam relação com a espécie de pena, quantidade e tempo cumprido, além da reparação do dano; os requisitos subjetivos dizem respeito às condições pessoais do condenado.

9.3.1 Requisitos objetivos

Os requisitos objetivos estão previstos no art. 83, I, II, IV e V, do CP, vinculando-se à pena e à reparação do dano.

9.3.1.1 Natureza e quantidade da pena

Assim como na suspensão condicional da pena, o livramento condicional somente pode ser concedido em relação à *pena privativa de liberdade*. Não cabe, pois, livramento condicional em relação à pena restritiva de direitos e multa.

Além disso, o benefício somente poderá ser concedido à pena privativa de liberdade *igual ou superior a dois anos* (CP, art. 83). A soma das penas é permitida para atingir esse limite mínimo, mesmo que tenham sido aplicadas em processos distintos, nos termos do art. 84 do CP.

Nota-se que, se a pena aplicada for até dois anos, caberá *sursis*, desde que preenchidos os demais requisitos, diante da menor gravidade e periculosidade do agente; pena aplicada igual ou superior a dois anos, caberá livramento condicional.

Como regra, a concessão do livramento condicional decorre de condenação já transitada em julgado, mas nada impede que, em situações específicas, seja o benefício concedido em sede de execução provisória da sentença condenatória que ainda não transitou em julgado.[1] É o que se extrai ainda da Súmula nº 716 do STF[2].

9.3.1.2 Cumprimento de parte da pena

a) Não reincidente em crime doloso

Nos termos do art. 83, I, do CP, se o criminoso não for reincidente em crime doloso e ostentar bons antecedentes, deverá cumprir mais de 1/3 da pena privativa de liberdade para obter o benefício. É a hipótese de *livramento condicional simples*.

Logo, se o agente não reincidente em crime doloso for condenado à pena privativa de liberdade de seis anos, terá de cumprir dois anos para poder postular o livramento condicional e antecipar o retorno ao convívio social, ficando o restante da pena (quatro anos) em período de prova.

---

1. STJ, AgRg no HC nº 553013/PR, rel. Min. Felix Fischer, 5ª T., j. 28-4-2020.
2. Súmula 716 STF: "Admite-se a progressão de regime de cumprimento da pena ou a aplicação imediata de regime menos severo nela determinada, antes do trânsito em julgado da sentença condenatória."

b) Reincidente em crime doloso

Se o condenado for reincidente em crime doloso, deverá cumprir mais da metade da pena privativa de liberdade, conforme dispõe o art. 83, II, do CP. *Trata-se do livramento condicional qualificado.*

Logo, se o agente reincidente em crime doloso for condenado à pena privativa de liberdade de seis anos, terá de cumprir três anos para poder postular o livramento condicional e antecipar o retorno ao convívio social, ficando o restante da pena (três anos) em período de prova.

Nesse particular, há uma omissão do legislador na hipótese de o condenado *não ser reincidente em crime doloso, mas portador de maus antecedentes*. Isso porque essa situação não se enquadra na hipótese do inc. I (que exige bons antecedentes) nem no inc. II (que trata da hipótese de reincidente em crime doloso) do art. 83 do CP.

Nesse caso, prevalece o entendimento no sentido de que, por conta da ausência de expressa previsão legal, deve-se conferir ao condenado o tratamento mais benéfico. Ou seja, o condenado não reincidente em crime doloso, mas portador de maus antecedentes, deverá cumprir mais de 1/3 da pena para obtenção do livramento condicional. É a posição do STJ.[3]

Da mesma forma, em sendo reincidente, mas não em crime doloso (na hipótese, por exemplo, da condenação definitiva anterior ser por crime culposo), o condenado deverá cumprir 1/3 da pena para obtenção do livramento condicional.

c) Condenado por crime hediondo ou equiparado

Tratando-se de condenado por crime hediondo, prática de tortura, tráfico ilícito de entorpecentes e drogas afins, terrorismo e tráfico de pessoas (introduzido pela Lei nº 13.344/2016), desde que não seja reincidente específico em tais delitos, deve cumprir mais de 2/3 da pena (CP, art. 83, V). Trata-se do livramento condicional específico.

Logo, se o agente for condenado por crime hediondo à pena privativa de liberdade de seis anos, terá de cumprir quatro anos para poder postular o livramento condicional e antecipar o retorno ao convívio social, ficando o restante da pena (dois anos) em período de prova.

Nos termos do art. 83, V, parte final, do CP, sendo o agente reincidente específico em crime hediondo ou equiparado não é admissível o livramento condicional. Há reincidência específica, para efeito desse dispositivo, quando o sujeito, já tendo sido condenado por qualquer dos delitos de natureza hedionda por sentença transitada em julgado, vem novamente a cometer crime dessa mesma natureza.

> Exemplo: Após condenação definitiva por crime de estupro (CP, art. 213), o agente pratica crime de tráfico de drogas (Lei nº 11.343/2006, art. 33), sendo, após, definitivamente condenado. Nesse caso, não terá direito a livramento condicional, por ser reincidente específico por crime de natureza hedionda e equiparado.

Convém ressaltar, por pertinente, que a Lei nº 13.964/2019, chamada de "Pacote Anticrime", introduziu hipótese de vedação da concessão de livramento condicional ao condenado, primário ou reincidente, por crime hediondo ou equiparado com resultado morte (LEP, art. 112, VI, *a* e VIII).

---

3. STJ, HC nº 102.278/RJ. rel. Min. Jane Silva (Desembargadora convocada do TJMG), 6ª T., j. 3-4-2008.

9.3.1.3 Reparação do dano, salvo efetiva impossibilidade

Nos termos do art. 91, I, do CP, a condenação torna certa a obrigação de indenizar o dano resultante do crime. Assim, o condenado não pode obter o livramento condicional enquanto não reparar o dano causado, salvo quando insolvente.

Na prática, esse requisito tem alcance limitado, uma vez que, geralmente, a esmagadora maioria dos condenados é constituída de pessoas pobres, absolutamente insolventes, sem a possibilidade de reparar o dano causado.

Além disso, se a vítima não demonstrou interesse na reparação do dano, mediante ação própria, não se afigura razoável exigir do condenado o adimplemento do dano causado como condição para obtenção do livramento condicional.

Tratando do tema, o STJ já decidiu que:

> Demonstrada a hipossuficiência do paciente, que foi representado por defensor público, não se justifica a exigência da reparação do dano para a concessão do livramento condicional, em decorrência da impossibilidade de sua realização. Ademais, tratando-se de crime de homicídio, não se demonstrou que tenha havido qualquer pedido de reparação civil em face do réu.[4]

9.3.2 Requisitos subjetivos

Os requisitos subjetivos referem-se à pessoa do condenado. São analisados para constatar se o condenado reúne condições pessoais para retornar ao convívio social. Estão previstos no art. 83, III e parágrafo único, do CP.

9.3.2.1 Bom comportamento durante a execução da pena

A Lei nº 13.964/2019 alterou a redação do art. 83, III, *a*, do CP. Antes, esse dispositivo exigia comportamento satisfatório, agora o condenado deverá apresentar bom comportamento. Ou seja, pela nova redação do referido dispositivo, a exigência passou a ser mais rigorosa, não sendo suficiente comportamento meramente aceitável, regular, mediano.

O bom comportamento carcerário, via de regra, é aferido a partir do atestado emitido pelo diretor do estabelecimento carcerário, considerando-se a conduta do condenado ao longo da execução da pena. Em outras palavras, para a verificação do requisito subjetivo não se leva em conta o crime praticado pelo condenado, mas seu comportamento durante o cumprimento da pena. É o que se extrai do art. 112, § 1º, da LEP, aplicável também ao livramento condicional.

Assim, se o condenado cumpriu adequadamente a pena, sem faltas disciplinares, seguindo as regras do sistema carcerário, terá preenchido o requisito subjetivo. De outro lado, se, por exemplo, registrar faltas disciplinares, comportamento inadequado, promovendo desordens, não reunirá mérito subjetivo para obtenção do livramento condicional.

---

4. STJ, HC nº 47492/SP, rel. Min. Felix Fischer, 5ª T., j. 1º-6-2006.

9.3.2.2 Não cometimento de falta grave nos últimos 12 meses[5]

A Lei nº 13.964/2019 introduziu mais um requisito para a concessão do livramento condicional: Não cometimento de falta grave nos últimos 12 meses de cumprimento da pena.

Segundo a I Jornada de Direito e Processo Penal realizada com o apoio do STJ e do Conselho da Justiça Federal, o requisito previsto no art. 83, III, *b*, do CP, consistente em o agente não ter cometido falta grave nos últimos 12 meses, poderá ser valorado, com base no caso concreto, para fins de concessão de livramento condicional quanto a fatos ocorridos antes da entrada em vigor da Lei nº 13.964/2019, sendo interpretado como comportamento insatisfatório durante a execução da pena (Enunciado nº 3.417).

Trata-se de requisito que vem a suprir, ao menos parcialmente, uma lacuna deixada pelo legislador.

A experiência na Promotoria de Execução Penal nos revela que é frequente a prática de falta disciplinar grave pelo apenado, sem, curiosamente, repercussões relevantes para fins de livramento condicional, uma vez que, conforme a Súmula nº 441 do STJ, a falta grave não interrompe o prazo para obtenção de livramento condicional.

Isso significa que, ainda que o condenado tenha registrado contra si a falta grave, o prazo para obtenção do livramento condicional continuará correndo desde o início do cumprimento da pena, sem qualquer interrupção, ao contrário do que ocorre com a progressão de regime, cuja falta grave interrompe o lapso temporal para obtenção desse benefício (LEP, art. 112, § 6º).

Imaginemos a seguinte situação: Agente primário condenado a seis anos de reclusão, em regime fechado, porque as circunstâncias judiciais não lhe eram favoráveis. Terá de cumprir 1/3 da pena para obtenção do livramento condicional (CP, art. 83, I). *Início do cumprimento da pena em 5-2-2010*, tendo obtido a progressão de regime para o semiaberto em fevereiro de 2011. O prazo para o livramento condicional será implementado, em tese, *4-2-2012*. No dia *5-8-2011, o condenado pratica falta grave*. Como a falta grave não interrompe o prazo do livramento condicional, o condenado *continuará implementando o requisito objetivo no dia 4-2-2012*, mas, inusitadamente, não poderá obter *a progressão de regime*, já que, em relação a esse benefício, a falta grave interrompeu o lapso temporal de 1/6 (considerando a redação original do art. 112 da LEP), retomando por inteiro a contagem do prazo, razão pela qual implementará o requisito objetivo para esse benefício somente no dia *3-3-2012*. Ou seja, com a falta grave e regressão do regime carcerário, o agente poderia sair em livramento condicional no dia 5-2-2012, mas não poderia obter a progressão de regime, pois implementará o requisito objetivo somente em 3-3-2012, o que soa, no mínimo, inusitado, já que poderia o mais (livramento condicional) e não o menos (progressão de regime).

Como forma de relativizar essa distorção, o legislador passou a prever que a falta grave praticada nos últimos 12 meses do cumprimento da pena impede o livramento condicional.

Imaginemos, por exemplo, que o agente, primário, tenha praticado um crime no dia *5-2-2020*, sendo condenado a seis anos de reclusão. Iniciou a cumprir a pena no dia *5-6-2020*. Logo, implementará, em tese, o requisito objetivo para o livramento condicional no

---

5. Convém registrar que o STJ ora considera como sendo requisito objetivo (HC 670631/SP, Rel. Min. Olindo Menezes (Desembargador Convocado), 6ª T, j. 14-9-2021), ora como sendo requisito subjetivo (AgRg no REsp 1937166/DF, Rel. Min. Jesuíno Rissato (Desembargador Convocado), 5ª T, j. 17.8.2021).

dia *5-6-2022*. Após obter a progressão de regime em junho de 2021, praticou falta grave no dia *3-9-2021*. Logo, em que pese preencher o requisito objetivo no dia 5-6-2022, somente poderá obter o livramento condicional a partir de *3-9-2022*, se preenchidos os demais requisitos, conforme ilustração abaixo:

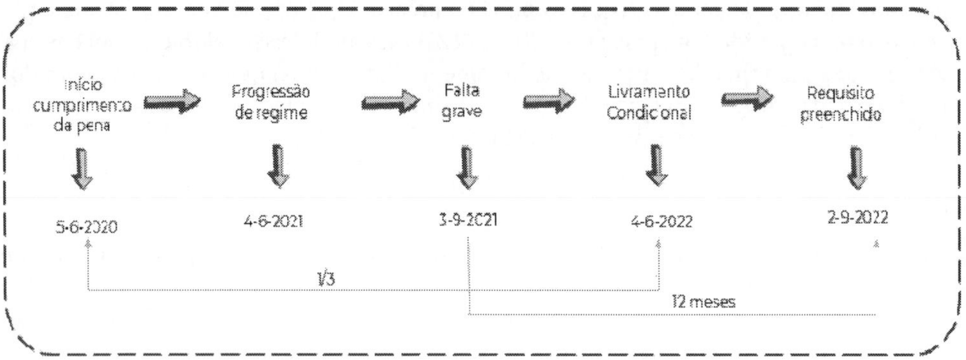

9.3.2.3 Bom desempenho no trabalho que lhe foi atribuído

Trata-se de uma exigência adequada para o retorno do condenado ao convívio social, mas, infelizmente, de pouca efetividade prática, por conta da carência ou dificuldade de inserção do apenado no mercado de trabalho.

Ao referir-se a "trabalho que lhe foi atribuído" fica claro que não se trata apenas das atividades laborais desenvolvidas no interior do cárcere, referindo-se, ainda, ao trabalho efetuado fora da prisão, como, por exemplo, o serviço externo, tanto na iniciativa privada como na pública.

9.3.2.4 Aptidão para prover a própria subsistência com trabalho honesto

A lei não determina que o apenado deve ter emprego assegurado no momento da liberação. O que a lei exige é a aptidão, isto é, a disposição, a habilidade, a inclinação do condenado para viver às custas de seu próprio e honesto esforço.

9.3.2.5 Constatação de condições pessoais que façam presumir que o liberado não voltará a delinquir na hipótese de condenado por crime doloso, cometido com violência ou grave ameaça

Tratando-se de condenado por crime doloso cometido com violência ou grave ameaça à pessoa, a concessão do livramento fica subordinada, além dos requisitos do art. 83 do CP, à constatação, mediante perícia, de condições pessoais que façam presumir que o liberado não voltará a delinquir (CP, art. 83, parágrafo único).

9.4 VEDAÇÃO DO LIVRAMENTO CONDICIONAL

O artigo 83, V, do CP, na sua parte final, prevê uma vedação para a concessão do livramento condicional, quando o condenado é reincidente em crime de natureza hedionda ou equiparado. Assim, se o agente registrar contra si sentença condenatória transitada em julgado pelo crime de roubo com emprego de arma de fogo (Art. 157, § 2º-A, inciso I, do CP, c/c art. 1º, II, "b", da Lei 8.072/1990), e depois cometer novo crime hediondo, consistente no porte ilegal de arma de fogo de uso proibido (Art. 16 da Lei nº 10.826/2003, c/c art. 1º, parágrafo único, II, da Lei 8.072/1990), não poderá obter o benefício do livramento condicional.

A Lei nº 13.964/2019, chamada de "Pacote Anticrime", introduziu no ordenamento jurídica outras hipóteses de vedação do livramento condicional. Com efeito, se a condenação decorre da prática de crime hediondo ou equiparado, com resultado morte, o apenado não terá direito ao livramento condicional, independentemente se primário ou reincidente, diante da vedação exposta no artigo 112, VI, *a* e VIII, da LEP.

Da mesma forma, nos termos do artigo 2º, § 9º, da Lei 12.850/2013, incluído pela Lei 13.964/2019: "O condenado expressamente em sentença por integrar organização criminosa ou por crime praticado por meio de organização criminosa não poderá progredir de regime de cumprimento de pena ou obter livramento condicional ou outros benefícios prisionais se houver elementos probatórios que indiquem a manutenção do vínculo associativo." Logo, o condenado integrante de organização criminosa ou por crime praticado por meio de organização criminosa não terá direito ao livramento condicional, se demonstrado que persiste seu vínculo associativo.

9.5 CONDIÇÕES DO LIVRAMENTO CONDICIONAL

Para obter o benefício da antecipação do seu retorno ao convívio social, o condenado deverá se submeter a determinadas condições a serem cumpridas durante o período de prova, pelo tempo restante da pena privativa de liberdade.

Nos termos do art. 85 do CP, a sentença concessiva do livramento condicional especificará as condições a que ficará subordinado o livramento. Essas condições são de caráter obrigatório ou facultativo, representando, na verdade, restrições naturais e jurídicas à liberdade de locomoção.

As condições de *caráter obrigatório* estão previstas no art. 132, § 1º, da Lei nº 7.210/1984. Trata-se de rol taxativo, legalmente previstas, e que "sempre" deverão ser impostas ao liberado, razão pela qual são obrigatórias:

a) obter ocupação lícita, dentro do prazo razoável se for apto para o trabalho;

b) comunicar periodicamente ao Juiz sua ocupação;

c) não mudar do território da comarca do Juízo da execução, sem prévia autorização deste.

As condições de *caráter facultativo* estão inseridas no art. 132, § 2º, da Lei nº 7.210/1984 e são:

a) não mudar de residência sem comunicação ao juiz e à autoridade incumbida de fiscalizar;

b) recolher-se à habilitação em hora fixada;

c) não frequentar determinados lugares.

O rol de condições facultativas é meramente exemplificativo, podendo o juiz da execução fixar outras condições que considerar pertinentes ao caso concreto. É o que se extrai do art. 132, § 2º, da LEP.

As condições judiciais podem ser modificadas no transcorrer do livramento, visando sempre atender aos fins da pena e à situação do condenado (Lei nº 7.210/1984, art. 144).

9.6 CAUSAS DE REVOGAÇÃO DO LIVRAMENTO CONDICIONAL

O livramento condicional, pela própria natureza precária do benefício, é passível de revogação a qualquer momento, desde que presente alguma hipótese que a justifique.

A revogação será decretada a requerimento do Ministério Público, mediante representação do Conselho Penitenciário, ou, de ofício, pelo Juiz, ouvido o liberado (LEP, art. 143). Como se vê, afigura-se indispensável a prévia oitiva do condenado, sob pena de configurar nulidade por violação dos princípios do contraditório e da ampla defesa.

As causas de *revogação obrigatória* estão previstas no art. 86 do CP, ao passo que as causas de *revogação facultativa* estão previstas no art. 87 do CP.

9.6.1 Causas de revogação obrigatória

Quando ocorre uma causa obrigatória não fica a critério do juiz revogar o livramento condicional ou não, a revogação decorre da própria lei. São, pois, causas legais de revogação, não dando margem à discricionariedade do juiz aplicá-las ou não.

A revogação obrigatória incide quando o liberado vem a ser condenado à pena privativa de liberdade, em sentença irrecorrível, por crime praticado durante ou antes da concessão do livramento condicional.

A condenação pela prática de contravenção penal ou por crime a pena que não seja privativa de liberdade constitui causa de revogação facultativa.

9.6.1.1 Crime cometido durante a vigência do livramento condicional

Trata-se da hipótese em que o condenado pratica novo crime durante o período de prova do livramento condicional (CP, art. 86, I). Nesse caso, nos termos do art. 145 da Lei nº 7.210/1984, o juiz poderá, ouvidos o Conselho Penitenciário e o Ministério Público, determinar a suspensão do livramento condicional, cuja revogação, entretanto, ficará dependendo da decisão final.

Suponha-se que o sujeito, primário, tenha sido condenado a seis anos de reclusão, obtendo o livramento condicional após cumprir dois anos de pena (CP, art. 83, I). O período de prova corresponde aos quatro anos de pena restantes. Se, durante esse lapso de tempo, o liberado vier a cometer novo delito, sendo condenado irrecorrivelmente à pena privativa de liberdade, haverá revogação obrigatória do livramento condicional.

Ao conceder o livramento condicional, o Magistrado está, em última análise, depositando confiança no condenado. Havendo a quebra dessa confiança, com a prática de crime no curso do livramento condicional, os efeitos são rigorosos a tal ponto de o condenado perder todo o direito que havia conquistado.

Com efeito, nos termos do art. 88 do CP, revogado o livramento condicional pela prática de novo crime no curso do benefício, com sentença condenatória transitada em julgado, dois efeitos emergem de imediato:

a) não se desconta na pena o tempo que o condenado esteve solto;

b) não poderá ser concedido novo livramento condicional em relação à mesma pena.

> Exemplo: Imaginemos que o réu é condenado a seis anos. Sendo primário terá de cumprir 1/3 da pena, ou seja, dois anos, para obter o livramento condicional, restando quatro anos de pena restante como período de prova. Suponhamos que no quarto ano, ou seja, durante o período de prova, o condenado pratique novo crime,

> sendo definitivamente condenado. Nesse caso, porque traiu a confiança do juízo, não serão computados esses dois anos que cumpriu durante o período de prova como pena cumprida. Em outras palavras, terá de cumprir integralmente os quatro anos restantes da pena.

Além disso, não poderá obter novo livramento condicional em relação à pena do crime cujo livramento condicional foi revogado. Assim, se, por exemplo, foi imposta uma pena de cinco anos pelo novo crime, o agente terá de cumprir integralmente a pena do crime anterior (no nosso exemplo, a pena de seis anos), para somente após ser possível o livramento condicional, considerando-se o cálculo sobre a pena imposta pela prática do novo crime, ou seja, sobre a pena de cinco anos.

9.6.1.2 Crime cometido antes do período de prova

A segunda causa obrigatória de revogação do livramento condicional incide quando o liberado vier a ser condenado à pena privativa de liberdade, com sentença irrecorrível, por crime praticado antes da concessão do benefício (CP, art. 86, II).

O livramento condicional será revogado não importando o momento em que tenha sido cometido o delito, sendo suficiente que sua prática seja anterior à vigência do período de prova do livramento condicional.

Nesse caso, como o liberado não quebrou a confiança nele depositada, já que se trata de crime anterior à concessão do benefício, os efeitos são menos rigorosos:

a) o período em que o liberado esteve solto será computado na pena que resta cumprir;

b) as duas penas privativas de liberdade podem ser somadas para efeito de concessão de novo livramento condicional (CP, art. 84; LEP, art. 141).

É o que se extrai dos arts. 88 do CP e 141 e 142 da LEP.

Assim, se o liberado tiver cumprido quantidade de pena que perfaça o mínimo exigido no total das penas – incluído o período em que esteve solto –, continuará em liberdade condicional. Caso contrário, regressará à prisão, e assim que completar o tempo poderá voltar à liberdade condicional.

> Exemplo 1: Depois de condenado a seis anos de reclusão, o réu, primário e com bons antecedentes, cumpriu 1/3 da pena, ou seja, mais de dois anos, sendo-lhe concedido o livramento condicional. Após dois anos de período de prova, faltando, portanto, dois anos para o término da pena privativa de liberdade, sobrevém sentença condenatória irrecorrível por crime anterior, com pena de dois anos de reclusão. Logo, considerando-se a pena restante do crime pelo qual obteve o livramento condicional (dois anos) e a pena decorrente da nova condenação implantada (dois anos), o total será de quatro anos, viabilizando a manutenção do benefício, já que teria cumprido 1/3 da pena (note-se que não é reincidente, já que a sentença condenatória irrecorrível foi por crime anterior) sobre os quatro anos das penas somadas.

> Exemplo 2: Depois de condenado a 12 anos de reclusão, o réu, primário e com bons antecedentes, cumpriu 1/3 da pena, ou seja, mais de quatro anos, sendo-lhe concedido o livramento condicional. Após dois anos de período de prova, faltando, portanto, seis anos para o término da pena privativa de liberdade, sobrevém sentença condenatória irrecorrível por crime anterior, com pena de 15 anos de reclu-

são. Logo, considerando-se a pena restante do crime pelo qual obteve o livramento condicional (seis anos) e a pena decorrente da nova condenação implantada (15 anos), o total será de 21 anos de pena a cumprir, não sendo possível a manutenção do livramento condicional, já que os seis anos até então cumpridos pelo liberado representam menos de 1/3 das penas somadas. Nesse caso, a revogação do livramento condicional será obrigatória.

9.6.2 Causas de revogação facultativa

Nas hipóteses de revogação facultativa, o juiz possui margem de discricionariedade para deliberar acerca da revogação ou manutenção do livramento condicional. Trata-se, pois, de causas judiciais de revogação do livramento condicional.

Se mantido o livramento condicional, na hipótese da revogação facultativa, o Juiz deverá advertir o liberado ou agravar as condições (LEP, art. 140, parágrafo único).

Nos termos do art. 87 do CP, duas são as hipóteses de revogação facultativa:

9.6.2.1 Se o liberado deixar de cumprir qualquer das obrigações constantes na sentença

Como se extrai do próprio nome atribuído ao benefício, o livramento é condicional. Ou seja, exige-se, para que seja declarada extinta a pena, que o condenado cumpra as condições que lhe foram impostas na decisão que concedeu o benefício.

Se, porventura, o liberado descumprir uma das condições fixadas na decisão que concedeu o benefício, a consequência poderá ser a revogação do livramento condicional, devendo ser retomada a execução da pena privativa de liberdade.

Todavia, antes da adoção da medida drástica da revogação do livramento condicional, convém seja o liberado ouvido previamente, a fim de verificar se o descumprimento das condições foi efetivamente injustificado (LEP, art. 143).

No caso de revogação do livramento condicional, os efeitos são severos, porque se trata de hipótese de quebra da confiança depositada ao liberado por ocasião da concessão do benefício. Com efeito, descumprindo as condições do livramento condicional, o liberado revela não merecer o benefício, traindo a confiança do juízo da execução penal.

Nesse caso, nos termos do art. 88 do CP, os efeitos da revogação do livramento condicional são:

a) o sentenciado tem de cumprir a pena que se encontrava com execução suspensa;

b) não é computado na pena o tempo em que esteve solto;

c) não pode mais ser favorecido por novo livramento condicional em relação a essa pena.

9.6.2.2 Se o liberado for irrecorrivelmente condenado, por crime ou contravenção, à pena que não seja privativa de liberdade

Convém destacar, por primeiro, que a condenação à *pena privativa de liberdade*, em sentença irrecorrível, por crime praticado durante ou antes da concessão do livramento condicional, a revogação será obrigatória.

A revogação facultativa incide quando o liberado for condenado, por crime ou contravenção, à pena que *não seja privativa de liberdade*, ou seja, à pena restritiva de direitos ou multa.

De outro lado, como o art. 86 do CP prevê causa de revogação obrigatória se o agente vier a ser condenado à pena privativa de liberdade, em sentença irrecorrível, pela prática de crime, forçoso concluir que a condenação irrecorrível à pena privativa de liberdade pela prática de contravenção não gera nenhum efeito.

Os efeitos da revogação dependem do momento em que a infração penal foi cometida:

Se o crime ou contravenção penal foi praticado antes da concessão do benefício, por não ter ocorrido abuso da confiança do juízo, considera-se como pena cumprida o período em que o sentenciado esteve solto, bem como será possível novo livramento condicional em relação à mesma pena.

Agora, se o crime ou contravenção penal foi praticado durante o gozo do benefício, por ter ocorrido abuso da confiança do juízo, os efeitos são mais severos: não se desconta da pena o tempo em que esteve solto o condenado, e não será possível a concessão, em relação à mesma pena, de novo livramento condicional.

9.7 PERÍODO DE PROVA

Nos termos do art. 89 do CP, o juiz não poderá declarar extinta a pena, enquanto não passar em julgado a sentença em processo a que responde o liberado, por crime cometido na vigência do livramento.

Assim, se o liberado está respondendo por crime cometido durante a sua vigência, o prazo do período de prova deve ser prorrogado, não podendo o juiz declarar a extinção da pena enquanto não transitar em julgado a sentença absolutória. Se for condenatória, o livramento condicional será revogado.

A prorrogação do *período de prova não é automática*, dependendo, pois, de decisão judicial fundamentada de suspensão do livramento condicional, com a consequente prorrogação do período de prova.

Tratando do tema, o STJ decidiu que: "Não há que se falar em prorrogação automática do período de prova, sendo indispensável decisão do juízo competente que, antes do término da pena, ou do período de prova, ordene a suspensão ou revogue o livramento condicional".[6] Esse também é o entendimento adotado pelo STF.[7]

Assim, ocorrendo a prática de infração penal pelo liberado durante o período de prova, cumpre ao Juízo da Execução ordenar a sua prisão e suspender o curso do livramento condicional ou determinar a prorrogação do período de prova, sob pena de, com o advento do termo final do período de prova do livramento, incidirem de imediato os efeitos próprios ao integral cumprimento da reprimenda penal, dentre os quais a extinção da pena, na forma do art. 90 do CP.

Como o art. 89 do CP limita a prorrogação do período de prova a crime praticado durante a vigência do benefício, conclui-se que, se, ao término do período de prova, o liberado está respondendo por crime cometido antes da sua vigência, o juiz deve decretar a extinção da pena, não havendo prorrogação.

Da mesma forma, considerando que o art. 89 do CP faz expressa referência a prática de "crime", não se admite a prorrogação do período de prova no caso de contravenção penal.

6. STJ, HC nº 454451/SP, rel. Min. Felix Fischer, 5ª T., j. 11-9-2018.
7. STF, AgRE nº 1244234/SP, rel. Min. Edson Fachin, j. 30-4-2020.

9.8 SUSPENSÃO DO LIVRAMENTO CONDICIONAL

Nos termos do art. 145 da LEP: "Praticada pelo liberado outra infração penal, o Juiz poderá ordenar a sua prisão, ouvidos o Conselho Penitenciário e o Ministério Público, suspendendo o curso do livramento condicional, cuja revogação, entretanto, ficará dependendo da decisão final".

A prática de crime durante o período de prova do livramento condicional autoriza ao magistrado da execução penal a suspensão cautelar desse benefício ou prorrogação do período de prova até decisão proferida em relação ao segundo crime.

A suspensão cautelar significa que o condenado deverá aguardar preso a decisão em relação ao segundo crime. A prorrogação do período de prova, significa, *grosso modo*, que o juiz permitiu que o condenado aguardasse em liberdade a decisão definitiva em relação ao crime que, em tese, teria praticado durante o período de prova do livramento condicional.

Em outras palavras, se o agente praticou novo crime durante o período de prova do livramento condicional, deverá o juiz ou suspender o benefício ou prorrogar o período de prova.

Se não adotar qualquer uma dessas providências, expirado o prazo do período de prova do livramento condicional sem a suspensão, prorrogação expressa ou revogação do benefício pelo Juiz da Execução, a pena deve ser declarada extinta, nos termos dos arts. 90 do CP e 145 da LEP.

É o que se extrai da Súmula nº 617 do STJ: "A ausência de suspensão ou revogação do livramento condicional antes do término do período de prova enseja a extinção da punibilidade pelo integral cumprimento da pena".

Assim, imaginemos que tenha sido concedido o livramento condicional ao condenado no dia 3-4-2008, com a previsão de término do período de prova no dia 13-11-2017. Em 2-6-2009, o condenado pratica novo crime, sendo, por isso, expressamente prorrogado o período de prova em 19-4-2010. Transitada em julgado a nova condenação, o Juízo da Execução Penal revogou o benefício em 17-7-2019, nos termos do art. 86, I, do CP. Nesse caso, não se configura qualquer constrangimento ilegal, pois o período de prova foi expressamente prorrogado.

Imaginemos, por outro lado, que o agente, primário, tenha praticado um crime no dia *5-2-2010*, sendo condenado a seis anos de reclusão. Iniciou a cumprir a pena no dia *5-6-2010*. Logo, implementará, em tese, o requisito objetivo para o livramento condicional no dia 4-6-*2012*. Durante o período de prova, no dia *8-7-2014*, o apenado pratica novo crime, sem que tenha havida a suspensão do livramento condicional ou prorrogação do período de prova. *O término da pena ocorreu em 4-6-2016*. Se o magistrado deixar de declarar extinta a pena, haverá constrangimento ilegal, uma vez que, conforme a Súmula nº 617 do STJ, "A ausência de suspensão ou revogação do livramento condicional antes do término do período de prova enseja a extinção da punibilidade pelo integral cumprimento da pena".

9.9 EXTINÇÃO DA PENA

Se até o término do período de prova o livramento não é revogado, considera-se extinta a pena privativa de liberdade (CP, art. 90; LEP, art. 146).

A sentença é meramente declaratória e não constitutiva. Assim, tem-se por extinta a pena na data do término do período de prova e não na data em que o juiz profere a decisão.

Antes de proferir decisão declaratória de extinção da pena, deve o Magistrado ouvir o Ministério Público (LEP, art. 67).

9.10 QUESTÕES COMPLEMENTARES

9.10.1 Livramento condicional insubsistente

Trata-se da hipótese em que foi concedido o benefício do livramento condicional, mas antes da realização da audiência para leitura das condições e eventual aceitação (LEP, art. 137), o condenado empreende fuga. Como ainda não foi formalizada a concessão do livramento condicional, não há benefício em curso, razão pela qual não se trata de caso de revogação. Logo, diante dessa situação, resta declarar insubsistente a concessão do benefício.

Da mesma forma, considera-se insubsistente o livramento condicional na hipótese de o condenado não aceitar as condições impostas na decisão que concedeu o benefício, ou, ainda, quando o apenado, devidamente intimado, não comparece à solenidade.

9.10.2 Livramento condicional cautelar

Embora não previsto em lei, o STJ já admitiu a possibilidade de livramento condicional cautelar para condenado beneficiado com a progressão para o regime aberto, mas inexistente Casa do Albergado para abrigá-lo[8]. Em outras palavras, diante da falta de estabelecimento carcerário adequado, o STJ, ao invés de considerar a hipótese de prisão domiciliar, viabilizou a antecipação do retorno do apenado ao convívio social, mediante o cumprimento de determinadas condições, ainda que não preenchidos os requisitos do artigo 83 do Código Penal.

A solução outrora apontada pelo STJ não nos parece a mais correta. Primeiro, porque não prevista em lei; segundo, porque o próprio STF, quando editou a Súmula Vinculante nº 56, não contemplou essa hipótese de antecipação do retorno do apenado ao convívio social.

Com efeito, conforme os parâmetros estabelecidos no RE 641.320: "Havendo déficit de vagas, deverão ser determinados: (i) a saída antecipada de sentenciado no regime com falta de vagas; (ii) a liberdade eletronicamente monitorada ao sentenciado que sai antecipadamente ou é posto em prisão domiciliar por falta de vagas; (iii) o cumprimento de penas restritivas de direito e/ou estudo ao sentenciado que progride ao regime aberto. Até que sejam estruturadas as medidas alternativas propostas, poderá ser deferida a prisão domiciliar ao sentenciado."

Também se considerava a hipótese de concessão do livramento condicional cautelar na hipótese de demora injustificada do parecer do Conselho Penitenciário para análise da hipótese de progressão para o regime aberto. Como, atualmente, predomina o entendimento no sentido de que tal parecer não se reveste de obrigatoriedade, perdeu objeto a concessão do livramento condicional cautelar diante dessa hipótese.

Dessarte, diante do exposto, consideramos inaplicável a figura do livramento condicional cautelar.

9.10.3 Livramento condicional e *habeas corpus*

Como regra, o *habeas corpus* não se reveste de medida adequada para reformar eventual decisão que indeferiu o pedido do benefício do livramento condicional. Isso porque,

8. STJ, HC nº 26537/SP, rel. Min. Jorge Scartezzini, 5ª T., j. 17-2-2004.

contra decisão proferida pelo Juízo da Execução Penal há previsão de recurso específico, consistente no agravo em execução, previsto no art. 197 da LEP.

Além disso, invariavelmente, para a concessão do livramento condicional deve-se realizar análise pormenorizada dos requisitos, o que, via de regra, envolve dilação probatória incompatível com a via estreita do *habeas corpus*.[9]

Todavia, em situações específicas, quando manifesta a ilegalidade a decisão que indeferiu o benefício do livramento condicional, bem como evidente o preenchimento dos requisitos objetivos e subjetivos.[10]

9.10.4 Livramento condicional humanitário

Trata-se da hipótese de antecipação da concessão do benefício do livramento condicional com fundamento em eventual doença grave do apenado. Busca-se, por analogia, os fundamentos do *sursis* humanitário para a concessão do benefício.

Por mais nobres que sejam os motivos, não há como admitir o livramento condicional humanitário, por absoluta ausência de previsão legal. Nesses casos, pode-se aventar a possibilidade de prisão domiciliar, desde que preenchidos os demais requisitos (LEP, 117, II).

Além disso, se a concessão da prisão domiciliar, expressamente prevista em lei, reveste-se de rigorosa exceção, somente devendo ser deferida em situações peculiares, com a demonstração inequívoca do grau de gravidade da doença e da necessidade de especial tratamento de saúde, com mais razão não se pode deferir benefício não previsto em lei, sob o fundamento de uma eventual enfermidade.

9.10.5 Livramento condicional para estrangeiro

Assim como na suspensão condicional da pena, perfeitamente possível a concessão do livramento condicional a estrangeiro em processo de expulsão. É o que se extrai do artigo 54, § 3º, da Lei 13.445/2017, segundo o qual: "O processamento da expulsão em caso de crime comum não prejudicará a progressão de regime, o cumprimento da pena, a suspensão condicional do processo, a comutação da pena ou a concessão de pena alternativa, de indulto coletivo ou individual, de anistia ou de quaisquer benefícios concedidos em igualdade de condições ao nacional brasileiro."

Para acesso ao vídeo, utilize o QR Code ao lado.

9. STJ, AgRg no HC nº 656999/SP, rel. Min. Antônio Saldanha Palheiro, 6ª T., j. 22-06-2021.
10. STJ, HC nº 326446/SP, rel. Min. Ribeiro Dantas, 5ª T., j. 14-06-2016.

10

EFEITOS DA CONDENAÇÃO

10.1 INTRODUÇÃO

Após a prática, em tese, de um fato típico, ilícito e sendo o agente culpável, instaura-se uma ação penal, que pode ser pública ou privada, para, observando-se as garantias constitucionais do contraditório, ampla defesa e do devido processo legal, chegar ao final e, se comprovada a materialidade e a autoria, o Estado, por meio do Poder Judiciário, aplicar uma sentença ou acórdão condenatório, com a fixação de uma pena.

Essa sentença condenatória transitada em julgado naturalmente gera efeitos que, direta ou indiretamente, atinge o condenado não só na esfera penal, mas também em outras áreas do Direito, como cível, administrativa, eleitoral, por exemplo.

Para que irradie efeitos nas demais áreas do Direito, o pressuposto é a existência de uma sentença condenatória transitada em julgado, ou seja, aquela que não mais comporta recurso.

Por isso, como tem natureza jurídica de sentença absolutória imprópria, a sentença que aplica medida de segurança não gera os efeitos previstos nos arts. 91 e 92 do CP.

Da mesma forma, por não ter natureza condenatória, a decisão que homologa a transação penal não gera os efeitos penais e extrapenais. É o que se extrai da Súmula Vinculante nº 35 do STF, segundo a qual

> A homologação da transação penal prevista no art. 76 da Lei nº 9.099/1995 não faz coisa julgada material e, descumpridas suas cláusulas, retoma-se a situação anterior, possibilitando-se ao Ministério Público a continuidade da persecução penal mediante oferecimento de denúncia ou requisição de inquérito policial.

10.2 EFEITOS DA CONDENAÇÃO

Os *efeitos penais* são divididos em *principais e secundários*. Os *efeitos secundários* subdividem-se em dois blocos: efeitos de natureza penal e efeitos de natureza extrapenais.

10.2.1 Efeitos principais

Como corolário lógico da sentença penal condenatória, o efeito principal consiste na aplicação de uma pena privativa de liberdade, restritiva de direitos e/ou multa, além de medida de segurança, no caso de agente semi-imputável que revela periculosidade.

10.2.2 Efeitos secundários

Além dos efeitos principais, a sentença condenatória também gera efeitos secundários, também denominados efeitos mediatos, acessórios, reflexos ou indiretos, de natureza penal e extrapenal.

10.2.2.1 Efeitos secundários de natureza penal

São vários os efeitos secundários da sentença penal condenatória transitada em julgado, dentre os quais podem ser destacados os seguintes:

a) gerar a reincidência (CP, art. 63);

b) configuração de maus antecedentes, se não utilizada para fins de reincidência;

c) fixação do regime inicial fechado na hipótese de prática de novo crime, ressalvada a hipótese da Súmula nº 269 do STJ;[1]

d) vedação da substituição da pena privativa de liberdade por restritiva de direitos na hipótese de prática de novo crime, ressalvada a hipótese do art. 44, § 3º, do CP;

e) vedação da concessão da suspensão condicional da pena em relação ao novo crime (CP, art. 77, I), e revogação do *sursis* (CP, art. 81, I, e § 1º);

f) causa de revogação do livramento condicional (CP, arts. 86 e 87);

g) aumento e interrupção do prazo da prescrição da pretensão executória, quando reconhecida a reincidência pela prática de outro crime (CP, arts. 110, *caput*, e 117, VI);

h) vedação da concessão da transação penal e da suspensão condicional do processo, em relação ao novo crime (Lei nº 9.099/1995, arts. 76, § 2º, I, e 89, *caput*).

10.2.2.2 Efeitos secundários de natureza extrapenal

Além dos efeitos de natureza penal, a sentença penal condenatória transitada em julgado gera efeitos extrapenais, repercutindo, pois, em outras áreas do direito, como, por exemplo, na esfera cível, administrativa, trabalhista, eleitoral etc.

Esses efeitos se dividem em genéricos e específicos.

Os *efeitos genéricos* incidem sobre todos os crimes e estão previstos no art. 91 do CP, consistindo na reparação do dano e confisco. Incidem de forma automática, não sendo necessário, portanto, o juiz declarar na sentença. É o que se extrai, a *contrario sensu*, do disposto no art. 92, parágrafo único, do CP.

Os *efeitos específicos* são aqueles previstos no art. 92 do CP. Nos termos do art. 92, parágrafo único, do CP, esses efeitos não incidem de forma automática, devendo o juiz declará-los motivadamente na sentença.

---

1. Súmula nº 269 STJ: "É admissível a adoção do regime prisional semiaberto aos reincidentes condenados a pena igual ou inferior a quatro anos se favoráveis as circunstâncias judiciais".

10.2.2.2.1 Efeitos genéricos

a) Tornar certa a obrigação de indenizar o dano causado pelo crime

Nos termos do art. 91, I, do CP, constitui efeito da sentença penal condenatória "tornar certa a obrigação de indenizar o dano causado pelo crime". Trata-se de efeito automático decorrente da sentença penal condenatória, já que meramente declaratória no tocante à indenização civil, não sendo necessário mandamento expresso no sentido de o réu reparar o dano resultante do crime.

A sentença penal condenatória transitada em julgado permite à vítima promover a ação de execução *ex delicto*, nos termos do art. 63 do CPP, já que constitui título executivo judicial, conforme prevê o art. 515, VI, do CPC/2015.

Assim, transitada em julgado a sentença penal condenatória, a sua execução no juízo cível visa tão somente estabelecer o *quantum* da reparação do dano, não sendo, portanto, objeto de discussão o mérito da causa, já sedimentado na ação penal com decisão condenatória definitiva.

A sentença que concede o perdão judicial, por ser meramente declaratória, conforme Súmula nº 18 do STJ, não se reveste de título executivo para fins de reparação do dano.

Também não incide o efeito de tornar certa a obrigação de indenizar a sentença que impõe medida de segurança ao inimputável, já que não se trata de sentença condenatória, mas absolutória imprópria.

A extinção da punibilidade, após o trânsito em julgado da sentença condenatória, não exclui o seu efeito secundário de obrigar o sujeito à reparação do dano. Assim, se depois do trânsito em julgado da sentença penal condenatória, incidir, por exemplo, a prescrição da pretensão executória, haverá extinção da punibilidade (CP, art. 107, IV), que não terá o efeito de apagar os efeitos penais e cíveis da sentença condenatória definitiva.

No caso de falecimento do condenado após o trânsito em julgado da sentença penal condenatória, será possível direcionar a ação de execução cível contra os herdeiros, até os limites da herança, nos termos do art. 5º, XLV, da CF. Não confundir aqui com a pena de multa, que, por manter a natureza de pena, embora a execução seja nos moldes da dívida ativa, não pode passar da pessoa do condenado. Assim, se o condenado falecer ao longo da tramitação da ação de execução da pena de multa, deverá ser declarada extinta a punibilidade (CP, art. 107, I), com arquivamento e baixa da ação de execução, sem qualquer redirecionamento aos seus sucessores.

A ação de execução *ex delicto* somente pode ser ajuizada contra o réu condenado na ação penal. Se a vítima pretender buscar reparação do dano contra o responsável civil, como, por exemplo, aqueles enumerados no art. 932 do CC, terá de ajuizar ação de conhecimento, já que não terá contra eles título executivo na esfera penal.

b) Confisco

Conforme o art. 91, II, do CP, são efeitos da condenação a perda em favor da União, ressalvado o direito do lesado ou terceiro de boa-fé: a) dos instrumentos do crime, desde que consistam em coisas cujo fabrico, alienação, uso, porte ou detenção constitua fato ilícito; b) do produto do crime ou de qualquer bem ou valor que constitua proveito auferido pelo agente com a prática do fato criminoso.

É a hipótese do confisco como efeito da condenação, previsto no art. 91, II, do CP. Trata-se da perda em favor da União de bens de origem ilícita, decorrente do delito praticado.

Constitui *efeito automático* da sentença penal condenatória transitada em julgado, não sendo, pois, necessário que o juiz declare expressamente na sentença.

Instrumento do crime é o meio utilizado pelo agente para praticar o delito. Será perdido em favor da União se consistir em coisa cujo fabrico, uso, porte ou detenção constitua fato ilícito, e ressalvado direito de terceiro de boa-fé. Assim, a arma, sem porte regular, empregada na prática de crime de roubo será perdida em favor da União.

Nos termos do art. 243 da CF, as propriedades rurais e urbanas de qualquer região do País onde forem localizadas culturas ilegais de plantas psicotrópicas ou a exploração de trabalho escravo na forma da lei serão expropriadas e destinadas à reforma agrária e a programas de habitação popular, sem qualquer indenização ao proprietário e sem prejuízo de outras sanções previstas em lei, observado, no que couber. Além disso, todo e qualquer bem de valor econômico apreendido em decorrência do tráfico ilícito de entorpecentes e drogas afins e da exploração de trabalho escravo será confiscado e reverterá a fundo especial com destinação específica, na forma da lei.

Conforme entendimento adotado pelo STF:

> É possível o confisco de todo e qualquer bem de valor econômico apreendido em decorrência do tráfico de drogas, sem a necessidade de se perquirir a habitualidade, reiteração do uso do bem para tal finalidade, a sua modificação para dificultar a descoberta do local do acondicionamento da droga ou qualquer outro requisito além daqueles previstos expressamente no art. 243, parágrafo único, da CF.[2]

É também o entendimento adotado pelo STJ.[3]

Ademais, a expropriação prevista no art. 243 da CF pode ser afastada, desde que o proprietário comprove que não incorreu em culpa, ainda que *in vigilando* ou *in eligendo*.[4]

Produto do crime guarda relação com a vantagem direta auferida pelo agente em decorrência do crime praticado, como, por exemplo, o veículo subtraído.

Proveito do crime constitui a vantagem indireta auferida pelo agente em decorrência do crime praticado, como, por exemplo, o dinheiro arrecadado pelo agente com a venda do produto do crime.

Conforme dispõe o art. 91, II, do CP, deve-se ressalvar o direito do lesado ou de terceiro de boa-fé. Imaginemos uma arma de fogo subtraída de um terceiro de boa-fé que a possui de forma regular. Se essa arma for utilizada na prática de um crime de roubo, deverá ser apreendida e restituída ao terceiro de boa-fé.

10.2.2.2.2 Confisco alargado

A Lei nº 13.964/2019 introduziu mais um efeito da sentença penal condenatória, o chamado "confisco alargado".

O Código Penal sempre adotou a forma de confisco dos instrumentos, bem como do produto diretamente ligada ao fato criminoso que ensejou a condenação definitiva. Todavia, o confisco não alcançava demais patrimônio incompatível com a renda auferida pelo condenado, decorrente da prática de outros diversos crimes, notadamente os vinculados a organização criminosa, lavagem de dinheiro, corrupção, dentre outros.

---

2. STF, RE nº 638491/PR, rel. Min. Luiz Fux, Tribunal Pleno, j. 17-5-2017.
3. STJ, AgRg no AgREsp nº 1522195/RS, rel. Min. Rogério Schietti Cruz, 6ª T., j. 10-3-2020.
4. STF, RE nº 635336/PE, rel. Min. Gilmar Mendes, Tribunal Pleno, j. 14-12-2016.

Assim, o confisco alargado tem por objetivo estender o alcance da expropriação do patrimônio que não seja compatível com o rendimento lícito do condenado, não diretamente vinculado ao crime investigado.

Nos termos do art. 91-A do CP, na hipótese de condenação por infrações às quais a lei comine pena máxima superior a seis anos de reclusão, poderá ser decretada a perda, como produto ou proveito do crime, dos bens correspondentes à diferença entre o valor do patrimônio do condenado e aquele que seja compatível com o seu rendimento lícito.

Para efeito da perda prevista no *caput* do referido artigo, entende-se por patrimônio do condenado todos os bens de sua titularidade, ou em relação aos quais ele tenha o domínio e o benefício direto ou indireto, na data da infração penal ou recebidos posteriormente, bem como os transferidos a terceiros a título gratuito ou mediante contraprestação irrisória, a partir do início da atividade criminal (CP, art. 91-A, § 1º, I e II).

Vê-se, pois, que o confisco abarca patrimônio que não está diretamente registrado em nome do condenado, mas transferidos a terceiros, revelando a prática que vulgarmente se chama de "laranja", em que bens são transferidos a terceiros, em transações fraudulentas, como forma de ocultar a identidade do verdadeiro proprietário, envolvido, invariavelmente, em atividade criminosa.

O condenado poderá demonstrar a inexistência da incompatibilidade ou a procedência lícita do patrimônio (CP, art. 91-A, § 2º), havendo, portanto, nesse particular, inversão do ônus da prova.

Consideramos, no entanto, que essa inversão do ônus da prova não pode ser tratada do modo absoluto. Isso porque, conforme expressamente consta no art. 91-A, § 3º, do CP, cabe ao Ministério Público, por ocasião do oferecimento da denúncia, relacionar o patrimônio apontado como incompatível com o rendimento lícito do acusado, indicando, inclusive, o montante da diferença apurada.

Logo, forçoso concluir que a denúncia deverá estar acompanhada com um mínimo de elementos informativos demonstrando a origem ilícita do patrimônio incompatível com o rendimento do denunciado, que deverão ser ratificados ao longo da instrução processual. Assim, cabe ao Ministério Público demonstrar que o patrimônio indicado na denúncia não corresponde ao rendimento lícito do acusado, recaindo sobre este o ônus de demonstrar a inexistência da incompatibilidade ou a procedência lícita do patrimônio.

Na sentença condenatória, o juiz deve declarar o valor da diferença apurada e especificar os bens cuja perda for decretada (CP, art. 91-A, § 4º). Diante disso, verifica-se que o confisco do patrimônio incompatível com o rendimento lícito do acusado não constitui efeito automático da sentença penal condenatória devendo ser expressamente decretada na sentença. Note-se que a expressão "poderá", prevista no art. 91-A do CP, revela que o magistrado possui discricionariedade para aplicar ou não a medida confiscatória.

Os instrumentos utilizados para a prática de crimes por organizações criminosas e milícias deverão ser declarados perdidos em favor da União ou do Estado, dependendo da Justiça em que tramita a ação penal, ainda que não ponham em perigo a segurança das pessoas, a moral ou a ordem pública, nem ofereçam sério risco de serem utilizados para o cometimento de novos crimes. Nesse caso, trata-se de efeito automático da sentença penal condenatória, retratado pela expressão "poderão", que consta no art. 91-A, § 5º, do CP.

Por fim, como se trata de norma penal mais severa, o confisco alargado somente poderá ser aplicado em relação a fatos praticados na vigência do art. 91-A do CP, não sendo possível retroagir para alcançar fatos praticados antes de entrar em vigor.

10.2.2.2.3 *Efeitos específicos*

a) A perda de cargo, função pública ou mandato eletivo

O art. 92, I, do CP, prevê duas hipóteses de perda de cargo, função ou mandato eletivo como efeito da sentença penal condenatória:

a) quando aplicada pena privativa de liberdade por tempo igual ou superior a um ano, nos crimes praticados com abuso de poder ou violação de dever para com a Administração Pública;

b) quando for aplicada pena privativa de liberdade por tempo superior a quatro anos nos demais casos.

A primeira hipótese pode incidir quando o funcionário público praticar o delito no exercício das suas funções ou em razão dela, e a pena privativa de liberdade seja aplicada por tempo igual ou superior a um ano.

Não se tratando de crime funcional, a perda do cargo, função pública ou mandato eletivo poderá incidir quando a pena aplicada for igual ou superior a quatro anos.

Esse efeito, no entanto, não é automático, ou seja, exige para sua incidência que o juiz declare expressamente em decisão motivada (CP, art. 92, parágrafo único).

Além disso, trata-se de efeito permanente, pois nem com a reabilitação poderá o condenado retomar o cargo, função ou mandato eletivo perdido, salvo se recuperar por investidura legítima, como, por exemplo, aprovação em novo concurso público.

Esse efeito, no entanto, não incide contra agente aposentado, não servindo, assim, para a cassação da aposentadoria, uma vez que, segundo entendimento do STJ, constituiria analogia *in malam partem*.[5]

Se o condenado for membro do Congresso Nacional (Deputados Federais e Senadores), compete à respectiva casa legislativa decidir acerca da perda do mandato, não sendo possível, pois, o Poder Judiciário decretá-la. É o que se extrai do art. 55, § 2º, da CF.

b) A incapacidade para o exercício do poder familiar, da tutela ou da curatela nos crimes dolosos sujeitos à pena de reclusão cometidos contra outrem igualmente titular do mesmo poder familiar, contra filho, filha ou outro descendente ou contra tutelado ou curatelado

Além do vínculo entre autor do fato e a vítima, a incidência do efeito específico consistente na incapacidade para o exercício do poder familiar, tutela ou curatela, depende de duas condições: a) que o crime seja doloso; b) que seja cominada pena de reclusão.

Esse efeito não é automático, devendo ser declarada na sentença em decisão motivada, conforme se extrai do art. 92, parágrafo único, do CP. Assim, cumpre ao Magistrado, no caso concreto, avaliar a necessidade da imposição da incapacidade para o exercício do poder familiar, tutela ou curatela. Exemplo: Pai condenado pela prática do crime de estupro de vulnerável (CP, art. 217-A) contra filha de tenra idade.

Conforme entendimento de Cleber Masson, essa incapacidade pode ser aplicada não só em relação à vítima, mas também alcançar outros filhos, pupilos ou curatelados. Além disso, segundo o nobre doutrinador:

---

5. STJ, AgRg no AgREsp nº 980297/RN, rel. Min. Felix Fischer, 5ª T., j. 20-3-2018.

> Em relação à vítima do crime doloso e punido com reclusão, essa incapacidade é permanente. De fato, mesmo em caso de reabilitação é vedada a reintegração do agente na situação anterior (CP, art. 93, parágrafo único).
>
> No tocante a outros filhos, pupilos ou curatelados, a incapacidade é provisória, pois o condenado, se reabilitado, poderá voltar a exercer o poder familiar, tutela ou curatela.[6]

Sinala-se, por pertinente, que esse efeito da sentença penal condenatória não recai somente quando o crime é praticado contra filho ou filha, mas também contra outrem que também detém a titularidade do mesmo poder familiar, conforme a atual redação do art. 92, II, do CP, introduzida pela Lei nº 13.715/2018.

Assim, se, por exemplo, o pai desferir disparos de arma de fogo contra a esposa na frente dos filhos, poderá o Magistrado destituí-lo do poder familiar, já que o crime foi praticado contra pessoa que também detém a titularidade do mesmo poder familiar.

c) A inabilitação para dirigir veículo, quando utilizado como meio para a prática de crime doloso

A aplicação desse efeito específico depende de dois requisitos: a) que o crime seja doloso; b) que o veículo tenha sido utilizado "como meio" para a sua prática. Logo, não incide esse efeito no caso de crime culposo.

Assim, se o agente utilizar veículo automotor para atropelar e matar a vítima, poderá o Magistrado, como efeito da sentença penal condenatória, determinar a perda da habilitação para dirigir veículo automotor.

Esse efeito da sentença penal condenatória não se distingue da pena de suspensão da autorização ou de habilitação, prevista no art. 47, III, do CP, como pena restritiva de direitos, cuja duração é igual à da pena privativa de liberdade substituída.

Também não se confunde com as penas de suspensão ou proibição de se obter a permissão ou habilitação para condução de veículo automotor, que podem ser aplicadas isolada ou cumulativamente com outras penas, tendo prazo estabelecido de dois meses a cinco anos (CTB, arts. 292 e 293).

10.3 EFEITOS DA CONDENAÇÃO PREVISTOS NA CONSTITUIÇÃO FEDERAL E LEIS ESPECIAIS

10.3.1 Suspensão dos direitos políticos

Nos termos do art. 15, III, da Constituição Federal, verifica-se com efeito da sentença penal condenatória transitada em julgado a suspensão dos direitos políticos, enquanto durarem seus efeitos.

Trata-se de efeito automático, não sendo, portanto, necessária declaração expressa na sentença condenatória. A imposição desse efeito independe da natureza do regime prisional fixado na sentença, bem como da espécie de pena, abrangendo tanto a pena privativa de liberdade como a restritiva de direitos ou multa.

Com efeito, conforme decidiu o STF:

---

6. MASSON, Cleber. *Direito penal:* parte geral (arts. 1º a 120). 14. ed. Rio de Janeiro: Forense; São Paulo: Método, 2020. v. 1, p. 938.

> EMENTA: PENAL E PROCESSO PENAL. SUSPENSÃO DOS DIREITOS POLÍTICOS. AUTOAPLICAÇÃO. CONSEQUÊNCIA IMEDIATA DA SENTENÇA PENAL CONDENATÓRIA TRANSITADA EM JULGADO. NATUREZA DA PENA IMPOSTA QUE NÃO INTERFERE NA APLICAÇÃO DA SUSPENSÃO. OPÇÃO DO LEGISLADOR CONSTITUINTE. RECURSO CONHECIDO E PROVIDO. 1. A regra de suspensão dos direitos políticos prevista no art. 15, III, é autoaplicável, pois trata-se de consequência imediata da sentença penal condenatória transitada em julgado. 2. A autoaplicação independe da natureza da pena imposta. 3. A opção do legislador constituinte foi no sentido de que os condenados criminalmente, com trânsito em julgado, enquanto durar os efeitos da sentença condenatória, não exerçam os seus direitos políticos. 4. No caso concreto, recurso extraordinário conhecido e provido.[7]

A suspensão envolve os direitos políticos de natureza ativa e passiva, enquanto durarem os efeitos da sentença penal condenatória, ou seja, até a extinção da pena. É o que se extrai da Súmula 9 do TSE: "A suspensão de direitos políticos decorrente de condenação criminal transitada em julgado cessa com o cumprimento ou a extinção da pena, independendo de reabilitação ou de prova de reparação dos danos."

10.3.2 Lei de Abuso de Autoridade

Nos termos do art. 4º da Lei 13.869/2019, são efeitos da condenação: I - tornar certa a obrigação de indenizar o dano causado pelo crime, devendo o juiz, a requerimento do ofendido, fixar na sentença o valor mínimo para reparação dos danos causados pela infração, considerando os prejuízos por ele sofridos; II - a inabilitação para o exercício de cargo, mandato ou função pública, pelo período de 1 (um) a 5 (cinco) anos; III - a perda do cargo, do mandato ou da função pública.

Em relação a obrigação de indenizar o dano causado, o efeito é automático, não sendo indispensável declaração expressa do juiz, que deverá fixar na sentença o valor mínimo, quando requerido pelo ofendido.

Em relação aos efeitos previstos nos incisos II e III, a incidência não é automática, devendo ser declarados motivadamente na sentença. Além disso, estão condicionados à circunstância de o agente se reincidente em crime de abuso de autoridade (Lei 13.869/2019, art. 4º, parágrafo único).

10.3.3 Lei de Tortura

Conforme se extrai do artigo 1º, § 5º, da Lei 9.455/97, "A condenação acarretará a perda do cargo, função ou emprego público e a interdição para seu exercício pelo dobro do prazo da pena aplicada."

Os Tribunais Superiores consideram efeito automático da sentença condenatória transitada em julgado.[8]

10.3.4 Lei de Lavagem de Capitais

O art. 7º da Lei 9.610/1998 dispõe sobre os efeitos da sentença condenatória transitada em julgado em relação aos crimes de "lavagem" ou ocultação de bens, direitos e valores.

---

7. STF, RE 601182/MG, rel. Min. Marco Aurélio, red. p/ acórdão Min. Alexandre de Moraes, Tribunal Pleno, j. 8-5-2019.
8. STJ, AgRg no REsp nº 1897779/DF, rel. Min. Rogério Schietti Cruz, 6ª T., j. 7-12-2020.

São efeitos da condenação, além dos previstos no Código Penal: a) a perda, em favor da União – e dos Estados, nos casos de competência da Justiça Estadual –, de todos os bens, direitos e valores relacionados, direta ou indiretamente, à prática dos crimes previstos nesta Lei, inclusive aqueles utilizados para prestar a fiança, ressalvado o direito do lesado ou de terceiro de boa-fé; b) a interdição do exercício de cargo ou função pública de qualquer natureza e de diretor, de membro de conselho de administração ou de gerência das pessoas jurídicas referidas no art. 9º, pelo dobro do tempo da pena privativa de liberdade aplicada.

A Lei de Lavagem de Capitais não dispôs acerca da aplicabilidade dos efeitos, pelo que forçoso concluir que segue as regras do Código Penal. Assim, em relação ao efeito relacionado à perda dos bens, direitos e valores relacionados à prática dos crimes previstos na Lei, o efeito é automático, ao passo que em relação ao efeito previsto no inciso II, decorrente da interdição do exercício de cargo ou função pública, não é automático, devendo ser declarado na sentença condenatória.

10.3.5 Lei das Organizações Criminosas

Nos termos do artigo 2º, § 6º, da Lei 12.850/2013: "A condenação com trânsito em julgado acarretará ao funcionário público a perda do cargo, função, emprego ou mandato eletivo e a interdição para o exercício de função ou cargo público pelo prazo de 8 (oito) anos subsequentes ao cumprimento da pena."

Trata-se de efeito automático da sentença penal condenatória, o que se extrai a partir do verbo "acarretará", denotando aplicabilidade imediata do efeito, sem a necessidade de declaração na sentença condenatória.

10.3.6 Lei de Preconceito de Raça ou de Cor

Conforme se extrai do artigo 16 da Lei 7.716/1989, que trata dos crimes resultantes de preconceitos de raça e de cor: "Constitui efeito da condenação a perda do cargo ou função pública, para o servidor público, e a suspensão do funcionamento do estabelecimento particular por prazo não superior a três meses."

Os efeitos não são automáticos, conforme expressamente prevê o artigo 18 da referida Lei, devendo ser motivadamente declarados na sentença.

10.3.7 Lei de Recuperação Judicial e Falências

O artigo 181 da Lei 11.101/2005, que regula a recuperação judicial, a extrajudicial e a falência do empresário e da sociedade empresária, prevê como efeitos da sentença penal condenatória: I – a inabilitação para o exercício de atividade empresarial; II – o impedimento para o exercício de cargo ou função em conselho de administração, diretoria ou gerência das sociedades sujeitas a esta Lei; III – a impossibilidade de gerir empresa por mandato ou por gestão de negócio.

Nos termos do artigo 181, § 1º, da Lei 11.101/2005, os efeitos não são automáticos, devendo ser motivadamente declarados na sentença, e perdurarão até cinco anos após a extinção da punibilidade, podendo, contudo, cessar antes pela reabilitação penal.

Para acesso ao vídeo, utilize o QR Code ao lado.

11

REABILITAÇÃO

11.1 CONCEITO

É o instituto jurídico-penal pelo qual o sentenciado retoma, por meio de declaração judicial, determinados direitos perdidos em decorrência da sentença penal condenatória.

Trata-se, pois, de instrumento de política criminal, voltado à reinserção social do condenado, assegurando-lhe o sigilo dos registros do seu processo e condenação, bem como a recuperação precária e condicional de determinados direitos perdidos decorrentes dos efeitos extrapenais da sentença penal condenatória.

Conforme o item 82 da Exposição de Motivos do Código Penal, a reabilitação é um instituto que não extingue a punibilidade, mas tão somente suspende alguns efeitos penais da sentença condenatória, visto que a qualquer tempo, revogada a reabilitação, se restabelece o *statu quo ante*. Diferentemente, as causas extintivas da punibilidade operam efeitos irrevogáveis, fazendo cessar definitivamente a pretensão punitiva ou a executória.

A reabilitação não rescinde a condenação. Assim, ainda que reabilitado, se o agente praticar novo crime dentro do prazo de cinco anos contados da extinção ou do término da pena, computando-se o período de prova da suspensão condicional da pena ou livramento condicional, se não revogado, será considerado reincidente.

A reabilitação tem duas finalidades: a) assegurar o sigilo dos registros sobre o processo e a condenação do sentenciado (CP, art. 93, *caput*); b) atingir alguns efeitos da condenação previstos no art. 92 do CP (CP, art. 93, parágrafo único).

11.2 CABIMENTO DA REABILITAÇÃO

11.2.1 Assegurar o sigilo dos registros sobre o processo e a condenação do sentenciado

Nos termos do art. 93, *caput*, do CP, a reabilitação visa a assegurar ao condenado o sigilo dos registros sobre o seu processo e condenação, podendo ser requerida dois anos do dia em que for extinta, de qualquer modo, a pena ou terminar sua execução, computando-se o período de prova da suspensão e o do livramento condicional, se não sobrevier revogação (CP, art. 94).

Todavia, da forma como prevista no Código Penal, a reabilitação apresenta, aparentemente, conflito com o disposto no art. 202 da LEP.

Isso porque, conforme o art. 202 da LEP

> cumprida ou extinta a pena, não constarão da folha corrida, atestados ou certidões fornecidas por autoridade policial ou por auxiliares da Justiça, qualquer notícia ou referência à condenação, salvo para instruir processo pela prática de nova infração penal ou outros casos expressos em lei.

Logo, o sigilo já é assegurado pela Lei de Execução Penal logo após o cumprimento ou extinção da pena, de modo que seria desnecessário aguardar dois anos para atingir tal finalidade por meio da reabilitação.

Esse sigilo, todavia, pode ser quebrado por autoridade judiciária, por membro do Ministério Público e por autoridade policial para instruir processo pela prática de nova infração penal ou outros casos expressos em lei, conforme dispõe a parte final do art. 202 da LEP.

Diante disso, para conferir alguma utilidade ao instituto da reabilitação, entende-se que serve para assegurar o sigilo de forma mais ampla, somente sendo possível obter informações a respeito da condenação por ordem do juiz criminal, nos termos do art. 748 do CPP.

A propósito, conforme decidiu o STJ,

> por analogia aos termos do art. 748 do CPP, devem ser excluídos dos terminais dos Institutos de Identificação Criminal os dados relativos a inquéritos arquivados, a ações penais trancadas, a processos em que tenha ocorrido a reabilitação do condenado e a absolvições por sentença penal transitada em julgado ou, ainda, que tenha sido reconhecida a extinção da punibilidade do acusado decorrente da prescrição da pretensão punitiva do Estado (...) 2. Tais dados, entretanto, não deverão ser excluídos dos arquivos do Poder Judiciário, tendo em vista que, nos termos do art. 748 do CPP, pode o Juiz Criminal requisitá-los, de forma fundamentada, a qualquer tempo, mantendo-se, entretanto, o sigilo quanto às demais pessoas.[1]

Em outras palavras, o acesso a dados relacionados à condenação pretérita depende de requerimento expresso dirigido ao juiz criminal, única autoridade habilitada a autorizar o acesso aos antecedentes penais daqueles protegidos pelo manto da reabilitação, da absolvição ou da extinção da punibilidade pela prescrição. Assim, afigura-se ilegal acesso a dados relacionados aos antecedentes criminais do reabilitado por agentes públicos que não o juiz criminal, diante do caráter sigiloso das informações penais sobre o reabilitado e aquele em favor de quem se tenha operado a extinção da punibilidade.

Além disso, se o cidadão for reabilitado, tem o direito de obter, perante a vara criminal, certidão negativa, para o fim de posse em concurso público, na qual não conste nenhuma referência à prévia existência de processo(s) no qual tenha sido reabilitado, já que nem sempre o destinatário da certidão consegue ler o seu conteúdo com o mesmo valor que aquela que informa "Nada Consta", o que pode colocar em risco o exercício de direitos constitucionalmente garantidos, tais como o trabalho e a livre participação em certame público de provas e títulos.[2]

---

1. STJ, AgRg no REsp nº 1361520/PA, rel. Min. Jorge Mussi, 5ª T., j. 8-2-2018.
2. STJ, RMS nº 52714/SP, rel. Min. Reynaldo Soares da Fonseca, 5ª T., j. 7-3-2017.

11.2.2 Efeitos específicos da condenação

A reabilitação também pode extinguir os efeitos específicos da condenação (CP, art. 92). Todavia, a suspensão dos efeitos da sentença penal condenatória é condicional, uma vez que o reabilitando deverá cumprir determinadas condições para recuperar os direitos perdidos em decorrência da condenação definitiva.

11.2.2.1 Perda de cargo, função pública ou mandato eletivo

Nos termos do art. 92, I, do CP, o juiz poderá determinar a perda de cargo, emprego, função pública ou mandato eletivo, quando aplicada pena privativa de liberdade igual ou superior a um ano, nos crimes praticados com abuso de poder, ou violação de dever funcional, ou quando aplicada pena privativa de liberdade superior a quatro anos, nas demais hipóteses.

Nesse caso, não será possível a reintegração do condenado ao cargo, função ou mandato eletivo perdido. Todavia, se reabilitado, poderá exercer novo cargo, emprego ou função pública, mediante nova investidura, por meio de concurso público, por exemplo.

11.2.2.2 Perda do poder familiar, da tutela ou da curatela

Também constitui efeito secundário extrapenal da sentença penal condenatória a incapacidade para o exercício do poder familiar, da tutela ou da curatela nos crimes dolosos sujeitos à pena de reclusão cometidos contra outrem igualmente titular do mesmo poder familiar, contra filho, filha ou outro descendente ou contra tutelado ou curatelado (CP, art. 92, II).

Esse efeito não se limita unicamente ao filho ou filha vítima de crime doloso sujeito à reclusão, podendo alcançar ainda outros filhos. Nesse contexto, o condenado que perdeu o poder familiar não poderá voltar a exercê-lo em relação à vítima do crime, já que a perda é permanente, conforme se extrai do art. 93, parágrafo único, do CP.

Todavia, pode o condenado recuperar, por meio da reabilitação, o poder familiar, a tutela ou curatela em relação aos filhos ou filhas, tutela ou curatelado que não foram vítimas do delito pelo qual foi definitivamente condenado.

11.2.2.3 Inabilitação para dirigir veículo

Nos termos do art. 93, parágrafo único, do CP, será possível o reabilitado obter novamente carteira de habilitação, sem qualquer restrição legal, já que a vedação prevista no referido dispositivo diz respeito aos incisos I e II do art. 92 do CP.

11.3 REQUISITOS

O pressuposto para a reabilitação é a existência de uma sentença penal condenatória transitada em julgado. Os requisitos, de natureza objetiva e subjetiva, estão elencados no art. 94 do CP.

11.3.1 Requisitos objetivos

a) Tempo de cumprimento de pena

A reabilitação poderá ser requerida decorridos dois anos do dia em que for extinta, de qualquer modo, a pena principal ou terminar sua execução, computando-se o período de prova do *sursis* e do livramento condicional, desde que não tenha ocorrido revogação (CP, art. 94, *caput*).

Tratando-se de hipótese de incidência de *sursis* ou "livramento condicional", o prazo começa a correr a partir da audiência admonitória.

Em relação à pena de multa, o prazo de dois anos inicia a partir do efetivo pagamento, já que enseja a extinção da pena. O inadimplemento da pena de multa será cobrado como sendo dívida de valor, perante o juízo da execução penal, levando-se em conta as normas relativas à dívida ativa da Fazenda Pública (CP, art. 51).

Poder-se-ia, é verdade, supor que o inadimplemento da pena de multa, em última análise, inviabilizaria o início da contagem do prazo de dois anos para a reabilitação, já que a pena não estaria extinta.

Nesse aspecto, o STJ decidiu que

> Não é razoável que o réu, cumprida a pena carcerária, fique impossibilitado de obter sua reabilitação, após o prazo legal, enquanto não comprovar o pagamento da multa, na esfera cível. Inviável manter o processo de execução perante a Vara das Execuções Penais indefinidamente aguardando referida cobrança judicial.[3]

Quando se tratar de extinção da pena pela prescrição, o prazo começa a contar a partir da data que efetivamente incidiu a causa extintiva da punibilidade, sendo irrelevante o momento da decisão judicial que a reconheceu.

Se o agente ostentar mais de uma condenação, a reabilitação poderá ser deferida se preenchidas as condições do cumprimento em relação a todas elas. Não se afigura possível, pois, deferir reabilitação em relação a uma condenação, mantendo-se em relação a outra, já que nenhum efeito prático teria o instituto.

b) Reparação do dano, salvo absoluta impossibilidade

Nos termos do art. 94, III, do CP é possível a reabilitação ao condenado que tenha ressarcido o dano causado pelo crime ou demonstre a absoluta impossibilidade de o fazer, até o dia do pedido, ou exiba documento que comprove a renúncia da vítima ou novação da dívida.

Esse requisito incide somente quando existir vítima determinada, ou ainda no caso de crime, cujo sujeito passivo é um ente destituído de personalidade jurídico, no caso dos chamados "crimes vagos".

Se comprovada a pobreza, o requisito da reparação do dano será dispensável. Com efeito, "demonstrada a impossibilidade de integral reparação dos danos causados, os quais não chegaram a ser totalmente apurados, deve ser reconhecido o preenchimento dos requisitos previstos para o deferimento da reabilitação ao recorrente".[4]

11.3.2 Requisitos subjetivos

Os requisitos subjetivos guardam relação com a pessoa do condenado. São de duas ordens:

a) Domicílio no País

Preenchidos os demais requisitos, a reabilitação somente pode ser deferida ao agente que tenha tido domicílio no País no prazo de dois anos após a extinção da pena.

3. STJ, AgRg no REsp nº 1561313/SP, rel. Min. Reynaldo Soares da Fonseca, 5ª T., j 27-4-2017.
4. STJ, AgRg no AgREsp nº 1725755/RJ, rel. Min. Nefi Cordeiro, 6ª T., j. 6-10-2020.

b) Bom comportamento público ou privado

Após o prazo de dois anos da extinção da pena, o condenado deve ter revelado efetivo e constante bom comportamento público e privado. Esse bom comportamento não se restringe a não praticar novos delitos, mas a qualquer ato da vida apto a desabonar a conduta do agente.

11.4 PROCEDIMENTO

A legitimidade para formular o pedido de reabilitação é privativa do condenado, assistido por advogado. A competência para apreciar o requerimento é do juízo de primeiro grau em que tramitou a ação penal, mesmo quando a decisão condenatória tenha sido proferida em grau de recurso.

No caso de morte do condenado, a legitimidade não passa para seus sucessores ou herdeiros, sobretudo diante da incompatibilidade com a finalidade da reabilitação, voltada à reinserção social do condenado.

Negada a reabilitação, poderá ser novamente requerida, a qualquer tempo, desde que o requerimento seja instruído com novos elementos necessários.

Da decisão denegatória da reabilitação cabe apelação. Por outro lado, quando o juiz a conceder, segundo o disposto no art. 746 do CPP, cabe recurso de ofício.

11.5 REVOGAÇÃO

A reabilitação deverá ser revogada se o reabilitado vier a ser definitivamente condenado, como reincidente, desde que a pena não seja de multa. Logo, somente será possível a revogação da reabilitação se a condenação for à pena privativa de liberdade ou restritiva de direitos. É o que se extrai do art. 95 do CP.

Para acesso ao vídeo, utilize o QR Code ao lado.

12

MEDIDA DE SEGURANÇA

12.1 INTRODUÇÃO

Medida de segurança consiste na espécie de sanção penal aplicada a agentes considerados inimputáveis ou semi-imputáveis dotados de periculosidade, com finalidade preventiva e caráter terapêutico. Busca, em síntese, conferir ao sentenciado tratamento adequado para cessação da sua periculosidade, e, assim, evitar a prática de novas infrações penais.

Embora tenha finalidade curativa, a medida de segurança é uma espécie de sanção penal, uma vez que repercute na privação da liberdade e restrição de direitos do sentenciado; não se confunde, contudo, com pena.

As penas possuem *finalidade* retributiva e preventiva, ao passo que a medida de segurança tem por finalidade a prevenção especial, para que o sentenciado, uma vez curado, não volte a delinquir.

O *pressuposto* da aplicação da pena é a culpabilidade; a medida de segurança fundamenta-se exclusivamente na periculosidade do agente.

As penas têm período determinado de *duração*, considerando a quantidade fixada na sentença condenatória; a medida de segurança tem prazo mínimo de duração, mas, conforme consta no Código Penal, pode perdurar por prazo indeterminado, enquanto persistir a periculosidade do agente.

Os *destinatários* das penas são os imputáveis e semi-imputáveis; as medidas de segurança são aplicáveis aos inimputáveis e, excepcionalmente, aos semi-imputáveis, quando estes necessitarem de especial tratamento curativo.

	Penas	Medida de segurança
Finalidades	Retribuição e prevenção geral e especial	Prevenção especial
Duração	Determinada	Determinado no mínimo e indeterminado no máximo, com ressalvas das posições dos tribunais superiores
Pressuposto	Culpabilidade	Periculosidade
Destinatários	Imputáveis e semi-imputáveis sem periculosidade	Inimputáveis e semi-imputáveis dotados de periculosidade

A medida de segurança também é regida pelos princípios da legalidade, anterioridade e jurisdicionalidade.

Pelo princípio da legalidade, assim como em relação às penas, somente a lei poderá criar medidas de segurança. Por isso, medida provisória não se reveste de instrumento legislativo apto a criar medidas de segurança, conforme se extrai do art. 62, § 1º, I, *b*, da CF.

A aplicação da medida de segurança pressupõe lei anterior que a defina, em consonância com o princípio da anterioridade.

Além disso, a medida de segurança somente poderá ser imposta por meio de decisão proferida pelo Poder Judiciário, após a conclusão do devido processo legal.

12.2 ESPÉCIES DE MEDIDA DE SEGURANÇA

Conforme o art. 96 do CP, as medidas de segurança são de duas espécies: detentiva e restritiva.

a) Medida de segurança detentiva

A medida de segurança *detentiva*, prevista no art. 96, I, do CP, consiste na internação em hospital de custódia e tratamento psiquiátrico ou, à falta, em outro estabelecimento adequado.

Conforme a Exposição de Motivos da Lei de Execução Penal, especificamente, no item 99:

> Relativamente ao Hospital de Custódia e Tratamento Psiquiátrico não existe a previsão de cela individual, já que a estrutura e as divisões de tal unidade estão na dependência de planificação especializada, dirigida segundo os padrões de medicina psiquiátrica. Estabelecem-se, entretanto, as garantias mínimas de salubridade do ambiente e área física de cada aposento.

Vê-se, pois, que hospital de custódia é o ambiente destinado a submeter o sentenciado a tratamento psiquiátrico, sem os rigores de um estabelecimento carcerário, mas seguro o suficiente para inviabilizar eventuais fugas.

Na falta de hospitais de custódia na localidade em que se encontra o sentenciado, o Código Penal dispõe que o tratamento deverá ser feito em outro estabelecimento adequado. Sinala-se, por pertinente, que, à evidência, estabelecimento carcerário não pode ser considerado adequado para tratar doente mental.

A medida de segurança detentiva é obrigatória quando for cominada pena de reclusão ao delito imputado ao agente. Todavia, se o fato é punido com detenção, o juiz poderá, considerando o grau de periculosidade do agente, submetê-lo a internação ou a tratamento ambulatorial (CP, art. 97).

Essa regra estabelecida na lei tem sido alvo de críticas da doutrina. Isso porque, de fato, dependendo do caso concreto, não se afigura razoável e proporcional impor medida de segurança de internação a agente que praticou ilícito penal que, ao final, estaria sujeito a substituição da pena privativa de liberdade por restritiva de direitos, como, por exemplo, furto simples (CP, art. 155, *caput*), ou, ainda, a aplicação da suspensão condicional da pena. Note-se que, nesses casos, se o agente fosse considerado imputável, não seria submetido ao cárcere, ao passo que o inimputável estaria sujeito à internação em hospital de custódia, com restrição absoluta da sua liberdade.

Com efeito, na fixação de medida de segurança, o magistrado não deve se vincular à gravidade do delito perpetrado, mas sim à periculosidade do agente, observando-se sempre os princípios da adequação, razoabilidade e proporcionalidade da medida.

Conforme já decidiu o STJ:

> Para uma melhor exegese do art. 97 do CP, à luz dos princípios da adequação, da razoabilidade e da proporcionalidade, não deve ser considerada a natureza da pena privativa de liberdade aplicável, mas, sim, a periculosidade do agente, cabendo ao julgador a faculdade de optar pelo tratamento que melhor se adapte ao inimputável. Assim, na fixação da medida de segurança, por não se vincular à gravidade do delito perpetrado, mas à periculosidade do agente, é cabível ao magistrado a opção por tratamento mais apropriado ao inimputável, independentemente de o fato ser punível com reclusão ou detenção, em homenagem aos princípios da adequação, da razoabilidade e da proporcionalidade.[1]

Assim, afigura-se possível, em casos excepcionais, a imposição de medida de segurança restritiva, consistente no tratamento ambulatorial ao agente acusado pela prática de crime apenado com reclusão.

b) Medida de segurança restritiva

A medida de segurança *restritiva,* prevista no art. 96, II, do CP, consiste na sujeição do sentenciado a tratamento ambulatorial. Trata-se de medida aplicada a sentenciado acusado de praticar crime punido com detenção.

Assim, não sendo caso de internação, o tratamento será ambulatorial. Nesse caso, o sentenciado cumpre a medida de segurança sem privação da sua liberdade, permanecendo solto, mas devendo se apresentar no dia, hora e local agendado para se submeter a tratamento médico adequado, consistente, invariavelmente, em acompanhamento no Centro de Atenção Psicossocial (CAPS) com equipe multiprofissional de saúde, aliado a tratamento psiquiátrico medicamentoso.

12.3 PRESSUPOSTOS PARA APLICAÇÃO DA MEDIDA DE SEGURANÇA

Para a imposição de medida de segurança, verifica-se a necessidade da incidência dos seguintes pressupostos: a) prática de um fato típico e ilícito; b) periculosidade do agente.

A imposição de medida de segurança exige o reconhecimento de que o agente praticou *fato típico e ilícito*. Assim, se restar caracterizado que praticou um fato atípico ou agiu sob o

---

1. STJ, AgRg no REsp nº 1891989/SP, rel. Min. Reynaldo Soares da Fonseca, 5ª T., j. 6-10-2020.

manto de uma das causas excludentes de ilicitude, o agente deve ser absolvido sem a adoção de qualquer restrição à sua liberdade, não se aplicando, portanto, medida de segurança, ainda que seja doente mental.

A *periculosidade do agente* consiste na potencialidade para praticar infração penal, em decorrência de ser portador de doença mental. A verificação da periculosidade se faz por intermédio de um juízo sobre o futuro, ou seja, por meio da verificação de elementos que indiquem a probabilidade de o agente voltar a delinquir. Trata-se, pois, de um *juízo de prognose*, baseado em elementos concretos, no sentido de que o agente poderá voltar a praticar delitos.

A periculosidade pode ser presumida ou real.

A *periculosidade é presumida* quando a própria lei expressamente a prevê, como, por exemplo, nos casos de inimputabilidade. Trata-se de presunção absoluta (*iuris et de iure*), não sendo, assim, necessário seja demonstrada, bastando a conclusão no sentido de que o inimputável praticou um fato típico e antijurídico para aplicar a medida de segurança.

A *periculosidade real* exige comprovação no caso concreto. Aplica-se ao semi-imputável, nos termos do art. 26, parágrafo único, do CP.

Com efeito, na prática de um fato típico e ilícito, o semi-imputável terá tratamento de culpável, somente sendo possível constatar sua periculosidade se o laudo pericial que verificou a diminuição da capacidade de compreensão e determinação por conta da perturbação mental apontá-lo como pessoa perigosa, com a recomendação de substituição da pena por medida de segurança.

12.4 IMPOSIÇÃO DE MEDIDA DE SEGURANÇA PARA INIMPUTÁVEL

Ao inimputável não se impõe sentença condenatória, mas absolutória imprópria, com base no art. 386, VI, do CPP, já que ausente a culpabilidade. Todavia, em que pese não ser culpável, o juiz, ao proferir a sentença, verificando a periculosidade do agente, deverá impor uma medida de segurança. Por isso, a natureza jurídica de sentença absolutória imprópria, já que, embora absolvido, será aplicado ao sentenciado uma sanção penal, consistente em medida de segurança, nos termos do art. 386, parágrafo único, III, do CPP.

Em relação ao semi-imputável, a sentença é condenatória. De fato, verificando que o réu possui capacidade de compreensão e determinação, embora em grau reduzido, o juiz, na terceira fase de fixação da pena, deverá reduzir a pena de um a dois terços.

Contudo, se no exame de insanidade mental, restar constatado que o semi-imputável necessita de especial tratamento curativo, a pena privativa de liberdade deve ser substituída pela medida de segurança detentiva (internação) ou restritiva (tratamento ambulatorial), pelo prazo mínimo de um a três anos. É o que se extrai do art. 98 do CP.

Isso porque, pelo sistema vicariante, o juiz, diante das circunstâncias do caso concreto, deve impor ao condenado só pena ou medida de segurança. Imposta esta, deve ser executada como se o sujeito fosse inimputável.

12.5 DURAÇÃO DA MEDIDA DE SEGURANÇA

Nos termos do art. 97, § 1º, do CP, o prazo da internação ou do tratamento ambulatorial será por tempo indeterminado, perdurando enquanto não for averiguada, mediante perícia médica, a cessação da periculosidade. Em qualquer hipótese, o período mínimo de internação será fixado pelo juiz na sentença, podendo variar entre um a três anos.

Como se vê, o Código Penal não prevê prazo máximo de internação, mas define o período mínimo que o agente deverá ficar submetido a medida de segurança (um a três anos).

No entanto, para parte da doutrina, embora não tenha natureza de pena, a indeterminação do prazo de duração da medida de segurança possui caráter de perpetuidade, violando, assim, a Constituição Federal. Tratando do tema, Cezar Roberto Bitencourt leciona que:

> No entanto, não se pode ignorar que a Constituição de 1988 consagra, como uma de suas cláusulas pétreas, a proibição da prisão perpétua; e, como pena e medida de segurança não se distinguem ontologicamente, é lícito sustentar que essa previsão legal – vigência por prazo indeterminado da medida de segurança – não foi recepcionada pelo atual texto constitucional.[2]

Em face disso, o STF já decidiu no sentido de que o prazo máximo de duração de medida de segurança seria de 30 anos (40 anos, conforme a atual redação), mencionando o art. 75 do CP, considerando que a vedação a penas de caráter perpétuo, abrange também as medidas de segurança.[3]

O STJ, por sua vez, em consonância aos princípios da isonomia, proporcionalidade e razoabilidade, estabeleceu o máximo da pena abstratamente cominada ao delito praticado como limite para a duração da medida de segurança, de forma a não conferir tratamento mais severo e desigual ao inimputável.

É o que se extrai da Súmula nº 527 do STJ, segundo a qual "O tempo de duração da medida de segurança não deve ultrapassar o limite máximo da pena abstratamente cominada ao delito praticado".

Assim, se, por exemplo, o sentenciado praticou o crime de homicídio simples, cuja pena máxima é de 20 anos (CP, art. 121, *caput*), deverá ser submetido a medida de segurança pelo prazo máximo de 20 anos.

Parece-nos mais acertado o entendimento adotado pelo STJ, pois mais consentâneo com os princípios da isonomia e da proporcionalidade. Com efeito, não parece razoável prever e aplicar pena determinada a agente que praticou conduta consciente do caráter ilícito do fato, e limitar a 40 anos o tempo de duração de cumprimento de medida de segurança por agente inteiramente incapaz de compreender o caráter ilícito da sua conduta, em decorrência de uma doença mental. Basta imaginar alguém sentenciado pela prática do crime de furto simples, cuja pena cominada é de um a quatro anos (CP, art. 155, *caput*). Se imputável, o máximo de tempo de cumprimento de pena será quatro anos; se inimputável, 40 anos. Evidente a violação do princípio da isonomia e da proporcionalidade.

Dessarte, como forma de evitar esse tipo de discrepância, afigura-se mais consentâneo com os princípios constitucionais, considerar o máximo da pena cominada como limite de duração da medida da segurança.[4]

---

2. BITENCOURT, Cezar Roberto. *Tratado de direito penal:* parte geral. 17. ed. São Paulo: Saraiva, 2012. p. 868.
3. STF, HC nº 107432/RS, rel. Min. Ricardo Lewandowski, 1ª T., j. 24-5-2011.
4. Foi o entendimento considerado como correto no concurso para Delegado de Polícia PC/AL, realizado em 2012, pela Banca CESPE/CEBRASPE; no concurso para Juiz Substituto do TJSP, realizado em 2015, pela VUNESP; no concurso para Promotor de Justiça Substituto MPE/MG, realizado pela FUNDEP.

12.6 EXECUÇÃO DA MEDIDA DE SEGURANÇA

A execução da medida de segurança leva em conta o disposto nos arts. 171 a 179 da LEP.

Com efeito, transitada em julgado a sentença que aplicar medida de segurança, será ordenada a expedição de guia para a execução, indispensável para internação em hospital de custódia ou submissão a tratamento ambulatorial (LEP, arts. 171 e 172).

A cessação da periculosidade será averiguada no fim do prazo mínimo de duração da medida de segurança, pelo exame das condições pessoais do agente (LEP, art. 175). Conforme os incisos do art. 175 da LEP, a autoridade administrativa, até um mês antes de expirar o prazo de duração mínima da medida, remeterá ao Juiz minucioso relatório que o habilite a resolver sobre a revogação ou permanência da medida. Juntado aos autos o relatório ou realizadas as diligências, serão ouvidos, sucessivamente, o Ministério Público e o curador ou defensor, no prazo de três dias para cada um. O Juiz, de ofício ou a requerimento de qualquer das partes, poderá determinar novas diligências, ainda que expirado o prazo de duração mínima da medida de segurança. Ouvidas as partes ou realizadas as diligências a que se refere o inciso anterior, o Juiz proferirá a sua decisão, no prazo de cinco dias.

Nos termos do art. 176 da Lei de Execução Penal, em qualquer tempo, ainda no decorrer do prazo mínimo de duração da medida de segurança, poderá o Juiz da execução, diante de requerimento fundamentado do Ministério Público ou do interessado, seu procurador ou defensor, ordenar o exame para que se verifique a cessação da periculosidade, procedendo-se nos termos do art. 175 da LEP.

Se persistir a periculosidade do sentenciado, será mantida a medida de segurança, devendo a perícia médica ser realizada de ano em ano, ou a qualquer tempo, mediante determinação judicial (CP, art. 97, § 2º).

Constatada a cessação da periculosidade, após o prazo mínimo fixado pelo juiz ou depois do tempo que for necessário para a eficácia do tratamento, ocorrerá a desinternação (para os que estiverem em medida detentiva) ou a liberação (para os que estiverem em tratamento ambulatorial).

Nos termos do art. 97, § 3º, do CP, tanto a desinternação como a liberação, serão sempre condicionais. Durante um ano ficará o agente sob prova; caso pratique algum ato indicativo de sua periculosidade – que não precisa ser um fato típico e antijurídico –, poderá voltar à situação anterior.

Contra a decisão que determina a desinternação ou liberação cabe agravo em execução, com efeito suspensivo, já que a expedição da respectiva ordem dependerá do trânsito em julgado da decisão, nos termos do art. 179 da LEP.

Trata-se da única hipótese em que o agravo em execução terá efeito suspensivo, já que a decisão de desinternação ou liberação não poderá ser imediatamente cumprida, dependendo, para tanto, do trânsito em julgado da decisão.

Assim, se o Ministério Público interpuser recurso de agravo em execução, a desinternação ou liberação deverá aguardar a decisão definitiva em sede recursal.

12.7 INTERNAÇÃO PROVISÓRIA OU PREVENTIVA

A Lei nº 12.403/2011, que deu nova redação ao art. 319 do CPP, arrolando medidas cautelares diversas da prisão, passou a prever a possibilidade de internação provisória do acusado inimputável ou semi-imputável.

Todavia, para adoção dessa medida alguns requisitos devem ser observados.

Somente será possível a internação provisória quando o agente for acusado de praticar crimes com *violência ou grave ameaça*. Ainda, deve ser demonstrada a periculosidade do agente mediante *perícia*. E, por fim, se houver risco *de reiteração de condutas delituosas*.

Em relação aos inimputáveis, o risco de reiteração de condutas delituosas é presumido; no caso de inimputáveis, a perícia deverá constatar a necessidade de especial tratamento curativo. Se não for necessário, poderá decretar a prisão preventiva, se presentes os requisitos dos arts. 312 e 313, ambos do CPP, ou outra medida cautelar diversa da prisão (CP, art. 282).

Considerando que o art. 319, VII, do CPP prevê somente a hipótese de internação provisória, não se admite a aplicação da medida consistente no tratamento ambulatorial, por ausência de previsão legal.

12.8 CONVERSÃO DO TRATAMENTO AMBULATORIAL PARA INTERNAÇÃO

Nos termos dos arts. 97, § 4º, do CP e 184 da LEP, o tratamento ambulatorial poderá ser convertido em internação se o agente revelar incompatibilidade com a medida, com prazo mínimo de um ano.

Assim, se o tratamento ambulatorial não se revelar eficiente, ou o sentenciado não apresentar compatibilidade com a medida, poderá haver a conversão para a internação.

12.9 CONVERSÃO DA PENA EM MEDIDA DE SEGURANÇA

A inimputabilidade é aferida considerando o critério biopsicológico, segundo o qual não basta somente a enfermidade mental, sendo, ainda, necessário que, ao tempo da ação ou omissão, o agente seja inteiramente incapaz de compreender o caráter ilícito da sua conduta e de determinar de acordo com esse entendimento.

Assim, se, ao tempo da ação ou omissão, ficar constatado que o agente era inimputável, será proferida sentença absolutória imprópria, aplicando-se medida de segurança. De outro lado, se, ao tempo da ação ou omissão, o agente apresentar lucidez, será tratado como imputável.

Todavia, se, no transcurso do processo, sobrevier a insanidade mental, o processo ficará suspenso, aguardando que o agente recobre a sanidade, a fim de que possa exercer amplamente o seu direito à defesa. É o que diz o art. 152 do CPP.

Na hipótese de, no curso da execução da pena privativa de liberdade, sobrevir ao condenado doença mental, cabe ao juiz, de ofício, ou a requerimento do Ministério Público ou da autoridade administrativa, substituí-la por medida de segurança (LEP, art. 183).

Convém registrar que essa substituição incide somente quando a doença mental for de caráter permanente. Se transitória, o condenado deverá ser recolhido a hospital de custódia e tratamento psiquiátrico, e, uma vez, curado, retorna ao estabelecimento carcerário, conforme se extrai do art. 41 do CP.

Realizada a conversão da pena em internação em hospital de custódia ou tratamento ambulatorial, a execução passa a seguir as regras próprias da medida de segurança, com a ressalva de que a duração deverá considerar o tempo restante para o cumprimento da pena privativa de liberdade. É o entendimento adotado pelo STJ.[5]

---

5. STJ, HC nº 373405/SP, rel. Min. Maria Thereza de Assis Moura, 6ª T., j. 26-9-2016.

Assim, se o agente condenado a 10 anos, após cumprir quatro anos, passar a apresentar doença mental de caráter permanente, poderá a pena ser convertida em medida de segurança, que terá o prazo de duração de seis anos.

12.10 DESINTERNAÇÃO PROGRESSIVA

Pode ocorrer de o laudo pericial apontar que o sentenciado não se encontra em condições de retornar ao convívio social pleno, porque ainda não cessada sua periculosidade, estando, porém, apto a obter alta progressiva.

Assim, ainda que persistindo a periculosidade do agente, pode o laudo pericial apontar fatores positivos, sugerindo a manutenção da medida de segurança em alta progressiva para o retorno ao convívio social.

Tal medida visa a preservar o próprio sentenciado, pois não teria qualquer efetividade providenciar a cessação da medida de segurança, acarretando, por conseguinte, a cessação do tratamento psiquiátrico ministrado ao qual se encontra vinculado.

Dessarte, conforme já decidiu o STJ, embora não prevista em lei,

> assim que verificada a atenuação ou a cessação da periculosidade de sentenciado que ainda necessitar de tratamento de saúde (doença crônica), deverá ser progressivamente levantada a sua internação, a depender do caso, com a sua passagem para a etapa de semi-internação; a sua desinternação condicionada a inserção em hospital comum da rede local; ou o seu encaminhamento a tratamento em regime ambulatorial.[6]

Para acesso ao vídeo, utilize o QR Code ao lado.

6. STJ, HC nº 383687/SP, rel. Min. Felix Fischer, 5ª T., j. 27-6-2017.

13

AÇÃO PENAL

13.1 CONCEITO

A ação penal é disciplinada com mais profundidade no Código de Processo Penal. Todavia, como em determinadas situações pode redundar na extinção da punibilidade, a ação penal também é disciplinada no Código Penal, notadamente nos arts. 100 a 106 do referido diploma legal.

Pode-se conceituar ação penal como sendo o direito de exigir do Estado, por intermédio do Poder Judiciário, a aplicação do direito penal objetivo ao agente acusado de praticar, em tese, um fato definido na lei como infração penal.

Trata-se, em síntese, do direito de invocar a atuação do Poder Judiciário no sentido de aplicar o Direito Penal Objetivo, em face de um caso concreto que configura, em tese, crime ou contravenção penal.

13.2 CARACTERÍSTICAS

O direito de ação reúne algumas características relevantes, dentre as quais se destacam as seguintes:

a) Trata-se de um *direito público*: o direito penal é legitimado por meio da atuação do Poder Judiciário, a quem cabe processar, julgar e executar eventuais penas impostas ao réu. Note-se que nos crimes de ação penal privada, a ação penal não perde sua natureza pública, uma vez que apenas a titularidade para o ajuizamento da ação penal é reservada ao ofendido ou seu representante legal, permanecendo a atividade jurisdicional exclusivamente a cargo do Poder Público.

b) Trata-se de um *direito subjetivo*: o titular do direito, em tese, violado, busca perante o Estado a prestação jurisdicional. Nos crimes de ação penal pública, o titular do direito de ação é o Ministério Público; nos crimes de ação penal privada, o titular é o ofendido ou seu representante legal.

c) Trata-se de um *direito autônomo*: o exercício do direito de ação não exige que efetivamente exista o direito material postulado.

d) Trata-se de um *direito abstrato*: o exercício do direito de ação não se vincula ao resultado final, persistindo ainda que seja desfavorável a quem postulou. Pode-se, inclusive, dizer que o direito de ação foi exercido, ainda que peça inicial acusatória tenha sido rejeitada, ou que, ao final, resultou na absolvição do acusado.

e) Trata-se de um *direito determinado ou específico*: o direito de ação está vinculado a um caso concreto e determinado, devendo ser descrito, com todas suas circunstâncias, na peça inicial acusatória, como forma de viabilizar a deflagração do processo em busca da tutela jurisdicional.

13.3 CONDIÇÕES DA AÇÃO PENAL

Para exercício regular do direito de ação, devem estar presentes determinadas condições, chamadas de condições da ação.

Essas condições podem ser genéricas, assim definidas porque são exigidas em todas as ações penais. São elas: a) possibilidade jurídica do pedido; b) legitimidade de parte; c) interesse de agir. Afrânio Silva Jardim sustenta a presença de uma quarta condição da ação, que seria a justa causa.[1]

As condições da ação também podem ser específicas ou condições de procedibilidade, pois são exigidas apenas em determinadas ações penais específicas, como a ação penal pública condicionada à representação ou requisição do Ministro da Justiça.

A ausência de condição da ação gera como consequência a rejeição da denúncia, nos termos do art. 395, II, do CPP.

13.3.1 Condições genéricas

13.3.1.1 Possibilidade jurídica do pedido

Para o regular exercício do direito de ação, a condição básica é que o fato descrito na peça inicial acusatória encontre previsão na lei como sendo uma conduta penalmente proibida. Em outras palavras, a possibilidade jurídica do pedido guarda relação com a tipicidade do fato descrito na peça acusatória.

A falta de possibilidade jurídica do pedido enseja a rejeição da denúncia ou queixa-crime, com base no art. 395, II, do CPP.

Devemos ter o cuidado para não confundir essa condição da ação com o próprio mérito da causa, que pode, em tese, levar à absolvição sob o fundamento de que o fato narrado na peça acusatória não constitui infração penal (CPP, arts. 397, III, 386, III, 415, III).

A possibilidade jurídica do pedido é analisada no *campo abstrato*, mediante a adequação da causa de pedir descrita na peça acusatória a um tipo penal que retrata o modelo legal da conduta penalmente proibida. Não há qualquer análise do acervo probatório para verificação da adequação típica. Trata-se, pois, de simples subsunção do fato descrito na exordial acusatória a um determinado tipo penal.

Não havendo adequação entre o fato relatado na peça acusatória a um tipo penal, ela deve ser rejeitada, por ausência de condição da ação, consistente na falta de possibilidade jurídica do pedido, nos termos do art. 395, II, do CPP.

---

1. JARDIM, Afrânio Silva. *Ação penal pública:* princípio da obrigatoriedade. 2. ed. Rio de Janeiro: Forense, 1994. p. 39.

Se, em tese, o fato descrito na peça acusatória se revestir de tipicidade, porque se amolda a um modelo de conduta penalmente proibida, passa-se à *análise do acervo probatório*, para se constatar, agora por meio da análise dos fatos relatados, se efetivamente a conduta descrita constitui infração penal. Trata-se, pois, da análise do *mérito da causa*.

Não havendo prova suficiente no sentido de que o fato descrito efetivamente se enquadra no tipo penal, a solução será a absolvição do réu, sob o fundamento de que não restou demonstrado que o fato narrado constitui crime.

13.3.1.2 Legitimidade ad causam ou legitimidade para agir

Por primeiro, convém sinalar que não se trata aqui, a princípio, do titular do direito violado, ou seja, a vítima, mas sim daquele que detém a titularidade para ajuizar a ação penal, ou seja, o detentor da *legitimidade ativa para ajuizar a ação penal*.

Em relação aos *crimes de ação penal pública*, via de regra, a legitimidade para desencadear a ação penal é do Ministério Público, conforme dispõe o art. 129, I, da CF. Se, todavia, o Ministério Público não oferecer denúncia dentro do prazo estabelecido em lei, o ofendido ou seu representante legal passará a ter legitimidade para ajuizar a *ação penal privada subsidiária da pública*, consoante se extrai dos arts. 5º, LIX, da CF e 29 do CPP.

Nos crimes de *ação penal privada*, a legitimidade para ajuizar a ação penal, por meio de oferecimento da queixa-crime, é, como regra, do ofendido ou seu representante legal (CPP, art. 30).

Assim, se o Ministério Público oferecer denúncia em crime de ação penal privada, a peça acusatória deverá ser rejeitada, pela falta de legitimidade para agir, nos termos do art. 395, II, do CPP.

Da mesma forma, se o ofendido, por meio do seu advogado, oferecer queixa-crime em relação a crime de ação penal pública, a peça acusatória deverá ser rejeitada, pela falta de legitimidade para agir, nos termos do art. 395, II, do CPP. A mesma solução deve ser dada na hipótese de o ofendido oferecer a queixa-crime subsidiária, antes de esgotar o prazo para o Ministério Público oferecer denúncia.

Por outro lado, a *legitimidade passiva ad causam* somente pode estar relacionada com o agente apontado como sendo o responsável para infração penal.

O menor de 18 anos não pode figurar no polo passivo de uma ação penal, já que inimputável. Nesse caso, deverá ser submetido a procedimento para apuração da prática de ato infracional, perante o Juizado da Infância e Juventude. Se for oferecida denúncia ou queixa-crime contra menor de 18 anos, a peça acusatória deverá ser rejeitada, por falta de condição da ação, qual seja, legitimidade para o réu figurar no polo passivo de ação penal, nos termos do art. 395, II, do CPP.

13.3.1.3 Interesse de agir

O interesse de agir ou interesse processual guarda relação com a *necessidade* ou *utilidade* de provocar a atuação jurisdicional. Além da necessidade ou utilidade, deve-se verificar a *adequação* do instrumento processual utilizado para alcançar o provimento jurisdicional desejado.

Considerando o comando constitucional, no sentido de que "ninguém será privado da liberdade ou de seus bens sem o devido processo legal" (CF, art. 5º, LIV), a *necessidade* para o ajuizamento da ação penal resta evidente, já que constitui pressuposto para alcançar provimento final, mormente se for condenatório, com a consequente aplicação da pena. Em outras palavras, ainda que o réu assuma a culpa e todos os elementos informativos coletados ao longo da investigação apontarem em direção do acusado, ainda assim haverá a necessidade da ação penal, com o devido processo legal, para a aplicação de eventual pena.

Além da necessidade, deve-se verificar a *utilidade* da ação penal para a efetividade da tutela do direito violado. Com efeito, não se verifica utilidade da ação penal, se estiver presente uma causa de extinção da punibilidade. De nada adianta desencadear uma ação penal, com toda a sequência de atos necessários para alcançar o provimento final, se já não existir a possibilidade jurídica da aplicação da pena, por conta da incidência de uma causa de extinção da punibilidade.

Assim, se, por exemplo, a pretensão punitiva estatal já estiver alcançada pela prescrição, não há qualquer interesse para o desencadeamento da ação penal, com oferecimento da peça acusatória. Se eventualmente for oferecida a denúncia ou queixa-crime, a peça acusatória deverá ser rejeitada, com base no art. 395, II, do CPP. Se recebida a peça acusatória, caberá a absolvição sumária, com base no art. 397, IV, do CPP.

A *adequação* está retratada na compatibilidade entre o meio empregado pelo titular do direito de ação e a pretensão deduzida em juízo, vinculada invariavelmente ao pedido de condenação do autor do fato típico e ilícito.

13.3.1.4 *Justa causa*

Para que seja desencadeada a ação penal, a peça acusatória deve estar acompanhada com um mínimo de lastro probatório acerca da autoria do delito e da materialidade.

Essa condição ficou evidente a partir da introdução no art. 395, III, do CPP da falta de justa causa para o exercício da ação penal, como hipótese de rejeição da denúncia ou queixa-crime.

Assim, se não estiver acompanhada com um mínimo de elementos informativos acerca dos indícios de autoria e da materialidade do delito, a peça acusatória deverá ser rejeitada, com base no art. 395, III, do CPP.

13.3.2 Condições específicas

Além das condições genéricas, em determinadas situações deverão estar presentes também condições específicas ou condições de procedibilidade para o exercício do direito de ação, sob pena de rejeição da denúncia ou queixa, com base no art. 395, II, do CPP.

Os exemplos mais comuns de condições de procedibilidade são: a) a representação do ofendido ou do seu representante legal, nos casos de crimes de ação penal pública condicionada à representação (CPP, art. 24, *caput*); b) requisição do Ministro da Justiça, nos casos de crimes ação penal pública condicionada à requisição do Ministro da Justiça (CPP, art. 24, *caput*); c) representação do ofendido na hipótese de escusa absolutória com imunidade relativa (CP, art. 182); d) entrada do agente em território brasileiro na hipótese de crime praticado no exterior (CP, art. 7º, § 2º, *a*); e) trânsito em julgado da sentença anulatória do casamento, no crime de induzimento a erro essencial e ocultação de impedimento (CP, art. 236, parágrafo único).

A jurisprudência do STJ e do STF considera a conclusão do procedimento administrativo, com o respectivo lançamento do crédito tributário, condição de procedibilidade para o exercício da ação penal pela prática de crimes contra a ordem tributária, previstos no art. 1º, I a IV, da Lei nº 8.137/1990.

Em outras palavras, é indispensável o esgotamento da via administrativa como condição de procedibilidade para o ajuizamento de denúncia pela prática dos crimes previstos no art. 1º, I a IV, da Lei nº 8.137/1990.[2] Esse é o entendimento sedimentado na Súmula Vinculante nº 24 do STF, segundo a qual: "Não se tipifica crime material contra a ordem tributária, previsto no art. 1º, I a IV, da Lei nº 8.137/1990, antes do lançamento definitivo do tributo".

Vê-se, pois, que a ausência de lançamento definitivo do crédito tributário enseja duas causas de carência do direito do exercício da ação. A primeira, pela impossibilidade jurídica do pedido, pois o fato ainda não constitui crime; a segunda, por falta de condição de procedibilidade para o exercício da ação pela prática do crime previsto no art. 1º, I a IV, da Lei nº 8.137/1990.

Logo, se oferecida antes do lançamento definitivo do crédito tributário, a denúncia deverá ser rejeitada, com base no art. 395, II, do CPP. Se recebida a denúncia, com a citação do réu, o Magistrado deverá proferir sentença de absolvição sumária, com base no art. 397, III, do CPP.

13.4 CLASSIFICAÇÃO

Considerando o critério da titularidade, as ações penais podem ser de natureza *pública ou privada,* conforme seja promovida pelo Ministério Público ou pela vítima e seu representante legal, respectivamente.

A *ação penal pública* se divide em ação *penal pública incondicionada* e *condicionada.*

Na *ação pública incondicionada*, o Ministério Público promoverá a ação independentemente da vontade ou interferência de quem quer que seja, bastando, para tanto, que concorram as condições da ação e os pressupostos processuais.

Em outras palavras, o exercício da ação penal pública incondicionada não se submete a qualquer condição, podendo ser deflagrada mesmo sem manifestação de vontade da vítima, ou, até mesmo, contra a vontade da vítima, ou seja, *ex officio*.

A *ação penal pública condicionada à representação*, por sua vez, somente poderá ser intentada mediante manifestação de vontade do ofendido ou do seu representante legal. Trata-se de uma condição de procedibilidade.

Pode ser ainda *ação penal pública condicionada à requisição do Ministro da Justiça*, como, por exemplo, na hipótese do art. 7º, § 3º, *b*, do CP.

A *ação penal privada* subdivide-se em: a) ação penal privada exclusiva; b) ação penal privada personalíssima; c) ação penal privada subsidiária da pública.

A *ação penal exclusivamente privada* ocorre quando o Código Penal determina que a ação penal é de titularidade exclusiva do ofendido ou de seu representante legal, ou, na hipótese de morte do ofendido, do cônjuge, ascendente, descendente ou irmão.

A *ação penal privada personalíssima* se caracteriza pelo fato de a lei estabelecer a titularidade somente ao ofendido, não sendo transmissível nem sequer na hipótese de seu falecimento. Assim, se o ofendido falecer, a legitimidade para propor a ação penal não se transfere ao ascendente, descendente ou irmão, por exemplo. A única hipótese prevista no

---

2. STJ, AgRg no AgRg no REsp nº 1492606/SP, rel. Min. Jorge Mussi, 5ª T., j. 9-10-2018.

Código Penal guarda relação com o *crime de induzimento a erro essencial e ocultação de impedimento, previsto no art. 236 do CP.*

Na *ação penal privada subsidiária da pública*, embora a ação penal permaneça sendo de natureza pública, confere ao ofendido ou seu representante legal a possibilidade de propor a ação penal na hipótese de o Ministério Público não adotar alguma providência dentro do prazo para o oferecimento da denúncia.

13.5 AÇÃO PENAL PÚBLICA

13.5.1 Titularidade

Em respeito ao sistema acusatório, cuja principal característica é a nítida separação das funções de acusar, julgar e defender, a Constituição Federal conferiu ao Ministério Público, com exclusividade, a titularidade da propositura da ação penal pública, seja ela incondicionada ou condicionada (CF, art. 129, I).

A ação penal pública é promovida pelo Ministério Público por meio do oferecimento da denúncia (CPP, art. 24, *caput*). Se a ação penal for pública incondicionada, a propositura da ação penal pode ser de ofício pelo Ministério Público, já que não está condicionada à prévia manifestação de vontade do ofendido ou do seu representante legal.

Cabe, portanto, ao Ministério Público, com exclusividade, a propositura da ação penal pública, seja ela incondicionada ou condicionada.

13.5.2 Princípios

Os principais princípios que regem a ação penal pública, seja incondicionada ou condicionada, são:

a) Obrigatoriedade ou legalidade

Se presentes indícios de autoria e prova da materialidade, sendo, em tese, o fato típico, ilícito, praticado por agente culpável, não fica ao critério do Ministério Público ajuizar a ação penal. Não há, nesse caso, discricionariedade, devendo o Ministério Público oferecer a denúncia.

Essa obrigatoriedade é retratada no art. 24, *caput*, do CPP quando dispõe que a ação pública "será promovida" por denúncia do Ministério Público. Eis a razão pela qual a redação atual do art. 28 do CPP prevê que o arquivamento do inquérito policial deverá ser sempre motivado, sendo, após, submetido à apreciação do órgão superior do Ministério Público.[3]

Todavia, esse princípio é relativizado pela própria Constituição Federal, bem como por lei ordinária, que prevê a possibilidade de o Ministério Público propor transação penal nas infrações de menor potencial ofensivo (CF/1988, art. 98, I; Lei nº 9099/1995, art. 76, *caput*).

O acordo de não persecução penal também relativiza a incidência do princípio da obrigatoriedade, uma vez que, se preenchidos os requisitos, estabelecidas as condições e homologado pelo juiz, o Ministério Público não promoverá o oferecimento da denúncia (CPP, art. 28-A), salvo se descumprido o acordo pelo réu (CPP, art. 28-A, § 10).

3. Até a elaboração deste livro, a vigência do art. 28 do CPP encontrava-se suspensa, por decisão liminar proferida nas Ações Diretas de Inconstitucionalidade nºs 6.298, 6.299, 6.300 e 6.305, pelo Min. Luiz Fux.

b) Indisponibilidade ou indesistibilidade

Pelo princípio da indisponibilidade, sendo oferecida a denúncia, o Ministério Público não poderá desistir da ação penal (CPP, art. 42), nem desistir do recurso interposto (CPP, art. 576).

O princípio da indisponibilidade é mitigado pela possibilidade de o Ministério Público propor, depois de oferecida a denúncia, suspensão condicional do processo ao acusado, se preenchidos os requisitos do art. 89 da Lei nº 9099/1995. Se expirado o prazo do período de prova sem revogação, a consequência será a extinção da punibilidade do acusado (Lei nº 9099/1995, art. 89, § 5º).

c) Oficiosidade

Os órgãos encarregados da persecução penal devem agir de ofício, independentemente de provocação, salvo nas hipóteses em que a ação penal pública for condicionada à representação ou à requisição do Ministro da Justiça (CP, art. 100, § 1º).

d) Oficialidade ou autoritariedade

A persecução penal deverá ser promovida por órgãos públicos, oficiais, por meio dos seus agentes, já que a titularidade do direito de punir é exclusiva do Estado.

e) Intranscendência

A ação penal somente poderá ser dirigida contra os supostos responsáveis pela prática da infração penal, não alcançando os sucessores ou responsáveis civis. É o retrato do princípio da responsabilidade pessoal ou da pessoalidade, previsto no art. 5º, XLV, da CF.

13.5.2.1 Princípio da indivisibilidade na ação penal pública

Há certa controvérsia acerca da incidência do princípio da indivisibilidade no contexto da ação penal pública.

Renato Brasileiro de Lima adota a posição no sentido de que "à ação penal pública, aplica-se o princípio da indivisibilidade, no sentido de que, havendo elementos probatórios quanto a coautores e partícipes, o Ministério Público está obrigado a oferecer denúncia em relação a todos".[4]

É também a posição adotada por Aury Lopes Júnior, segundo o qual "se a ação penal é obrigatória e indisponível (como explicado), obviamente é indivisível, no sentido de que deve abranger a todos aqueles que aparentemente tenham cometido a infração".[5]

Essa também é a nossa posição. De fato, se presentes elementos mínimos de inícios de autoria e prova da materialidade em relação a todos os agentes que, em tese, praticaram o delito em concurso de pessoas, não poderá, à evidência, o Membro do Ministério Público deliberar sobre o oferecimento da denúncia em relação a qualquer dos agentes. Terá de oferecer a denúncia contra todos, sem distinção, conferindo tratamento idêntico a situações semelhantes, envolvendo os acusados da prática de um delito.

Por outro lado, se a situação não se apresentar idêntica entre os suspeitos do delito, ou seja, em relação a um deles há elementos informativos suficientes para o oferecimento da denúncia, ao passo que em relação a outro ainda não há justa causa segura para

---

4. LIMA, Renato Brasileiro de. *Manual de processo penal*. 8. ed. Salvador: JusPodivm, 2020. p. 328.
5. LOPES JÚNIOR, Aury. *Direito processual penal*. 17. ed. São Paulo: Saraiva, 2020. p. 246.

oferecimento da peça acusatória, poderá o Ministério Público oferecer a denúncia em relação ao primeiro suspeito, e requerer diligências em relação ao segundo. Note-se que não se trata propriamente de incidência ou não do princípio da indivisibilidade, uma vez que se trata de situações distintas.[6]

De todo modo, devemos admitir que nos Tribunais Superiores prevalece o entendimento no sentido de que o princípio da indivisibilidade não incide em relação a crimes de ação penal pública, mas somente nos crimes de ação penal privada.

Conforme o STJ: "Diversamente do que ocorre com as ações penais de natureza privada, as de natureza pública não se guiam pelo princípio da indivisibilidade, previsto no art. 48 do CPP, motivo pelo qual inexiste qualquer impedimento à exclusão de corréu colaborador do polo passivo da relação jurídico-processual".[7]

O STF também possui orientação no sentido de que a regra da indivisibilidade da ação penal tem campo de incidência específico à ação penal privada (art. 48 do CPP).[8]

13.5.3 Ação penal pública incondicionada

A ação penal pública incondicionada não depende de qualquer condição para ser ajuizada. Significa que, presentes indícios de autoria e prova da materialidade de uma infração penal, o Ministério Público oferecerá a denúncia, sem a necessidade de prévia manifestação de vontade do ofendido ou do seu representante legal.

Se o tipo penal silenciar a respeito da espécie da ação penal, será pública incondicionada, ou seja, se não constar em relação ao tipo penal as expressões "somente se precede mediante representação", revelando se tratar de crime de ação penal pública condicionada à representação (CP, art. 100, § 1º), ou "somente se procede mediante queixa", anunciando se tratar de crime de ação penal privada (CP, art. 100, § 2º), o crime será de ação penal pública incondicionada.

Logo, via de regra, o crime será de ação penal pública incondicionada, salvo quando a lei expressamente prever que depende de representação ou que se procede mediante queixa.

13.5.4 Ação penal pública condicionada

13.5.4.1 Conceito

O exercício da ação penal pública condicionada está subordinado a uma condição, consistente, conforme o caso, na manifestação de vontade do ofendido ou de ser representante legal ou requisição do Ministro da Justiça (CP, art. 100, § 1º, e CPP, art. 24).

---

6. Esse tema também gera divergências em concursos públicos. No concurso para Promotor de Justiça MPE/RJ, realizado em 2012, a Banca Examinadora FUJB, considerou incorreta a alternativa que constava a seguinte afirmação: "O princípio da indivisibilidade da ação penal é exclusivo da ação penal privada e deve ser fiscalizado pelo Ministério Público". No concurso para Promotor de Justiça do MPE/PR, realizado em 2008, a banca examinadora considerou correta a seguinte afirmação: "Princípio da indivisibilidade da ação penal refere-se aos crimes de ação privada, não alcançando a ação pública, eis que o Ministério Público pode denunciar posteriormente os demais autores do crime". Por cautela, sugerimos seguir a orientação consolidada nos Tribunais Superiores, no sentido de que não incide o princípio da indivisibilidade no contexto de crimes de ação penal pública.
7. STJ, AgRg no REsp nº 1786891/PR, rel. Min. Felix Fischer, 5ª T., j. 15-9-2020.
8. STF, Inq nº 3979/DF, rel. Min. Teori Zavascki, 2ª T., j. 27-9-2016.

Quando o crime é de ação penal pública condicionada à representação, a lei faz expressa referência à necessidade dessa condição, empregando a seguinte expressão: "somente se procede mediante representação", como, por exemplo, no crime de ameaça (CP, art. 147).

13.5.4.2 Natureza jurídica da representação

A natureza jurídica da representação é a de condição de procedibilidade da ação penal pública. Sem ela, o órgão do Ministério Público não pode iniciar a ação penal mediante o oferecimento da denúncia.

Se nos crimes de ação penal pública condicionada o Ministério Público oferecer denúncia sem representação, a peça acusatória deverá ser rejeitada, por ausência de condição de ação (CPP, art. 395, II).

Pode ocorrer a hipótese de uma lei nova passar a considerar determinado crime, até então de ação penal pública incondicionada, como sendo de ação penal pública condicionada à representação. Nesse caso, a lei posterior terá caráter híbrido, sendo de natureza processual e penal, pois, além de impor como condição de procedibilidade a representação do ofendido, passa a viabilizar a possibilidade de extinção da punibilidade pela decadência.

Surge, nesse cenário, a celeuma acerca da retroatividade dessa lei, já que substancialmente mais favorável ao acusado. E, nesse aspecto, deve-se distinguir condição de procedibilidade com condição de prosseguibilidade.

Com efeito, na hipótese de a lei nova passar a considerar o crime como de ação penal pública condicionada à representação, há a imposição de uma condição de procedibilidade, e não de prosseguibilidade.

Dito de outro modo, a manifestação de vontade do ofendido figura como verdadeira condição para o Ministério Público proceder à ação penal, mediante o oferecimento da denúncia, ou seja, condição para o ajuizamento da ação penal, e não para prosseguir numa ação penal já instaurada.

Logo, nesse caso, a lei nova poderá retroagir somente para alcançar fatos praticados antes da sua vigência que ainda não tenham sido objeto de oferecimento da denúncia, já que passou a prever condição de procedibilidade; não retroagirá, no entanto, em relação a fatos que já foram objeto de denúncia, com ação penal em curso, já que a lei nova não dispôs sobre condição de prosseguibilidade, como ocorreu, por exemplo, com a introdução da Lei nº 9.099/1995, que, no seu art. 91, que condicionou o prosseguimento da ação ao implemento da representação, no prazo de 30 dias, sob pena de decadência.

Assim, se a lei nova silenciar a respeito de eventual prazo para implementação da representação na hipótese de ação penal em curso, a exigência da representação funcionará como condição de procedibilidade; se estabelecer prazo para o implemento da representação na hipótese de ação penal em curso, servirá como condição de prosseguibilidade.

Foi o que aconteceu com o crime de estelionato, que, originariamente era de ação penal pública incondicionada, passando, por meio da Lei nº 13.964/2019 ("Pacote anticrime"), a ser, via de regra, de ação penal pública condicionada à representação (CP, art. 171, § 5º). Nesse caso, a lei não estabeleceu prazo como condição para o implemento da representação nas hipóteses de ação penal em curso, figurando, portanto, apenas como condição de procedibilidade.

Por isso, segundo orientação dos Tribunais Superiores, a retroatividade do disposto no art. 171, § 5º, do CP alcança somente os fatos que ainda não foram objeto de denúncia, ou seja, que ainda estão na fase policial. Conforme o STJ:

> A Lei nº 13.964/2019, conhecida como "Pacote Anticrime", alterou substancialmente a natureza da ação penal do crime de estelionato (art. 171, § 5º, do CP), sendo, atualmente, processado mediante ação penal pública condicionada à representação do ofendido, salvo se a vítima for: a Administração Pública, direta ou indireta; criança ou adolescente; pessoa com deficiência mental; maior de 70 anos de idade ou incapaz. Observa-se que o novo comando normativo apresenta caráter híbrido, pois, além de incluir a representação do ofendido como condição de procedibilidade para a persecução penal, apresenta potencial extintivo da punibilidade, sendo tal alteração passível de aplicação retroativa por ser mais benéfica ao réu. Contudo, além do silêncio do legislador sobre a aplicação do novo entendimento aos processos em curso, tem-se que seus efeitos não podem atingir o ato jurídico perfeito e acabado (oferecimento da denúncia), de modo que a retroatividade da representação no crime de estelionato deve se restringir à fase policial, não alcançando o processo. Do contrário, estar-se-ia conferindo efeito distinto ao estabelecido na nova regra, transformando-se a representação em condição de prosseguibilidade e não procedibilidade.[9]

Essa também é a posição do STF, segundo o qual:

> 2. Em face da natureza mista (penal/processual) da norma prevista no § 5º do art. 171 do CP, sua aplicação retroativa será obrigatória em todas as hipóteses onde ainda não tiver sido oferecida a denúncia pelo Ministério Público, independentemente do momento da prática da infração penal, nos termos do art. 2º do CPP, por tratar-se de verdadeira "condição de procedibilidade da ação penal". 3. Inaplicável a retroatividade do § 5º do art. 171 do CP, às hipóteses onde o Ministério Público tiver oferecido a denúncia antes da entrada em vigor da Lei nº 13.964/2019; uma vez que, naquele momento a norma processual em vigor definia a ação para o delito de estelionato como pública incondicionada, não exigindo qualquer condição de procedibilidade para a instauração da persecução penal em juízo. 4. A nova legislação não prevê a manifestação da vítima como condição de prosseguibilidade quando já oferecida a denúncia pelo Ministério Público.[10]

13.5.4.3 Legitimados para oferecer representação

Se for *maior de 18 anos* e não acometido de enfermidade mental, somente o próprio ofendido poderá oferecer a representação, já que plenamente capaz, nos termos do art. 5º do CC/2002.

Se o ofendido contar *com menos de 18 anos ou for mentalmente enfermo*, o direito de representação cabe exclusivamente a quem tenha qualidade para representá-lo (CPP, art. 24, *caput*).

No caso de *morte do ofendido ou quando declarado ausente por decisão judicial*, o direito de representação passará ao cônjuge, ascendente, descendente ou irmão (CPP, art. 24, § 1º).

---

9. STJ, HC nº 573.093/SC, rel. Min. Reynaldo Soares da Fonseca, 5ª T., j. 9-6-2020, noticiado no *Informativo* nº 674.
10. STF, HC nº 187.341/SP, rel. Min. Alexandre de Moraes, 1ª T., j. 13-10-2020.

Por analogia ao art. 33 do CPP, se o ofendido for menor de 18 anos, ou mentalmente enfermo, ou retardado mental, e não tiver representante legal, ou colidirem com os interesses deste com os daquele, o direito de representação poderá ser exercido por *curador especial*, nomeado, de ofício ou a requerimento do Ministério Público, pelo juiz competente para o processo penal.

O direito de representação poderá ser exercido *pessoalmente ou por procurador com poderes especiais*, mediante declaração, escrita ou oral, feita ao juiz, ao órgão do Ministério Público, ou à autoridade policial (CPP, art. 39). Não exige, no entanto, que o procurador seja advogado inscrito na Ordem dos Advogados do Brasil, bastando constar no documento poderes especiais para oferecer a representação.

A representação *não exige formalidade específica*, podendo, inclusive, ser apresentada mediante declaração oral ao juiz, ao órgão do Ministério Público, ou à autoridade policial (CPP, art. 39).

Com efeito, a representação pode ser extraída do comparecimento da vítima e do seu depoimento em sede policial, circunstância apta a indicar a inequívoca manifestação de vontade de ver apurado o fato delituoso, sendo desnecessária representação formal.[11]

13.5.4.4 Prazo

O direito de representação pode ser exercido dentro do prazo de seis meses, contados do dia em que o ofendido ou seu representante legal veio a saber quem é o autor do crime (CP, art. 103; CPP, art. 38).

Trata-se de prazo decadencial, que não se suspende nem se prorroga. Esgotado o prazo de seis meses, sem o exercício da representação, incide a causa de extinção da punibilidade prevista no art. 107, IV, do CP.

O prazo flui para o representante legal a partir do momento que ele veio a saber quem é o autor do ilícito penal. Quando a vítima é menor de 18 anos, portanto, o prazo para representar corre somente para o representante legal. Ao completar 18 anos, somente o ofendido poderá exercer o direito de representação, uma vez que, sendo considerado plenamente capaz pelo Código Civil, cessa, a partir dessa idade, a figura do representante legal.

Com a morte do ofendido antes de escoado o prazo decadencial, a legitimidade para oferecer a representação será do cônjuge, ascendente, descendente ou irmão (CPP, art. 24, § 1º).

Há divergência doutrinária acerca do termo inicial para a contagem do prazo decadencial em relação aos sucessores do ofendido.

Para uma primeira corrente, o termo inicial para os sucessores do ofendido ajuizarem queixa-crime é a data do conhecimento do fato criminoso pelo legitimado, e não da morte da vítima, desde que, evidentemente, não tenha incidido a decadência do direito de queixa-crime (ofendido vivo deixou passar os seis meses, por exemplo).

Há, no entanto, entendimento doutrinário no sentido de que o prazo decadencial deveria continuar a correr no seu restante. Assim, se já decorreram dois meses do prazo decadencial para o ofendido, vindo este a falecer, os sucessores terão somente mais quatro meses a contar do óbito do ofendido.[12]

11. STJ, AgRg no AgREsp nº 1755469/MS, rel. Min. Sebastião Reis Júnior, 6ª T., j. 4-5-2021.
12. LIMA, Renato Brasileiro de. Op. cit., p. 340.

Havendo conflito de interesse entre o ofendido incapaz e o seu representante legal, o juiz deverá nomear curador especial para preservar os interesses do ofendido. Nesse caso, o prazo decadencial passará a correr a partir da data em que o curador tomar ciência da nomeação.

13.5.4.5 Retratação da representação

A retratação da representação corresponde à possibilidade daquele que manifestou a vontade para o desencadeamento da ação penal voltar atrás, ou seja, não desejar mais a instauração de um procedimento criminal contra o autor do fato delituoso.

Nos termos do art. 102 do CP, a retratação somente poderá ser manifestada até o oferecimento da denúncia; a representação será, pois, irretratável depois de oferecida a denúncia.

Convém ressaltar, até mesmo para não gerar confusão, que a retratação pode ser realizada *até o oferecimento da denúncia*, e não até o recebimento da denúncia. Assim, com o oferecimento da denúncia, ainda que não recebida oficialmente, não será possível a retratação. Isso porque, por força do princípio da indisponibilidade, o Ministério Público não mais poderá desistir da ação penal, ainda que presente a vontade do ofendido nesse sentido, depois de oferecida a denúncia.

Em que pese entendimento contrário, a maioria da doutrina e a jurisprudência admitem a retratação de retratação dentro do prazo decadencial. Ou seja, o ofendido pode se retratar da representação, manifestando o desejo de que não seja deflagrada a ação penal, e, antes do esgotamento do prazo decadencial, resolver mudar novamente de ideia e se retratar da retratação, decidindo pelo ajuizamento da ação penal. Esse é o entendimento adotado pelo STJ.

> Agravo regimental. Recurso especial. Direito penal. Art. 303 da Lei nº 9.503/1997. CTB. Lesões corporais culposas. Ação pública condicionada à representação da ofendida. Representação da vítima. Pedido de arquivamento seguido de renovação da representação dentro do prazo decadencial. Possibilidade. Acórdão *a quo* em consonância com a jurisprudência deste tribunal. Incidência da Súmula nº 83/STJ. 1. A reconsideração da retratação dentro do período decadencial é possível e permite o regular curso da ação penal condicionada (art. 303 da Lei nº 9.503/1997). 2. Poderá o ofendido se retratar da representação, ou melhor, se arrepender de ter representado em desfavor do ofensor até o momento antes de ser oferecida pelo Ministério Público a denúncia, que é o início da ação penal. 3. A doutrina e a jurisprudência admitem a retração de retratação dentro do prazo decadencial. Em outros termos, a decisão de arquivamento não implica extinção da punibilidade do autor da conduta delitiva, inclusive não faz coisa julgada material, podendo o órgão ministerial, diante da reconsideração da vítima, antes do termo final do prazo decadencial, requerer o desarquivamento. 4. Incidência da Súmula nº 83/STJ. 5. O agravo regimental não merece prosperar, porquanto as razões reunidas na insurgência são incapazes de infirmar o entendimento assentado na decisão agravada. 6. Agravo regimental improvido.[13]

Como dito, via de regra, a retratação da representação pode ser realizada até o oferecimento da denúncia, inclusive perante a autoridade policial durante a fase investigatória.

Todavia, tratando-se de crime de ação penal pública condicionada à representação envolvendo violência doméstica ou familiar contra a mulher, essa regra comporta exceção.

---

13. STJ, AgRg no REsp nº 1131357/DF, rel. Min. Sebastião Reis Júnior, 6ª T., j. 5-11-2013.

Com efeito, nos termos do art. 16 da Lei nº 11.340/2006,

> Nas ações penais públicas condicionadas à representação da ofendida de que trata esta Lei, só será admitida a renúncia à representação perante o juiz, em audiência especialmente designada com tal finalidade, antes do recebimento da denúncia e ouvido o Ministério Público.

Assim, no caso de ação penal pública condicionada à representação envolvendo violência doméstica ou familiar contra a mulher, a vítima somente poderá se retratar perante o juiz e o membro do Ministério Público, em audiência especialmente designada, até o recebimento da denúncia.

Dessarte, como regra geral, a retratação poderá ser realizada até o *oferecimento da denúncia*; contudo, nos casos envolvendo violência doméstica ou familiar contra a mulher, a retratação pode ser realizada até o *recebimento da denúncia.*

13.5.4.6 Ação penal pública condicionada à requisição do Ministro da Justiça

Trata-se de ação penal pública, porque promovida pelo Ministério Público, cuja condição de procedibilidade consiste na requisição do Ministro da Justiça, sem a qual não será possível a instauração da ação penal.

O Código Penal prevê duas hipóteses de ação penal pública condicionada à requisição do Ministro da Justiça: a) crime praticado por estrangeiro contra brasileiro fora do território nacional (CP, art. 7º, § 3º, *b*); e b) crimes contra a honra praticados contra o Presidente da República, ou contra chefe de governo estrangeiro (CP, art. 141, I, c/c o art. 145, parágrafo único).

Não há disposição na legislação acerca de prazo para o oferecimento da requisição. Entende-se, por isso, que o Ministro da Justiça poderá oferecê-la a qualquer tempo, enquanto não estiver extinta a punibilidade do agente, como, por exemplo, pela prescrição.

Para a maior parte da doutrina, a requisição é irretratável, pois, ao contrário da representação, a lei não contempla expressamente essa possibilidade.

A requisição não obriga o Ministério Público a oferecer a denúncia. Sendo o titular exclusivo da ação penal pública (CF/1988, art. 129, I), cabe ao Ministério Público valorar os elementos de informação e formar a *opinitio delicti.* Na verdade, a partir da Constituição Federal/1988, a requisição, cuja expressão significa uma imposição, deve ser tratada como representação.

13.6 AÇÃO PENAL PRIVADA

13.6.1 Conceito

Nos crimes de ação penal privada, o Estado, titular exclusivo do direito de punir, transfere a legitimidade para a propositura da ação penal ao ofendido ou a seu representante legal, na hipótese de ser menor de 18 anos ou mentalmente enfermo (CP, art. 100, § 2º).

A peça inicial da ação penal privada é a queixa-crime, que não se confunde com a *notitia criminis* ou com o requerimento de instauração de inquérito policial, atos relacionados à comunicação de determinada infração penal à autoridade policial.

Tratando-se de crime de ação penal privada, o legislador, após descrever a conduta delituosa e cominar a respectiva pena, faz referência à titularidade exclusiva do ofendido ou de seu representante legal, empregando a expressão "somente se procede mediante queixa", que é a peça inicial da ação penal privada.

No Código Penal, pode-se citar como exemplos de crimes de ação penal privada: a) crimes contra a honra: arts. 138 (calúnia), 139 (difamação) e 140 (injúria), ressalvada a hipótese do art. 145, 2ª parte, e parágrafo único, bem como o disposto na Súmula nº 714 do STF; b) art. 161, § 1º, I e II – alteração de limites (se não usar de violência e a propriedade for particular); c) arts. 163, *caput*, IV, parágrafo único, e 164 c/c art. 167 (crime de dano); d) art. 179 e parágrafo único – fraude à execução; e) art. 184, *caput* – violação de direito autoral; f) art. 236, parágrafo único; g) art. 345 (exercício arbitrário das próprias razões, quando não há emprego de violência).

13.6.2 Princípios

Os principais princípios que regem a ação penal privada são:

a) **Princípio da oportunidade ou conveniência**

Ao contrário da ação penal pública, informada que é pelo princípio da obrigatoriedade, na ação penal privada o ofendido tem a faculdade de propor ou não a ação de acordo com a sua conveniência. Ou seja, fica a critério do ofendido ou seu representante legal a análise da conveniência e oportunidade para oferecer a queixa-crime dentro do prazo decadencial.

É por essa razão que, se tratando de crime de ação penal privada, eventual procedimento policial somente poderá ser instaurado a partir do requerimento do ofendido ou seu representante legal.

b) **Princípio da disponibilidade**

Na ação privada, a decisão de prosseguir ou não até o final do processo é do ofendido ou do seu representante legal.

Em outras palavras, após o ajuizamento da ação penal privada, o ofendido poderá dispor do conteúdo do processo até o trânsito em julgado da sentença condenatória, por meio do perdão aceito (CPP, art. 51) ou da perempção (CPP, art. 60).

Assim, depois do oferecimento da queixa-crime, o ofendido poderá simplesmente deixar de promover o andamento do processo durante 30 dias seguidos, dispondo da ação penal, com a consequente extinção da punibilidade do réu.

c) **Princípio da indivisibilidade**

O ofendido ou seu representante legal possui a faculdade de ingressar com a ação penal privada, de acordo com o seu critério de conveniência e oportunidade. Todavia, nos termos do art. 48 do CPP, se optar por ajuizar a ação penal, terá de propor contra todos aqueles que contribuíram para o crime, velando o Ministério Público pela indivisibilidade da ação penal privada. Em síntese, o ofendido pode optar entre propor ou não a ação; não se afigura possível, porém, escolher dentre os ofensores qual irá processar. Ou ingressa com a ação penal contra todos, ou não ingressa contra ninguém.

Se o ofendido, de forma deliberada, deixar de incluir um dos autores do delito, ensejará o reconhecimento da renúncia tácita em relação ao excluído, que se estenderá aos demais coautores ou partícipes do delito, redundando na extinção da punibilidade de todos, nos termos do art. 107, V, do CP.

Nesse sentido, o STJ já decidiu que

> A não inclusão na queixa, dentro do prazo decadencial de todos os corréus – embora possível – importa em renúncia tácita do direito de ação quanto aos excluídos. For força do princípio da indivisibilidade da ação penal (art. 49 do CPP), deve tal renúncia produzir efeitos em relação aos demais possíveis autores do crime.[14]

Imaginemos, por exemplo, que Wilson tenha sido vítima de um crime de dano praticado por motivo egoístico, previsto no art. 163, parágrafo único, IV, do CP, sendo as autoras do delito Maria, sua ex-namorada, e Joana, mãe desta. Em um primeiro momento, porém, Wilson não tinha conhecimento da autoria delitiva, somente vindo a descobrir depois de transcorridos dois meses. Considerando que o delito é de ação penal privada, Wilson propõe queixa-crime apenas em face de Joana, tendo em vista que sempre teve problemas com a sogra, não tendo interesse que Maria seja processada criminalmente. Nesse caso, cumpre ao Ministério zelar pela indivisibilidade, promovendo pela intimação do querelante, para aditar a queixa-crime e incluir Maria na ação penal. Se o querelante não incluir a outra autora do crime, importará em renúncia tácita, ensejando a declaração de extinção da punibilidade das acusadas pelo delito, nos termos do art. 107, V, do CP.

Registre-se, por pertinente, que, não obstante velar pela indivisibilidade, o Ministério Público não pode aditar a queixa para nela incluir os outros ofensores, porque estaria invadindo a legitimação do ofendido. Conforme já decidido pelo STJ:

> Nos termos do art. 45 do CPP, a queixa poderá ser aditada pelo Ministério Público, ainda que se trate de ação penal privativa do ofendido, desde que não proceda à inclusão de coautor ou partícipe, tampouco inove quanto aos fatos descritos, hipóteses, por sua vez, inocorrentes na espécie.[15]

d) Princípio da intranscendência

Significa que a ação penal só pode ser proposta em face do autor e do partícipe da infração penal, não podendo se estender a quaisquer outras pessoas.

13.6.3 Titular

O titular para o ajuizamento da ação penal privada é o ofendido ou seu representante legal, caso seja menor de idade ou mentalmente enfermo (CP, art. 100, § 2º). A ação penal privada é desencadeada por meio da queixa-crime, cujo autor é chamado de querelante, enquanto o réu será o querelado.

Se não tiver representante legal ou se colidirem com o interesse deste com o do ofendido, o juiz deverá nomear um curador especial para o fim de oferecer a queixa (CPP, art. 33).

Se o ofendido falecer ou é declarado ausente, o direito de oferecer queixa passa ao cônjuge, ascendente, descendente ou irmão (CP, art. 100, § 4º), ressalvado o caso do art. 236, parágrafo único, do CP, que prevê hipótese de ação penal personalíssima, já que somente o cônjuge enganado poderá oferecer a queixa-crime.

13.6.4 Prazo da ação penal privada

O prazo para o oferecimento da queixa-crime é de seis meses, contados a partir da data do conhecimento da autoria do crime pelo ofendido ou seu representante legal (CP, art. 103).

---

14. STJ, AgRg no AgREsp nº 1810118/AL, rel. Min. Reynaldo Soares da Fonseca, 5ª T., j. 11-5-2021.
15. STJ, HC nº 85039/SP, rel. Min. Felix Fischer, 5ª T., j. 5-3-2009.

O prazo é decadencial, conforme o art. 10 do CP, computando-se o dia do começo e excluindo-se o dia final. Do mesmo modo, não se prorroga em face de domingo, feriado e férias. Assim, se o termo final do prazo cair em sábado, domingo ou feriado, o ofendido ou seu representante não poderá aguardar o primeiro dia útil seguinte para propor a ação penal.

Segundo a doutrina, no caso de ser ofendido menor de 18 anos, o prazo decadencial começa a ser contado no dia em que ele completar esta idade, e não no dia em que ele tomou conhecimento da autoria.

Os arts. 38 do CPP e 103 do CP, ao fazerem referência à ressalva "salvo disposição expressa em contrário", admitem prazos diferenciados expressamente previstos em lei, como, por exemplo, nas hipóteses do art. 236 do CP, em que a ação penal somente poderá ser intentada depois do trânsito em julgado da ação de anulação do casamento, e nos crimes de ação penal privada contra a propriedade imaterial que deixam vestígios, cujo prazo é de 30 dias, contados a partir da homologação do laudo pericial (CPP, art. 529).

13.6.5 Ação penal privada subsidiária da pública

Nos termos do art. 100, § 3º, do CP, a ação penal privada subsidiária é proposta nos crimes de ação pública, condicionada ou incondicionada, quando o Ministério Público deixar de oferecer a denúncia no prazo legal. É a única exceção prevista na própria Constituição Federal à regra da titularidade exclusiva do Ministério Público para ajuizar a ação penal pública (CF, art. 5º, LIX).

Quando o inquérito policial é concluído e remetido ao Ministério Público, o *Parquet* tem, invariavelmente, três caminhos a seguir: a) requisitar novas diligências à autoridade policial; b) arquivamento; c) oferecer denúncia no prazo de cinco dias, se o acusado estiver preso; ou no prazo de 15 dias, se o acusado estiver solto (CPP, art. 46).

Se o Ministério Público permanecer inerte, ou seja, não requisitar diligências, deliberar pelo arquivamento ou oferecer denúncia no prazo legal, surge para o ofendido a legitimidade para ajuizar a ação penal privada subsidiária da pública, por meio de queixa-crime subsidiária.

O ofendido ou seu representante legal tem o prazo de seis meses para intentar a ação penal subsidiária por meio de queixa substitutiva, contados a partir do dia em que esgotou o prazo para o Promotor de Justiça oferecer a denúncia (CP, art. 103, *in fine*).

Logo, não tem cabimento nos casos de arquivamento do inquérito policial ou das peças de informação e quando o Promotor Público requer, tratando-se de indiciado solto, a devolução dos autos à autoridade policial no sentido de realização de diligências imprescindíveis para o oferecimento da denúncia.

Se intentada a ação penal privada subsidiária da pública, cabe ao Ministério Público aditar a queixa, repudiá-la e oferecer denúncia substitutiva, intervir em todos os termos do processo, fornecer elementos de prova, interpor recurso e, a todo tempo, no caso de negligência do querelante, retomar a ação como parte principal, conforme dispõe o art. 29 do CPP.

Escoado o prazo de seis meses, cessa a possibilidade de o ofendido ou seu representante legal intentar a ação penal privada subsidiária da pública. Nesse caso, à evidência, não há extinção da punibilidade do réu pela decadência, uma vez que o Ministério Público pode oferecer a denúncia enquanto não extinta a punibilidade do agente por outro motivo, já que a ação continua a ser de natureza pública.

13.7 AÇÃO PENAL NO CRIME COMPLEXO

Crime complexo é aquele integrado de dois ou mais tipos penais, como, por exemplo, o crime de roubo (CP, art. 157), composto pelos elementos que caracterizam o furto (CP, art. 155) e lesão corporal (CP, art. 129) ou ameaça (CP, art. 147).

Nos crimes complexos, quando um dos elementos ou das circunstâncias do crime constituir delito autônomo, pelo qual cabe ação pública, caberá também para o crime complexo (CP, art. 101).

Assim, no caso do roubo, embora os crimes de lesão corporal leve e o de ameaça sejam de ação penal pública condicionada a representação, como constituem elementares do crime de roubo, a fusão com o crime de furto, cuja ação é pública incondicionada, o crime complexo, no seu conjunto, será de ação penal pública.

Trata-se de norma absolutamente inócua, diante da regra estabelecida no próprio art. 100, *caput*, do CP, que prevê ser a ação penal de natureza pública, desde que não exista ressalva declarando-a privativa do ofendido. No caso, considerando o exemplo acima, a verificação da natureza da ação penal se dá a partir do crime atribuído ao agente, e não sobre elementos isolados que integram o tipo penal.

13.8 AÇÃO PENAL NO CONCURSO DE CRIMES

Embora não seja comum, pode-se cogitar de um "litisconsórcio" ativo entre o Ministério Público e o querelante num determinado processo, cada qual oferecendo sua respectiva peça acusatória. Assim, supondo a existência de conexão entre crimes de ação penal pública e de ação penal privada, sendo reunidos no mesmo feito, o Promotor oferecerá denúncia em relação ao crime de ação penal pública, enquanto o querelante oferecerá queixa-crime em relação ao crime de ação penal privada.

Assim, num cenário em que há uma tentativa de homicídio e uma injúria, em conexão, o Ministério Público somente poderá intentar a ação penal em relação à tentativa de homicídio, cabendo ao ofendido ou seu representante legal desencadear a ação penal privada.

13.9 AÇÃO PENAL EM RELAÇÃO AO CRIME DE LESÃO CORPORAL PRATICADO NO CONTEXTO DE VIOLÊNCIA DOMÉSTICA E FAMILIAR CONTRA A MULHER

Nos termos do art. 88 da Lei nº 9.099/1995, os crimes de lesão corporal leve (CP, art. 129, *caput*) e lesão corporal culposa (CP, art. 129, § 6º) são, como regra, de ação penal pública condicionada à representação.

Todavia, quando praticados no contexto de violência doméstica e familiar contra a mulher, os crimes de lesão corporal leve e culposa passarão a ser considerados de ação penal pública incondicionada.

Isso porque, nos termos do art. 41 da Lei nº 11.340/2006, os dispositivos que constam na Lei nº 9.099/1995 não se aplicam aos crimes praticados contra a mulher no contexto de violência doméstica e familiar.

Além disso, haveria absolutamente incompatibilidade entre as finalidades da Lei do Juizado Especial Criminal e a Lei Maria da Penha, pois esta confere maior proteção à mulher, prevendo tratamento mais rigoroso ao agressor, ao passo que aquela incide em relação a infrações de menor potencial ofensivo, cujo escopo é a não aplicação da pena privativa de liberdade, priorizando as penas restritivas de direitos ou multa.

É o entendimento sedimentado na Súmula nº 542 do STJ, segundo a qual: "A ação penal relativa ao crime de lesão corporal resultante de violência doméstica contra a mulher é pública incondicionada".

Para acesso ao vídeo, utilize o QR Code ao lado.

14

EXTINÇÃO DA PUNIBILIDADE

14.1 INTRODUÇÃO

Com a prática da infração penal, surge para o Estado o direito de punir o responsável, ou seja, a possibilidade jurídica de impor uma sanção penal ao responsável pela prática do crime ou contravenção penal.

Vê-se, pois, que a punibilidade não constitui elemento do crime, mas a possibilidade jurídica de o Estado aplicar uma sanção penal ao responsável pela prática da infração penal, sendo, assim, consequência.

Nesse contexto, as causas de extinção da punibilidade, via de regra, não eliminam o crime, mas inviabilizam que o Estado possa exercer o seu poder punitivo. Em outras palavras, embora permaneçam hígidos os elementos do crime, consistentes na tipicidade, ilicitude e culpabilidade, o Estado não mais poderá punir o agente, por conta da incidência de uma causa de extinção da punibilidade.

Apenas a *abolitio criminis* e a anistia, excepcionalmente, podem levar à exclusão da infração, sem, no entanto, perder a sua natureza de causas extintivas da punibilidade.

A *abolitio criminis* constitui causa superveniente de extinção da tipicidade, pois a lei nova passa a considerar atípico o fato até então previsto como conduta penalmente proibida. A anistia, por conta da sua eficácia retroativa, gera a atipicidade temporária do fato praticado pelo agente, apagando todos os efeitos penais da infração.

14.2 CAUSAS EXTINTIVAS DA PUNIBILIDADE PREVISTAS NO ART. 107 DO CP

O rol de causas extintivas de punibilidade previsto no art. 107 do CP é meramente *exemplificativo*. Há outras causas de extinção da punibilidade previstas no próprio Código Penal e na legislação especial, como, por exemplo:

a) reparação do dano, no peculato culposo, se precede à sentença irrecorrível (CP, art. 312, § 3º);

b) retratação no crime de falso testemunho antes da sentença em que ocorreu o ilícito (CP, art. 342, § 2º);

c) término do período de prova, sem revogação, do *sursis* (CP, art. 82), do livramento condicional (CP, art. 90) e da suspensão condicional do processo (Lei nº 9.099/1995, art. 89, § 5º);

d) pagamento do tributo ou contribuição social nos crimes contra a ordem tributária (Lei nº 9.430/1996, art. 83, § 4º);

e) confissão e pagamento das contribuições, importâncias ou valores e prestar as informações devidas à previdência social, na forma definida em lei ou regulamento, antes do início da ação fiscal, nos crimes de apropriação indébita previdenciária e sonegação de contribuição previdenciária (CP, arts. 168-A, § 2º, e 337-A, § 1º, e Lei nº 9.430/1996, art. 83, § 4º);

f) cumprimento integral do acordo de leniência, em relação aos crimes contra a ordem tributária tipificados na Lei nº 8.137/1990 (Lei nº 12.529/2011, art. 87, parágrafo único);

g) cumprimento do acordo de não persecução penal (CPP, art. 28-A, § 13).

Há, ainda, hipóteses de causas supralegais de extinção da punibilidade, como se pode extrair da Súmula nº 554 do STF, segundo a qual "O pagamento de cheque emitido sem provisão de fundos, após o recebimento da denúncia, não obsta ao prosseguimento da ação penal".

14.3 CAUSAS DE EXTINÇÃO DA PUNIBILIDADE X CAUSAS DE EXCLUSÃO DA PUNIBILIDADE

Não há que se confundir *causas de extinção da punibilidade* com *causas de exclusão da punibilidade.*

Com a prática de uma infração penal, surge a punibilidade, ou seja, a possibilidade jurídica de o Estado punir o agente, que poderá ser extinta se incidir uma das causas expressamente previstas em lei. Em outras palavras, surge o direito de punir, que será extinto a partir da incidência de uma *causa de extinção da punibilidade.*

Nas *causas de exclusão de punibilidade*, nem sequer surge para o Estado a possibilidade jurídica de punir o agente. Ou seja, em determinadas situações, a incidência de fatores específicos, invariavelmente relacionados às condições pessoais do autor do fato e da vítima, acarretam a própria exclusão de qualquer possibilidade de punição, não sendo possível sequer a instauração de inquérito policial, nem tampouco oferecimento da peça acusatória e final condenação.

É o caso, por exemplo, da escusa absolutória, prevista no art. 181 do CP. Assim, se a esposa praticar crime de furto contra o marido, nem sequer será possível a instauração de qualquer procedimento policial, já que essa circunstância exclui por completo a possibilidade de punir a autora do fato. Nesse caso, nem sequer nasce a possibilidade jurídica de punir a autora do fato.

14.4 MOMENTO DE OCORRÊNCIA DAS CAUSAS EXTINTIVAS DA PUNIBILIDADE

As causas extintivas da punibilidade podem ocorrer antes da sentença final ou depois da sentença condenatória irrecorrível.

O momento da incidência da causa extintiva de punibilidade tem relevância na reincidência e em outros efeitos da sentença condenatória irrecorrível. Assim, se a causa extintiva da punibilidade ocorrer antes da sentença final, vindo o sujeito a praticar outro crime, não será considerado reincidente.

Se, porém, a causa extintiva da punibilidade ocorrer depois do trânsito em julgado da sentença penal condenatória, o agente que praticar novo crime será considerado reincidente, salvo na hipótese de *abolitio criminis* e anistia, causas de extinção da punibilidade que apagam os efeitos penais da sentença condenatória irrecorrível.

14.5 EFEITOS DA EXTINÇÃO DA PUNIBILIDADE

Em regra, as causas extintivas da punibilidade só alcançam o direito de punir do Estado, subsistindo o crime em todos os seus requisitos e a sentença condenatória irrecorrível.

Excepcionalmente, a causa extintiva de punibilidade apaga o fato praticado pelo agente e rescinde a sentença condenatória irrecorrível, subsistindo os efeitos extrapenais decorrentes da condenação irrecorrível. É o que ocorre com a *abolitio criminis* e a anistia.

Sinala-se, por pertinente, que, em relação ao indulto haverá a extinção dos efeitos primários da sentença penal condenatória, permanecendo hígidos os efeitos secundários, penais ou extrapenais. É o que se extrai da Súmula nº 631 do STJ, segundo a qual: "O indulto extingue os efeitos primários da condenação (pretensão executória), mas não atinge os efeitos secundários, penais ou extrapenais".

Assim, se teve extinta a punibilidade pelo indulto em face de crime anterior, e, posteriormente, praticou novo crime, o agente será considerado reincidente.

14.6 CAUSAS DE EXTINÇÃO DE PUNIBILIDADE PREVISTAS NO ART. 107 DO CP

14.6.1 Morte do agente

A morte do agente constitui causa de extinção da punibilidade, por conta do princípio da personalidade da pena, segundo a qual a pena não pode passar da pessoa do condenado (CF, art. 5º, XLV, 1ª parte).

Essa extinção da punibilidade incide sobre todas as espécies de penas, inclusive a pena de multa. Assim, se no curso da execução da pena de multa convertida em dívida ativa o réu vier a falecer, deve ser declarada extinta a punibilidade do agente pela sua morte, não sendo possível, assim, direcionar a execução da pena de multa aos seus sucessores.

Isso porque, sendo personalíssima a responsabilidade penal, a morte do agente faz com que o Estado perca o *jus puniendi*, não se transmitindo a seus herdeiros qualquer obrigação de natureza penal.

Todavia, a própria Constituição Federal prevê a possibilidade de a obrigação de reparar o dano e a decretação do perdimento de bens ser estendidas aos sucessores e contra eles executadas, até o limite do valor do patrimônio transferido (CF, art. 5º, XLV, 2ª parte).

Nesse contexto, ocorrendo a morte do réu após o trânsito em julgado da sentença condenatória, o interessado poderá ingressar no juízo cível com a execução para efeito de reparação do dano contra os herdeiros ou sucessores universais do condenado falecido (CPP, art. 63).

Ocorrendo a morte do agente antes do trânsito em julgado da sentença final, o ofendido pode intentar a *actio civilis ex delicta* contra os herdeiros ou sucessores universais do condenado falecido (CPP, art. 64).

Nos termos do art. 62 do CPP, no caso de morte do acusado, o juiz somente à vista da certidão de óbito, e depois de ouvido o Ministério Público, declarará extinta a punibilidade.

14.6.2 Anistia, graça e indulto

A anistia, graça e indulto constituem espécies de indulgência, ensejando a renúncia do Estado ao direito de punir.

São benefícios concedidos por órgãos diversos do Poder Judiciário, mas que somente ensejam a extinção da punibilidade após decisão judicial.

14.6.2.1 Anistia

Trata-se de espécie de exclusão da incidência do Direito Penal sobre uma ou mais infrações penais. Não exclui o crime, mas apenas a possibilidade de o Estado punir o agente que o praticou, razão pela qual tem efeito retroativo.

A competência para concessão de anistia é exclusiva da União e privativa do Congresso Nacional (CF, art. 48, VIII), com a sanção do Presidente da República, só podendo ser concedida por meio de lei federal.

Não se aplica aos delitos referentes a "prática de tortura, o tráfico ilícito de entorpecentes e drogas afins, o terrorismo e os definidos como crimes hediondos" (CF, art. 5º, XLIII; Lei nº 8.072/1990, art. 2º, I).

Aplica-se, em regra, a *crimes políticos (anistia especial),* podendo, ainda, incidir sobre delitos comuns *(anistia comum).*

A anistia tem caráter da generalidade, *abrangendo fatos* e não pessoas, sendo possível impor condições específicas ao beneficiado, caracterizando a anistia condicionada.

Pode-se citar como exemplo a anistia concedida a todos quantos, no período compreendido entre 2-9-1961 e 15-8-1979, cometeram crimes políticos ou conexos com estes, crimes eleitorais, aos que tiveram seus direitos políticos suspensos e aos servidores da Administração Direta e Indireta, de fundações vinculadas ao poder público, aos servidores dos Poderes Legislativo e Judiciário, aos militares e aos dirigentes e representantes sindicais, punidos com fundamento em atos institucionais e complementares (Lei nº 6.683/1979, art. 1º).

Outro exemplo decorrente de situação mais recente guarda relação com a anistia concedida a policiais militares e bombeiros militares de alguns Estados da Federação, que participaram de movimentos reivindicatórios por melhorias de vencimentos e de condições de trabalho no período entre 13-1-2010 e a data da publicação da Lei nº 13.296/2016.[16]

Diz-se *anistia própria* quando concedida antes da sentença condenatória, ao passo que a *anistia imprópria* é aquela ocorrida após a sentença penal condenatória.

A anistia opera *ex tunc*, isto é, para o passado, apagando o crime, extinguindo a punibilidade e demais consequências de natureza penal. A anistia rescinde a sentença penal

---

16. STJ, RHC nº 40735/PE, rel. Min. Rogério Schietti Cruz, 6ª T., j. 16-6-2016.

condenatória irrecorrível. Assim, se o sujeito vier a cometer novo delito, não será considerado reincidente.

A anistia não impede a execução da sentença condenatória para efeito da reparação do dano, pois faz cessar somente os efeitos penais. Desse modo, a sentença condenatória definitiva, mesmo em face da anistia, pode ser executada no juízo cível, pois constitui título executivo judicial.

Se a anistia for concedida no curso da ação penal, compete ao Magistrado competente para conduzi-la proferir decisão declaratória extintiva da punibilidade. Se a ação estiver em grau recursal, ou se for de competência originária, compete ao Tribunal declarar a extinção da punibilidade. Se estiver em fase de execução, compete ao juízo da execução penal declarar a extinção da punibilidade, conforme Súmula nº 611 do STF.

14.6.2.2 Graça

A graça, ao contrário do indulto, é um benefício concedido *à pessoa determinada*, condenada definitivamente pela prática de crime comum, consistente na extinção ou comutação da pena.

Nos termos do art. 5º, XLIII, da CF, a graça não pode ser aplicada em relação a delitos referentes à prática de tortura, tráfico ilícito de entorpecentes e drogas afins, terrorismo e aos definidos como crimes hediondos.

A Constituição Federal não faz expressa referência à graça, sendo esse instituto tratado pela Lei de Execução Penal como indulto individual (LEP, art. 188).

A competência para concessão da graça é do Presidente da República, nos termos do art. 84, XII, da CF, podendo, nos termos do parágrafo único desse artigo, delegar a atribuição "aos Ministros de Estado, ao Procurador-Geral da República ou ao Advogado-Geral da União".

A graça pode ser *plena*, quando ensejar a extinção da pena imposta ao condenado, ou *parcial*, quando repercute na diminuição ou comutação da pena.

A graça somente extingue a punibilidade, subsistindo o crime, a condenação irrecorrível e seus efeitos secundários. Assim, se o agente beneficiado com a graça praticar novo crime, será considerado reincidente.

Como permanecem hígidos os efeitos extrapenais, a graça não impede a execução da sentença condenatória no juízo cível para efeito de reparação do dano.

Embora, via de regra, seja postulada por petição do condenado, a graça também pode ser provocada por iniciativa do Ministério Público, do Conselho Penitenciário, ou da autoridade administrativa (LEP, art. 188).

A petição da graça, acompanhada dos documentos que a instruírem, será entregue ao Conselho Penitenciário, para a elaboração de parecer e posterior encaminhamento ao Ministério da Justiça (LEP, art. 189).

Processada no Ministério da Justiça com documentos e o relatório do Conselho Penitenciário, a petição será submetida a despacho do Presidente da República, a quem serão presentes os autos do processo ou a certidão de qualquer de suas peças, se ele o determinar (LEP, art. 191).

Embora seja ato privativo do Presidente da República, a graça, total ou parcial, somente terá efeito a partir da decisão judicial declarando extinta a punibilidade do beneficiado (LEP, art. 192).

14.6.2.3 Indulto

O indulto coletivo constitui modalidade de clemência concedida a todo condenado que preencher os requisitos previstos no Decreto Presidencial publicado geralmente no final de cada ano. Como se vê, o indulto, ao contrário da graça, *tem caráter coletivo* e é concedido espontaneamente.

Assim como a graça, a competência para conceder o indulto é do Presidente da República, nos termos do art. 84, XII, da CF, podendo, nos termos do parágrafo único desse artigo, delegar a atribuição "aos Ministros de Estado, ao Procurador-Geral da República ou ao Advogado-Geral da União".

Os requisitos para a concessão do indulto variam de acordo com cada decreto publicado, considerando, invariavelmente, requisitos subjetivos (primariedade e bom comportamento carcerário, sem registro de falta grave ao longo do ano) e objetivos (tempo de cumprimento de pena).

O indulto pode ser *total*, quando ensejar a extinção da pena, ou *parcial*, na hipótese de diminuição ou comutação da pena, bem como incondicionado ou condicionado.

Nos termos do art. 2º, I, da Lei nº 8.072/1990, o indulto não pode ser aplicado em relação a delitos referentes à prática de tortura, tráfico ilícito de entorpecentes e drogas afins, terrorismo e aos definidos como crimes hediondos. O art. 44 da Lei nº 11.343/2006 também veda a concessão do indulto aos condenados pelo crime de tráfico de drogas.

No entanto, o art. 5º, XLIII, da CF, prevê a vedação somente de graça aos condenados por crimes hediondos e equiparados, ensejando o debate acerca da constitucionalidade da proibição legal da concessão do indulto. E, nesse particular, o STF considerou constitucional o art. 2º, I, da Lei nº 8.072/1990, sob o fundamento de que o indulto é uma modalidade de graça concedido pelo Presidente da República, coadunando-se, portanto, com a restrição imposta no art. 5º, XLIII, que prevê a vedação do benefício aos condenados por crimes hediondos e equiparados.[17-18]

O indulto também somente extingue a punibilidade, subsistindo o crime, a condenação irrecorrível e seus efeitos secundários. Assim, se o agente beneficiado com o indulto praticar novo crime, será considerado reincidente. É o que se extrai da Súmula nº 631 do STJ: "O indulto extingue os efeitos primários da condenação (pretensão executória), mas não atinge os efeitos secundários, penais ou extrapenais".

Além disso, a concessão do indulto não inviabiliza a busca pela reparação do dano na esfera cível.

Em relação ao cômputo do requisito objetivo, especificamente no aspecto temporal, convém registrar, a teor da Súmula nº 535 do STJ, que "A prática de falta grave não interrompe o prazo para fim de comutação de pena ou indulto". Isso significa que o cômputo do lapso temporal leva em conta o início do cumprimento da pena, e não a alteração da data-base para futuros benefícios por conta da prática da falta grave.

---

17. STF, HC nº 81410/SC, rel. Min. Sydney Sanches, 1ª T., j. 19-2-2002.
18. É a posição adotada nos concursos públicos, como, por exemplo, para Técnico Judiciário do TJDFT, realizado em 2013, pela Banca CESPE/CEBRASPE; Delegado da Polícia Federal, realizado em 2018, pela CESPE/CEBRASPE; Defensor Público do DPE/AM, realizado em 2018, pela Banca FCC.

14.6.3 Lei posterior que deixa de considerar o fato criminoso (*abolitio criminis*)

A lei penal retroage, atingindo fatos ocorridos antes de sua entrada em vigor, sempre que beneficiar o agente de qualquer modo (CF, art. 5º, XL; CP, art. 2º). Assim, se a lei posterior deixar de considerar o fato como criminoso, excluindo da seara penal a conduta como sendo delituosa, retroagirá para alcançar os fatos praticados antes da sua vigência, com a consequente extinção da punibilidade dos responsáveis.

A Lei nº 11.106/2005, por exemplo, revogou os arts. 217 e 240, ambos do CP, deixando de considerar como condutas criminosas a sedução e o adultério. Logo, se, por exemplo, o agente estava cumprindo pena pela prática do crime de sedução (CP, art. 240), o juiz da execução penal terá de declarar a extinção da punibilidade do condenado, já que o fato não mais constitui crime.

Nos termos do art. 2º do CP, a *abolitio criminis* gera o efeito de fazer cessar a execução e os efeitos penais da sentença condenatória, como, por exemplo, a reincidência, maus antecedentes, lançamento do nome do réu no rol dos culpados. Assim, se, após extinta a punibilidade pela *abolitio criminis*, o agente praticar novo crime, não será considerado reincidente.

Todavia, não apaga os efeitos extrapenais da prática delituosa, já que a lei fala em cessação dos efeitos "penais" da sentença, podendo o ofendido buscar, por exemplo, a reparação do dano na esfera cível.

Se o fato abolido como crime estiver sendo apurado ainda na fase de inquérito policial ou na fase judicial em sede de juízo de primeiro grau, cumpre ao juiz competente para conduzir a persecução penal declarar a extinção da punibilidade. No caso de se encontrar na fase recursal, ou na hipótese de competência originária dos Tribunais, a competência para declaração de extinção da punibilidade será do respectivo Tribunal.

Se já foi proferida sentença condenatória, encontrando-se na fase de execução criminal, a competência para a declaração da extinção da punibilidade será do Juízo da Execução Criminal, nos termos do art. 66, I, da Lei nº 7.210/1984, e da Súmula nº 611 do STF.

14.6.4 Prescrição, decadência e perempção

O art. 107, IV, do CP prevê como causas de extinção da punibilidade a prescrição, decadência e perempção.

A prescrição será analisada em capítulo próprio, diante da abrangência do tema.

14.6.4.1 Decadência

A decadência é a perda do direito do ofendido e dos demais legitimados de representar, no caso de ação penal pública condicionada à representação, e de oferecer a queixa-crime, na hipótese de ação penal privada, em face do decurso do tempo.

Nos termos dos arts. 103 do CP e 38 do CPP, o ofendido ou seu representante legal decai do direito de queixa ou de representação se não o exerce dentro do prazo de seis meses, contados a partir do dia em que veio a saber quem é o autor do crime, ou, no caso da ação penal privada subsidiária da pública, do dia em que se esgotou o prazo para o oferecimento da denúncia.

Logo, os legitimados para apresentar representação ou oferecer queixa-crime têm o prazo de seis meses, a contar da inequívoca ciência da autoria do fato, para exercer esse direito. Escoado esse prazo sem iniciativa do ofendido ou do seu representante legal, incide a decadência do direito de representação ou de queixa-crime, com a consequente extinção da punibilidade do agente ofensor.

Como se trata de prazo penal, a contagem segue as regras do art. 10 do CP, incluindo-se o dia do começo, excluindo-se o último dia, considerando o calendário comum. Assim, se, por exemplo, o ofendido tomou ciência da autoria do fato no dia 3-3-2020, terá até o dia 2-9-2020 para oferecer a representação ou ajuizar a queixa-crime. A partir do dia 3-9-2020 já terá incidido a decadência do direito, com a consequente extinção da punibilidade.

O prazo penal não pode ser prorrogado para o primeiro dia útil, se cair no sábado, domingo ou feriado. A partir do momento em que o ofendido tomou conhecimento da ciência da autoria do fato, começa a correr o prazo decadencial, não havendo suspensão ou interrupção.

O STJ considerou não ser possível aplicar no prazo decadencial as regras do art. 798, § 3º, do CPP, que prevê a prorrogação do prazo para o primeiro dia útil, se vencer no sábado, domingo ou feriado. No caso, conforme se extrai da decisão proferida,

> consta dos autos que foi apresentada queixa-crime contra a paciente em 17-9-2018. Contudo, o impetrante afirma que a querelante tomou conhecimento da suposta ofensa e da sua autoria em 17-3-2018, motivo pelo qual o prazo decadencial de seis meses, previsto no art. 38 do CPP, se esgotou em 16-9-2018, conforme contagem disciplinada pelo art. 10 do CP.[19]

O dia 16-9-2018 caiu num domingo, pelo que forçoso concluir que o STJ não considera como termo final o dia útil imediatamente anterior, que, no caso, seria na sexta-feira.[20]

A instauração de eventual procedimento investigatório, com autoria já conhecida, mas buscando elementos informativos mais robustos, não tem o condão de impedir ou suspender a fluência do prazo decadencial. Nesse caso, o ofendido deverá ficar atento ao prazo de seis meses, para não correr o risco de incidir a decadência do seu direito, por conta de eventual atraso dos atos investigatórios.

Convém sinalar, por pertinente, que o prazo decadencial é para o oferecimento da queixa-crime, e não para o seu recebimento pelo Poder Judiciário.

Em caso de crime continuado, o prazo decadencial é verificado isoladamente, desprezando-se a unidade de crimes, que, por ficção jurídica, serve para fins de aplicação da pena.

14.6.4.2 Perempção

A perempção é uma causa de extinção da punibilidade que incide por conta da inércia processual do querelante.

A perempção só é possível na ação penal exclusivamente privada, não sendo aplicável à ação penal privada subsidiária da pública, já que, diante da negligência do querelante, o Ministério Público retoma a ação penal (CPP, art. 29, parte final).

As hipóteses de perempção estão elencadas no art. 60 do CPP. E, segundo se extrai desse dispositivo, a perempção somente é possível após o ajuizamento da ação penal privada.

Nos termos do art. 60, I, do CPP, haverá perempção quando, iniciada a ação penal, o querelante deixar de promover o andamento do processo durante 30 dias seguidos. Nesse

19. STJ, HC nº 491470/RS, rel. Min. Reynaldo Soares da Fonseca, 5ª T., j. 12-3-2019.
20. O tema foi tratado com mais profundidade na Parte I, capítulo 15, item 15.1, para o qual remetemos o leitor.

caso, se, após regular intimação, o querelante não se manifestar no prazo legal de 30 dias, será decretada a extinção da punibilidade do querelado pela perempção. Tomemos como exemplo o querelante deixar de nomear novo advogado, depois de devidamente intimado da renúncia do advogado que o representava na ação penal.

A perempção incide também quando, falecendo o querelante, ou sobrevindo sua incapacidade, não comparecer em juízo, para prosseguir no processo, dentro do prazo de 60 dias, qualquer das pessoas a quem couber fazê-lo, ressalvado o disposto no art. 36 do CPP (CPP, art. 60, II).

Na hipótese de morte do querelante, a legitimidade para prosseguir na ação penal passa para o cônjuge, ascendente, descendente ou irmão (CPP, art. 31). Se um desses legitimados não se habilitar aos autos, a fim de dar prosseguimento ao processo, dentro do prazo de 60 dias, incidirá a causa de extinção de punibilidade do querelado.

Há perempção quando o querelante deixar de comparecer, sem motivo justificado, a qualquer ato do processo a que deva estar presente, ou deixar de formular o pedido de condenação nas alegações finais (CPP, art. 60, III). A presença do querelante no ato deve ser imprescindível. Se o ato permitir ser representado por seu procurador, não haverá perempção.

A falta de pedido de condenação e não apresentação das alegações finais no prazo legal, se devidamente intimado para tanto, também geram a incidência da perempção (CPP, art. 60, III, 2ª parte). Assim, ao final da audiência de instrução, nos debates orais o querelante não formular pedido de condenação ou de procedência do pedido, haverá perempção e, por conseguinte, a extinção da punibilidade do querelado. Da mesma forma, se os debates orais foram substituídos por memoriais escritos, por força do art. 403, § 3º, do CPP, e o querelante não apresentar essa peça no prazo legal, também incidirá a perempção.

Também gera a perempção quando, sendo querelante pessoa jurídica, esta se extinguir sem deixar sucessor (CPP, art. 60, IV).

14.6.5 Renúncia ao direito de queixa ou perdão aceito nos crimes de ação penal privada

14.6.5.1 Renúncia ao direito de queixa

É a abdicação do ofendido ou de seu representante legal do direito de promover a ação penal privada. Trata-se de ato unilateral pelo qual o ofendido delibera por não ajuizar a queixa-crime contra o suposto ofensor. Ocorre, portanto, *antes do oferecimento da queixa-crime.*

Nos termos do art. 104, *caput*, do CP: "o direito de queixa não pode ser exercido quando renunciado".

A renúncia ao direito de queixa somente pode ser exercida na ação penal exclusivamente privada, não sendo possível na ação penal privada subsidiária da pública, uma vez que, se o ofendido não oferecer a queixa-crime, o Ministério Público poderá oferecer a denúncia enquanto não incidir outra causa de extinção da punibilidade do agente, como, por exemplo, pela prescrição.

A renúncia pode ser: expressa e tácita. A *renúncia expressa* constará de declaração assinada pelo ofendido, seu representante legal ou procurador com poderes especiais, que não precisa ser advogado (CPP, art. 50).

A *renúncia tácita* ao direito de queixa consiste na prática de ato incompatível com a vontade de o ofendido ou seu representante legal iniciar a ação penal privada (CP, art. 104, parágrafo único, 1ª parte). Assim, no crime de injúria, por exemplo, mostra-se incompatível com a vontade de exercer o direito de queixa o ofendido convidar o ofensor para ser padrinho de batismo do seu filho.

O fato de o ofendido receber a indenização do dano causado pelo crime não implica renúncia ao direito de queixa, conforme se extrai do art. 104, parágrafo único, 2ª parte, do CP. Todavia, tratando-se de crime de ação penal privada de menor potencial ofensivo, seguindo o procedimento da Lei nº 9.099/1995, a composição civil homologada acarreta a renúncia ao direito de queixa (Lei nº 9.099/1995, art. 74, parágrafo único).

No caso de concurso de pessoas, a exclusão de um dos ofensores indica renúncia ao direito de queixa contra todos, não podendo o Promotor de Justiça aditar a queixa para nela incluir o ofensor excluído.

Com efeito, se, por exemplo, são três os autores do crime de ação penal privada, cumpre ao ofendido oferecer queixa contra todos ou contra nenhum. A exclusão de um importa renúncia tácita, estendendo-se aos demais, nos termos do art. 49 do CPP.

Nos termos do art. 50 do CPP, a renúncia do ofendido não impede que seu representante legal inicie a ação penal privada, nem a renúncia do último excluirá o direito do primeiro.

Conforme dispõe o art. 31 do CPP, no caso de morte da vítima, o direito de oferecer a queixa-crime passará ao cônjuge, ascendente, descendente ou irmão. Nesse caso, a renúncia de um dos legitimados não se reveste de causa impeditiva ao exercício da ação penal privada pelos demais.

Havendo duas ou mais vítimas, a renúncia de uma delas não impede o exercício do direito de queixa pelas demais.

14.6.5.2 Perdão do ofendido

O perdão do ofendido ou do seu representante legal consiste na manifestação, expressa ou tácita, de desistir do prosseguimento da ação penal privada. É a desistência manifestada *após o oferecimento da queixa*, que obsta o prosseguimento da ação penal privada, conforme prevê o art. 105 do CP.

O perdão aceito do ofendido é causa extintiva de punibilidade que incide somente na ação penal exclusivamente privada.

Tratando-se de ação penal privada subsidiária da pública (CP, art. 100, § 3º), a desistência do ofendido de prosseguir com o processo não determina a extinção da punibilidade, mesmo que o réu aceite o perdão, pois se trata de ação penal pública, devendo o Ministério Público assumi-la como parte principal (CPP, art. 29).

Depois de iniciada a ação penal privada, o perdão do ofendido pode ser manifestado até o trânsito em julgado da sentença penal condenatória (CP, art. 106, § 2º).

Nos termos do art. 106, *caput*, e § 1º, do CP, o perdão pode ser *processual*, quando concedido nos autos da ação penal privada, e *extraprocessual*, quando é concedido fora dos autos da ação penal privada.

O *perdão tácito* é o que resulta da prática de ato incompatível com a vontade de prosseguir na ação. O *perdão expresso* é o concedido por meio de declaração assinada pelo ofendido, por seu representante legal ou por procurador com poderes especiais. É sempre processual.

Se o ofendido é menor de 18 anos, a concessão do perdão cabe ao representante legal. Ao completar 18 anos, o ofendido torna-se maior e plenamente capaz; logo, somente ele poderá conceder o perdão.

O perdão pode ser concedido por procurador com poderes especiais (CPP, arts. 50 e 56).

No caso de haver dois ofendidos, o perdão concedido por um não prejudica o direito do outro (CP, art. 106, II).

O perdão é um ato bilateral, dependendo, pois, da aceitação do querelado, já que poderá recusar o perdão (CP, art. 106, III), optando pelo prosseguimento da ação penal, a fim de provar sua inocência.

Quando há dois ou mais querelados, o perdão concedido a um deles se estende a todos, sem que produza, entretanto, efeito em relação ao que o recusa (CPP, art. 51; CP, art. 106, I e III).

Assim, havendo dois réus, o perdão aceito por um produz efeito de extinguir a punibilidade também em relação ao outro, salvo se ocorre recusa. Neste caso, a ação penal continua em relação ao querelado que o recusou.

Nos termos do art. 58 do CPP, concedido o perdão, mediante declaração expressa nos autos, o querelado será intimado a dizer, dentro de três dias, se o aceita, devendo, ao mesmo tempo, ser cientificado de que o seu silêncio importará aceitação. Aceito o perdão, o juiz julgará extinta a punibilidade.

14.6.6 Retratação do agente

A retratação significa desdizer-se, retirar o que foi dito, confessar que errou.

Em regra, a retratação do agente não tem relevância jurídica, funcionando somente como circunstância judicial na aplicação da pena. Excepcionalmente, o estatuto penal lhe empresta força extintiva da punibilidade (CP, art. 107, VI).

A retratação, como causa de extinção da punibilidade, somente incide nos casos expressamente previstos em lei, como, por exemplo, nos crimes contra a honra, conforme prevê o art. 143 do CP.

Nos crimes contra a honra, a retratação só é cabível na calúnia e na difamação, sendo inadmissível na injúria. Nos dois primeiros casos, importa à vítima que o ofensor se retrate negando que ela praticou o fato imputado. Na injúria, porém, não há imputação de fato, mas atribuição ao ofendido de qualidade negativa, não importando a esta a retratação.

A retratação nos crimes de difamação e calúnia só é possível quando se trata da ação penal privada, pois o art. 143 do CP se refere expressamente ao querelado.

Também incide na hipótese prevista no art. 342, § 2º, do CP, que trata do crime de falso testemunho ou falsa perícia, segundo o qual o fato deixa de ser punível, se, antes da sentença o agente se retrata ou declara a verdade. Essa retratação só é possível até a sentença final do procedimento em que foi praticado o falso testemunho.

14.6.7 Perdão judicial

14.6.7.1 Conceito

Perdão judicial é o instituto pelo qual o juiz, não obstante a incidência da infração penal praticada por agente culpável, deixa de aplicar a pena nos casos expressamente previstos em lei.

O perdão judicial pode ser concedido, por exemplo, aos seguintes crimes:

a) art. 121, § 5º, do CP: "Na hipótese de homicídio culposo, o juiz poderá deixar de aplicar a pena, se as consequências da infração atingirem o próprio agente de forma tão grave que a sanção penal se torne desnecessária";

b) art. 129, § 8º, do CP: "aplica-se à lesão culposa o disposto no § 5º do art. 121";

c) art. 140, § 1º, do CP: em relação ao crime de injúria, "o juiz pode deixar de aplicar a pena: I – quando o ofendido, de forma reprovável, provocou diretamente a injúria; II – no caso de retorsão imediata, que consista em outra injúria";

d) art. 180, § 5º, do CP, em relação à receptação culposa, "Na hipótese do § 3º, se o criminoso é primário, pode o juiz, tendo em consideração as circunstâncias, deixar de aplicar a pena. Na receptação dolosa aplica-se o disposto no § 2º do art. 155";

e) art. 242, parágrafo único, do CP, "Dar parto alheio como próprio; registrar como seu o filho de outrem; ocultar recém-nascido ou substituí-lo, suprimindo ou alterando direito inerente ao estado civil. Parágrafo único. Se o crime é praticado por motivo de reconhecida nobreza".

14.6.7.2 Natureza jurídica

O perdão judicial constitui causa extintiva da punibilidade de aplicação restrita. Significa que não é aplicável a todas as infrações penais, mas somente àquelas especialmente indicadas pelo legislador.

Trata-se de um direito subjetivo do réu, ou seja, se satisfeitos os pressupostos exigidos pela norma, deve o magistrado deixar de aplicar a pena.

O juiz deve analisar discricionariamente se as circunstâncias excepcionais estão ou não presentes. Caso entenda que sim, não poderá recusar a aplicação do perdão judicial, pois, nesse caso, o agente terá direito público subjetivo ao benefício.

A sentença que concede o perdão judicial é meramente *declaratória* da extinção da punibilidade, não surtindo nenhum efeito penal ou extrapenal. É o que se extrai da Súmula nº 18 do STJ, segundo a qual "A sentença concessiva do perdão judicial é declaratória da extinção da punibilidade, não subsistindo qualquer efeito condenatório".

Por ser de natureza declaratória, a decisão que concede o perdão judicial não gera reincidente, como expressamente consta no art. 120 do CP.

14.6.7.3 Alcance

O perdão judicial e, por conseguinte a extinção da punibilidade, atinge todos os crimes praticados no mesmo contexto pelo agente, e não apenas aquele que ensejou essa causa extintiva da punibilidade.

Assim, se, por exemplo, o agente, na condução de veículo automotor, provoca um acidente, resultando na morte da esposa, filho e uma terceira pessoa desconhecida, o perdão judicial será causa de extinção da punibilidade em relação a todas as vítimas, embora esteja vinculado diretamente à morte da esposa e do filho do agente.

Para a concessão do perdão judicial é fundamental o vínculo familiar ou afetivo entre o autor do fato e a vítima, podendo ser conferido quando as consequências da infração atingir, de forma física ou moral, o próprio agente, seus familiares, noiva, amigos íntimos.

As consequências da infração abrangem tanto as de ordem física quanto as de ordem moral, ocorrendo esta última quando da perda ou ferimento de um ente familiar próximo, em decorrência, por exemplo, de acidente automobilístico culposo.

As consequências podem atingir o próprio agente de forma tão grave que a sanção penal se torna desnecessária, como, por exemplo, o aleijamento de uma perna em decorrência de acidente automobilístico.

O perdão judicial, por ser condição subjetiva e pessoal, não se comunica aos demais envolvidos no delito. Em outras palavras, havendo mais de um agente responsável pela infração penal, o perdão judicial somente alcançará aquele que preencher os requisitos para ser beneficiado.

Imaginemos que um automóvel estava sendo conduzido por um pai de família, estando, ainda, no veículo a esposa, o filho e um amigo da família. O motorista imprime velocidade excessiva no veículo, incentivado pelo amigo da família, perdendo o controle do automóvel, vindo a se chocar numa árvore, causando a morte da esposa e do filho. O motorista e o amigo acabam sobrevivendo.

Nesse caso, pode-se cogitar da hipótese de perdão judicial ao motorista imprudente, já que, na condição de pai e esposo das vítimas, suportou as consequências do crime, sendo desnecessária a aplicação de qualquer pena. Todavia, a extinção da punibilidade pelo perdão judicial não se comunica ao amigo que incentivou o condutor do veículo a praticar o ato imprudente que resultou na morte das vítimas, por se tratar de condição subjetiva e pessoal, envolvendo vínculo familiar e afetivo entre autor e vítima.

Registre-se, por oportuno, que, embora o Código de Trânsito não preveja expressamente hipóteses de perdão judicial, entende-se que o diploma admite a aplicação analógica do instituto aos delitos de homicídio e lesão corporal, ambos na modalidade culposa. Isso porque o texto aprovado pelo Congresso Nacional contemplava o perdão judicial para tais delitos de trânsito, e somente foi objeto de veto presidencial em razão da maior abrangência da redação do Código Penal.[21]

14.7 EXTINÇÃO DA PUNIBILIDADE E CRIMES CONEXOS, COMPLEXOS E ACESSÓRIOS

Nos termos do art. 108 do CP:

> A extinção da punibilidade de crime que é pressuposto, elemento constitutivo ou circunstância agravante de outro não se estende a este. Nos crimes conexos, a extinção da punibilidade de um deles não impede, quanto aos outros, a agravação da pena resultante da conexão.

O *crime acessório*, também denominado parasitário, é aquele cuja incidência depende da prática anterior de outro crime, que seria o principal. O exemplo clássico é o crime de receptação (CP, art. 180), pois, para sua incidência, deve existir necessariamente um crime antecedente, como, por exemplo, o furto (CP, art. 155). Assim, eventual extinção da punibilidade em relação ao crime de furto (principal) não atinge o crime de receptação (acessório).

Crime complexo é aquele que se forma da junção de dois ou mais crimes. A extinção da punibilidade de parte integrante do delito não atinge o crime por inteiro.

Em relação ao *crime conexo*, assim considerado aquele praticado para assegurar a execução, a ocultação, a impunidade ou a vantagem de outro crime. Eventual extinção da punibilidade de um dos crimes, não atinge o crime conexo. Imaginemos que o agente pratique

---

21. STJ, HC nº 359018/RS, rel. Min. Joel Ilan Paciornik, 5ª T., j. 27-9-2016.

o crime de estupro (CP, art. 213), e, para assegurar sua impunidade, delibera por matar a vítima (CP, art. 121, § 2º, V). Eventual prescrição do crime de estupro não atinge, à evidência, o crime de homicídio qualificado.

Para acesso ao vídeo, utilize o QR Code ao lado.

15

PRESCRIÇÃO

15.1 INTRODUÇÃO

Quando um indivíduo pratica, em tese, um fato típico e ilícito, surge para o Estado o poder e o dever de buscar a punição do responsável, ou seja, a pretensão punitiva. E essa punição é concretizada com a sentença penal condenatória transitada em julgado, com a imposição de uma pena, surgindo, a partir de então, a pretensão executória dessa pena.

Todavia, o exercício da pretensão punitiva e executória do Estado não é ilimitada ou perpétua; não perdura, pois, como regra, por tempo indeterminado. O direito de punir e de executar a pena imposta ao apenado encontra limites temporais, que, se não observados, podem levar à extinção da punibilidade do agente pela incidência da prescrição da pretensão punitiva ou prescrição da pretensão executória.

A prescrição penal, pois, é a perda da pretensão punitiva ou executória do Estado pelo decurso do tempo sem o seu exercício.

15.2 FUNDAMENTOS

Discute-se na doutrina os fundamentos que legitimam a extinção da punibilidade pela prescrição.

Alguns doutrinadores apontam a segurança jurídica ao responsável pela infração penal, a luta contra a ineficiência do Estado e a impertinência da sanção penal.[1]

Cezar Roberto Bitencourt arrola alguns fundamentos, que, politicamente, embasariam a legitimidade do instituto da prescrição, tais como: a) o decurso do tempo leva ao esquecimento do fato; b) o decurso do tempo leva à recuperação do criminoso; c) o Estado deve arcar com sua inércia; d) o decurso do tempo enfraquece o suporte probatório.[2]

---

1. MASSON, Cleber. *Direito penal:* parte geral (arts. 1º a 120). 14. ed. Rio de Janeiro: Forense; São Paulo: Método, 2020. p. 798.
2. BITENCOURT, Cezar Roberto. *Tratado de direito penal:* parte geral. 22. ed. São Paulo: Saraiva, 2016. p. 895.

A incidência da prescrição, seja da pretensão punitiva ou executória, revela a inoperância do Estado de punir ou executar a pena imposta ao agente. Há o conhecimento da prática de um delito, mas, por ineficiência estatal, não se consegue punir o autor no tempo previsto em lei. E o que se afigura mais grave, há sentença condenatória transitada em julgado, e, por inoperância do Estado, não se consegue fazer com que o agente dê início ao cumprimento da pena dentro do tempo previsto em lei.

De todo modo, na nossa visão, o transcurso do tempo para punir o agente ou executar a pena imposta incide sobre a *conveniência política de ser mantida a persecução criminal* contra o autor de uma infração *ou de ser executada a sanção* em face do lapso temporal previsto na lei.

Com efeito, transcorrido prazo relativamente extenso a partir da prática do fato criminoso, esvai-se a finalidade da aplicação da pena, sobretudo no contexto da prevenção especial. De fato, não há qualquer efetividade em buscar a punição do agente após oito, doze, dezesseis, vinte anos da data da prática do delito, desconsiderando, além disso, as causas interruptivas e suspensivas da prescrição, que elevam o intervalo de tempo previsto no art. 109 do CP.

Não se trata de mero esquecimento do fato delituoso, mas, acima de tudo, da ausência de efetividade e, até mesmo, utilidade da aplicação da pena em relação a um fato praticado há muitos anos.

Se o agente que teve extinta a punibilidade pela prática de um fato delituoso em face da prescrição retornou a delinquir, falhou o Estado por não ter aplicado ou executado a pena imposta em tempo hábil, bem como por não ter logrado conferir efetividade à finalidade preventiva da pena. Se, por outro lado, após o transcurso de longos anos, o agente não voltou a delinquir, não há qualquer fundamento lógico para aplicação ou execução da pena, pois "se a ressocialização se produz por si só, sem a intervenção da coerção penal, o cárcere fica sem sentido".[3]

15.3 NATUREZA JURÍDICA

Nos termos do art. 107, IV, 1ª figura, do CP, a prescrição constitui causa de extinção da punibilidade.

A prescrição faz desaparecer o direito de o Estado exercer a pretensão punitiva ou pretensão executória, subsistindo o crime em todos os seus requisitos. Em outras palavras, a incidência da prescrição elimina a possibilidade jurídica do Estado punir o agente, não sendo causa de exclusão da infração penal, que continua existindo, mas sem a devida punição.

Como se trata de matéria de ordem pública, a prescrição pode ser declarada de ofício pelo juiz ou mediante requerimento das partes, em qualquer tempo e grau de jurisdição (CPP, art. 61).

Trata-se de prejudicial de mérito, que pode ser arguida em preliminar, pois impede a análise do mérito da ação penal. Ou seja, com a incidência da prescrição, não se fala em condenação ou absolvição,[4] mas apenas de declaração de extinção da punibilidade.

---

3. ZAFFARONI, Eugenio Raúl; PIERANGELI, José Henrique. *Manual de direito penal brasileiro.* 13. ed. São Paulo: Revista dos Tribunais, 2019. p. 669.
4. Salvo na hipótese, impropriamente introduzida pelo legislador, de absolvição sumária, prevista no art. 397, IV, do CPP.

15.4 IMPRESCRITIBILIDADE

Em regra, a prescrição alcança todas as infrações penais, inclusive os crimes hediondos e equiparados.

Todavia, nos termos da Constituição Federal, alguns crimes são imprescritíveis, viabilizando, assim, o exercício da pretensão punitiva e executória a qualquer tempo.

São imprescritíveis os crimes de racismo (CF, art. 5º, XLII; Lei nº 7.716/1989) e os referentes à ação de grupos armados, civis ou militares, contra a ordem constitucional e o estado democrático (CF, art. 5º, XLIV).

Como se vê, as hipóteses de imprescritibilidade estão previstas no art. 5º da CF. Não obstante isso, o STJ já decidiu, em relação à injúria racial (CP, art. 140, § 3º), que "com o advento da Lei nº 9.459/1997, introduzindo a denominada injúria racial, criou-se mais um delito no cenário do racismo, portanto, imprescritível, inafiançável e sujeito à pena de reclusão".[5]

Éramos críticos a essa decisão, porque considerávamos no mínimo inusitado considerar a hipótese de extinção da punibilidade pela decadência, pelo decurso do prazo de seis meses sem manifestação de vontade do ofendido, e rejeitar a possibilidade de extinção da punibilidade pela prescrição, admitindo a perpétua possibilidade de punição do agente. Em síntese, pode haver extinção da punibilidade em decorrência do escoamento do prazo de seis meses, mas não é possível a extinção da punibilidade pela prescrição, independentemente do prazo transcorrido.

Com a edição da Lei 14.532/2023 essa situação restou sanada, já que o crime de injúria racial passou a integrar a Lei nº 7.716/89, especificamente no artigo 2º-A, com a seguinte redação:

> "Art. 2º-A Injuriar alguém, ofendendo-lhe a dignidade ou o decoro, em razão de raça, cor, etnia ou procedência nacional.
>
> Pena: reclusão, de 2 (dois) a 5 (cinco) anos, e multa.
>
> Parágrafo único. A pena é aumentada de metade se o crime for cometido mediante concurso de 2 (duas) ou mais pessoas."

Como se vê, a injúria qualificada pelo preconceito em relação à raça, cor, etnia migrou para a Lei do Racismo, passando, portanto, tal conduta a ser imprescritível e inafiançável, além de passar a ser de ação penal pública incondicionada.

Já a injúria consistente na utilização de elementos referentes a religião ou à condição de pessoa idosa ou com deficiência permaneceram no Código Penal, com a alteração da redação do artigo 140, § 3º, do CP, introduzida pela Lei 14.532/2023. Assim, a injúria em relação aos elementos referentes a religião ou à condição de pessoa idosa ou com deficiência permanece sendo prescritível, afiançável e de ação penal pública condicionada à representação.

A injúria decorrente da procedência nacional abrange pessoas de origem interna e externa. Ou seja, não está limitada à ofensa somente a pessoas de nacionalidade brasileira, alcançando também os estrangeiros. Assim, chamar uma pessoa de origem nordestina de "cabeça chata" caracteriza injúria racial, com pena de reclusão, de 2 a 5 anos. Da mesma

5. STJ, AgRg no REsp nº 1849696/SP, rel. Min. Sebastião Reis Júnior, 6ª T., j. 23-6-2020.

forma, ofender a dignidade de um paraguaio, por exemplo, em razão da sua procedência, também constitui crime de injúria racial.

O STF já decidiu que a lei ordinária poderá prever outras hipóteses de prescrição, sob o fundamento de que a Constituição Federal apenas estabeleceu alguns casos de imprescritibilidade, sem, no entanto, vedar outras hipóteses.

Em relação ao disposto no art. 366 do CPP, que prevê a possibilidade de suspensão do prazo prescricional na hipótese de citação por edital, o STJ firmou posição no sentido de que a suspensão não pode ser por prazo indeterminado, sob pena de constituir outra causa de imprescritibilidade.

Nesse contexto, segundo entendimento do STJ, o prazo prescricional deverá ficar suspenso tomando como base a pena máxima cominada ao delito pelo qual o agente foi acusado, passando a correr novamente após o esgotamento desse prazo. É o que se extrai da Súmula nº 415 do STJ, segundo a qual "O período de suspensão do prazo prescricional é regulado pelo máximo da pena cominada".

Assim, na hipótese de um crime com pena máxima de dois anos, o prazo prescricional será de quatro anos. Com o recebimento da denúncia, o prazo prescricional é interrompido, passando a correr novamente o prazo de quatro anos. Consideremos que entre o recebimento da denúncia e a decretação da suspensão do processo e do prazo prescricional (em decorrência da citação por edital) tenham decorridos seis meses. O prazo prescricional ficará suspenso por quatro anos se o réu não for localizado. Findo o período de suspensão, o prazo prescricional volta a correr pelos três anos e seis meses restantes. Ao término deste período, deverá ser decretada extinta a punibilidade do réu pela prescrição da pretensão punitiva.

15.5 PRESCRIÇÃO X DECADÊNCIA

A decadência é a perda do direito de oferecer a queixa-crime (nos crimes de ação penal privada) ou de oferecer a representação (nos crimes de ação penal pública condicionada à representação), pelo decurso do prazo de seis meses, a partir da ciência da autoria do fato.

Assim, se o ofendido ou seu representante legal não oferecer a queixa-crime ou apresentar a representação em prazo superior seis meses, ocorrerá a decadência do direito de oferecer a queixa-crime ou de representação, acarretando a extinção da punibilidade do ofensor, com base no art. 107, IV, do CP.

A prescrição é a perda do direito de o Estado exercer a sua pretensão punitiva ou pretensão executória pelo decurso do tempo previsto em lei. Ou seja, se o Estado não conseguir punir o agente dentro do prazo estabelecido em lei, ocorrerá a prescrição da pretensão punitiva, gerando como consequência a extinção da punibilidade do agente, com base no art. 107, IV, do CP. Se, por outro lado, for alcançado o trânsito em julgado da sentença penal condenatória no prazo legal, mas sem início do cumprimento da pena dentro do prazo prescricional, ocorrerá a prescrição da pretensão executória, que também acarretará extinção da punibilidade do ofensor, com base no art. 107, IV, do CP.

15.6 ESPÉCIES DE PRESCRIÇÃO

Com a prática do crime, o direito abstrato de punir do Estado concretiza-se, dando origem a um conflito entre o direito estatal de punir e o direito de liberdade do indivíduo.

Assim, praticado o crime e antes de a sentença penal transitar em julgado, o Estado é titular da pretensão punitiva em busca da prestação jurisdicional postulada na peça acusatória.

Com o trânsito em julgado da decisão condenatória, o *jus puniendi* concreto transforma-se em *jus punitionis*, isto é, a pretensão punitiva converte-se em pretensão executória.

Assim, pode-se verificar *duas espécies de prescrição*: a) prescrição da pretensão punitiva propriamente dita; b) prescrição da pretensão executória.

Na *prescrição da pretensão punitiva há uma subdivisão*, apresentando três modalidades: a) prescrição da pretensão punitiva em abstrato; b) prescrição da pretensão punitiva retroativa; c) prescrição da pretensão punitiva superveniente ou intercorrente.

Na *prescrição da pretensão punitiva*, o decurso do tempo faz com que o Estado perca o direito de punir no tocante à pretensão de o Poder Judiciário julgar a lide e aplicar a sanção penal.

O marco divisório para identificação da espécie de prescrição é o *trânsito em julgado da sentença condenatória.*

A prescrição da pretensão punitiva ocorre *antes de a sentença final transitar em julgado* (CP, art. 109, *caput*).

> Exemplo: Suponha-se que um sujeito cometa um crime de lesão corporal leve (pena de três meses a um ano), não se descobrindo a autoria. Se o Estado, dentro do prazo de quatro anos, não exercer o *jus persequendi in juditio*, opera-se a extinção da punibilidade pela prescrição da pretensão punitiva.

Na *prescrição da pretensão executória*, o decurso do tempo sem o seu exercício faz com que o Estado *perca o direito de executar* a sanção imposta na sentença condenatória.

A prescrição da *pretensão executória ocorre após o trânsito em julgado da sentença condenatória* (CP, art. 110, *caput*).

> Exemplo: Suponha-se que o agente tenha sido condenado irrecorrivelmente a três meses de detenção pela prática de lesão corporal leve, não fazendo jus ao *sursis*. Se o Estado não iniciar a execução da pena no prazo de três anos, opera-se a extinção da punibilidade pela prescrição da pretensão executória.

Prescrição da pretensão punitiva → **TRÂNSITO EM JULGADO DA SENTENÇA PENAL CONDENATÓRIA** → Prescrição da pretensão executória

15.7 EFEITOS DA PRESCRIÇÃO

Os efeitos da prescrição da pretensão punitiva e da prescrição da pretensão executória são distintos.

a) Prescrição da pretensão punitiva

A prescrição da pretensão punitiva elimina o próprio exercício da ação penal, seja na fase investigatória, seja durante o processo judicial. Se a incidência da prescrição ocorrer ainda na fase investigatória, deve o inquérito policial ser arquivado; se oferecida a denúncia, a peça acusatória deverá ser rejeitada, já que ausente o interesse de agir (CPP, art. 395, II);

se recebida a denúncia, com citação do réu, deverá ser declarada a extinção da punibilidade, com absolvição sumária do réu (CPP, art. 397, IV). Se incidir a qualquer tempo após a resposta à acusação, deverá ser declarada extinta a punibilidade do acusado, nos termos do art. 107, IV, do CP.

Se for indeferido o requerimento para reconhecimento da prescrição, caberá contra essa decisão recurso em sentido estrito, com base no art. 581, IX, do CPP. Se o indeferimento ocorrer no bojo da sentença condenatória, terá cabimento o recurso de apelação (CPP, art. 593, I), diante do caráter residual do recurso em sentido estrito (CPP, art. 593, § 4º).

Em qualquer caso, no entanto, será possível a impetração do *habeas corpus* em busca da ordem para fazer cessar a coação ilegal (CPP, art. 648, VII).

Se for declarada extinta a punibilidade pela prescrição, caberá à acusação interpor recurso em sentido estrito, com base no art. 581, VIII, do CPP.

A prescrição deve ser reconhecida pelo órgão do Poder Judiciário competente para ação penal. Se a ação penal tramita perante o juízo de 1ª instância, competirá ao juiz competente a declaração da extinção da punibilidade; se já estiver em grau de recurso ou se for de competência originária, caberá ao Tribunal declarar a extinção da punibilidade.

A prescrição da *pretensão punitiva* ocorre *antes do trânsito em julgado da sentença penal condenatória*, razão pela qual não gera efeitos penais, como, por exemplo, para fins de reincidência ou maus antecedentes, nem extrapenais, como o dever de reparar o dano, pois não haverá formação do título executivo.

b) Prescrição da pretensão executória

A prescrição da pretensão executória *pressupõe sentença condenatória transitada em julgado*, incidindo, pois, na fase de execução da pena. Logo, compete ao juízo da execução penal reconhecer a prescrição executória, e declarar a extinção da punibilidade, nos termos do art. 66, II, da LEP. Se o pedido formulado for indeferido, caberá contra essa decisão o recurso de agravo em execução (LEP, art. 197).

Como há sentença condenatória transitada em julgado, a prescrição da pretensão executória não apaga os efeitos da condenação, permanecendo, pois, hígidos os efeitos secundários da condenação tanto na esfera penal, como no campo extrapenal.

Assim, a prescrição da pretensão executória não cessa os efeitos da sentença condenatória definitiva para fins de reincidência ou maus antecedentes, bem como mantém a possibilidade de ação de execução *ex delicto*, já que conserva o *status* de título executivo.

15.8 PRAZOS PARA O CÁLCULO DA PRESCRIÇÃO

A prescrição é regulada pelos prazos previstos no art. 109 do CP. Ou seja, os prazos previstos nesse artigo servem de parâmetro para o cálculo da prescrição da pretensão punitiva e da prescrição da pretensão executória.

Máximo da pena privativa de liberdade cominada ou aplicada na sentença	Prazo prescricional
Superior a 12	20 anos
Superior a 8 anos e não excede a 12	16 anos

Máximo da pena privativa de liberdade cominada ou aplicada na sentença	Prazo prescricional
Superior a 4 anos e não excede a 8	12 anos
Superior a 2 anos e não excede a 4	8 anos
Igual a 1 ano ou, sendo superior, não excede a 2	4 anos
inferior a 1 ano	3 anos

Convém destacar que as penas restritivas de direitos, que substituem a pena privativa de liberdade, prescrevem no mesmo prazo das penas substituídas, nos termos do art. 109, parágrafo único, do CP.

> Exemplo: Supondo a hipótese de o agente ter sido condenado a um ano pela prática do crime de furto, sendo a pena privativa de liberdade substituída por uma prestação de serviços à comunidade, a pretensão executória da pena restritiva de direitos prescreverá em quatro anos.

O art. 115 do CP prevê a redução pela metade dos prazos da prescrição, quando o criminoso era, ao tempo do crime, menor de 21 anos ou maior de 70 anos na data da sentença. Assim, nesse caso, os prazos prescricionais são:

Máximo da pena privativa de liberdade cominada ou aplicada na sentença na hipótese do art. 115 do CP	Prazo prescricional
Superior a 12	10 anos
Superior a 8 anos e não excede a 12	8 anos
Superior a 4 anos e não excede a 8	6 anos
Superior a 2 anos e não excede a 4	4 anos
Igual a 1 ano ou, sendo superior, não excede a 2	2 anos
Inferior a 1 ano	1 ano e 6 meses

15.9 FORMA DE CONTAGEM DO PRAZO PRESCRICIONAL

Não há qualquer divergência doutrinária e jurisprudencial no sentido de que a prescrição se rege conforme as regras de contagem do prazo penal, ou seja, inclui-se o dia de início e exclui-se o dia final (CP, art. 10).

Ocorre, contudo, que invariavelmente se verifica certa confusão na definição da data final do prazo prescricional.

Alguns autores consideram fulminada a pretensão punitiva do Estado pela prescrição exatamente no dia anterior à data final, já considerada a exclusão prevista no art. 10 do CP. Ou seja, considerando a data do recebimento da denúncia no dia 30-10-2011, teria se operado a prescrição no dia 29-10-2015, após quatro anos. Logo, por essa ótica, o Estado teria até o dia 28-10-2015 para publicar eventual sentença condenatória. Outros consideram que o prazo prescricional estará fulminado no dia 30-10-2015, tendo o Estado, por exemplo, até o dia 29-10-2015 para receber a denúncia ou queixa, com a consequente interrupção do prazo prescricional.

E, de fato, se formos analisar a contagem da prescrição na perspectiva do acusado, no sentido de extinção da possibilidade de puni-lo, poder-se-ia cogitar a prescrição fulminada no dia anterior à data final.

Se, por outro lado, considerarmos a contagem do prazo prescricional na perspectiva de o Estado punir o acusado, o termo final seria exatamente correspondente à data de exclusão do dia final, sendo que a partir dessa data estaria fulminada a prescrição. Assim, considerando o exemplo acima, tendo como data do recebimento da denúncia o dia 30-10-2011, o Estado teria até o dia 29-10-2015 para publicar eventual sentença condenatória, incidindo a prescrição da pretensão punitiva a partir do dia 30-10-2015. Em outras palavras, a contagem do prazo prescricional de quatro anos iniciaria no dia 30-10-2011 (dia de início) e encerraria no dia 29-10-2015 (excluindo-se o dia final, que seria 30-10-2015).

Com efeito, como é cediço, a prescrição é a causa de extinção de punibilidade pelo decurso do prazo previsto em lei para o Estado exercer a pretensão punitiva. É o prazo legalmente previsto para o exercício da pretensão punitiva estatal. Esse prazo começa a correr, como regra, na data da consumação do delito e encerra no dia anterior da data final, conforme dispõe o art. 10 do CP. Assim, se, por exemplo, o prazo prescricional começou a correr no dia 30-10-2011, o último dia para o exercício da pretensão punitiva ou executória será o dia 29-10-2015, considerando o prazo prescricional de quatro anos. A partir do dia 30-10-2015 estará prescrita a pretensão punitiva estatal.[6]

Para ilustrar o nosso entendimento, convém destacar trechos de decisões proferidas no âmbito do STJ. No AgRg no HC nº 612393/SP, de relatoria do Min. Félix Fischer, constou o seguinte:

> Na hipótese, a paciente foi condenada à pena de 2 (dois) anos de reclusão, subsumindo-se, portanto, a prescrição ao prazo de 4 (quatro) anos, nos termos do art. 109, V, do CP. Nesse compasso, nos termos estabelecidos pelo art. 112, I, do CP, prevalece o entendimento, nas duas Turmas que compõem a Terceira Seção, que o marco inicial para verificação da prescrição da pretensão executória é o trânsito em julgado para a acusação, que, no caso dos autos, ocorreu em 20-6-2016 (f. 12). Assim, tem-se que o prazo para a extinção da punibilidade, pelo decurso do prazo da prescrição da pretensão executória, consumou-se em 20-6-2020, uma vez que entre o dia do trânsito em julgado para acusação e até a presente data não houve o início da execução da pena.[7]

---

6. Em relação à contagem do prazo, a FGV, no concurso para Defensoria Pública do Mato Grosso (DPE-MT), realizado em 2015, numa questão envolvendo crime de homicídio qualificado tentado, com a decisão de pronúncia confirmada no dia 12-12-2014, a banca considerou correta a alternativa que apontou o dia 12-12-2024 como data em que ocorrerá a prescrição da pretensão punitiva, já que o réu era menor de 21 anos à época do fato. Logo, forçoso concluir que o Estado teria até o dia 11-12-2024 para a publicação da sentença penal condenatória, com a consequente interrupção da prescrição. No XVI Exame da OAB, em relação ao seguinte enunciado: "Felipe, menor de 21 anos de idade e reincidente, no dia 10 de abril de 2009, foi preso em flagrante pela prática do crime de roubo. Foi solto no curso da instrução e acabou condenado em 8 de julho de 2010, nos termos do pedido inicial, ficando a pena acomodada em 4 anos e reclusão em regime fechado e multa de 10 dias, certo que houve a compensação da agravante da reincidência com a atenuante da menoridade. A decisão transitou em julgado para ambas as partes em 20 de julho de 2010. Foi expedido mandado de prisão e Felipe nunca veio a ser preso". A FGV considerou como alternativa correta aquela em que constava que: "A extinção da punibilidade pela prescrição da pretensão executória ocorrerá em 20 de novembro de 2015". Logo, forçoso concluir que o Estado teria até o dia 19-11-2015 para capturar o réu e fazer com ele desse início ao cumprimento da pena.
7. STJ, AgRg no HC nº 612393/SP, rel. Min. Felix Fischer, 5ª T., j. 9-12-2020.

Logo, forçoso concluir que o Estado teria até o dia 19-6-2020 para exercer a pretensão executória, com o início do cumprimento da pena, evitando, assim, a consumação da prescrição da pretensão executória.

Da mesma forma, no AgRg no REsp nº 1834219/MG, a relatora, Min. Laurita Vaz, asseverou o seguinte:

> Pois bem. As penas impostas ao ora agravado pela prática do crime previsto no art. 2º da Lei nº 8.176/1991, com trânsito em julgado para a acusação, foram de 1 (um) ano e 3 (três) meses de detenção, em regime aberto, e pagamento de 15 (quinze) dias-multa, no mínimo legal Para o referido *quantum*, no que se refere à pena privativa de liberdade, a prescrição da pretensão punitiva ocorre em 4 (quatro) anos, *ex vi* do art. 109, V, c/c o art. 110, § 1º, do CP. No mesmo prazo prescreve a pena de multa, por força do art. 114, II, do mesmo Códex. No caso concreto, o último marco interruptivo constituiu-se na publicação da sentença condenatória em 7-5-2014 (f. 508). Assim, em 7-5-2018, consumou-se o lapso prescricional de 4 (quatro) anos, o que impõe a extinção da punibilidade do agravado pela prescrição da pretensão punitiva estatal.[8]

Logo, forçoso concluir que o Estado teria até o dia 6-5-2018 para o trânsito em julgado da sentença penal condenatória, para evitar a consumação da prescrição da pretensão punitiva no dia 7-5-2018.

15.10 PRESCRIÇÃO DA PRETENSÃO PUNITIVA

15.10.1 Introdução

A prescrição da pretensão punitiva incide antes da sentença penal transitar em julgado, e se subdivide em: a) prescrição da pretensão punitiva em abstrato; b) prescrição da pretensão punitiva retroativa; c) prescrição da pretensão punitiva superveniente ou intercorrente.

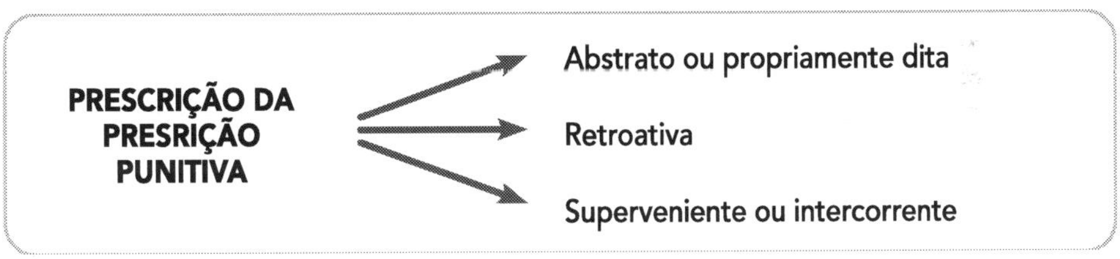

Conforme a espécie de prescrição, altera-se a forma do cálculo, os termos iniciais, bem como o momento processual em que poderá ser reconhecida. Por isso, para melhor compreensão do leitor, afigura-se necessário estudo individualizado de cada uma dessas espécies.

15.10.2 Prescrição da pretensão punitiva em abstrato ou propriamente dita

15.10.2.1 Introdução

A prescrição da pretensão punitiva em abstrato ou propriamente dita está prevista no art. 109, *caput*, do CP, e poderá incidir, como regra: a) entre a data da consumação do fato e a do recebimento da denúncia; b) entre a data do recebimento da denúncia e da publicação da sentença penal condenatória; c) entre a data do recebimento da denúncia até a fase recursal, na hipótese de sentença absolutória.

8. AgRg no REsp nº 1834219/MG, rel. Min. Laurita Vaz, 5ª T., j. 6-2-2020.

15.10.2.2 Cálculo do prazo da prescrição da pretensão punitiva em abstrato

Quando alguém é acusado de praticar uma infração penal é como se um cronômetro fosse acionado, passando a correr o prazo para o Estado punir o cidadão.

Como ainda não há nenhum elemento ou fator concreto que possa servir de parâmetro para esse cálculo, o legislador estabeleceu como base para o cálculo da prescrição da pretensão punitiva em abstrato a pena máxima cominada ao delito pelo qual o agente está sendo acusado (CP, art. 109, *caput*).

Para encontrar o prazo de prescrição da pretensão punitiva em abstrato, deve-se, primeiro, verificar a pena máxima prevista para o delito, para, após, enquadrá-la no correspondente inciso do art. 109 do CP.

Assim, para saber o prazo da prescrição da pretensão punitiva em abstrato do crime de homicídio, que prevê pena de 6 a 20 anos, deve-se enquadrar a pena máxima (20 anos) no correspondente inciso do art. 109 do CP. No caso, a pena máxima de 20 anos enquadra-se no art. 109, I, do CP, razão pela qual o prazo prescricional do crime de homicídio é de 20 anos.

Máximo da pena privativa de liberdade cominada	Prazo prescricional
Homicídio: pena máxima de 20 anos	20 anos (art. 109, I, CP)

Da mesma forma, para saber o prazo da prescrição da pretensão punitiva em abstrato do crime de furto simples, que prevê pena de um a quatro anos, deve-se enquadrar a pena máxima (quatro anos) no correspondente inciso do art. 109 do CP. No caso, a pena máxima de quatro anos enquadra-se no art. 109, IV, do CP, razão pela qual o prazo prescricional do crime de furto simples é de oito anos.

Máximo da pena privativa de liberdade cominada	Prazo prescricional
Furto simples: pena máxima de 4 anos	8 anos (art. 109, IV, CP)

Para efeito de contagem do prazo da prescrição da pretensão punitiva são levadas em conta as causas de aumento e de diminuição da pena.

As agravantes e as atenuantes, salvo a relacionada à menoridade relativa e senilidade (CP, art. 115), não influenciam no cálculo do prazo da prescrição da pretensão punitiva em abstrato, já que não há parâmetro estabelecido em lei do *quantum* do agravamento e da atenuação, ficando, pois, a cargo da discricionariedade do juiz.

a) Causas de aumento de aumento de pena

Em relação à *causa de aumento de pena*, deve-se considerar a *fração que mais aumenta*, a fim de ser alcançada a pena máxima cominada ao delito na forma majorada.

Assim, se, por exemplo, o agente praticar o crime de roubo majorado pelo emprego de arma branca, a pena será aumentada de 1/3 até a metade (CP, art. 157, § 2º, VII). Nesse caso, para fins de verificação da prescrição, deve-se considerar a pena máxima do crime de roubo (10 anos) e elevar em metade (fração que mais aumenta), chegando à pena máxima do crime de roubo majorado pelo emprego de arma branca em 15 anos. Agora, resta enquadrar essa pena máxima no inc. I do art. 109 do CP, para constatar que o prazo prescricional será de 20 anos.

Máximo da pena privativa de liberdade cominada	Prazo prescricional
Roubo majorado pelo emprego de arma de fogo: *Pena máxima = 15 anos*, resultado do acréscimo de metade sobre a pena máxima de 10 anos cominada ao crime de roubo simples.	20 anos (art. 109, I, CP)

b) Causas de diminuição da pena

Em relação à causa de *diminuição da pena*, deve-se considerar a fração que *menos diminua*, para alcançar a pena máxima cominada ao delito praticado, com incidência de causa de redução da pena.

Imaginemos que o agente tenha praticado o crime de furto simples tentado (CP, art. 155 c/c art. 14, II). A pena do crime de furto simples varia de um a quatro anos, sobre a qual recai a redução de um a dois terços, em decorrência da tentativa (CP, art. 14, parágrafo único). Logo, deve-se considerar a pena de quatro anos e diminui-la de um terço (1/3), como forma de alcançar a pena máxima do crime de furto simples tentado, que, no caso, será de dois anos e oito meses. Agora, resta enquadrar essa pena máxima do furto simples tentado no inc. IV do art. 109 do CP, para constatar que o prazo prescricional será de oito anos.

Máximo da pena privativa de liberdade cominada	Prazo prescricional
Furto simples tentado: *Pena máxima = 2 anos e 8 meses*, resultado da diminuição de 1/3 sobre a pena máxima de 4 anos cominada ao crime de furto simples.	8 anos (art. 109, IV, CP)

c) Concurso de crimes

No caso de concurso de crimes, o prazo da prescrição da pretensão punitiva deve considerar a pena máxima cominada a cada infração penal, isoladamente (CP, art. 119). É o que se extrai da Súmula 497 do STF.

Logo, o critério da exasperação da pena e do cúmulo material não é considerado para verificação do prazo prescricional.

Assim, se, por exemplo, o agente praticou três crimes de furto simples, em continuidade delitiva, o prazo da prescrição da pretensão punitiva deve ser verificado isoladamente, em relação a cada um dos crimes, ignorando em absoluto a exasperação da pena de um sexto e dois terços, prevista no art. 71, *caput*, do CP.

15.10.2.3 Termo inicial da prescrição da pretensão punitiva em abstrato

O prazo prescricional, como dito, é verificado com base nos prazos previstos no art. 109 do CP. Após encontrar o prazo prescricional pertinente à infração penal pela qual o agente está sendo acusado, deve-se verificar em que momento esse prazo começa a correr, ou seja, o termo inicial da contagem do prazo prescricional.

Nos termos do art. 111 do CP, a prescrição, antes de transitar em julgado a sentença final, começa a correr:

a) Do dia em que o crime se consumou

Trata-se de exceção à regra da teoria da atividade, considerada para o tempo do crime (CP, art. 4º). Para fins de termo inicial da prescrição da pretensão punitiva em abstrato, aplica-se, como regra, a *teoria do resultado*, devendo ser considerado o dia da consumação do delito.

Em relação aos crimes materiais, o prazo prescricional começa a correr a partir da produção do resultado naturalístico. Nos crimes formais e de mera conduta, que não exigem a produção de resultado naturalístico, o prazo começa a correr a partir da prática da conduta delituosa, já que se confunde com o momento da consumação do delito.

Eventual dúvida acerca da data da consumação do delito deve ser resolvida em favor do réu. Assim, se, no contexto do crime de homicídio, o laudo necroscópico não foi conclusivo sobre a data da consumação do delito, diante do elevado estado de decomposição, podendo, por exemplo, ter ocorrido entre os dias 5-9-2020 a 20-12-2020, deve-se considerar como termo inicial o dia 5-9-2020, por ser mais favorável ao réu.

b) No caso de tentativa, do dia em que cessou a atividade criminosa

Em relação ao crime tentado, o prazo prescricional começará a correr na data em que foi praticado o último ato de execução.

Assim, se, por exemplo, no contexto de tentativa de homicídio, os disparos foram efetuados num determinado dia, sem, no entanto, ocorrer a consumação por circunstâncias alheias à sua vontade, o prazo prescricional começará a correr na data dos disparos.

Todavia, se a vítima foi encaminhada para o hospital, onde ficou convalescendo por cerca de dois meses, mas não resiste aos ferimentos, vindo a óbito, o prazo prescricional do crime de homicídio consumado começará a correr da data do falecimento da vítima, ou seja, na data da consumação do delito, que ocorreu dois meses depois do último ato executório.

c) Nos crimes permanentes, do dia em que cessou a permanência

No crime permanente, a prescrição começa a correr do dia em que cessou a permanência. Suponha-se, por exemplo, que a vítima de sequestro permaneça em poder do agente pelo período de 30 dias, sendo, ao final, resgatada. O termo inicial da prescrição da pretensão punitiva pela prática do crime de sequestro (CP, art. 148) será a data em que a vítima foi resgatada ou liberada, ou seja, no dia em que cessou a prática do crime permanente.

O STJ já decidiu que o crime de estelionato previdenciário (CP, art. 171, § 3º), quando *praticado por quem aufere* o benefício indevido, tem natureza permanente, uma vez que a ofensa ao bem jurídico tutelado é reiterada, mês a mês, enquanto não há a descoberta da fraude, sendo que o termo inicial do prazo prescricional se dá com o último recebimento indevido da remuneração.[9]

Todavia, na hipótese de estelionato previdenciário praticado em *benefício de terceiro*, o marco inicial do lapso prescricional da pretensão punitiva estatal a ser considerado é a data do recebimento da primeira parcela do benefício, uma vez que se trata de delito instantâneo com efeitos permanentes.[10]

d) Nos de bigamia e nos de falsificação ou alteração de assentamento do registro civil, da data em que o fato se tornou conhecido

Nos crimes de bigamia (CP, art. 235) e de falsificação ou alteração de assentamento de registro civil (CP, art. 299, parágrafo único), a prescrição começa a correr da data em que o fato se tornou conhecido de qualquer autoridade pública.

Não se afigura necessário se revestir de formalidade esse conhecimento, bastando que a autoridade pública tenha tomado ciência até mesmo diante da notoriedade que o fato teria alcançado.

---

9. STJ, AgRg no AgREsp nº 462655/RJ, rel. Min. Nefi Cordeiro, 6ª T., j. 12-9-2017.
10. STJ, EDcl no AgRg no REsp nº 1651521/SP, rel. Min. Jorge Mussi, 5ª T., j. 17-8-2017.

e) Nos crimes contra a dignidade sexual de crianças e adolescentes, previstos neste Código ou em legislação especial, da data em que a vítima completar 18 anos, salvo se a esse tempo já houver sido proposta a ação penal

Nos crimes contra a dignidade sexual de crianças e adolescentes, previstos no Código Penal ou em legislação especial, o termo inicial da prescrição ocorre da data em que a vítima completar 18 anos, salvo se a esse tempo já houver sido proposta a ação penal (CP, art. 111, V). Esse inciso foi introduzido no Código Penal pela Lei nº 12.650/2012.

Nesse sentido, se uma criança de 10 anos for vítima de crime de estupro de vulnerável (CP, art. 217-A), por exemplo, e a ação ainda não tiver sido instaurada, o prazo prescricional passará a correr a partir da data em que ela completar 18 anos.

Se ação já tiver sido proposta, não se aplica o disposto no art. 111, V, do CP, começando a correr o prazo prescricional da data em que foi ajuizada a ação penal (e não da data da consumação do delito). Isso porque até o oferecimento da denúncia, o prazo prescricional aguardava a vítima completar 18 anos para começar a correr. Como a denúncia foi oferecida antes da vítima completar essa idade, o termo inicial da prescrição da pretensão punitiva será o oferecimento da peça acusatória, sendo o prazo interrompido com o recebimento da denúncia (CP, art. 117, I), voltando a correr até o próximo marco interruptivo, que seria a publicação de eventual sentença penal condenatória (CP, art. 117, IV).

A Lei nº 14.344/2022, chamada Lei Henry Borel, alterou a redação do inciso V do artigo 111 do CP, para incluir como termo inicial do prazo prescricional a data em que a vítima completar dezoito anos, quando se tratar de crimes que envolvam violência contra a criança e adolescente, desde que ainda não tenha sido proposta a ação penal.

A Lei Henry Borel criou mecanismos para a prevenção e o enfrentamento da violência doméstica e familiar contra a criança e adolescente, consideramos que a expressão "violência" não contempla apenas aquela que cause morte, lesão ou sofrimento físico, mas também as que cause lesão psicológica ou dano patrimonial, conforme, inclusive, se extrai do artigo 2º da Lei nº 14.344/2022.

Na prática, parece-nos de difícil incidência esse termo inicial a partir dos dezoito anos da vítima, uma vez que não se afigura concebível que uma criança ou adolescente seja vítima de crime violento, sobretudo quando deixar vestígios aparentes, e não seja instaurado qualquer procedimento criminal. Note que, se for vítima de lesão corporal leve, incidirá o prazo decadencial de seis meses, se não exercido o direito de representação dentro desse prazo, a partir do dia em que completar a maioridade.

De todo modo, se, por exemplo, um adolescente sofrer lesão corporal grave, sem que tenha sido instaurada a ação penal, o prazo prescricional passará a correr a partir da data em que completar 18 anos.

15.10.2.4 Causas interruptivas da prescrição da pretensão punitiva

Após encontrar o prazo prescricional e verificar o termo inicial, afigura-se indispensável identificar as causas interruptivas do curso do prazo prescricional, relacionadas, invariavelmente, ao momento procedimental em que a ação penal se encontra.

Conforme se extrai do art. 117, § 2º, do CP, uma vez interrompida a prescrição, todo o prazo começa a correr novamente do dia da interrupção. Consideremos que o prazo prescricional comece a correr a partir do dia da consumação do delito, com o recebimento da denúncia ou queixa, a contagem desse prazo é interrompida, voltando a correr, por inteiro, a partir da data da interrupção.

Assim, se, por exemplo, o agente estiver sendo acusado pela prática do crime de furto simples, cuja pena cominada varia de um a quatro anos (CP, art. 155, *caput*), o prazo prescricional de oito anos (CP, art. 107, IV) começa a correr a partir da consumação do delito. Consideremos que a denúncia tenha sido recebida cinco anos depois da consumação. Nesse caso, a contagem do prazo prescricional será interrompida, voltando a correr o prazo de oito anos por inteiro, a partir da data da interrupção da prescrição, ou seja, da data do recebimento da denúncia.

As causas interruptivas da prescrição da pretensão punitiva estão previstas no art. 117, I a IV, do CP:

> Art. 117. O curso da prescrição interrompe-se:
>
> I – pelo recebimento da denúncia ou da queixa;
>
> II – pela pronúncia;
>
> III – pela decisão confirmatória da pronúncia;
>
> IV – pela publicação da sentença ou acórdão condenatórios recorríveis;
>
> (...)

As hipóteses previstas no inc. V (pelo início ou continuação do cumprimento da pena) e no inc. VI (pela reincidência) guardam relação com a prescrição da pretensão executória, e serão analisadas no momento oportuno.

Trata-se de rol taxativo, não sendo possível empregar analogia para alcançar causas não previstas em lei.

A verificação das causas interruptivas da prescrição é de fundamental importância, pois, invariavelmente, a prescrição incide no intervalo entre os marcos interruptivos.

Com efeito, no procedimento diverso do Tribunal do Júri, a prescrição da pretensão punitiva em abstrato poderá incidir, por exemplo: a) entre a data da consumação do delito até o recebimento da denúncia; b) entre a data do recebimento da denúncia e a data da publicação da sentença condenatória; c) entre a data do recebimento da denúncia até a fase recursal, na hipótese de sentença absolutória.

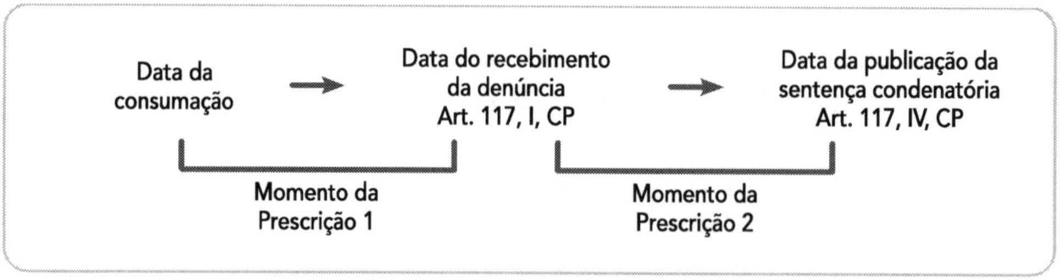

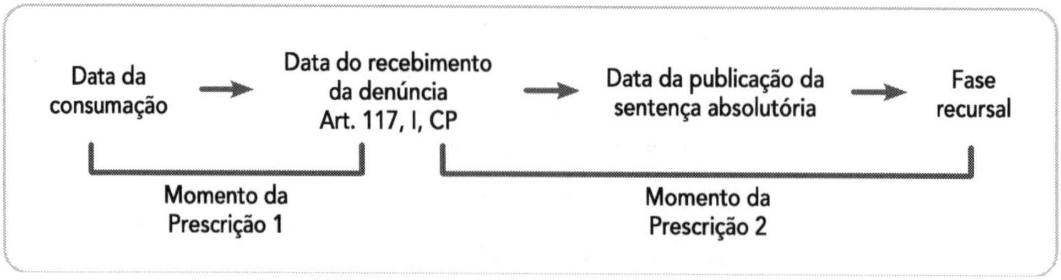

Note-se que, nesse caso, a publicação da sentença absolutória não constitui causa de interrupção da prescrição, razão pela qual o prazo começa a correr da data do recebimento da denúncia e não se interrompe com a sentença absolutória.

Em relação ao procedimento do Tribunal do Júri, a prescrição da pretensão punitiva em abstrato poderá incidir, por exemplo: a) entre a data da consumação do delito até a data do recebimento da denúncia; b) entre a data do recebimento da denúncia e a data da decisão de pronúncia; c) entre a data da decisão de pronúncia e a data da decisão confirmatória da pronúncia, se interposto recurso contra decisão de pronúncia; d) entre a data da decisão de pronúncia e a data da publicação da sentença penal condenatória, se não interposto recurso contra decisão de pronúncia; e) entre a data da decisão confirmatória da pronúncia e a data da publicação da sentença penal condenatória.

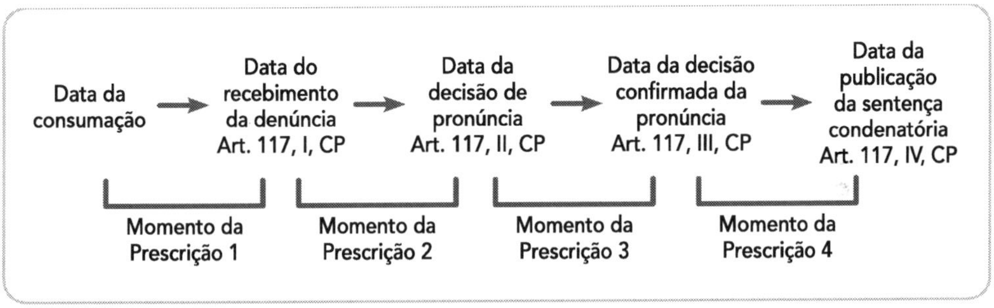

Passemos à análise de cada uma das causas interruptivas da prescrição da pretensão punitiva:

a) Pelo recebimento da denúncia ou da queixa

O recebimento da denúncia ou queixa (e não o oferecimento) interrompe o prazo prescricional, recomeçando a correr a prescrição da pretensão punitiva por inteiro, não sendo levado em conta o tempo já decorrido antes da interrupção.

O Ministério Público ou o ofendido oferecem a respectiva peça acusatória, que será protocolada, sendo os autos conclusos ao juiz, que proferirá despacho recebendo ou não a denúncia ou queixa-crime. Posteriormente, os autos são devolvidos para o escrivão ou diretor do cartório, que registrará a decisão e certificará no processo, operando-se, nesse momento, a publicação do despacho que recebeu ou não a peça acusatória.

Com a publicação do despacho de recebimento da denúncia ou da queixa, opera-se a interrupção do prazo prescricional, que volta a correr, por inteiro, a partir dessa data.

Conforme já decidiu o STJ:

> De acordo com a melhor doutrina, após a reforma legislativa operada pela Lei nº 11.719/2008, o momento adequado ao recebimento da denúncia é o imediato ao oferecimento da acusação e anterior à apresentação de resposta à acusação, nos termos do art. 396 do CPP, razão pela qual tem-se como este o marco interruptivo prescricional previsto no art. 117, I, do CP para efeitos de contagem do lapso temporal da prescrição da pretensão punitiva estatal.[11]

---

11. STJ, RHC nº 27571/SP, rel. Min. Laurita Vaz, 5ª T., j. 13-11-2012.

Logo, o momento do recebimento da denúncia ou da queixa-crime, para fins de interrupção do prazo prescricional, é o imediatamente posterior ao oferecimento da denúncia e anterior à apresentação da resposta à acusação, e não o momento previsto no art. 399 do CPP, que somente ratifica o recebimento da denúncia, diante da ausência de alguma hipótese de absolvição sumária.

Se, porventura, rejeitada ou não recebida a denúncia ou queixa-crime, e interposto o recurso cabível, a interrupção da prescrição ocorrerá na data da sessão de julgamento do recurso em sentido estrito (CPP, art. 581) ou da apelação (Lei nº 9.099/1995, art. 82), que reformou a decisão de primeiro grau, e recebeu a denúncia. Isso porque, segundo a Súmula nº 709 do STF: "Salvo quando nula a decisão de primeiro grau, o acórdão que provê o recurso contra a rejeição da denúncia vale, desde logo, pelo recebimento dela". Se nula a decisão, os autos retornam ao juízo *a quo*, para proferir nova decisão sem vícios, não podendo, pois, o Tribunal anular a decisão e receber a peça acusatória, sob pena de supressão de instância.

Se a denúncia ou queixa-crime for recebida por *juízo absolutamente incompetente*, o despacho, com caráter decisório, não terá o condão de interromper a prescrição, pois decisão nula não gera qualquer efeito, conforme se extrai do disposto no art. 567 do CPP, segundo o qual a incompetência do juízo anula os atos decisórios.

É o entendimento adotado pelo STJ, segundo o qual:

> Em sede de ação penal contra réu detentor de prerrogativa de foro, o recebimento da denúncia, quando emanado de autoridade incompetente, é ato absolutamente nulo, não gerando efeitos para fins de interrupção e consequente recontagem do prazo prescricional.[12]

Convém sinalar, por pertinente, que, se a peça acusatória for recebida por juízo cuja *incompetência é relativa*, como, por exemplo, em razão do local, o despacho terá força para interromper a prescrição, já que a ratificação dos atos decisórios pelo juízo competente apenas declara a validade das decisões proferidas pelo juízo incompetente.

O STJ, tratando do tema, adotou entendimento no sentido de que:

> Tratando-se de incompetência relativa, o exame da prescrição da pretensão punitiva deve considerar o recebimento da denúncia realizado pelo Juízo incompetente, e não a convalidação posterior do Juízo que detém competência territorial, uma vez que este último ato possui natureza declarativa, prestando-se unicamente a confirmar a validade do primeiro. Em outros termos: pelo princípio da convalidação, o recebimento da denúncia por parte de Juízo territorialmente incompetente tem o condão de interromper o prazo prescricional.[13]

O aditamento da denúncia ou da queixa se reveste de força para interromper a prescrição somente quando, no seu bojo, trouxer descrição que denota significativa modificação fática. O aditamento da denúncia, por exemplo, apenas para pleitear a exclusão do polo passivo de um dos réus não tem o condão de interromper a prescrição, já que não inovou a descrição fática contida na denúncia.

Por outro lado, o recebimento do aditamento da denúncia que traz modificação fática substancial enseja a interrupção da prescrição, como na situação de o Ministério Público aditar a denúncia, em decorrência da aplicação do instituto da *mutatio libelli*, a fim de

---

12. STJ, APn 295/RR, rel. Min. Jorge Mussi, revisor Min. Og Fernandes, Corte Especial, j. 17-12-2014.
13. STJ, RHC nº 40514/MG, rel. Min. Laurita Vaz, 5ª T., j. 16-5-2014.

incluir circunstância fática não contida na inicial que configura a qualificadora prevista no art. 129, § 1º, I, do CP, referente à incapacidade para as ocupações habituais da vítima por 30 dias. Houve, portanto, inovação substancial da exordial acusatória e o recebimento deste aditamento é marco interruptivo do prazo prescricional.[14]

b) Pela pronúncia

Trata-se de decisão proferida no final da primeira fase do procedimento do Tribunal do Júri, destinado a processar e julgar crimes dolosos contra a vida.

A decisão de pronúncia se caracteriza por ter natureza de decisão interlocutória mista não terminativa, que, verificando a presença de indícios da autoria e prova da materialidade, submete o réu a julgamento perante o Plenário do Júri, conforme se extrai do art. 413 do CPP.

A interrupção da prescrição ocorre com a publicação da decisão de pronúncia, nas mãos do escrivão ou chefe do cartório, sem a necessidade de publicação no *Diário Oficial*, ainda que no contexto de processo eletrônico.

Na hipótese de ter sido proferida decisão de impronúncia, a interrupção da prescrição ocorrerá na data da sessão de julgamento do recurso pelo Tribunal que deu provimento ao recurso de apelação interposto contra essa decisão (CPP, art. 416) e pronunciou o réu.

Sendo o réu submetido a julgamento perante o Plenário do Júri, havendo a desclassificação para crime diverso daqueles considerados dolosos contra a vida, a decisão de pronúncia continuará gerando o efeito de interromper a prescrição, conforme se verifica da Súmula nº 191 do STJ: "A pronúncia é causa interruptiva da prescrição, ainda que o Tribunal do Júri venha a desclassificar o crime".

c) Pela decisão confirmatória da pronúncia

Essa causa de interrupção da prescrição também se restringe ao procedimento do Tribunal do Júri. Ocorre quando o réu é pronunciado, e, irresignado, interpõe recurso em sentido estrito ao qual é dado improvimento, com a consequente confirmação da decisão de pronúncia proferida pelo juízo de primeiro grau.

A interrupção da prescrição ocorrerá na data da sessão de julgamento do recurso no Tribunal competente, e não da data da publicação do acórdão.

d) Pela publicação da sentença ou acórdão condenatório recorríveis

O art. 117, IV, CP, prevê que a prescrição se interrompe pela sentença condenatória recorrível. A interrupção ocorre na data da publicação da sentença, isto é, no dia em que o escrivão recebe a sentença e certifica nos autos o respectivo termo, registrando-a em livro especialmente destinado a esse fim, conforme dispõe o art. 389 do CPP.

O acórdão condenatório, ainda que não unânime, e por isso sujeito a embargos infringentes, também interrompe o prazo prescricional da pretensão punitiva. Trata-se da hipótese em que o réu obteve sentença absolutória no juízo de primeiro grau, mas dando provimento ao recurso interposto pela acusação, o Tribunal reforma a decisão absolutória, e profere acórdão condenatório.

O acórdão condenatório também é proferido nas hipóteses de competência originária dos Tribunais, quando, por exemplo, o réu possui foro por prerrogativa de função.

---

14. STJ, AgRg no AgREsp nº 1350483/RS, rel. Min. Rogério Schietti Cruz, 6ª T., j. 27-10-2020.

A interrupção da prescrição por conta do acórdão condenatório ocorre na data da sessão de julgamento pelo Tribunal competente, independentemente do dia em que foi publicado o acórdão. Com efeito, segundo entendimento adotado pelo STJ: "Em se tratando de acórdão, a data da sessão do Colegiado em que foi prolatado é que deve ser considerada para fins de interrupção da prescrição, e não a data da sua publicação no *Diário da Justiça* ou meio de comunicação similar".[15]

Se a sentença condenatória for reformada pelo Tribunal em sede recursal, sendo proferido acórdão absolutório, permanece o efeito interruptivo da prescrição, por força da publicação da sentença penal condenatória.

Se, em sede recursal, o Tribunal proferir acórdão anulando a sentença penal condenatória, afastada estará a causa interruptiva da prescrição, consistente na publicação da sentença condenatória, uma vez que ato nulo não produz qualquer feito.

e) Pela publicação de acórdão confirmatório da sentença condenatória

Conforme se extrai do art. 117, IV, do CP, a causa interruptiva da prescrição consiste na publicação do acórdão condenatório, assim entendido como sendo a decisão que reformou sentença absolutória proferida pelo juízo de primeiro grau.

Acirrados debates, reforçada pela divergência jurisprudencial, foram travados acerca da possibilidade de considerar o *acórdão confirmatório da sentença penal condenatória* como mais uma causa de interrupção da prescrição.

Tratando do tema, o STF sedimentou posição no sentido de que o acórdão confirmatório da sentença penal condenatória também constitui causa interruptiva da prescrição. Isso porque, segundo o Min. Alexandre de Moraes:

> A ideia de prescrição está vinculada à inércia estatal e o que existe na confirmação da condenação, muito pelo contrário, é a atuação do Tribunal. Consequentemente, se o Estado não está inerte, há necessidade de se interromper a prescrição para o cumprimento do devido processo legal.[16]

O STJ também passou a adotar o entendimento no sentido de que o acórdão condenatório sempre interrompe a prescrição, inclusive quando confirmatório da sentença de primeiro grau, seja mantendo, reduzindo ou aumentando a pena originariamente imposta.[17]

Dessarte, o acórdão confirmatório da sentença condenatória, mantendo, reduzindo ou aumentando a pena anteriormente imposta, constitui causa interruptiva da prescrição.

15.10.2.5 *Causas interruptivas da prescrição no concurso de pessoas e crimes conexos*

Nos termos do art. 117, § 1º, do CP: "Excetuados os casos dos incisos V e VI deste artigo, a interrupção da prescrição produz efeitos relativamente a todos os autores do crime. Nos crimes conexos, que sejam objeto do mesmo processo, estende-se aos demais a interrupção relativa a qualquer deles".

---

15. STJ, AgRg no REsp nº 1813288/SP, rel. Min. Laurita Vaz, 6ª T., j. 22-9-2020.
16. STF, HC nº 176473/RR, rel. Min. Alexandre de Moraes, Tribunal Pleno, j. 27-4-2020.
17. STJ, HC nº 620935/SP, rel. Min. Nefi Cordeiro, 6ª T., j. 15-12-2020.

No contexto de *concurso de pessoas*, a incidência da causa interruptiva da prescrição produz efeitos relativamente a todos aqueles que concorreram para a prática da infração penal.

Assim, na hipótese de dois agentes processados por crime praticado em concurso de pessoas. Se, ao final, o juiz proferir sentença absolutória em relação a um deles e condenatória em relação ao outro, a publicação da sentença condenatória produzirá o efeito de interromper a prescrição em relação a todos os agentes, inclusive ao réu que, ao final, restou absolvido. Essa hipótese alcança todas as causas interruptivas da prescrição (recebimento da denúncia ou queixa, decisão de pronúncia, decisão confirmatória da pronúncia, acórdão condenatório recorrível).

Em relação aos *crimes conexos*, assim compreendidos como aqueles que estabelecem um liame, ligação ou vínculo entre si, se estiverem sendo processados na mesma ação penal, a interrupção da prescrição em relação a um dos crimes alcançará os demais.

Imaginemos que um agente tenha sido acusado de praticar crime de roubo majorado (CP, art. 157, § 2º) e extorsão (CP, art. 158), sendo apontada conexão entre os delitos. Em razão disso, o Ministério Público oferece denúncia, imputando ao réu os dois crimes, em conexão. Ao final da regular instrução e debates orais, o Magistrado profere sentença absolutória em relação ao crime de roubo majorado e condenatória em relação ao crime de extorsão. A publicação da sentença penal condenatória proferida em relação ao crime de extorsão terá força interruptiva da prescrição também em relação ao crime de roubo majorado, que, ao final, o réu restou absolvido. Essa hipótese alcança todas as causas interruptivas da prescrição (recebimento da denúncia ou queixa, decisão de pronúncia, decisão confirmatória da pronúncia, acórdão condenatório recorrível).

15.10.2.6 Hipóteses de incidência da prescrição da pretensão punitiva em abstrato

A partir da verificação do prazo prescricional e do termo inicial, levando em conta as causas interruptivas da prescrição, afigura-se possível definir alguns cenários de incidência da prescrição da pretensão punitiva em abstrato, distinguindo as hipóteses envolvendo procedimento diverso do Tribunal do Júri e procedimento do Tribunal do Júri.

15.10.2.6.1 *Procedimento diverso do Tribunal do Júri*

Conforme exposto alhures, a prescrição envolvendo crimes não dolosos contra a vida, que não seguem o procedimento do Tribunal do Júri, incide: a) entre a data da consumação do delito e a data do recebimento da denúncia ou queixa; b) entre a data do recebimento da denúncia ou queixa e a data da publicação da sentença penal condenatória; c) entre a data do recebimento da denúncia ou queixa e a fase recursal, no contexto de sentença absolutória.

a) Entre a data da consumação e a data do recebimento da denúncia ou queixa

Conforme o art. 111, I, do CP, o prazo da prescrição da pretensão punitiva começa a correr, como regra, a partir da consumação do delito, tendo como primeiro marco interruptivo o recebimento da denúncia ou queixa (CP, art. 117, I).

Nesse cenário, imaginemos que foi praticado um crime de furto simples (CP, art. 155) no dia 5-10-2010. Instaurado o respectivo inquérito policial, a investigação se desenvolveu de forma bastante lenta, não avançando quanto à identificação da autoria do delito, mas recaindo a suspeita em relação ao agente "A". Concluído o inquérito policial, o procedimento investigatório foi encaminhado para o Ministério Público no dia 10-11-2018.

Nesse caso, considerando-se a pena máxima do crime de furto simples (quatro anos), o prazo prescricional será de oito anos, conforme o art. 109, IV, do CP. Logo, forçoso concluir que, no caso, incidiu a prescrição da pretensão punitiva em abstrato, pois entre a data da consumação do crime de furto e o dia 10-11-2018 passaram-se mais de oito anos sem o recebimento da denúncia, não havendo, por conseguinte, a interrupção do prazo prescricional. Em face disso, resta declarar extinta a punibilidade do agente, com base no art. 107, IV, do CP, com extinção e baixa do expediente criminal.

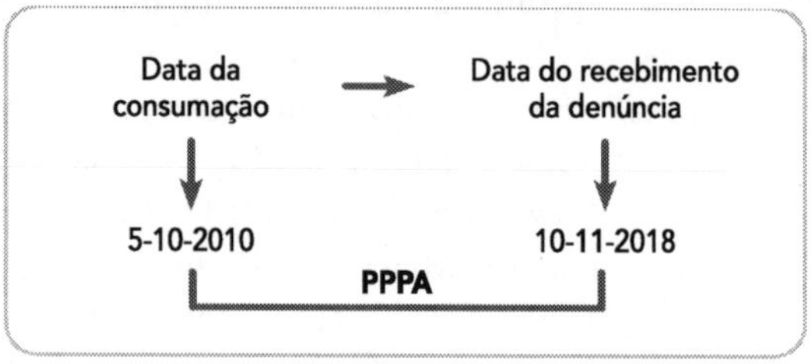

Para que não incidisse a prescrição da pretensão punitiva em abstrato, o Estado teria até o dia 4-10-2018 para o recebimento da denúncia, provocando, por consequência, a interrupção do prazo prescricional e o recomeço da contagem por inteiro.

b) Entre a data do recebimento da denúncia ou queixa e a data da publicação da sentença condenatória

Com o recebimento da denúncia ou queixa, interrompe-se o curso do prazo prescricional, que voltará a correr por inteiro até o próximo marco interruptivo, consistente na publicação da sentença penal condenatória (CP, art. 117, IV).

Imaginemos que o réu foi denunciado por ter praticado, no dia 5-10-2010, crime de furto simples (CP, art. 155). A denúncia foi recebida no dia 15-3-2012. A ação penal se desenvolveu de forma bastante lenta, estando, até o dia 20-4-2020, na fase de instrução processual, não tendo sido, portanto, proferida sentença.

Nesse caso, considerando-se a pena máxima do crime de furto simples (quatro anos), o prazo prescricional será de oito anos, conforme o art. 109, IV, do CP. Logo, forçoso concluir que, no caso, incidiu a prescrição da pretensão punitiva em abstrato, pois entre a data do recebimento da denúncia (15-3-2012) e o dia 20-4-2020 passaram-se mais de oito anos sem publicação da sentença penal condenatória, e, por conseguinte, a interrupção do prazo prescricional. Resta declarar extinta a punibilidade do agente, com base no art. 107, IV, do CP, com extinção e baixa do processo.

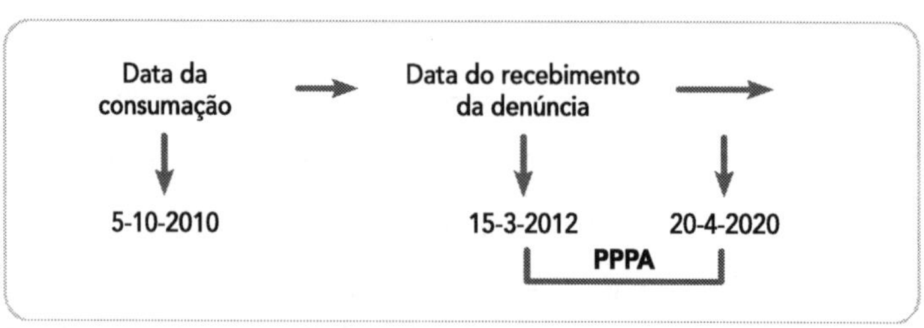

Para que não incidisse a prescrição da pretensão punitiva em abstrato, o Estado teria até o dia 14-3-2020 para a publicação da sentença penal condenatória, provocando, por consequência, interrupção do prazo prescricional, com o recomeço da contagem por inteiro.

c) Entre a data do recebimento da denúncia ou queixa e a fase recursal, considerando sentença absolutória

Consoante se extrai do art. 117, IV, do CP, somente a sentença penal condenatória tem o condão de interromper o prazo prescricional. Logo, se proferida sentença absolutória, não haverá interrupção do prazo prescricional, que continuará correndo desde o recebimento da denúncia.

> Exemplo: O réu foi denunciado por ter praticado o crime de furto simples (CP, art. 155) no dia 5-10-2010. A denúncia foi recebida no dia 15-3-2012. Após regular andamento do processo, o Magistrado proferiu, no dia 10-6-2016, sentença absolutória. Irresignado, o Ministério Público interpôs recurso de apelação, que, até o dia 20-4-2020, ainda não havia sido pautado para ser submetido a julgamento pelo Tribunal de Justiça.

Nesse caso, considerando-se a pena máxima do crime de furto simples (quatro anos), o prazo prescricional será de oito anos, conforme o art. 109, IV, do CP. Logo, forçoso concluir que, no caso, incidiu a prescrição da pretensão punitiva em abstrato, pois entre a data do recebimento da denúncia (15-3-2012) e o dia 20-4-2020 passaram-se mais de oito anos, sem publicação de eventual acórdão condenatório, não havendo, por conseguinte, a interrupção do prazo prescricional. Resta declarar extinta a punibilidade do agente, com base no art. 107, IV, do CP, com extinção e baixa do processo.

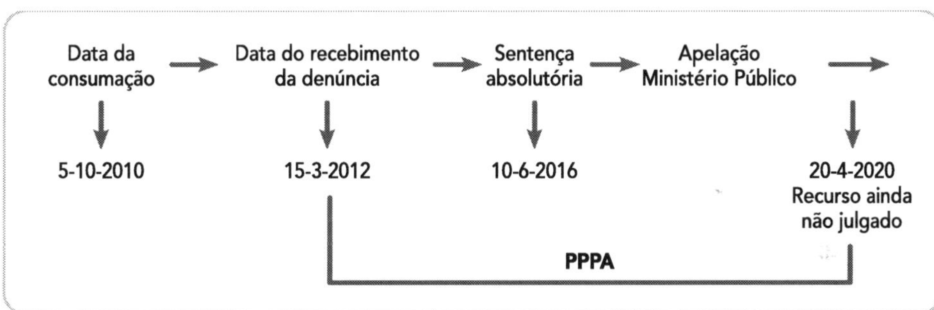

Para que não incidisse a prescrição da pretensão punitiva em abstrato, o Estado teria até o dia 14-3-2020 para a publicação do acórdão condenatório, provocando, por consequência, interrupção do prazo prescricional, com o recomeço da contagem por inteiro.

15.10.2.6.2 Procedimento do Tribunal do Júri

Em relação ao procedimento do Tribunal do Júri, a prescrição da pretensão punitiva em abstrato poderá incidir: a) entre a data da consumação do delito até a data do recebimento da denúncia; b) entre a data do recebimento da denúncia e a data da decisão de pronúncia; c) entre a data da decisão de pronúncia e a data da decisão confirmatória da pronúncia; d) entre a data da decisão de pronúncia e a data da publicação da sentença penal condenatória, se não interposto recurso contra decisão de pronúncia; e) entre a data da decisão confirmatória da pronúncia e a data da publicação da sentença penal condenatória.

Nos termos do art. 74, § 1º, do CPP, o procedimento do Tribunal do Júri é aplicado aos crimes dolosos contra a vida, assim considerados o homicídio doloso (CP, art. 121, *caput*, §§ 1º e 2º); induzimento, instigação ou auxílio ao suicídio (CP, art. 122); infanticídio (CP, art. 123); e aborto (CP, art. 124/127).

a) Entre a data da consumação do delito até a data do recebimento da denúncia

Conforme o art. 111, I, do CP, o prazo da prescrição da pretensão punitiva começa a correr, como regra, a partir da consumação do delito, tendo como primeiro marco interruptivo o recebimento da denúncia ou queixa (CP, art. 117, I).

Nesse cenário, imaginemos que o agente tenha sido acusado de ter praticado, no dia 5-10-2010, crime de aborto com o consentimento da gestante (CP, art. 126). Instaurado o respectivo inquérito policial, a investigação se desenvolveu de forma bastante lenta, não avançando quanto à identificação da autoria do delito, mas recaindo a suspeita em relação ao agente "A". Concluído o inquérito policial, o procedimento investigatório foi encaminhado para o Ministério Público no dia 10-11-2018.

Nesse caso, considerando-se a pena máxima de quatro anos, cominada ao crime de aborto com o consentimento da gestante, o prazo prescricional será de oito anos, conforme o art. 109, IV, do CP. Logo, forçoso concluir que, no caso, incidiu a prescrição da pretensão punitiva em abstrato, pois entre a data da consumação do crime de aborto e o dia 10-11-2018 passaram-se mais de oito anos sem o recebimento da denúncia e, por conseguinte, a interrupção do prazo prescricional. Resta declarar extinta a punibilidade do agente, com base no art. 107, IV, do CP, com extinção e baixa do expediente criminal.

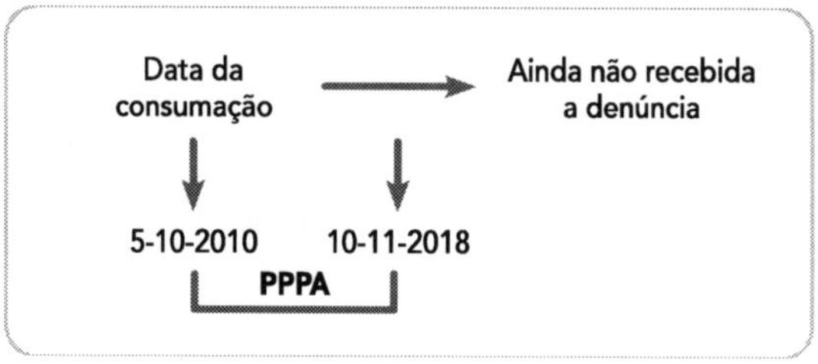

Para que não incidisse a prescrição da pretensão punitiva em abstrato, o Estado teria até o dia 4-10-2018 para o recebimento da denúncia, provocando, por consequência, interrupção do prazo prescricional, com o recomeço da contagem por inteiro.

b) Entre a data do recebimento da denúncia e a data da decisão de pronúncia

Nesse cenário, imaginemos que o agente tenha sido acusado de ter praticado, no dia 5-10-2010, crime de aborto com o consentimento da gestante (CP, art. 126). A denúncia foi recebida no dia 15-3-2012. A ação penal se desenvolveu de forma bastante lenta, estando, até o dia 20-4-2020, na fase de instrução processual, não tendo sido, portanto, proferida decisão na 1ª fase do Procedimento do Júri.

Nesse caso, considerando-se a pena máxima de quatro anos, cominada ao crime de aborto com o consentimento da gestante, o prazo prescricional será de oito anos, conforme o art. 109, IV, do CP. Logo, forçoso concluir que, no caso, incidiu a prescrição da pretensão punitiva em abstrato, pois entre a data do recebimento da denúncia (15-3-2012) até a data em que o processo ainda se encontrava na fase de instrução (20-4-2020) passaram-se mais de oito anos, sem que tivesse sido proferida decisão de pronúncia e, por conseguinte, a interrupção do prazo prescricional. Resta declarar extinta a punibilidade do agente, com base no art. 107, IV, do CP, com extinção e baixa do expediente criminal.

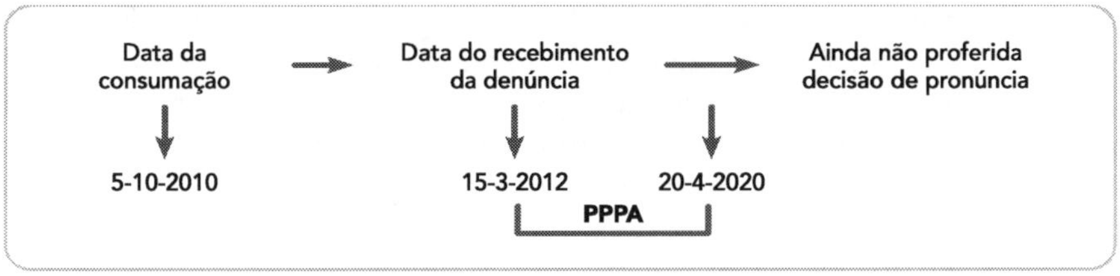

Para que não incidisse a prescrição da pretensão punitiva em abstrato, o Estado teria até o dia 14-3-2020, para a publicação da decisão de pronúncia, provocando, por consequência, interrupção do prazo prescricional, com o recomeço da contagem por inteiro.

c) Entre a data da decisão de pronúncia e a data da decisão confirmatória da pronúncia

Nesse cenário, imaginemos que o agente tenha sido acusado de ter praticado, no dia 5-10-2010, crime de aborto com o consentimento da gestante (CP, art. 126). A denúncia foi recebida no dia 15-3-2011. A decisão de pronúncia foi publicada no dia 16-7-2012. O réu interpôs recurso em sentido estrito, sendo improvido no dia 23-8-2020, com a consequente confirmação da decisão de pronúncia.

Nesse caso, considerando-se a pena máxima de quatro anos, cominada ao crime de aborto com o consentimento da gestante, o prazo prescricional será de oito anos, conforme o art. 109, IV, do CP. Logo, forçoso concluir que, no caso, incidiu a prescrição da pretensão punitiva em abstrato, pois, entre a data da pronúncia (16-7-2012) até a data da decisão confirmatória da pronúncia (23-8-2020), passaram-se mais de oito anos. Resta declarar extinta a punibilidade do agente, com base no art. 107, IV, do CP, com extinção e baixa do expediente criminal.

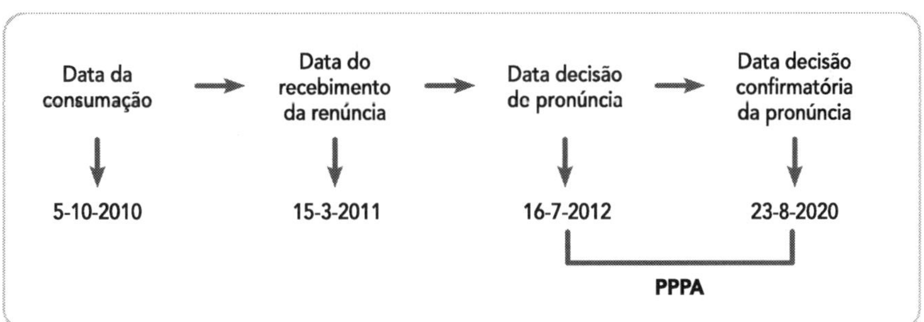

Para que não incidisse a prescrição da pretensão punitiva em abstrato, o Estado teria até o dia 15-7-2020 para apreciar o recurso interposto pela defesa e confirmar a decisão de pronúncia, provocando, por consequência, interrupção do prazo prescricional, com o recomeço da contagem por inteiro.

d) Entre a data da decisão de pronúncia e a data da publicação da sentença penal condenatória, se não interposto recurso contra decisão de pronúncia

Nesse cenário, imaginemos que o agente tenha sido acusado de ter praticado, no dia 5-10-2010, crime de aborto com o consentimento da gestante (CP, art. 126). A denúncia foi recebida no dia 15-3-2011. A decisão de pronúncia foi publicada no dia 16-7-2012. O réu não interpôs recurso em sentido estrito. Até o dia 23-8-2020, o réu ainda não havia sido submetido a julgamento perante o Plenário do Júri, não havendo, pois, sentença condenatória.

Nesse caso, considerando-se a pena máxima de quatro anos, cominada ao crime de aborto com o consentimento da gestante, o prazo prescricional será de oito anos, conforme o art. 109, IV, do CP. Logo, forçoso concluir que, no caso, incidiu a prescrição da pretensão punitiva em abstrato, pois, entre a data da pronúncia (16-7-2012) até a data em que o réu ainda não havia sido submetido a julgamento perante o Plenário do Júri (23-8-2020), passaram-se mais de oito anos. Resta declarar extinta a punibilidade do agente, com base no art. 107, IV, do CP, com extinção e baixa do expediente criminal.

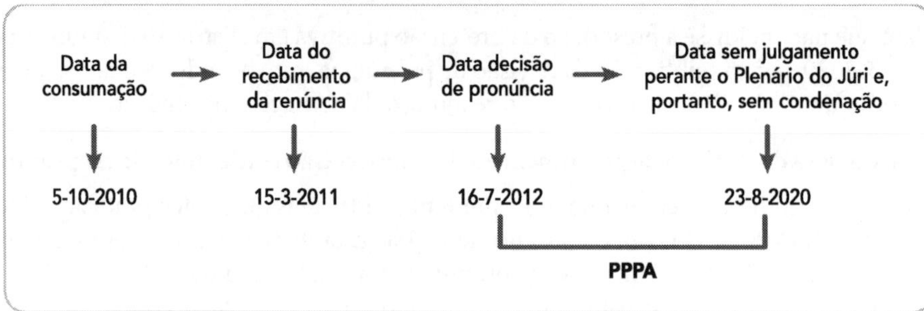

Para que não incidisse a prescrição da pretensão punitiva em abstrato, o Estado teria de submeter o réu a julgamento perante o Plenário do Júri, com a respectiva condenação, até o dia 15-7-2020, provocando, por consequência, interrupção do prazo prescricional, com o recomeço da contagem por inteiro.

e) **Entre a data da decisão confirmatória da pronúncia e a data da publicação da sentença penal condenatória.**

Nesse cenário, imaginemos que o agente tenha sido acusado de ter praticado, no dia 5-10-2010, crime de aborto com o consentimento da gestante (CP, art. 126). A denúncia foi recebida no dia 15-3-2011. A decisão de pronúncia foi publicada no dia 16-2-2012. O réu interpôs recurso em sentido estrito, sendo improvido no dia 23-8-2012, com a consequente confirmação da decisão de pronúncia. Até o dia 24-9-2020, o réu ainda não havia sido submetido a julgamento perante o Plenário do Júri, não havendo, pois, sentença condenatória.

Nesse caso, considerando-se a pena máxima de quatro anos, cominada ao crime de aborto com o consentimento da gestante, o prazo prescricional será de oito anos, conforme o art. 109, IV, do CP. Logo, forçoso concluir que, no caso, incidiu a prescrição da pretensão punitiva em abstrato, pois, entre a data da decisão confirmatória da pronúncia (16-7-2012) até a data que o réu ainda não havia sido submetido a julgamento perante o Plenário do Júri (24-9-2020), passaram-se mais de oito anos. Resta declarar extinta a punibilidade do agente, com base no art. 107, IV, do CP, com extinção e baixa do expediente criminal.

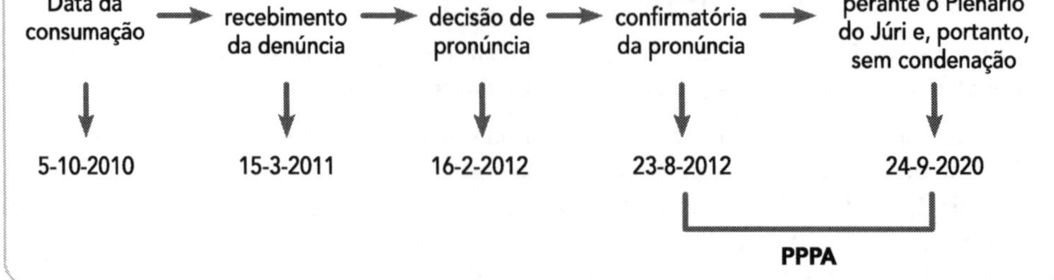

Para que não incidisse a prescrição da pretensão punitiva em abstrato, o Estado teria de submeter o réu a julgamento perante o Plenário do Júri, com a respectiva condenação, até o dia 22-8-2020, provocando, por consequência, interrupção do prazo prescricional, com o recomeço da contagem por inteiro.

15.10.3 Prescrição da pretensão punitiva retroativa

15.10.3.1 Introdução

A prescrição da pretensão punitiva retroativa estava prevista no art. 110, § 2º, do CP, que previa a possibilidade da prescrição entre a data do fato e o recebimento da denúncia. Esse parágrafo foi revogado pela Lei nº 12.234, de 5-5-2010.

Com a revogação do § 2º do art. 110 do CP, surgiram entendimentos afirmando a exclusão da prescrição da pretensão punitiva retroativa do ordenamento jurídico. Todavia, a parte final do art. 110, § 1º, do CP, dispõe que a prescrição, em nenhuma hipótese, poderá ter como termo inicial *data anterior à da denúncia ou queixa.*

Diante da intrincada redação desse dispositivo, forçoso concluir pela possibilidade de prescrição da pretensão punitiva retroativa após o oferecimento da denúncia ou queixa, uma vez que, segundo se extrai do texto, a vedação se limita a período anterior ao da denúncia ou queixa.

Diz-se intricada a redação, porque o legislador teria sido mais claro e objetivo se tivesse limitado a vedação a período anterior ao recebimento da denúncia ou queixa. Assim não o fazendo, admite possibilidade de prescrição retroativa entre o oferecimento da denúncia ou queixa e a data do recebimento da peça acusatória. Trata-se de hipótese absolutamente remota, pois, na praxe forense, não é tão distante o período que medeia o oferecimento da denúncia ou queixa e o seu respectivo recebimento.

Em síntese, em relação aos fatos praticados a partir do dia 5-5-2010, somente será possível a prescrição da pretensão punitiva considerando o lapso temporal incidente após a denúncia. Para fatos praticados antes do dia 5-5-2010, será possível a prescrição da pretensão retroativa entre a data da consumação e o recebimento da denúncia, bem como entre o recebimento da denúncia e a publicação da sentença penal condenatória.

15.10.3.2 Pressupostos

Por primeiro, para cogitar a incidência da prescrição da pretensão punitiva retroativa, não pode ter se verificado a prescrição da pretensão da pretensão punitiva em abstrato.

A prescrição retroativa tem por pressuposto a prolação de uma sentença penal condenatória, bem como o trânsito em julgado da sentença penal condenatória para a acusação, seja por força de decisão do juízo de primeiro grau, seja por força de eventual improvimento do seu recurso. É o que se extrai do próprio art. 110, § 1º, do CP.

PRESSUPOSTOS
- → Não ter incidido prescrição da pretensão punitiva em abstrato
- → Sentença condenatória
- → Trânsito em julgado para acusação ou improvimento do seu recurso

15.10.3.3 Cálculo do prazo da prescrição da pretensão punitiva retroativa

Com o trânsito em julgado da sentença penal condenatória para a acusação ou improvimento do seu recurso, tem-se que, a partir de eventual recurso da defesa, o Tribunal não poderá agravar a situação do réu, sob pena de incorrer na *reformatio in pejus* direta, o que é vedado conforme prevê o art. 617 do CPP. Em decorrência disso, a pena máxima no caso concreto será a aplicada na sentença, já que, com o trânsito em julgado para acusação, não poderá ser alterada para prejudicar o réu, na hipótese de recurso exclusivo da defesa.

Assim, a base para o cálculo da prescrição se altera, deixando de ser a pena máxima cominada ao delito, passando a ser considerada a *pena aplicada na sentença*. Nesse caso, pega-se a pena aplicada na sentença e enquadra num dos incisos do art. 109 do CP, para ser verificado o prazo prescricional.

15.10.3.3.1 Redução da pena aplicada na sentença pelo Tribunal

Discute-se se a pena aplicada na sentença condenatória continua sendo parâmetro para verificação do prazo prescricional, mesmo quando, a partir do recurso defensivo, tenha sido objeto de redução pelo Tribunal.

E, nesse particular, o STJ já decidiu que:

> A pena aplicada a que se refere o § 1º do art. 110 é a pena da sentença condenatória, e não de eventual acórdão que reduza a pena em grau de apelação. Isso porque se revela impossível que a prescrição venha a se pautar por uma pena que ainda está sendo questionada e que poderá vir a ser alterada conforme o resultado do Recurso Especial interposto. Em outras palavras, a decisão proferida pelo Tribunal, reduzindo a pena aplicada na sentença, pode ainda ser objeto de reforma na hipótese de eventual recurso especial interposto pelo Ministério Público.[18]

Com efeito, declarar a extinção da punibilidade pela prescrição considerando a pena reduzida pelo Tribunal, significa, em última análise, retirar do Ministério Público a possibilidade de buscar, via recurso especial e extraordinário, que a pena aplicada na sentença de primeiro grau seja mantida.

Imaginemos, por exemplo, réu condenado a cinco anos pelo crime de tráfico de drogas (Lei nº 11.343/2006, art. 33, *caput*), sem a interposição de recurso pelo Ministério Público. A defesa interpõe recurso de apelação, buscando o reconhecimento da causa de redução da pena prevista no art. 33, § 4º, da Lei nº 11.343/2006, sendo dado provimento ao recurso pelo Tribunal, que, acolhendo o pleito defensivo, reduziu a pena imposta na sentença em 2/3, fixando em um ano e oito meses. Ou seja, considerando a pena de cinco anos aplicada na sentença, o prazo prescricional seria de 12 anos (CP, art. 109, III); com a reforma da decisão e diminuição da pena para um ano e oito meses, o prazo prescricional cai para quatro anos (CP, art. 109, V), o que, invariavelmente, ensejaria a declaração da extinção da punibilidade, sem oportunizar ao Ministério Público buscar, por meio de recurso especial, a reforma do acórdão, para o fim de ser mantida a decisão do juízo de primeiro grau, o que caracteriza violação do princípio do contraditório.

Assim, a nosso sentir, deve-se aguardar eventual improvimento do recurso especial do Ministério Público, se interposto, para ser considerada a pena reduzida pelo Tribunal como base para o cálculo da prescrição.

---

18. STJ, HC nº 53351/RJ, rel. Min. Maria Thereza de Assis Moura, 6ª T., j. 11-6-2007.

15.10.3.4 *Hipóteses de incidência da prescrição da pretensão punitiva retroativa nos crimes diversos do procedimento do Tribunal do Júri*

Verificado o prazo prescricional com base na pena aplicada na sentença, a prescrição retroativa deve ser considerada a partir da publicação da sentença ou acórdão condenatório para trás. Por isso, a denominação "retroativa", já que *sua incidência é verificada entre os marcos interruptivos existentes antes da sentença ou acórdão condenatório*

Assim, em tese, no procedimento diverso do Tribunal do Júri, será possível verificar a prescrição da pretensão punitiva retroativa: a) entre a data da publicação da sentença condenatória e a data do recebimento da denúncia; b) entre a data do acórdão condenatório e a data do recebimento da denúncia.

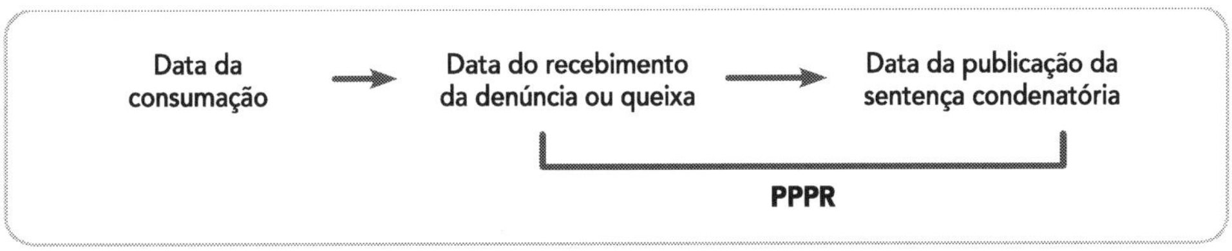

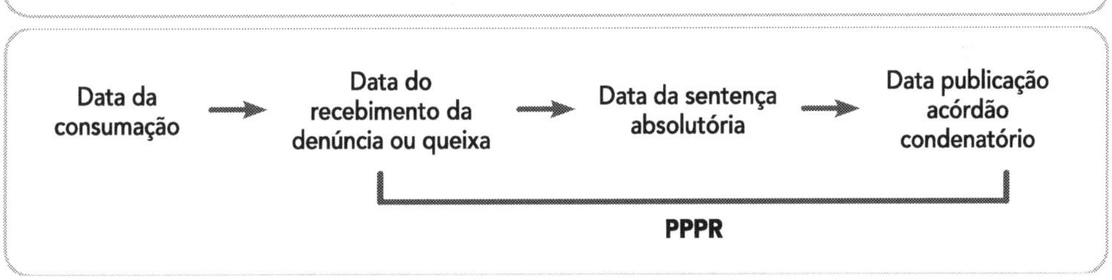

a) Entre a data da publicação da sentença condenatória e a data do recebimento da denúncia

Com o recebimento da denúncia ou queixa, interrompe-se o curso do prazo prescricional, voltando a correr por inteiro até o próximo marco interruptivo, consistente na publicação da sentença penal condenatória (CP, art. 117, IV).

Imaginemos que o réu tenha sido denunciado pela prática, no dia 5-10-2014, do crime de furto simples (CP, art. 155). A denúncia foi recebida no dia 15-3-2016. Após regular tramitação do processo, o Magistrado proferiu sentença condenatória, publicada no dia 18-4-2020, fixando pena de um ano e quatro meses de reclusão, e multa. O Ministério Público, satisfeito, não interpôs recurso, ocorrendo o trânsito em julgado para a acusação.

Nesse caso, verifica-se que não há incidência da prescrição da pretensão punitiva em abstrato. Os pressupostos para análise da prescrição da pretensão punitiva retroativa estão presentes: a) não há prescrição em abstrato; b) sentença condenatória; c) trânsito em julgado para a acusação.

Logo, a base de cálculo para a prescrição se altera, passando da pena máxima cominada ao delito, para ser considerada a *pena aplicada*. No caso, a pena aplicada foi de um ano e quatro meses, sendo o prazo prescricional de quatro anos (CP, art. 109, V). Agora, considerando o novo prazo prescricional, com base na pena aplicada, deve ser refeita, de forma retroativa, a análise da incidência da prescrição da pretensão punitiva.

E, no caso, forçoso concluir que incidiu a prescrição da pretensão punitiva retroativa, pois, fazendo a reanalise dos marcos interruptivos antes da sentença, verifica-se que entre a data da publicação da sentença condenatória (18-4-2020) e a data do recebimento da denúncia (15-3-2016), passaram-se mais de quatro anos.

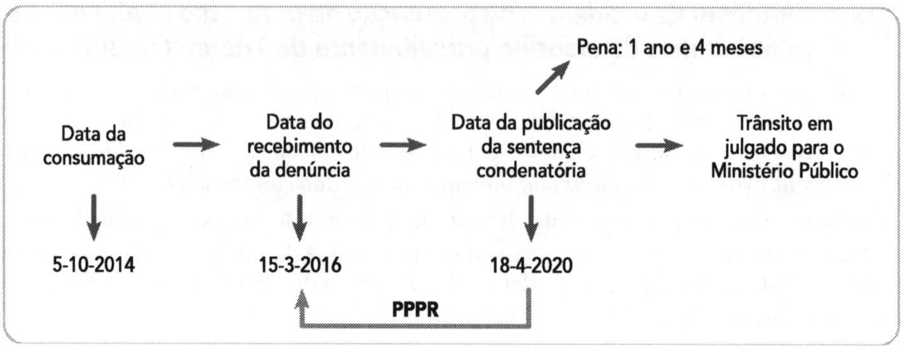

Para evitar a incidência da prescrição, a publicação da sentença penal condenatória deveria ter ocorrido até o dia 14-3-2020, provocando a interrupção da prescrição, e a recontagem do prazo por inteiro.

b) Entre a data do acórdão condenatório e a data do recebimento da denúncia.

Imaginemos que o réu tenha sido denunciado pela prática, no dia 5-10-2014, do crime de furto simples (CP, art. 155). A denúncia foi recebida no dia 15-3-2016. Após regular tramitação do processo, no dia 15-6-2018, o Magistrado proferiu sentença absolutória. O Ministério Público, irresignado, interpôs recurso de apelação, ao qual foi dado provimento pelo Tribunal, que proferiu acórdão condenatório, fixando pena de um ano e quatro meses, transitando em julgado para a acusação no dia 18-4-2020.

Nesse caso, verifica-se que não há incidência da prescrição da pretensão punitiva em abstrato. Os pressupostos para análise da prescrição da pretensão punitiva retroativa estão presentes: a) não há prescrição em abstrato; b) sentença condenatória; c) trânsito em julgado para a acusação.

Logo, a base de cálculo para a prescrição se altera, passando da pena máxima cominada ao delito, para ser considerada a *pena aplicada*. No caso, a pena aplicada foi de um ano e quatro meses, sendo o prazo prescricional de quatro anos (CP, art. 109, V). Agora, considerando o novo prazo prescricional, com base na pena aplicada, deve ser refeita, de forma retroativa, a análise da incidência da prescrição da pretensão punitiva.

E, no caso, forçoso concluir que incidiu a prescrição da pretensão punitiva retroativa, pois, fazendo a reanalise dos marcos interruptivos, verifica-se que entre a data da publicação do acórdão condenatório (18-4-2020) e a data do recebimento da denúncia (15-3-2016), passaram-se mais de quatro anos.

Para evitar a incidência da prescrição, o acórdão condenatório deveria ter sido publicado até o dia 14-3-2020, provocando a interrupção da prescrição, e a recontagem do prazo por inteiro.

15.10.3.5 Hipóteses de incidência da prescrição da pretensão punitiva retroativa nos crimes diversos do procedimento do Tribunal do Júri

Após julgamento perante o Plenário do Júri, com a condenação do réu pelo corpo de Jurados, o juiz passará à dosimetria da pena. Com o trânsito em julgado para o Ministério Público, ou improvido eventual recurso interposto, viabiliza-se a análise de eventual incidência da prescrição da pretensão punitiva retroativa.

Em relação ao procedimento do Tribunal do Júri, a prescrição da pretensão retroativa poderá incidir: a) entre a data da publicação da decisão de pronúncia e a data do recebimento da denúncia; b) entre a data da decisão confirmatória da pronúncia e a decisão de pronúncia; c) entre a data da publicação da sentença penal condenatória e a decisão confirmatória da pronúncia; d) entre a data da publicação da sentença penal condenatória e a decisão de pronúncia, se não tiver sido interposto recurso contra essa decisão.

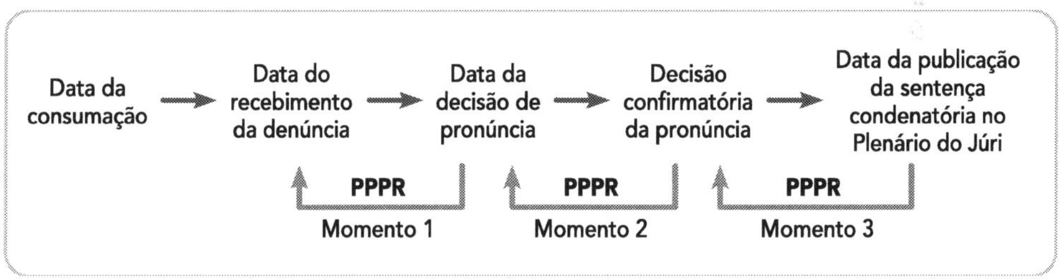

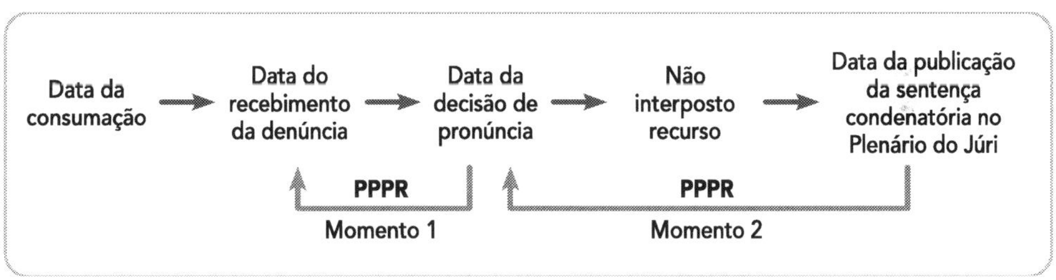

15.10.3.6 Prescrição da pretensão punitiva retroativa entre a data da consumação e o recebimento da denúncia e a ultra atividade do art. 110, § 2º, do CP

O art. 110, § 2º, do CP, admitia a prescrição considerando como termo inicial data anterior à do recebimento da denúncia ou da queixa. Em outras palavras, havia a possibilidade de prescrição da pretensão punitiva retroativa entre a data da consumação e a data do recebimento da denúncia.

Com a revogação do § 2º do art. 110 do CP pela Lei nº 12.234, de 5-5-2010, não mais se afigura possível a prescrição da pretensão punitiva retroativa considerando como termo inicial data anterior à da denúncia ou queixa (CP, art. 110, § 1º, parte final). Logo, em tese, a partir do dia 5-5-2010, somente será possível prescrição da pretensão punitiva retroativa após a denúncia ou queixa.

Como se trata de lei posterior mais severa, não retroage para alcançar fatos praticados antes do dia 5-5-2010. Logo, o art. 110, § 2º, do CP, é dotado de ultra-atividade, significando que continuará gerando efeitos em relação aos fatos praticados antes do dia 5-5-2010.

Em síntese, em relação a fatos praticados antes do dia 5-5-2010, será possível a prescrição da pretensão punitiva retroativa entre a data da consumação do delito e a data do recebimento da denúncia ou queixa, além das demais hipóteses.

> Exemplo: Consideremos que o réu tenha sido denunciado pelo crime de furto simples (CP, art. 155), praticado no dia 3-3-2010. A denúncia foi recebida no dia 15-6-2014. Após regular tramitação do processo, o Magistrado proferiu sentença condenatória, publicada no dia 15-10-2016, fixando pena de um ano e quatro meses, transitando em julgado para a acusação.

Nesse caso, verifica-se que não há incidência da prescrição da pretensão punitiva em abstrato. Os pressupostos para análise da prescrição da pretensão punitiva retroativa estão presentes: a) não há prescrição em abstrato; b) sentença condenatória; c) trânsito em julgado para a acusação.

Logo, a base de cálculo para a prescrição se altera, passando da pena máxima cominada ao delito, para ser considerada a *pena aplicada*. No caso, a pena aplicada foi de um ano e quatro meses, sendo o prazo prescricional de quatro anos (CP, art. 109, V). Agora, considerando o novo prazo prescricional, com base na pena aplicada, deve ser refeita, de forma retroativa, a análise da incidência da prescrição da pretensão punitiva.

E, no caso, considerando que o fato foi praticado antes do dia 5-5-2010, afigura-se possível a incidência da prescrição da pretensão punitiva retroativa entre a data da consumação do delito (3-3-2010) e a data do recebimento da denúncia (15-6-2014).

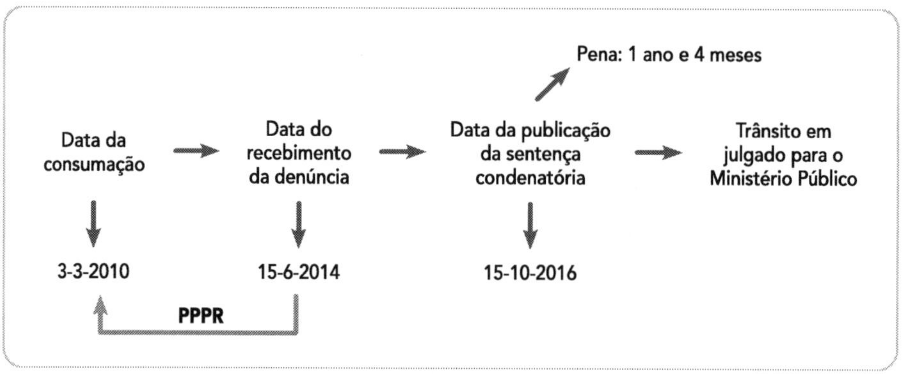

Para evitar a incidência da prescrição, a denúncia deveria ter sido recebida até o dia 2-3-2014, provocando a interrupção da prescrição, e a recontagem do prazo por inteiro.

15.10.4 Prescrição da pretensão punitiva superveniente ou intercorrente

15.10.4.1 Introdução

A prescrição da pretensão punitiva superveniente ou intercorrente está prevista no art. 110, § 1º, do CP, e incide entre a data da publicação da sentença penal condenatória e o trânsito em julgado para a defesa. A expressão "superveniente" decorre justamente porque *sua incidência é posterior à publicação da sentença penal condenatória.*

A prescrição da pretensão punitiva superveniente difere da prescrição da pretensão punitiva retroativa, precipuamente em relação ao momento da incidência. A prescrição da pretensão punitiva retroativa incide entre os marcos interruptivos existentes antes da sentença penal condenatória; a prescrição da pretensão punitiva superveniente incide após a sentença penal condenatória.

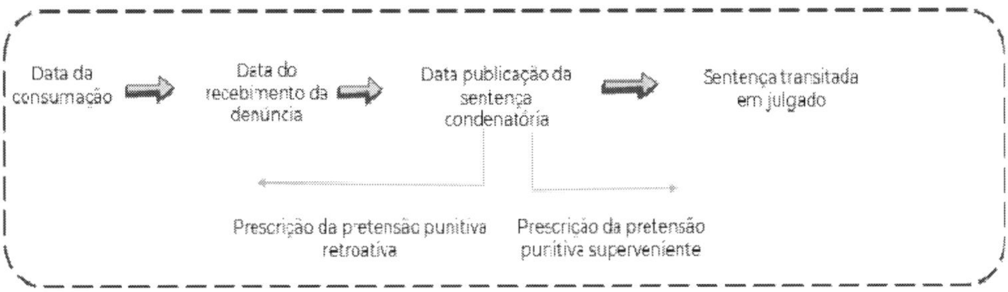

15.10.4.2 *Pressupostos*

Para se cogitar da hipótese da prescrição da pretensão punitiva superveniente, primeiro deve-se constatar a não incidência da prescrição da pretensão punitiva em abstrato e da retroativa. Após, deve-se verificar a existência de sentença penal condenatória e o trânsito em julgado para a acusação, seja por força de decisão do juízo de primeiro grau, seja por força de eventual improvimento do seu recurso. É o que se extrai do próprio art. 110, § 1º, do CP.

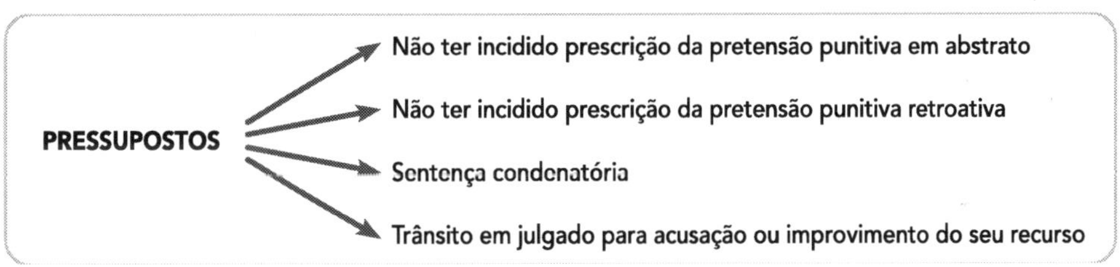

15.10.4.3 *Cálculo do prazo da prescrição da pretensão punitiva retroativa*

Com o trânsito em julgado da sentença penal condenatória para a acusação ou improvimento do seu recurso, tem-se que, a partir de eventual recurso da defesa, o Tribunal não poderá agravar a situação do réu, sob pena de incorrer na *reformatio in pejus* direta, o que é vedado conforme prevê o art. 617 do CPP. Em decorrência disso, a pena máxima no caso concreto será aquela aplicada na sentença, já que, com o trânsito em julgado para acusação, não poderá ser alterada para prejudicar o réu.

Assim, a base para o cálculo da prescrição da pretensão punitiva superveniente ou intercorrente é a *pena aplicada na sentença*, que deverá ser enquadrada num dos incisos do art. 109 do CP, para ser verificado o prazo prescricional.

E aqui se aplica o mesmo raciocínio empregado no item 15.10.4.4, no sentido de que a base de cálculo para a prescrição da pretensão punitiva superveniente é a pena aplicada na sentença, ainda que tenha sido reduzida por força de recurso interposto pela defesa, uma vez que a decisão pode ainda ser objeto de reforma na hipótese de eventual recurso especial interposto pelo Ministério Público.

Ainda que não tenha transitado em julgado para a acusação, admite-se a possibilidade de prescrição da pretensão punitiva superveniente, se o Ministério Público ou o querelante interpuser recurso sem postular a elevação da pena, restringindo-se, por exemplo, à modificação do regime carcerário ou à cassação da substituição da pena privativa de liberdade por restritiva de direitos, já que, na falta de pedido expresso da acusação, não poderá o Tribunal elevar a pena aplicada na sentença, sob pena de reformatio *in pejus*.

15.10.4.4 Hipótese de incidência da prescrição da pretensão punitiva superveniente ou intercorrente

Verificado o prazo prescricional com base na pena aplicada na sentença, a prescrição da pretensão punitiva superveniente tem por termo inicial a data da publicação da sentença penal condenatória, podendo incidir até o trânsito em julgado para a defesa. Por isso, a denominação "superveniente", já que *sua incidência é verificada após a publicação da sentença penal condenatória*

Imaginemos que o réu tenha sido denunciado pelo crime de furto (CP, art. 155), praticado no dia 5-10-2012. A denúncia foi recebida no dia 15-3-2014. Após regular tramitação do processo, no dia 15-6-2016, o Magistrado proferiu sentença condenatória, aplicando pena de um ano e quatro meses. O Ministério Público não interpôs recurso, transitando em julgado a sentença para a acusação. A defesa interpôs recurso de apelação, ainda não colocado em pauta para julgamento pelo menos até o dia 18-7-2020.

Nesse caso, verifica-se que não há incidência da prescrição da pretensão punitiva em abstrato nem retroativa. Os pressupostos para análise da prescrição da pretensão punitiva superveniente estão presentes: a) não há prescrição em abstrato; b) não há prescrição retroativa; c) sentença condenatória; d) trânsito em julgado para a acusação.

Logo, a base de cálculo para a prescrição passa a ser a *pena aplicada* na sentença. No caso, a pena aplicada foi de um ano e quatro meses, sendo o prazo prescricional de quatro anos (CP, art. 109, V). Agora, considerando o novo prazo prescricional, com base na pena aplicada, deve-se verificar se o trânsito em julgado para a defesa ocorrerá ou não dentro do prazo prescricional.

E, no caso, forçoso concluir que incidiu a prescrição da pretensão punitiva superveniente, pois entre a data da publicação da sentença condenatória (15-6-2016) e a data indicando que ainda não ocorreu o trânsito em julgado para defesa (18-7-2020), passaram-se mais de quatro anos.

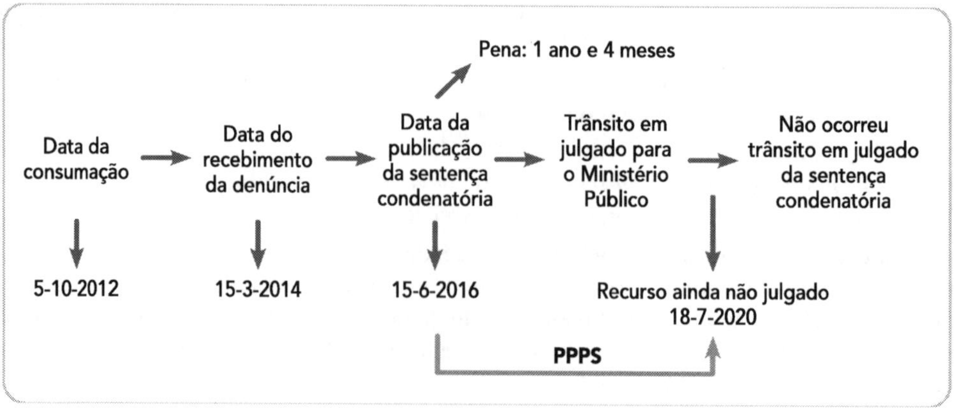

Para evitar a incidência da prescrição, o trânsito em julgado da sentença penal condenatória deveria ocorrer até o dia 14-6-2020, provocando a interrupção da prescrição, e a recontagem do prazo por inteiro.

15.11 PRESCRIÇÃO DA PRETENSÃO EXECUTÓRIA

15.11.1 Introdução

A prescrição da pretensão executória está prevista no art. 110, *caput*, do CP.

O exercício da pretensão punitiva estatal se revela de forma plena quando a sentença penal condenatória encontra o trânsito em julgado dentro do prazo estabelecido em lei. Com o trânsito em julgado da sentença penal condenatória, surge para o Estado a pretensão executória, ou seja, a pretensão de fazer cumprir a sentença, com a efetiva execução da pena imposta.

Ocorre, contudo, que também há prazo previsto em lei para que o Estado exerça a pretensão executória, sob pena de não mais poder fazê-lo, por conta da incidência da prescrição da pretensão executória e a consequente extinção da punibilidade.

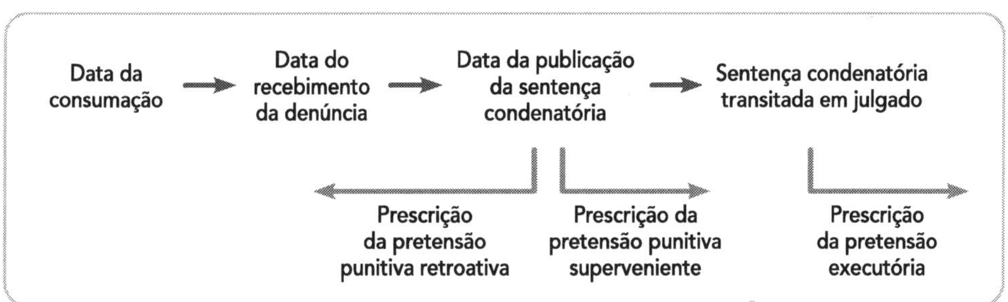

15.11.2 Pressuposto

Para que seja possível cogitar da incidência da prescrição executória, não pode ter se operado qualquer das formas de prescrição da pretensão punitiva.

O pressuposto básico para se verificar a hipótese de incidência da prescrição da pretensão executória é o trânsito em julgado da sentença penal condenatória. Logo, à evidência, a prescrição da pretensão executória incide *após o trânsito em julgado da sentença condenatória.*

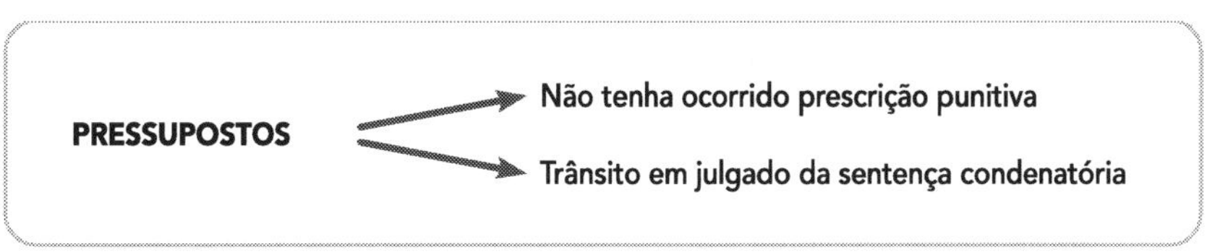

Como não há mais possibilidade de alteração da pena imposta na sentença, já que, com o trânsito em julgado, tornou-se definitiva, sintomático que a base para o cálculo da prescrição da pretensão executória seja a *pena aplicada na sentença.*

Tratando-se de reincidente, o prazo da prescrição da pretensão executória da pena privativa de liberdade é aumentado em 1/3 (CP, art. 110, *caput*, parte final). Para tanto, é necessário que a sentença condenatória tenha reconhecido a reincidência.

Esse acréscimo pela reincidência somente se aplica à prescrição da pretensão executória, não tendo qualquer reflexo nos prazos da prescrição da pretensão punitiva. É o que se extrai da Súmula nº 220 do STJ: "A reincidência não influiu no prazo da prescrição da pretensão punitiva".

15.11.3 Termos iniciais

Consoante se extrai do art. 112 do CP, o prazo da prescrição da pretensão executória começa a correr: a) do dia em que transita em julgado a sentença condenatória, para a acusação; b) do dia da revogação da suspensão condicional da pena ou o livramento condicional; c) do dia em que se interrompe a execução, salvo quando o tempo da interrupção deva computar-se na pena.

a) Do dia em que transita em julgado a sentença condenatória para a acusação

O pressuposto para a incidência da prescrição da pretensão executória é o trânsito em julgado da sentença penal condenatória para todas as partes. Todavia, nos termos do art. 112, I, do CP, o termo inicial da contagem do prazo prescricional considera o trânsito em julgado da sentença penal condenatória para a acusação. Ou seja, em tese, o início da contagem do prazo da prescrição executória é anterior à data do trânsito em julgado da sentença penal condenatória.

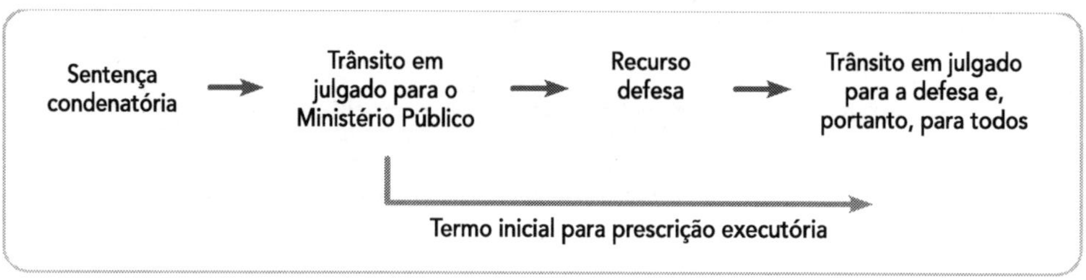

Trata-se de hipótese extremamente favorável ao condenado, uma vez que, se a acusação optar por não interpor recurso contra a sentença condenatória, transitando em julgado para ela, o réu, usando de sucessivos recursos, poderá prolongar o momento do trânsito em julgado da sentença penal condenatória para todos. Não é raro acontecer, por exemplo, transitar em julgado a sentença penal condenatória para acusação em determinada data e o trânsito em julgado da sentença condenatória para todos ocorrer anos depois.

Essa previsão revela certo grau de impunidade, pois, uma vez transitada em julgado a sentença penal condenatória para todos, restará, invariavelmente, pouco tempo para o Estado compelir o condenado a dar início ao cumprimento da pena.

Por essa razão, o STF já decidiu no sentido de que o termo inicial da prescrição da pretensão executória seria da data do trânsito em julgado para ambas as partes, sob o fundamento de que

> A verificação, em concreto, de manobras procrastinatórias, como sucessiva oposição de embargos de declaração e a renúncia do recorrente ao cargo de prefeito que ocupava, apenas reforça a ideia de que é absolutamente desarrazoada a tese de que o início da contagem do prazo prescricional deve se dar a partir do trânsito em julgado para a acusação. Em verdade, tal entendimento apenas fomenta a interposição

> de recursos com fim meramente procrastinatório, frustrando a efetividade da jurisdição penal.[19]

Em que pese sedutor o entendimento do STF, entendemos que se trata de previsão expressamente prevista em lei, não sendo possível, por meio de ativismo judicial, modificá-la, sobretudo quando for para agravar a situação do condenado. Apenas a lei, e tão somente ela, pode alterar o disposto no art. 112, I, do CP.

Adotando esse entendimento, o STJ decidiu da seguinte forma:

> Agravo regimental em *habeas corpus*. Prescrição da pretensão executória. Termo inicial. Trânsito em julgado para a acusação. Tema pacificado nesta Corte Superior. 1. De conformidade com a literalidade do art. 112, I, do CP, o termo inicial da contagem do prazo prescricional da pretensão executória é o trânsito em julgado da sentença condenatória para a acusação. Precedentes do STJ. 2. A existência de precedentes do STF em sentido contrário não tem o condão de alterar o posicionamento pacífico deste Sodalício, a quem compete a uniformização da interpretação da legislação infraconstitucional, uma vez que se trata de decisão proferida pela maioria dos integrantes de apenas um dos órgãos fracionários do Pretório Excelso, que, embora tenha reconhecido a repercussão geral do tema no AgRE nº 848.107 RG/DF, ainda não fixou seu entendimento sobre a questão (AgRg no HC nº 545.372/SP, Min. Jorge Mussi, 5ª T., DJe 13-12-2019). 3. Agravo regimental improvido.

Dessarte, para fins de prescrição da pretensão executória, entendemos que o termo inicial é a data do trânsito em julgado para a acusação, e não para ambas as partes, prevalecendo a interpretação literal do art. 112, I, do CP.[20]

b) Do dia da revogação da suspensão condicional da pena ou o livramento condicional

A revogação do *sursis* e do livramento condicional tem como efeito automático a prisão do condenado, para cumprir a pena cuja execução foi suspensa ou para dar continuidade à execução da pena pela qual obteve o livramento condicional.

---

19. STF, RE nº 696533/SC, rel. Min. Roberto Barroso, 1ª T., j. 6-2-2018.

20. Não obstante a posição que adotamos, sugerimos que, para fins de concurso público, seja considerado o termo inicial a data do trânsito em julgado para todos, sobretudo quando o enunciado exigir a posição do STF, como aconteceu no concurso para Promotor de Justiça Substituto do MPE/SE, realizado em 2022, que considerou correta a alternativa da letra C. Eis a questão: Paulo, nascido em 15/8/1996, foi denunciado em 24/5/2020, pela prática do crime de roubo majorado tentado, que teria sido praticado em 7/4/2016. Recebida a denúncia em 30/5/2020, Paulo foi condenado a uma pena de 2 anos e 9 meses pela prática delitiva em 20/10/2021, tendo a condenação transitado em julgado em 1/12/2021.

    Nessa situação, a prescrição, segundo a jurisprudência atual do STF,

    Alternativas

    A) já teria ocorrido antes do oferecimento da denúncia.

    B) ocorrerá em 2 anos após o trânsito em julgado da condenação, quer para a defesa quer para a acusação.

    C) ocorrerá em 4 anos após o trânsito em julgado da condenação, tanto para a defesa quanto para a acusação.

    D) ocorrerá em 6 anos após o trânsito em julgado da condenação para a defesa e para a acusação.

    E) ocorrerá em 8 anos após o trânsito em julgado da condenação, tanto para a defesa quanto para a acusação.

Logo, havendo revogação da suspensão condicional da pena, deve o condenado cumprir integralmente a pena suspensa, passando a correr o prazo para dar início à execução da pena da data da decisão revocatória.

Com a revogação do livramento condicional, o condenado deverá ser preso para cumprir o restante da pena, começando a correr o prazo da prescrição executória, a partir da data da revogação.

c) **Do dia em que se interrompe a execução, salvo quando o tempo da interrupção deva computar-se na pena**

Interrompida a execução da pena pela fuga do condenado, inicia-se a contagem do prazo prescricional da prescrição executória (CP, art. 112, II, 1ª parte), para recapturá-lo.

Nos casos dos arts. 41 e 42 do CP (superveniência de doença mental ou internação em hospital), em que se aplica o princípio da detração penal, embora interrompida a efetiva execução da pena, não corre a prescrição (CP, art. 112, II, 2ª parte), já que computado como pena cumprida.

15.11.4 Causas interruptivas

As causas interruptivas da prescrição da pretensão executória são: a) início ou continuação do cumprimento da pena (CP, art. 117, V); b) reincidência (CP, art. 117, VI).

a) **Início ou continuação do cumprimento da pena**

Com o trânsito em julgado da sentença penal condenatória, expede-se, como regra, mandado de prisão, a fim de que o condenado seja compelido a dar início ao cumprimento de pena.

Quando o condenado efetivamente dá início ao cumprimento da pena, seja privativa de liberdade ou restritiva de direitos, interrompe-se o prazo da prescrição da pretensão executória. Evidentemente que, nesse caso, o prazo não volta a correr por inteiro, pois o condenado está sob custódia do Estado, cumprindo pena. Essa é a exceção prevista no art. 117, § 2º, do CP.

Se, eventualmente, o apenado empreender fuga, começa a correr o prazo prescricional para sua recaptura, que será regulado pelo tempo que resta da pena (CP, art. 113). Ao ser recapturado, com a consequente continuação do cumprimento da pena, ocorrerá a interrupção do prazo prescricional.

b) **Reincidência**

A reincidência também interrompe a prescrição (CP, art. 117, VI). Ocorre quando o réu, definitivamente condenado, ainda não deu início ao cumprimento da pena. Logo, o prazo da prescrição executória estaria correndo. Se o agente praticar um novo crime, passando, portanto, a ser reincidente, o prazo prescricional da pretensão executória da pena imposta pelo crime anterior será interrompido no momento da prática do novo crime.

Portanto, conforme, inclusive, entendimento do STJ: "A reincidência, como causa de interrupção da prescrição da pretensão executória, é contada a partir da prática do novo delito, e não do trânsito em julgado de eventual sentença condenatória".[21]

---

21. STJ, HC nº 360940/SC, rel. Min. Jorge Mussi, 5ª T., j. 15-9-2016.

Essa interrupção, porém, ficará condicionada à efetiva condenação do réu em relação ao segundo crime; se este vier a ser absolvido, evidentemente não houve reincidência e, consequentemente, não pode ser considerada interrompida a prescrição.

A reincidência somente interrompe o prazo da prescrição da pretensão executória, sendo inaplicável à prescrição da pretensão punitiva. Nesse sentido, a Súmula nº 220 do STJ: "A reincidência não influiu no prazo da prescrição da pretensão punitiva".

15.11.5 Incomunicabilidade da prescrição da pretensão executória

Em relação à prescrição da pretensão executória, verifica-se a incomunicabilidade das causas interruptivas. Isso, porque, no caso de coautoria ou participação, as hipóteses de reincidência e de início ou continuação do cumprimento da pena são de natureza pessoal, razão pela qual a interrupção da prescrição não produz efeito relativamente a todos os participantes do crime (CP, art. 117, § 1º, 1ª parte).

15.11.6 Prescrição no caso de evasão do condenado ou de revogação do livramento condicional

Com o trânsito em julgado da sentença penal condenatória, surge para o Estado a pretensão de fazer com que o condenado dê início ao cumprimento da pena. Para tanto, deve-se observar o prazo prescricional computado com base na pena aplicada (CP, art. 110, *caput*, do CP).

Imaginemos, agora, que o condenado foi capturado, dando início ao cumprimento da pena. Passado algum tempo, o condenado empreende fuga do estabelecimento carcerário. Nesse caso, começa a correr o prazo prescricional para o Estado recapturar o condenado, para continuação do cumprimento da pena, considerando-se como base o tempo que resta da pena (CP, art. 113). Assim, se, por exemplo, o agente foi condenado à pena de quatro anos, cujo prazo prescricional é de oito anos (CP, art. 109, IV), e, após cumprir três anos, empreende fuga. Nesse caso, a base para verificação da prescrição executória é a pena restante, qual seja, um ano. Logo, a partir da fuga do condenado, o prazo da prescrição executória será de quatro anos (CP, art. 109, V).

Agora, se ele deu início ao cumprimento da pena, ficando um determinado tempo preso, se empreender fuga (se evadir), a prescrição é regulada pelo tempo que resta da pena (CP, art. 113). Assim, considerando o tempo restante da pena, busca-se enquadrar no respectivo inciso do art. 109 do CP, para encontrar o prazo prescricional.

> Exemplo: Condenado a quatro anos (prazo prescricional de oito anos), cumpriu três anos, resta um ano (nesse caso, considerando a pena restante, o prazo prescricional será de quatro anos, nos termos do art. 109, V, do CP).

O mesmo raciocínio deve ser empregado na hipótese de revogação do livramento condicional, já que o condenado terá de cumprir o restante da pena, que serve de parâmetro para o cálculo do prazo da prescrição executória.

15.11.7 Algumas hipóteses de incidência da prescrição da pretensão executória

Como regra, duas hipóteses emergem de incidência da prescrição da pretensão executória: a) para o início do cumprimento da pena; b) para continuação do cumprimento da pena, em face da fuga ou revogação do livramento condicional.

a) Para o início do cumprimento da pena

Imaginemos que o réu tenha sido denunciado por ter praticado, no dia 5-10-2012, crime de furto simples (CP, art. 155). A denúncia foi recebida no dia 15-3-2014. Após regular tramitação do processo, no dia 15-6-2016, o Magistrado proferiu sentença condenatória, aplicando pena de um ano e quatro meses. O Ministério Público não interpôs recurso, transitando em julgado a sentença para a acusação no dia 25-6-2016. A defesa interpôs recurso de apelação, sendo mantida a condenação, com o trânsito em julgado da sentença condenatória para defesa, e, portanto, para todos, no dia 12-4-2018. O réu não se apresentou para cumprir a pena, sendo, portanto, considerado foragido. No dia 18-8-2020, em patrulhamento de rotina, policiais abordaram o condenado, e verificaram que havia um mandado de prisão contra ele, razão pela qual o levaram para o estabelecimento carcerário.

Nesse caso, verifica-se que não há incidência da prescrição da pretensão punitiva. Há sentença penal condenatória transitada em julgado, pressuposto para análise da prescrição da pretensão executória. Logo, a base de cálculo para a prescrição passa a ser a *pena aplicada* na sentença. No caso, a pena aplicada foi de um ano e quatro meses, sendo o prazo prescricional de quatro anos (CP, art. 109, V). O termo inicial é a data do trânsito em julgado para a acusação (CP, art. 112, I), qual seja, 25-6-2016.

Agora, considerando o novo prazo prescricional, com base na pena aplicada, bem como o termo inicial, deve-se verificar se não incidiu a prescrição da pretensão executória.

E, no caso, forçoso concluir que incidiu a prescrição da pretensão executória, pois entre a data do trânsito em julgado para a acusação (25-6-2016) e a data em que o condenado foi capturado (18-8-2020), passaram-se mais de quatro anos. Logo, deve-se declarar a extinção da punibilidade do condenado, com base no art. 107, IV, do CP, permanecendo hígidos os efeitos secundários, penais e extrapenais, da sentença condenatória.

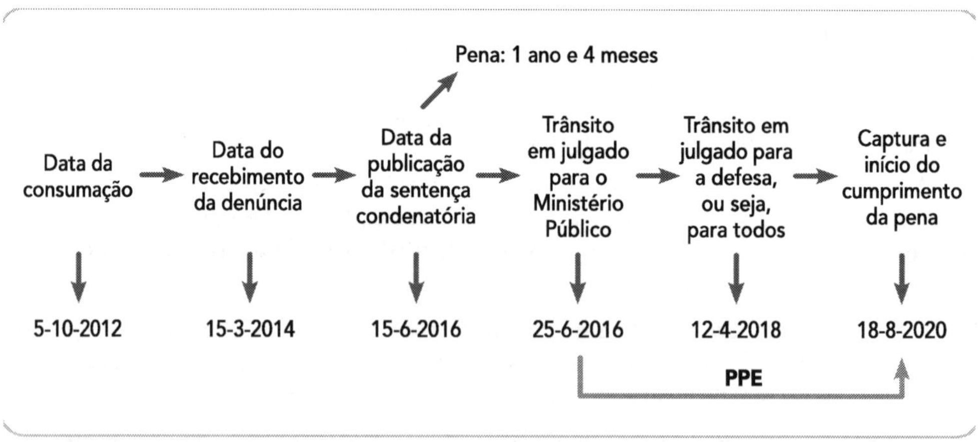

Para evitar a incidência da prescrição executória, o condenado deveria ser compelido a dar início ao cumprimento da pena até o dia 24-6-2020, provocando a interrupção da prescrição.

b) Para continuação do cumprimento da pena, em face da fuga ou revogação do livramento condicional

Imaginemos que o réu tenha sido denunciado por ter praticado, no dia 5-10-2010, crime de roubo simples (CP, art. 157, *caput*). A denúncia foi recebida no dia 15-3-2011. Após regular tramitação do processo, no dia 15-6-2012, o Magistrado proferiu sentença condenatória, aplicando pena de quatro anos. O Ministério Público não interpôs recurso, transitando em julgado a sentença para a acusação no dia 25-6-2012. A defesa interpôs recurso de apelação, sendo mantida a condenação, com o trânsito em julgado da sentença condenatória para defesa, e, portanto, para todos, no dia 12-4-2014. Após expedição e cumprimento do mandado de prisão, o réu iniciou a cumprir a pena no dia 10-5-2014. No dia 15-6-2016, restando, portanto, aproximadamente 1 ano e 11 meses para o término da pena, o apenado empreendeu fuga. No dia 18-8-2020, em patrulhamento de rotina, policiais abordaram o condenado, e verificaram que havia um mandado de prisão contra ele, razão pela qual o levaram para o estabelecimento carcerário.

Nesse caso, verifica-se que não há incidência da prescrição da pretensão punitiva. A base de cálculo para a prescrição da pretensão executória será o tempo restante da pena, qual seja, 1 ano e 11 meses. Logo, o prazo prescricional será de quatro anos (CP, art. 109, V). O termo inicial é a data da fuga do condenado, qual seja, 15-6-2016.

Agora, considerando o novo prazo prescricional, com base no restante da pena, bem como o termo inicial a partir da data da fuga, deve-se verificar se não teria incidido a prescrição da pretensão executória.

E, no caso, forçoso concluir que incidiu a prescrição da pretensão executória, pois entre a data da fuga do condenado (15-6-2016) e a data em que foi capturado (18-8-2020), passaram-se mais de quatro anos. Logo, deve-se declarar a extinção da punibilidade do condenado, com base no art. 107, IV, do CP, permanecendo hígidos os efeitos secundários, penais e extrapenais, da sentença condenatória.

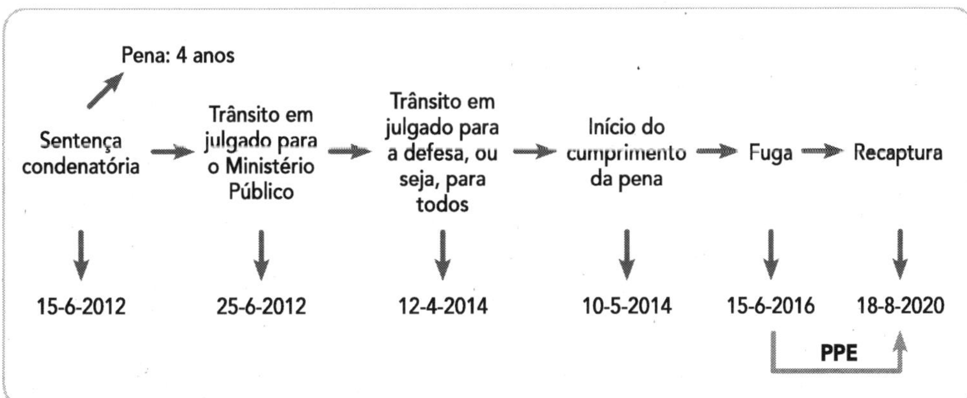

15.12 PRESCRIÇÃO DA PENA DE MULTA

Nos termos do art. 114 do CP, a prescrição da pena de multa ocorrerá: a) em dois anos, quando a multa for a única cominada ou aplicada; b) no mesmo prazo estabelecido para prescrição da pena privativa de liberdade, quando a multa for alternativa ou cumulativamente cominada ou cumulativamente aplicada.

Como se vê, o Código Penal prevê cinco possibilidades da pretensão da pretensão punitiva e executória da pena de multa:

a) multa como única pena abstratamente cominada: prescrição em dois anos;

b) multa como única pena imposta na sentença condenatória: prescrição em dois anos;

c) multa cominada alternativamente com pena privativa de liberdade: prazo igual ao estabelecido para a prescrição da pretensão relativa à pena detentiva;

d) multa cominada cumulativamente com pena detentiva: prazo igual ao estabelecido para a prescrição da pretensão relativa à pena detentiva;

e) multa imposta na sentença condenatória juntamente com pena detentiva: prazo igual ao da sanção privativa de liberdade.

É pacífico o entendimento no sentido de que o art. 114 do CP se aplica na hipótese de prescrição da pretensão punitiva da pena de multa. Há, todavia, certa divergência quanto à aplicação em relação a prescrição da pretensão executória, já que a execução da pena de multa segue as normas da legislação relativa à dívida ativa da Fazenda Pública, cujo prazo prescricional seria de cinco anos.

Prevalece, no entanto, entendimento no sentido de que os prazos prescricionais da pena de multa, seja da pretensão punitiva, seja executória, seguem as regras do art. 114 do CP.[22]

Em relação às causas suspensivas e interruptivas da prescrição da pretensão punitiva da pena de multa, as regras aplicadas são as mesmas previstas para a prescrição da pena privativa de liberdade, previstas, respectivamente, nos arts. 116, I e II, e 117, I a IV do CP.

Em relação às causas interruptivas e suspensivas da prescrição da pretensão executória da pena multa, as regras aplicadas são aquelas relativas à dívida ativa da Fazenda Pública, previstas na Lei nº 6.830/1980 (CP, art. 51).

15.13 REDUÇÃO DO PRAZO PRESCRICIONAL EM FACE DA IDADE DO AGENTE

Conforme dispõe o art. 115 do CP: "São reduzidos de metade os prazos da prescrição quando o criminoso era, ao tempo do crime, menor de 21 anos ou maior de 70 anos na data da sentença". Trata-se da hipótese de redução pela metade dos prazos previstos no art. 109 do CP, em face da menoridade relativa e da senilidade.

A redução pela metade do prazo prescricional pela menoridade relativa e pela senilidade se aplica a qualquer espécie de prescrição, ou seja, aplica-se no caso de prescrição da pretensão punitiva ou prescrição da pretensão executória.

a) Redução do prazo pela metade em face da menoridade relativa

A redução pela metade do prazo prescricional alcança o acusado maior de 18 anos e menor de 21 anos ao tempo do fato, independentemente da data em que foi proferida a sentença.

Assim, se o agente praticou um delito quando contava com 20 anos de idade, sendo regularmente processado e condenado três anos depois, ou seja, quando contava com 23 anos de idade, deve-se aplicar a redução do prazo prescricional pela metade.

Evidentemente, para ser aplicada a redução do prazo prescricional pela metade, a idade do agente deve estar devidamente comprovada nos autos por meio de documento idôneo,

22. STJ, AgRg nos EDcl nos EDiv no AgRg nos EDcl nos EDcl-AgREsp nº 770540/DF, rel. Min. Joel Ilan Paciornik, 3ª Seção, j. 14-6-2017.

conforme se extrai da Súmula nº 74 do STF: "Para efeitos penais, o reconhecimento da menoridade do réu requer prova por documento hábil".

b) Redução do prazo pela metade em face da senilidade

A redução pela metade do prazo prescricional também alcança o acusado maior de 70 anos de idade à época da sentença. Note-se que, ao contrário da redução pela menoridade, a data do fato pouco importa, já que a definição da prescrição pela metade guarda relação com a idade do acusado ao tempo da sentença.

Logo, se praticar um crime quando contava com 67 anos de idade, tendo sido prolatada a sentença condenatória três anos depois, quando, portanto, já teria completado 70 anos, a prescrição deverá ser verifica considerando a redução pela metade dos prazos do art. 109 do CP.

O termo "sentença" deve ser considerado como o primeiro édito condenatório, seja proveniente de sentença ou de acórdão. Assim, aplica-se a redução do prazo prescricional pela metade, quando: a) o réu for maior de 70 anos de idade na data da sentença do juízo de 1º grau: b) quando o réu foi absolvido, mas, dando provimento a recurso interposto pela acusação, o Tribunal profere acórdão condenatório, data em que já seria maior de 70 anos de idade; c) quando for proferido acórdão condenatório no contexto de competência originária; d) ocorrer a substituição do decreto condenatório em sede de recurso no qual reformada parcialmente a sentença. Esse é o entendimento adotado pelo STF.[23]

Logo, a redução do prazo prescricional é incabível nos casos em que o acusado completa 70 anos de idade após a prolação da sentença condenatória.[24] Por corolário lógico, o fato de o réu completar 70 anos somente após a prolação de acórdão confirmatório da condenação não autoriza a redução do prazo prescricional pela metade.[25]

15.14 CAUSAS IMPEDITIVAS E SUSPENSIVAS DA PRESCRIÇÃO

Não há que se confundir causas impeditivas da prescrição com causas suspensivas.

Considera-se causa impeditiva aquela que inviabiliza o próprio início do curso prescricional. Causa suspensiva é aquela que surge ao longo do curso do prazo prescricional, que tem o condão de sustar, por determinado período, a contagem da prescrição. Superada a causa que gerou a suspensão do fluxo do prazo prescricional, a contagem da prescrição retoma seu curso.

Também não há se confundir causa suspensiva com causa interruptiva da prescrição. Na suspensão do prazo prescricional, o tempo decorrido antes da incidência da causa é computado no prazo; na interrupção, o tempo decorrido antes da causa não é computado no prazo, que recomeça a correr por inteiro. Em outros termos: cessado o efeito da causa suspensiva, a prescrição recomeça a correr, computando-se o tempo decorrido antes dela; interrompida a prescrição, o prazo recomeça a correr por inteiro.

O art. 116 do CP prevê as causas impeditivas e suspensivas do curso do prazo prescricional.

23. STF, HC nº 86320/SP, rel. Min. Ricardo Lewandowski, 1ª T., j. 17-10-2006.
24. STJ, AgRg no AgREsp nº 1449560/SP, rel. Min. Nefi Cordeiro, 6ª T., j. 25-6-2019.
25. STJ, AgRg no HC nº 480338/SP, rel. Min. Rogério Schietti Cruz, 6ª T., j. 6-12-2018.

a) Enquanto não resolvida, em outro processo, questão de que dependa o reconhecimento da existência do crime

Nos termos do art. 116, I, a prescrição não corre enquanto não resolvida, em outro processo, questão de que depende o reconhecimento da existência do crime. Trata-se da hipótese de questões prejudiciais, previstas no art. 92 do CPP, quando relacionadas ao estado civil das pessoas, e art. 93 do CPP, quando vinculadas a questões diversas.

São questões que prejudicam o exame do fato objeto da ação penal. Para que o procedimento criminal possa ter andamento, afigura-se imprescindível prévia resolução da questão que pode repercutir na própria existência do fato delituoso.

Suponha-se, por exemplo, que o agente esteja sendo processado por bigamia (CP, art. 235), crime que incide quando o sujeito contrai novo casamento já sendo casado. A partir do momento que a autoridade toma conhecimento do crime, começa a fluir o prazo prescricional (CP, art. 111, IV). Se o réu ingressar no juízo cível com uma ação de nulidade do primeiro casamento, o juiz criminal deverá sobrestar o andamento do processo até que seja resolvida a questão da validade ou nulidade do primeiro matrimônio.

Anulado o casamento, não subsiste a bigamia, resultando na atipicidade do fato. Julgada improcedente a ação civil, tem prosseguimento a ação penal, com a retomada do andamento do curso do prazo prescricional.

Em relação a crime tributário, previsto no art. 1º da Lei nº 8.137/1990, o STJ tem decidido que:

> Apesar de a constituição definitiva do crédito tributário revelar a adequada tipicidade do crime tributário, a procedência da ação anulatória, ainda que pendente de recurso, bem como a suspensão da exigibilidade do crédito tributário, nos termos do art. 151 do CTN, demonstram a plausibilidade de questão prejudicial de competência do juízo cível. Verificada dúvida razoável sobre a própria materialidade do delito, é prudente suspender o trâmite no juízo penal para aguardar a solução no juízo cível, nos termos do art. 93 do CPP. 6. Não se pode descurar, por fim, que a suspensão das investigações ou mesmo do processo, em virtude de questão prejudicial, é causa impeditiva da prescrição, nos termos do art. 116, I, do CP, motivo pelo qual fica igualmente suspenso o curso do prazo prescricional.[26]

b) Enquanto o agente cumpre pena no exterior

A Lei nº 13.964/2019 alterou a redação do inc. II do art. 116 do CP. Antes constava a palavra estrangeiro, alterada para "exterior". E, de fato, o legislador corretamente passou a adotar o termo tecnicamente correto, uma vez que estrangeiro guarda relação com cidadão proveniente de outro país, ao passo que exterior guarda relação com fatos praticados em outro país, ou seja, a palavra exterior está vinculada a território localizado fora dos limites territoriais do Brasil.

O fundamento político-jurídico dessa causa suspensiva é que durante o cumprimento da pena no estrangeiro não se consegue a extradição do delinquente. E a pena em execução pode ser tão ou mais longa que o próprio lapso prescricional do crime aqui cometido. Por isso, se justifica a suspensão da prescrição.

c) Na pendência de embargos de declaração ou de recursos aos Tribunais Superiores, quando inadmissíveis

---

26. STJ, RHC nº 113294/MG, rel. Min. Reynaldo Soares da Fonseca, 5ª T., j. 13-8-2019.

A Lei nº 13.964/2019 introduziu mais uma causa suspensiva da prescrição, visando a dificultar a incidência da prescrição da pretensão punitiva na pendência de recursos interpostos perante Tribunais Superiores.

Assim, enquanto tramitam os embargos de declaração ou recursos aos Tribunais Superiores, o prazo prescricional ficará suspenso, aguardando julgamento, sendo computado o período de suspensão do prazo prescricional, se inadmissíveis os recursos.

Com efeito, não é raro se deparar com o artifício de opor embargos de declaração, às vezes até mesmo contra outros embargos de declaração, com a finalidade meramente protelatória, visando a postergar ao máximo o momento do trânsito em julgado da sentença penal condenatória na perspectiva da punibilidade do agente ser fulminado em face da incidência da prescrição.

A mesma prática também é corriqueiramente adotada na interposição de recursos aos Tribunais Superiores, sempre na expectativa da extinção da punibilidade pelo decurso do tempo, sem o trânsito em julgado da sentença penal condenatória.

Pois bem, a partir da introdução da nova causa de suspensão do prazo prescricional, a oposição de embargos declaratórios ou interposição de recursos aos Tribunais Superiores com o intuito meramente protelatório nenhum efeito surtirá no cenário da prescrição, uma vez que o prazo prescricional será suspenso durante o período que os recursos estarão submetidos à apreciação.

Em outras palavras, a prescrição não correrá enquanto estiverem pendentes de análise os embargos de declaração ou recursos aos Tribunais Superiores, quando inadmissíveis.

d) Enquanto não cumprido ou não rescindido o acordo de não persecução penal

Trata-se de outra causa suspensiva da prescrição introduzida pela Lei nº 13.964/2019, relacionada ao acordo de não persecução penal, disciplinado no art. 28-A do CPP.

O acordo de não persecução se trata de negócio jurídico extrajudicial, celebrado entre o Ministério Público e o autor da infração penal, devidamente acompanhado por advogado e, revestindo-se de todas as formalidades, homologado pelo juiz competente.

Em outras palavras, verificando-se que não se trata de caso de arquivamento do inquérito policial, o Ministério Público e o acusado poderão entabular acordo, com a finalidade de evitar o oferecimento da denúncia e desencadeamento da ação penal, mediante o cumprimento de determinadas condições.

Com a consumação do fato delituoso, o prazo prescricional começa a correr. Havendo a celebração e homologação do acordo de não persecução penal, o curso do prazo prescricional ficará suspenso até o integral cumprimento e extinção da punibilidade (CPP, art. 28-A, § 13).

Se descumprido o acordo de não persecução penal, o Ministério Público deverá comunicar ao juízo, para fins de sua rescisão e posterior oferecimento de denúncia, com o consequente oferecimento da denúncia. Uma vez rescindido o acordo de não persecução penal, o prazo prescricional retoma seu curso, computando-se o período anterior à celebração do acordo de não persecução penal.

e) Depois de passada em julgado a sentença condenatória, a prescrição não corre durante o tempo em que o condenado está preso por outro motivo

Trata-se de causa suspensiva da prescrição da pretensão executória, prevista no art. 116, parágrafo único, do CP.

Depois de passada em julgado a sentença condenatória, a prescrição não corre durante o tempo em que o condenado está preso por outro motivo.

Suponha-se que o sujeito seja condenado em duas comarcas, iniciando o cumprimento da pena imposta na ação penal de uma delas. Enquanto está cumprindo a pena em relação a outro fato, não corre a prescrição da pretensão executória em relação à condenação imposta em processo distinto.

15.14.1 Causas impeditivas e suspensivas da prescrição previstas fora do âmbito do Código Penal

O Código Penal prevê causas genéricas impeditivas e suspensivas da prescrição, que incidem, como regra, em relação a qualquer crime. Trata-se de um rol taxativo, não podendo ser ampliado nem sequer por analogia.

Por isso, a instauração de incidente de insanidade mental, previsto no art. 149 do CPP, não se reveste de causa suspensiva da prescrição, justamente pela ausência de previsão legal.

Mas não é só no Código Penal que há expressa previsão de causas impeditivas e suspensivas da prescrição. Na Constituição Federal e em outras leis há expressa previsão de outras causas, além daquelas previstas no Código Penal. São as seguintes:

a) Lei nº 9.099/1995, que dispõe sobre o Juizado Especial Criminal

Conforme dispõe o art. 89, § 6º, da Lei nº 9.099/1995, a prescrição não correrá durante o prazo de suspensão do processo.

Assim, uma vez sendo proposta a suspensão condicional do processo e aceita pelo réu, durante o período de prova não corre o prazo prescricional. Sendo descumpridas as condições e revogado o benefício, o prazo prescricional retoma seu curso, computando-se o período transcorrido antes da concessão da suspensão condicional do processo.

b) Código de Processo Penal

Nos termos do art. 366 do CPP:

> Se o acusado, citado por edital, não comparecer, nem constituir advogado, ficarão suspensos o processo e o curso do prazo prescricional, podendo o juiz determinar a produção antecipada das provas consideradas urgentes e, se for o caso, decretar prisão preventiva, nos termos do disposto no art. 312.

Assim, na hipótese de se encontrar em local incerto e não sabido, ensejando a citação por edital, se o réu não comparecer ou constituir defensor, o processo e o prazo prescricional ficarão suspensos.

Nesse aspecto, merece destaque o teor da Súmula nº 415 do STJ: "O período de suspensão do prazo prescricional é regulado pelo máximo da pena cominada". Com o recebimento da denúncia, o prazo de prescrição é interrompido, passando a correr novamente por inteiro. O réu é citado por edital, mas não comparece nem constitui advogado. O processo e o prazo prescricional ficarão suspensos. Conforme a Súmula nº 415 do STJ, a suspensão do prazo prescricional não será por tempo indeterminado, mas pelo período correspondente à pena máxima cominada ao delito. Assim, se, por exemplo, o agente estiver sendo processado pela prática de crime que prevê pena máxima de dois anos, o curso do prazo prescricional ficará suspenso durante quatro anos (CP, art. 109, V). Ao término deste período, o prazo prescricional retoma o seu curso, tendo o Estado mais quatro anos, descontado o período decorrido entre o recebimento da denúncia e a citação por edital, para localizar o réu, processá-lo e publicar eventual sentença penal condenatória.

O art. 368 do CPP prevê outra causa suspensiva da prescrição: "Estando o acusado no estrangeiro, em lugar sabido, será citado mediante carta rogatória, suspendendo-se o curso do prazo de prescrição até o seu cumprimento".

c) **Constituição Federal**

Nada impede que Deputados e Senadores sejam investigados durante o exercício do seu mandato, podendo, inclusive, ser oferecida denúncia contra eles perante o STF. Todavia, recebida a denúncia contra Senador ou Deputado, por crime ocorrido após a diplomação, o STF dará ciência à Casa respectiva, que, por iniciativa de partido político nela representado e pelo voto da maioria de seus membros, poderá, até a decisão final, sustar o andamento da ação (CF, art. 53, §3º).

E, nesse caso, a sustação do processo suspende a prescrição, enquanto durar o mandato (CF, art. 53, § 5º).

d) **Crimes contra a ordem tributária**

Nos termos do art. 83, §§ 2º e 3º, em relação aos crimes contra a ordem tributária previstos nos arts. 1º e 2º da Lei nº 8.137/1990, e aos crimes contra a Previdência Social, previstos nos arts. 168-A e 337-A, ambos do CP, será suspensa a pretensão punitiva do Estado durante o período em que a pessoa física ou a pessoa jurídica relacionada com o agente dos aludidos crimes estiver incluída no parcelamento, desde que o pedido de parcelamento tenha sido formalizado antes do recebimento da denúncia criminal. E, nesses casos, a prescrição criminal não corre durante o período de suspensão da pretensão punitiva.

e) **Lei nº 12.529/2011, que dispõe sobre a prevenção e repressão às infrações contra a ordem econômica**

Conforme dispõe o art. 87 da Lei nº 12.529/2011:

> Nos crimes contra a ordem econômica, tipificados na Lei nº 8.137, de 27 de dezembro de 1990, e nos demais crimes diretamente relacionados à prática de cartel, tais como os tipificados na Lei nº 8.666, de 21 de junho de 1993, e os tipificados no art. 288 do Dec.-lei nº 2.848, de 7 de dezembro de 1940 – Código Penal, a celebração de acordo de leniência, nos termos desta Lei, determina a suspensão do curso do prazo prescricional e impede o oferecimento da denúncia com relação ao agente beneficiário da leniência.

Logo, uma vez celebrado o acordo de leniência, o curso do prazo prescricional ficará suspenso.

15.15 PRESCRIÇÃO DAS PENAS MAIS LEVES E MAIS GRAVES

Nos termos do art. 118 do CP, as penas mais leves prescrevem com as mais graves.

Trata-se de dispositivo desnecessário e, até certo modo, redundante. Isso porque, o grau de gravidade é medido entre as espécies de pena: pena privativa de liberdade, penas restritivas de direitos e pena de multa.

Por corolário lógico, a pena privativa de liberdade é mais grave do que as penas restritivas de direitos ou multa. Ocorre, contudo, que, nos termos do art. 109, parágrafo único, do CP, as penas restritivas de direitos prescrevem nos mesmos prazos previstos para as privativas de liberdade.

Em relação à pena de multa, há regra própria estabelecida no art. 114 do CP.

De todo modo, pode-se cogitar da aplicabilidade deste dispositivo nas hipóteses em que o legislador prevê a aplicação simultânea de pena privativa de liberdade e restritivas de direitos, como, por exemplo, em relação aos crimes previstos no Código de Trânsito Brasileiro, que prevê, por exemplo, no art. 302, pena de suspensão ou proibição de se obter a permissão ou a habilitação para dirigir veículo automotor, cumulativa com a pena privativa de liberdade.

Nesse caso, de acordo com o art. 118 do CP, as penas mais leves prescrevem com as mais graves. Assim, a pena de suspensão da habilitação para dirigir veículo automotor imposta cumulativamente com a privativa de liberdade prescreve no prazo desta. Logo, não decorrido o prazo prescricional das penas mais graves – restritivas de direito aplicadas em substituição à pena privativa de liberdade –, não há que se falar em prescrição da pena mais leve – suspensão da habilitação para dirigir.[27]

15.16 PRESCRIÇÃO E CONCURSO DE CRIMES

No contexto de concurso de crimes, a extinção da punibilidade incidirá sobre a pena de cada um, isoladamente (CP, art. 119).

Assim, em relação à prescrição, deve-se considerar a pena máxima cominada ou a pena imposta na sentença em relação a cada um dos crimes, praticados em concurso, desprezando-se o acréscimo decorrente do cúmulo material ou exasperação da pena.

Logo, no contexto, por exemplo, de concurso material entre os crimes de furto (CP, art. 155) e roubo (CP, art. 157), a prescrição será verificada em relação à pena máxima cominada ou aplicada em relação a cada um dos delitos, isoladamente, desprezando, por absoluto, o acréscimo decorrente do cúmulo material. Esse mesmo raciocínio deve ser empregado em relação ao concurso formal imperfeito.

Em relação ao concurso formal perfeito e crime continuado, a prescrição deve ser regulada pela máxima cominada ou aplicada na sentença de forma isolada, para cada um dos crimes, desconsiderando o acréscimo decorrente do critério da exasperação da pena. É o que se extrai, aliás, da Súmula nº 497 do STF: "Quando se tratar de crime continuado, a prescrição regula-se pela pena imposta na sentença, não se computando o acréscimo decorrente da continuação".

> Exemplo: Imaginemos que o agente tenha praticado, em continuidade delitiva, o furto "A", com pena imposta de um ano; furto "B", com pena imposta de dois anos; e o furto "C", com pena imposta de três anos. Nos termos do art. 71, *caput*, do CP, para fins de pena definitiva, deve-se considerar a pena mais grave e acrescentar 1/6 a 2/3. No caso, considerando a pena mais grave de três anos, e quantidade de crimes praticados, a exasperação será de 1/3, pelo que a pena definitiva ficará em quatro anos. Se considerarmos essa pena definitiva para o cálculo da prescrição, o prazo prescricional para todos os crimes de furto seria de oito anos (CP, art. 109, IV), o que se revela equivocado, diante do disposto no art. 119 do CP e da Súmula nº 497 do STF.

---

27. STJ, REsp nº 628730/SP, rel. Min. Gilson Dipp, 5ª T., j. 24-5-2005.

Isso porque, como dito, para fins de prescrição, o acréscimo decorrente da exasperação da pena deve ser desconsiderado, computando-se o prazo prescricional em relação à pena aplicada a cada crime, isoladamente. Ou seja, em relação ao furto "A", considerando a pena aplicada de um ano, o prazo prescricional será de quatro anos (CP, art. 109, V); em relação ao furto "B", considerando a pena aplicada de dois anos, o prazo prescricional será de quatro anos (CP, art. 109, V); em relação ao furto "C", considerando a pena aplicada de três anos, o prazo prescricional será de oito anos (CP, art. 109, IV).

15.17 PRESCRIÇÃO E DETRAÇÃO PENAL

Conforme exposto alhures, pequena parte da doutrina, defende, com base no art. 113 do CP, a possibilidade de ser computado o período em que o condenado ficou preso provisoriamente também para fins de verificação do prazo prescricional.

Assim, se o agente ficou preso provisoriamente por um ano, e sofreu condenação à pena de cinco anos, o prazo prescricional será de oito anos (CP, art. 109, IV), considerando a pena de quatro anos, com a detração já computada, e não de 12 anos (CP, art.109, III), considerando a pena aplicada sem a detração.

Todavia, o STJ adota o entendimento no sentido de que o período de prisão provisória do agente é considerado apenas para o desconto da pena a ser cumprida e não para contagem do prazo prescricional, o qual será analisado a partir da pena definitiva aplicada, não sendo cabível a detração para fins prescricionais.[28]

Logo, o período em que o condenado ficou preso provisoriamente não poderá ser computado para o cálculo da prescrição.

15.18 PRESCRIÇÃO PROJETADA, ANTECIPADA, VIRTUAL OU EM PERSPECTIVA

Cogita-se da hipótese da prescrição projetada ou em perspectiva no cenário em que, ao longo da tramitação lenta do processo, seria possível projetar sentença que viabilizaria prazo prescricional menor do que aquele verificado com base na pena máxima cominada ao delito.

Em outras palavras, antes do momento da fase decisória, projeta-se, com base nas circunstâncias do caso concreto, a pena que seria aplicada na sentença. E, se com base na pena projetada, o prazo prescricional viabilizar a extinção da punibilidade pela prescrição, não haveria qualquer utilidade em prosseguir na marcha processual, já que a pretensão punitiva do Estado já estaria fulminada há muito tempo. Em síntese, de nada adiantaria prosseguir a ação penal, se, ao final, a partir da sentença projetada, seria evidente a extinção antecipada da punibilidade do agente.

Para melhor compreensão, convém aqui contextualizar o tema.

Imaginemos que o réu tenha sido denunciado por ter praticado no dia 5-10-2012 crime de furto simples (CP, art. 155). A denúncia foi recebida no dia 15-3-2014. O processo tramitou de forma lenta, por conta da dificuldade para encontrar as testemunhas arroladas, bem como a alteração do endereço da vítima, criando dificuldades para ser encontrada e

28. STJ, AgRg no HC nº 490288/PR, rel. Min. Laurita Vaz, 6ª T., j. 27-8-2019.

intimada para audiência de instrução, arrastando-se, por conta disso, a ação penal e, até pelo menos o dia 25-6-2018, nem sequer havia sido designada audiência de instrução e julgamento. Trata-se de réu primário, com nenhum registro criminal. Logo, sintomático que, no caso de eventual sentença, dificilmente a pena aplicada se afastaria do mínimo legal, ou seja, de um ano; e, ainda que se afastasse, não haveria qualquer fundamento idôneo para aplicação da pena acima de dois anos. Logo, no caso, considerando que dificilmente eventual pena seria aplicada acima de dois anos, forçoso concluir que o prazo prescricional seria de quatro anos (CP, art. 109, V).

Note-se que, considerando a marcha processual desenvolvida, no caso narrado, não se operou a prescrição da pretensão punitiva em abstrato de oito anos (CP, art. 109, IV), considerando a pena máxima cominada de quatro anos. Todavia, levando-se em conta a pena projetada de um ano, ou pelo menos, que não seria superior a dois anos, o prazo prescricional seria de quatro anos (CP, art. 109, V).

E, no caso, verifica-se que entre a data do recebimento da denúncia (15-3-2014) e a data que nem sequer havia sido designada audiência de instrução e julgamento (25-6-2018), estando o processo distante da publicação de eventual sentença penal condenatória, já teria superado o período de quatro anos, operando-se, portanto, a prescrição da pretensão punitiva retroativa, com base na pena em perspectiva ou virtual. Logo, diante da real possibilidade de extinção da punibilidade pela prescrição, com base na provável pena que seria aplicada, a tramitação do processo não teria resultado útil.

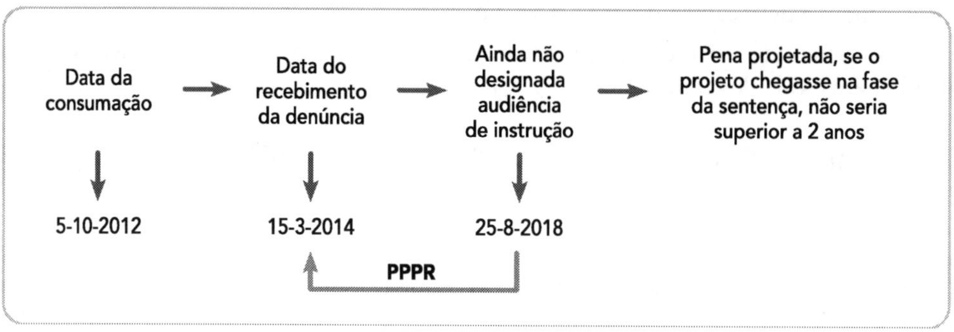

Em que pese boa parte da doutrina considerar a possibilidade de aplicação da prescrição virtual, sob o fundamento da economia processual e ausência do interesse de agir, a jurisprudência dos Tribunais Superiores tem se mantido reticente quanto à antecipação da extinção da punibilidade, com base na pena projetada.

O STF consagrou ser inadmissível a extinção da punibilidade em virtude da decretação da prescrição em perspectiva, projetada ou antecipada, com base em previsão da pena que hipoteticamente seria aplicada, independentemente da existência ou sorte do processo criminal.[29]

O STJ inclusive editou a Súmula nº 438, segundo a qual: "É inadmissível a extinção da punibilidade pela prescrição da pretensão punitiva com fundamento em pena hipotética, independentemente da existência ou sorte do processo penal".

Não obstante o entendimento sedimentado nos Tribunais Superiores, consideramos razoável a possibilidade de aplicação da prescrição projetada em situações excepcionais,

29. STF, Inq nº 4434 AgRg/DF, rel. Min. Rosa Weber, 1ª T., j. 28-4-2020.

sempre considerando o caso concreto, quando evidente que o tipo penal imputado não sofrerá qualquer alteração, sobretudo diante de eventual *mutatio libelli* ou *emendatio libelli*, bem como as condições pessoais do acusado revelarem que a pena definitiva não se afastará do mínimo legal, ou, ao menos, não ensejará pena capaz de elevar o prazo prescricional ao mesmo patamar da pena máxima cominada ao delito.

Com efeito, a experiência prática no Ministério Público nos permitiu verificar que, não raras vezes, a tramitação do processo até final sentença não teve qualquer utilidade, uma vez que a pena aplicada na sentença, diante das circunstâncias do caso concreto, não se afastaria, como, de fato, não se afastou, do mínimo legal, ensejando a incidência da prescrição da pretensão punitiva retroativa já evidente outrora, em razão da lenta marcha processual entre os marcos interruptivos.[30]

15.19 PRESCRIÇÃO E MEDIDA DE SEGURANÇA

A medida de segurança de internação ou tratamento ambulatorial podem ser aplicadas aos inimputáveis, mediante sentença absolutória imprópria. É possível, ainda, a aplicação da medida de segurança aos semi-imputáveis, quando verificada a necessidade de especial tratamento curativo (CP, art. 98).

Nenhuma controvérsia surge acerca da prescrição em relação à pena aplicada ao semi-imputável, substituída por medida de segurança, diante da constatação da sua periculosidade. Isso porque há pena aplicada, que servirá de parâmetro para a verificação do prazo prescricional, ao contrário do que ocorre em relação ao inimputável, submetido à medida de segurança por força de sentença absolutória imprópria.

Em relação aos inimputáveis, o STJ adota o entendimento no sentido de que a prescrição da medida de segurança, seja da pretensão punitiva, seja da executória, imposta em sentença absolutória imprópria (que não tem pena aplicada, portanto) é regulada pelo máximo da pena abstratamente prevista para o delito.[31]

O STF, por sua vez, adota entendimento semelhante ao STJ no que tange à prescrição da pretensão punitiva. Diverge, contudo, em relação à prescrição da pretensão executória, pois, nesse caso, considera como base a duração máxima da medida de segurança. Nesse sentido:

> As medidas de segurança se submetem ao regime ordinariamente normado da prescrição penal. Prescrição a ser calculada com base na pena máxima cominada ao tipo penal debitado ao agente (no caso da prescrição da pretensão punitiva) ou com base na duração máxima da medida de segurança, trinta anos (no caso da prescrição da pretensão executória).[32]

Consideramos mais adequado o entendimento adotado pelo STJ. Isso porque, a Súmula nº 527 do STJ consagrou o entendimento no sentido de que o tempo de duração da medida de segurança não deve ultrapassar o limite máximo da pena abstratamente cominada ao

30. De todo modo, nas provas de concursos, deve-se considerar a impossibilidade de prescrição em perspectiva. É o que foi considerado na prova para Promotor de Justiça (MPE/MG), realizada em 2012; Para Juiz Federal Substituto TRF-3ª Região, realizado em 2016; Para Promotor de Justiça Substituto (MPE/SP), realizado em 2013; Para Juiz Substituto (TJAM), realizado em 2016 pela Banca CESPE/CEBRASPE.
31. STJ, AgRg no REsp nº 1638998/SP, rel. Min. Jorge Mussi, 5ª T., j. 20-9-2018.
32. STF, HC nº 107777/RS, rel. Min. Ayres Britto, 2ª T., j. 7-2-2012.

delito praticado. Logo, por coerência lógica, o prazo prescricional da pretensão executória também deve tomar por base o máximo da pena cominada ao delito.

15.20 PRESCRIÇÃO E ATO INFRACIONAL

Nos termos do art. 103 da Lei nº 8.069/1990 (ECA): "Considera-se ato infracional a conduta descrita como crime ou contravenção penal". O Estatuto da Criança e do Adolescente não prevê regras relacionadas à prescrição do ato infracional.

No contexto de ato infracional não há propriamente a finalidade do Estado exercer a pretensão punitiva, já que, à evidência, não é possível aplicar uma pena a adolescente infrator, mas medida socioeducativa, cuja punição mais grave consiste na internação pelo prazo máximo de três anos (ECA, art. 121, § 3º).

Nesse contexto, indaga-se se é possível a incidência da prescrição em relação a medidas socioeducativas. E, conforme a Súmula nº 338 do STJ: "A prescrição penal é aplicável nas medidas socioeducativas".

Diante disso, surge agora a dúvida no sentido de qual seria a base para o cálculo da prescrição: a pena máxima prevista para o ato infracional análogo a crime, ou o prazo máximo de três anos, previsto no Estatuto da Criança e do Adolescente.

E, nesse particular, o STJ firmou entendimento no sentido de que quando houver apenas a fixação de prazo mínimo para a medida, deve ser considerado para fins prescricionais, por analogia, aquele previsto no art. 121, § 3º, da Lei nº 8.609/1990, qual seja: "Em nenhuma hipótese o período máximo de internação excederá a três anos".

Assim, se imposta medida socioeducativa sem prazo determinado, deve-se levar em consideração o tempo máximo de três anos previstos para a internação. Logo, o prazo prescricional para prescrição da pretensão da medida socioeducativa é de oito anos, nos termos do art. 109, IV, do CP, que, por força do disposto no art. 115 do CP, deverá ser reduzido pela metade em razão, de maneira a restar fixado em quatro anos.[33]

15.21 PRESCRIÇÃO E LEI DE DROGAS

Os crimes previstos na Lei de Drogas (Lei nº 11.343/2006) seguem, como regra, os prazos prescricionais previstos no art. 109 do CP.

Todavia, o crime previsto no art. 28 da Lei nº 11.343/2006 tem regra própria. Isso porque o crime consistente em "adquirir, guardar, tiver em depósito, transportar ou trouxer consigo, para consumo pessoal, drogas sem autorização ou em desacordo com determinação legal ou regulamentar" não prevê pena privativa de liberdade, mas de advertência sobre os efeitos das drogas; prestação de serviços à comunidade; medida educativa de comparecimento a programa ou curso educativo.

Por isso, o legislador se encarregou de estabelecer o prazo prescricional para a prescrição da pretensão punitiva ou executória em relação ao crime previsto no art. 28 da Lei nº 11.343/2006, qual seja dois anos (Lei nº 11.343/2006, art. 30).

33. STJ, AgRg no HC nº 527658/SP, rel. Min. Jorge Mussi, 5ª T., j. 5-3-2020.

15.22 PRESCRIÇÃO E CÓDIGO PENAL MILITAR

Os prazos para a prescrição da pretensão punitiva dos crimes militares próprios ou impróprios levam em conta a pena máxima cominada aos delitos e estão previstos no art. 125 do CPM.

A prescrição da execução da pena privativa de liberdade ou da medida de segurança que a substitui regula-se pelo tempo fixado na sentença e verifica-se nos mesmos prazos estabelecidos no art. 125, os quais se aumentam de um terço, se o condenado é criminoso habitual ou por tendência (CPM, art. 126).

Se a pena aplicada for de morte, o prazo prescricional será de 30 anos (CPM, art. 125, I).

Para acesso ao vídeo, utilize o QR Code ao lado.

REFERÊNCIAS BIBLIOGRÁFICAS

ANDRADE, Vera Regina Pereira de. *A ilusão da segurança jurídica:* do controle da violência à violência do controle penal. Porto Alegre: Livraria do Advogado, 1997.

ANDREUCCI, Ricardo Antônio. *Manual de direito penal:* parte geral. 4. ed. São Paulo: Saraiva, 2008.

ARAÚJO, Fábio Roque. *Direito penal didático:* parte especial. 2. ed. Salvador: JusPodivm, 2021.

ARAÚJO, Fábio Roque. *Direito penal didático:* parte geral. 4. ed. Salvador: JusPodivm, 2021.

AUFIERO, Aniello. *Prisão, medidas cautelares e liberdade provisória*. Manaus: Aufiero Ed., 2011.

BADARÓ, Gustavo Henrique. *Processo penal.* 3. ed. São Paulo: Revista dos Tribunais, 2015.

BARATTA, Alessandro. *Criminologia crítica e crítica do direito penal.* 3. ed. Rio de Janeiro: Revan/ICC, 2002.

BARROS, Marco Antonio de. *A busca da verdade no processo penal.* 2. ed. São Paulo: Revista dos Tribunais, 2010.

BATISTA, Nilo. *Concurso de agentes*: uma investigação sobre os problemas da autoria e da participação no direito penal brasileiro. 2. ed. Rio de Janeiro: Lumen Juris, 2004.

BATISTA, Nilo; ZAFFARONI, Eugenio Raúl; ALAGIA, Alejandro; SLOKAR, Alejandro. *Direito penal brasileiro*. Rio de Janeiro: Revan, 2017. v. 1.

BITENCOURT, Cezar Roberto. *Tratado de direito penal:* parte especial. 9. ed. São Paulo: Saraiva, 2009. v. 2.

BITENCOURT, Cezar Roberto. *Tratado de direito penal:* parte geral. 17. ed. São Paulo: Saraiva, 2012.

BITENCOURT, Cezar Roberto. *Tratado de direito penal:* parte geral. 22. ed. São Paulo: Saraiva, 2016.

BRUNO, Anibal. *Direito penal* – Parte geral. 5. ed. Rio de Janeiro: Forense, 2005. t. II.

BUSATO, Paulo César. *Direito penal:* parte geral. 3. ed. São Paulo: Atlas, 2017.

CALLEGARI, André Luís; LINHARES, Raul Marques. *Direito penal e funcionalismo:* um novo cenário da teoria geral do delito. Porto Alegre: Livraria do Advogado, 2017.

CAPEZ, Fernando. *Curso de processo penal.* 19. ed. São Paulo: Saraiva, 2012.

CAPEZ, Fernando. *Curso de direito penal.* 20. ed. São Paulo: Saraiva, 2016.

CHOUKR, Fauzi Hassan. *Medidas cautelares e prisão processual* – Comentários à Lei n. 12.403/2011. São Paulo: Forense, 2011.

COSTA, Álvaro Mayrink. *Direito penal:* parte geral. 8. ed. Rio de Janeiro: Forense, 2009. v. 1 e v. 2.

CUNHA, Rogério Sanches. *Manual de direito penal:* parte geral. 7. ed. Salvador: JusPodivm, 2019.

CUNHA, Rogério Sanches. *Manual de direito penal:* parte especial. 11. ed. Salvador: JusPodivm, 2019.

CURY, Rogério; BARROS, Cristiano. *Manual de prática jurídica penal.* São Paulo: Atlas, 2012.

DEMERCIAN, Pedro Henrique; MALULY, Jorge Assaf. *Curso de processo penal.* 6. ed. Rio de Janeiro: Forense, 2009.

DEZEM, Guilherme Madeira. *Curso de processo penal.* 2. ed. São Paulo: Revista dos Tribunais, 2016.

DINIZ, Eduardo Saad; SILVEIRA, Renato de Mello Jorge. Compliance, *direito penal e Lei Anticorrupção.* São Paulo: Saraiva, 2015.

DOTTI, René Ariel. *Bases e alternativas para o sistema de penas.* 2. ed. São Paulo: Revista dos Tribunais, 1998.

ESTEFEM, André; GONÇALVES, Victor Eduardo Rios. *Direito penal esquematizado.* São Paulo: Saraiva, 2013.

FEITOSA, Denílson. *Direito processual penal* – Teoria, crítica e práxis. 7. ed. Niterói: Impetus, 2010.

FERNANDES, Antonio Scarance; GRINOVER, Ada Pelegrini; GOMES FILHO, Antonio Magalhães. *As nulidades no processo penal.* 11. ed. São Paulo: Revista dos Tribunais, 2009.

FILOCREÃO, André Luiz. *O monitoramento eletrônico e sua utilização como meio minimizador da dessocialização decorrente da prisão.* Porto Alegre: Nuria Fabris, 2012.

FOUCAULT, Michel. *Vigiar e punir:* nascimento da prisão. 42. ed. Petrópolis: Vozes, 2014.

GOMES FILHO, Antonio Magalhães. *Presunção de inocência e prisão cautelar.* São Paulo: Saraiva, 1991.

GONÇALVES, Victor Eduardo Rios. *Curso de direito penal:* parte geral. 2. ed. São Paulo: Saraiva, 2018.

GRECO, Rogério. *Curso de direito penal:* parte geral. 19. ed. Niterói: Impetus, 2017.

HUNGRIA, Nélson. *Comentários ao Código Penal.* Rio de Janeiro: Forense, 1949. v.1.

HUNGRIA, Nélson; DOTTI, René Ariel. *Comentários ao Código Penal.* 7. ed. Rio de Janeiro: Forense, 2016. v.1, t. II.

ISHIDA, Válter Kenji. *Prática jurídica penal.* 6. ed. São Paulo: Atlas, 2012.

JAKOBS, Günter; MELIÁ, Cancio Manuel. *Direito penal do inimigo.* Organização e tradução André Luis Callegari e Nereu José Giacomolli. 6. ed. Porto Alegre: Livraria do Advogado, 2020.

JARDIM, Afrânio Silva. *Direito processual penal.* 11. ed. Rio de Janeiro: Forense, 2007.

JARDIM, Afrânio Silva. *Ação penal pública:* princípio da obrigatoriedade. 2. ed. Rio de Janeiro: Forense, 1994.

JESUS, Damásio E. *Direito penal* – Parte geral. São Paulo: Saraiva, 2010. v. 1.

JUNQUEIRA, Gustavo; VANZOLINI, Patrícia. *Manual de direito penal:* parte geral. 3. ed. São Paulo: Saraiva, 2017.

KELSEN, Hans. *Teoria pura do direito*. São Paulo: Martins Fontes, 1996.

LIMA, Renato Brasileiro de. *Manual de processo penal*. 8. ed. Salvador: JusPodivm, 2020.

LOPES JÚNIOR, Aury. *Direito processual penal*. 17. ed. São Paulo: Saraiva. 2020.

MARCÃO, Renato. *Curso de execução penal*. 7. ed. São Paulo: Saraiva, 2009.

MARCÃO, Renato. *Prisões cautelares, liberdade provisória e medidas cautelares restritivas* – De acordo com a Lei nº 12.403, de 4-5-2011. São Paulo: Saraiva, 2011.

MARQUES, Ivan Luís. *Reforma processual penal de 2008*. São Paulo: Revista dos Tribunais, 2008.

MARTINELLI, João Paulo Orsini; BEM, Leonardo Schmitt. *Lições fundamentais de direito penal*. São Paulo: Saraiva, 2017.

MASSON, Cleber. *Direito penal esquematizado:* parte geral. 11. ed. Rio de Janeiro: Forense; São Paulo: Método, 2017. v. 1.

MASSON, Cleber. *Direito penal:* parte especial. 13. ed. Rio de Janeiro: Forense, São Paulo: Método. 2020. v. 2 e 3.

MASSON, Cleber. *Direito penal:* parte geral (arts. 1º a 120). 14. ed. Rio de Janeiro: Forense; São Paulo: Método, 2020.

MENDONÇA, Andrey Borges de. *Nova reforma do Código de Processo Penal*. São Paulo: Método, 2008.

MIRABETE, Julio Fabbrini. *Manual de direito penal*. Parte geral. 24. ed. São Paulo: Atlas, 2007.

NUCCI, Guilherme de Souza. *Código de Processo Penal comentado*. São Paulo: Revista dos Tribunais, 2016.

NUCCI, Guilherme de Souza. *Leis penais e processuais penais comentadas*. 9. ed. Rio de Janeiro: Forense, 2016.

NUCCI, Guilherme de Souza. *Manual de direito penal*. 9. ed. São Paulo: Revista dos Tribunais, 2013.

OLIVEIRA, Eugenio Pacelli de. *Curso de processo penal*. 13. ed. Rio de Janeiro: Lumen Juris, 2010.

PEDROSO, Fernando de Almeida. *Direito penal*. 3 ed. São Paulo: Leud. 2010.

PRADO, Luiz Regis. *Comentários ao Código Penal*. 10. ed. São Paulo: Revista dos Tribunais, 2015.

PRADO, Luiz Regis. *Curso de direito penal brasileiro:* parte especial. 15. ed. São Paulo: Revista dos Tribunais, 2017. v. 2.

PRADO, Luiz Regis. *Curso de direito penal brasileiro:* parte geral. 9. ed. São Paulo: Revista dos Tribunais, 2010. v. 1.

RANGEL, Paulo. *Direito processual penal*. 13. ed. Rio de Janeiro: Lumen Juris, 2007.

ROXIN, Claus. *Estudos de direito penal*. 2. ed. Rio de Janeiro: Renovar. 2012.

SANTOS, Juarez Cirino dos. *Direito penal* - Parte geral. 7. ed. Florianópolis: Empório do Direito, 2017.

SARLET, Ingo Wolfgang. *A eficácia dos direitos fundamentais*. Porto Alegre: Livraria do Advogado, 1996.

SCHMITT, Ricardo Augusto. *Sentença penal condenatória:* teoria e prática. 10. ed. Salvador: JusPodivm, 2016.

SILVA FRANCO, Alberto. *Código Penal e sua interpretação jurisprudencial*. 4. ed. São Paulo: Revista dos Tribunais. 1993.

SOUZA, Sérgio Ricardo de; SILVA, William. *Manual de processo penal constitucional*. 2. ed. São Paulo: Forense, 2010.

TAVAREZ, Juarez. *Fundamentos de teoria do delito*. 2. ed. São Paulo: Tirant lo Blanch, 2020.

TÁVORA, Nestor. *Curso de direito processual penal*. Salvador: JusPodivm, 2017.

WELZEL, Hanz. *O novo sistema jurídico-penal:* uma introdução à doutrina da ação finalista. Tradução de Luiz Régis Prado. 4. ed. São Paulo: Revista dos Tribunais, 2015.

ZAFFARONI, Eugenio Raúl. *Em busca das penas perdidas*: a perda de legitimidade do sistema penal. 5. ed. Rio de Janeiro: Revan, 2017

ZAFFARONI, Eugenio Raúl, PIERANGELI, José Henrique. *Manual de direito penal brasileiro*. 13. ed. São Paulo: Revista dos Tribunais, 2019.

ANOTAÇÕES

ANOTAÇÕES

ANOTAÇÕES

ANOTAÇÕES

ANOTAÇÕES

ANOTAÇÕES

ANOTAÇÕES

EDITORA *Jus*PODIVM
www.editorajuspodivm.com.br
COLOR system
JUS2701